全球数字版权保护技术

跨世纪追踪与分析

（1994~2017）

上 册

TRANS-CENTURY TRACKING AND ANALYSIS OF GLOBAL DRM

(1994 TO 2017)

张　立　张凤杰　王　瑶等　著

社会科学文献出版社
SOCIAL SCIENCES ACADEMIC PRESS (CHINA)

“数字版权保护技术专利数据资源采集”项目组

组　长：张　立

副组长：张凤杰

成　员：王　瑶　熊秀鑫　李帝君　曲俊霖
李嘉宁　吴　卓　胡英慧　王会静
付钦伟

序

版权与邻接权是国家通过立法赋予作品创作者和传播者的一系列专有权利，犹如“为天才之火”添加的“利益之薪”（林肯语）。创作者和传播者的各项权利及时、充分地行使，能够激发全社会的文化创新创造活力，促进文学、艺术和科学事业的持续繁荣和发展。世界首部现代版权法——《安娜法令》颁行三百余年来，在技术进步与社会需求这两个轮子的有力推动下，版权的范围从主体、客体到内容不断扩张，各国版权保护的力度和强度总体上不断加大。

信息化浪潮背景下，随着数字技术的快速发展和相继应用，版权又增添了一项新的权利：信息网络传播权。同时，新兴传播业态不断涌现，传播渠道日渐增多，相关传播市场竞争日益加剧，版权逐渐成为文化乃至国家发展的战略资源与市场竞争的核心要素，版权保护也上升到国家和企业管理的战略层面。2002 年，日本率先提出“知识产权立国”口号，发布《日本知识财产战略大纲》，出台《知识产权基本法》，逐年推进实施包括版权保护在内的知识产权战略。我国高度重视知识产权保护问题。2008 年，国务院发布《国家知识产权战略纲要》，将加强知识产权保护列为战略重点，并就版权保护问题做了专项部署。2015 年，国务院发布《关于新形势下加快知识产权强国建设的若干意见》，就包括版权在内的知识产权保护工作再次进行了系统部署。

数字网络环境下，侵权盗版的门槛大大降低，侵权手段专业性显著增强，越来越难以追踪溯源和彻底根除，传统版权保护手段捉襟见肘，版权保护面临前所未有的巨大挑战。在此背景下，加解密、数字水印和指纹比对等数字版权保护技术应运而生。由于能够有效地弥补传统版权保护手段的不足，切实防范新技术条件下侵权盗版行为的发生，数字版权保护技术在文学艺术、新闻出版、广播影视和文化娱乐等诸多领域迅速得到应用。

《全球数字版权保护技术跨世纪追踪与分析（1994~2017）》一书是中国新闻出版研究院在国家重大文化技术专项“数字版权保护技术研发工程”专利检索分析工作的基础上，针对各种数字版权保护技术发展脉络与趋势，从全球专利检索分析的视角，联合专业知识产权咨询机构推出的重要成果。该书囊括58个技术主题，从技术发轫的20世纪90年代中期开始纵跨24年，横贯“九国两组织”，用大量专业的数据、图表和深度分析展现了全球数字版权保护技术创新发展的全貌，是相关技术研发企业确立攻关方向，相关技术用户单位谋划开发任务、应用新型技术成果翔实且颇具价值的参考资料。尤其是，该书针对近年来蓬勃发展的热点技术，如区块链技术和移动业务版权支撑技术等，进行了及时关注和科学分析与研判，与其他相关研究成果比较，更是殊为难得。

总而言之，随着网络环境下受版权保护的多类作品的广泛传播与运用，网络上的版权保护问题必将更加凸显，数字版权保护技术的创新发展问题值得长期跟踪和持续关注。希望我们以前瞻性和战略性的眼光认识到其价值，能将这项工作长久、深入地进行下去，定期跟踪研究，不断推出新成果，为新时代高质量发展做出新的贡献！

全国政协文化文史和学习委员会副主任
中国版权协会理事长
原国家新闻出版广电总局副局长
国家版权局原副局长
阎晓宏

前　言

数字版权保护技术可以有效应对数字网络技术给传统版权保护带来的冲击，是数字时代版权保护的重要支撑。为系统掌握相关技术发展脉络，了解相关技术创新应用状况和趋势，著者对 1994~2017 年“数字版权保护技术”综合主题以及 57 个细类技术主题在“九国两组织”范围内的专利申请情况进行了检索和分析。经过追踪研究和系统分析，形成如下结论。

1. 数字版权保护技术发展总体已步入成熟期

数字版权保护技术发轫于 20 世纪 90 年代中期，2001 年被美国麻省理工学院 *Technology Review* 评选为“将影响世界的十大新兴技术”之一。经过 20 多年的快速发展，数字版权保护技术已由最初的试验成果演变为广泛应用的热门技术，由最初的加解密单项技术发展为囊括加解密、数字水印和媒体指纹等多个门类、众多细类的庞大技术体系。

专利申请数据变化是技术创新的“晴雨表”。综观多年来各检索主题的专利申请数据不难发现，数字版权保护技术发展总体已步入成熟期，主要表现为：相较于 21 世纪初期相关专利申请量的连年快速增长，2008 年后很多细类技术的专利申请量持续下降——排除专利申请从受理到公开的迟滞期（一般为 18 个月）的影响，多数细类技术的专利申请量均呈下滑态势。今后，除非再次出现足以影响相关细类技术发展应用的重大变革因素，多数细类技术的创新发展将很难有大的突破。

但是，这并不意味着数字版权保护技术的发展将归于沉寂，更不意味着数字版权保护技术的应用会逐渐消退。随着产业应用环境的变化，一则，某些技术正在蓬勃发展，如反跟踪技术、多硬件环境下的自适应绑定技术和媒体指纹识别提取与匹配技术等；二则，其他相关技术将在版权保护领域得到更多的拓展性应用，如区块链技术原本是比特币的基础技术，近年来正在版权保护实务中得到越来越多的应用；三则，适应未来需求的新型未知技术也会陆续出现。

数字版权保护技术总体上步入成熟期，尽管预示着当前和今后一段时期相关技术发展很难突破此前的历史高峰，但却表明该类技术经过长期发展，其功能和性能已相对完备，并且在产业应用和社会认知方面已具备一定基础。在技术创新仍有较强活力、社会版权保护需求不断高涨的情况下，从历史惯性角度看，数字版权保护技术应用发展没有理由停滞不前。

2. 数字版权保护技术发展应用的重点将转向综合化

较之数字版权保护技术快速发展的20世纪末期和21世纪初期，如今数字版权保护技术的用户需求和应用场景无疑要复杂许多。单一的技术手段已无法满足用户多元化、系统化的版权保护需求，而多种相关技术交织融合，或形成新的专项技术，或集成在同一系统或平台中，共同为某种特定场景乃至多种场景下特定商业模式提供基础支撑的情形渐成常态。

随着相关领域产业集中度不断提升，以及用户需求日趋多元化，不难想象，今后数字版权保护技术发展应用的重点将转向综合化。在此背景下，同一门类或不同门类的相关技术将会以需求为动力，以应用为导向，在技术变革中迸发叠加效应和集合效应，进而对数字版权保护技术的创新发展和产业应用产生巨大的推动力。例如，在本次检索中，用户一站式服务技术作为在线阅览版权保护技术和按需印刷授权控制技术等多种技术的联合体，在单项细类技术成长初期，专利申请的数量非常有限（1997~2000年专利年申请量均保持在个位数）；但在相关单项技术步入成熟期后，迸发出极强的生机与活力，2014年的专利申请量达到百件以上，是此前历史峰值的近2倍。

3. 数字水印技术是专利布局的最大热点

数字水印技术是继加解密技术后出现的主要技术门类。该技术通过水印嵌入与检测来标识和认定数字内容作品的权利归属，可以有效破除数字内容作品版权过期后无法自动解密的技术瓶颈，并且不影响作品使用的便利性，尤其不会影响非商业性的教学和研究等合理使用。

笔者通过专利检索分析发现，在本次所设定的57个分项技术检索主题中，专利申请量超过 10000 条的技术主题有 7 项，分别为图像水印技术、数字水印标识技术、自适应多媒体数字水印关键技术、纸质文件可识别与可追踪技术、媒体指纹识别提取与匹配技术、按需印刷过程中授权数量的合理控制技术和多格式支持终端技术，其中 4 项属于数字水印技术门类。

数字水印技术尽管整体上已进入成熟期，但至今仍保持较高的创新热度，近几年的专利申请量仍维持在较高水平。例如，自适应的多媒体数字水印关键技术的专利申请量有 6 个年度在千件以上，到 2015 年仍高达 1126 件，2017 年可能存在大量已申请专利尚未公开的情况，目前公开的专利申请已高达 506 件，比部分技术主题 1994~2017 年 20 多年的专利申请总量还要多。专利申请数据的背后，是技术商们长期以来的研发投入以及在专利方面的集中布局。这些情况一方面充分表明数字水印技术委实热门，至今方兴未艾；另一方面也预示着数字水印技术在今后一定时期内仍将比较活跃，应用空间仍然较大。

4. 移动业务支撑技术处于成长期

互联网的发展与普及是数字版权保护技术发展应用的主要推动力。移动互联网作为互联网的升级版，兼具互联网与移动通信的优势，对数字版权保护技术发展应用的推动作用非常明显。如前所述，很多细类技术的专利年申请量于 2008 年后开始下滑。在整体下行的大趋势下，部分细类技术的专利年申请量却在 2011 年后不同程度地出现了增长，甚至迎来了新的高峰。众所周知，2010 年被称为“移动互联网元年”，此后移动互联网的各种应用开始普及，用户习惯逐渐养成。推动部分技术发展迎来新生的共同要素无疑是移动互联网，而移动业务支撑技术无疑是技术发展的中流砥柱。

移动版权多业务支撑技术的检索数据充分支撑了上述推论。2011 年该技术主题的专利申请量触底反弹，在接下来的 3 年中持续飙升，并达到历史峰值。2015 年该技术主题的专利申请量虽然较上一年度有所下降，但仍明显高于 2011 年前巅峰时期的数值。

从产业应用角度看，移动互联网正在迅速普及，相关业务的发展更为迅猛。中国互联网络信息中心统计数据显示，截至 2018 年 6 月我国手机网民规模达 7.88 亿人[①]，

① 中国互联网络信息中心:《第 42 次〈中国互联网络发展状况统计报告〉》，http://www.cnnic.net.cn/hlwfzyj/hlwxzbg/hlwtjbg/201808/t20180820_70488.htm。

较 2011 年 12 月底的 3.56 亿人[①]翻了一倍还要多。相关业务以移动出版为例，根据中国新闻出版研究院发布的《中国数字出版产业年度报告》，2017 年我国移动出版（包括移动阅读、移动音乐和移动游戏等）收入 1796.3 亿元，较之 2014 年的 784.9 亿元增长了近 1.3 倍。这些情况充分表明移动业务支撑技术尚处于成长期，未来发展应用的空间十分巨大。

5. 区块链相关技术处于萌芽期

"区块链"是个新兴概念，2008 年前后由被誉为"比特币之父"的日裔美籍科学家中本聪提出。区块链具有去中心化、难以篡改、扩展性大和灵活性强等特征，非常适合数字版权保护的核心诉求，为数字版权保护提供了一套全新的技术解决方案。区块链技术的运用能够有效解决数字作品版权安全和交易信任问题，是促进数字版权产业发展壮大的有力支撑。

目前，区块链版权保护相关技术正在国内外得到越来越多的认可和运用。据了解，德国 Ascribe 公司已经应用区块链技术登记艺术作品版权，以及记录注册版权交易、授权交易、委托交易和实物所有权转让交易等信息，并对数字版权进行时间标记。芬兰作曲家协会 Teosto 开发了区块链交易平台——"鸽子平台"（Pigeon Platform），利用区块链技术为音乐版权行业提供包含信息和通信、数据管理、版税计算和付款处理在内的一整套工具和服务。中国市场上也出现了一些基于区块链技术的版权保护解决方案，如原本、纸贵、版权家和亿书等，在数字版权保护方面做出了较多尝试和创新。其中，纸贵已于 2017 年完成了数千万元的 A 轮融资，并成功对接了喜马拉雅、西部文学和寒武纪年等 30 多家原创内容提供平台。2018 年 7 月，杭州互联网法院在一份版权纠纷判决书中认可了区块链电子存证的法律效力，随后该法院上线司法区块链系统。2018 年 9 月，最高人民法院《关于互联网法院审理案件若干问题的规定》（法释〔2018〕16 号）对通过区块链等技术收集的证据予以确认；同年 10 月，北京市东城区人民法院以判决形式对利用区块链技术存证的电子数据的法律效力进行了确认。

根据专利检索结果，围绕"数字作品交易追踪技术"的专利申请最早公开于 2009

① 中国互联网络信息中心:《2012 年中国移动互联网发展状况统计报告》，http://www.cnnic.net.cn/hlwfzyj/hlwfzzx/qwfb/201305/t20130514_39488.htm。

年，围绕“侵权证据链构建技术”的专利申请最早公开于2016年。总体而言，截至目前这两项技术的专利申请量虽少，但发展速度较快。据此可以断定该两项技术尚处于萌芽阶段。随着利用区块链技术收集的证据的法律效力迅速被各级法院认可，区块链技术在版权保护领域将得到越来越多的开发和应用，未来相关技术将有较大的发展和应用空间。

6. 中国正日益成为数字版权保护专利申请的主要国家

在“九国两组织”中，中国属于典型的“后来者居上”，在多项技术领域反超其他国家，日益成为相关专利申请的重地和高地。以综合检索主题“数字版权保护技术”的专利数据为例，1994~2000年7年间中国的专利申请量仅相当于日本的1/5左右，但从2005年开始中国的专利年申请量一直高于日本，2015年的专利申请量甚至比日本的4倍还要高。1994~2017年的20多年时间里，中日数字版权保护技术专利申请量对比已发生根本性改变，中国已从绝对劣势反转成绝对优势。从“九国两组织”范围看，如今中国已超过世界知识产权组织、欧洲专利局和日本，从1994~2000年的第五位跃升至仅次于美国的第二位，相关专利年申请量超出第三名日本近15%。不仅如此，在侵权证据链构建、基于区块链的数字作品交易追踪等新兴技术方面，中国后发优势明显，相关专利申请量甚至已大幅领先美国，位列世界第一。

中国专利申请量快速增长的原因是多方面的，既有中国高度重视版权保护、数字网络相关产业发展迅猛①和侵权盗版高发易发问题亟待解决等需求拉动的内生因素；也有国外企业看重中国版权产业市场前景，纷纷到中国进行专利布局的外生因素。仍以“数字版权保护技术”主题为例，中国专利申请量排名前五的申请人中，只有华为技术有限公司（以下简称“华为”）一家本土企业，其他均为外国企业，且来自4个不同的国家。其中，荷兰皇家飞利浦电子股份有限公司（以下简称“飞利浦”）在中国的专利申请量远超其在德国、法国和英国等欧洲国家的专利申请量，甚至超过了其在欧洲专利局的申请量。

随着中国综合实力和国际影响力不断增强、版权产业规模不断扩大②，以及数字版

① 以数字出版产业为例，“十二五”时期，根据原国家新闻出版广电总局发布的产业分析报告，其营业收入从1377.9亿元猛增到4403.9亿元，5年内增长了2倍多，年均增长50%以上。

② 根据中国新闻出版研究院调研结果，中国版权产业的经济贡献多年来持续快速增长，2017年已突破6万亿元（2004年为7884亿元）。

权保护环境不断改善，未来将有越来越多的外国企业优先选择在中国申请数字版权保护技术相关专利。与此同时，随着中国企业自主研发能力和知识产权意识不断增强，中国本土数字版权保护技术专利申请将越来越成为中国相关专利申请总量增长的重要动力。尤其是在国家重大文化技术专项“数字版权保护技术研发工程”的引领带动下，中国相关企业、高校和科研院所等对数字版权保护技术研发工作越发重视，并相继申请了大批相关专利①。据此可以预测，中国将日益成为数字版权保护技术专利申请的主战场。

最后需要说明的是，本书检索主题是以数字版权保护技术研发工程项目架构为基础，通过对各分包技术骨干调研而确定的。一方面，这些检索主题基本涵盖了现有的数字版权保护技术门类；另一方面，部分检索主题的确立具有鲜明的工程项目特征，主题指向看似有一定交叉。这既是前期工程项目分包设计所致，也是本书特色所在，可以凸显我国在数字版权保护技术优势领域的研发重点和专利申请热点，可以帮助读者多角度、多层面了解相关技术的发展趋势，进而为相关技术研发和成果应用提供有针对性的参考和支撑。

① 数字版权保护技术研发工程在研发过程中共申请发明专利 41 项，截至 2018 年底，已有 19 项获中国国家知识产权局授权。

目　录

上　册

下　册

第一章
专利检索分析基础及方法

本书以“数字版权保护技术专利数据资源采集项目”专利检索分析工作成果为基础，对数字版权保护技术涉及的58个技术主题在全球主要国家和相关组织（“九国两组织”）的专利文献进行检索和分析。本书重在展现专利检索分析结果，受篇幅所限，也为保证内容的通俗易懂，专利检索基础、专利分析基础和方法在第一章统一介绍，专利检索式不予呈现。

第一节　专利检索基础

“数字版权保护技术专利数据资源采集项目”专利检索范围为1994年1月1日至2017年12月31日向“九国两组织”提交申请的专利，所有数据均为官方数据。项目以德温特数据库（Derwent Innovation，DI）等商业数据库为基础，通过专利检索准备、检索策略制定、检索结果获取和检索信息筛选等检索流程，对上述时间和地域范围内的专利进行检索，获取相应的基础数据。

一　检索流程

本项目检索流程包括专利检索准备、检索策略制定、检索结果获取和检索信息筛选。

（一）专利检索准备

检索前准备是专利检索程序后续各步骤的基础，主要包括确认检索需求、进行技术和法律调研、选择专利检索数据库等。有效的专利检索准备会为之后的专利检索过程和结果分析奠定坚实的基础。

1. 需求确认

在检索前的准备工作中，本项目通过专题讨论和专家研讨等形式明确检索需求，明确每次检索的主题和期望得到的结果，并对相关需求的背景和目的进行细化和解析，以便确定检索范围和检索目标。

2. 技术调研

技术调研常用方式有书面或口头的技术沟通，以及阅读相关技术文献等。技术调研的范围主要包括技术领域、技术现状、技术发展和技术方案。技术调研的目的在于将检索事项划分为多个适于检索和分析的技术主题，为制定检索策略做准备。

3. 专利检索数据库选择

选择专利检索数据库应考虑检索的类型、检索的时间范围和区域范围等因素。专利检索数据库的选择需考虑区域国别、申请／授权、有效／失效、发明／实用新型／外观设计、全文／摘要、公用／商用等方面。同时，还要考虑数据库本身的检索字段、浏览和下载等功能设置情况，以便后续检索过程的顺利进行。

（二）检索策略制定

检索策略制定是专利检索过程中非常重要的一个环节，即在分析检索提问的基础上，确定检索的数据库和检索用词，明确检索词之间的逻辑关系并科学安排查找步骤[①]。检索策略是否恰当和全面，直接影响检索结果的准确性和全面性。

1. 检索要素确定

确定检索要素是制定检索策略的基础。一般来说，确定检索要素时需要考虑技术领域、技术问题、技术手段和技术效果等方面，而专利检索的要素包括关键词和分类号等。其中，关键词为该技术领域中常见的词汇，关键词的各式组合能较为准确地涵盖该领域的专利内容；专利中的分类号多数使用国际专利分类（International Patent Classification，IPC）系统，是目前国际通用的专利文献分类和检索系统，可以为技术领域的限定提供一定帮助。

2. 检索要素表达

检索要素确定后就可以进行检索要素表达。检索要素表达通常包括两种：一种为关键词表达，一种为分类号表达。本书中每个技术主题都有相应的检索要素，均采用关键

① 黄群:《谈谈检索策略的构造》,《图书馆研究》1994 年第 2 期，第 1 页。

词表达和（或）分类号表达的检索要素表达方式，在此不针对每一技术主题进行赘述。

3. 检索式构建

在检索要素表达的基础上，需要利用逻辑运算符将多个检索要素组配在一起构建检索式。专利检索数据库中，常用的逻辑运算符包括：AND、OR 和 NOT。其中，“AND”表示的关系是所检索的两个关键词都存在的记录；“OR”表示的关系是所检索的两个关键词至少存在其中一个的记录；“NOT”表示的关系是应排除在外的检索要素。

（三）检索结果获取

专利检索实施过程中，首先需要进行尝试性检索，然后大致浏览检索结果，补充可能的关键词和分类号，对之前制定的检索策略进一步修正和完善。检索过程中还要考察检索结果的查全率和查准率等情况，采用多维度补充检索（如重点竞争对手、文献信息等）、多人背靠背检索（避免个人误差对检索结果造成影响）、多库校验（多个商业数据库检索数据相互补充，避免单一数据库的数据收录范围局限性对检索结果造成影响）等方式，以获得最终检索结果信息。

（四）检索信息筛选

在筛选检索信息的过程中，首先需要明确筛选准则，本书采用的筛选准则是寻找特定技术领域与待检索技术主题相关的专利文献。

在确定筛选准则后，则是具体的筛选流程。第一步，初筛。对检索获得的专利文献进行初步阅读和去噪，阅读内容包括标题、摘要、权利要求、说明书和附图。第二步，结果确认及意见阐述。由专利检索技术人员对初筛结果进行确认并提出相关意见。第三步，筛选和标引。通过反复沟通确定筛选的标引准则，根据标引准则做进一步的筛选和标引。通过上述三个步骤便可完成专利筛选工作。

二 本项目专利检索的范围

（一）区域范围

本项目专利检索的区域范围为“九国两组织”。“九国两组织”具体为：中国（CN）、澳大利亚（AU）、德国（DE）、法国（FR）、英国（GB）、日本（JP）、俄罗斯（RU）、美国（US）和韩国（KR）9 个国家，以及欧洲专利局（EP）和世界知识产权组织（WO）2 个国际组织。其中中国仅限于大陆地区，不包括中国香港、澳门以及台湾地区，世界知识产权组织只接收国际专利申请，因此，其相关数据表中仅有专利申请量，而无专利授权数量。

（二）时间范围

本项目专利检索的时间范围开始于1994年1月1日，截止于2017年12月31日。

三　本项目专利检索的数据来源

本项目专利检索以科睿唯安的德温特数据库为主，辅之以律商联讯公司的TotalPatent和知识产权出版社CNIPR数据库，对检索式的构建及检索结果的确认进行交叉验证。相关数据在性质上均为官方数据。其中，德温特数据库包含世界各地50家专利授予机构的增值专利信息，收录6000多万个专利和近3000万个同族专利。此外，该数据库中的专利还拥有经技术专家改写的标题和摘要等有利于用户阅读的人工改写信息。TotalPatent可访问100个国家及国际组织所公布的专利文献，其中包括31个国家的全文数据，相关的专利信息每日更新，具有时效性高的特点。CNIPR数据库综合国内外先进专利检索系统的优点，针对英文专利开发了机器翻译模块，以帮助用户理解专利内容，方便用户检索。

同时，为了充分了解各检索主题所涉及的技术，并对其进行相应的技术脉络梳理，在项目执行过程中，本项目还大量地使用了CNKI数据库对相关文献进行查阅。

需要说明的是，由于专利从申请到公开再到相关数据库收录有一定时间的延迟，故本书各项技术主题专利检索结果中的近两年数据有可能小于实际数据。其中，2017年的数据有可能大幅小于实际数据，2016年的数据有可能小幅小于实际数据，相关专利检索数据和结论仅供参考。

第二节　专利分析基础和方法

专利分析全称为专利信息分析，是指对来自专利文献中大量或个别的专利信息进行加工及组合，利用统计方法或数据处理手段使这些信息具有纵览全局及预测的功能，并使它们由普通的信息上升为企业经营活动中有价值的情报[①]。

① 马天旗等:《专利分析——方法、图表解读与情报挖掘》，知识产权出版社，2015，第1页。

一　数据选择

本项目采用专利数据作为数据指标性分析的基础，以产业与经济新闻和专家调研成果对数据分析结论进行验证，并作为综合性分析的补充。

（一）专利数据

专利是技术持有者对研究成果进行保护的重要手段之一，专利文献不仅如实记载了具有应用价值的技术方案，也反映了市场信息。本项目对德温特数据库和Totalpatent 等多个数据库进行交叉检索，采集了 1994 年至 2017 年间在“九国两组织”范围内申请公开的专利数据。

（二）产业与经济新闻

产业与经济新闻记录了行业和企业的重大事件，信息类型丰富且综合性强，包括政策、产品和研发等多方面的信息；同时，产业与经济新闻具有及时性的特点，是反映产业现状的高效信息载体。虽然单一的产业与经济新闻具有片面性，且缺乏真实性，但在与客观数据结合进行综合性分析时发挥出重要作用。本项目收集的产业与经济新闻来自中国经济网和中国行业经济网等网络平台，是专利数据的有效补充。

（三）专家调研成果

专家调研让信息收集更具有针对性、信息获取更加直观快捷，并且能够发挥调研对象在所属行业内的从业经验优势。专家调研成果对快速聚焦关键技术和产业关键环节具有指导作用，对客观数据分析结果起到相互验证的作用。本项目共对 20 余家相关高校和企业的 80 余位专家进行了调研，以全面了解技术内容及其发展历程，通过梳理技术信息为项目的顺利开展提供保障。

二　专利分析方法

在进行专利分析时，为了清晰地表明专利信息所反映的具体内容，需要根据项目的目标设置相应的分析方法，用以揭示科学研究和技术研发之间的关联性，从宏观或微观层面反映科技创新活动及技术研发的产出、发展水平及在国际技术与经济竞争中的地位。根据项目目标，本项目采用了以下专利分析方法。

第一，“九国两组织”相关专利申请量分布图。其中，横坐标代表专利申请年份，纵坐标代表专利申请量。此分析能够考察“九国两组织”各国和国际组织专利申请量随时间变化的趋势，可用于了解各国或各地区之间的技术发展差异。此类图中的“90”指1994~2000年的专利申请总量。为更好地展示各技术主题在“九国两组织”的专利申请变化趋势，笔者对此类图做了向右、向下的视觉倾斜；由此，不可避免地造成曲线值低于其所对应纵坐标值的视觉差异。此类图侧重反映专利申请量变化趋势，申请量数据见相应数据表。

第二，“九国两组织”相关专利申请人排名。专利申请人排名主要展示各国或国际组织专利申请量排名前5的企业或科研机构；如总体申请量较低，则展示申请专利的全部企业或科研机构；如总体申请量较低且仅有一个个人申请，则展示申请专利的个人。其中，由于PCT专利申请仅具有申请阶段，无授权阶段，所以世界知识产权组织仅具有专利申请信息，其他各国或组织则同时展示专利申请数量和专利授权数量。

第三，技术发展趋势图。横坐标代表专利申请年，纵坐标代表专利申请量。该分析能够考察专利数量随时间变化的趋势，通过对专利数量的定量统计来预测技术发展趋势。

第四，专利申请鱼骨图。该图用于展现技术的关键发展过程，给技术人员以及相关人员指明技术航线。通过专利申请鱼骨图可以了解技术起源，掌握不同时期技术要素的特征以及技术要素的变化过程，同时了解相关技术领域专利权人在时间和空间上的联系和分布。

第五，专利申请条形图。横坐标代表专利申请年，纵坐标代表专利申请量。该分析能够反映专利申请量随时间变化的趋势，通过对某一技术领域专利的定量统计，可以对技术发展进行预测。

第六，“九国两组织”地域分布图。通过绘制各技术领域中主要申请人在各个国家或组织的专利申请量分布图，可反映各技术领域中主要申请人对各个国家或地区的专利圈地情况等。地域分布图的分析结论可为企业在全球的专利布局提供参考依据。

第七，技术构成分布图。该分析用一个点表示一篇专利；用点间距表示专利内容的相似性，点间距越小表示专利内容越接近；以等高线形式表达相似专利的密集程度。该分析主要用于展示细分技术主题的研究热度，以及相关专利申请人的技术方向选择情况。

第二章

多硬件环境相关技术

第一节　多硬件环境设备标识技术

多硬件环境设备标识技术是数字版权保护领域的常用技术，通过获取通用和常见设备的硬件信息，生成唯一性、永久性和隐私性的标识，实现数字内容作品与指定设备的绑定。围绕该技术的专利申请发轫于20世纪90年代晚期，于2013年前后达到顶峰，至今方兴未艾。在存储和传播设备日益多元的背景下，该技术的创新与应用有较大空间。

一　专利检索

（一）检索结果概述

以多硬件环境设备标识技术为检索主题，在“九国两组织”范围内共检索到相关专利申请1246件，具体数量分布如表2-1所示。

表2-1　“九国两组织”多硬件环境设备标识技术专利申请量

单位：件

国家 / 国际组织	专利申请量	国家 / 国际组织	专利申请量
US	886	DE	0
CN	66	RU	0
JP	60	AU	38
KR	73	EP	45
GB	2	WO	70
FR	6	合计	1246

注：US（美国）、CN（中国）、JP（日本）、KR（韩国）、GB（英国）、FR（法国）、DE（德国）、RU（俄罗斯）、AU（澳大利亚）、EP（欧洲专利局）、WO（世界知识产权组织），下同。

（二）“九国两组织”多硬件环境设备标识技术专利申请趋势

毫无疑问，多硬件环境设备标识技术是多硬件环境版权保护技术的基础技术。各技术团队和运营厂商均在该技术上投入了较大的专利申请力度。随着近年来硬件设备的不断丰富，以及网络技术的不断发展、优化和完善，多硬件环境设备标识技术专利申请数量从 2001 年至今总体上呈现持续增长趋势（见表 2-2、图 2-1）。

表 2-2　1994~2017 年“九国两组织”多硬件环境设备标识技术专利申请量

单位：件

国家 / 国际组织	专利申请量																	
	90	01	02	03	04	05	06	07	08	09	10	11	12	13	14	15	16	17
US	3	7	1	10	10	40	38	38	95	76	53	100	117	86	97	62	35	18
CN	1	0	0	0	1	0	0	1	2	7	3	3	1	13	8	9	14	3
JP	0	3	1	0	1	2	4	5	1	2	7	1	3	3	4	8	9	6
KR	0	0	1	0	2	3	2	5	6	10	9	9	10	8	5	1	2	0
GB	0	0	0	0	0	0	0	0	0	0	0	0	0	0	0	0	2	0
FR	0	0	0	0	0	0	0	0	1	0	0	0	0	4	1	0	0	0
DE	0	0	0	0	0	0	0	0	0	0	0	0	0	0	0	0	0	0
RU	0	0	0	0	0	0	0	0	0	0	0	0	0	0	0	0	0	0
AU	0	0	0	0	0	0	0	0	1	0	1	0	0	1	4	4	20	7
EP	0	0	0	0	3	0	1	2	2	4	0	1	1	7	8	4	11	1
WO	0	0	0	0	0	0	1	0	0	1	2	3	4	19	13	7	18	2
合计	4	10	3	10	17	45	46	51	108	100	75	117	136	141	140	95	111	37

注：“90”指 1994~2000 年的专利申请总量，“01~17”分别指 2001~2017 年当年的专利申请量。

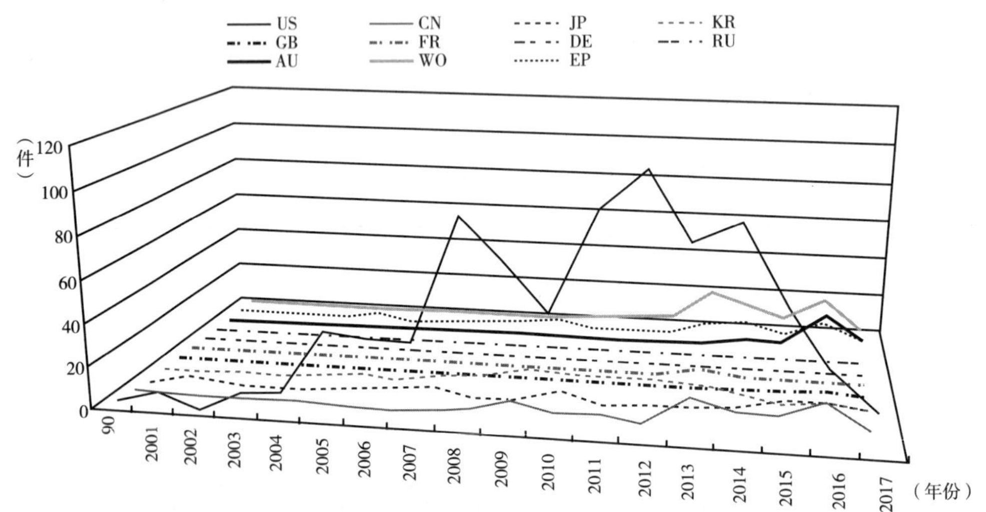

图 2-1　“九国两组织”多硬件环境设备标识技术专利申请趋势

注：（1）“90”指 1994~2000 年的专利申请总量。

（2）为更好地展示各技术主题在“九国两组织”的专利申请变化趋势，笔者对此类图做了向右、向下的视觉倾斜。由此，不可避免地造成曲线值低于其所对应纵坐标值的视觉差异。此类图侧重反映专利申请变化趋势，申请量数据见相应数据表。特此说明，下同。

（三）"九国两组织"多硬件环境设备标识技术专利申请人排名

1994~2017 年"九国两组织"多硬件环境设备标识技术专利申请人申请及授权数量排名情况如表 2-3 ~表 2-11 所示。德国和俄罗斯在该技术领域无专利申请公开。

1. 美国申请人排名

表 2-3　美国多硬件环境设备标识技术专利申请人排名

序号	申请人	申请人国家	申请数量（件）	授权数量（件）
1	Apple Inc.	美国	267	164
2	Samsung Electronics Co. Ltd.	韩国	37	23
3	Microsoft Corp.	美国	36	18
4	AT&T Intellectual Property LLC	美国	21	8
5	Convergent Media Solutions LLC	美国	15	6

2. 中国申请人排名

表 2-4　中国多硬件环境设备标识技术专利申请人排名

序号	申请人	申请人国家	申请数量（件）	授权数量（件）
1	Apple Inc.	美国	28	3
2	Huawei Tech. Co. Ltd.（华为）	中国	3	1
3	Imagination Technology Co. Ltd.	英国	3	1
4	Univ. Peking Founder Group Co. Ltd.（北大方正）	中国	1	1
5	Beijing Pengyucheng Software Technology（鹏宇成软件）	中国	1	0

3. 日本申请人排名

表 2-5　日本多硬件环境设备标识技术专利申请人排名

序号	申请人	申请人国家	申请数量（件）	授权数量（件）
1	Apple Inc.	美国	25	3
2	Toshiba K.K.	日本	3	2
3	NTT IDO Tsushinmo K.K.	美国	3	2
4	Microsoft Corp.	美国	2	2
5	Seiko Epson Corp.	日本	2	0
6	Ricoh K.K.	美国	2	0

4. 韩国申请人排名

表 2-6 韩国多硬件环境设备标识技术专利申请人排名

序号	申请人	申请人国家	申请数量（件）	授权数量（件）
1	Samsung Electronics Co. Ltd.	韩国	22	17
2	LG Electronics Inc.	韩国	21	12
3	Panasonic Corp.	日本	4	1
4	SK Telecom Co. Ltd.	韩国	3	1
5	Microsoft Corp.	美国	2	1

5. 英国申请人排名

表 2-7 英国多硬件环境设备标识技术专利申请人排名

序号	申请人	申请人国家	申请数量（件）	授权数量（件）
1	Cisco Tech. Inc.	日本	2	0

6. 法国申请人排名

表 2-8 法国多硬件环境设备标识技术专利申请人排名

序号	申请人	申请人国家	申请数量（件）	授权数量（件）
1	Viaccess S.A.	法国	4	1
2	France Telecom	法国	2	0

7. 德国申请人排名

德国在多硬件环境设备标识技术领域无专利申请公开。

8. 俄罗斯申请人排名

俄罗斯在多硬件环境设备标识技术领域无专利申请公开。

9. 澳大利亚申请人排名

表 2-9 澳大利亚多硬件环境设备标识技术专利申请人排名

序号	申请人	申请人国家	申请数量（件）	授权数量（件）
1	Apple Inc.	美国	38	8

10. 欧洲专利局申请人排名

表 2-10　欧洲专利局多硬件环境设备标识技术专利申请人排名

序号	申请人	申请人国家	申请数量（件）	授权数量（件）
1	Apple Inc.	美国	16	2
2	NDS Ltd.	英国	4	2
3	Ericsson Telefon AB L.M.	瑞典	4	1
4	Sony Corp.	日本	3	3
5	Samsung Electronics Co. Ltd.	韩国	3	0

11. 世界知识产权组织申请人排名

表 2-11　世界知识产权组织多硬件环境设备标识技术专利申请人排名

序号	申请人	申请人国家	申请数量（件）
1	Apple Inc.	美国	39
2	Yknots Ind. LLC	美国	19
3	Nokia Corp.	芬兰	10
4	General Instrument Corp.	美国	8
5	Nokia Corp.	芬兰	6

二　专利分析

（一）技术发展趋势分析

随着近年来硬件设备的不断丰富以及网络技术的快速发展，在数字版权保护技术应用层面上，针对硬件设备的标识技术也不断完善，相关专利申请量总体上呈现逐步攀升的趋势。

多硬件环境设备标识技术专利申请量在 2001 年突然增多，与各种版权作品开始在网络上公开传播有着不可割裂的联系。网络技术的繁荣以及硬件设备的丰富，促进了多硬件环境设备标识技术在版权作品中的应用。因而在 2005 年至 2006 年间多硬件环境设备标识技术有了较多的专利申请量。这种申请量发展态势在经过 2009 年和 2010

年的小幅下降后，在 2011 年后继续上升（见图 2–2）。整体来看，多硬件环境设备标识技术还处于稳步发展阶段，技术创新和应用仍有上升空间。

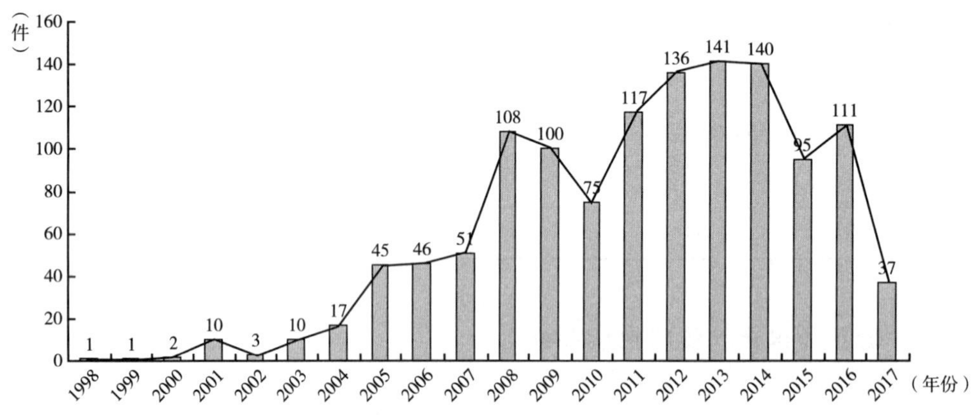

图 2–2　多硬件环境设备标识技术专利申请量年度分布

（二）技术路线分析

图 2–3 是多硬件环境设备标识技术的发展路线图。整体上，该技术从 2005 年起衍生出核心技术，至今仍不断进行着技术更迭。“ACM Workshop on Digital Rights Management”会议（ACM DRM）从 2001 年开始每年举办一次，涉及多个方面的研究内容，主要有数字版权管理（Digial Rights Management，DRM）系统的体系结构、DRM 系统中对数字内容使用的跟踪和审核、数字内容交易的商业模式及安全性需求、多媒体数据的加密、身份识别、DRM 系统中的密钥管理、数字权利的转移问题和数字版权描述等[①]。2003 年，美国通用仪器公司（General Instrument Corp.）申请了关于利用设备标识实现密钥和数字证书设定的专利；随后 Dartdevices 公司申请了关于多设备环境下解决安全性问题的技术方案。之后三星电子（Samsung Electronics Co. Ltd.）、乐喜金星电子（Lucky Goldstar Electronics，LG）、苹果公司（Apple Inc.）都就数字版权保护领域的设备安全性提出了相关专利申请。在核心技术对应的专利申请中，往往涉及技术方案的其他应用领域以及多硬件环境设备标识技术相关联的技术方案。由于近些年硬件设备的品类不断翻新，因此针对该技术的专利申请在不断更新方向，大多数的多硬件环境设备标识技术采用的是硬件方式标识或者软硬件结合标识的方式。

① 左海生:《基于 DRM 的电子文档保护系统的设计与实现》，硕士学位论文，西北大学，2009，第 3 页。

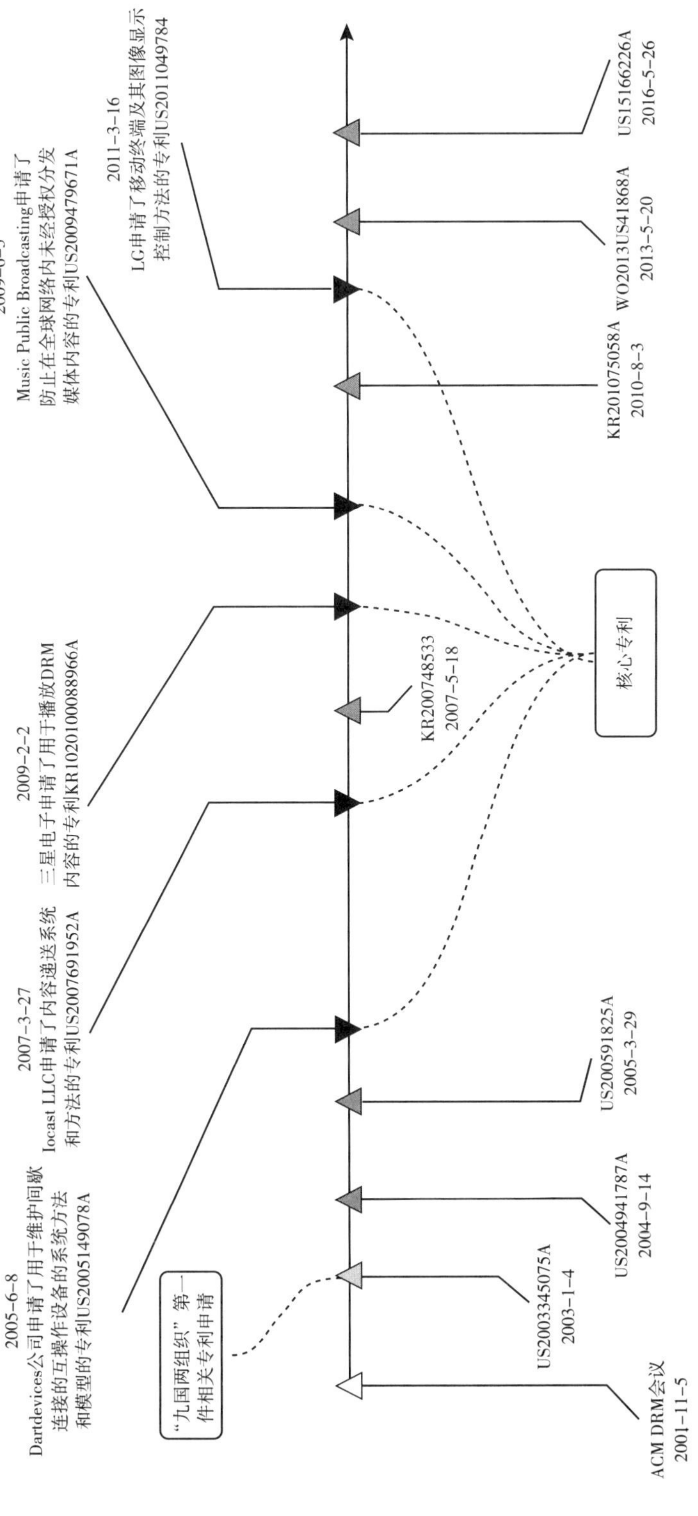

图 2-3　多硬件环境设备标识技术发展路线

（三）主要专利申请人分析

本项目根据多硬件环境设备标识技术专利在“九国两组织”的检索结果，对专利申请量进行统计，并就专利申请量排名前列的专利申请人从时间、地域和技术聚类角度进行针对性研究和分析。在该技术下，苹果公司和三星电子在专利申请数量上有绝对的优势，故将其作为主要对象进行分析。

1. 申请量排名第一的专利申请人——苹果公司

（1）专利申请量

从1998年开始，美国就对数字版权加强保护，同时对网络服务提供商的责任予以限制，以确保网络的发展和运作。苹果公司在数字版权保护技术领域，无疑是硬件设备制造商和软件开发商中的先行者，也是佼佼者。从图2-4可以看出，从2004年开始，苹果公司就在多硬件环境设备标识技术领域推出了专利，随着智能移动终端的风靡和网络技术的盛行，苹果公司于2007年进入大量申请专利的时期，拥有数字版权的APP及相应的数字版权产品在苹果公司的移动设备中大量应用。较为完备的专利储备和布局，不但使得苹果公司拥有多硬件环境设备标识技术的若干核心专利，并且为苹果公司赢得了市场认同。

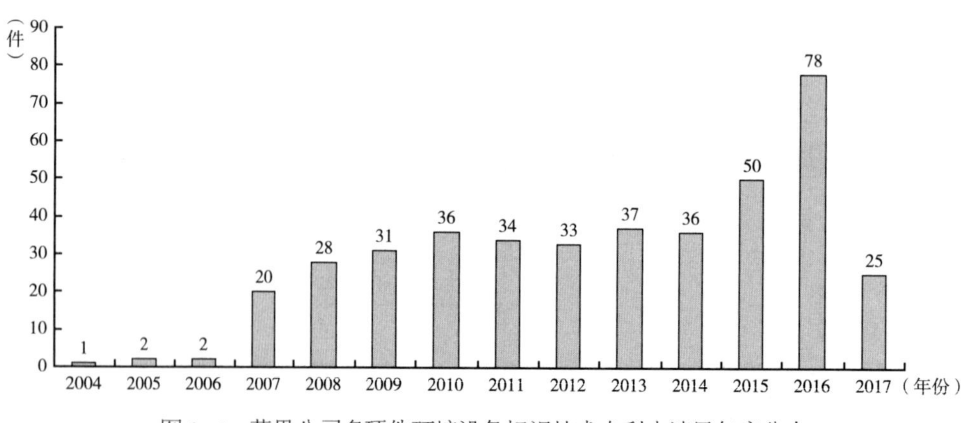

图2-4 苹果公司多硬件环境设备标识技术专利申请量年度分布

（2）专利申请量区域分布

图2-5是苹果公司多硬件环境设备标识技术专利申请的地域分布情况。苹果公司

是美国乃至全球重要的创新源头，是众多核心专利及关键技术的持有者，也是全球专利布局的引领者之一。苹果公司十分注重技术在全球重要市场的部署。在多硬件环境设备标识技术领域，苹果公司在美国的专利申请量最多，在澳大利亚、中国、日本、欧洲专利局和世界知识产权组织等国家和国际组织也有专利申请。可以看出，对于多硬件环境设备标识技术这类基础技术的布局，苹果公司将专利的触角延伸至重要的市场竞争地区，以期取得良好的专利保护效果。

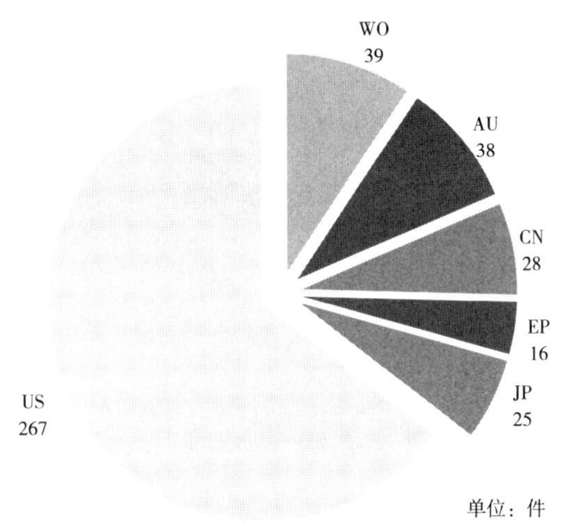

图 2-5　苹果公司多硬件环境设备标识技术专利在“九国两组织”的申请量

（3）技术构成分布

苹果公司非常注重对基础关键技术的保护。图 2-6 展示了苹果公司多硬件环境设备标识技术的构成分布，可以看出，苹果公司拥有硬件设备标识技术领域的绝对核心技术。

通过对苹果公司相关专利的了解，苹果公司根据其硬件设备产品的版权保护需要，针对各类通用设备、移动设备和可插拔（或可卸载）设备，以及其他专用设备等进行了技术研究和专利申请，并拥有对苹果公司硬件设备进行标识识别和管理的关键技术，以适应多种或多个设备在网络环境使用时的版权保护需求。

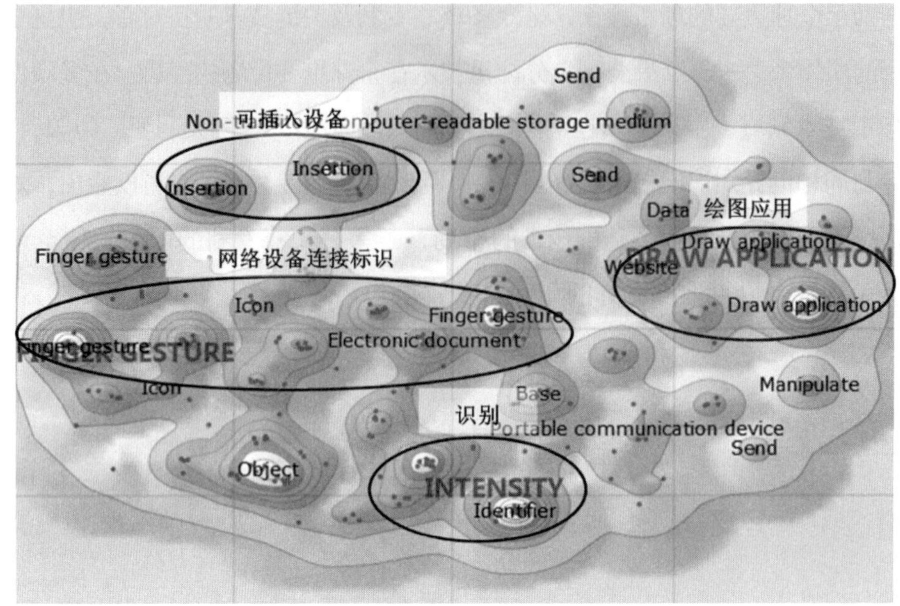

图 2-6　苹果公司多硬件环境设备标识技术构成分布

2. 申请量排名第二的专利申请人——三星电子

（1）专利申请量

互联网的传播能力为数字版权带来忧患。韩国是娱乐产业发达的国家，数字版权保护的问题一直受到重视，三星电子是与苹果公司比肩的移动终端制造商和软件运营商，在苹果公司开始关注多硬件环境设备标识技术等基础技术的同一时期，三星电子也持续性地申请了不少这方面的技术专利。由图 2-7 可以清楚地看到，三星电子在多硬件环境设备标识技术上持续不断地申请专利，虽然申请数量相对于苹果公司来说较少，但有较为持续的申请态势，并在 2009 年和 2012 年达到较高值。这与三星电子进行硬件设备技术转型的年份相吻合。而在 2014 年后三星电子在多硬件环境设备标识技术方面的专利申请数量有较大幅度减少，且 2014 年的申请数量为 0。这说明三星电子已减少多硬件环境设备标识技术的研发与专利布局。三星电子多硬件环境设备标识技术专利申请量的年度发展趋势也印证了三星电子在技术层面的尾随策略。

但与苹果公司不同的是，三星电子的专利大多数不涉及核心专利，而是偏向于应用和标识管理的内容。

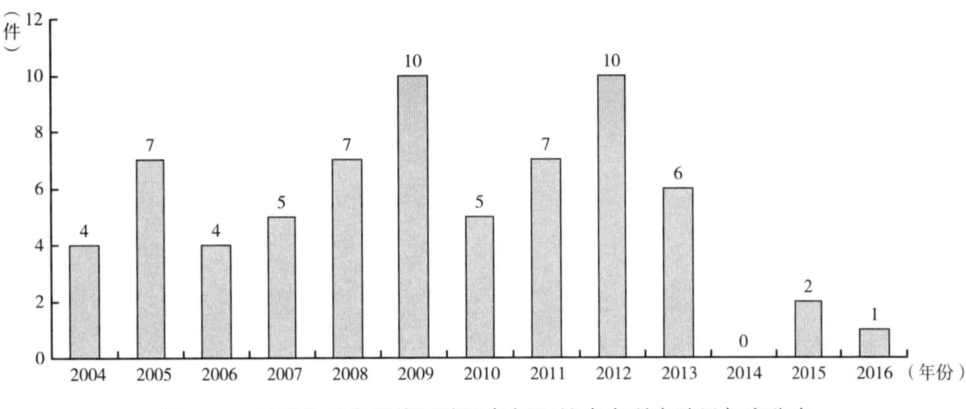

图 2-7 三星电子多硬件环境设备标识技术专利申请量年度分布

（2）专利申请量区域分布

三星电子的技术尾随策略同样表现在专利申请的区域布局层面。三星电子的专利在“九国两组织”的分布情况与苹果公司较为类似。除了在本国大量布局以外，三星电子在美国的专利申请量也很多。从图 2-8 可以看出，三星电子在美国的专利申请量甚至超过了在本国的专利申请量，足见三星电子对美国市场的重视。此外，三星电子在世界知识产权组织和日本也申请了少量专利。

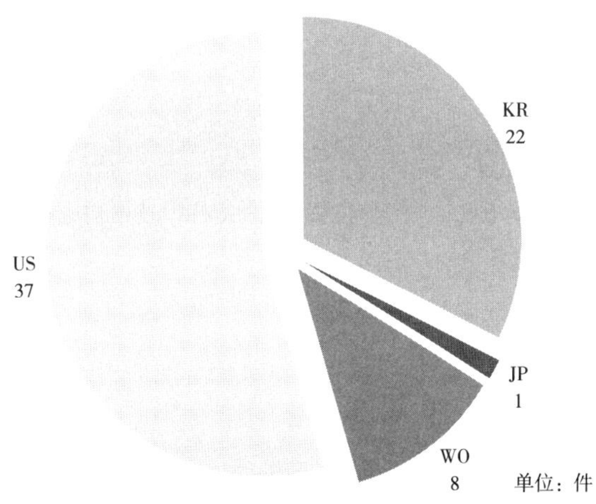

图 2-8 三星电子多硬件环境设备标识技术专利在“九国两组织”的申请量

（3）技术构成分布

早在 2005 年，三星电子与索尼（Sony Corp.）、飞利浦、松下电器（Panasonic Corp.）就联合开发了联盟版权保护标准“马林联合开发协会”（Marlin Joint Development Association），以阻止盗版数字音乐或者数字视频文件，并把不同的版权管理标准统一起来。

三星电子自 2004 年开始在数字版权方面做出了不懈的努力，目前在硬件设备数字版权技术方面已经达到世界先进水平。从图 2-9 中三星电子多硬件环境设备标识技术的聚类情况可以看出，三星电子更注重用户体验和应用层面的优化，在基础技术和核心专利方面的表现与苹果公司有一定差异。

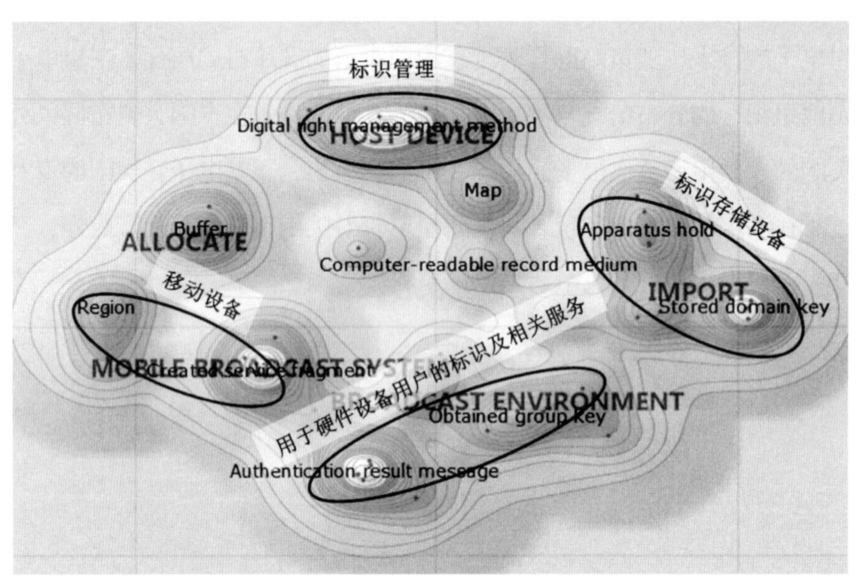

图 2-9 三星电子多硬件环境设备标识技术构成分布

三 总结

（一）专利申请总体趋势

整体上，美国在多硬件环境设备标识技术中处于全球领先的地位。随着硬件的持续丰富和网络技术的日益完善，数字版权保护技术研发热度升温，各主要技术输出国家都在 2012 年前后产出了数量可观的专利，并在接下来的几年中逐步进入技术成熟期，专利申请量趋于平稳状态。中国在该技术领域的专利申请量远远少于发达国家，然而技术发展的上升趋势明显。

（二）主要国家技术发展现状及未来发展趋势

通过对整个行业进行技术生命周期曲线分析，可以判断该技术在各个国家的发展现状以及未来的发展趋势。本项目选取了 4 个比较重点的国家进行分析，结果如下。

1. 美国

在多硬件环境设备标识技术方面，美国作为全球领先的硬件设备制造和网络技术研发国家，886 件的专利申请量已经不俗。其专利年申请量在 2012 年达到顶峰，之后逐步进入平稳期。随着美国版权保护制度的不断完善，基于多硬件环境设备标识技术的创新也逐渐涌现。

2. 日本

日本是全球数字内容产业发展的先行者之一，但在多硬件环境设备标识技术的萌芽期和发展期，日本的专利申请量都远远少于美国。其专利申请量较之韩国及中国都要少。日本在该技术领域通过合作研发的方式产出了质量较高的专利。

3. 韩国

韩国作为数字版权界重要的技术输出地区，在数字版权相关专利申请方面有较为可观的表现，显示出强劲的发展势头，并于 2009~2012 年达到专利申请高峰。近年来，随着全球对数字版权的重视和推崇，韩国在多硬件环境设备标识技术上也有不错的表现，并保持较为充沛的发展势头。

4. 中国

从国内多硬件环境设备标识技术的发展进程来看，中国进入萌芽阶段的时间与美国基本一致，但申请总量与美国的差距很大。中国在经过萌芽期后，于 2009 年左右进入持续发展期，目前仍有较为明显的上升趋势。

（三）主要申请人对比分析

通过对多硬件环境设备标识技术领域的宏观分析可知，在该关键技术下苹果公司和三星电子在专利申请数量上有绝对优势，故本项目将其作为主要对象进行分析。

1. 专利申请量比较

苹果公司非常注重对基础关键技术的保护，持有413项多硬件环境设备标识技术专利；三星电子在该技术领域持有68项专利。苹果公司是美国乃至全球重要的创新源头，众多核心专利及关键技术的持有者。韩国是娱乐产业发达的国家，数字版权问题在韩国一直受到重视。三星电子是与苹果公司比肩的移动终端制造商和软件运营商，在苹果公司关注多硬件环境设备标识技术等基础技术的同时，也持续性地申请了不少专利。

2. 专利资产地域布局分析

从以上两个主要申请人的专利资产地域布局情况可以看出：苹果公司和三星电子为了贯彻其全球化知识产权战略，在美国、韩国和中国等主要消费市场布局了专利。在多硬件环境设备标识技术方面，苹果公司在美国的专利申请量最多，在澳大利亚、中国和日本等国家也有专利分布。可以看到，对于多硬件环境设备标识技术这类基础技术的布局，苹果公司将专利的触角延伸至全球重要的市场竞争地区，以期取得良好的专利保护效果。三星电子的专利地域分布情况与苹果较为类似，除在韩国大量申请专利以外，三星电子在美国的专利申请数量甚至超过了在韩国的数量，足见三星电子对美国市场的重视。

3. 技术热点分析

苹果公司根据自身硬件设备产品的版权保护需要，针对各类通用设备、移动设备和可插拔（或可卸载）设备，以及其他专用设备等进行了技术研究和专利申请，并拥有对苹果硬件设备进行标识识别和管理的关键技术，基本满足多个设备在网络环境使用时的版权保护需求。与苹果公司不同，三星电子的专利大多数不涉及核心技术，而是偏向于应用和标识管理的内容。

第二节　多硬件环境下的自适应绑定技术

多硬件环境下的自适应绑定技术是数字版权保护领域的常用技术，通过将数字许可证与数字内容作品呈现设备或者额外的专用设备的硬件信息相绑定，使得相应内容只能在特定的设备或者带有特定专用设备的仪器上使用；并且在设备内的部分部件或标识更换的情况下，仍能保证已获授权内容的正常阅读和使用。在多硬件环境下，该技术保证了用户使用的易用性和便捷性。围绕该技术的专利申请发轫于20世纪90年代中期，于2013年达到顶峰，之后有所回落。随着移动智能终端等新兴设备的不断发展和普及，该技术仍有一定的创新空间，且应用范围会越来越广。

一 专利检索

（一）检索结果概述

以多硬件环境下的自适应绑定技术为检索主题，在“九国两组织”范围内共检索到相关专利申请1557件，具体数量分布如表2-12所示。

表2-12 “九国两组织”多硬件环境下的自适应绑定技术专利申请量

单位：件

国家/国际组织	专利申请量	国家/国际组织	专利申请量
US	902	DE	4
CN	177	RU	0
JP	103	AU	13
KR	185	EP	65
GB	9	WO	99
FR	0	合计	1557

（二）“九国两组织”多硬件环境下的自适应绑定技术专利申请趋势

在多硬件环境下的自适应绑定技术方面，韩国拥有仅次于美国的专利申请储备。中国则自2012年前后有了较为明显的申请态势（见表2-13、图2-10）。这与2010年中国开始普及个人移动终端有直接关系，中国厂商和研究团队均在这一技术领域投入了较大的研发力度并取得了技术的进步。

表 2-13 1994~2017 年多硬件环境下的自适应绑定技术"九国两组织"专利申请量

单位：件

国家 / 国际组织	专利申请量																	
	90	01	02	03	04	05	06	07	08	09	10	11	12	13	14	15	16	17
US	136	47	23	28	46	32	49	45	35	61	62	67	85	86	48	27	19	6
CN	4	1	2	3	4	1	1	6	3	3	6	7	18	37	23	29	18	11
JP	14	4	4	13	11	10	1	1	1	4	2	1	4	8	11	7	6	1
KR	1	1	6	6	3	4	11	14	15	22	13	30	18	10	9	13	9	0
GB	2	0	1	3	0	0	1	0	0	0	0	0	0	0	0	2	0	0
FR	0	0	0	0	0	0	0	0	0	0	0	0	0	0	0	0	0	0
DE	2	0	0	0	0	0	0	0	0	0	0	0	1	0	0	1	0	0
RU	0	0	0	0	0	0	0	0	0	0	0	0	0	0	0	0	0	0
AU	2	1	1	1	0	2	0	0	0	0	0	0	0	2	1	2	1	0
EP	12	3	7	4	2	1	1	2	0	2	0	0	2	10	8	7	3	1
WO	6	2	2	1	1	2	2	2	1	1	2	8	9	19	13	11	13	4
合计	179	59	46	59	67	52	66	70	55	93	85	113	137	172	113	99	69	23

注："90"指 1994~2000 年的专利申请总量；"01~17"分别指 2001~2017 年当年的专利申请量。

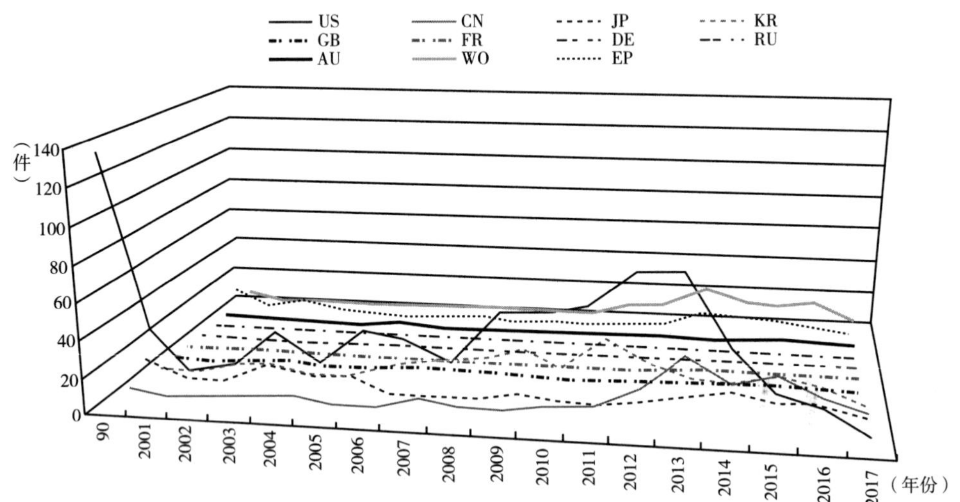

图 2-10 多硬件环境下的自适应绑定技术"九国两组织"专利申请趋势

注："90"指 1994~2000 年的专利申请总量。

（三）“九国两组织”多硬件环境下的自适应绑定技术专利申请人排名

1994~2017年“九国两组织”多硬件环境下的自适应绑定技术专利申请人排名情况如表2-14~表2-22所示。法国和俄罗斯在该技术领域暂无专利申请公开。

1. 美国申请人排名

表 2-14　美国多硬件环境下的自适应绑定技术专利申请人排名

序号	申请人	申请人国家	申请数量（件）	授权数量（件）
1	IBM Corp.	美国	82	75
2	Microsoft Corp.	美国	50	33
3	Accenture LLP	美国	32	19
4	Oracle Inc.	美国	22	12
5	Sun Microsystems Inc.	美国	15	13

2. 中国申请人排名

表 2-15　中国多硬件环境下的自适应绑定技术专利申请人排名

序号	申请人	申请人国家	申请数量（件）	授权数量（件）
1	Qualcomm Inc.	美国	9	3
2	Nokia Corp.	芬兰	4	2
3	Microsoft Corp.	美国	3	1
4	IBM Corp.	美国	3	1
5	Fiberhome Telecom Technologies Co. Ltd.（烽火通信）	中国	2	1

3. 日本申请人排名

表 2-16　日本多硬件环境下的自适应绑定技术专利申请人排名

序号	申请人	申请人国家	申请数量（件）	授权数量（件）
1	Samsung Electronics Co. Ltd.	韩国	4	2
2	Matsushita Denki Sangyo K.K.	日本	3	2
3	Hitachi Ltd.	日本	2	2
4	Nvidia Corp.	美国	2	2

4. 韩国申请人排名

表 2-17　韩国多硬件环境下的自适应绑定技术专利申请人排名

序号	申请人	申请人国家	申请数量（件）	授权数量（件）
1	LG Electronics Inc.	韩国	42	26
2	Intel Corp.	美国	11	8
3	Samsung Electronics Co. Ltd.	韩国	10	3
4	Qualcomm Inc.	韩国	9	3
5	Nokia Corp.	芬兰	4	0

5. 英国申请人排名

表 2-18　英国多硬件环境下的自适应绑定技术专利申请人排名

序号	申请人	申请人国家	申请数量（件）	授权数量（件）
1	Empower Interactive Group Ltd.	英国	4	0
2	IBM Corp.	美国	2	0
3	Toshiba K.K.	日本	1	0

6. 法国申请人排名

法国在多硬件环境下的自适应绑定技术领域暂无专利申请公开。

7. 德国申请人排名

表 2-19　德国多硬件环境下的自适应绑定技术专利申请人排名

序号	申请人	申请人国家	申请数量（件）	授权数量（件）
1	SK Telecom Co. Ltd.	韩国	1	1
2	Hewlett-Packard Development Co. LP	美国	1	0
3	Object Tech. Licensing Corp.	美国	1	0
4	Siemens A.G.	德国	1	1

8. 俄罗斯申请人排名

俄罗斯在多硬件环境下的自适应绑定技术领域暂无专利申请公开。

9. 澳大利亚申请人排名

表 2-20　澳大利亚多硬件环境下的自适应绑定技术专利申请人排名

序号	申请人	申请人国家	申请数量（件）	授权数量（件）
1	Microsoft Corp.	美国	3	0
2	Grape Technology Group Inc.	美国	1	0

10. 欧洲专利局申请人排名

表 2-21　欧洲专利局多硬件环境下的自适应绑定技术专利申请人排名

序号	申请人	申请人国家	申请数量（件）	授权数量（件）
1	Microsoft Corp.	美国	9	2
2	Siemens A.G.	德国	4	4
3	Nortel Networks Corp.	加拿大	3	3
4	Koninkl Philips Electronics N.V.	荷兰	2	1
5	IBM Corp.	美国	1	1

11. 世界知识产权组织申请人排名

表 2-22　世界知识产权组织多硬件环境下的自适应绑定技术专利申请人排名

序号	申请人	申请人国家	申请数量（件）
1	LG Electronics Inc.	韩国	46
2	Andersen Consulting LLP	美国	15
3	Accenture LLP	美国	14
4	Oblong Ind. Inc.	美国	12
5	Qualcomm Inc.	美国	12

二　专利分析

（一）技术发展趋势分析

多硬件环境下的自适应绑定技术的发展依赖于硬件设备的涌现，以及数字内容在硬件设备上的使用。从图 2-11 可以看出，多硬件环境下的自适应绑定技术专利申请数量在 2009 年和 2013 年出现了较大幅度增长，并在 2010~2013 年持续上升，但在

2014 年以来有回落的趋势。这说明该技术随着智能移动终端的普及和创新终端的发明进入平稳发展阶段。

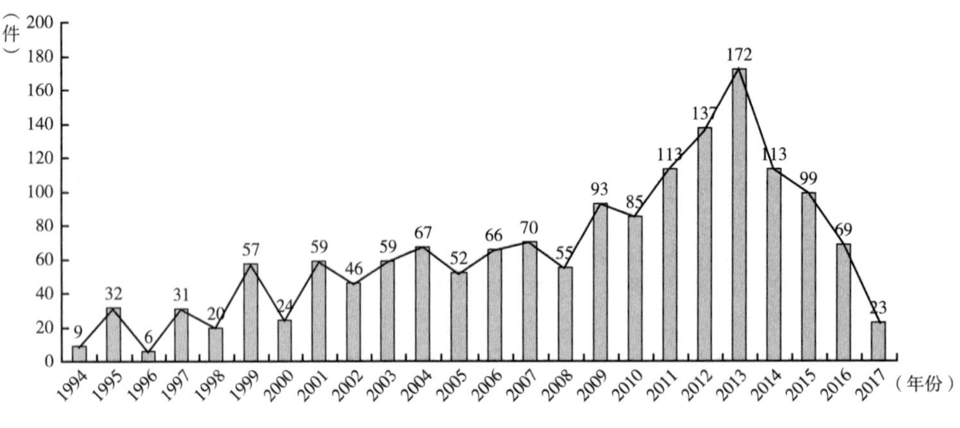

图 2-11　多硬件环境下的自适应绑定技术专利申请量年度分布

（二）技术路线分析

图 2-12 是多硬件环境下的自适应绑定技术的发展路线图。1994 年就出现了相关的专利申请。1997 年，诺威尔有限公司（Novell Inc.）针对网络中多个硬件设备进行注册和针对指定内容访问应用场景的标识技术申请了专利；而后 Seachange、三星电子、MaxLinear 和诺基亚（Nokia Corp.）均申请了多硬件环境下的自适应绑定技术领域的核心专利，共同推动着多硬件环境下的自适应绑定技术的发展。随着网络平台和硬件设备的不断推陈出新，多硬件环境下的自适应绑定技术正在为数字版权保护技术持续注入创新活力。

（三）主要专利申请人分析

本项目根据多硬件环境下的自适应绑定技术专利在“九国两组织”的检索结果，对专利申请量进行统计，并就专利申请量排名前列的专利申请人从时间、地域和技术聚类角度进行针对性研究和分析。在该技术领域，本项目将 IBM（IBM Corp.）和 LG 作为主要对象进行分析，以获知该技术发展历程中，大型企业的技术发展进程和更迭。

1. 申请量排名第一的专利申请人——IBM

（1）专利申请量

IBM 是利用专利创收的典型企业。IBM 作为专利申请的巨头，其申请量在全球

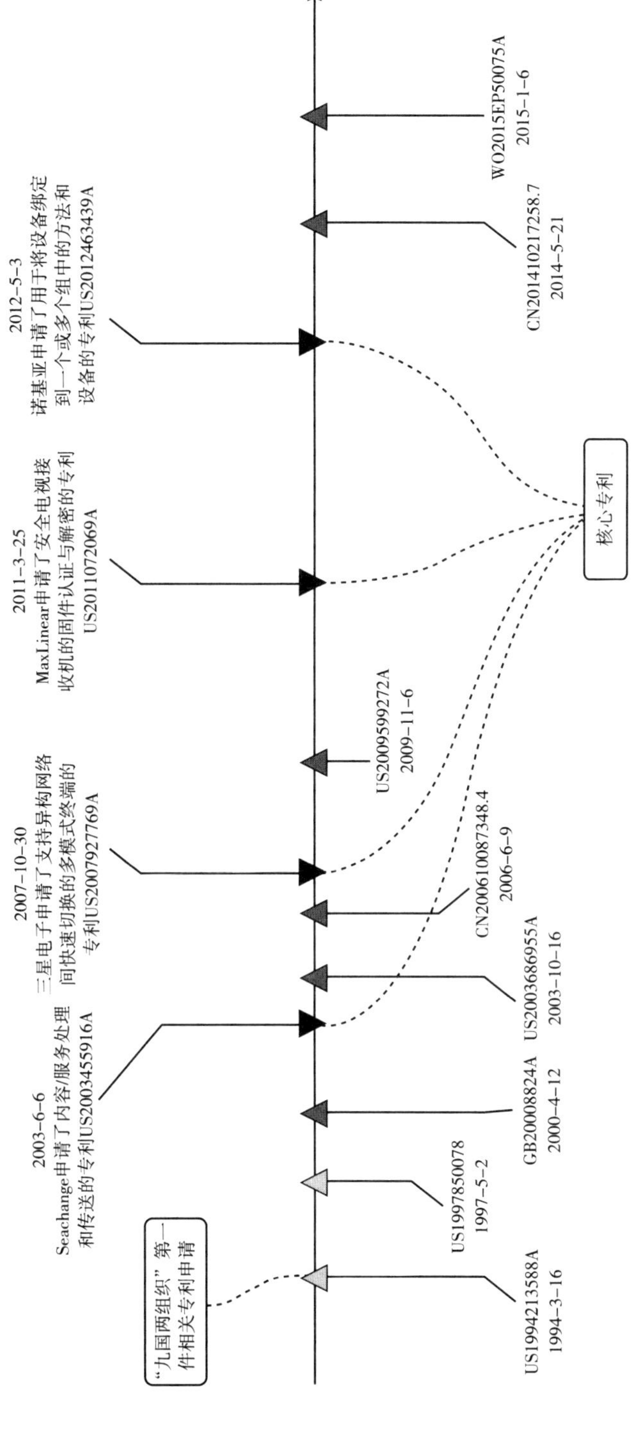

图 2-12　多硬件环境下的自适应绑定技术发展路线

名列前茅，在多硬件环境下的自适应绑定技术方面也显示出强劲的申请势头。IBM 从 2003 年开始在多硬件环境下的自适应绑定技术领域申请专利，在 2005 年和 2006 年均没有相关专利申请，但在数字内容与硬件设备结合的黄金时期，即 2008 年进行了较多专利申请（见图 2–13）。

IBM 致力于发展数据获取、存储和传播技术，为数字内容管理提供方案，并在多硬件环境下的自适应绑定技术方面有较为全面的体系策略。2012 年是 IBM 在此技术领域专利申请量最多的一年。由于 2016 年有部分专利尚未公开，可以推测 IBM 针对基础技术的保护力度将随着市场热潮而不断加大，从而在数字内容管理解决方案上继续占有领先地位。

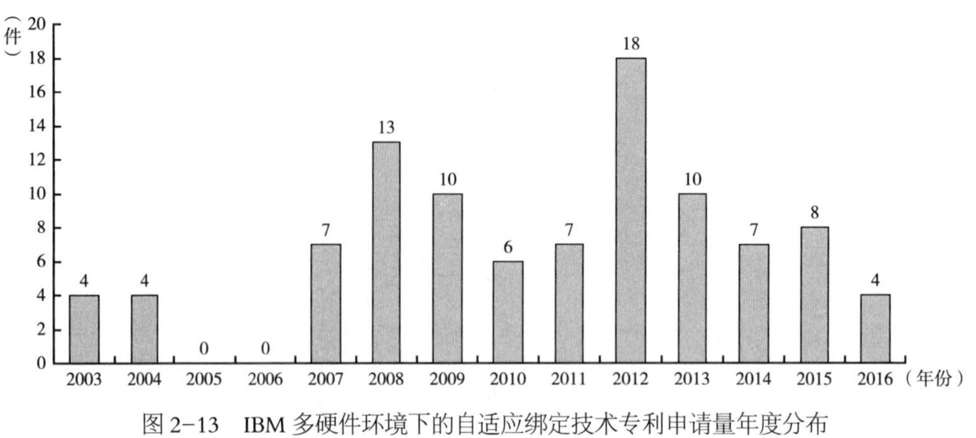

图 2–13　IBM 多硬件环境下的自适应绑定技术专利申请量年度分布

（2）专利申请量区域分布

图 2–14 是 IBM 多硬件环境下的自适应绑定技术专利申请量的地域分布情况。IBM 是全球知识产权领先的企业，对数字版权保护技术各个技术分支的布局都有非常严密的策略。从图 2–14 可以看出，IBM 在美国进行了最多的专利申请，其申请专利合作协定（Patent Cooperation Treaty,PCT）的比重也较大。这说明 IBM 非常重视基础关键技术在市场和技术垄断等层面的排布。此外，IBM 在中国等主要消费市场也有一定数量的专利布局。专利申请不仅要考虑技术本身的保护，更要将专利与市场行为相匹配，从而在专利运营方面展示先进性，并推动数字版权保护良好发展。

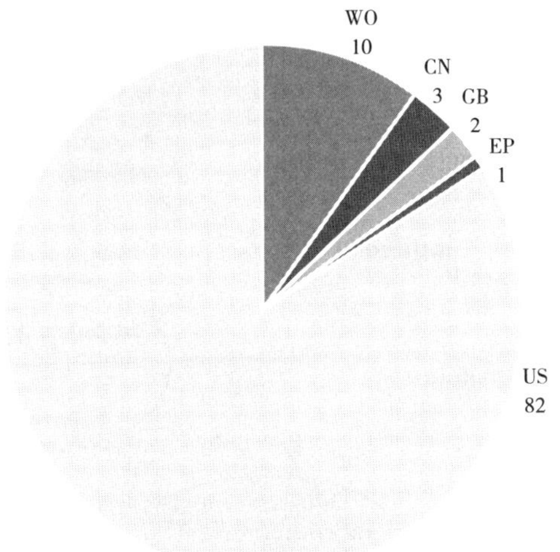

图 2-14　IBM 多硬件环境下的自适应绑定技术专利在“九国两组织”的申请量

（3）技术构成分布

从 IBM 多硬件环境下的自适应绑定技术专利的聚类情况来看，多机授权应用服务模式下的数字内容多设备授权、数字内容与多台设备的有效绑定是主要的技术方向（见图 2-15）。此外，IBM 还研究了当前多设备数字内容提供的方式和相关标识软件，以保证授权用户可以方便地使用数字内容，并保证了版权的安全性。

2. 申请量排名第二的专利申请人——LG

（1）专利申请量

LG 是韩国重要的硬件设备生产商，LG 对知识产权非常重视。LG 有着韩国电子行业的技术跟随特性，但也在某些技术领域显示了对前沿的敏感度。

在多硬件环境下的自适应绑定技术领域，LG 从 2009 年开始逐渐出现较多的专利申请，并在市场前景看好的 2011 年出现专利申请量的高峰（见图 2-16）。LG 凭借快速的市场反应能力从多方面获取市场盈利增长点，试图将由行业萧条引起的亏损降到最低。近年来，数字版权逐步成为硬件设备制造商的竞争点，LG 在生产移动智能终端的过程中，也不断申请与硬件设备数字内容安全息息相关的多硬件环境下的自适应绑定技术专利。

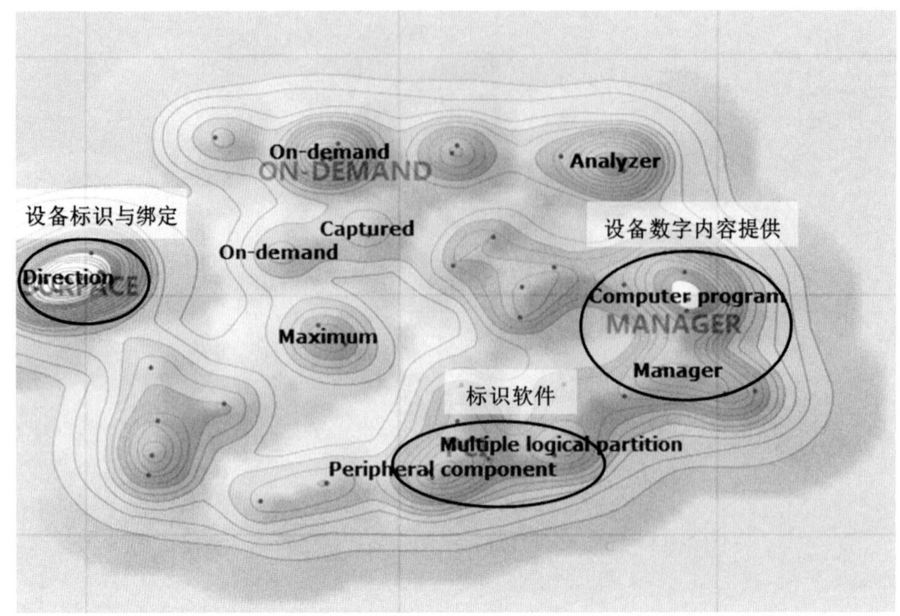

图 2-15　IBM 多硬件环境下的自适应绑定技术构成分布

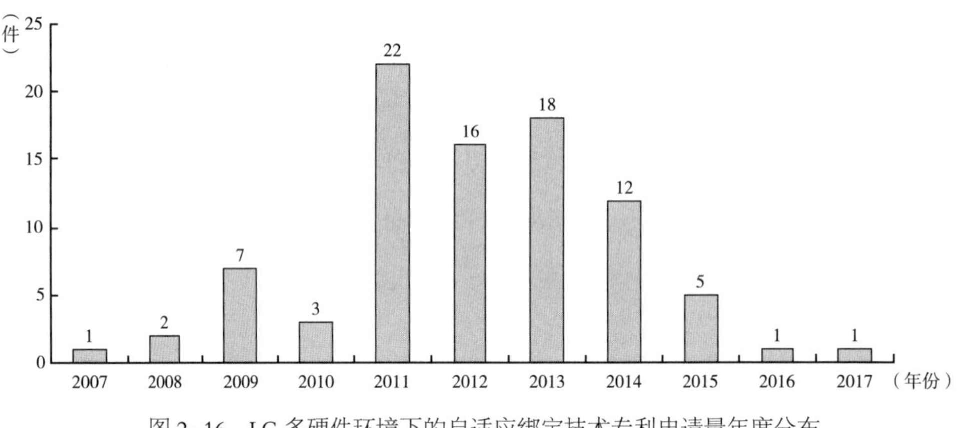

图 2-16　LG 多硬件环境下的自适应绑定技术专利申请量年度分布

（2）专利申请量区域分布

图 2-17 是 LG 多硬件环境下的自适应绑定技术专利申请量的地域分布情况。LG 是全球生产技术领先的硬件设备制造商，LG 多硬件环境下的自适应绑定技术专利申请主要分布于韩国，同时还申请了大量的 PCT。

从移动智能终端到家用电视，甚至高清电子阅读器，LG 在数字版权方面有着丰富的应用经验和先进的技术储备，并且为数字内容在多硬件环境下的安全使用进行着不懈努力。

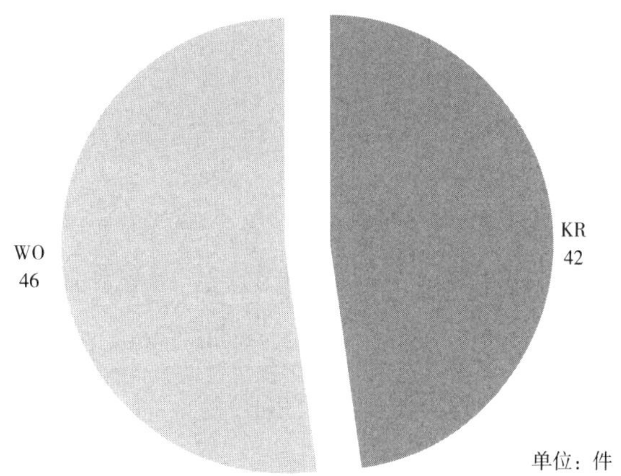

图 2-17　LG 多硬件环境下的自适应绑定技术专利在“九国两组织”的申请量

（3）技术构成分布

图 2-18 为 LG 多硬件环境下的自适应绑定技术的聚类情况，在 LG 研究的技术方向中，主要探讨了如何利用本身硬件特征信息，从数字许可证中恢复数字内容的密钥，解密内容密钥后使用数字内容。从该技术聚类中可以看出，LG 申请的大部分专利并非单一地对某个技术进行探讨，而是同时涉及了标识、绑定和密钥管理的内容。由于 LG 较为关注网络电视及相关设备生产，因而在专利申请方面也较为重视网络数字内容的使用和安全问题，并涉及多用户、多设备及云存储等与绑定有关的问题的解决。

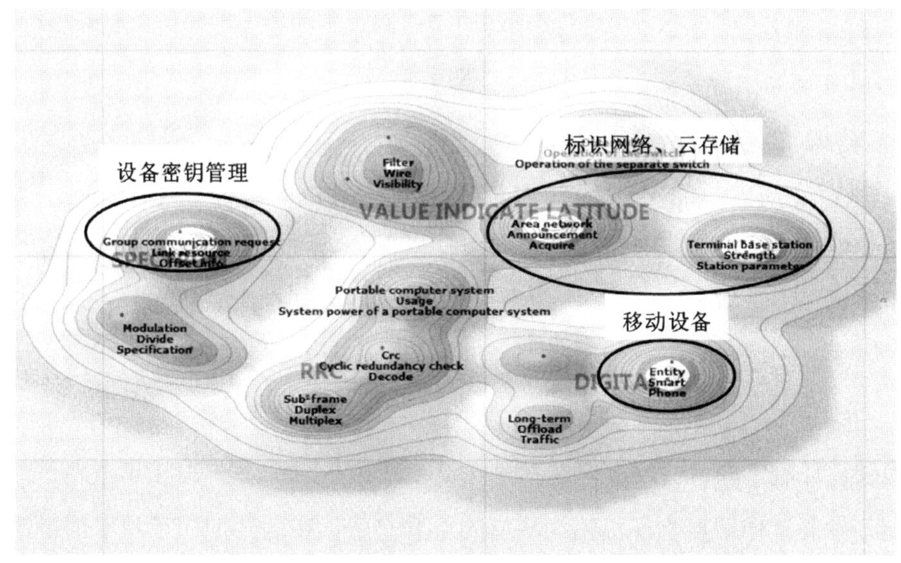

图 2-18　LG 多硬件环境下的自适应绑定技术构成分布

三 总结

（一）专利申请总体趋势

信息技术和互联网的迅猛发展为数字版权技术的发展带来了前所未有的机遇。同时，互联网的传播能力也为数字版权保护带来隐患。多硬件环境下的自适应绑定技术专利年申请量在2001~2007年比较平稳，从2008年开始一直保持着强劲的增长势头，直至2014年有所回落，之后总体呈现稳定发展的趋势。

（二）主要国家技术发展现状及趋势

1. 美国

美国在多硬件环境下的自适应绑定技术领域，专利年申请量总体呈上升态势，专利年申请量在2001年出现较大幅度的增长，这与2001年电子书阅读器产品以及在手持移动终端上进行数字内容阅读的兴起有关。申请人的数量在2013~2014年出现高峰，美国市场和学术界更多人投入对多硬件环境下的自适应绑定技术的研究。美国多硬件环境下的自适应绑定技术专利申请量于2008~2013年持续走高，但从2014年开始有所回落。

2. 日本

日本在多硬件环境下的自适应绑定技术领域经历了短暂的萌芽期后，快速进入专利申请量增长的发展期，2006年以来则经历了专利年申请量先下降再上升的发展过程，且在2014年前后出现了第二个申请高峰。

3. 韩国

韩国在该技术领域的发展经过了几个转折点，短暂的萌芽期后，韩国多硬件环境下的自适应绑定技术就进入较快增长的发展期，2006~2007年随着电子阅读器及相关硬件设备的兴起，韩国多硬件环境下的自适应绑定技术迎来发展的春天，于2006~2011年专利年申请量出现良好的上升态势。

4. 中国

多硬件环境下的自适应绑定技术在中国经过萌芽期后，于2011年左右进入持续发展期，专利年申请量表现出较为明显的上升趋势。在萌芽期，专利申请量虽然不多，但申请人数量较多。对多硬件环境下的自适应绑定技术进行研究的专利申请人从

2010 年左右开始猛增，除外商外，中国企业的数量也居高不下。未来，中国多硬件环境下的自适应绑定技术仍将有较好的发展前景和上升空间。

（三）主要申请人对比分析

通过对多硬件环境下的自适应绑定技术领域的宏观分析，本项目得出 IBM 和 LG 在专利申请数量上有绝对的优势，故而作为主要对象进行分析。

1. 专利申请量比较

IBM 作为专利申请的巨头，在该技术上有 98 项专利申请，IBM 从 2003 年开始在多硬件环境下的自适应绑定技术领域申请专利，并在数字内容与硬件设备结合的黄金时期，即 2008 年达到专利年申请量的较高值。2012 年是 IBM 在此技术领域申请量最多的一年，IBM 针对基础技术的保护力度随着市场热潮而不断加大，从而在数字内容管理解决方案上持续占据领先地位。而 LG 也有非常不俗的表现，LG 在该技术上持有 88 项专利申请。LG 从 2009 年开始有较多的专利申请，并在市场前景看好的 2011 年出现专利年申请量的峰值。近些年，数字版权逐渐成为硬件设备制造商的竞争点，LG 在生产移动智能终端的过程中，也不断申请与多硬件环境下数字内容安全息息相关的多硬件环境下的自适应绑定技术专利。

2. 专利资产地域布局分析

从以上两个主要申请人的专利资产地域布局情况可以看出：IBM 是全球知识产权领先的企业，对各个技术分支的地域布局都有非常严密的策略。IBM 除在本国申请专利外，申请 PCT 的比重也较大。这说明 IBM 非常重视基础关键技术在市场和技术垄断等层面的布局。此外，IBM 在中国等主要消费市场也有一定数量的专利分布。LG 是全球生产技术领先的硬件设备制造商，将多硬件环境下的自适应绑定技术专利主要布局于韩国，同时还申请了大量的 PCT。

3. 技术热点分析

通过对 IBM 相关专利的了解，从 IBM 多硬件环境下的自适应绑定技术专利的聚类情况来看，多机授权应用服务模式下的数字内容多设备授权和有效绑定是其主要的技术方向。此外，IBM 还研究了当前多设备数字内容提供的方式和相关标识软件，并结合云存储技术解决大数据管理方面的问题，保证了授权用户可以方便地使用数字内容，并保证了版权的安全性。LG 申请的大部分专利并非单一地对某个技术进行探讨，还涉及标识、绑定和密钥管理的内容。由于 LG 较为关注网络电视及相关设备生产，因而在专利申请方面也较为重视网络数字内容的使用和安全问题，并关注多用户、多设备及云存储等与绑定有关的问题的解决。

第三章

加密认证相关技术

第一节　密钥管理技术

密钥管理技术是数字版权保护领域比较成熟的技术，通过生成密钥并进行登记、认证、分发和注销管理，保护在线阅览中的文档和音视频等数字内容作品的版权，可以使相应版权保护工作变得更加简单，并且更加安全可靠。围绕该技术的专利申请发轫于 20 世纪 90 年代中后期，于 2008 年达到顶峰，之后出现回落。如今，该技术创新趋于缓和，在线上内容版权保护中的应用较为多见。

一　专利检索

（一）检索结果概述

以密钥管理技术为检索主题，在“九国两组织”范围内共检索到相关专利申请 1263 件，具体数量分布如表 3-1 所示。

表 3-1　“九国两组织”密钥管理技术专利申请量

单位：件

国家 / 国际组织	专利申请量	国家 / 国际组织	专利申请量
US	623	DE	6
CN	246	RU	0
JP	48	AU	4
KR	231	EP	34
GB	21	WO	48
FR	2	合计	1263

（二）“九国两组织”密钥管理技术专利申请趋势

从 2000 年起，“九国两组织”密钥管理技术专利年申请量呈逐年增长的态势，至

2008 年达到最大值。从 2009 年至今，专利年申请量逐渐下降，这与密钥管理技术日益成熟有较大关系。在“九国两组织”中，美国、中国、韩国和日本的专利申请数量排在前四，为主要的技术创新和研发国家。其中，美国的申请量占“九国两组织”总申请量的将近一半，这说明美国技术创新和研发热情最高。澳大利亚、俄罗斯、德国和法国等国在该领域的专利年申请量为个位数甚至为 0，且变化一直很平缓，说明其研发和创新热情不高（见表 3–2、图 3–1）。

表 3–2　1994~2017 年“九国两组织”密钥管理技术专利申请量

单位：件

国家 / 国际组织	专利申请量																	
	90	01	02	03	04	05	06	07	08	09	10	11	12	13	14	15	16	17
US	5	5	17	20	34	51	64	63	73	65	47	31	47	46	28	14	13	0
CN	0	1	2	3	3	5	16	16	30	31	26	25	29	22	13	10	10	4
JP	2	1	1	7	5	7	6	4	4	1	0	0	3	3	4	0	0	0
KR	0	2	5	6	14	15	13	35	37	45	15	14	10	6	10	4	0	0
GB	0	0	0	1	3	2	1	0	5	2	1	1	2	0	3	0	0	0
FR	0	0	0	0	0	0	0	0	0	1	0	0	0	0	0	0	1	0
DE	0	0	0	0	0	1	0	1	1	0	0	0	0	0	2	0	1	0
RU	0	0	0	0	0	0	0	0	0	0	0	0	0	0	0	0	0	0
AU	0	0	0	0	0	1	0	0	0	0	1	0	0	1	0	1	0	0
EP	1	1	1	1	0	0	5	4	2	4	0	6	2	2	2	1	1	1
WO	0	0	1	0	0	0	4	12	7	2	0	4	1	5	4	2	6	0
合计	8	10	27	38	59	82	109	135	159	151	90	81	94	85	66	32	32	5

注：“90”指 1994~2000 年的专利申请总量，“01~17”分别指 2001~2017 年当年的专利申请量。

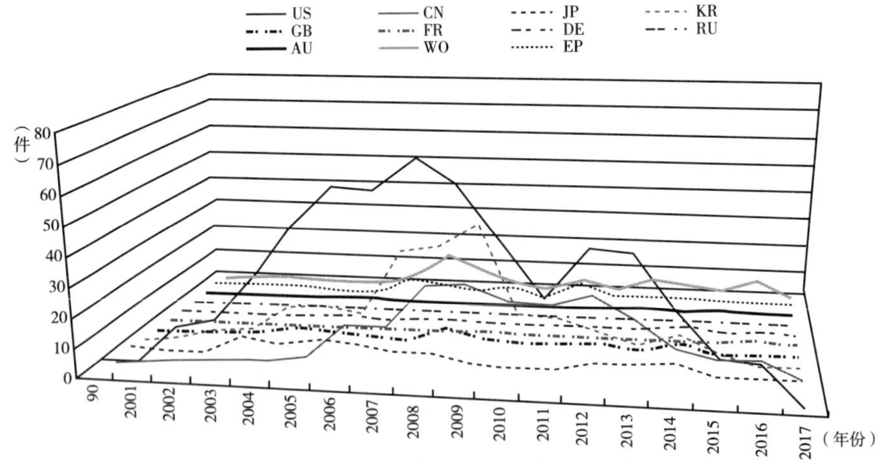

图 3–1　“九国两组织”密钥管理技术专利申请趋势

注：“90”指 1994~2000 年的专利申请总量。

（三）“九国两组织”密钥管理技术专利申请人排名

1994~2017年“九国两组织”密钥管理技术专利申请人排名情况如表3-3~表3-12所示。俄罗斯在该技术领域暂无专利申请公开。

1. 美国申请人排名

表 3-3　美国密钥管理技术专利申请人排名

序号	申请人	申请人国家	申请数量（件）	授权数量（件）
1	Microsoft Corp.	美国	79	78
2	Samsung Electronics Co. Ltd.	韩国	64	26
3	Sony Corp.	日本	29	7
4	Apple Inc.	美国	26	13
5	Google Inc.	美国	26	8

2. 中国申请人排名

表 3-4　中国密钥管理技术专利申请人排名

序号	申请人	申请人国家	申请数量（件）	授权数量（件）
1	Huawei Tech. Co. Ltd.（华为）	中国	15	11
2	ZTE Corp.（中兴）	中国	12	10
3	Sichuan Changhong Electric Appliance Co.（长虹电子）	中国	8	7
4	Univ. Peking（北京大学）	中国	7	7
5	China Unicom（中国联通）	中国	5	2

3. 日本申请人排名

表 3-5　日本密钥管理技术专利申请人排名

序号	申请人	申请人国家	申请数量(件)	授权数量(件)
1	Sony Corp.	日本	6	4
2	Matsushita Denki Sangyo K.K.	日本	4	4
3	Nippon Telegraph & Telephone	日本	3	2
4	NTT Communication Wear K.K.	日本	3	2
5	Dainippon Printing Co. Ltd.	日本	2	0

4. 韩国申请人排名

表 3-6 韩国密钥管理技术专利申请人排名

序号	申请人	申请人国家	申请数量（件）	授权数量（件）
1	Samsung Electronics Co. Ltd.	韩国	54	44
2	LG Electronics Inc.	韩国	16	4
3	Korea Electronics & Telecommun. Res. Inst.	韩国	13	3
4	KT Corp.	韩国	12	12
5	SK Telecom Co. Ltd.	韩国	12	11

5. 英国申请人排名

表 3-7 英国密钥管理技术专利申请人排名

序号	申请人	申请人国家	申请数量（件）	授权数量（件）
1	Vodafone Group PLC	英国	10	10
2	Sony Corp.	日本	2	2
3	Apple Inc.	美国	2	0
4	Toshiba K.K.	日本	1	0
5	Google Inc.	美国	1	0

6. 法国申请人排名

表 3-8 法国密钥管理技术专利申请人排名

序号	申请人	申请人国家	申请数量（件）	授权数量（件）
1	Gemalto S.A.	法国	2	1

7. 德国申请人排名

表 3-9 德国密钥管理技术专利申请人排名

序号	申请人	申请人国家	申请数量（件）	授权数量（件）
1	Broadcom Corp.	美国	3	1
2	Siemens A.G.	德国	2	0
3	Nvidia Corp.	美国	1	0

8. 俄罗斯申请人排名

俄罗斯在密钥管理技术领域暂无专利申请公开。

9. 澳大利亚申请人排名

表 3-10　澳大利亚密钥管理技术专利申请人排名

序号	申请人	申请人国家	申请数量（件）	授权数量（件）
1	Samsung Electronics Co. Ltd.	韩国	4	3

10. 欧洲专利局申请人排名

表 3-11　欧洲专利局密钥管理技术专利申请人排名

序号	申请人	申请人国家	申请数量（件）	授权数量（件）
1	Microsoft Corp.	美国	7	3
2	Vodafone PLC	英国	6	2
3	Thomson Licensing S.A.	法国	3	0
4	Intertrust Tech. Corp.	美国	1	1
5	Sony Ericsson Mobile Comm. AB	日本	1	1

11. 世界知识产权组织申请人排名

表 3-12　世界知识产权组织密钥管理技术专利申请人排名

序号	申请人	申请人国家	申请数量（件）
1	Koninkl Philips Electronics N.V.	荷兰	19
2	Microsoft Corp.	美国	14
3	Samsung Electronics Co. Ltd.	韩国	12
4	Nokia Corp.	芬兰	7
5	Ericsson Telefon AB L.M.	瑞典	6

二　专利分析

（一）技术发展趋势分析

图 3-2 展示了密钥管理技术专利申请量的年度变化趋势。密钥管理技术专利年申请量在 2008 年以前呈现逐年增长态势。这主要是因为 20 世纪 90 年代以后，信息技术发展到一个新高度，推动了文献资源走向信息化，数字版权保护需求应运而生。这一阶段数字签名技术、数字认证技术和数字加密技术都发展迅猛。2008 年和 2009

年是该技术发展的高峰时期。这主要是电子书的出现和发展使各大电子书厂商高度重视密钥管理技术。2009 年后该技术专利年申请量总体呈下滑趋势，主要是由于密钥管理技术中的对称密钥管理技术和公开密钥管理技术等发展至相对成熟阶段，新技术开发缓慢。新的密钥管理技术可以作为未来数字版权保护的研究方向。

本项目通过专家调研和专利检索发现，近年来密钥管理技术的研究重点为：在保证密钥真实性和有效性的基础上，通过密码算法安全性的验证，重点兼顾主密钥、基本密钥、内容加密密钥、密钥加密密钥和签名密钥等密钥功能的实现。其中，主密钥也被称为主机密钥，是其他密钥生成的前提；基本密钥属于用户可自己选择，或者由系统分配的密钥，用于配给用户标识；内容加密密钥采用对称密码算法，加密存储数字出版版权保护相关的原始数据；密钥加密密钥是加密存储过程中的非对称密钥对；签名密钥为数字签名时所用。以上密钥管理技术功能建立在各方合法授权的基础上，包括生成密钥、存储密钥、分配密钥、使用密钥、备份密钥、更新密钥、吊销密钥和销毁密钥等。美国数字出版版权保护主要采用多层密钥管理体制，根据密钥协议内容，注入主密钥、密钥加密密钥和会话密钥之后，以明文或者密文形式加密，以此提高被破译和攻击的难度，增加密钥管理服务（Key Management Service，KMS）的可靠性[①]。

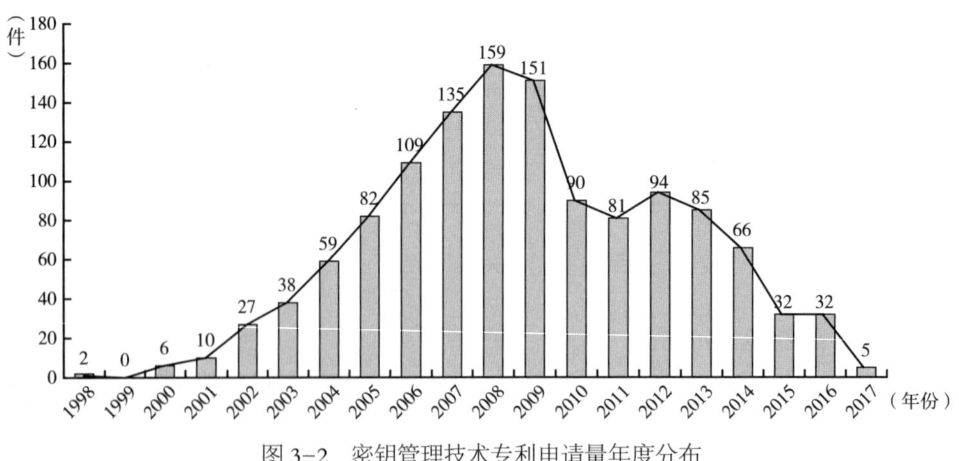

图 3-2 密钥管理技术专利申请量年度分布

① 张费铭：《美国数字出版版权保护关键技术的应用研讨》，《数字化用户》2014 年第 20 期，第 251~252 页。

（二）技术路线分析

图 3-3 展示了密钥管理技术的发展路线。1998 年 6 月 9 日诞生了该技术领域的第一件相关专利。2003 年 6 月 25 日 Coretrust 公司申请了关于防止软件非法拷贝的方法的专利，Coretrust 公司致力于移动行业，其数字版权管理系统技术规范了数字内容的使用，提供了多媒体数字作品密钥管理方法。从 2004 年到 2008 年该技术领域的核心专利出现较多，其中加密技术作为密钥管理技术的重要支撑技术很早就出现而且一直被创新。密钥管理技术是一种解决在线阅览中的文档和音视频等数字内容版权问题的技术，可以用来保护在线阅览版权问题，是目前比较成熟的一种数字内容保护技术。

纵观密钥管理技术的发展历程，发展初期出现的技术大多比较核心和基础，后续被引用得也比较多。当该技术发展到一定阶段，数字版权保护的问题逐渐成为人们关注的热点，随之出现较多加密技术的关键性技术。自 21 世纪以来，中国在该技术领域表现较为亮眼，2006 年出现了关于 IPTV 系统中的音视频节目内容版权保护的技术；2008 年清华同方股份有限公司（以下简称“同方”）采用双钥对非对称加密技术建立了数字视盘系统数字版权保护的安全体系；2009 年出现了通过互联网、无线互联网以及其他通信网络进行电子图书和数字媒体内容的发行、出版和在线服务的技术等。从图 3-3 可以看出，密钥管理技术领域的关键性专利大多在技术发展的成熟期出现。

密钥管理技术是信息安全领域的核心技术之一。密钥管理技术中一种很重要的技术就是秘密共享技术，它是一种分割秘密（密钥）的技术，目的是阻止秘密过于集中[①]。密钥分配是密钥管理的一个关键因素，目前已有很多密钥分配协议，但其安全性是一个很重要的问题。

结合检索到的专利数据与专家调研的结果，本项目确定了适用于封闭网的技术——以传统的密钥管理中心为代表的 KMI 机制，适用于开放网的 PKI 机制和适用于规模化专用网的 SPK 机制三种重要密钥管理体制。KMI 机制指密钥管理基础设施，能提供统一的密钥管理服务，涉及密钥生成服务器、密钥数据库服务器和密钥管理

---

① 张焕国，韩文报，来学嘉等:《网络空间安全综述》,《中国科学：信息科学》2016 年第 2 期，第 127 页。

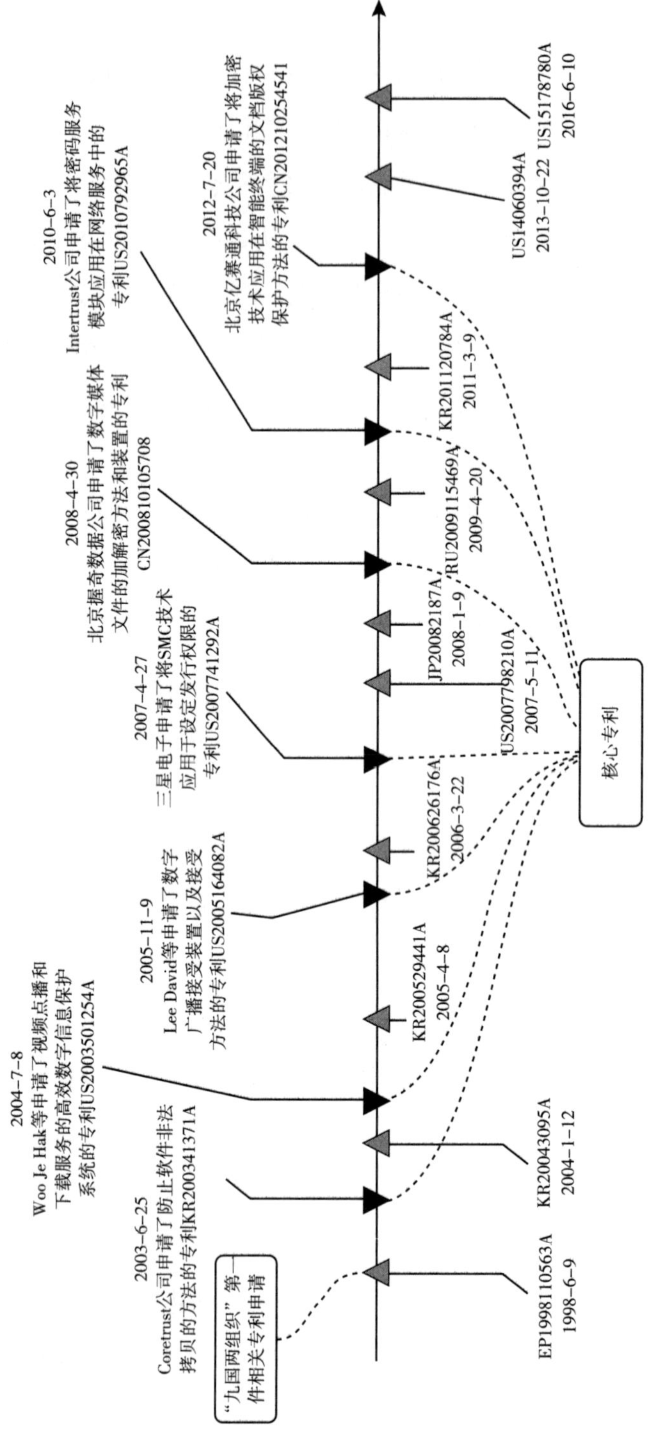

图 3-3 密钥管理技术发展路线

服务器等组成部分。KMI 经历了从静态分发到动态分发的发展历程，是密钥管理的主要手段。无论是静态分发还是动态分发，都基于秘密通道（物理通道）进行，是适用于封闭网的技术[①]。PKI 机制即公开密钥基础设施，是一种遵循既定标准的密钥管理平台，能够为所有网络应用提供加密和数字签名等密码服务及所需的密钥和证书管理的体系[②]。PKI 机制是利用公钥理论和技术建立的提供安全服务的措施。它是由公开密钥密码技术、数字证书、CA 和关于公开密钥的安全策略等基本部分共同组成的[③]。SPK 机制即种子密钥更新技术，是近几年出现的一种更为安全的加密技术。该技术可以实现动态令牌的发行者或用户根据需要安全地更新动态令牌的种子密钥，即使动态令牌发行者的种子密钥数据库被黑客窃取，也能通过更新动态令牌的种子密钥恢复已经发行的动态令牌的安全性，大大降低了因动态令牌初始密钥外泄引起的安全风险[④]。

（三）主要专利申请人分析

1994 年至 2017 年，在密钥管理技术领域专利申请量排名前两位的申请人分别为三星电子和微软（Microsoft Corp.），申请量分别是 136 件和 111 件，具体分析如下。

1. 申请量排名第一的专利申请人——三星电子

（1）专利申请量

图 3-4 是三星电子密钥管理技术专利的年度申请情况。三星电子在密钥管理技术领域的专利申请趋势与密钥管理技术的整体发展趋势基本一致。2007 年三星电子在该技术领域的专利申请数量达到顶峰，这主要是由于互联网发展进入蓬勃期，以及智能电子产品的发展，如三星电子的电子书、电子阅览器与电子杂志的发展，需要一种技术来加强保护这些数字化内容的版权。随着技术的进一步发展，单纯的密钥管理技术已经不能满足在线阅览的版权保护需求，故 2007 年之后该技术领域的专利年申请量有所下降。

---

① 南湘浩：《KMI/PKI 及 SPK 密钥管理体制》，《计算机安全》2002 年第 11 期，第 21 页。

② 陈天华：《基于 PKI 技术的网络安全策略》，《信息技术与标准化》2002 年第 10 期，第 1 页。

③ 罗军舟：《电子商务安全技术及防火墙系统开发》，《中国金融电脑》2000 年第 1 期，第 7 页。

④ 刘平：《除了你没有人知道的密码：种子密钥更新技术》，https://searchsecurity.techtarget.com.cn/11-21819/。

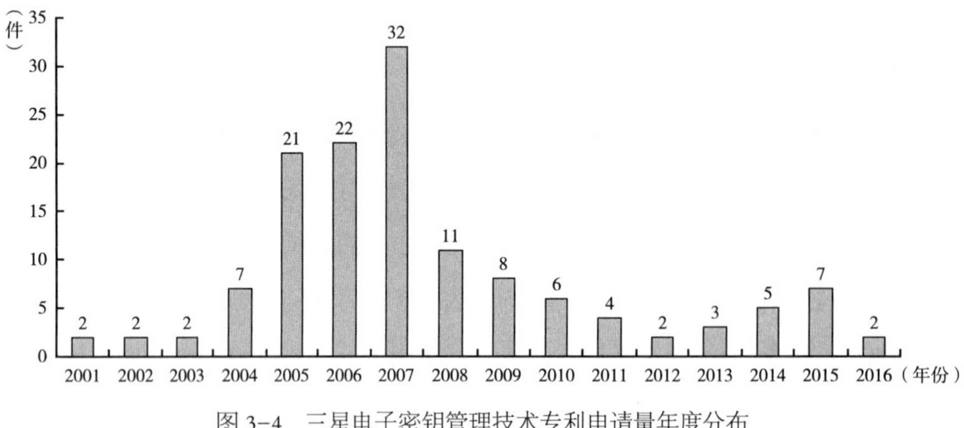

图 3-4　三星电子密钥管理技术专利申请量年度分布

（2）专利申请量区域分布

图 3-5 是三星电子密钥管理技术专利在“九国两组织”的申请情况，可以看出，三星电子密钥管理技术的专利布局集中在美国和韩国（美国 64 件、韩国 54 件）。三星电子在美国的申请量比在韩国还多，说明三星电子十分重视美国市场的专利布局。这主要是由于三星电子在美国的诉讼较多，同时其竞争对手也主要分布在美国市场。

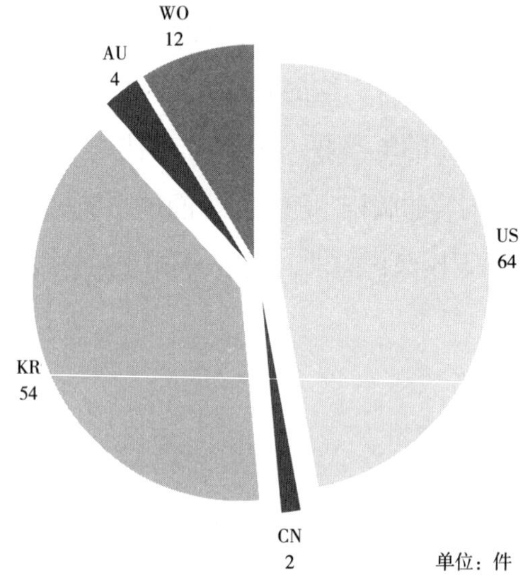

图 3-5　三星电子密钥管理技术专利在“九国两组织”的申请量

（3）技术构成分布

通过技术构成分析，可以深入地了解某公司技术研发和专利申请的侧重点。图 3–6 中每个黑点代表一篇专利，点与点之间的距离标示两篇专利的相关性，白色区域是一些非常相关的专利聚集在一起，是需要重点关注的区域。

从图 3–6 可以看出，三星电子在密钥管理技术领域关注的热点技术是存储设备、移动设备、数字版权内容管理和密钥安全。随着互联网出版的消费人群日益扩大，在线阅览已经成为人们获取知识和娱乐的主要途径之一，在线书籍以及音视频的版权问题成为主要问题。为了防止人们将在线信息非法拷贝到自己的存储设备或者指定域地址，加密技术出现了，以更好地保护在线阅览版权。

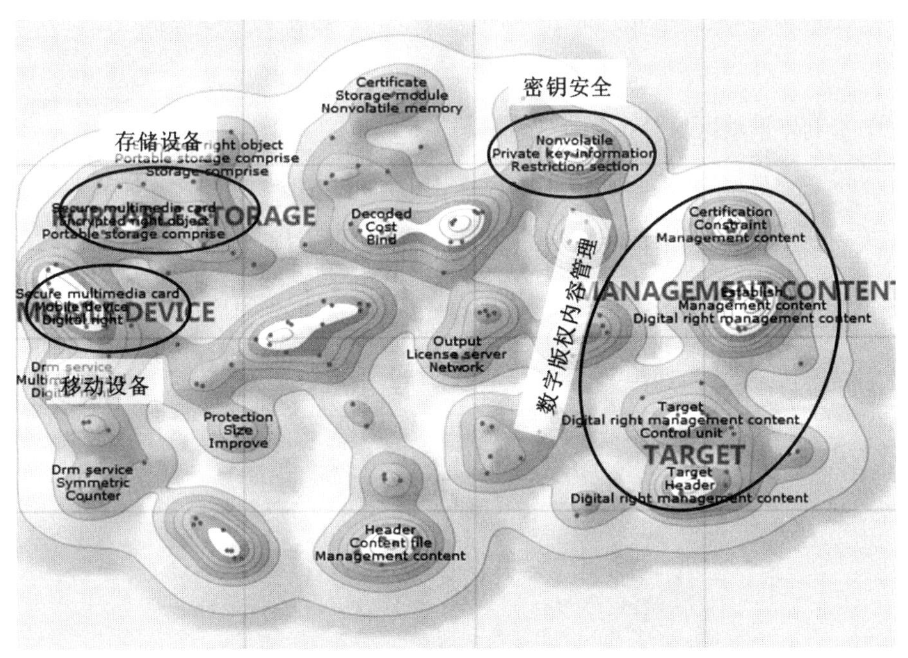

图 3–6　三星电子密钥管理技术构成分布

2. 申请量排名第二的专利申请人——微软

（1）专利申请量

图 3–7 是微软密钥管理技术专利的年度申请情况。微软针对密钥管理技术的专利申请是从 1999 年开始的，其申请量较三星电子少一些，申请量最多的一年是 2008

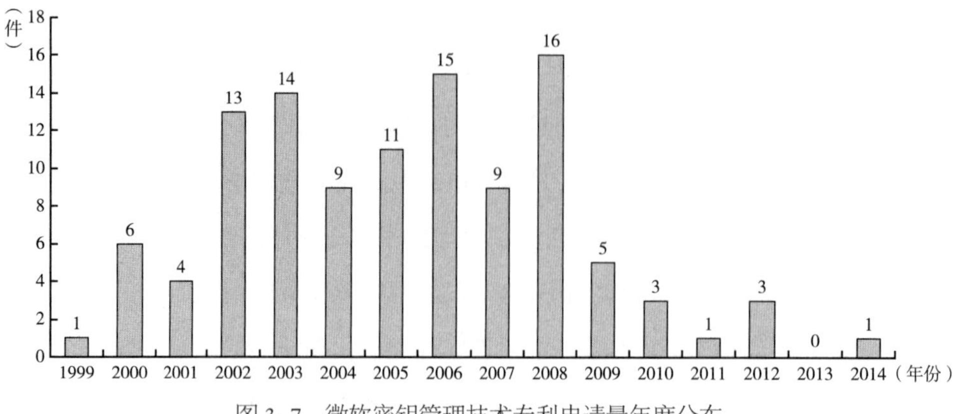

图 3-7 微软密钥管理技术专利申请量年度分布

年，从 2009 年开始申请量明显下降。这是由于微软主要将密钥管理技术应用在软件方面，在在线阅览版权保护方面的应用相对较少，同时密钥管理技术也已经发展得较为成熟。

（2）专利申请量区域分布

图 3-8 为微软在密钥管理技术领域专利申请量的地域分布情况。微软的专利申请集中在美国，然后是世界知识产权组织、欧洲专利局和韩国。微软的产品主要面向美国市场，比如其推出的在线 RSS 阅读器，主要应用在指定的浏览器上，所以产品的

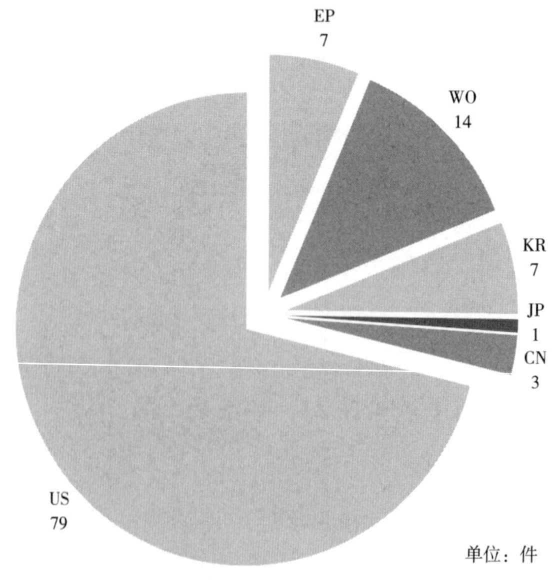

图 3-8 微软密钥管理技术专利在“九国两组织”的申请量

市场针对性决定了其专利布局的主要区域。

（3）技术构成分布

从图 3-9 可以看出，微软在密钥管理技术领域的关注热点为内容黑盒测试和表示层密钥管理。这是由于在数字版权保护中，软件的加密技术是最基本的方法之一。

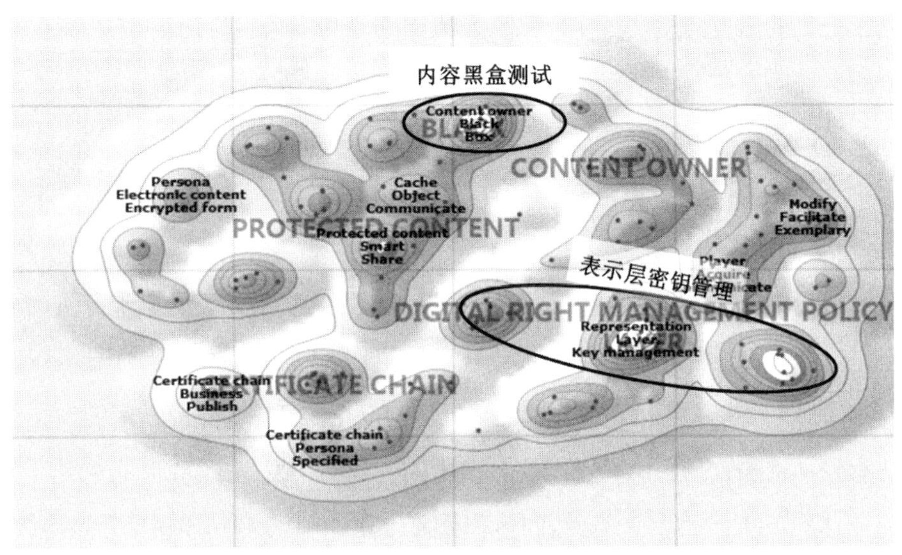

图 3-9　微软密钥管理技术构成分布

三　总结

1994~2017 年“九国两组织”密钥管理技术专利申请总量为 1263 件。美国、中国和韩国为主要的技术创新、研发和专利申请国家。其中，美国的申请量占总申请量的近一半，中国以 246 件专利申请排名第二位。而法国、德国、俄罗斯和澳大利亚等国在该技术领域的研发和创新热情不高。

（一）专利申请总体趋势

从密钥管理技术专利申请整体趋势上看，在 2008 年以前申请量呈逐年增长态势；在 2008 年申请量达到最高值，意味着该技术的发展达到顶峰；从 2009 年起申请量总体上呈逐渐减少趋势，意味着技术发展日渐成熟。

（二）各地区专利申请趋势

从各地区专利申请量来看，2008 年以前整体呈上升态势主要归功于美国和韩国，美国专利申请量增长最快，且变化趋势要早于韩国等国家，可以说美国在该领域引领了行业的发展。

（三）专利申请人情况

从专利申请人情况来看，三星电子和微软是密钥管理技术领域主要的专利申请人。在专利申请量较多的美国、中国和韩国等国家，以上企业的排名大多比较靠前，即投入了一定的研发力度。其中，微软在美国的专利申请总量为 79 件，授权专利为 78 件。总体来看，密钥管理技术已相对成熟，新技术开发相对缓慢。

第二节　密钥与硬件绑定技术

密钥与硬件绑定技术是数字版权保护领域比较成熟的技术，类似于身份认证，通过将密钥信息和硬件设备编号唯一绑定，来确认硬件设备的身份，保证受版权保护的数字内容作品不被非法拷贝，或者非法拷贝后难以正常使用。目前，密钥与硬件绑定的方法有硬加密和软加密两种。围绕该技术的专利申请发轫于 20 世纪 90 年代末期，于2008年达到顶峰，之后经历短暂回落和反弹，2013年后专利年申请量开始持续走低。这意味着该技术发展已比较成熟。

一　专利检索

（一）检索结果概述

以密钥与硬件绑定技术为检索主题，在“九国两组织”范围内共检索到相关专利申请 2170 件，具体数量分布如表 3-13 所示。

表 3-13　“九国两组织”密钥与硬件绑定技术专利申请量

单位：件

国家 / 国际组织	专利申请量	国家 / 国际组织	专利申请量
US	686	DE	10
CN	468	RU	14
JP	198	AU	69
KR	275	EP	228
GB	11	WO	211
FR	0	合计	2170

（二）“九国两组织”密钥与硬件绑定技术专利申请趋势

表 3-14 和图 3-10 展示了 1994~2017 年密钥与硬件绑定技术专利在“九国两组织”申请的情况，可以看出，美国从 2003 年开始专利年申请量超过 20 件，且总体呈现上升趋势；中国从随后的 2004 年开始有较多的专利申请；其他国家的申请量较美国和中国少，但大多呈现上升的专利申请趋势。2013 年后，专利年申请量开始持续走低，这说明密钥与硬件绑定技术处于成熟期。

表 3-14　1994~2017 年“九国两组织”密钥与硬件绑定技术专利申请量

单位：件

国家 / 国际组织	专利申请量																	
	90	01	02	03	04	05	06	07	08	09	10	11	12	13	14	15	16	17
US	0	2	10	20	27	31	39	52	55	60	62	43	81	75	68	32	18	11
CN	1	0	3	3	12	11	28	46	48	60	54	45	43	59	17	23	11	4
JP	1	0	1	6	23	7	8	14	10	8	17	27	23	25	17	5	5	1
KR	0	1	0	2	6	7	9	22	55	35	29	22	20	31	28	3	3	2
GB	0	0	0	1	0	1	1	1	3	0	1	0	1	1	1	0	0	0
FR	0	0	0	0	0	0	0	0	0	0	0	0	0	0	0	0	0	0
DE	0	0	0	0	0	0	2	0	1	3	1	1	0	1	1	0	0	0
RU	0	0	0	0	0	0	0	0	1	2	4	1	4	1	0	0	1	0
AU	2	2	2	3	6	0	8	6	6	8	11	3	6	1	2	1	1	1
EP	1	1	2	7	26	16	16	26	27	19	17	22	11	14	11	8	2	2
WO	4	5	13	13	10	21	17	28	16	21	16	5	11	7	9	8	5	2
合计	9	11	31	55	110	94	128	195	222	216	212	169	200	215	154	80	46	23

注：“90”指 1994~2000 年的专利申请总量，“01~17”分别指 2001~2017 年当年的专利申请量。

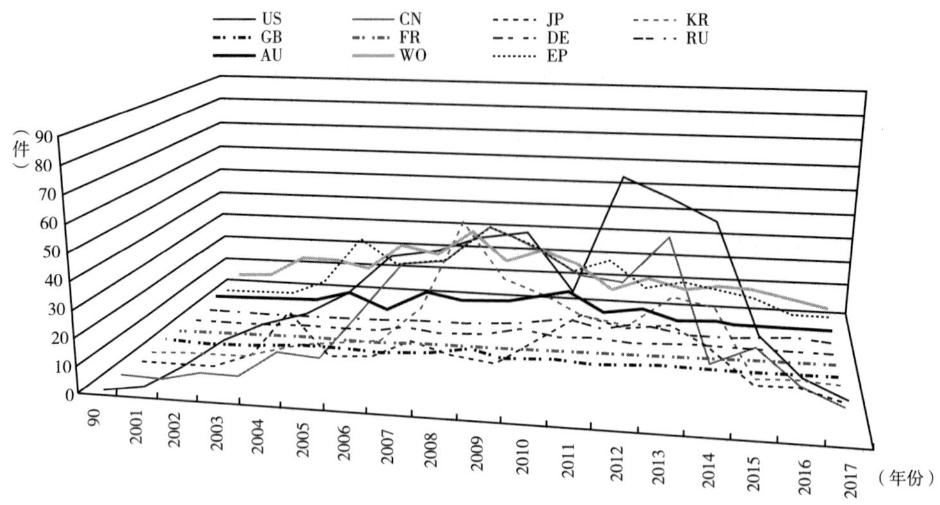

图 3-10 “九国两组织”密钥与硬件绑定技术专利申请趋势

注：“90”指 1994~2000 年的专利申请总量。

（三）“九国两组织”密钥与硬件绑定技术专利申请人排名

1994~2017 年“九国两组织”密钥与硬件绑定技术专利申请人排名情况如表 3-15 ~ 表 3-24 所示。法国在该技术领域暂无专利申请公开。

1. 美国申请人排名

表 3-15 美国密钥与硬件绑定技术专利申请人排名

序号	申请人	申请人国家	申请数量（件）	授权数量（件）
1	Microsoft Corp.	美国	136	107
2	Samsung Electronics Co. Ltd.	韩国	54	23
3	Adobe Systems Inc.	美国	21	9
4	LG Electronics Inc.	韩国	15	7
5	General Instrument Corp.	美国	14	3

2. 中国申请人排名

表 3-16 中国密钥与硬件绑定技术专利申请人排名

序号	申请人	申请人国家	申请数量（件）	授权数量（件）
1	Samsung Electronics Co. Ltd.	韩国	55	38
2	Huawei Tech. Co. Ltd.（华为）	中国	24	22
3	Microsoft Corp.	美国	23	20
4	Koninkl Philips Electronics N.V.	荷兰	19	13
5	ZTE Corp.（中兴）	中国	13	11

3. 日本申请人排名

表 3-17　日本密钥与硬件绑定技术专利申请人排名

序号	申请人	申请人国家	申请数量（件）	授权数量（件）
1	Microsoft Corp.	美国	38	36
2	Samsung Electronics Co. Ltd.	韩国	35	30
3	Sony Corp.	日本	9	5
4	ContentGuard Holdings Inc.	美国	7	4
5	Matsushita Electric Ind. Co. Ltd.	日本	6	1

4. 韩国申请人排名

表 3-18　韩国密钥与硬件绑定技术专利申请人排名

序号	申请人	申请人国家	申请数量（件）	授权数量（件）
1	Samsung Electronics Co. Ltd.	韩国	91	45
2	Microsoft Corp.	美国	18	10
3	LG Electronics Inc.	韩国	14	7
4	Korea Electronics & Telecommun. Res. Inst.	韩国	6	1
5	Koninkl Philips Electronics N.V.	荷兰	6	0

5. 英国申请人排名

表 3-19　英国密钥与硬件绑定技术专利申请人排名

序号	申请人	申请人国家	申请数量（件）	授权数量（件）
1	Microsoft Corp.	美国	5	0
2	Qualcomm Inc.	美国	2	1
3	Koninkl Philips Electronics N.V.	荷兰	2	0
4	Samsung Electronics Co. Ltd.	韩国	1	1
5	Interdigital Tech. Corp.	美国	1	0

6. 法国申请人排名

法国在密钥与硬件绑定技术领域暂无专利申请公开。

7. 德国申请人排名

表 3-20 德国密钥与硬件绑定技术专利申请人排名

序号	申请人	申请人国家	申请数量（件）	授权数量（件）
1	Microsoft Corp.	美国	3	2
2	ContentGuard Holdings Inc.	美国	2	1
3	Broadcom Corp.	美国	1	0
4	Siemens A.G.	德国	1	0
5	Deutsche Telekom A.G.	德国	1	0

8. 俄罗斯申请人排名

表 3-21 俄罗斯密钥与硬件绑定技术专利申请人排名

序号	申请人	申请人国家	申请数量（件）	授权数量（件）
1	Microsoft Corp.	美国	5	2
2	Qualcomm Inc.	美国	2	1
3	Koninkl Philips Electronics N.V.	荷兰	2	0
4	Samsung Electronics Co. Ltd.	韩国	1	1
5	Interdigital Tech. Corp.	美国	1	0

9. 澳大利亚申请人排名

表 3-22 澳大利亚密钥与硬件绑定技术专利申请人排名

序号	申请人	申请人国家	申请数量（件）	授权数量（件）
1	Samsung Electronics Co. Ltd.	韩国	15	14
2	Microsoft Corp.	美国	15	11
3	Intertrust Tech. Corp.	美国	4	4
4	Aristocrat Technologies Australia Pty. Ltd.	澳大利亚	4	3
5	Entriq Inc.	美国	4	3

10. 欧洲专利局申请人排名

表 3-23 欧洲专利局密钥与硬件绑定技术专利申请人排名

序号	申请人	申请人国家	申请数量（件）	授权数量（件）
1	Microsoft Corp.	美国	43	24
2	Samsung Electronics Co. Ltd.	韩国	37	3
3	Ericsson Telefon AB L.M.	瑞典	16	7
4	Koninkl Philips Electronics N.V.	荷兰	15	5
5	Nokia Corp.	芬兰	7	2

11. 世界知识产权组织申请人排名

表 3-24　世界知识产权组织密钥与硬件绑定技术专利申请人排名

序号	申请人	申请人国家	申请数量（件）
1	Microsoft Corp.	美国	23
2	Samsung Electronics Co. Ltd.	韩国	22
3	Koninkl Philips Electronics N.V.	荷兰	18
4	Ericsson Telefon AB L.M.	瑞典	13
5	General Instrument Corp.	美国	11

二　专利分析

（一）技术发展趋势分析

从图 3-11 可以看出密钥与硬件绑定技术的发展趋势。20 世纪 90 年代，计算机网络出现爆炸式发展，在人们几乎全方位地依赖计算机网络的同时，网络环境下的信息安全问题再次出现在人们面前。在此阶段，各行业都有意识地学习和积淀信息安全知识，但又认为信息安全很神秘，不知从何入手，因此相关专利申请量很少。1999 年出现了第一件专利申请，此后，直至 2007 年专利申请数量总体呈现快速上升的态势。2000 年 1 月克林顿政府发布了“信息系统保护国家计划 V1.0”。2001 年 10 月 16 日布什政府意识到“9・11”事件后信息安全的严峻性，宣布成立“总统关键基础设施保护委员会”（PCIPB），代表政府全面负责国家的网络空间安全工作。该委员会成立以

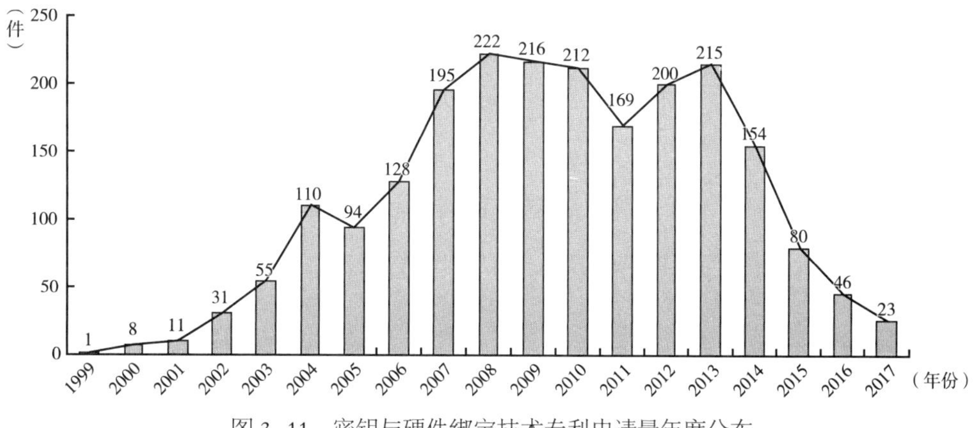

图 3-11　密钥与硬件绑定技术专利申请量年度分布

后，系统地总结了美国的信息网络安全问题，提出了多个问题向国民广泛征求意见，于2003年2月发布了《保护网络空间的国家战略》[①]。世界各国的宏观政策导向使信息安全相关技术得到了持续发展。2006~2007年密钥与硬件绑定技术专利申请量出现较大幅度增长，并在2008年达到年度申请量最大值。2006年4月美国信息安全研究委员会发布的《联邦网络空间安全及信息保护研究与发展计划》（CSIA）确定了14个技术优先研究领域和13个重要投入领域，包括认证、协议和安全软件等。2006年5月中国国家密码管理局批准成立"商用密码应用技术体系研究总体工作组"，提出了一些安全体系标准。这个阶段信息安全成为企业IT建设的重中之重。在某种意义上，信息安全市场的需求爆发可以说是多年来企业在安全方面的"欠债"造成的。2008年后密钥与硬件绑定技术专利申请呈现平稳发展态势，2013年后专利年申请量则有走低的趋势，这说明该技术进入成熟阶段。

（二）技术路线分析

图3-12展示了密钥与硬件绑定技术的发展路线。1998年美国国家安全局（NSA）发布了《信息保障技术框架》（IATF），这是一部对信息保障系统的建设有重要指导意义的文献。IATF将信息系统的信息保障技术划分成了4个技术框架焦点域：网络和基础设施、区域边界、计算环境和支撑性基础设施[②]。在每个焦点域范围内，IATF都描述了其特有的安全需求和相应的可供选择的技术措施。IATF提出这4个框架焦点域的目的，就是让人们理解网络安全的不同方面，以全面分析信息系统的安全需求，考虑恰当的安全防御机制。1999年4月12日，微软申请了一件关于按照指定许可权限访问加密数字内容的专利，这是"九国两组织"范围内第一件密钥与硬件绑定技术领域的专利。2003年5月27日，有关使用密钥变量加密计算机硬件信息的认证方法的核心专利被申请，这种认证方法不提供用户的个人信息，可以防止用户的信息被泄露。

密钥与硬件绑定技术通过将计数器密钥信息和计数器编号唯一绑定，来保证计数器本身的可信。密钥与硬件绑定技术类似身份认证技术，通过计数器的密钥以及编

---

① 邱惠君，黄鹏：《解读美国〈网络空间安全国家战略〉》，《信息网络安全》2005年第3期，第65页。

② 赵战生：《美国信息保障技术框架——IATF简介（二）》，《信息网络安全》2003年第5期，第32页。

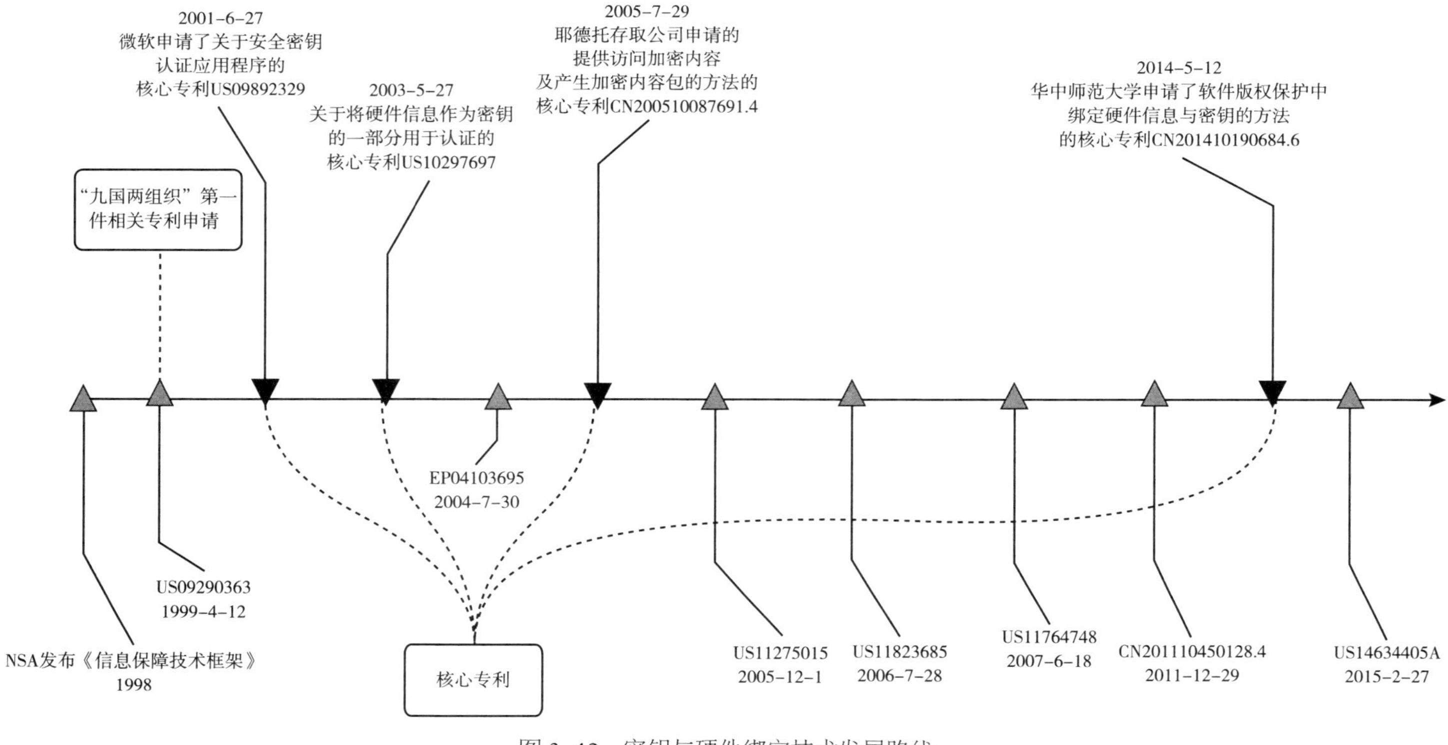

图 3-12　密钥与硬件绑定技术发展路线

号信息来确认计数器的身份。在计算机系统和计算机网络的数字世界中，无论是用户还是计数器的信息，都是用一组特定的数字来标示的，计算机也只能识别用户或计数器的数字身份。从这个层面来讲，两个技术是类似的。在信息系统中，用户的身份认证手段从认证需要验证的条件来看，可以分为单因子认证和双因子认证。仅通过一个条件的符合来证明一个人的身份被称为单因子认证。由于仅使用一种条件判断用户的身份容易被仿冒，可以通过组合两种不同条件来证明一个人的身份，这称为双因子认证。因此，具体来讲，密钥与硬件绑定技术更类似身份认证中的双因子认证。

（三）主要专利申请人分析

1994 年至 2017 年，在密钥与硬件绑定技术领域专利申请量排名前三的申请人分别为三星电子（311 件）、微软（309 件）和飞利浦（84 件）。

1. 申请量排名第一的专利申请人——三星电子

（1）专利申请量

图 3-13 展示出三星电子密钥与硬件绑定技术专利申请数量的发展趋势。从 2003 年开始三星电子在该技术领域申请的专利逐年增加，于 2006 年达到专利年申请量的顶峰。2006 年韩国的电子商务销售总额从 1998 年的 55 万亿韩元增长到 413 万亿韩元，电子商务的迅速发展一定程度促进了数字信息安全技术的发展，刺激了相关专利的申请。从 2007 年开始三星电子的专利年申请量持续走低，至 2012 年降到 10 件以下。未检索到 2015 年后申请的专利。

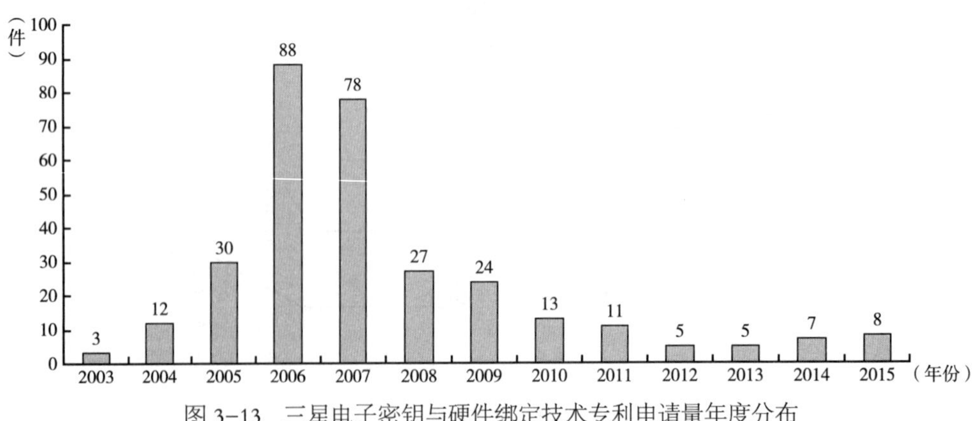

图 3-13 三星电子密钥与硬件绑定技术专利申请量年度分布

（2）专利申请量区域分布

图 3-14 展示出三星电子密钥与硬件绑定技术专利在“九国两组织”的申请情况。三星电子在韩国、中国、美国、欧洲专利局和日本的专利申请量较多，在英国和俄罗斯等国的申请量较少。

从 20 世纪 90 年代起，三星电子预见到数字时代的到来，确立了单一品牌的发展战略，放弃原来的多个品牌，全力打造三星电子品牌，并将核心品牌“Samsung”定位为“数字技术的领先者、高价值和时尚”。三星电子的全球化战略是借助在一线市场的成功，以建设生产基地的方式全面拓展二线和三线国际市场。三星电子在占据了美国和欧洲等一线市场后，借助在一线市场的成功，开始进入二线和三线国际市场，并将制造重心向低成本国家倾斜，在这些地区建立加工和生产基地以降低制造成本。

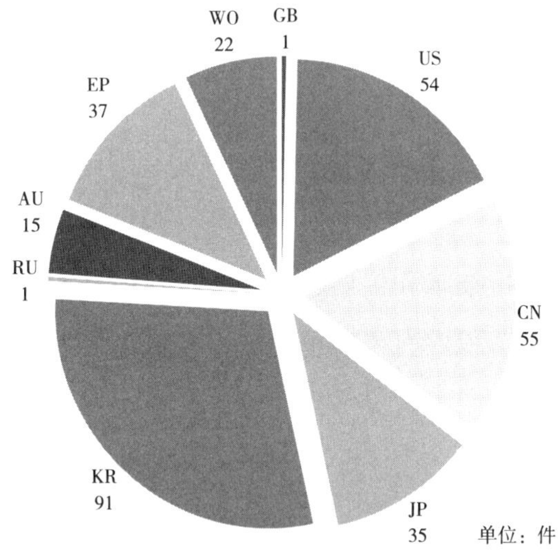

图 3-14　三星电子密钥与硬件绑定技术专利在“九国两组织”的申请量

（3）技术构成分布

图 3-15 是三星电子密钥与硬件绑定技术专利的热力地图，从中可以看出三星电子在这一技术领域的研究热点为密钥信息、密钥认证和存储设备，综合来看更侧重硬加密技术。目前主要的硬加密方案是加密锁技术，根据加密锁所用 CPU 的不同分为普通加密锁和智能卡加密锁。加密锁的接口类型有并口和 USB 口两种，加密锁的 CPU 类型也有两种，一种是使用单片机作 CPU，另一种是使用智能卡

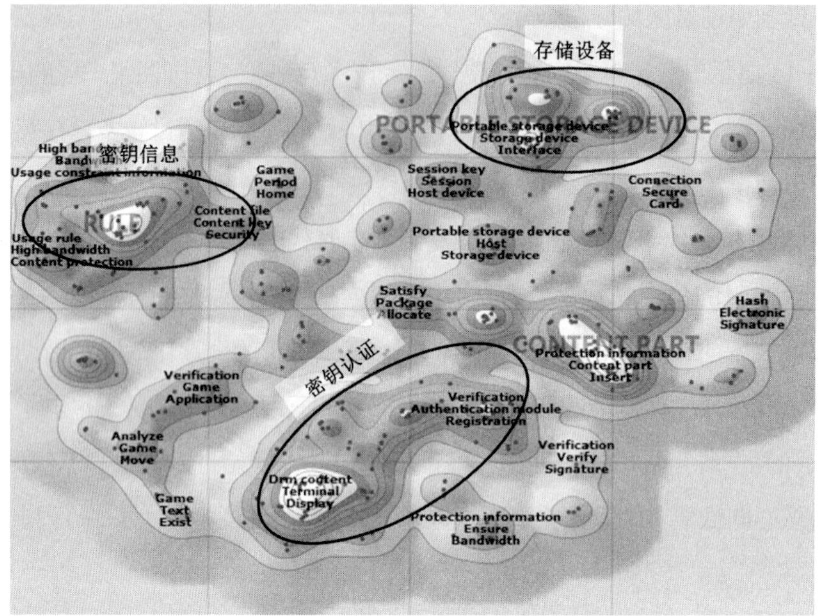

图 3-15 三星电子密钥与硬件绑定技术构成分布

芯片作 CPU。单片机硬件本身容易被破解和复制，因此中高端的加密锁越来越多地使用智能卡芯片作 CPU，以防止硬件被破解。但智能卡加密锁被破解得也越来越多，一是因为芯片分析技术和仪器越来越先进；二是智能卡程序写好后要交给芯片厂制造，在这个环节程序有可能被泄露，造成大批量复制。硬加密拥有加密强度高、加密性能好和加密方式灵活等优点，这也使得硬加密成为目前广泛使用的加密手段。

2. 申请量排名第二的专利申请人——微软

（1）专利申请量

图 3-16 展示出微软密钥与硬件绑定技术专利申请数量的发展趋势。从 1999 年开始微软专利年申请量逐年增长，于 2004 年达到峰值。这有一部分要归功于政府宏观政策的激励，2000 年 1 月克林顿政府发布了“信息系统保护国家计划 V1.0”，2001 年 10 月 16 日布什政府成立“总统关键基础设施保护委员会”，都一定程度促进了该技术领域的专利申请。从 2005 年开始，微软在这一技术领域的专利申请量持续走低，这是由于缺少了宏观政策的刺激，微软的研发投入减少。从 2010 年以来，微软的专利年申请量已经降到 5 件以下，这意味着该技术发展进入成熟期。

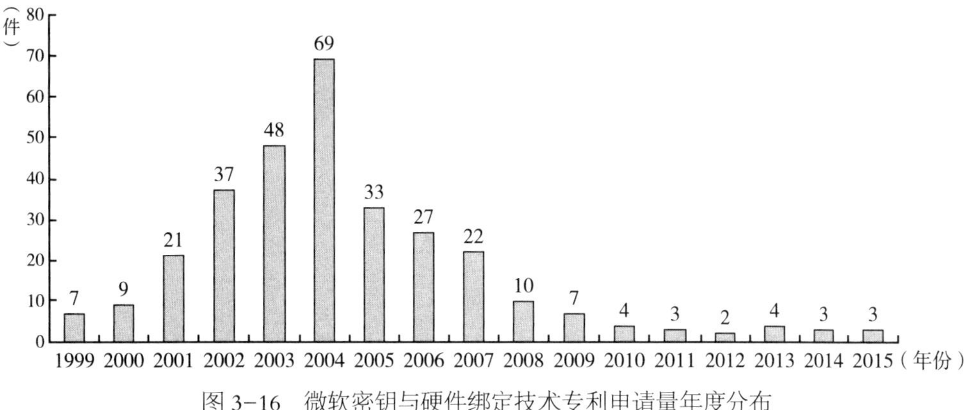

图 3-16　微软密钥与硬件绑定技术专利申请量年度分布

（2）专利申请量区域分布

图 3-17 为微软密钥与硬件绑定技术专利在“九国两组织”的申请情况。微软是一家总部位于美国的跨国电脑科技公司，是世界 PC 机软件开发的先行者，公司总部设立在华盛顿州的雷德蒙德市，以研发、制造、授权和提供广泛的电脑软件服务业务为主。微软在美国的专利申请量最多，在欧洲专利局、日本、中国、世界知识产权组织、韩国和澳大利亚的专利申请量依次次之。微软在发展壮大的过程中不断进入新领域，产品线几乎覆盖了计算机软件的所有领域。

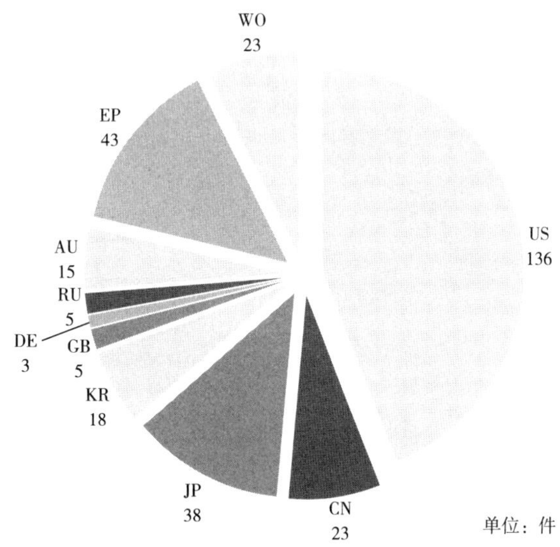

图 3-17　微软密钥与硬件绑定技术专利在“九国两组织”的申请量

（3）技术构成分布

图 3-18 是微软密钥与硬件绑定技术专利的热力地图，从等高线可以看出微软研究侧重点为软加密技术。其中一种软加密方式是软件授权不与计算机硬件特征绑定。这种方式具体分为两种：一是采用与一个软信息（如用户名等）绑定的方式，一般用于个人用户授权；二是不绑定任何信息，只要序列号或授权文件验证通过，软件就可以在任何机器上使用，通常用于大客户批量授权。授权的验证方式有直接比较和算法变换比较等。另一种软加密方式是软件授权与计算机硬件特征绑定，绑定的计算机硬件特征主要有 CPU 序列号、硬盘序列号和网卡 MAC 地址等。这种保护方式的许可证文件是在获得了计算机的硬件特征以后，由授权服务器将硬件特征与授权内容绑定后生成的。这种绑定计算机硬件的加密方式，如果使用类似网银数字证书的公私钥保护机制，是很难被破解的。

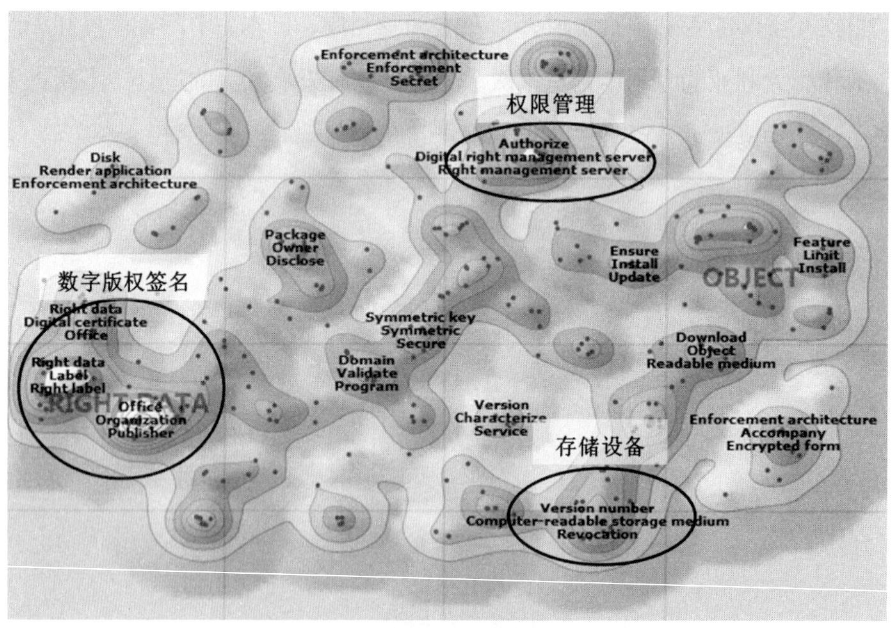

图 3-18　微软密钥与硬件绑定技术构成分布

3. 申请量排名第三的专利申请人——飞利浦

（1）专利申请量

图 3-19 是飞利浦密钥与硬件绑定技术专利申请数量的发展趋势。从 2001 年开始飞利浦专利年申请量逐年增长，于 2005 年达到专利年申请量的峰值。从 2006 年开始专利年申请量持续走低，2010 年以来已经降到 5 件以下，且在 2013 年、2015 年和 2016 年暂无相关专利申请公开。但是根据专利申请和公开的一般原则，即一般专利从申请到公开需要 18 个月的时间，因此，2016 年可能有专利申请，2017 年的实际申请量可能比图 3-19 所示数据高一些。

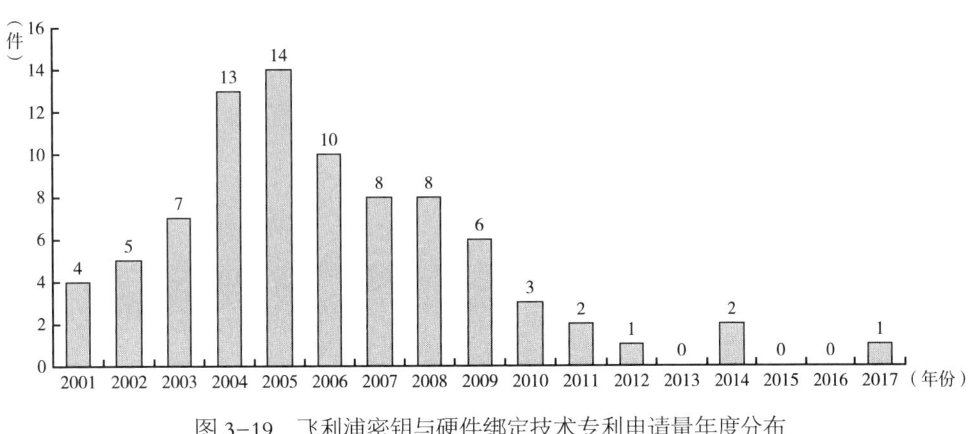

图 3-19　飞利浦密钥与硬件绑定技术专利申请量年度分布

（2）专利申请量区域分布

飞利浦是世界上最大的电子公司之一，中国、美国、法国、德国、意大利、荷兰和英国等是其主要市场。2001~2017 年飞利浦在中国、世界知识产权组织、欧洲专利局和美国的密钥与硬件绑定技术专利申请量较多，在韩国和日本的申请量依次次之（见图 3-20）。可见，其在主要市场还是有一些相应专利布局的。

（3）技术构成分布

图 3-21 是飞利浦密钥与硬件绑定技术专利的构成分布，从中可以看出，飞利浦的研究热点为驱动器、授权、对称加密密钥与解密密钥。软件授权与互联网上的授权服务器绑定也是软加密的一种方式，安全强度非常高，甚至比加密锁还要高。这是因为加密锁随软件卖出后是无法跟踪和监测的，黑客可以花任意长的时间去破解它，而

且一旦破解便可以大批量复制。而授权服务器有防火墙和完善的入侵检测技术，任何非法的访问和异常情况都可以监测到，安全性要高得多。此外，服务器授权也便于实现授权软件的跟踪管理、破解补救和升级更新。

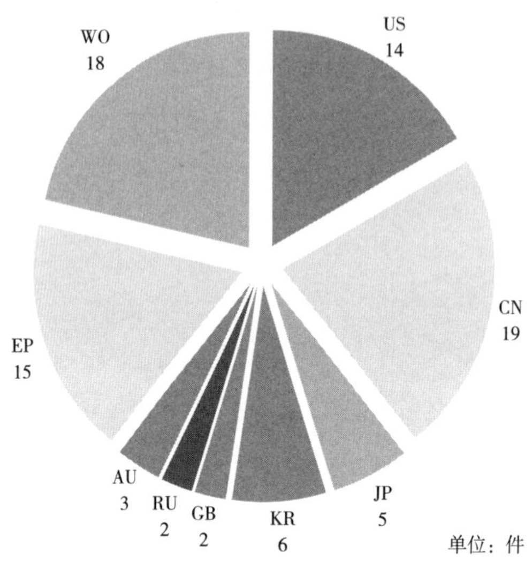

图 3-20　飞利浦密钥与硬件绑定技术专利在“九国两组织”的申请量分布

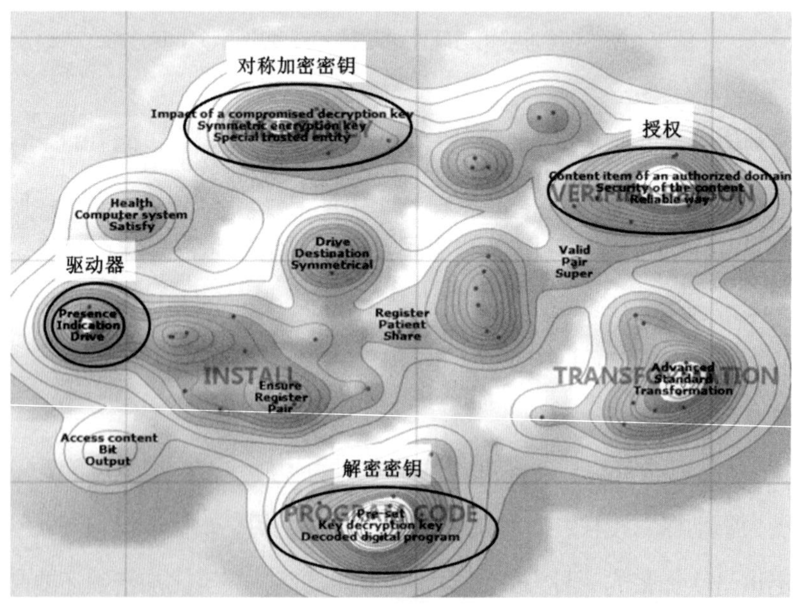

图 3-21　飞利浦密钥与硬件绑定技术构成分布

三　总结

（一）专利申请总体趋势

1999 年出现密钥与硬件绑定技术领域第一件专利申请后，直至 2008 年专利申请量总体呈逐年增长态势，于 2009 年进入平稳发展的阶段，直至 2013 年。2014 年以来专利年申请量则有走低的趋势，说明该技术进入成熟阶段。

（二）主要国家技术发展现状及趋势

1. 美国

2003~2014 年，随着密钥与硬件绑定技术不断发展，技术吸引力突显，介入的企业增多，专利申请数量急剧上升，属于技术的发展期。2015 年后属于技术成熟期，专利申请量和申请人数量都有所下降。

2. 日本

2003~2014 年为日本密钥与硬件绑定技术的发展期，专利申请量与专利申请人数量都处于高位。2015 年以来为该技术的成熟期，经过市场淘汰，申请人的数量大幅减少，每年申请的专利数量较前几年也有较大幅度的下降。

3. 韩国

2007~2014 年属于韩国密钥与硬件绑定技术的发展期，专利申请量和申请人数量都较为稳定且处于高位。2015 年以来企业在此项技术上的收益减少，选择退出市场或减少专利申请量的企业增多。

4. 中国

2002~2013 年为中国密钥与硬件绑定技术的发展期，专利申请量与专利申请人数量都急剧上升，越来越多的企业开始进行相关技术开发和研究。2013 年后专利年申请量下滑，企业在此项技术上的收益减少，选择退出市场或减少专利申请量的企业增多。

（三）主要申请人对比分析

通过对密钥与硬件绑定技术领域的宏观分析，本项目得出行业内的三个主要申请人是三星电子、微软和飞利浦。下面结合微观分析模块具体解读主要申请人的专利现状。

1. 专利申请量比较

通过将三个主要申请人在专利申请量维度进行横向比较，我们发现：从专利申请量来看，三星电子拥有相关专利申请 311 件，微软和飞利浦在这一技术领域的专利申请量分别是 309 件和 84 件。

2. 专利资产地域布局分析

从三个主要申请人的专利资产地域布局情况，我们可以看出：三星电子在一线市场国家如韩国、美国、中国和日本的申请量较多，在俄罗斯等市场的申请量较少。微软在美国的申请量最多，在欧洲专利局、日本、中国、世界知识产权组织、韩国和澳大利亚的申请量依次次之。飞利浦在中国、世界知识产权组织、欧洲专利局和美国的密钥与硬件绑定技术专利申请量较多，在韩国和日本的申请量依次次之。

3. 技术热点分析

在密钥与硬件绑定技术领域，三个主要申请人关注的技术热点各有侧重。三星电子主要关注硬加密技术，微软更侧重软加密技术，飞利浦则主要关注硬加密、软件授权与服务器绑定等技术。

第三节　数字内容作品密钥分发与安全传输技术

数字内容作品密钥分发与安全传输技术是数字版权保护领域比较热门的技术，通过密钥的分发保证数字内容作品在传输和分发过程中的安全，避免数字内容作品被任意传播。围绕该技术的专利申请自 20 世纪 90 年代后期至 2006 年处于快速发展阶段，于 2008 年达到顶峰，此后开始回落，2016 年已回归至 21 世纪初的状态。总体而言，该技术已发展至相对成熟，主要应用于按需印刷版权保护中。

一　专利检索

（一）检索结果概述

以数字内容作品密钥分发与安全传输技术为检索主题，在“九国两组织”范围内共检索到相关专利申请 5904 件，具体数量分布如表 3–25 所示。

表 3-25　“九国两组织”数字内容作品密钥分发与安全传输技术专利申请量

单位：件

国家 / 国际组织	专利申请量	国家 / 国际组织	专利申请量
US	1871	DE	62
CN	941	RU	17
JP	1014	AU	198
KR	415	EP	661
GB	59	WO	645
FR	21	合计	5904

（二）“九国两组织”数字内容作品密钥分发与安全传输技术专利申请趋势

从表 3-26 和图 3-22 可以看出，20 世纪 90 年代，在数字内容作品密钥分发与安全传输这一技术领域，“九国两组织”的大部分国家专利申请较少。然而 21 世纪以来，随着数字媒体内容日益丰富、公民版权保护意识提高和版权诉讼风波不断，该技术在美国、中国和日本等国家逐渐升温。2004~2014 年美国在该领域的专利年申请量均在百件以上，中日韩的申请量经历快速增长后逐渐趋于平稳。近年来澳大利亚对该技术的研究有所减少。而俄罗斯以及欧洲的英国、德国和法国等国家关于该技术的研究甚少，专利年申请量基本在 10 件以下。在该技术领域，美国始终走在世界的前列，日本和中国紧随其后。

表 3-26　1994~2017 年“九国两组织”数字内容作品密钥分发与安全传输技术专利申请量

单位：件

国家 / 国际组织	专利申请量																	
	90	01	02	03	04	05	06	07	08	09	10	11	12	13	14	15	16	17
US	18	23	92	96	134	140	147	156	147	134	144	114	138	138	123	51	51	25
CN	15	13	9	19	35	77	91	67	92	105	71	61	90	77	51	36	14	18
JP	49	40	76	62	81	78	77	82	78	62	71	98	61	45	33	15	4	2
KR	4	4	7	13	6	21	33	47	69	41	40	27	21	30	35	12	4	1
GB	2	1	4	2	13	10	4	2	2	2	1	2	7	2	1	3	1	0
FR	0	0	0	0	0	0	2	6	2	1	1	1	3	2	1	0	2	0
DE	0	1	0	1	2	10	16	8	10	7	2	0	0	2	3	0	0	0
RU	0	0	0	0	0	0	1	1	1	2	7	1	1	0	3	0	0	0
AU	19	19	19	22	21	15	8	11	11	4	17	7	3	6	7	4	4	1
EP	20	17	27	57	58	66	75	57	62	49	29	47	28	34	19	11	3	2
WO	24	37	51	57	63	56	54	67	61	41	16	20	31	20	15	16	11	5
合计	151	155	285	329	413	473	508	504	535	448	399	378	383	356	291	148	94	54

注：“90”指 1994~2000 年的专利申请总量，“01~17”分别指 2001~2017 年当年的专利申请量。

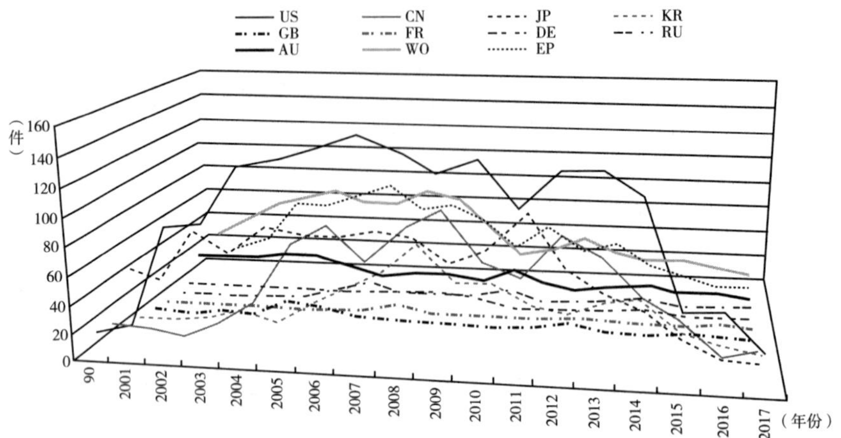

图 3-22 “九国两组织”数字内容作品密钥分发与安全传输技术专利申请趋势

注：“90”指 1994~2000 年的专利申请总量。

（三）“九国两组织”数字内容作品密钥分发与安全传输技术专利申请人排名

1994~2017 年“九国两组织”数字内容作品密钥分发与安全传输技术专利申请人排名情况如表 3-27 ~ 表 3-37 所示。

1. 美国申请人排名

表 3-27 美国数字内容作品密钥分发与安全传输技术专利申请人排名

序号	申请人	申请人国家	申请数量（件）	授权数量（件）
1	Microsoft Corp.	美国	100	74
2	Sony Corp.	日本	81	31
3	IBM Corp.	美国	76	45
4	Samsung Electronics Co. Ltd.	韩国	56	15
5	ContentGuard Holdings Inc.	美国	53	18

2. 中国申请人排名

表 3-28 中国数字内容作品密钥分发与安全传输技术专利申请人排名

序号	申请人	申请人国家	申请数量（件）	授权数量（件）
1	Matsushita Electric Ind. Co. Ltd.	日本	98	69
2	Panasonic Corp.	日本	73	26
3	Sony Corp.	日本	57	44
4	Samsung Electronics Co. Ltd.	韩国	41	35
5	Microsoft Corp.	美国	23	20

3. 日本申请人排名

表 3-29　日本数字内容作品密钥分发与安全传输技术专利申请人排名

序号	申请人	申请人国家	申请数量（件）	授权数量（件）
1	Sony Corp.	日本	72	39
2	Matsushita Electric Ind. Co. Ltd.	日本	54	24
3	Panasonic Corp.	日本	54	20
4	Hitachi Ltd.	日本	51	35
5	Toshiba K.K.	日本	49	16

4. 韩国申请人排名

表 3-30　韩国数字内容作品密钥分发与安全传输技术专利申请人排名

序号	申请人	申请人国家	申请数量（件）	授权数量（件）
1	Samsung Electronics Co. Ltd.	韩国	48	28
2	LG Electronics Inc.	韩国	26	9
3	Korea Electronics & Telecommun. Res. Inst.	韩国	17	5
4	Sony Corp.	日本	16	5
5	Microsoft Corp.	美国	16	5

5. 英国申请人排名

表 3-31　英国数字内容作品密钥分发与安全传输技术专利申请人排名

序号	申请人	申请人国家	申请数量（件）	授权数量（件）
1	SealedMedia Ltd.	英国	8	0
2	Sony Corp.	日本	6	1
3	Apple Inc.	美国	5	0
4	Intel Corp.	美国	3	2
5	General Instrument Corp.	美国	3	1

6. 法国申请人排名

表 3-32　法国数字内容作品密钥分发与安全传输技术专利申请人排名

序号	申请人	申请人国家	申请数量（件）	授权数量（件）
1	France Telecom	法国	4	0
2	Alcatel-Lucent S.A.S.	法国	2	0
3	CryptoExperts S.A.S.	法国	2	0
4	Proton World International N.V.	比利时	2	0
5	Viaccess S.A.	法国	2	0

7. 德国申请人排名

表 3-33 德国数字内容作品密钥分发与安全传输技术专利申请人排名

序号	申请人	申请人国家	申请数量（件）	授权数量（件）
1	Matsushita Electric Ind. Co. Ltd.	日本	9	5
2	ContentGuard Holdings Inc.	美国	9	4
3	Panasonic Corp.	日本	5	1
4	Hewlett-Packard Development Co. LP	美国	4	4
5	IBM Corp.	美国	4	2
6	Intel Corp.	美国	4	2

8. 俄罗斯申请人排名

表 3-34 俄罗斯数字内容作品密钥分发与安全传输技术专利申请人排名

序号	申请人	申请人国家	申请数量（件）	授权数量（件）
1	LG Electronics Inc.	韩国	4	0
2	Microsoft Corp.	美国	2	0
3	Samsung Electronics Co. Ltd.	韩国	2	0
4	Sony Corp.	日本	1	0
5	Ericsson Telefon AB L.M.	瑞典	1	0

9. 澳大利亚申请人排名

表 3-35 澳大利亚数字内容作品密钥分发与安全传输技术专利申请人排名

序号	申请人	申请人国家	申请数量（件）	授权数量（件）
1	Microsoft Corp.	美国	14	3
2	CFPH LLC	美国	9	3
3	Intertrust Tech. Corp.	美国	7	3
4	Samsung Electronics Co. Ltd.	韩国	6	4
5	Matsushita Electric Ind. Co. Ltd.	日本	6	2

10. 欧洲专利局申请人排名

表 3-36　欧洲专利局数字内容作品密钥分发与安全传输技术专利申请人排名

序号	申请人	申请人国家	申请数量（件）	授权数量（件）
1	Matsushita Electric Ind. Co. Ltd.	日本	52	14
2	ContentGuard Holdings Inc.	美国	42	31
3	Samsung Electronics Co. Ltd.	韩国	36	13
4	Microsoft Corp.	美国	34	18
5	Sony Corp.	日本	23	6

11. 世界知识产权组织申请人排名

表 3-37　世界知识产权组织数字内容作品密钥分发与安全传输技术专利申请人排名

序号	申请人	申请人国家	申请数量（件）
1	Matsushita Electric Ind. Co. Ltd.	日本	39
2	Panasonic Corp.	日本	35
3	Intel Corp.	美国	24
4	Sony Corp.	日本	22
5	Koninkl Philips Electronics N.V.	荷兰	22

二　专利分析

（一）技术发展趋势分析

数字内容作品密钥分发与安全传输技术作为按需印刷版权标识技术的核心技术之一，其发展趋势基本符合按需印刷版权保护这一整体技术的发展趋势。从图 3-23 可以看出，自 20 世纪 90 年代后期至 2006 年，该技术处于快速发展阶段；2006 年后该技术已基本趋于成熟，并且在 2008 年达到发展的白热化阶段；然而 2008 年之后，从全球角度来看，该技术领域的专利年申请量总体呈逐年减少趋势，这是由于随着该技术的发展和不断成熟，部分企业因收益减少而退出市场，只有少数企业继续从事相关领域的技术研究。

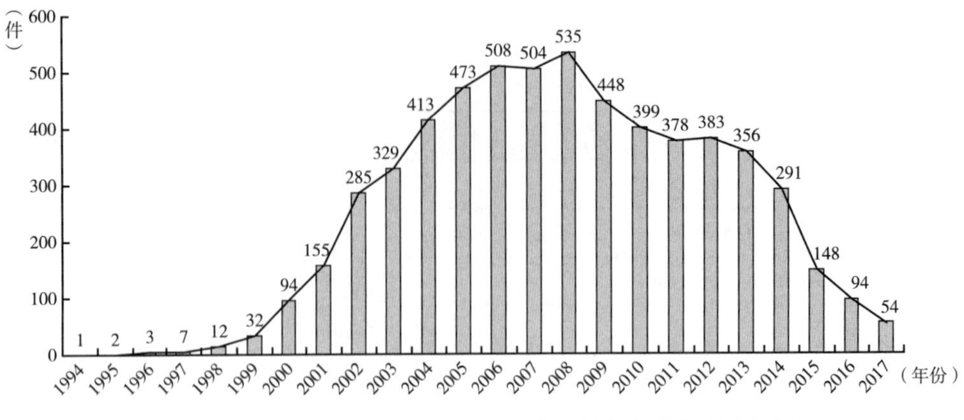

图 3-23 数字内容作品密钥分发与安全传输技术专利申请量年度分布

（二）技术路线分析

数字内容作品密钥分发与安全传输技术的核心专利是通过引证次数排行找到的引证数比较多的专利。通过对技术路线的分析，可以看出该技术在“九国两组织”范围内被研究得相对较早，20 世纪 90 年代中期 DRM 系统便被引入，继而诞生了该技术领域的第一件专利。1998 年 9 月 18 日日本电报电话公司（Nippon Telegraph & Telephone,NTT）申请了关于内容使用装置和记录介质的核心专利。2000 年 11 月 13 日 IBM 申请了关于数字内容的超分配保护的核心专利。自 21 世纪以来，全球众多知名企业如日本电报电话公司、诺基亚和三星电子等，申请了多件数字内容作品密钥分发与安全传输技术领域的专利。2001 年 10 月 18 日，诺基亚申请了基于内容密钥的加密设备的核心专利，属于加密技术领域。2002 年 6 月 13 日，三星电子申请了关于保护内容数据的系统和方法的核心专利（见图 3-24）。IBM、诺基亚和三星电子等公司纷纷申请了该技术领域的核心专利，但这些专利大多是一些基础性专利，后续被引用得比较多。而随着数字内容的日新月异，密钥分发与安全传输技术逐渐成为该技术领域的主流，并出现一些关键性专利。

从中国来看，2008 年以来中国逐渐开始重视该技术领域，华为和网易网络有限公司（以下简称“网易”）等一些知名企业以及清华大学、北京大学等高等学府纷纷在该技术领域申请了专利。从技术角度来看，大多是该领域的关键性专利，比如北大方正集团有限公司（以下简称“北大方正”）申请的关于数字内容的发送及接收的专利，在确保数字内容传输安全性的同时，降低了获取数字内容解密密钥的流程复杂度，提

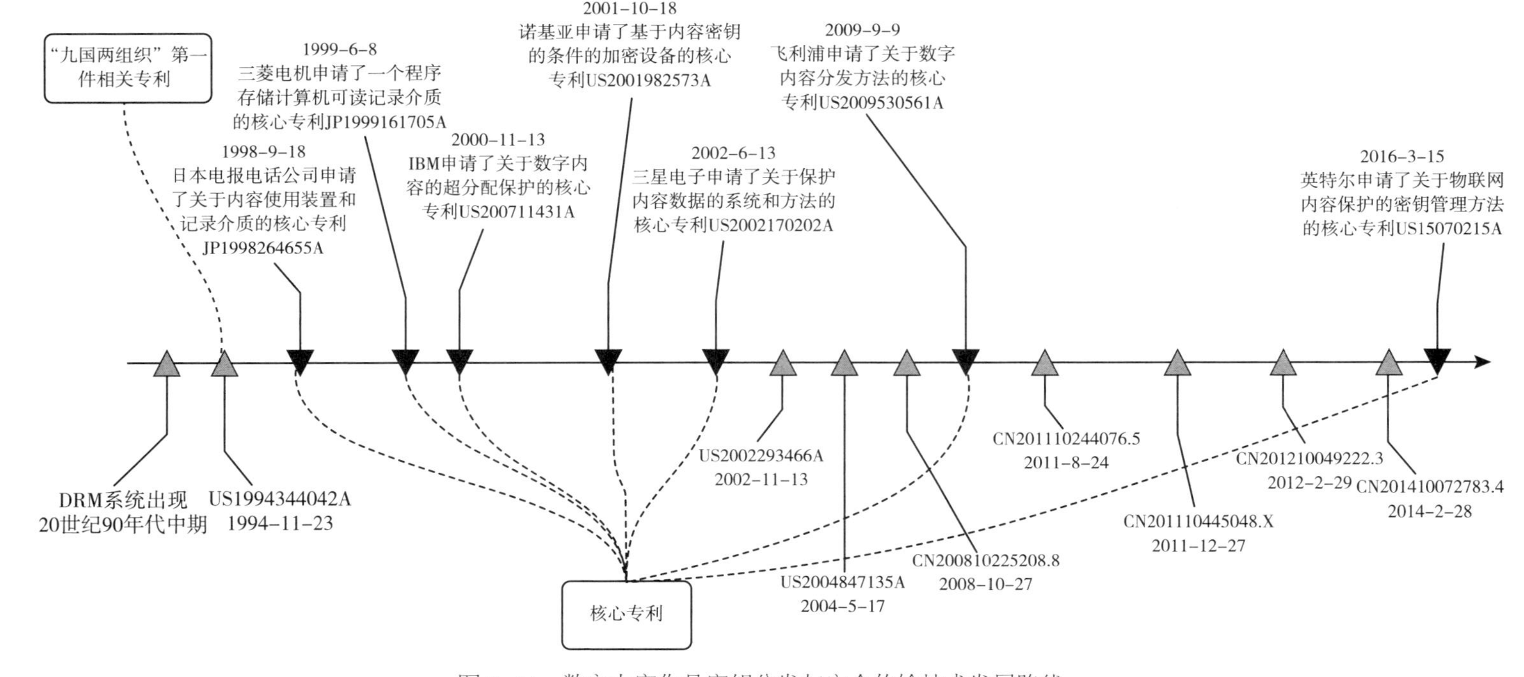

图 3-24　数字内容作品密钥分发与安全传输技术发展路线

高了获取数字内容解密密钥的方便性和稳定性，从而提高了对数字内容进行解密的稳定性和成功率。

（三）主要专利申请人分析

本项目通过对数字内容作品密钥分发与安全传输技术专利检索结果的统计和初步分析，得到了“九国两组织”范围内申请量排名前二的申请人是松下电器和三星电子，专利申请量分别是238件和229件。本项目对这两家公司在该技术领域申请的专利进行统计分析，从专利申请量年度分布、在“九国两组织”的区域分布和技术构成分布三个维度，对其技术布局进行分析。

1. 申请量排名第一的专利申请人——松下电器

（1）专利申请量

松下电器在数字内容作品密钥分发与安全传输技术领域的专利申请量位居全球之首。20世纪90年代后期至2004年，松下电器在该领域的专利年申请量总体呈增长态势，于2004年达到年申请量的峰值。然而自2005年以来，松下电器在该领域的研究逐渐降温，且对该技术的研发投入甚少，这与全球范围关于该技术领域的研发形势基本一致（见图3-25）。

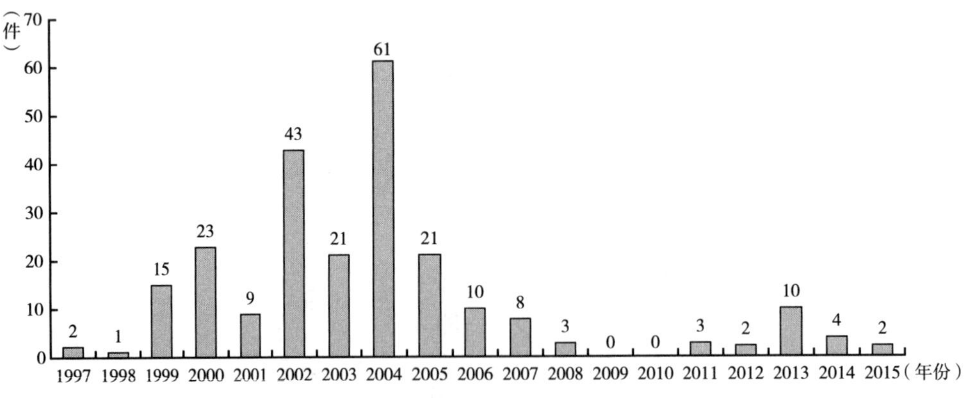

图3-25 松下电器数字内容作品密钥分发与安全传输技术专利申请量年度分布

（2）专利申请量区域分布

松下电器是日本的大型电器制造公司，总公司设于大阪府门真市。松下电器的产品线极广，除了家电以外，还生产数码电子产品，如DVD、数码摄影机、MP3播放机、数码相机、液晶电视和笔记型电脑等，以及电子零件、电工零件（如插座盖板）和半导体等[①]。松下电器直接与间接投资的公司有数百家。

松下电器在数字内容作品密钥分发与安全传输技术领域的专利申请遍布亚太地区，核心技术集中在中国和日本（见图3-26）。松下电器在中国布局该领域的专利是有一定目的的，如2009年3月，松下电器联合飞利浦和索尼宣布组建一家蓝光独家授权公司，为蓝光产品生产企业提供授权服务，获得授权的企业可获准生产蓝光播放器、录像机及蓝光碟片等产品[②]。值得我们关注的是，随着蓝光播放机在中国市场的逐渐普及和价格降低，中国企业今后将会面临因交纳专利费导致生产成本高昂的风险。松下电器在澳大利亚、韩国和欧洲专利局等国家和国际组织也申请了专利，但数量不多。

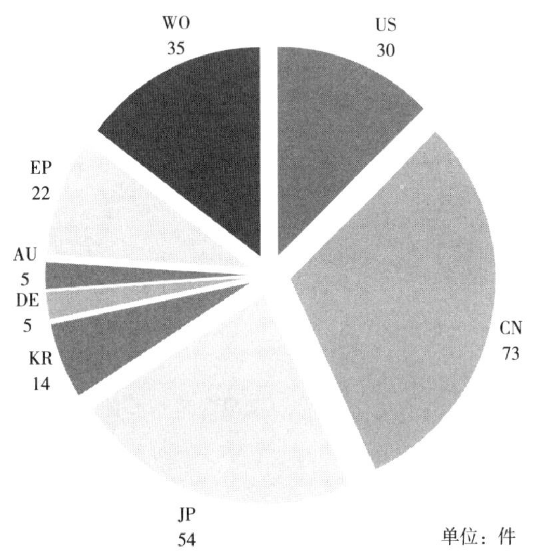

图3-26　松下电器数字内容作品密钥分发与安全传输技术专利在“九国两组织”的申请量

（3）技术构成分布

图3-27是松下电器数字内容作品密钥分发与安全传输技术专利的热力地图，图

① 百度百科：《松下》，https://baike.baidu.com/item/%E6%9D%BE%E4%B8%8B/628?fr=aladdin。

② 宁弦：《索尼、飞利浦、松下下调蓝光专利使用费》，https://tech.sina.com.cn/it/2009-02-26/16252862037.shtml。

中圈注的是松下电器在该技术领域关注度较高的技术。所谓加密（Encryption）是指将一个信息（Plain Text，又称“明文”）经过加密钥匙（Encryption Key）及加密函数转换成无意义的密文（Ciphertext），而接收方则将此密文经过解密函数和解密钥匙（Decryption Key）还原成明文[①]。数据加密技术要求只有在指定的用户或网络下才能解除密码而获得原来的数据，这就需要给数据发送方和接受方以一些特殊的信息用于加密和解密，这就是所谓的密钥[②]。需要保护的原始信息称为明文，用密钥编码操作后得到的看上去没有意义的结果称为密文。授权许可是指针对授权内容的加密和保护，以保证所分发软件的安全性为目的，力求确保授权用户在规定的权限内使用该软件产品，通过授权加密保护防止授权以外的用户非法使用和滥用软件产品。松下电器在该技术领域申请的专利较密集，申请方向也属于热点技术之一，并于2005年申请了关于用户终端接收许可证的专利。

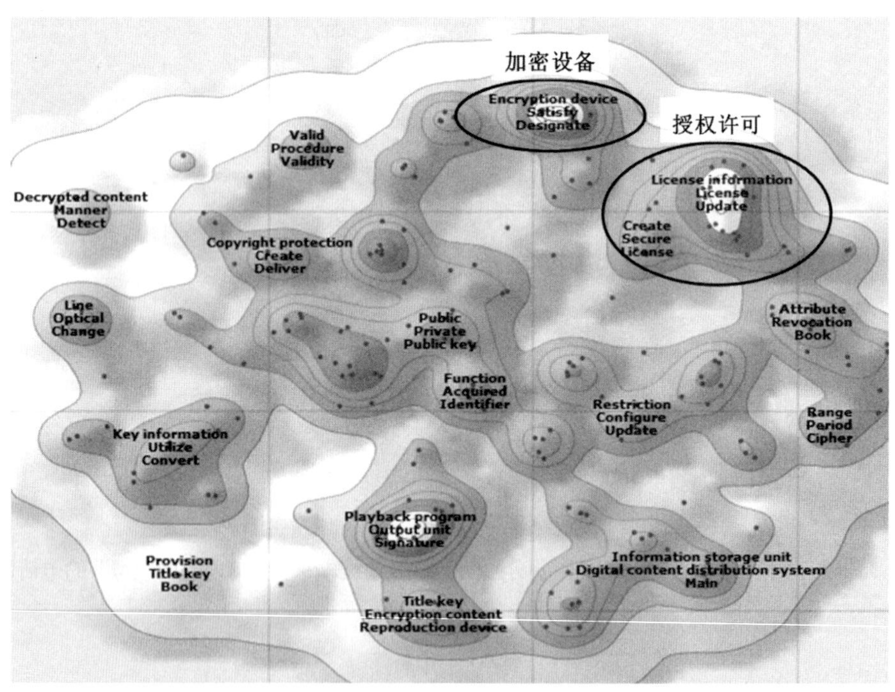

图3-27　松下电器数字内容作品密钥分发与安全传输技术构成分布

① 乐光学:《Internet/Intranet网络安全技术及安全机制的建设》,《佳木斯大学学报（自然科学版）》2002年第1期，第86页。

② 王素珍:《数据加密技术在计算机网络通信安全中的应用》,《企业家天地》2013年第4期，第87页。

松下电器在数字内容作品密钥分发与安全传输技术领域研究的热点技术主要有源加密技术和授权许可技术等。从图 3-27 可以看出，松下电器申请的源加密技术专利较多。源加密通常涉及企业的核心竞争力，一旦泄露和扩散，将给企业带来严重负面影响，因此针对源代码等敏感数据的安全防护，历来受到高度重视。松下电器在解密密钥技术领域的专利申请量也很可观，最具代表性的是在 2001 年申请的关于加密解密系统的专利。

2. 申请量排名第二的专利申请人——三星电子

（1）专利申请量

三星电子在数字内容作品密钥分发与安全传输技术领域的专利申请量排名全球第二。在 2003 年之前，三星电子在该技术领域投入的研究相对较少，相关专利申请较少，2003 年甚至没有专利申请。自 2004 年至 2007 年，三星电子在该技术领域的研究逐年增多，并且发展速度相对较快，2007 年的专利申请量达到峰值。2007 年之后三星电子在该领域的研究开始减少，近年来三星电子在该技术的研发上进入平淡期，毕竟近年来全球范围对该技术的研发普遍处于低迷期（见图 3-28）。

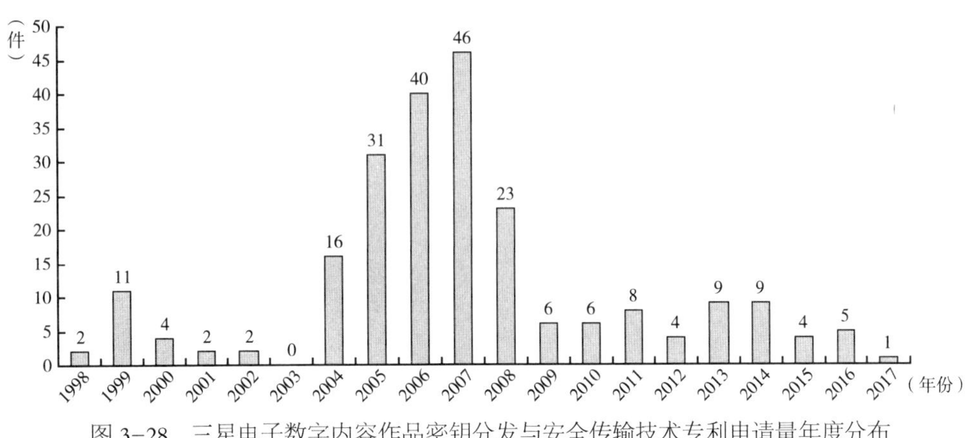

图 3-28　三星电子数字内容作品密钥分发与安全传输技术专利申请量年度分布

（2）专利申请量区域分布

三星电子是韩国最大的电子工业企业，同时也是三星集团旗下最大的子公司。在世界前 100 个商标列表中，三星电子是唯一一个韩国商标，是韩国民族工业的象征[①]。

① 百度百科:《三星电子》，https://baike.baidu.com/item/%E4%B8%89%E6%98%9F%E7%94%B5%E5%AD%90/177278?fr=aladdin。

三星电子总部位于韩国，在欧洲及亚太地区许多国家均设有分公司及代加工工厂。在数字内容作品密钥分发与安全传输技术领域，三星电子的主打市场是美国和亚洲的中日韩等国家。三星电子虽为韩国品牌，但该品牌在美国的人气不亚于韩国，曾在“美国工业设计协会年度工业设计奖”（Industrial Design Excellence Award，IDEA）的评选中获得诸多奖项，连续数年成为获奖最多的公司。故三星电子关于该技术的专利申请在美国最多，其次是韩国，第三是中国（见图 3-29）。

近年来，三星电子涉及的专利纠纷较多。其中，在美国发生专利纠纷最为频繁，这可能是三星电子数字内容作品密钥分发与安全传输技术专利在美国的申请量最多的原因之一。2014 年 1 月 27 日，三星集团同意支付瑞典移动网络设备制造商爱立信 6.6 亿美元，加上数年的版税，以了结双方的技术许可纠纷。2014 年 11 月，三星电子起诉英伟达（Nvidia Corp.），称其侵犯了三星电子几项半导体相关专利，以及投放相关产品的虚假广告。在此之前的 2014 年 9 月，英伟达曾将三星电子告上法庭。

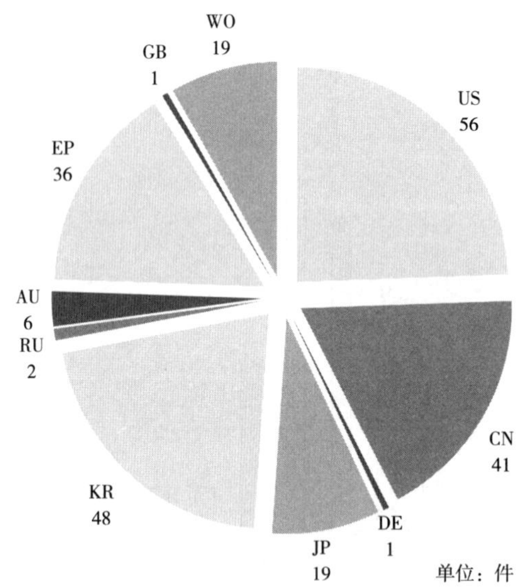

图 3-29　三星电子数字内容作品密钥分发与安全传输技术专利在“九国两组织”的申请量

（3）技术构成分布

图 3-30 是三星电子数字内容作品密钥分发与安全传输技术专利的热力地图，图中圈注的是三星电子在该技术领域关注度较高的技术。版权保护协议是设计一个协议，利用数字水印和公共密码机制来确定作品每一个拷贝的来源，从而达到阻止非法

拷贝的目的，实现数字作品的版权保护。通信协议是双方实体完成通信或服务所必须遵循的规则和约定。通过通信信道和设备互连起来的多个不同地理位置的数据通信系统，要能协同工作实现信息交换和资源共享，它们之间必须有共同的语言。交流什么、怎样交流及何时交流，都必须遵循某种均能接受的规则。随着通信技术的快速发展、无线网络的广泛应用，以及移动终端设备的快速普及，人们的生活得到了极大方便。与此同时，无线网络的安全问题以及移动终端的有限资源问题愈加得到人们的关注。

在数字内容作品密钥分发与安全传输技术领域，三星电子研究的热点技术有版权保护协议、通信协议以及互联网终端技术等。其中，通信协议以及互联网终端技术的专利最密集，是三星电子关注的重点技术。

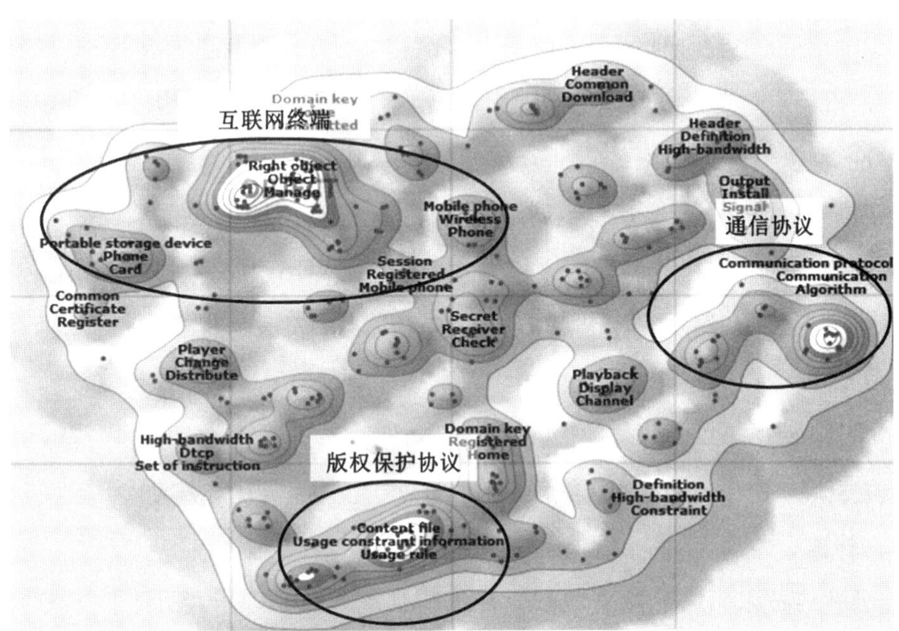

图 3-30　三星电子数字内容作品密钥分发与安全传输技术构成分布

三　总结

（一）专利申请总体趋势

从整个行业的专利申请状况来看，数字内容作品密钥分发与安全传输技术自 20

世纪 90 年代后期直至 2006 年，处于快速发展阶段。2007 年至 2008 年该技术已基本趋于成熟，并且在 2008 年达到发展的白热化阶段。然而 2009 年以来，该领域的专利年申请量总体上呈逐年减少趋势，这是由于随着该技术的发展和不断成熟，部分企业因收益减少而纷纷退出市场，只有少数企业继续从事该领域的技术研究。

（二）主要国家技术发展现状及趋势

通过对整个行业进行技术生命周期曲线分析，可以判断该技术在各个国家和地区的发展现状以及未来发展趋势。本项目对美国、日本、韩国和中国 4 个重点国家进行了分析，结果如下。

1. 美国

20 世纪 90 年代中后期，美国便开始引入该技术，但由于当时该技术市场还不明确，介入的企业较少，申请的专利数量较少。2000~2004 年，随着全球进入网络化时代以及电子产品的更新换代，人们工作、生活和学习方式逐渐趋于数字化，该技术迅速发展，市场不断扩大，介入的企业大幅增加，技术分布范围扩大，专利申请量激增。2005~2007 年，随着该技术不断成熟，专利年申请量增长速度变慢，技术发展进入成熟期。自 2008 年以来，随着该技术领域竞争日益激烈，优胜劣汰现象开始显现，由于市场份额的有限性，部分企业因收益减少而纷纷退出市场，专利年申请量开始回落，逐渐呈现巨头向寡头的转变。目前该技术在美国的发展已非常成熟。

2. 日本

作为美国在数字版权领域的追随者，日本在数字内容作品密钥分发与安全传输技术领域的发展状况与美国基本类似，目前同样处于技术发展的成熟期。

3. 韩国

韩国在该技术领域的发展状况也和美国基本类似，现阶段处于技术发展的成熟期。

4. 中国

20 世纪 90 年代中期，中国便开始引入该技术。2000~2009 年，随着中国经济和科技的迅猛发展，该技术得到了迅速发展。自 2010 年以来，随着该技术领域竞争日益激烈，优胜劣汰现象开始显现，专利年申请量开始回落，专利申请人逐渐呈现巨头向寡头的转变。

根据以上分析，该技术在中国、美国、日本和韩国等国的发展状况基本一致。总体来说，数字内容作品密钥分发与安全传输技术在全球范围内处于成熟期。

第四节　密钥安全传输技术

密钥安全传输技术采用非对称加密算法，对数字内容销售应用授权中预分发的密钥进行加密后再传输，成功解决了在版权保护的过程中数字内容作品密钥的安全传输问题。围绕该技术的专利申请发轫于 20 世纪 90 年代中期，于 2008 年达到顶峰，之后总体呈回落趋势。总体而言，该技术是数字版权保护领域比较成熟的热门技术，也是数字版权保护领域的基础关键技术，在数字版权保护诸多方面均有应用。

一　专利检索

（一）检索结果概述

以密钥安全传输技术为检索主题，在“九国两组织”范围内共检索到相关专利申请 2141 件，具体数量分布如表 3-38 所示。

表 3-38　“九国两组织”密钥安全传输技术专利申请量

单位：件

国家 / 国际组织	专利申请量	国家 / 国际组织	专利申请量
US	630	DE	36
CN	417	RU	11
JP	339	AU	46
KR	226	EP	213
GB	11	WO	204
FR	8	合计	2141

（二）“九国两组织”密钥安全传输技术专利申请趋势

“九国两组织”关于密钥安全传输技术的专利申请数量整体不多。其中，日本早期的专利申请数量相对其他国家较多，在 2000 年以前已达到 38 件，与其他“八国两组织”2000 年前的申请量总和相当。随着技术的不断发展，该技术在美国的受重视程度不断增强，从 2004 年开始美国的专利年申请量超过日本，并一直保持在这一技术领域的领先地位。2008 年左右，无论是全球的专利年申请总量，还是美国、中国、日本和韩国各国的专利年申请量均相继达到最高峰，此后各国的专利年申请量开始出现下降的趋势，这预示着该技术已逐渐趋于成熟（见表 3-39、图 3-31）。

表 3-39　1994~2017 年“九国两组织”密钥安全传输技术专利申请量

单位：件

国家 / 国际组织	专利申请量																	
	90	01	02	03	04	05	06	07	08	09	10	11	12	13	14	15	16	17
US	10	1	14	13	30	24	49	58	48	53	52	44	47	41	58	39	37	12
CN	7	3	3	4	9	29	22	28	45	42	41	31	39	20	37	14	18	25
JP	38	13	15	20	16	27	28	23	35	18	27	31	20	16	7	5	0	0
KR	2	5	3	4	5	11	18	27	37	23	17	16	14	17	11	11	3	2
GB	0	0	0	1	1	0	1	1	0	1	1	0	1	1	1	2	0	0
FR	0	0	0	0	0	0	0	1	0	1	0	2	2	2	0	0	0	0
DE	0	0	1	0	0	1	8	8	7	3	2	2	2	1	1	0	0	0
RU	0	0	0	0	0	0	0	0	1	0	1	4	3	1	1	0	0	0
AU	5	2	5	4	5	3	1	8	3	2	6	0	0	0	1	0	1	0
EP	7	2	8	11	10	21	19	20	25	16	17	14	13	6	13	10	1	0
WO	7	5	10	7	15	11	27	24	13	21	4	6	5	10	14	8	7	10
合计	76	31	59	64	91	127	173	198	214	180	168	150	146	115	144	89	67	49

注：“90”指 1994~2000 年的专利申请总量，“01~17”分别指 2001~2017 年当年的专利申请量。

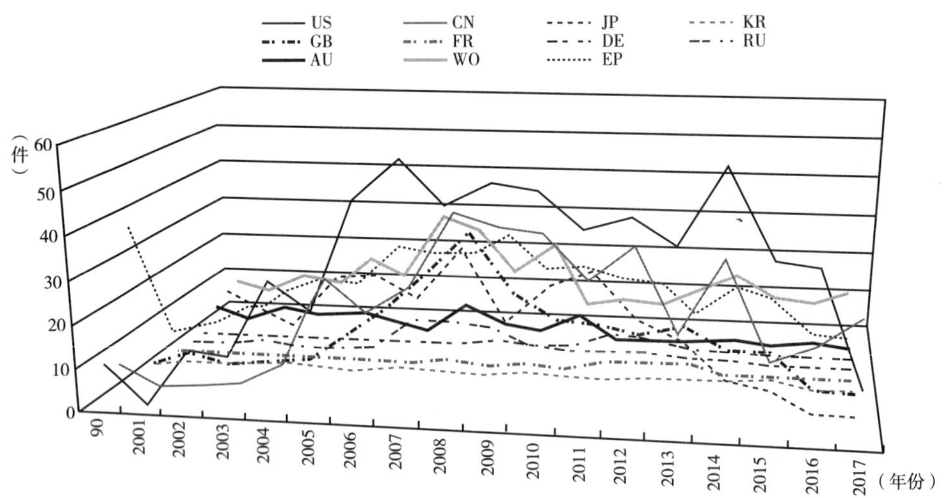

图 3-31　“九国两组织”密钥安全传输技术专利申请趋势

注：“90”指 1994~2000 年的专利申请总量。

（三）“九国两组织”密钥安全传输技术专利申请人排名

1994~2017年“九国两组织”密钥安全传输技术专利申请人排名情况如表3-40~表3-50所示。

1. 美国申请人排名

表 3-40　美国密钥安全传输技术专利申请人排名

序号	申请人	申请人国家	申请数量（件）	授权数量（件）
1	Sony Corp.	日本	35	9
2	Microsoft Corp.	美国	24	7
3	IBM Corp.	美国	22	8
4	Nippon Telegraph & Telephone	日本	18	9
5	Samsung Electronics Co. Ltd.	韩国	15	4

2. 中国申请人排名

表 3-41　中国密钥安全传输技术专利申请人排名

序号	申请人	申请人国家	申请数量（件）	授权数量（件）
1	Huawei Tech. Co. Ltd.（华为）	中国	23	13
2	ZTE Corp.（中兴）	中国	16	5
3	IBM Corp.	美国	13	5
4	Hitachi Ltd.	日本	11	5
5	Nokia Corp.	芬兰	11	5

3. 日本申请人排名

表 3-42　日本密钥安全传输技术专利申请人排名

序号	申请人	申请人国家	申请数量（件）	授权数量（件）
1	Hitachi Ltd.	日本	36	18
2	Sony Corp.	日本	24	11
3	Toshiba K.K.	日本	23	12
4	Matsushita Electric Ind. Co. Ltd.	日本	12	3
5	NEC Corp.	日本	11	6

4. 韩国申请人排名

表 3-43 韩国密钥安全传输技术专利申请人排名

序号	申请人	申请人国家	申请数量（件）	授权数量（件）
1	Samsung Electronics Co. Ltd.	韩国	27	2
2	LG Electronics Inc.	韩国	14	5
3	Thomson Licensing S.A.	法国	13	6
4	Korea Electronics & Telecommun. Res. Inst.	韩国	8	4
5	Toshiba K.K.	日本	5	3

5. 英国申请人排名

表 3-44 英国密钥安全传输技术专利申请人排名

序号	申请人	申请人国家	申请数量（件）	授权数量（件）
1	Intuit Inc.	美国	2	0
2	CloudTran Inc.	美国	1	0
3	NDS Ltd.	日本	1	0
4	Intel Corp.	美国	1	0
5	Finisar Corp.	美国	1	0

6. 法国申请人排名

表 3-45 法国密钥安全传输技术专利申请人排名

序号	申请人	申请人国家	申请数量（件）	授权数量（件）
1	Alcatel-Lucent S.A.S.	法国	2	1
2	Radiotelephone S.F.R.	法国	2	0
3	True Money Co. Ltd.	泰国	2	0
4	Alcatel S.A.	法国	1	0

7. 德国申请人排名

表 3-46 德国密钥安全传输技术专利申请人排名

序号	申请人	申请人国家	申请数量（件）	授权数量（件）
1	Ericsson Telefon AB L.M.	瑞典	3	1
2	Sony Corp.	日本	3	1
3	Siemens A.G.	德国	3	1
4	Mitsubishi Electric Corp.	日本	2	1
5	PopCatcher AB	瑞典	2	1

8. 俄罗斯申请人排名

表 3-47　俄罗斯密钥安全传输技术专利申请人排名

序号	申请人	申请人国家	申请数量（件）	授权数量（件）
1	Koninkl Philips Electronics N.V.	荷兰	2	1
2	Microsoft Corp.	美国	2	1
3	China Iwncomm Co Ltd.（西电捷通）	中国	2	0
4	Sony Corp.	日本	1	0
5	CoCo Communications Corp.	美国	1	0

9. 澳大利亚申请人排名

表 3-48　澳大利亚密钥安全传输技术专利申请人排名

序号	申请人	申请人国家	申请数量（件）	授权数量（件）
1	Silverbrook Res. Pty. Ltd.	澳大利亚	6	3
2	Document Authentication System	美国	4	0
3	Intuit Inc.	美国	2	1
4	Cisco Tech. Inc.	日本	2	1
5	Nokia Corp.	芬兰	2	1

10. 欧洲专利局申请人排名

表 3-49　欧洲专利局密钥安全传输技术专利申请人排名

序号	申请人	申请人国家	申请数量（件）	授权数量（件）
1	Sony Corp.	日本	12	2
2	Matsushita Electric Ind. Co. Ltd.	日本	10	1
3	Samsung Electronics Co. Ltd.	韩国	10	1
4	Nippon Telegraph & Telephone	日本	10	2
5	Ericsson Telefon AB L.M.	瑞典	9	0

11. 世界知识产权组织申请人排名

表 3-50　世界知识产权组织密钥安全传输技术专利申请人排名

序号	申请人	申请人国家	申请数量（件）
1	Matsushita Electric Ind. Co. Ltd.	日本	9
2	Nokia Corp.	芬兰	8
3	Koninkl Philips Electronics N.V.	荷兰	8
4	Huawei Tech. Co. Ltd.（华为）	中国	7
5	LG Electronics Inc.	韩国	6

二　专利分析

（一）技术发展趋势分析

随着通信网络技术、计算机技术、流媒体技术和压缩技术的应用和发展，电子文本、多媒体数字作品和计算机程序等数字内容的交换和传输变得非常简单。人们借助计算机、传真机、打印机、移动存储介质和网络等设备可以方便快捷地将这些数字内容传送到世界各地，这给数字内容的创造者和消费者带来极大的方便和利益。但是这种方式具有易被拷贝、分发、盗用和篡改的特点，尤其是对等网（Peer-to-Peer，PZP）技术的发展和应用，使数字内容的版权保护问题更加突出[①]。研究各类数字内容的版权保护方法，建立有效的数字版权管理系统是各国政府、学术界和许多企业亟待解决的问题。为了实现数字版权管理系统的功能，需要一些有效的技术和方法，最早使用的是密码技术，即在发送之前加密作品，把密钥给购买了作品的合法用户，这样盗版者即使获得作品也无法使用。

密钥的产生可以用手工方式，也可以用随机数生成器。对一些常用的密码体制而言，密钥的选取和长度都有严格的要求和限制，尤其是公钥密码体制，公私钥对还必须满足一定的运算关系。总之，不同的密码体制，其密钥的具体生成方法一般是不相同的。

密钥的存储不同于一般的数据存储，需要保密存储。保密存储有两种方法：一种是基于密钥的软保护，另一种是基于硬件的物理保护。前者使用加密算法对用户密钥（包括口令）进行加密，然后以密文形式存储。后者将密钥存储于与计算机相分离的某种物理设备中（如智能卡、USB 盘或其他存储设备），以实现密钥的物理隔离保护。

图 3-32 展示了 20 余年来密钥安全传输技术专利申请量的年度变化趋势。密钥安全传输技术专利申请量在 2008 年之前呈现逐年上升态势。最初密钥安全传输技术主要应用在信息安全领域，很多国家研究此技术也以此为目的。但是随着数字出版领域的快速发展，在数字版权保护方方面面都应用了密钥相关技术，密钥的安全传输尤其重要。比如，经常用到的 RSA 公钥加密算法，是一种既能用于数据加密也能用于

① 袁征:《基于密码和水印的数字版权保护技术研究》，博士学位论文，北京邮电大学，2007，第 1 页。

数字签名的算法，易于理解和操作。最初只有短的 RSA 钥匙才可能被强力方式破解，直到 2007 年，世界上还没有能击破 RSA 算法的方式。原则上只要钥匙的长度足够长，RSA 加密的信息是不能被破解的。但在分布式计算和量子计算机理论日趋成熟的今天，RSA 加密的安全性受到了挑战，技术创新遇到了新的瓶颈，专利年申请量出现下降的趋势。

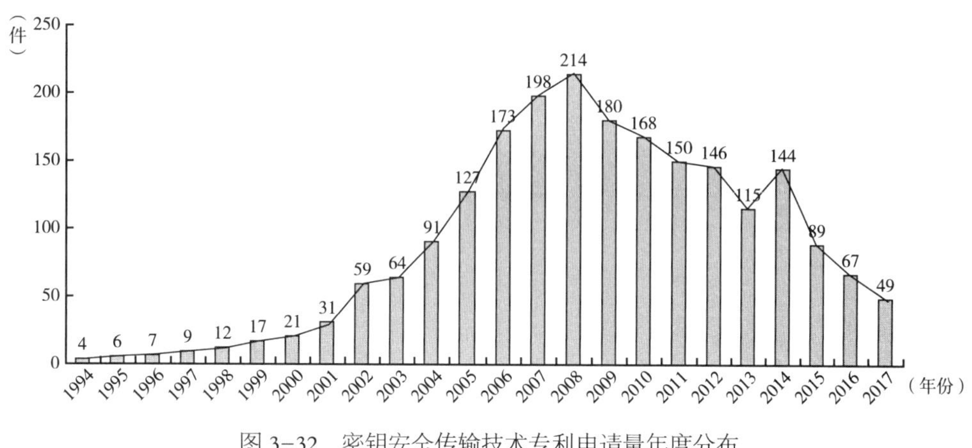

图 3-32　密钥安全传输技术专利申请量年度分布

（二）技术路线分析

图 3-33 展示了密钥安全传输技术的发展路线。早在 1976 年，非对称密码机制被提出，后来逐渐衍生为非对称密钥算法，这是为了保障密钥的安全传输而设置的一套计算机算法。1994 年，美国一家银行申请了一件关于数字内容获取的专利，标志着“九国两组织”范围内第一件应用在数字版权保护上的密钥安全传输技术专利诞生。2001 年 11 月 27 日，中国纳格拉影像股份有限公司申请了一件关于生成和分配非对称密钥的方法的专利，这是中国第一件关于密钥算法的专利申请，中国的数字内容产业起步比较晚，那时候该技术还没有应用在数字内容领域。2002 年 3 月 4 日，美国通用仪器公司申请了一件关于密码管理协议的专利，该专利被应用在数字权限管理体系中，是密钥安全传输技术应用于数字版权保护的重要突破。之后随着数字内容产业的高速发展，数字版权保护对密钥安全传输技术的需求日益强烈，出现了很多关于密钥安全传输的专利以及更多的密钥算法。随着各种移动终端的发展，出

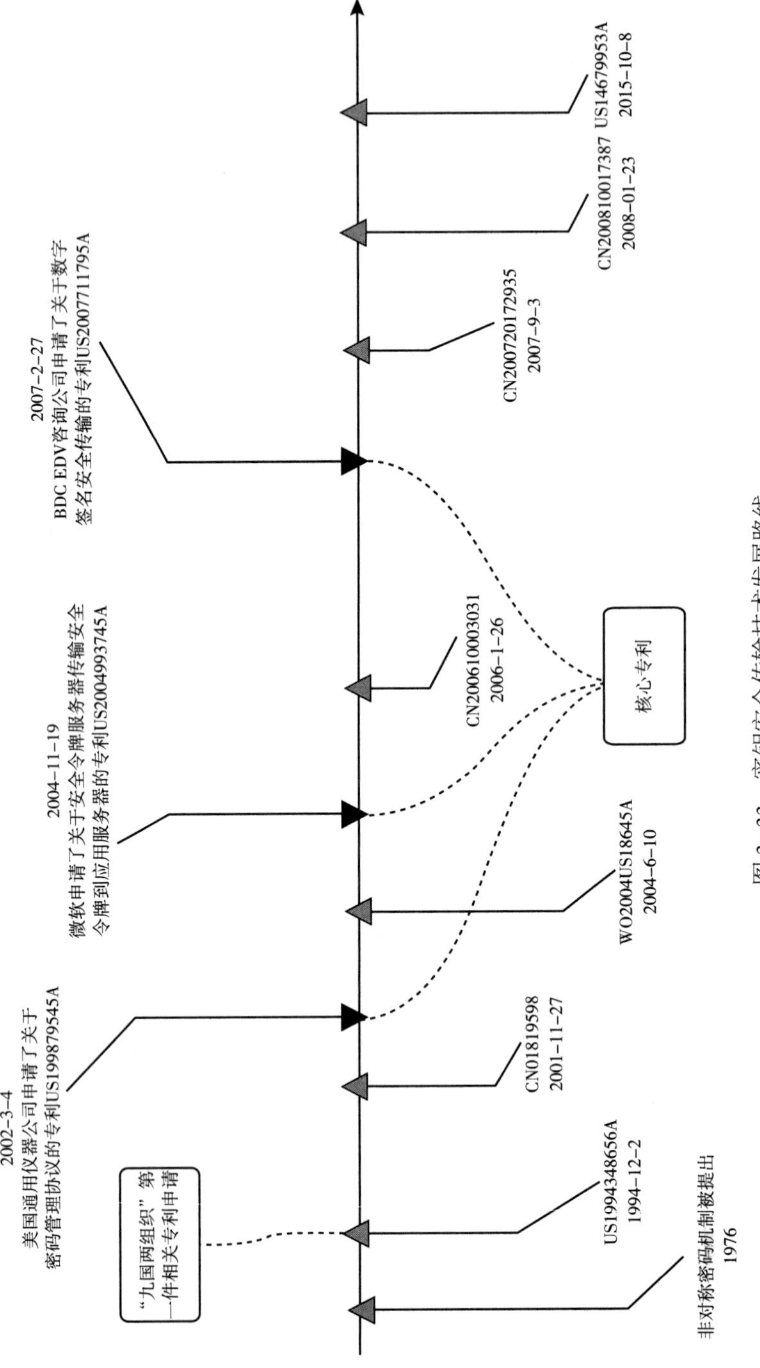

图 3-33　密钥安全传输技术发展路线

现了关于服务器和移动终端之间密钥安全传输的技术专利申请。随着中国数字内容产业的崛起，中国相关专利申请数量有所增加。密钥安全传输技术是数字版权保护领域的一项基础关键技术，对数字内容销售使用授权中预分发的密钥采用非对称加密算法进行加密后再传输，成功解决了数字内容作品密钥如何安全传输的问题。

（三）主要专利申请人分析

为了深入分析密钥安全传输技术的发展，本项目通过对检索数据进行标引和聚类等处理，分析出 1994~2017 年该技术领域专利申请量排名前三的申请人分别为索尼、三星电子及日立（Hitachi Ltd.）。索尼拥有 94 件相关专利申请，三星电子拥有 71 件，日立拥有 66 件。从专利资产地域分布来看，索尼在美国和日本拥有较多的专利；三星电子的专利更多布局于韩国，其次是美国，在日本、中国和欧洲专利局的专利申请量较为均衡；日立主要在日本进行专利布局，然后是美国和中国。

1. **申请量排名第一的专利申请人——索尼**

（1）专利申请量

图 3-34 是索尼密钥安全传输技术专利的年度申请情况。2000 年索尼的专利申请量达到高峰，在此之前索尼仅有 2 件专利申请。2000 年日本国会审议通过了《政府认证基磐（公共密钥）》等相关法律，旨在规范日本电子商务活动并提供法律依据，确保电子商务活动的真实性和可靠性，为跨境电子商务交易的发展创造条件。这带动了相关企业对该技术的关注度上升，更多企业开始进行技术研发。2007 年和

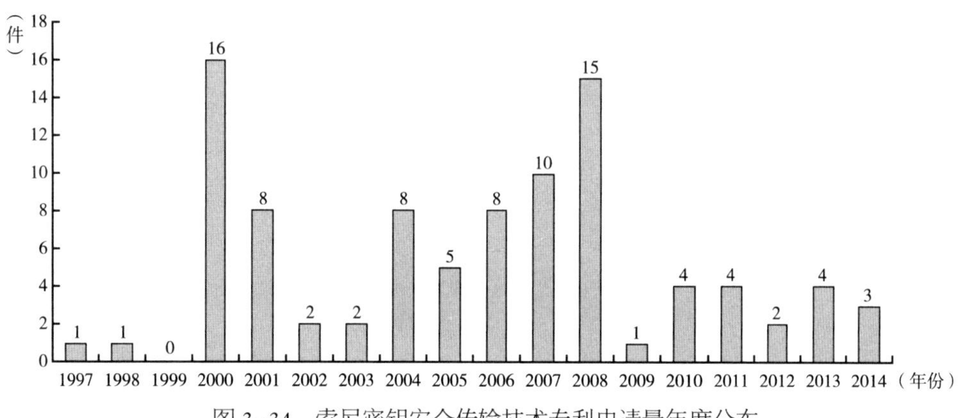

图 3-34　索尼密钥安全传输技术专利申请量年度分布

2008 年该技术领域的专利年申请量也都在 10 件及以上。在 2007 年“Fast Software Encryption”（FSE）会议上，索尼开发并提出一种新的分组密钥算法——CLEFIA 算法，使得密钥算法有了新突破，保障了密钥传输的安全性。CLEFIA 算法与美国政府采用的高级加密标准（Advanced Encryption Standard，AES）支持相同的接口，分组长度为 128 位，密钥长度可从 128 位、192 位和 256 位中选择，最大特点是在确保安全性的同时实现了高效率封装。CLEFIA 算法已经被采纳为轻量加密国际标准“ISO/IEC 29192”中的一种。

（2）专利申请量区域分布

图 3-35 是索尼在“九国两组织”的密钥安全传输技术专利申请情况，从中可以看出，索尼在美国的专利申请最多。2006 年 1 月，索尼新推出一款 SonyReader 手持阅读器，而美国市场是索尼这次的主要目标，同时由于微软是索尼在美国游戏市场的主要竞争对手，所以索尼很重视在美国市场的专利布局，并努力维护自己在美国的专利权。2011 年索尼曾将 LG 告上法庭，根据索尼的说法，LG 在美国等国家侵犯了其多项专利设计权，要求 LG 在美国禁售手机产品。日本是索尼专利布局的第二大市场，然后是欧洲、中国和韩国市场。

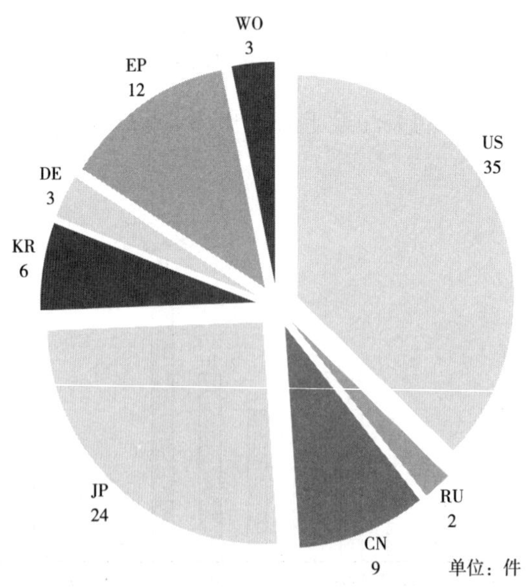

图 3-35 索尼密钥安全传输技术专利在“九国两组织”的申请量

（3）技术构成分布

图 3-36 是索尼密钥安全传输技术专利的构成分布。密钥管理是索尼在这一技术领域关注度较高的技术。在计算机信息安全领域，密钥管理包含对系统中所使用密钥的传输的保护，以及对预分发的密钥采用非对称加密算法加密后再传输。在 2007 年 FSE 会议上，索尼开发并提出一种新的分组密钥算法——CLEFIA 算法。CLEFIA 密码的数据分组长度为 128 位，密钥长度可以是 128 位、192 位或 256 位，对应的轮数分别是 18 轮、22 轮和 26 轮。CLEFIA 密码在安全性、加密速度和执行成本三方面达到了很好的平衡，增大了对密钥安全性攻击的代价，保障了密钥的安全传输。该企业专利申请量较多，但由于技术涉及广泛，且分散在不同的技术点，因此在关键技术构成分布中并未形成多个重点进行专利布局的技术领域。

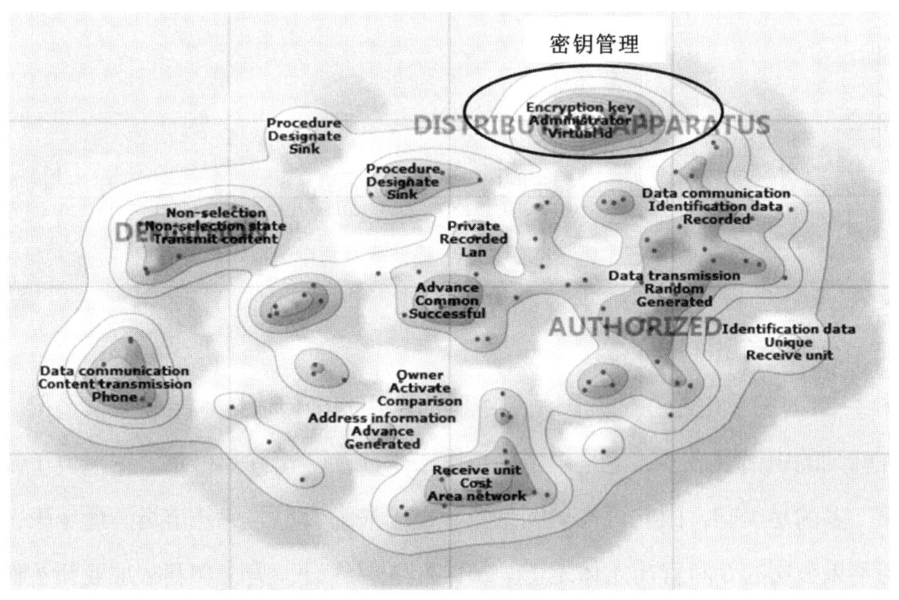

图 3-36　索尼密钥安全传输技术构成分布

2. 申请量排名第二的专利申请人——三星电子

（1）专利申请量

知识产权能力的增长是三星电子业绩迅速增长的因素之一。数据显示，三星电子注重技术研发，至 2017 年分布在全球的研发人员总数已超过 6 万人，投入的研发经费达到 150 亿美元，占总营收的比重不断攀升[①]。从 2007 年起，三星电子蝉联美国专利排行榜亚军，仅次于已经连续 18 年雄踞榜首的 IBM。图 3-37 是三星电子密钥安全传输技术专利的申请趋势。2007 年之前三星电子的专利申请量总体持续增长，并于 2007 年达到申请量高峰。这主要是随着互联网进入蓬勃发展期以及智能移动终端的发展，三星电子开始布局移动出版领域。但是从整体来看，三星电子在该技术领域的专利年申请量最多为 20 件，可见该技术并不是三星电子的主要研发对象。2008 年以来，三星电子在该技术领域的专利年申请量大幅回落。

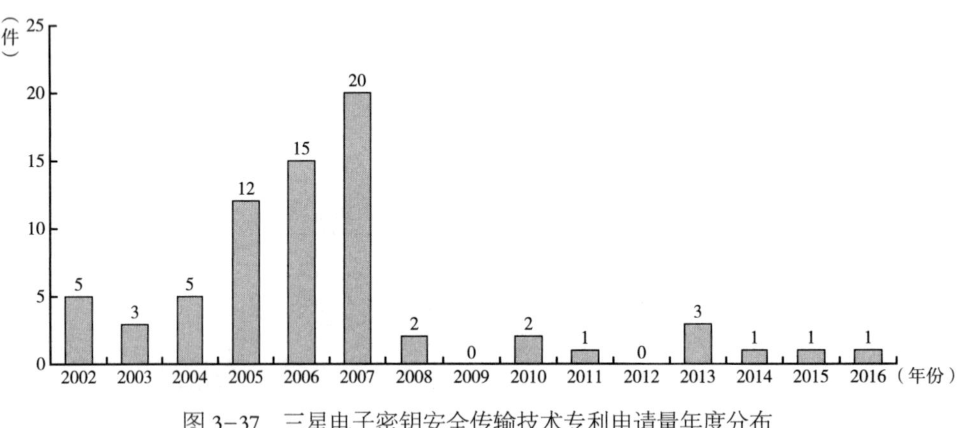

图 3-37　三星电子密钥安全传输技术专利申请量年度分布

（2）专利申请量区域分布

图 3-38 是三星电子在“九国两组织”的密钥安全传输技术专利申请情况。三星电子在韩国的申请量最多，这是由于三星电子本部在韩国首都首尔。三星电子专利申请量第二多的是美国，由此可知美国是三星电子最为看重的海外市场。近年来，三星电子与苹果公司的专利官司无休无止。2014 年 5 月 3 日，美国加利福尼亚州圣何塞一家联邦法院的陪审团判定，三星电子侵犯苹果公司 2 件智能手机专利权，应赔偿近 1.2 亿美元。专利之争一向是市场之争的真实反映。这样的判决结果说明，三星电子与苹果公司在专利方面各有优势。三星电子在欧洲、中国和日本也进行了简单的专利布局，为以后进军这些市场做准备。只有高度重视知识产权能力，提前做好专利质量管控和专利布局，才能在硝烟弥漫的市场竞争中未雨绸缪，决胜未来。

① 数据来自“Samsung Electronics Sustainability Report 2018”。

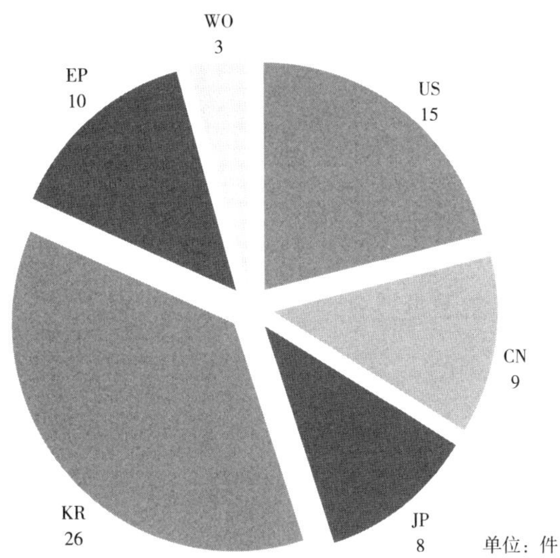

图 3-38　三星电子密钥安全传输技术专利在“九国两组织”的申请量

（3）技术构成分布

图 3-39 是三星电子密钥安全传输技术专利的构成分布。备份服务器的使用能够对生成的密钥和加密对象进行更加有效的保护，从而保证密钥安全传输。

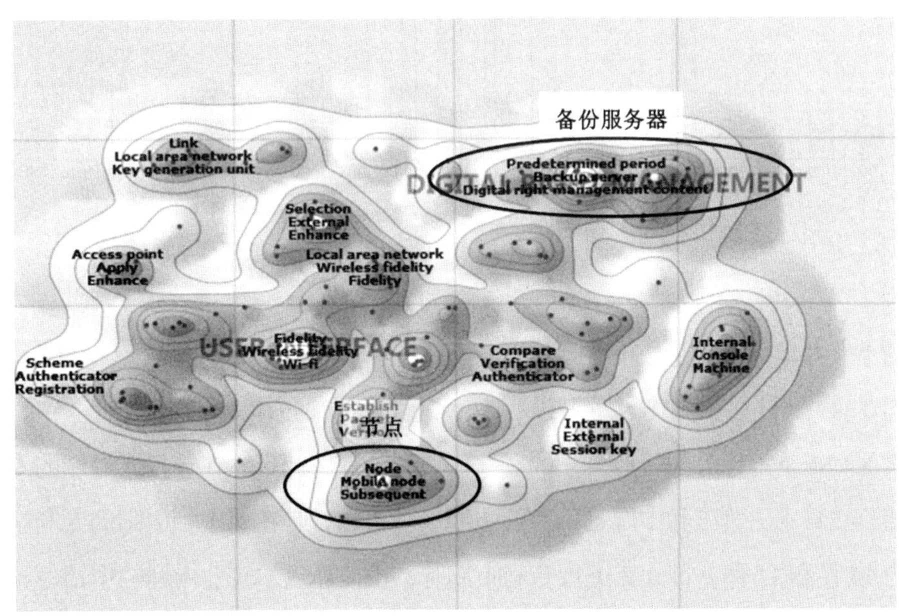

图 3-39　三星电子密钥安全传输技术构成分布

3. 申请量排名第三的专利申请人——日立

（1）专利申请量

图 3-40 是日立密钥安全传输技术专利的年度申请情况。日立关于密钥安全传输技术的专利年申请量只在 2006 年和 2008 年超过 10 件，在 1999 年、2002 年、2010 年和 2012 年为 0。日立共拥有 25 个研究所，在全球共获得 52000 余项专利权，海外子公司已发展到 40 多家，分布于世界各地。为适应发展的需要，日立不断调整产业结构，力争实现产品多样化。如今，日立已从最初以生产重型电机为主发展到拥有 5 条产品线，即动力系统及设备，家用电器，信息、通信系统及电子元器件，产业机械及成套设备，电线电缆、金属、化工及其他产品。日立已成为日本最大的综合电机生产商之一。从日立每年的相关专利申请量以及涉及的业务领域可以看出，密钥安全传输技术并不是日立主要研究的技术。

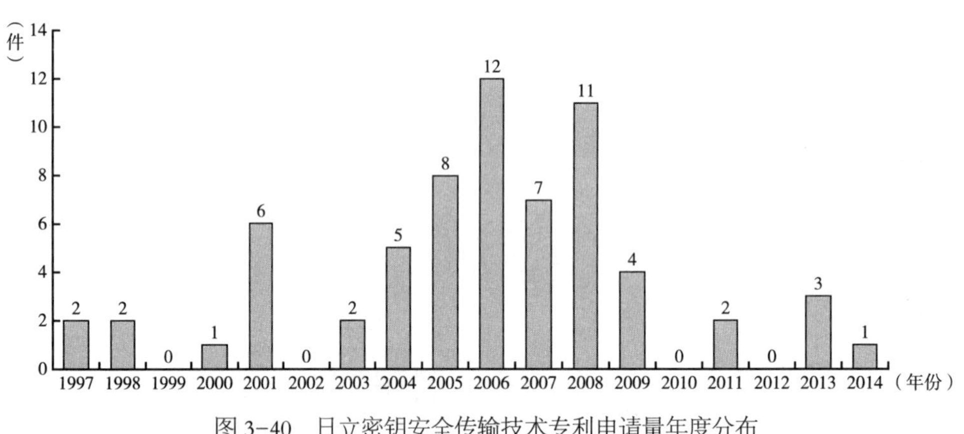

图 3-40　日立密钥安全传输技术专利申请量年度分布

（2）专利申请量区域分布

图 3-41 是日立在“九国两组织”的密钥安全传输技术专利申请情况。在日本，来自索尼和松下电器等同行业公司的竞争比较激烈，因此日立在该技术领域的专利申请大部分在日本。美国和中国是日立的主要海外市场，其在美国和中国的专利申请量分别为 13 件和 11 件。日立在进行专利布局时，不但注重本企业专利的申请，同时还适时地与各国核心企业进行合作。2011 年 12 月 15 日，日立与中国大型 IT 企业北大

方正、方正国际软件有限公司（以下简称“方正国际”）就云计算和智能城市领域的合作达成共识，并签订了协议。通过此次合作，三方所拥有的技术、产品以及其他丰富资源将得到有机结合，从而能创造出具有新价值的产品和服务；另外，通过在开发、制造和销售等方面的广泛合作，三方还可以进一步创造规模效益。北大方正和方正国际在中国业绩突出，而日立则长期以来在日本积累了社会基础设施方面的丰富经验，各方将通过优势互补开展具有高附加价值的业务。

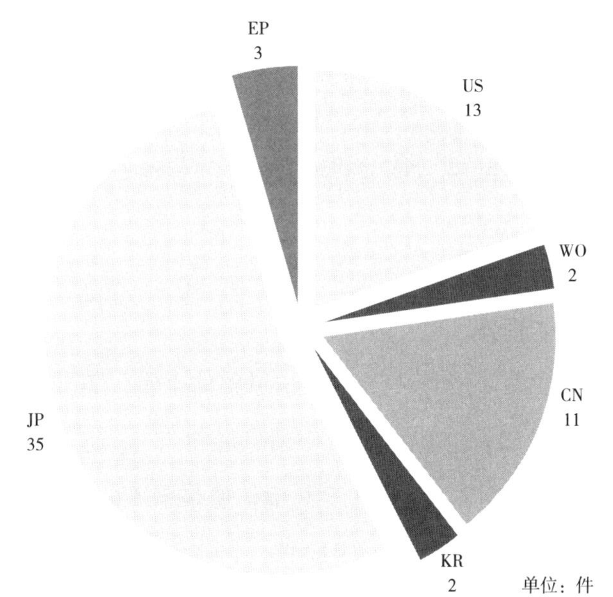

图 3-41　日立密钥安全传输技术专利在“九国两组织”的申请量

（3）技术构成分布

图 3-42 是日立密钥安全传输技术专利的构成分布。密钥许可和复制信息是日立关注度较高的技术。数字内容安全发布工具在申请密钥时必须携带令牌，也就是必须有密钥许可才可以进行数字内容作品的安全发布。令牌种子即令牌密钥，最小长度为 128 位，用于与时间数据组装，通过特定算法运算获得当前时间的动态口令，同时存储于令牌和认证服务器中。

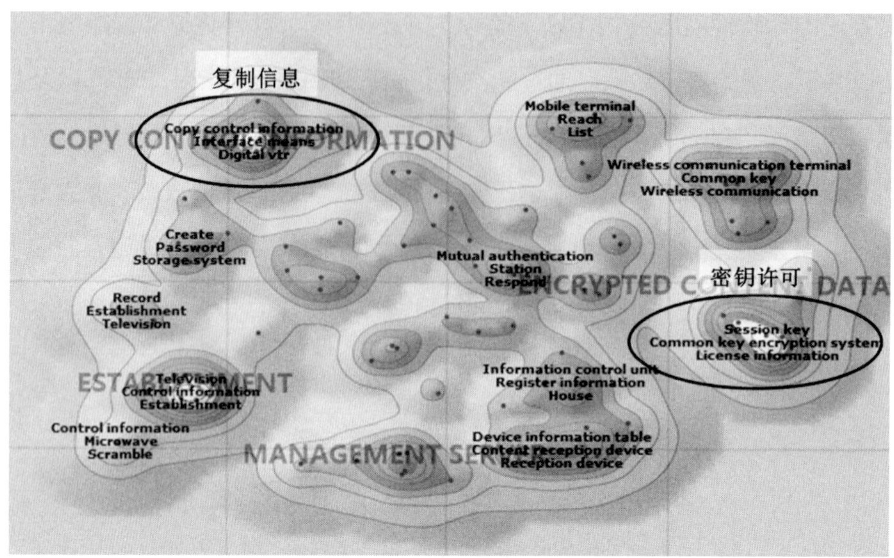

图 3-42　日立密钥安全传输技术构成分布

三　总结

（一）专利申请总体趋势

从 1994~2017 年“九国两组织”专利申请量整体来看，美国、中国、日本和韩国 4 个国家的专利申请量总和为 1612 件，占申请总量的 75%，这充分说明该技术的研发主力集中在这 4 个国家。其中，美国的专利申请量最多（630 件），这说明美国对该技术的研发相当重视。中国的申请量为 417 件，日本的申请量为 339 件，这表明中国和日本对该技术的研发投入也不少。相比于上述 4 个国家，德国、法国、澳大利亚和俄罗斯等国的专利申请量明显偏低，且每年专利申请量的增长并不明显，这说明该技术在这几个国家并未得到重视，应用也不广泛。

（二）专利申请年度趋势

从专利年申请量来看，该技术领域的专利年申请量于 2008 年之前呈现逐年增长态势，并于 2008 年达到高峰，之后逐渐下降。但从局部来看，2008 年之前的增长主要是由美国、中国、日本和韩国的专利年申请量增长带动的，这说明这 4 个国家推动了该技术的快速发展。

（三）专利申请人情况

从专利申请人情况来看，日本的索尼和日立、韩国的三星电子、中国的华为、美国的微软和 IBM 掌握了该技术领域的绝大多数专利申请。索尼是“九国两组织”掌握该技术专利最多的企业，在中国华为的申请量居第一，绝大部分密钥安全传输技术专利被这些 IT 企业所掌握。

从对检索结果的初步分析来看，密钥安全传输技术在数字版权保护技术领域应用得比较成熟。

第五节　视频加密技术

视频加密技术是数字版权保护领域比较成熟的热门技术，通过用密码技术对视频内容进行加密和解密。视频加密技术最早是在 20 世纪 70 年代提出的，围绕该技术的专利申请发轫于 20 世纪 90 年代中期，2001~2004 年视频加密技术专利申请量较快增长，随后几经反复，但总体呈下降态势；2012 年以后，随着视频内容在移动终端的广泛传播，专利年申请量又有所回升。可以预见，今后该技术的创新与应用仍有较大空间。

一　专利检索

（一）检索结果概述

以视频加密技术为检索主题，在“九国两组织”范围内共检索到相关专利申请 4506 件，具体数量分布如表 3–51 所示。

表 3–51　“九国两组织”视频加密技术专利申请量

单位：件

国家 / 国际组织	专利申请量	国家 / 国际组织	专利申请量
US	1251	DE	76
CN	900	RU	16
JP	712	AU	136
KR	373	EP	522
GB	46	WO	440
FR	34	合计	4506

（二）“九国两组织”视频加密技术专利申请趋势

从表 3–52 和图 3–43 可以看出，2001~2006 年是视频加密技术研发的高峰期，这一阶段美国、中国、日本、韩国和欧洲专利局等国家和国际组织都公开了大量专利申请；但是随着视频加密技术被其他技术所取代，2006 年之后专利年申请量总体呈下降态势，特别是日本，下降态势较为明显。而最近几年，美国和中国的专利年申请量又有上升趋势，由此推测可能研发出了新一代技术，使视频加密技术有了更好的发展。

表 3-52　1994~2017 年“九国两组织”视频加密技术专利申请量

单位：件

国家 / 国际组织	专利申请量																	
	90	01	02	03	04	05	06	07	08	09	10	11	12	13	14	15	16	17
US	101	62	93	77	90	92	113	132	70	56	59	67	36	66	64	25	28	20
CN	50	20	39	38	77	22	74	36	51	33	38	49	29	70	74	71	70	59
JP	118	56	49	57	74	59	52	43	58	36	37	22	19	17	4	5	4	2
KR	29	2	28	28	27	41	42	40	26	31	17	17	1	14	7	5	12	6
GB	13	4	1	5	1	0	5	5	2	2	2	2	2	0	2	0	0	0
FR	2	1	4	4	2	2	3	2	4	2	0	2	0	0	0	4	2	0
DE	28	15	10	7	8	2	1	1	0	0	0	0	1	2	0	1	0	0
RU	3	1	2	2	0	1	4	0	0	0	0	3	0	0	0	0	0	0
AU	37	25	20	29	8	4	7	0	4	0	0	0	0	2	0	0	0	0
EP	97	40	42	39	70	35	34	24	36	23	15	14	6	25	7	8	6	1
WO	36	31	28	31	65	26	40	30	27	20	19	17	10	15	14	14	15	2
合计	514	257	316	317	422	284	375	313	278	203	187	193	104	211	172	133	137	90

注：“90”指 1994~2000 年的专利申请总量，“01~17”分别指 2001~2017 年当年的专利申请量。

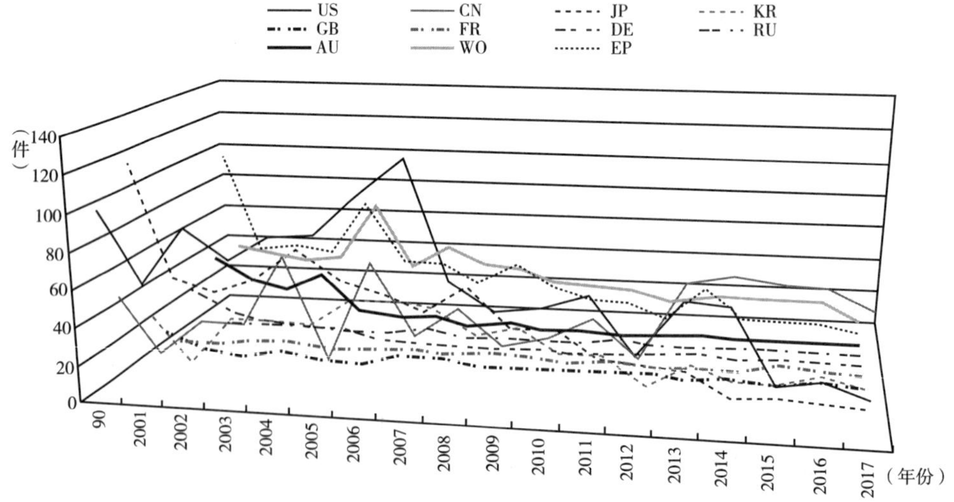

图 3-43　“九国两组织”视频加密技术专利申请趋势

注：“90”指 1994~2000 年的专利申请总量。

（三）“九国两组织”视频加密技术专利申请人排名

1994~2017 年“九国两组织”视频加密技术专利申请人排名情况如表 3-53 ~ 表 3-63 所示。

1. 美国申请人排名

表 3-53　美国视频加密技术专利申请人排名

序号	申请人	申请人国家	申请数量（件）	授权数量（件）
1	Sony Corp.	日本	149	49
2	Microsoft Corp.	美国	58	19
3	Intel Corp.	美国	53	16
4	General Instrument Corp.	美国	46	10
5	Apple Inc.	美国	34	5

2. 中国申请人排名

表 3-54　中国视频加密技术专利申请人排名

序号	申请人	申请人国家	申请数量（件）	授权数量（件）
1	Sony Corp.	日本	62	25
2	Koninkl Philips Electronics N.V.	荷兰	32	8
3	Nagravision S.A.	瑞士	29	13
4	Matsushita Denki Sangyo K.K.	日本	28	11
5	Panasonic Corp.	日本	28	9

3. 日本申请人排名

表 3-55　日本视频加密技术专利申请人排名

序号	申请人	申请人国家	申请数量（件）	授权数量（件）
1	Sony Corp.	日本	109	38
2	Matsushita Denki Sangyo K.K.	日本	75	27
3	Panasonic Corp.	日本	72	15
4	Hitachi Ltd.	日本	53	18
5	Toshiba K.K.	日本	42	9

4. 韩国申请人排名

表 3-56 韩国视频加密技术专利申请人排名

序号	申请人	申请人国家	申请数量（件）	授权数量（件）
1	Sony Corp.	日本	55	25
2	Samsung Electrics Co. Ltd.	韩国	53	17
3	Electronics & Telecom Res. Inst	韩国	29	12
4	LG Electronics Inc.	韩国	26	12
5	Koninkl Philips Electronics N.V.	荷兰	23	13

5. 英国申请人排名

表 3-57 英国视频加密技术专利申请人排名

序号	申请人	申请人国家	申请数量（件）	授权数量（件）
1	Sony Corp.	日本	8	3
2	Diva Systems Corp.	美国	6	2
3	NDS Ltd.	英国	4	1
4	Sedna Patent Services LLc	美国	4	1
5	Toshiba K.K.	日本	3	0

6. 法国申请人排名

表 3-58 法国视频加密技术专利申请人排名

序号	申请人	申请人国家	申请数量（件）	授权数量（件）
1	Thales S.A.	法国	30	5
2	France Telecom	法国	5	1
3	Stmicroelectronics S.A.	意大利	4	1
4	Canal & Distribution S.A.S.	法国	3	1
5	Born Access Technologies	法国	2	1

7. 德国申请人排名

表 3-59 德国视频加密技术专利申请人排名

序号	申请人	申请人国家	申请数量（件）	授权数量（件）
1	Nagravision S.A.	瑞士	9	5
2	Koninkl Philips Electronics N.V.	荷兰	9	5
3	Sony Corp.	日本	6	1
4	Intel Corp.	美国	5	2
5	Siemens A.G.	德国	5	1

8. 俄罗斯申请人排名

表 3-60　俄罗斯视频加密技术专利申请人排名

序号	申请人	申请人国家	申请数量（件）	授权数量（件）
1	Nagravision S.A.	瑞士	7	3
2	Qualcomm Inc.	美国	2	0
3	Microsoft Corp.	美国	2	0
4	Unitend Technologies Inc.（数字太和）	中国	2	0
5	Irdeto Eindhoven B.V.	荷兰	1	0

9. 澳大利亚申请人排名

表 3-61　澳大利亚视频加密技术专利申请人排名

序号	申请人	申请人国家	申请数量（件）	授权数量（件）
1	Intertrust Tech. Corp.	美国	11	4
2	Koninkl Philips Electronics N.V.	荷兰	11	0
3	Sony Corp.	日本	8	0
4	General Instrument Corp.	美国	7	1
5	Dolby Lab Licensing Corp.	美国	5	2

10. 欧洲专利局申请人排名

表 3-62　欧洲专利局视频加密技术专利申请人排名

序号	申请人	申请人国家	申请数量（件）	授权数量（件）
1	Sony Corp.	日本	67	15
2	Nagravision S.A.	瑞士	40	9
3	Koninkl Philips Electronics N.V.	荷兰	33	4
4	Google LLC	美国	22	8
5	Thomson Licensing S.A.	法国	22	4

11. 世界知识产权组织申请人排名

表 3-63　世界知识产权组织视频加密技术专利申请人排名

序号	申请人	申请人国家	申请数量（件）
1	Sony Corp.	日本	46
2	Koninkl Philips Electronics N.V.	荷兰	41
3	Microsoft Corp.	美国	19
4	General Instrument Corp.	美国	16
5	Apple Inc.	美国	16

二　专利分析

（一）技术发展趋势分析

视频加密技术最早于20世纪70年代提出，在20世纪90年代后期开始成为研究热点领域之一。从专利申请趋势可以看出，1995年之前，随着视频编码标准的形成和完善，视频加密技术专利申请量缓慢增加，这一时期的视频加密技术主要是传统加密算法，即对全部视频数据流直接用密码技术进行加密和解密。20世纪90年代中后期至21世纪初期，为了解决传统加密算法的种种弊端，很多企业、高校和科研院所对新的加密技术展开了研究，视频加密技术专利申请量逐渐增多。2001年以来，视频加密技术的专利申请量快速增长，于2004年达到年申请量峰值，此后在2006年出现第二次高峰，之后随着技术的成熟，专利年申请量整体呈下降趋势（见图3-44）。

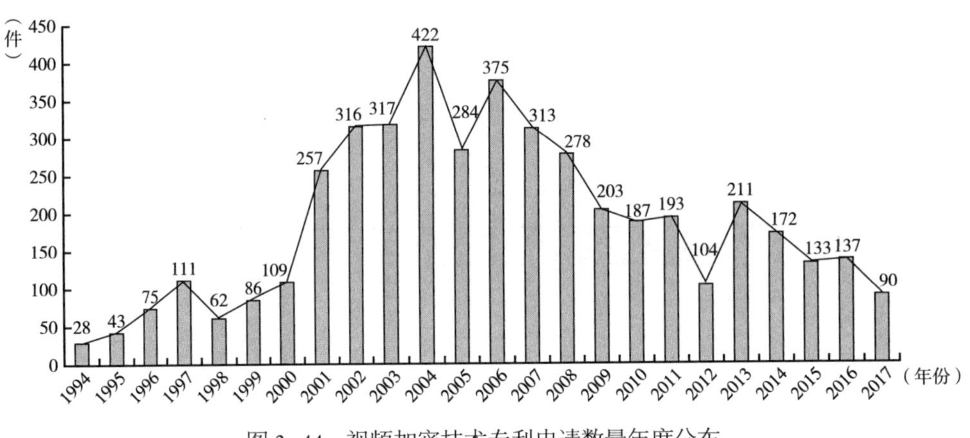

图3-44　视频加密技术专利申请数量年度分布

（二）技术路线分析

图3-45是视频加密技术专利申请鱼骨图，从图中可以看出该技术的发展路线。1995年之前，视频加密技术主要是直接用密码技术对全部视频数据流进行加密和解密，国内一般称之为“全加密”或者“传统加密”。由于视频信息最终会转化为一维的二进制数据流，因此现代密码机制从理论上适用于视频数据的加密。但由于视频数据量很大，使用传统的加密方法计算量通常非常大，不仅浪费资源，难以保证实效

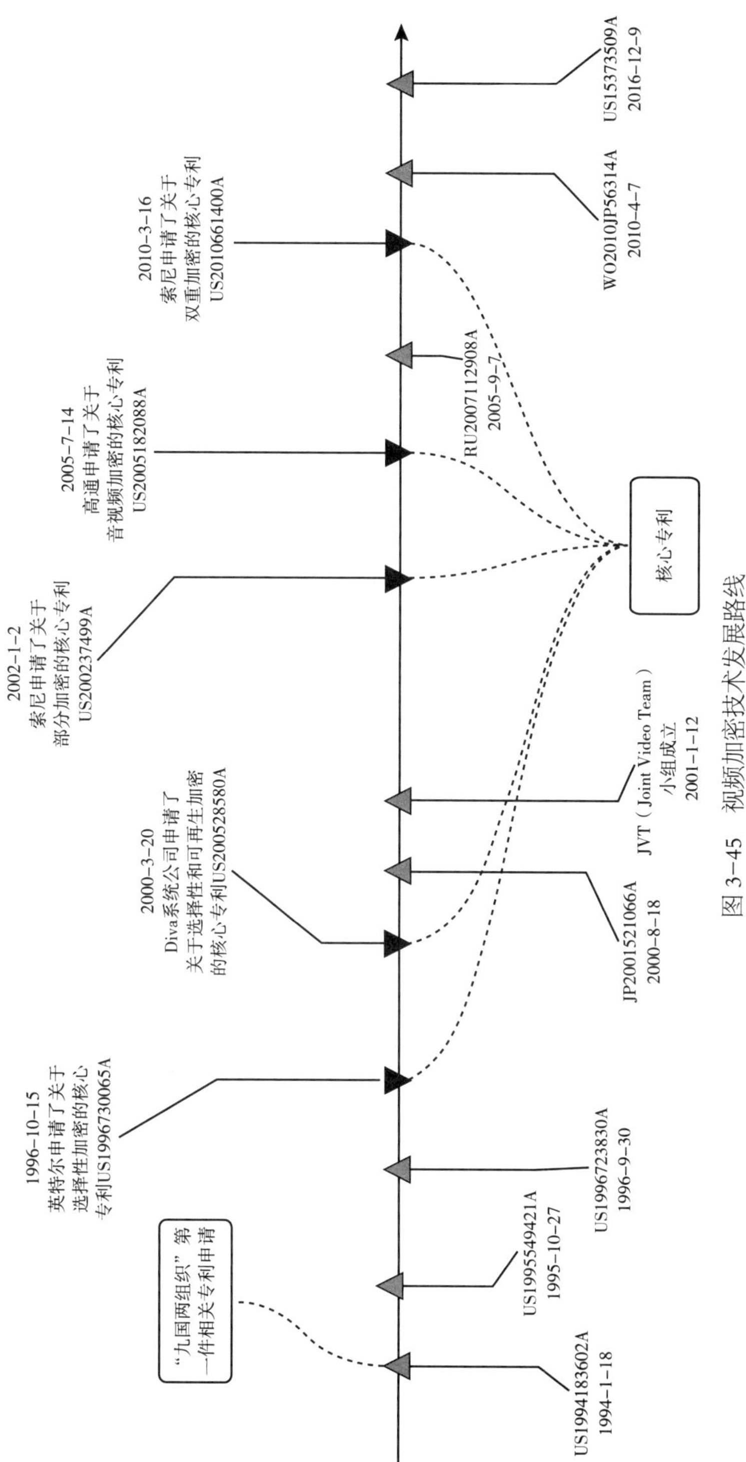

图 3-45　视频加密技术发展路线

性[①]，而且没有充分利用视频信息之间的统计特性。20世纪90年代中后期，人们发现传统加密算法在实际应用中难以满足视频信息加密的各项需求。此后，通过对视频编码结构的研究，人们开始认为应当选择对视频信息重建具有重大意义的部分进行加密，即选择性加密。1996年英特尔（Intel Corp.）申请了一件关于选择性加密的专利，该专利此后被大量引用。在此基础上，Diva系统公司（Diva Systems Corp.）于2000年申请了一件关于选择性和可再生加密技术的专利，后续也被大量引用。之后的十几年，技术人员更多研究了针对特定应用的视频数据加密技术，如关于视频数据传输和显示处理的实时性加密技术，保证加密解密后压缩比不变的加密技术，考虑相容性和可操作性的加密技术等。

（三）主要专利申请人分析

视频加密技术领域专利申请量排名前三的申请人分别为索尼、飞利浦和松下电器。索尼拥有510件专利，飞利浦拥有216件专利，松下电器拥有180件专利。

1. 排名第一的专利申请人——索尼

（1）专利申请量

索尼是世界上民用及专业视听产品、游戏产品、通信产品核心部件和信息技术等领域的领先者之一。它在音乐、影视、电脑娱乐和在线业务方面的成就使其成为全球领先的电子和娱乐公司。索尼很重视视频的版权保护，作为视频加密技术领域的巨头，索尼在该领域的专利申请趋势基本反映了日本和美国视频加密技术领域的发展趋势。从图3-46可以看出，索尼于1994年在视频加密技术领域申请了第一件专利，经过技术的缓慢发展期，于2002年进入专利申请的高峰期；2005年索尼的专利年申请量有较大幅度下降，2006年有所回升，之后又有所下降，但是仍然保持着一定的研发热度；2010年以来，随着索尼视频加密技术的成熟，其研发投入大大减少。

（2）专利申请量区域分布

作为全球知名的大型综合性跨国企业，索尼非常注重本国以及海外市场的知识产权保护。从图3-47可以看出，索尼认为美国是视频加密技术的最大应用市场，在美国展开了大量的专利布局，在美国的专利申请量甚至多于在日本的专利申请量。除了

① 梅竟晋:《基于小波变换的视频压缩加密的研究》，硕士学位论文，中国科学技术大学，2005，第6页。

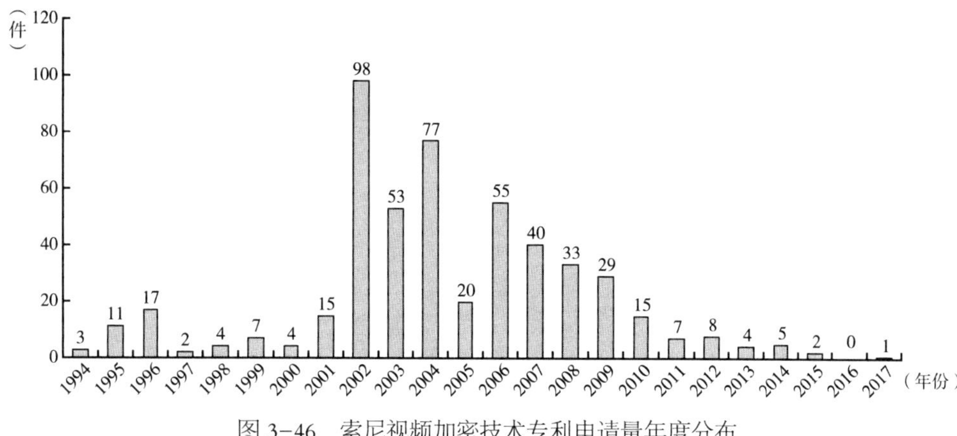

图 3-46 索尼视频加密技术专利申请量年度分布

美国和日本，欧洲、中国和韩国也是索尼视频产品和设备的主要消费地区和国家，索尼也很积极地到这些市场进行专利布局。

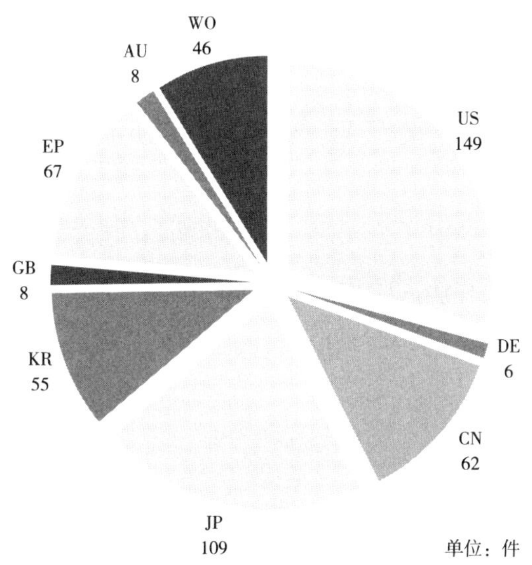

图 3-47 索尼视频加密技术专利在“九国两组织”的申请量

（3）技术构成分布

从图 3-48 可以看出，索尼在视频加密技术领域的研究热点集中在部分加密（仅对视频节目的一部分进行加密）、视频保护以及与加密相关的装置和用户终端。可见，索尼在视频加密技术领域的研发布局比较全面，从源头到终端均有专利成果。

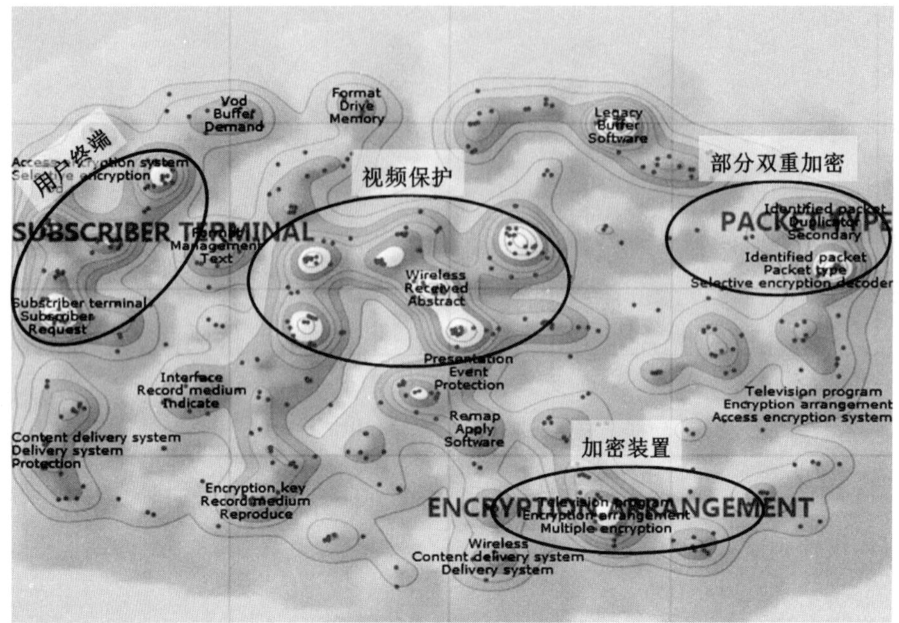

图 3-48 索尼视频加密技术构成分布

2. 排名第二的专利申请人——飞利浦

（1）专利申请量

飞利浦是世界上最大的电子公司之一，在欧洲名列榜首，在彩色电视、照明、电动剃须刀、医疗诊断影像和病人监护仪、单芯片电视产品等领域居于世界领先。从图 3-49 可以看出，飞利浦从 1997 年开始在视频加密技术领域申请专利；1997 年飞利浦

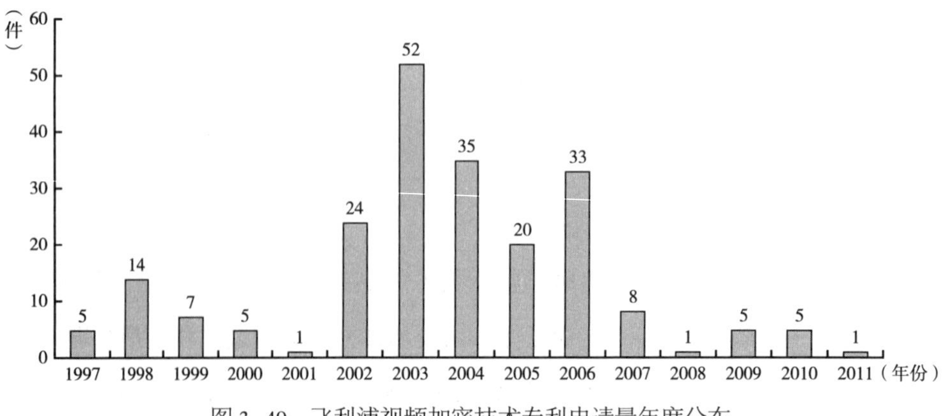

图 3-49 飞利浦视频加密技术专利申请量年度分布

和索尼合作推出了 DVD，随后的 1998 年其在视频加密技术领域的专利申请量大幅提升；2002~2006 年随着视频播放器的发展，飞利浦在视频加密技术领域的投入也达到空前状态；2006 年后飞利浦的电子消费产品市场开始衰退，这很大程度上影响了其专利研发热情；2011 年飞利浦在视频加密技术领域的专利申请已经非常少；2013 年飞利浦将重心移出电子消费产品市场，也代表其基本上退出了视频加密技术的舞台。

（2）专利申请量区域分布

图 3-50 为飞利浦视频加密技术专利的地域布局情况，可以看出，作为大型跨国公司，飞利浦非常注重世界范围的专利布局，其大多数专利是通过 PCT 申请进入各个国家的。飞利浦在“九国两组织”大部分国家和国际组织有专利布局，主要市场为美国、欧洲、中国、日本和韩国。

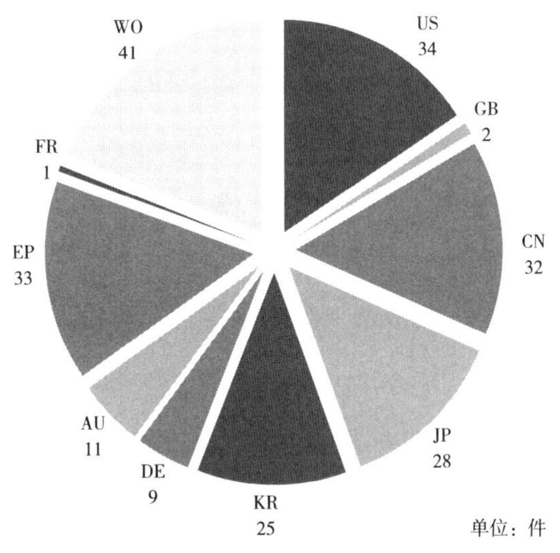

图 3-50　飞利浦视频加密技术专利在“九国两组织”的申请量

（3）技术构成分布

从图 3-51 可以看出，飞利浦在视频加密技术领域的研究热点为加密传输流、加密数据流相关设备（根据包含在单元中的数据的类型，对特定单元或特定单元的一部分进行加密的设备），以及用控制字解密的加密信息流。

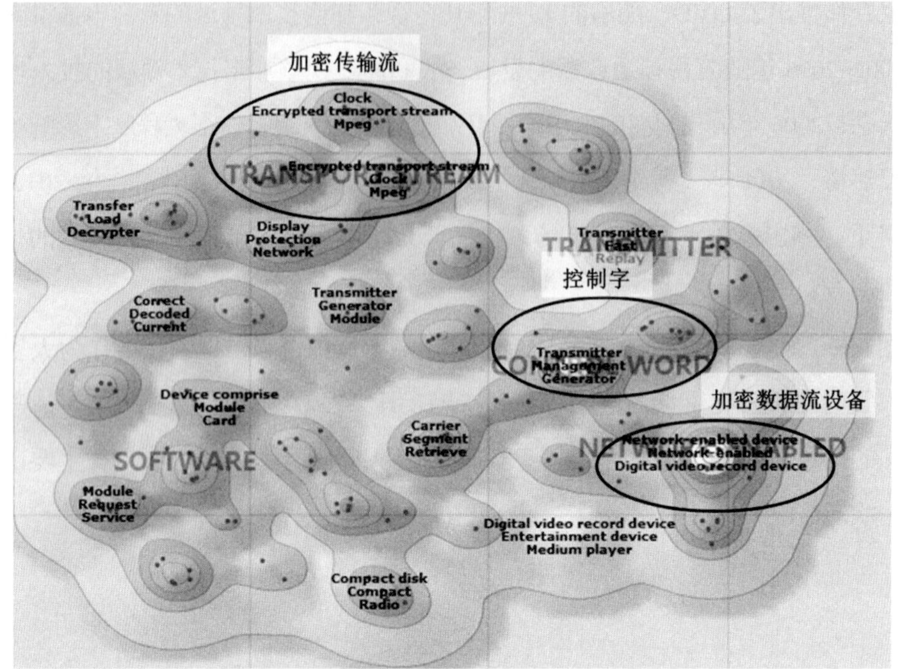

图 3-51　飞利浦视频加密技术构成分布

3. 排名第三的专利申请人——松下电器

（1）专利申请量

松下电器是日本的一家跨国公司，在全世界设有 230 多家分公司，品牌产品涉及家电、数码视听产品、办公用品和航空设备等诸多领域。松下电器对视频加密技术的研究主要出于其在电视、DVD 和数码视听产品方面的发展。从图 3-52 可以看出，2000 年之前松下电器的视频加密技术专利申请量不多，从 2001 年开始有所增长，于 2004 年达到峰值，此后一直到 2010 年专利年申请量比较稳定。2001~2010 年也是松下电器数码摄像机发展的高峰期。2011 年以来，松下电器明显减少了在视频加密技术领域的投入，这主要由该技术日臻成熟所致。

（2）专利申请量区域分布

从图 3-53 和图 3-47 可以看出，虽然同样作为日本的大型跨国公司，索尼更注重美国市场的知识产权保护，松下电器则更注重本国市场的知识产权保护。此外，松下电器还比较重视中国和欧洲市场。

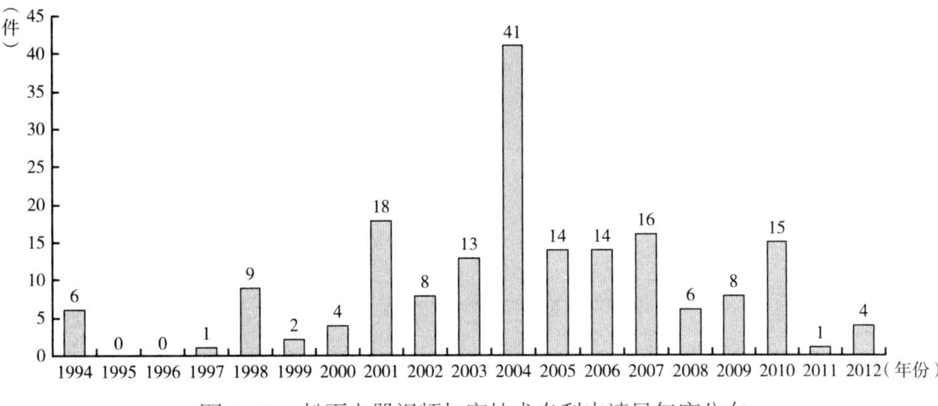

图 3-52　松下电器视频加密技术专利申请量年度分布

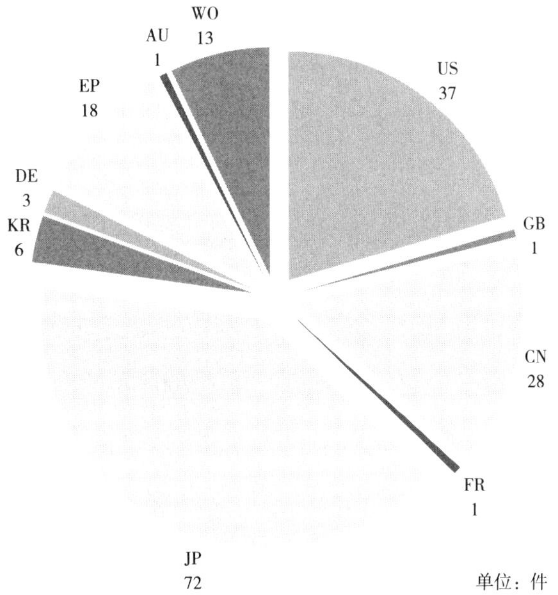

WO 13
AU 1
EP 18
DE 3
KR 6
US 37
GB 1
CN 28
FR 1
JP 72
单位：件

图 3-53　松下电器视频加密技术专利在“九国两组织”的申请量

（3）技术构成分布

从图 3-54 可以看出，松下电器在视频加密技术领域的研发重点为内容密钥，即根据数据内容对数据应用各种加密程度，以及对视频数据包进行加解密等。

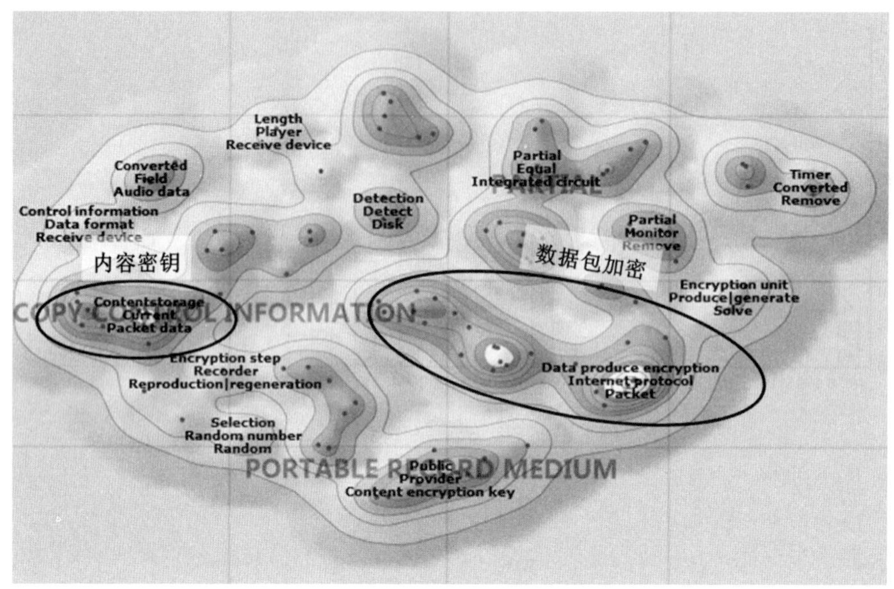

图 3-54　松下电器视频加密技术构成分布

三　总结

（一）专利申请总体趋势

1995 年之前，随着视频编码标准的形成和完善，视频加密技术专利申请量缓慢增加。20 世纪 90 年代中后期，视频加密技术专利申请量逐渐增多，特别是 2001 年后，视频加密技术专利申请量呈快速增长态势，并于 2004 年达到年申请量峰值，此后在 2006 年出现第二次高峰。2006 年之后，随着技术的成熟，视频加密技术专利年申请量总体呈下降趋势。

（二）主要国家技术发展现状及趋势

1. 美国

美国是最早研究视频加密技术的国家之一。1994~1999 年为视频加密技术在美国的萌芽期，视频加密技术开始被少量申请人关注。2000~2003 年美国出现了大量申请人对视频加密技术展开研究，这一阶段视频加密技术专利申请量也大幅增长。2004~2007 年美国的视频加密技术进入成熟期，这一时期由于市场有限和技术成熟等原因，专利申请人数量和专利申请量的增长速度趋缓。2008 年后，美国的视频加密技术进入饱和期，专利申请人数量和专利年申请量都明显减少，大量企业选择退出这一市场。

2. 日本

日本的视频加密技术研发虽然晚于美国，但是发展速度较快。1996 年起日本的专利申请人数量和专利申请量增长迅速；2002~2008 年随着日本视频加密技术逐渐成熟，专利申请人数量和专利申请量都趋于平稳；2009 年以来日本视频加密技术专利申请人数量和专利年申请量都呈现明显的下降趋势，这说明该技术已经进入饱和期，不再是企业的研发重点。

3. 韩国

韩国视频加密技术的萌芽期较长，1994~2001 年都属于萌芽期，专利申请人数量和专利申请量都没有明显增长。2002~2007 年是韩国视频加密技术的快速发展期，大量企业在这一技术领域投入了研究，专利申请量大幅增长。2008~2009 年为韩国视频加密技术的成熟期。从 2010 年开始，韩国视频加密技术进入饱和期，专利申请人数量和专利年申请量都有明显下降。

4. 中国

由于早期中国不注重视频的版权保护，中国视频加密技术发展较慢。1995 年，汤姆森消费电子有限公司（以下简称“汤姆森”）在中国申请了第一件关于视频加密技术的专利，之后有少量国外厂商开始关注中国视频版权保护市场，形成了中国视频加密技术的首批专利。这一状况持续到 2003 年，专利年申请量一直没有太大的突破，这一时期属于中国视频加密技术的萌芽期。2004 年以来，随着中国对视频版权的重视，大量中国企业开始关注视频加密技术，视频加密技术专利申请人数量和专利申请量都呈现快速增长态势，随着技术的突破、市场需求的攀升，中国视频加密技术研发的活跃度持续提升并保持稳定。

（三）主要申请人对比分析

通过对视频加密技术领域专利申请人的统计分析，得出该技术领域专利申请量最多的三个申请人是索尼、飞利浦和松下电器。本项目针对上述三个申请人的专利申请量、区域分布及技术构成进行了分析，结论如下。

1. 专利申请量比较

作为视频加密技术领域的巨头，索尼的专利申请量最多，为 510 件；其次为飞利浦，专利申请量为 216 件；松下电器的专利申请量排名第三，为 180 件。索尼视频加密技术的发展高峰期是 2002~2004 年，2005~2009 年其专利申请量有所下降，但是仍然保持着一定的研发热度；2010 年以来，随着索尼视频加密技术的成熟，其研发力度大大减弱。飞利浦视频加密技术的发展高峰期是 2002~2006 年；2007 年后飞利浦的电子消费产品开始衰退，其在视频加密技术领域的专利申请也不断减少；2013 年飞利浦将重心移出电子消费产品市场，代表其基本退出了视频加密技术舞台。2001 年之前，松下电器在视频加密技术领域的专利申请量不多，从 2001 年开始有所增长，于 2004 年达到专利年申请量的峰值，此后一直到 2010 年专利年申请量比较稳定；2011 年以后，松下电器明显减少了在视频加密技术领域的投入。

2. 专利资产地域布局分析

从地域布局情况来看，索尼认为美国是视频加密技术的最大市场，在美国进行了大量的专利布局，其在美国的专利申请量甚至多于在日本的专利申请量。飞利浦在各个国家的专利布局基本相当，主要重视美国、欧洲、中国、日本和韩国市场。同样作为日本大型跨国公司的松下电器则更注重本国市场的知识产权保护；此外，松下电器还比较注重中国和欧洲市场。

3. 技术热点分析

在视频加密技术领域，索尼的研究热点集中在部分加密、视频保护和用户终端等方面。飞利浦的研究热点为将视频数据流划分为单元进行加密、加密数据流设备和用控制字解密的加密信息流等。松下电器的研究热点为内容密钥和对视频数据包进行加解密等。

第六节　光全息水印加解密技术

光全息水印加解密技术是数字版权保护领域的常用技术，其水印信息借助全息技术生成，通过全息算法和相关光学调制密钥对水印进行加密。围绕该技术的专利申请发轫于 20 世纪 90 年代中期，2007 年专利年申请量达到峰值，随后 3 年快速回落，至 2011 年又有大幅反弹，此后总体呈下降趋势。总体而言，该技术的创新与应用仍有较大空间。

一　专利检索

（一）检索结果概述

以光全息水印加解密技术为检索主题，在“九国两组织”范围内共检索到相关专利申请 1446 件，具体数量分布如表 3-64 所示。

表 3-64　“九国两组织”光全息水印加解密技术专利申请量

单位：件

国家 / 国际组织	专利申请量	国家 / 国际组织	专利申请量
US	516	DE	2
CN	606	RU	0
JP	134	AU	10
KR	95	EP	40
GB	5	WO	36
FR	2	合计	1446

（二）“九国两组织”光全息水印加解密技术专利申请趋势

表 3-65 和图 3-55 为 1994~2017 年“九国两组织”在光全息水印加解密技术方面的专利申请情况，可以看出，美国和中国几乎每年的专利申请量都有数十件，这说明该技术在这两个国家的发展较为迅速；日本和韩国分别在 2003 年和 2007 年前后有较多专利申请；其余国家的专利申请总量偏低且年申请量波动较大。

表 3-65　1994~2017 年“九国两组织”光全息水印加解密技术专利申请量

单位：件

国家 / 国际组织	专利申请量																	
	90	01	02	03	04	05	06	07	08	09	10	11	12	13	14	15	16	17
US	23	15	36	37	27	31	23	44	33	27	20	16	23	40	32	36	32	21
CN	8	9	18	27	31	36	40	36	55	41	44	72	57	41	31	23	27	10
JP	49	9	7	14	11	8	4	8	5	4	3	2	2	2	3	1	2	0
KR	0	0	0	0	0	1	10	25	12	10	9	10	11	2	1	1	2	1
GB	3	0	0	1	0	0	0	0	0	0	0	0	0	1	0	0	0	0
FR	2	0	0	0	0	0	0	0	0	0	0	0	0	0	0	0	0	0
DE	2	0	0	0	0	0	0	0	0	0	0	0	0	0	0	0	0	0
RU	0	0	0	0	0	0	0	0	0	0	0	0	0	0	0	0	0	0
AU	5	0	0	0	0	1	0	0	1	0	0	0	0	0	0	1	1	1
EP	14	0	2	1	0	3	1	2	1	2	0	2	2	1	2	3	3	1
WO	1	1	0	0	0	1	4	1	1	1	0	2	1	3	2	5	8	5
合计	107	34	63	80	69	81	82	116	108	85	76	104	96	90	71	70	75	39

注：“90”指 1994~2000 年的专利申请总量，“01~17”分别指 2001~2017 年当年的专利申请量。

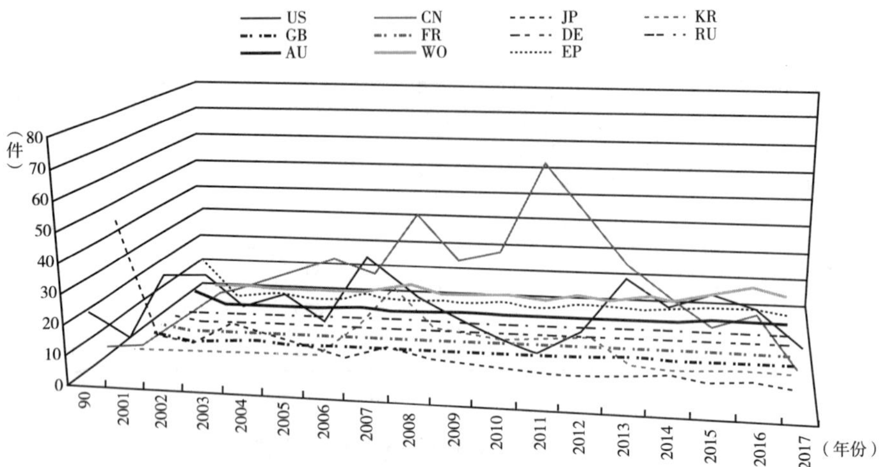

图 3-55　“九国两组织”光全息水印加解密技术专利申请趋势

注：“90”指 1994~2000 年的专利申请总量。

（三）“九国两组织”光全息水印加解密技术专利申请人排名

1994~2017 年“九国两组织”光全息水印加解密技术专利申请人排名情况如表 3-66 ~ 表 3-75 所示。俄罗斯在该技术领域暂无专利申请公开。

1. 美国申请人排名

表 3-66　美国光全息水印加解密技术专利申请人排名

序号	申请人	申请人国家	申请数量（件）	授权数量（件）
1	Digimarc Corp.	美国	49	22
2	Samsung Electronics Co. Ltd.	韩国	13	9
3	Sony Corp.	日本	13	8
4	Microsoft Corp.	美国	11	6
5	Canon K.K.	日本	9	5

2. 中国申请人排名

表 3-67　中国光全息水印加解密技术专利申请人排名

序号	申请人	申请人国家	申请数量（件）	授权数量（件）
1	Huawei Tech. Co. Ltd.（华为）	中国	21	11
2	Univ. Xidian（西安电子科技大学）	中国	18	10
3	Matsushita Electric Ind. Co. Ltd.	日本	16	5
4	Samsung Electronics Co. Ltd.	韩国	12	4
5	Sony Corp.	日本	12	3

3. 日本申请人排名

表 3-68　日本光全息水印加解密技术专利申请人排名

序号	申请人	申请人国家	申请数量（件）	授权数量（件）
1	Matsushita Electric Ind. Co. Ltd.	日本	24	16
2	Canon K.K.	日本	23	10
3	Sony Corp.	日本	18	10
4	Hitachi Ltd.	日本	9	4
5	Microsoft Corp.	美国	8	5

4. 韩国申请人排名

表 3-69　韩国光全息水印加解密技术专利申请人排名

序号	申请人	申请人国家	申请数量（件）	授权数量（件）
1	Samsung Electronics Co. Ltd.	韩国	12	10
2	LG Electronics Inc.	韩国	10	4
3	Korea Electronics & Telecommun. Res. Inst.	韩国	8	3
4	SK Telecom Co. Ltd.	韩国	8	3
5	Pantech Co. Ltd.	韩国	6	3

5. 英国申请人排名

表 3-70　英国光全息水印加解密技术专利申请人排名

序号	申请人	申请人国家	申请数量（件）	授权数量（件）
1	Intel Corp.	美国	2	1
2	Kent Ridge Digital Labs	新加坡	1	1
3	Dainippon Printing Co. Ltd.	日本	1	0
4	Yuen Foong Paper Co. Ltd.	英国	1	0

6. 法国申请人排名

表 3-71　法国光全息水印加解密技术专利申请人排名

序号	申请人	申请人国家	申请数量（件）	授权数量（件）
1	Gemplus S.A.	法国	2	0

7. 德国申请人排名

表 3-72　德国光全息水印加解密技术专利申请人排名

序号	申请人	申请人国家	申请数量（件）	授权数量（件）
1	Yamaha Corp.	日本	1	1
2	Digimarc Corp.	美国	1	1

8. 俄罗斯申请人排名

俄罗斯在光全息水印加解密技术领域无专利申请公开。

9. 澳大利亚申请人排名

表 3-73　澳大利亚光全息水印加解密技术专利申请人排名

序号	申请人	申请人国家	申请数量（件）	授权数量（件）
1	Digimarc Corp.	美国	2	2
2	Univ. North Carolina at Greensboro	美国	2	1
3	Stratus Computer Inc.	美国	2	1
4	Biosense Webster Inc.	美国	1	0
5	Mudalla Technology Inc.	美国	1	0

10. 欧洲专利局申请人排名

表 3-74　欧洲专利局光全息水印加解密技术专利申请人排名

序号	申请人	申请人国家	申请数量（件）	授权数量（件）
1	Digimarc Corp.	美国	9	0
2	Samsung Electric Co. Ltd.	韩国	6	1
3	Viaccess S.A.	美国	5	0
4	Konikl Philips Electronics N.V.	荷兰	5	1
5	Matsushita Electric Ind. Co. Ltd.	日本	5	0

11. 世界知识产权组织申请人排名

表 3-75　世界知识产权组织光全息水印加解密技术专利申请人排名

序号	申请人	申请人国家	申请数量（件）
1	Digimarc Corp.	美国	16
2	Konikl Philips Electronics N.V.	荷兰	7
3	Toshiba K.K.	日本	6
4	Samsung Electronics Co. Ltd.	韩国	5
5	Viaccess S.A.	美国	5

二　专利分析

（一）技术发展趋势分析

从图 3-56 可以看出，随着光全息水印加解密技术的发展，以及数字版权保护技术的不断完善，1995~2007 年光全息水印加解密技术专利申请量总体呈增长态势，并于 2007 年达到专利年申请量峰值。随后有 3 年的专利年申请量下降期，推测此技术在 2008 年可能遇到了技术瓶颈，可能是 2008 年底开始的美国次贷危机引发的国际金融危机导致了整个技术领域的增速放缓。2008 年，中国开始重视光全息水印加解密技术，故世界范围内光全息水印加解密技术的专利申请量没有大幅下降，但并未能阻止随后 2 年专利申请量的快速下降态势。2011 年美国经济开始复苏，该技术领域的专利年申请量有所回升。

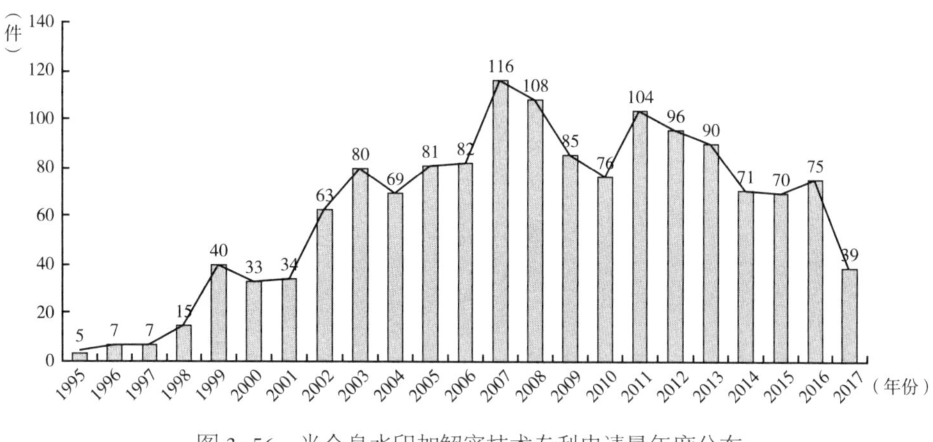

图 3-56　光全息水印加解密技术专利申请量年度分布

（二）技术路线分析

图 3-57 为光全息水印加解密技术的发展路线。1995 年 2 月 1 日，光全息水印加解密技术领域诞生了第一件专利，发展至今经历过多次技术更迭。自学术界开始关注隐藏学和图像学以来，光全息水印加解密技术一直被欧美国家和日韩所垄断，中国等发展中国家很少涉及该技术领域，直到 2003 年中国才开始有较多相关专利出现。在此之前，中国虽然对此技术有一些研究，出现了少量专利申请，但是由于专利权保护意识淡薄等原因，这些专利没有得到很好的维护。直到 2013 年，中国才出现本国申

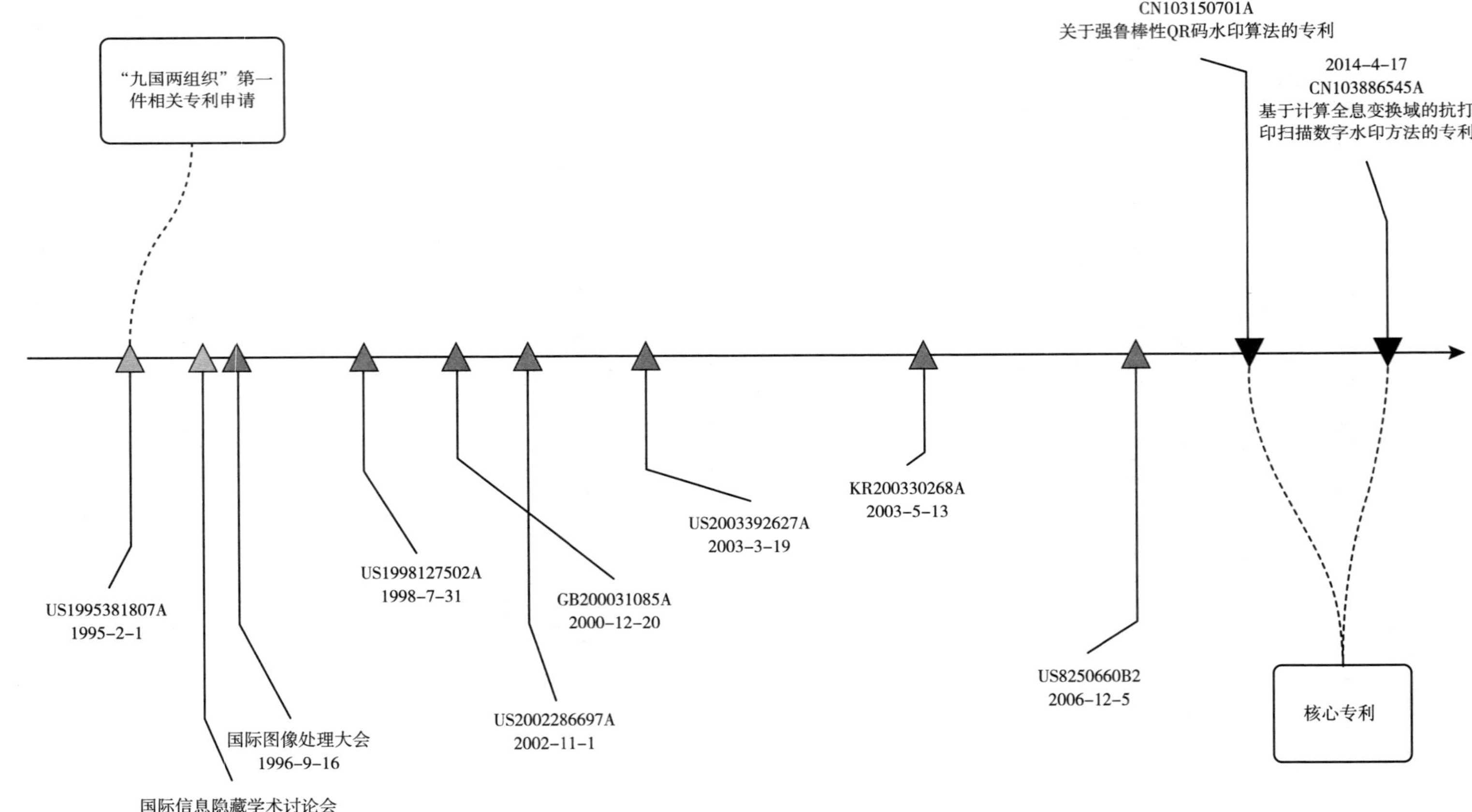

图 3-57 光全息水印加解密技术发展路线

请人发明的光全息水印加解密技术专利。随着中国对数字版权保护的大力扶持，光全息水印加解密技术迎来蓬勃发展期，相关专利布局更加全面。

光全息水印加解密技术发展初期，基础性专利较多，被后续引用得也比较多。前期关键技术大多被欧美发达国家掌控，如 2006 年申请的关于数字水印应用的专利，后期这一技术领域的很多专利都引用了该专利。

（三）主要专利申请人分析

为了深入分析光全息水印加解密技术，本项目通过对检索数据进行标引和聚类等处理，发现 1994~2017 年在光全息水印加解密技术领域，专利申请量占优势的申请人为 Digimarc 公司（Digimarc Corp.）和三星电子。

1. **排名第一的专利申请人——Digimarc公司**

（1）专利申请量

图 3-58 为 Digimarc 公司光全息水印加解密技术专利申请趋势。Digimarc 公司自 1999 年开始有关于光全息水印加解密技术的专利申请。虽然美国市场及相关领域其他公司也对光全息水印加解密技术加强保护，但 Digimarc 公司无疑是这一技术领域的领先者。2002 年 Digimarc 公司进入专利布局的巅峰时期，并且有了该技术领域的核心专利，赢得了市场认同。

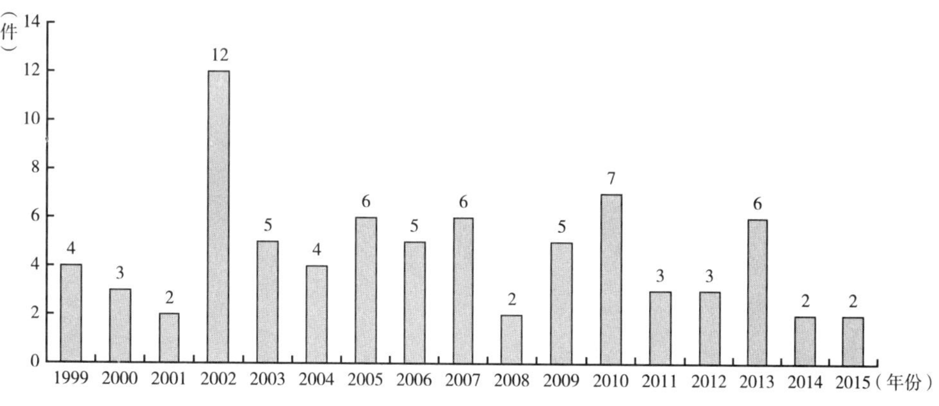

图 3-58　Digimarc 公司光全息水印加解密技术专利申请量年度分布

（2）专利申请量区域分布

自 20 世纪 90 年代以来，美国市场及相关企业对数字版权加以保护，美国光全息水印加解密技术也随之发展，Digimarc 公司摆脱种种限制，在技术上得以突破，赢得了市场认同。Digimarc 公司在欧美发达国家布局的专利较多，在中国等发展中国家没有布局专利，这可能是缺乏中国等目标市场的相关信息所致。相信随着中国等发展中国家相关技术的崛起，Digimarc 公司将增加对中国等发展中国家的专利布局（见图 3-59）。

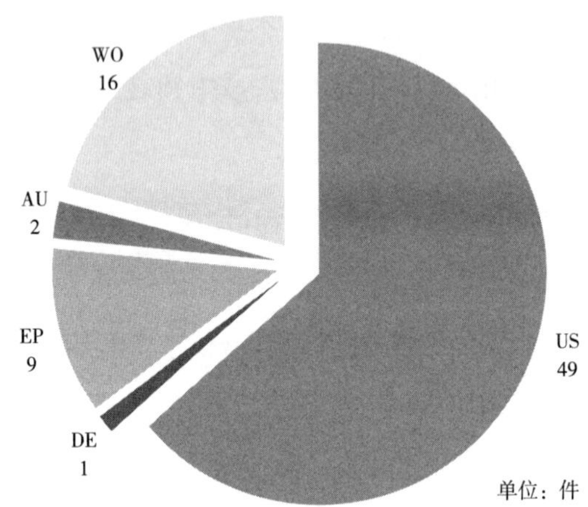

图 3-59　Digimarc 公司光全息水印加解密技术专利在“九国两组织”的申请量

（3）技术构成分布

从图 3-60 可以看出，Digimarc 公司重点关注水印编解码和信号计算等技术，并且掌握光全息水印加解密技术领域的核心专利，如 2005 年申请的公开号为 US8005254B2 的专利，该专利具体描述了背景水印的处理过程。Digimarc 公司在光全息水印加解密技术领域占据核心竞争地位。

2. 排名第二的专利申请人——三星电子

（1）专利申请量

图 3-61 为三星电子光全息水印加解密技术专利申请趋势。1999 年三星电子有了第一件光全息水印加解密技术的专利申请，同年韩国开始加强对光全息水印加解密技术的保护。2003~2007 年是三星电子在该技术领域专利布局的巅峰时期，在该阶段三星电子有了这一技术领域的核心专利。从其发展看，三星电子赢得了市场的认同。无疑，三星电子是亚洲光全息水印加解密技术领域的先行者。

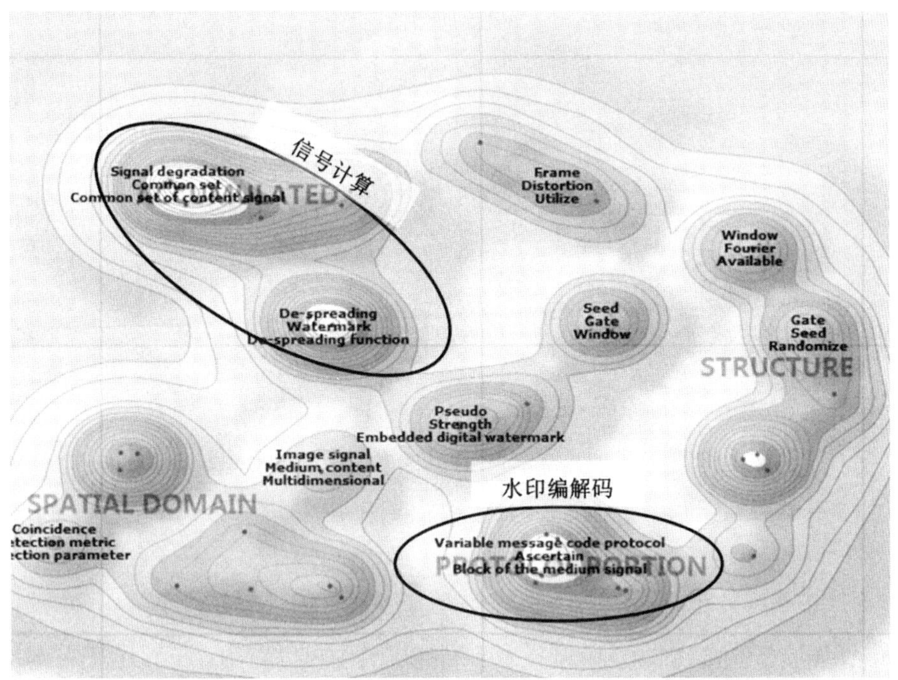

图 3-60 Digimarc 公司光全息水印加解密技术构成分布

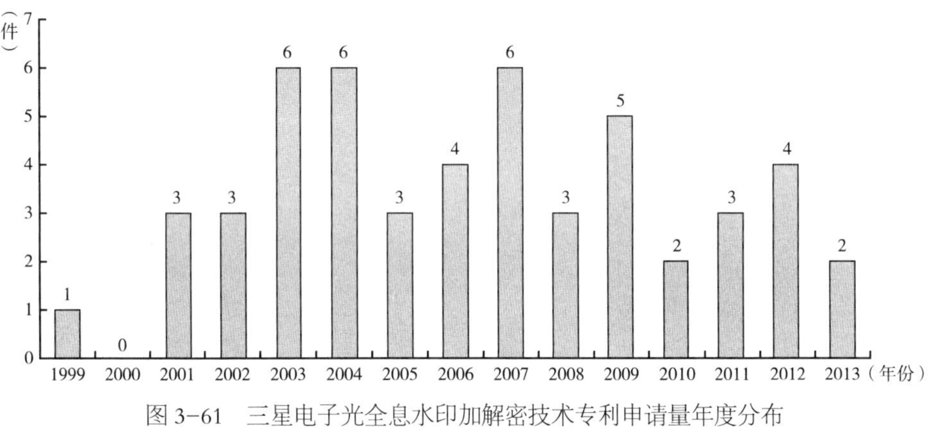

图 3-61 三星电子光全息水印加解密技术专利申请量年度分布

（2）专利申请量区域分布

自 20 世纪 90 年代以来，韩国、日本和美国对数字版权加以保护，其光全息水印加解密技术也随之发展。从图 3-62 可以看出，三星电子在美国、韩国和中国布局的专利较多，在其他国家和地区的专利申请量较少。

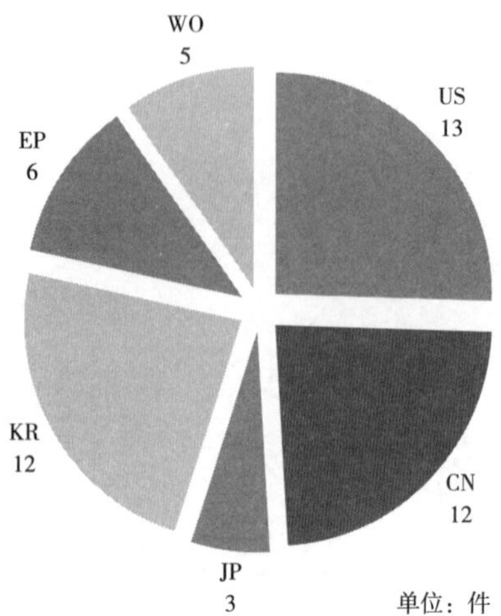

图 3-62　三星电子光全息水印加解密技术专利在“九国两组织”的申请量

（3）技术构成分布

从三星电子光全息水印加解密技术专利的聚类中可以看出，三星电子重点关注水印相关设备和模块等技术（见图 3-63）。这与三星电子作为强大的硬件厂商的定位有关。三星电子拥有光全息水印加解密技术的核心专利，在亚洲数字版权保护领域处于领先地位。

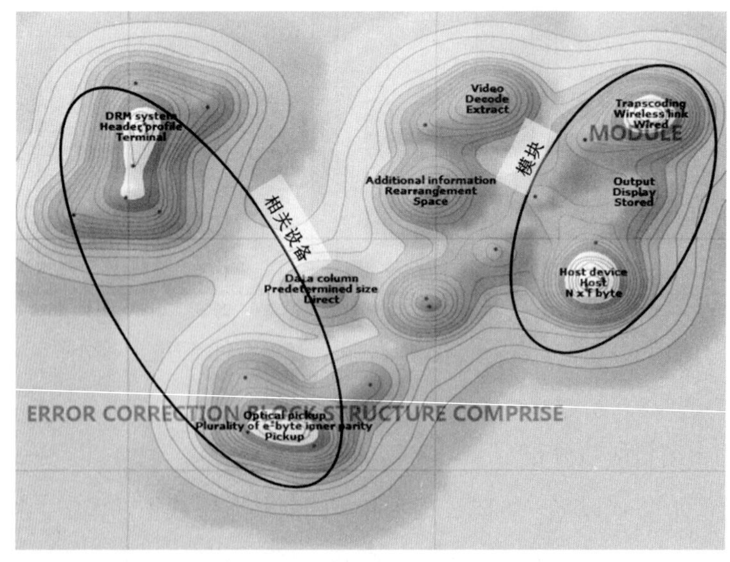

图 3-63　三星电子光全息水印加解密技术构成分布

三　总结

1994~2017 年“九国两组织”共有光全息水印加解密技术专利申请 1446 件。国外于 20 世纪 90 年代中期开始研究光全息水印加解密技术，后来经历了多个发展阶段。中国在该技术领域的专利申请量于 2000 年后快速增长。该技术在以美国为首的发达国家发展比较迅速，在中国的发展势头也非常强劲。美国、中国、日本和韩国是全球数字媒体发展迅速且对数字版权保护非常积极的国家。在这一技术领域，美国、中国、日本和韩国的专利申请总量占“九国两组织”总申请量的 90% 以上。欧洲、澳大利亚及俄罗斯等地区和国家在这一技术领域公开的专利申请量则非常少。从专利年申请量来看，总体呈先上升后下降的趋势。从专利申请人来看，Digimarc 公司和三星电子拥有光全息水印加解密技术领域的大多数专利。

第七节　加密技术

加密技术是数字版权保护领域的主流和热门技术，利用技术手段把重要的数据变为乱码（即加密）传送，到达目的地后再用相同或不同的手段还原数据（即解密）。围绕该技术的专利申请发轫于 20 世纪 90 年代中期，自 1995 年以来专利年申请量总体呈增长态势，于 2013 年达到专利年申请量峰值，至今方兴未艾。目前，该技术的应用是多方面的，最为普遍的是在电子商务和 VPN 上的应用。

一　专利检索

（一）检索结果概述

以加密技术为检索主题，在“九国两组织”范围内共检索到相关专利申请 6459 件，具体数量分布如表 3-76 所示。

表 3-76　“九国两组织”加密技术专利申请量

单位：件

国家 / 国际组织	专利申请量	国家 / 国际组织	专利申请量
US	2341	DE	69
CN	1072	RU	25
JP	730	AU	187
KR	567	EP	604
GB	66	WO	766
FR	32	合计	6459

（二）“九国两组织”加密技术专利申请趋势

表 3-77 和图 3-64 的统计结果显示，自 20 世纪 90 年代中期至 2001 年，“九国两组织”大部分国家对加密技术的研究较少。随着数字媒体内容日益丰富、公民版权保护意识不断提高和版权诉讼风波频繁出现，自 2002 年开始该技术的研发在美国、中国、日本和韩国逐渐升温，专利申请量总体呈增长趋势。其中，美国发展得最为迅速，至 2013 年美国在该技术领域的专利年申请量已达 200 件以上。中国在该技术领域的专利年申请量分别在 2009 年、2012 年、2013 年和 2016 年突破百件。日本和韩国在该技术领域的专利年申请量虽然从未突破百件，但也算发展平稳。而俄罗斯以及欧洲的英国、德国和法国等国家对该技术的研究甚少，专利年申请量大多在 10 件以内。从专利申请量来看，美国在该技术领域处于全球领先地位，接着是中国、日本和韩国。

表 3-77　1994~2017 年“九国两组织”加密技术专利申请量

单位：件

国家 / 国际组织	专利申请量																	
	90	01	02	03	04	05	06	07	08	09	10	11	12	13	14	15	16	17
US	32	24	55	52	77	97	112	138	148	127	149	95	160	289	260	259	174	93
CN	9	4	9	12	19	43	61	76	78	101	82	75	105	106	52	65	108	67
JP	31	17	28	34	51	53	56	58	52	46	46	62	66	47	34	38	8	3
KR	1	3	3	4	17	17	23	68	66	61	49	52	38	40	44	41	32	8
GB	0	2	1	6	2	4	6	4	5	9	2	2	3	6	5	6	3	0
FR	0	0	0	1	1	1	2	7	2	0	0	2	2	2	3	9	0	0
DE	2	0	0	1	2	1	14	5	6	6	3	2	0	6	3	11	6	1
RU	1	0	0	0	0	1	1	1	4	3	3	4	2	2	2	0	1	0
AU	16	11	14	22	12	17	8	12	8	5	16	5	5	9	4	11	7	5
EP	17	12	15	19	27	38	50	44	50	44	23	39	44	39	49	57	30	7
WO	29	27	34	37	35	45	59	65	66	38	22	29	32	52	52	56	64	24
合计	138	100	159	188	243	317	392	478	485	440	395	367	457	598	508	553	433	208

注：“90”指 1994~2000 年的专利申请总量，“01~07”分别指 2001~2017 年当年的专利申请量。

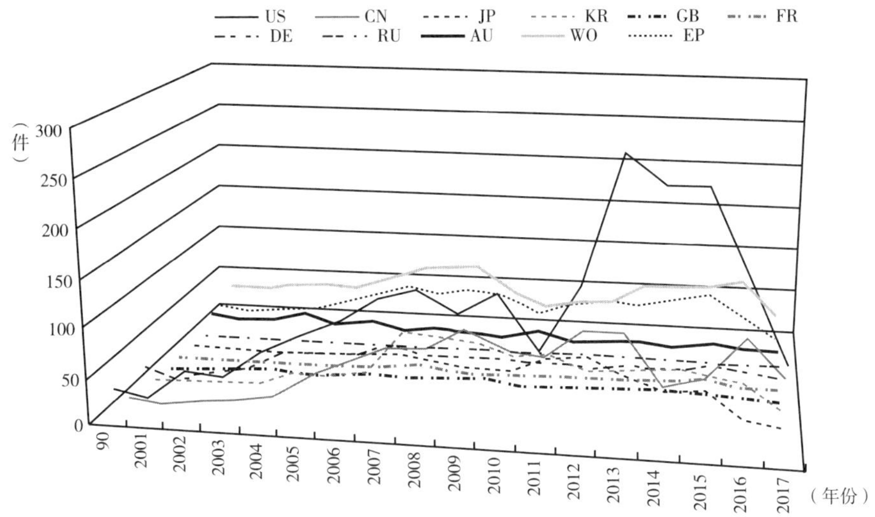

图 3-64　“九国两组织”加密技术专利申请趋势

注：“90”指 1994~2000 年的专利申请总量。

（三）“九国两组织”加密技术专利申请人排名

1994~2017 年“九国两组织”加密技术专利申请人排名情况如表 3-78 ~ 表 3-88 所示。

1. 美国申请人排名

表 3-78　美国加密技术专利申请人排名

序号	申请人	申请人国家	申请数量（件）	授权数量（件）
1	Microsoft Corp.	美国	144	64
2	IBM Corp.	美国	110	40
3	Samsung Electronics Co. Ltd.	韩国	60	9
4	Sony Corp.	日本	58	22
5	Intertrust Tech. Corp.	美国	50	14

2. 中国申请人排名

表 3-79　中国加密技术专利申请人排名

序号	申请人	申请人国家	申请数量（件）	授权数量（件）
1	Samsung Electronics Co. Ltd.	韩国	35	15
2	Sony Corp.	日本	28	19
3	Microsoft Corp.	美国	27	13
4	Koninkl Philips Electronics N.V.	荷兰	26	10
5	Matsushita Electric Ind. Co. Ltd.	日本	26	9

3. 日本申请人排名

表 3-80 日本加密技术专利申请人排名

序号	申请人	申请人国家	申请数量（件）	授权数量（件）
1	Sony Corp.	日本	49	23
2	Fujitsu Ltd.	日本	34	20
3	Microsoft Corp.	美国	30	17
4	Matsushita Electric Ind. Co. Ltd.	日本	30	9
5	Samsung Electronics Co. Ltd.	韩国	25	17

4. 韩国申请人排名

表 3-81 韩国加密技术专利申请人排名

序号	申请人	申请人国家	申请数量（件）	授权数量（件）
1	Samsung Electronics Co. Ltd.	韩国	71	39
2	LG Electronics Inc.	韩国	31	12
3	Korea Electronics & Telecommun. Res. Inst.	韩国	27	1
4	Microsoft Corp.	美国	26	3
5	Apple Inc.	美国	22	10

5. 英国申请人排名

表 3-82 英国加密技术专利申请人排名

序号	申请人	申请人国家	申请数量（件）	授权数量（件）
1	Vodafone PLC	英国	10	1
2	Toshiba K.K.	日本	5	0
3	Becrypt Ltd.	英国	4	1
4	IBM Corp.	美国	4	1
5	NDS Ltd.	英国	4	0

6. 法国申请人排名

表 3-83 法国加密技术专利申请人排名

序号	申请人	申请人国家	申请数量（件）	授权数量（件）
1	Apple Inc.	法国	4	1
2	France Telecom	法国	3	0
3	Proton World Int. N.V.	比利时	2	1
4	Personnalite Numerique S.A.S. SOC	法国	2	0
5	Alcatel-Lucent S.A.S.	法国	2	0

7. 德国申请人排名

表 3-84 德国加密技术专利申请人排名

序号	申请人	申请人国家	申请数量（件）	授权数量（件）
1	Microsoft Corp.	美国	7	5
2	RPK New Zealand Ltd.	新西兰	3	1
3	RealNetworks Inc.	美国	2	0
4	Ricoh K.K.	日本	2	1
5	Nagracard S.A.	瑞士	2	0

8. 俄罗斯申请人排名

表 3-85 俄罗斯加密技术专利申请人排名

序号	申请人	申请人国家	申请数量（件）	授权数量（件）
1	Microsoft Corp.	美国	8	3
2	LG Electronics Inc.	韩国	2	0
3	Koninkl Philips Electronics N.V.	荷兰	2	0
4	Inka Entworks Inc.	韩国	1	1
5	Ledzhik Ajdentsistemz A.G.	俄罗斯	1	0

9. 澳大利亚申请人排名

表 3-86 澳大利亚加密技术专利申请人排名

序号	申请人	申请人国家	申请数量（件）	授权数量（件）
1	Microsoft Corp.	美国	16	4
2	Apple Inc.	美国	15	6
3	Entriq Inc.	美国	14	6
4	Igt Reno Nev.	美国	9	4
5	Nokia Corp.	芬兰	5	1

10. 欧洲专利局申请人排名

表 3-87 欧洲专利局加密技术专利申请人排名

序号	申请人	申请人国家	申请数量（件）	授权数量（件）
1	Microsoft Corp.	美国	42	11
2	Samsung Electronics Co. Ltd.	韩国	20	1
3	Koninkl Philips Electronics N.V.	荷兰	18	1
4	Matsushita Electric Ind. Co. Ltd.	日本	17	4
5	General Instrument Corp.	美国	17	2

11. 世界知识产权组织申请人排名

表 3-88　世界知识产权组织加密技术专利申请人排名

序号	申请人	申请人国家	申请数量（件）
1	Microsoft Corp.	美国	36
2	General Instrument Corp.	美国	30
3	Koninkl Philips Electronics N.V.	荷兰	30
4	Nokia Corp.	芬兰	22
5	Matsushita Electric Ind. Co. Ltd.	日本	18

二　专利分析

（一）技术发展趋势分析

从图 3-65 可以看出，自 20 世纪 90 年代中期至 2008 年，伴随全球数字版权保护的热潮，加密技术专利年申请量呈持续增长态势，处于快速发展阶段，并于 2008 年达到专利年申请量的高峰，竞争趋于白热化。然而 2009 年以来，随着全球加密技术逐步成熟，专利年申请量有所下降。随后在 2012~2013 年专利年申请量回升，并于 2013 年达到峰值，之后逐渐趋于平稳，推测加密技术在 2013 年前后实现了新突破，技术进一步革新。

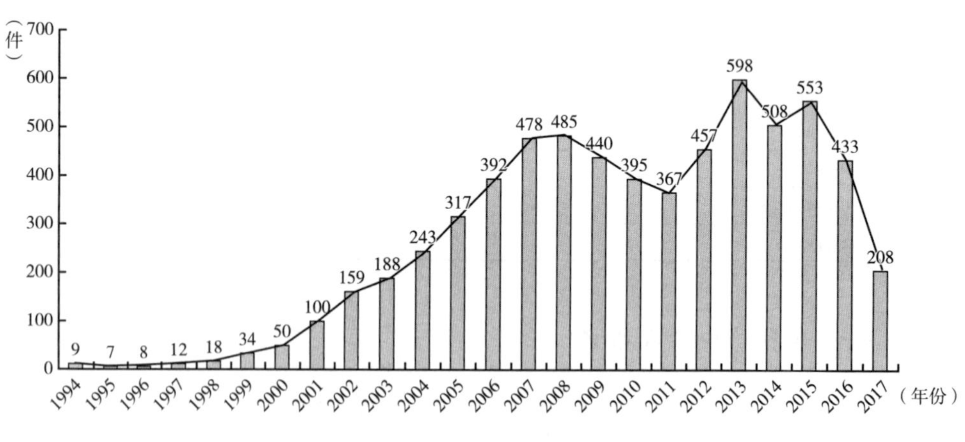

图 3-65　加密技术专利申请量年度分布

（二）技术路线分析

关于加密技术的研究在全球展开得相对较早，1994 年 6 月 29 日就诞生了该技术领域的第一件专利——关于各种记录介质的复制保护装置和方法。20 世纪 90 年代中期数字版权管理系统出现。1997 年 5 月 15 日，Intertrust 公司（Intertrust Tech. Corp.）申请了关于存储介质权利管理加密系统的核心专利，该专利属于加密技术领域；1998 年 8 月 13 日，IBM 申请了关于电子内容传送系统的核心专利，该专利属于数字内容安全传输领域；2000 年 3 月 15 日，微软申请了应用于计算机设备的数字权利管理系统的核心专利，该专利属于数字版权领域；2004 年 4 月 26 日，苹果公司申请了基于网络内容的安全分发方法的核心专利，该专利属于互联网平台下的数字版权领域；2011 年 4 月 2 日，北京互信通科技有限公司申请了关于数字电视加密频道传输的核心专利，将该专利应用于多媒体版权保护领域；2015 年 10 月 2 日，苹果公司申请了关于将加密文件和第二加密文件密钥发送到备份设备的核心专利，以推进加密技术的持续发展（见图 3-66）。

纵观加密技术的发展历程，初期出现的技术大多比较核心和基础，后续被引用得比较多。随着该技术发展到一定阶段，数字版权保护问题逐渐成为人们关注的热点，继而出现较多加密技术的关键性技术。自 21 世纪以来，中国表现得十分抢眼，如 2006 年中国出现了关于 IPTV 系统中的音视频节目内容版权保护技术；2008 年同方采用双钥对非对称加密技术建立了数字视盘系统，构建了数字版权保护的安全体系；2009 年中国出现了通过互联网、无线互联网以及其他通信网络进行电子图书和数字媒体内容的发行、出版和在线服务的技术。

（三）主要专利申请人分析

通过对加密技术专利检索结果的统计和初步分析，在“九国两组织”范围内专利申请量排名前三的申请人分别是微软、三星电子和索尼，其专利申请量分别是 336 件、225 件和 176 件。

1. 申请量排名第一的专利申请人——微软

（1）专利申请量

从图 3-67 可以看出，微软涉足加密技术领域相对较早，自 1997 年便开始申请相关专利，但 1999 年及之前的专利申请量屈指可数。从 2000 年开始，美国对加密技术高度重视，2000 年 10 月美国国会通过《全球和国内商业法中的电子签名法案》。微软在国家政策的推动下，迅速加大对加密技术的研发投入，2004 年之前微软在该技术领域的专利年申请量总体持续增长，这与该技术在全球的发展态势基本相同。2005~2006 年微软在

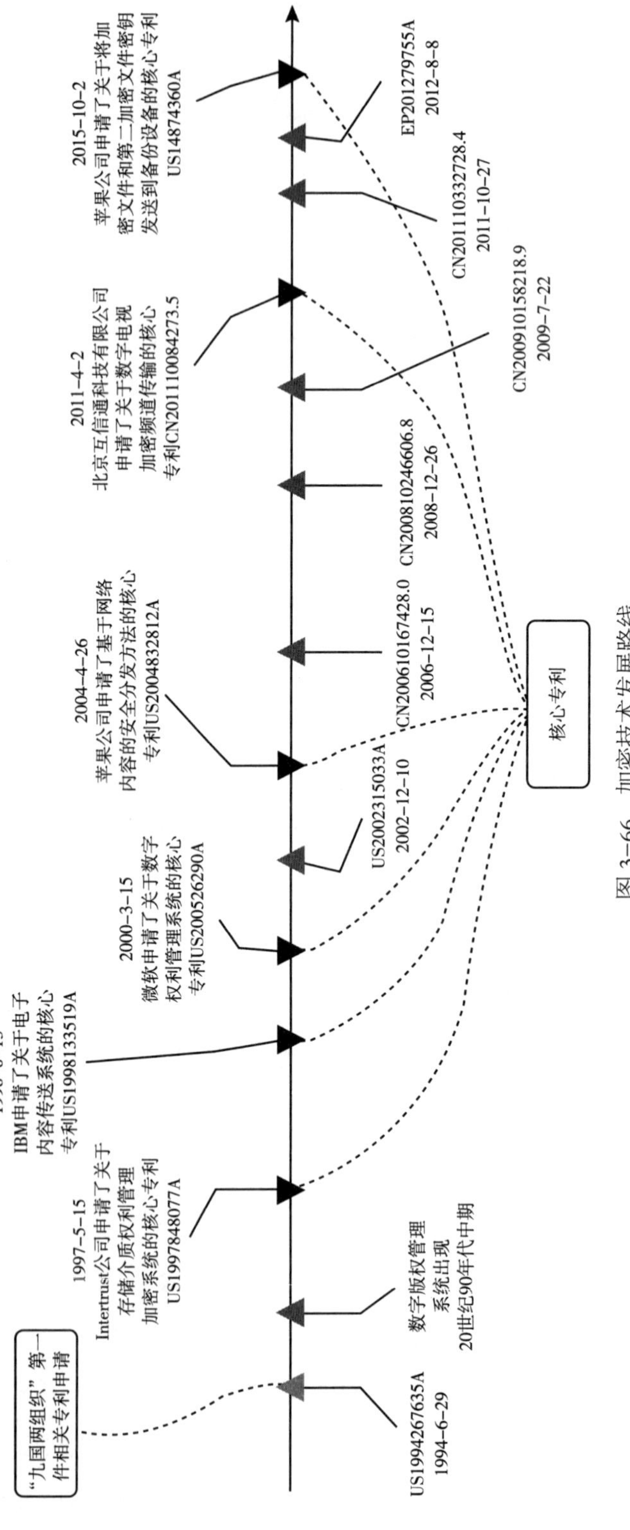

图 3-66 加密技术发展路线

该技术领域的专利年申请量处于稳定状态。然而自2007年以来，随着该技术发展在全球范围内进入瓶颈期，微软在该技术领域的研究也逐渐进入低迷期。

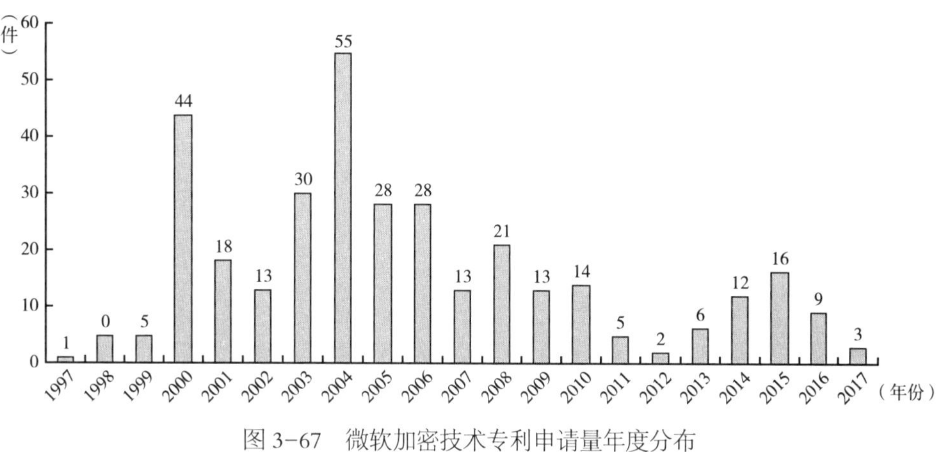

图3-67　微软加密技术专利申请量年度分布

（2）专利申请量区域分布

从图3-68可以看出，微软将最多的专利申请布局在其总部所在地美国，接着是欧洲专利局、世界知识产权组织和亚洲的日本、中国和韩国等。微软在该技术领域的专利主要布局在以上国家和国际组织的主要原因是重视其目标市场中专利纠纷的高发地带。微软曾与三星电子、摩托罗拉（Motorola Inc.）和谷歌（Google Inc.）等众多知名企业发生专利纠纷。

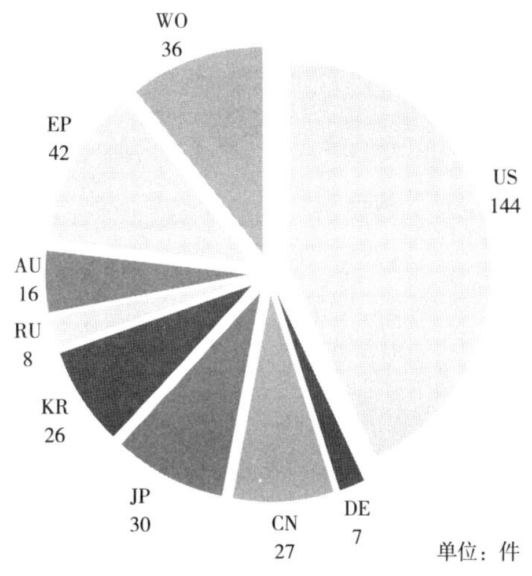

图3-68　微软加密技术专利在“九国两组织”的申请量

（3）技术构成分布

图 3-69 是根据微软在加密技术领域的专利做出的聚类分析，可以看出，微软在加密技术领域重点关注的技术有密钥存储、密码信息管理和许可认证等。加密技术领域的一些基础性技术如对称加密与解密、非对称加密与解密、信息摘要、数字签名和签名验证等，都是为内容加密、内容解密、权利解析、数字标识识别和文件加密存储等操作提供技术支持的，也可为数字版权保护技术提供定制化和个性化的典型密码服务。随着信息化和数字化社会的发展，人们对信息安全和保密的重要性的认识不断提高。1997 年美国国家标准局公布实施了《美国数据加密标准》（DES），民间力量开始全面介入密码学的研究和应用，采用的加密算法有 DES、RSA 和 SHA 等[①]。随着对加密强度需求的不断提高，又出现了 AES 和 ECC 等算法。

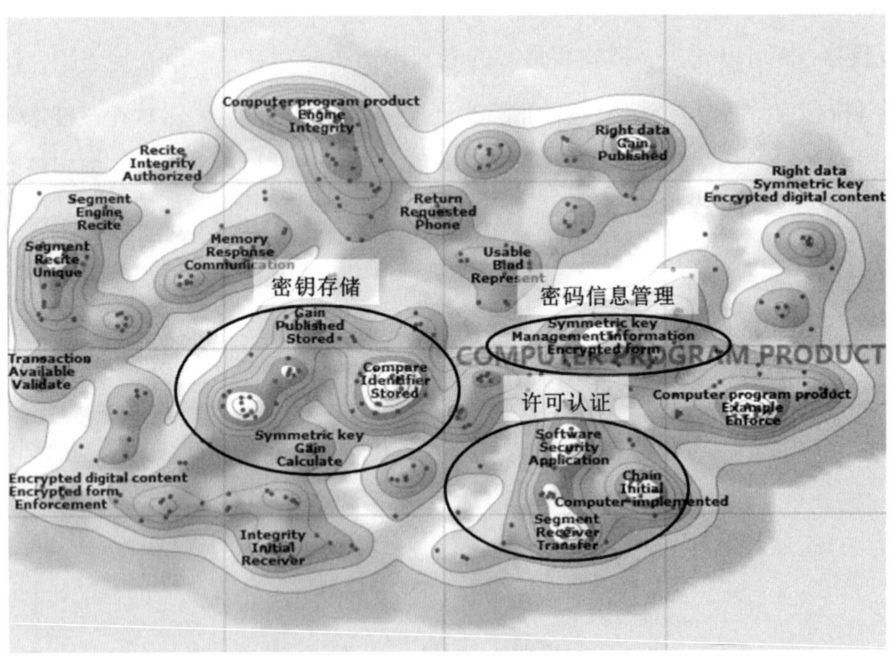

图 3-69 微软加密技术构成分布

① 胡江宁:《论信息安全与创新政策的平衡——以美国对加密技术的立法管制为视角》,《科技与法律》2013 年第 3 期，第 18 页。

如授权管理技术一样，微软的加密技术也主要应用在其开发的软件产品的授权激活方面。微软作为 IT 行业的软件巨头，研发加密技术的主要目的必然是保护自身的产品。

2. 申请量排名第二的专利申请人——三星电子

（1）专利申请量

从图 3-70 可以看出，三星电子在加密技术领域的专利申请趋势与该技术在全球范围的整体发展趋势基本一致。2003 年之前，三星电子在该技术领域投入的研究相对较少。随着全球互联网的蓬勃发展、智能电子产品的问世，以及三星电子的电子书、电子杂志与电子阅览器的发展需要，2004 年以来三星电子在该领域的专利申请量激增，这种态势持续至 2007 年。然而自 2008 年以来，该技术在全球范围遇到了发展瓶颈，三星电子当然也不例外，同样面临着新方法和新技术的突破难题，因此在该技术领域的专利申请处于不温不火的状态。

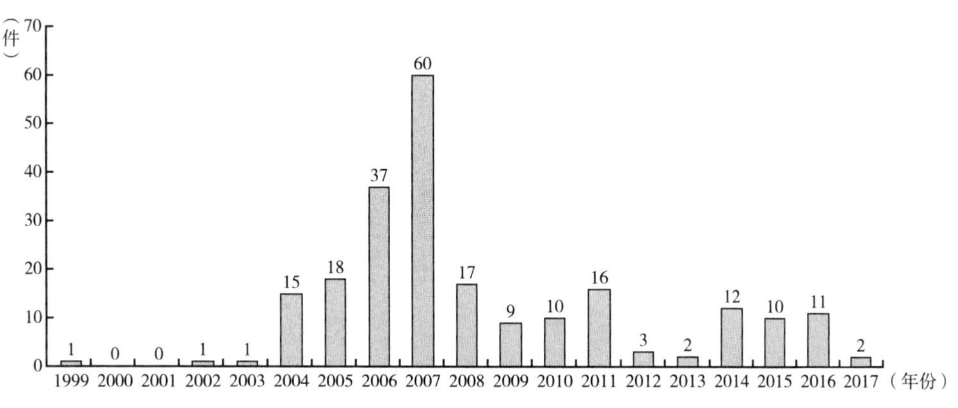

图 3-70　三星电子加密技术专利申请量年度分布

（2）专利申请量区域分布

三星电子总部位于韩国，在加密技术领域，三星电子的市场遍布欧洲及亚太地区的许多国家。从图 3-71 可以看出，三星电子在该技术领域的专利布局集中在韩国、美国、中国和日本等国家。近年来，三星电子专利纠纷风波四起，这在一定程度上促进了三星电子在专利纠纷频发地带的专利布局。

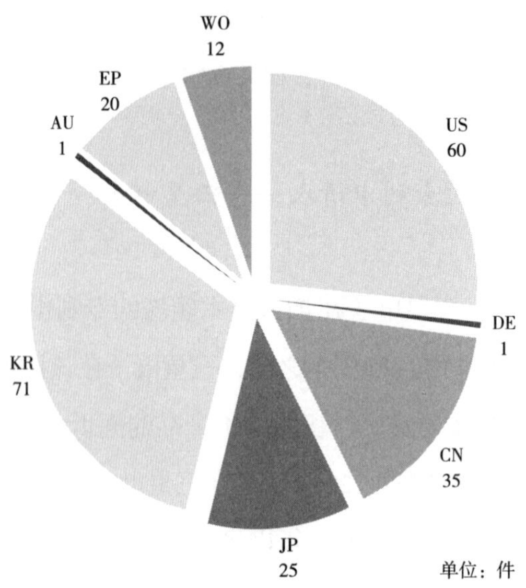

图 3-71 三星电子加密技术专利在“九国两组织”的申请量

（3）技术构成分布

图 3-72 是根据三星电子在加密技术领域的专利做出的聚类分析，可以看出，三星电子在加密技术领域重点关注的技术有授权与许可信息、加密与密码等。数字化信息的特点决定了必须有一种独特的技术来加强保护数字化内容的版权，该技术就是数字版权保护技术。加密技术是数字版权保护技术的支撑技术，用于数字内容在整个生命周期内的版权保护，以平衡数字内容价值链上各个角色的利益和需求。身份认证是基于加密技术产生的，作用为确定用户是否真实。在传输过程中对数据进行加密，可以保障数据在传输过程中的安全。网络安全所要求的保密性、完整性和可用性，都可以利用加密技术来实现。可以说，加密技术是保护大型通信网络上信息传输安全的实用手段之一。

三星电子于 2005 年荣登世界最大家电企业的宝座；于 2007 年击败摩托罗拉，成为世界第二大手机生产企业；于 2009 年战胜西门子（Siemens A.G.）和惠普（Hewlett-Packard Development Co. LP），跃升为世界最大的技术企业之一；于 2014 年荣登世界五百强企业的第十三位。三星电子提出的数据加密技术、装置加密技术以及国际权威 FIPS 140-2 认证等多重防护措施，确保了企业安全需求得到全方位的保护。

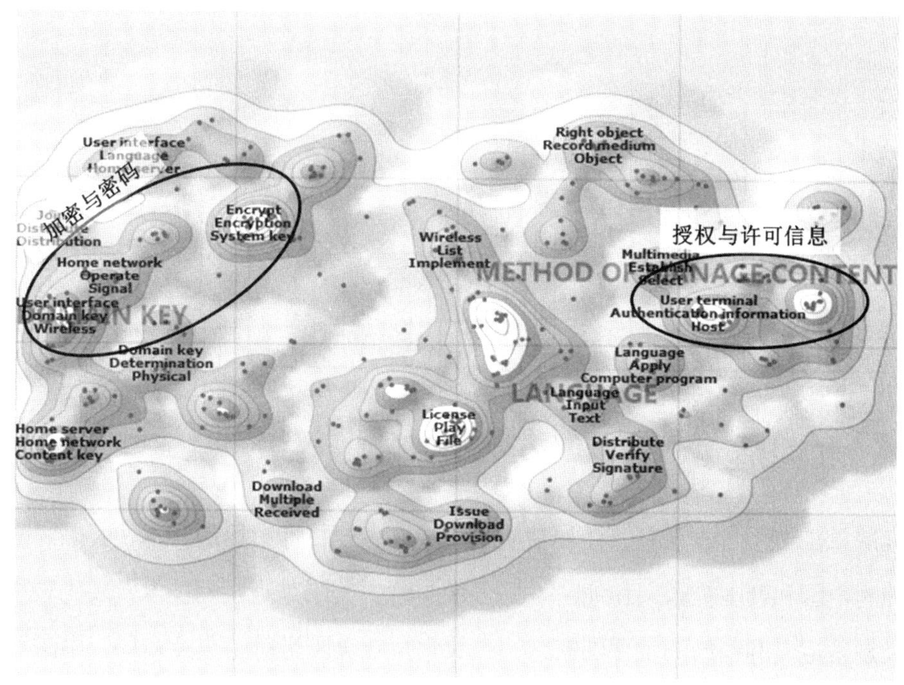

图 3-72　三星电子加密技术构成分布

3. 申请量排名第三的专利申请人——索尼

（1）专利申请量

“内容产业”概念最早正式出现在 1995 年西方七国信息会议上，1996 年欧盟《信息社会 2000 计划》进一步明确了其内涵。在这一背景下，全球几个发达国家开始关注数字内容产业并研究数字版权保护技术，位于互联网和通信电子技术比较发达的日本的索尼自然不会放过这个机会。1999~2004 年，索尼在该技术领域的专利申请量呈增长态势。但其近 20 年来在该技术领域的专利年申请量均不高，最高的一年 2004 年也仅达到 20 件。随着全球范围内该技术发展不断成熟，整个行业在进一步创新突破方面遇到了瓶颈。索尼也不例外，2005 年以后在该技术领域的专利年申请量在 10 件左右（见图 3-73）。

（2）专利申请量区域分布

索尼是一家全球知名的大型综合性跨国企业，是视听、电子游戏、通信产品和信息技术等领域的先行者，是便携式数码产品的开创者，是世界最大的电子产品制造商之一、电子游戏业三大巨头之一和美国好莱坞六大电影公司之一。

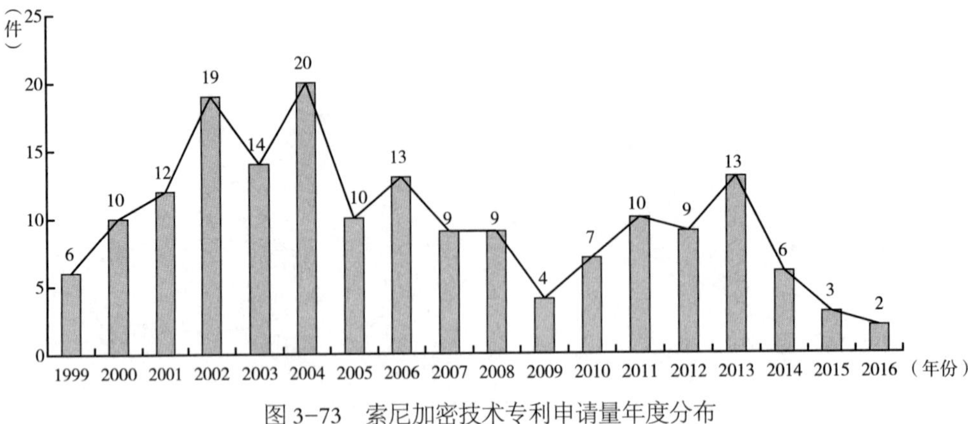

图 3-73 索尼加密技术专利申请量年度分布

索尼总部位于日本东京，在加密技术领域，主要目标市场是日本、美国、欧洲以及亚洲的中国和韩国等国家和地区（见图 3-74）。美国是互联网技术发展比较早的大国，又是索尼专利纠纷的主要国家之一，故索尼在美国进行了重点布局。中国和韩国也是索尼专利纠纷的高发国家。索尼与 LG 曾陷入一系列的专利诉讼案件当中，双方涉及的专利纠纷多达 24 项，为了保护各自在快速增长的数字产品领域的利益，两家公司之间的专利战不断升级。

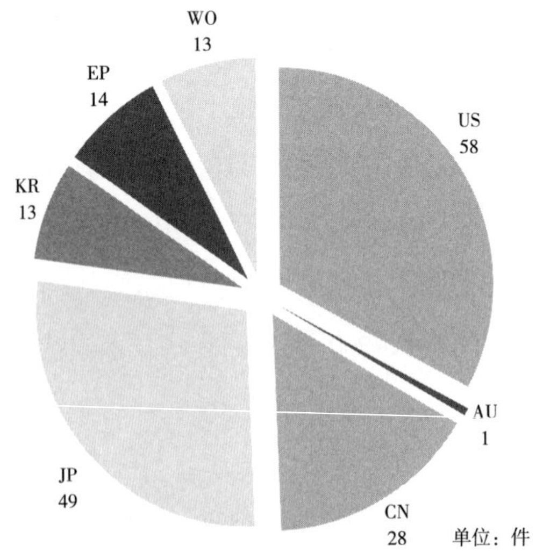

图 3-74 索尼加密技术专利在“九国两组织”的申请量

（3）技术构成分布

图 3-75 是根据索尼在加密技术领域的专利做出的聚类分析，可以看出，索尼在该技术领域主要关注的技术有授权许可、密码和加密解密、数据管理和数字内容等。授权许可是指针对授权内容的加密和保护，通过保护授权的安全性以达到保证所分发软件的安全性的目的，力求使获得授权的用户在规定的权限内使用软件产品。在数字版权保护技术中，加解密技术通过密钥的生成、存储、销毁和进一步扩充组合形成新的密码功能逻辑，进而形成版权保护密码服务接口，供上层的数字版权保护应用调用。这些都是数字版权保护的基础支撑技术。

索尼作为世界视听、电子游戏、通信产品和信息技术等领域的先行者，世界最大的电子产品制造商之一，加密技术对其电子信息保护的作用不容忽视，尤其是电子游戏中的重要信息需要强有力的加密技术作为后盾。比如 2014 年平安夜，索尼的在线游戏平台 PlayStation 和微软的游戏平台 X-box 就遭到黑客攻击，直到 12 月 26 日下午仍未恢复。随着黑客科技手段的多样化，为保证电子产品的正常经营，同时也为保证用户信息的安全性，索尼在加密技术领域需要有新的突破。

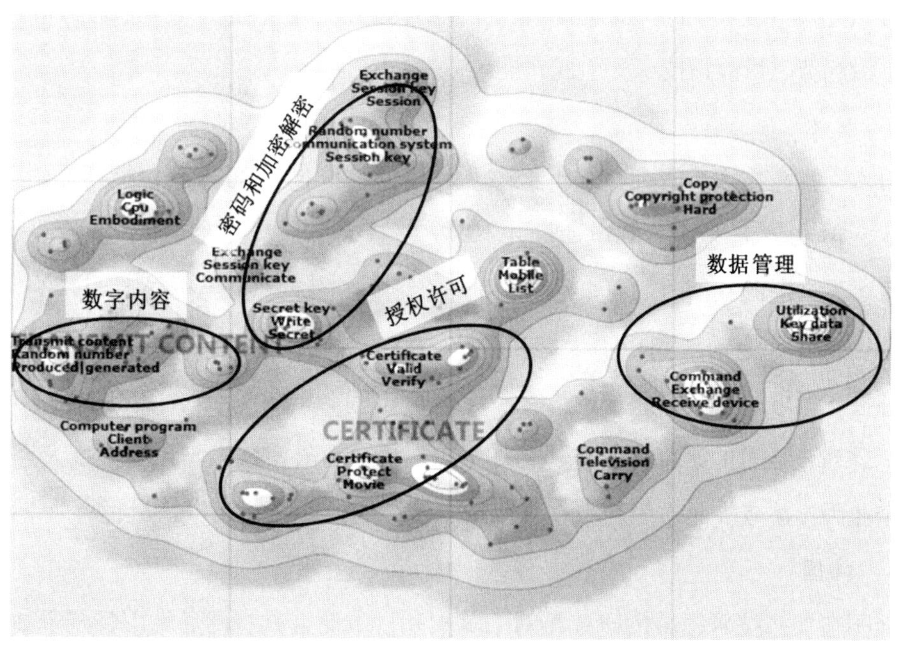

图 3-75　索尼加密技术构成分布

三 总结

（一）专利申请总体趋势

从整个行业专利申请状况来看，自 20 世纪 90 年代中期至 2008 年，伴随全球数字版权保护的热潮，加密技术专利申请量呈持续增长态势，这表明该技术处于快速发展阶段，竞争趋于白热化。然而 2009 年以来，随着全球加密技术逐渐成熟，该技术领域的专利年申请量有所下降，从 2012 年开始又有新的增长，2014 年以来逐渐趋于平稳。

（二）主要国家技术发展现状及趋势

1. 美国

美国涉足加密技术领域的时间相对较早，但初期的专利申请量较少，这主要是加密技术应用于数字版权保护领域相对不成熟所致，并且发展初期的专利大多数是原理性的基础专利。随着电子产品的普及以及人们生活逐渐趋于数字化和网络化，加密技术已经成为时代发展必不可少的技术之一，而美国又是信息产业大国，2000~2008 年美国专利申请量激增，并且介入的企业越来越多，这一时期为美国加密技术的发展期。从 2009 年至今，随着技术的不断创新，该技术逐渐趋于成熟。由于市场份额有限，且领先技术被几个巨头企业掌握，企业进入的速度趋缓，专利增长速度减慢，甚至有下滑趋势。目前该技术处于成熟期。

2. 日本

日本对加密技术的研究起步也比较早。日本自 20 世纪 90 年代中期便开始研究加密技术，但 1997 年之前专利申请量并不多，并且大多是基础性专利。此阶段是该技术在日本发展的萌芽期。随着全球迈进数字化、网络化时代，该技术在日本的发展十分迅速，2005 年之前专利申请量增长较快。2005~2007 年，随着该技术的不断发展，介入该技术领域的企业增速开始趋缓，专利年申请量趋于稳定。然而自 2008 年以来，随着全球对该技术的研究不断成熟，加上市场份额有限、技术再创新难度大等原因，许多企业因收益减少而纷纷减少在加密技术领域的投入，专利申请量也有所下滑。

3. 韩国

韩国在加密技术领域的研究相对于美国和日本而言具有滞后性。韩国于 2000 年前后涉足加密技术，但发展速度十分迅速，于 2007 年达到专利年申请量的最大值，

2007 年也是该技术在韩国发展的巅峰时期。2008 年以后，随着该技术在全球的发展呈衰退态势，韩国专利申请人数量以及专利申请量开始下滑，可见，此项技术在韩国也面临着新方法和新技术的突破难题。

4. 中国

中国对加密技术的研究也起步较早，20 世纪 90 年代中期中国便已涉足该技术领域的研究，但专利申请量较少，此时为该技术在中国的萌芽期。随着中国迈入数字化、网络化时代，公民版权意识不断提高，加密技术发展迅速，特别是 2005 年中国颁布《互联网著作权行政保护办法》，迈出数字版权法律保护的关键性一步，大量的企业开始研究加密技术，专利申请量激增，这一阶段为该技术在中国的发展期。2014 年以来，随着该技术的不断成熟，中国在该技术领域的专利年申请量也出现了波动的趋势。

总体来说，加密技术在全球范围方兴未艾。

（三）主要申请人对比分析

通过对加密技术领域的宏观分析，本项目得出行业内的三个主要申请人是微软、三星电子和索尼。下面结合微观分析模块具体解读主要申请人的专利现状。

1. 专利申请量比较

根据三个主要申请人在专利申请量维度横向比较的结果可知，微软作为世界 PC 机软件开发的领先者，在加密技术发展初期便投入了相当大的研发力度，专利申请量也较多，为 336 件。三星电子和索尼在加密技术领域起步较晚，但发展迅速，专利申请量分别为 225 件和 176 件。

2. 专利资产区域布局分析

微软、三星电子和索尼在该技术领域均实行专利全球化战略，专利布局遍及欧洲及亚太地区许多国家。微软和三星电子均在其总部所在国有最多的专利申请，然而索尼在美国有最多的专利申请，这体现了索尼对美国市场的重视。

3. 技术热点分析

微软在加密技术领域主要关注的技术有许可认证、密码信息管理和密钥存储等。三星电子主要关注授权与许可信息、加密与密码等技术。索尼则主要关注授权许可、密码和加密解密、数据管理和数字内容等技术。

第八节 密码服务技术

密码服务技术是数字版权保护领域比较成熟的技术，旨在为相应版权保护系统使用密码技术和对接数字证书认证系统提供便利和服务。围绕该技术的专利申请发轫于20世纪90年代中期，于2008~2009年达到申请高峰，随后专利年申请量开始持续走低，这表明该技术已逐渐步入成熟阶段。

一 专利检索

（一）检索结果概述

以密码服务技术为检索主题，在“九国两组织”范围内共检索到相关专利申请2685件，具体数量分布如表3-89所示。

表3-89 “九国两组织”密码服务技术专利申请量

单位：件

国家/国际组织	专利申请量	国家/国际组织	专利申请量
US	472	DE	14
CN	722	RU	10
JP	759	AU	43
KR	317	EP	177
GB	21	WO	148
FR	2	合计	2685

（二）“九国两组织”密码服务技术专利申请趋势

密码服务技术专利申请起步较早，2000年之前日本的申请量便已经达到了81件，欧洲专利局、世界知识产权组织、中国和美国也均公开了10件以上的专利申请。2002年日本的专利年申请量达到峰值（84件），这说明该技术已经在日本得到了高度重视和广泛应用。中国自2006年以来在该技术领域的专利年申请量比较稳定，保持在60件左右，于2012年达到峰值，这说明随着数字版权保护技术在中国的发展，密码服务技术作为贯穿数字版权保护整个过程的关键技术也得到了发展和应用（见表3-90、图3-76）。

表 3-90　1994~2017 年“九国两组织”密码服务技术专利申请量

单位：件

国家 / 国际组织	专利申请量																	
	90	01	02	03	04	05	06	07	08	09	10	11	12	13	14	15	16	17
US	14	12	25	15	27	33	33	51	29	51	36	27	30	32	33	12	6	6
CN	18	6	17	18	24	30	72	60	67	70	66	65	83	50	35	24	12	5
JP	81	40	84	50	58	49	59	46	42	53	61	52	32	28	19	3	1	1
KR	9	0	6	5	11	14	15	12	65	36	25	39	25	33	11	4	6	1
GB	2	0	4	1	1	2	3	0	1	5	1	1	0	0	0	0	0	0
FR	0	0	0	0	0	0	2	0	0	0	0	0	0	0	0	0	0	0
DE	2	1	3	2	0	0	0	2	2	0	1	0	0	0	1	0	0	0
RU	0	1	0	0	1	0	0	0	1	1	1	2	2	1	0	0	0	0
AU	10	2	1	4	2	3	4	3	4	3	3	0	3	0	1	0	0	0
EP	26	10	12	6	14	10	15	21	14	16	6	3	12	5	4	2	1	0
WO	18	7	4	9	9	15	12	15	12	5	6	6	6	5	7	6	5	1
合计	180	79	156	110	147	156	215	210	237	240	206	195	193	154	111	51	31	14

注：“90” 指 1994~2000 年的专利申请总量，“01~17” 分别指 2001~2017 年当年的专利申请量。

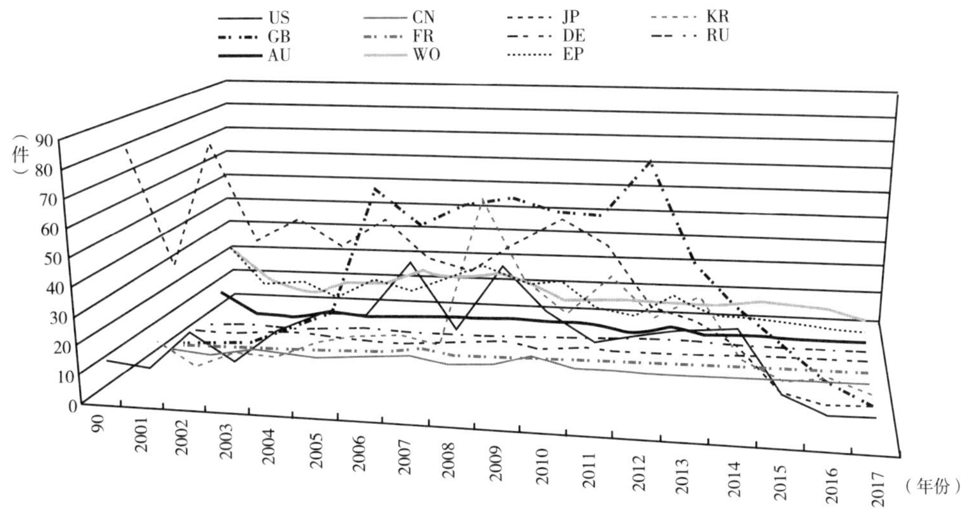

图 3-76　“九国两组织”密码服务技术专利申请趋势

注：“90” 指 1994~2000 年的专利申请总量。

（三）“九国两组织”密码服务技术专利申请人排名

1994~2017 年“九国两组织”密码服务技术专利申请人排名情况如表 3-91 ~ 表 3-101 所示。

1. 美国申请人排名

表 3-91 美国密码服务技术专利申请人排名

序号	申请人	申请人国家	申请数量（件）	授权数量（件）
1	Sony Corp.	日本	40	15
2	Panasonic Corp.	日本	25	8
3	Toshiba K.K.	日本	20	5
4	Samsung Electronics Co. Ltd.	韩国	17	5
5	Wistaria Trading Inc.	美国	14	4

2. 中国申请人排名

表 3-92 中国密码服务技术专利申请人排名

序号	申请人	申请人国家	申请数量（件）	授权数量（件）
1	Panasonic Corp.	日本	63	27
2	Huawei Tech. Co. Ltd.（华为）	中国	44	25
3	Sony Corp.	日本	43	20
4	Samsung Electronics Co. Ltd.	韩国	26	8
5	Koninkl Philips Electronics N.V.	荷兰	20	3

3. 日本申请人排名

表 3-93 日本密码服务技术专利申请人排名

序号	申请人	申请人国家	申请数量（件）	授权数量（件）
1	Sony Corp.	日本	93	34
2	Panasonic Corp.	日本	92	40
3	Toshiba K.K.	日本	62	28
4	Hitachi Ltd.	日本	60	24
5	Matsushita Denki Sangyo K.K.	日本	41	39

4. 韩国申请人排名

表 3-94　韩国密码服务技术专利申请人排名

序号	申请人	申请人国家	申请数量（件）	授权数量（件）
1	Samsung Electronics Co. Ltd.	韩国	40	8
2	LG Electronics Inc.	韩国	32	10
3	Microsoft Corp.	美国	16	4
4	Sony Corp.	日本	16	1
5	Korea Electronics & Telecommun. Res. Inst.	韩国	15	6

5. 英国申请人排名

表 3-95　英国密码服务技术专利申请人排名

序号	申请人	申请人国家	申请数量（件）	授权数量（件）
1	Toshiba K.K.	日本	7	2
2	Nanyang Polytechnic	新加坡	2	1
3	British Broadcasting Corp.	英国	2	2
4	Sigmatel Inc.	美国	2	0
5	Vodafone Group PLC	英国	1	0

6. 法国申请人排名

表 3-96　法国密码服务技术专利申请人排名

序号	申请人	申请人国家	申请数量（件）	授权数量（件）
1	Viaccess S.A.	法国	2	0

7. 德国申请人排名

表 3-97　德国密码服务技术专利申请人排名

序号	申请人	申请人国家	申请数量（件）	授权数量（件）
1	Macrovision Corp.	美国	4	0
2	Wistaria Trading Inc.	美国	3	0
3	Samsung Electronics Co. Ltd.	韩国	2	0
4	CFPH LLC	美国	1	0

8. 俄罗斯申请人排名

表 3-98 俄罗斯密码服务技术专利申请人排名

序号	申请人	申请人国家	专利申请量	专利授权数量
1	Panasonic Corp.	日本	2	0
2	Samsung Electronics Co. Ltd.	韩国	1	1
3	Microsoft Corp.	美国	1	1
4	Sony Corp.	日本	1	0

9. 澳大利亚申请人排名

表 3-99 澳大利亚密码服务技术专利申请人排名

序号	申请人	申请人国家	申请数量（件）	授权数量（件）
1	Samsung Electronics Co. Ltd.	韩国	7	5
2	Macrovision Corp.	美国	7	1
3	Microsoft Corp.	美国	5	3
4	Aristocrat Technologies Australia Pty. Ltd.	澳大利亚	4	3
5	Sony Corp.	日本	3	2

10. 欧洲专利局申请人排名

表 3-100 欧洲专利局密码服务技术专利申请人排名

序号	申请人	申请人国家	申请数量（件）	授权数量（件）
1	Sony Corp.	日本	20	4
2	Koninkl Philips Electronics N.V.	荷兰	11	3
3	Panasonic Corp.	日本	10	2
4	Samsung Electronics Co. Ltd.	韩国	10	2
5	Toshiba K.K.	日本	6	2

11. 世界知识产权组织申请人排名

表 3-101 世界知识产权组织密码服务技术专利申请人排名

序号	申请人	申请人国家	申请数量（件）
1	Panasonic Corp.	日本	15
2	Koninkl Philips Electronics N.V.	荷兰	9
3	Toshiba K.K.	日本	7
4	Samsung Electronics Co. Ltd.	韩国	7
5	Apple Inc.	美国	5

二 专利分析

（一）技术发展趋势分析

所谓密码，是通信双方按约定的法则进行信息特殊变换的一种重要保密手段。在数据加密过程中，原始信息被称为“明文”，用某种方法伪装明文以隐藏真实内容的过程被称为“加密”，明文被加密后得到的消息就是“密文”，而把密文转变为明文的过程称为“解密”。通过数据加密可以使受保护的数据不被非法盗用或不被非相关人员越权阅读。密码在早期仅对文字和数据进行加解密，随着通信技术的发展，如今对语音、图像和视频等都可实施加解密①。

按照密钥的特点，加密算法可以分为对称密钥算法和非对称密钥算法。对称密钥算法又称为传统密钥算法，特点是在加密与解密过程中使用相同的密钥。与之对应的是非对称密钥算法，非对称密钥算法的加密密钥不同于解密密钥，加密密钥公之于众，而解密密钥只有解密人自己知道。按照明文的处理方法，加密算法可以分为分组密码和流密码。分组密码算法是将明文分成固定长度的组，用同一密钥和算法对每一组明文进行加密并输出相同长度的密文；而流密码算法则是每次加密一位或一字节的明文。

对称密码技术的代表是美国的数据加密标准 DES。它于 1977 年由美国国家标准局颁布，后被国际标准化组织接受作为国际标准。DES 主要采用替换和移位的方法加密。它用 56 位密钥对 64 位二进制数据块进行加密，每次加密可对 64 位的输入数据进行 16 轮编码，经一系列替换和移位后，输入的 64 位原始数据转换成完全不同的 64 位输出数据。DES 曾是一种世界公认的较好的加密算法。但是它的密钥长度太短（只有 56 位），随着计算机技术的飞速发展，这么短的密钥已经不再安全。科学家又研制了 80 位的密钥，以及在 DES 的基础上采用三重 DES 和双密钥加密的方法，即用 2 个 56 位的密钥 K1 和 K2，发送方用 K1 加密、K2 解密，再使用 K1 加密；接收方则使用 K1 解密、K2 加密，再使用 K1 解密，其效果相当于将密钥长度加倍②。

对称加密技术的主要缺点是密钥的生成、注入、存储、管理和分发等很复杂，特别是随着用户的增加，密钥的需求量成倍增加。在网络通信中，大量密钥的分配是一个难以解决的问题。

为了解决对称密码技术所面临的一系列问题，20 世纪 70 年代美国斯坦福大学的 2 名学者迪菲和赫尔曼提出了一种新的加密方法——公开密钥加密（Public

① 郑广远，孙彩英:《浅谈密码学与网络信息安全技术》,《中国标准导报》2014 年第 7 期，第 57 页。

② 李少芳:《DES 算法加密过程的探讨》,《计算机与现代化》2006 年第 8 期，第 102 页。

Keyencryption，PKE）[①]，这是一种非对称密码技术。在公钥密码系统中，加密和解密使用的是不同的密钥，这 2 个密钥之间存在相互依存关系，即用其中任何一个密钥加密的信息只能用另一个密钥进行解密。这使得通信双方无须事先交换密钥就可进行保密通信。其中，加密密钥和算法是对外公开的，人人都可以用这个密钥加密文件后发给收信者，这个加密密钥被称为公钥；而收信者收到加密文件后，可以使用解密密钥解密，这个密钥是由收信者私人掌管的，无须分发，因此被称为私钥，这就解决了密钥分发的问题。非对称密码技术比较常用的有 RSA 公钥加密算法和椭圆曲线密码。

图 3-77 是 1994~2017 年密码服务技术专利申请量的年度变化趋势，可以看出，密码服务技术专利申请量在 2009 年之前总体呈现增长态势。密码服务技术最初主要应用在信息安全领域。随着数字出版领域的快速发展，在数字版权保护方方面面都应用了密码服务技术，RSA 公钥加密算法是数字版权保护领域较为常用的方法。从 2009 年之前的实际应用看，只有短的 RSA 钥匙才可能被强力方式破解，只要 RSA 钥匙的长度足够长，用 RSA 加密的信息是不能被破解的。但在分布式计算和量子计算机理论日趋成熟的今天，RSA 加密的安全性受到了挑战，这可能是后来密码服务技术专利年申请量逐渐下降的原因。目前，大家都在探索新的密码服务方式或者密码算法，以期推动这一技术领域的发展。

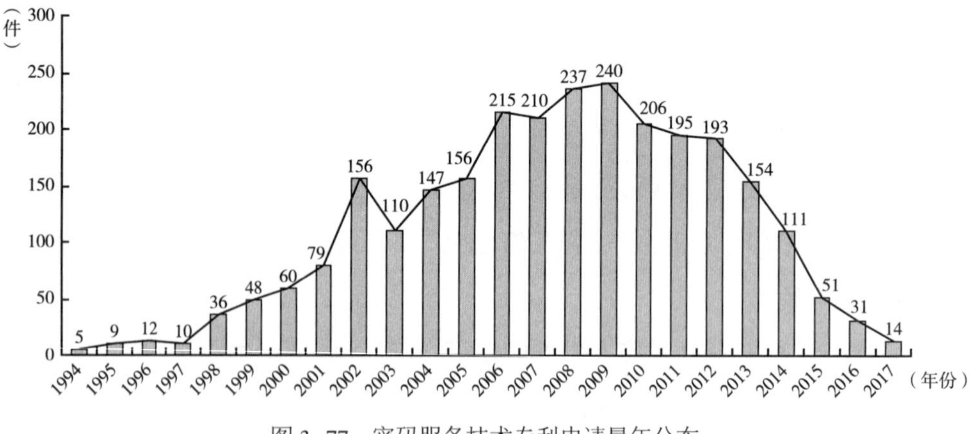

图 3-77　密码服务技术专利申请量年分布

① 李莉，孙慧：《浅谈数据加密算法》，《电脑知识与技术》2006 年第 12 期，第 117 页。

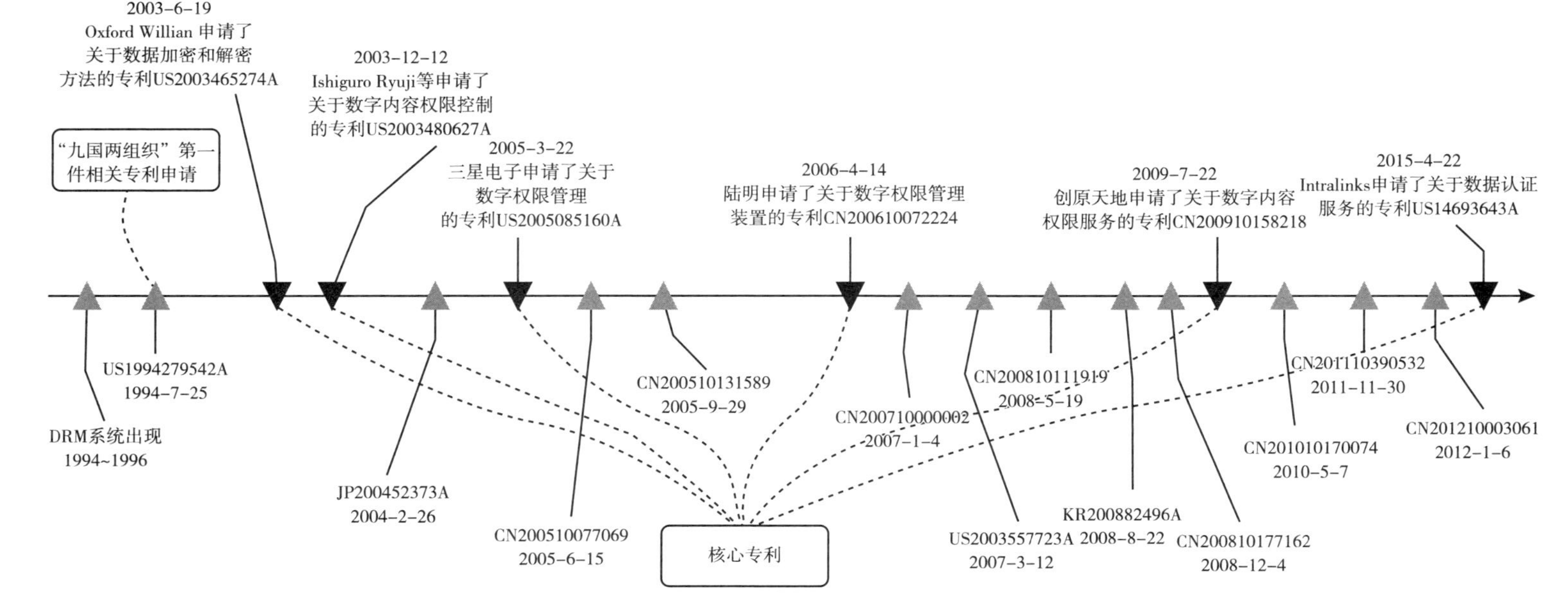

图 3-78　密码服务技术发展路线

（二）技术路线分析

图 3-78 展示了密码服务技术的发展路线。1995 年前后，数字版权管理系统的出现带动了密码服务技术的研究，只是未能提供数字证书认证系统和密码服务中间件平台。直到 2002 年 4 月 30 日，中国出现了一件关于统一密码服务技术规范的专利，之后几年相继出现了数字内容权限管理服务中有关密码服务技术的专利，这些关键基础技术各具优点。中国的研究重点为数字证书认证系统和基于国产密码算法的密码服务中间件平台，旨在提供统一的规范化数字证书服务支撑和密码服务支撑，提供标准化的数字证书服务和密码服务接口，提供适用于多种数字出版业务场景的数字证书，简化数字版权保护的密码技术和数字证书应用开发，保障数字版权保护技术的规范化发展。数字内容加密和解密技术出现得比较早，这是贯穿于数字版权保护的基础性技术，实现了数字内容权限的管理和控制。这一技术领域的核心专利基本都是从密钥出发来解决数字内容权限管理的，如密钥的生成、存储和销毁，或进一步扩充组合形成新的密码功能逻辑。密钥的基础算法已趋于成熟，因此在数字版权保护方面研究密码服务的统一与标准是积极可待的，密码服务的统一标准化是未来主要发展方向之一。

（三）主要专利申请人分析

为了深入分析密码服务技术领域，本项目通过对检索数据进行标引和聚类等处理，了解到 1994~2017 年在密码服务技术领域专利申请量排名前三的申请人分别为索尼、松下电器和三星电子。从专利申请量看，索尼拥有相关专利申请 221 件，松下电器拥有 213 件，三星电子拥有 123 件。从专利资产地域分布看，索尼和松下电器都在日本进行了较多专利申请，同时在专利大国中国和美国也有相当数量的专利布局，在“九国两组织”的专利分布整体较为均衡。三星电子则将专利更多布局于韩国，其次是中国，在其他国家也进行了少量专利布局。从技术构成分布看，索尼主要关注令牌的接收和版权保护方面，松下电器主要关注密码通信方面，三星电子则主要关注密钥服务等方面。

1. 申请量排名第一的专利申请人——索尼

（1）专利申请量

图 3-79 是索尼密码服务技术专利的年度申请情况。1996 年欧盟发布的《信息社会 2000 计划》使全球几个发达国家开始逐渐关注数字内容产业和研究数字版权保护技术，日本互联网和通信电子技术实力较强的索尼也抓住这个机会，加大了密码服务

技术领域的专利申请力度，2000 年索尼的专利申请量激增。2003~2009 年，索尼的专利年申请量逐渐下降，在 10 件左右。2010 年以后，索尼在该技术领域的专利年申请量下降至个位数，这说明索尼对此技术已关注较少。

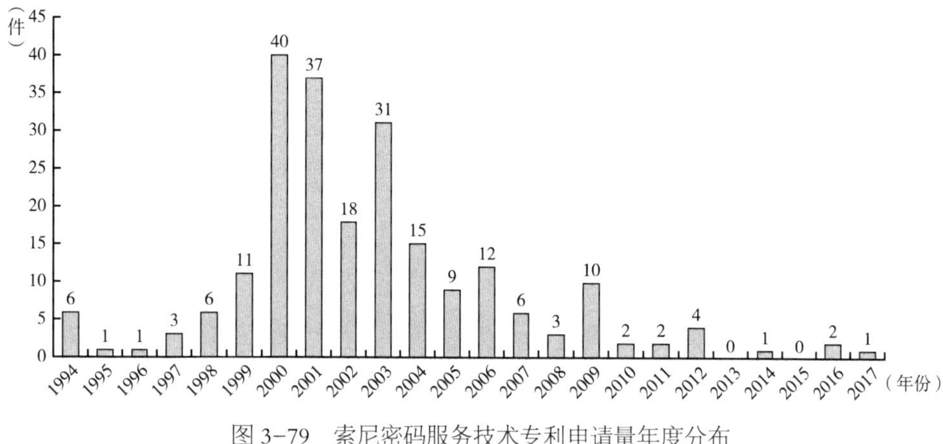

图 3-79 索尼密码服务技术专利申请量年度分布

（2）专利申请量区域分布

图 3-80 是索尼密码服务技术专利在“九国两组织”的申请情况。索尼的主要市场为日本、中国、美国和欧洲。其中，中国为索尼在海外最主要的市场，1980 年索尼就在中国设立了办事处，后来陆续在中国几个大城市成立了分公司，索尼密码服务技

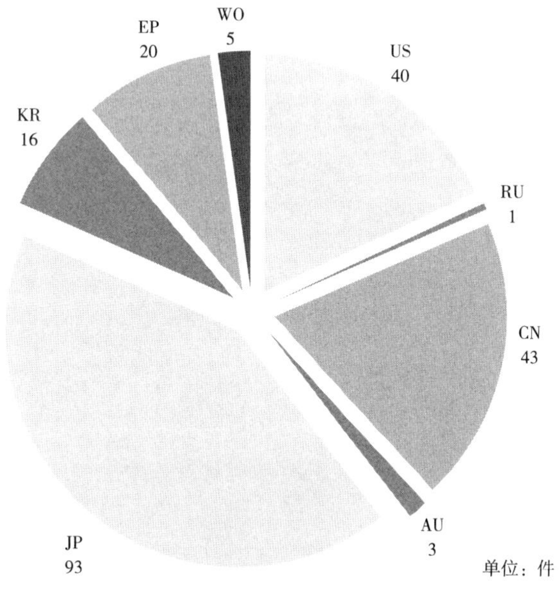

图 3-80 索尼密码服务技术专利在“九国两组织”的申请量

术专利在中国的申请量排海外第一。此外，索尼在美国的专利申请量也较多，这是由于美国是互联网技术发展比较早的国家，日本若想在美国占住一定市场，申请较多专利尤为重要。索尼在韩国的申请量也较多，可能是由于其与韩国的 LG 有过专利诉讼的教训，所以索尼在韩国实施了外围专利布局，以便更好地保护自己的技术和产品。

（3）技术构成分布

从图 3-81 可以看出，在密码服务技术领域，索尼关注度较高的技术之一是令牌的接收。令牌也称作密码，在数字版权保护整个过程中随时都需要密码服务，密钥的分发和接收是其中主要的两个步骤。密钥分配指密码系统中密钥的安全分发和传送过程，它要解决的问题是将密钥安全地分配给保密通信的各方。根据分配手段，密钥分配可分为人工分发（物理分发）与密钥交换协议动态分发两种。从密钥属性上看，可分为秘密密钥分配与公开密钥分配两种。从密钥分配技术来说，有基于对称密码体制的密钥分配与基于公钥密码体制的密钥分配等。目前，有关密钥分配的方案多种多样。两个用户 A 和 B 在单钥密码体制下进行保密通信时，必须有一个共享密钥，获得共享密钥的方法一般有以下几种：①密钥由 A 选取并通过物理手段发送给 B；②密

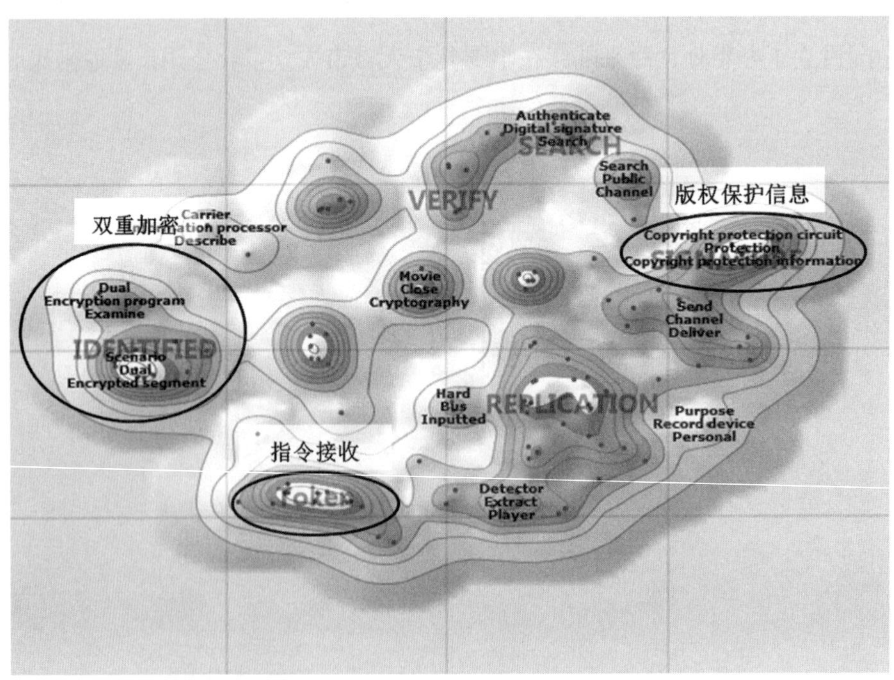

图 3-81 索尼密码服务技术构成分布

钥由第三方选取并通过物理手段发送给 A 和 B；③若 A 和 B 事先已有一密钥，则其中一方选取新密钥后，用已有的密钥加密新密钥并发送给另一方；④若 A 和 B 与第三方 C 分别有一保密信道，则 C 为 A 和 B 选取密钥后，分别在两个保密信道上发送给 A 和 B。前三种方法分配密钥的代价较大，一般采用第四种方法。第四种方法中的第三方通常是一个负责为用户分配密钥的密钥分配中心（KDC），每一个用户必须与 KDC 有一个共享密钥，即主密钥；通过主密钥分配给一对用户的密钥是会话密钥，会话密钥用于这一对用户之间的保密通信，通信完成后，会话密钥即被销毁。掌握密码服务技术可以使数字内容交易与分发等业务安全地进行。由于数字内容类型复杂，想要更好地服务于数字版权保护，形成统一规范的密码服务是未来发展方向之一。

2. 申请量排名第二的专利申请人——松下电器

（1）专利申请量

图 3-82 是松下电器密码服务技术专利的年度申请情况。松下电器一直致力于电子信息设备方面的研究、生产和制造，而密码设备在数字版权保护密码服务中间件平台中占据重要位置，如 SIM、加密机、加密卡和其他类型密码设备。松下电器从 1995 年开始有密码服务技术领域的专利申请，1999 年专利申请量激增，然后保持相对平稳的发展态势。2003 年，日本经贸部成立内容产业全球策略委员会，旨在促进和协调数字内容产业的迅速健康发展。在政策导向下，松下电器加大了密码服务技术领域的研究投入，于 2004 年达到专利年申请量峰值。从 2005 年开始，松下电器的专利年申请量又呈回落态势。2008 年之后，松下电器在这一技术领域的专利申请已经很少。

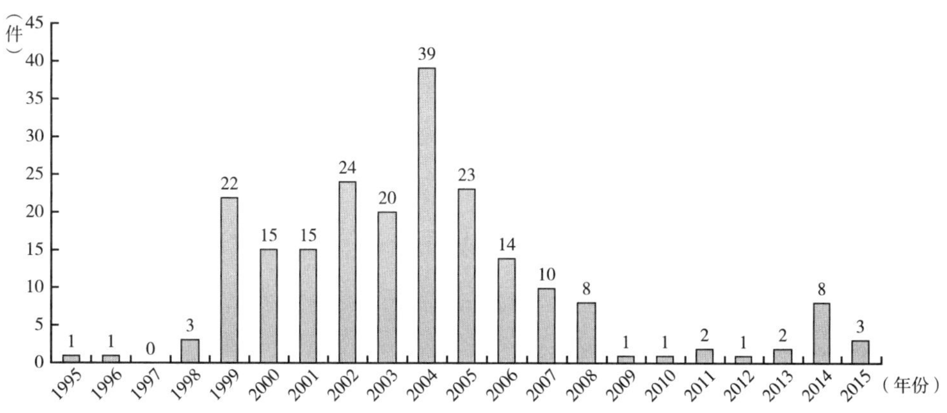

图 3-82　松下电器密码服务技术专利申请量年度分布

（2）专利申请量区域分布

图 3-83 是松下电器密码服务技术专利在“九国两组织”的申请情况。松下电器总部位于日本大阪，是日本大型电器制造企业，松下电器全球主要市场为日本、中国、美国和欧洲。中国是松下电器最主要的海外市场，松下电器（中国）有限公司成立于 1994 年，成立时间很早而且发展迅猛，在 2002 年已经实现了独资，如今松下电器已经在中国拥有 80 多家分公司或子公司，拥有约 10 万名员工，从事业务涉及研究开发、制造、销售、服务、物流和宣传等多个方面。

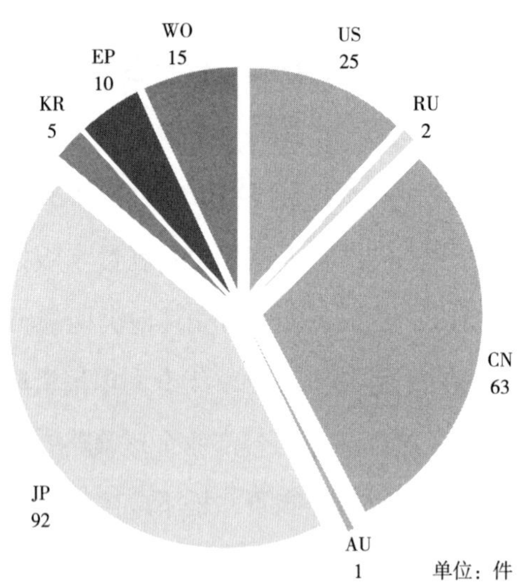

图 3-83　松下电器密码服务技术专利在“九国两组织”的申请量

（3）技术构成分布

从图 3-84 可以看出，密码通信相关技术是松下电器研究的主要技术。在数字版权保护技术中，密码服务技术如密钥的生成、存储和销毁等都属于密码通信方面，这些都是数字版权保护技术的基础支撑技术。密码通信系统是密码通信过程中发送方、接收方、密钥管理中心和非授权者共同组成的系统。密码通信系统常遇到两种攻击：一是非法入侵者、攻击者或黑客主动窜扰系统，采用删除、更改、插入、重放和伪造等手段向系统注入虚假信息，对系统进行干扰破坏，被称作主动攻击；二是截获密码通信系统的密文并窃听分析，被称作被动攻击。一个好的密码通信系统必须满足三个条件：一是保密性，即隐蔽信息的真实含义，使截获者在不知道密钥的条件下无法解读密文的内容；二是认证性，即确保信息是由所声明的信源发出且未经改动的，使信息具有被验证的能力，而任何不知道密钥的人无法构造假密文，让合法接收者脱密成一个合法消息；三是完整性，即保证信息的完好无损，在有自然和人为干扰的条件下，系统保持恢复的消息与初始时一致的能力。

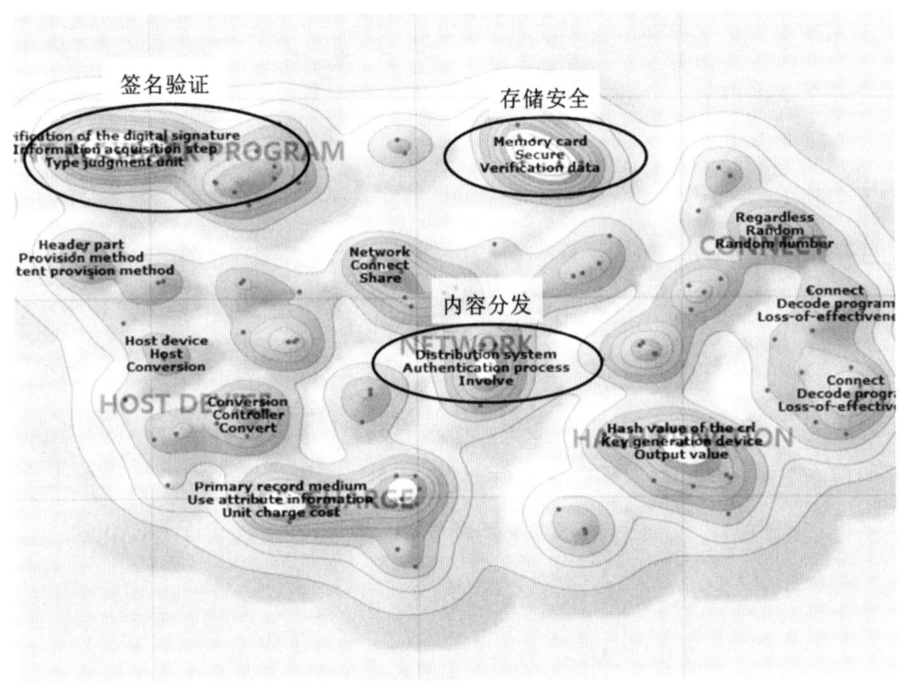

图 3-84　松下电器密码服务技术构成分布

3. 申请量排名第三的专利申请人——三星电子

（1）专利申请量

图 3-85 是三星电子密码服务技术专利的年度申请情况。三星电子除在 2002 年未申请相关专利外，2006 年前专利年申请量呈现波动上升的态势，且在 2006 年达到峰值。这主要是互联网进入蓬勃发展期和智能移动终端问世，激发了三星电子在移动出版领域的积极性。2010 年底三星电子发布 Galaxy Tab 平板电脑，并推出“读者圈”（Readers Hub）电子阅读应用，促进了其密码服务技术的发展，2011 年三星电子在该技术领域的专利申请量大幅增加。从 2012 年开始，三星电子的专利年申请量又有所回落。

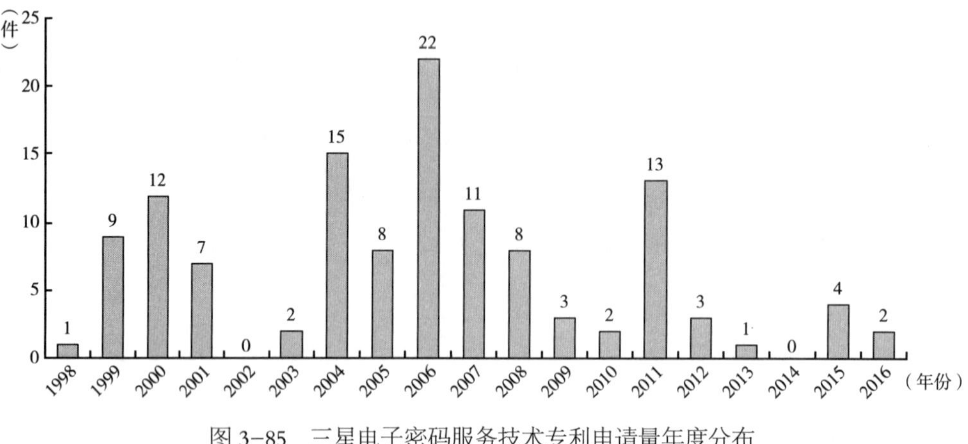

图 3-85　三星电子密码服务技术专利申请量年度分布

（2）专利申请量区域分布

图 3-86 是三星电子密码服务技术专利在“九国两组织”的申请情况。三星电子在韩国的专利申请量最多，这是由于三星电子本部位于韩国首尔，为了应对来自同行业的 LG 等公司的竞争，在本国做好专利布局非常重要。三星电子专利布局第二多的是中国，可见，中国是三星电子最为重要的海外市场。三星电子在美国的申请量排名第三，但只有 17 件。这是由于美国的 IT 业发展快，技术比较成熟，法律也相对完善，三星电子在美国申请专利只是为了寻求一种保护，并没有大肆扩张美国市场。

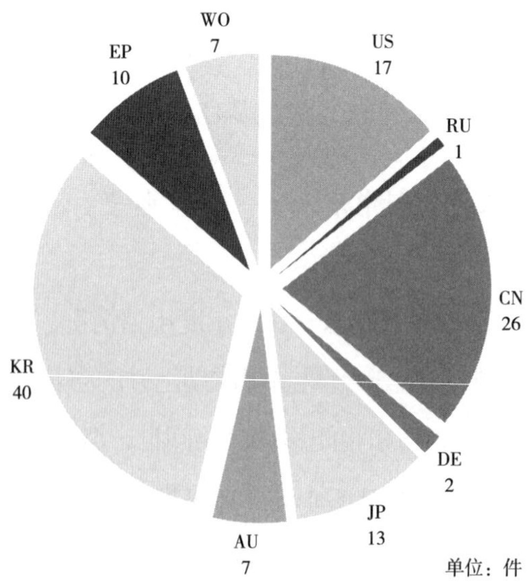

图 3-86　三星电子密码服务技术专利在“九国两组织”的申请量

（3）技术构成分布

图 3-87 是三星电子密码服务技术的构成分布。其中，密码服务技术基于密码体系思想，其一些基本功能如对称加密与解密、非对称加密与解密、信息摘要、数字签名、签名验证，都是为内容加密、内容解密、权利解析、数字标识识别、文件加密存储等操作提供技术支持，也可为数字版权保护技术提供定制化、个性化的典型密码服务。此外，三星电子在接口模块和便携式存储方面也具有一定的研发基础并布局了一定数量的专利。

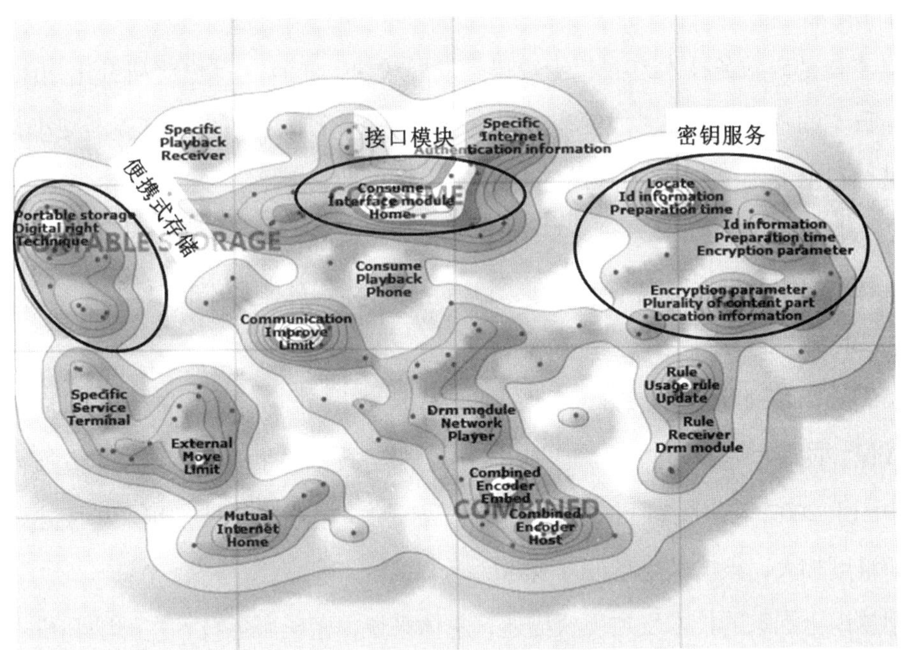

图 3-87　三星电子密码服务技术构成分布

三　总结

（一）专利申请总体趋势

就密码服务技术专利申请整体发展历程来看，1994~1996 年，随着数字版权保护系统出现，密码服务技术专利也陆续出现。密码服务技术最初多应用在信息安全领域。随着数字内容的流行，以及国际上对数字出版重视度的提升，密码服务技术也很好地被应用于数字版权保护。多年来，该技术在数字版权保护方面的应用越来越成熟，2006 年专利年申请量达到一个小高峰，2007 年略有回落后于 2009 年达到峰值；随后专利申请量逐渐下降，目前该技术已发展得比较成熟。

（二）主要国家技术发展现状及趋势

1. 美国

美国在密码服务技术方面起步较早。随着互联网技术在美国的快速发展，该技术得到了相应发展，而将密码服务技术应用于数字版权保护方面也得到了快速发展，该技术很快进入成熟期。

2. 日本

日本在密码服务技术方面起步较早且发展较快，2004 年就已经研究出 2048 位的密钥。日本的密码服务技术成熟较早，之后一些企业投入的研发力度逐渐减小，有的企业甚至退出了该技术领域，目前技术已进入衰退期。

3. 韩国

韩国和日本的发展情况基本一样，目前，该技术在韩国处于衰退期。

4. 中国

中国的互联网发展起步较晚，密码服务技术起步较晚，将密码服务技术应用于数字版权保护的时间也相对较晚。但是由于密码服务技术的重要性，该技术发展得比较快，中国于 2007 年 3 月 25 日成立了中国密码学会。之后随着技术越来越成熟，技术再创新难度加大，该技术逐渐进入成熟期。

根据以上国家的技术发展现状描述，总体来说，密码服务技术在韩国和日本处于衰退期，在美国和中国处于成熟期。

（三）主要申请人对比分析

通过对密码服务技术进行宏观分析，本项目得出行业内的三个主要申请人是索尼、松下电器和三星电子。下面结合微观分析模块具体解读主要申请人的专利申请现状。

1. 专利申请量比较

通过将三个主要申请人在专利申请量维度进行横向比较发现，索尼拥有相关专利申请 221 件，松下电器和三星电子分别是 213 件和 123 件。索尼作为专利申请量最多的申请人，很早就涉足数字内容行业，发布过多种电子书阅读器等，对该技术的研发重视程度高。松下电器从1999年开始大量申请相关专利，松下电器一直致力于电子信息设备方面的研究、生产和制造，而密码设备在数字版权保护密码服务中间件平台中占据着很重要的位置，如SIM、加密机、加密卡和其他类型密码设备。

2. 专利资产地域布局分析

从三个主要申请人的专利资产地域布局情况可以看出，索尼在美国、日本、韩国、中国和欧洲等数字内容发展较快的国家和地区均布局了相当数量的专利，以便更好地应对专利诉讼；索尼在澳大利亚和世界知识产权组织也有一些专利申请，这是为一些潜在的数字内容市场做好专利布局。松下电器、三星电子和索尼的情况基本一样，除在本国进行专利布局外，还在其他国家和地区进行了专利布局。

3. 技术热点分析

在密码服务技术领域，索尼主要关注版权保护中的令牌接收等技术。松下电器的专利技术构成侧重于密码通信方面，这是数字内容分段的关键技术。三星电子则主要关注密钥服务、版权管理和便携式存储技术。

第九节　证书认证技术

证书认证技术是以数字证书为核心的加密技术，可以对网上传输的信息进行加解密、数字签名和签名验证，能够确保网上信息传递的安全性和完整性。围绕该技术的专利申请发轫于20世纪90年代中期，2000年以来呈快速发展态势，于2008~2010年达到顶峰，之后除2013年有所反弹外，总体呈快速下降趋势。这表明该技术发展已进入成熟期。

一　专利检索

（一）检索结果概述

以证书认证技术为检索主题，在“九国两组织”范围内共检索到相关专利申请2492件，具体数量分布如表3-102所示。

表 3-102　“九国两组织”证书认证技术专利申请量

单位：件

国家 / 国际组织	专利申请量	国家 / 国际组织	专利申请量
US	486	DE	19
CN	787	RU	10
JP	485	AU	47
KR	308	EP	181
GB	20	WO	147
FR	2	合计	2492

（二）“九国两组织”证书认证技术专利申请趋势

证书认证技术专利主要分布在中国、美国、日本和韩国。20 世纪 90 年代就已有不少专利申请，主要在日本。在中国，1994~2017 年的专利申请总量达到 700 多件，2013 年之前专利年申请量总体呈现增长态势，于 2013 年达到峰值 84 件，这充分说明该技术在中国发展很快并已经趋于成熟。美国、日本和韩国三国中，韩国 2008 年的专利申请量达到 61 件，其他两国基本都是年申请量 30 件左右。而欧洲的英国、法国和德国等国在该技术领域的专利申请量非常少，这些国家的数字版权保护多依赖信誉及法律，在数字版权保护领域的专利申请较少（见表 3-103、图 3-88）。

表 3-103　1994~2017 年“九国两组织”证书认证技术专利申请量

单位：件

国家 / 国际组织	专利申请量																	
	90	01	02	03	04	05	06	07	08	09	10	11	12	13	14	15	16	17
US	5	6	23	21	32	27	43	45	39	37	35	26	29	35	34	28	14	7
CN	11	8	7	18	28	46	66	52	64	77	82	73	81	84	36	25	14	15
JP	29	37	43	23	39	35	42	35	32	37	44	32	17	21	14	3	1	1
KR	6	3	3	3	7	11	18	20	61	45	31	28	16	33	12	2	5	4
GB	1	1	2	2	3	1	1	0	0	5	0	0	0	0	1	3	0	0
FR	0	0	0	0	0	0	0	1	0	0	0	0	0	0	0	1	0	0
DE	3	0	2	1	1	0	6	2	1	1	0	0	2	0	0	0	0	0
RU	0	0	0	0	0	1	0	0	2	1	1	2	1	1	1	0	0	0
AU	8	0	0	2	8	1	5	2	4	5	7	2	3	0	0	0	0	0
EP	13	11	8	8	16	14	19	19	9	13	9	13	9	9	8	1	1	1
WO	14	2	3	6	12	16	10	15	13	8	9	4	5	10	4	8	6	2
合计	90	68	91	84	146	152	210	191	225	229	218	180	163	193	110	71	41	30

注：“90”指 1994~2000 年的专利申请总量，“01~17”分别指 2001~2017 年当年的专利申请量。

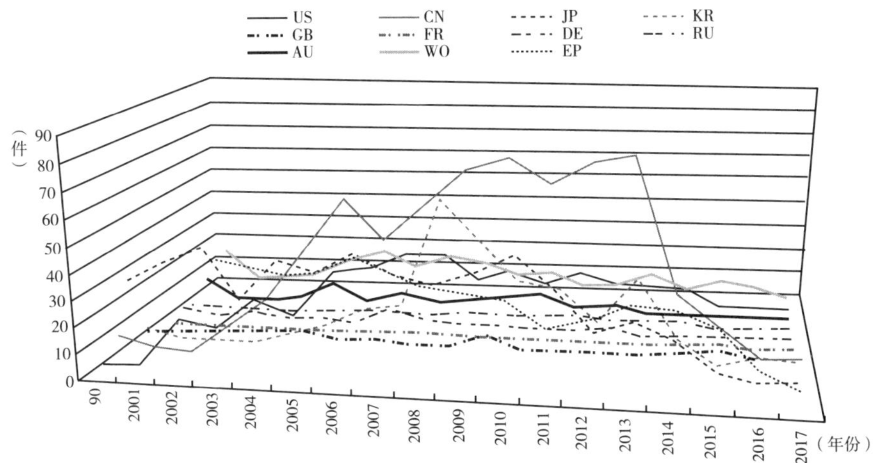

图 3-88　“九国两组织”证书认证技术专利申请趋势

注：“90”指 1994~2000 年的专利申请总量。

（三）“九国两组织”证书认证技术专利申请人排名

1994~2017 年“九国两组织”证书认证技术专利申请人排名情况如表 3-104 ~ 表 3-114 所示。

1. 美国申请人排名

表 3-104　美国证书认证技术专利申请人排名

序号	申请人	申请人国家	申请数量（件）	授权数量（件）
1	Toshiba K.K.	日本	54	18
2	Sony Corp.	日本	52	13
3	Samsung Electronics Co. Ltd.	韩国	28	5
4	Panasonic Corp.	日本	26	10
5	Microsoft Corp.	美国	12	8

2. 中国申请人排名

表 3-105　中国证书认证技术专利申请人排名

序号	申请人	申请人国家	申请数量（件）	授权数量（件）
1	Huawei Tech. Co. Ltd.（华为）	中国	476	27
2	Panasonic Corp.	日本	40	21
3	Sony Corp.	日本	39	20
4	Samsung Electronics Co. Ltd.	韩国	23	11
5	ZTE Corp.（中兴）	中国	18	7

3. 日本申请人排名

表 3-106　日本证书认证技术专利申请人排名

序号	申请人	申请人国家	申请数量（件）	授权数量（件）
1	Sony Corp.	日本	62	21
2	Panasonic Corp.	日本	49	21
3	Toshiba K.K.	日本	41	20
4	Hitachi Ltd.	日本	26	16
5	Canon K.K.	日本	26	9

4. 韩国申请人排名

表 3-107　韩国证书认证技术专利申请人排名

序号	申请人	申请人国家	申请数量（件）	授权数量（件）
1	Samsung Electronics Co. Ltd.	韩国	46	10
2	LG Electronics Inc.	韩国	32	12
3	Korea Electronics & Telecommun. Res. Inst.	韩国	10	4
4	Microsoft Corp.	美国	10	2
5	Slim Disc Corp.	韩国	10	1

5. 英国申请人排名

表 3-108　英国证书认证技术专利申请人排名

序号	申请人	申请人国家	申请数量（件）	授权数量（件）
1	Toshiba K.K.	日本	6	0
2	Kent Ridge Digital Labs	新加坡	4	1
3	Sealedmedia Ltd.	英国	2	0
4	Magic Media Works Ltd.	英国	2	0
5	Intralinks Inc.	美国	2	0

6. 法国申请人排名

表 3-109　法国证书认证技术专利申请人排名

序号	申请人	申请人国家	申请数量（件）	授权数量（件）
1	Canon K.K.	日本	1	1
2	IXXI	法国	1	0

7. 德国申请人排名

表 3-110　德国证书认证技术专利申请人排名

序号	申请人	申请人国家	申请数量（件）	授权数量（件）
1	Panasonic Corp.	日本	5	3
2	Macrovision Corp.	美国	3	1
3	RealNetworks Inc.	美国	2	1
4	Toshiba K.K.	日本	2	1
5	General Instrument Corp.	美国	2	1

8. 俄罗斯申请人排名

表 3-111　俄罗斯证书认证技术专利申请人排名

序号	申请人	申请人国家	申请数量（件）	授权数量（件）
1	Koninkl Philips Electronics N.V.	荷兰	1	0
2	Qualcomm Inc.	美国	1	0
3	Samsung Electronics Co. Ltd.	韩国	1	1
4	Inka Entworks Inc.	韩国	1	1
5	Microsoft Corp.	美国	1	0

9. 澳大利亚申请人排名

表 3-112　澳大利亚证书认证技术专利申请人排名

序号	申请人	申请人国家	申请数量（件）	授权数量（件）
1	Samsung Electronics Co. Ltd.	韩国	12	7
2	Aristocrat Technologies Australia Pty. Ltd.	澳大利亚	5	2
3	Microsoft Corp.	美国	4	2
4	Panasonic Corp.	日本	4	0
5	Macrovision Corp.	美国	4	0

10. 欧洲专利局申请人排名

表 3-113　欧洲专利局证书认证技术专利申请人排名

序号	申请人	申请人国家	申请数量（件）	授权数量（件）
1	Panasonic Corp.	日本	26	6
2	Sony Corp.	日本	24	2
3	Toshiba K.K.	日本	13	4
4	Ericsson Telefon AB L.M.	瑞典	11	4
5	Samsung Electronics Co. Ltd.	韩国	9	2

11. 世界知识产权组织申请人排名

表 3-114 世界知识产权组织证书认证技术专利申请人排名

序号	申请人	申请人国家	申请数量（件）
1	Koninkl Philips Electronics N.V.	荷兰	18
2	Panasonic Corp.	日本	11
3	Samsung Electronics Co. Ltd.	韩国	8
4	Sony Corp.	日本	6
5	Yamamoto Masaya	日本	4

二 专利分析

（一）技术发展趋势分析

图 3-89 展示了证书认证技术的年度发展趋势。随着计算机网络技术的迅速发展和信息化建设的大力推广，越来越多的传统出版业务模式开始走向电子化和网络化，如互联网出版、移动出版和富媒体出版等的出现极大提高了出版效率，节约了出版成本。在这些业务模式中，数字版权保护尤其关键，如内容交易与分发和在线阅读等都需要利用证书认证技术对版权进行保护。各个国家出台的相关法律也促进了证书认证技术的快速发展，如日本政府于 2000 年 5 月颁布的《电子签名及认证业务的法律》，联合国贸易法律委员会于 2001 年审议通过的《电子签名示范法》，中国政府于 2005 年颁布实施的《中华人民共和国电子签名法》等。2009 年之前，证书认证技术专利申请量总体呈现逐年增长态势。随着技术发展日趋成熟，基础性技术已经能够满足数

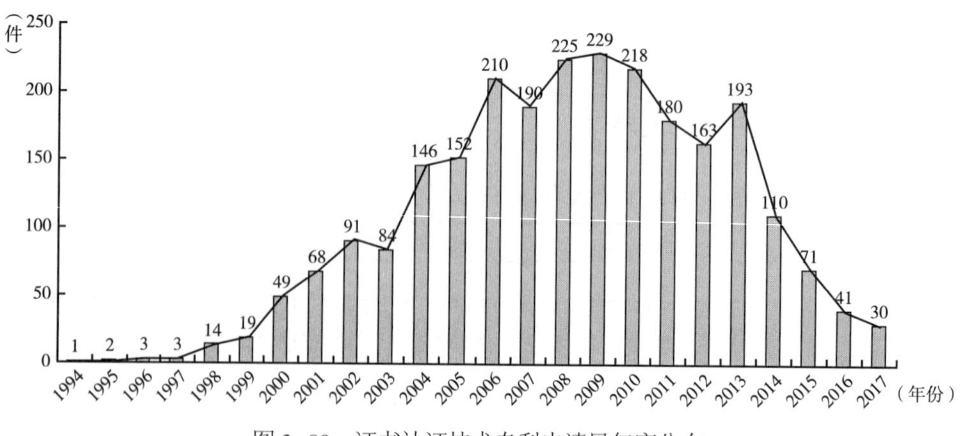

图 3-89 证书认证技术专利申请量年度分布

字版权保护方面的需要，该技术逐渐向统一规范、兼容各种数字内容阅读客户端及适用于各种数字版权保护系统的方向发展，在技术创新道路上的步伐已经基本停滞，因此，从2010年开始出现专利年申请量下滑的现象。

（二）技术路线分析

图3-90展示了证书认证技术的发展路线。1999年9月21日，日本一家公司申请了一件关于证书认证技术的专利，但是该专利并没有明确提出可应用在数字版权保护中。2004年2月12日，微软在日本申请了一件关于数字版权管理系统的专利。微软为了开拓日本数字内容市场，做好专利布局是必要的。随后，中国数字内容产业的兴起带动了中国相关技术专利的申请。纵观证书认证技术专利的发展，数字版权管理系统是数字版权保护技术的基础，只有在其整体框架的基础上才可以完成数字认证的一些服务。随着通信电子技术的快速发展，便携式设备逐渐成为数字内容的重要载体，从而需要对便携式设备进行数字认证，以保证对数字内容的权限管理，故核心专利里很多都是关于设备之间的数字认证的。之后离线脱机数字认证的方法出现，为数字版权保护提供了统一的数字认证规范，适用于各种客户阅读端和各种版权管理系统，成为数字认证的未来发展方向之一。

（三）主要专利申请人分析

为了深入分析证书认证技术，本项目通过对检索数据进行标引和聚类等处理，了解到1994~2017年在证书认证技术领域专利申请量排名前三的申请人分别为索尼、松下电器和三星电子。索尼拥有相关专利申请195件，松下电器拥有165件，三星电子拥有139件。从专利资产地域分布来看，索尼的专利主要分布在日本、美国和中国三个国家；松下电器的专利多分布于日本和中国，在欧洲和美国也进行了一定程度的专利布局；三星电子则将专利多布局在韩国，然后为美国和中国。从技术构成分布来看，索尼主要关注数字版权管理方面的技术，松下电器主要关注密钥和标记识别方面的技术，三星电子则主要关注便携式存储和密钥管理方面的技术。

1. 申请量排名第一的专利申请人——索尼

（1）专利申请量

图3-91展示了索尼证书认证技术专利的年度申请情况。2000年索尼证书认证技术专利申请量由1999年的3件迅速增长到19件，在2001年更是达到了36件。这和

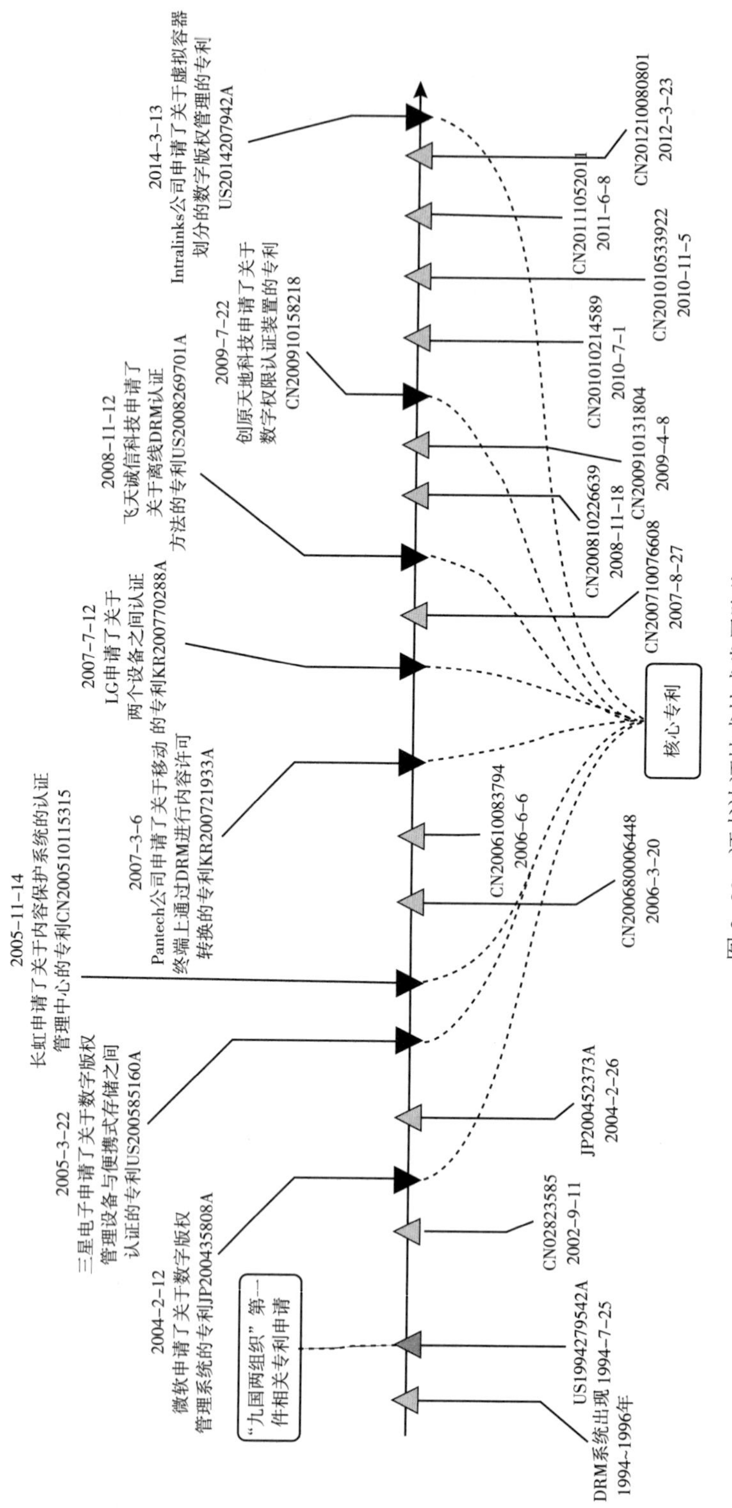

图 3-90 证书认证技术技术发展路线

日本政府在 2000 年 5 月颁布《电子签名及认证业务的法律》有关，该法律的出台成为推动日本证书认证技术发展的一个重要里程碑。证书认证系统实现了数字版权保护的数字证书申请、审批、颁发、作废和更新等功能，在数字版权保护中起着至关重要的作用。2004~2006 年的专利年申请量为 20 件左右，这说明索尼未停止对证书认证技术的研究和创新步伐。但是随着该技术日趋成熟，以及国际和日本一些政策和法规的出台，该技术的发展脚步变得越来越缓慢，2008 年至今，索尼的专利年申请量均在 10 件以下，2015 年以来已没有相关专利申请。

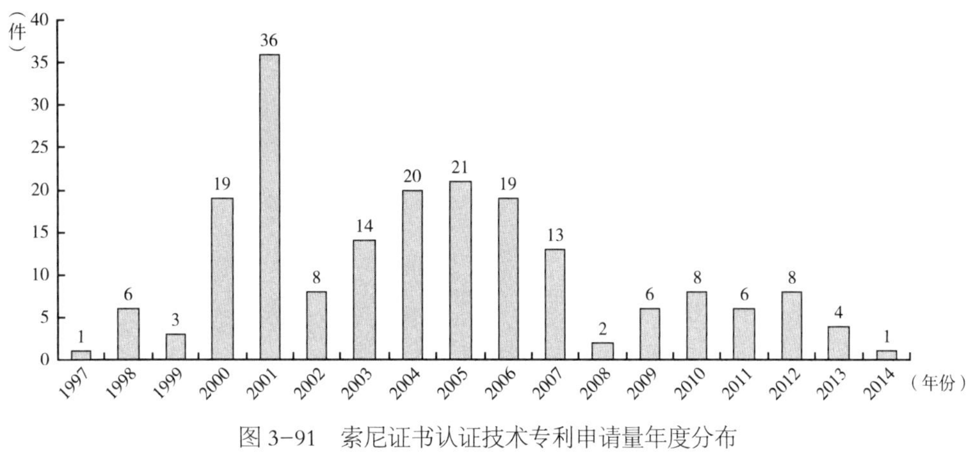

图 3-91　索尼证书认证技术专利申请量年度分布

（2）专利申请量区域分布

从图 3-92 可以看出，索尼在全球的主要市场为日本、美国、中国和欧洲。索尼在海外国家的专利申请量排第一的是在美国，美国的互联网企业起步早、发展快，日本要想同美国市场中的同行业佼佼者竞争，做好专利布局是关键。索尼在中国的申请量排海外第二，说明中国也是索尼的一个重要海外市场，索尼很早就在中国设立了办事处，后来陆续在中国几个大城市都成立了分公司。此外，由于韩国数字内容产业发展较快，索尼在韩国实施了外围专利布局，这样可以更好地保护其技术和产品。

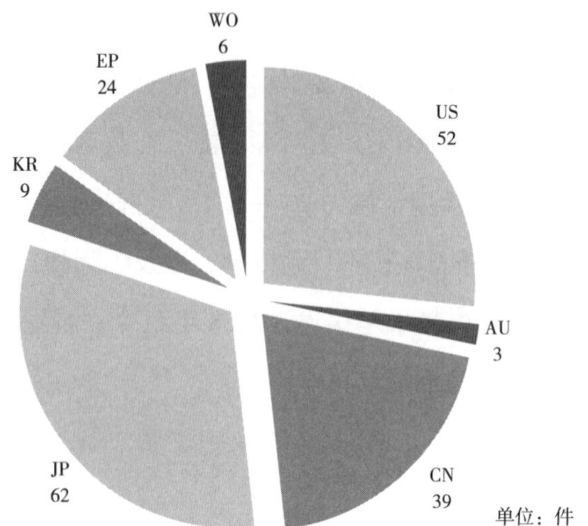

图 3-92　索尼证书认证技术专利在“九国两组织”的申请量

（3）技术构成分布

从图 3-93 可以看出，索尼在证书认证技术领域申请的专利是围绕数字版权管理展开的。数字化信息的特点决定了必须有一种独特的技术来加强保护数字内容的版权，该技术就是数字版权保护技术。证书认证技术作为数字版权保护的关键技术，用

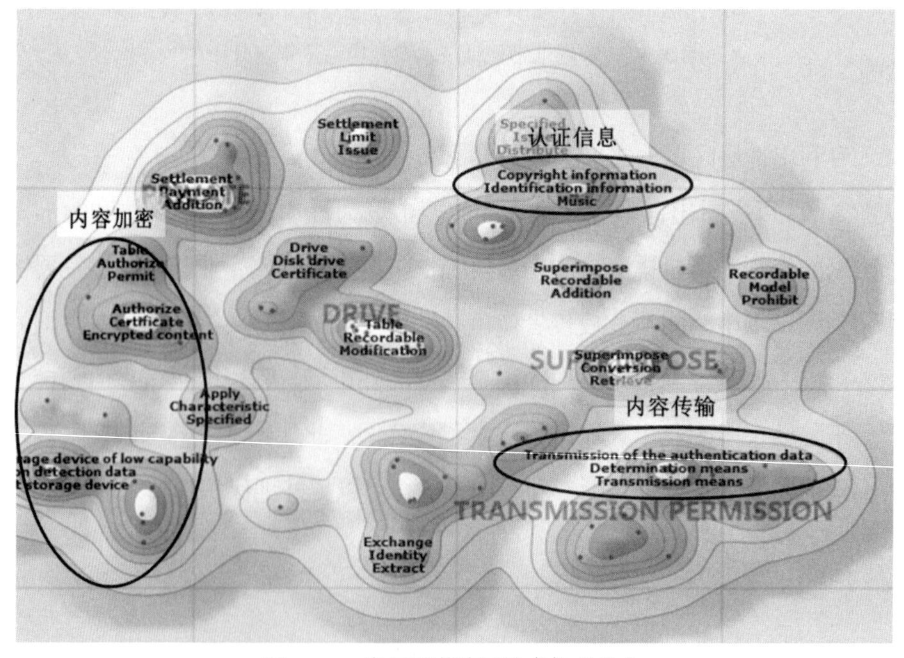

图 3-93　索尼证书认证技术构成分布

以保证数字内容在整个生命周期内的合法使用，以及平衡数字内容价值链上各个角色的利益和需求。目前，数字技术的迅速发展使我们的生活方式发生着翻天覆地的变化。数字出版这一崭新的信息传播方式应运而生，数字内容在很大程度上改变了人们的阅读方式，再加上专门为阅读设计的电子设备（如电子阅读器）不断涌现，两者的配合使无纸阅读成为可能。这在一定程度上促进了证书认证技术的发展。未来几年，证书认证技术在数字版权保护方面将得到更多应用。

2. 申请量排名第二的专利申请人——松下电器

（1）专利申请量

图 3-94 展示了松下电器证书认证技术专利的年度申请情况。松下电器在证书认证技术领域的专利申请整体趋势和索尼基本相同。2000 年松下电器的专利申请量由前几年的 10 件以下迅速增长到 26 件，这与日本政府在 2000 年 5 月颁布《电子签名及认证业务的法律》有关。2002~2004 年，松下电器每年都有 20 件左右的专利申请，说明松下电器一直保持着对证书认证技术的研究和创新热情，这也是为了在与索尼的竞争中站住脚。后期由于技术日渐成熟，再创新难度增大，松下电器的专利申请量比较少，2005 年以来每年都在 10 件以下。

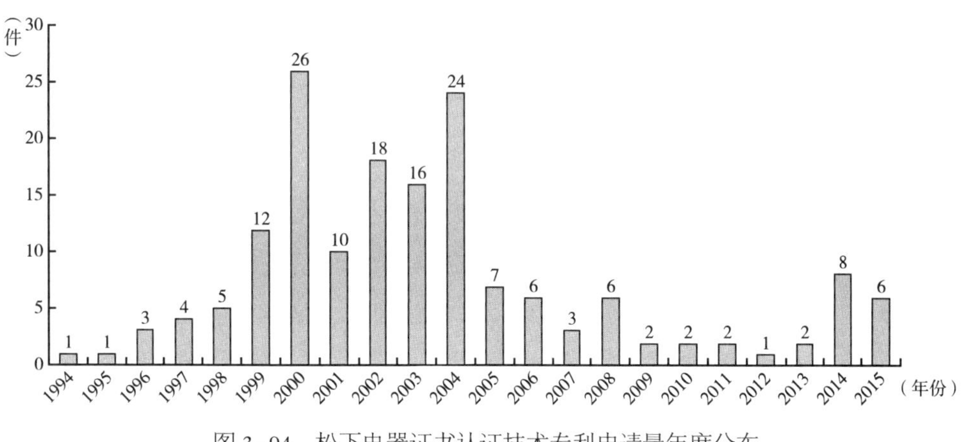

图 3-94　松下电器证书认证技术专利申请量年度分布

（2）专利申请量区域分布

从图 3-95 可以看出，松下电器在全球的主要市场为日本、中国、美国和欧洲。中国是松下电器最主要的海外市场，松下电器（中国）有限公司成立于 1994 年，成立时间很早，而且发展迅猛，在 2002 年已经实现了独资。索尼在欧洲专利局和美国的专利申请量排名并列第三，但是明显少于在日本和中国的申请量。

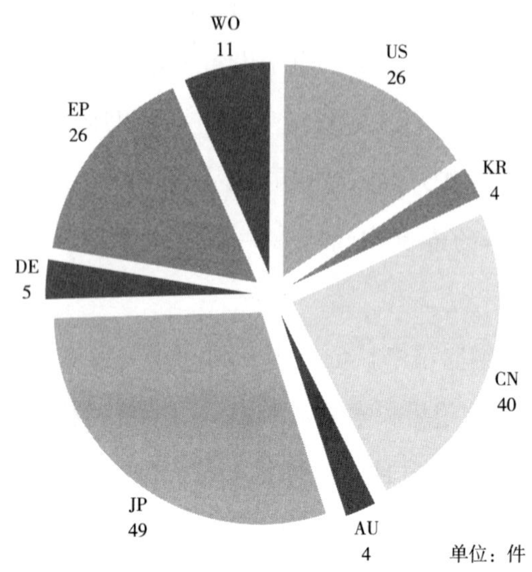

图 3-95　松下电器证书认证技术专利在“九国两组织”的申请量

（3）技术构成分布

图 3-96 展示了松下电器证书认证技术专利的构成分布，可以看出，密钥和标记识别技术是松下电器重点关注的技术。

3. 申请量排名第三的专利申请人——三星电子

（1）专利申请量

2004 年之前三星电子证书认证技术专利的年申请量都在 5 件以下，2000 年和 2002 年甚至没有相关专利申请。这是由于 2004 年之前三星电子的业务只涉及数字版权管理系统的研发和制造，还未涉足移动终端领域。随着互联网的日益普及以及智能终端的发展，三星电子逐渐意识到数字内容必将向方便快捷方向发展，便开始进军移动终端领域，如手机和平板电脑等，这成为三星电子把数字内容整合到移动终端的一个契机；再加上越来越多的消费者希望可以在便携设备上完成各种电子服务，这就需要更加多样化的证书认证技术。这促使三星电子加大对此技术的研发力度，2004~2006 年三星电子在此技术领域的专利年申请量均在 20 件以上（见图 3-97）。

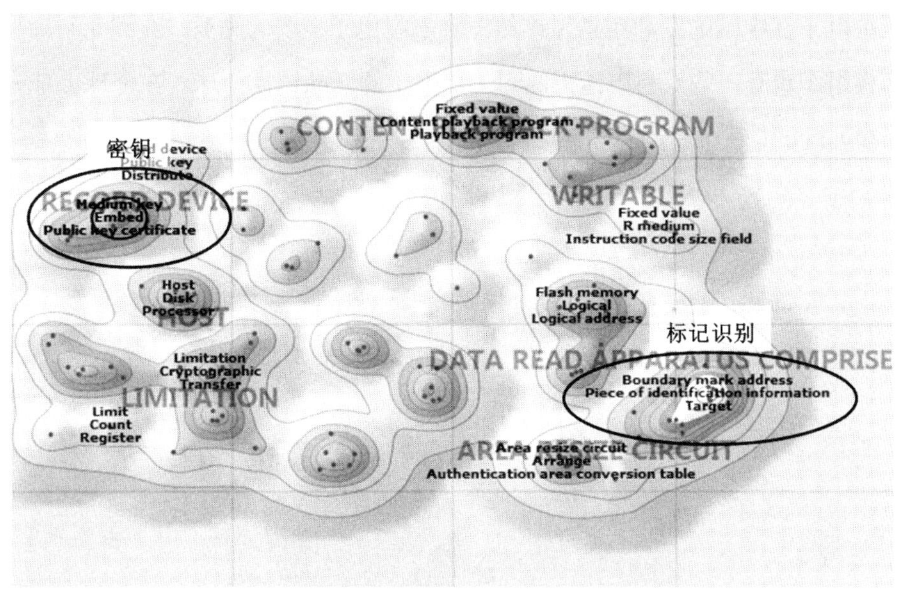

图 3-96　松下电器证书认证技术构成分布

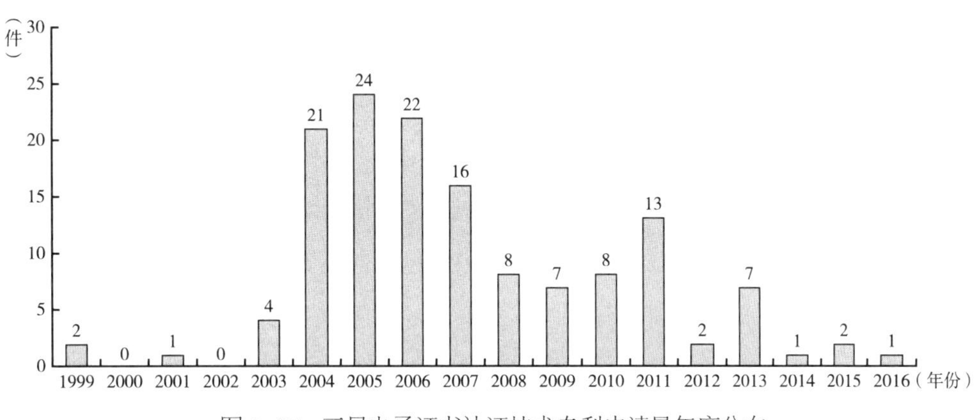

图 3-97　三星电子证书认证技术专利申请量年度分布

（2）专利申请量区域分布

图 3-98 展示了三星电子证书认证技术专利在“九国两组织”的申请情况。三星电子在韩国的专利申请量最多，这是为了在与同行业的 LG 等公司竞争时保持优势。三星电子在美国的专利申请量第二多，这是由于三星电子和美国的苹果公司发生过专利诉讼，为了更好地保护自己的产品，三星电子十分重视在美国的专利布局。三星电子在中国的营业额占其总营业额的很大部分，这表明中国也是三星电子主要的海外市

场，三星电子在中国的专利申请量排第三。三星电子在澳大利亚、欧洲专利局和世界知识产权组织也有一些专利申请，说明三星电子的产品销往全球，在全球大部分国家和地区都进行了专利布局。

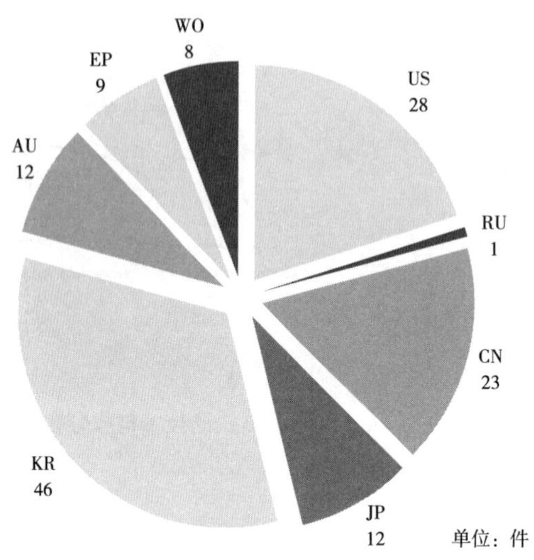

图 3-98　三星电子证书认证技术专利在“九国两组织”的申请量

（3）技术构成分布

从图 3-99 可以看出，在证书认证技术领域，三星电子在便携式存储与密钥管理方面的专利相对较多。随着数字内容的网络出版越来越受消费者欢迎，这两方面的技术扮演着不可或缺的角色，因此得到了三星电子的重视，三星电子持续在这两方面进行专利申请。

三　总结

（一）专利申请总体趋势

就证书认证技术专利申请整体发展历程来看，数字版权管理系统出现后，应用于数字版权保护的证书认证技术专利才出现。数字内容的交易和分发以及在线阅读等都需要证书认证技术的保护。1994~2009 年，证书认证技术专利申请量总体呈现快速增长态势。随着证书认证技术日趋成熟，当前的技术已经能够满足数字版权保护的基本需要，技术发展逐渐进入成熟期。

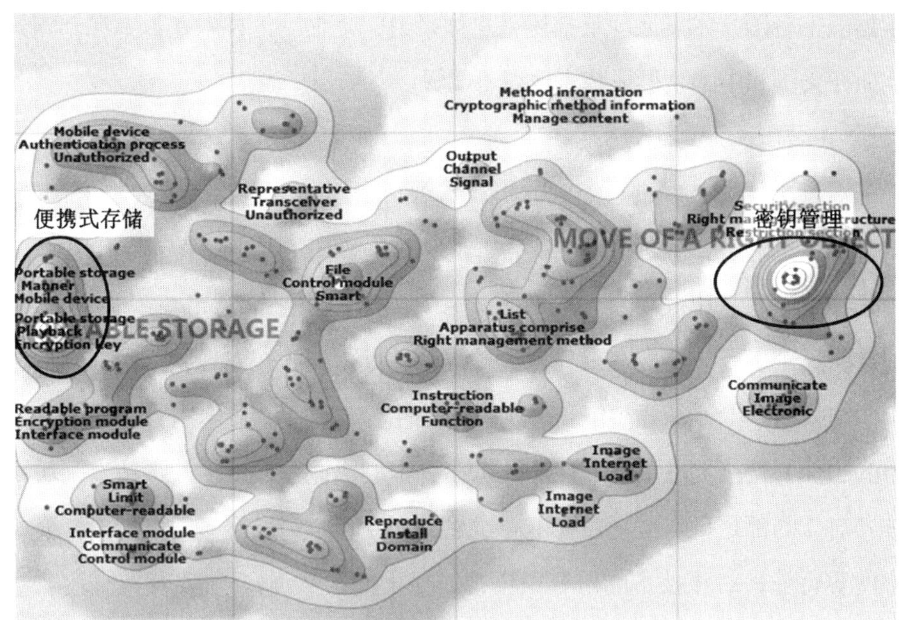

图 3-99　三星电子证书认证技术构成分布

（二）主要国家技术发展现状及趋势

1. 美国

美国在证书认证技术领域的研究起步相对较早。美国于 1999 年通过了《全球及全国商务电子签章法案》，这促进了证书认证技术在美国的发展。随着技术越来越成熟，技术创新的难度也越来越大，一些小企业难以在该技术领域再有所突破，目前技术发展处于成熟期。

2. 日本

日本在证书认证技术领域的研究起步比较早，而且早期发展比较快。目前，该技术在日本已经进入衰退期。

3. 韩国

韩国和日本的发展情况基本一样，证书认证技术目前在韩国处于衰退期。

4. 中国

在中国，证书认证技术的研究相对其他三个国家起步晚，但是由于该技术的重要性，技术发展速度很快。随着技术越来越成熟，技术研发也遇到瓶颈，技术逐渐进入成熟期。

根据以上各国技术发展现状描述，总体来说，证书认证技术在日本和韩国处于衰退期，而在美国和中国衰退形势表现得不明显。

（三）主要申请人对比分析

通过对证书认证技术进行宏观分析，本项目得出行业内三个主要申请人是索尼、松下电器及三星电子。下面结合微观分析模块具体解读主要申请人的专利现状。

1. 专利申请量比较

通过将三个主要申请人在专利申请量维度进行横向比较发现，索尼拥有相关专利申请 195 件，松下电器和三星电子分别是 165 件和 139 件。日本出台《电子签名及认证业务的法律》直接促进了证书认证技术在日本的快速发展，因此该技术领域专利申请量排名前二的都是日本公司。其中，索尼作为专利申请量最多的申请人，很早就涉足数字内容行业，对该技术的研究很重视。松下电器从 2000 年才开始有较多专利申请。而对三星电子来说，由于数字内容进入移动终端的时间相对较晚，故 2004 年才开始有较多专利申请。

2. 专利资产地域布局分析

从三个主要申请人的专利资产地域布局情况可以看出，索尼在日本、美国和中国等数字内容的发展大国均布局了相当数量的专利，这几个国家都是该公司的主要市场；索尼在韩国的专利申请量相对较少，只有 9 件；另外，其在欧洲专利局、澳大利亚和世界知识产权组织也有专利申请，这是索尼在为一些潜在市场的开拓做准备。松下电器除了在前述国家和国际组织有专利布局之外，还在德国有 5 件专利申请，说明松下电器在德国也有相关业务。三星电子在韩国的专利申请量最多，然后是美国、中国、日本和澳大利亚，其主要市场也是数字内容产业快速发展的国家。

3. 技术热点分析

在证书认证技术领域，索尼主要关注与数字版权管理有关的技术。松下电器的专利技术构成以密钥和标记识别技术为主。而三星电子则主要关注便携式存储和密钥管理技术。

第四章

数字水印相关技术

第一节　文本水印嵌入和提取技术

文本水印嵌入和提取技术是文本数字版权保护的热门技术。该项技术将相应标识信息（即数字水印）直接嵌入文本作品，既不影响原文本的使用价值，也不容易被探知和再次修改，但可以被权利人及其他有关方识别和辨认。通过这些隐藏在载体中的信息，可以达到确认内容创建者和购买者、传送隐秘信息，以及判断载体是否被篡改等目的。围绕该技术的专利申请发轫于 20 世纪 90 年代中期，2001 年以来出现突破性增长，2008~2014 年保持稳定。该技术研发至今仍非常活跃，专利年申请量仍有 300 件左右。由此可见该技术非常热门，其创新和应用在今后一段时期仍有较大空间。

一　专利检索

（一）检索结果概述

以文本水印嵌入和提取技术为检索主题，在“九国两组织”范围内共检索到相关专利申请 7265 件，具体数量分布如表 4-1 所示。

表 4-1　“九国两组织”文本水印嵌入和提取技术专利申请量

单位：件

国家 / 国际组织	专利申请量	国家 / 国际组织	专利申请量
US	1261	DE	18
CN	2201	RU	6
JP	2541	AU	84
KR	417	EP	274
GB	31	WO	420
FR	12	合计	7265

（二）“九国两组织”文本水印嵌入和提取技术专利申请趋势

1994 年以来，“九国两组织”文本水印嵌入和提取技术专利申请量排名前四的国家分别为日本、中国、美国和韩国。其中，日本的专利申请总量明显高于其他国家，但 2009 年以来专利年申请量呈现下滑趋势，可见日本在该技术领域前期研发较多，技术较为成熟。中国专利申请数量增长较快，从 2010 年开始专利年申请量超过日本，可见中国文本水印嵌入和提取技术发展较为迅速，中国企业和研究机构对该技术的研发投入力度和关注度较高。美国的专利申请年度发展趋势整体来说较为稳定。韩国 2008~2013 年的专利申请较多，申请态势较为稳定。2010 年以来，通过欧洲专利局和世界知识产权组织面向国际范围申请的文本水印嵌入和提取技术专利数量总体上呈现下滑趋势（见表 4-2、图 4-1）。

表 4-2　1994~2017 年“九国两组织”文本水印嵌入和提取技术专利申请量

单位：件

国家 / 国际组织	专利申请量																	
	90	01	02	03	04	05	06	07	08	09	10	11	12	13	14	15	16	17
US	2	13	58	56	70	87	82	87	105	86	99	106	93	97	83	54	61	22
CN	5	3	7	11	24	26	44	52	99	157	177	221	274	287	265	196	198	155
JP	11	155	194	178	218	233	238	206	258	174	168	152	125	93	93	24	19	2
KR	0	2	4	7	5	13	12	13	53	42	53	49	46	47	30	20	20	1
GB	1	3	1	4	5	0	6	4	0	0	0	0	2	0	3	1	1	0
FR	0	0	4	1	3	0	2	2	0	0	0	0	0	0	0	0	0	0
DE	0	0	3	1	0	2	3	3	1	3	0	0	0	0	0	1	0	1
RU	0	0	0	0	0	0	0	0	0	0	1	0	2	0	3	0	0	0
AU	8	5	3	7	7	7	2	4	3	4	6	4	7	7	8	2	0	0
EP	11	8	10	17	16	16	29	20	31	21	18	13	22	17	14	6	4	1
WO	14	11	19	19	34	28	34	42	27	37	14	15	19	22	28	19	30	8
合计	52	200	303	301	382	412	452	433	577	524	536	560	590	570	527	323	333	190

注：“90”指 1994~2000 年的专利申请总量，“01~17”分别指 2001~2017 年当年的专利申请量。

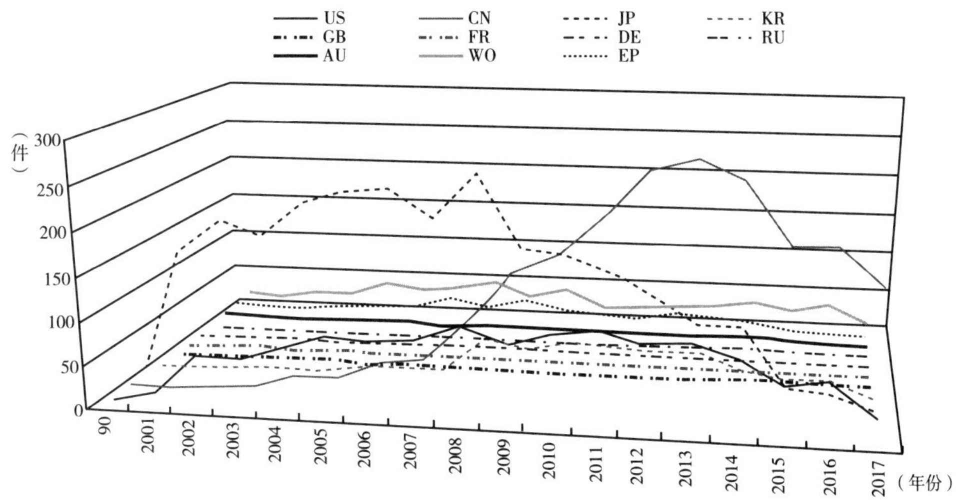

图 4-1　“九国两组织”文本水印嵌入和提取技术专利申请趋势

注：“90”指 1994~2000 年的专利申请总量。

（三）“九国两组织”文本水印嵌入和提取技术专利申请人排名

1994~2017 年“九国两组织”文本水印嵌入和提取技术专利申请人排名情况如表 4-3~表 4-13 所示。

1. 美国申请人排名

表 4-3　美国文本水印嵌入和提取技术专利申请人排名

序号	申请人	申请人国家	申请数量（件）	授权数量（件）
1	Digimarc Corp.	美国	93	51
2	Canon K.K.	日本	62	44
3	IBM Corp.	美国	45	19
4	Xerox Corp.	美国	34	20
5	Fujitsu Ltd.	日本	27	6

2. 中国申请人排名

表 4-4　中国文本水印嵌入和提取技术专利申请人排名

序号	申请人	申请人国家	申请数量（件）	授权数量（件）
1	Univ. Peking（北京大学）	中国	86	63
2	Univ. Xidian（西安电子科技大学）	中国	61	31
3	Univ. Peking Founder Group Co. Ltd.（北大方正）	中国	51	37
4	Huawei Tech. Co. Ltd.（华为）	中国	42	33
5	Univ. Beihang（北航大学）	中国	37	29

3. 日本申请人排名

表 4-5 日本文本水印嵌入和提取技术专利申请人排名

序号	申请人	申请人国家	申请数量（件）	授权数量（件）
1	Canon K.K.	日本	233	48
2	Nippon Telegraph & Telephone	日本	196	62
3	OKI Electric Ind. Co. Ltd.	日本	159	49
4	Hitachi Ltd.	日本	128	44
5	Ricoh K.K.	日本	108	33

4. 韩国申请人排名

表 4-6 韩国文本水印嵌入和提取技术专利申请人排名

序号	申请人	申请人国家	申请数量（件）	授权数量（件）
1	MarkAny Inc.	韩国	41	24
2	Korea Electronics & Telecommun. Adv. Inst.	韩国	22	22
3	LG Electronics Inc.	韩国	21	5
4	Samsung Electronics Co. Ltd.	韩国	11	1
5	CKB Co. Ltd.	韩国	8	7

5. 英国申请人排名

表 4-7 英国文本水印嵌入和提取技术专利申请人排名

序号	申请人	申请人国家	申请数量（件）	授权数量（件）
1	Sony Corp.	日本	11	1
2	IBM Corp.	美国	3	3
3	Nippon Conlux Co. Ltd.	日本	2	0
4	Internet Pro Video Ltd.	英国	2	0
5	Kent Ridge Digital Labs	新加坡	2	0

6. 法国申请人排名

表 4-8 法国文本水印嵌入和提取技术专利申请人排名

序号	申请人	申请人国家	申请数量（件）	授权数量（件）
1	Canon K.K.	日本	4	0
2	France Telecom	法国	2	0
3	Adentis S.A.	法国	1	0
4	Radiotelephone S.F.R.	法国	1	0
5	Groupe Ecoles Telecomm	法国	1	0
6	Nextamp S.A.	法国	1	0
7	Innovatron S.A.	法国	1	0
8	Thales S.A.	法国	1	0

7. 德国申请人排名

表 4-9　德国文本水印嵌入和提取技术专利申请人排名

序号	申请人	申请人国家	申请数量（件）	授权数量（件）
1	Koninkl Philips Electronics N.V.	荷兰	3	2
2	Platanista GmbH	德国	2	1
3	Sharp K.K.	日本	2	0
4	Digimarc Corp.	美国	2	0
5	Trustcopy Pte. Ltd.	新加坡	2	0
6	Nippon Conlux Co. Ltd.	日本	2	0

8. 俄罗斯申请人排名

表 4-10　俄罗斯文本水印嵌入和提取技术专利申请人排名

序号	申请人	申请人国家	申请数量（件）	授权数量（件）
1	Microsoft Corp.	美国	1	0

9. 澳大利亚申请人排名

表 4-11　澳大利亚文本水印嵌入和提取技术专利申请人排名

序号	申请人	申请人国家	申请数量（件）	授权数量（件）
1	Nielsen Co.（US）LLC	美国	10	4
2	Canon K.K.	日本	4	4
3	Digimarc Corp.	美国	4	1
4	Koninkl Philips Electronics N.V.	荷兰	4	0
5	Microsoft Corp.	美国	3	2

10. 欧洲专利局申请人排名

表 4-12　欧洲专利局文本水印嵌入和提取技术专利申请人排名

序号	申请人	申请人国家	申请数量（件）	授权数量（件）
1	Canon K.K.	日本	13	12
2	Koninkl Philips Electronics N.V.	荷兰	12	4
3	Thomson Licensing S.A.	法国	11	5
4	Digimarc Corp.	美国	11	5
5	MarkAny Inc.	韩国	8	1

11. 世界知识产权组织申请人排名

表 4-13　世界知识产权组织文本水印嵌入和提取技术专利申请人排名

序号	申请人	申请人国家	申请数量（件）
1	Digimarc Corp.	美国	28
2	Mitsubishi Electric Corp.	日本	18
3	Matsushita Electric Ind. Co. Ltd.	日本	17
4	Koninkl Philips Electronics N.V.	荷兰	14
5	Fujitsu Ltd.	日本	13

二　专利分析

（一）技术发展趋势分析

网络的迅速普及使得数字产品的获取渠道飞速拓宽，数字产品的合法使用成为一个非常严峻的课题[①]。随着电子商务的迅猛发展，为满足用户对数字产品合法化的强烈需求，电子签名技术应运而生，文本水印嵌入和提取技术是其中必不可少的部分。图4-2为“九国两组织”文本水印嵌入和提取技术专利申请量的年度分布情况，可以看出，自1998年以来，文本水印嵌入和提取技术专利申请量快速增长，于2001年猛增至200件，之后总体保持稳定增长趋势。

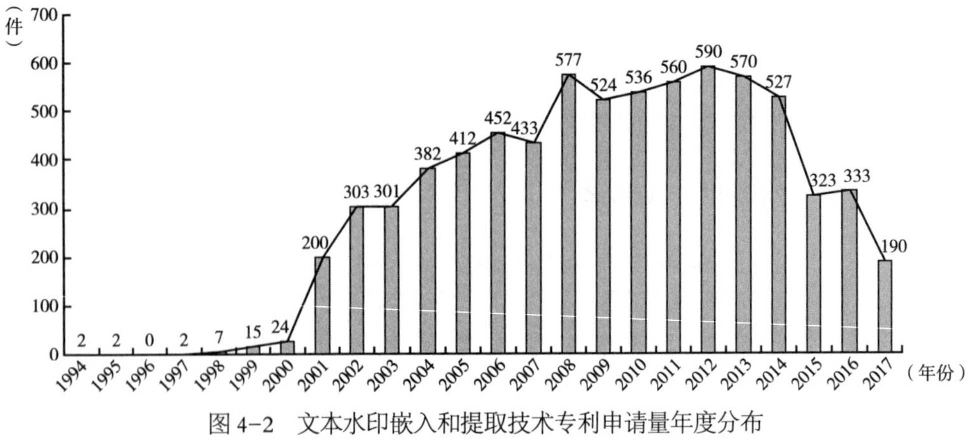

图 4-2　文本水印嵌入和提取技术专利申请量年度分布

① Wrnlu:《数字水印技术的研究现状和发展前景》，https://wenku.baidu.com/view/f316620a844769eae009edc9.html。

（二）技术路线分析

早在 1994 年 9 月 19 日，亚特兰大科学仪器公司申请了一项专利（公开号 US1994306447A），该专利要求保护一种在电子文档中嵌入电子印章以验证文件完整性的技术。随着各国对电子商务的重视程度不断加强和相关法律法规逐步完善，电子签名技术呈现稳定的发展趋势，文本水印嵌入和提取技术也于 1997 年开始持续出现新的技术成果。

文本水印嵌入和提取技术专利申请以日本和美国表现最为突出，这是因为日本和美国对相关技术的关注时间较早且研发投入较多，技术成果早有积累。日本和美国掌握了这一技术领域的大部分核心技术。1999 年美国的 Kent Ridge Digital Labs 申请了一项核心专利，2002 年日本的冲电气工业株式会社（OKI Electric Ind. Co. Ltd.）也申请了一项核心专利，2003 年美国 PortAuthority 公司（PortAuthority Technologies Inc.）进行了这一技术领域的核心专利申请（见图 4-3）。

（三）主要专利申请人分析

1998~2004 年，数字产品快速发展，文本水印嵌入和提取技术研发力度持续加大，相关专利申请量快速增长。2008 年后该技术发展趋于成熟，各领先企业的市场份额也趋于稳定，专利年申请量基本稳定。该技术领域的主要专利申请人是佳能（Canon K.K.）、日本电报电话公司和冲电气工业株式会社。

1. 申请量排名第一的专利申请人——佳能

（1）专利申请量

佳能针对文本水印嵌入设备进行了较多的技术研发，根据对专利检索结果的统计分析，佳能是文本水印嵌入和提取技术领域专利申请量最多的企业。1998~2000 年，佳能关于文本水印嵌入和提取技术的专利申请急剧增多，这与该技术在全球范围的专利申请数量变化趋势一致。由于电子商务在日本和美国等国快速发展，而文本水印嵌入和提取技术属于电子商务方面不可或缺的技术，佳能对该技术的关注度随之提高。从 2000 年起，佳能除了在日本对该技术进行专利申请外，也在美国进行大量的专利申请，以期在美国获得更大的市场份额及在专利上的话语权。经过多年的发展，该技术逐渐趋于成熟，从 2008 年开始，佳能在该技术领域的专利年申请量出现下滑趋势，这说明佳能对该技术的研发投入在减少，2012 年和 2014 年之后佳能均无相关专利申请（见图 4-4）。

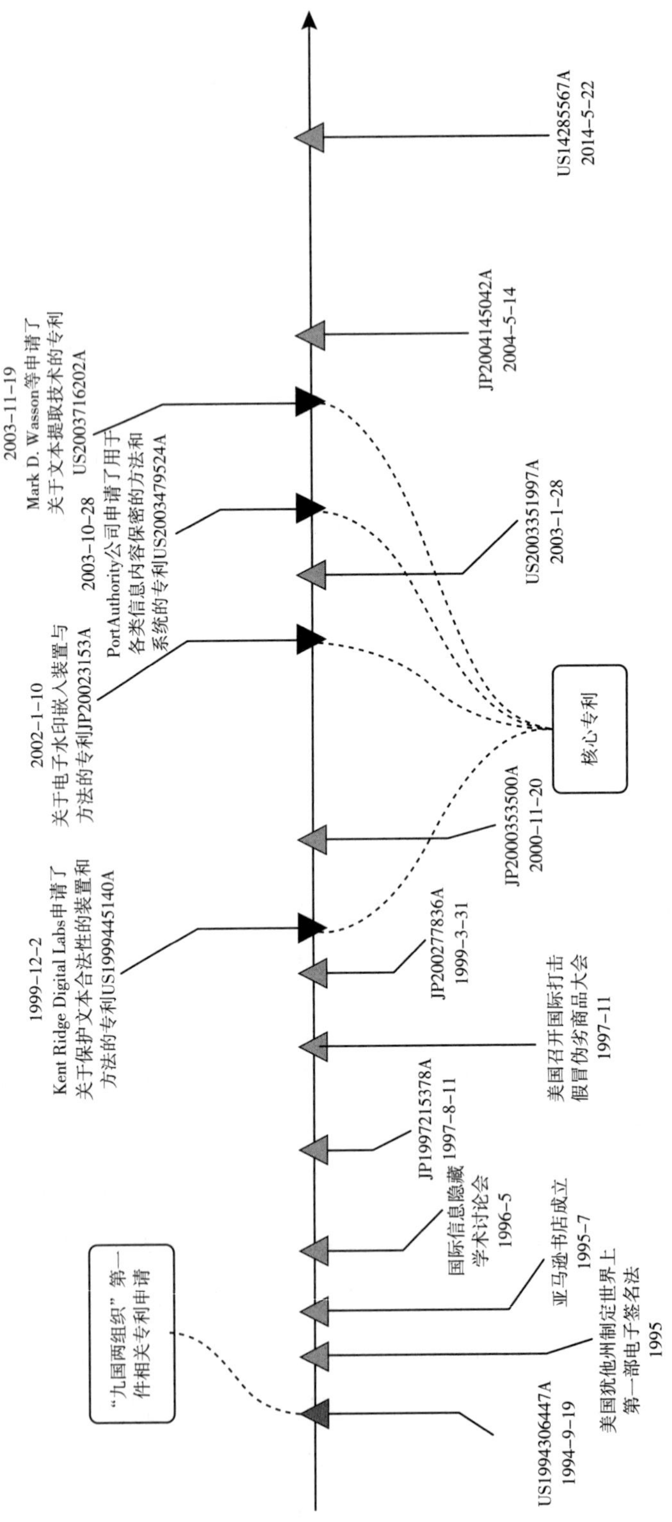

图 4-3 文本水印嵌入和提取技术发展路线

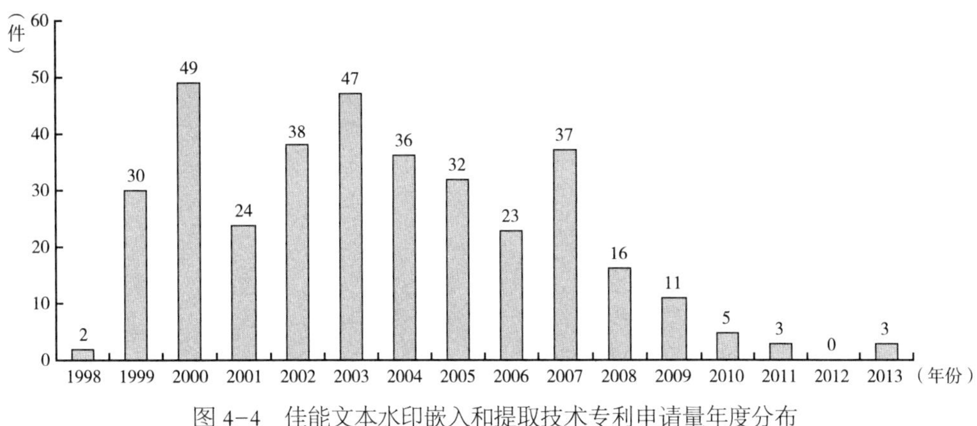

图 4-4　佳能文本水印嵌入和提取技术专利申请量年度分布

（2）专利申请量区域分布

佳能总部设于日本，专利申请也主要分布在日本。考虑到 1995 年后数字产品在美国快速发展所引发的数字版权保护技术的巨大市场需求，佳能先后于 2000 年、2003 年、2005 年和 2007 年在美国进行了文本水印嵌入和提取技术专利申请。随着中国对数字版权问题的重视，佳能也在中国进行了专利布局。而佳能通过欧洲专利局提交的专利申请总量明显低于其在日本和美国的申请量，但出于对全球范围市场需求的考虑，佳能在欧洲专利局仍申请了 13 件专利（见图 4-5）。

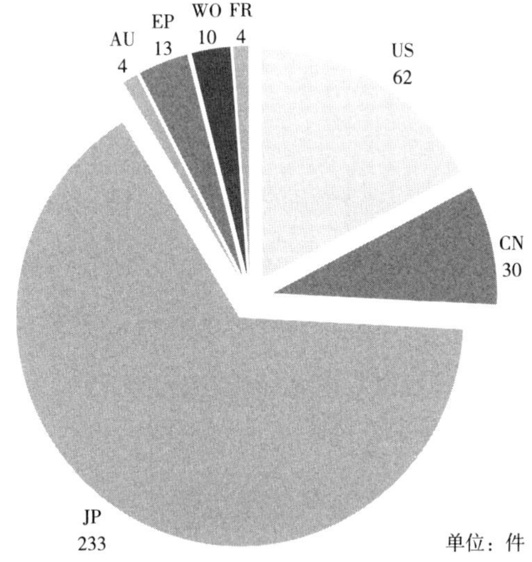

图 4-5　佳能文本水印嵌入和提取技术专利在“九国两组织”的申请量

（3）技术构成分布

由图 4-6 可以看出，在文本水印嵌入和提取技术领域，佳能围绕水印嵌入的嵌入方式和安装技术、电子水印信息和文本处理技术申请了较多专利。

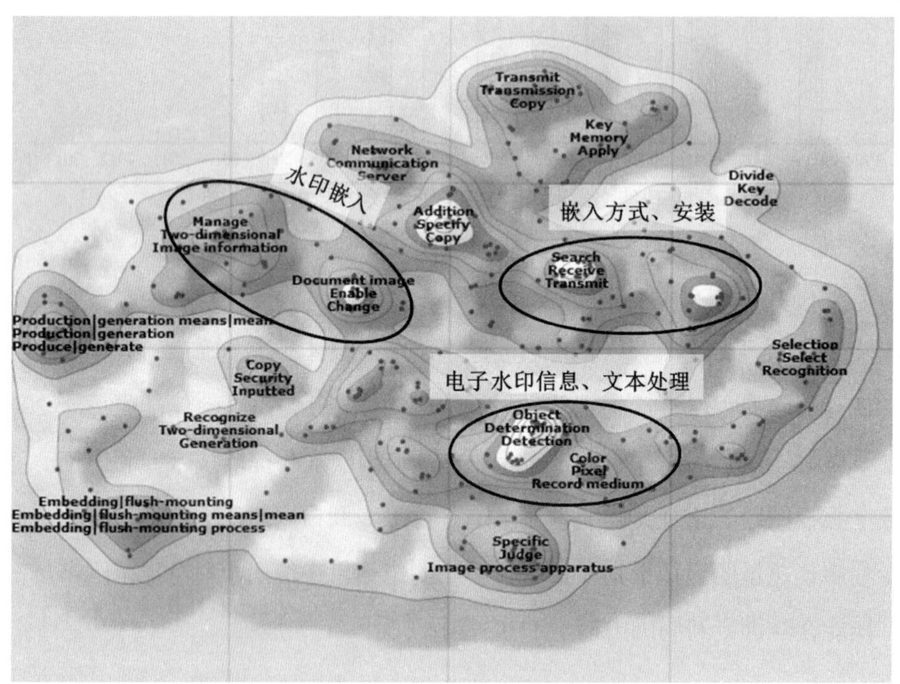

图 4-6 佳能文本水印嵌入和提取技术构成分布

2. 申请量排名第二的专利申请人——日本电报电话公司

（1）专利申请量

日本电报电话公司是通过参与研发和创造综合价值，从而提供众多信息传播服务的组织。其研究涵盖了从科技调研到商业化的众多活动，包括交流网络、服务平台、媒体处理和普遍的光子装备。关于文本水印嵌入和提取技术，日本电报电话公司早有研究。由图 4-7 可以看出，日本电报电话公司与佳能在文本水印嵌入和提取技术上的专利申请趋势类似，从 2000 年起专利年申请量呈现波动式增长，并于 2005 年出现最大值。从 2008 年开始，随着该技术逐步趋于成熟，日本电报电话公司专利年申请量降低至 10 件及以下。

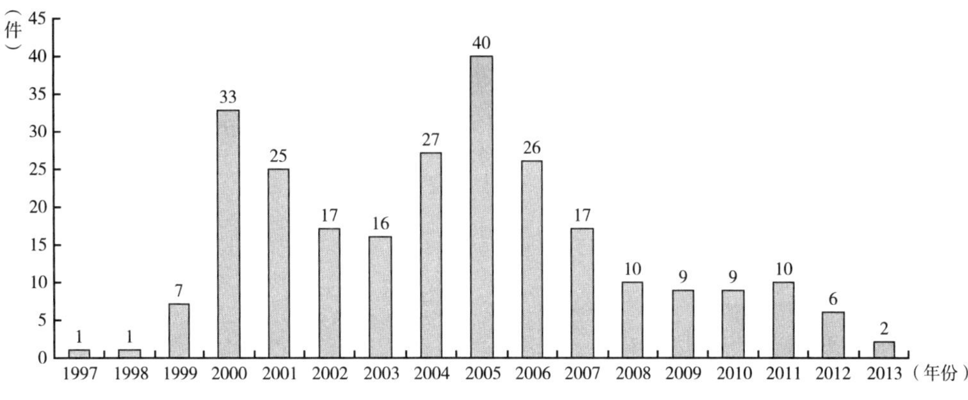

图 4-7　日本电报电话公司文本水印嵌入和提取技术专利申请量年度分布

（2）专利申请量区域分布

日本电报电话公司总部设于日本，主要销售市场也在日本。因此，其专利申请也主要分布在日本。为把握住 1995 年后数字产品在美国快速发展所引发的数字版权保护技术的巨大市场需求，日本电报电话公司于 2005 年、2007 年和 2011 年在美国进行了少量文本水印嵌入和提取技术专利申请。随着数字版权保护在欧洲、中国和韩国等地区和国家受到越来越高的关注，日本电报电话公司于 2004~2008 年在上述地区和国家进行了少量专利申请，提前进行了专利布局（见图 4-8）。

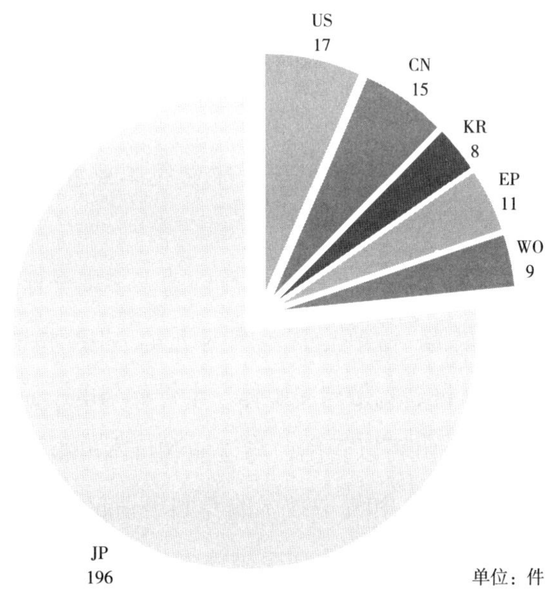

图 4-8　日本电报电话公司文本水印嵌入和提取技术专利在“九国两组织”的申请量

（3）技术构成分布

由图 4-9 可以看出，日本电报电话公司围绕水印嵌入、水印提取和水印检测技术申请了较多专利。例如，2002 年 6 月 12 日，日本电报电话公司提交了一篇公开号为 JP2002171884A 的专利申请，公开了一种用于数字内容分发系统在数字内容中嵌入多个隐身图的技术，用于数字内容的版权保护。

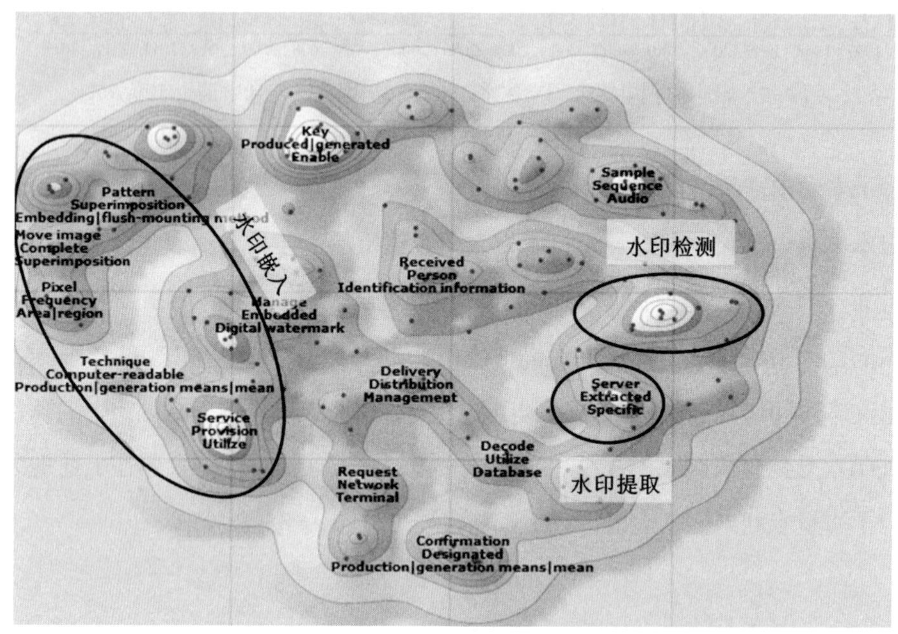

图 4-9　日本电报电话公司文本水印嵌入和提取技术构成分布

3. 申请量排名第三的专利申请人——冲电气工业株式会社

（1）专利申请量

自 1881 年创立以来，冲电气工业株式会社创造了多项全球顶尖的技术，已经由最初的通信设备生产商发展为一家在全球范围内研究、生产和销售打印机与传真机、网络与通信、安全与识别认证、宽带与多媒体、半导体与电子元器件等产品和解决方案的国际著名企业。由图 4-10 可以看出，与佳能和日本电报电话公司相比，冲电气工业株式会社关于文本水印嵌入和提取技术的专利申请起步较晚。直至 2004 年，冲电气工业株式会社相关专利申请量才出现突破性增长。结合图 4-11 可知，冲电气工业株式会社的专利申请已经延伸至中国市场。鉴于多年来冲电气工业株式会社对中国市场的关注，可以推测，随着电子商务和数字内容版权保护在中国的快速发展，冲电气工业株式会社针对文本水印嵌入和提取技术在中国将有更多布局。

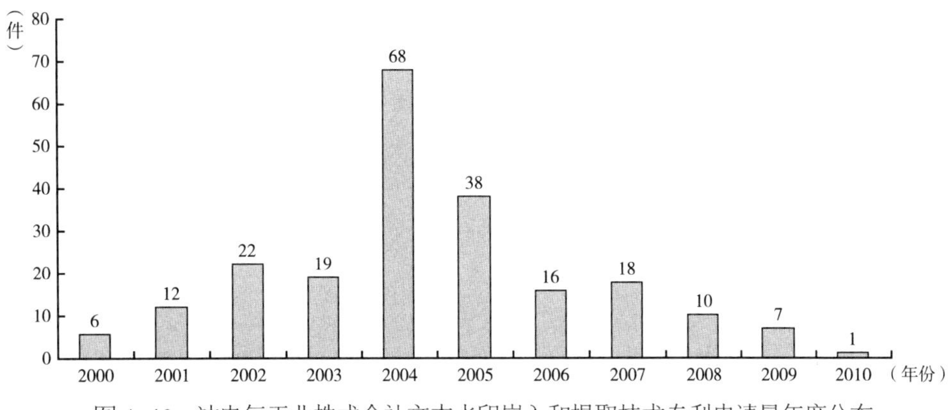

图 4-10　冲电气工业株式会社文本水印嵌入和提取技术专利申请量年度分布

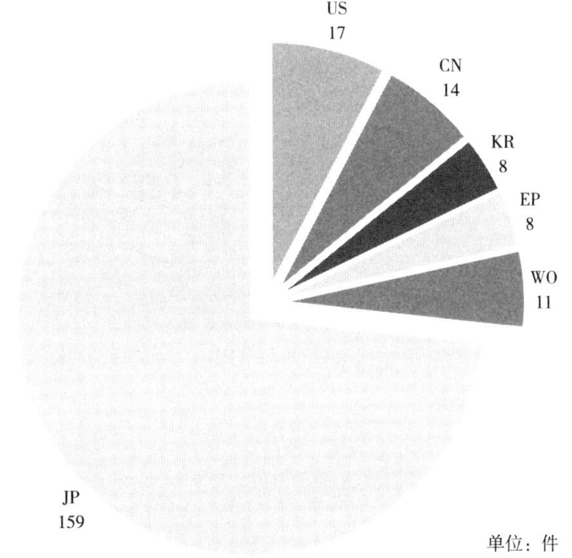

图 4-11　冲电气工业株式会社文本水印嵌入和提取技术专利在“九国两组织”的申请量

（2）专利申请量区域分布

冲电气工业株式会社总部设于日本，其专利申请主要针对日本市场。考虑到数字产品在世界范围内快速发展引发的数字版权保护的市场需求，冲电气工业株式会社在美国、中国、韩国、欧洲专利局以及世界知识产权组织等多个国家和国际组织均进行了文本水印嵌入和提取技术专利布局（见图 4-11）。

（3）技术构成分布

从图 4-12 可以看出，冲电气工业株式会社围绕水印生成技术、电子水印技术和水印信息检测技术申请了较多专利。例如，2002 年 1 月 1 日冲电气工业株式会社提交了一篇公开号为 JP20023153A 的专利申请，公开了一种在电子文档中嵌入字符串的技术。之后，冲电气工业株式会社在日本、中国、美国、欧洲专利局及世界知识产权组织等多个国家和国际组织申请的多件专利均引用了该专利。

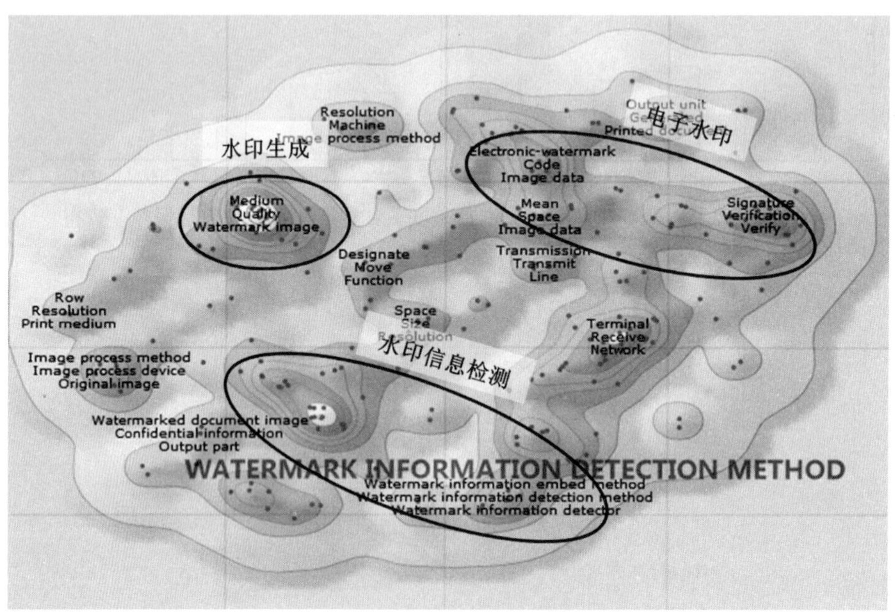

图 4-12　冲电气工业株式会社文本水印嵌入和提取技术构成分布

三　总结

（一）专利申请总体趋势

就整个行业专利申请状况来看，文本水印嵌入和提取技术专利申请量从 1998 年以来总体呈现快速增长态势，自 2009 年以来专利年申请量基本保持稳定。

（二）主要国家技术发展现状及趋势

1. 美国

在美国，文本水印嵌入和提取技术已由发展期进入成熟期，当前该技术的专利年申请量及申请人数量均呈现缓慢减少趋势。

2. 日本

文本水印嵌入和提取技术在日本已经过萌芽期、发展期和成熟期，目前技术成熟度较高，市场呈现巨头向寡头发展的趋势，整个技术有进入衰退期的迹象。

3. 韩国

文本水印嵌入和提取技术在韩国已经过萌芽期和发展期，目前技术成熟度较高。

4. 中国

中国对文本水印嵌入和提取技术的研发热情较高，相关专利申请较多，已经过快速发展阶段。目前，中国在该技术领域的专利年申请量和申请人数量保持相对稳定，呈现由发展期向成熟期过渡的趋势。

（三）主要申请人对比分析

以各申请人文本水印嵌入和提取技术专利申请量进行排名，得出该技术领域的三个主要申请人是佳能、日本电报电话公司和冲电气工业株式会社。

1. 专利申请量比较

整体而言，1998~2004 年各企业对文本水印嵌入和提取技术的研发投入持续增加，专利申请数量快速增长。2008 年后技术发展趋于成熟，各领先企业的市场份额也趋于稳定，专利年申请量呈现下滑趋势。与佳能和日本电报电话公司相比，冲电气工业株式会社关于文本水印嵌入和提取技术的专利申请起步较晚，直至 2004 年专利申请量才出现突破性增长。

2. 专利资产地域布局分析

由于佳能、日本电报电话公司和冲电气工业株式会社的总部均设于日本，故其专利申请均主要分布在日本。出于对全球范围市场需求的考虑，三个申请人不同程度地在中国、美国和欧洲专利局等国家和国际组织进行了专利申请，以保证之后全球布局工作的延续性。佳能的专利申请重点针对美国市场，而日本电报电话公司和冲电气工业株式会社的专利布局不仅覆盖美国市场，还包含中国和韩国市场。

3. 技术热点分析

在文本水印嵌入和提取技术领域，佳能围绕水印嵌入方式和安装技术、电子水印信息和文本处理技术申请了较多专利。日本电报电话公司围绕水印嵌入技术、水印检测技术和水印提取技术申请了较多专利，主要应用于数字作品版权的保护。冲电气工业株式会社围绕水印生成技术、电子水印技术和水印信息检测技术申请了较多专利。

第二节　数字水印比对技术

数字水印比对技术是数字版权保护领域比较成熟的技术，通过对数字内容作品不变特征的识别、提取、匹配和检测，实现防伪溯源的版权保护目的。围绕该技术的专利申请发轫于 20 世纪 90 年代中期，2000 年以来增长迅猛，在 2002~2014 年长达十多年的时间里保持高位发展状态，从 2015 年开始出现较大幅度回落，但仍处于较活跃的状态。从近几年的专利申请量来看，该技术仍有较大的创新和应用空间。

一　专利检索

（一）检索结果概述

以数字水印比对技术为检索主题，在“九国两组织”范围内共检索到相关专利申请 2744 件，具体数量分布如表 4-14 所示。

表 4-14　“九国两组织”数字水印比对技术专利申请量

单位：件

国家 / 国际组织	专利申请量	国家 / 国际组织	专利申请量
US	1107	DE	16
CN	726	RU	3
JP	356	AU	47
KR	78	EP	198
GB	13	WO	193
FR	7	合计	2744

（二）“九国两组织”数字水印比对技术专利申请趋势

从表 4-15 和图 4-13 可以看出，数字水印比对技术在“九国两组织”的专利申请高峰集中在 2002~2014 年，主要申请国有美国、中国和日本。在这一技术领域，中国的申请高峰相对于美国和日本要晚一些，于 2014 年达到专利年申请量的峰值。

表 4-15　1994~2017 年“九国两组织”数字水印比对技术专利申请量

单位：件

国家 / 国际组织	专利申请量																	
	90	01	02	03	04	05	06	07	08	09	10	11	12	13	14	15	16	17
US	10	20	84	95	93	83	91	93	76	84	71	71	73	58	40	26	28	11
CN	7	5	7	17	15	24	32	40	29	52	45	70	80	82	90	47	50	34
JP	33	29	24	25	43	20	26	27	31	18	20	12	16	14	7	7	4	0
KR	2	3	4	5	10	4	6	6	11	2	5	3	3	7	3	3	1	0
GB	2	3	2	2	0	0	0	2	0	0	0	0	0	1	1	0	0	0
FR	1	0	0	0	0	0	1	2	0	0	0	0	0	2	1	0	0	0
DE	1	0	1	2	2	2	1	1	3	2	1	0	0	0	0	0	0	0
RU	0	0	0	0	0	0	0	1	1	1	0	0	0	0	0	0	0	0
AU	7	3	10	6	2	5	2	2	2	1	1	0	2	1	1	0	1	1
EP	16	17	15	21	22	9	18	15	8	7	6	9	11	11	6	2	5	0
WO	19	24	30	21	11	9	11	6	7	7	5	5	7	6	9	3	9	4
合计	98	104	177	194	198	156	188	195	168	174	154	170	192	182	158	88	98	50

注：“90”指 1994~2000 年的专利申请总量，“01~17”分别指 2001~2017 年当年的专利申请量。

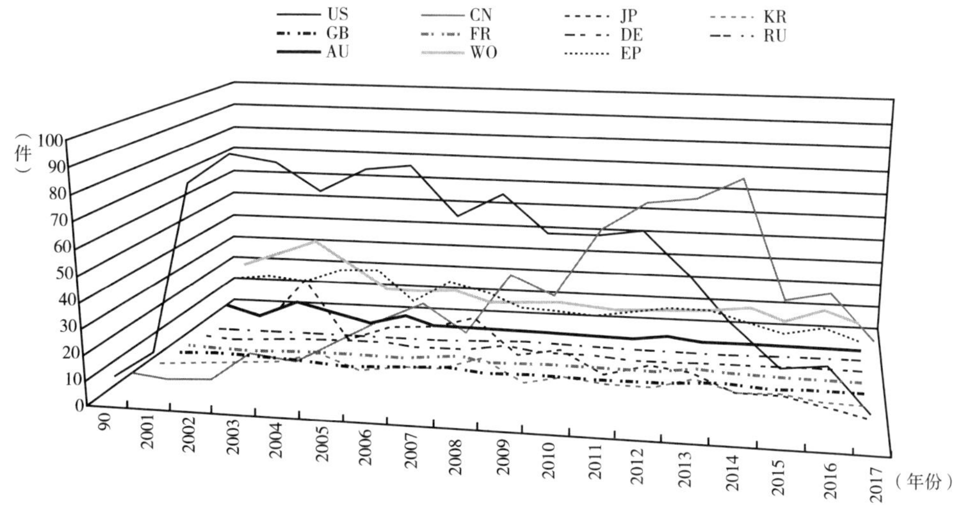

图 4-13　“九国两组织”数字水印比对技术专利申请趋势

注：“90”指 1994~2000 年的专利申请总量。

（三）“九国两组织”数字水印比对技术专利申请人排名

1994~2017 年“九国两组织”数字水印比对技术专利申请人排名情况如表 4-16~表 4-26 所示。

1. 美国申请人排名

表 4-16 美国数字水印比对技术专利申请人排名

序号	申请人	申请人国家	申请数量（件）	授权数量（件）
1	Digimarc Corp.	美国	241	152
2	Canon K.K.	日本	75	56
3	Toshiba K.K.	日本	34	19
4	Wistaria Trading Inc.	美国	24	18
5	Alcatel-Lucent S.A.S.	法国	22	5

2. 中国申请人排名

表 4-17 中国数字水印比对技术专利申请人排名

序号	申请人	申请人国家	申请数量（件）	授权数量（件）
1	Univ. Hainan（海南大学）	中国	37	0
2	Koninkl Philips Electronics N.V.	荷兰	16	13
3	Huawei Tech. Co. Ltd.（华为）	中国	13	12
4	Univ. Wuhan（武汉大学）	中国	12	11
5	Canon K.K.	日本	11	10

3. 日本申请人排名

表 4-18 日本数字水印比对技术专利申请人排名

序号	申请人	申请人国家	申请数量（件）	授权数量（件）
1	Canon K.K.	日本	87	46
2	Toshiba K.K.	日本	24	16
3	Nippon Telegraph Corp.	日本	21	4
4	Sony Corp.	日本	13	5
5	Hitachi Ltd.	日本	11	10

4. 韩国申请人排名

表 4-19　韩国数字水印比对技术专利申请人排名

序号	申请人	申请人国家	申请数量（件）	授权数量（件）
1	MarkAny Inc.	韩国	6	2
2	Digimarc Corp.	美国	6	0
3	Korea Electronics & Telecommun. Res. Inst.	韩国	5	0
4	Canon K.K.	日本	3	1
5	LG Electronics Inc.	韩国	3	0

5. 英国申请人排名

表 4-20　英国数字水印比对技术专利申请人排名

序号	申请人	申请人国家	申请数量（件）	授权数量（件）
1	Kent Ridge Digital Labs	新加坡	2	2
2	Sony Corp.	日本	2	1
3	IBM Corp.	美国	2	0
4	Univ. Bristol	英国	2	0
5	Julian Andrew John Fells	英国	1	0

6. 法国申请人排名

表 4-21　法国数字水印比对技术专利申请人排名

序号	申请人	申请人国家	申请数量（件）	授权数量（件）
1	France Telecom	法国	3	0
2	Oberthur Card Systems S.A.	法国	2	0
3	Radiotelephone S.F.R.	法国	1	0
4	Groupe Ecoles Telecomm	法国	1	0

7. 德国申请人排名

表 4-22　德国数字水印比对技术专利申请人排名

序号	申请人	申请人国家	申请数量（件）	授权数量（件）
1	Digimarc Corp.	美国	3	1
2	Groupe Ecoles Telecomm	法国	2	2
3	ITT Mfg Enterprises Inc.	美国	2	1
4	Hitachi Ltd.	日本	2	1
5	Mediasec Technologies GmbH	德国	1	0

8. 俄罗斯申请人排名

表 4-23 俄罗斯数字水印比对技术专利申请人排名

序号	申请人	申请人国家	申请数量（件）	授权数量（件）
1	Microsoft Corp.	美国	1	1

9. 澳大利亚申请人排名

表 4-24 澳大利亚数字水印比对技术专利申请人排名

序号	申请人	申请人国家	申请数量（件）	授权数量（件）
1	Digimarc Corp.	美国	14	3
2	UnLtd Media GmbH	德国	2	2
3	Google Inc.	美国	2	2
4	NEC Corp.	日本	2	0
5	Pitney Bowes Inc.	美国	2	0

10. 欧洲专利局申请人排名

表 4-25 欧洲专利局数字水印比对技术专利申请人排名

序号	申请人	申请人国家	申请数量（件）	授权数量（件）
1	Digimarc Corp.	美国	27	12
2	Canon K.K.	日本	17	12
3	Matsushita Electric Ind. Co. Ltd.	日本	14	0
4	Sony Corp.	日本	11	0
5	Toshiba K.K.	日本	6	1

11. 世界知识产权组织申请人排名

表 4-26 世界知识产权组织数字水印比对技术专利申请人排名

序号	申请人	申请人国家	申请数量（件）
1	Digimarc Corp.	美国	60
2	Koninkl Philips Electronics N.V.	荷兰	13
3	Thomson Licensing S.A.	法国	12
4	Verance Corp.	美国	9
5	France Telecom	法国	8

二　专利分析

（一）技术发展趋势分析

数字水印比对技术是一种基于数字载体不变特征的识别、提取、匹配及检测的技术。数字水印已被证明是保护信息安全、实现防伪溯源和保护版权的有效方法，是信息隐藏技术研究领域的重要分支和研究方向[①]。

图 4-14 通过专利申请量年度分布展示了全球数字水印比对技术的发展趋势，从中可以看出，自 1994 年出现第一件相关专利后，专利年申请量呈现快速上升态势，到 2004 年已经达到 198 件的年申请量。此后，数字水印比对技术专利申请量出现一定范围的波动，处于较稳定状态。进一步来看，1995 年世界上第一部电子签名法的制定唤醒了业界的数字版权保护意识。因此，1995~2004 年数字水印比对技术专利年申请量增长明显，技术逐步完善并趋向成熟。此后，随着互联网的高速发展，以及世界各国数字版权意识的普遍提升，数字水印比对技术仍然处于发展的高峰期。

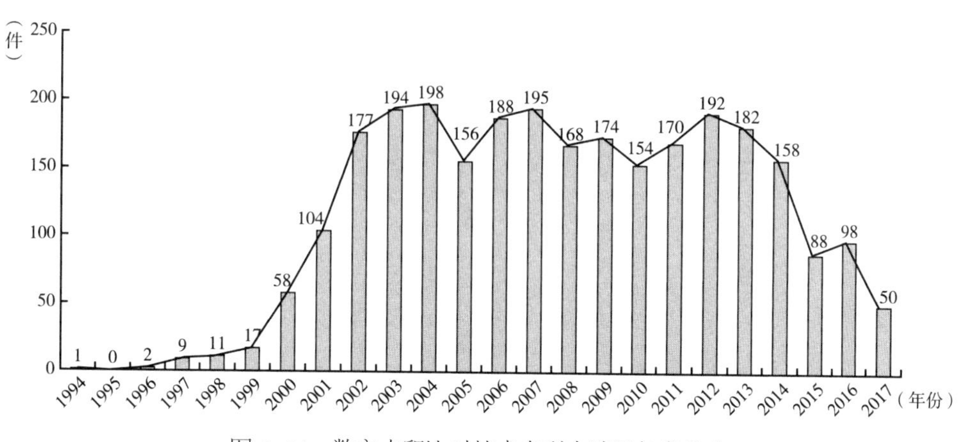

图 4-14　数字水印比对技术专利申请量年度分布

（二）技术路线分析

图 4-15 以时间轴的形式展示了数字水印比对技术从 1994 年 9 月 30 日诞生第一件专利以来，在数字水印比对技术领域被引证次数比较多的核心专利（黑色箭头导引

① 张志明，王磊，徐乃平:《信息隐藏技术中的数字水印研究》，《计算机工程与应用》2002 年第 23 期，第 46 页。

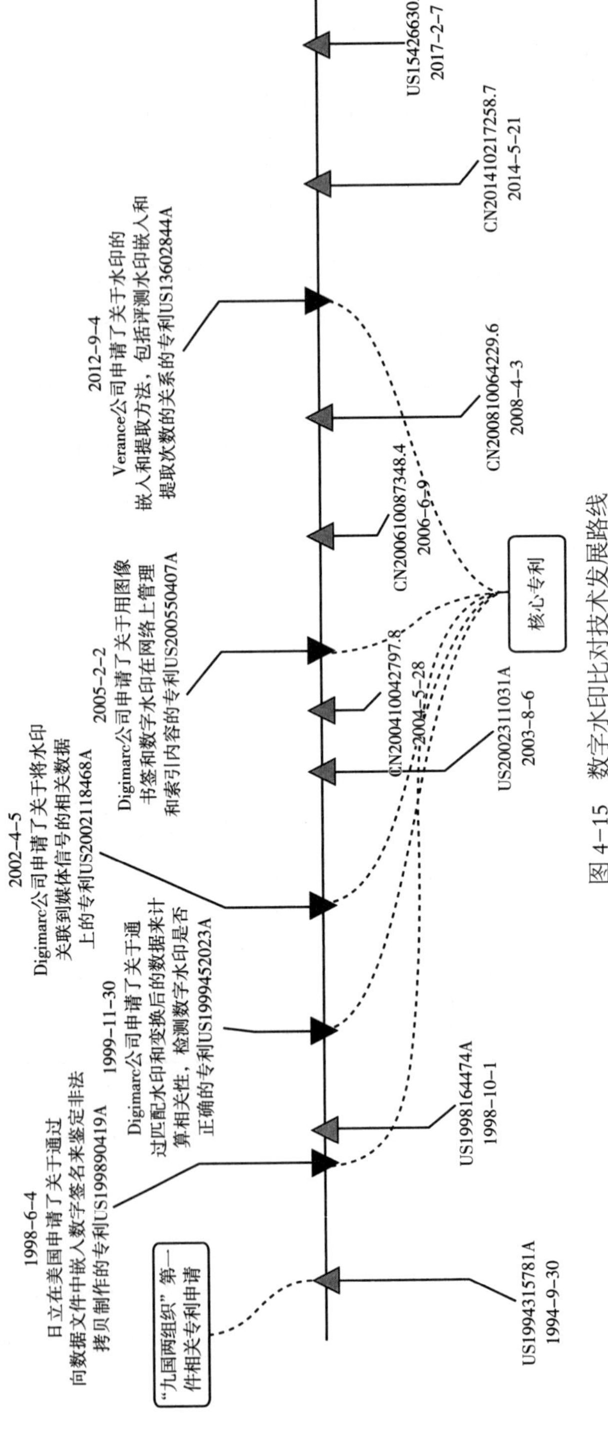

图 4-15 数字水印比对技术发展路线

的专利）的基本情况。这些核心专利大多数涉及数字水印嵌入和提取技术，数字水印嵌入和提取技术是实现数字水印比对技术的前提。这些核心技术出现后，作为应用广泛的基础技术被其后申请的专利多次引用和引证，是数字水印比对技术主题下的标志性专利。此外，时间轴上还标示了这一技术领域的关键技术专利（灰色箭头导引的专利）的申请时间和专利公开号。

（三）主要专利申请人分析

数字水印比对技术领域专利申请量最多的三个申请人是 Digimarc 公司、佳能和日立。排名前三的公司基本是同一时期开始研究并申请相关专利的。Digimarc 公司和佳能的申请高峰集中在 2001~2003 年，高峰过后呈现缓慢的衰退趋势，尤其是佳能，2009 年之后甚至出现了专利年申请量为 0 的情况。日立在这一技术领域的专利申请总量不多，专利申请集中在 1998~2003 年，2010 年以来已经没有相关专利申请。

1. 申请量排名第一的专利申请人——Digimarc公司

（1）专利申请量

Digimarc 公司总部位于美国，一直致力于研究数字安全技术。其研发的通过数字水印为媒体内容提供数字身份的技术是数字安全行业的核心技术。Digimarc 公司拥有数字水印安全技术专利 350 多件。美国于 2000 年 10 月通过《全球和国内商业法中的电子签名法案》，这一法案的颁布直接促进了数字水印比对技术的研发和应用，2001 年 Digimarc 公司数字水印比对技术的专利年申请量达到了最高峰。之后，专利年申请量逐渐下降，直至 2010 年前后，全球掀起了数字安全技术的大热潮，将 Digimarc 公司的相关技术研究推向一个小高峰（见图 4-16）。

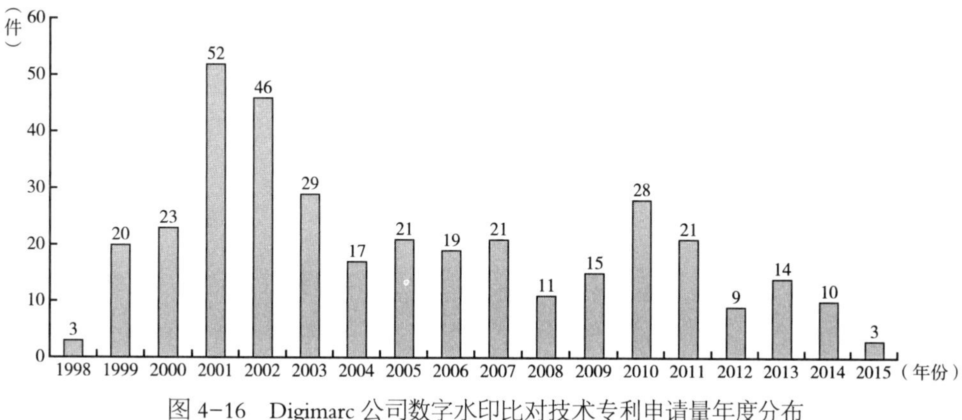

图 4-16　Digimarc 公司数字水印比对技术专利申请量年度分布

（2）专利申请量区域分布

在全球范围内，Digimarc 公司拥有最多关于数字水印比对技术的专利申请。从图 4-17 可以看出，Digimarc 公司的大多数专利申请分布在美国；其在世界知识产权组织和欧洲专利局也分别申请了 60 件和 27 件相关专利，由此可推测其希望将自身技术推广至世界范围。除此之外，Digimarc 公司在中国、日本、韩国和澳大利亚等国家也有少量专利申请。

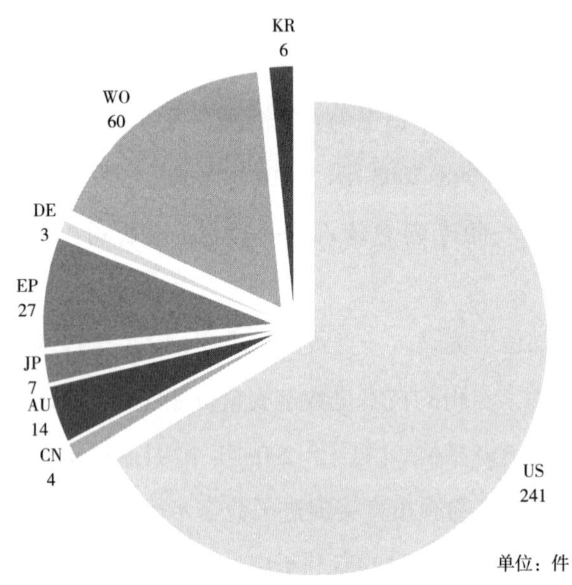

图 4-17　Digimarc 公司数字水印比对技术专利在“九国两组织”的申请量

（3）技术构成分布

图 4-18 为 Digimarc 公司数字水印比对技术专利的构成分布，从中可以看出，Digimarc 公司重点关注水印检测和图像处理技术。

2. 申请量排名第二的专利申请人——佳能

（1）专利申请量

佳能是日本的一家全球领先的生产影像与信息产品的综合公司。图 4-19 展示了佳能数字水印比对技术专利的年度申请情况，其第一件相关专利于 1998 年出现，后期的整体趋势和 Digimarc 公司相似。佳能的专利申请高峰出现在 2002 年，之后总体

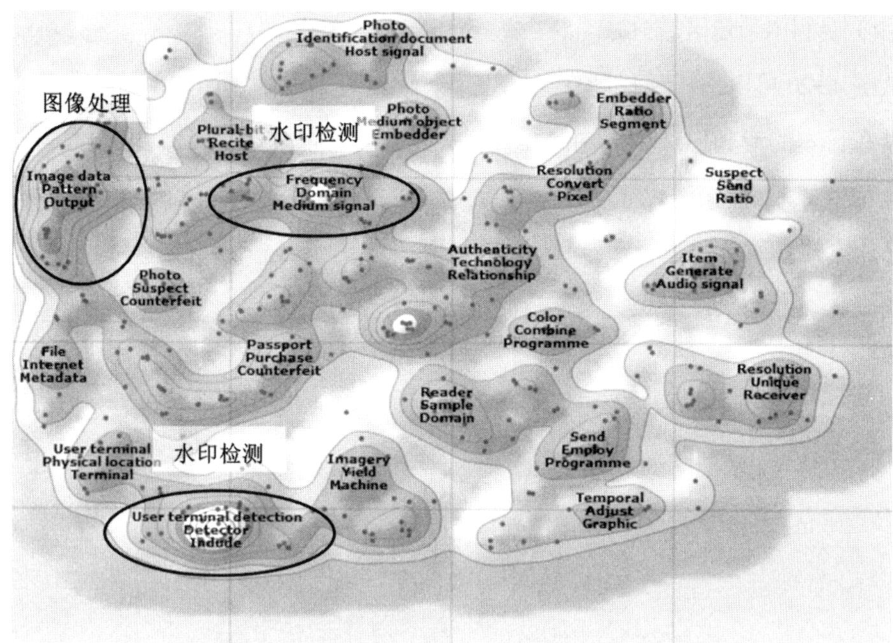

图 4-18　Digimarc 公司数字水印比对技术构成分布

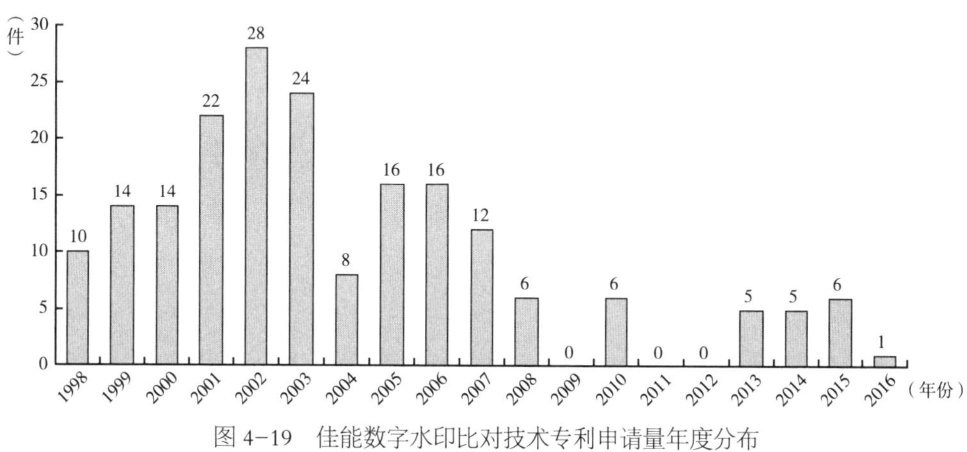

图 4-19　佳能数字水印比对技术专利申请量年度分布

呈现下降趋势。与 Digimarc 公司不同的是，佳能从 2008 年开始专利年申请量非常少，2009 年、2011 年和 2012 年的专利申请量都为零。虽然其关于数字水印比对技术的专利申请总量比较多，但由于佳能主要生产影像与信息产品，近年来其业务发展策略也偏向于数码产品整体技术，因此佳能在这一技术领域的专利申请趋势不能代表整个日本此项技术的发展趋势。

（2）专利申请量区域分布

从图 4-20 可以看出，佳能在美国申请了大量有关数字水印比对技术的专利，仅次于其在日本的专利申请量。由此可见，美国是佳能最主要的海外市场。除此之外，佳能也希望打入欧洲市场，在欧洲专利局申请了 17 件专利。佳能在中国申请了 11 件数字水印比对技术专利。

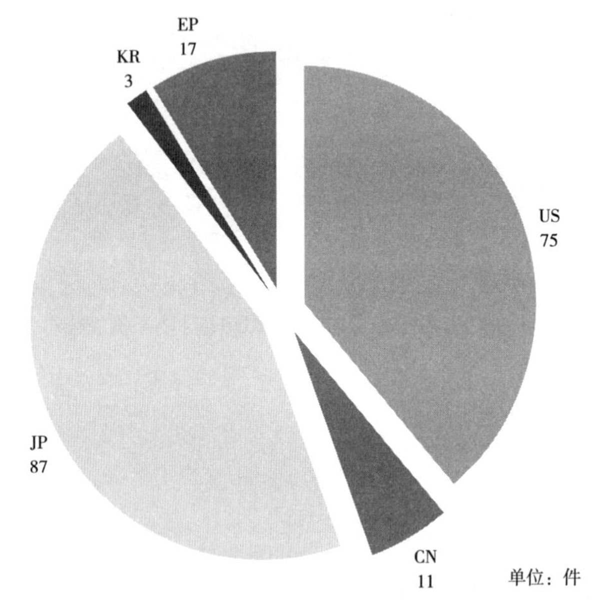

图 4-20　佳能数字水印比对技术专利在“九国两组织”的申请量

（3）技术构成分布

图 4-21 为佳能数字水印比对技术专利的构成分布，从中可以看出，在数字水印比对技术领域，佳能主要关注水印加密、数字水印处理和图像处理技术。

3. 申请量排名第三的专利申请人——日立

（1）专利申请量

日立在数字水印比对技术领域的专利申请并不多，总量为 29 件，这些专利的申请时间主要在 1998~2003 年。日立专利年申请量的纪录为 2003 年的 7 件（见图 4-22）。由于数据量太少，日立在数字水印比对技术方面的专利申请尚未形成明显趋势。

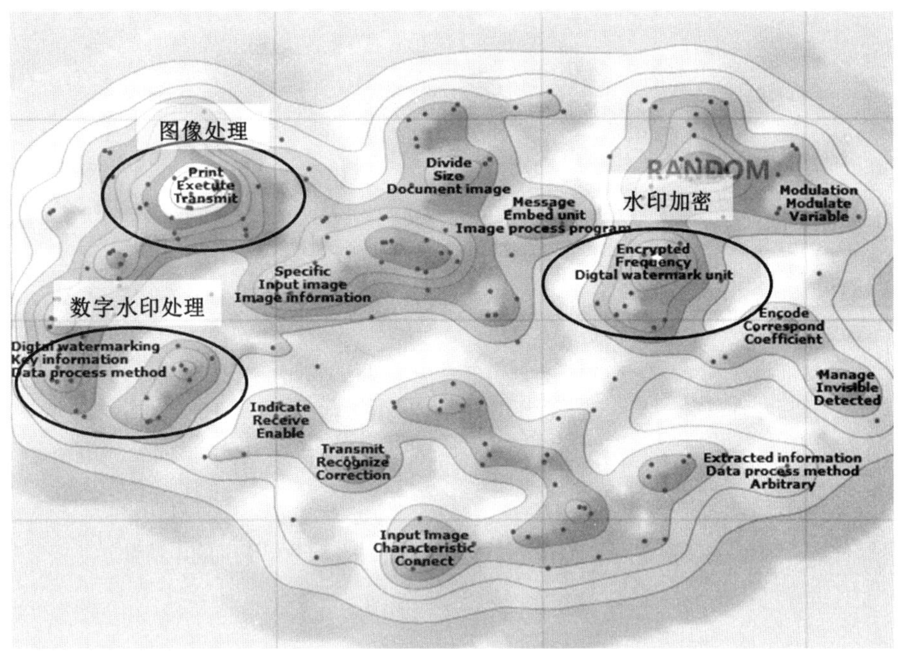

图 4-21 佳能数字水印比对技术构成分布

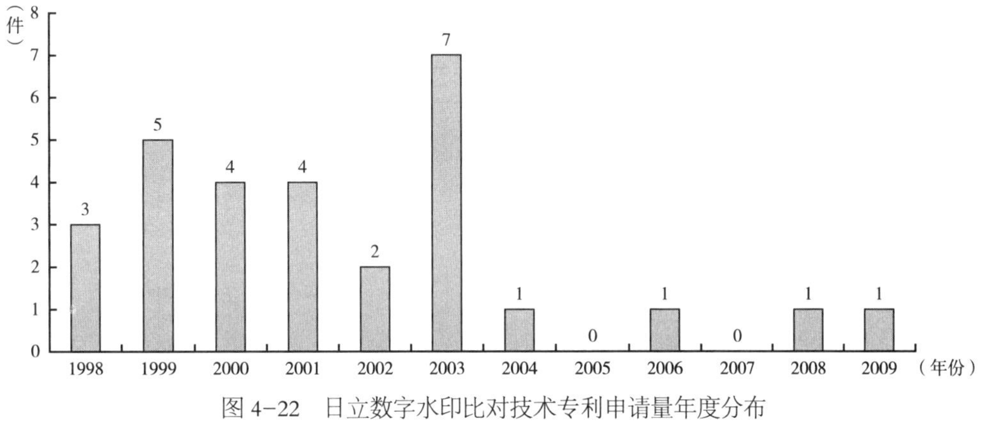

图 4-22 日立数字水印比对技术专利申请量年度分布

（2）专利申请量区域分布

由于日立的主攻方向是电机设备方面的技术研发，因此其在属于数字安全领域的数字水印比对技术主题下并没有很多专利。从图 4-23 可以看出，日立在美国申请了 18 件关于数字水印比对技术的专利，可见日立将美国作为其主要的技术应用推广国家；而在其总部所在地日本，日立仅拥有 11 件相关专利。

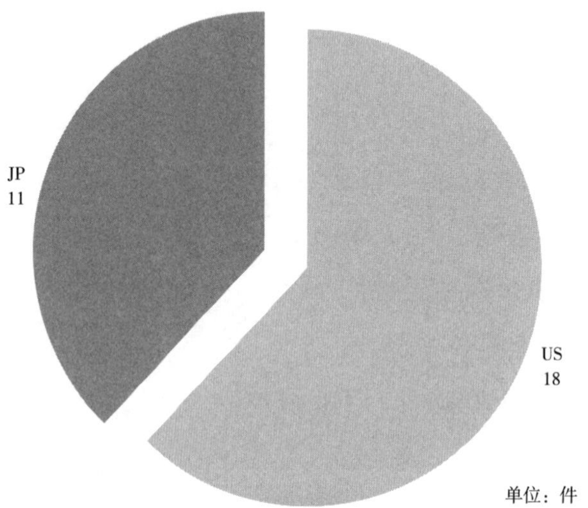

图 4-23　日立数字水印比对技术专利在“九国两组织”的申请量

（3）技术构成分布

图 4-24 为日立数字水印比对技术的构成分布，从中可以看出，在数字水印比对技术领域，日立主要关注数字水印嵌入、数字水印提取与检测和复制保护方面的技术。

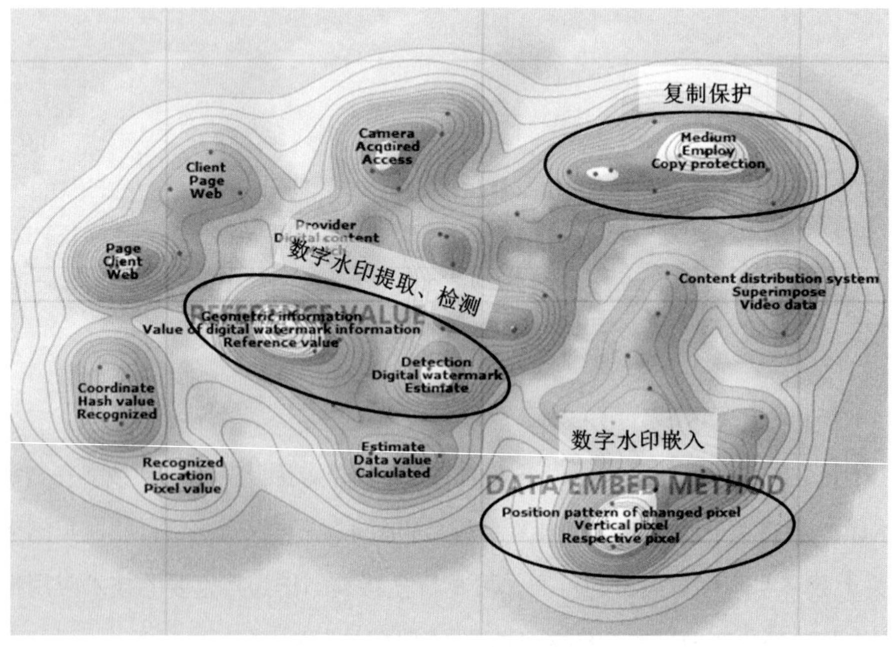

图 4-24　日立数字水印比对技术构成分布

三　总结

（一）专利申请总体趋势

1994~2017 年“九国两组织”范围内共有 2744 件数字水印比对技术专利申请。其中，美国、中国、日本和韩国 4 个国家的专利申请总量达到 2267 件，占全部专利申请量的 83%。由此可知，数字水印比对技术的关键技术及研发工作主要在上述 4 个国家。美国以 1107 件的专利申请量位列第一，中国和日本以 726 件和 356 件的专利申请量分列第二和第三位。澳大利亚拥有相关专利申请 47 件，其他国家的专利申请量很少。

（二）专利申请年度趋势

从专利年申请量来看，数字水印比对技术目前已进入相对稳定的发展时期。整体来看，数字水印比对技术的专利申请高峰集中在 2002~2014 年，这个高峰是由美国、日本和中国的申请高峰促成的。中国的申请高峰晚于美国和日本，专利年申请量从 2005 年开始较快增长，于 2014 年达到最高值。中国已成为近年来数字水印比对技术专利申请量最多的国家。

（三）主要专利申请人对比分析

从专利申请人的情况来看，Digimarc 公司、佳能、日立、东芝和索尼在数字水印比对技术领域申请了比较多的专利，由此可见数字水印比对技术在日本的研究应用更为广泛。其中，Digimarc 公司的专利申请量超过 300 件，远远高于其他几家公司，几乎相当于其他几家公司专利申请量的总和，这说明美国数字水印比对技术专利集中在 Digimarc 公司，不像日本呈现“遍地开花”的景象。在中国，除了上述几个公司，申请人以大学居多，如海南大学和武汉大学；中国本土企业类的申请人包括华为等，但专利申请量都不多；截至目前拥有相关专利最多的中国申请人为海南大学，有 20 余件专利。

综上所述，数字水印比对技术在全球大部分国家和地区处于相对稳定的发展时期。而在中国该项技术仍保持着比较强劲的研发趋势，这与中国近年来越来越重视网络信息安全及数字版权保护的大环境有着密切关系。

第三节　图像水印技术

图像水印技术是数字版权保护领域最热门的技术之一。该技术在不损害原作品质量的情况下，把版权相关信息以水印形式隐藏在图像中，而产生的变化通过人的视觉是发现不了的。围绕该技术的专利申请发轫于 20 世纪 90 年代中期，从 1997 年开始申请量迅猛增长，2001~2002 年达到年申请量 900 件以上的高值，从 2003 年开始总体呈下降趋势，但直至 2016 年仍维持在年申请量 300 件左右。由此足见图像水印技术的热门程度。随着移动互联网的发展和普及，今后较长时期内，该技术的创新和应用空间仍将比较可观。

一　专利检索

（一）检索结果概述

以图像水印技术为检索主题，在“九国两组织”范围内共检索到相关专利申请 11313 件，具体数量分布如表 4–27 所示。

表 4–27　“九国两组织”图像水印技术专利申请量

单位：件

国家 / 国际组织	专利申请量	国家 / 国际组织	专利申请量
US	3189	DE	220
CN	1942	RU	22
JP	3040	AU	266
KR	827	EP	910
GB	155	WO	679
FR	63	合计	11313

（二）“九国两组织”图像水印技术专利申请趋势

从表 4–28 和图 4–25 可以看出，美国和日本在图像水印技术方面具有极大优势，特别是 2001~2007 年，专利年申请量基本在 200 件以上。韩国对图像水印技术的研究也较多。2007 年以后由于技术的成熟，上述三个国家对图像水印技术的研究明显减少。相较于美国和日本，中国对图像水印技术的研究有些滞后，但目前中国在这一技术领域还保持着较高的研究热度。

表 4-28　1994~2017 年“九国两组织”图像水印技术专利申请量

单位：件

国家 / 国际组织	专利申请量																	
	90	01	02	03	04	05	06	07	08	09	10	11	12	13	14	15	16	17
US	342	295	262	260	215	185	205	256	174	133	151	116	75	124	136	127	81	52
CN	101	19	59	76	68	102	132	86	98	102	99	152	102	176	188	141	133	108
JP	753	267	265	249	286	242	216	227	134	97	77	55	38	50	31	33	19	1
KR	150	89	68	48	36	55	63	54	67	30	35	31	24	22	13	13	25	4
GB	64	31	5	12	13	5	4	2	1	1	1	3	4	3	4	0	2	0
FR	23	7	5	3	3	4	2	0	2	0	2	3	2	5	0	2	0	0
DE	117	15	29	13	15	7	10	3	2	0	0	4	0	1	1	0	2	1
RU	6	0	1	0	1	6	3	1	0	0	1	2	0	1	0	0	0	0
AU	83	53	51	25	2	12	8	1	4	3	7	4	1	6	2	1	1	2
EP	301	71	93	52	64	75	46	38	40	15	15	17	16	24	22	11	9	1
WO	105	69	65	32	59	53	46	35	26	27	13	21	21	33	22	18	27	7
合计	2045	916	903	770	762	746	735	703	548	408	401	408	283	445	419	346	299	176

注：“90”指 1994~2000 年的专利申请总量，“01~17”分别指 2001~2017 年当年的专利申请量。

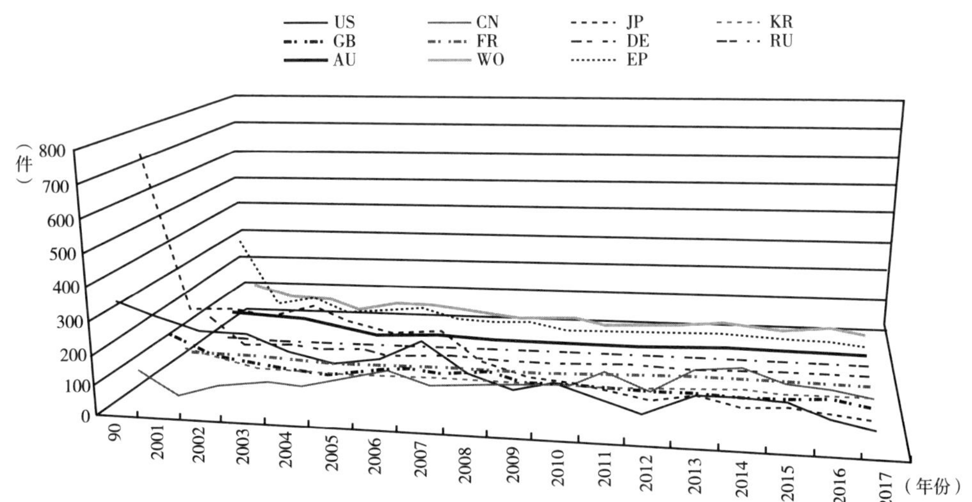

图 4-25　“九国两组织”图像水印技术专利申请量年度分布

注：“90”指 1994~2000 年的专利申请总量。

（三）“九国两组织”图像水印技术专利申请人排名

1994~2017 年“九国两组织”图像水印技术专利申请人排名情况如表 4–29~ 表 4–39 所示。

1. 美国申请人排名

表 4–29 美国图像水印技术专利申请人排名

序号	申请人	申请人国家	申请数量（件）	授权数量（件）
1	Digimarc Corp.	美国	598	441
2	Canon K.K.	日本	262	134
3	Fujitsu Ltd.	日本	123	62
4	Hitachi Ltd.	日本	115	37
5	Fuji Xerox Co. Ltd.	日本	98	32

2. 中国申请人排名

表 4–30 中国图像水印技术专利申请人排名

序号	申请人	申请人国家	申请数量（件）	授权数量（件）
1	Koninkl Philips Electronics N.V.	荷兰	73	34
2	Univ. Peking（北京大学）	中国	55	24
3	Univ. Xidian（西安电子科技大学）	中国	53	16
4	Univ. Peking Founder Group Co. Ltd.（北大方正）	中国	46	21
5	Thomson Licensing S.A.	法国	44	20

3. 日本申请人排名

表 4–31 日本图像水印技术专利申请人排名

序号	申请人	申请人国家	申请数量（件）	授权数量（件）
1	Canon K.K.	日本	447	113
2	OKI Electric Ind. Co. Ltd.	日本	166	60
3	Ricoh K.K.	日本	163	44
4	Nippon Telegraph & Telephone Corp.	日本	152	53
5	Toshiba K.K.	日本	127	48

4. 韩国申请人排名

表 4-32　韩国图像水印技术专利申请人排名

序号	申请人	申请人国家	申请数量（件）	授权数量（件）
1	MarkAny Inc.	韩国	79	31
2	Samsung Electrics Co. Ltd.	韩国	58	16
3	Koninkl Philips Electronics N.V.	荷兰	56	13
4	Korea Electronics & Telecommun. Adv. Inst.	韩国	43	15
5	NEC Corp.	日本	38	8

5. 英国申请人排名

表 4-33　英国图像水印技术专利申请人排名

序号	申请人	申请人国家	申请数量（件）	授权数量（件）
1	Sony Corp.	日本	29	7
2	Motorola Inc.	美国	17	8
3	IBM Corp.	美国	12	8
4	British Broadcasting Corp.	英国	11	3
5	Adobe Systems Inc.	美国	4	1

6. 法国申请人排名

表 4-34　法国图像水印技术专利申请人排名

序号	申请人	申请人国家	申请数量（件）	授权数量（件）
1	Canon K.K.	日本	26	1
2	France Telecom	法国	9	1
3	Thomson Licensing S.A.	法国	4	1
4	Centre Nat. Rech. Scient.	法国	3	2
5	Nextamp S.A.	法国	3	1

7. 德国申请人排名

表 4-35　德国图像水印技术专利申请人排名

序号	申请人	申请人国家	申请数量（件）	授权数量（件）
1	Koninkl Philips Electronics N.V.	荷兰	26	5
2	Canon K.K.	日本	15	6
3	NEC Corp.	日本	12	7
4	Hewlett-Packard Development Co. LP	美国	5	3
5	WHD Elektronische Prüeftechnik GmbH	德国	4	1

8. 俄罗斯申请人排名

表 4-36 俄罗斯图像水印技术专利申请人排名

序号	申请人	申请人国家	申请数量（件）	授权数量（件）
1	Koninkl Philips Electronics N.V.	荷兰	6	2
2	Samsung Electronics Co. Ltd.	韩国	3	1
3	Microsoft Corp.	美国	2	1
4	AS ST Petersburg Inform & Automation Ins.	俄罗斯	2	0
5	Hitachi Ltd.	日本	2	0

9. 澳大利亚申请人排名

表 4-37 澳大利亚图像水印技术专利申请人排名

序号	申请人	申请人国家	申请数量（件）	授权数量（件）
1	Digimarc Corp.	美国	59	5
2	Canon K.K.	日本	19	8
3	MarkAny Inc.	韩国	13	2
4	Koninkl Philips Electronics N.V.	荷兰	12	2
5	Manufacturing Resources Int. Inc.	美国	11	3

10. 欧洲专利局申请人排名

表 4-38 欧洲专利局图像水印技术专利申请人排名

序号	申请人	申请人国家	申请数量（件）	授权数量（件）
1	Koninkl Philips Electronics N.V.	荷兰	74	19
2	Digimarc Corp.	美国	67	11
3	NEC Corp.	日本	51	16
4	Xerox Corp.	美国	47	11
5	Canon K.K.	日本	40	17

11. 世界知识产权组织申请人排名

表 4-39 世界知识产权组织图像水印技术专利申请人排名

序号	申请人	申请人国家	申请数量（件）
1	Digimarc Corp.	美国	116
2	Koninkl Philips Electronics N.V.	荷兰	62
3	Thomson Licensing S.A.	法国	29
4	France Telecom	法国	22
5	EIZO Corp.	日本	16

二　专利分析

（一）技术发展趋势分析

1993 年“水印”的概念一经提出便获得了广泛关注并得到了较快发展，迅速成为图像处理和信息安全领域的研究热点之一。从图 4-26 可以看出，1994~1995 年图像水印技术领域已经有少量专利申请。1996 年在英国剑桥大学召开的以信息隐藏为主题的第一届学术会议掀起了图像水印技术的研究高峰，1997~2002 年出现了大量图像水印技术专利申请。从 2003 年起，随着图像水印技术的成熟，专利年申请量出现下降趋势，2009 年以来专利年申请量为 150~450 件。这说明虽然图像水印技术相对成熟，但是仍有不少企业对这一技术进行进一步研究。

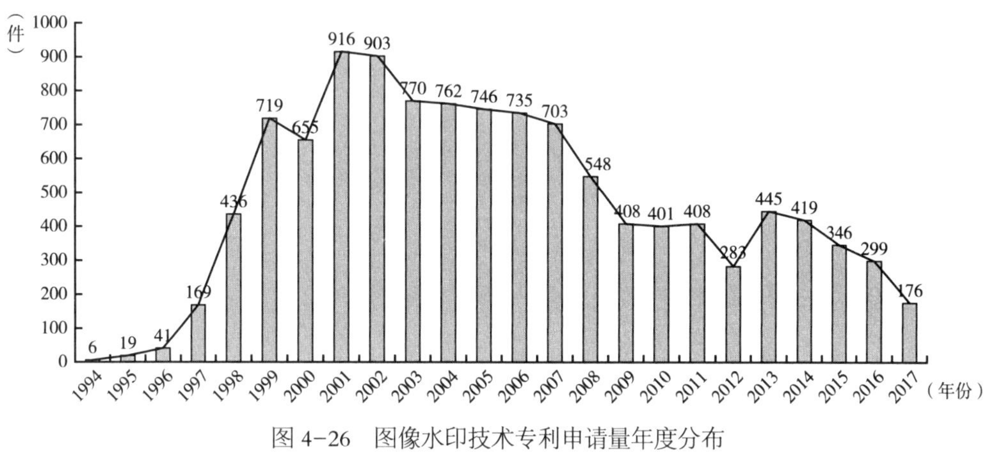

图 4-26　图像水印技术专利申请量年度分布

（二）技术路线分析

1993 年由 Tirkel 等人共同发表的“Electronic Watermark”一文中提出了术语“Watermark”，使数字水印技术以正式学科的身份出现在人们的视野中。自此，数字水印技术获得了广泛关注并得到了较快发展，迅速成为图像处理和信息安全领域的研究热点之一。1996 年在英国剑桥大学召开了以信息隐藏为主题的第一届学术会议，建立了信息隐藏系统的一般模型，标志着信息隐藏作为一门新学科诞生①，掀起了信息隐

① 张焕国，韩文报，来学嘉等:《网络空间安全综述》,《中国科学：信息科学》2016 年第 2 期，第 130 页。

藏技术研究热潮。同年，Leighton 申请的防止非法拷贝的水印技术专利引起众多关注，后续被很多专利引用。1996 年，日本电气公司（Nippon Electric Company,NEC）申请的扩频水印技术专利，因其良好的性能备受关注，很多研究者开始研究基于不同变换域的扩频水印算法。1997 年，施乐公司（Xerox Corp.）申请的压缩图像嵌入水印技术也受到了关注。1998 年，日本精工株式会社（NSK Ltd.）申请的关于脆弱水印的嵌入和提取专利被之后的大量申请人引用，成为核心专利。Digimarc 公司于 2000 年申请的能实现水印嵌入、检测和阅读的水印系统，2003 年提出的可逆水印技术，以及 2003 年三星电子在水印技术中应用人类视觉系统，都是图像水印技术领域发展历程中的里程碑，也成为图像水印技术领域的研究新热点（见图 4-27）。

（三）主要专利申请人分析

1. 申请量排名第一的专利申请人——Digimarc公司

（1）专利申请量

Digimarc 公司是美国最早研究图像水印技术的公司，也是目前图像水印技术专利申请量最多的公司。该公司早期就将这一技术应用到 CoreDraw 7.0 以及 Photoshop 4.0 中，但是此时的水印信息不具有很好的健壮性。该公司于 1997 年 1 月推出了一款独立的可以检测水印信息的软件 ReadMarc，此软件虽然可以检测图像中是否嵌有水印及辨别水印的具体内容，但是效果依然不理想。从图 4-28 可以看出，该公司在图像水印技术领域发展的高峰期是 1999~2003 年，这一时期 Digimarc 公司针对图像水印技术的一些不足进行了大量研究，并申请了大量专利。此后，该公司在这一技术领域的专利年申请量虽然有一定起伏，但是总体上呈下降趋势。这说明该公司图像水印技术的成熟度已经很高，故减少了对图像水印技术的研发投入。

（2）专利申请量区域分布

作为美国最主要的图像水印技术公司之一，Digimarc 公司专利布局的主要对象为美国。该公司在美国以外的区域专利布局较少，且 Digimarc 公司并不重视中国市场，在中国的申请量仅为 4 件。但 Digimarc 公司在世界知识产权组织和欧洲专利局申请了较多专利（见图 4-29）。

（3）技术构成分布

图 4-30 为 Digimac 公司图像水印技术的构成分布，可以看出，Digimarc 公司的

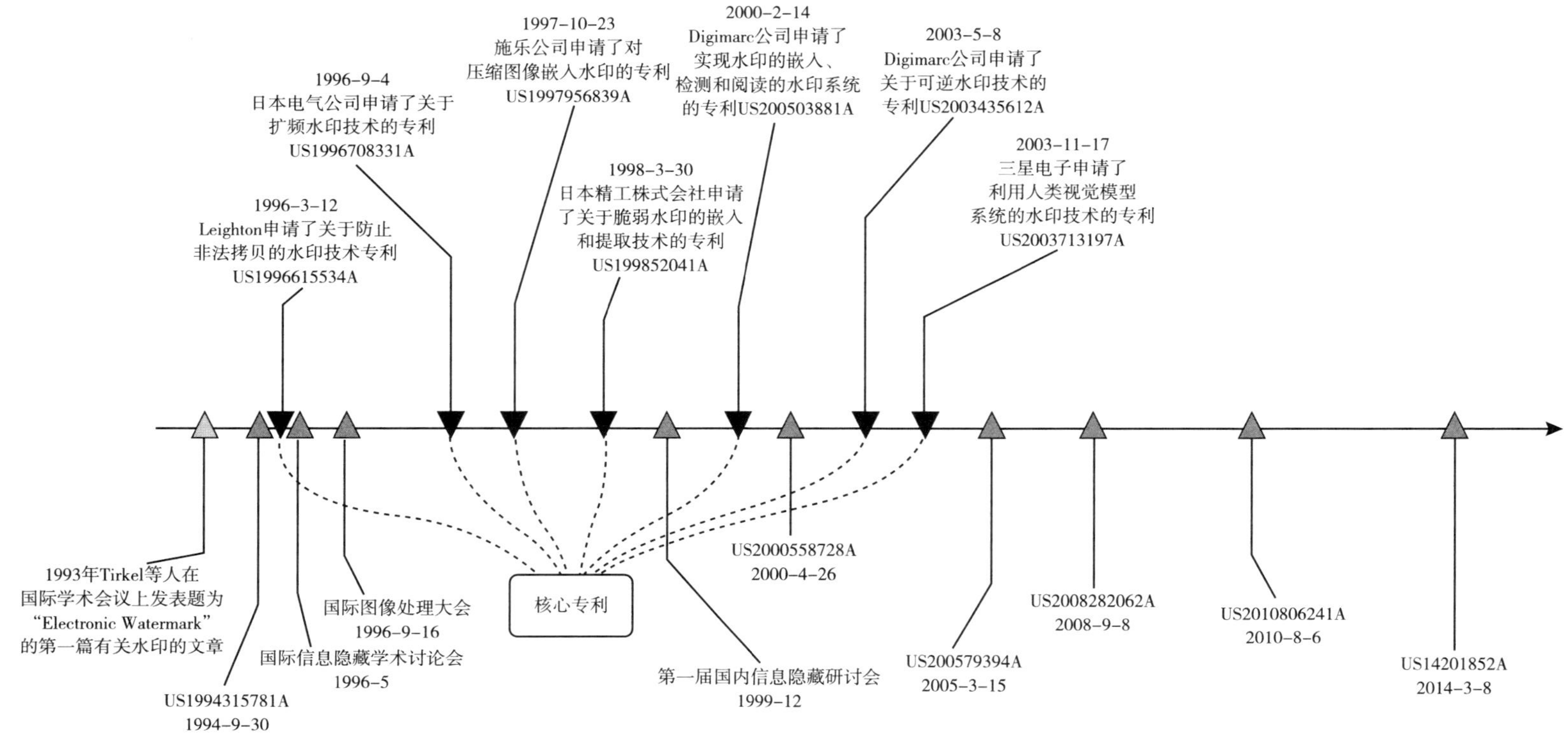

图 4-27　图像水印技术发展路线

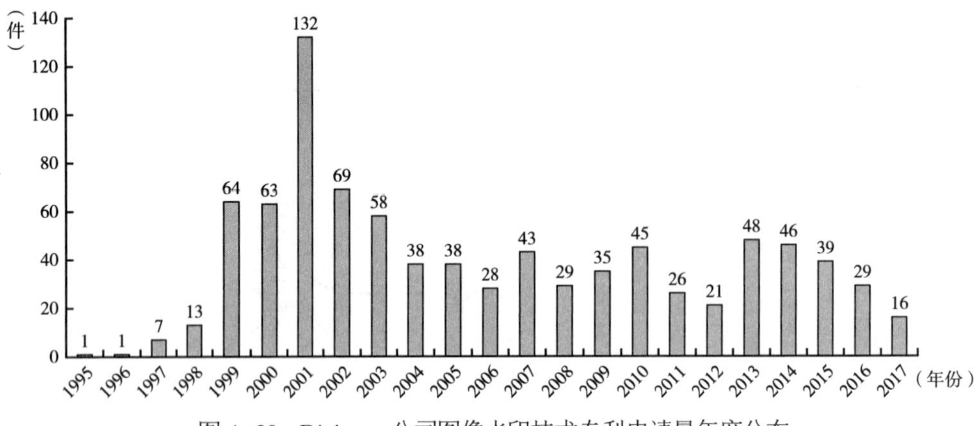

图 4-28　Digimarc 公司图像水印技术专利申请量年度分布

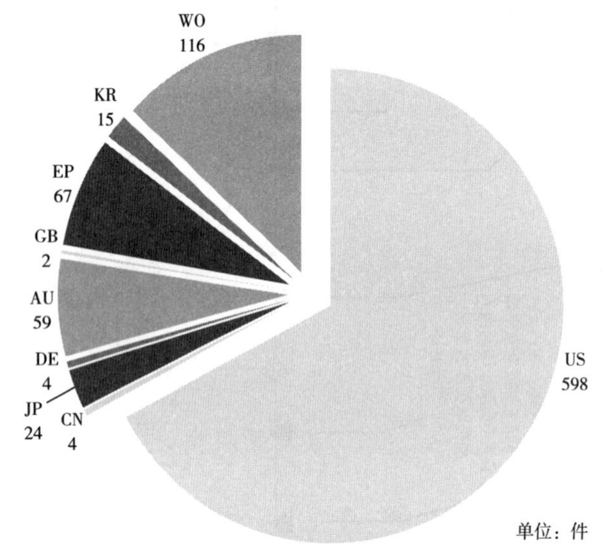

图 4-29　Digimarc 公司图像水印技术专利在“九国两组织”的申请量

研究热点包括基于频率域的图像水印技术、基于空间域的图像水印技术、图像像素、调制频谱和便携设备等。

2. 申请量排名第二的专利申请人——佳能

（1）专利申请量

图 4-31 为佳能图像水印技术专利的年度申请情况，可以看出，佳能的图像水印技术萌芽于 1996 年，于 1997 年进入快速发展阶段，到 1999 年专利年申请量已经突破 100 件。1999~2002 年是佳能在图像水印技术领域研发的高峰期，这几年的专利申

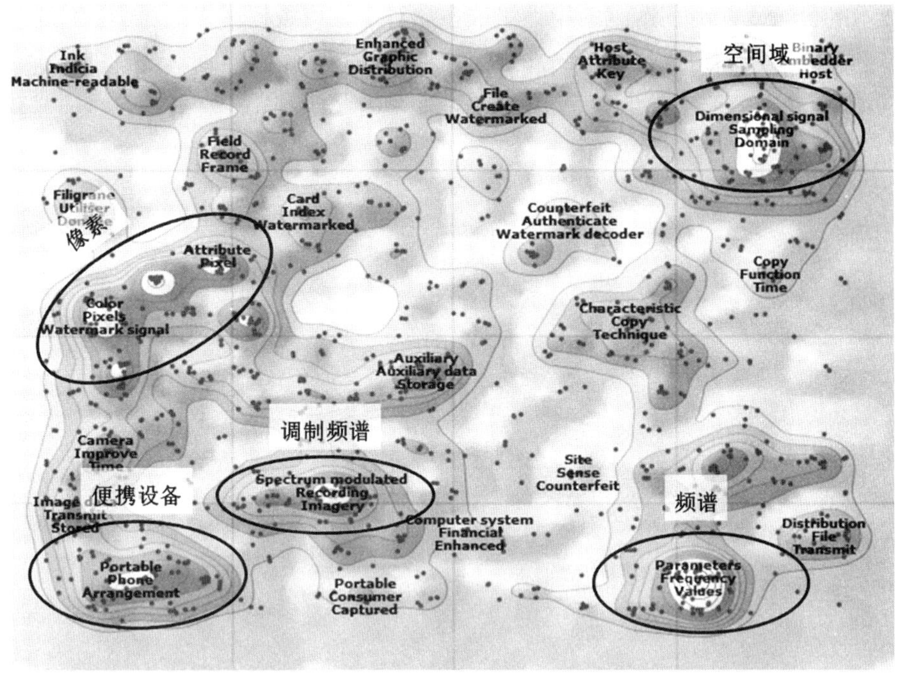

图 4-30　Digimarc 公司图像水印技术构成分布

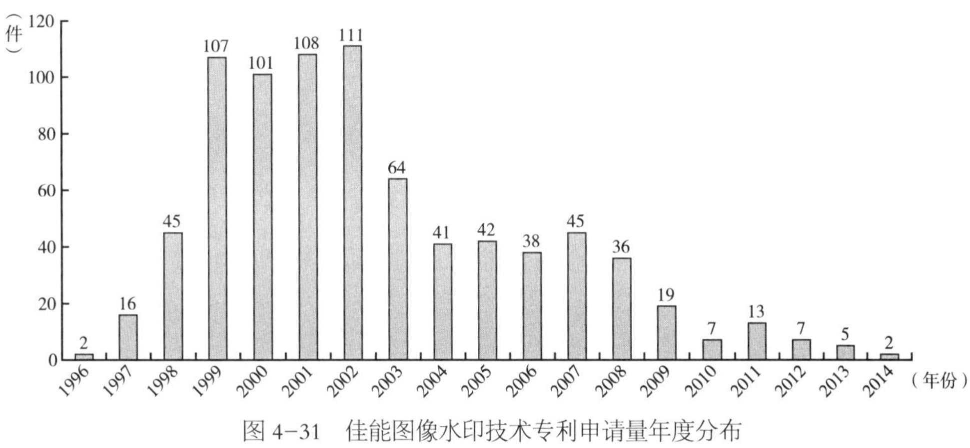

图 4-31　佳能图像水印技术专利申请量年度分布

请量均在 100 件以上。2003 年以来，佳能在图像水印技术领域的投入明显减少，专利年申请量也大幅下降，特别是 2012~2014 年专利年申请量已不足 10 件，可见佳能已经不再重点研究图像水印技术。

（2）专利申请量区域分布

图 4-32 为佳能图像水印技术专利在“九国两组织”的申请情况，从中可以看出，

作为日本的公司，佳能在本国的申请量最多。对于注重版权保护的美国，佳能也非常重视，在美国的专利申请量较多。此外，佳能关注的市场还包括法国、澳大利亚和德国等。

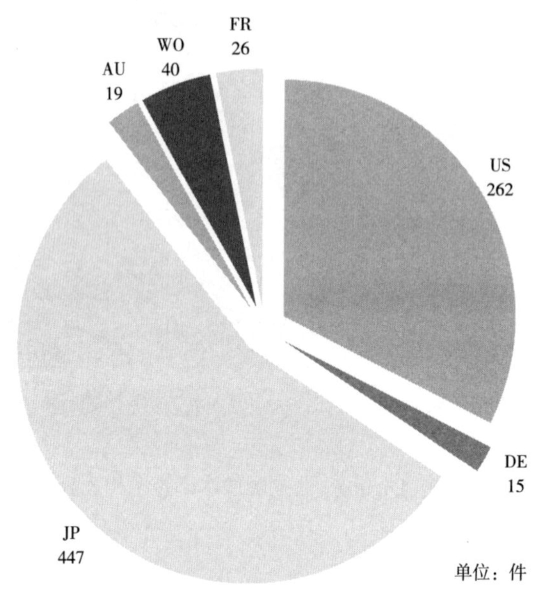

图 4-32　佳能图像水印技术专利在“九国两组织”的申请量

（3）技术构成分布

作为数码相机的主要生产商，佳能的图像水印技术主要针对数码照片。其研究热点包括基于人眼视觉特性的图像水印技术、图像水印的提取技术和图像像素技术等（见图 4-33）。

3. 申请量排名第三的专利申请人——飞利浦

（1）专利申请量

图 4-34 为飞利浦图像水印技术专利的年度申请情况，可以看出，飞利浦图像水印技术的萌芽期为 1996~1997 年，有少量的专利产出；1998~2006 年为发展期，其中第一个发展高峰为 1998~1999 年，2002~2006 年是第二个发展高峰期，这两个时期专利数量的增长主要得益于飞利浦在世界范围内申请了大量的同族专利。2007 年后，随着电子产品市场的剥离，飞利浦基本退出了图像水印技术市场。

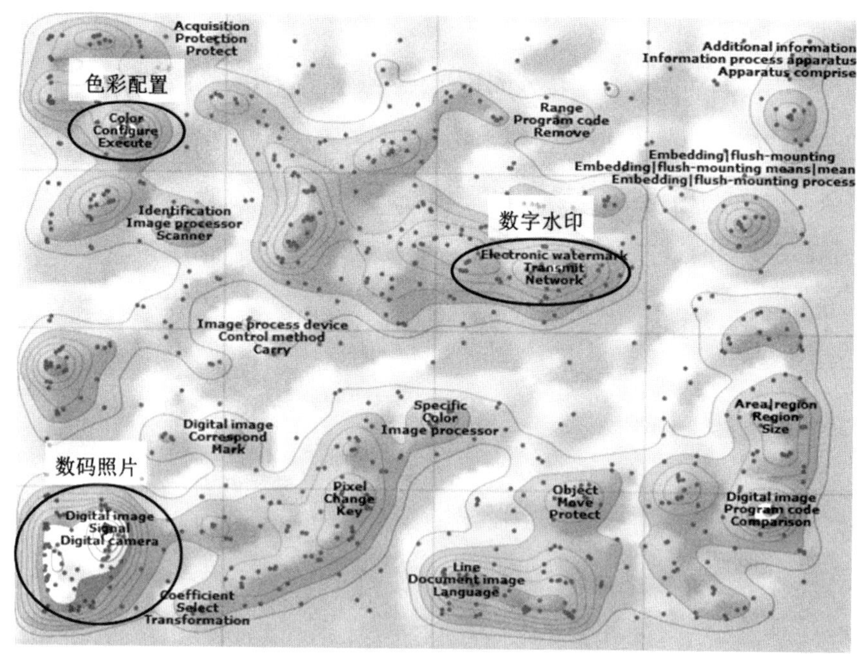

图 4-33　佳能图像水印技术构成分布

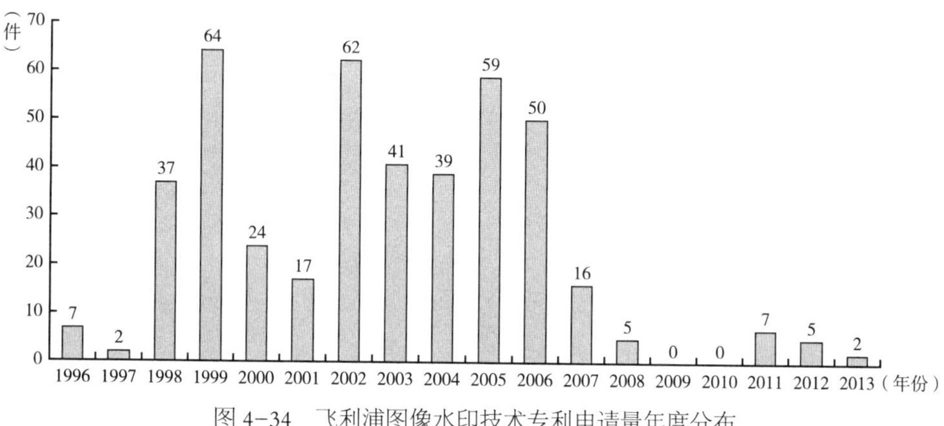

图 4-34　飞利浦图像水印技术专利申请量年度分布

（2）专利申请量区域分布

图 4-35 为飞利浦图像水印技术专利在“九国两组织”的申请情况。作为全球知名的大型跨国企业，飞利浦非常重视全球市场。飞利浦图像水印技术专利申请量最多的国家和国际组织是美国、欧洲专利局和中国，这是飞利浦意图占领的主要市场。此外，飞利浦占领日本和韩国图像水印技术市场的意图也很明显。

（3）技术构成分布

图 4-36 为飞利浦图像水印技术的构成分布，可以看出，飞利浦在图像水印技术领域的研究热点主要为可以抵抗几何失真的水印嵌入技术（通过恢复原始水印和处理后图像中水印之间的相关性实现）和水印检测技术。

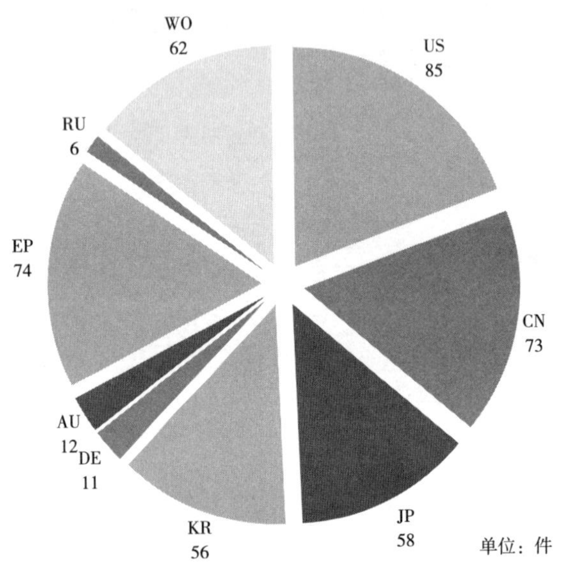

图 4-35　飞利浦图像水印技术专利在“九国两组织”的申请量

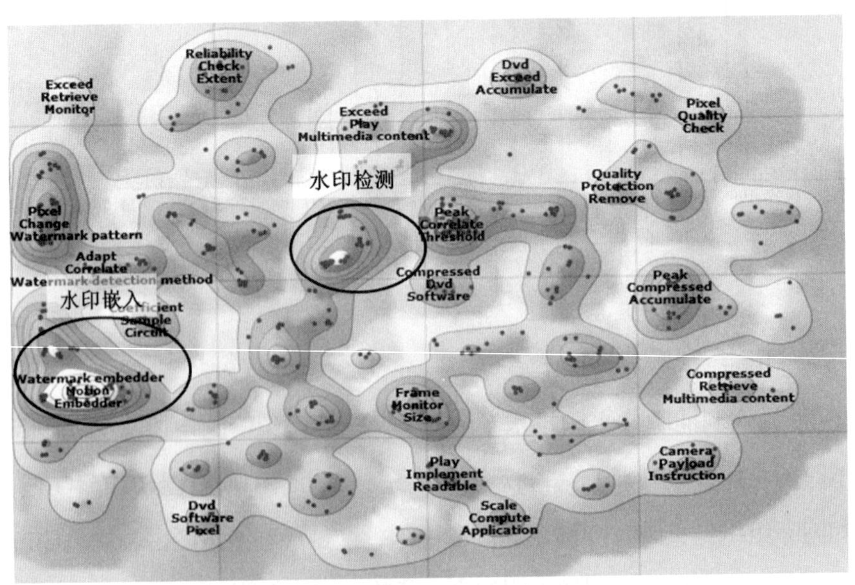

图 4-36　飞利浦图像水印技术构成分布

三　总结

（一）专利申请总体趋势

1993 年“水印”的概念一经提出便获得了广泛关注并得到了较快发展，迅速成为图像处理和信息安全领域的研究热点之一。1994~1995 年，图像水印技术领域已经有少量专利申请。1996 年在英国剑桥大学召开的以信息隐藏为主题的第一届学术会议，掀起了图像水印技术的研究高峰，1996~2002 年出现了大量图像水印技术专利申请。从 2003 年起，随着图像水印技术的成熟，专利申请量呈现下降趋势。2009 年以来，专利年申请量为 150~450 件，这说明虽然图像水印技术相对成熟，但是仍有不少企业对这一技术进行进一步研究。

（二）主要国家技术发展现状及趋势

1. 美国

美国是最早开始研究图像水印技术的国家之一，技术萌芽期为 1994~1997 年，这一时期已经有一定数量的企业对该技术展开了研究。1998~2003 年是美国图像水印技术的快速发展期，大量的企业、高校和科研院所参与图像水印技术的研究并取得突破性进展，专利申请量呈快速增长态势。从 2004 年至今，随着美国图像水印技术的成熟和市场的饱和，部分企业、高校及科研院所退出了该技术市场的竞争，专利申请量也有所减少。

2. 日本

在美国对图像水印技术展开研究之后，日本紧跟美国的步伐进入图像水印技术领域，并出现了如佳能等优势企业。日本图像水印技术的萌芽期为 1994~1995 年，是早期大力研究图像水印技术的国家之一。1996 年日本图像水印技术专利申请人数量和专利申请量都大幅增加，并取得了较多的技术突破，这一高速发展状态一直持续至 2007 年。从 2008 年开始，随着图像水印技术的成熟以及日本电子市场的不景气，日本图像水印技术专利申请人数量和专利申请量都呈现快速下降趋势，特别是 2012 年以来专利年申请量已经跌破 50 件，可见日本图像水印技术已经进入衰退期，企业参与的意愿明显降低。

3. 韩国

韩国图像水印技术的萌芽期为 1996~1997 年，这一时期有少量申请人开始对图像水印技术进行研究，并申请了少量专利。1998~2008 年是韩国图像水印技术的发展期，这一时期专利申请人数量和专利申请量都处于高位。从 2009 年开始，随着技术的成熟以及市场的饱和，大量企业退出了韩国图像水印技术市场。

4. 中国

中国的图像水印技术与美国相比起步较晚且萌芽期较长。1996~2001 年属于技术萌芽期，这一阶段主要为国外的企业来华申请专利。2000 年 1 月国家“863”计划智能计算机专家组等成功地举办了数字水印技术研讨会，国家“863”计划、国家“973”项目和国家自然科学基金等都对数字水印技术研究给予项目资金支持，这些政策支持促进了中国图像水印技术的发展。2002 年中山大学、北京邮电大学和天津大学等均申请了关于图像水印技术的专利。此后，越来越多的中国本土企业、高校和科研院所投入图像水印技术研发中，带动了相关专利申请量的增长。可以预见，中国的图像水印技术还有很大的发展空间。

（三）主要申请人对比分析

通过对图像水印技术领域专利申请人的统计分析，得出该领域专利申请量最多的三个申请人是 Digimarc 公司、佳能和飞利浦。笔者从专利申请量、专利区域分布及技术构成方面进行详细分析，结论如下。

1. 专利申请量比较

Digimarc 公司是美国最早研究图像水印技术的公司，也是目前图像水印技术专利申请量最多的公司，申请量为 889 件。除此之外，专利申请量较多的为佳能和飞利浦，分别为 809 件和 437 件。Digimarc 公司在图像水印技术领域的发展高峰期是 1999~2003 年。此后，该公司的专利申请量虽然有一定的起伏，但是总体呈下降态势，这说明该公司技术成熟度已经很高，减少了对图像水印技术的研发投入。佳能在图像水印技术领域的研发高峰期是 1999~2002 年，专利年申请量均在百件以上。2003 年以后，佳能在图像水印技术领域的投入明显减少，专利年申请量也大幅下降，特别是 2012 年后专利年申请量已不足 10 件，可见佳能已经不再重点研究图像水印技术。1998~2006 年为飞利浦图像水印技术的发展期，2007 年后，随着电子产品市场的剥离，飞利浦基本退出了图像水印技术市场。

2. 专利资产地域布局分析

从地域布局来看，Digimarc 公司的专利主要分布在其总部所在地美国，该公司在其他国家和地区的专利申请很少。佳能的专利申请主要分布在日本和美国。飞利浦则非常重视全球市场。

3. **技术热点分析**

Digimarc 公司在图像水印技术领域的研究热点包括基于频率域的图像水印技术、基于空间域的图像水印技术、图像像素、调制频谱和便携设备等。佳能的图像水印技术主要针对数码照片，研究热点包括基于人眼视觉特性的图像水印技术、图像水印的提取技术和图像像素技术等。飞利浦的研究热点为可以抵抗几何失真的水印嵌入技术和水印检测技术。

第四节　视频水印技术

视频水印技术是数字版权保护领域最热门的技术之一，通过在视频中嵌入水印信息并提取验证来保护数字视频内容的版权，并可进行视频内容真实性的认证。作为数字水印技术的一个分支，视频水印技术的研究起步相对较晚，但发展迅速。围绕该技术的专利申请发轫于 20 世纪 90 年代中期，随后快速增长，于 2002 年达到顶峰，之后总体呈下降趋势，但至今仍比较活跃。随着网络速度的不断提升，以及相关数字设备、技术功能和性能的不断优化，视频水印技术的创新与应用仍有较大空间。

一　专利检索

（一）检索结果概述

以视频水印技术为检索主题，在“九国两组织”范围内共检索到相关专利申请 6755 件，具体数量分布如表 4-40 所示。

表 4-40　“九国两组织”视频水印技术专利申请量

单位：件

国家 / 国际组织	专利申请量	国家 / 国际组织	专利申请量
US	2346	DE	143
CN	961	RU	33
JP	974	AU	262
KR	552	EP	691
GB	114	WO	651
FR	28	合计	6755

（二）“九国两组织”视频水印技术专利申请趋势

从表 4-41 和图 4-37 可以看出，视频水印技术的发展趋势和图像水印技术基本一致，但是专利申请总量要少于图像水印技术。美国和日本仍然是最具实力的国家，中国和韩国也申请了不少专利。2001~2007 年是美国视频水印技术发展的高峰期，2007 年以后美国在这一技术领域的研究有所减少。在视频水印技术领域，中国的专利年申请量较为稳定，随着中国对版权的日益重视，未来视频水印技术专利申请量还将大幅增长。

表 4-41　1994~2017 年“九国两组织”视频水印技术专利申请量

单位：件

国家 / 国际组织	专利申请量																	
	90	01	02	03	04	05	06	07	08	09	10	11	12	13	14	15	16	17
US	225	191	151	166	155	129	140	185	123	116	129	106	64	126	141	91	79	29
CN	84	33	66	63	56	52	74	34	54	59	43	62	44	56	45	51	50	35
JP	258	88	103	85	72	75	64	38	33	29	17	25	26	31	22	6	2	0
KR	96	47	43	30	28	40	46	29	54	29	21	22	16	11	14	10	16	0
GB	35	25	10	7	7	5	3	7	0	0	1	2	6	1	2	1	2	0
FR	4	2	5	3	2	5	2	1	0	2	0	0	1	1	0	0	0	0
DE	63	11	25	14	8	5	9	2	3	0	0	0	0	0	1	1	0	1
RU	13	1	2	1	1	4	2	1	2	3	1	2	0	0	0	0	0	0
AU	76	47	36	40	12	6	9	0	5	3	6	5	2	8	5	1	1	0
EP	171	47	79	58	47	42	45	29	24	27	12	23	19	25	24	13	6	0
WO	95	68	56	43	48	48	46	34	25	31	9	22	21	23	19	16	29	18
合计	1120	560	576	510	436	411	440	360	323	299	239	269	199	282	273	190	185	83

注：“90”指 1994~2000 年的专利申请总量，“01~17”分别指 2001~2017 年当年的专利申请量。

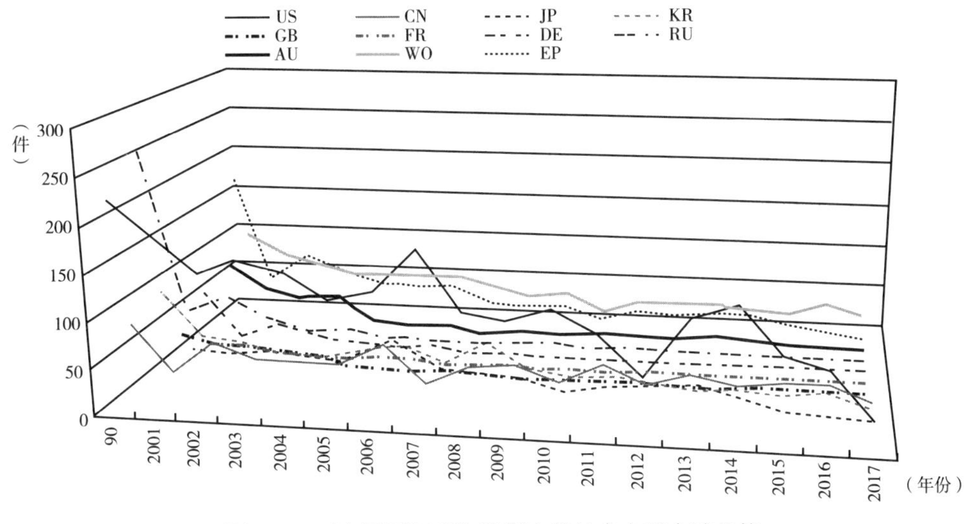

图 4-37　“九国两组织”视频水印技术专利申请趋势

注：“90”指 1994~2000 年的专利申请总量。

（三）“九国两组织”视频水印技术专利申请人排名

1994~2017 年“九国两组织”视频水印技术专利申请人排名情况如表 4-42~表 4-52 所示。

1. 美国申请人排名

表 4-42　美国视频水印技术专利申请人排名

序号	申请人	申请人国家	申请数量（件）	授权数量（件）
1	Digimarc Corp.	美国	729	356
2	Sony Corp.	日本	189	54
3	Hitachi Ltd.	日本	105	34
4	Cisco Tech. Inc.	日本	78	25
5	IBM Corp.	美国	69	24

2. 中国申请人排名

表 4-43　中国视频水印技术专利申请人排名

序号	申请人	申请人国家	申请数量（件）	授权数量（件）
1	Koninkl Philips Electronics N.V.	荷兰	180	56
2	Thomson Licensing S.A.	法国	81	33
3	Sony Corp.	日本	79	22
4	Univ. Sun Yat-sen（中山大学）	中国	28	11
5	Huawei Tech. Co. Ltd.（华为）	中国	27	10

3. 日本申请人排名

表 4-44 日本视频水印技术专利申请人排名

序号	申请人	申请人国家	申请数量（件）	授权数量（件）
1	Sony Corp.	日本	163	35
2	Koninkl Philips Electronics N.V.	荷兰	115	18
3	Thomson Licensing S.A.	法国	77	20
4	Hitachi Ltd.	日本	60	17
5	NEC Corp.	日本	56	27

4. 韩国申请人排名

表 4-45 韩国视频水印技术专利申请人排名

序号	申请人	申请人国家	申请数量（件）	授权数量（件）
1	Koninkl Philips Electronics N.V.	荷兰	112	16
2	Thomson Licensing S.A.	法国	42	14
3	Samsung Electronics Co. Ltd.	韩国	33	10
4	MarkAny Inc.	韩国	32	14
5	Sony Corp.	日本	32	13

5. 英国申请人排名

表 4-46 英国视频水印技术专利申请人排名

序号	申请人	申请人国家	申请数量（件）	授权数量（件）
1	Sony Corp.	日本	43	19
2	Motorola Inc.	美国	11	6
3	Kent Ridge Digital Labs	新加坡	8	3
4	British Broadcasting Corp.	英国	5	2
5	Lagavulin Ltd.	英国	5	1

6. 法国申请人排名

表 4-47 法国视频水印技术专利申请人排名

序号	申请人	申请人国家	申请数量（件）	授权数量（件）
1	France Telecom	法国	9	1
2	Thomson Licensing S.A.	法国	6	0
3	Nextamp S.A.	法国	4	0
4	Canon K.K.	日本	4	0
5	Soc Fr du Radiotelephone S.F.R.	法国	3	1

7. 德国申请人排名

表 4-48　德国视频水印技术专利申请人排名

序号	申请人	申请人国家	申请数量（件）	授权数量（件）
1	Koninkl Philips Electronics N.V.	荷兰	38	8
2	Thomson Licensing S.A.	法国	12	10
3	NEC Corp.	日本	12	4
4	Sony Corp.	日本	10	1
5	Macrovision Corp.	美国	6	1

8. 俄罗斯申请人排名

表 4-49　俄罗斯视频水印技术专利申请人排名

序号	申请人	申请人国家	申请数量（件）	授权数量（件）
1	Koninkl Philips Electronics N.V.	荷兰	17	3
2	Macrovision Corp.	美国	5	4
3	Nagra France S.A.	法国	3	1
4	Sony Corp.	日本	3	1
5	Irdeto B.V.	荷兰	2	1

9. 澳大利亚申请人排名

表 4-50　澳大利亚视频水印技术专利申请人排名

序号	申请人	申请人国家	申请数量（件）	授权数量（件）
1	Digimarc Corp.	美国	46	3
2	Koninkl Philips Electronics N.V.	荷兰	42	1
3	Macrovision Corp.	美国	17	7
4	Dolby Lab Licensing Corp.	美国	14	2
5	MarkAny Inc.	韩国	12	1

10. 欧洲专利局申请人排名

表 4-51　欧洲专利局视频水印技术专利申请人排名

序号	申请人	申请人国家	申请数量（件）	授权数量（件）
1	Koninkl Philips Electronics N.V.	荷兰	159	30
2	Thomson Licensing S.A.	法国	109	23
3	Sony Corp.	日本	50	9
4	Digimarc Corp.	美国	30	3
5	NEC Corp.	日本	28	6

11. 世界知识产权组织申请人排名

表 4-52 世界知识产权组织视频水印技术专利申请人排名

序号	申请人	申请人国家	申请数量（件）
1	Koninkl Philips Electronics N.V.	荷兰	144
2	Digimarc Corp.	美国	80
3	Thomson Licensing S.A.	法国	52
4	Sony Corp.	日本	29
5	Central Research Laboratories Ltd.	美国	20

二 专利分析

（一）技术发展趋势分析

随着信息技术的快速发展，视频产品得到了大量使用，人们不但可以从网络中快速获得各种视频信息，还可以将视频信息置于网页中以便随时观看。随着各种视频产品信息渗透人们生活的各个角落，视频产品的版权保护显得十分重要。视频水印技术是通过在视频内容中嵌入数字水印来保护视频产品的版权，并进行内容的真实性和完整性认证。作为数字水印技术的一个分支，视频水印技术的研究起步相对较晚，最早的研究是1994 年K. Matsui 等人借鉴图像水印技术提出的视频隐写术的概念①。视频水印技术第一件专利诞生于 1995 年。1996 年以来，随着扩频思想的提出以及众多国内外学者在该技术领域不断深入研究，视频水印技术进入快速发展阶段，这一阶段持续到 2002 年（见图 4-38）。2002 年后，随着视频水印技术进入成熟期，专利申请量稳中有降。从总体上看，视频水印技术仍保持着较高的研究热度。

（二）技术路线分析

1995 年，Digimarc 公司申请了一件将数字信号嵌入图像和视频中的水印的专利，这是视频水印技术领域的第一件专利。这一专利为视频水印技术的发展奠定了良好的基础，后续被大量申请人引用。1996 年，美国的 Vivo 软件公司（Vivo Software Inc.）

① K. Matsui, K. Tanaka.Video-steganography: How to secretly embed a signature in a picture. in: Proc. (IMA Intellectual property project proceedings, 1994), pp.187-206.

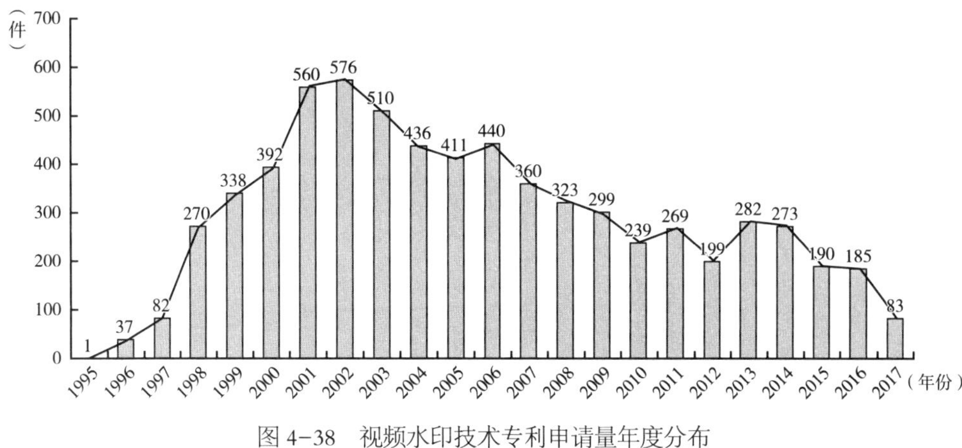

图 4-38　视频水印技术专利申请量年度分布

申请了一件关于在压缩视频中嵌入水印的专利，同样也被之后的大量专利引用。1996 年以来，学术界有关视频水印技术的文献和专题在一些重要的国际期刊和杂志上大量出版，引发了视频水印技术研发热潮。1997 年美国明尼苏达大学（University of Minnesota）申请了关于视频水印中小波转换的应用的专利；1998 年 PixelTools 公司申请了在位流处理过程中嵌入水印的技术的专利；2001 年 Datamark 公司申请了利用数据正交变换系数嵌入水印的方法的专利；2003 年阿尔卡特（Alcatel-Lucent S.A.S.）申请了将人类视觉系统应用到视频水印技术中的专利；2005 年 Digimarc 公司申请了关于水印信号强度控制的专利（见图 4-39）。这些都是视频水印技术领域的核心专利，也反映了视频水印技术发展的新方向。

（三）主要专利申请人分析

1. **申请量排名第一的专利申请人——飞利浦**

（1）专利申请量

飞利浦在电视、音影设备方面的大量研究带动了其视频领域各项技术的发展，使其成为最早从事视频水印技术研究的公司之一。2002 年之前飞利浦的专利申请量总体呈上升态势；之后由于技术成熟，从 2004 年开始飞利浦逐渐减少了在视频水印技术领域的投入；特别是 2009 年后，随着其电子产品的剥离，飞利浦的专利年申请量不超过 15 件（见图 4-40）。

（2）专利申请量区域分布

飞利浦最注重的市场是中国和美国。此外，日本、韩国和欧洲也是其想要占

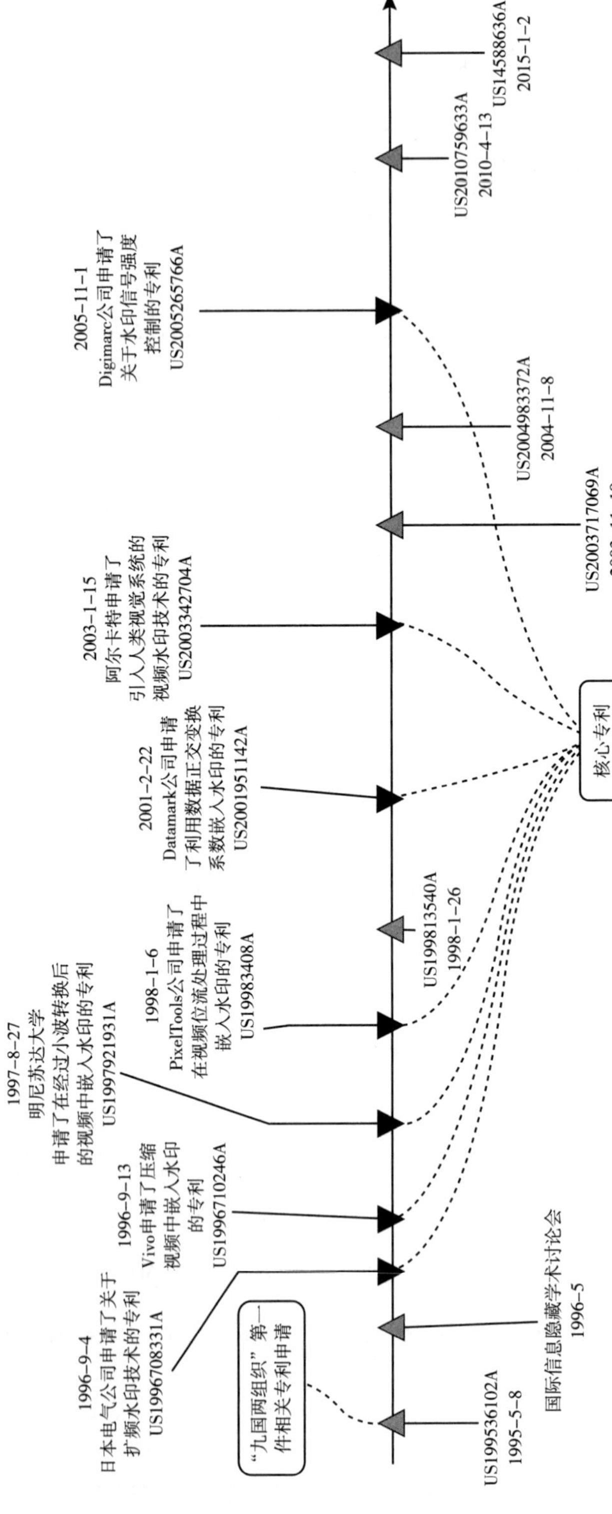

图 4-39 视频水印技术发展路线

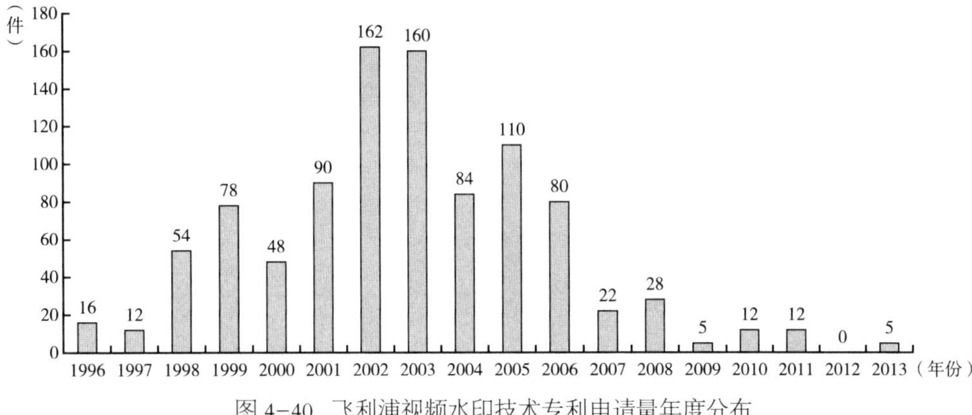

图 4-40　飞利浦视频水印技术专利申请量年度分布

领的技术市场（见图 4-41）。值得关注的是，飞利浦在视频水印技术领域也申请了大量的 PCT 专利。可见，飞利浦非常注重世界范围的专利保护，专利质量也都很高。

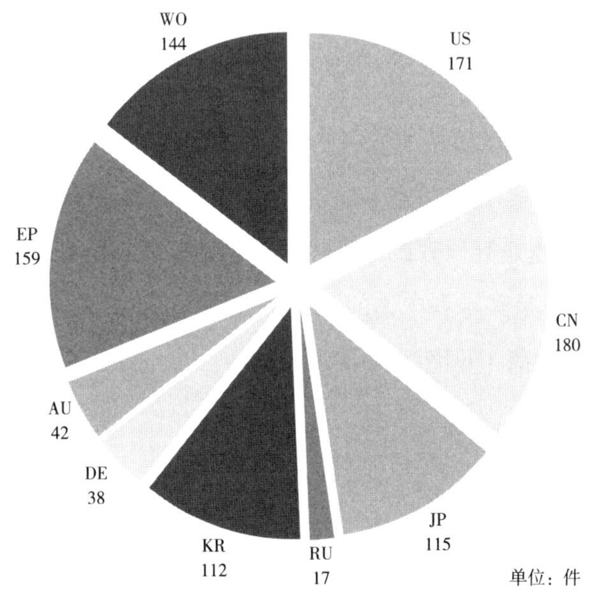

图 4-41　飞利浦视频水印技术专利在“九国两组织”的申请量

（3）技术构成分布

从图 4-42 可以看出，飞利浦在视频水印技术领域的研究重点为水印模式和基于 DCT 的哈希算法等。

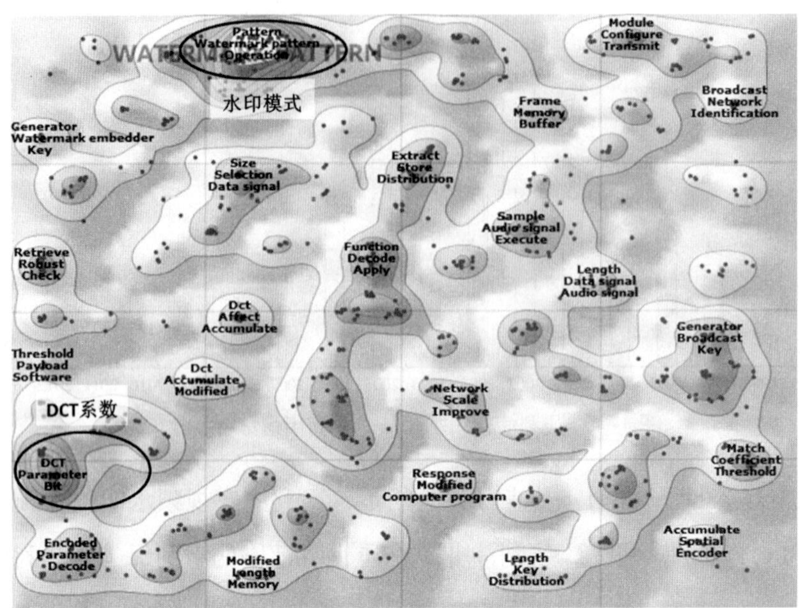

图 4-42　飞利浦视频水印技术构成分布

2. 申请量排名第二的专利申请人——Digimarc公司

（1）专利申请量

Digimarc 公司是美国最早从事数字水印技术研究的公司之一。其在视频水印技术领域的第一件专利申请诞生于 1996 年。2000~2002 年是 Digimarc 公司在视频水印技术领域的技术突破期，也是其研究的第一个高峰期，此后一直到 2006 年专利申请量保持稳定。2007~2010 年是其专利申请的又一个高峰期。2011 年之后，Digimarc 公司的专利年申请量有明显回落（见图 4-43）。

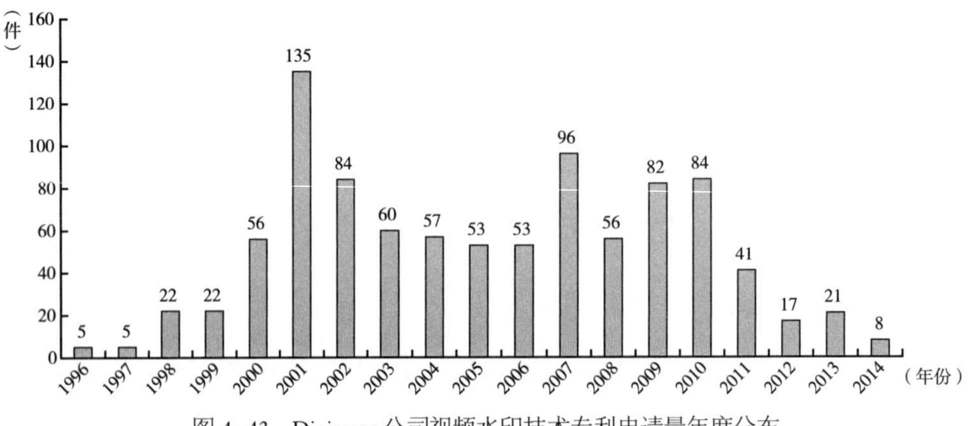

图 4-43　Digimarc 公司视频水印技术专利申请量年度分布

（2）专利申请量区域分布

图 4-44 为 Digimarc 公司视频水印技术专利在“九国两组织”的申请情况，从中可以看出，Digimarc 公司最注重美国市场的技术保护，在其他国家和地区的专利申请量明显少于在美国的申请量，在澳大利亚、日本、韩国和欧洲专利局的专利申请量均不足 50 件。

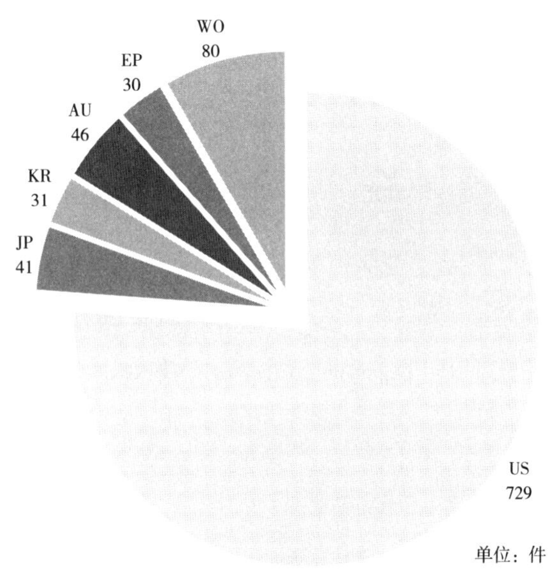

图 4-44　Digimarc 公司视频水印技术专利在“九国两组织”的申请量

（3）技术构成分布

图 4-45 为 Digimarc 公司视频水印技术的构成分布，从中可以看出，该公司的研究热点为水印颜色、版权保护水印、水印域和元数据等。

3. 申请量排名第三的专利申请人——索尼

（1）专利申请量

索尼是世界范围内主要的视频水印研究公司之一，这主要得益于其在电视和数码影音领域的优势地位。从图 4-46 可以看出，索尼关于视频水印技术的第一件专利申请诞生于 1996 年，1997~2000 年为技术发展期，2001~2003 年为专利申请的高峰期，2004 年以后索尼减少了在视频水印技术领域的投入，特别是 2010 年以来，专利年申请量已不足 10 件。

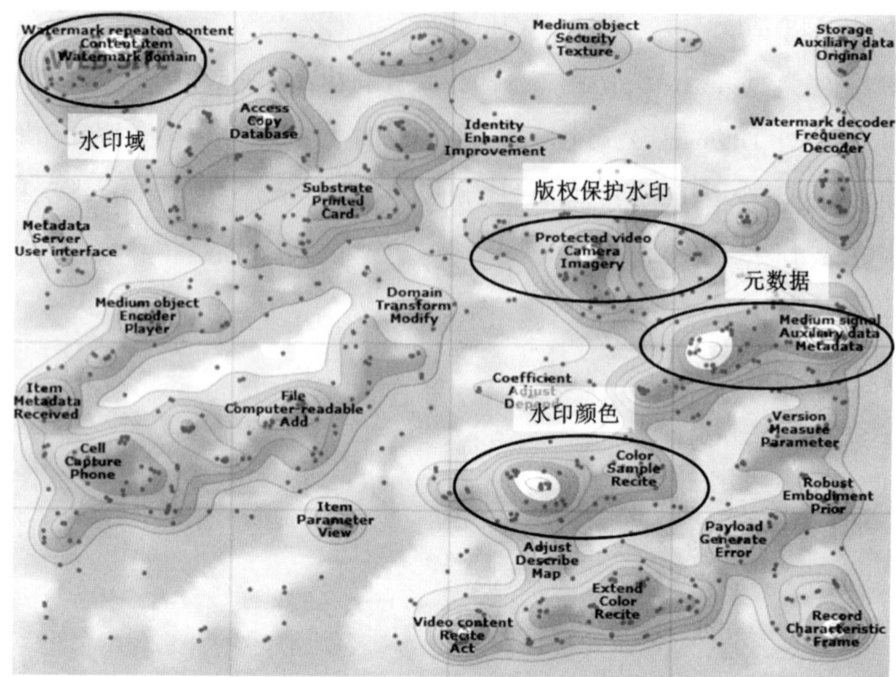

图 4-45　Digimarc 公司视频水印技术构成分布

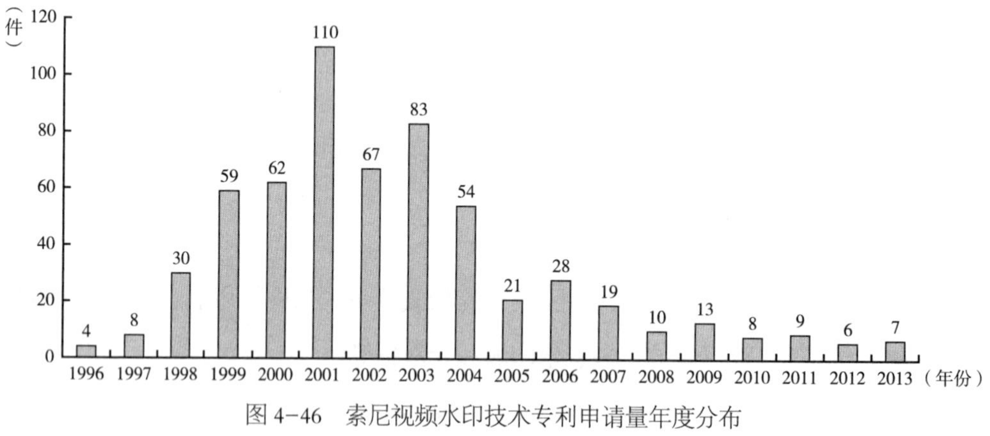

图 4-46　索尼视频水印技术专利申请量年度分布

（2）专利申请量区域分布

图 4-47 是索尼视频水印技术专利在“九国两组织”的申请情况。美国作为视频水印技术竞争最为激烈的国家之一，是各申请人的必争之地，作为大型跨国公司的索尼在美国进行了大量布局并拥有相当的技术优势。索尼在其总部所在地日本也申请了不少专利。此外，索尼还较多关注中国和欧洲市场。

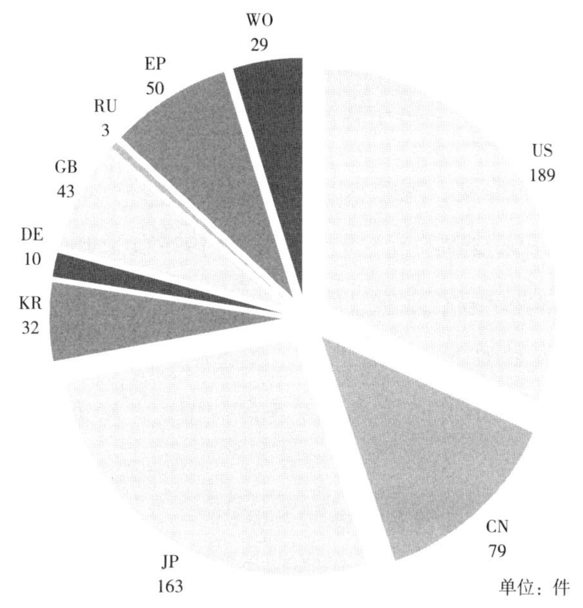

图 4-47　索尼视频水印技术专利在“九国两组织”的申请量

（3）技术构成分布

图 4-48 是索尼视频水印技术的构成分布，从中可以看出，索尼的研发热点为通过水印确定视频是否为拷贝，以及立体视频水印和水印信息等。

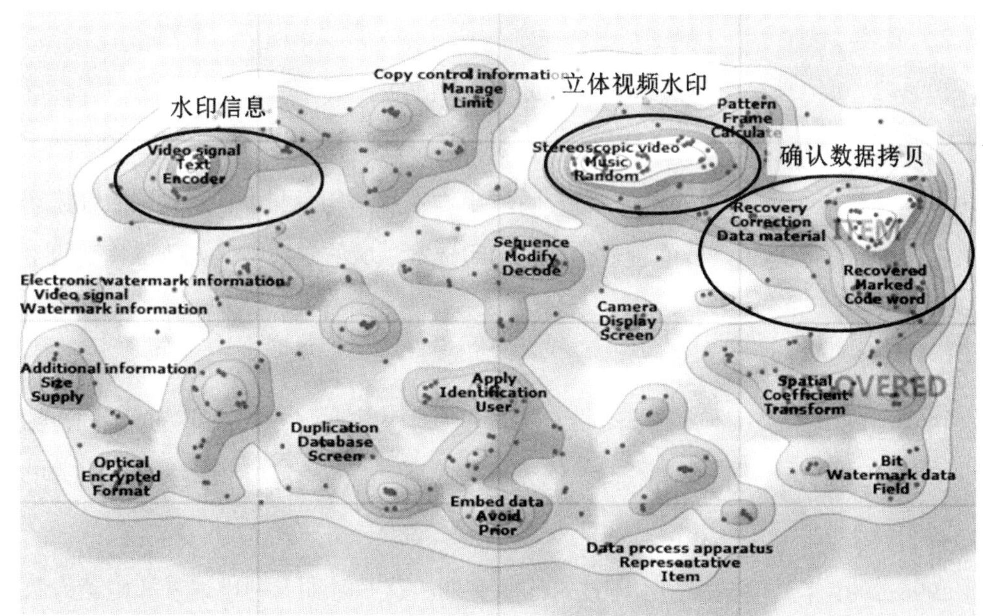

图 4-48　索尼视频水印技术构成分布

三 总结

（一）专利申请总体趋势

作为数字水印技术的分支，视频水印技术的研究起步相对较晚，最早的研究出现在 1994 年，关于视频水印技术的专利最早申请于 1995 年。1996 年以来，随着扩频思想的提出以及众多国内外学者在该领域研究的不断深入，视频水印技术进入快速发展阶段，这一阶段持续到 2002 年。2002 年后，随着视频水印技术进入成熟期，专利申请量稳中有降。这一时期中国的专利申请量也保持稳定。从总体上看，视频水印技术仍保持着较高的研究热度。

（二）主要国家技术发展现状及趋势

1. 美国

美国的视频水印技术萌芽于 1996 年，此后发展迅速，特别是 1998~2003 年美国关于视频水印技术的专利申请量和申请人数量都大幅度增长。2011 年后，美国视频水印技术专利申请量和申请人数量都缓慢减少。这是由于美国的视频水印技术已经相对成熟，参与的企业也相对固定，有部分企业减少或者停止了对该技术的研发投入，也基本没有新企业进入这个领域。

2. 日本

1998~2002 年是日本视频水印技术的快速发展期。这一时期，以索尼为首的日本企业对视频水印技术进行了大量研究，推进了日本视频水印技术的发展。2003~2006 年是日本视频水印技术的成熟期，这一阶段申请人数量和专利申请量稳中有降。2007 年以来，随着日本电子产业的衰退，视频水印技术领域的专利申请人数量和专利申请量都大幅减少。

3. 韩国

1998~2008 年为韩国视频水印技术的发展期。与美国和日本的快速发展不同，韩国的发展期持续长，发展速度也相对缓慢。2009 年以来，韩国的视频水印技术进入成熟期。

4. 中国

1996~2001 年为中国视频水印技术的萌芽期。这一时期专利申请量和申请人数量都较少，且主要是国外企业来华申请。与美国已经进入技术成熟期不同，2002 年至今是中国视频水印技术的发展期，专利申请人数量和专利年申请量较稳定，未来还有很大发展空间。

（三）主要申请人对比分析

通过对视频水印技术领域专利申请人的统计分析，笔者得出该技术领域申请量最多的三个申请人是飞利浦、Digimarc 公司和索尼。笔者从专利申请量、专利申请区域分布及技术构成进行详细分析，得出如下结论。

1. 专利申请量比较

飞利浦在电视和音影设备方面的大量研究带动了其视频领域各项技术的发展，使其成为最早从事视频水印技术研究的公司之一。飞利浦是视频水印技术专利申请量最多的公司，为 978 件。Digimarc 公司作为视频水印技术领域的先驱之一，其视频水印技术专利申请量仅次于飞利浦，为 957 件。专利申请量排在第三位的索尼拥有 598 件专利申请。这三个申请人目前都已经减少了在视频水印技术领域的研究。

2. 专利资产地域布局分析

飞利浦最注重的市场是中国和美国，此外，日本、韩国和欧洲也是其想要占领的技术市场。Digimarc 公司更注重美国市场的技术保护，在其他市场的专利布局明显少于美国，在澳大利亚、日本、韩国和欧洲专利局的专利申请量均不足 50 件。索尼在美国进行了大量专利布局并拥有相当的技术优势，布局第二多的是其总部所在地日本，此外，索尼还较多关注中国和欧洲市场。

3. 技术热点分析

飞利浦在视频水印技术领域的研究重点为水印模式和基于 DCT 的哈希算法等。Digimarc 公司的研究热点为水印颜色、版权保护水印、水印域和元数据等。索尼的研究热点为通过水印确定视频是否为拷贝，以及立体视频水印和水印信息等。

第五节　数字水印标识技术

数字水印标识技术是数字版权保护领域最热门的技术之一，通过将相应标识信息（即数字水印）直接嵌入数字载体中，在不影响原载体使用价值也不易被人觉察或注意的情况下，通过提取验证这些隐藏信息，达到确认内容创建者和购买者、传送隐秘信息或者判断载体是否被篡改等目的。围绕该技术的专利申请发轫于 20 世纪 90 年代中期，从 1998 年开始快速增长，于 2007 年达到顶峰。尽管此后专利年申请量总体呈下降趋势，但至 2016 年，专利年申请量仍高达 376 件。可以预见，在今后较长时期内，该技术的创新和应用仍有较大空间。

一　专利检索

（一）检索结果概述

以数字水印标识技术为检索主题，在“九国两组织”范围内共检索到相关专利申请 11815 件，具体数量分布如表 4-53 所示。

表 4-53　“九国两组织”数字水印标识技术专利申请量

单位：件

国家 / 国际组织	专利申请量	国家 / 国际组织	专利申请量
US	4273	DE	126
CN	2166	RU	62
JP	1387	AU	330
KR	884	EP	1172
GB	123	WO	1275
FR	17	合计	11815

（二）“九国两组织”数字水印标识技术专利申请趋势

表 4-54 和图 4-49 展示了 1994~2017 年“九国两组织”数字水印标识技术专利的申请情况。从整体上看，数字水印标识技术经历了萌芽期和快速发展期之后，已逐渐进入成熟期，近两年专利申请量有所降低主要是受专利自身公开滞后的影响。结合该技术领域目前的研究热度以及各国国家政策层面的举措，我们可以得出该技术并未步入衰退期，而是经过一定程度的发展，逐渐迈向技术瓶颈攻坚的方向。具体来说，美国不仅在专利数量上遥遥领先，而且对数字水印标识技术的研究起步最早，在 1994 年便有相关专利申请出现，之后进入快速发展期。Digimarc 公司和微软等对该技术领域的创新贡献了相当大的力量。日本作为美国的追随者，在 1997 年前后也投身于该技术研究，而且凭借自身不俗的研发创新能力，于 1999~2008 年十年间创新成果不断。单纯从专利申请量来讲，中国已处于前列，但由于进入 21 世纪之后才真正开展相关

研究，起步相对欧美国家来说晚了一步，因此相关专利申请更多只能在外围专利上进行布局。近几年，中国相关专利申请保持高位发展，这使人们有信心期待未来量变到质变的飞跃。

表 4-54　1994~2017 年“九国两组织”数字水印标识技术专利申请量

单位：件

国家 / 国际组织	专利申请量																	
	90	01	02	03	04	05	06	07	08	09	10	11	12	13	14	15	16	17
US	313	229	225	249	276	291	298	372	292	221	201	163	176	273	286	185	161	62
CN	62	24	81	95	112	154	172	144	131	120	125	163	130	190	172	100	118	73
JP	229	91	112	133	109	128	115	107	75	45	50	41	33	39	27	30	18	5
KR	64	27	32	47	51	61	137	132	89	55	45	39	23	31	11	15	21	4
GB	26	5	11	14	14	5	5	5	6	6	7	3	6	3	4	2	1	0
FR	1	2	0	0	1	1	2	3	1	0	2	0	1	1	0	0	2	0
DE	46	5	15	9	18	14	7	2	1	0	1	1	2	1	2	0	2	0
RU	9	2	3	2	6	7	6	8	9	0	3	4	0	3	0	0	0	0
AU	60	59	41	47	14	26	9	10	7	7	8	8	4	12	5	2	8	3
EP	169	58	93	93	104	120	94	89	84	34	40	48	27	54	23	24	15	3
WO	122	80	89	88	85	126	110	117	100	45	51	52	36	74	31	26	30	13
合计	1101	582	702	777	790	933	955	989	795	533	533	522	438	681	561	384	376	163

注：“90”指 1994~2000 年的专利申请总量，“01~17”分别指 2001~2017 年当年的专利申请量。

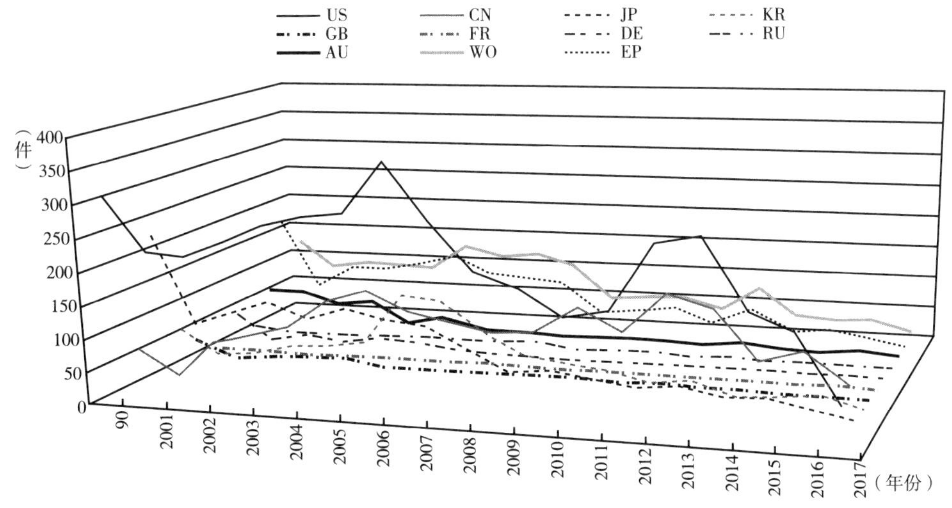

图 4-49　“九国两组织”数字水印标识技术专利申请趋势

注：“90”指 1994~2000 年的专利申请总量。

（三）“九国两组织”数字水印标识技术专利申请人排名

1994~2017 年“九国两组织”数字水印标识技术专利申请人排名情况如表 4-55~表 4-65 所示。

1. 美国申请人排名

表 4-55 美国数字水印标识技术专利申请人排名

序号	申请人	申请人国家	申请数量（件）	授权数量（件）
1	Digimarc Corp.	美国	593	576
2	Microsoft Corp.	美国	250	189
3	Koninkl Philips Electronics N.V.	荷兰	173	44
4	Sony Corp.	日本	162	108
5	IBM Corp.	美国	143	94

2. 中国申请人排名

表 4-56 中国数字水印标识技术专利申请人排名

序号	申请人	申请人国家	申请数量（件）	授权数量（件）
1	Koninkl Philips Electronics N.V.	荷兰	165	61
2	Samsung Electronics Co. Ltd.	韩国	83	43
3	Sony Corp.	日本	73	41
4	Huawei Tech. Co. Ltd.（华为）	中国	50	37
5	Microsoft Corp.	美国	42	29

3. 日本申请人排名

表 4-57 日本数字水印标识技术专利申请人排名

序号	申请人	申请人国家	申请数量（件）	授权数量（件）
1	Hitachi Ltd.	日本	124	50
2	Canon K.K.	日本	111	37
3	Koninkl Philips Electronics N.V.	荷兰	104	37
4	Sony Corp.	日本	102	42
5	NEC Corp.	日本	52	26

4. 韩国申请人排名

表 4-58　韩国数字水印标识技术专利申请人排名

序号	申请人	申请人国家	申请数量（件）	授权数量（件）
1	Samsung Electronics Co. Ltd.	韩国	146	75
2	Koninkl Philips Electronics N.V.	荷兰	131	19
3	LG Electronics Inc.	韩国	47	18
4	Korea Electronics & Telecommun. Res. Inst.	韩国	31	15
5	Sony Corp.	日本	19	9

5. 英国申请人排名

表 4-59　英国数字水印标识技术专利申请人排名

序号	申请人	申请人国家	申请数量（件）	授权数量（件）
1	Sony Corp.	日本	34	8
2	IBM Corp.	美国	11	7
3	Vodafone Group PLC	英国	5	3
4	Hewlett-Packard Dev Co. LP	美国	3	2
5	Digimarc Corp.	美国	2	2

6. 法国申请人排名

表 4-60　法国数字水印标识技术专利申请人排名

序号	申请人	申请人国家	申请数量（件）	授权数量（件）
1	France Telecom	法国	3	1
2	Apple Inc.	美国	2	2
3	Thales Group	法国	2	1
4	Canon K.K.	日本	2	1
5	Koninkl Philips Electronics N.V.	荷兰	1	0

7. 德国申请人排名

表 4-61　德国数字水印标识技术专利申请人排名

序号	申请人	申请人国家	申请数量（件）	授权数量（件）
1	Koninkl Philips Electronics N.V.	荷兰	35	17
2	Sony Corp.	日本	9	4
3	NEC Corp.	日本	8	7
4	Microsoft Corp.	美国	8	7
5	Canon K.K.	日本	7	5

8. 俄罗斯申请人排名

表 4-62 俄罗斯数字水印标识技术专利申请人排名

序号	申请人	申请人国家	申请数量（件）	授权数量（件）
1	Koninkl Philips Electronics N.V.	荷兰	11	8
2	Microsoft Corp.	美国	9	5
3	Samsung Electronics Co. Ltd.	韩国	4	4
4	INKA Entworks Inc.	韩国	3	3
5	Interdigital Tech.	美国	2	0

9. 澳大利亚申请人排名

表 4-63 澳大利亚数字水印标识技术专利申请人排名

序号	申请人	申请人国家	申请数量（件）	授权数量（件）
1	Digimarc Corp.	美国	54	12
2	Koninkl Philips Electronics N.V.	荷兰	37	3
3	Microsoft Corp.	美国	20	12
4	Samsung Electronics Co. Ltd.	韩国	17	13
5	Sony Corp.	日本	14	4

10. 欧洲专利局申请人排名

表 4-64 欧洲专利局数字水印标识技术专利申请人排名

序号	申请人	申请人国家	申请数量（件）	授权数量（件）
1	Koninkl Philips Electronics N.V.	荷兰	162	37
2	Sony Corp.	日本	70	13
3	Samsung Electronics Co. Ltd.	韩国	68	5
4	Microsoft Corp.	美国	57	18
5	Digimarc Corp.	美国	51	47

11. 世界知识产权组织申请人排名

表 4-65 世界知识产权组织数字水印标识技术专利申请人排名

序号	申请人	申请人国家	申请数量（件）
1	Koninkl Philips Electronics N.V.	荷兰	225
2	Digimarc Corp.	美国	104
3	Sony Corp.	日本	97
4	Microsoft Corp.	美国	56
5	IBM Corp.	美国	45

二 专利分析

（一）技术发展趋势分析

图 4-50 是通过检索得到的数字水印标识技术专利申请量年度发展趋势。关于数字水印的研究最早可以追溯到 1954 年，美国的 Muzak 公司提出了一件通过在音乐中嵌入标识码达到防止盗版以及认证所有权等目的的专利申请。自此之后，数字水印有了最初的研究雏形。1993 年，发生了一件足以成为数字水印研究领域里程碑的事件——Tirkel 等人发表了一篇题为“Electronic Watermark”的论文，数字水印概念被首次提出[①]。自此数字水印标识技术被当作一门学科来研究。从图 4-50 可以看出，1996 年之前相关专利申请很少。一方面，从一个概念的提出到被大众接受需要时间和过程；另一方面，数字水印标识技术作为数字信号处理、图像处理、密码学应用和算法设计等学科的交叉领域，技术门槛相当高，这也在一定程度上妨碍了数字水印标识技术在全球的发展和推广。

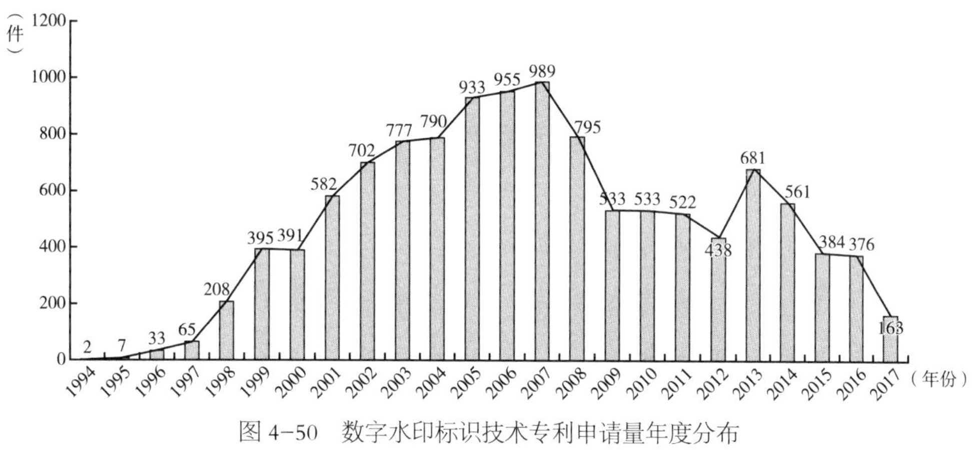

图 4-50 数字水印标识技术专利申请量年度分布

一门技术的发展需要很多因素的推动，数字水印标识技术同样如此。这一技术快速发展既得益于全球防止盗版等问题的客观需求，也有行业组织的建立和大力推广的作用。1996 年数字水印技术领域召开了第一届国际信息隐藏学术讨论会和国际图像处理大

① 李智:《基于 ZIG-zag 和 DWT 的数字水印算法研究》，硕士学位论文，西北师范大学，2013，第 2 页。

会，这在当时对数字水印概念的推广具有决定性意义①。从专利发展趋势上看，数字水印标识技术专利年申请量从1996年的33件增长到2007年的989件，增长迅速。

从21世纪初期开始，随着数字水印标识技术研究的不断深入，创新成果纷纷出现，例如美国的Digimarc公司、奥多比系统公司（Adobe Systems Inc.，以下简称“Adobe”）均推出了成熟的商用数字水印软件。“市场未到，专利先行”，专利是维护市场的重要手段。随着技术的不断成熟，自2008年开始专利年申请量较之前稍有回落。

（二）技术路线分析

技术路线分析主要从行业大事件、重点技术里程碑和关键专利等方面揭示该领域的技术发展趋势。图4-51反映了数字水印标识技术的发展趋势，结合本项目的专利数据检索范围（1994~2017年）来看，该领域第一件专利是1994年在美国申请的一件专利。数字水印标识技术在美国的研究从一开始便吸引了如Digimarc公司、Adobe以及英特尔等公司的注意，而且得到了美国政府以及军方的大力支持，这与当时美国信息安全受到极大威胁有着密不可分的联系。在美国的带动下，数字水印标识技术在全球的研究不断开展。两个国际性行业研讨会的举办对数字水印标识技术的全面推广以及之后的快速发展起到了决定性作用，一个是1996年5月由英国剑桥牛顿研究所主办的国际信息隐藏学术研讨会，另一个是1996年9月16日在瑞士洛桑举行的国际图像处理大会。

随着数字水印标识技术研究的不断深入，技术分支也逐渐细化。结合检索到的专利数据以及前期与技术专家调研的结果，本项目得出数字水印嵌入和提取与DRM互联互通是其中两个重点技术分支。

数字水印嵌入和提取的重点在算法方面。其主要算法包括以下五类。第一，空域算法，主要包括LSB算法、Schyndel算法和Patchwork算法等。其中Schyndel算法被认为具有历史价值，它第一次是出现在1994年发表的一篇题为“A Digital Watermark”的文章中，文中阐明了关于数字水印的一些重要概念和鲁棒水印检测的通用方法，此算法首先把密钥输入m-序列发生器（Maximum-Length Random Sequence）来产生水

① 于鸿越:《基于小波变换的数字图像水印技术研究》，硕士学位论文，哈尔滨工程大学，2009，第3页。

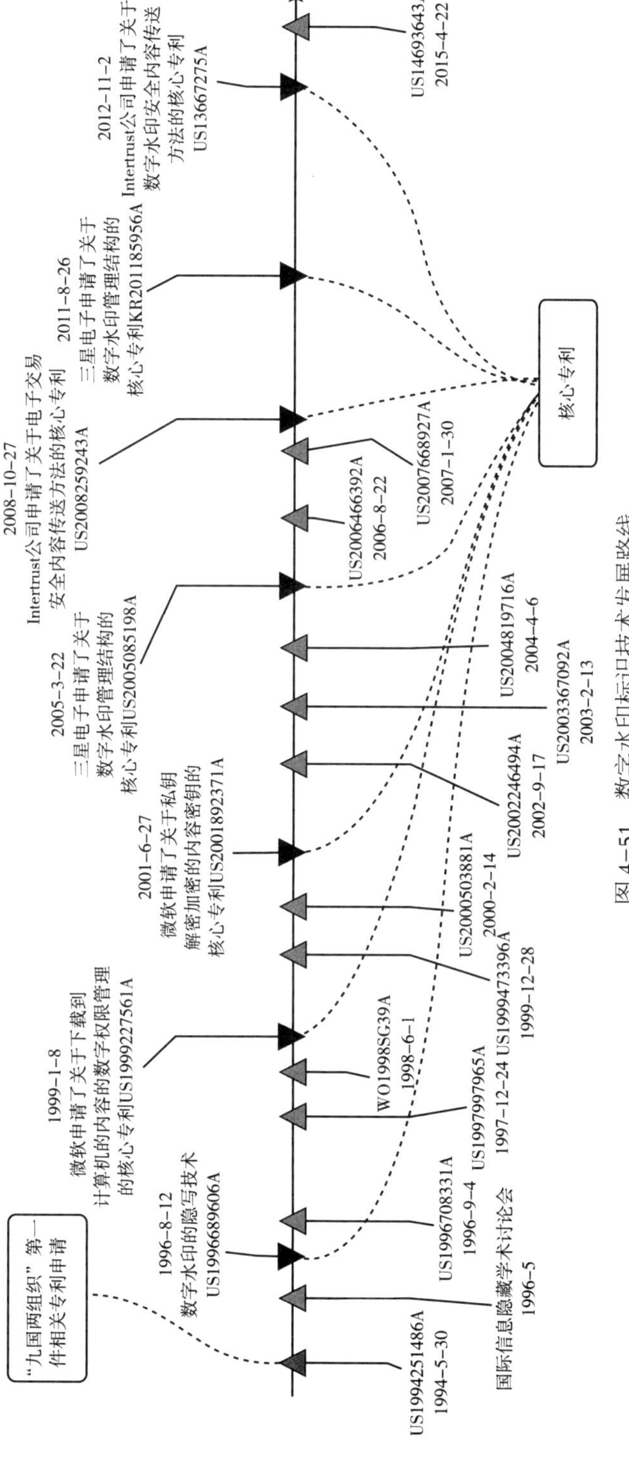

图 4-51　数字水印标识技术发展路线

印信号，然后此 m-序列被重新排列成二维水印信号，并按像素点逐一插入原始图像像素值的最低位。由于水印信号被安排在了最低位上，所以它是不可见的。基于同样的原因，它可以轻易地被移去，因此也不强壮。第二，变换域算法。它利用一个信号掩盖另一个较弱的信号，在频域变换中嵌入水印，主要包括傅立叶变换、离散余弦变换（Discrete Cosine Transform，DCT）、Hadamard 变换和小波变换等。第三，压缩域算法。基于 JPEG 和 MPEG 标准的压缩域数字水印系统不仅节省了大量完全解码和重新编码过程，而且在数字电视广播及 VOD（Video on Demand）中很有实用价值。相应地，水印检测与提取也可直接在压缩域数据中进行。第四，NEC 算法。它由 NEC 实验室的 Cox 等人提出，该算法在数字水印算法中占有重要地位。其实现方法是：首先以密钥为种子来产生伪随机序列，该序列具有高斯 N（0，1）分布，密钥一般由作者的标识码和图像的哈希值组成，然后对图像做 DCT 变换，最后用伪随机高斯序列来调制（叠加）该图像除直流分量（DC）外的 1000 个最大的 DCT 系数。该算法具有较强的健壮性、安全性和透明性。第五，生理模型算法。它利用视觉模型的基本思想——从视觉模型导出可感知的噪声矩阵 JND（Just Noticeable Difference）来确定图像各个部分所能容忍的数字水印信号的最大强度，从而避免破坏视觉质量。这一算法首先利用视觉模型来确定与图像相关的调制掩模，然后再利用其来插入水印。这一方法同时具有好的透明性和强健性。

数字版权管理系统是随着电子音视频节目在互联网上的广泛传播而发展起来的一种新技术，目的是保护数字内容的版权，从技术上防止数字内容的非法复制或者在一定程度上使复制困难，确保只有授权用户才能使用数字内容。数字版权管理系统是一个复杂系统，涉及访问控制、权限管理、加密和版权水印等多种技术。数字版权管理系统的互联互通通常有三种方法，即完全格式互联互通、连接互联互通和配置驱动互联互通①。其中，完全格式互联互通是最理想的状态，但为所有参与者和不同商业模式建立一个统一标准是很难的；而连接互联互通存在隐私权问题；配置驱动互联互通使终端用户可以利用从内容提供商处下载的相应工具，实现将内容在本地转换成受数字版权管理系统保护的内容。

---

① 徐俭：《IPTV 产业化运营要点问题探析》，《广播电视信息》2005 年第 12 期，第 40 页。

（三）主要专利申请人分析

飞利浦、Digimarc 公司和三星电子位列数字水印标识技术领域专利申请量前三名。飞利浦拥有相关专利申请 1044 件，Digimarc 公司和三星电子分别是 869 件和 530 件。从专利资产区域分布来看，飞利浦和三星电子的分布更加均衡，主要在美国、中国、欧洲专利局、韩国以及日本进行了布局；Digimarc 公司则将大部分专利布局在其总部所在地美国，数量达到 593 件。从技术构成分布来看，飞利浦主要关注视频水印和压缩视频技术，尤其是视频水印嵌入技术；Digimarc 公司主要关注水印的检测技术和数字指纹；三星电子则主要关注数字水印、数字版权管理系统和便携式存储设备。

1. 申请量排名第一的专利申请人——飞利浦

（1）专利申请量

图 4-52 为飞利浦数字水印标识技术专利的年度申请情况。飞利浦作为该技术领域的巨头，是最早投入该技术研究的企业之一。早在 1996 年飞利浦便提交了 8 件相关专利申请，这说明飞利浦投入研发的时间更早，只有这样才可能在整个技术领域尚处于萌芽期的大背景下，保证获得一定数量的创新成果。此后几年，飞利浦专利年申请量出现了大幅度波动，这可能和整个技术领域处于萌芽期有关。通常萌芽期的专利申请存在偶然性，它取决于基础发明是否能够取得突破等因素。自 2002 年开始，飞利浦专利年申请量总体呈增长态势，直至 2006 年。2012 年以来，飞利浦在该技术领域的专利申请量大幅减少，意味着飞利浦研究方向有所转变。

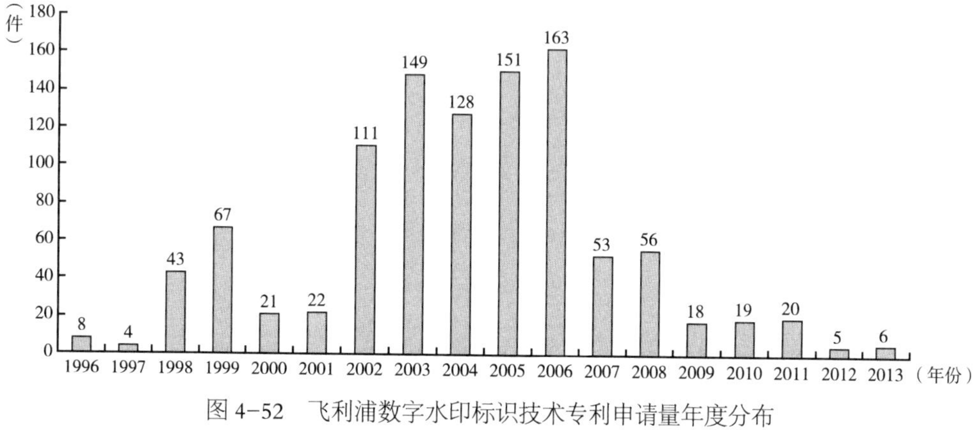

图 4-52　飞利浦数字水印标识技术专利申请量年度分布

（2）专利申请量区域分布

图 4-53 为飞利浦数字水印标识技术专利申请在“九国两组织”的分布情况，从

中可以看出，飞利浦不仅专利资产雄厚，而且在数字水印技术发展相对较好的几个国家，如美国、中国、日本和韩国等，均有专利布局。具体来说，美国 173 件、中国 165 件、日本 104 件、韩国 131 件。这四个国家的专利申请量占飞利浦在该技术领域专利申请总量的 55%。不仅如此，飞利浦还拥有 225 件 PCT 国际申请。早在 2009 年，飞利浦便成为全球 PCT 国际专利申请量排名第二的公司。以上种种都说明，飞利浦十分重视通过专利来保护自身创新成果。

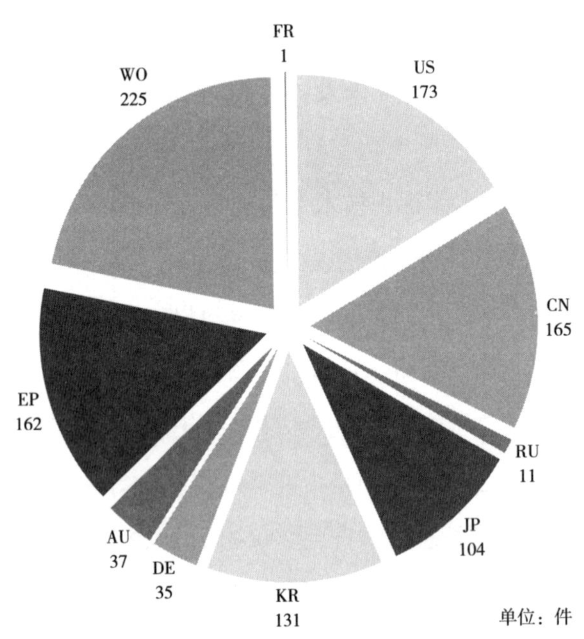

图 4–53　飞利浦数字水印标识技术专利在“九国两组织”的申请量

（3）技术构成分布

从图 4–54 可以看出，飞利浦的研究重点为视频水印和压缩视频技术，尤其是视频水印嵌入技术。通常，视频水印嵌入有三种方法。第一种是将水印信息直接嵌入编码压缩之前的原始视频图像序列，然后对含有水印信息的视频图像进行编码压缩。这种方法一方面可以移植静态图像的水印嵌入算法，另一方面实现起来比较简单，那些原则上适用于静态图像的算法均可以利用到视频图像上来。但这种方法也存在一些不足，例如嵌入水印的过程非常复杂，而且在随后的编码压缩中水印信息容易被破坏。第二种是在编码压缩时嵌入水印，这种方法的优点是水印嵌入过程比较简单，缺点是水印的嵌入和检测算法需要修改编码器和解码器，增加了算法的复杂程度。第三种是在视频压缩编码流中嵌入水印，也就是将视频水印信息嵌入编码压缩后的视频编码流中，这种方法的优点是不需要完全解码和再编码，计算速度很快。

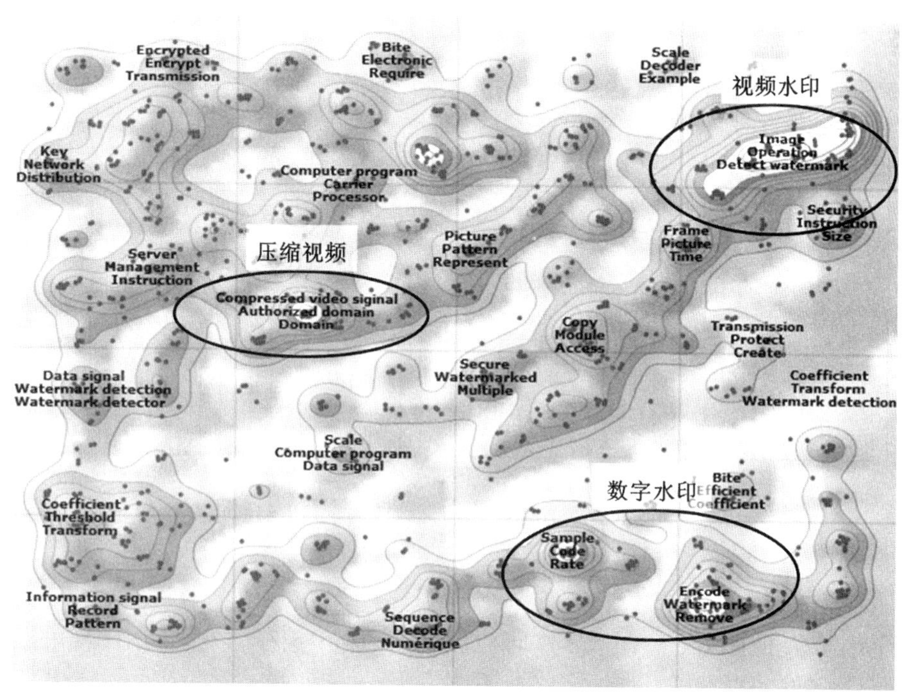

图 4-54　飞利浦数字水印标识技术构成分布

2. 申请量排名第二的专利申请人——Digimarc公司

（1）专利申请量

从图 4-55 可以看出，Digimarc 公司第一件数字水印标识技术专利申请出现在 1998 年，2001 年之前专利申请量增速很快。Digimarc 公司在 20 世纪 90 年代末期率先推出了用于静止图像版权保护的数字水印软件，而后又以插件形式将该软件集成到 Adobe 的 Photoshop 和 Corel Draw 图像处理软件中。2014 年以来，Digimarc 公司在数字水印标识技术方面的专利申请量下降较多，该公司将更多的注意力转向数字水印应用层面，这一转变在市场方面的信息中也有迹可循。早在 2005 年 8 月，好莱坞不遗余力地打击盗版，将希望寄托于水印技术。Digimarc 公司宣布，该公司的数字水印系统已经被数字影院系统规范（Digital Cinema System Specification）所使用，这项数字影院系统规范是得到好莱坞的承认和采用的，目的是打击全球的数字电影盗版行为。数字影院系统规范能够保证数字水印的流程应用在电影的视频和音频两部分，一旦加上水印，发布过程中的泄露就容易被识别。这项技术能够识别一部电影上映的电影院、地点、产品版本和时间，即使经过数模转换后，数字水印标识仍然能生效。

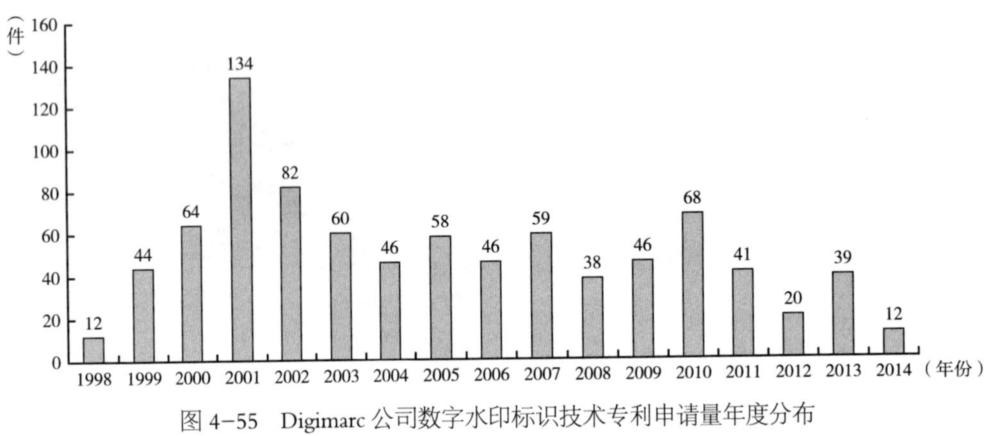

图 4–55 Digimarc 公司数字水印标识技术专利申请量年度分布

（2）专利申请量区域分布

图 4–56 为 Digimarc 公司数字水印标识技术专利申请在“九国两组织”的分布情况。Digimarc 公司作为一家美国公司，在本国布局了数量众多的专利，达到 593 件，占其专利总申请量的 68%。而在其他数字水印技术发展较好的国家，Digimarc 公司布局的专利却较少，如中国 12 件、日本 33 件、韩国 19 件。Digimarc 公司以美国为专利布局重点的策略十分明显。

（3）技术构成分布

图 4–57 为 Digimarc 公司数字水印标识技术的构成分布，从中可以看出，Digimarc 公司在数字水印检测、数字指纹和编解码方面拥有的专利申请相对较多。数字指纹是利用数字水印标识技术将不同的标志性识别代码——指纹嵌入数字媒体中，然后将嵌入指纹的数字媒体分发给用户。发行商发现盗版行为后，通过提取盗版产品中的指纹便可确定非法复制的来源，对盗版者进行起诉，从而达到版权保护的目的。

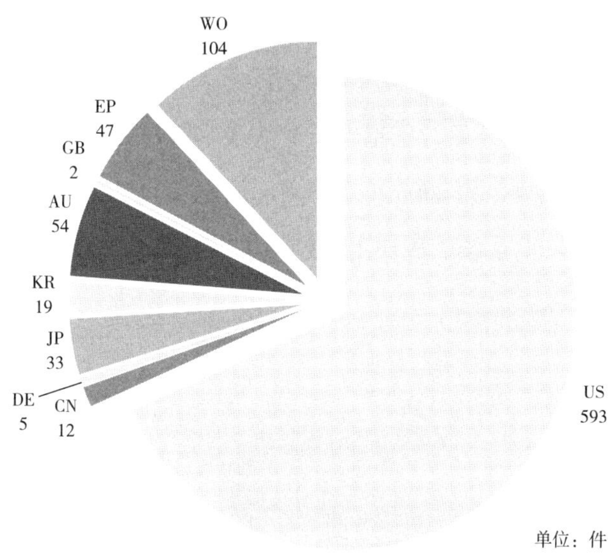

图 4-56　Digimarc 公司数字水印标识技术专利在“九国两组织”的申请量

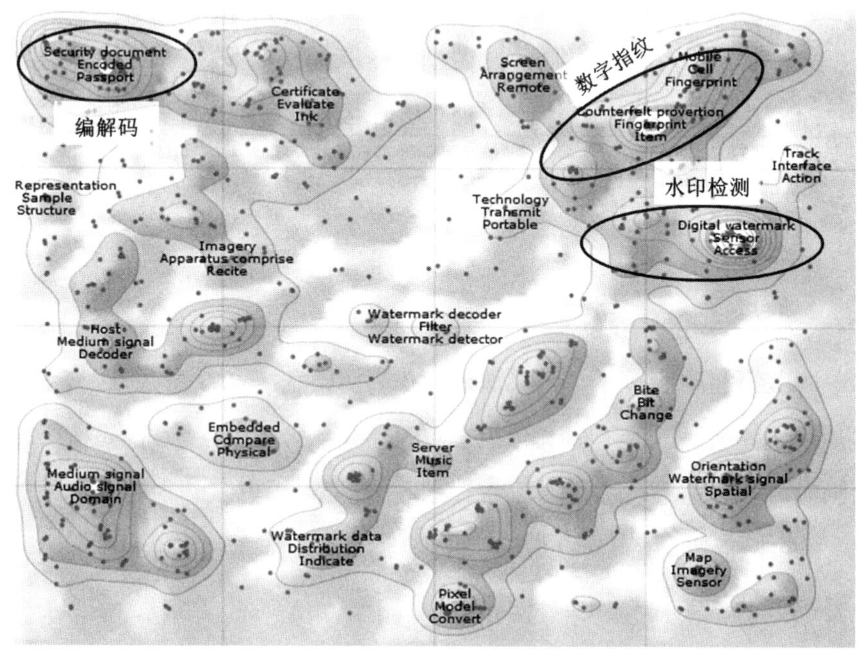

图 4-57　Digimarc 公司数字水印标识技术构成分布

3. 申请量排名第三的专利申请人——三星电子

（1）专利申请量

图 4-58 为三星电子数字水印标识技术专利的年度申请情况。三星电子在该技术

领域的第一件专利申请出现在 1997 年，说明三星电子涉足数字水印标识技术领域的时间较早。2000 年之前，整个技术处于萌芽期，三星电子的研发进度亦是如此，专利资产缓慢积累。从 2004 年开始，三星电子在数字水印标识技术领域的专利申请量总体增长明显，这一增长势头到 2008 年才回落。近些年，三星电子将更多注意力放在数字水印标识技术在安卓系统的应用上，如指纹识别等，2015~2017 年尚未有相关专利申请公开。

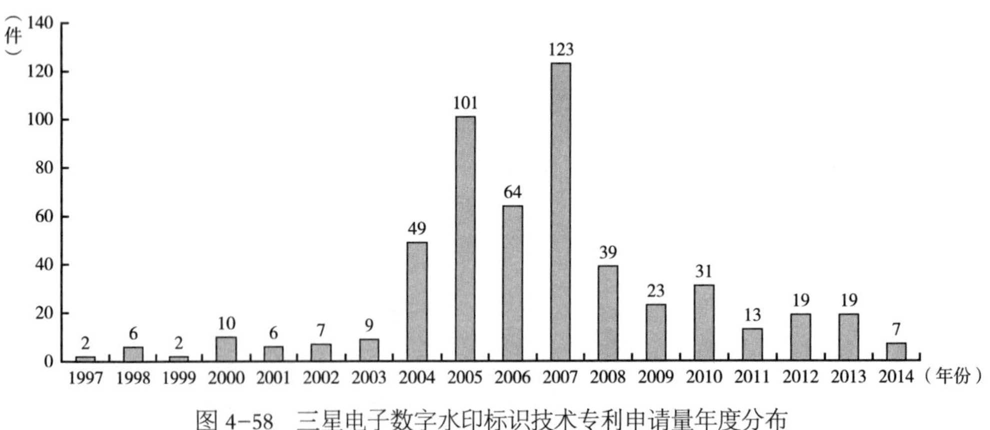

图 4-58 三星电子数字水印标识技术专利申请量年度分布

（2）专利申请量区域分布

图 4-59 为三星电子数字水印标识技术专利申请在“九国两组织”的分布情况，从中可以看出，虽然从专利申请总量上看，三星电子和飞利浦存在一定差距，但其专利全球化布局的策略很明显。具体来说，在韩国、美国、中国以及日本，三星电子分别布局了 146 件、127 件、83 件以及 44 件专利。除此之外，三星电子还有 39 件 PCT 专利，这体现了其专利全球化布局的意图。

（3）技术构成分布

图 4-60 为三星电子数字水印标识技术的构成分布情况。可以看出，三星电子主要关注便捷式存储设备、水印定位和水印载体图像。

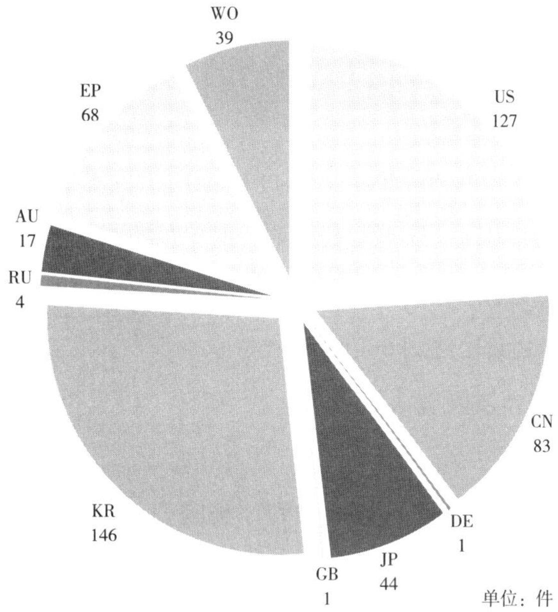

图 4-59　三星电子数字水印标识技术专利在“九国两组织”的申请量

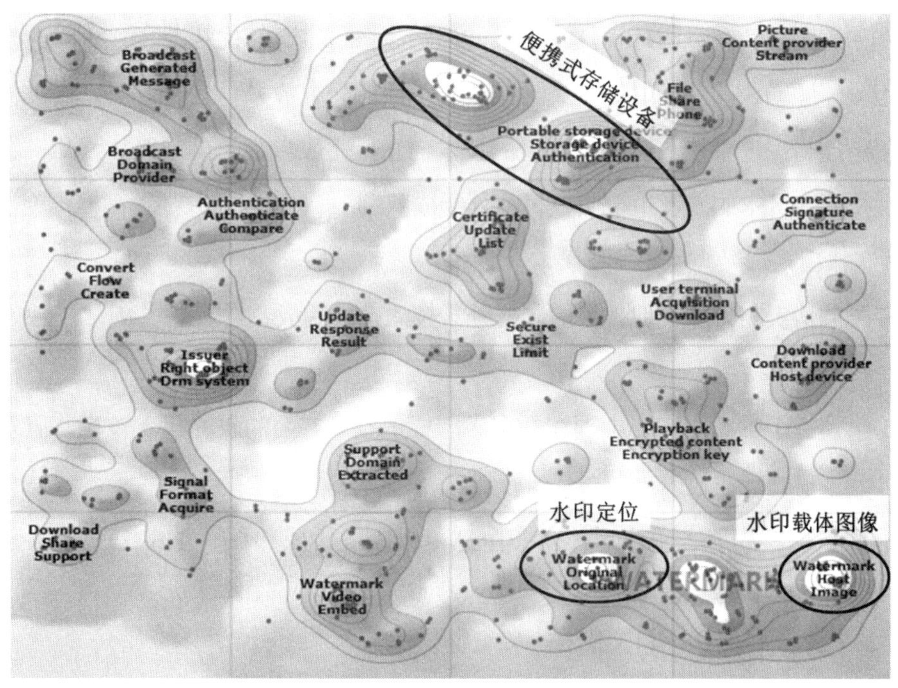

图 4-60　三星电子数字水印标识技术构成分布

三 总结

（一）专利申请总体趋势

就整个行业专利申请状况来看，1996 年之前由于技术门槛高和学科推广需要时间积累等原因，数字水印标识技术专利申请量很少。随着一系列国际性行业会议的举办，以及行业应用需求的逐渐增多，数字水印标识技术从 1996 年开始进入快速发展期，2001 年专利年申请量已达到 500 件以上。

（二）主要国家技术发展现状及趋势

1. 美国

作为数字水印标识技术领域的先行者，美国在该技术领域的研究起步早、发展快。2008 年技术发展进入成熟期，关键技术以及相关产品市场份额牢牢把控在 Digimarc 公司和微软等手中，市场呈现巨头向寡头发展的趋势。目前，整个技术处于成熟期。

2. 日本

作为美国在数字水印标识技术领域的追随者，日本有其优势所在，一方面与美国的技术交流顺畅，能够确保日本更早接触到主流的研究成果；另一方面，日本自身的科技创新能力保证了能很快将所获得的技术信息转化成自身的再创造。因此，数字水印标识技术在日本的发展也很快，目前处于成熟期。

3. 韩国

韩国的情况与日本类似，目前同样处于技术发展的成熟期。

4. 中国

与上述三个国家不同，中国在数字水印标识技术方面的研究起步较晚，但发展潜力很大，目前处于快速发展阶段。

总体来说，数字水印标识技术在全球范围内处于成熟期，在中国处于快速发展阶段。

（三）主要申请人对比分析

通过对数字水印标识技术领域的宏观分析可知，行业内最主要的三个申请人是飞利浦、Digimarc 公司和三星电子。下面从专利申请量、专利资产地域分布和技术构成三方面具体比较主要申请人的专利现状。

1. 专利申请量比较

从专利申请量来看，飞利浦拥有数字水印标识技术专利申请 1044 件，Digimarc 公司和三星电子分别是 869 件和 530 件。飞利浦和 Digimarc 公司作为行业的先行者，在技术研发初期便投入了相当大的研发力度，专利申请量也较多。三星电子在数字水印标识技术领域的萌芽期较长，直到 2004 年才开始有明显的专利申请量增长趋势。

2. 专利资产地域布局分析

飞利浦为了贯彻专利全球化战略，在美国、日本、韩国和中国等数字水印发展大国均布局了相当数量的专利，以便随时发动专利诉讼，225 件的 PCT 专利保证了其全球布局工作的延续性。Digimarc 公司采取的地域布局策略与飞利浦有所不同，重点在本土市场的布局上，在本部所在地美国布局了 593 件专利，占其专利总资产的 68%。三星电子的专利布局策略与飞利浦相似，非常重视全球市场的专利布局。

3. 技术热点分析

在数字水印标识技术领域，飞利浦主要关注视频水印和压缩视频技术，尤其是视频水印嵌入技术。Digimarc 公司侧重于应用性研究，如数字指纹等。而三星电子则主要关注数字版权管理系统及便携式存储设备等。

第六节　自适应多媒体水印关键技术

自适应多媒体水印关键技术是数字版权保护领域的热门技术之一，通过对多媒体文件进行数字水印嵌入与提取，实现数字版权认证和侵权追踪等。围绕该技术的专利申请发轫于 20 世纪 90 年代中期，从 1998 年开始快速增长，几经反复，于 2013 年达到年申请量峰值，2005~2008 年、2013~2015 年等多个年份的专利申请量维持在 1000 件以上，2013 年高达 1472 件，2017 年已公开的“九国两组织”受理的专利申请量高达 500 件以上。随着移动互联网的蓬勃发展，以及相关技术和设备的不断发展和应用，可以预见，未来该技术的创新和应用仍有较大空间。

一 专利检索

（一）检索结果概述

以自适应多媒体水印关键技术为检索主题，在“九国两组织”范围内共检索到相关专利申请 16222 件，具体数量分布如表 4-66 所示。

表 4-66 “九国两组织”自适应多媒体水印关键技术专利申请量

单位：件

国家 / 国际组织	专利申请量	国家 / 国际组织	专利申请量
US	4943	DE	269
CN	3860	RU	100
JP	2531	AU	298
KR	1102	EP	1360
GB	153	WO	1515
FR	91	合计	16222

（二）“九国两组织”自适应多媒体水印关键技术专利申请趋势

表 4-67 和图 4-61 展示了“九国两组织”自适应多媒体水印关键技术专利申请情况。从整体上看，自适应多媒体水印关键技术经历了萌芽期和快速发展期之后，逐渐进入成熟期。近两年专利申请量有所降低主要是受专利自身公开滞后的影响，结合该领域目前的研究热度以及各国政策层面的举措可知，该技术并未步入衰退期，而是经过一定程度的发展，逐渐向技术瓶颈攻坚的方向迈进。具体来说，美国不仅在专利申请数量上遥遥领先，而且对自适应多媒体水印关键技术的研究起步最早，1995 年便出现相关专利申请，之后进入快速发展期，这一快速增长态势持续至 2008 年。2009~2010 年专利年申请量稍有下滑，这可能是受美国经济危机的影响。总体来说，未来相当长的一段时期内，美国在该技术领域的研究仍将处于领先地位，创新成果也会相当可观。日本作为美国的追随者，在 1997 年前后也投身该技术领域，凭借其不俗的研发创新能力，于 1998~2007 年十年间创新成果不断。但是 2014 年以来日本相关专利申请量有明显下滑趋势，这一变化可能与日本国家层面的政策导向有一定关系，未来发展如何需要持续关注。中国单纯从专利申请量上来讲处于全球领先，但由于进入 21 世纪之后才大量开展相关研究，起步相对欧美强国较晚，更多只能在外围

专利上进行布局。2010 年以来，中国对版权保护的重视程度越来越高，带动了数字水印技术尤其是自适应多媒体水印关键技术快速发展。这一现象反映在相关专利申请量上，2013 年中国的专利年申请量达到峰值。这使人们更有信心期待未来自适应多媒体水印关键技术在中国由量变到质变的跨越。

表 4-67　1994~2017 年“九国两组织”自适应多媒体水印关键技术专利申请量

单位：件

国家 / 国际组织	专利申请量																	
	90	01	02	03	04	05	06	07	08	09	10	11	12	13	14	15	16	17
US	203	88	86	160	288	286	324	292	325	257	245	266	276	485	471	427	325	139
CN	43	14	22	48	90	156	184	162	166	204	214	312	279	493	447	369	374	283
JP	157	56	87	153	234	291	252	255	201	148	117	134	103	131	81	72	42	17
KR	60	19	26	50	32	83	119	91	115	61	55	60	56	79	60	70	59	7
GB	25	6	5	7	13	7	9	11	5	3	4	4	12	7	22	7	5	1
FR	10	3	3	4	8	6	9	8	4	5	6	3	8	13	0	1	0	0
DE	54	6	14	14	33	30	26	13	13	4	7	6	6	13	13	10	6	1
RU	12	1	1	1	2	11	11	7	8	11	11	11	2	4	4	3	0	0
AU	53	25	31	48	14	19	11	1	5	6	10	13	8	17	13	10	10	4
EP	136	26	42	53	94	120	101	86	75	61	70	83	62	123	109	75	36	8
WO	76	24	38	54	93	122	115	119	88	76	67	88	85	107	108	82	127	46
合计	829	268	355	592	901	1131	1161	1045	1005	836	806	980	897	1472	1328	1126	984	506

注：“90”是指 1994~2000 年的专利申请总量；“01-17”分别指 2001~2017 年当年的专利申请量。

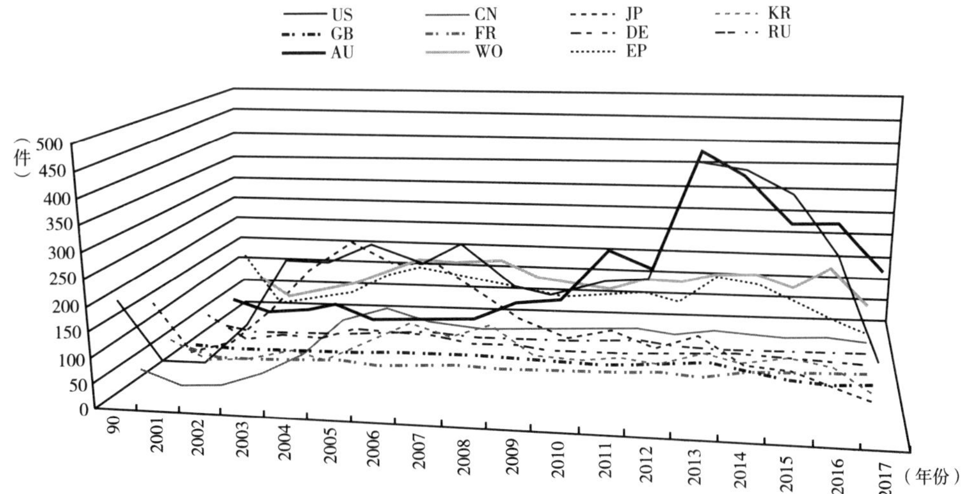

图 4-61　“九国两组织”自适应多媒体水印关键技术专利申请趋势

注：“90”指 1994~2000 年的专利申请总量。

（三）“九国两组织”自适应多媒体水印关键技术专利申请人排名

1994~2017 年“九国两组织”自适应多媒体水印关键技术专利申请人排名情况如表 4-68~表 4-78 所示。

1. 美国申请人排名

表 4-68 美国自适应多媒体水印关键技术专利申请人排名

序号	申请人	申请人国家	申请数量（件）	授权数量（件）
1	Digimarc Corp.	美国	362	267
2	IBM Corp.	美国	257	153
3	Microsoft Corp.	美国	164	126
4	Koninkl Philips Electronics N.V.	荷兰	158	34
5	Thomson Licensing S.A.	法国	140	71

2. 中国申请人排名

表 4-69 中国自适应多媒体水印关键技术专利申请人排名

序号	申请人	申请人国家	申请数量（件）	授权数量（件）
1	Koninkl Philips Electronics N.V.	荷兰	139	41
2	Thomson Licensing S.A.	法国	128	38
3	Sony Corp.	日本	62	25
4	Huawei Tech. Co. Ltd.（华为）	中国	61	31
5	Univ. Peking Founder Group Co. Ltd.（北大方正）	中国	43	31

3. 日本申请人排名

表 4-70 日本自适应多媒体水印关键技术专利申请人排名

序号	申请人	申请人国家	申请数量（件）	授权数量（件）
1	Canon K.K.	日本	175	43
2	Hitachi Ltd.	日本	141	60
3	Koninkl Philips Electronics N.V.	荷兰	140	37
4	Thomson Licensing S.A.	法国	131	36
5	Sony Corp.	日本	122	44

4. 韩国申请人排名

表 4-71 韩国自适应多媒体水印关键技术专利申请人排名

序号	申请人	申请人国家	申请数量（件）	授权数量（件）
1	Koninkl Philips Electronics N.V.	荷兰	133	63
2	Thomson Licensing S.A.	法国	82	11
3	Samsung Electronics Co. Ltd.	韩国	79	19
4	Korea Electronics & Telecommun. Res. Inst.	韩国	66	38
5	MarkAny Inc.	韩国	37	23

5. 英国申请人排名

表 4-72 英国自适应多媒体水印关键技术专利申请人排名

序号	申请人	申请人国家	申请数量（件）	授权数量（件）
1	Sony Corp.	日本	27	8
2	IBM Corp.	美国	14	8
3	British Broadcasting Corp.	英国	5	5
4	Motorola Inc.	美国	5	4
5	Hewlett-Packard Development Co. LP	美国	3	1

6. 法国申请人排名

表 4-73 法国自适应多媒体水印关键技术专利申请人排名

序号	申请人	申请人国家	申请数量（件）	授权数量（件）
1	Arjowiggins	法国	11	9
2	Canon K.K.	日本	11	8
3	France Telecom	法国	11	2
4	Centre Nat Rech Scient	法国	5	2
5	Thomson Licensing S.A.	法国	3	1

7. 德国申请人排名

表 4-74 德国自适应多媒体水印关键技术专利申请人排名

序号	申请人	申请人国家	申请数量（件）	授权数量（件）
1	Koninkl Philips Electronics N.V.	荷兰	35	20
2	Fraunhofer Ges Foerderung Angewandten EV	德国	14	7
3	Thomson Licensing S.A.	法国	12	11
4	Sony Corp.	日本	10	8
5	NEC Corp.	日本	7	1

8. 俄罗斯申请人排名

表 4-75　俄罗斯自适应多媒体水印关键技术专利申请人排名

序号	申请人	申请人国家	申请数量（件）	授权数量（件）
1	Fraunhofer Ges Foerderung Angewandten EV	德国	10	3
2	Koninkl Philips Electronics N.V.	荷兰	10	8
3	Microsoft Corp.	美国	6	6
4	Thomson Licensing S.A.	法国	4	4
5	Moscow State University of Press	俄罗斯	3	2

9. 澳大利亚申请人排名

表 4-76　澳大利亚自适应多媒体水印关键技术专利申请人排名

序号	申请人	申请人国家	申请数量（件）	授权数量（件）
1	Nielsen Co. Us LLC	美国	34	12
2	Koninkl Philips Electronics N.V.	荷兰	31	1
3	Digimarc Corp.	美国	14	2
4	Fraunhofer Ges Foerderung Angewandten EV	德国	11	7
5	Sony Corp.	日本	10	3

10. 欧洲专利局申请人排名

表 4-77　欧洲专利局自适应多媒体水印关键技术专利申请人排名

序号	申请人	申请人国家	申请数量（件）	授权数量（件）
1	Thomson Licensing S.A.	法国	180	29
2	Koninkl Philips Electronics N.V.	荷兰	101	31
3	Sony Corp.	日本	51	15
4	Fraunhofer Ges Foerderung Angewandten EV	德国	33	15
5	Microsoft Corp.	美国	32	8

11. 世界知识产权组织申请人排名

表 4-78　世界知识产权组织自适应多媒体水印关键技术专利申请人排名

序号	申请人	申请人国家	申请数量（件）
1	Koninkl Philips Electronics N.V.	荷兰	198
2	Thomson Licensing S.A.	法国	120
3	Digimarc Corp.	美国	66
4	Sony Corp.	日本	64
5	Microsoft Corp.	美国	34

二　专利分析

（一）技术发展趋势分析

图 4-62 是自适应多媒体水印关键技术专利申请的年度发展趋势。1996 年之前相关专利申请量很少，一方面是由于一个概念从提出到被大众接受需要时间和过程；另一方面，数字水印技术作为数字信号处理、图像处理、密码学应用和算法设计等学科的交叉领域，技术门槛相当高，这在一定程度上阻碍了数字水印技术在全球的发展和推广。1996 年数字水印领域召开了第一届国际信息隐藏学术讨论会和国际图像处理大会，在一定程度上推动了自适应多媒体水印关键技术的发展。1996~2006 年这一技术领域的专利申请量总体呈快速增长态势。从 2007 年开始，专利年申请量有所下降，尤其 2009 年和 2010 年下降较多，这主要是受 2008 年爆发的经济危机的影响。2013 年的专利申请量大幅上升，之后又有所回落。

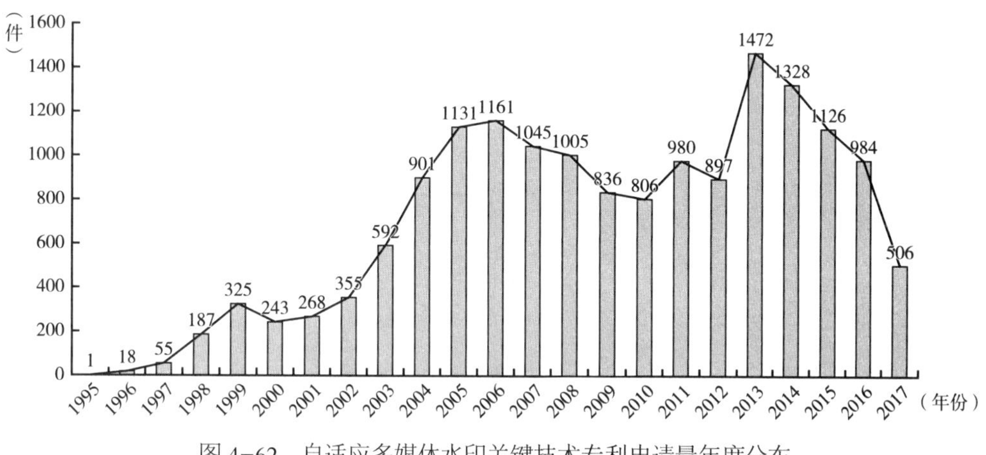

图 4-62　自适应多媒体水印关键技术专利申请量年度分布

（二）技术路线分析

图 4-63 反映了自适应多媒体水印关键技术的发展路线。该领域第一件专利是 1995 年在美国申请的。美国作为数字水印技术研究的先驱者，从一开始便吸引了诸如 Digimarc 公司、Adobe 和时代华纳等大型公司的注意，而且得到了美国政府以及军方的大力支持，这与当时美国信息安全受到极大威胁密不可分。在美国的带动下，数字水印技术在全球的研究不断开展。扩频水印、回声隐藏以及数字水印的自适应方法为

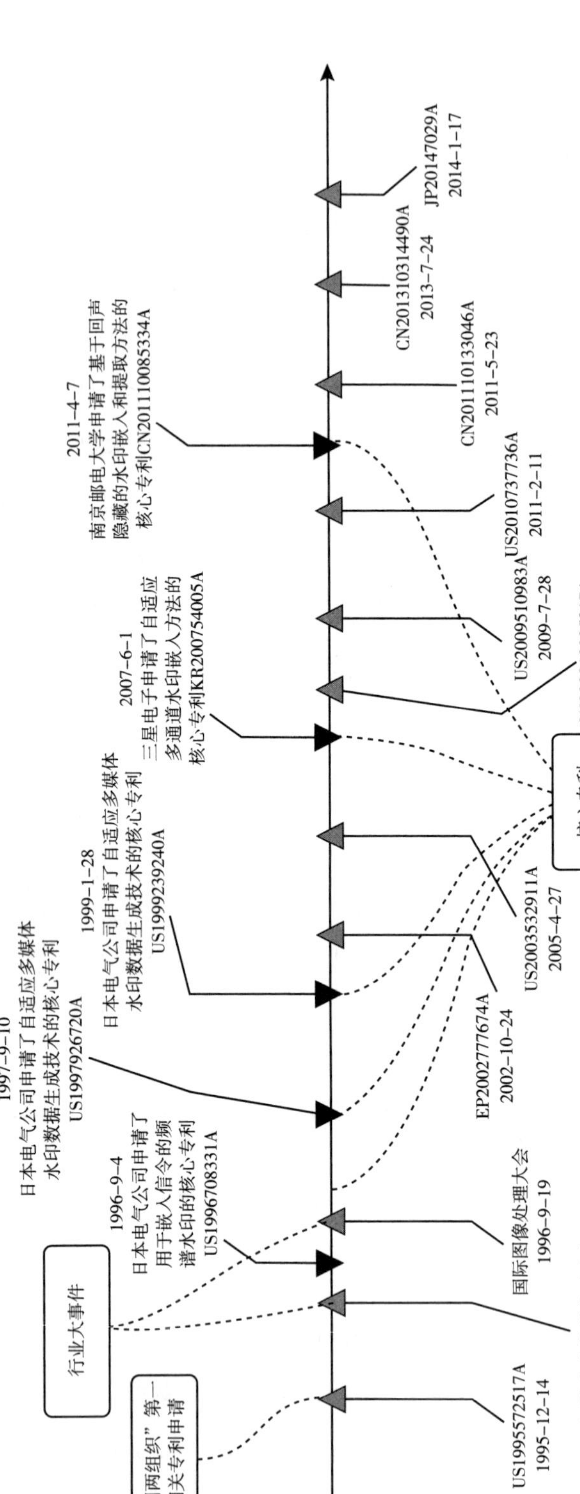

图 4-63　自适应多媒体水印关键技术发展路线

这一技术领域的重点技术。

扩频技术是一种信息处理技术，它是利用与传输信息无关的扩谱码扩展被传输信号的频谱，使之远远超过被传输信息所必需的带宽，在接收机中也必须采用相同的扩谱码解扩和恢复数据。将扩频原理应用于数字水印技术能使经过处理的水印具有很高的健壮性和安全性，水印的位置不明显，水印的值也具有随机性，通过频域的适当选择可在破坏水印的同时也破坏原数据。扩频水印相关专利的出现时间相对较早，重点专利掌握在 NEC 手中。

回声隐藏技术（Echo Hiding）是由 Bender 等人最早提出的一种基于音频的信息隐藏技术。回声隐藏技术利用了人耳的听觉掩蔽效应，是一种有效的音频信息隐藏方法。其目的是以添加回声的方式在原有音频信息中嵌入新信息，实现信息隐藏。在中国从事这方面研究的主要有南京邮电大学和上海交通大学等，主要研究方向为基于前后向回声核的回声隐藏方法。

水印嵌入与提取的自适应方法一直以来便是这一技术领域的热点研究方向，吸引了如飞利浦、三星电子和 Digimarc 公司等大型公司投身其中。研究热点集中在嵌入和提取时通过动态计算等方法获取不同区域的水印信息（如嵌入强度因子等），选取最佳的嵌入位置或提取方法等。该重点技术从 20 世纪 90 年代后期至今，研究热度持续升温，一直作为热点技术为行业内企业所重视。

（三）主要专利申请人分析

在自适应多媒体水印关键技术领域，飞利浦、汤姆逊特许（Thomson Licensing S.A.）和索尼是专利申请量最多的 3 个企业，飞利浦拥有相关专利申请 947 件，汤姆逊特许和索尼分别是 807 件和 494 件。从专利资产区域分布来看，飞利浦和汤姆逊特许的分布更加均衡，在美国、中国、日本和韩国布局了数量大致相当的专利；索尼则在美国和其总部所在地日本布局了较多专利。从技术构成分布来看，飞利浦主要关注水印模式技术，汤姆逊特许主要关注视频水印中的高级视频解码技术和音频水印中的回声隐藏技术，索尼则主要关注水印的自适应嵌入、身份认证以及电子签名技术等。

1. 申请量排名第一的专利申请人——飞利浦

（1）专利申请量

图 4-64 为飞利浦在自适应多媒体水印关键技术领域的专利申请趋势。飞利浦是

最早投入该技术研究的企业之一，早在1996年便拥有相关专利申请20件。此后的几年，飞利浦的专利年申请量出现了大幅度波动，这可能和整个技术处于萌芽期有关。2003~2006年，飞利浦的专利年申请量均在百件以上。2007年以来，飞利浦在该技术领域的专利年申请量总体呈减少趋势，这意味着飞利浦的研究方向可能有所转变。

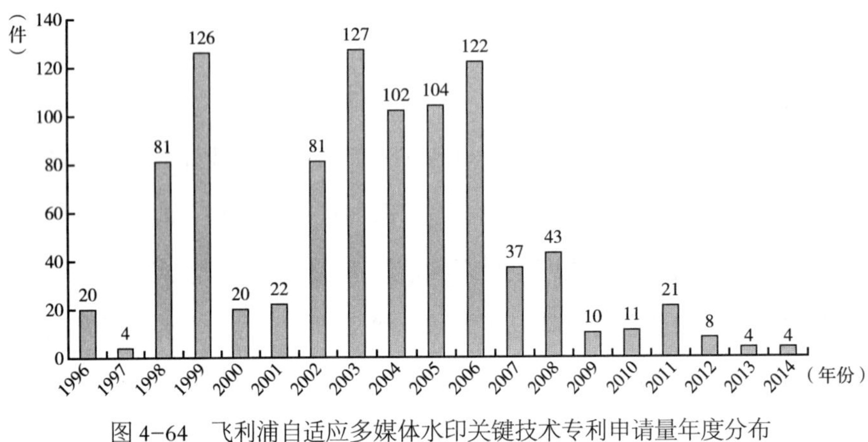

图4-64 飞利浦自适应多媒体水印关键技术专利申请量年度分布

（2）专利申请量区域分布

图4-65为飞利浦在自适应多媒体水印关键技术领域的专利申请区域分布情况，

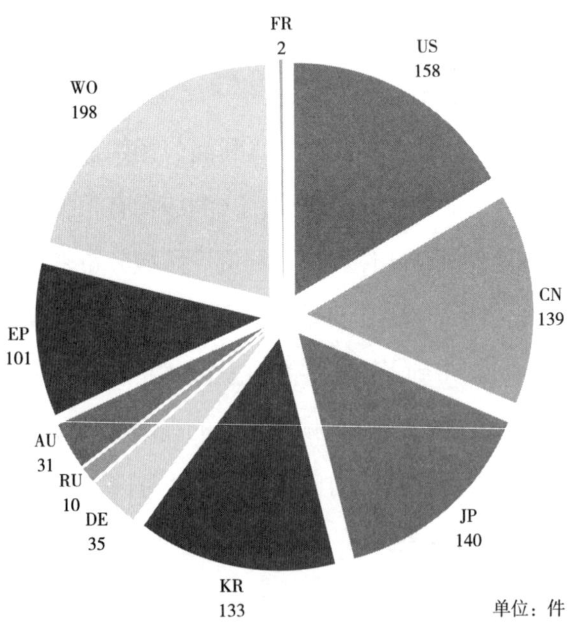

图4-65 飞利浦自适应多媒体水印关键技术专利在“九国两组织”的申请量

从中可以看出，飞利浦不仅专利资产雄厚，而且在数字水印技术发展相对较好的几个国家，如美国、日本、中国和韩国等，均布局了相当数量的专利，具体来说，美国158件、日本140件、中国139件、韩国133件。飞利浦在这4个国家布局的专利数量占其该领域专利申请总量的60%。此外，飞利浦还拥有198件PCT国际专利申请，早在2009年便成为全球PCT国际专利申请第二多的公司。以上种种都说明，飞利浦十分重视通过专利来保护自身创新成果。

（3）技术构成分布

从图4-66可以看出，飞利浦在水印模式方面拥有较多专利，对图像水印，尤其是在将奇异值分解应用于图像压缩和图像隐藏等方面进行了较多的研发。该企业专利申请量较多，但由于技术涉及广泛，且分散在不同的技术点，因此在关键技术构成分布中并未形成多个重点进行专利布局的技术领域。

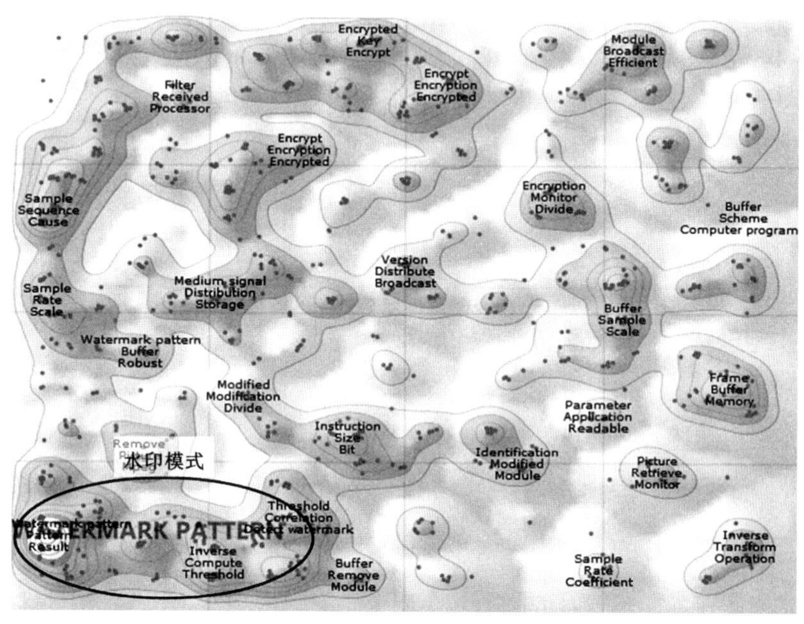

图4-66　飞利浦自适应多媒体水印关键技术构成分布

2. 申请量排名第二的专利申请人——汤姆逊特许

（1）专利申请量

汤姆逊特许作为法国汤姆逊公司的子品牌一直以来专门负责专利许可与专利运营业务，除了专利业务以外，还涉及内容及网络、消费产品和零部件等业务。作为全球四大消费电子类产品生产商之一，汤姆逊特许十分重视专利资产的积累，在百余年的发展历程中，通过旗下 6000 多个产品获得了近 40000 件专利。从图 4-67 可以看出，作为一家专门从事专利许可与运营的公司，汤姆逊特许在自适应多媒体水印关键技术发展初期拥有的相关专利数量并不多。进入 21 世纪以后，自适应多媒体水印关键技术进入快速发展期，创新成果向纵深方向发展，相关专利申请量猛增，这为汤姆逊特许快速积累专利资产创造了良好的条件。这一良好势头戛然而止于 2010 年，造成这一变化的主要原因是汤姆逊特许的母公司汤姆逊公司深陷债务危机，并最终于 2009 年 12 月 1 日进入破产保护程序。这一变故对汤姆逊特许的专利工作造成了较大影响，此后几年汤姆逊特许的专利年申请量徘徊在低位。

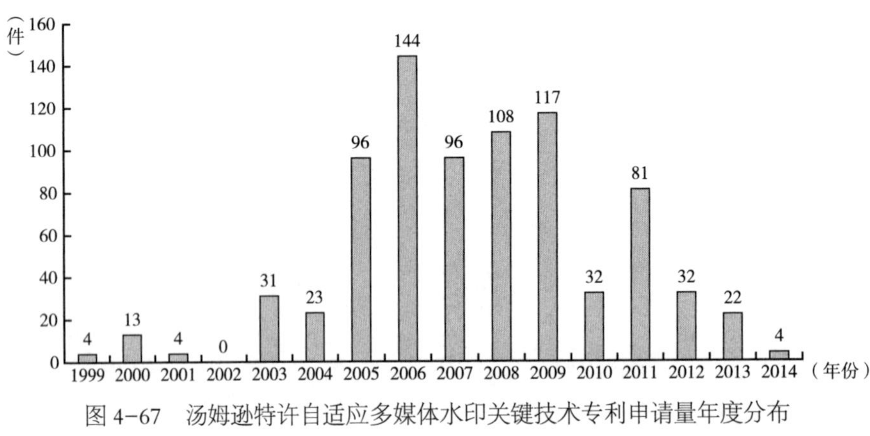

图 4-67　汤姆逊特许自适应多媒体水印关键技术专利申请量年度分布

（2）专利申请量区域分布

图 4-68 为汤姆逊特许自适应多媒体水印关键技术专利申请在“九国两组织”的分布情况。汤姆逊特许的专利申请区域布局策略和飞利浦大致相同，在美国、中国和日本等数字水印技术发展较好的国家均布局了相当数量的专利，全球化的专利发展战略体现得十分明显。两家公司的区别之处在于，汤姆逊特许通过欧洲专利局申请的专利数量达到 180 件，占其全部专利资产的 22%，而飞利浦仅为 10% 左右。除此之外，汤姆逊特许在韩国布局的专利数量相对于飞利浦来说少一些。

（3）技术构成分布

图 4-69 为汤姆逊特许自适应多媒体水印关键技术的构成分布。汤姆逊特许在数

字水印、回声隐藏和高级视频解码这三方面的研发成果较多，可见其在这些方面投入了较大的研发力度。

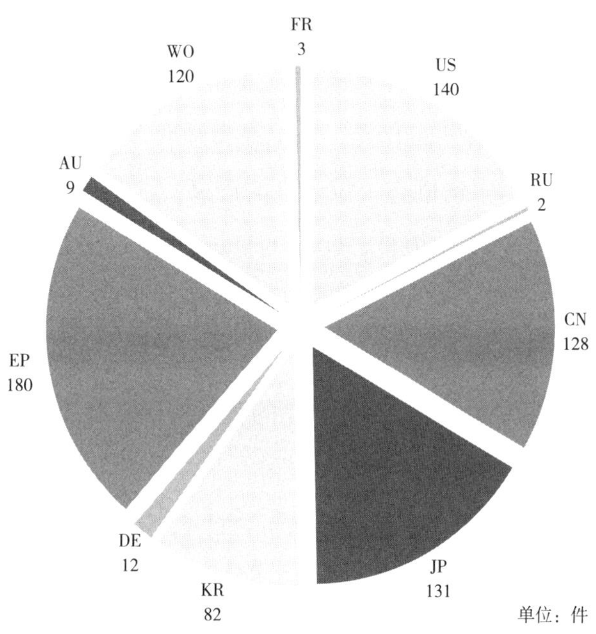

图 4-68　汤姆逊特许自适应多媒体水印关键技术专利在“九国两组织”的申请量

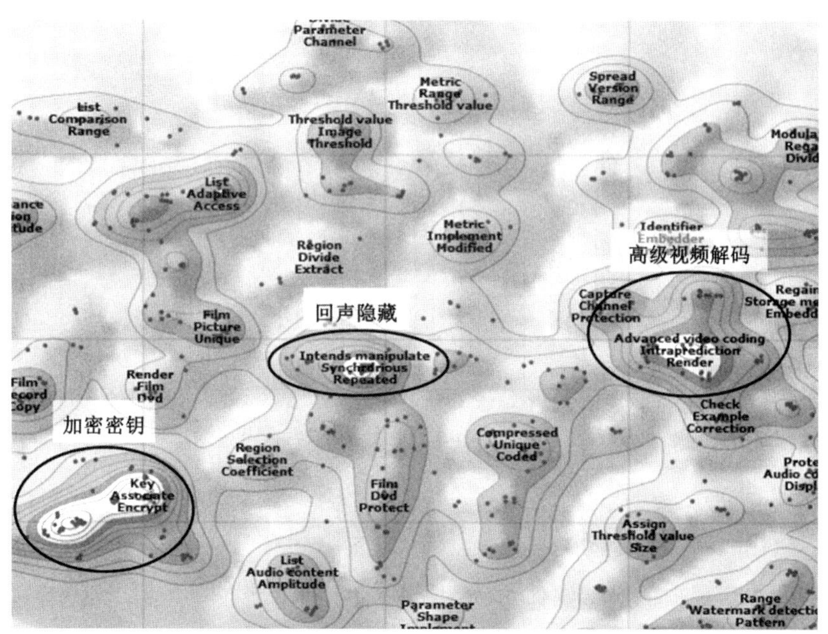

图 4-69　汤姆逊特许自适应多媒体水印关键技术构成分布

3. 申请量排名第三的专利申请人——索尼

（1）专利申请量

图 4-70 为索尼在自适应多媒体水印关键技术领域的专利年度申请情况。索尼在该技术领域的第一件专利申请出现在 1996 年，同飞利浦一样是涉足这一技术领域比较早的公司之一。1996~1998 年，全球技术发展处于萌芽期，索尼的研发进度亦是如此，专利资产缓慢积累。1999~2007 年，索尼在自适应多媒体水印关键技术领域的研究成果频现，同时专利年申请量有一定幅度的震荡，这其中有行业影响也有自身原因。例如，1999 年的申请量为 40 件，2000 年立即回落至 28 件，结合索尼当年的发展不难看出，索尼 2 个王牌产品 Walkman 和 PlayStation 均遭受严重的挑战，Walkman 由于不支持 MP3 格式被苹果公司的 iPod 取代霸主地位，而 PlayStation 则从 1994 年问世大卖后便再无独创性产品推出。王牌产品的疲软直接影响了索尼当年的财务表现。不仅如此，财务亏损的泡沫效应在2003年发酵开来，最终酿成了所谓的“索尼震撼”，直接导致索尼股票价格在短短 2 日内几近腰斩，日本股市高科技股纷纷跳水，日经指数大幅下跌。这一系列的危机导致了索尼在自适应多媒体水印关键技术领域的专利工作无法持续稳定地开展。

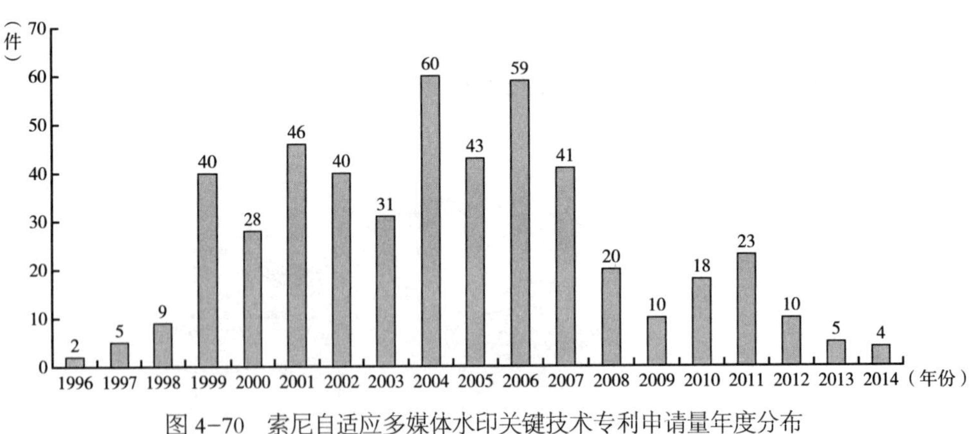

图 4-70　索尼自适应多媒体水印关键技术专利申请量年度分布

（2）专利申请量区域分布

图 4-71 为索尼自适应多媒体水印关键技术专利申请在“九国两组织”的分布情

况。与飞利浦和汤姆逊特许全球均衡布局的策略相比，索尼的专利布局显得重点突出而全面性不足。索尼是一家日本企业，且日本数字水印技术发展良好，故索尼布局了很多专利在日本，为 122 件，占其专利总量的 25%。而飞利浦和汤姆逊特许在本国的专利申请量仅占其总申请量的 14% 和 16%。在飞利浦和汤姆逊特许均布局了较多专利的中国和韩国，索尼则仅布局了 62 件和 20 件专利。但索尼在美国申请了 126 件专利，比其在日本的申请量还多。以上种种都说明索尼采取的是偏重于日本和美国的专利申请策略。

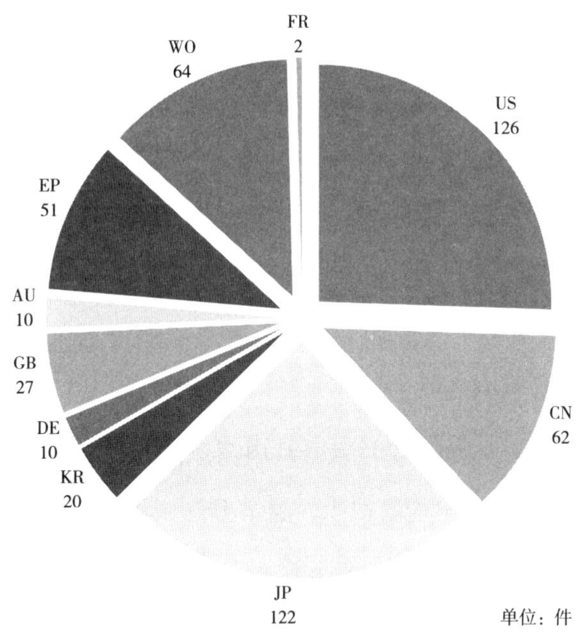

图 4-71　索尼自适应多媒体水印关键技术专利在“九国两组织”的申请量

（3）技术构成分布

图 4-72 为索尼在自适应多媒体水印关键技术领域的技术构成分布情况。从中可以看出，灰色区域（即研究重点）出现的技术术语不仅包括划分技术领域的术语，如自适应水印、数字签名等，还包括数字水印的一些外延应用术语，如身份认证等。

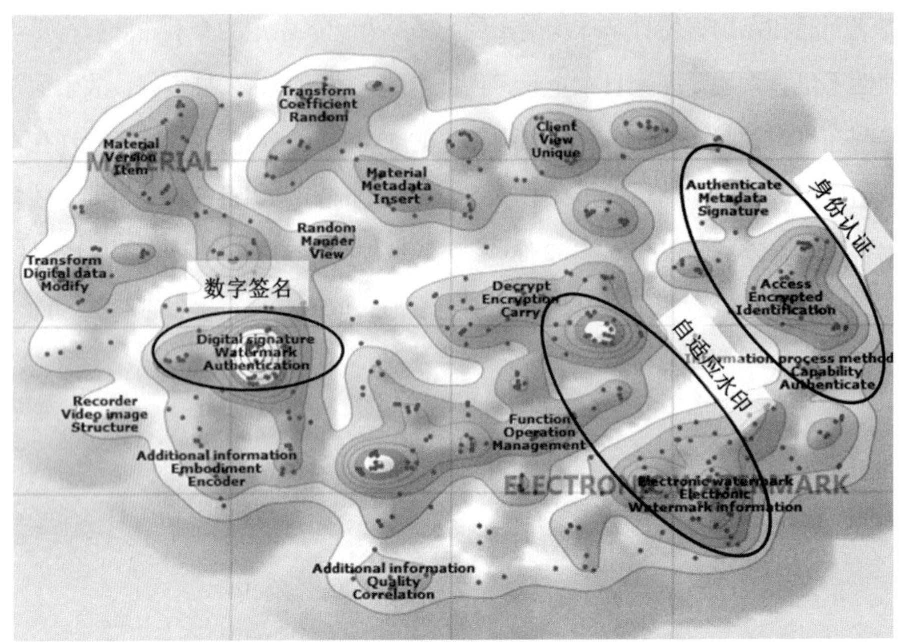

图 4-72　索尼自适应多媒体水印关键技术构成分布

三　总结

（一）专利申请总体趋势

目前，自适应多媒体水印关键技术专利申请量仍处于高位，依然有增长的势头。在技术发展初期，相关专利申请量很少，这主要是由于数字水印作为一个多技术交叉的学科，技术门槛较高，技术推广难度较大。随着 1996 年国际性行业会议的举办，这一情况得到一定程度的改善。2003 年以来，得益于技术研究的不断深入以及全球推广力度的逐渐加强，相关专利申请量进入快速增长期。

（二）主要国家技术发展现状及趋势

美国是数字水印技术领域的先行者之一。在美国，自适应多媒体水印关键技术已经发展到成熟期，专利申请人数量小幅减少，专利年申请量保持稳定。日本作为美国在数字水印技术领域的追随者，有其优势所在，一方面与美国的技术交流顺畅确保了日本能够更早接触到主流研究成果；另一方面日本的科技创新能力保证了其能很快将所获得的技术信息再创造。因此，自适应多媒体水印关键技术在日本的发展也很快，目前处于成熟期。韩国的情况与日本类似，目前同样处于技术发展的成熟期。与前述三个国家不同，中国在这一技术领域的研究起步较晚，但发展速度很快。国家政策的扶持使良好的研究氛围逐渐形成，很大程度上助力了这一技术在中国的快速发展。

（三）主要申请人对比分析

通过对自适应多媒体水印关键技术领域的宏观分析，笔者得出行业内三个主要申请人为飞利浦、汤姆逊特许和索尼。下面从专利申请量、专利区域分布和技术热点三方面具体对比主要申请人的专利现状。

1. 专利申请量比较

飞利浦作为整个行业的巨头，专利实力强大，在技术发展初期申请的专利量较多，这部分专利作为整个技术领域的基础专利，为飞利浦在全球范围内开展比较激进的专利诉讼以及专利维权工作提供了有力支持。汤姆逊特许是一家没有实体业务，而专注于专利许可与买卖的公司。这类公司介入一个技术领域的时间节点通常在技术发展到一定程度之后，当技术研发成果初步显现，便通过专利交易迅速积累专利资产，与此同时，下设研发团队，对交易得到的专利进行消化吸收和再创造。因此，在2003年技术发展相对成熟之后，汤姆逊特许的专利申请量增长较快。索尼作为一家日本公司，在行业发展过程中以一个技术跟随者的角色出现。由于进入这一技术领域的时间较早，并且一直保持一定量的专利申请，索尼的专利资产不管是在数量方面还是质量方面均不可小视。

2. 专利资产地域布局分析

飞利浦为了贯彻专利全球化战略，在美国、日本、韩国和中国等数字水印发展大国均布局了相当数量的专利，以便随时发动专利诉讼。此外，198件的PCT专利保证了其全球布局工作的延续性。汤姆逊特许由于公司性质的优势，专利区域布局相对于其他申请人具有灵活性，可以根据技术在全球的发展程度以及专利许可和诉讼的热度等信息来进行区域布局。具体来说，汤姆逊特许专利区域布局呈现均衡发展态势。索尼采取了不同于其他两个申请人的区域布局策略，在本部所在地日本布局了122件专利，占其专利总资产的25%，可见其对本土市场的重视程度。

3. 技术热点分析

在自适应多媒体水印关键技术领域，飞利浦在水印模式方面申请了较多专利。汤姆逊特许因公司性质，在专利资产布局方面具有灵活性，在高级视频解码技术和音频水印嵌入过程中的回声隐藏技术等热点技术上布局了较多专利。索尼则偏重于应用层面的热点技术，如数字签名以及身份认证等。

第七节 光全息数字图像水印嵌入提取技术

光全息数字图像水印嵌入提取技术是光全息领域的数字版权保护技术，主要利用光全息的健壮性和光学双随机相位加密的安全性对水印信息进行光学调制加密，并利用光学非线性相干调制加密原理对水印信息进行多重加密，从而安全有效地进行数字图像版权的保护和认证。围绕该技术的专利申请发轫于 20 世纪 90 年代末期，总体呈增长趋势，2011~2013 年为高峰期，之后开始下降，但仍有一定的创新和应用空间。

一 专利检索

（一）检索结果概述

以光全息数字图像水印嵌入提取技术为检索主题，在“九国两组织”范围内共检索到相关专利申请 210 件，具体数量分布如表 4-79 所示。

表 4-79 “九国两组织”光全息数字图像水印嵌入提取技术专利申请量

单位：件

国家 / 国际组织	专利申请量	国家 / 国际组织	专利申请量
US	36	DE	0
CN	153	RU	0
JP	4	AU	0
KR	9	EP	3
GB	1	WO	4
FR	0	合计	210

（二）“九国两组织”光全息数字图像水印嵌入提取技术专利申请趋势

表 4-80 和图 4-73 为“九国两组织”光全息数字图像水印嵌入提取技术专利申请情况，从中可以看出，中国和美国的专利申请量较其他国家高。其中，中国总体呈波动式增长趋势，在 2011 年申请量最多，表明中国在此时重视此技术的研发。

表 4-80　1994~2017 年“九国两组织”光全息数字图像水印嵌入提取技术专利申请量

单位：件

国家 / 国际组织	专利申请量																	
	90	01	02	03	04	05	06	07	08	09	10	11	12	13	14	15	16	17
US	10	6	0	6	1	1	5	4	1	0	0	0	0	2	0	0	0	0
CN	1	2	5	6	5	4	10	3	8	8	14	20	16	16	10	7	12	6
JP	0	0	0	1	1	0	1	0	1	0	0	0	0	0	0	0	0	0
KR	0	0	0	0	0	0	1	1	0	2	0	0	1	1	1	1	1	0
GB	0	0	0	0	0	0	0	0	0	0	0	0	0	0	1	0	0	0
FR	0	0	0	0	0	0	0	0	0	0	0	0	0	0	0	0	0	0
DE	0	0	0	0	0	0	0	0	0	0	0	0	0	0	0	0	0	0
RU	0	0	0	0	0	0	0	0	0	0	0	0	0	0	0	0	0	0
AU	0	0	0	0	0	0	0	0	0	0	0	0	0	0	0	0	0	0
EP	1	0	0	0	0	1	0	0	0	0	0	0	0	0	0	1	0	0
WO	1	1	0	1	0	0	0	0	0	0	0	0	0	0	0	1	0	0
合计	13	9	5	14	7	6	17	8	10	10	14	20	17	19	12	10	13	6

注：“90”指 1994~2000 年的专利申请总量，“01~17”分别指 2001~2017 年当年的专利申请量。

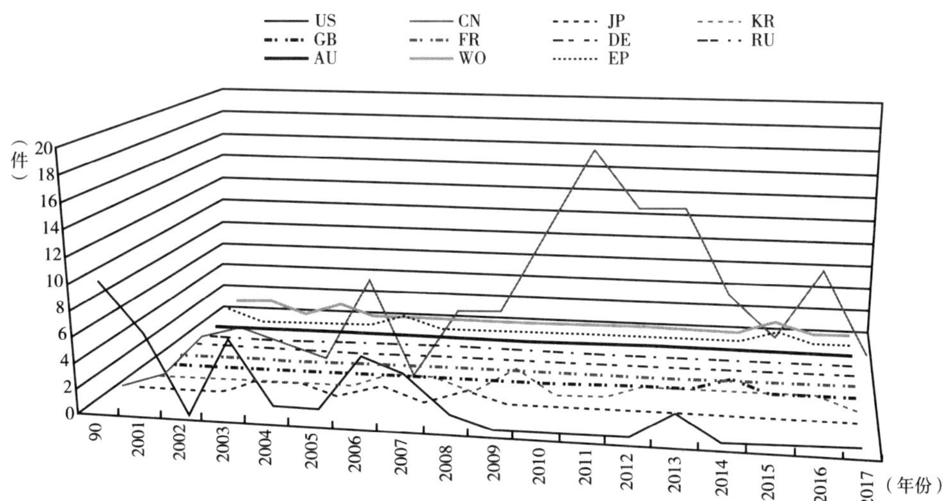

图 4-73　“九国两组织”光全息数字图像水印嵌入提取技术专利申请趋势

注：“90”指 1994~2000 年的专利申请总量。

（三）“九国两组织”光全息数字图像水印嵌入提取技术专利申请人排名

1994~2017 年“九国两组织”光全息数字图像水印嵌入提取技术专利申请人排名情况如表 4-81~表 4-87 所示。法国、德国、俄罗斯和澳大利亚在该技术领域暂无专利申请公开。

1. 美国申请人排名

表 4-81 美国光全息数字图像水印嵌入提取技术专利申请人排名

序号	申请人	申请人国家	申请数量（件）	授权数量（件）
1	Digmarc Corp.	美国	8	3
2	Canon K.K.	日本	2	1
3	Datamark Technologies Pte. Ltd.	新加坡	2	1
4	Ricoh K.K.	美国	2	1
5	Univ. HongKong Science & Technology（香港科技大学）	中国香港	2	1

2. 中国申请人排名

表 4-82 中国光全息数字图像水印嵌入提取技术专利申请人排名

序号	申请人	申请人国家	申请数量（件）	授权数量（件）
1	Univ. Shanghai Science & Technology（上海科技大学）	中国	16	3
2	Univ. Hainan（海南大学）	中国	10	2
3	Univ. Xidian（西安电子科技大学）	中国	9	3
4	Univ. Liaoning Normal（辽宁师范大学）	中国	7	2
5	Univ. Ningbo（宁波大学）	中国	5	2

3. 日本申请人排名

表 4-83 日本光全息数字图像水印嵌入提取技术专利申请人排名

序号	申请人	申请人国家	申请数量（件）	授权数量（件）
1	Samsung Electronics Co. Ltd.	韩国	1	1
2	NEC Corp.	日本	1	1
3	Ricoh K.K.	日本	1	1
4	Yukei K.K.	日本	1	0

4. 韩国申请人排名

表 4-84 韩国光全息数字图像水印嵌入提取技术专利申请人排名

序号	申请人	申请人国家	申请数量（件）	授权数量（件）
1	Korea Electronics & Telecommun. Res. Inst.	韩国	2	1
2	Korea Electronics & Telecommun. Adv. Inst.	韩国	2	1
3	Nat Univ. Pukyong Inc.	韩国	1	1
4	Univ. Dong-eui Industry Acad Inc.	韩国	1	1

5. 英国申请人排名

表 4-85 英国光全息数字图像水印嵌入提取技术专利申请人排名

序号	申请人	申请人国家	申请数量（件）	授权数量（件）
1	Innovation Ulster Ltd.	英国	1	0

6. 法国申请人排名

法国在光全息数字图像水印嵌入提取技术领域暂无专利申请公开。

7. 德国申请人排名

德国在光全息数字图像水印嵌入提取技术领域暂无专利申请公开。

8. 俄罗斯申请人排名

俄罗斯在光全息数字图像水印嵌入提取技术领域暂无专利申请公开。

9. 澳大利亚申请人排名

澳大利亚在光全息数字图像水印嵌入提取技术领域暂无专利申请公开。

10. 欧洲专利局申请人排名

表 4-86 欧洲专利局光全息数字图像水印嵌入提取技术专利申请人排名

序号	申请人	申请人国家	申请数量（件）	授权数量（件）
1	Samsung Electronics Co. Ltd.	韩国	2	1
2	Innovation Ulster Ltd.	英国	1	0

11. 世界知识产权组织申请人排名

表 4-87 世界知识产权组织光全息数字图像水印嵌入提取技术专利申请人排名

序号	申请人	申请人国家	申请数量（件）
1	Digmarc Corp.	美国	3
2	Datamark Technologies Pte. Ltd.	新加坡	2
3	Digital Copyright Technologies	美国	2

二 专利分析

（一）技术发展趋势分析

图 4-74 为光全息数字图像水印嵌入提取技术专利的年度申请情况，可以看出，随着光全息数字图像水印嵌入提取技术的发展，以及数字版权保护领域的不断完善，专利申请量总体呈增长趋势，于 2003 年达到一个小高峰，随后两年有所下降，这可能是此技术遇到了瓶颈。2008 年底美国次贷危机引发的国际金融危机导致整个技术领域发展放缓，但是 2010 年以来中国开始重视光全息数字图像水印嵌入提取技术，因为中国的“救市”，“九国两组织”申请总量又有所回升。

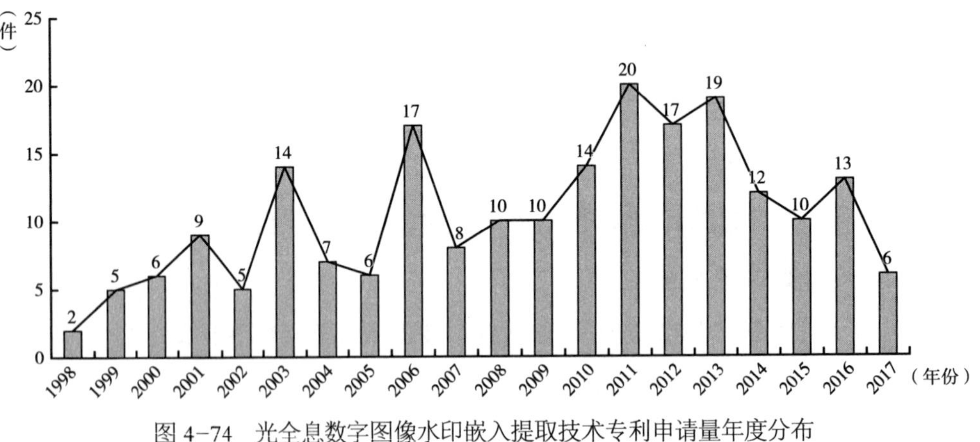

图 4-74 光全息数字图像水印嵌入提取技术专利申请量年度分布

（二）技术路线分析

图 4-75 为光全息数字图像水印嵌入提取技术的发展路线。1998 年 7 月 29 日诞生了光全息数字图像水印嵌入提取技术领域第一件专利，此专利也是该技术领域的重要

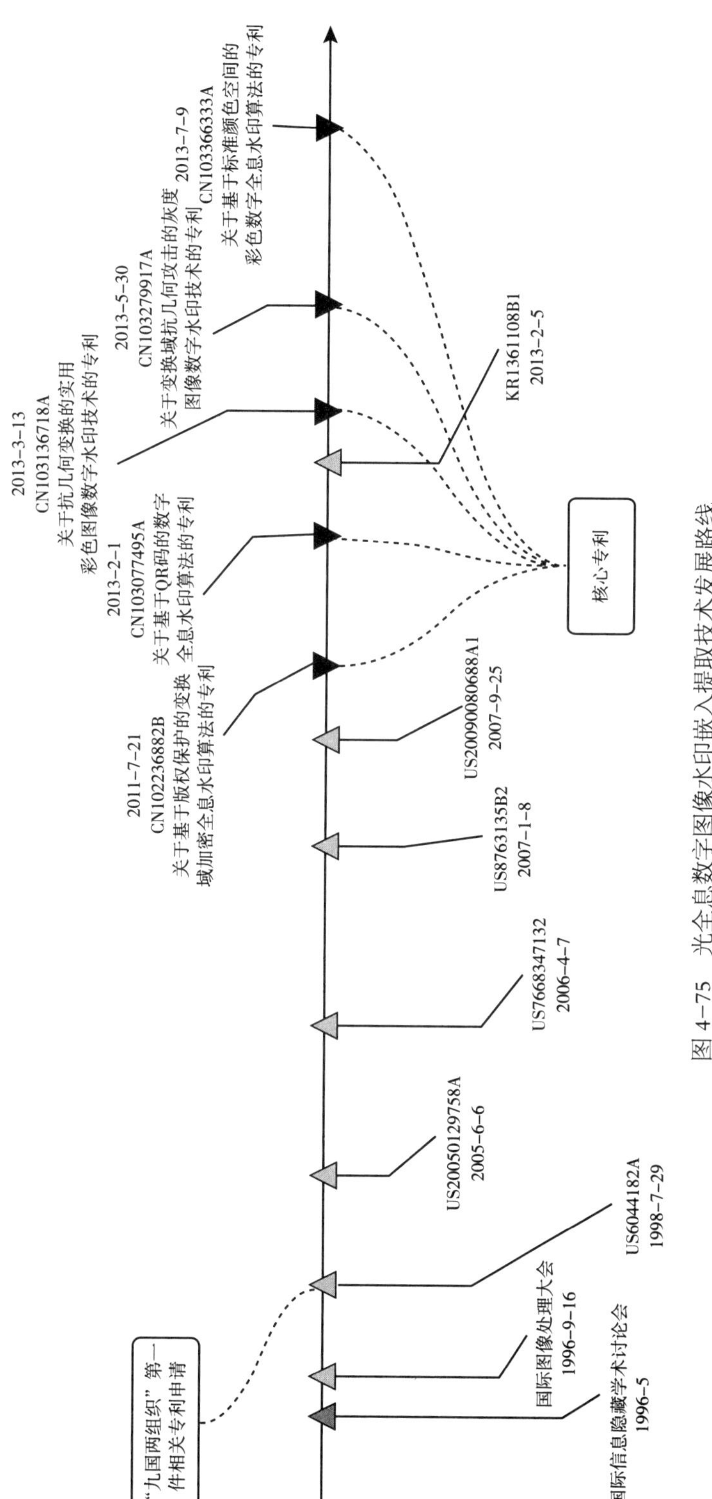

图 4-75　光全息数字图像水印嵌入提取技术发展路线

专利。自学术界开始关注隐藏学和图像学以来，光全息数字图像水印嵌入提取技术领域的核心技术长期被欧美申请人垄断，中国等发展中国家的申请人很少研究该技术领域。直到2011年中国申请人才申请核心专利。在此之前，中国对此技术有相应研究，也有相关技术专利的申请，遗憾的是均被驳回。近年来，中国政府对数字版权保护的大力扶持为光全息数字图像水印嵌入提取技术蓬勃发展提供了机遇，中国在这一技术领域的专利布局将更加全面。

（三）主要专利申请人分析

1994~2017年光全息数字图像水印嵌入提取技术领域专利申请量排名第一的专利申请人为Digimarc公司。由于该技术领域其他专利申请人的申请量较少，故不予分析。

1. 专利申请量

Digimarc公司自2000年开始有光全息数字图像水印嵌入提取技术专利申请，在此时期，美国也对光全息水印的加解密技术加强保护，但Digimarc公司无疑是这一技术领域的先行者。从图4-76可以看出，Digimarc公司只是阶段性地推出此技术领域的专利，专利申请量不是很多。

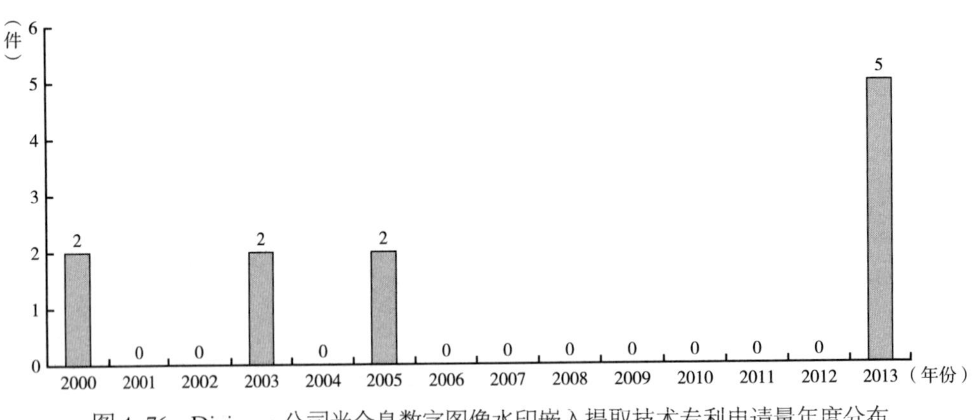

图4-76　Digimarc公司光全息数字图像水印嵌入提取技术专利申请量年度分布

2. 专利申请量区域分布

自20世纪90年代以来，美国对数字版权加以保护，光全息数字图像水印嵌入提取技术也随之发展，Digimarc公司摆脱种种限制，在技术上得以突破，赢得了市场认同。从图 4-77 可以看出，其在美国布局专利较多，在中国等发展中国家并没有布局专利，可能是 Digimarc 公司对这些目标市场不太认可。相信随着中国等发展中国家相关技术的崛起，Digimarc 公司将增加对这些国家的专利布局。

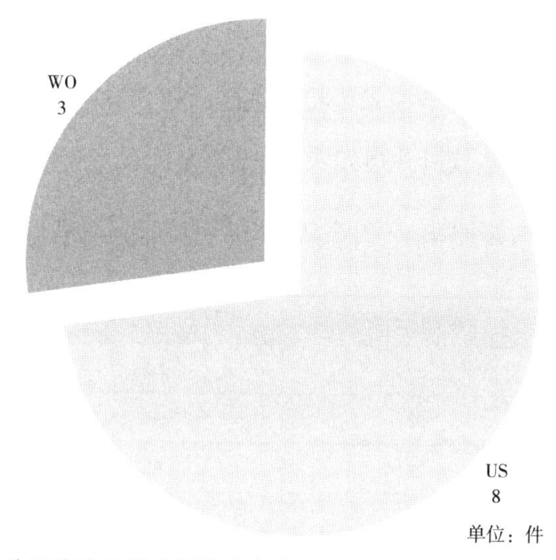

图 4-77　Digimarc 公司光全息数字图像水印嵌入提取技术专利在“九国两组织”的申请量

三　总结

“九国两组织”在光全息数字图像水印嵌入提取技术领域共有 210 件专利申请。其中，美国和中国的专利申请量之和占该技术领域专利申请总量的 90%。日本、韩国及欧洲等国家和地区受理的专利申请非常少。1998 年以来，光全息数字图像水印嵌入提取技术的专利年申请量总体呈上升趋势，于 2011 年达到峰值。从专利申请人情况来看，Digimarc 公司拥有光全息数字图像水印嵌入提取技术领域的大多数专利。

第八节　光全息文本水印嵌入提取技术

光全息文本水印嵌入提取技术是光全息领域的数字版权保护技术，借助光全息水印技术对文本数字作品进行水印嵌入与提取，进而达到版权保护的目的。围绕该技术的专利申请发轫于 20 世纪 90 年代中期，1996~2002 年总体呈逐渐增长态势，

2004~2013 年虽有反复但总体较为平稳，从 2014 年开始呈下降趋势。总体来说，该技术发展已基本成熟。

一　专利检索

（一）检索结果概述

以光全息文本水印嵌入提取技术为检索主题，在“九国两组织”范围内共检索到相关专利申请 110 件，具体数量分布如表 4-88 所示。

表 4-88　“九国两组织”光全息文本水印嵌入提取技术专利申请量

单位：件

国家 / 国际组织	专利申请量	国家 / 国际组织	专利申请量
US	29	DE	0
CN	52	RU	0
JP	22	AU	0
KR	3	EP	2
GB	0	WO	2
FR	0	合计	110

（二）“九国两组织”光全息文本水印嵌入提取技术专利申请趋势

表 4-89 和图 4-78 展示了“九国两组织”光全息文本水印嵌入提取技术专利申请量年度分布情况，从中可以看出，中国、美国和日本的专利申请量较其他国家高。其中，中国在 2013 年申请量最多，表明中国在此时重视此技术的发展。日本在 2008 年之后几乎没有相关专利申请。

表 4-89　1994~2017 年“九国两组织”光全息文本水印嵌入提取技术专利申请量

单位：件

国家 / 国际组织	专利申请量																	
	90	01	02	03	04	05	06	07	08	09	10	11	12	13	14	15	16	17
US	3	3	4	0	4	4	3	1	1	1	2	0	1	0	2	0	0	0
CN	0	0	4	1	1	2	3	2	6	2	6	4	5	8	3	3	1	1
JP	7	2	1	2	1	1	3	3	1	0	0	0	0	1	0	0	0	0
KR	0	0	0	0	0	0	0	0	0	2	0	1	0	0	0	0	0	0

续表

国家 / 国际组织	专利申请量																	
	90	01	02	03	04	05	06	07	08	09	10	11	12	13	14	15	16	17
GB	0	0	0	0	0	0	0	0	0	0	0	0	0	0	0	0	0	0
FR	0	0	0	0	0	0	0	0	0	0	0	0	0	0	0	0	0	0
DE	0	0	0	0	0	0	0	0	0	0	0	0	0	0	0	0	0	0
RU	0	0	0	0	0	0	0	0	0	0	0	0	0	0	0	0	0	0
AU	0	0	0	0	0	0	0	0	0	0	0	0	0	0	0	0	0	0
EP	1	1	0	0	0	0	0	0	0	0	0	0	0	0	0	0	0	0
WO	0	2	0	0	0	0	0	0	0	0	0	0	0	0	0	0	0	0
合计	11	8	9	3	6	7	9	6	8	5	8	5	6	9	5	3	1	1

注："90" 指 1994~2000 年的专利申请总量，"01~17" 分别指 2001~2017 年当年的专利申请量。

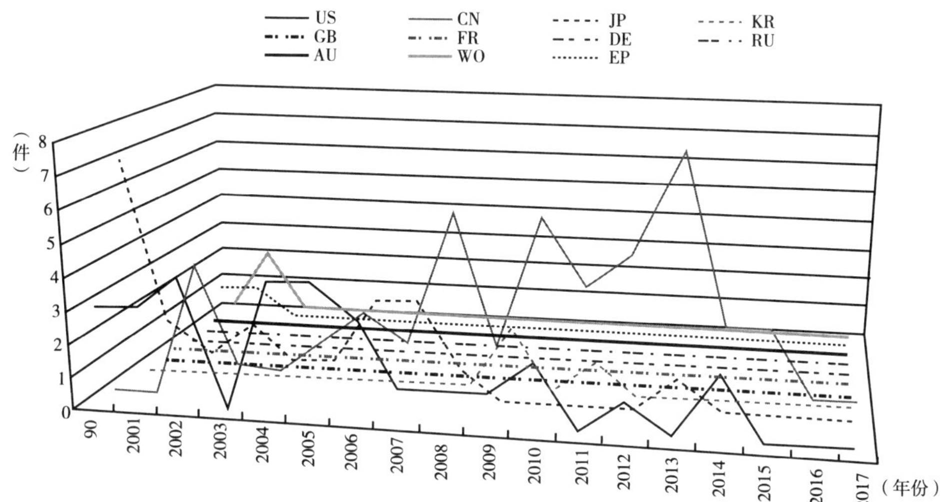

图 4-78 "九国两组织"光全息文本水印嵌入提取技术专利申请趋势

注："90" 指 1994~2000 年的专利申请总量。

（三）"九国两组织"光全息文本水印嵌入提取技术专利申请人排名

1994~2017 年"九国两组织"光全息文本水印嵌入提取技术专利申请人排名情况如表 4-90~表 4-95 所示。英国、法国、德国、俄罗斯和澳大利亚在该技术领域暂无专利申请公开。

1. 美国申请人排名

表 4-90 美国光全息文本水印嵌入提取技术专利申请人排名

序号	申请人	申请人国家	申请数量（件）	授权数量（件）
1	Sony Corp.	日本	2	1
2	Canon K.K.	日本	2	1
3	Broadcom Corp.	美国	2	1
4	Digimarc Corp.	美国	2	1
5	Nokia Corp.	芬兰	1	1

2. 中国申请人排名

表 4-91 中国光全息文本水印嵌入提取技术专利申请人排名

序号	申请人	申请人国家	申请数量（件）	授权数量（件）
1	Univ. Ludong（鲁东大学）	中国	4	2
2	Univ. Liaoning Normal（辽宁师范大学）	中国	2	1
3	Univ. Beijing Science & Technology（北京科技大学）	中国	2	1
4	Toshiba K.K.	日本	2	1
5	Univ Zhejiang Science & Technology（浙江科学技术大学）	中国	2	1

3. 日本申请人排名

表 4-92 日本光全息文本水印嵌入提取技术专利申请人排名

序号	申请人	申请人国家	申请数量（件）	授权数量（件）
1	Toshiba K.K.	日本	6	1
2	Canon K.K.	日本	6	1
3	Mitsubishi Electric Corp.	日本	3	1
4	Sony Corp.	日本	3	1
5	Mitsubishi Electric Ind. Co. Ltd.	日本	2	1

4. 韩国申请人排名

表 4-93 韩国光全息文本水印嵌入提取技术专利申请人排名

序号	申请人	申请人国家	申请数量（件）	授权数量（件）
1	Mitsubishi Electric Corp.	日本	1	1
2	Toshiba K.K.	日本	1	1
3	Nat Univ. Pukyong Inc.	韩国	1	0

5. 英国申请人排名

英国在光全息文本水印嵌入提取技术领域暂无专利申请公开。

6. 法国申请人排名

法国在光全息文本水印嵌入提取技术领域暂无专利申请公开。

7. 德国申请人排名

德国在光全息文本水印嵌入提取技术领域暂无专利申请公开。

8. 俄罗斯申请人排名

俄罗斯在光全息文本水印嵌入提取技术领域暂无专利申请公开。

9. 澳大利亚申请人排名

澳大利亚在光全息文本水印嵌入提取技术领域暂无专利申请公开。

10. 欧洲专利局申请人排名

表 4-94 欧洲专利局光全息文本水印嵌入提取技术专利申请人排名

序号	申请人	申请人国家	申请数量（件）	授权数量（件）
1	Thomson Licensing S.A.	法国	1	0
2	Orion Electric Co. Ltd.	日本	1	0

11. 世界知识产权组织申请人排名

表 4-95 世界知识产权组织光全息文本水印嵌入提取技术专利申请人排名

序号	申请人	申请人国家	申请数量（件）
1	Mitsubishi Electric Corp.	日本	1
2	Digimarc Corp.	美国	1

二 专利分析

（一）技术发展趋势分析

图 4-79 为光全息文本水印嵌入提取技术专利的年度申请情况，从中可以看出，随着光全息水印加解密技术的发展，以及数字版权保护领域的不断完善，光全息文本水印嵌入提取技术专利申请量在 1996~2002 年总体呈逐渐增长态势，于 2002 年到达峰值。2003 年的专利申请量突然下降，这可能是 2003 年世界经济纷繁复杂、风云

变幻所致，如伊拉克战争、SARS 危机、美元和人民币的汇率之争和坎昆会议谈判破裂等。随着经济形势好转，2004~2013 年光全息文本水印嵌入提取技术的专利年申请量总体较平稳，于 2006 年达到第二个专利申请高峰。2014 年以来专利年申请量逐渐减少。

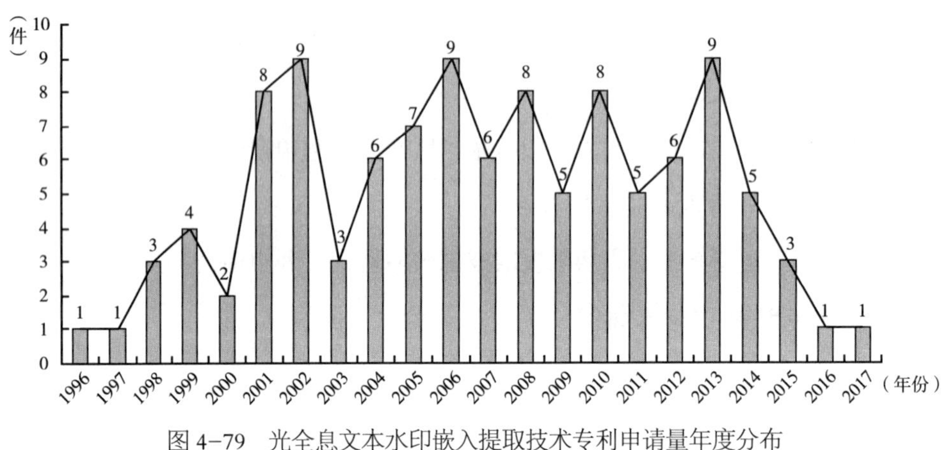

图 4-79 光全息文本水印嵌入提取技术专利申请量年度分布

（二）技术路线分析

图 4-80 为光全息文本水印嵌入提取技术的发展路线。1996 年诞生了光全息文本水印嵌入提取技术领域的第一件专利，为该技术领域的重要专利。自学术界开始关注隐藏学和图像学以来，光全息文本水印嵌入提取技术领域的核心技术一直被美国和日本所垄断，中国等发展中国家的申请人很少涉及该技术领域，2005 年中国申请人才开始申请核心专利，申请人类型以高校为主。随着中国政府对数字版权保护的大力扶持，未来光全息文本水印嵌入提取技术将持续发展，专利布局会更加全面。

三 总结

1994~2017 年"九国两组织"共有光全息文本水印嵌入提取技术专利申请 110 件，这一技术在 2013 年之前已发展得较为成熟，2014 年以来公开的专利量较少。美国、中国、日本和韩国的专利申请量占总申请量的 96%，其他国家和国际组织受理的专利申请非常少。从年度分布来看，专利年申请量呈波浪式发展趋势，这主要是中国、美国、日本和韩国在该技术上存在瓶颈期所致。从专利申请人情况来看，索尼和佳能拥

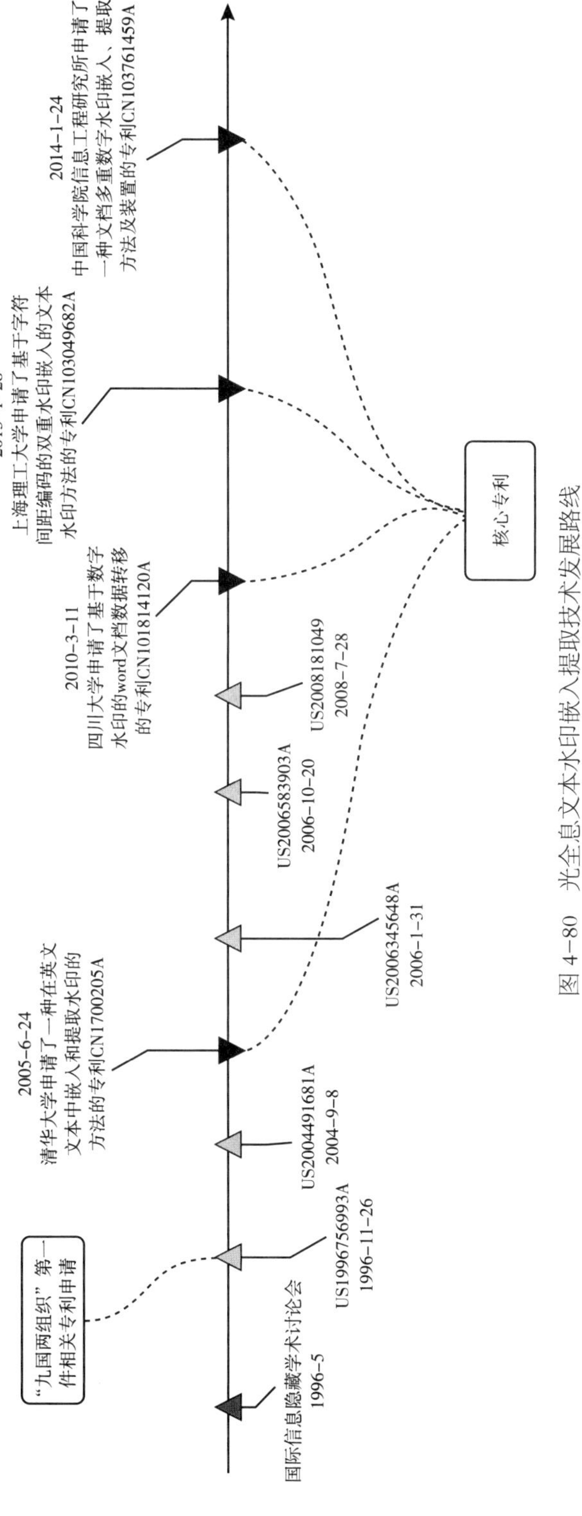

图 4-80　光全息文本水印嵌入提取技术发展路线

第五章

内容比对相关技术

第一节　海量数据索引和匹配比对技术

海量数据索引和匹配比对技术是数字版权保护领域的热门技术。其中，海量数据索引技术能协助信息搜索者快速从海量数据中找到符合限制条件的记录 ID 的辅助数据结构；海量数据匹配比对技术在保障高查全率的同时，可以兼顾匹配的查准率。围绕该技术的专利申请发轫于 20 世纪 90 年代中期，随后稳步增长，2013 年以来呈现快速增长趋势，2016 年的专利申请量已高达 915 件，2017 年“九国两组织”已公开的专利申请量高达 720 件。可以预见，随着网上数字内容资源日益增多，以及用户海量数据索引与匹配比对需求不断增加，该技术的创新与应用将有非常大的空间。

一　专利检索

（一）检索结果概述

以海量数据索引和匹配比对技术为检索主题，在“九国两组织”范围内共检索到相关专利申请 5078 件，具体数量分布如表 5-1 所示。

表 5-1　“九国两组织”海量数据索引和匹配比对技术专利申请量

单位：件

国家 / 国际组织	专利申请量	国家 / 国际组织	专利申请量
US	1138	DE	8
CN	2720	RU	62
JP	203	AU	28
KR	269	EP	224
GB	29	WO	364
FR	33	合计	5078

（二）“九国两组织”海量数据索引和匹配比对技术专利申请趋势

由表 5-2 和图 5-1 可知，1994 年以来，在海量数据索引和匹配比对技术领域，通过欧洲专利局和世界知识产权组织面向国际范围的专利申请趋势较为稳定，申请专利数量排名前二的国家分别为中国和美国。直到 2010 年美国的专利年申请量都明显高于其他国家，但 2011 年以来被中国反超。可见，美国前期研发较多，技术较为成熟。近年来，海量数据索引和匹配比对技术在中国发展较为迅速，中国企业和研究机构在海量数据索引和匹配比对技术方面投入的研发力度逐渐增强。

表 5-2　1994~2017 年“九国两组织”海量数据索引和匹配比对技术专利申请量

单位：件

国家 / 国际组织	专利申请量																	
	90	01	02	03	04	05	06	07	08	09	10	11	12	13	14	15	16	17
US	63	20	27	49	53	41	42	56	50	46	68	56	66	130	140	118	70	43
CN	4	5	8	5	12	11	19	13	29	28	48	57	69	217	384	459	719	633
JP	24	7	15	9	9	7	11	7	6	6	17	14	12	17	14	16	8	4
KR	1	4	1	1	0	2	5	5	6	5	11	12	15	24	43	64	54	16
GB	6	3	0	3	3	0	0	1	1	0	1	0	1	2	4	4	0	0
FR	3	1	0	4	0	6	7	2	3	1	3	0	0	1	2	0	0	0
DE	1	1	0	1	0	0	0	0	0	0	0	0	2	1	2	0	0	0
RU	11	10	5	6	4	2	1	3	2	1	1	4	5	3	3	1	0	0
AU	0	0	0	0	1	0	0	1	0	1	1	0	0	6	1	10	6	1
EP	30	6	14	19	11	13	7	7	8	4	14	9	12	25	21	13	10	1
WO	25	21	14	14	14	5	9	17	10	6	7	14	10	41	58	29	48	22
合计	168	78	84	111	107	87	101	112	115	98	171	166	192	467	672	714	915	720

注：“90”指 1994~2000 年的专利申请总量；“01~17”分别指 2001~2017 年当年的专利申请量。

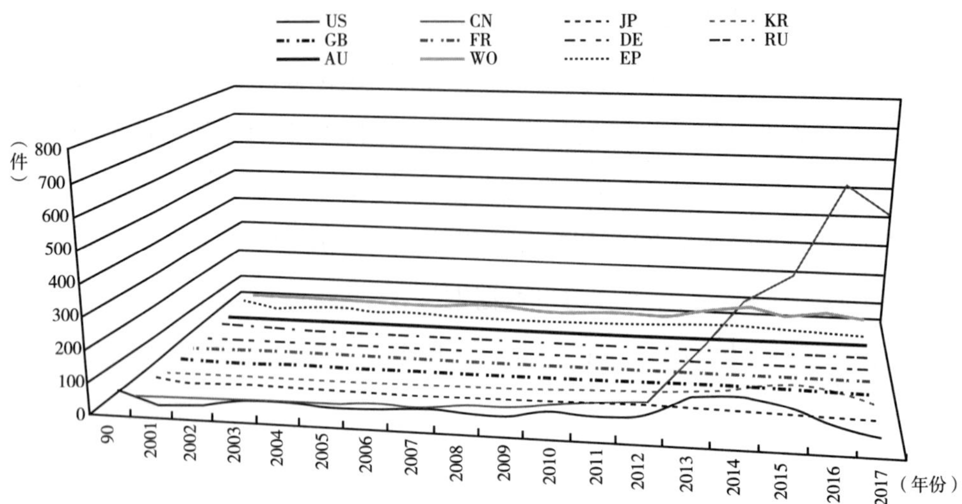

图 5-1 “九国两组织”海量数据索引和匹配比对技术专利申请趋势

注：“90”指 1994~2000 年的专利申请总量。

（三）“九国两组织”海量数据索引和匹配比对技术专利申请人排名

1994~2017 年“九国两组织”海量数据索引和匹配比对技术专利申请人排名情况如表 5-3 ~表 5-13 所示。

1. 美国申请人排名

表 5-3 美国海量数据索引和匹配比对技术专利申请人排名

序号	申请人	申请人国家	申请数量（件）	授权数量（件）
1	IBM Corp.	美国	76	69
2	Microsoft Corp.	美国	49	30
3	Google Inc.	美国	15	6
4	Koninkl Philips Electronics N.V.	荷兰	14	8
5	Honeywell Int. Inc.	美国	11	4

2. 中国申请人排名

表 5-4 中国海量数据索引和匹配比对技术专利申请人排名

序号	申请人	申请人国家	申请数量（件）	授权数量（件）
1	ZTE Corp.（中兴）	中国	43	23
2	Univ. Zhejiang（浙江大学）	中国	30	10
3	Microsoft Corp.	美国	16	7
4	IBM Corp.	美国	12	11
5	Koninkl Philips Electronics N.V.	荷兰	12	11

3. 日本申请人排名

表 5-5　日本海量数据索引和匹配比对技术专利申请人排名

序号	申请人	申请人国家	申请数量（件）	授权数量（件）
1	Fujitsu Ltd.	日本	10	1
2	Sony Corp.	日本	9	4
3	Hitachi Ltd.	日本	9	3
4	Canon K.K.	日本	8	2
5	Nippon Telegraph & Telephone	日本	5	3

4. 韩国申请人排名

表 5-6　韩国海量数据索引和匹配比对技术专利申请人排名

序号	申请人	申请人国家	申请数量（件）	授权数量（件）
1	Samsung Electronics Co. Ltd.	韩国	6	4
2	Korea Electronics & Telecommun. Res. Inst.	韩国	6	3
3	IBM Corp.	美国	3	3
4	Koninkl Philips Electronics N.V.	荷兰	3	0
5	Google Inc.	美国	2	2

5. 英国申请人排名

表 5-7　英国海量数据索引和匹配比对技术专利申请人排名

序号	申请人	申请人国家	申请数量（件）	授权数量（件）
1	Gurulogic Microsystems OY	芬兰	2	2
2	Sony Corp.	日本	2	2
3	Tata Consultancy Services Ltd.	印度	2	2
4	Univ. York	加拿大	2	2
5	Honeywell International Inc.	美国	2	1

6. 法国申请人排名

表 5-8　法国海量数据索引和匹配比对技术专利申请人排名

序号	申请人	申请人国家	申请数量（件）	授权数量（件）
1	Intel Corp.	美国	4	0
2	Bull S.A.S.	法国	2	0
3	Alcatel S.A.	法国	1	0

7. 德国申请人排名

表 5-9 德国海量数据索引和匹配比对技术专利申请人排名

序号	申请人	申请人国家	申请数量（件）	授权数量（件）
1	IBM Corp.	美国	3	2
2	Koninkl Philips Electronics N.V.	荷兰	3	1
3	Information Systems Corp.	美国	2	1
4	Genetics Co. Inc.	瑞士	2	1
5	Intel Corp.	美国	2	0
6	Tektronix Int. Sales GmbH	瑞士	2	0
7	Bayer Innovation GmbH	德国	2	0

8. 俄罗斯申请人排名

表 5-10 俄罗斯海量数据索引和匹配比对技术专利申请人排名

序号	申请人	申请人国家	申请数量（件）	授权数量（件）
1	Qualcomm Inc.	美国	1	0
2	IBM Corp.	美国	1	0
3	Koninkl Philips Electronics N.V.	荷兰	1	0

9. 澳大利亚申请人排名

表 5-11 澳大利亚海量数据索引和匹配比对技术专利申请人排名

序号	申请人	申请人国家	申请数量（件）	授权数量（件）
1	Google Inc.	美国	4	4
2	Verisign Inc.	美国	4	2
3	Genetic Technologies Ltd.	澳大利亚	2	2
4	Microsoft Corp.	美国	2	2
5	Univ. Washington	美国	2	0

10. 欧洲专利局申请人排名

表 5-12 欧洲专利局海量数据索引和匹配比对技术专利申请人排名

序号	申请人	申请人国家	申请数量（件）	授权数量（件）
1	Microsoft Corp.	美国	13	2
2	Koninkl Philips Electronics N.V.	荷兰	12	5
3	IBM Corp.	美国	11	9
4	Ericsson Telefon AB L.M.	瑞典	9	4
5	Matsushita Electric Ind. Co. Ltd.	日本	4	2

11. 世界知识产权组织申请人排名

表 5-13　世界知识产权组织海量数据索引和匹配比对技术专利申请人排名

序号	申请人	申请人国家	申请数量（件）
1	Microsoft Corp.	美国	14
2	IBM Corp.	美国	14
3	Koninkl Philips Electronics N.V.	荷兰	13
4	Sandisk Technologies Inc.	美国	10
5	Huawei Tech. Co. Ltd.（华为）	中国	7

二　专利分析

（一）技术发展趋势分析

从图 5-2 可以看出，1994~2012 年海量数据索引和匹配比对技术专利年申请量总体呈稳步增长态势，从 2013 年开始快速增长，于 2016 年达到专利年申请量峰值 915 件。可见，业内对海量数据索引和匹配比对技术的关注度很高，而且研发力度较大，未来该技术的发展空间较大。

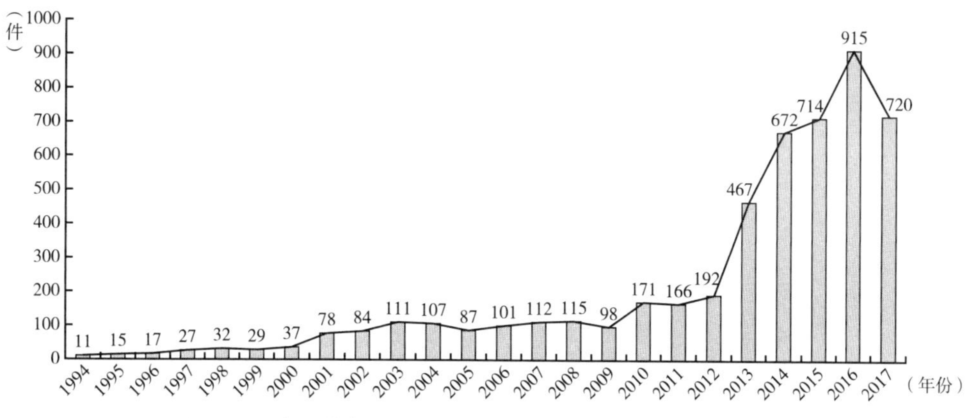

图 5-2　海量数据索引和匹配比对技术专利申请量年度分布

（二）技术路线分析

图 5-3 展示了海量数据索引和匹配比对技术的发展路线。1994 年 4 月 5 日，Digital Equipment 公司提交的一项专利申请公开了一种使用散列和内容寻址存储器在分组数据通信链路中查询地址的技术。随着数字时代的发展，各国相关企业和研究机

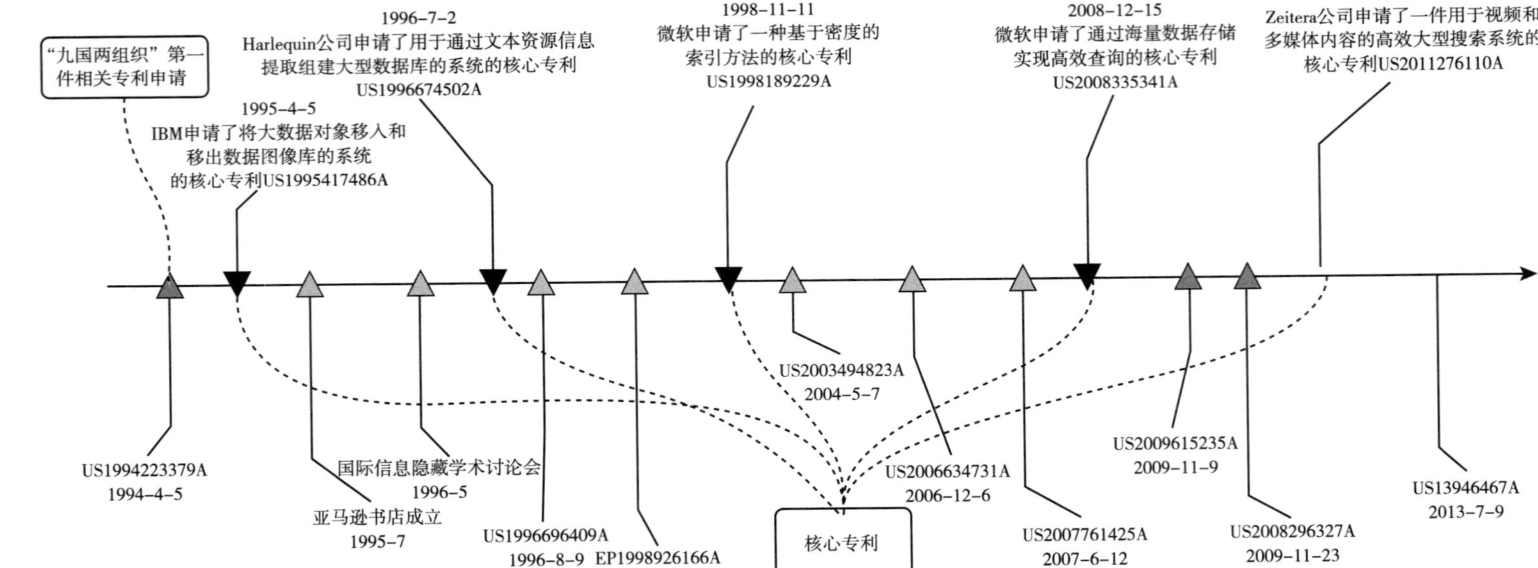

图 5-3　海量数据索引和匹配比对技术发展路线

构对海量数据索引和匹配比对技术的研究渐多。例如，IBM 提交了一件关于数字化文档图像库的访问方法的专利；Harlequin 公司提交了一件通过文本资源信息提取组建大型数据库系统的专利；微软提交了一件基于密度的索引方法的专利，该方法用于保障大型数据库中高维近邻查询的高效运行；微软还公开了一件通过海量数据存储实现高效查询的专利；Zeitera 公司提交了一件用于视频和多媒体内容的高效大型搜索系统的专利。这些技术专利均与海量数据索引和匹配比对技术相关，并且均为业内被引用较多的专利。

（三）主要专利申请人分析

根据检索结果来看，海量数据索引和匹配比对技术的专利申请和申请人主要分布在美国和中国。从该技术在美国和中国的专利申请量来看，2013 年以来出现大幅度增长，表现出较好的发展趋势。尤其是 IBM、微软和飞利浦等企业在该技术领域的专利申请已经遍及美国、中国和欧洲等多个国家和地区。

1. 申请量排名第一的专利申请人——IBM

（1）专利申请量

IBM 总部位于美国纽约，是全球最大的信息技术和业务解决方案公司之一[①]。1996~2013 年，IBM 每年都有海量数据索引和匹配比对技术的专利申请（见图 5-4）。由此可以推测，IBM 在该技术上的研发工作持续时间较长，相关技术成果也在不断完善过程中。

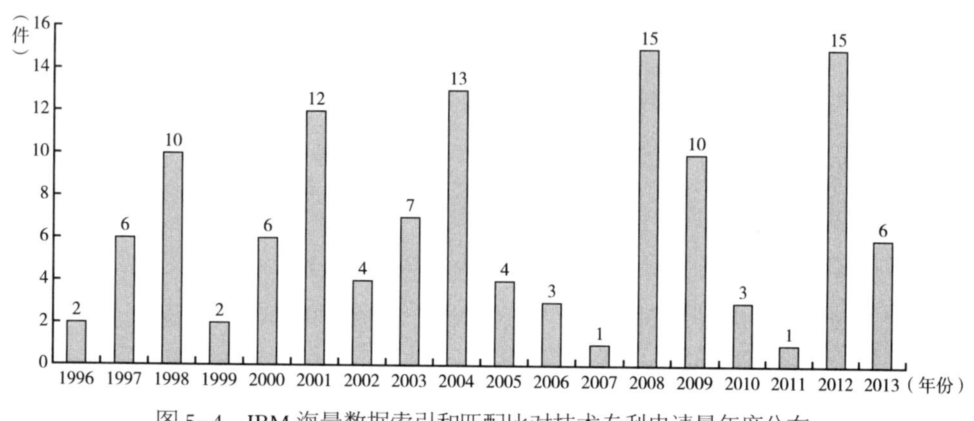

图 5-4　IBM 海量数据索引和匹配比对技术专利申请量年度分布

① 百度百科：《IBM》，https://baike.baidu.com/item/IBM/9190?fr=aladdin。

（2）专利申请量区域分布

IBM 一半以上的海量数据索引和匹配比对技术专利申请分布在美国。随着该技术在全球范围内的关注度和市场需求持续提升，IBM 在中国、韩国、欧洲专利局和世界知识产权组织等多个国家和国际组织也进行了专利申请（见图 5-5）。

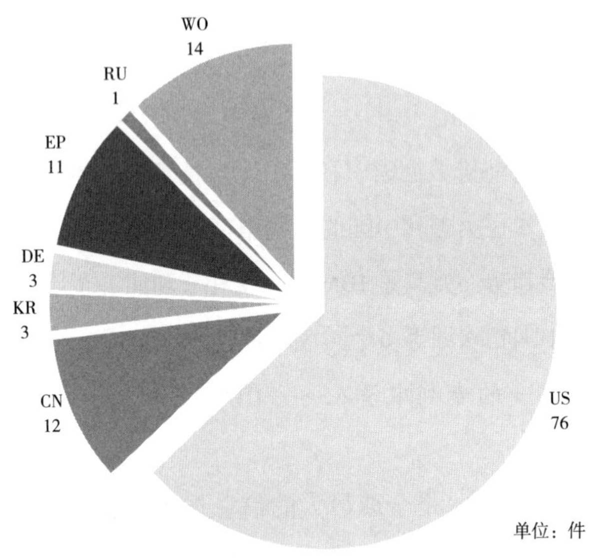

图 5-5 IBM 海量数据索引和匹配比对技术专利在"九国两组织"的申请量

（3）技术构成分布

由图 5-6 可以看出，IBM 围绕海量数据索引和匹配比对技术申请了较多专利，这些专利主要涉及该技术在数据库索引和数据管理系统中的应用。

2. 申请量排名第二的专利申请人——微软

（1）专利申请量

微软总部位于美国，是一家跨国电脑科技公司，是目前全球最大的电脑软件供应商之一[①]。微软关于海量数据索引和匹配比对技术的专利申请最早出现于 1997 年，之后每年（除 2000 年外）均有少量申请；2005 年微软在这一技术领域的专利年申请量

① 百度百科：《微软》，https://baike.baidu.com/item/%E5%BE%AE%E8%BD%AF/124767?fr=aladdin。

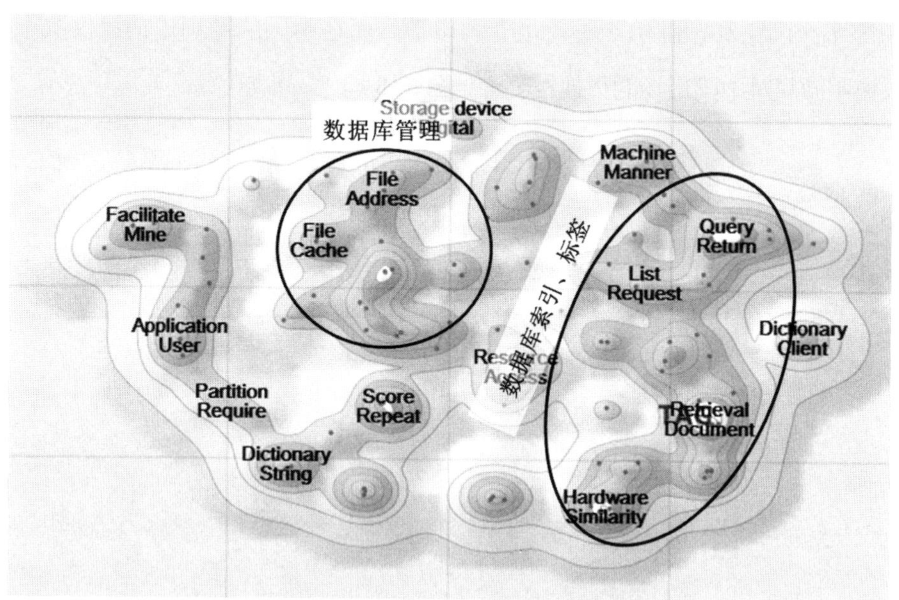

图 5-6　IBM 海量数据索引和匹配比对技术构成分布

达到峰值，超过 20 件。此后，微软在这一技术领域的专利申请量保持在每年 5 件左右，这表明微软在这一技术领域的研发投入一直在继续（见图 5-7）。

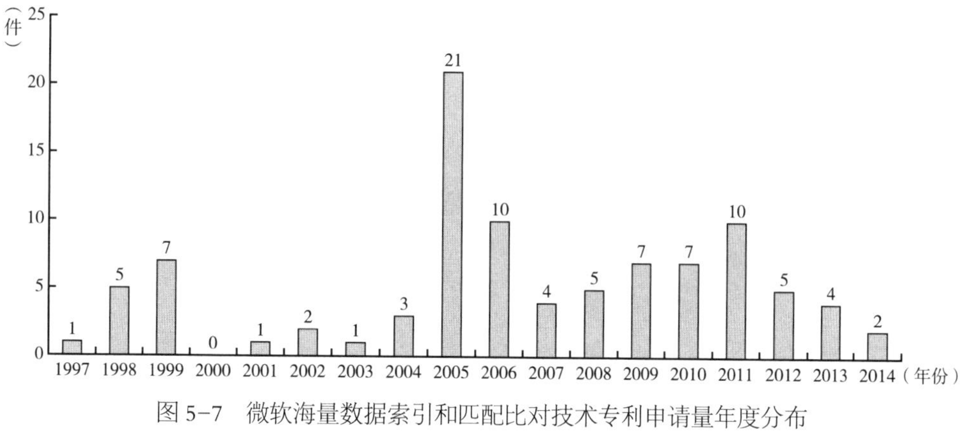

图 5-7　微软海量数据索引和匹配比对技术专利申请量年度分布

（2）专利申请量区域分布

微软的专利申请主要分布在美国。随着海量数据索引和匹配比对技术在全球的关注度和市场需求不断提升，微软在中国、韩国、澳大利亚、欧洲专利局和世界知识产权组织等多个国家和国际组织进行了专利申请，而在中国的专利申请量仅次于美国，这足以说明微软对中国市场的重视程度（见图 5-8）。

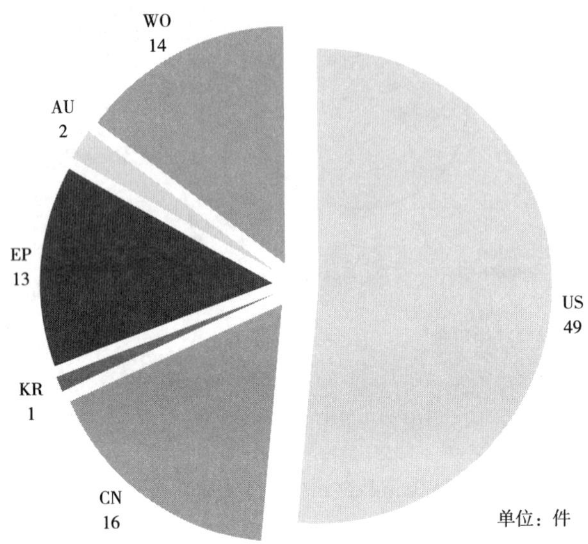

图 5-8　微软海量数据索引和匹配比对技术专利在“九国两组织”的申请量

（3）技术构成分布

本项目通过对专利申请中记载的技术词条进行聚类分析，确定了微软在海量数据索引和匹配比对技术领域的关键技术点。由图 5-9 可以看出，相较于海量数据索

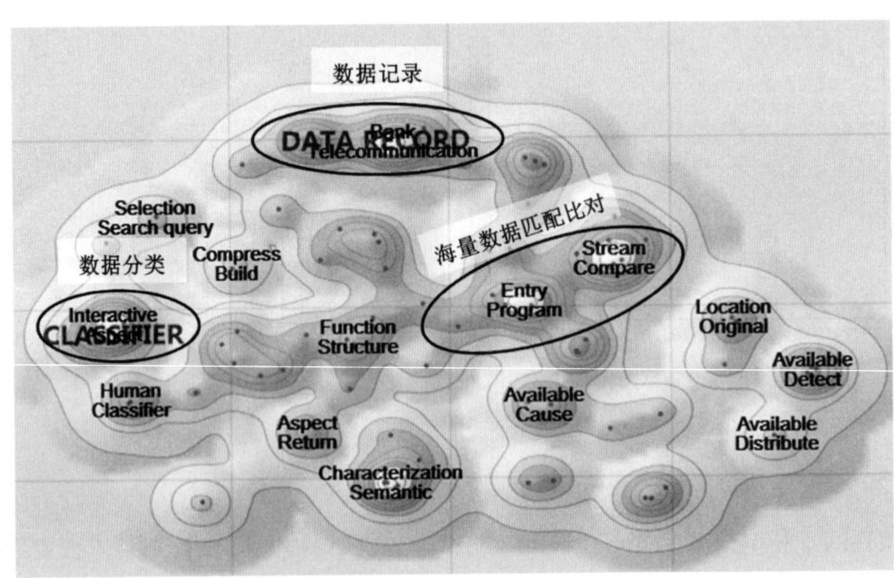

图 5-9　微软海量数据索引和匹配比对技术构成分布

引技术，微软的专利申请中与海量数据匹配比对技术相关的词汇出现频率较高，这说明微软的专利申请主要针对海量数据匹配比对技术，并且微软在该技术领域的专利申请集中在该技术在大型数据库中的应用。例如，1998 年 11 月 11 日，微软提交的专利申请（公开号 US1998189229A）公开了一种基于密度的索引方法，用于大型数据库高维近邻查询的高效执行；2007 年 6 月 12 日，微软提交的专利申请（公开号 US2007761425A）公开了一种计算机实现的用于查找相似集的索引系统。

3. 申请量排名第三的专利申请人——飞利浦

（1）专利申请量

飞利浦是世界上最大的电子公司之一。早在 1996 年飞利浦便对海量数据索引和匹配比对技术进行了专利申请，1999~2007 年飞利浦也维持了一定数量的专利申请，而 2009 之后几乎未见专利申请（见图 5-10）。由此推测，飞利浦在该技术领域的研发投入已经暂停或遭遇技术瓶颈，也可能是由于市场趋于饱和，飞利浦失去对该技术增加研发投入的动力。

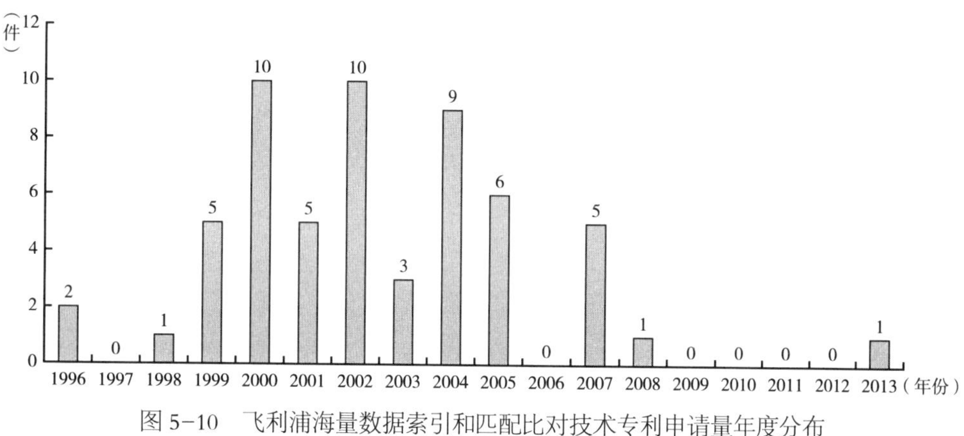

图 5-10　飞利浦海量数据索引和匹配比对技术专利申请量年度分布

（2）专利申请量区域分布

2006 年 10 月 12 日，飞利浦宣布已经签署了意向书，将其现有的移动电话业务转让给中国电子信息产业集团公司[①]；2012 年，飞利浦智能电视与百度云存储达成合

① 百度文库:《飞利浦》，https://wenku.baidu.com/view/602c1be8172ded630b1cb6ea.html。

作[①]。可见，飞利浦的目标市场不仅面向美国和欧洲，中国也已成为飞利浦重点关注的目标市场之一。关于海量数据索引和匹配比对技术，飞利浦在世界知识产权组织和欧洲专利局均提交了多件专利申请。此外，鉴于海量数据索引和匹配比对技术在全球范围内受到关注和巨大的市场需求，飞利浦也在韩国和德国等国递交了专利申请（见图5-11）。

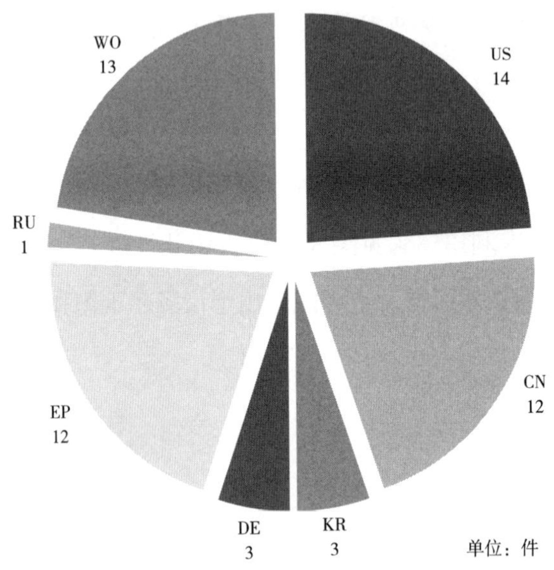

图 5-11 飞利浦海量数据索引和匹配比对技术专利在“九国两组织”的申请量

（3）技术构成分布

飞利浦在海量数据索引和匹配比对技术领域的申请专利集中在匹配比对技术和数据集构成方面（见图5-12）。例如，2004年5月7日，飞利浦提交的专利申请（公开号US2003494823A）公开了一种在多个进程可访问的大数据结构中锁定目标的方法；2005年8月30日，飞利浦提交的专利申请（公开号US2003547328A）公开了一种在包括许多长串或一个长串的数据库中查找与查询串部分匹配或精确匹配的结果串的方法。

① 互动百科:《Philips》，http://www.baike.com/wiki/Philips。

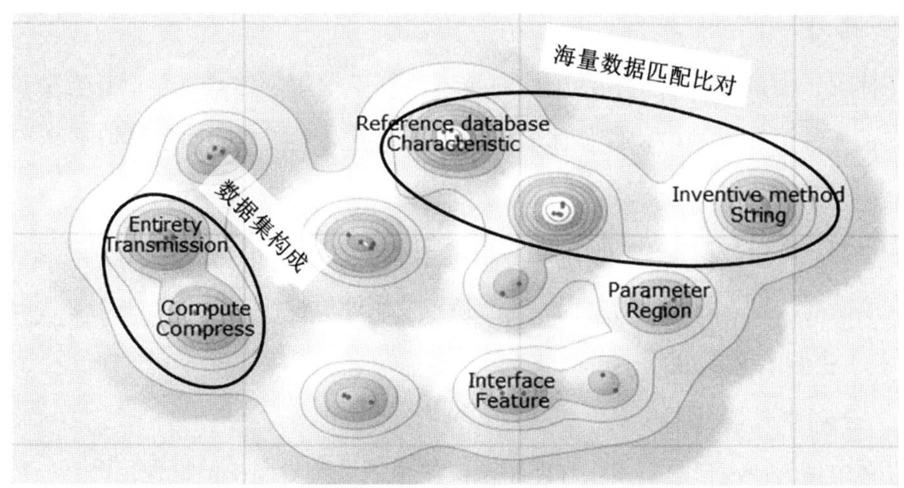

图 5-12　飞利浦海量数据索引和匹配比对技术构成分布

三　总结

（一）专利申请总体趋势

1994~2017 年海量数据索引和匹配比对技术在“九国两组织”的专利申请总量为 5078 件。1994 年以来，全球关于这一技术的专利申请总体处于较为活跃的状态。其中，专利申请量排名前三的国家分别为中国、美国和韩国。总体而言，海量数据索引和匹配比对技术属于关注度较高的新技术，并且在中国发展迅速，尤其是 2013 年以来中国企业和研究机构对该技术的关注度和研发投入大幅提升。

就整个行业专利申请状况来看，海量数据索引和匹配比对技术专利年申请量在 2013 年之前呈现稳步增长态势，从 2013 年开始快速增长，于 2016 年达到专利申请量的峰值。

（二）主要国家技术发展现状及趋势

1. 美国

海量数据索引和匹配比对技术在美国的研究热度一直较高。从该技术在美国的专利申请量来看，从 2013 年开始专利年申请量有大幅度增长，表现出较好的发展趋势。

2. 日本

海量数据索引和匹配比对技术在日本起步较早，但是发展速度一直较为缓慢。

3. 韩国

在韩国，海量数据索引和匹配比对技术专利申请量总体呈逐年增长态势，但是专利申请人数量和专利申请量整体偏低，韩国企业对此技术的研发热情不高。

4. 中国

在中国，海量数据索引和匹配比对技术一直处于发展期。近两年业界对这一技术的关注度很高，投入的研发力度很大，故技术发展速度很快。

（三）主要申请人对比分析

1. 专利申请量比较

以各申请人在海量数据索引和匹配比对技术领域的专利申请量进行排名，得出该技术领域的三个主要专利申请人是 IBM、微软和飞利浦。其中，IBM 在该技术领域的研发工作在持续进行中，相关技术成果也在不断完善。微软每年均有少量关于该技术的专利申请，表明微软在这一技术领域的研发投入仍在继续。2009 年以来，飞利浦在该技术领域的专利申请数量几近为零，说明其在该技术领域的研发投入处于停滞状态。

2. 专利资产地域布局分析

IBM、微软和飞利浦在海量数据索引和匹配比对技术领域的专利申请已经覆盖美国、中国、韩国、德国、欧洲专利局和世界知识产权组织等多个国家和国际组织，但主要分布在美国和中国。其中，IBM 和微软一半以上的专利申请分布在美国；而飞利浦的专利申请在美国、中国、欧洲专利局和世界知识产权组织分布得较为均匀。

3. 技术热点分析

在海量数据索引和匹配比对技术领域，IBM 的研究重点是该技术在数据库索引和数据管理系统中的应用。微软的专利申请中，与海量数据匹配比对技术相关的词汇出现频率较高，说明微软的专利申请主要针对海量数据匹配比对技术，并且微软围绕该技术申请的专利侧重于该技术在大型数据库中的应用。飞利浦的研究重点为匹配比对技术和数据集构成方面的技术。

第二节　文本相似特征提取及内容查重技术

文本相似特征提取及内容查重技术是数字版权保护领域的常用技术，通过提取文本型数字内容的关键特征，基于内容特征进行相似性检测，为侵权判定提供参考和支撑。围绕该技术的专利申请发轫于20世纪90年代中期，此后长期处于增长趋势，于2014年达到峰值，至今仍是研究热点。可以预见，今后一段时期内，文本相似特征提取及内容查重技术仍有较大的创新和应用空间。

一　专利检索

（一）检索结果概述

以文本相似特征提取及内容查重技术为检索主题，在“九国两组织”范围内共检索到专利申请2142件，具体数量分布如表5-14所示。

表5-14　“九国两组织”文本相似特征提取及内容查重技术专利申请量

单位：件

国家/国际组织	专利申请量	国家/国际组织	专利申请量
US	180	DE	5
CN	1147	RU	0
JP	541	AU	8
KR	124	EP	38
GB	6	WO	93
FR	0	合计	2142

（二）“九国两组织”文本相似特征提取及内容查重技术专利申请趋势

由表5-15和图5-13可以看出，在文本相似特征提取及内容查重技术领域，通过欧洲专利局和世界知识产权组织面向国际范围的专利申请数量较少。1994年以来，在文本相似特征提取及内容查重技术领域，申请专利较多的国家为中国、日本和美国。其中，美国和日本的申请趋势较为稳定；中国2012年以来专利申请量增长较快，可见，文本相似特征提取及内容查重技术近年来在中国发展较为迅速。

表 5-15 “九国两组织”文本相似特征提取及内容查重技术专利申请量

单位：件

国家 / 国际组织	专利申请量																	
	90	01	02	03	04	05	06	07	08	09	10	11	12	13	14	15	16	17
US	5	3	1	7	7	6	8	13	9	10	15	12	21	13	19	11	15	5
CN	2	0	1	2	3	1	4	7	10	35	46	60	114	140	203	152	207	160
JP	30	20	28	26	24	27	36	29	37	37	56	28	42	49	34	21	17	0
KR	1	0	0	0	0	1	1	2	13	7	4	16	7	18	24	15	9	6
GB	0	0	0	1	0	0	1	0	0	0	0	0	0	1	1	0	2	0
FR	0	0	0	0	0	0	0	0	0	0	0	0	0	0	0	0	0	0
DE	2	0	0	1	0	0	0	0	0	0	0	0	0	0	0	1	1	0
RU	0	0	0	0	0	0	0	0	0	0	0	0	0	0	0	0	0	0
AU	0	0	1	1	0	0	1	0	0	0	0	0	0	1	1	1	2	0
EP	2	1	0	0	3	1	2	1	1	4	0	4	2	5	5	5	2	0
WO	3	1	2	4	0	1	4	5	3	2	16	5	6	12	11	11	3	4
合计	45	25	33	42	37	37	57	57	73	95	137	125	192	239	298	217	258	175

注：“90”指 1994~2000 年的专利申请总量，“01~17”分别指 2001~2017 年当年的专利申请量。

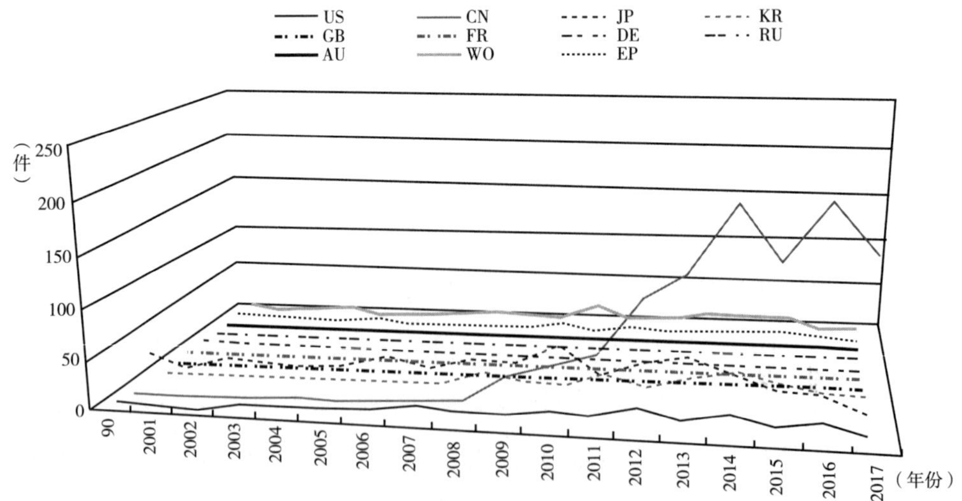

图 5-13 “九国两组织”文本相似特征提取及内容查重技术专利申请趋势

注：“90”指 1994~2000 年的专利申请总量。

（三）“九国两组织”文本相似特征提取及内容查重技术专利申请人排名

1994~2017 年“九国两组织”文本相似特征提取及内容查重技术专利申请人排名情况如表 5-16~表 5-24 所示。法国和俄罗斯在该技术领域暂无专利申请公开。

1. 美国申请人排名

表 5-16 美国文本相似特征提取及内容查重技术专利申请人排名

序号	申请人	申请人国家	申请数量（件）	授权数量（件）
1	NEC Corp.	日本	19	2
2	Fujitsu Ltd.	日本	15	4
3	Microsoft Corp.	美国	12	5
4	Toshiba K.K.	日本	8	3
5	Canon K.K.	日本	6	6

2. 中国申请人排名

表 5-17 中国文本相似特征提取及内容查重技术专利申请人排名

序号	申请人	申请人国家	申请数量（件）	授权数量（件）
1	CASIA（中科院自动化所）	中国	45	22
2	Univ. Chongqing（重庆大学）	中国	30	10
3	Univ. Beihang（北航大学）	中国	27	8
4	Univ. Tsinghua（清华大学）	中国	14	6
5	Univ. Beijing Science & Technology（北京科技大学）	中国	13	5

3. 日本申请人排名

表 5-18 日本文本相似特征提取及内容查重技术专利申请人排名

序号	申请人	申请人国家	申请数量（件）	授权数量（件）
1	Nippon Telegraph & Telephone	日本	52	31
2	Canon K.K.	日本	36	12
3	Toshiba K.K.	日本	31	17
4	Ricoh K.K.	日本	31	16
5	NEC Corp.	日本	14	11

4. 韩国申请人排名

表 5-19　韩国文本相似特征提取及内容查重技术专利申请人排名

序号	申请人	申请人国家	申请数量（件）	授权数量（件）
1	Samsung Electronics Co. Ltd.	韩国	10	2
2	Korea Electronics & Telecommun. Res. Inst.	韩国	6	3
3	Korea Electronics & Telecommun. Adv. Inst.	韩国	2	1
4	Kisan Electronics Co. Ltd.	韩国	1	1
5	Bicom Co. Ltd.	韩国	1	1
6	Konan Technology Inc.	韩国	1	1
7	Sony Corp.	日本	1	0
8	Pantech Co. Ltd.	韩国	1	0

5. 英国申请人排名

表 5-20　英国文本相似特征提取及内容查重技术专利申请人排名

序号	申请人	申请人国家	申请数量（件）	授权数量（件）
1	Agency Science Tech. & Res.	新加坡	1	0
2	Fujitsu Ltd.	日本	1	0

6. 法国申请人排名

法国在文本相似特征提取及内容查重技术领域暂无专利申请公开。

7. 德国申请人排名

表 5-21　德国文本相似特征提取及内容查重技术专利申请人排名

序号	申请人	申请人国家	申请数量（件）	授权数量（件）
1	Scientific Atlanta	美国	2	0
2	Zeiss Carl Jena GmbH	德国	1	0

8. 俄罗斯申请人排名

俄罗斯在文本相似特征提取及内容查重技术领域暂无专利申请公开。

9. 澳大利亚申请人排名

表 5-22　澳大利亚文本相似特征提取及内容查重技术专利申请人排名

序号	申请人	申请人国家	申请数量（件）	授权数量（件）
1	Telefonica S.A.	西班牙	5	2
2	Silverbrook Res. Pty. Ltd.	澳大利亚	2	2

10. 欧洲专利局申请人排名

表 5-23　欧洲专利局文本相似特征提取及内容查重技术专利申请人排名

序号	申请人	申请人国家	申请数量（件）	授权数量（件）
1	Fujitsu Ltd.	日本	9	0
2	Canon K.K.	日本	3	2
3	Silverbrook Res. Pty. Ltd.	澳大利亚	2	2
4	Panasonic Corp.	日本	2	0
5	Sony Corp.	日本	2	0

11. 世界知识产权组织申请人排名

表 5-24　世界知识产权组织文本相似特征提取及内容查重技术专利申请人排名

序号	申请人	申请人国家	申请数量（件）
1	NEC Corp.	日本	19
2	Panasonic Corp.	日本	8
3	Microsoft Corp.	美国	5
4	Fujitsu Ltd.	日本	5
5	Hitachi Ltd.	日本	3

二　专利分析

（一）技术发展趋势分析

图 5-14 为文本相似特征提取及内容查重技术专利申请量年度分布，可以看出，文本相似特征提取及内容查重技术专利年申请量总体呈稳步增长趋势，并于 2010 年

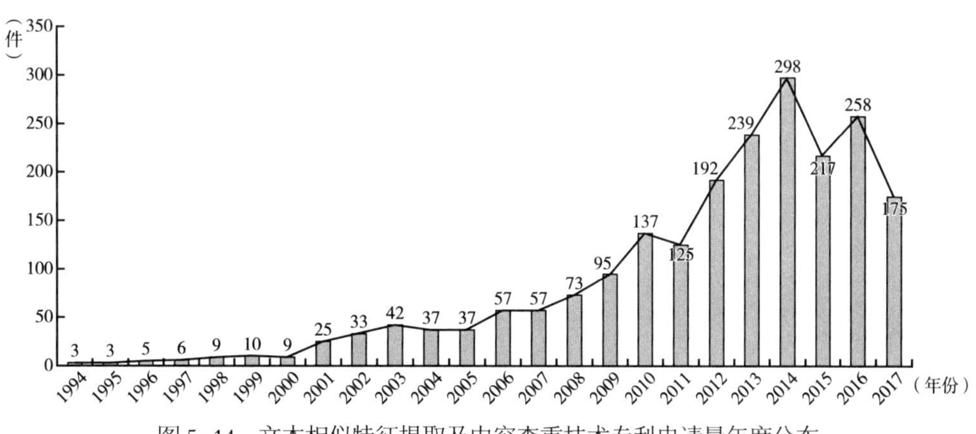

图 5-14　文本相似特征提取及内容查重技术专利申请量年度分布

突破百件，虽然 2011 年的专利申请量有所下降，但 2012 年又恢复增长趋势，并于 2014 年达到峰值。可见，业内对文本相似特征提取及内容查重技术的关注度较高，投入的研发力度较大，未来发展空间较大。

（二）技术路线分析

随着数字网络的飞速发展，数字版权保护受到高度重视，各国相关企业和研究机构纷纷对数字版权保护关键技术之一的文本相似特征提取及内容查重技术投入研究。在中国，该技术在数字版权保护方面的应用不断出现突破和创新。如图 5-15 所示，2003 年以来，中国不断出现文本相似特征提取及内容查重技术专利申请。例如，2003 年 9 月 10 日，西安交通大学提交的专利申请（公开号 CN2003134562A），提供了一种利用计算机程序检测电子文本剽窃的方法；2008 年 11 月 18 日，西安交通大学又提交了一件关于检测及定位电子文本内容剽窃的方法的专利申请。汤森路透（Thomson Reuters）提交的专利申请（公开号 CN200580035487A）公开了一种重复文件检测和显示的方法。2005 年 7 月 6 日和 8 月 10 日，佳能分别提交了一件专利申请，均关于纸面文件扫描和高精度检索技术。这些技术均被引用较多。

（三）主要专利申请人分析

从检索结果来看，文本相似特征提取及内容查重技术专利申请和申请人主要分布在日本、美国和中国。从全球范围来看，相关专利申请总量并不多。近年来，日本电气公司、日本电报电话公司和东芝等领先企业的相关专利申请量虽然不多，但已经遍及美国、中国和日本等多个国家。可见，文本相似特征提取及内容查重技术还有较大的发展空间和市场需求。

1. 申请量排名第一的专利申请人——日本电气公司

（1）专利申请量

日本电气公司是日本的一家跨国信息技术公司，主要向企业、政府和个人用户提供信息技术相关软件、硬件和服务[①]。由图 5-16 可以看出，在文本相似特征提取及内容查重技术领域，日本电气公司在 2005 年后，尤其是 2008~2011 年取得了一定数量的技术成果，但专利申请总量不足 60 件，这说明其技术研发投入并不是很多。

---

① 百度百科:《日本电气股份有限公司》，https://baike.baidu.com/item/%E6%97%A5%E6%9C%AC%E7%94%B5%E6%B0%94%E8%82%A1%E4%BB%BD%E6%9C%89%E9%99%90%E5%85%AC%E5%8F%B8/1693913?fr=aladdin。

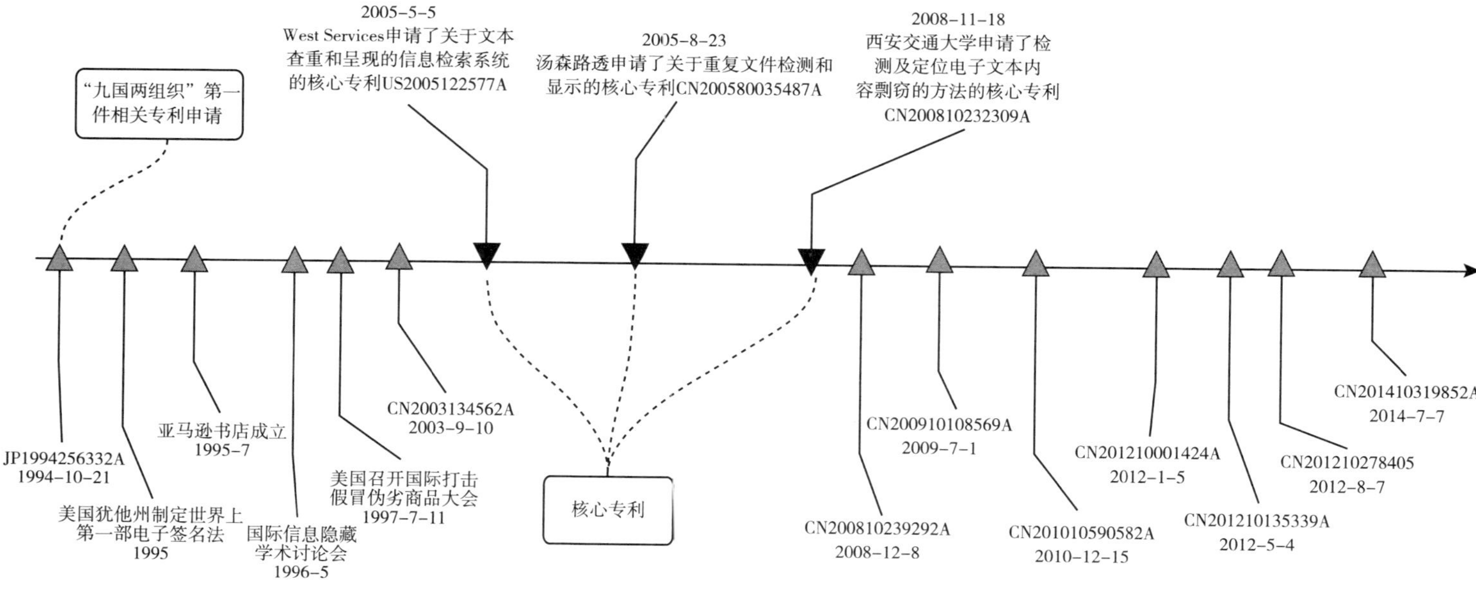

图 5-15　文本相似特征提取及内容查重技术发展路线

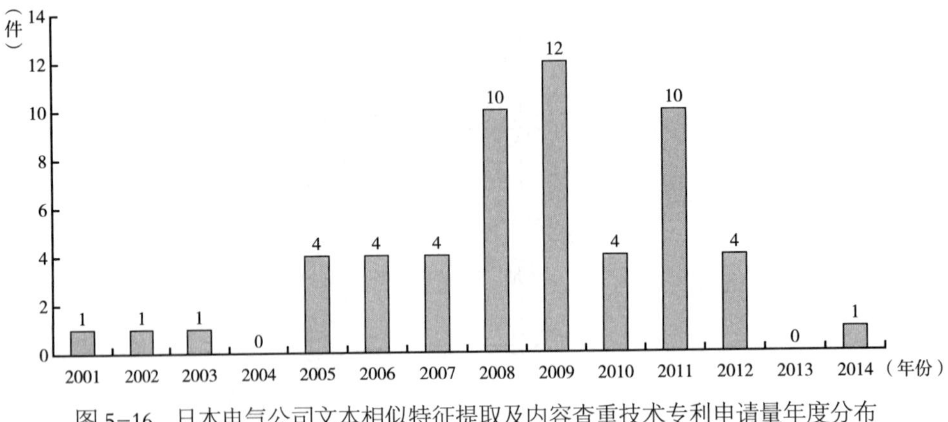

图 5-16　日本电气公司文本相似特征提取及内容查重技术专利申请量年度分布

（2）专利申请量区域分布

日本电气公司的专利申请范围包括美国、日本、中国和世界知识产权组织。其中，以美国和世界知识产权组织的专利申请数量最多，这与其主要销售市场相一致（见图 5-17）。

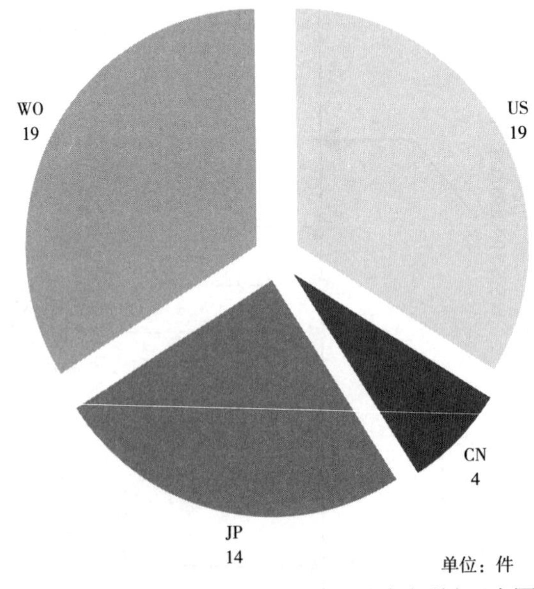

图 5-17　日本电气公司文本相似特征提取及内容查重技术专利在“九国两组织”的申请量

（3）技术构成分布

由于日本电气公司近年来的专利数量并不是很多，围绕文本相似特征提取及内容查重技术申请的专利数量更少，而 30 件以上的专利才能通过构成分布图观察出重点技术，故图 5-18 是根据日本电气公司近年来相似特征提取技术专利申请所绘制的。可以看出，日本电气公司在这一技术领域重点关注内容提取与内容对比。虽然日本电气公司针对该技术申请了部分专利，但是该技术并不是日本电气公司的研究重点。

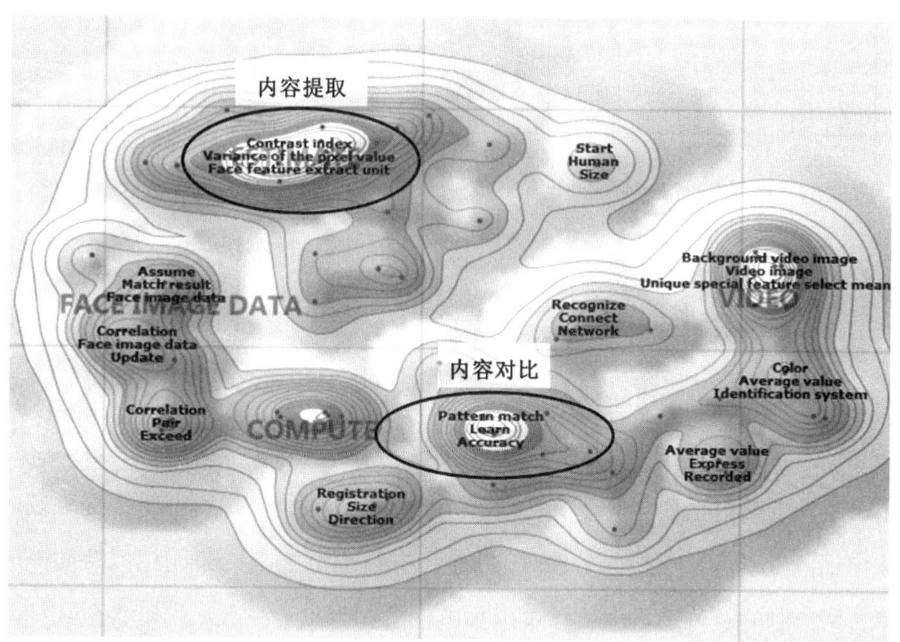

图 5-18　日本电气公司文本相似特征提取及内容查重技术构成分布

2. 申请量排名第二的专利申请人——日本电报电话公司

（1）专利申请量

日本电报电话公司总部位于日本东京，是世界最大的电信公司之一，为全世界特别是亚太地区的消费者、企业和政府提供高品质的网络管理服务、安全服务和解决方案[①]。由图 5-19 可以看出，1997~2013 年，日本电报电话公司在文本相似特征提取及

① 百度百科:《日本电报电话公司》，https://baike.baidu.com/item/%E6%97%A5%E6%9C%AC%E7%94%B5%E6%8A%A5%E7%94%B5%E8%AF%9D%E5%85%AC%E5%8F%B8/3080256?fr=aladdin。

内容查重技术领域每年都申请了专利，但是数量不多。这说明其对文本相似特征提取及内容查重技术有一定的经验积累，但技术成果并不多。

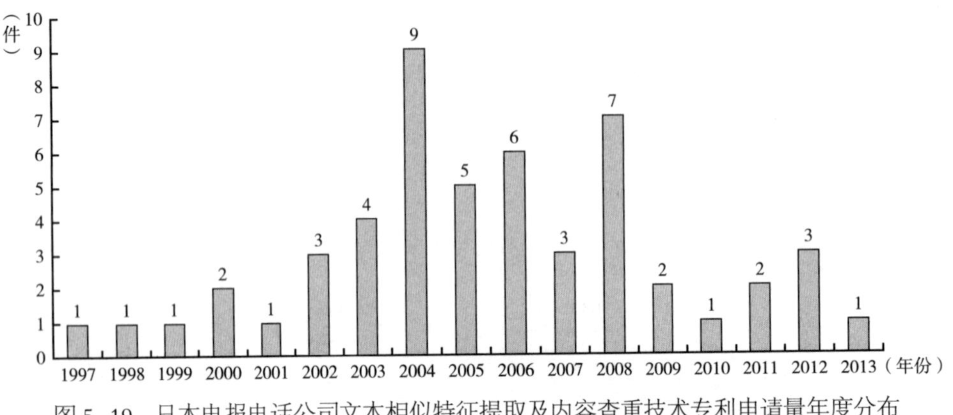

图 5-19　日本电报电话公司文本相似特征提取及内容查重技术专利申请量年度分布

（2）专利申请量区域分布

日本电报电话公司共有 52 件文本相似特征提取及内容查重技术专利，均在日本申请和公开，说明其目标市场仅在日本。

（3）技术构成分布

由于日本电报电话公司的专利数量并不是很多，围绕文本相似特征提取及内容查重技术申请的专利数量更少，故图 5-20 是根据日本电报电话公司相似特征提取技术专利申请所绘制的。可以看出，日本电报电话公司重点关注数字内容查重和特征提取相关技术。虽然日本电报电话公司针对该技术申请了一些专利，但是该技术并不是日本电报电话公司的研究重点。

3. 申请量排名第三的专利申请人——东芝

（1）专利申请量

东芝是日本最大的半导体制造商之一，业务领域包括数码产品、电子元器件、社会基础设备和家电等。进入 20 世纪 90 年代，东芝在数字技术、移动通信技术和网络技术等领域取得了飞速发展，成功从家电行业的巨人转变为 IT 行业的先锋[①]。从图 5-21 可知，1996~2013 年，在文本相似特征提取及内容查重技术领域，东芝几乎每年

① 百度百科：《东芝》，https://baike.baidu.com/item/%E4%B8%9C%E8%8A%9D/439964?fr=aladdin。

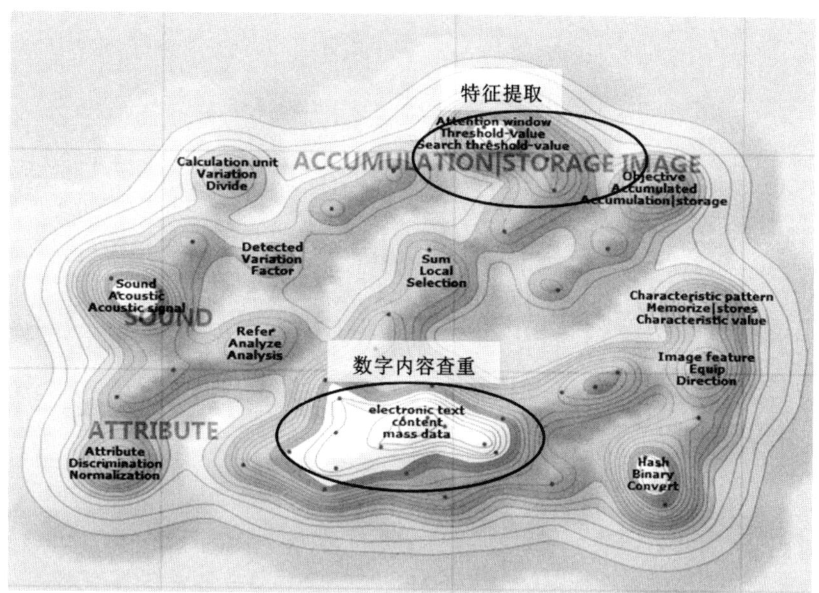

图 5-20 日本电报电话公司文本相似特征提取及内容查重技术构成分布

都申请了专利，但是数量很少。这说明其对文本相似特征提取及内容查重技术有一定的经验积累，但技术成果并不多。

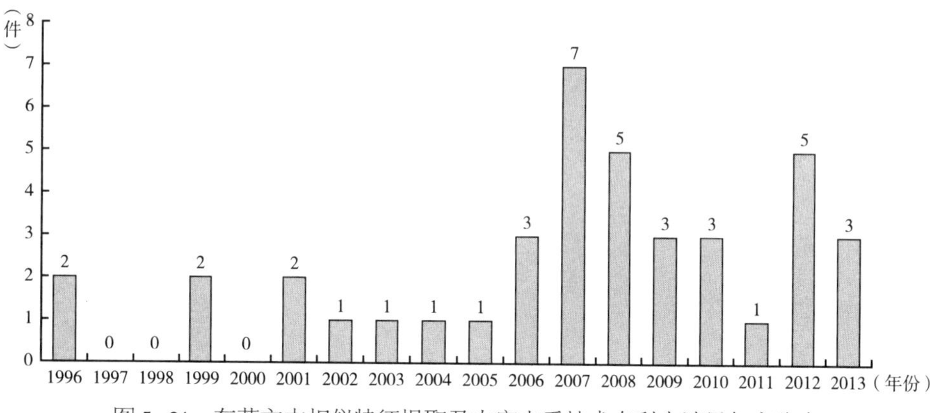

图 5-21 东芝文本相似特征提取及内容查重技术专利申请量年度分布

（2）专利申请量区域分布

东芝文本相似特征提取及内容查重技术专利主要分布在日本。除此之外，东芝在美国和中国也有少量专利申请（见图 5-22）。这说明其目标市场主要在日本，同时也在积极开拓美国市场和中国市场。

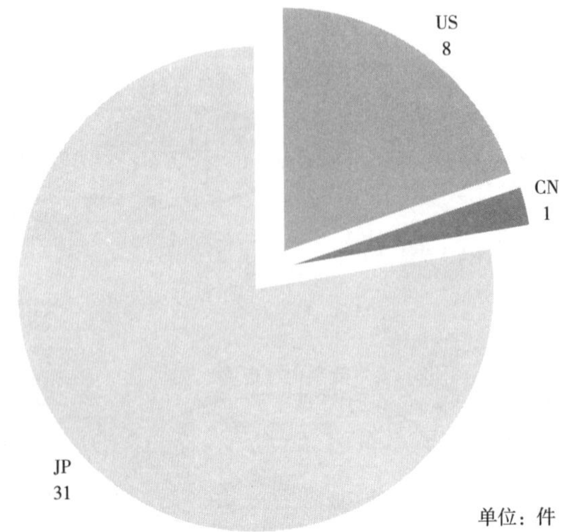

图 5-22 东芝文本相似特征提取及内容查重技术专利在“九国两组织”的申请量

（3）技术构成分布

由于东芝围绕文本相似特征提取及内容查重技术申请的专利数量不多，故图 5-23 是根据东芝近年来相似特征提取技术专利申请所绘制的。可以看出，东芝重点关注相

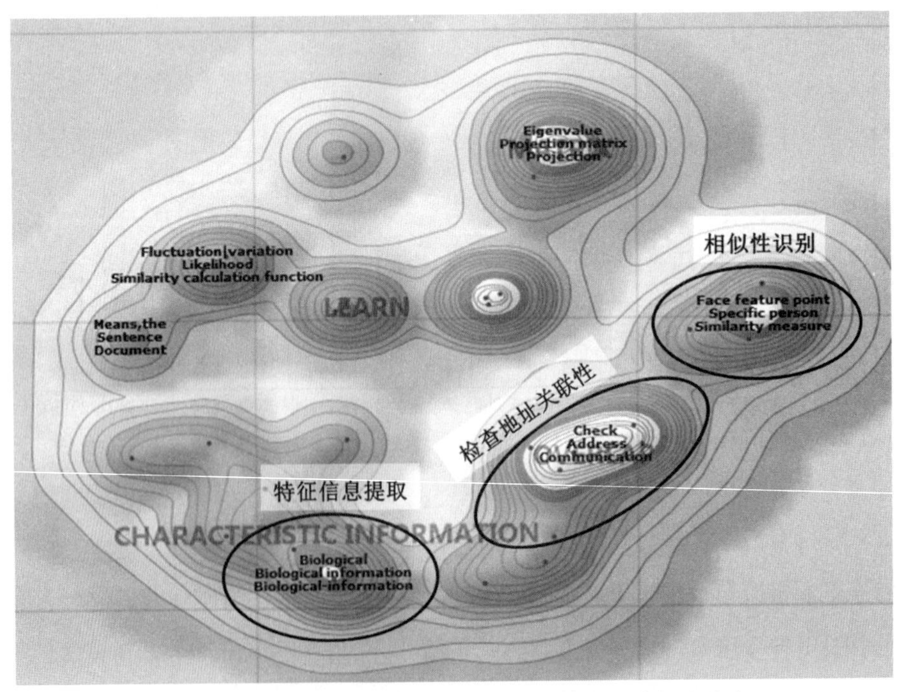

图 5-23 东芝文本相似特征提取及内容查重技术构成分布

似性识别和文本检查。例如，1999 年 9 月 24 日东芝提交了一件专利号为 JP1999271263A 的专利申请，关于采用预设的格式登记数据；2007 年 6 月 12 日东芝提交了一件专利号为 JP200145329A 的专利申请，关于在光学字符阅读器中识别字符。这一技术并不是东芝的研究重点。

三　总结

（一）专利申请总体趋势

1994~2017 年文本相似特征提取技术及文本型数字内容查重技术专利在“九国两组织”的申请总量为 2142 件。通过欧洲专利局和世界知识产权组织面向国际范围的专利申请数量较少。1994 年以来，在该技术领域申请专利较多的国家为中国、日本和美国。中国 2012 年以来专利申请量增长较快。

就整个行业专利申请状况来看，文本相似特征提取及内容查重技术专利申请数量总体呈稳步增长趋势。可见，业内对该技术的关注较高，投入的研发力度较大，未来发展空间较大。

（二）主要国家技术发展现状及趋势

1. 美国

在文本相似特征提取及内容查重技术领域，美国的专利申请不多，一直处于发展期。

2. 日本

日本文本相似特征提取及内容查重技术专利申请量在 2010 年达到峰值，近年来出现下滑趋势。可见，该技术在日本已经积累了一定的技术成果，技术成熟度较高。

3. 韩国

20 世纪 90 年代韩国就出现了文本相似特征提取及内容查重技术专利申请，但是至今发展速度仍较为缓慢，韩国企业和研究机构对这一技术的研发热情较低，相关专利申请很少。

4. 中国

2009 年以来，中国在文本相似特征提取及内容查重技术领域的专利申请人数量和专利申请量快速增长。该技术在中国一直处于发展阶段，尤其是 2012 年以来发展迅猛。

（三）主要申请人对比分析

1. 专利申请量比较

以各申请人在文本相似特征提取及内容查重技术领域的专利申请量进行排名，得出该技术领域的三个主要申请人是日本电气公司、日本电报电话公司和东芝。但是，这些领先企业的专利申请量也较少。这说明这些企业对该技术的研发有一定的经验积累，但是技术成果并不是很多。

2. 专利资产地域布局分析

日本电气公司在文本相似特征提取及内容查重技术领域的专利申请范围包括美国、日本、中国和世界知识产权组织，以美国和世界知识产权组织的专利申请数量最多，这与其主要的销售市场相一致。日本电报电话公司共有 52 件专利，均在日本申请和公开，说明其目标市场仅在日本。东芝在日本的专利申请最多，在美国和中国也有少量专利申请，这说明其目标市场主要在日本，同时也在积极开拓美国和中国市场。

3. 技术热点分析

日本电气公司相似特征提取技术专利较多用于指数提取和视频图像方面，日本电报电话公司相似特征提取技术专利较多用于数字内容查重等领域，东芝相似特征提取技术专利大多用于图像识别和文本检查等方面。此外，日本电气公司、日本电报电话公司和东芝也围绕文本相似特征提取及内容查重技术提交了少量专利申请，但这一技术并不是这些公司的研究重点。

第三节　元数据比对技术

元数据比对技术是数字版权保护领域的热门技术，通过对相似数字内容作品的元数据信息进行比对，判断不同作品间的相似程度，以比对结果作为侵权判定的依据之一。围绕该技术的专利申请发轫于 20 世纪 90 年代中期，随后专利年申请量保持长期增长趋势，于 2014 年达到顶峰，至今仍保持着较高的研发热度。在学术研究机制日益规范、权利人和出版传播机构等相关单位版权意识不断增强的背景下，可以预见，今后较长时期内，元数据比对技术仍有较大的创新和应用空间。

一 专利检索

（一）检索结果概述

以元数据比对技术为检索主题，在“九国两组织”范围内共检索到相关专利申请6472件，具体数量分布如表5-25所示。

表5-25 “九国两组织”元数据比对技术专利申请量

单位：件

国家 / 国际组织	专利申请量	国家 / 国际组织	专利申请量
US	3051	DE	3
CN	1039	RU	11
JP	652	AU	105
KR	268	EP	489
GB	72	WO	777
FR	5	合计	6472

（二）“九国两组织”元数据比对技术专利申请趋势

由表5-26和图5-24可知，从2000年开始元数据比对技术研究应用逐渐升温，主要申请国包括美国、中国、日本和韩国。其中，美国专利申请的增长趋势最为显著，2014年的申请量已接近400件。在元数据比对技术的专利申请和应用推广方面，美国在全球范围内起到引领作用。

表5-26 1994~2017年“九国两组织”元数据比对技术专利申请量

单位：件

国家 / 国际组织	专利申请量																	
	90	01	02	03	04	05	06	07	08	09	10	11	12	13	14	15	16	17
US	7	4	32	32	54	73	93	109	140	187	235	212	278	371	379	376	316	153
CN	3	2	2	2	7	29	21	30	48	60	48	65	99	138	150	139	107	89
JP	6	8	6	6	14	17	14	36	51	62	64	84	72	76	79	30	19	8

续表

国家 / 国际组织	专利申请量																	
	90	01	02	03	04	05	06	07	08	09	10	11	12	13	14	15	16	17
KR	0	0	1	0	6	2	7	0	24	28	22	20	25	28	48	33	20	4
GB	0	0	6	0	3	4	2	2	2	3	5	4	6	11	11	8	3	2
FR	0	0	0	0	0	0	0	0	0	0	0	0	0	3	2	0	0	0
DE	0	0	0	0	0	0	0	0	1	1	1	0	0	0	0	0	0	0
RU	0	0	0	0	0	0	0	0	0	1	0	0	0	6	3	0	1	0
AU	2	2	1	3	8	4	4	2	5	6	13	6	11	9	13	7	6	3
EP	4	0	10	9	17	35	22	24	34	32	31	29	39	55	63	53	22	10
WO	7	12	14	14	24	21	35	27	48	51	42	54	65	66	84	69	67	77
合计	29	28	72	66	133	185	198	230	353	431	461	474	595	763	832	715	561	346

注："90"指1994~2000年的专利申请总量，"01~17"分别指2001~2017年当年的专利申请量。

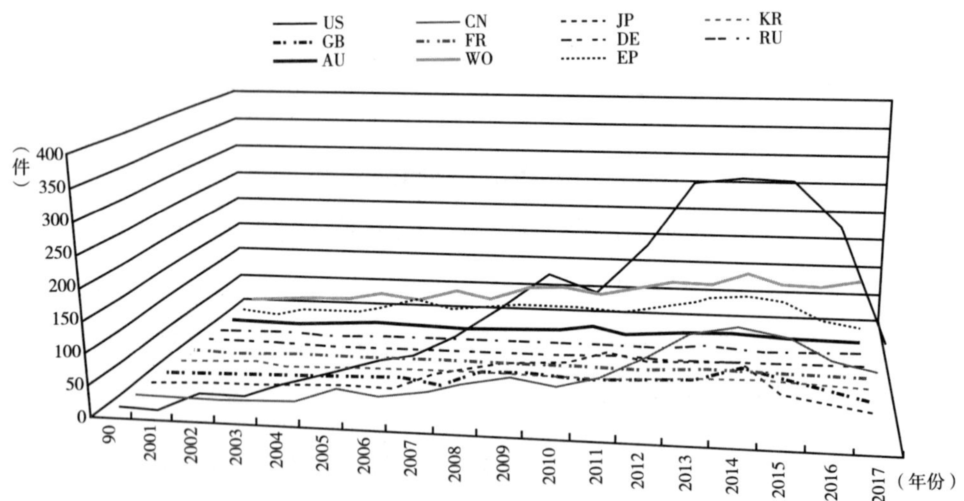

图5-24　1994~2017年"九国两组织"元数据比对技术专利申请趋势

注："90"指1994~2000年的专利申请总量。

（三）"九国两组织"元数据比对技术专利申请人排名

1994~2017年"九国两组织"元数据比对技术专利申请人排名情况如表5-27~表5-37所示。

1. 美国申请人排名

表 5-27　美国元数据比对技术专利申请人排名

序号	申请人	申请人国家	专利申量（件）	授权数量（件）
1	Microsoft Corp.	美国	117	57
2	Samsung Electronics Co. Ltd.	韩国	115	23
3	IBM Corp.	美国	112	83
4	Yahoo Corp.	美国	53	20
5	Sony Corp.	日本	47	22

2. 中国申请人排名

表 5-28　中国元数据比对技术专利申请人排名

序号	申请人	申请人国家	专利申量（件）	授权数量（件）
1	Univ. Huazhong Science & Technology（华中科技大学）	中国	22	16
2	Samsung Electronics Co. Ltd.	韩国	14	11
3	Microsoft Corp.	美国	9	4
4	Sony Corp.	日本	8	5
5	IBM Corp.	美国	4	2

3. 日本申请人排名

表 5-29　日本元数据比对技术专利申请人排名

序号	申请人	申请人国家	专利申量（件）	授权数量（件）
1	Canon K.K.	日本	54	21
2	Toshiba K.K.	日本	46	30
3	Sony Corp.	日本	38	31
4	Nippon Telegraph & Telephone	日本	33	16
5	Mitsubishi Electric Corp.	日本	25	22

4. 韩国申请人排名

表 5-30　韩国元数据比对技术专利申请人排名

序号	申请人	申请人国家	专利申量（件）	授权数量（件）
1	Samsung Electronics Co. Ltd.	韩国	72	17
2	Korea Electronics & Telecommun. Res. Inst.	韩国	31	9
3	Korea Electronics & Telecommun. Adv. Inst.	韩国	18	16
4	Yahoo Inc.	美国	8	6
5	KT Corp.	韩国	6	2

5. 英国申请人排名

表 5-31 英国元数据比对技术专利申请人排名

序号	申请人	申请人国家	专利申量（件）	授权数量（件）
1	British Broadcasting Corp.	英国	5	1
2	Apple Inc.	美国	3	1
3	ManageIQ Inc.	美国	3	0
4	Rolonews LP	爱尔兰	3	0

6. 法国申请人排名

表 5-32 法国元数据比对技术专利申请人排名

序号	申请人	申请人国家	专利申量（件）	授权数量（件）
1	Airbus Helicopters	法国	2	0
2	Aquafadas S.A.S.	法国	1	0
3	Sharif Kambiz	法国	1	0

7. 德国申请人排名

表 5-33 德国元数据比对技术专利申请人排名

序号	申请人	申请人国家	专利申量（件）	授权数量（件）
1	Whatmore GmbH	德国	1	1
2	Intel Corp.	美国	1	0
3	Toshiba K.K.	日本	1	0

8. 俄罗斯申请人排名

表 5-34 俄罗斯元数据比对技术专利申请人排名

序号	申请人	申请人国家	专利申量（件）	授权数量（件）
1	Koninkl Philips Electronics N.V.	荷兰	2	1
2	Samsung Electronics Co. Ltd.	韩国	2	0
3	Qualcomm Inc.	美国	1	0

9. 澳大利亚申请人排名

表 5-35 澳大利亚元数据比对技术专利申请人排名

序号	申请人	申请人国家	专利申量（件）	授权数量（件）
1	Canon K.K.	日本	10	6
2	Samsung Electronics Co. Ltd.	韩国	4	2
3	TiVo Inc.	美国	3	3
4	Funnelback Pty. Ltd.	澳大利亚	3	3
5	Microsoft Corp.	美国	1	1

10. 欧洲专利局申请人排名

表 5-36 欧洲专利局元数据比对技术专利申请人排名

序号	申请人	申请人国家	专利申量（件）	授权数量（件）
1	Samsung Electronics Co. Ltd.	韩国	29	2
2	Dolby Lab Licensing Corp.	美国	11	3
3	Mitsubishi Electric Corp.	日本	8	7
4	Microsoft Corp.	美国	4	3
5	Sony Corp.	日本	2	0

11. 世界知识产权组织申请人排名

表 5-37 世界知识产权组织元数据比对技术专利申请人排名

序号	申请人	申请人国家	申请数量（件）
1	Samsung Electronics Co. Ltd.	韩国	25
2	Google Inc.	美国	17
3	Koninkl Philips Electronics N.V.	荷兰	14
4	Yahoo Inc.	美国	11
5	TiVo Inc.	美国	10

二 专利分析

（一）技术发展趋势分析

元数据是描述数据属性的信息，可以理解为描述数据的数据[①]。元数据比对技术可以用来判断不同作品之间的相似程度，可以应用于侵权追踪，以比对结果作为侵权判

① 林海青:《数字化图书馆的元数据体系》,《中国图书馆学报》2000 年第 4 期，第 62 页。

断的一项依据。

图 5–25 展示了元数据比对技术专利的年度申请情况，可以看出，元数据比对技术专利年申请量在 2015 年之前基本保持稳步增长状态，2014 年的专利申请量已经达到 832 件；从 2015 年起专利年申请量出现下降趋势。在大数据时代的刺激下，元数据比对技术专利在 2015 年之前不断增长，技术应用不断推广，这与行业发展态势吻合。而 2015 年以来，元数据比对技术基本成熟，相关企业和研究机构的研发投入减少，导致该技术的专利年申请量有下降趋势。截至目前，元数据比对技术专利年申请量的纪录定格在 2014 年的 832 件。

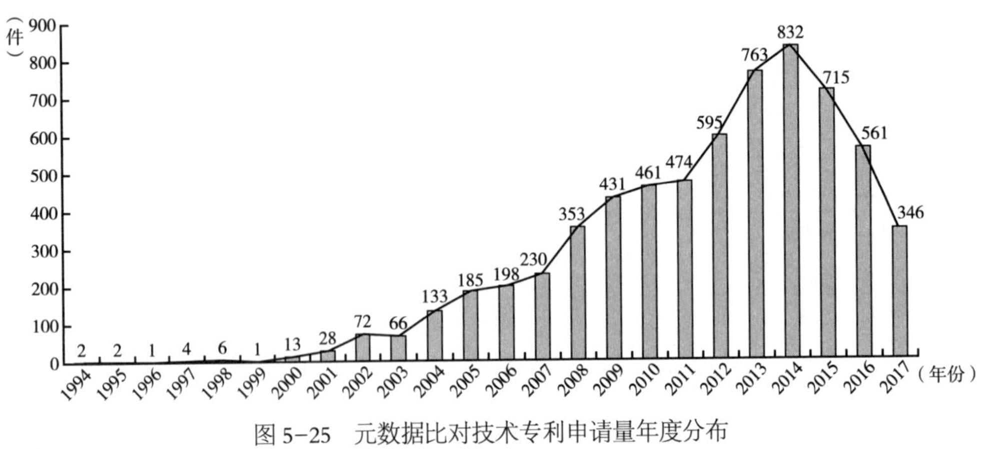

图 5–25　元数据比对技术专利申请量年度分布

（二）技术路线分析

图 5–26 为元数据比对技术的发展路线，可以看出，元数据比对技术领域的第一件专利诞生于 1994 年 12 月 15 日。在元数据比对技术领域，被引证次数比较多的核心专利覆盖元数据自动提取、元数据嵌入、元数据索引和对比等技术。这些核心技术由于具有很强的适用性而被广泛推广应用，也作为基础技术被其后申请的专利多次引用和引证，是元数据比对技术发展历程中的里程碑式专利。

在元数据比对技术兴起的前几年，适用性比较广的基础技术得到了充分研究和发展；后期随着技术的不断成熟，在可知范围内元数据比对技术的研究空间也逐渐缩小，因此具有被大量引用可能的基础性专利变少，而侧重于某个具体方向或细节部分的改进性研究逐渐增多，如关于元数据具体处理方式的元数据对比和元数据排重等技

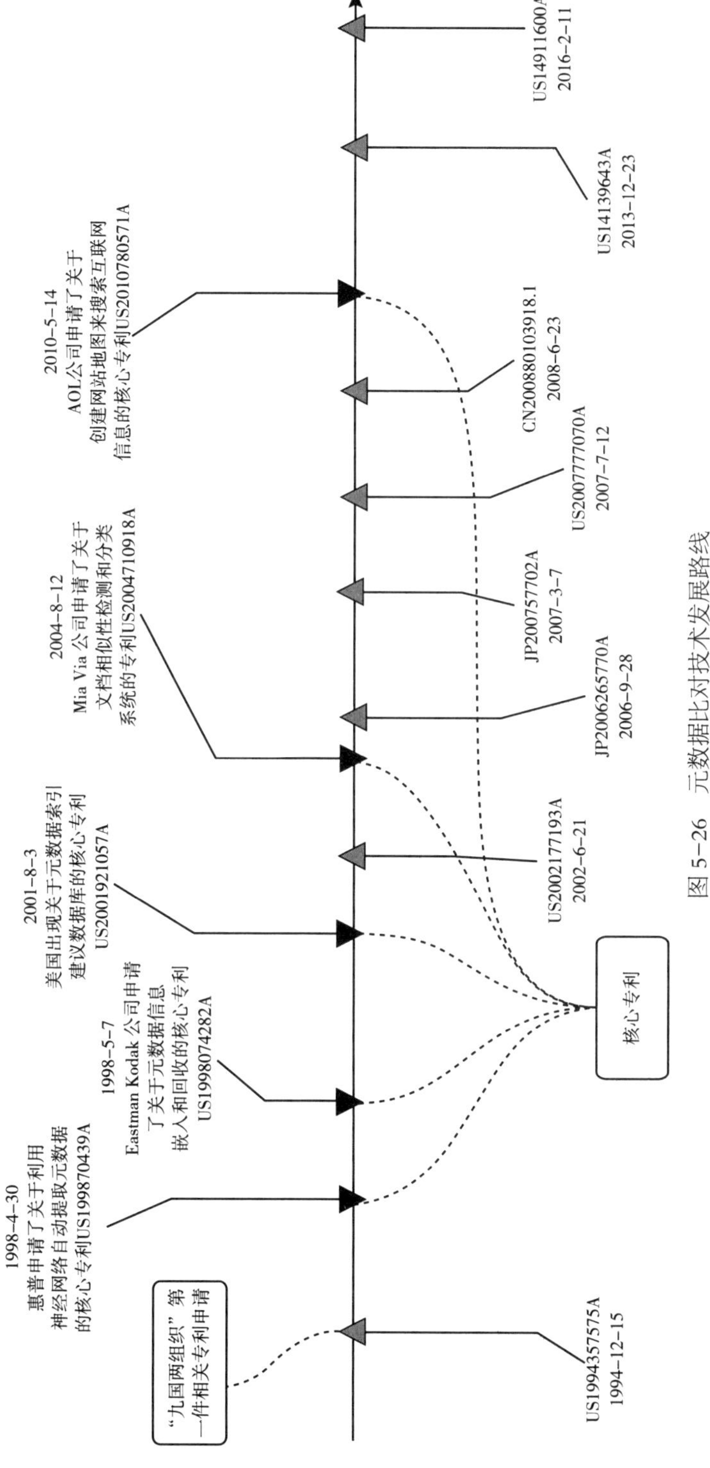

图 5-26　元数据比对技术发展路线

术。整体而言，元数据比对技术领域的关键技术多出现在元数据比对技术发展的后期，这也说明现在采用的元数据比对技术是比较符合技术发展时期特点的。

（三）主要专利申请人分析

通过对元数据比对技术检索结果的分析，得到元数据比对技术领域专利申请量排名前三的申请人是微软、IBM 和索尼。微软的专利申请集中在 2003~2013 年，11 年间申请量呈波浪式变化态势。IBM 和索尼的最高年申请量都出现在 2007 年，2007 年后专利年申请量开始下降。

1. 申请量排名第一的专利申请人——微软

（1）专利申请量

微软在元数据比对技术领域的专利申请集中在 2003~2013 年，在这期间之前和之后只有很少一部分专利申请（见图 5-27）。相较于行业内元数据比对技术的整体发展趋势，微软在这一技术领域的专利申请起步较晚。虽然其 2003~2013 年的专利申请量呈现波动状态，但由于累计专利申请量和年度专利申请量都不多，故无法客观有力地反映其技术发展应用的具体情况。

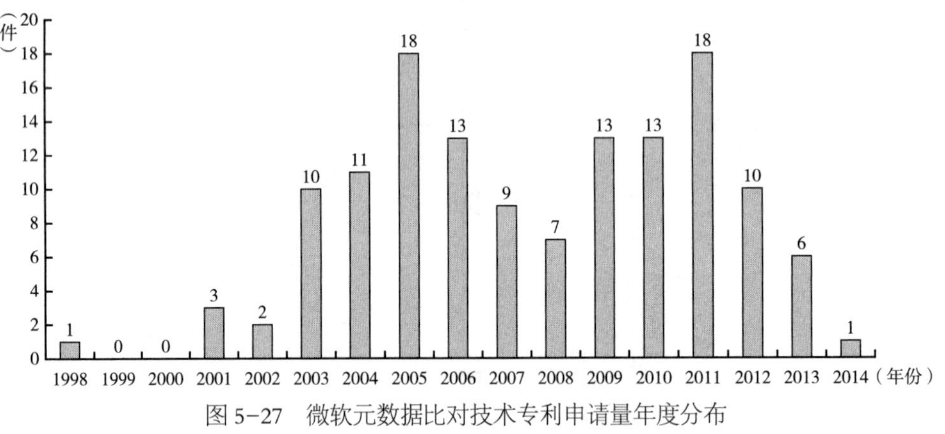

图 5-27　微软元数据比对技术专利申请量年度分布

（2）专利申请量区域分布

图 5-28 是微软元数据比对技术专利在“九国两组织”的申请情况，可以看出，微软的大多数专利是在其总部所在地美国申请的。在技术比较先进的中国、日本、韩国和澳大利亚等国家，微软也有少量专利申请。此外，微软也在欧洲专利局申请了 4 件专利，期望将其技术应用推广至欧洲市场。

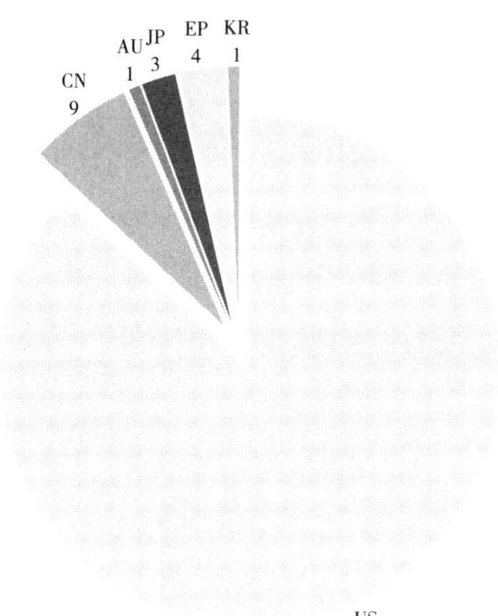

图 5-28　微软元数据比对技术专利在“九国两组织”的申请量

（3）技术构成分布

图 5-29 为微软元数据比对技术的构成分布，可以看出，在元数据比对技术领域，微软申请关于标签、识别码、摘录和特征信息的专利比较多。

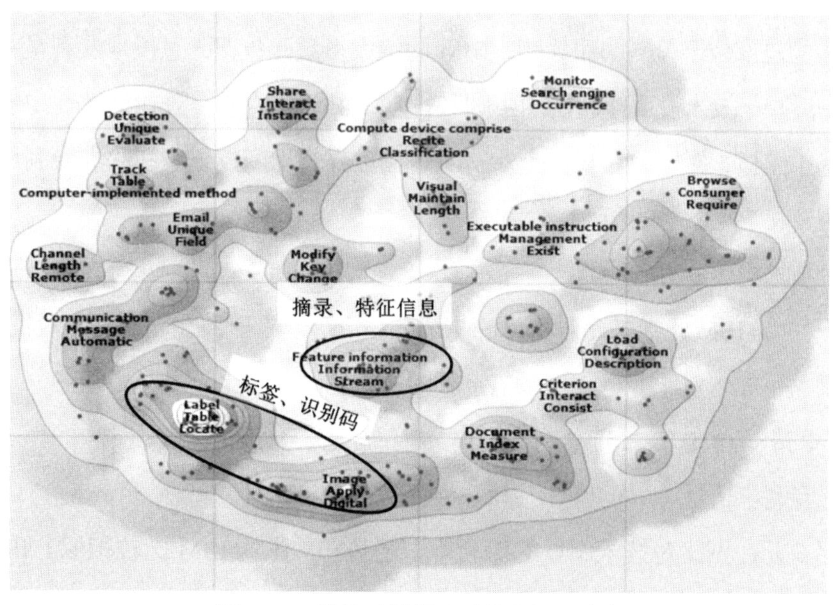

图 5-29　微软元数据比对技术构成分布

2. 申请量排名第二的专利申请人——IBM

（1）专利申请量

图 5-30 展示了 IBM 元数据比对技术专利的年度申请情况，可以看出，IBM 第一件元数据比对技术专利产生于 1995 年，这也是 1995~1998 年 IBM 唯一的一件专利申请。IBM 从 1999 年开始进入专利年申请量逐步上升的状态。其年申请量的纪录是 2007 年的 18 件。在此之后，专利年申请量呈现不规律的下降趋势。

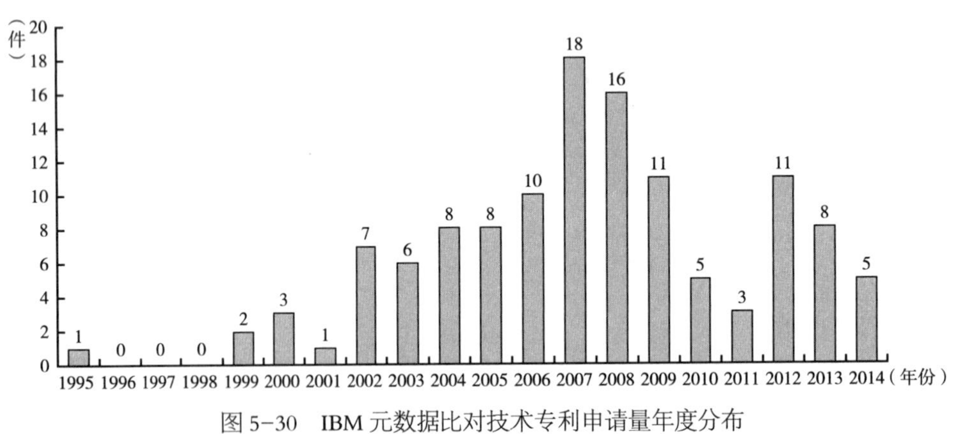

图 5-30　IBM 元数据比对技术专利申请量年度分布

（2）专利申请量区域分布

IBM 的总部位于美国的纽约州，IBM 的绝大多数元数据比对技术专利是在美国申请的。在近些年技术发展比较快的中国和日本，IBM 设立有分公司，且在中国和日本分别拥有 4 件和 5 件相关专利。此外，IBM 在世界知识产权组织和欧洲专利局分别申请了 1 件专利（见图 5-31）。

（3）技术构成分布

图 5-32 为 IBM 元数据比对技术的构成分布，可以看出，在元数据比对技术领域，IBM 申请关于文本对比分析、摘录信息和图像信息的专利比较多。

3. 申请量排名第三的专利申请人——索尼

（1）专利申请量

索尼在元数据比对技术领域的专利申请趋势和美国的 IBM 比较相似。1999~2007

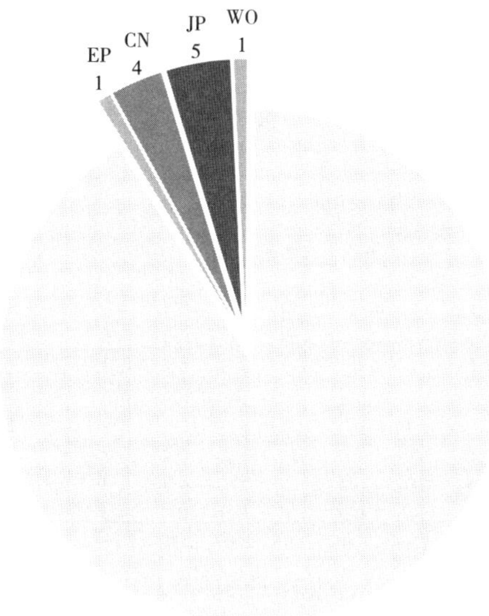

图 5-31　IBM 元数据比对技术专利在“九国两组织”的申请量

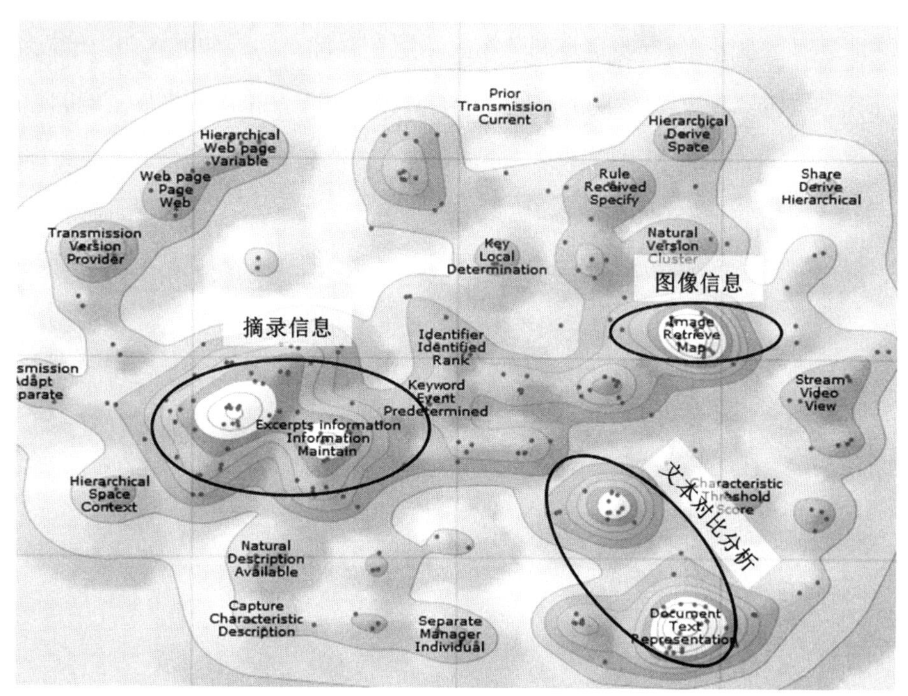

图 5-32　IBM 元数据比对技术构成分布

年相关专利申请量整体呈上升态势，至2007年专利年申请量达到17件，随后专利年申请量呈下降趋势（见图5-33）。

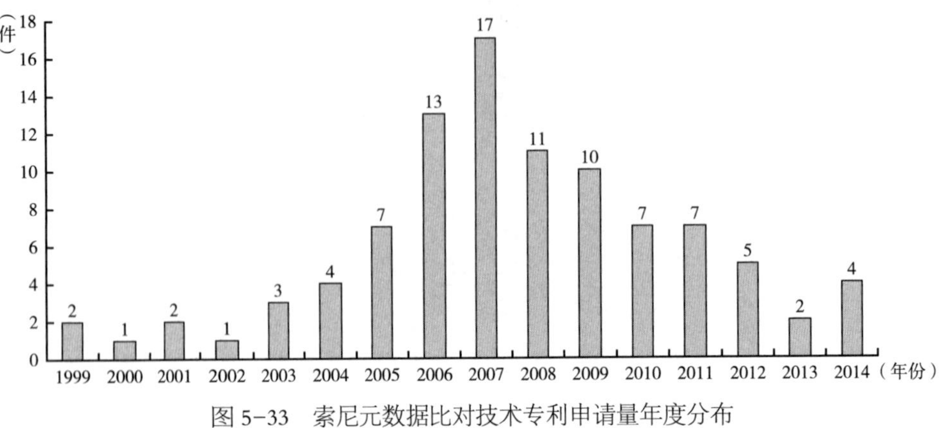

图5-33 索尼元数据比对技术专利申请量年度分布

（2）专利申请量区域分布

从图5-34可以看出，索尼在其总部所在地日本申请了占总申请量40%的专利，而在美国却申请了占总申请量49%的专利，这说明美国是索尼非常重要的目标市场。除美国外，索尼在中国也有少量专利分布。索尼在欧洲专利局和世界知识产权组织的专利申请量虽然很少，但这体现了索尼期望将其技术和产品推广到世界范围的想法。

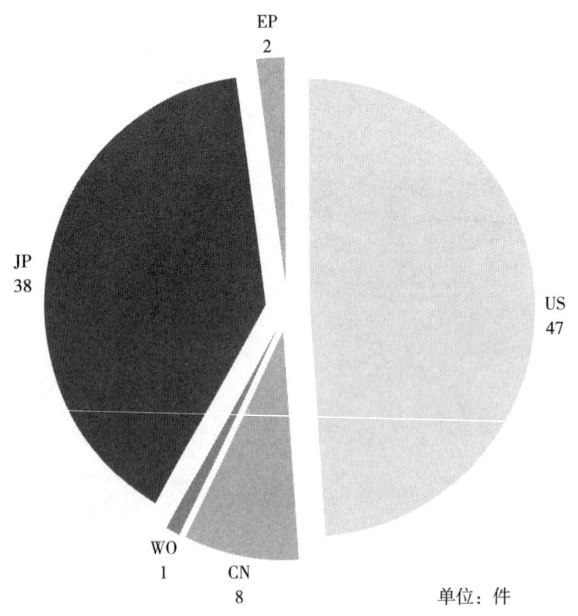

图5-34 索尼元数据比对技术专利在"九国两组织"的申请量

（3）技术构成分布

图 5-35 为索尼元数据比对技术专利的构成分布，可以看出，在元数据比对技术领域，索尼申请关于特征量提取和签名标识信息的专利比较多。

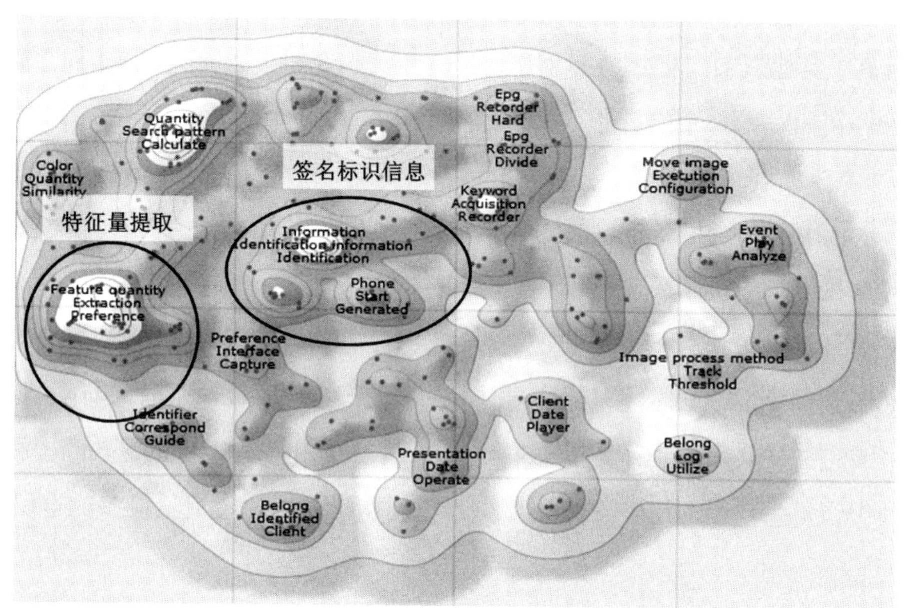

图 5-35　索尼元数据比对技术构成分布

三　总结

元数据比对技术主要应用于网络侵权追踪过程中的侵权扫描、侵权判定和侵权取证三方面。1994~2017 年“九国两组织”元数据比对技术专利申请反映的技术发展特点、趋势和主要申请人情况具体如下。

（一）元数据比对技术发展特点

1. 专利申请总量

1994~2017 年“九国两组织”共申请元数据比对技术专利 6472 件。从区域分布情况来看，美国、中国、日本和韩国为这一技术领域的主要专利申请国，美国拥有 3051 件专利申请，占“九国两组织”专利申请总量的一半左右；元数据比对技术专利在欧洲专利局和世界知识产权组织的申请量约占“九国两组织”专利申请总量的 20%；此外，澳大利亚和英国也有百件左右相关专利申请。

2. 专利年申请量

元数据比对技术专利年申请量在全球范围内总体呈稳步上升趋势，这是由该技术专利主要申请国，即美国、中国、日本及韩国专利申请量的持续增长促成的。其中，美国的专利申请增长趋势最为显著，2014 年的专利申请量已接近 400 件，专利年申请量远远高于其他国家，以 2013 年为例，2013 年美国专利申请量达到 371 件，而排在第二位的中国仅为 138 件。

3. 主要专利申请人

微软、IBM 和索尼是这一技术领域的主要专利申请人。这些公司在这一技术领域的专利申请区域很广，在元数据比对技术发展比较快的国家以及欧洲专利局和世界知识产权组织都有相关专利申请。这说明这些行业巨头已经将相关技术的市场拓展至全球范围，同时将几个主要国家如美国、中国、日本和韩国作为重要市场。中国的主要申请人包括华中科技大学、清华大学和华为等，但这些高校和企业的专利申请量相较于上述国外企业存在明显的差距，专利申请量最多的也仅有 20 余件。

综合上述几方面的分析，元数据比对技术在“九国两组织”处于研究应用的推广上升时期，中国在元数据比对技术领域的专利申请量也在逐渐增长。目前，该技术仍有比较大的发展和应用空间，属于行业内的技术研发热点。

（二）元数据比对技术发展趋势

1. 专利申请总体趋势

从元数据比对技术的整体发展情况来看，1994~1997 年为技术萌芽期，之后元数据比对技术稳步发展，专利年申请量在 2014 年达到 832 件的峰值。目前，元数据比对技术在全球处于成熟期。

2. 主要国家技术发展现状及趋势

（1）美国

元数据比对技术在美国经过 4 年左右的萌芽期后迅速发展。美国是目前拥有最多元数据比对技术专利的国家，在技术发展高峰时期，专利年申请量达到 300 多件。美国在元数据比对技术方面的快速发展也带动了其他国家。近两年，元数据比对技术在美国进入成熟期。

（2）日本

在元数据比对技术领域，日本几乎和美国同时起步，然而专利申请量却远远落后于美国。在技术发展初期，日本与美国保持了6年左右的齐头并进态势，之后专利申请量就被美国大幅超越。近年来，元数据比对技术在日本已进入成熟期。

（3）韩国

元数据比对技术在韩国起步较晚，2002年韩国才出现了第一件相关专利申请。虽然韩国的专利申请总量不多，但保持了相对稳定的发展趋势。目前，元数据比对技术在韩国处于成熟期。

（4）中国

元数据比对技术在中国的发展情况与美国相似，目前处于技术发展的成熟期。

3. 主要申请人分析

通过对元数据比对技术领域的宏观分析，本项目得出行业内的三个主要申请人是微软、IBM和索尼。下面从专利申请量、专利资产区域分布和技术热点三个维度具体解读主要申请人的专利现状。

（1）专利申请量比较

微软在元数据比对技术领域的专利申请比较集中，2003~2013年的专利申请量有100多件，占其申请总量的95%。IBM和索尼的专利申请高峰都在2006~2009年，其专利申请总量与微软的差距并不大。

（2）专利资产区域布局分析

微软将其总部所在地美国作为主要的专利布局市场，而其专利布局战略往往面向的是全球范围，因此，在其他一些技术比较发达的国家和地区，尤其是中国，也进行了少量专利布局。IBM的专利布局情况与微软类似。索尼将美国和日本作为主要的专利布局市场，在中国进行了少量专利申请，在欧洲专利局和世界知识产权组织也申请了几件专利。

（3）技术热点分析

微软在元数据比对技术领域主要关注数据识别方面的技术，如识别对象、标签和识别码等。IBM主要关注的技术包括文本对比分析、摘录信息和图像信息的确认提取等。索尼主要关注特征量提取技术和签名标识信息技术等。

第四节　中文分词技术

中文分词技术是中文信息处理的基础技术，也是数字版权保护领域中文内容资源注册管理环节的底层支撑技术。围绕该技术的专利申请发轫于1993年，此后出现突破性增长，在1995~2017年长达20多年的时间中，专利年申请量一直保持在百件以上，且总体呈增长趋势。随着中文作品在全球受青睐程度的不断提高，今后较长时期内，中文分词技术的创新与应用仍有较大的空间。

一　专利检索

（一）检索结果概述

以中文分词技术为检索主题，在“九国两组织”范围内共检索到专利申请6059件，具体数量分布如表5-38所示。

表5-38　“九国两组织”中文分词技术专利申请量

单位：件

国家 / 国际组织	专利申请量	国家 / 国际组织	专利申请量
US	891	DE	27
CN	2614	RU	9
JP	1612	AU	56
KR	354	EP	142
GB	21	WO	330
FR	3	合计	6059

（二）“九国两组织”中文分词技术专利申请趋势

由表5-39和图5-36可知，1994年以来，各国中文分词技术专利的申请趋势相对稳定，目前技术较为成熟。申请量较多的国家为中国、日本、美国和韩国，中国的专利年申请量仍在持续上升。然而，中国受理的专利多为国外企业所申请，国内企业申请的专利数量较少，但申请专利的国内企业数量较多，尚未有具有明显数量优势的国内企业。

表 5-39　1994~2017 年“九国两组织”中文分词技术专利申请量

单位：件

国家/国际组织	专利申请量																	
	90	01	02	03	04	05	06	07	08	09	10	11	12	13	14	15	16	17
US	60	21	30	36	42	49	56	66	55	74	62	55	62	72	68	42	24	17
CN	136	29	41	67	60	90	71	107	138	130	132	122	145	247	237	250	300	312
JP	707	83	79	69	68	60	53	77	63	60	60	54	0	83	70	18	7	1
KR	34	6	8	6	14	13	16	11	29	22	42	41	29	28	25	10	17	3
GB	7	0	1	2	1	0	3	2	0	2	0	0	1	0	1	1	0	0
FR	1	1	0	0	0	0	0	0	1	0	0	0	0	0	0	0	0	0
DE	11	2	0	0	1	0	2	1	2	2	1	0	0	2	2	1	0	0
RU	0	0	0	0	0	0	0	0	0	0	1	1	2	1	2	1	1	0
AU	10	7	5	2	6	1	2	1	6	1	5	1	5	2	1	0	1	0
EP	19	3	2	6	5	6	16	7	15	9	11	7	12	9	11	1	3	0
WO	23	14	15	4	8	19	23	23	40	26	20	16	13	23	29	10	13	11
合计	1008	166	181	192	205	238	242	295	349	326	334	297	269	467	446	334	366	344

注：“90”指 1994~2000 年的专利申请总量，“01~17”分别指 2001~2017 年当年的专利申请量。

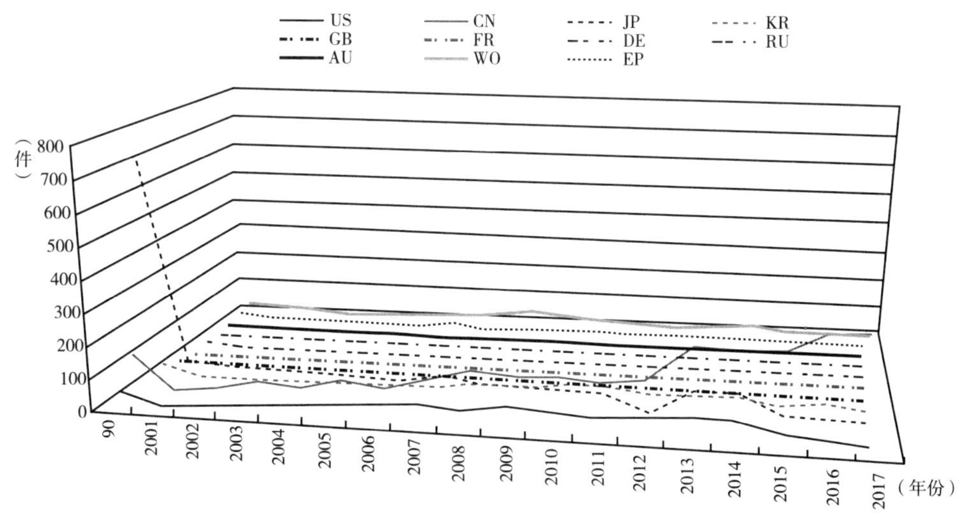

图 5-36　“九国两组织”中文分词技术专利申请趋势

注：“90”指 1994~2000 年的专利申请总量。

（三）“九国两组织”中文分词技术专利申请人排名

1994~2017 年“九国两组织”中文分词技术专利申请人排名情况如表 5-40~表 5-50 所示。

1. 美国申请人排名

表 5-40 美国中文分词技术专利申请人排名

序号	申请人	申请人国家	申请数量（件）	授权数量（件）
1	IBM Corp.	美国	80	38
2	Google Inc.	美国	62	12
3	Microsoft Corp.	美国	52	9
4	Toshiba K.K.	日本	25	10
5	Fujitsu Ltd.	日本	22	8

2. 中国申请人排名

表 5-41 中国中文分词技术专利申请人排名

序号	申请人	申请人国家	申请数量（件）	授权数量（件）
1	Matsushita Electric Ind. Co. Ltd.	日本	50	42
2	IBM Corp.	美国	45	29
3	Fujitsu Ltd.	日本	40	25
4	Microsoft Corp.	美国	37	25
5	Google Inc.	美国	22	11

3. 日本申请人排名

表 5-42 日本中文分词技术专利申请人排名

序号	申请人	申请人国家	申请数量（件）	授权数量（件）
1	Toshiba K.K.	日本	101	16
2	Sharp K.K.	日本	79	11
3	NEC Corp.	日本	79	7
4	Canon K.K.	日本	75	8
5	Fujitsu Ltd.	日本	74	21

4. 韩国申请人排名

表 5-43　韩国中文分词技术专利申请人排名

序号	申请人	申请人国家	申请数量（件）	授权数量（件）
1	Google Inc.	美国	29	8
2	Korea Electronics & Telecommun. Res. Inst.	韩国	18	6
3	Microsoft Corp.	美国	17	4
4	NHN Corp.	韩国	7	6
5	SK Planet Co. Ltd.	韩国	7	2

5. 英国申请人排名

表 5-44　英国中文分词技术专利申请人排名

序号	申请人	申请人国家	申请数量（件）	授权数量（件）
1	Hyundai Electronics Ind.	韩国	4	4
2	Motorola Inc.	美国	2	2
3	Advanced Risc Machines Ltd.	英国	2	2
4	Emil Ltd.	英国	2	0
5	Google Inc.	美国	2	0

6. 法国申请人排名

表 5-45　法国中文分词技术专利申请人排名

序号	申请人	申请人国家	申请数量（件）	授权数量（件）
1	General Electric Corp.	美国	1	0
2	Hyundai Electronics Ind.	韩国	1	0

7. 德国申请人排名

表 5-46　德国中文分词技术专利申请人排名

序号	申请人	申请人国家	申请数量（件）	授权数量（件）
1	Siemens A.G.	德国	5	4
2	Canon K.K.	日本	4	1
3	Hyundai Electronics Ind.	韩国	2	0
4	Alcatel-Lucent S.A.S.	法国	2	0
5	2012244 Ontario Inc.	加拿大	2	0

8. 俄罗斯申请人排名

表 5-47 俄罗斯中文分词技术专利申请人排名

序号	申请人	申请人国家	申请数量（件）	授权数量（件）
1	Microsoft Corp.	美国	1	0
2	Matroks Profeshnl Ink	英属维尔京群岛	1	0

9. 澳大利亚申请人排名

表 5-48 澳大利亚中文分词技术专利申请人排名

序号	申请人	申请人国家	申请数量（件）	授权数量（件）
1	Microsoft Corp.	美国	4	1
2	Google Inc.	美国	3	2
3	Sensormatic Electronics LLC	美国	2	2
4	Dun and Bradstreet Corp.	美国	2	2
5	Language Line Services Inc.	美国	2	2
6	Raytheon Co.	美国	2	2
7	Informix Software Inc.	美国	2	0
8	Nokia Corp.	芬兰	2	0

10. 欧洲专利局申请人排名

表 5-49 欧洲专利局中文分词技术专利申请人排名

序号	申请人	申请人国家	申请数量（件）	授权数量（件）
1	Microsoft Corp.	美国	14	6
2	Google Inc.	美国	9	2
3	Sharp K.K.	日本	7	4
4	Research in Motion Ltd.	加拿大	6	1
5	Motionpoint Corp.	美国	6	0

11. 世界知识产权组织申请人排名

表 5-50 世界知识产权组织中文分词技术专利申请人排名

序号	申请人	申请人国家	申请数量（件）
1	Microsoft Corp.	美国	33
2	Google Inc.	美国	28
3	NEC Corp.	日本	9
4	America Online Inc.	美国	6
5	Language Line Services Inc.	美国	4

二　专利分析

（一）技术发展趋势分析

目前，在自然语言处理技术领域，中文处理技术比西文处理技术要落后很大一段距离，许多西文的处理方法中文不能直接采用，是因为中文必须有分词这道工序。中文分词技术是其他中文信息处理技术的基础，随着计算机技术的快速发展以及网络信息的飞速增长，业界对中文分词技术的关注度越来越高，投入的研发力度不断加大，不断出现技术突破。

图 5-37 为中文分词技术专利申请数量年度分布情况，可以看出，1994 年中文分词技术专利申请量出现突破性增长，之后一直到 2003 年专利年申请量维持在 100~200 件。这是由于分词算法虽然较为成熟，但在中文信息处理中仍存在不少瓶颈问题，如歧义识别和新词识别等。目前，研究中文分词技术的大多是高校和科研院所，如清华大学、北京大学、中国科学院、北京语言学院、东北大学、IBM 研究院和微软中国研究院等，仅有少数企业从事该技术的研究，如广西海量科技有限公司。而相对于企业来说，高校和科研院所的技术转化程度低、速度慢。所以，加快推进高校和科研院所在该技术领域的技术转化，实现产品化是十分必要的。

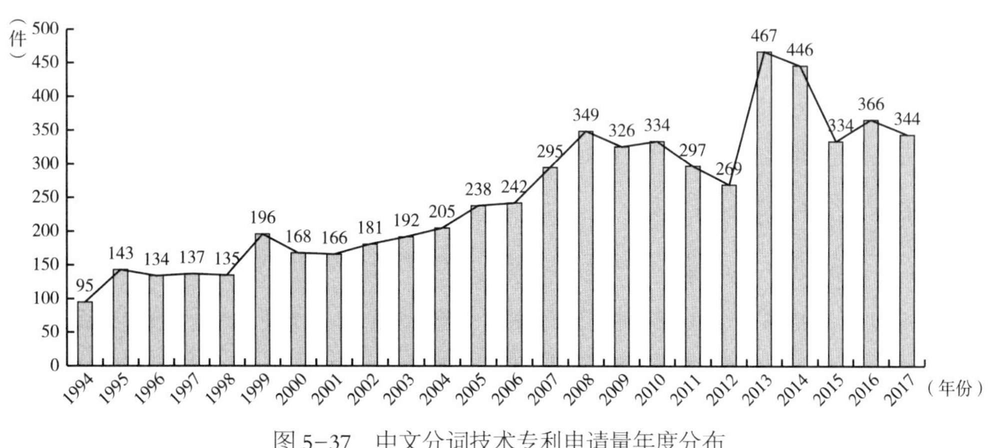

图 5-37　中文分词技术专利申请量年度分布

（二）技术路线分析

早在 1993 年 3 月 3 日，IBM 申请了一件公开号为 US199325464A 的专利，该专利申请保护一个处理过程，该过程用于机器分析连续的中文文本并分离出组成文本的词。此外，微软的专利申请 US199887468A 和 US2003662602A，摩托罗拉的专利申请 CN2002127005A，日本国家信息通信技术研究所的专利申请 JP2006325457A，惠普的专利申请 US2006555274A 等均涉及中文分词的核心技术（见图 5–38）。现有的中文分词算法可分为三大类：基于字符串匹配的分词方法、基于理解的分词方法和基于统计的分词方法。中文分词算法的应用领域一般包括信息检索、机器翻译、语音合成、自动分类、自动摘要和自动校对等。

（三）主要专利申请人分析

从专利检索结果来看，除了中国之外，中文分词技术专利在日本和美国的申请量最多。随着计算机网络技术的迅速发展以及各国对中文的逐渐关注，中文分词技术也不断取得新的进步，2003 年后企业纷纷增加研发投入，业内不断涌现新的技术成果。尤其是微软、东芝和谷歌等领先企业，2003~2009 年中文分词技术专利申请数量较多。目前，该专利申请已经遍及中国、美国、日本、韩国和欧洲等多个国家和地区。

1. 申请量排名第一的专利申请人——微软

（1）专利申请量

微软研究院的自然语言研究所在 20 世纪 90 年代开发了一个通用型多语言处理平台 NLPwin，初期的研究都是针对英语的，1997 年左右开始增加中文处理的研究，如今 NLPwin 已成为能够进行七国语言处理的系统①。由于中文部分的研究初期缺少必要的基础资源，微软经过细致的研究分析之后，购买了北大计算语言学研究所的《现代汉语语法信息词典》，自此进展顺利，在短短一年半的时间里达到了其他东方语种的处理水平。自 2003 年 7 月首届“国际中文分词评测活动”开展以来，中文自动分词技术有了可喜的进步。从图 5–39 可以看出，微软在 1996 年便进行了中文分词技术领域的专利申请，2005 年之前专利年申请量呈现波动式增长，于 2005 年达到峰值，之后呈现下降趋势，2010 年之后基本维持在 5 件左右，这表明该技术并不是微软近年来的研究重点。

① 姜锋：《基于条件随机场的中文分词研究》，硕士学位论文，大连理工大学，2006，第 4 页。

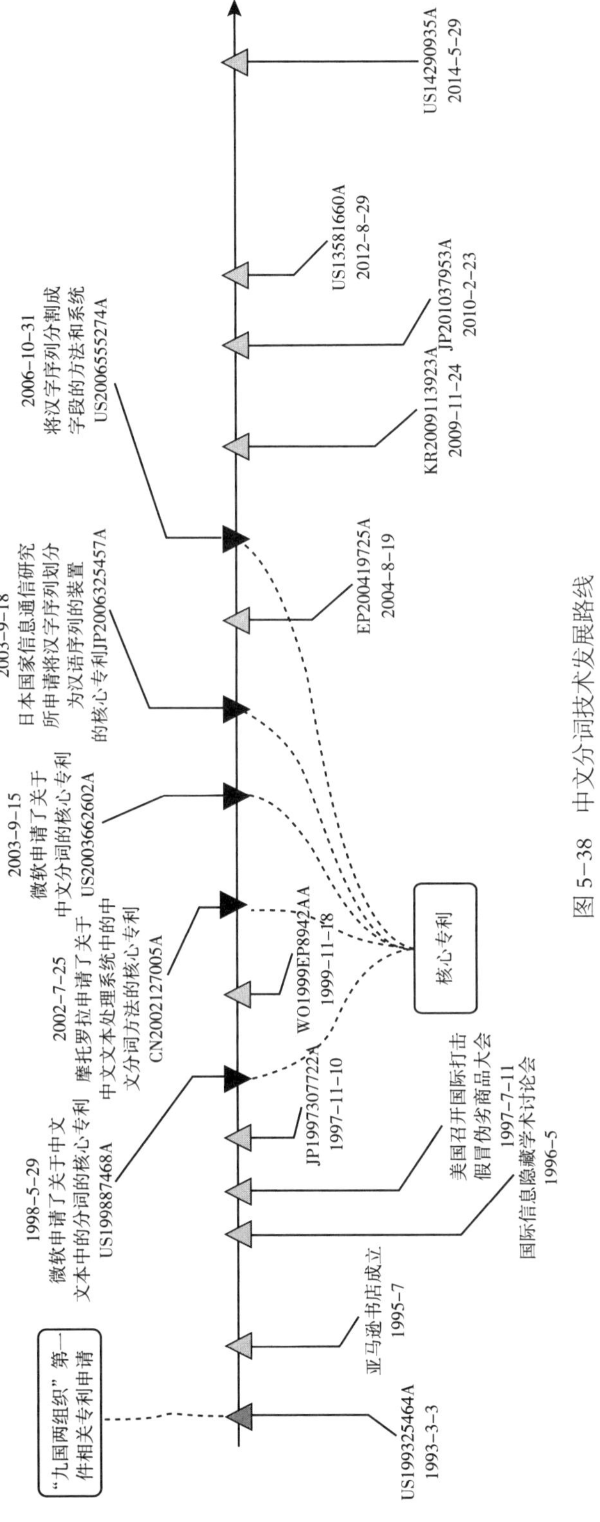

图 5-38　中文分词技术发展路线

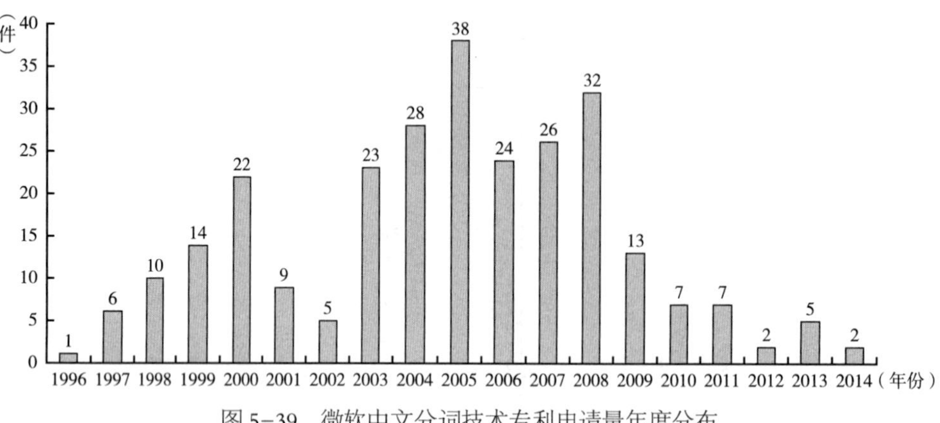

图 5-39　微软中文分词技术专利申请量年度分布

（2）专利申请量区域分布

微软是一家总部位于美国的跨国电脑科技公司，是世界 PC 机软件开发的先行者，微软中国研究院有专门的研究队伍研究中文分词技术。关于中文分词技术，微软在美国、中国、日本、韩国、澳大利亚、俄罗斯和欧洲等国家和地区均提交了专利申请，其目标市场遍布多个国家和地区（见图 5-40）。

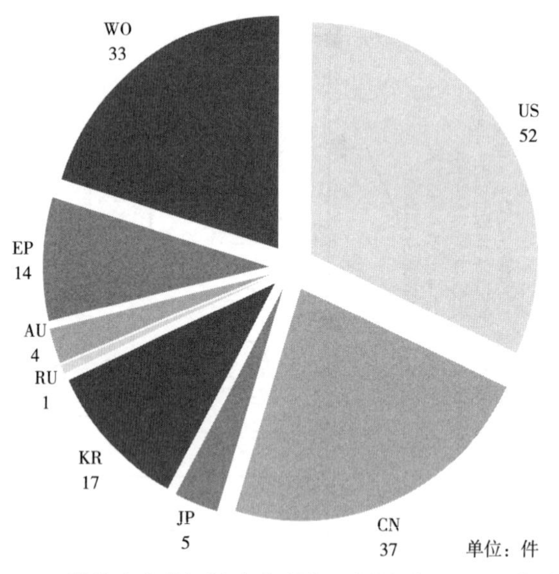

图 5-40　微软中文分词技术专利在“九国两组织”的申请量

（3）技术构成分布

由图 5-41 可以看出，微软围绕中文分词技术申请了较多专利，主要应用于拼写检查和语言解析等自然语言分析和处理领域。例如，1998 年微软提交了一项公开号为 US199887468A 的专利申请，该专利申请的主题为中文分词技术，其同族专利分布在美国、中国、日本和欧洲等国家和地区；2003 年微软提交的专利申请 US2003662602A 主题也为中文分词技术，其同族专利分布在美国、中国、日本、韩国和欧洲。

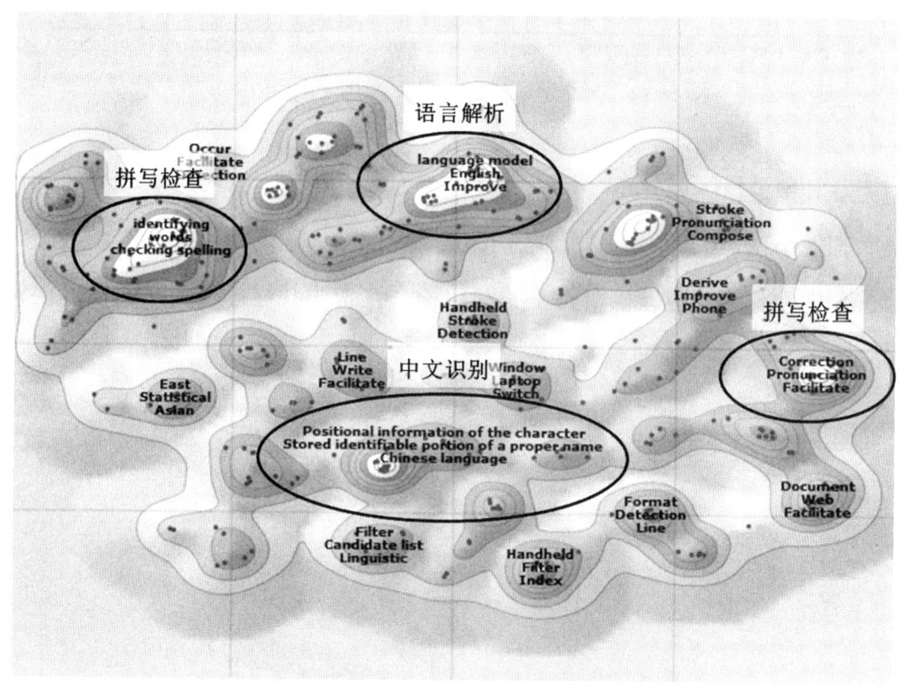

图 5-41　微软中文分词技术构成分布

2. 申请量排名第二的专利申请人——东芝

（1）专利申请量

东芝是日本最大的半导体制造商之一。进入 20 世纪 90 年代，东芝在数字技术、移动通信技术和网络技术等领域取得了飞速发展，成功从家电行业的巨人转变为 IT 行业的先锋。由图 5-42 可知，东芝于 1996 年开始进行中文分词技术专利的申请，2009 年之前专利年申请量呈现波动式分布，可以推测，东芝在中文分词技术领域已经取得一定的技术成果。自 2010 年起，东芝中文分词技术专利的年申请量已经不足 5 件，这表明该技术并不是东芝近年来的研究重点。

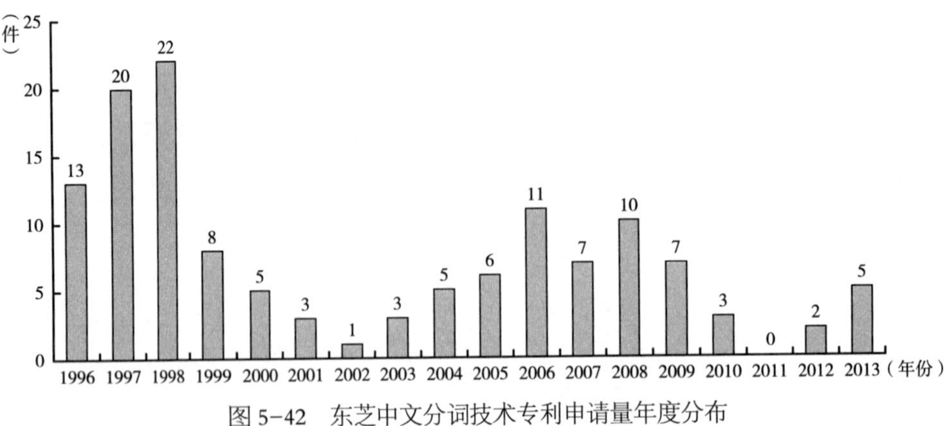

图 5-42 东芝中文分词技术专利申请量年度分布

（2）专利申请量区域分布

从专利申请覆盖的区域来看，关于中文分词技术，东芝不仅在日本进行了大量专利申请，在中国和美国也分别进行了专利申请。这说明其目标市场除了日本之外，还主要面向中国和美国（见图 5-43）。

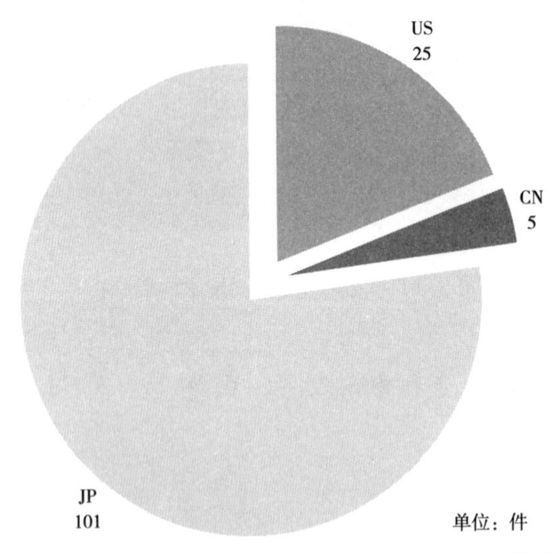

图 5-43 东芝中文分词技术专利在“九国两组织”的申请量

（3）技术构成分布

由图 5-44 可以看出，东芝围绕中文分词技术申请了较多专利，研究重点包括：用于在多种语言（简体和繁体汉字、日语汉字、朝鲜语汉字以及其他汉字）中输入汉

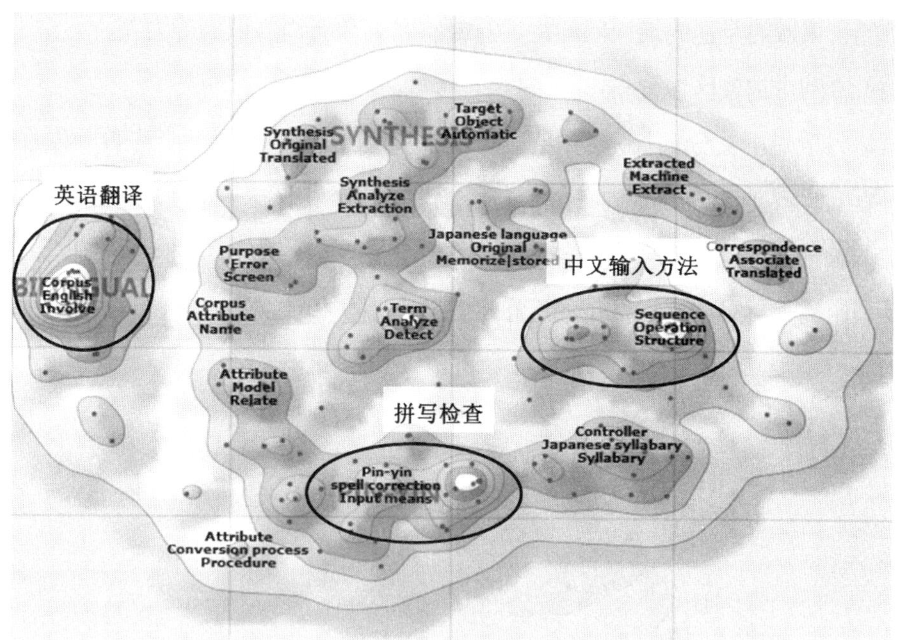

图 5-44　东芝中文分词技术构成分布

字的字符输入设备和方法、中文输入方法以及拼写检查等。

3. 申请量排名第三的专利申请人——谷歌

（1）专利申请量

由图 5-45 可知，2003 年谷歌才出现中文分词技术专利申请，于 2007 年达到专利年申请量的峰值。可见，谷歌对中文分词技术的研发投入较晚，但对相关技术成果也有所积累。据悉，谷歌采用的中文分词技术是美国一家名为“Basis Technology”的公

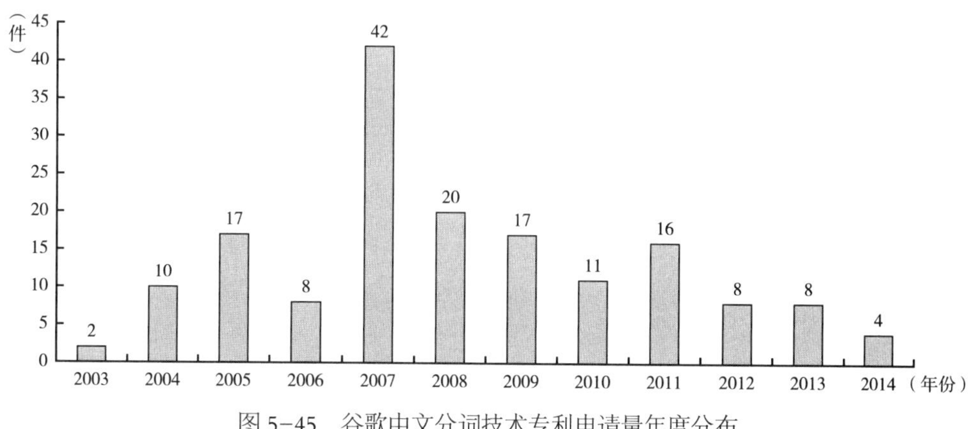

图 5-45　谷歌中文分词技术专利申请量年度分布

司提供的，采取的是逆向最大匹配法，对专有名词和新词的识别能力差。

（2）专利申请量区域分布

虽然谷歌对中文分词技术的研发起步较晚，技术水平处于不断完善的发展阶段，但是谷歌对世界范围内的专利布局准备得比较充分。由图 5–46 可知，谷歌不仅在美国、中国和韩国申请了大量专利，而且在世界知识产权组织和欧洲专利局也保持一定量的专利申请，可见，其目标市场遍布世界多个国家和地区。

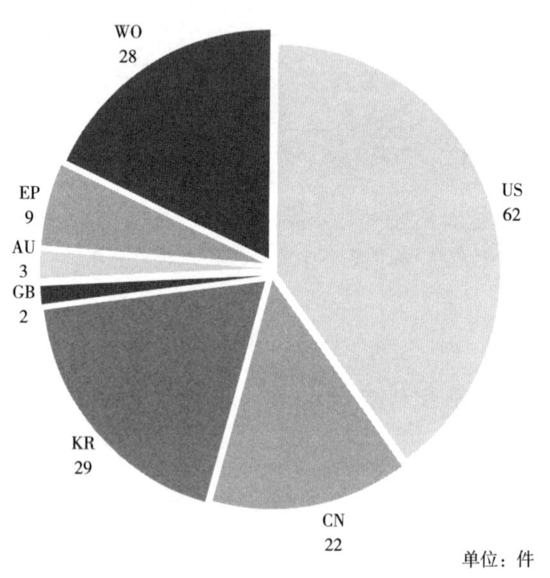

图 5–46　谷歌中文分词技术专利在“九国两组织”的申请量

（3）技术构成分布

由图 5–47 可以看出，谷歌围绕中文分词技术进行了较多专利申请，关注重点为翻译分析、拼写校正、输入法编辑和搜索等方面的技术。例如，2009 年 12 月 1 日，谷歌提交了一项专利申请（公开号 US2009602646A），是关于从输入条目检测名称实体和（或）新词的。该专利的同族专利分布在美国、中国和韩国等地，可见，该专利是谷歌围绕中文分词技术申请的众多专利中较为核心的专利之一。

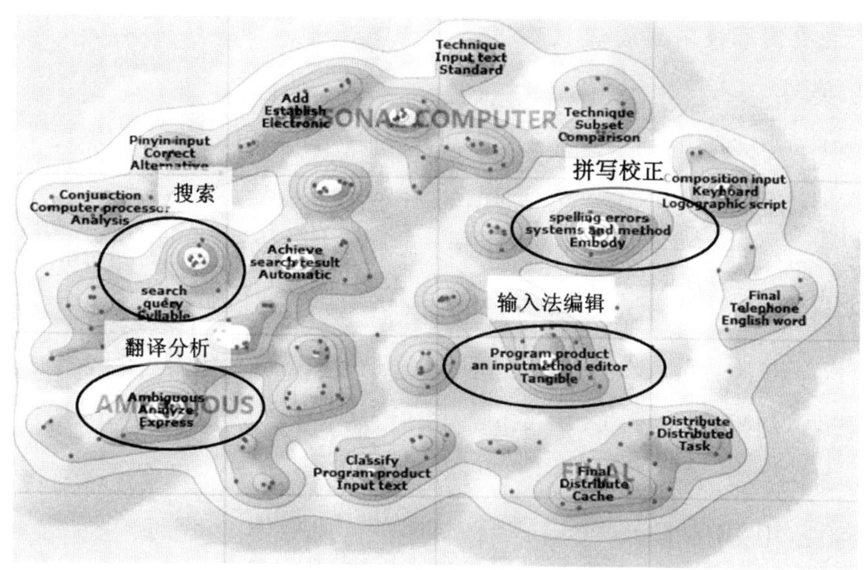

图 5-47　谷歌中文分词技术构成分布

三　总结

（一）中文分词技术发展特点

各国中文分词技术专利的申请趋势相对稳定，技术发展较为成熟。主要申请人中，微软和谷歌在世界知识产权组织、欧洲专利局、美国、日本和韩国等国际组织和国家布局了较多专利。在中国申请中文分词技术专利较多的有松下电器和 IBM，在日本申请中文分词技术专利较多的当属东芝。此外，在美国获得中文分词技术专利授权数量最多的当属 IBM。

综上所述，中文分词技术近年来发展较为活跃，这主要由于微软、谷歌、IBM、松下电器和东芝等领先企业较多关注该技术。

（二）中文分词技术发展趋势

1. 专利申请总体趋势

就整个行业专利申请状况来看，中文分词技术专利申请量于 1994 年出现突破性增长，之后基本维持在 100~200 件，但波动较大。这是由于分词算法虽然较为成熟，但在中文信息处理中仍存在不少瓶颈，如歧义识别和新词识别等。目前，研究中文分词技术的中国申请人的大多是科研院校。

2. 主要国家技术发展现状及趋势

（1）美国

在美国，中文分词技术大多用于实现语音识别、手写识别和检错等功能。虽然中文分词技术相对复杂，在中国正处于发展期；但中文分词技术在美国已有进入成熟期的趋势，这是因为美国市场对中文分词技术的需求较少，技术实现也相对容易，市场易饱和。

（2）日本

在日本，中文分词技术大多应用于汉语和日语之间的翻译、汉字手写识别，以及日语键盘输入法相关领域，技术成熟度较高，目前已经步入衰退期。

（3）韩国

在韩国，中文分词技术大多用于语音识别和手写识别等技术领域，技术较为成熟。

（4）中国

对中文分词技术的使用，中国市场需求巨大，相关企业和科研院校对该技术的研究较多。中文分词技术在中国正处于快速发展期，目前外国企业在中国的相关专利申请较多，中国企业应发挥本土语言优势，在中文应用日益广泛的背景下，加大研发投入和专利申请力度，努力占据中文分词技术的优势地位。

3. 主要申请人对比分析

（1）专利申请量比较

以各申请人中文分词技术专利申请量进行排名，得出该技术领域的三个主要专利申请人是微软、东芝和谷歌。微软和东芝均于 1996 年开始申请中文分词技术专利，之后专利年申请量呈现波动式分布，但 2009 年以来均呈现下降趋势，这说明微软和东芝均已经掌握较为成熟的技术，近年研发投入较少。而谷歌对中文分词技术的研发投入较晚，但 2003 年以来对相关技术成果也有所积累。

（2）专利资产区域布局分析

微软和谷歌在美国、中国、韩国、澳大利亚、欧洲专利局和世界知识产权组织等多个国家和国际组织提交了专利申请，其目标市场在世界范围内分布较广。东芝除在日本申请了大量专利外，在中国和美国也进行了专利布局。整体来看，除了中国之外，中文分词技术专利在日本和美国的申请量最多。而在美国申请中文分词技术专利的申请人中，获得授权数量最多的当属 IBM。

（3）技术热点分析

微软、东芝和谷歌围绕中文分词技术均提交了较多专利申请。其中，微软的研究热点包括拼写检查和语言解析等自然语言分析和处理技术。东芝的研究热点包括在多种语言（简体和繁体汉字、日语汉字、朝鲜语汉字以及其他汉字）中输入汉字的字符输入设备和方法、中文输入方法以及拼写检查等。谷歌的研究热点包括翻译分析、拼写校正、输入法编辑和搜索等。

第五节　纸质文件可识别与可追踪技术

纸质文件可识别与可追踪技术是数字水印技术在纸质文件上的应用，是按需印刷方面的数字版权保护热门技术。在按需印刷过程中，借助该技术可以将版权信息和代印点信息添加在纸质文件中，用于版权信息和代印点信息的追踪和识别，进而为找到非法传播的源头提供支撑。围绕该技术的专利申请发轫于20世纪90年代中期，从2000年开始快速增长，2002~2014年长期保持高位发展态势，直到2015年开始减缓，但目前仍是研究热点。随着按需印刷业务模式的不断发展，以及版权保护需求的不断增强，可以预见，今后该技术的创新与应用仍有较大空间。

一　专利检索

（一）检索结果概述

以纸质文件可识别与可追踪技术为检索主题，在“九国两组织”范围内共检索到相关专利申请14935件，具体数量分布如表5-51所示。

表5-51　“九国两组织”纸质文件可识别与可追踪技术专利申请量

单位：件

国家/国际组织	专利申请量	国家/国际组织	专利申请量
US	5001	DE	141
CN	2628	RU	29
JP	3166	AU	576
KR	694	EP	1273
GB	185	WO	1190
FR	52	合计	14935

（二）“九国两组织”纸质文件可识别与可追踪技术专利申请趋势

由表 5-52 和图 5-48 可以看出，早在 20 世纪 90 年代，美国、澳大利亚、中国和日本等国就开始涉足纸质文件可识别与可追踪技术的研究，其中，以日本和美国最为典型。自 21 世纪以来，美国在该技术领域的专利年申请量在 300 件左右，处于主导地位；日本的专利年申请量在 200 件左右，但从 2010 年开始已降至 200 件以下；中国对该技术的研究日益增加，2014 年的专利年申请量已近 300 件。韩国和澳大利亚等国家在该技术领域也略有研究，但是专利年申请量始终不高。该技术在“九国两组织”的其他国家研究得相对较少，俄罗斯以及欧洲的英国、德国、法国的专利年申请量大多不足 10 件。在该技术领域，美国、日本和中国走在世界前列。

表 5-52　1994~2017 年“九国两组织”纸质文件可识别与可追踪技术专利申请量

单位：件

国家 / 国际组织	专利申请量																	
	90	01	02	03	04	05	06	07	08	09	10	11	12	13	14	15	16	17
US	45	116	280	351	315	348	355	373	370	321	384	342	331	290	285	217	196	82
CN	50	28	35	55	81	118	125	151	138	156	172	185	221	238	295	233	199	148
JP	256	233	267	201	247	243	272	231	289	205	177	168	150	91	64	44	26	2
KR	18	32	27	39	54	43	54	45	74	35	40	45	35	48	40	26	37	2
GB	13	17	24	27	14	10	12	5	2	3	3	2	5	10	25	6	7	0
FR	9	2	6	8	3	1	3	4	2	2	0	0	0	6	6	0	0	0
DE	1	2	3	12	8	10	27	19	18	18	5	2	2	4	5	3	1	1
RU	0	0	1	3	0	2	2	2	0	5	10	0	1	1	2	0	0	0
AU	58	28	48	51	24	30	14	33	33	30	50	50	42	28	42	5	8	2
EP	109	81	82	86	110	101	108	70	91	80	48	51	62	67	65	42	17	3
WO	103	77	109	98	75	79	64	74	69	56	43	31	34	63	79	49	58	29
合计	662	616	882	931	931	985	1036	1007	1086	911	932	876	883	846	908	625	549	269

注：“90”指 1994~2000 年的专利申请总量，“01~17”分别指 2001~2017 年当年的专利申请量。

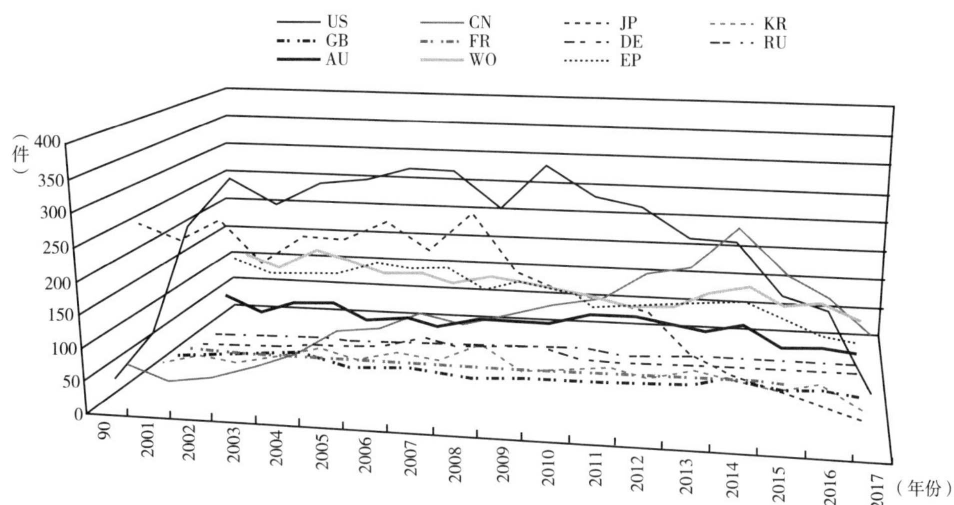

图 5-48　“九国两组织”纸质文件可识别与可追踪技术专利申请趋势

注：“90”指 1994~2000 年的专利申请总量。

（三）“九国两组织”纸质文件可识别与可追踪技术专利申请人排名

1994~2017 年“九国两组织”纸质文件可识别与可追踪技术专利申请人排名情况如表 5-53~表 5-63 所示。

1. 美国申请人排名

表 5-53　美国纸质文件可识别与可追踪技术专利申请人排名

序号	申请人	申请人国家	申请数量（件）	授权数量（件）
1	Digimarc Corp.	美国	540	392
2	Microsoft Corp.	美国	147	99
3	Canon K.K.	日本	145	134
4	IBM Corp.	美国	109	51
5	Koninkl Philips Electronics N.V.	荷兰	86	23

2. 中国申请人排名

表 5-54　中国纸质文件可识别与可追踪技术专利申请人排名

序号	申请人	申请人国家	申请数量（件）	授权数量（件）
1	Koninkl Philips Electronics N.V.	荷兰	108	95
2	Univ. Peking（北京大学）	中国	48	11
3	Thomson Licensing S.A.	法国	43	16
4	Sony Corp.	日本	35	17
5	Canon K.K.	日本	25	23

3. 日本申请人排名

表 5-55 日本纸质文件可识别与可追踪技术专利申请人排名

序号	申请人	申请人国家	申请数量（件）	授权数量（件）
1	Canon K.K.	日本	470	203
2	Ricoh K.K.	日本	162	79
3	Hitachi Ltd.	日本	150	82
4	Nippon Telegraph & Telephone	日本	124	66
5	OKI Electric Ind. Co. Ltd.	日本	122	70

4. 韩国申请人排名

表 5-56 韩国纸质文件可识别与可追踪技术专利申请人排名

序号	申请人	申请人国家	申请数量（件）	授权数量（件）
1	Thomson Licensing S.A.	法国	33	12
2	Samsung Electronics Co. Ltd.	韩国	31	6
3	Koninkl Philips Electronics N.V.	荷兰	30	7
4	MarkAny Inc.	韩国	24	1
5	Korea Electronics & Telecommun. Res. Inst.	韩国	19	12

5. 英国申请人排名

表 5-57 英国纸质文件可识别与可追踪技术专利申请人排名

序号	申请人	申请人国家	申请数量（件）	授权数量（件）
1	Sony Corp.	日本	40	14
2	IBM Corp.	美国	13	0
3	Motorola Inc.	美国	11	5
4	Kent Ridge Digital Labs	新加坡	7	5
5	British Broadcasting Corp.	英国	6	5

6. 法国申请人排名

表 5-58 法国纸质文件可识别与可追踪技术专利申请人排名

序号	申请人	申请人国家	申请数量（件）	授权数量（件）
1	Canon K.K.	日本	20	0
2	France Telecom	法国	7	1
3	Radiotelephone S.F.R.	法国	3	0
4	Viaccess S.A.	法国	2	1
5	Ingenico S.A.	法国	2	1

7. 德国申请人排名

表 5-59　德国纸质文件可识别与可追踪技术专利申请人排名

序号	申请人	申请人国家	申请数量（件）	授权数量（件）
1	Koninkl Philips Electronics N.V.	荷兰	20	9
2	NEC Corp.	日本	14	7
3	Matsushita Electric Ind. Co. Ltd.	日本	6	3
4	Canon K.K.	日本	6	3
5	Digimarc Corp.	美国	6	1

8. 俄罗斯申请人排名

表 5-60　俄罗斯纸质文件可识别与可追踪技术专利申请人排名

序号	申请人	申请人国家	申请数量（件）	授权数量（件）
1	Koninkl Philips Electronics N.V.	荷兰	8	3
2	Microsoft Corp.	美国	4	3
3	PPG Industries Ohio Inc.	美国	2	2
4	Macrovision Corp.	美国	2	0
5	Hueck Folien GmbH & Co. K.G.	德国	2	0

9. 澳大利亚申请人排名

表 5-61　澳大利亚纸质文件可识别与可追踪技术专利申请人排名

序号	申请人	申请人国家	申请数量（件）	授权数量（件）
1	Nielsen Co.（US）LLC	美国	43	19
2	Digimarc Corp.	美国	41	7
3	Koninkl Philips Electronics N.V.	荷兰	19	6
4	Exxonmobil Upstream Res. Co.	美国	16	16
5	Canon K.K.	日本	12	6

10. 欧洲专利局申请人排名

表 5-62　欧洲专利局纸质文件可识别与可追踪技术专利申请人排名

序号	申请人	申请人国家	申请数量（件）	授权数量（件）
1	Koninkl Philips Electronics N.V.	荷兰	124	46
2	Thomson Licensing S.A.	法国	73	24
3	Digimarc Corp.	美国	63	14
4	NEC Corp.	日本	57	35
5	Canon K.K.	日本	28	13

11. 世界知识产权组织申请人排名

表 5-63 世界知识产权组织纸质文件可识别与可追踪技术专利申请人排名

序号	申请人	申请人国家	申请数量（件）
1	Digimarc Corp.	美国	148
2	Koninkl Philips Electronics N.V.	荷兰	106
3	Thomson Licensing S.A.	法国	41
4	Adobe Systems Inc.	美国	24
5	Bundesdruckerei GmbH	德国	20

二 专利分析

（一）技术发展趋势分析

纸质文件可识别与可追踪技术的主要相关技术是数字水印嵌入和提取技术。数字水印嵌入和提取技术最初是为了版权保护，20 世纪 90 年代就引起了工业界的广泛关注，并日益成为国际上非常活跃的研究领域。随着数字水印嵌入和提取技术的迅速发展，人们发现了更多更广的应用，其中有许多是最初未能预料到的，比如广播监控、所有者鉴别、所有权验证、操作跟踪、内容认证、拷贝控制和设备控制等[①]。

从专利申请量年度分布情况来看，自 20 世纪 90 年代后期至 2002 年，该技术处于快速发展阶段；2003~2014 年该技术已基本趋于成熟；2015 年以来国际上已放缓了对该技术的研究步伐（见图 5-49）。如今国际上数字水印技术在纸质文件上的应用已

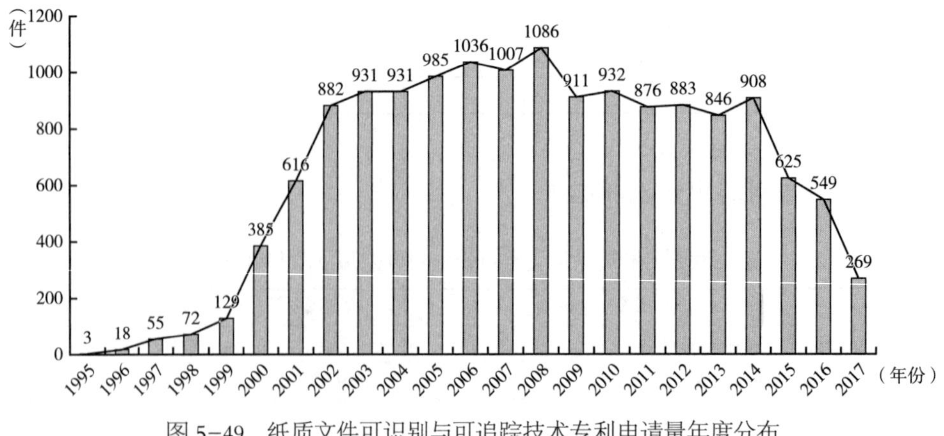

图 5-49 纸质文件可识别与可追踪技术专利申请量年度分布

① 蔡闻怡：《数字水印技术的发展与应用》，https://wenku.baidu.com/view/d2e393385727a5e9856a61b2.html。

经达到一定水平，未来的发展方向以拓展应用领域为主。

（二）技术路线分析

从图 5-50 可以很直观地看出，纸质文件的可识别和可追踪技术在“九国两组织”范围内的研究起步较早。自 20 世纪 90 年代中期数字版权管理系统被引入后，纸质文件的可识别和可追踪技术随之出现。1995 年便诞生了该技术领域的第一件专利。1999 年，IBM 申请了关于聚焦网络抓取系统和方法的核心专利。随后，Textwise、Firstrain 和 Verance 等公司也申请了这一技术领域的核心专利，共同推进该技术的进一步发展和应用。

纵观纸质文件可识别与可追踪技术的发展历程，技术发展初期出现的专利大多比较核心和基础，被引用得比较多，而纸质文件可识别与可追踪技术属于按需印刷技术发展到一定阶段引申出来的一个问题，并日渐成为该技术领域的研究热点，继而涌现了一批关键性技术。目前，中国在该技术领域也研发出了一些关键性技术，并且有着自己独创的风格，比如北京邮电大学研发的基于数字水印的文件防伪方法及装置，北京大学和北大方正共同研发的数字水印的嵌入方法、提取方法及装置等，这些专利不仅提高了图像中数字水印信息的隐藏性和健壮性，而且图像中提取数字水印信息的准确度也得到了提高。

（三）主要专利申请人分析

通过对纸质文件可识别与可追踪技术专利检索结果的统计和初步分析，得到“九国两组织”范围内专利申请量排名前三的公司是 Digimarc 公司、佳能和飞利浦，专利申请量分别是 857 件、713 件和 501 件。

1. 申请量排名第一的专利申请人——Digimarc公司

（1）专利申请量

Digimarc 公司在纸质文件可识别与可追踪技术领域的专利申请量位居全球之首。自 20 世纪 90 年代末期至 21 世纪初期，Digimarc 公司在该技术领域处于快速发展阶段。2002~2010 年 Digimarc 公司在该技术领域的发展已基本趋于成熟。2010 年之后 Digimarc 公司虽说仍在不断进行该技术研究，但从专利年申请量来看，研发力度有所减弱，这与该公司逐渐向专利商业化转型有一定关联（见图 5-51）。

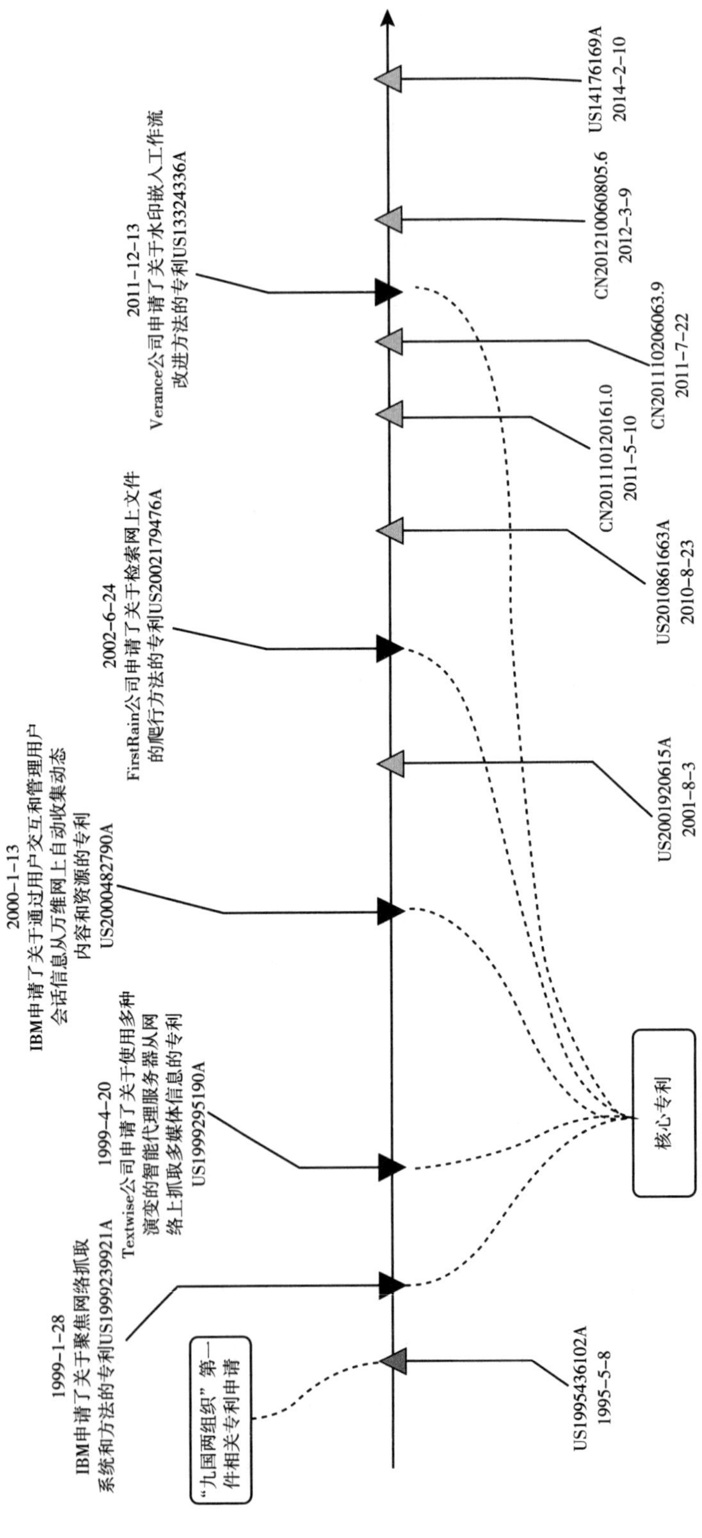

图 5-50 纸质文件可识别与可追踪技术发展路线

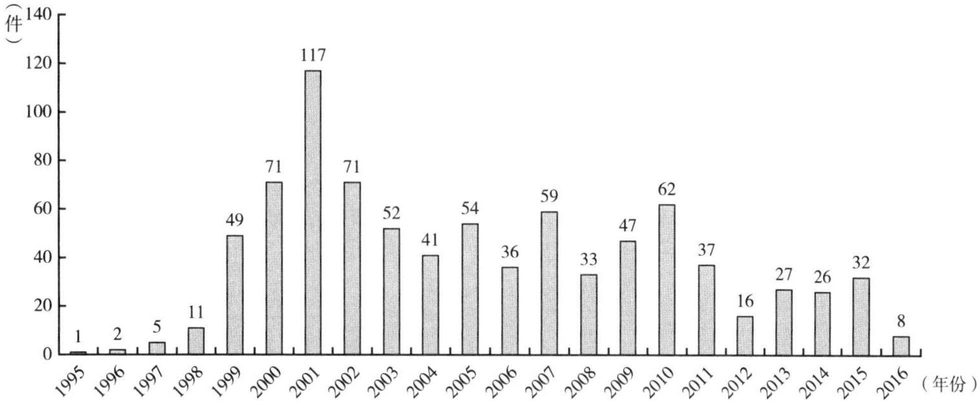

图 5-51　Digimarc 公司纸质文件可识别与可追踪技术专利申请量年度分布

（2）专利申请量区域分布

Digimarc 公司总部位于美国，其在纸质文件可识别与可追踪技术领域的专利主要分布在美国（见图 5-52），这是由于美国的专利商业化发展最为迅速，而且美国也是 Digimarc 公司频繁发生专利诉讼的国家。2000 年拥有电子水印技术的 Digimarc 公司以侵害专利为由起诉了 Verance 公司；2010 年 Digimarc 公司向市场出售专利，并将多项专利授权给高智公司。Digimarc 公司在欧洲、亚洲的中国和日本等国家和地区也有专利分布，但数量屈指可数。在未来的发展中，Digimarc 公司可能会投入更多精力考虑如何更有效地布局专利以获得更多利润。

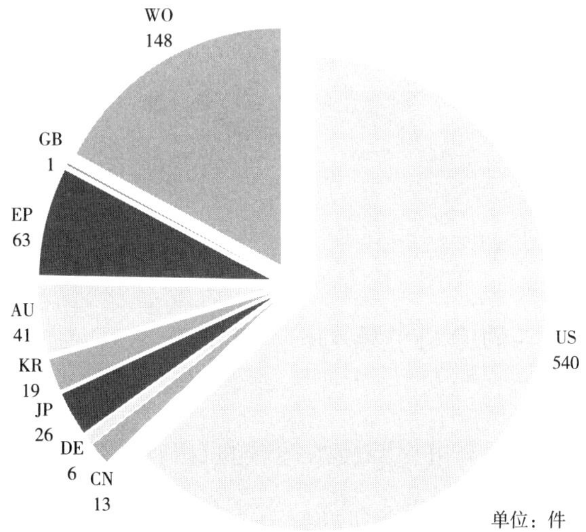

图 5-52　Digimarc 公司纸质文件可识别与可追踪技术专利在“九国两组织”的申请量

（3）技术构成分布

图 5-53 展示了 Digimarc 公司纸质文件可识别与可追踪技术专利的构成分布。在这一技术领域，Digimarc 公司关注度较高的技术为信息协议与水印嵌入、追踪设备等。水印作为文件跟踪识别的重要信息，提取重现是完成真伪鉴别的必经过程。版权标识水印是目前被研究最多的一类数字水印技术。数字作品既是商品又是知识产品的双重性决定了版权标识水印主要强调隐蔽性和鲁棒性，而对数据量的要求相对较小。目前，数字水印领域的核心技术有基于小波算法的数字水印生成与隐藏算法、水印防复制技术、抗衰减技术和数字水印检验机读化等。此外，在追踪设备上的专利技术布局进一步完善了 Digimarc 公司纸质文件可识别与可追踪技术的专利构成。

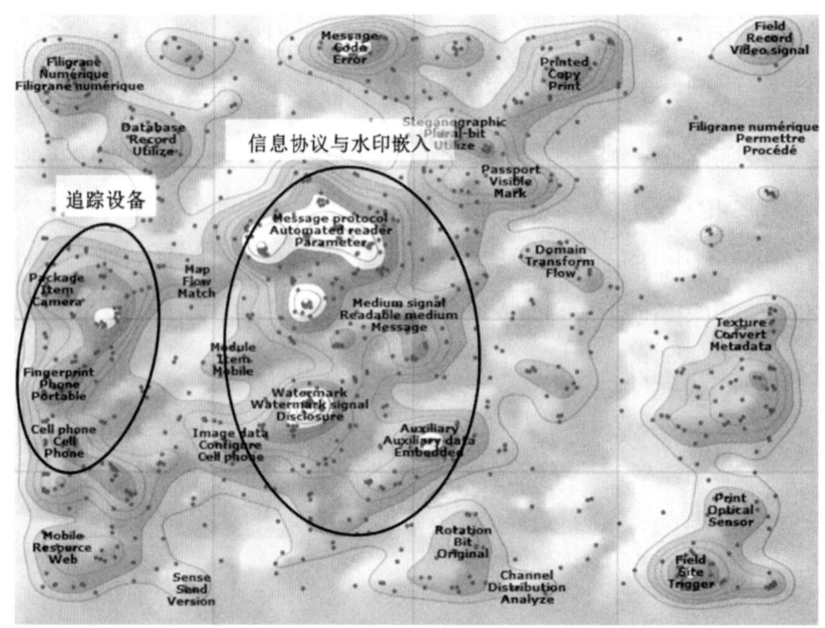

图 5-53　Digimarc 公司纸质文件可识别与可追踪技术构成分布

2. 申请量排名第二的专利申请人——佳能

（1）专利申请量

佳能在纸质文件可识别与可追踪技术领域的专利申请量位居全球第二。自 20 世纪 90 年代后期至 21 世纪初期，佳能在该技术领域处于快速发展阶段，这可能与当时盛行的日本动漫业有些许关联，动漫业的快速发展推动了当时印刷业的快速发展，进而带动了纸质文件可识别与可追踪技术的发展。随着技术发展的不断成熟，再开发和改进难度变大，而且随着全球向网络化时代跨进，电子产品快速更新换代，人们工作、生活和学习也逐渐趋于数字化，如电子书逐渐成熟，对纸质书籍或文件的印刷需求开始减少，故 2004 年前后佳能对该技术的研究开始减少（见图 5-54）。从上述分析可以得出，佳能在该技术领域的发展趋势与全球发展趋势基本相同。

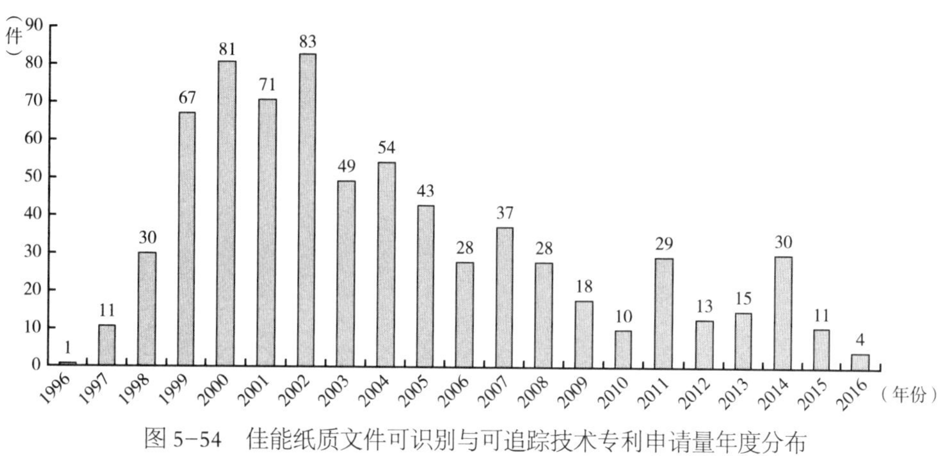

图 5-54　佳能纸质文件可识别与可追踪技术专利申请量年度分布

（2）专利申请量区域分布

佳能总部位于日本东京，并在美洲、欧洲和亚洲设有 3 个区域性销售总部。佳能纸质文件可识别与可追踪技术专利主要分布在日本和美国。佳能在欧洲及亚洲的中国和韩国等国家也设有分公司及代加工工厂，但专利申请量相对较少（见图 5-55）。

（3）技术构成分布

图 5-56 展示了佳能纸质文件可识别与可追踪技术的构成分布。佳能在这一技术领域的研究热点主要有图像处理、系数块和打印作业等。其中，DCT 是系数块的主要研究方向，DCT 是与傅立叶变换相关的一种变换，类似于离散傅立叶变换，但是只使用实数。水印嵌入和提取过程需要 DCT 变换和反变换 IDCT 变换来完成。佳能在文本文档和打印作业方面的技术亮点在于应用了水印技术。2014 年，佳能提出“数码印刷，全在佳能”的全新品牌主张，旨在为全行业提供“按需定制的全速全彩全

能”一站式印刷解决方案。佳能聚焦广告行业，时刻洞悉行业发展及广告输出领域的需求变化，准备在广告数码印刷方面大展拳脚。

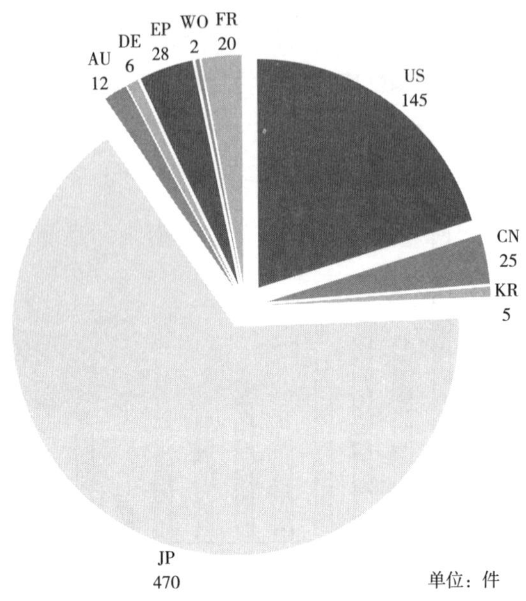

图 5-55　佳能纸质文件可识别与可追踪技术专利在“九国两组织”的申请量

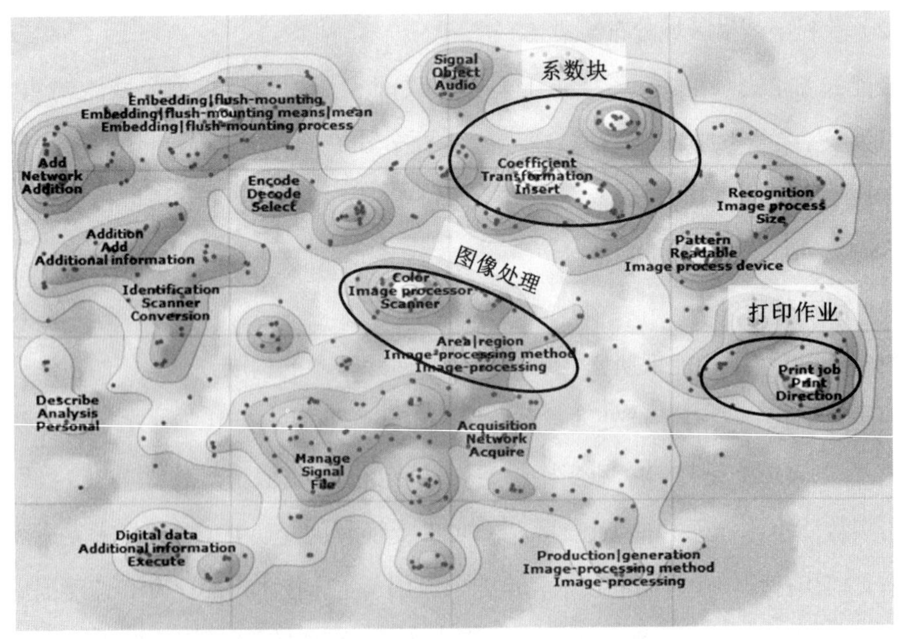

图 5-56　佳能纸质文件可识别与可追踪技术构成分布

3. 申请量排名第三的专利申请人——飞利浦

（1）专利申请量

飞利浦在纸质文件可识别与可追踪技术领域的专利申请量位居全球第三。自 20 世纪 90 年代后期至 21 世纪初期，随着该技术在全球掀起研究热潮，飞利浦在该技术领域处于快速发展阶段。2003~2006 年飞利浦在该技术领域基本趋于成熟，专利年申请量趋于稳定。然而 2007~2010 年，随着全球向网络化时代跨进，人们工作、生活和学习逐渐趋于数字化，加之市场份额有限，飞利浦在该技术领域获得的收益开始减少，逐渐放弃了对纸质文件可识别与可追踪技术的研究（见图 5-57）。2013 年 1 月底，飞利浦已停止全部消费电子业务，而聚焦优质生活、医疗和照明设备领域，故至今其在纸质文件可识别与可追踪技术领域的专利申请也未见起色。

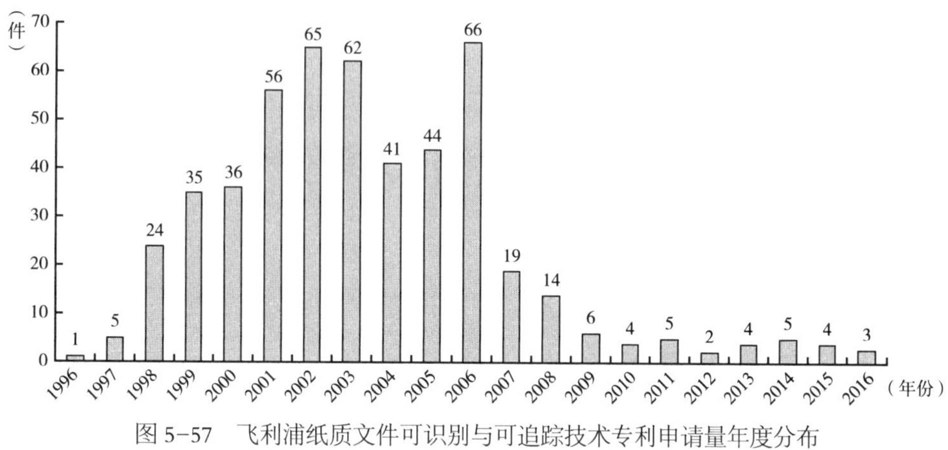

图 5-57　飞利浦纸质文件可识别与可追踪技术专利申请量年度分布

（2）专利申请量区域分布

飞利浦总部位于荷兰阿姆斯特丹，在纸质文件可识别与可追踪技术领域，其专利申请主要分布在美国、中国、欧洲专利局和世界知识产权组织（见图 5-58）。飞利浦的产品早在 1920 年就进入了中国市场，如今已成为中国电子行业最大的投资合作伙伴之一，2002 年飞利浦因在华营业额和出口创汇额在全国外商投资企业中均排名第一位，而获中国外商投资企业协会颁发的年度“双高企业特殊贡献奖”。当然，飞利浦在中国和美国布局专利的原因还在于这 2 个国家是其专利诉讼的多发地。香港的晶电国际曾与飞利浦有过持续 4 年的专利纠纷。

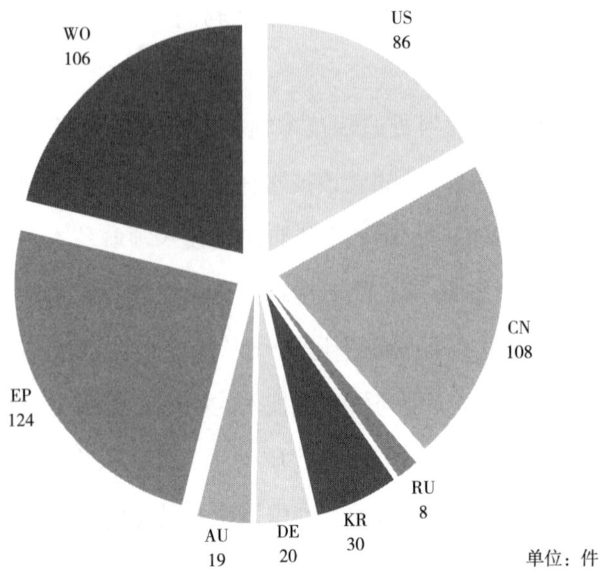

图 5-58　飞利浦纸质文件可识别与可追踪技术专利在“九国两组织”的申请量

（3）技术构成分布

图 5-59 展示了飞利浦在纸质文件可识别与可追踪技术领域的专利构成分布。飞利浦在这一技术领域的研究热点主要有数字指纹、水印模式以及文本内容。作为信息

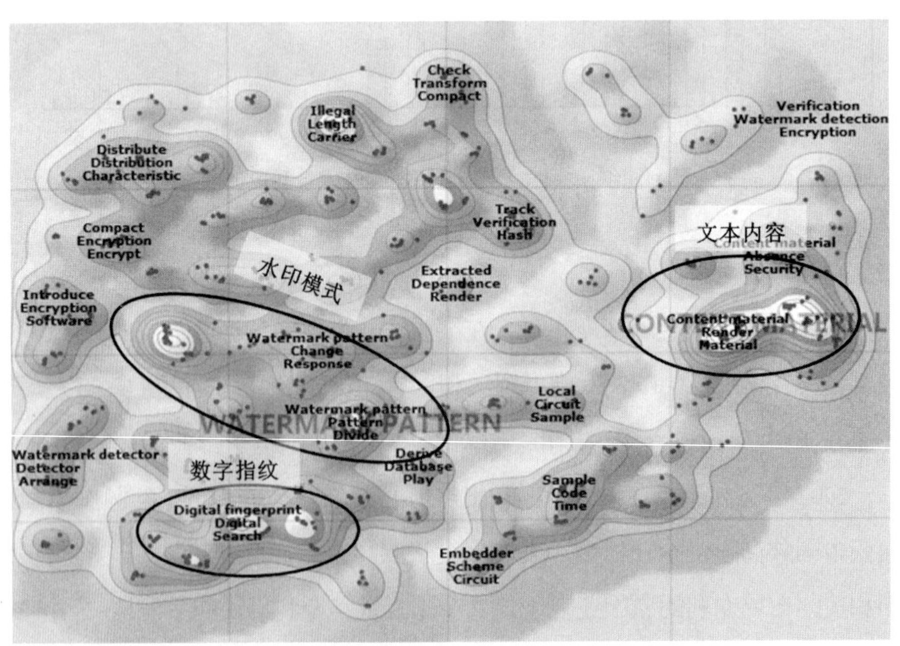

图 5-59　飞利浦纸质文件可识别与可追踪技术构成分布

隐藏的一个重要分支，数字指纹主要用于版权保护。数字指纹是将不同的标志性识别代码——指纹，利用数字水印技术嵌入数字媒体中，然后将嵌入了指纹的数字媒体分发给用户。发行商发现盗版行为后，通过提取盗版产品中的指纹就能确定非法复制的来源，对盗版者进行起诉，从而达到保护版权的目的。此外，飞利浦还有较多图像像素和水印检测方面的专利。图像嵌入水印并经过复印和扫描等多重处理后，如何克服其失真性并达到良好的还原性是当前该技术领域的研究热点，水印检测装置是分析盗版来源的重点技术之一。

三　总结

（一）纸质文件可识别与可追踪技术发展现状

1. 专利申请总量

1994~2017 年“九国两组织”范围内共有 14935 件纸质文件可识别与可追踪技术专利申请。从专利区域分布情况来看，美国、中国、日本和韩国的专利申请总量达到 11489 件，占这一技术领域专利申请总量的 77%。这表明这 4 个国家掌握了该技术领域的大部分关键性技术。

2. 专利年申请量

从专利年申请量来看，美国、澳大利亚及亚洲的中国和日本等国进入该领域的时间较早，其中以日本和美国最为突出。自 21 世纪以来，美国专利年申请量在 300 件左右，并长期处于主导地位。日本的年申请量在 200 件左右，但从 2010 年开始已降至 200 件以下。中国对该技术的研究日益增加，年均申请量也已达百件以上。由此可以看出，在该技术领域，美国、日本和中国走在世界前列。

（二）纸质文件可识别与可追踪技术发展趋势

1. 专利申请总体趋势

从整个行业的专利申请状况来看，自 20 世纪 90 年代后期至 2002 年，该技术在全球范围内处于快速发展阶段；2003~2014 年该技术已基本趋于成熟；2015 年以来，国际上已放缓了对该技术的研究步伐。如今国际上数字水印技术在纸质文件上的应用已经达到一定水平，这一技术未来的发展方向以拓展应用领域为主。

2. 主要国家技术发展现状及趋势

（1）美国

自 20 世纪 90 年代中期至 2003 年前后，随着全球纸质文件可识别与可追踪技术的研究热潮，美国在该技术领域的发展非常迅速，市场逐渐扩大，介入的企业逐渐增多，技术分布范围越来越广，专利申请量不断激增，这一时期为该技术在美国的发展期。2004~2008 年，由于市场局限性，进入的企业的增幅开始趋缓，专利申请量增长的速度变慢甚至有小幅度下降，此时该技术进入成熟期。2009 年至今，随着该技术不断成熟，进行再创新的难度增大，介入该领域的企业并未有明显减少，但相关专利的申请数量出现了下滑，说明该技术在美国已发展得非常成熟。

（2）日本

20 世纪 90 年代后期至 21 世纪初期，随着动漫业的风靡以及全球纸质文件可识别与可追踪技术的研究热潮，日本在该技术领域的发展也非常迅速，技术分布范围越来越广，专利申请量不断增长。2006~2008 年由于市场局限性，专利申请量增长的速度变慢，技术处于成熟期。2009 年至今，随着电子行业的日新月异，电子书开始逐渐抢占纸质文件市场，很多企业也因收益减少纷纷退出了市场，相关专利的申请数量出现了明显下滑，技术发展有进入衰退期的迹象。

（3）韩国

随着全球纸质文件可识别与可追踪技术的研究热潮，2008 年之前韩国在该技术领域的发展也较为迅速。而 2009~2012 年，由于市场局限性，专利申请量增长的速度变慢，处于技术发展的成熟期。2012 年至今，随着电子行业的日新月异，以及技术不断成熟，在韩国继续从事该技术研究的企业减少，相关专利的年申请量出现了下滑，目前已回落至 21 世纪初期的水平。

（4）中国

21 世纪以来，该技术在中国的发展非常迅速，中国的专利申请总量已跃居“九国两组织”的第三位，目前处于技术成熟期。

根据以上国家技术发展现状描述，总体来说，纸质文件可识别与可追踪技术在全球处于成熟期，部分发达国家（如日本）有进入衰退期的迹象。

3. 主要申请人分析

通过对纸质文件可识别与可追踪技术领域的宏观分析，本项目得出行业内排名靠前的三个申请人是 Digimarc 公司、佳能和飞利浦。

（1）专利申请量比较

从专利申请量上来看，Digimarc 公司、佳能和飞利浦分别是 857 件、713 件和 501 件，并且这三家公司均在技术研发初期便投入了相当大的技术研发力量。

（2）专利资产区域布局比较

Digimarc 公司和佳能在纸质文件可识别与可追踪技术领域的专利申请主要分布在其总部所在地，虽然在美国、欧洲及亚洲的中国和韩国等国家和地区也有专利申请，但是数量相对较少。飞利浦则实行专利全球化战略路线，在美国、欧洲及亚洲的中国、日本和韩国等国家和地区均有相当数量的专利申请，还申请了 106 件 PCT 专利，为后续全球布局打下良好基础。

（3）技术热点分析

Digimarc 公司专注的领域有数字水印嵌入技术和追踪设备等。佳能在该技术领域的研究热点主要有图像处理、系数块和打印作业等。飞利浦作为世界上最大的电子公司之一，在纸质文件可识别与可追踪技术领域的研究热点主要有数字指纹、水印模式以及文本内容。

第六节　媒体指纹识别提取与匹配技术

媒体指纹识别提取与匹配技术是继加密技术和水印技术之后，数字版权保护领域新兴的主流、热门技术，通过从数字内容作品中提取能够标识作品的唯一不变特征（即媒体指纹）并进行匹配检测，达到利用类似人的指纹进行数字内容作品版权保护的目的。围绕该技术的专利申请发轫于 20 世纪 90 年代中期，在经历较长时期的稳步增长后，从 2012 年开始呈现快速增长趋势，2013 年之后的专利年申请量都在千件以上，2016 年达 2181 件。由此可见，媒体指纹识别提取与匹配技术作为新兴的数字版权保护主流技术，正在得到越来越多的研发关注和社会应用。同时也不难预见，今后相当长的时期内，该技术的创新和应用空间仍会非常巨大。

一　专利检索

（一）检索结果概述

以媒体指纹识别提取与匹配技术为检索主题，在“九国两组织”范围内共检索到相关专利申请 17162 件，具体数量分布如表 5-64 所示。

表 5-64　“九国两组织”媒体指纹识别提取与匹配技术专利申请量

单位：件

国家 / 国际组织	专利申请量	国家 / 国际组织	专利申请量
US	3810	DE	264
CN	6194	RU	25
JP	1914	AU	198
KR	1950	EP	992
GB	159	WO	1547
FR	109	合计	17162

（二）“九国两组织”媒体指纹识别提取与匹配技术专利申请趋势

1994~2004 年媒体指纹识别提取与匹配技术在“九国两组织”稳步发展，专利年申请量逐渐上升，日本和美国的发展比较迅速。从 2005 年起，中国专利年申请量上升到 100 件以上，于 2016 年出现 1221 件专利申请量的峰值。这与中国数字版权保护总体发展状况相一致。随着国家对数字版权保护要求不断提高，中国数字版权保护创新技术得到了快速的发展。

表 5-65　1994~2017 年“九国两组织”媒体指纹识别提取与匹配技术专利申请量

单位：件

国家 / 国际组织	专利申请量																	
	90	01	02	03	04	05	06	07	08	09	10	11	12	13	14	15	16	17
US	123	65	87	114	144	159	166	142	166	172	224	177	235	357	416	435	387	241
CN	61	35	29	59	76	125	109	139	163	198	267	286	413	485	648	998	1221	882
JP	432	94	101	107	103	115	145	111	119	110	113	81	70	70	60	52	28	3
KR	100	65	61	75	61	99	110	88	91	68	96	116	88	138	190	273	174	57
GB	23	9	5	11	15	6	11	6	10	8	9	4	10	7	11	9	5	0
FR	5	3	5	7	9	15	12	7	5	6	1	2	2	4	13	11	2	0
DE	29	12	25	22	22	18	28	29	25	18	11	3	2	4	6	8	1	1

续表

国家 / 国际组织	专利申请量																	
	90	01	02	03	04	05	06	07	08	09	10	11	12	13	14	15	16	17
RU	3	1	0	0	0	1	2	3	1	3	1	0	1	3	2	4	0	0
AU	36	12	12	13	19	3	7	0	7	5	7	8	12	20	7	14	12	4
EP	129	23	26	42	34	53	38	49	41	42	30	27	45	75	91	112	94	41
WO	95	48	49	35	84	68	51	51	69	52	55	51	71	85	111	215	257	100
合计	1036	367	400	485	567	662	679	625	697	682	814	755	949	1248	1555	2131	2181	1329

注："90" 指 1994~2000 年的专利申请总量，"01~17" 分别指 2001~2017 年当年的专利申请量。

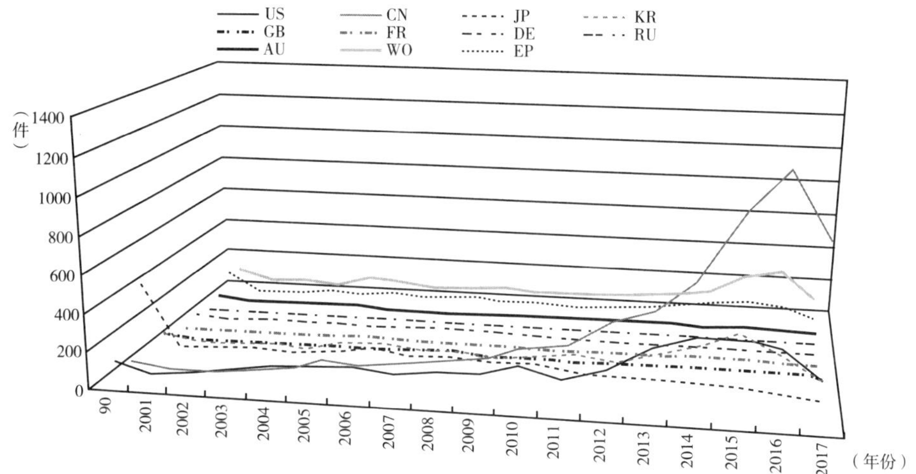

图 5-60　"九国两组织" 媒体指纹识别提取与匹配技术专利申请趋势

注："90" 指 1994~2000 年的专利申请总量。

（三）"九国两组织" 媒体指纹识别提取与匹配技术专利申请人排名

1994~2017 年 "九国两组织" 媒体指纹识别提取与匹配技术专利申请人排名情况如表 5-66~表 5-76 所示。

1. 美国申请人排名

表 5-66　美国媒体指纹识别提取与匹配技术专利申请人排名

序号	申请人	申请人国家	申请数量（件）	授权数量（件）
1	Digimarc Corp.	美国	95	55
2	Microsoft Corp.	美国	83	50
3	Google Inc.	美国	73	62
4	IBM Corp.	美国	61	42
5	NEC Corp.	日本	29	27

2. 中国申请人排名

表 5-67 中国媒体指纹识别提取与匹配技术专利申请人排名

序号	申请人	申请人国家	申请数量（件）	授权数量（件）
1	CASIA（中科院自动化所）	中国	86	19
2	Univ. Xidian（西安电子科技大学）	中国	83	19
3	Univ. Tsinghua（清华大学）	中国	80	17
4	Chengdu Finchos Electronics Co. Ltd.（成都方程式电子）	中国	36	1
5	NEC Corp.	日本	20	11

3. 日本申请人排名

表 5-68 日本媒体指纹识别提取与匹配技术专利申请人排名

序号	申请人	申请人国家	申请数量（件）	授权数量（件）
1	Fujitsu Ltd.	日本	167	92
2	Mitsubishi Electric Corp.	日本	82	32
3	Sony Corp.	日本	65	28
4	Canon K.K.	日本	60	13
5	NEC Corp.	日本	57	33

4. 韩国申请人排名

表 5-69 韩国媒体指纹识别提取与匹配技术专利申请人排名

序号	申请人	申请人国家	申请数量（件）	授权数量（件）
1	Samsung Electronics Co. Ltd.	韩国	152	22
2	LG Electronics Inc.	韩国	115	20
3	Korea Electronics & Telecommun. Res. Inst.	韩国	58	25
4	Korea Electronics & Telecommun. Adv. Inst.	韩国	58	15
5	Union Community Co. Ltd.	韩国	35	18

5. 英国申请人排名

表 5-70 英国媒体指纹识别提取与匹配技术专利申请人排名

序号	申请人	申请人国家	申请数量（件）	授权数量（件）
1	Half Minute Media Ltd.	英国	16	6
2	Agilent Technologies Inc.	美国	8	4
3	Matsumura Electronics K.K.	日本	6	2
4	Ultra Scan Corp.	美国	5	3
5	NEC Corp.	日本	3	3

6. 法国申请人排名

表 5-71　法国媒体指纹识别提取与匹配技术专利申请人排名

序号	申请人	申请人国家	申请数量（件）	授权数量（件）
1	Sagem S.A.	法国	13	3
2	Thales S.A.	法国	5	2
3	NEC Corp.	日本	4	4
4	GIGA BYTE Tech.（技嘉科技）	中国台湾	4	2
5	Atmel Grenoble S.A.	法国	3	2

7. 德国申请人排名

表 5-72　德国媒体指纹识别提取与匹配技术专利申请人排名

序号	申请人	申请人国家	申请数量（件）	授权数量（件）
1	Sagem S.A.	法国	10	0
2	Upek Inc.	美国	8	5
3	Infineon Technologies A.G.	德国	7	4
4	NEC Corp.	日本	7	4
5	Fujitsu Ltd.	日本	5	5

8. 俄罗斯申请人排名

表 5-73　俄罗斯媒体指纹识别提取与匹配技术专利申请人排名

序号	申请人	申请人国家	申请数量（件）	授权数量（件）
1	Obshchestvo S. Ogranichennoj Otvetstvennost'ju Nauchno Proizvodstvennoe Predprijatie Lazernye Sistemy	俄罗斯	3	0
2	MI Corp.（小米）	中国	3	0
3	Microsoft Corp.	美国	3	0
4	Simens A.G.	德国	1	0

9. 澳大利亚申请人排名

表 5-74　澳大利亚媒体指纹识别提取与匹配技术专利申请人排名

序号	申请人	申请人国家	申请数量（件）	授权数量（件）
1	NEC Corp.	日本	17	6
2	Uniloc USA Inc.	美国	8	6
3	Google Inc.	美国	6	2
4	Koninkl Philips Electronics N.V.	荷兰	6	0
5	Kaba Schliesssysteme A.G.	瑞士	4	2

10. 欧洲专利局申请人排名

表 5-75 欧洲专利局媒体指纹识别提取与匹配技术专利申请人排名

序号	申请人	申请人国家	申请数量（件）	授权数量（件）
1	Fujitsu Ltd.	日本	59	17
2	NEC Corp.	日本	53	28
3	Koninkl Philips Electronics N.V.	荷兰	16	2
4	Canon K.K.	日本	11	3
5	Sagem S.A.	法国	9	4

11. 世界知识产权组织申请人排名

表 5-76 世界知识产权组织媒体指纹识别提取与匹配技术专利申请人排名

序号	申请人	申请人国家	申请数量（件）
1	Koninkl Philips Electronics N.V.	荷兰	39
2	Google Inc.	美国	30
3	Digimarc Corp.	美国	22
4	Fujitsu Ltd.	日本	13
5	NEC Corp.	日本	10

二 专利分析

（一）技术发展趋势分析

图 5-61 展示了 20 余年来媒体指纹识别提取与匹配技术专利申请数量的年度变化趋势。整体来看，该技术发展趋势明显，特别是近年来技术应用程度不断攀升，研究热度也居高不下，专利申请量较 10 年前翻了几番。分时间段来看，1994~2000 年专利年申请量总体呈上升态势，但研究热度不温不火，专利申请量一直不高，这与这一时期全球数字版权保护创新技术研究处于瓶颈期有关。而 2000 年以后，美国、日本和韩国等国家掀起了一段时期的媒体指纹研究热潮，为了解决传统数字水印技术的种种弊端，许多企业、高校和科研院所展开了对数字版权保护创新技术的研究，文档、图片和音视频等媒体指纹识别提取与匹配技术专利申请量逐渐增多，特别是 2011 年之后呈快速增长态势，于 2016 年达到专利年申请量的峰值。未来，随着技术研究热度

的继续提升，该技术专利年申请量还将呈上升趋势，预计随后几年将持续稳定在1000件同族数以上，该技术仍将处于快速发展期。

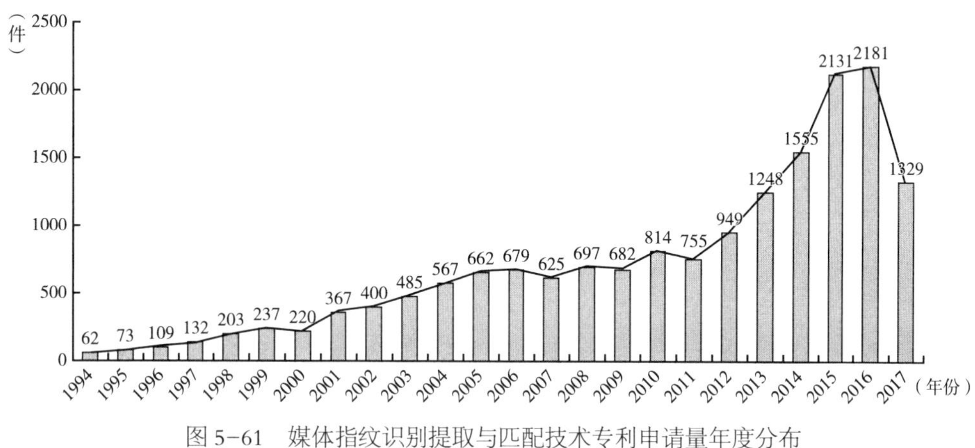

图5-61　媒体指纹识别提取与匹配技术专利申请量年度分布

（二）技术路线分析

媒体指纹识别提取与匹配技术最早于20世纪80年代提出，在20世纪90年代后期成为研究热点之一，图5-62展示了该技术的发展路线。1994年之前，数字媒体内容版权保护技术主要是对全部媒体数据流直接用加密和水印技术进行保护。随着互联网的迅猛发展和数字内容作品的广泛应用，特别是大量网络文学网站的出现以及大量音视频分享网站的发展壮大，文字、图片、音乐和电影等数字作品通过互联网进行非授权散布与共享的现象越来越普遍。互联网上数字作品版权管理的复杂性决定了采用传统的数字版权管理策略（如数字加密和水印）不可能在各种情况下都有效。而媒体指纹识别提取与匹配技术是通过从作品内容中提取匹配标识作品的特征值，即媒体指纹，达到利用类似人的指纹进行数字版权保护的目的。

1994年，韩国一家电子数据系统公司申请了一件关于媒体指纹分类系统的专利，该专利此后被大量申请人引用。近十几年来，技术人员更多地研究了针对特定形式的媒体数据的指纹技术，如针对视频数据的指纹检测和处理技术，该技术在保证视频数据的剪辑、插入与拷贝的同时，可以在加解密后保证视频数据显示效果不变，兼具创新性和实用性。

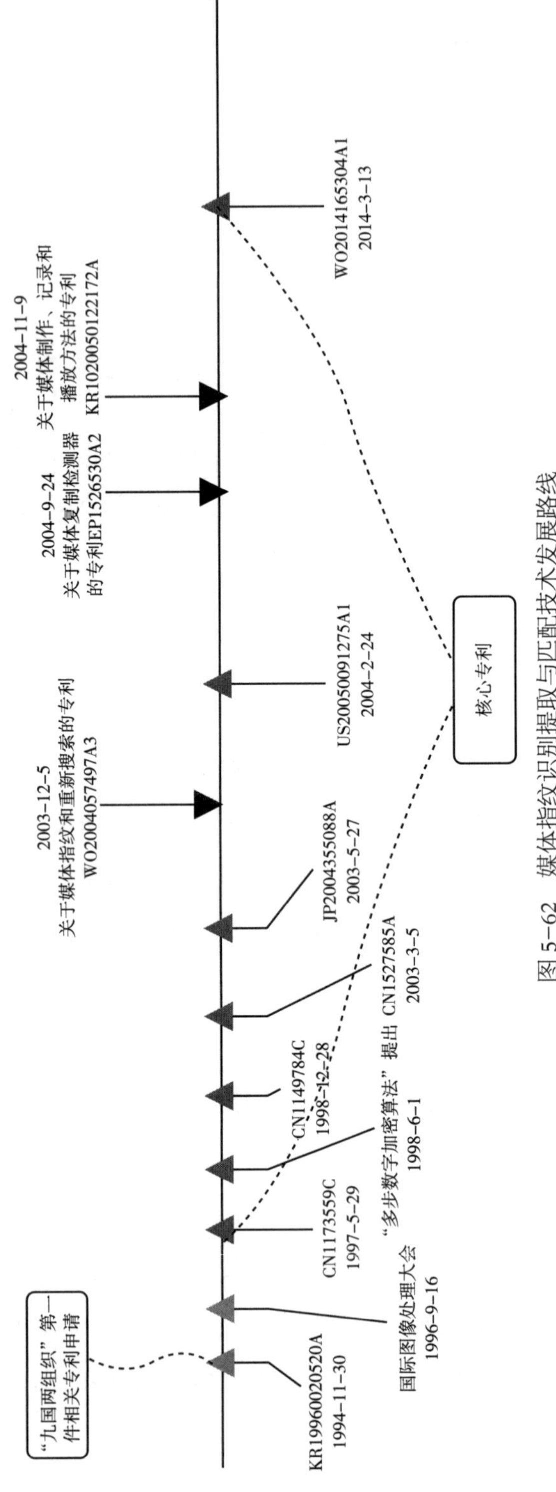

图 5-62 媒体指纹识别提取与匹配技术发展路线

（三）主要专利申请人分析

1994~2017 年媒体指纹识别提取与匹配技术领域专利申请量排名前三的申请人为日本电气公司、谷歌和微软，专利申请量分别为 206 件、136 件和 128 件。

1. 申请量排名第一的专利申请人——日本电气公司

（1）专利申请量

日本电气公司在媒体指纹识别提取与匹配技术领域的专利申请量排名居全球之首。20 世纪 90 年代，日本电气公司在该技术领域的研究整体呈高速发展态势，并且在 1996 年和 1999 年达到专利年申请量的小高峰，分别为 22 件和 20 件。然而自 2000 年以来，除了 2002 年短暂回升之外，日本电气公司在该技术领域的专利年申请量总体呈下降趋势（见图 5-63）。受近年来日本整体经济持续不振的影响，日本电气公司对该技术的研发投入处于不温不火状态，这也印证了近年来日本范围内对该技术的研发形势。

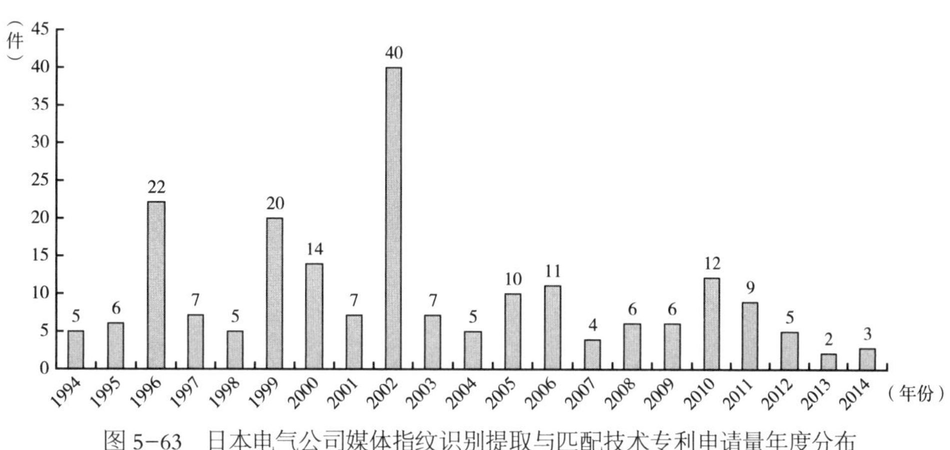

图 5-63　日本电气公司媒体指纹识别提取与匹配技术专利申请量年度分布

（2）专利申请量区域分布

日本电气公司总部位于日本，在欧洲及亚太地区许多国家均设有分公司及代加工工厂。在媒体指纹识别提取与匹配技术领域，日本电气公司在欧美和亚洲的中国和日本等地布局了很多专利。

日本电气公司认为欧美是媒体指纹识别提取与匹配技术的最大竞争区域，因此在欧美展开了大量的专利布局，其在欧洲专利局的专利申请量几乎与在日本的专利申请量持平。日本电气公司在欧美发生专利纠纷频繁，这可能也是日本电气公司在欧美申请大量专利的原因之一。近年来，日本电气公司在中国的相关专利申请逐渐增多，日本电气公司敏锐地发现了中国市场的潜力并展开了中国区域的专利布局（见图5-64）。

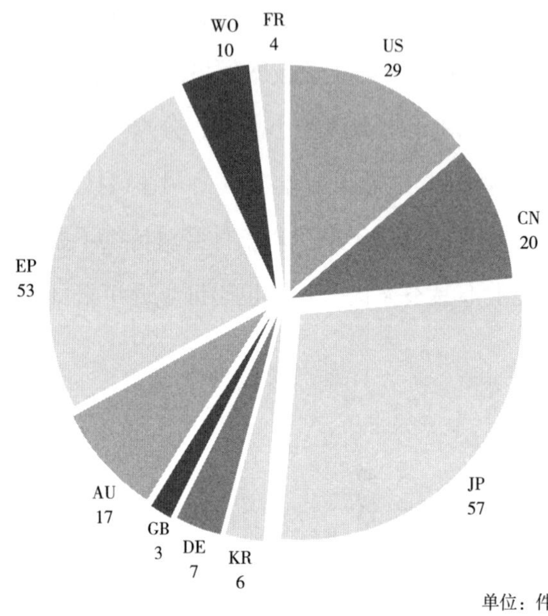

图 5-64　日本电气公司媒体指纹识别提取与匹配技术专利在“九国两组织”的申请量

（3）技术构成分布

日本电气公司在该技术领域关注的重点集中在数字版权管理、多设备分发和内容授权等方面（见图 5-65）。日本电气公司作为日本专业的数字版权管理系统技术和方案供应商，非常注重知识产权建设，以数据隐私、网络安全和内容保护为主要技术方向，申请并拥有超过 200 项专利。

2. 申请量排名第二的专利申请人——谷歌

（1）专利申请量

谷歌总部位于美国纽约，是全球最大的信息搜索与信息技术应用公司之一。2001~2012 年，除 2002 年没有相关专利申请外，谷歌每年都针对媒体指纹识别提取与匹配技术申请了专利。2013 年以来，专利年申请量有所回落，但谷歌对媒体指纹识别提

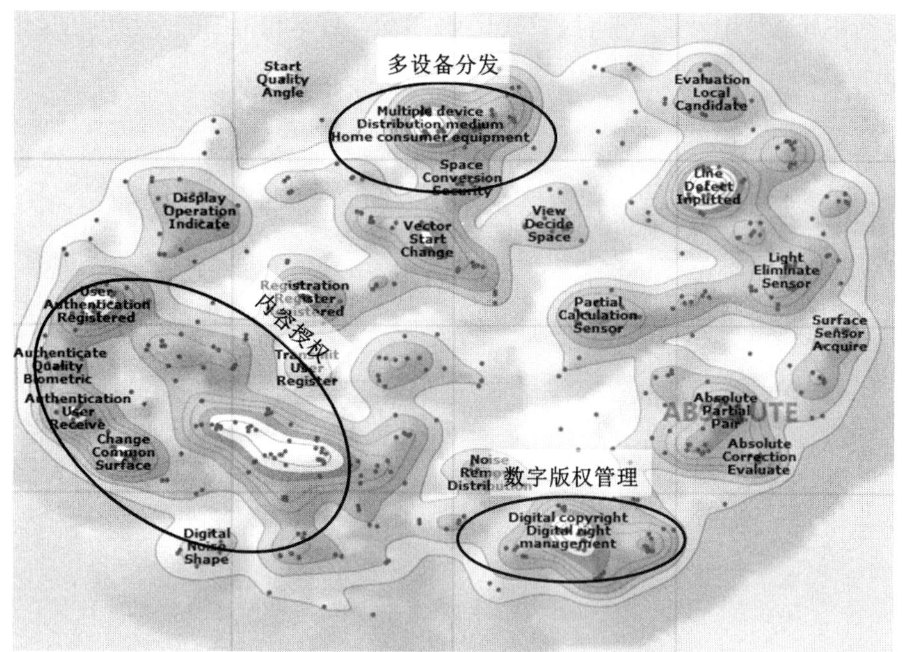

图 5-65　日本电气公司媒体指纹识别提取与匹配技术构成分布

取与匹配技术的研发工作仍在持续进行，相关技术成果也在不断完善过程中（见图 5-66）。

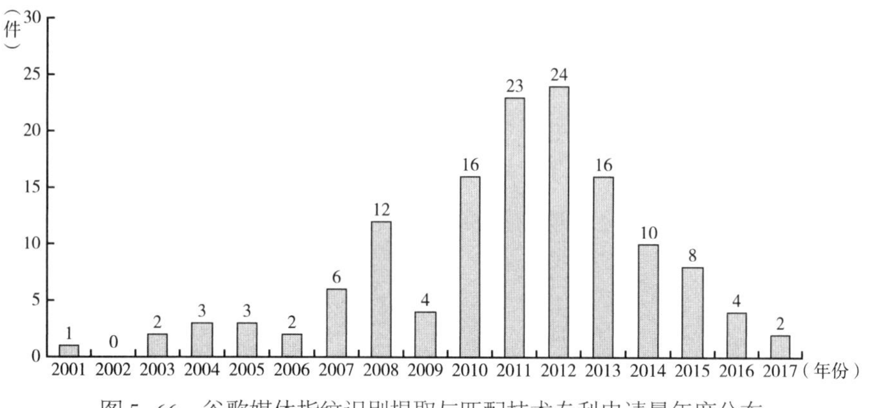

图 5-66　谷歌媒体指纹识别提取与匹配技术专利申请量年度分布

（2）专利申请区域分布

谷歌总部位于美国，专利申请也主要分布在美国。此外，鉴于媒体指纹识别提取与匹配技术在全球范围内的关注度和市场应用需求，除了在美国之外，谷歌还在中国、日本、澳大利亚、欧洲专利局和世界知识产权组织等多个国家和国际组织进行了专利布局。其中，谷歌在世界知识产权组织、日本和中国的专利申请量相对较多（见图 5-67）。

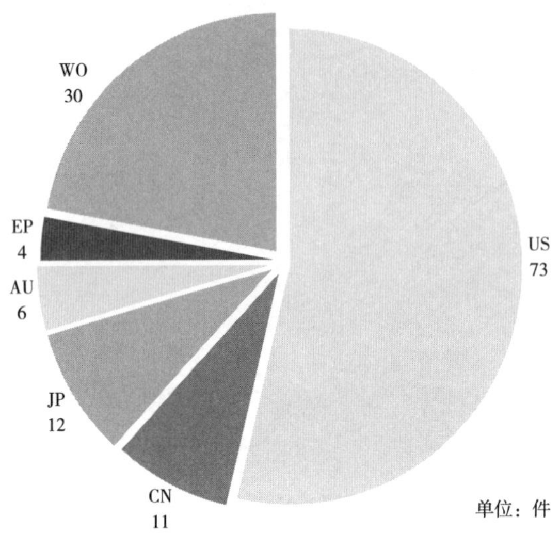

图 5-67　谷歌媒体指纹识别提取与匹配技术专利在“九国两组织”的申请量

（3）技术构成分布

由图 5-68 可以看出，谷歌围绕媒体指纹特征比对与指纹输入技术申请了较多专

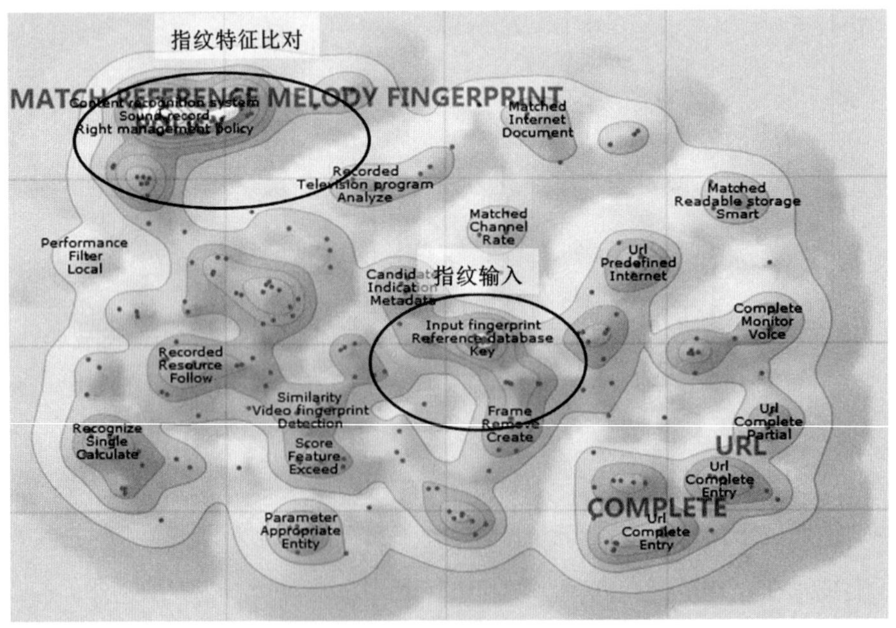

图 5-68　谷歌媒体指纹识别提取与匹配技术构成分布

利。数字媒体内容保护与互联网信息搜索基本是互相排斥的，正是由于互联网信息的泛滥和搜索范围的无限扩大，数字媒体内容安全强度才逐渐降低。但是媒体指纹识别提取与匹配技术的创新研究与应用，对搜索引擎巨头谷歌来说可以解决这两方面的问题。谷歌的研究与应用成果也很具有代表性，其研究重点对国内研究应用机构来说非常具有借鉴意义。

3. 申请量排名第三的专利申请人——微软

（1）专利申请量

图 5-69 展示了微软媒体指纹识别提取与匹配技术专利申请量的年度分布情况。微软从 2001 年开始关注这一技术领域，随后专利申请量总体呈逐年增长态势，于 2004 年达到截至目前的峰值。这与政府宏观政策的激励有一定关系，如 2000 年 1 月克林顿政府发布了《信息系统保护国家计划（V1.0）》；2001 年 10 月“总统关键基础设施保护委员会”成立，代表政府全面负责国家的网络空间安全工作，系统地总结了美国的信息网络安全问题，提出了多个问题向国民广泛征求意见。从 2005 年开始，微软在这一技术领域的专利年申请量总体呈持续走低态势，2007 年降至 5 件以下。随着中国对媒体指纹识别提取与匹配技术的研究热度提升，微软开始在中国进行专利布局，这造成微软相关专利年申请量有所回升，2009 年的专利申请量达到 16 件。2013 年以来专利年申请量又降至 5 件以下，但仍有相关专利申请。

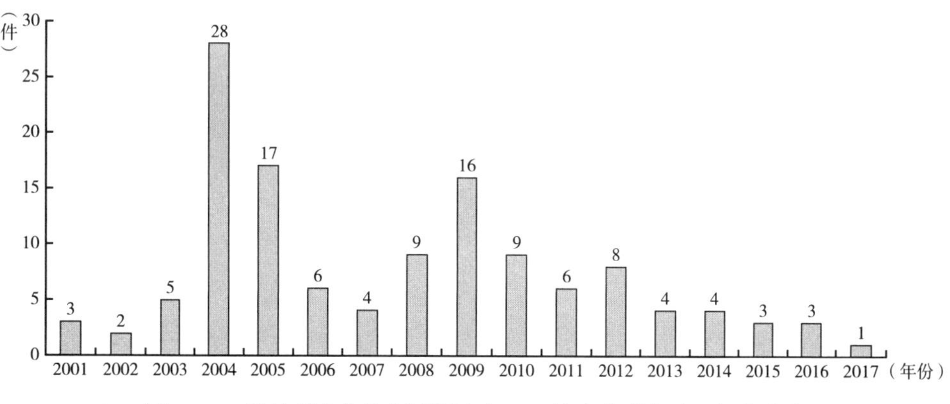

图 5-69　微软媒体指纹识别提取与匹配技术专利申请量年度分布

（2）专利申请量区域分布

作为全球知名的大型 IT 企业，微软非常注重本国以及全球的知识产权保护。从图 5-70 可以看出，微软将美国作为媒体指纹识别提取与匹配技术专利布局的重点区域，其 60% 以上的专利布局在美国；微软专利布局第二多的是中国，甚至多于其在韩国和日本的专利申请量之和。欧洲的数字媒体内容保护市场也较大，微软也很积极地到欧洲专利局进行了专利申请。

（3）技术构成分布

微软在媒体指纹识别提取与匹配技术领域的研究热点主要有数字版权解码认证、内容加密和指纹匹配等技术（见图 5-70）。2001 年微软申请了一件关于数字设备的数字版权保护与管理的专利。媒体指纹加密内容标识技术也是微软关注较多的技术。

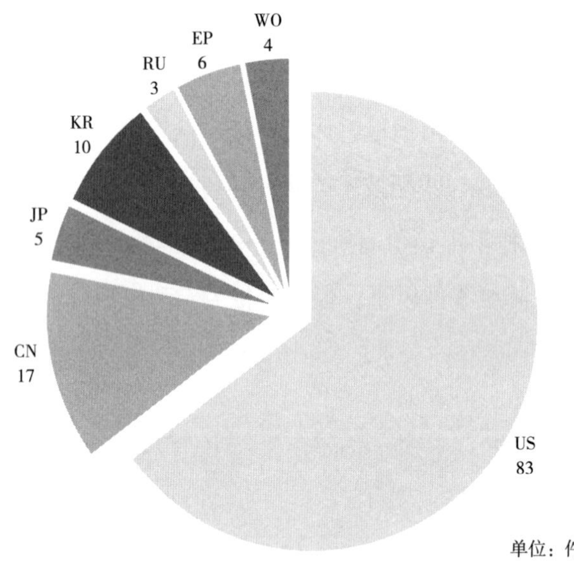

图 5-70　微软媒体指纹识别提取与匹配技术专利在“九国两组织”的申请量

三　总结

媒体指纹识别提取与匹配技术是一种基于媒体不变特征的识别、提取、匹配和检测技术，是目前一种新兴的媒体内容保护技术，已经被证明可以有效地应用于文档、图像和音视频等媒体数据格式，而且可被推广至数字版权创新保护领域。

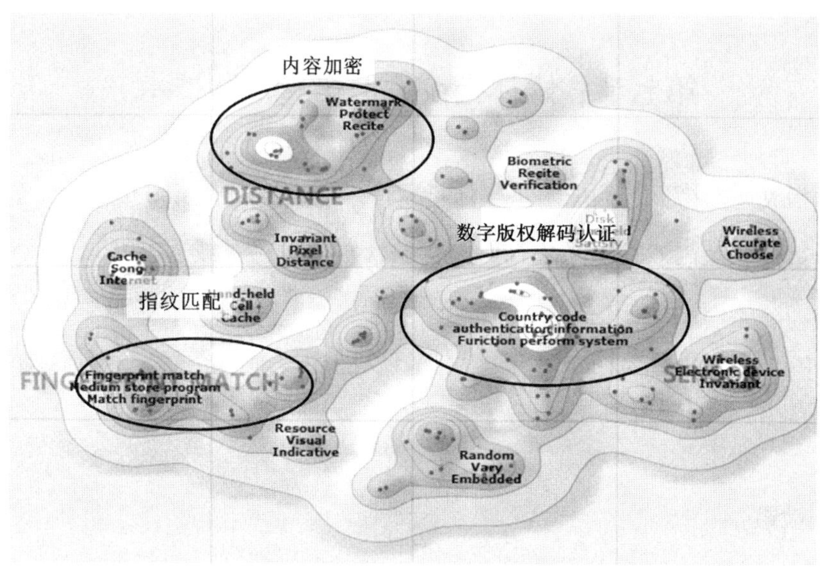

图 5-71　微软媒体指纹识别提取与匹配技术构成分布

（一）专利申请总体趋势

从专利申请总量来看，美国、中国、日本和韩国 4 个国家的专利申请总量达到 13868 件，约占全部专利申请的 80%，由此可知媒体指纹识别提取与匹配技术的研发工作主要在上述国家。其中，美国作为最早开展相关研究的国家，专利申请总量（3810 件）虽低于中国的专利申请总量（6194 件），但由于研究时间早，掌握部分基础性技术专利，所以美国仍处于本领域的绝对领先地位。近年来，媒体指纹识别提取与匹配技术在中国的研究应用迅速升温，中国的专利申请总量已居世界首位。

（二）专利年申请量分析

1994 年以来，媒体指纹识别提取与匹配技术专利年申请量整体呈快速增长趋势，尤其是 2013 年以来，“九国两组织”专利年申请量已超过 1000 件，表明这一技术正处于快速发展期。从区域分布来看，美国 2014 年以来的专利年申请量基本处于稳定状态；而以追赶者姿态出现的中国，在 2009 年专利年申请量已超过美国。

（三）专利申请人分析

日本电气公司、谷歌和微软等掌握了媒体指纹识别提取与匹配技术领域大多数的专利申请。这些公司在美国、中国、日本和欧洲等国家和地区进行了专利布局。这些国际厂商在这一技术领域的持续投入也证明了该技术的热度。

第七节　媒体指纹近似拷贝检测技术

媒体指纹近似拷贝检测技术是媒体指纹技术最直接的应用，通过媒体指纹提取、压缩编码、集成及高效特征索引与匹配算法，对媒体拷贝或近似拷贝进行检测与定位，可以为数字内容作品侵权判定提供参考和支撑。围绕该技术的专利申请发轫于20世纪90年代中后期，于2012年达到顶峰，随后逐渐回落。这表明该技术的发展已趋于成熟。

一　专利检索

（一）检索结果概述

以媒体指纹近似拷贝检测技术为检索主题，在“九国两组织”范围内共检索到相关专利申请483件，具体数量分布如表5-77所示。

表5-77　“九国两组织”媒体指纹近似拷贝检测技术专利申请量

单位：件

国家/国际组织	专利申请量	国家/国际组织	专利申请量
US	166	DE	1
CN	158	RU	0
JP	46	AU	9
KR	37	EP	25
GB	4	WO	31
FR	6	合计	483

（二）“九国两组织”媒体指纹近似拷贝检测技术专利申请趋势

从表5-78和图5-72可以看出，美国和中国在媒体指纹近似拷贝检测技术领域起步较早，专利申请量较多。欧洲地区直至2003年才出现相关专利申请，其研究重点为媒体近似拷贝检测技术结构。英国、法国、德国和澳大利亚等国的相关专利申请量较少，说明在这些国家相应数字版权保护问题尚未得到重点关注，媒体指纹近似拷贝检测技术发展较为缓慢。

表 5-78　1994~2017 年“九国两组织”媒体指纹近似拷贝检测技术专利申请量

单位：件

国家 / 国际组织	专利申请量																	
	90	01	02	03	04	05	06	07	08	09	10	11	12	13	14	15	16	17
US	2	0	2	3	8	15	7	10	10	19	14	15	15	15	14	8	7	2
CN	1	0	0	2	1	8	3	9	5	9	15	12	24	18	12	17	17	5
JP	1	1	3	0	2	6	1	11	2	1	3	3	7	2	3	0	0	0
KR	0	1	0	2	0	1	6	3	1	0	3	4	6	5	5	0	0	0
GB	0	0	0	0	0	0	0	0	0	0	0	0	2	2	0	0	0	0
FR	0	0	0	0	0	0	0	0	2	1	1	1	1	0	0	0	0	0
DE	0	0	0	0	0	0	0	0	0	0	0	0	1	0	0	0	0	0
RU	0	0	0	0	0	0	0	0	0	0	0	0	0	0	0	0	0	0
AU	0	0	0	2	0	1	2	0	0	2	1	0	0	0	1	0	0	0
EP	0	0	0	1	0	6	5	3	1	1	0	3	0	2	2	1	0	0
WO	0	0	2	3	3	2	2	1	1	4	3	1	1	3	2	3	0	0
合计	4	2	7	13	14	39	26	37	22	37	40	39	57	47	39	29	24	7

注：“90”指 1994~2000 年的专利申请总量，“01~17”分别指 2001~2017 年当年的专利申请量。

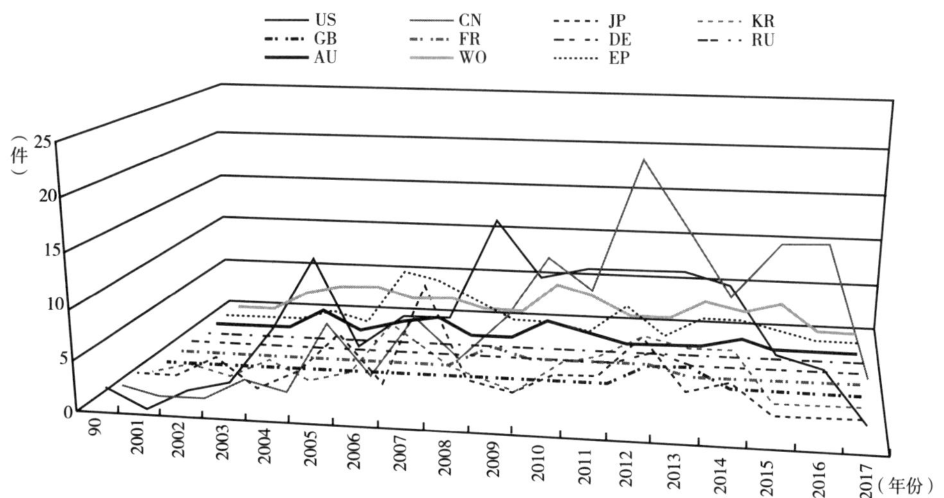

图 5-72　“九国两组织”媒体指纹近似拷贝检测技术专利申请趋势

注：“90”指 1994~2000 年的专利申请总量。

（三）“九国两组织”媒体指纹近似拷贝检测技术专利申请人排名

1994~2017 年“九国两组织”媒体指纹近似拷贝检测技术专利申请人排名情况如表 5-79~表 5-88 所示。俄罗斯在该技术领域暂无专利申请公开。

1. 美国申请人排名

表 5-79 美国媒体指纹近似拷贝检测技术专利申请人排名

序号	申请人	申请人国家	申请数量（件）	授权数量（件）
1	Microsoft Corp.	美国	22	11
2	Google Inc.	美国	11	9
3	IBM Corp.	美国	9	6
4	Qatar Foundation	卡塔尔	7	1
5	Thomson Licensing S.A.	法国	4	2

2. 中国申请人排名

表 5-80 中国媒体指纹近似拷贝检测技术专利申请人排名

序号	申请人	申请人国家	申请数量（件）	授权数量（件）
1	Univ. Fudan（复旦大学）	中国	17	5
2	Chinese Acad Inst Computing Technology（中科院计算所）	中国	8	0
3	Uinv. Huazhong Science & Technology（华中科技大学）	中国	7	2
4	Univ. Shandong（山东大学）	中国	5	2

3. 日本申请人排名

表 5-81 日本媒体指纹近似拷贝检测技术专利申请人排名

序号	申请人	申请人国家	申请数量（件）	授权数量（件）
1	Thomson Licensing S.A.	法国	11	7
2	Seiko Epson Corp.	日本	3	0
3	Hitachi Ltd.	日本	2	1
4	Koninkl Philips Electronics N.V.	荷兰	2	0
5	Sony Corp.	日本	2	0

4. 韩国申请人排名

表 5-82　韩国媒体指纹近似拷贝检测技术专利申请人排名

序号	申请人	申请人国家	申请数量（件）	授权数量（件）
1	Korea Electronics & Telecommun. Res. Inst.	韩国	6	3
2	Thomson Licensing S.A.	法国	4	2
3	Microsoft Corp.	美国	3	2
4	Seiko Epson K.K.	日本	3	1
5	Sungkyunkwan Univ. Foundation for Corporate Collaboration	韩国	2	1

5. 英国申请人排名

表 5-83　英国媒体指纹近似拷贝检测技术专利申请人排名

序号	申请人	申请人国家	申请数量（件）	授权数量（件）
1	Qatar Foundation	卡塔尔	2	0
2	Hewlett-Packard Development Co. LP	美国	1	1
3	Intel Corp.	美国	1	0

6. 法国申请人排名

表 5-84　法国媒体指纹近似拷贝检测技术专利申请人排名

序号	申请人	申请人国家	申请数量（件）	授权数量（件）
1	Advanced Track & Trace S.A.	法国	6	3

7. 德国申请人排名

表 5-85　德国媒体指纹近似拷贝检测技术专利申请人排名

序号	申请人	申请人国家	申请数量（件）	授权数量（件）
1	Intel Corp.	美国	1	0

8. 俄罗斯申请人排名

俄罗斯在媒体指纹近似拷贝检测技术领域暂无专利申请公开。

9. 澳大利亚申请人排名

表 5-86 澳大利亚媒体指纹近似拷贝检测技术专利申请人排名

序号	申请人	申请人国家	申请数量（件）	授权数量（件）
1	Thomson Licensing S.A.	法国	2	2
2	Siemens A.G.	德国	2	1
3	Koninkl Philips Electronics N.V.	荷兰	2	0
4	Digimarc Corp.	美国	1	1
5	West Services Inc.	美国	1	0
6	Facebook Inc.	美国	1	0

10. 欧洲专利局申请人排名

表 5-87 欧洲专利局媒体指纹近似拷贝检测技术专利申请人排名

序号	申请人	申请人国家	申请数量（件）	授权数量（件）
1	Microsoft Corp.	美国	6	1
2	Seiko Epson Corp.	日本	4	0
3	Thomson Global Resources	加英合作	3	1
4	Koninkl Philips Electronics N.V.	荷兰	2	0
5	Mediasec Technologies GmbH	德国	2	0

11. 世界知识产权组织申请人排名

表 5-88 世界知识产权组织媒体指纹近似拷贝检测技术专利申请人排名

序号	申请人	申请人国家	申请数量（件）
1	Qatar Foundation	卡塔尔	4
2	Koninkl Philips Electronics N.V.	荷兰	3
3	Siemens A.G.	德国	2
4	Digimarc Corp.	美国	2
5	Mediasec Technologies GmbH	德国	2

二　专利分析

（一）技术发展趋势分析

图 5-73 为媒体指纹近似拷贝检测技术专利申请量的年度分布情况，可以看出，1996 年出现了第一件专利申请，在 2000 年之前这一技术领域发展十分缓慢。随着互联网上数字媒体内容涌现，媒体数据的搜索与拷贝日益泛滥，各国数字版权保护领域对数字媒体拷贝检测技术逐步重视，2001~2005 年媒体指纹近似拷贝检测技术专利年申请量呈现增长态势，处于技术发展期。随着媒体指纹近似拷贝检测技术日趋成熟，基础技术已经能够满足数字版权保护的部分需求，技术创新步伐基本趋于平稳，2006~2012 年专利年申请量呈波动式增长，于 2012 年达到截至目前的峰值 57 件。2012 年之后专利年申请量呈下降趋势。

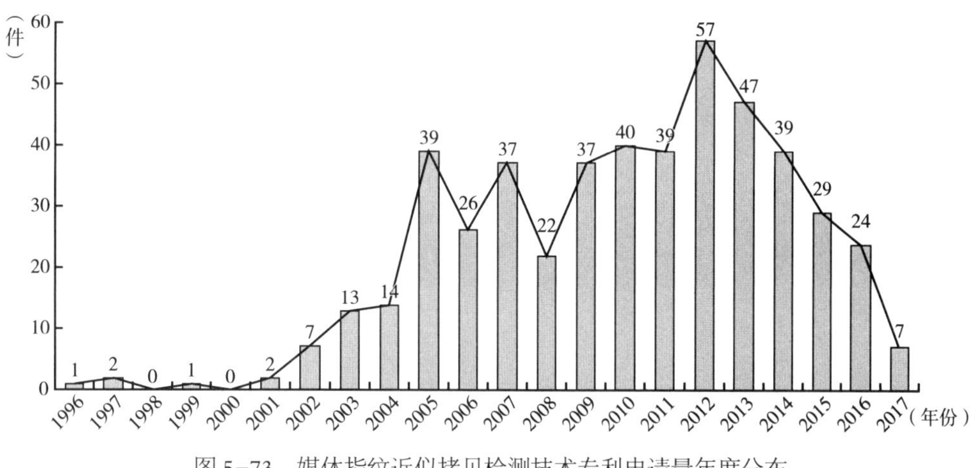

图 5-73　媒体指纹近似拷贝检测技术专利申请量年度分布

（二）技术路线分析

图 5-74 展示了媒体指纹近似拷贝检测技术的发展路线。将媒体指纹近似拷贝检测技术应用在数字媒体内容保护上，可使日益庞大的数字媒体数据具有很高的检重性和防抄袭性。该技术领域第一件专利是 1996 年在美国申请的。作为数字媒体指纹识别技术领域应用的主要技术，媒体指纹近似拷贝检测技术在美国的研究从一开始便吸引了诸如微软、谷歌和 IBM 等大公司的注意，而且得到了美国政府以及军方的大力

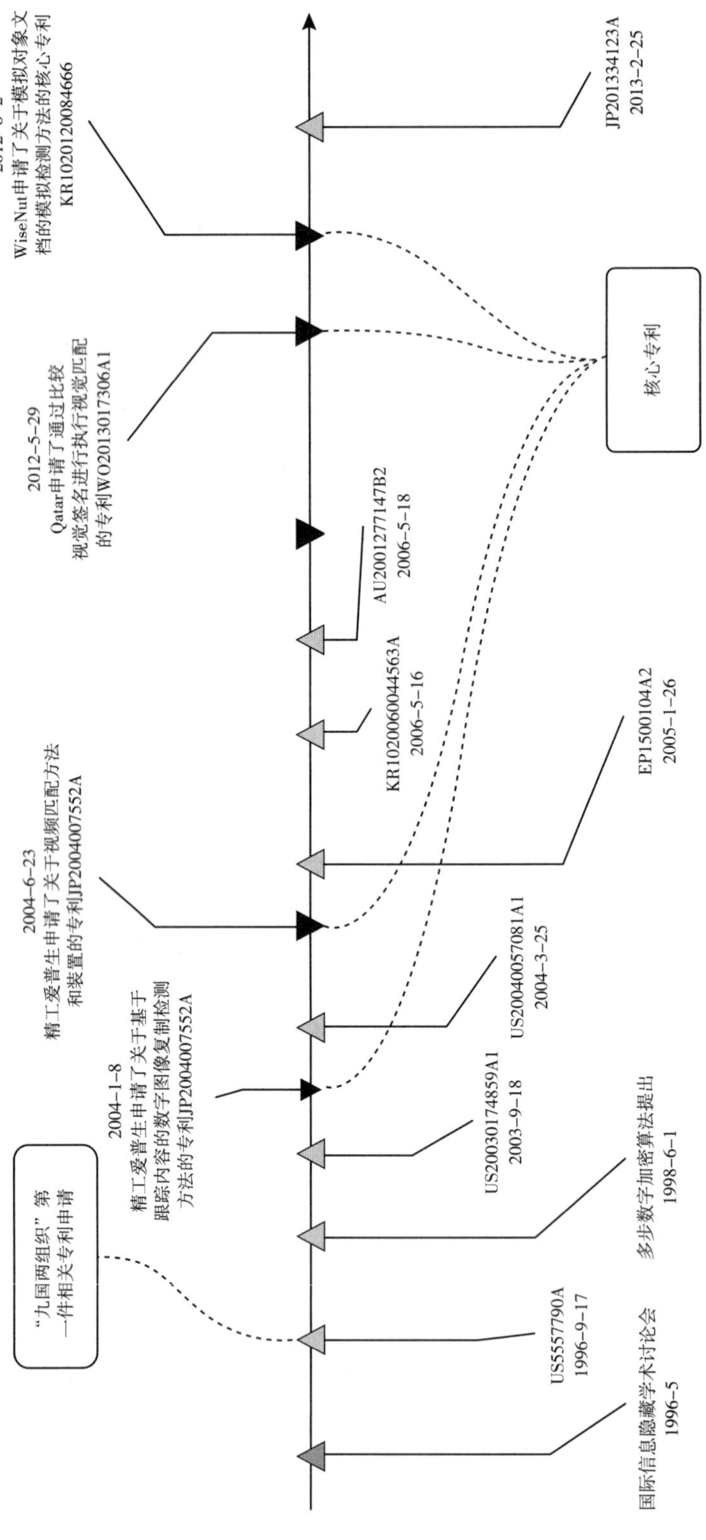

图 5-74　媒体指纹近似拷贝检测技术发展路线

支持，这与当时美国信息安全受到极大威胁的国情有着密不可分的联系。在美国的带动下，该技术在全球的研究得以不断开展，中国的申请人在 2005 年申请了第一件媒体指纹近似拷贝检测技术专利，与日本、韩国和欧洲等国家和地区基本处于同步并进的状态。

（三）主要专利申请人分析

1994~2017 年在媒体指纹近似拷贝检测技术领域专利申请量排名前三的申请人为微软、汤姆逊特许和谷歌，专利申请量分别为 31 件、24 件和 11 件。

1. 申请量排名第一的专利申请人——微软

（1）专利申请量

图 5-75 为微软在媒体指纹近似拷贝检测技术领域的专利申请量年度分布情况。微软进入该技术领域的时间较晚，2005 年才开始申请专利，但在该年便有 13 件专利申请。这说明微软起步虽晚，但在整个技术领域尚处于萌芽期的大背景下，依然快速跟上，并获得了一定数量的创新成果。此后的几年，微软在这一技术领域的专利年申请量出现大幅度波动，这可能与技术尚处于萌芽期有关，专利申请存在偶然性。自 2010 年开始，微软在这一技术领域的专利申请量逐年下降，2013 年至今已无相关专利申请，这可能意味着微软的研究方向有所转变。

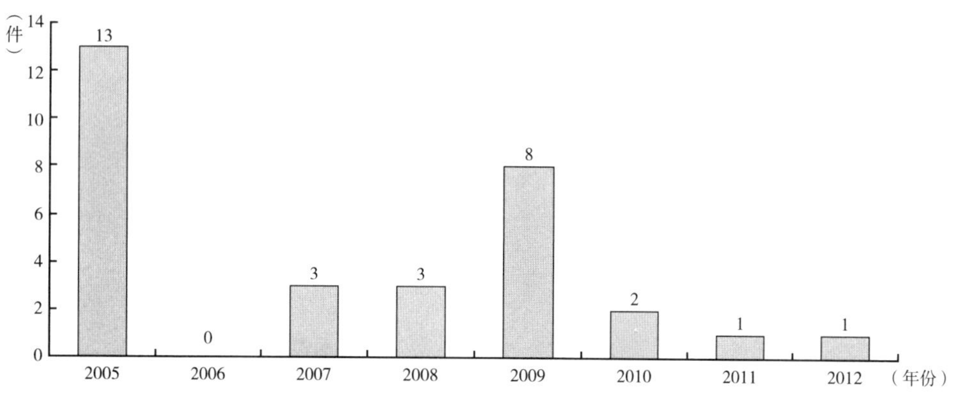

图 5-75　微软媒体指纹近似拷贝检测技术专利申请量年度分布

（2）专利申请量区域分布

图 5-76 为微软媒体指纹近似拷贝检测技术专利在“九国两组织”的申请情况。

整体来看，微软和其他美国公司的专利申请区域布局大致相同，除了在美国之外，在韩国和欧洲专利局也布局了少量专利，其全球化的专利发展战略十分明显。

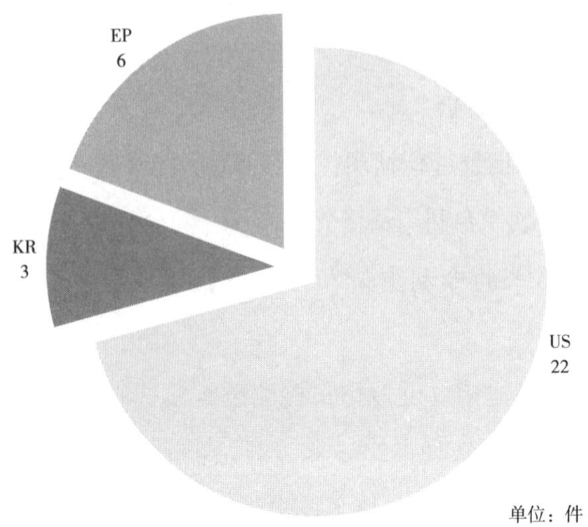

图 5-76　微软媒体指纹近似拷贝检测技术专利在“九国两组织”的申请量

（3）技术构成分布

图 5-77 展示了微软媒体指纹近似拷贝检测技术的构成分布，可以看出，微软在数字媒体内容的相似度比对和文本检测方面拥有较多专利。

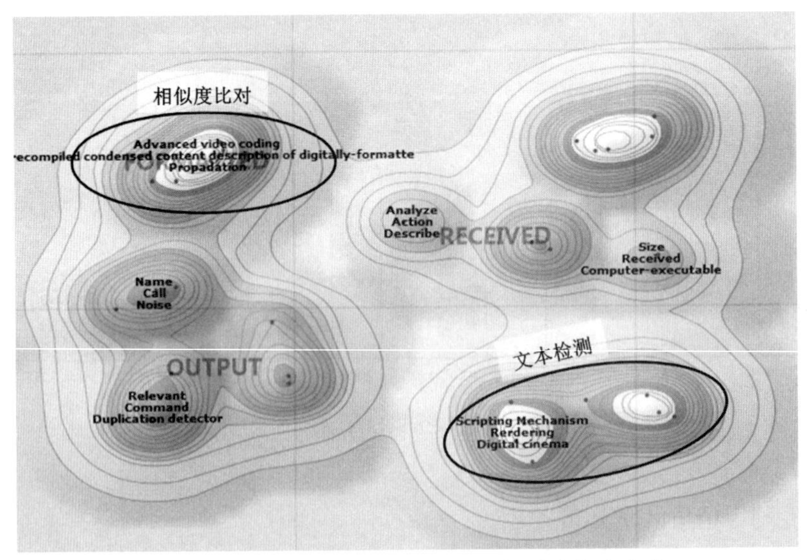

图 5-77　微软媒体指纹近似拷贝检测技术构成分布

2. 申请量排名第二的专利申请人——汤姆逊特许

（1）专利申请量

图 5-78 为汤姆逊特许在媒体指纹近似拷贝检测技术领域的专利申请量年度分布情况，可以看出，2004~2007 年汤姆逊特许在这一技术领域的专利年申请量总体呈逐年增长态势，于 2007 年达到截至目前的峰值，这与政府宏观政策的激励有一定关系。2008~2010 年汤姆逊特许在这一技术领域的专利年申请量持续走低，2010 年已经降至 1 件。2011~2012 年汤姆逊特许的专利年申请量有所回升，2015 年已未见相关专利申请。

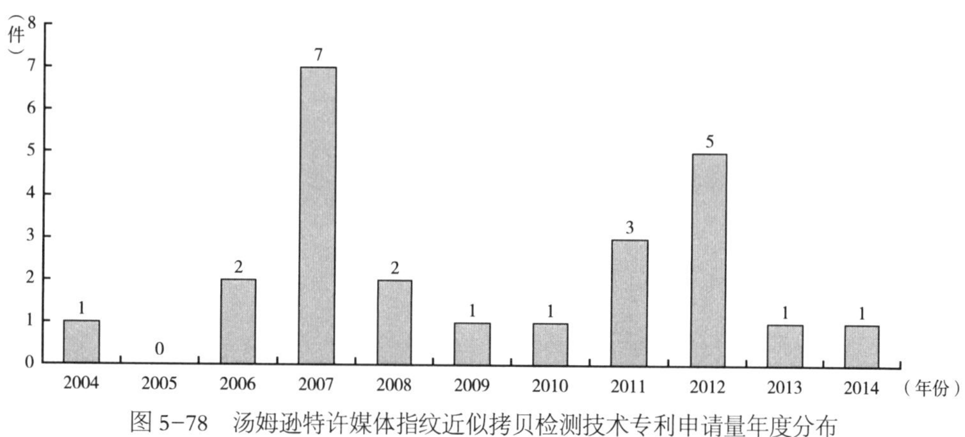

图 5-78 汤姆逊特许媒体指纹近似拷贝检测技术专利申请量年度分布

（2）专利申请量区域分布

汤姆逊特许十分重视专利资产的积累，在 100 多年的历史中，汤姆逊特许为旗下 6000 多个产品申请了近 40000 件专利[①]。汤姆逊特许媒体指纹近似拷贝检测技术专利主要分布在日本、美国和韩国，虽然汤姆逊特许在中国也设有分公司，但目前还是以市场拓展为主，暂无专利布局（见图 5-79）。

（3）技术构成分布

汤姆逊特许在媒体指纹近似拷贝检测技术领域的研究热点主要有媒体文件和动态切分等技术（见图 5-80）。作为信息隐藏应用的一个重要分支，动态切分技术主要用于版权保护，是用于判断分析盗版的重点和热点技术，其研究具有重要意义。此外，数字版权内容权限许可和数字内容比对也是汤姆逊特许关注较多的技术。

① 百度百科:《法国汤姆逊公司》，https://baike.baidu.com/item/%E6%B3%95%E5%9B%BD%E6%B1%A4%E5%A7%86%E9%80%8A%E5%85%AC%E5%8F%B8/5876654?fr=aladdin。

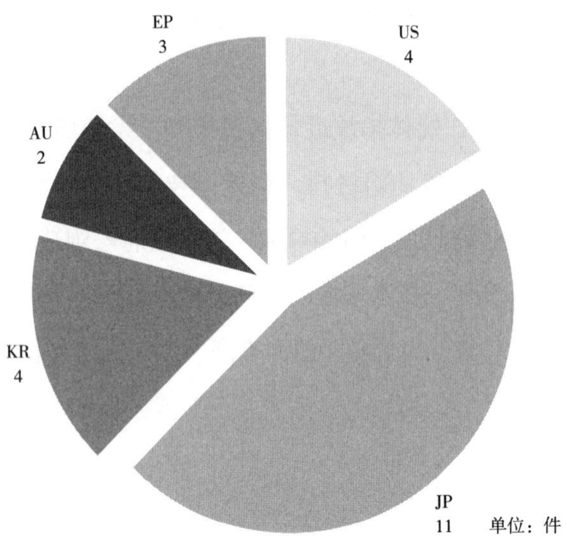

图 5-79　汤姆逊特许媒体指纹近似拷贝检测技术专利在“九国两组织”的申请量

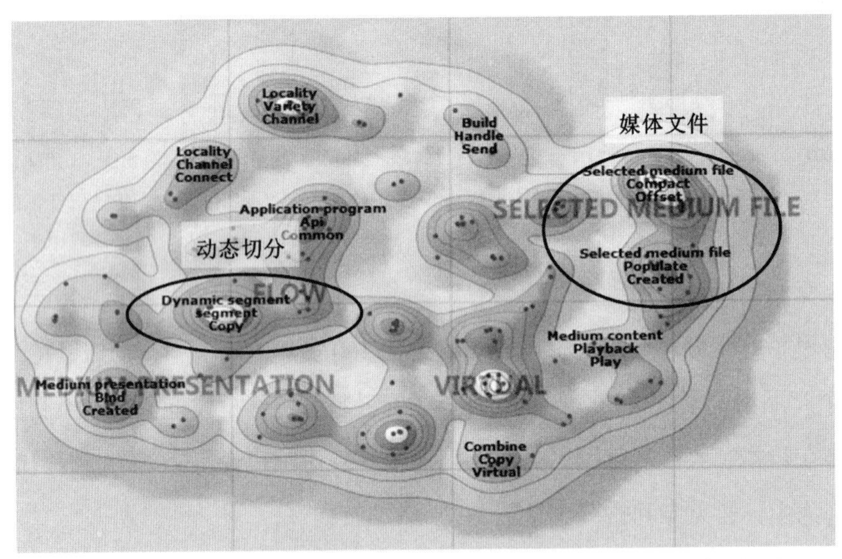

图 5-80　汤姆逊特许媒体指纹近似拷贝检测技术构成分布

3. 申请量排名第三的专利申请人——谷歌

（1）专利申请量

图 5-81 为谷歌在媒体指纹近似拷贝检测技术领域的专利申请量年度分布情况，可以看出，谷歌仅在 2003 年、2008 年、2010~2013 年有相关专利申请。谷歌是较早投入该技术研究的企业之一，在整个技术领域尚处于萌芽期的大背景下，谷歌通过迅

速进入获得了一定数量的创新成果。此后的几年，谷歌在这一技术领域的专利年申请量出现了大幅度的波动，这可能和整个技术领域处于萌芽期有关，专利申请存在偶然性。2014 年以来，谷歌在该技术领域已无专利申请，这可能意味着谷歌的研究方向有所转变。

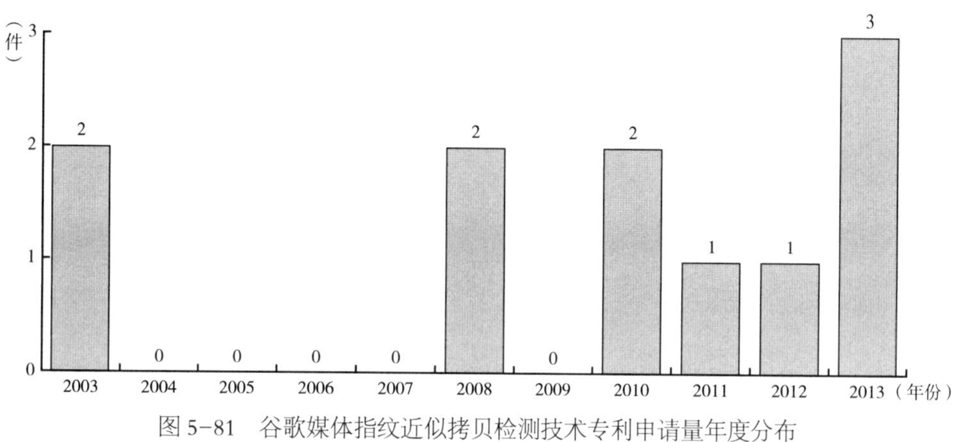

图 5-81　谷歌媒体指纹近似拷贝检测技术专利申请量年度分布

（2）专利申请量区域分布

谷歌总部位于美国，在媒体指纹近似拷贝检测技术领域的专利申请也全部分布在美国。目前，谷歌在日本、中国、韩国、澳大利亚、欧洲专利局和世界知识产权组织等国家和国际组织暂无这一技术领域的专利申请。

（3）技术构成分布

图 5-82 展示了谷歌媒体指纹近似拷贝检测技术的构成分布，可以看出，谷歌在存储、信号、软件和指令技术方面的专利申请量相对较多。不仅如此，结合行业资讯，笔者还了解到谷歌在媒体指纹近似拷贝检测技术的重要应用领域——文本查重检测方面也投入了相当大的研发力度。

三　总结

媒体指纹近似拷贝检测技术是一种基于媒体不变特征的识别、提取、匹配以及检测的技术，也是目前一种新兴的媒体内容保护技术，已经被证明可以有效地应用于文档、图像和音视频等媒体数据格式，而且可被推广至数字版权创新保护领域。

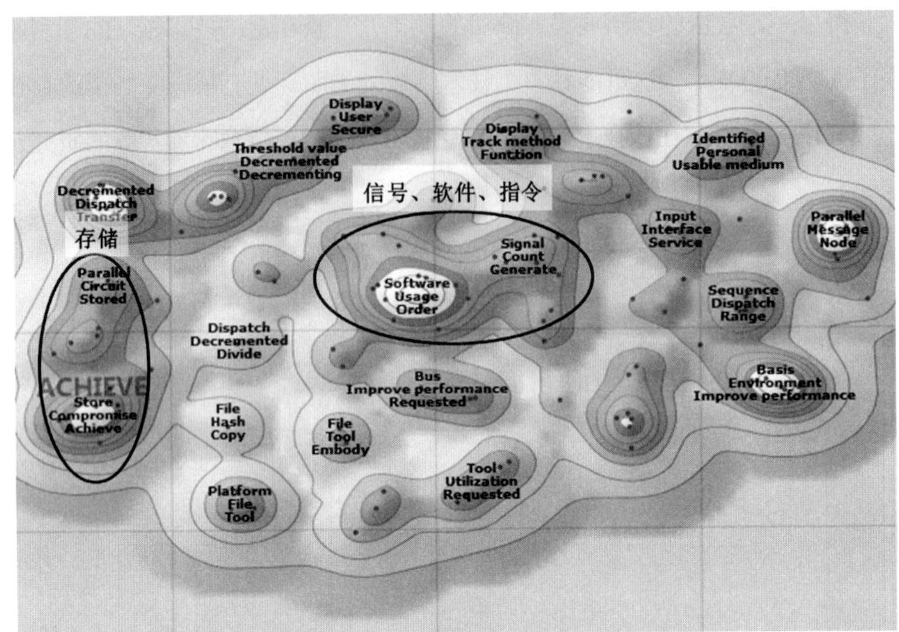

图 5-82　谷歌媒体指纹近似拷贝检测技术构成分布

（一）媒体指纹近似拷贝检测技术发展特点

1. 专利申请总量

1994~2017 年“九国两组织”共申请媒体指纹近似拷贝检测技术专利 483 件，20 世纪 90 年代诞生了这一技术领域的第一件专利。21 世纪初期，该技术应用仍进行得较为缓慢，除美国与亚洲的中国、日本和韩国等国进行了初步研究外，这一技术在澳大利亚和欧洲等国家和地区始终处于不温不火的状态。

2. 专利年申请量

随着数字媒体内容的日益丰富，版权诉讼风波不断出现，媒体指纹近似拷贝检测技术在美国、中国、日本和韩国等国家的应用研发逐渐升温。2005 年专利申请量出现大幅增长，2012 年专利年申请量达到峰值。随着各个国家对数字媒体内容保护的要求不断提高，媒体指纹近似拷贝检测技术也将不断为大众所熟知并得到广泛的应用。

3. 专利申请人

从专利检索的结果来看，专利申请数量与申请人所在区域的数字媒体发展程度以及版权保护环境相关。微软、汤姆逊特许和谷歌是这一技术领域的主要专利申请人。

（二）媒体指纹近似拷贝检测技术发展趋势

1. 专利申请总体趋势

在媒体指纹近似拷贝检测技术领域，美国和中国投入的研发力度较大，相关专利申请较多。英国、法国、德国和澳大利亚等国家的专利申请较少，说明在这些国家相应数字版权保护问题尚未得到重点关注，媒体指纹近似拷贝检测技术发展比较缓慢。

2. 主要国家技术发展现状及趋势

从技术应用的状态来看，媒体指纹近似拷贝检测技术在美国和中国尚处于技术创新阶段。不过，美国对该技术的应用较为成熟，市场范围更广泛。中国在这一技术领域的研究兴起不久，应用还处于起步阶段，未来发展趋势明显。在美国，媒体指纹近似拷贝检测技术领域的关键技术以及相关产品市场份额牢牢地把握在微软、谷歌和IBM等大公司手中。在中国，随着技术不断发展和市场不断扩大，介入的企业有所增加，技术分布范围日益扩大。日本和韩国在该技术领域的研究已处于瓶颈期，有进入衰退期的趋势，其将这一技术定位为基础应用类技术，对该技术的创新程度不高。

全球数字版权保护技术

跨世纪追踪与分析

（1994~2017）

下 册

TRANS-CENTURY
TRACKING AND ANALYSIS
OF GLOBAL DRM

(1994 TO 2017)

张 立 张凤杰 王 瑶 等 著

社会科学文献出版社
SOCIAL SCIENCES ACADEMIC PRESS (CHINA)

“数字版权保护技术专利数据资源采集”项目组

组　长：张　立

副组长：张凤杰

成　员：王　瑶　熊秀鑫　李帝君　曲俊霖　李嘉宁　吴　卓　胡英慧　王会静　付钦伟

目　录

上　册

下 册

第六章
内容访问控制相关技术

第一节　内容授权技术

内容授权技术是数字版权保护领域的常用技术，在授权交互、授权许可创建和许可证颁发等过程中，可以确保交互数据、数字内容信息与作品版权的安全性。围绕该技术的专利申请发轫于20世纪90年代中期，2007~2008年出现第一个发展高峰，2013~2015年出现第二个发展高峰。在数字内容产业迅猛发展、版权控制需求整体不断增强的背景下，该技术的创新与应用仍有较大空间。

一　专利检索

（一）检索结果概述

以内容授权技术为检索主题，在“九国两组织”范围内共检索到相关专利申请1323件，具体数量分布如表6-1所示。

表6-1　“九国两组织”内容授权技术专利申请量

单位：件

国家 / 国际组织	专利申请量	国家 / 国际组织	专利申请量
US	963	DE	6
CN	173	RU	1
JP	14	AU	15
KR	37	EP	33
GB	7	WO	74
FR	0	合计	1323

注：US（美国）、CN（中国）、JP（日本）、KR（韩国）、GB（英国）、FR（法国）、DE（德国）、RU（俄罗斯）、AU（澳大利亚）、EP（欧洲专利局）、WO（世界知识产权组织），下同。

（二）“九国两组织”内容授权技术专利申请趋势

从表 6-2 和图 6-1 所呈现的趋势来看，内容授权技术专利年申请量从 2000 年开始有了较为明显的增长，并于 2015 年达到截至目前的峰值。可以看到，从 2009 年开始，内容授权技术从美国一家独大的状态逐步发展为多个国家竞相研发的态势。中国在该技术领域的发展于 2012 年后较为显著。

表 6-2　1994~2017 年“九国两组织”内容授权技术专利申请量

单位：件

国家 / 国际组织	专利申请量																	
	90	01	02	03	04	05	06	07	08	09	10	11	12	13	14	15	16	17
US	51	38	47	59	40	61	54	82	92	54	46	62	45	62	45	65	34	26
CN	1	0	0	0	0	2	5	4	5	4	6	4	16	31	31	33	21	10
JP	1	0	0	1	1	1	1	0	2	0	1	0	0	0	5	1	0	0
KR	1	0	0	0	0	1	1	2	3	11	2	1	2	7	3	2	0	1
GB	1	0	0	0	0	2	0	0	0	0	0	0	0	2	1	1	0	0
FR	0	0	0	0	0	0	0	0	0	0	0	0	0	0	0	0	0	0
DE	1	0	0	0	0	0	0	0	0	0	0	0	0	1	1	2	1	0
RU	0	0	0	0	0	0	0	0	0	0	0	0	0	0	0	1	0	0
AU	0	0	0	0	2	0	0	0	0	0	0	0	0	2	5	3	1	2
EP	0	4	0	0	2	0	0	3	0	0	0	0	0	4	14	5	0	1
WO	5	9	1	0	1	1	1	4	4	2	4	1	2	5	11	10	5	8
合计	61	51	48	60	46	68	62	95	106	71	59	68	65	114	116	123	62	48

注：“90”指 1994~2000 年的专利申请总量，“01~17”分别指 2001~2017 年当年的专利申请量。

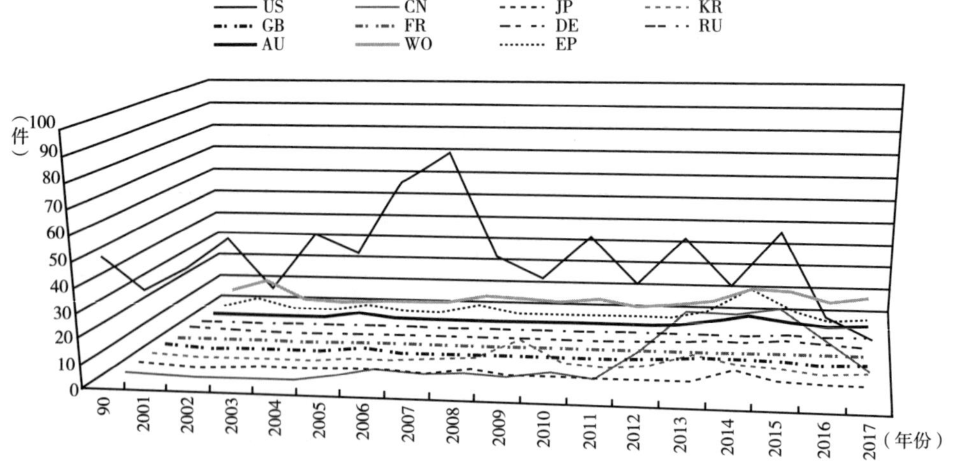

图 6-1　“九国两组织”内容授权技术专利申请趋势

注：“90”指 1994~2000 年的专利申请总量。

（三）“九国两组织”内容授权技术专利申请人排名

1994~2017年“九国两组织”内容授权技术专利申请人排名情况如表6-3～表6-12所示。法国在该技术领域暂无专利申请公开。

1. 美国申请人排名

表6-3　美国内容授权技术专利申请人排名

序号	申请人	申请人国家	申请数量（件）	授权数量（件）
1	IBM Corp.	美国	183	109
2	Microsoft Corp.	美国	75	56
3	Oracle Int. Corp.	美国	41	37
4	Accenture LLP	美国	31	31
5	Cisco Tech. Inc.	日本	29	23

2. 中国申请人排名

表6-4　中国内容授权技术专利申请人排名

序号	申请人	申请人国家	申请数量（件）	授权数量（件）
1	Huawei Tech. Co. Ltd.（华为）	中国	6	1
2	H3C Technologies Co. Ltd.（杭州华三通信）	中国	5	4
3	China Digital Video（Beijing）Ltd.(新奥特（北京）视频技术）	中国	3	0
4	Institute of Acoustics,Chinese Academy of Sciences（中科院声学所）	中国	3	0
5	Institute of Computing Technology, Chinese Academy of Sciences（中科院计算机所）	中国	1	1

3. 日本申请人排名

表6-5　日本内容授权技术专利申请人排名

序号	申请人	申请人国家	申请数量（件）	授权数量（件）
1	Qualcomm Inc.	美国	3	2
2	Hitachi Ltd.	日本	1	1
3	Vormetric Inc.	日本	1	1
4	Canon K.K.	日本	1	0
5	Kyocera Document Solutions Inc.	日本	1	0

4. 韩国申请人排名

表 6-6　韩国内容授权技术专利申请人排名

序号	申请人	申请人国家	申请数量（件）	授权数量（件）
1	Shinhan Bank	韩国	10	4
2	Univ. Yonsei Ind. Academic Coop. Found.	韩国	1	1
3	Korea Astronomy Observatory	韩国	1	1
4	Naviway	韩国	1	1
5	Eumtech Co. Ltd.	韩国	1	1

5. 英国申请人排名

表 6-7　英国内容授权技术专利申请人排名

序号	申请人	申请人国家	申请数量（件）	授权数量（件）
1	Cambrige Inc.	英国	2	1
2	Bluestar Software Ltd.	英国	1	1
3	Mitel Corp.	加拿大	1	0
4	Motorala Inc.	美国	1	0

6. 法国申请人排名

法国在内容授权技术领域暂无专利申请公开。

7. 德国申请人排名

表 6-8　德国内容授权技术专利申请人排名

序号	申请人	申请人国家	申请数量（件）	授权数量（件）
1	Software A.G.	德国	1	0
2	Motorola Inc.	美国	1	0
3	Ford Global Technologies LLC	美国	1	0
4	GM Global Technology Operations LLC	美国	1	0

8. 俄罗斯申请人排名

表 6-9　俄罗斯内容授权技术专利申请人排名

序号	申请人	申请人国家	申请数量（件）	授权数量（件）
1	MI Corp.（小米）	中国	1	0

9. 澳大利亚申请人排名

表 6-10 澳大利亚内容授权技术专利申请人排名

序号	申请人	申请人国家	申请数量（件）	授权数量（件）
1	AirWatch LLC	美国	4	3
2	Apple Inc.	美国	2	1
3	Raytheon Co.	美国	1	1
4	Pershing Investments LLC	美国	1	0
5	General Instrument Corp.	美国	1	0

10. 欧洲专利局申请人排名

表 6-11 欧洲专利局内容授权技术专利申请人排名

序号	申请人	申请人国家	申请数量（件）	授权数量（件）
1	FusionOne Inc.	美国	4	1
2	Hewlett-Packard Co.	美国	2	1
3	Microsoft Corp.	美国	2	1
4	AirWatch LLC	美国	2	0
5	Canon K.K.	日本	1	1

11. 世界知识产权组织申请人排名

表 6-12 世界知识产权组织内容授权技术专利申请人排名

序号	申请人	申请人国家	申请数量（件）
1	Accenture LLP	美国	15
2	Andersen Consulting LLP	美国	15
3	Zynga Inc.	美国	12
4	Qualcomm Inc.	美国	8
5	Microsoft Corp.	美国	8

二 专利分析

（一）技术发展趋势分析

内容授权技术用于实现对数字内容的安全授权，在授权交互、授权许可创建和许可颁发等过程中确保交互数据、数字内容信息与版权的安全性。本项目探讨的内容授权技术是超级分发安全授权、批量分发安全授权和二次分发安全授权应用背景下借鉴现有的 B2C 安全授权技术研发的。从图 6-2 可以看出，内容授权技术专利年申请量从 2000 年以来总体持续走高，2007~2008 年步入高点，之后的 2009~2012 年维持在相对低的水平，2013~2015 年专利年申请量大幅回升，到 2015 年达到截至目前的峰值。

在整个数字出版产业链中，内容授权技术的完善至关重要。无论是传统出版社、文化公司和作者，还是数字出版技术提供商、数字出版运营商和数字出版集成商，如果不解决著作权人的授权问题，就不能数字化复制并通过网络使用、传播版权作品；否则，数字出版产业链将面临较大的侵权风险，并且要承担相应侵权责任[①]。因而，内容授权技术是数字版权技术的重中之重，其重要性将日益凸显。

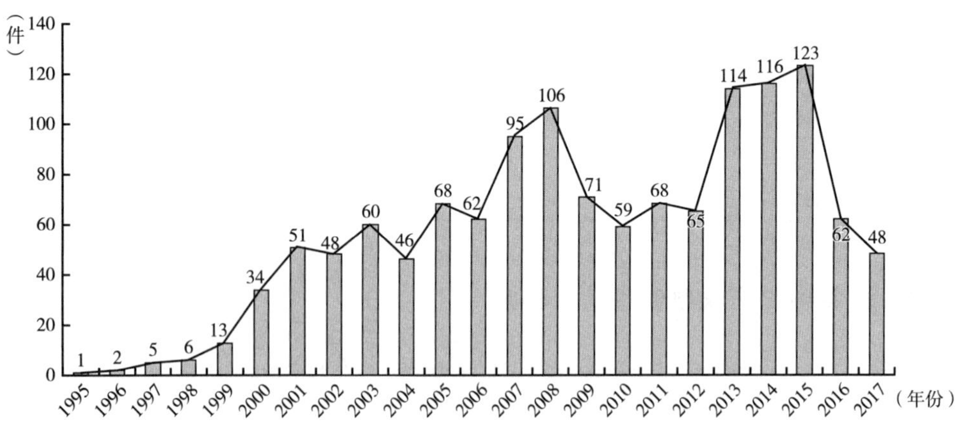

图 6-2　内容授权技术专利申请量年度分布

（二）技术路线分析

本项目主要从行业大事件、重点技术里程碑和关键专利等方面揭示技术发展路线。图 6-3 反映了内容授权技术的发展路线，在内容授权技术专利申请中，2000 年由威盛电子科技公司申请的关于许可证管理机制的专利，涉及分发授权数字内容文件和许可证的许可使用技术方案。后续不断有相关专利申请出现，其中不乏核心技术，包括：诺基亚 2004 年申请的关于数字版权管理许可证管理器的专利，该技术可防止

① 张洪波:《从谷歌“版权门”事件看我国数字出版产业的版权保护问题》,《编辑之友》2011 年第 1 期，第 102 页。

未经授权使用的软件应用程序；微软申请的关于对等网络环境下内容数据授权许可的专利；三星电子申请的关于许可证管理方法的专利，该技术提出有效地在用户域中共享内容存储管理状态信息，从而动态管理复本数和分配令牌的使用权等。在内容授权技术领域，2008 年之前各大型企业出现了施引量较大的核心技术；而关键技术则在 2009 年之后较多出现，从 2011 年开始包括索尼、博通（Broadcom Corp.）在内的几大公司进行了关键技术专利申请。2012 年之后，除传统的大型企业外，有数量较多的初创企业投身于内容授权技术研发，并有不少关键技术产出。

内容授权技术主要用来生成并分发数字许可证，还可以实现用户身份认证和触发支付等金融交易事务。数字许可证是一个包含数字内容使用权利（包括使用权限、使用次数、使用期限和使用条件等）、许可证颁发者及其拥有者信息的计算机文件，用权利描述语言来描述数字内容授权信息。数字内容本身还需经过加密处理，因此，数字许可证通常还包含数字内容解密密钥等信息。

内容授权技术包含权利库、内容密钥库、用户身份标识库和数字版权管理许可证生成器。结合专利数据检索结果和技术专家调研结果，可以确定内容授权技术的重点技术分支是使用控制。使用控制主要包括两种：（1）用户控制。用户控制是确保数字内容合法使用，防止非法复制和非法共享的关键。用户控制方式主要包括基于额外专用设备的方式和基于身份标识绑定的方式。基于额外专用设备的用户控制方式对保护计算机软件等高价值信息来说是有效的，而对大众化的数字内容而言，基于身份标识绑定中的硬件标识绑定用户控制方式更为合适。现有用户控制机制还有待改进，特别需要加强考虑用户需求，提高用户对数字版权管理系统的接受度。（2）权利控制。权利控制的关键在于权利解析和验证，通过验证用户的操作是否在许可范围内，以及前提条件和限制条件是否均已满足来保护数字版权。权利解析和验证与所采用的权利描述语言密切相关，由 REL 解析器处理。

需要指出的是，数字版权保护不是密码技术的简单应用，也不是将受保护的内容从服务器传递到客户端并使用某种方式限制其使用的简单机制。内容提供者希望通过内容授权技术保护数字内容作品的版权，促进数字化市场的发展。内容授权技术未来发展方向将侧重以下方面：权利描述语言，特别是领域权利描述语言的标准化，有效的用户控制机制和权利转移机制，数字内容的合理使用和用户隐私保护，系统安全性等。

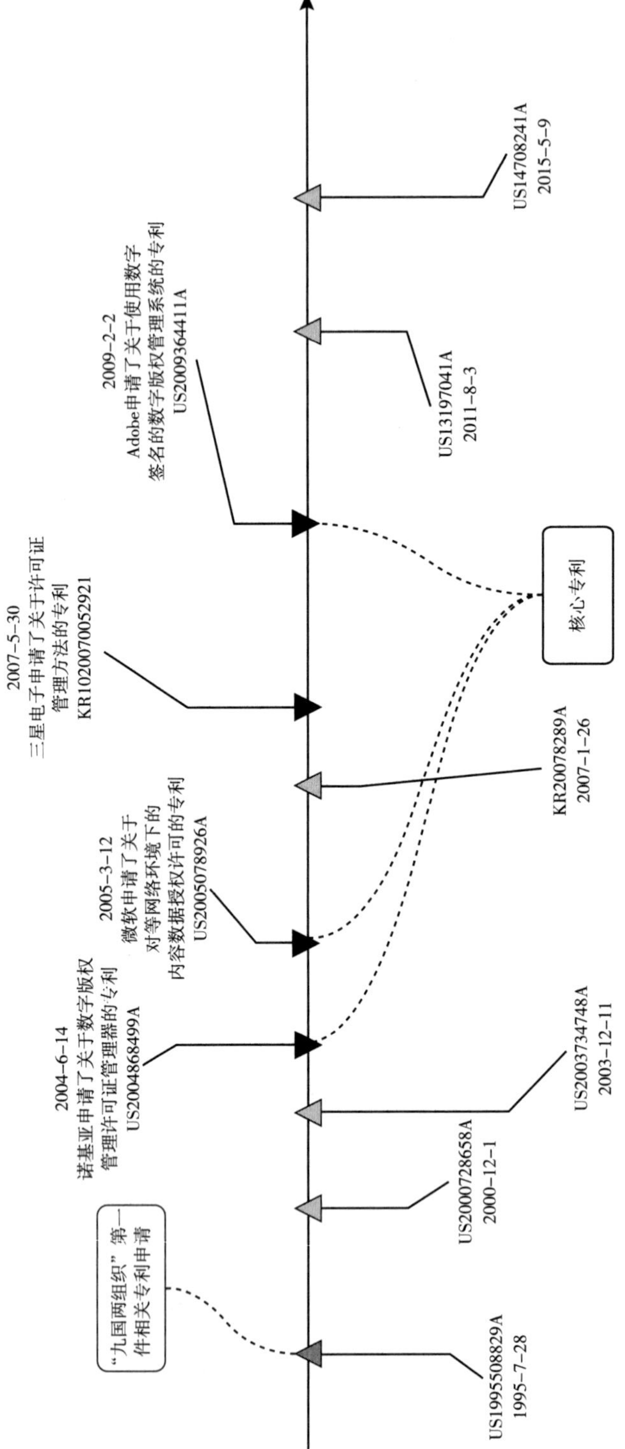

图 6-3 内容授权技术发展路线

（三）主要专利申请人分析

在内容授权技术领域，IBM 和微软在专利申请量上有绝对优势，并且在技术层面具有代表性，故将之作为主要对象进行分析。

1. 申请量排名第一的专利申请人——IBM

（1）专利申请量

IBM 相当重视科技研发和知识产权管理，在知识产权管理模式的选用和策略的制定方面非常系统和健全。不论技术和市场出现如何微小的变化，IBM 都能通过知识产权保护的方式将技术进行快速和科学的转化。

针对内容授权技术，IBM 从 1995 年开始进行专利申请，并在 2000 年后持续加大申请力度，于 2004 年达到申请高峰（见图 6-4）。由于近些年 IBM 在多个领域的市场份额萎缩，其在数字版权保护领域的专利排布并不抢眼，这种态势也体现在内容授权技术上。但随着数字版权不断受到各国的推崇和竞争对手的关注，不排除 IBM 相关专利申请量有大幅上升的可能性。

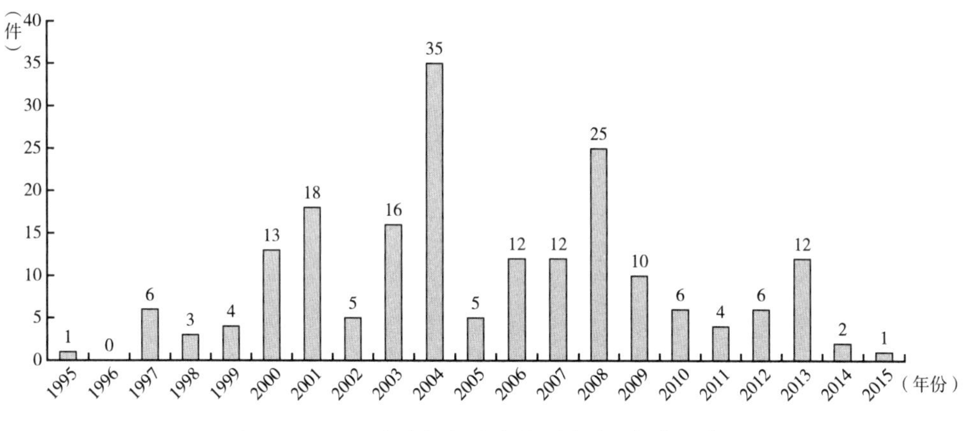

图 6-4　IBM 内容授权技术专利申请量年度分布

（2）专利申请量区域分布

IBM 作为跨国集团，在美国设有研究所和知识产权管理部门，在欧洲、中东、非洲和亚太地区也设有很多分支机构。相应地，IBM 的专利申请布局也延伸到世界各地。

内容授权技术是 IBM 数字版权产品（如电子媒体管理系统 EMMS）必不可少的构成技术，因而 IBM 非常注重该技术，并投入了较强的研发和专利申请力度。在内容授权技术方面，IBM 重点布局于美国，在中国、韩国和英国等国家也进行了专利申请（见图 6–5）。

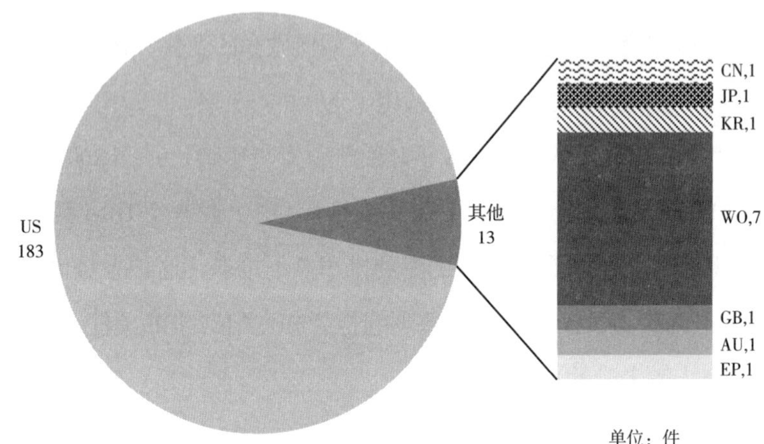

图 6–5 IBM 内容授权技术专利在“九国两组织”的申请量

（3）技术构成分布

IBM 在内容授权技术领域重点关注数字内容加密、内容分发和授权许可的安全性云存储等技术（见图 6–6）。近年来，IBM 在数字出版业务上致力于采用创新的内容开发和传送模式，围绕用户体验开展业务，以及时适应市场发展的新趋势和消费者的喜好变化。同时，IBM 的产品均有知识产权作为保证，领先的技术水平和先进的知识产权管理为 IBM 的数字版权保护产品不断注入新活力，使其得到市场的高度认可。以 IBM 的 EMMS 产品为例，EMMS 工具将数字内容发送给多个用户，最初的使用者拥有全部使用权，但是若此音乐文件或电子书被再次发送，发布链上的下一个接收者只能有限使用这些数据，除非从原始发布人处购买全部使用权。EMMS 已经被全球众多企业采用，如 MusicMatch 公司的 MusicMatch Jukebox 和 RealNetworks 公司的 Real Jukebox，并得到了索尼等公司的支持。

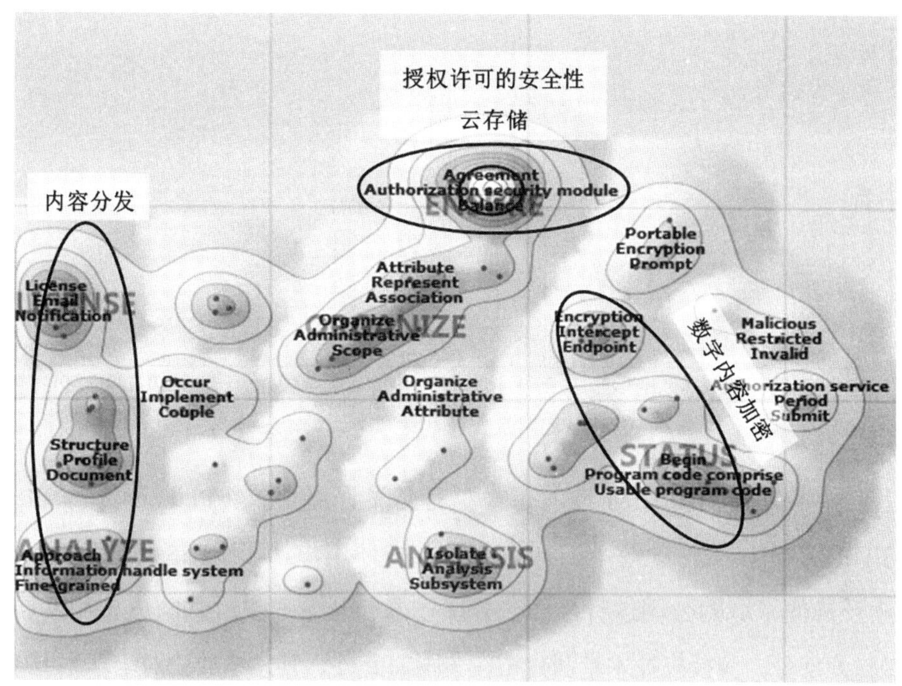

图 6–6　IBM 内容授权技术构成分布

2. 申请量排名第二的专利申请人——微软

（1）专利申请量

微软所取得的巨大成功离不开其卓越的管理效能。微软称霸全球的一个重要法宝就是它的知识产权战略。能否抓住发展时机保护知识产权，在一定程度上决定了企业的生死存亡。

微软自 1997 年开始进行内容授权技术领域的专利申请，并从 2002 年开始逐渐加大年申请量，于 2006 年出现峰值；2007 年的专利申请量有较大回落，之后 3 年相对稳定。自 2011 年开始，专利年申请量又有所减少，这说明微软在内容授权技术方面已经完成战略布局，下一次技术转型或新技术诞生后，微软可能会进行策略性的专利申请（见图 6–7）。

（2）专利申请量区域分布

在内容授权关键技术上，微软一直保持着领跑者的姿态，利用超前的知识产权战略不断指引产品的更新。在重点国家的知识产权布局方面，微软也不断同竞

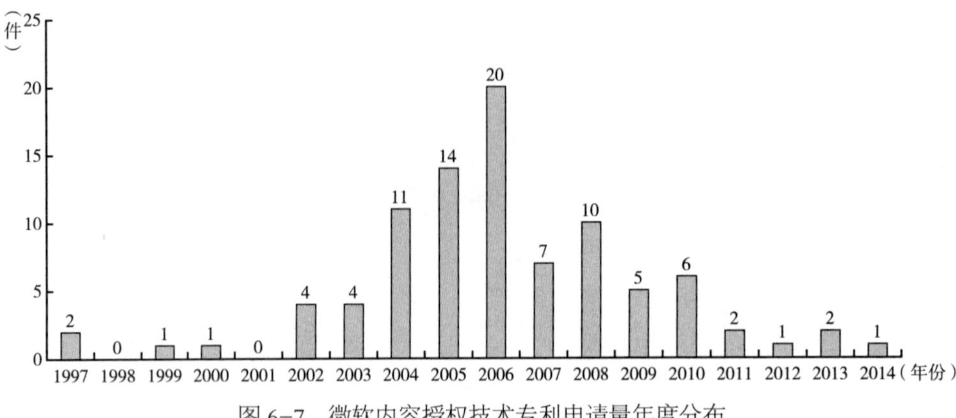

图 6-7 微软内容授权技术专利申请量年度分布

争对手，如苹果公司和 IBM 等，签署专利交叉许可协议（Patent Cross License，PCLs）。在中国，微软针对中国知识产权保护环境申请了大量专利，同时不断跟 IT 行业及其他领域的公司进行合作，分享技术和开发成果，共同成长和发展。

微软大部分内容授权技术专利分布在美国。此外，其也不放松对全球主要销售市场的布局，在中国、韩国、日本和澳大利亚等国家都进行了专利申请，还在世界知识产权组织申请了 8 件专利（见图 6-8）。微软建立了一个知识产权风险投资部门，将其前沿技术交由其在美洲、欧洲和亚洲新建的小型企业负责。

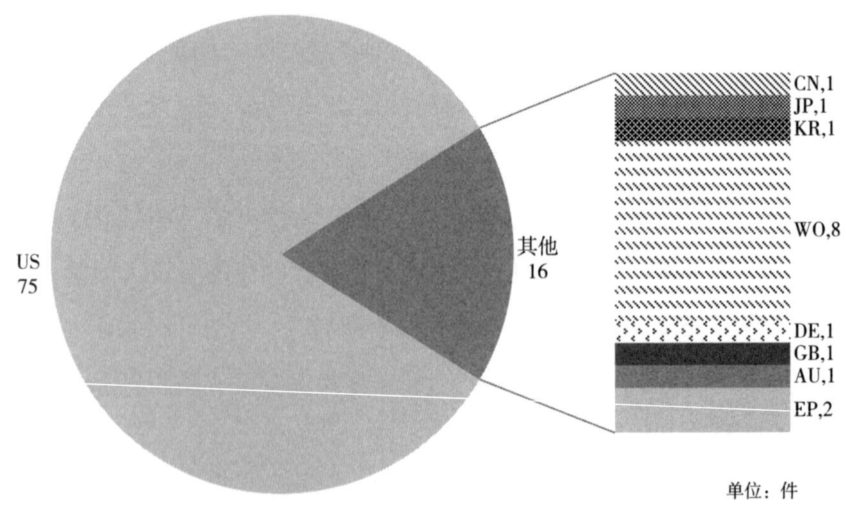

图 6-8 微软内容授权技术专利在“九国两组织”的申请量

（3）技术构成分布

微软是能够利用强大的软件开发能力，在互联网时代为全世界的消费者提供更全面体验的一家公司，是在不断转型的企业。这点在内容授权技术上也有着非常明显的体现。

由图 6-9 可知，微软重点关注内容交易与分发版权保护，尤其是在兼容多种授权模式的分发模式下的安全授权问题。为完善已有的数字版权保护技术，微软也申请了内容分发与提供的安全方面、授权许可与内容之间的关联技术方面的专利。

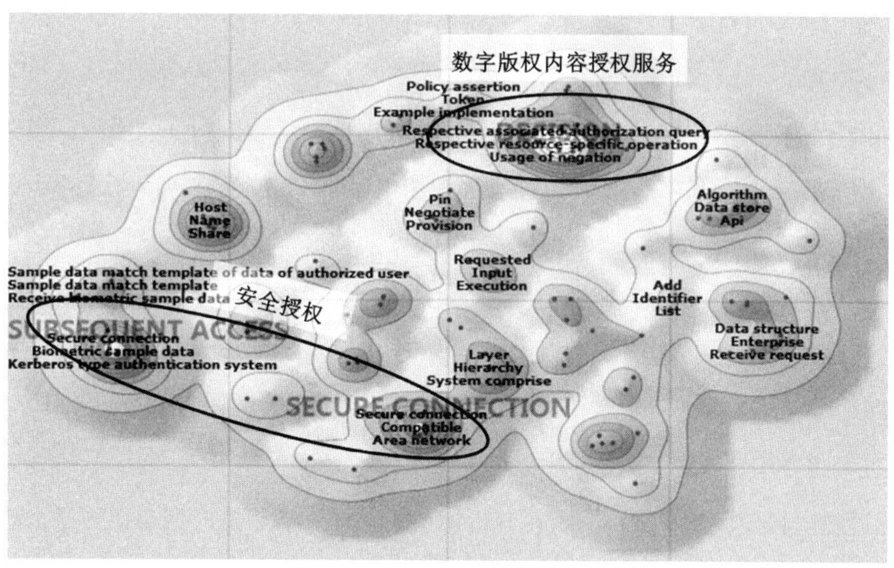

图 6-9　微软内容授权技术构成分布

三　总结

（一）专利申请总体趋势

就整个行业专利申请状况来看，内容授权技术专利年申请量从 2000 年以来持续走高，并于 2008 年达到一个小高峰，在经历了 2009~2012 年的低迷期后，又在 2013 年大幅上升。在整个数字出版产业链中，内容授权技术产业的完善程度是数字内容保护技术发展的关键。

（二）主要国家技术发展现状及趋势

1. 美国

在内容授权技术领域，美国正处于第二发展期。网络技术的日新月异带动了数字版权技术的发展，美国自 2005 年经过第一发展期后又紧接着进入第二发展期，专利年申请量稳中有增，并且专利申请人的数量也出现了峰值。因此，内容授权技术在美国正处于快速发展阶段。

2. 韩国

在内容授权技术领域，韩国处于技术发展的成熟期。其发展虽然不算迅猛，但专利申请的持续性较好。韩国作为出版业和娱乐业均较为发达的国家，对内容授权技术的技术输出有一定贡献。

3. 中国

在内容授权技术领域，中国目前处于技术发展期。受政策利好的影响，申请人数量出现集中增长而专利申请量有所下降，说明中国的内容授权技术产业正逐步进入行业发展的瓶颈期。

根据以上国家技术发展现状描述，总体来说，第一代内容授权技术在全球范围内处于成熟期，而部分掌握了第二代内容授权技术的国家（如美国）已经再次进入快速发展期。

（三）主要申请人对比分析

通过对内容授权技术领域的宏观分析得出，IBM 和微软在专利申请数量上有绝对的优势，并且在技术层面具有代表性，故而将其作为主要对象进行分析。

1. 专利申请量比较

从专利申请量来看，IBM 拥有相关专利申请 196 件，微软拥有 91 件。IBM 相当重视科技研发和知识产权管理，在知识产权管理模式的选用和策略的制定方面非常系统和健全。不论技术和市场出现如何微小的变化，IBM 都能通过知识产权保护的方式将技术进行快速和科学的转化。微软自 1997 年开始进行内容授权技术专利申请，并从 2002 年开始逐渐加大申请力度，在 2006 年达到专利年申请量的峰值，之后年申请量逐渐减少。微软在内容授权技术方面已经完成战略布局。

2. 专利资产地域布局分析

IBM 作为跨国集团，在欧洲、中东、非洲和亚太地区设有很多分支机构。相应地，IBM 的专利布局也延伸到世界各地。在内容授权技术上，微软一直保持着领跑者姿态，不仅在美国有着活跃的专利申请，在中国、韩国、日本和澳大利亚等国家也有少量专利申请。

3. 技术热点分析

在内容授权技术领域，IBM 重点关注多种授权模式以及多设备支持方面的技术。微软重点关注内容交易与分发版权保护，尤其是在兼容多种授权模式的分发模式下的安全授权问题。微软也申请了内容分发与提供的安全问题、授权许可与内容之间的关联技术方面的专利。

第二节 按需印刷授权数量合理控制技术

按需印刷授权数量合理控制技术是数字版权保护领域的热门技术，可以根据用户要求，在数码印刷和装订过程中，对授权数字内容作品的印刷数量进行合理控制。围绕该技术的专利申请起步较早，2000~2005 年处于高速增长期，于 2007 年达到峰值，随后有所反复，目前总体呈下降态势。可以说，该技术经过多年的迅猛发展基本上已趋于成熟，但在按需印刷业务模式不断发展和版权保护需求不断增强的背景下，其创新和应用仍有一定空间。

一 专利检索

（一）检索结果概述

以按需印刷授权数量合理控制技术为检索主题，在“九国两组织”范围内共检索到相关专利申请 14677 件，具体数量分布如表 6-13 所示。

表 6-13 “九国两组织”按需印刷授权数量合理控制技术专利申请量

单位：件

国家 / 国际组织	专利申请量	国家 / 国际组织	专利申请量
US	4922	DE	67
CN	1984	RU	33
JP	4906	AU	421
KR	240	EP	1192
GB	89	WO	797
FR	26	合计	14677

（二）“九国两组织”按需印刷授权数量合理控制技术专利申请趋势

自 20 世纪 90 年代至 21 世纪初期，在按需印刷授权数量合理控制技术应用方面，大部分国家进行得非常缓慢，“九国两组织”中大部分国家的研究成果也较少。但该技术在美国和日本的发展却一直很迅速，并且进入了技术发展的白热化阶段。从 2002 年至今，美国和日本在这一技术领域的专利年申请量基本在 200 件以上，2007~2009 年专利年申请量甚至达到 340 件以上。中国紧随美国和日本，2005 年以来在该技术领域的年申请量也已达百件以上。澳大利亚对该技术领域也略有研究，但是一直处于不温不火的状态。而俄罗斯、英国、德国和法国对该技术的研究甚少，专利年申请量均在 10 件以内（见表 6-14、图 6-10）。

表 6-14 1994~2017 年“九国两组织”按需印刷授权数量合理控制技术专利申请量

单位：件

国家 / 国际组织	专利申请量																	
	90	01	02	03	04	05	06	07	08	09	10	11	12	13	14	15	16	17
US	236	112	219	262	290	352	292	347	354	345	337	289	312	330	295	234	190	126
CN	82	34	52	74	67	124	131	125	114	136	109	128	142	191	157	118	112	88
JP	486	166	259	251	286	315	333	379	348	376	321	319	299	269	231	132	117	19
KR	11	0	0	0	0	1	3	1	1	0	1	3	3	70	47	62	24	13
GB	19	2	10	9	10	4	5	5	4	4	0	3	4	4	3	1	2	0
FR	11	0	0	0	0	1	3	1	1	0	1	3	3	1	1	0	0	0
DE	18	2	5	3	4	2	6	5	10	5	3	1	1	1	1	0	0	0
RU	1	0	4	2	1	1	0	0	1	1	4	3	4	6	4	1	0	0
AU	63	16	19	59	38	38	24	30	22	23	12	18	14	12	9	9	8	7

续表

国家 / 国际组织	专利申请量																	
	90	01	02	03	04	05	06	07	08	09	10	11	12	13	14	15	16	17
EP	167	56	82	81	83	71	93	76	85	56	49	67	54	57	50	30	18	17
WO	109	52	55	58	49	49	38	40	37	33	29	23	30	43	41	40	45	26
合计	1203	440	705	799	828	958	928	1009	977	979	866	857	866	984	839	627	516	296

注："90" 指 1994~2000 年的专利申请总量，"01~17" 分别指 2001~2017 年当年的专利申请量。

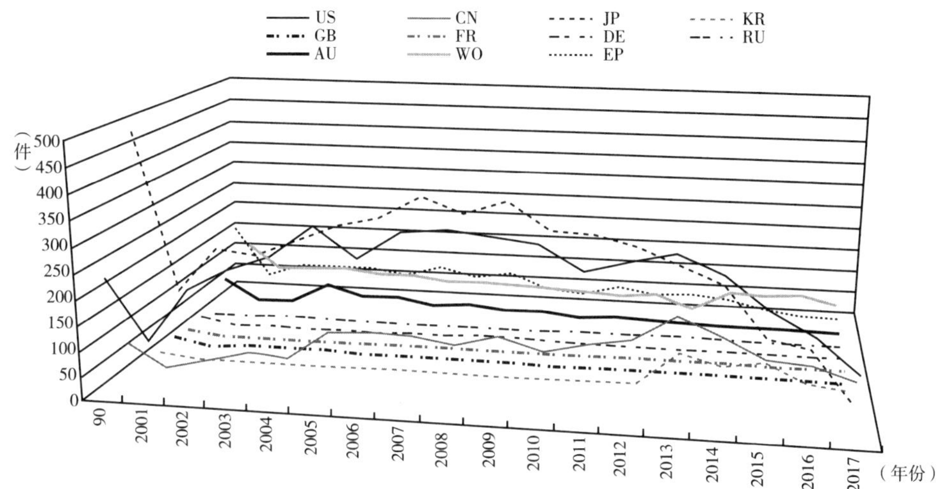

图 6-10　"九国两组织" 按需印刷授权数量合理控制技术专利申请趋势

注："90" 指 1994~2000 年的专利申请总量。

（三）"九国两组织" 按需印刷授权数量合理控制技术专利申请人排名

1994~2017 年 "九国两组织" 按需印刷授权数量合理控制技术专利申请人排名情况如表 6-15 ~ 表 6-25 所示。

1. 美国申请人排名

表 6-15　美国按需印刷授权数量合理控制技术专利申请人排名

序号	申请人	申请人国家	申请数量（件）	授权数量（件）
1	Canon K.K.	日本	895	297
2	Silverbrook Res. Pty. Ltd.	澳大利亚	470	274
3	Brother Ind. Ltd.	日本	133	43
4	Seiko Epson Corp.	日本	94	58
5	Fuji Xerox Co. Ltd.	日本	70	51

2. 中国申请人排名

表 6-16 中国按需印刷授权数量合理控制技术专利申请人排名

序号	申请人	申请人国家	申请数量（件）	授权数量（件）
1	Canon K.K.	日本	244	151
2	Silverbrook Res. Pty. Ltd.	澳大利亚	69	59
3	Seiko Epson Corp.	日本	65	47
4	Sharp K.K.	日本	57	55
5	Sony Corp.	日本	40	25

3. 日本申请人排名

表 6-17 日本按需印刷授权数量合理控制技术专利申请人排名

序号	申请人	申请人国家	申请数量（件）	授权数量（件）
1	Canon K.K.	日本	1584	555
2	Ricoh K.K.	日本	435	212
3	Seiko Epson Corp.	日本	308	188
4	Fuji Xerox Co. Ltd.	日本	211	125
5	Sharp K.K.	日本	124	65

4. 韩国申请人排名

表 6-18 韩国按需印刷授权数量合理控制技术专利申请人排名

序号	申请人	申请人国家	申请数量（件）	授权数量（件）
1	Canon K.K.	日本	85	29
2	Samsung Electronics Co. Ltd.	韩国	52	9
3	Silverbrook Res. Pty. Ltd.	澳大利亚	49	4
4	Fuji Xerox Co. Ltd.	日本	9	7
5	Seiko Epson Corp.	日本	9	3

5. 英国申请人排名

表 6-19 英国按需印刷授权数量合理控制技术专利申请人排名

序号	申请人	申请人国家	申请数量（件）	授权数量（件）
1	Hewlett-Packard Co.	美国	14	9
2	Newcastle Upon Tyne Hospitals	英国	6	0
3	Omarco Network Solutions Ltd.	英国	4	2
4	Canon K.K.	日本	4	0
5	Xerox Corp.	日本	3	0

6. 法国申请人排名

表 6-20 法国按需印刷授权数量合理控制技术专利申请人排名

序号	申请人	申请人国家	申请数量（件）	授权数量（件）
1	Ingenico Group	法国	7	3
2	PW Group	法国	2	0
3	Neopost Ind. S.A.	法国	2	0
4	Samsung Electronics Co. Ltd.	韩国	2	0
5	Sagem Comm	法国	1	0

7. 德国申请人排名

表 6-21 德国按需印刷授权数量合理控制技术专利申请人排名

序号	申请人	申请人国家	申请数量（件）	授权数量（件）
1	Pitney Bowes Inc.	美国	6	3
2	WHD Elektron Prueftech GmbH	德国	5	5
3	Ricoh K.K.	日本	4	3
4	Deutsche Post A.G.	德国	4	2
5	Canon K.K.	日本	2	0

8. 俄罗斯申请人排名

表 6-22 俄罗斯按需印刷授权数量合理控制技术专利申请人排名

序号	申请人	申请人国家	申请数量（件）	授权数量（件）
1	Canon.K.K.	日本	8	0
2	Diebold Inc.	美国	4	4
3	KBA Notasys S.A.	瑞士	1	0
4	Ingenia Holdings Ltd.	英国	1	0
5	Infineon Technologies A.G.	德国	1	0

9. 澳大利亚申请人排名

表 6-23 澳大利亚按需印刷授权数量合理控制技术专利申请人排名

序号	申请人	申请人国家	申请数量（件）	授权数量（件）
1	Silverbrook Res. Pty. Ltd.	澳大利亚	105	66
2	Canon K.K.	日本	30	5
3	Pitney Bowes Inc.	美国	11	4
4	Canon K.K.	韩国	7	3
5	3M Innovative Properties Co.	美国	5	4

10. 欧洲专利局申请人排名

表 6-24 欧洲专利局按需印刷授权数量合理控制技术专利申请人排名

序号	申请人	申请人国家	申请数量（件）	授权数量（件）
1	Canon K.K.	日本	224	63
2	Ricoh K.K.	日本	48	25
3	Silverbrook Res. Pty. Ltd.	澳大利亚	47	38
4	Pitney Bowes Inc.	美国	41	28
5	Seiko Epson Corp.	日本	36	10

11. 世界知识产权组织申请人排名

表 6-25 世界知识产权组织按需印刷授权数量合理控制技术专利申请人排名

序号	申请人	申请人国家	申请数量（件）
1	Silverbrook Res. Pty. Ltd	澳大利亚	32
2	Canon K.K.	日本	30
3	Hewlett-Packard Co.	美国	22
4	First Data Corp.	美国	10
5	CKD Corp.	日本	9

二 专利分析

（一）技术发展趋势分析

按需印刷授权数量合理控制技术作为按需印刷版权保护的核心技术之一，其发展态势基本遵从按需印刷版权保护技术的发展态势。从图 6-11 可以看出，该技术自 2000 年至 2007 年前后处于快速发展阶段，并且在 2007 年达到巅峰。2008 年以来，随着全球向网络化时代跨进，人们工作、生活和学习逐渐趋于数字化，这为该技术的发展提供了良好的外在条件。2014 年以来，随着技术趋于成熟，从全球来看，该技术领域的专利年申请量呈下降态势。

（二）技术路线分析

通过对按需印刷授权数量合理控制技术专利发展路线的分析，可以看出该技术在“九国两组织”范围内的研究起步相对较早，1994 年 6 月 30 日，佳能便申请了关于打

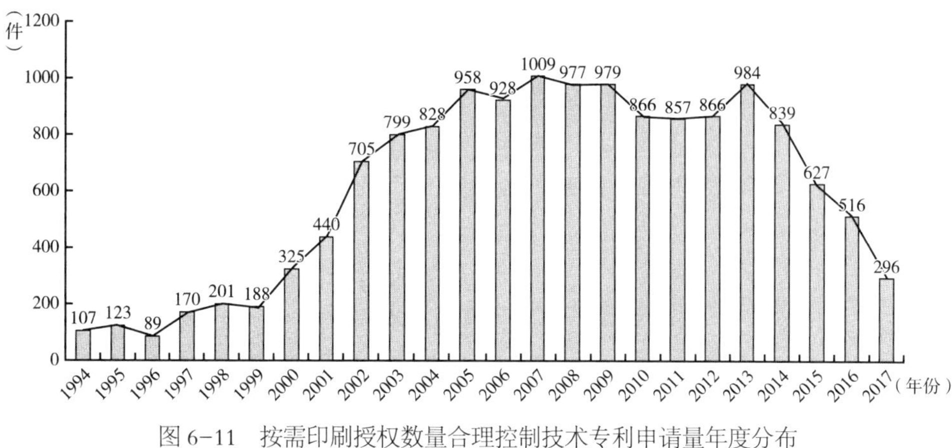

图 6-11　按需印刷授权数量合理控制技术专利申请量年度分布

印系统控制方法的专利，这是该技术领域的第一件专利。1995 年 11 月 21 日，美国必能宝（Pitney Bowes Inc.）申请了关于数字邮资计费系统的核心专利。2000 年 1 月 31 日，佳能又申请了关于图像处理装置与存储介质的核心专利，属于数字信息领域。2003 年 12 月 26 日，富士施乐（Fuji Xerox Co. Ltd.）申请了关于信息处理器的核心专利，可以对技术进行认证，达到数据访问限制的目的。2007 年 7 月 18 日，日本计算机工程咨询公司申请了关于安全打印系统和方法的核心专利，属于按需印刷领域（见图 6-12）。

纵观按需印刷技术的发展历程，初期出现的技术大多比较核心和基础，被引用较多。随着该技术发展到一定阶段，版权诉讼风波四起，按需印刷授权数量合理控制技术日渐成为技术人员关注的焦点，继而产生较多关键性技术。从时间维度来看，该领域的关键技术早期基本由日本和美国占有，近年来随着中国政治、经济和科技的不断发展壮大，中国在该领域逐渐拥有了一席之地。值得一提的是，北大方正 2008 年申请了基于按需印刷的印刷控制方法及系统的专利，以及关于印刷客户端的专利，能够有效控制按需印刷的实际印刷数量，为以后按需印刷网络平台化打下了基础。

（三）主要专利申请人分析

通过对按需印刷授权数量合理控制技术专利检索结果的统计和初步分析，笔者得到“九国两组织”范围内专利申请量排名前三的公司是佳能、精工爱普生和富士施乐，专利申请量分别为 3106 件、476 件和 293 件。

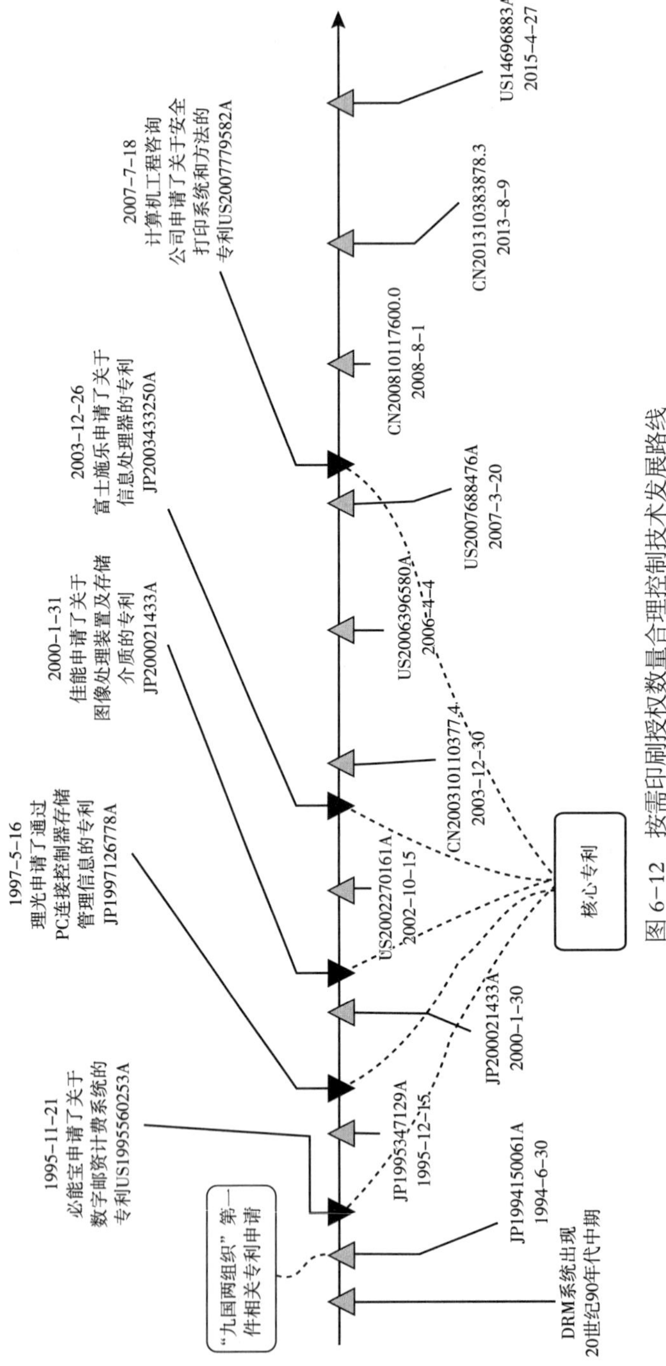

图 6-12 按需印刷授权数量合理控制技术发展路线

1. 申请量排名第一的专利申请人——佳能

（1）专利申请量

在按需印刷授权数量合理控制技术领域，佳能的专利申请量位居全球之首，并且佳能在该领域的发展趋势与其在按需印刷版权保护这一整体技术领域的发展趋势基本相同。自20世纪90年代中期至2007年，佳能在该技术领域处于快速发展阶段，于2007年达到巅峰。这与当时风靡全球的日本动漫有一定关联，动漫业的迅速发展带动了其辅助行业印刷业的迅速崛起。然而2008年以来，由于全球向网络化时代跨进，人们工作、生活和学习逐渐趋于数字化，对纸质书籍或文件的印刷需求有所降温，这一领域的专利年申请量也有所减少。近年来，佳能在该技术领域的研究已经逐渐趋于平稳，发展趋势与该技术在全球领域的发展趋势基本相同（见图6-13）。

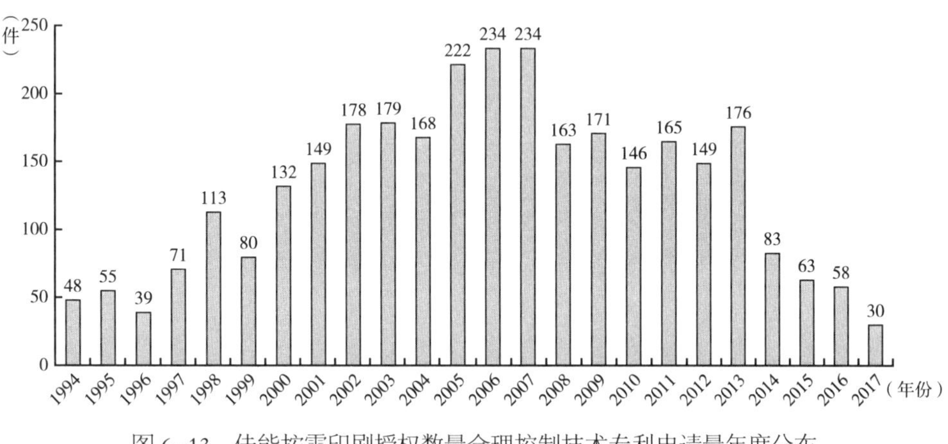

图6-13　佳能按需印刷授权数量合理控制技术专利申请量年度分布

（2）专利申请量区域分布

佳能总部位于日本东京，并在美洲、欧洲和亚洲设有区域性销售总部。在按需印刷授权数量合理控制技术领域，佳能的核心技术集中在日本、美国和中国，这是由于日本、美国和中国为佳能的主打市场，同时也是其相关专利纠纷的多发地带。虽然佳能在韩国、澳大利亚及欧洲等国家和地区也设有分公司及代加工工厂，但以销售为主，故在这些国家和地区的专利布局相对较少（见图6-14）。

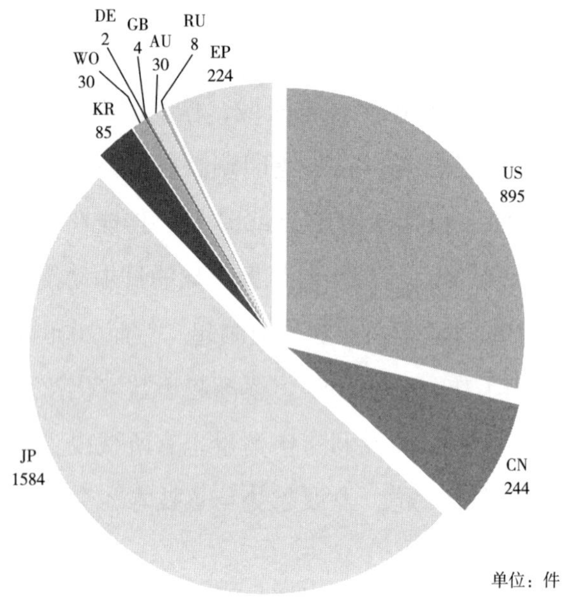

图 6–14　佳能按需印刷授权数量合理控制技术专利在“九国两组织”的申请量

（3）技术构成分布

从图 6–15 可以看出，佳能在水印文本图片领域申请了较多专利，其曾在 2004 年就申请过关于图像处理器的专利。佳能在数量与份数控制方面也申请了较多专利，主要涉及文本或图像的打印控制与管理，佳能早在 1994 年就申请了关于打印控制系统方法的专利。

2. 申请量排名第二的专利申请人——精工爱普生

（1）专利申请量

在按需印刷授权数量合理控制技术领域，精工爱普生的专利申请量紧随佳能之后，位居全球第二。自 20 世纪 90 年代中期至 2005 年，精工爱普生在该技术领域处于快速发展阶段，并且在 2005 年达到专利年申请量峰值。随后的 2006~2010 年，其专利年申请量趋于稳定。但 2010 年之后，精工爱普生的专利年申请量出现下滑，至 2014 年专利年申请量仅有 2 件（见图 6–16）。近年来，精工爱普生在该技术领域的研究趋缓，2015 年以来未见相关专利申请。

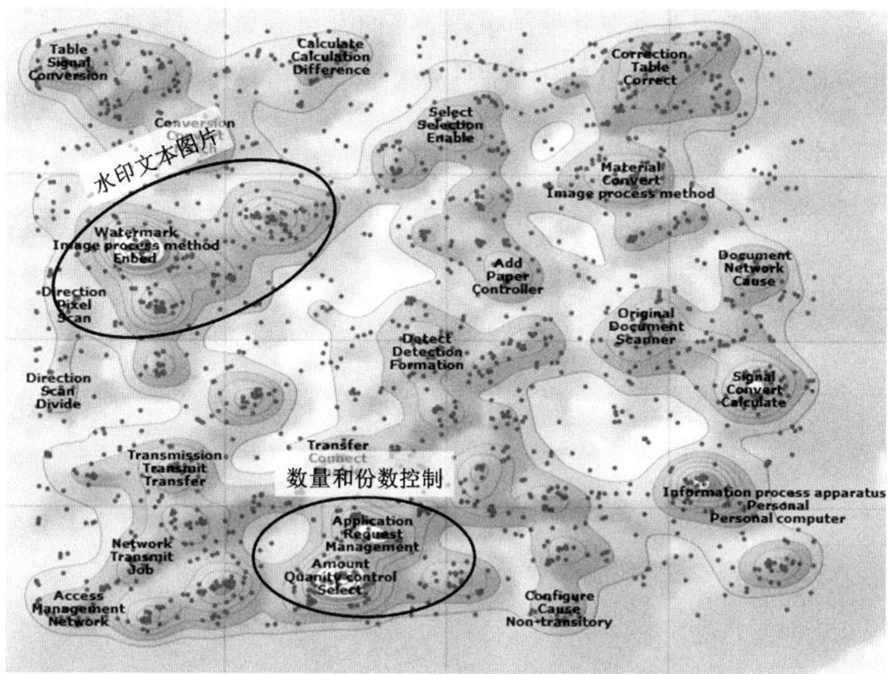

图 6-15　佳能按需印刷授权数量合理控制技术构成分布

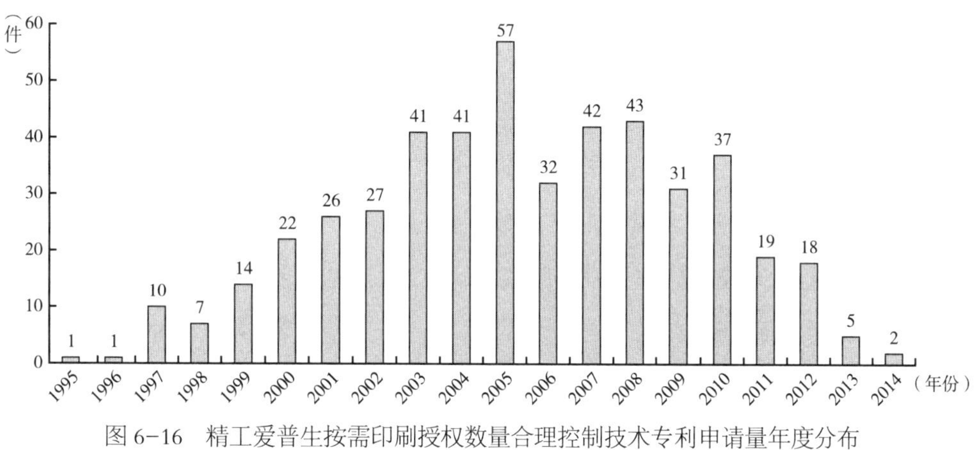

图 6-16　精工爱普生按需印刷授权数量合理控制技术专利申请量年度分布

（2）专利申请量区域分布

在按需印刷授权数量合理控制技术领域，精工爱普生的专利申请主要分布在日本。此外，其在美国和中国也布局了较多专利，可见其十分看重中国与美国的市场潜力。精工爱普生在其他国家和地区的专利布局相对较少，可见其在韩国和欧洲等国家和地区还是以代加工生产和销售为主，技术研发力度不高（见图 6-17）。

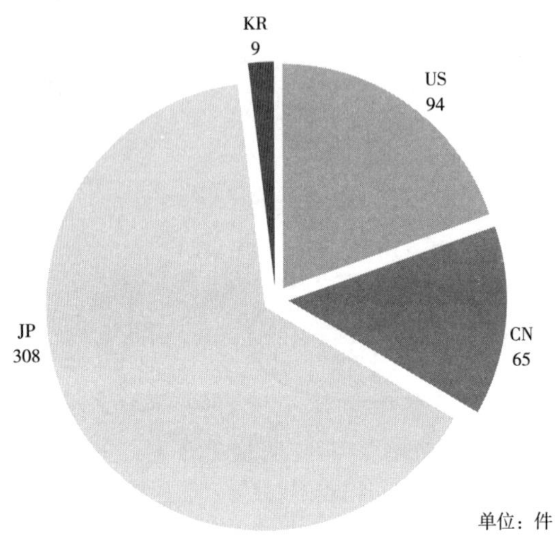

图 6-17　精工爱普生按需印刷授权数量合理控制技术专利在“九国两组织”的申请量

（3）技术构成分布

从图 6-18 可以看出，精工爱普生在按需印刷授权数量合理控制技术领域关注度较高的技术有文档控制、图像处理、数量份数控制和打印装置等。在文档控制方面，其主要研究印刷或打印过程中的有效输出控制方法；在图像处理技术方面，其主要涉及打印和数码产品，并且技术相对领先；在数量份数控制方面，其研究也相对领先。

3. 申请量排名第三的专利申请人——富士施乐

（1）专利申请量

在按需印刷授权数量合理控制技术领域，富士施乐的专利申请量位居全球第三。从图 6-19 可以看出，自 20 世纪 90 年代中期至 2002 年，富士施乐在该技术领域发展较为缓慢，2003~2006 年专利年申请量总体呈增长态势，并于 2006 年达到巅峰。然而

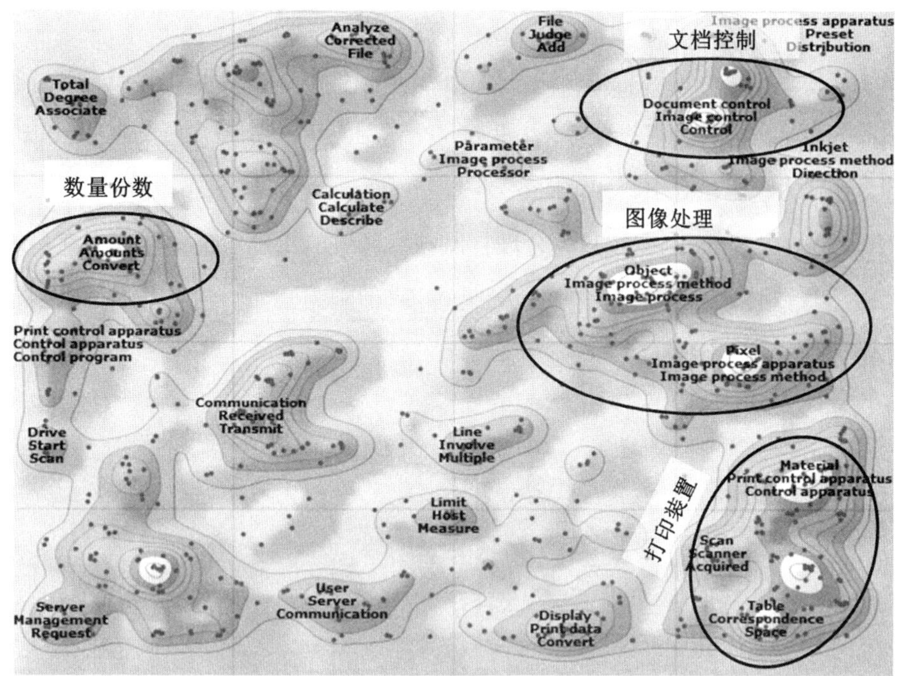

图 6-18　精工爱普生按需印刷授权数量合理控制技术构成分布

2007 年以来，由于全球向网络化时代跨进，人们对纸质书籍或文件的印刷需求有所下降，其专利年申请量也呈下滑态势，2014 年以来富士施乐在该技术领域的专利申请量为零。从上述分析可知，富士施乐近年来在该技术领域的研究进入了衰退期。

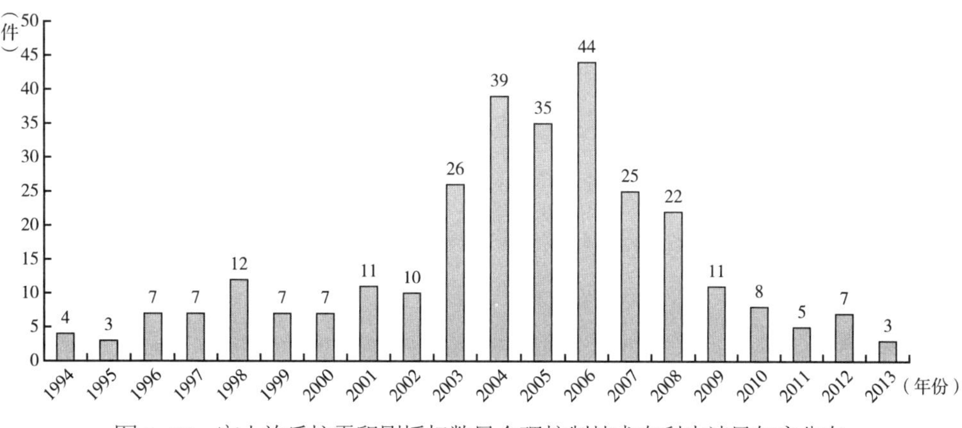

图 6-19　富士施乐按需印刷授权数量合理控制技术专利申请量年度分布

（2）专利申请量区域分布

富士施乐是全球最大的数字与信息技术产品生产商，其复印机市场占有率，特别是彩色机器的市场占有率，占据全球第一的位置。富士施乐是中日合资的企业，如今总部在美国，在亚太地区设有生产和销售分公司。

富士施乐在按需印刷授权数量合理控制技术领域的专利申请主要分布在日本，且布局了较多核心技术。富士施乐在亚太地区的其他国家，如中国和韩国，专利布局相对日本来说较少（见图 6–20）。

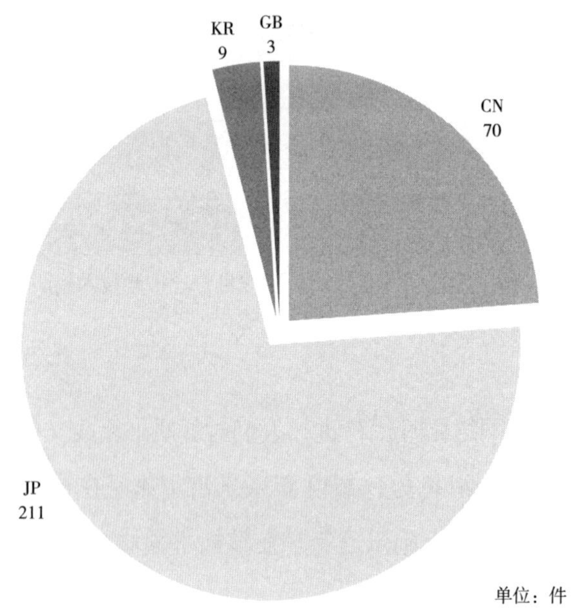

图 6–20 富士施乐按需印刷授权数量合理控制技术专利在“九国两组织”的申请量

（3）技术构成分布

从图 6–21 可以看出，富士施乐在按需印刷授权数量合理控制技术领域，重点研究授权许可技术、加密技术、打印控制和电子文档数据等。授权许可技术是针对授权内容加密和保护的技术，通过保护授权的安全性达到保证所分发软件的安全性的目的，通过授权加密保护来防止授权以外的用户非法使用和滥用软件产品。富士施乐曾在 2003 年申请了关于信息处理器的专利，通过授权许可技术实现了高安全性和稳健性的数据管理。加密技术是电子商务采取的主要安全保密措施，是最常用的安全保密

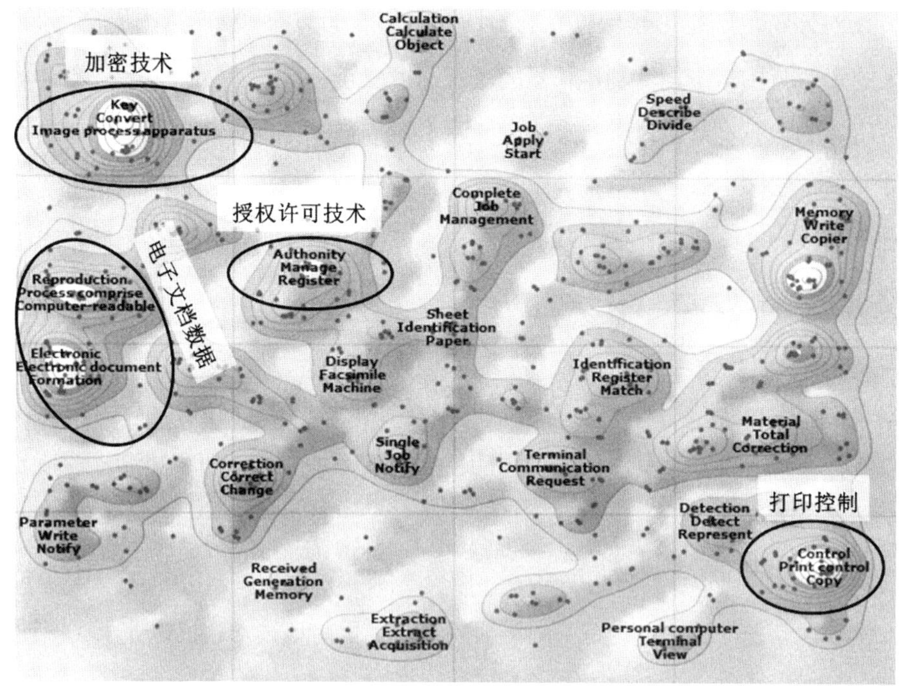

图 6-21　富士施乐按需印刷授权数量合理控制技术构成分布

手段之一。该技术把重要的数据变为乱码（即加密）传送，传送完成后再用相同或不同的手段还原数据（即解密）。加密技术的应用是多方面的，应用最为广泛的是在电子商务和 VPN 领域。

三　总结

（一）专利申请总体趋势

从整个行业的专利申请状况来看，按需印刷授权数量合理控制技术自 2000 年至 2007 年处于快速发展阶段，并且在 2007 年达到巅峰状态。2008 年以来，随着全球向网络化时代跨进，人们工作、生活和学习逐渐趋于数字化，从全球范围来看，该领域的专利申请量稳中有降。

（二）主要国家技术发展现状及趋势

1. 美国

自 20 世纪 90 年代中期至 2005 年前后，随着全球对按需印刷授权数量合理控制技术研究的热潮，美国在该技术领域发展非常迅速，市场逐渐扩大，介入的企业逐渐增多，技术分布范围越来越广，专利申请量激增。而2006~2007年由于市场局限性，新进入的企业开始减少，专利申请量的增长速度变慢甚至有小幅度下降，继续从事相关领域研究的企业也开始减少。2008年至今，随着技术不断成熟、数字化战略不断推进以及更多长尾图书以电子书形式呈现，图书印刷需求并不明显，美国闪电资源等巨头印刷公司形成垄断，该领域的研究逐渐呈现巨头向寡头转变的趋势，技术逐步进入成熟期。

2. 日本

自20世纪90年代中期至2007年，日本动漫业不断发展壮大，对印刷版权保护的需求日益增加，加之全球掀起了按需印刷授权数量控制技术研究热潮，该技术在日本处于不断发展状态，并且市场逐渐扩大，甚至扩大至整个亚太地区，这一时期是该技术在日本的发展期。自2008年至今，该技术领域竞争激烈，导致部分中小企业在该技术领域逐渐被淘汰，呈现巨头向寡头的转变，目前该技术在日本处于成熟期。

3. 韩国

20世纪90年代，由于市场尚不明朗，韩国只有少数企业参与该技术研究和市场开发，申请了少量原理性基础专利。2000~2012年，该技术在韩国处于萌芽阶段，介入的企业和专利申请数量均很少。2013年，韩国在该技术领域的专利申请量大幅增长。随着技术的不断发展、竞争的日益激烈，以及三星电子对电子通信行业的不断垄断，该领域的研究逐渐向寡头转变，专利申请人数量开始出现明显的下滑趋势，专利申请量较为稳定。

4. 中国

自20世纪90年代中期至2006年前后，中国在该技术领域处于不断发展状态，介入的企业逐渐增多，技术分布范围逐渐变广，专利申请量总体在快速增长。而2007年以来受市场局限性和竞争日益激烈的影响，进入该领域的企业开始减少，相关专利增长的速度变慢，但专利年申请量比较稳定。目前，该技术在中国已基本成熟。

根据以上各国技术发展现状描述，总体来说，按需印刷授权数量合理控制技术发展较为成熟。在中国，该技术已逐渐进入成熟期，但随着国家对按需印刷授权控制问题的不断重视，逐渐成为数字版权保护领域技术研发的热点。

（三）主要申请人对比分析

通过对按需印刷授权数量合理控制技术领域的宏观分析，笔者得出行业内排名前三的申请人分别是佳能、精工爱普生和富士施乐。

1. 专利申请量比较

从专利申请量来看，佳能在该技术领域拥有专利申请 3106 件，精工爱普生和富士施乐分别是 476 件和 293 件。这三个公司作为印刷业的龙头企业，均在技术研发初期便投入了相当大的研发力度，专利申请量也较多。

2. 专利资产地域布局分析

在按需印刷授权数量合理控制技术领域，这三个申请人的专利申请均主要分布在日本。同时，为了贯彻其专利全球化的战略，它们在数字版权保护技术发展较快的国家也有一些专利申请。

3. 技术热点分析

在按需印刷授权数量合理控制技术领域，佳能研究的热点技术主要有数量和份数控制及水印文本图片等。精工爱普生重点关注的技术有文档控制、图像处理、数量份数控制和打印装置等。富士施乐研究的热点有授权许可技术、加密技术、电子文档数据和打印控制技术等。

第三节　数字内容作品授权控制和内容下载技术

数字内容作品授权控制和内容下载技术是授权控制技术在数字版权保护中的具体应用，在用户提出内容下载请求时，按照权利人授权对数字内容作品的下载权限进行控制。围绕该技术的专利申请发轫于 20 世纪 90 年代中期，随后缓慢发展，至 2014 年达到顶峰，之后呈下降态势，目前该技术发展已趋于成熟。

一　专利检索

（一）检索结果概述

以数字内容作品授权控制和内容下载技术为检索主题，在“九国两组织”范围内共检索到相关专利申请 462 件，具体数量分布如表 6-26 所示。

表 6-26 “九国两组织”数字内容作品授权控制和内容下载技术专利申请量

单位：件

国家 / 国际组织	专利申请量	国家 / 国际组织	专利申请量
US	155	DE	6
CN	198	RU	1
JP	27	AU	7
KR	14	EP	24
GB	4	WO	25
FR	1	合计	462

（二）“九国两组织”数字内容作品授权控制和内容下载技术专利申请趋势

整体而言，“九国两组织”数字内容作品授权控制和内容下载技术专利申请量不多。相对其他国家而言，中国和美国的专利申请较多。美国在这一技术领域的专利年申请量增幅较小，例如，2004 年美国在这一技术领域的专利年申请量为 7 件，至 2012 年也才增长至 19 件，且期间出现波动。2005 年以来，中国在这一技术领域的专利年申请量总体呈增长态势，表明中国市场上相关技术研发较为活跃（见表 6-27、图 6-22）。

表 6-27 1994~2017 年“九国两组织”数字内容作品授权控制和内容下载技术专利申请量

单位：件

国家 / 国际组织	专利申请量																	
	90	01	02	03	04	05	06	07	08	09	10	11	12	13	14	15	16	17
US	8	1	2	2	7	6	5	14	13	15	14	12	19	10	18	6	1	2
CN	3	3	4	3	1	9	4	14	16	10	11	17	16	21	18	23	15	10
JP	4	0	1	0	0	4	1	2	3	3	1	2	1	1	1	0	3	0
KR	1	0	0	0	1	0	0	0	2	0	1	1	2	1	2	3	0	0
GB	0	0	0	0	0	0	0	0	1	0	1	0	0	1	1	0	0	0
FR	0	0	0	0	0	0	0	0	1	0	0	0	0	0	0	0	0	0
DE	0	0	0	0	0	0	0	0	2	0	0	0	1	2	1	0	0	0
RU	0	0	0	0	0	0	0	0	0	1	0	0	0	0	0	0	0	0
AU	1	1	0	1	0	0	1	0	1	1	1	0	0	0	0	0	0	0
EP	4	2	3	0	4	2	3	1	1	1	0	0	0	0	3	0	0	0
WO	2	4	0	2	0	2	2	1	1	2	0	3	2	0	3	0	1	0
合计	23	11	10	8	13	23	16	32	41	33	29	35	41	36	47	32	20	12

注：“90”指 1994~2000 年的专利申请总量，“01~17”分别指 2001~2017 年当年的专利申请量。

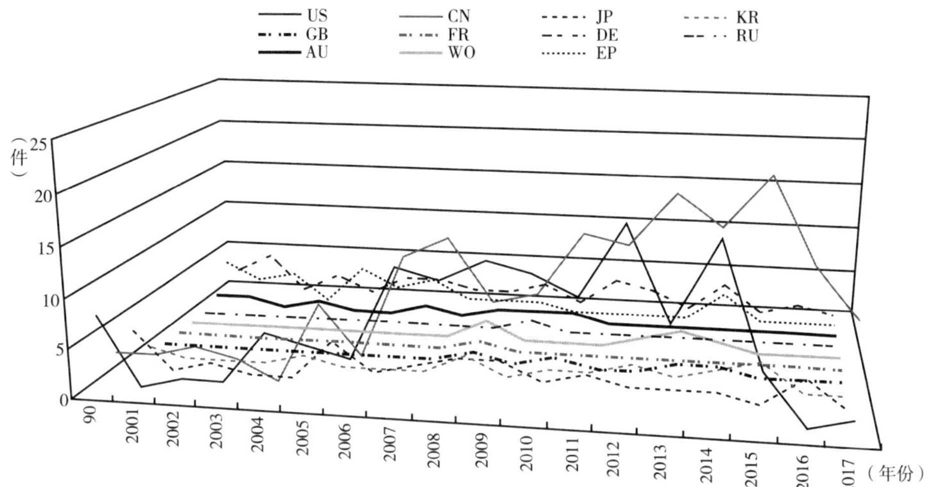

图 6-22　“九国两组织”数字内容作品授权控制和内容下载技术专利申请趋势

注：“90”指 1994~2000 年专利申请总量。

（三）“九国两组织”数字内容作品授权控制和内容下载技术专利申请人排名

1994~2017 年“九国两组织”数字内容作品授权控制和内容下载技术专利申请人排名情况如表 6-28 ~ 表 6-38 所示。

1. 美国申请人排名

表 6-28　美国数字内容作品授权控制和内容下载技术专利申请人排名

序号	申请人	申请人国家	申请数量（件）	授权数量（件）
1	IBM Corp.	美国	45	13
2	Dell Products LP	美国	8	3
3	Hewlett-Packard Development Co.	美国	5	2
4	Samsung Electronics Co. Ltd.	韩国	4	2
5	Sun Microsystems Inc.	美国	3	2

2. 中国申请人排名

表 6-29 中国数字内容作品授权控制和内容下载技术专利申请人排名

序号	申请人	申请人国家	申请数量（件）	授权数量（件）
1	IBM Corp.	美国	8	8
2	ZTE Corp.（中兴）	中国	7	2
3	Lenovo Beijing Co. Ltd.（联想）	中国	5	2
4	Huawei Tech. Co. Ltd.（华为）	中国	2	1
5	Univ. Peking Founder Group Corp.（北大方正）	中国	2	1

3. 日本申请人排名

表 6-30 日本数字内容作品授权控制和内容下载技术专利申请人排名

序号	申请人	申请人国家	申请数量（件）	授权数量（件）
1	Lenovo Singapore Pte. Ltd.	新加坡	4	4
2	Ardence Inc.	美国	3	1
3	Microsoft Corp.	美国	2	1
4	IBM Corp.	美国	1	1
5	NEC Corp.	日本	1	1

4. 韩国申请人排名

表 6-31 韩国数字内容作品授权控制和内容下载技术专利申请人排名

序号	申请人	申请人国家	申请数量（件）	授权数量（件）
1	Samsung Electronics Co. Ltd.	韩国	4	2
2	LG Electronics Inc.	韩国	3	0
3	Microsoft Corp.	美国	1	1
4	Sandisk Corp.	美国	1	1

5. 英国申请人排名

表 6-32 英国数字内容作品授权控制和内容下载技术专利申请人排名

序号	申请人	申请人国家	申请数量（件）	授权数量（件）
1	Dell Products LP	美国	3	0
2	IBM Corp.	美国	1	0

6. 法国申请人排名

表 6-33　法国数字内容作品授权控制和内容下载技术专利申请人排名

序号	申请人	申请人国家	申请数量（件）	授权数量（件）
1	Dell Products LP	法国	1	0

7. 德国申请人排名

表 6-34　德国数字内容作品授权控制和内容下载技术专利申请人排名

序号	申请人	申请人国家	申请数量（件）	授权数量（件）
1	Dell Products LP	美国	2	1
2	Microsoft Corp.	美国	1	1
3	IBM Corp.	美国	1	0
4	Buerkert Werke GmbH	德国	1	0
5	Samsung Electronics Co. Ltd.	韩国	1	0

8. 俄罗斯申请人排名

表 6-35　俄罗斯数字内容作品授权控制和内容下载技术专利申请人排名

序号	申请人	申请人国家	申请数量（件）	授权数量（件）
1	Microsoft Corp.	美国	1	0

9. 澳大利亚申请人排名

表 6-36　澳大利亚数字内容作品授权控制和内容下载技术专利申请人排名

序号	申请人	申请人国家	申请数量（件）	授权数量（件）
1	Microsoft Corp.	美国	1	1
2	Ardence Inc.	美国	1	1
3	Huawei Tech. Co. Ltd.（华为）	中国	1	0
4	Venturcom Inc.	美国	1	0
5	Thinkpulse Inc.	美国	1	0

10. 欧洲专利局申请人排名

表 6-37 欧洲专利局数字内容作品授权控制和内容下载技术专利申请人排名

序号	申请人	申请人国家	申请数量（件）	授权数量（件）
1	Canal Plus S.A.	法国	3	0
2	Huawei Tech. Co. Ltd.（华为）	中国	2	2
3	Microsoft Corp.	美国	2	0
4	Siemens A.G.	德国	1	0
5	Samsung Electronics Co. Ltd.	韩国	1	0

11. 世界知识产权组织申请人排名

表 6-38 世界知识产权组织数字内容作品授权控制和内容下载技术专利申请人排名

序号	申请人	申请人国家	申请数量（件）
1	IBM Corp.	美国	7
2	Thinkpulse Inc.	美国	3
3	Storage Technology Corp.	美国	3
4	WMS Gaming Inc.	美国	2
5	Thinkpulse Inc.	美国	2

二 专利分析

（一）技术发展趋势分析

从图 6-23 可知，数字内容作品授权控制和内容下载技术专利在 1994 年已经出现，但随后的 10 年发展较为缓慢。1994~1998 年数字内容作品授权控制和内容下载技术发展缓慢，可能与多媒体的访问控制和安全传送技术出现瓶颈有关。其中，访问控制主要用来解决用户的认证管理、对多媒体产品数据的访问控制以及数据的安全传送等问题。1999~2004 年数字内容作品授权控制和内容下载技术有初步发展，可能与 2001 年、2002 年和 2003 年分别实现了 XrML-1、XrML-2 和 XrML-3 有关。直到 2005 年相关专利年申请量才开始出现实质性的增长。2005 年以来，越来越多的研究人员开始研究数字内容作品授权控制和内容下载技术，2014 年数字内容作品授权控制和内容下载技术专利年申请量达到截至目前的峰值，这一时期为该技术的快速发展期。2005~2014 年数字内容作品授权控制和内容下载技术快速发展，可能与 2010 年中国国务院做出加快推进三网融合的决定有关。加快推进三网融合给中国的付费电视产业和宽带产业提供了较大的空间，进而一定程度带动了数字内容作品授权控制和内容下载技术的发展。

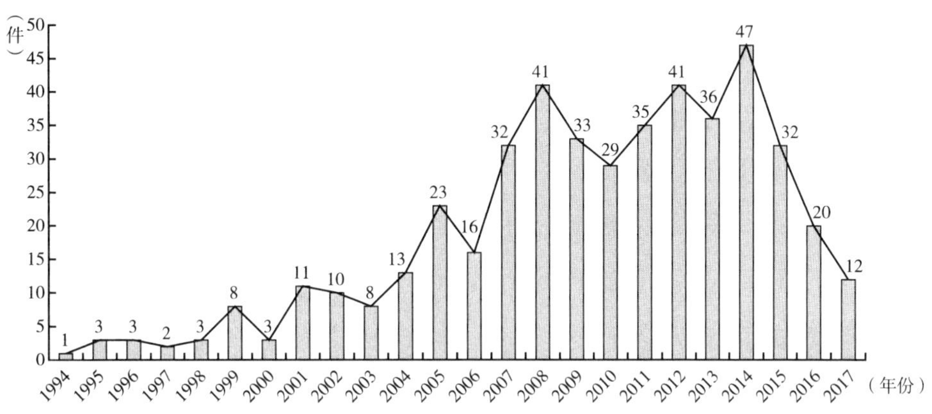

图 6-23　数字内容作品授权控制和内容下载技术专利申请量年度分布

（二）技术路线分析

由于相关专利数量较少，不适合鱼骨图方式分析，故此处以表格形式呈现。表 6-39 展示了数字内容作品授权控制和内容下载技术领域核心专利的基本情况。2003 年佳能申请了一件关于用户认证方法的核心专利（公开号 US2003419866A）。2005 年华为申请了一件关于内容群组的数字版权保护方法及系统的核心专利（公开号 CN200510093219.1）。2006 年伊纳托尔两合公司申请了一件关于在数字内容发布系统中保护数字内容和用户完整性的授权系统和方法的专利（公开号 CN200680015644.1）。北京大学、北大方正和北京方正阿帕比技术有限公司（以下简

表 6-39　数字内容作品授权控制和内容下载技术核心专利分析

申请人	公开号	申请日期	同族专利数量（件）	被引用次数（次）
佳能	US2003419866A	2003-04-22	2	15
华为	CN200510093219.1.	2005-08-19	1	2
伊纳托尔两合公司	CN200680015644.1	2006-03-07	9	1
北京大学、北大方正、阿帕比	CN200710179787.2	2007-12-18	1	4
北京大学、北大方正、阿帕比	CN200810225208.8	2008-10-27	1	1

称“阿帕比”）在 2007 年申请了一件对数字内容进行授权管理的实现方法及系统的专利（公开号 CN200710179787.2），在 2008 年申请了一件关于授权方法、系统及装置的专利（公开号 CN200810225208.8）。

佳能的同族专利有 2 件，分别在美国和日本。伊纳托尔两合公司的同族专利有 9 件，分别在中国、澳大利亚、日本、韩国、俄罗斯、美国、瑞典、欧洲专利局和世界知识产权组织。这说明佳能和伊纳托尔两合公司已经在数字内容作品授权控制和内容下载技术领域建立了自己的保护圈。而中国专利申请人大多仅在国内进行布局，国外市场布局方面较弱，未来，随着该技术出口国外的需求增长，必然需要提前做好专利布局。

（三）主要专利申请人分析

1. 申请量排名第一的专利申请人——IBM

（1）专利申请量

1997 年，IBM 便开始申请数字内容作品授权控制和内容下载技术专利，且整体发展良好。2006~2008 年是 IBM 在这一技术领域的发展高峰期，且在 2007 年和 2008 年专利年申请量达到截至目前的峰值（见图 6-24）。这可能与 2006 年 IBM 开展“数字版权管理服务”协作工程，提出全新的国际发行的知识产权方法有关。这一解决方案通过加密技术和数字版权专门授予技术来保护技术和设计信息免于未授权使用。

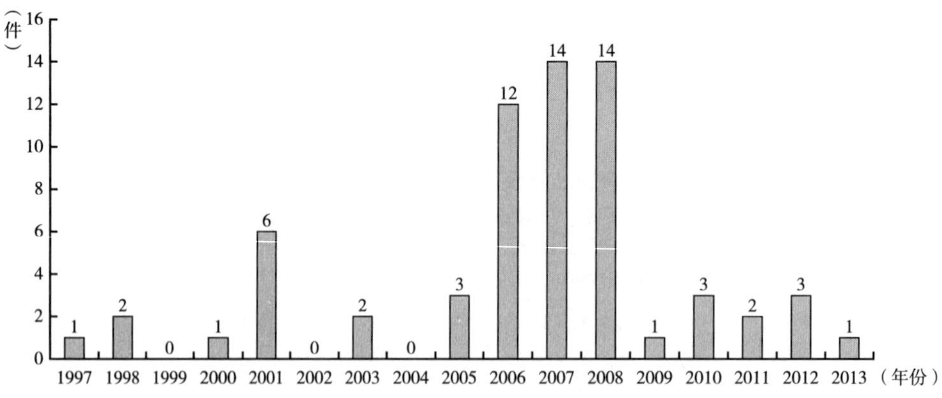

图 6-24 IBM 数字内容作品授权控制和内容下载技术专利申请量年度分布

（2）专利申请量区域分布

图 6-25 展示了 IBM 数字内容作品授权控制和内容下载技术专利在“九国两组织”的申请情况。从中可以看出，美国是 IBM 的重点布局国家，IBM 在美国的专利申请量占其专利申请总量的 69%。此外，IBM 比较重视欧洲市场，在英国和德国均有少量专利布局，还通过欧洲专利局进行了专利申请。在亚洲市场，IBM 在中国和日本有少量专利申请。可以推测，IBM 已经将这些国家作为未来主要开拓的目标市场。

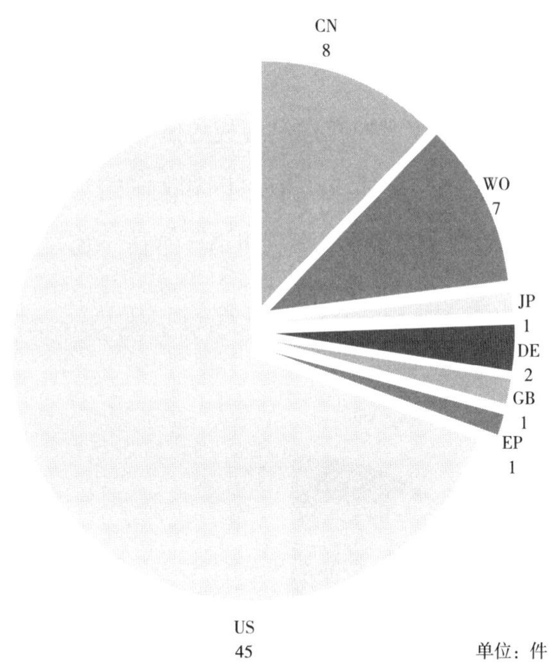

图 6-25　IBM 数字内容作品授权控制和内容下载技术专利在“九国两组织”的申请量

2. 申请量排名第二的专利申请人——三星电子

（1）专利申请量

在数字内容作品授权控制和内容下载技术领域，三星电子在 1997 年推出了第一件专利申请，但整体发展较为缓慢，2007 年是其专利年申请量最多的一年，但也只有 5 件（见图 6-26）。这说明三星电子在该技术领域还处于初级研究阶段。

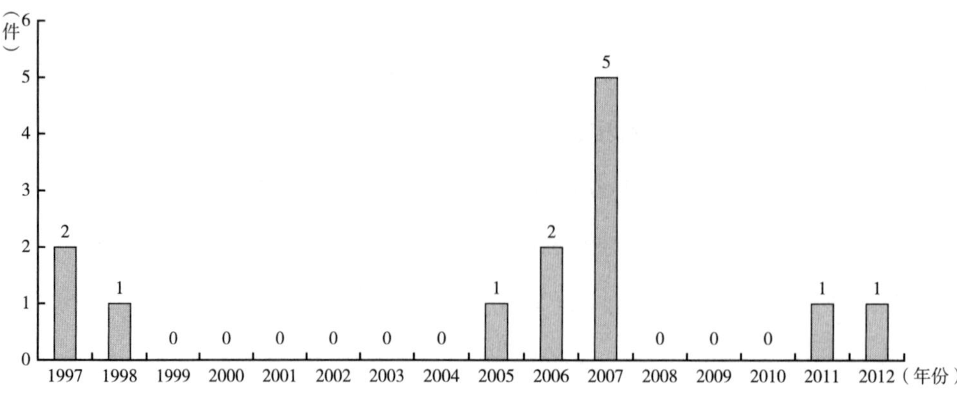

图 6-26 三星电子数字内容作品授权控制和内容下载技术专利申请量年度分布

（2）专利申请量区域分布

图 6-27 展示了三星电子数字内容作品授权控制和内容下载技术专利在“九国两组织”的申请情况。可以看出，三星电子在韩国和美国的专利布局最多。此外，在中国、日本、德国和欧洲专利局也进行了专利申请。这在一定程度上体现了三星电子的国际化发展策略。

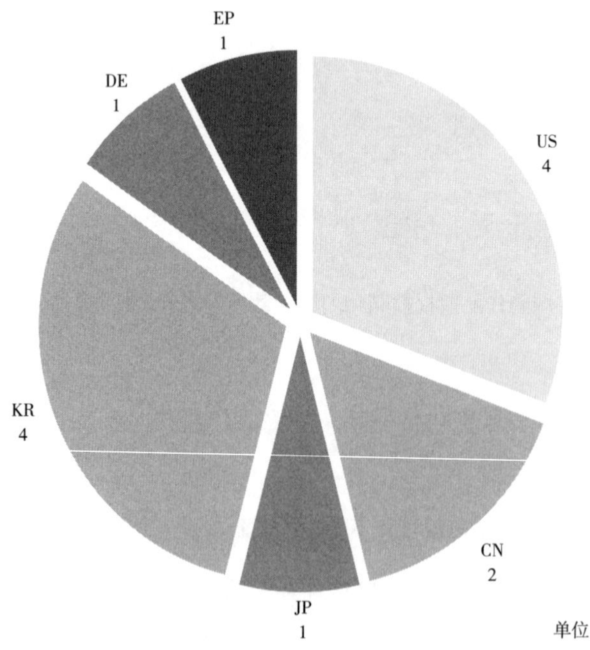

图 6-27 三星电子数字内容作品授权控制和内容下载技术专利在“九国两组织”的申请量

3. 申请量排名并列第二的专利申请人——微软

（1）专利申请量

在数字内容作品授权控制和内容下载技术领域，微软仅在 2000 年、2003 年、2004 年和 2007 年进行过专利申请，2004 年的专利申请量最多，但也只有 7 件（见图 6-28）。这说明微软在该技术领域还处于研究初期。但是微软掌握着少量相关技术的主导权，如微软推出的 Windows Media，Windows Media 权限管理机制包括打包、分发、建立许可证服务器、获取许可证和播放数字媒体文件 5 个步骤，许可证可提供多种不同权限，如开始时间和日期控制、持续时间控制以及对操作计数。

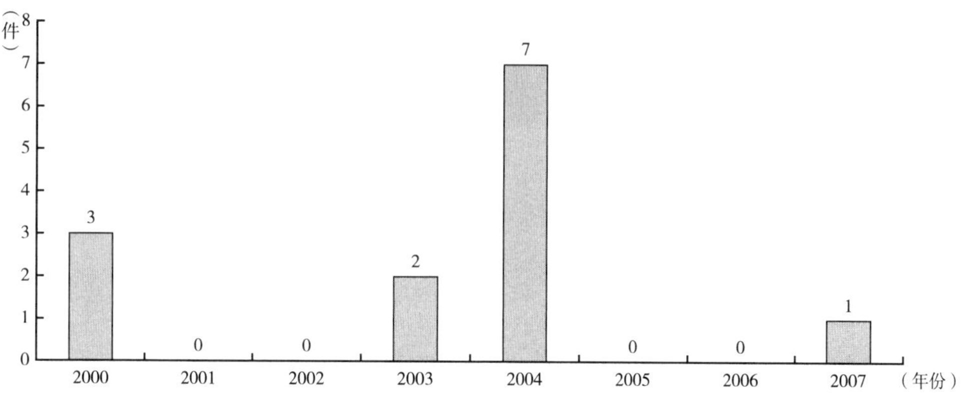

图 6-28　微软数字内容作品授权控制和内容下载技术专利申请量年度分布

（2）专利申请量区域分布

图 6-29 展示了微软数字内容作品授权控制和内容下载技术专利在“九国两组织”的申请情况。整体而言，微软在各国的专利布局比较均衡，在美国、德国、澳大利亚、俄罗斯、中国、日本、韩国、欧洲专利局和世界知识产权组织均进行了专利申请，其专利全球化布局的思路体现得比较明显。

（3）技术构成分布

如图 6-30 所示，微软关注的技术热点集中在授权控制、数据处理和内容下载方面。授权控制主要应用于自主出版应用示范平台，平台生成引导文件，引导文件中包含了用户请求的类型和生成授权证书的地址，可生成相应的授权证书，授权证书用于加解密文件。

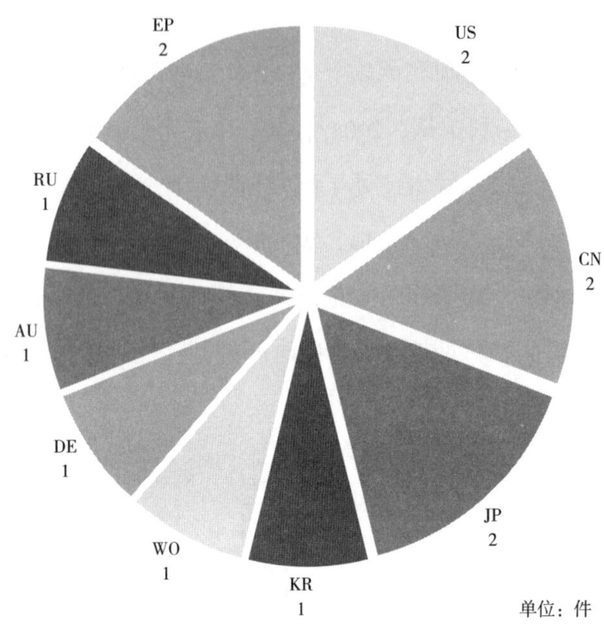

图 6-29 微软数字内容作品授权控制和内容下载技术专利在“九国两组织”的申请量

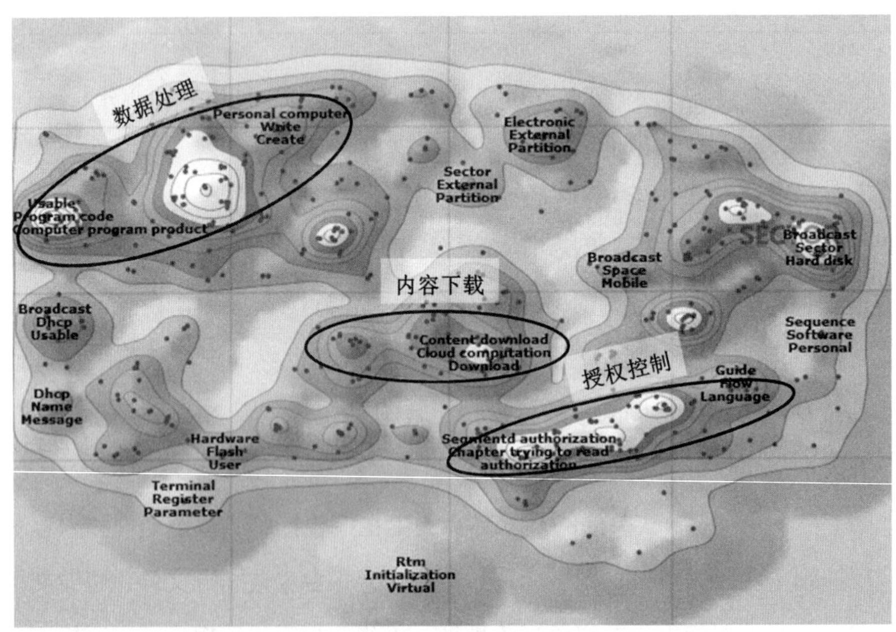

图 6-30 微软数字内容作品授权控制和内容下载技术构成分布

三　总结

（一）专利申请总体趋势

就整个行业专利申请状况来看，1999 年之前，由于技术门槛高和学科推广需要时间积累等原因，数字内容作品授权控制和内容下载技术领域的专利申请量很少，仅有 12 件。随着一系列国际性行业会议的举办，以及行业应用需求的逐渐增多，从 1999 年开始专利申请数量才出现实质性的增长，2014 年专利年申请量达到截至目前的峰值 47 件，这表明数字内容作品授权控制和内容下载技术发展进入成熟期。

（二）主要国家技术发展现状及趋势

1. 美国

作为数字内容作品授权控制和内容下载技术领域的先行者，美国在该技术领域的研究起步较早且发展较快，目前处于技术成熟期。这一技术领域的关键技术以及相关产品市场份额牢牢把握在 IBM 和微软等公司手中。

2. 日本

日本在数字内容作品授权控制和内容下载技术领域申请的专利数量较少，申请人数量也比较少，该技术在日本的发展一直处于不温不火的状态。

3. 韩国

韩国在数字内容作品授权控制和内容下载技术领域的发展情况与日本十分类似，申请人数量和专利申请数量均比较少，技术发展一直处于不温不火的状态。

4. 中国

中国在数字内容作品授权控制和内容下载技术领域的研究起步较晚，但发展潜力很大，目前正处于快速发展阶段。

根据以上各国技术发展现状的描述，总体来说，数字内容作品授权控制和内容下载技术在全球处于发展期，在少数发达国家（如韩国和日本）的发展处于不温不火的状态。

（三）主要申请人对比分析

通过对数字内容作品授权控制和内容下载技术领域的宏观分析，笔者得出专利申请量排名前三的申请人是 IBM、三星电子和微软。

1. 专利申请量比较

从专利申请量来看，IBM 拥有数字内容作品授权控制和内容下载技术专利申请 65 件，三星电子和微软各 13 件。其中，IBM 和三星电子作为行业的技术先行者，在技术研发初期便投入了相当大的研发力度。微软在数字内容作品授权控制和内容下载技术领域的研究起步较晚，直到 2000 年才有申请专利。

2. 专利资产地域布局分析

IBM、三星电子和微软为了贯彻专利全球化战略，均在许多国家进行了专利布局。IBM 的侧重点在本国市场的布局上。此外，IBM 在日本、英国、德国、中国、欧洲专利局和世界知识产权组织等国家和国际组织均布局了专利，便于随时发动专利诉讼。三星电子在韩国、美国、日本、德国、中国和欧洲专利局等国家和国际组织申请了专利。微软在美国、德国、澳大利亚、俄罗斯、中国、日本、韩国、欧洲专利局和世界知识产权组织等国家和国际组织申请了专利。

3. 技术热点分析

在数字内容作品授权控制和内容下载技术领域，微软重点关注授权控制、数据处理和内容下载技术。IBM 和三星电子未表现出明显的技术偏好。

第四节　超级分发授权控制及新授权申请技术

超级分发授权控制及新授权申请技术是数字版权保护领域的热门技术，实现了超级分发的数字内容作品只能阅读部分章节信息的权限控制，同时实现了用户在阅读超级分发数字内容作品时购买未授权章节的功能。围绕该技术的专利申请发轫于 20 世纪 90 年代中期，2005 年之前处于快速发展阶段，随后保持稳步发展态势，于 2013 年达到顶峰，从 2014 年开始专利年申请量略有回落。目前，该技术发展已趋于成熟。

一　专利检索

（一）检索结果概述

以超级分发授权控制及新授权申请技术为检索主题，在“九国两组织”范围内共检索到相关专利申请 7171 件，具体数量分布如表 6-40 所示。

表 6-40　“九国两组织”超级分发授权控制及新授权申请技术专利申请量

单位：件

国家 / 国际组织	专利申请量	国家 / 国际组织	专利申请量
US	2186	DE	58
CN	1324	RU	28
JP	1221	AU	238
KR	585	EP	572
GB	46	WO	887
FR	26	合计	7171

（二）“九国两组织”超级分发授权控制及新授权申请技术专利申请趋势

从专利检索结果来看，超级分发授权控制及新授权申请技术的专利申请集中在美国、中国、日本、韩国、欧洲专利局和世界知识产权组织。其中，中国的专利申请总量位列第二。从专利年申请量看，美国和中国的专利年申请量总体呈增长态势，美国在 2005 年达到 118 件，在 2013 年达到截至目前的最高值 213 件（见表 6-41、图 6-31）。可见该技术在美国的受重视程度。然而在欧洲的英国、法国和德国等国家，关于该技术的专利申请比较少。由于这一技术属于比较新的技术，将来会应用到更多的领域。

表 6-41　1994~2017 年“九国两组织”超级分发授权控制及新授权申请技术专利申请量

单位：件

国家 / 国际组织	专利申请量																	
	90	01	02	03	04	05	06	07	08	09	10	11	12	13	14	15	16	17
US	48	31	73	81	94	118	118	102	132	114	145	132	135	213	201	183	179	87
CN	7	8	10	19	32	54	49	68	88	90	97	98	121	138	148	115	106	76
JP	59	24	67	112	148	132	115	99	106	59	57	63	46	53	40	20	20	1
KR	4	4	4	9	19	40	25	34	54	62	55	58	39	59	43	42	26	8
GB	3	3	2	3	4	2	2	3	3	2	0	2	3	3	3	5	3	0
FR	0	1	1	1	0	1	2	1	4	0	6	3	3	1	1	1	0	0
DE	0	4	1	5	1	4	9	9	6	4	4	4	0	1	2	1	3	0
RU	2	0	0	1	1	1	2	1	0	5	5	3	3	1	3	0	0	0
AU	20	19	15	25	19	15	12	10	9	11	18	6	10	12	20	7	9	1
EP	23	16	16	34	32	36	47	35	39	40	34	48	36	46	38	35	17	0
WO	45	38	42	45	51	37	51	78	80	46	47	26	43	59	48	47	57	47
合计	211	148	231	335	401	440	432	440	521	433	468	443	439	586	547	456	420	220

注：“90”指 1994~2000 年的专利申请总量，“01~17”分别指 2001~2017 年当年的专利申请量。

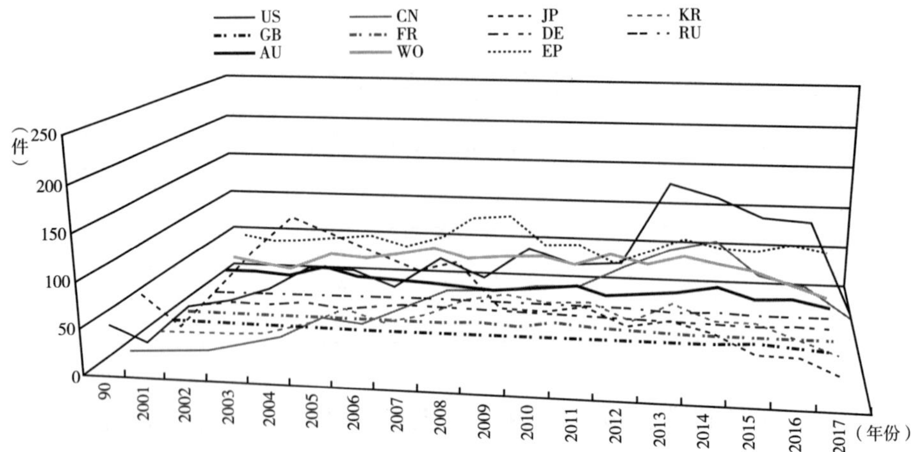

图 6-31 “九国两组织”超级分发授权控制及新授权申请技术专利申请趋势

注：“90”指 1994~2000 年的专利申请总量。

（三）“九国两组织”超级分发授权控制及新授权申请技术专利申请人排名

1994~2017 年“九国两组织”超级分发授权控制及新授权申请技术专利申请人排名情况如表 6-42 ~ 表 6-52 所示。

1. 美国申请人排名

表 6-42 美国超级分发授权控制及新授权申请技术专利申请人排名

序号	申请人	申请人国家	申请数量（件）	授权数量（件）
1	Microsoft Corp.	美国	132	57
2	IBM Corp.	美国	124	48
3	Sony Corp.	日本	41	11
4	ContentGuard Holdings Inc.	美国	37	9
5	Semiconductor Energy Lab	日本	25	4

2. 中国申请人排名

表 6-43 中国超级分发授权控制及新授权申请技术专利申请人排名

序号	申请人	申请人国家	申请数量（件）	授权数量（件）
1	Huawei Tech. Co. Ltd.（华为）	中国	56	21
2	Sony Corp.	日本	35	12
3	Microsoft Corp.	美国	34	15
4	Panasonic Corp.	日本	34	12
5	Koninkl Philips Electronics N.V.	荷兰	23	4

3. 日本申请人排名

表 6-44　日本超级分发授权控制及新授权申请技术专利申请人排名

序号	申请人	申请人国家	申请数量（件）	授权数量（件）
1	Sony Corp.	日本	82	28
2	Panasonic Corp.	日本	63	19
3	Nippon Telegraph & Telephone	日本	61	6
4	Canon K.K.	日本	46	10
5	Fujitsu Ltd.	日本	43	19

4. 韩国申请人排名

表 6-45　韩国超级分发授权控制及新授权申请技术专利申请人排名

序号	申请人	申请人国家	申请数量（件）	授权数量（件）
1	Samsung Electronics Co. Ltd.	韩国	31	10
2	Korea Electronics & Telecommun. Adv. Inst.	韩国	22	8
3	LG Electronics Inc.	韩国	19	3
4	Korea Electronics & Telecommun. Res. Inst.	韩国	17	13
5	Qualcomm Inc.	美国	16	8

5. 英国申请人排名

表 6-46　英国超级分发授权控制及新授权申请技术专利申请人排名

序号	申请人	申请人国家	申请数量（件）	授权数量（件）
1	Crosslogix Inc.	美国	4	2
2	Sony Corp.	日本	4	0
3	Kingston University Higher Education Corp.	英国	3	0
4	Vodafone PLC	英国	3	0
5	ARM IP Ltd.	英国	2	0

6. 法国申请人排名

表 6-47 法国超级分发授权控制及新授权申请技术专利申请人排名

序号	申请人	申请人国家	申请数量（件）	授权数量（件）
1	Int Currency Tech.（吉鸿电子）	中国台湾	3	2
2	SFR S.A.	法国	2	0
3	Thales S.A.	法国	2	0
4	Groupe Ecoles Telecomm	法国	2	0

7. 德国申请人排名

表 6-48 德国超级分发授权控制及新授权申请技术专利申请人排名

序号	申请人	申请人国家	申请数量（件）	授权数量（件）
1	ContentGuard Holdings Inc.	美国	5	2
2	IBM Corp.	美国	4	2
3	Siemens A.G.	德国	4	2
4	Koito MFG Co. Ltd.	日本	2	1
5	Viatech Technologies Inc.（威盛电子）	中国台湾	2	1

8. 俄罗斯申请人排名

表 6-49 俄罗斯超级分发授权控制及新授权申请技术专利申请人排名

序号	申请人	申请人国家	申请数量（件）	授权数量（件）
1	Inka Entworks Inc.	韩国	4	0
2	Koninkl Philips Electronics N.V.	荷兰	3	2
3	Microsoft Corp.	美国	3	1
4	LG Electronics Inc.	韩国	2	0
5	Kidde Technologies Inc.	美国	1	0

9. 澳大利亚申请人排名

表 6-50　澳大利亚超级分发授权控制及新授权申请技术专利申请人排名

序号	申请人	申请人国家	申请数量（件）	授权数量（件）
1	Entriq Inc.	美国	13	7
2	IBM Corp.	美国	7	1
3	Intertrust Tech. Corp.	美国	6	3
4	Microsoft Corp.	美国	6	2
5	Corestreet Ltd.	美国	6	2

10. 欧洲专利局申请人排名

表 6-51　欧洲专利局超级分发授权控制及新授权申请技术专利申请人排名

序号	申请人	申请人国家	申请数量（件）	授权数量（件）
1	Microsoft Corp.	美国	28	5
2	Sony Corp.	日本	21	2
3	Intertrust Tech. Corp.	美国	16	5
4	Panasonic Corp.	日本	14	1
5	Ericsson Telefon AB L.M.	瑞典	13	0

11. 世界知识产权组织申请人排名

表 6-52　世界知识产权组织超级分发授权控制及新授权申请技术专利申请人排名

序号	申请人	申请人国家	申请数量（件）
1	Microsoft Corp.	美国	27
2	Panasonic Corp.	日本	27
3	Koninkl Philips Electronics N.V.	荷兰	25
4	General Instrument Corp.	美国	13
5	Sony Corp.	日本	12

二　专利分析

（一）技术发展趋势分析

图 6-32 展示了 1994~2017 年超级分发授权控制及新授权申请技术专利的年度申

请情况：在 2005 年之前，该技术的专利年申请量呈快速上升的发展态势；2005~2007 年发展比较平稳；之后呈波动式发展态势，专利年申请量保持在四五百件。互联网技术的快速发展以及移动终端的出现，促进了数字内容移动出版的发展，进而带动了超级分发授权控制及新授权申请技术的发展。目前，该技术发展进入成熟阶段，技术再创新难度增大。

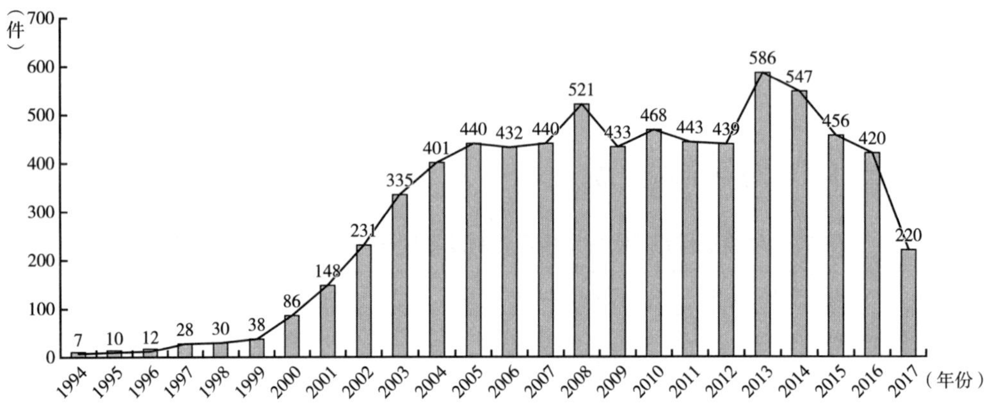

图 6-32 超级分发授权控制及新授权申请技术专利申请量年度分布

（二）技术路线分析

图 6-33 从专利发展的视角展示了超级分发授权控制及新授权申请技术的发展路线。1994 年 1 月 19 日，出现了第一件与数字内容分发授权控制相关的专利。之后，随着消费者对数字内容服务需求的不断增长，出现了很多数字内容权限管理技术方面的核心专利。中国在这一技术领域的研究起步比较晚，但是发展速度比较快，申请了很多技术专利，如对超级分发的数字内容作品采取分段加密方式进行加密的专利等。

（三）主要专利申请人分析

1994~2017 年在超级分发授权控制及新授权申请技术领域，专利申请量排名前三的申请人分别为微软、索尼和松下电器。微软拥有相关专利申请 264 件，索尼拥有 197 件，松下电器拥有 144 件。从专利资产地域分布来看，微软将一半的专利布局在美国，索尼和松下电器的专利主要分布在其本部所在地日本。

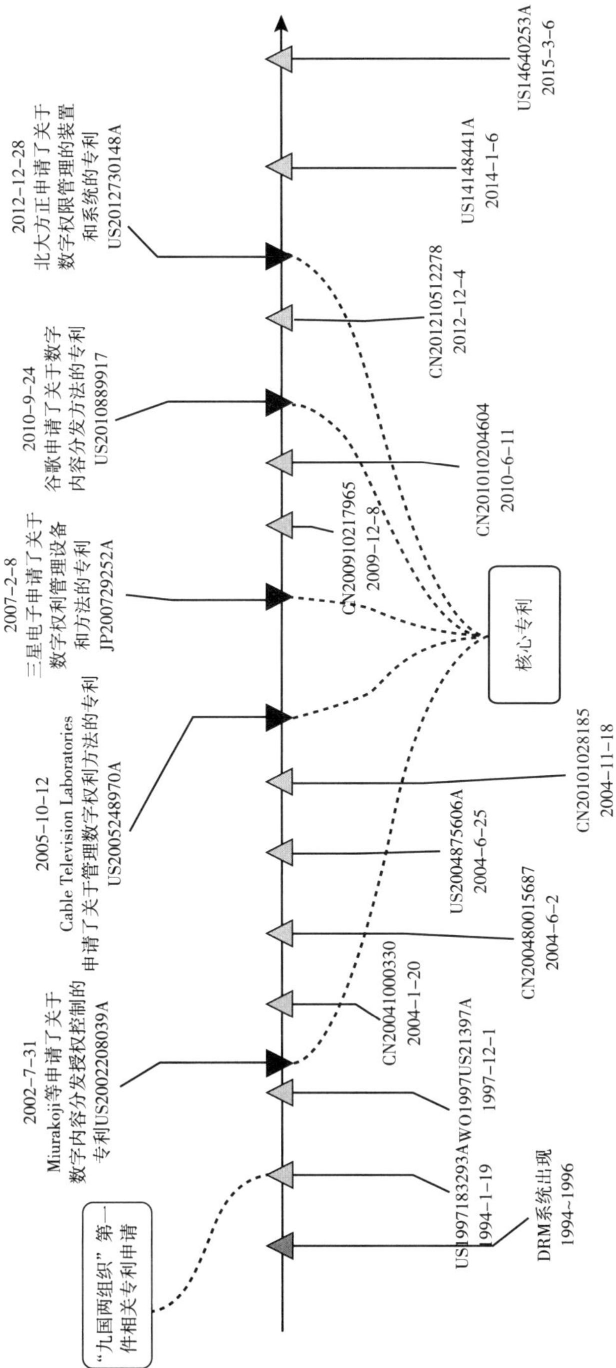

图 6-33 超级分发授权控制及新授权申请技术发展路线

1. 申请量排名第一的专利申请人——微软

（1）专利申请量

图 6-34 展示了微软超级分发授权控制及新授权申请技术专利的年度申请情况。可以看出，微软关于超级分发授权控制及新授权申请技术的专利申请总量并不多，申请量较多的年份为 2003 年和 2004 年。2003 年微软发布了新的数字版权保护软件，将超级分发授权控制及新授权申请技术应用在权限设置方面是其研究的一个方向，这一定程度带动了这一技术的发展。

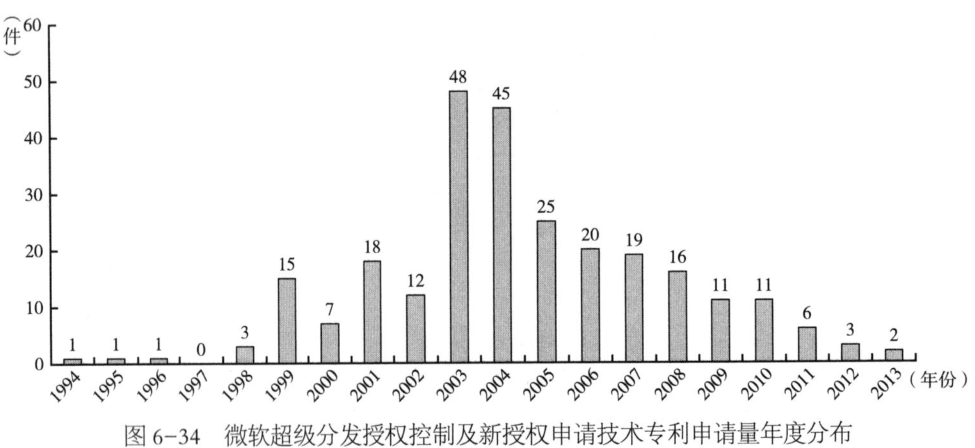

图 6-34 微软超级分发授权控制及新授权申请技术专利申请量年度分布

（2）专利申请量区域分布

图 6-35 是微软超级分发授权控制及新授权申请技术专利在“九国两组织”的申请情况。可以看出，微软关于这一技术的专利申请主要分布在美国，这主要是由于微软本部和主要目标市场位于美国，并且美国也是其专利诉讼频繁的地区。此外，微软在中国也布局了较多专利。微软 2006 年分别授权深圳科通集团和湖南拓维信息技术股份有限公司使用由微软亚洲研究院研发的 3 项前沿技术，这是微软专利技术合作项目自 2005 年 5 月启动以来首度与中国公司合作，也说明微软开始在中国通过专利技术授权的方式进行扩张。微软在日本、韩国、澳大利亚、俄

罗斯、德国、欧洲专利局和世界知识产权组织也进行了专利申请，其专利全球化战略体现得十分明显。

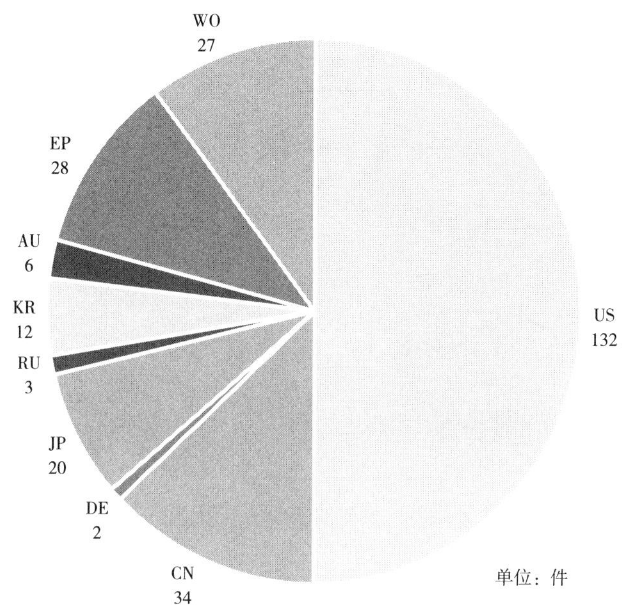

图 6-35　微软超级分发授权控制及新授权申请技术专利在“九国两组织”的申请量

（3）技术构成分布

在超级分发授权控制及新授权申请技术领域，微软关注度较高的技术为节点技术、授权控制技术和授权合并技术（见图 6-36）。在数字内容进行超级分发和新授权申请时，首先对数字内容作品进行封装和分段加密，加密完成后生成超级分发的免费章节授权证书，该证书中记录着免费分发的章节授权信息，然后将该证书保存在数字内容作品的内容文件中，同时将包含该超级分发的数字内容作品的销售系统接口地址保存到内容文件中，从而实现免费阅读部分章节、其余章节支持购买的功能。微软将免费章节和需要购买的章节的授权信息组成授权合集，并和内容文件保存在一起，使数字内容的超级分发使用更加便捷。

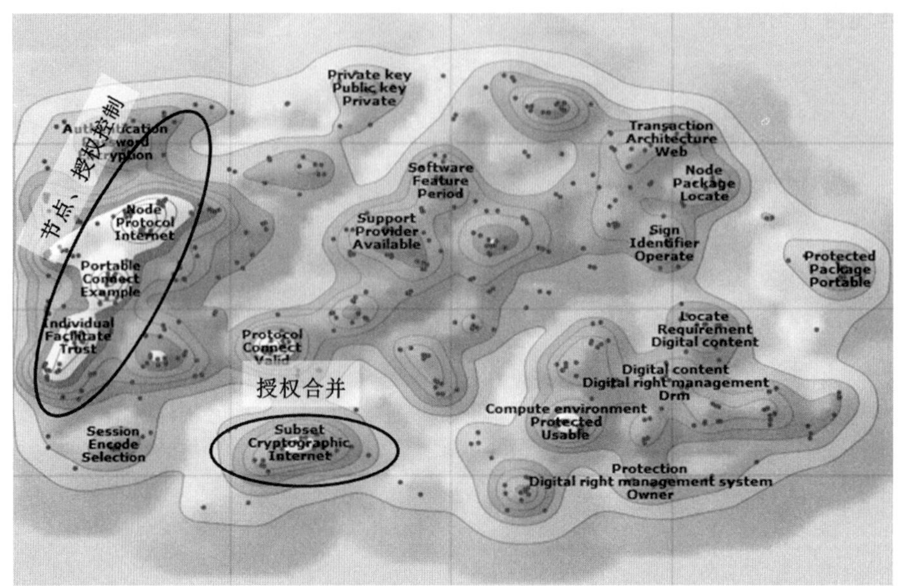

图 6-36　微软超级分发授权控制及新授权申请技术构成分布

2. 申请量排名第二的专利申请人——索尼

（1）专利申请量

图 6-37 展示了索尼在超级分发授权控制及新授权申请技术领域专利申请量的年度分布情况。1999~2003 年是索尼在这一技术领域的快速发展期，专利年申请量增速很快，于 2003 年达到截至目前的峰值 28 件。这与 1996 年欧盟发布《信息社会 2000 计划》有一定关系。这一计划的发布使全球主要发达国家逐渐关注数字内容产业和研究数字版权保护技术，作为日本互联网和通信电子技术实力较强的索尼当然不会放过这个机会，其加大了对数字版权保护技术关键技术之一——超级分发授权控制及新授权申请技术的研究和专利申请。随着技术的成熟，技术再创新难度越来越大，2004 年以来索尼在这一技术领域的专利年申请量有所下滑，2007~2009 年出现了一个发展小高峰，之后又有所回落。

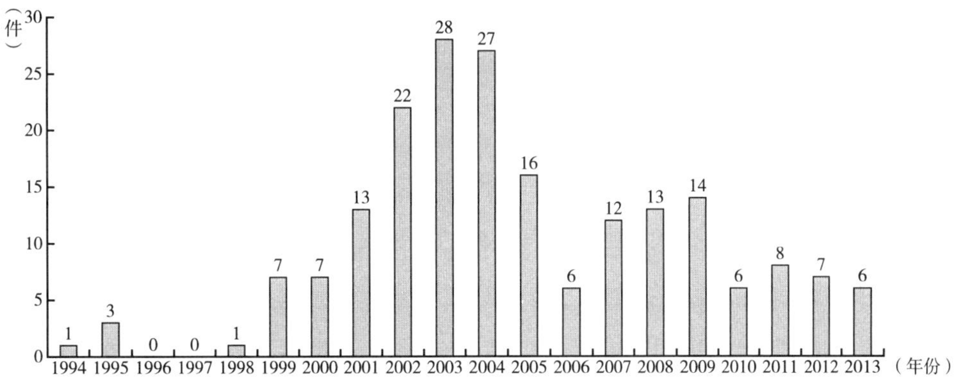

图 6-37　索尼超级分发授权控制及新授权申请技术专利申请量年度分布

（2）专利申请量区域分布

图 6-38 展示了索尼超级分发授权控制及新授权申请技术专利在“九国两组织”的申请情况。索尼在全球的主要市场为日本、美国、中国和欧洲，其在这一技术领域的专利申请也主要分布在这些国家和地区。美国是索尼最为看重的海外市场，索尼在美国的专利申请量为 41 件，仅次于其在本部所在地日本的专利申请量。中国也是索尼比较看重的市场，索尼在中国的专利申请量为 35 件，排名第三，索尼早在 1980 年

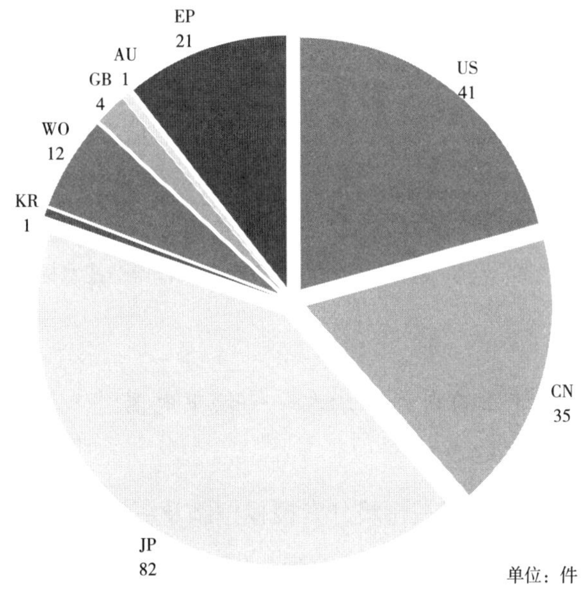

图 6-38　索尼超级分发授权控制及新授权申请技术专利在“九国两组织”的申请量

便在中国设立了办事处，后来陆续在中国的几个一线城市都成立了分公司。另外，索尼在欧洲也有不少专利申请，索尼通过欧洲专利局申请的专利为21件。

（3）技术构成分布

在超级分发授权控制及新授权申请技术领域，索尼关注度较高的技术为授权许可技术（见图6-39）。当用户阅读到没有授权的章节后，点击购买按钮，客户端阅读器向内容文件中记录的数字内容销售系统接口发送请求，该接口返回可以购买到该数字作品的销售系统地址，用户即可实现对数字内容作品的购买，购买完成后系统重新发送授权。

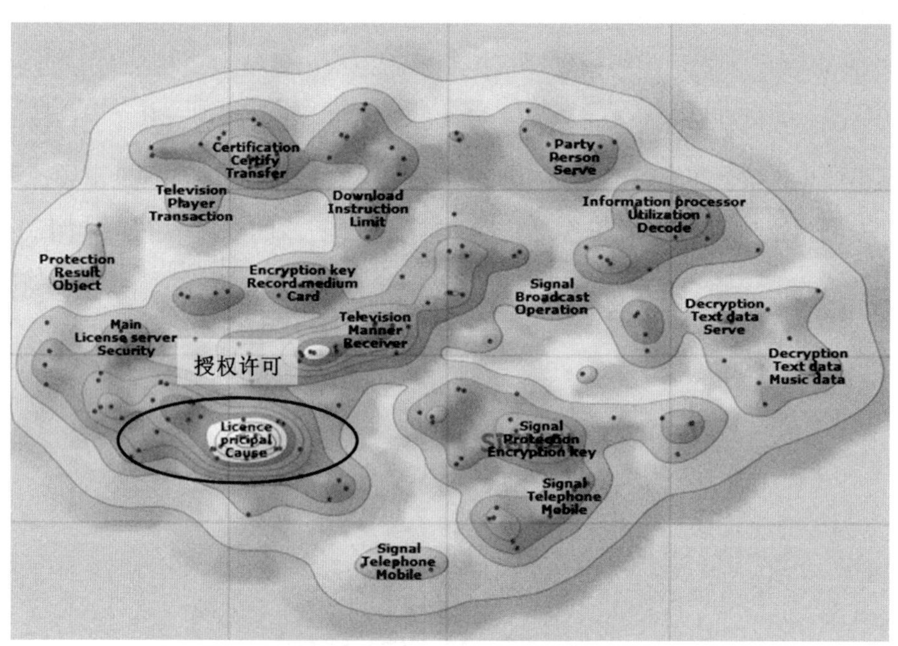

图6-39 索尼超级分发授权控制及新授权申请技术构成分布

3. 申请量排名第三的专利申请人——松下电器

（1）专利申请量

图6-40展示了松下电器在超级分发授权控制及新授权申请技术领域专利申请量的年度分布情况。松下电器在这一技术领域的研究起步较早，但发展较为缓慢。2002年松下电器的专利申请量激增，但2003年有所回落，2004年再次出现激增，并达到

专利年申请量峰值。2004 年出现发展高峰与日本经贸部 2003 年专门成立内容产业全球策略委员会有很大关系，该委员会在促进和协调数字内容产业的迅速健康发展方面发挥了较大作用。

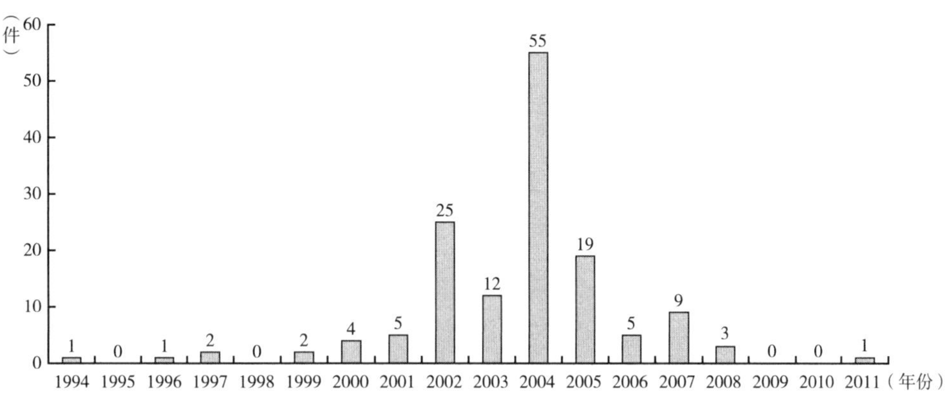

图 6-40　松下电器超级分发授权控制及新授权申请技术专利申请量年度分布

（2）专利申请量区域分布

图 6-41 展示了松下电器超级分发授权控制及新授权申请技术专利在“九国两组织”的申请情况。松下电器总部位于日本大阪，在日本的专利布局最多。中国是松下电器最为看重的海外市场之一，松下电器在中国申请了 34 件专利，松下电器（中国）有限公司成立于 1994 年，成立时间很早，而且发展迅猛，在 2002 年已经实现了独资。松下电器通过 PCT 申请了 27 件专利。此外，其在欧洲专利局、韩国和美国分别申请了 14 件、4 件和 2 件专利。松下电器没有把美国作为主要市场之一，可能是为了避免与美国大型公司的竞争。

（3）技术构成分布

在超级分发授权控制及新授权申请技术领域，松下电器关注度较高的技术为许可证的使用（见图 6-42）。在数字内容超级分发时，试读免费章节和购买新章节的功能都需要证书授权来保障，故许可证的安全使用管理是实现数字内容安全分发的关键一步。

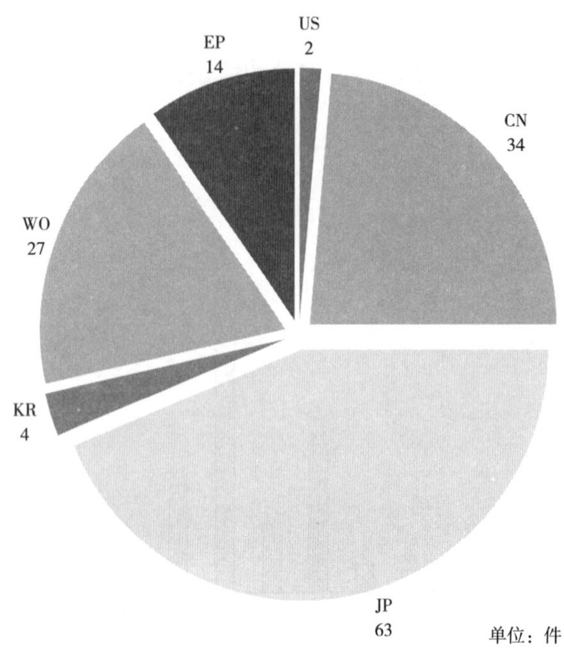

图 6-41 松下电器超级分发授权控制及新授权申请技术专利在“九国两组织”的申请量

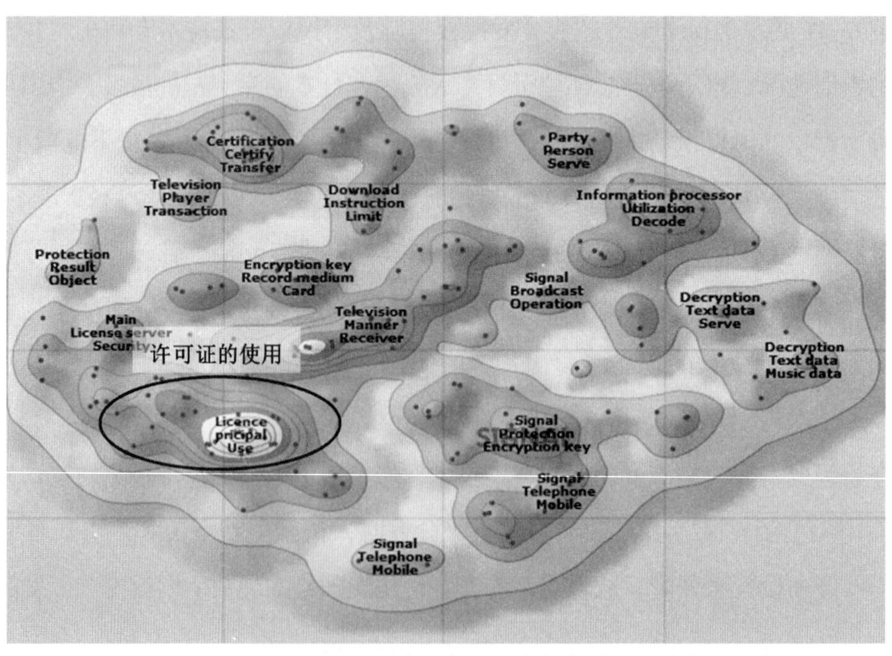

图 6-42 松下电器超级分发授权控制及新授权申请技术构成分布

三　总结

（一）专利申请总体趋势

就整个行业专利申请状况来看，超级分发授权控制及新授权申请技术专利最早出现在 1994 年，最初应用在计算机信息安全领域。随着数字内容产业的快速发展，超级分发授权控制及新授权申请技术成为数字版权保护技术领域的重要技术，2005 年之前专利年申请量一直快速增长，技术不断进步和创新。但是随着技术越来越成熟，已经能够满足数字版权保护的大部分需求，技术创新也逐渐遇到瓶颈，2008 年以后专利年申请量有所减少，但整体比较稳定。2013 年专利申请量出现激增，达到截至目前的峰值。这主要受美国和中国技术发展的推动。

（二）主要国家技术发展现状及趋势

1. 美国

美国作为超级分发授权控制及新授权申请技术领域的先行者，对该技术的研究起步早且发展快。目前，美国市场呈现巨头向寡头发展的趋势，技术发展也已进入稳定发展的阶段，专利申请量并未出现大幅度的下降趋势。

2. 日本

作为美国的主要竞争者之一，日本在 1994 年就有了超级分发授权控制及新授权申请技术领域的专利申请，2004 年就发明了难以被破解的 2048 位的密钥。该技术在日本很早就达到了成熟阶段，现在处于衰退期。

3. 韩国

韩国在这一技术领域的研究起步比较晚，在 2000 年左右才有一定数量的专利申请，经过了 10 余年的稳步发展，目前处于技术成熟期。目前，三星电子和 LG 等企业在移动数字内容方面已有所建树，进行技术创新的难度越来越大。

4. 中国

在超级分发授权控制及新授权申请技术领域，中国共有 1324 件专利申请。2001~2014 年中国的专利年申请量总体呈持续快速增长态势，2015 年的专利申请量有所回落，但仍处于高位。目前，该技术在中国处于成熟期。

根据以上国家技术发展现状的描述，总体来说，超级分发授权控制及新授权申请技术在全球处于成熟期，在日本已处于衰退期。

（三）主要申请人对比分析

通过对超级分发授权控制及新授权申请技术领域的宏观分析，笔者得出行业内的三个主要申请人是微软、索尼和松下电器。

1. 专利申请量比较

从专利申请量来看，微软在这一技术领域拥有264件专利申请，索尼有197件，松下电器有144件。其中，微软的专利申请集中在1999~2010年，这几年也是数字内容从出现到快速发展到成熟的几年。索尼的情况和微软类似。松下电器除了在2004年有较多专利申请，其他年份的申请量都不多。

2. 专利资产地域布局分析

微软在美国的申请量为132件，占其在这一技术领域的专利申请总量的50%，远高于其在其他国家和地区的专利申请量。索尼在日本、中国和美国都有不少专利申请，日本为82件、美国为41件、中国为35件，在欧洲专利局、韩国、英国和澳大利亚也有少量专利申请，这表明索尼在为进军全球市场做准备。松下电器的专利申请集中在日本、中国和世界知识产权组织。

3. 技术热点分析

在超级分发授权控制及新授权申请技术领域，微软主要关注节点技术、授权控制技术和授权合并技术，尤其是授权合并技术。索尼主要关注授权许可技术。松下电器则主要关注许可证使用方面的技术。

第五节　授权管理技术

授权管理技术是数字版权保护领域比较成熟的技术，通过对系统密钥的生成、存储、分发、更新和撤销的全过程管理和控制，实现运营系统对设备商及设备、制作商及节目内容的有效授权管理。围绕该技术的专利申请发轫于20世纪90年代中期，从2003年开始快速增长，于2008年达到顶峰，2009~2012年经历了短暂下降与反弹，之后趋于平稳，从2014年开始呈持续下降态势，这表明该技术发展已基本成熟。

一　专利检索

（一）检索结果概述

以授权管理技术为检索主题，在“九国两组织”范围内共检索到相关专利申请2980件，具体数量分布如表6-53所示。

表6-53　“九国两组织”授权管理技术专利申请量

单位：件

国家 / 国际组织	专利申请量	国家 / 国际组织	专利申请量
US	880	DE	24
CN	555	RU	27
JP	447	AU	91
KR	345	EP	283
GB	23	WO	296
FR	9	合计	2980

（二）“九国两组织”授权管理技术专利申请趋势

自20世纪90年代中期至21世纪初期，授权管理技术在“九国两组织”大部分国家和地区的应用进展得非常缓慢，仅美国、中国、日本和澳大利亚等国对该技术略有研究。从2003年开始，美国、中国、日本和韩国等国家对该技术的研究力度逐步加大，专利年申请量总体呈增长态势。其中，美国的发展最为迅速。俄罗斯、英国、德国和法国等国家对该技术的研究很少，专利年申请量均在10件以内（见表6-54、图6-43）。整体来说，美国在授权管理技术领域处于主导地位，亚洲的中国、日本和韩国紧随其后。

表6-54　1994~2017年“九国两组织”授权管理技术专利申请量

单位：件

国家 / 国际组织	专利申请量																	
	90	01	02	03	04	05	06	07	08	09	10	11	12	13	14	15	16	17
US	3	5	12	21	22	32	46	43	73	63	68	49	81	93	94	76	71	28
CN	3	3	2	6	5	27	31	39	37	69	53	52	62	65	35	29	19	18
JP	21	13	5	19	25	33	34	50	34	24	35	48	38	33	18	9	5	3

续表

国家 / 国际组织	专利申请量																	
	90	01	02	03	04	05	06	07	08	09	10	11	12	13	14	15	16	17
KR	0	1	0	3	6	21	17	27	37	47	31	47	21	30	30	14	12	1
GB	1	0	0	1	3	1	4	1	1	6	1	0	0	0	2	1	1	0
FR	0	0	0	0	0	0	1	3	1	1	1	0	1	1	0	0	0	0
DE	0	0	0	1	1	1	3	2	3	5	4	2	1	0	1	0	0	0
RU	0	0	0	0	0	0	0	2	2	4	5	3	4	3	4	0	0	0
AU	6	5	2	9	6	3	9	3	14	6	5	4	2	4	3	3	3	4
EP	4	9	0	8	8	20	14	24	42	28	18	19	27	18	18	18	7	1
WO	9	9	9	11	14	20	30	28	37	16	13	14	25	12	15	14	15	5
合计	47	45	30	79	90	158	189	222	281	269	234	238	262	259	220	164	133	60

注："90" 指 1994~2000 年的专利申请总量，"01~17" 分别指 2001~2017 年当年的专利申请量。

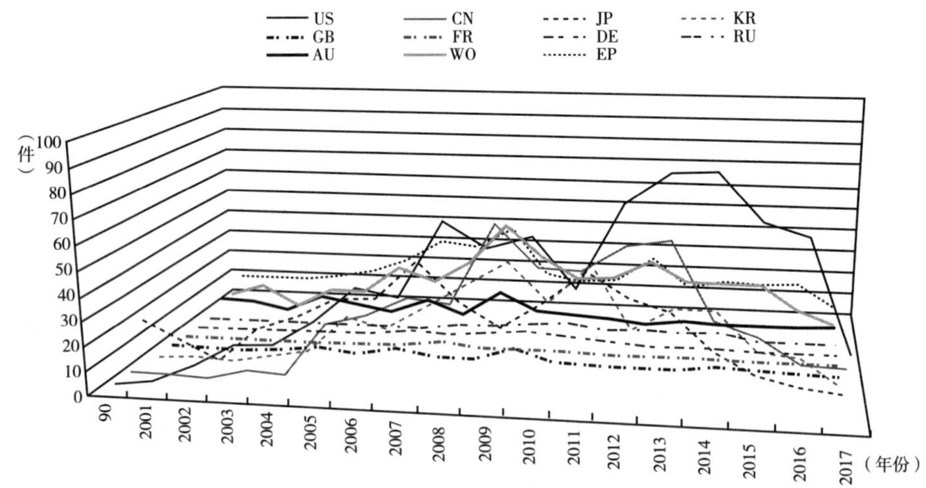

图 6-43 "九国两组织" 授权管理技术专利申请趋势

注："90" 指 1994~2000 年的专利申请总量。

（三）"九国两组织" 授权管理技术专利申请人排名

1994~2017 年 "九国两组织" 授权管理技术专利申请人排名情况如表 6-55 ~ 表 6-65 所示。

1. 美国申请人排名

表 6-55　美国授权管理技术专利申请人排名

序号	申请人	申请人国家	申请数量（件）	授权数量（件）
1	Microsoft Corp.	美国	51	18
2	Samsung Electronics Co. Ltd.	韩国	45	6
3	IBM Corp.	美国	26	9
4	Intertrust Tech. Corp.	美国	23	9
5	Toshiba K.K.	日本	12	3

2. 中国申请人排名

表 6-56　中国授权管理技术专利申请人排名

序号	申请人	申请人国家	申请数量（件）	授权数量（件）
1	Samsung Electronics Co. Ltd.	韩国	36	15
2	Huawei Tech. Co. Ltd.（华为）	中国	20	5
3	Hitachi Ltd.	日本	18	10
4	Microsoft Corp.	美国	17	7
5	ZTE Corp.（中兴）	中国	17	5

3. 日本申请人排名

表 6-57　日本授权管理技术专利申请人排名

序号	申请人	申请人国家	申请数量（件）	授权数量（件）
1	Toshiba K.K.	日本	34	19
2	Sony Corp.	日本	30	7
3	Hitachi Ltd.	日本	26	18
4	Samsung Electronics Co. Ltd.	韩国	24	11
5	Microsoft Corp.	美国	20	8

4. 韩国申请人排名

表 6-58　韩国授权管理技术专利申请人排名

序号	申请人	申请人国家	申请数量（件）	授权数量（件）
1	Samsung Electronics Co. Ltd.	韩国	65	18
2	LG Electronics Inc.	韩国	29	9
3	Korea Electronics & Telecommun. Res. Inst.	韩国	10	1
4	Microsoft Corp.	美国	9	3
5	Toshiba K.K.	日本	3	1

5. 英国申请人排名

表 6-59　英国授权管理技术专利申请人排名

序号	申请人	申请人国家	申请数量（件）	授权数量（件）
1	Toshiba K.K.	日本	4	0
2	Realnetworks Inc.	美国	2	0
3	Sealedmedia Ltd.	英国	2	0
4	Crisp Telecom. Ltd.	英国	1	0
5	IBM Corp.	美国	1	0

6. 法国申请人排名

表 6-60　法国授权管理技术专利申请人排名

序号	申请人	申请人国家	申请数量（件）	授权数量（件）
1	Thales S.A.	法国	2	0
2	Canon K.K.	日本	1	0
3	Viaccess S.A.	法国	1	0
4	Trusted Logic S.A.	法国	1	0

7. 德国申请人排名

表 6-61　德国授权管理技术专利申请人排名

序号	申请人	申请人国家	申请数量（件）	授权数量（件）
1	Samsung Electronics Co. Ltd.	韩国	3	3
2	Realnetworks Inc.	美国	2	0
3	Cryptography Res. Inc.	美国	2	0
4	Huawei Tech. Co. Ltd.（华为）	中国	2	0
5	Thomson Licensing S.A.	法国	2	0

8. 俄罗斯申请人排名

表 6-62　俄罗斯授权管理技术专利申请人排名

序号	申请人	申请人国家	申请数量（件）	授权数量（件）
1	Samsung Electronics Co. Ltd.	韩国	4	1
2	Assa Abloy AB	瑞典	3	1
3	Koninkl Philips Electronics N.V.	荷兰	3	0
4	Qualcomm Inc.	美国	2	0
5	LG Electronics Inc.	韩国	2	0

9. 澳大利亚申请人排名

表 6-63　澳大利亚授权管理技术专利申请人排名

序号	申请人	申请人国家	申请数量（件）	授权数量（件）
1	Samsung Electronics Co. Ltd.	韩国	22	12
2	General Instrument Corp.	美国	8	0
3	IGT Reno Nev	美国	6	3
4	Intertrust Tech. Corp.	美国	4	1
5	Dropbox Inc.	美国	3	1

10. 欧洲专利局申请人排名

表 6-64　欧洲专利局授权管理技术专利申请人排名

序号	申请人	申请人国家	申请数量（件）	授权数量（件）
1	Microsoft Corp.	美国	29	4
2	Samsung Electronics Co. Ltd.	韩国	27	5
3	Ericsson Telefon AB	瑞典	14	4
4	General Instrument Corp.	美国	11	1
5	Toshiba K.K.	日本	7	2

11. 世界知识产权组织申请人排名

表 6-65　世界知识产权组织授权管理技术专利申请人排名

序号	申请人	申请人国家	申请数量（件）
1	General Instrument Corp.	美国	20
2	Microsoft Corp.	美国	12
3	Medvinsky Alexander	美国	11
4	Samsung electronics Co. Ltd.	韩国	11
5	Ericsson Telefon AB L.M.	瑞典	10

二　专利分析

（一）技术发展趋势分析

从图 6-44 可以看出，自 20 世纪 90 年代中期至 2008 年，随着全球数字版权保护热潮的兴起，授权管理技术专利申请量呈持续增长态势，并于 2008 年达到巅峰状态，这一阶段为该技术的快速发展阶段，竞争趋于白热化。然而 2009~2013 年，随着全球授权管理技术不断成熟，专利年申请量逐渐趋于平稳。2014 年以来，该技术研究热度下降，专利年申请量呈负增长，主要原因是授权管理技术已相对成熟，已能满足当前应用需求，且技术再创新难度大。

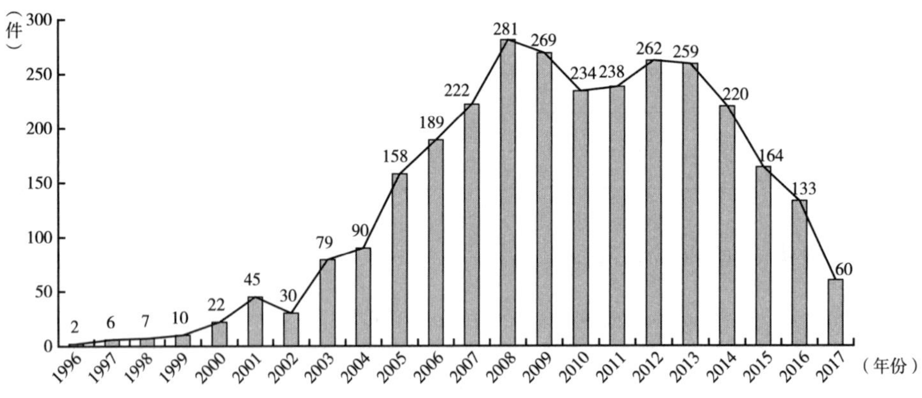

图 6-44　授权管理技术专利申请量年度分布

（二）技术路线分析

1996 年 1 月 31 日，诞生了授权管理技术领域的第一件专利——关于认证客户机的系统及方法。1997 年 6 月 30 日，微软申请了关于机密数据的保护和存储的核心专利。1998 年 8 月 7 日，日本电报电话公司申请了关于通信终端服务器管理系统的核心专利。2000 年 3 月 9 日，诺基亚申请了关于电信网络中安全传输方法的核心专利。2004 年 1 月 23 日，三星电子申请了关于在内部网络管理多媒体内容的系统和方法的核心专利。之后，相继出现若干本领域重点专利申请（见图 6-45）。

在授权管理技术发展初期，出现的技术大多比较核心和基础，之后被引用得也比较多。而授权管理技术领域的关键技术则是在数字版权保护技术发展到一定阶段，为

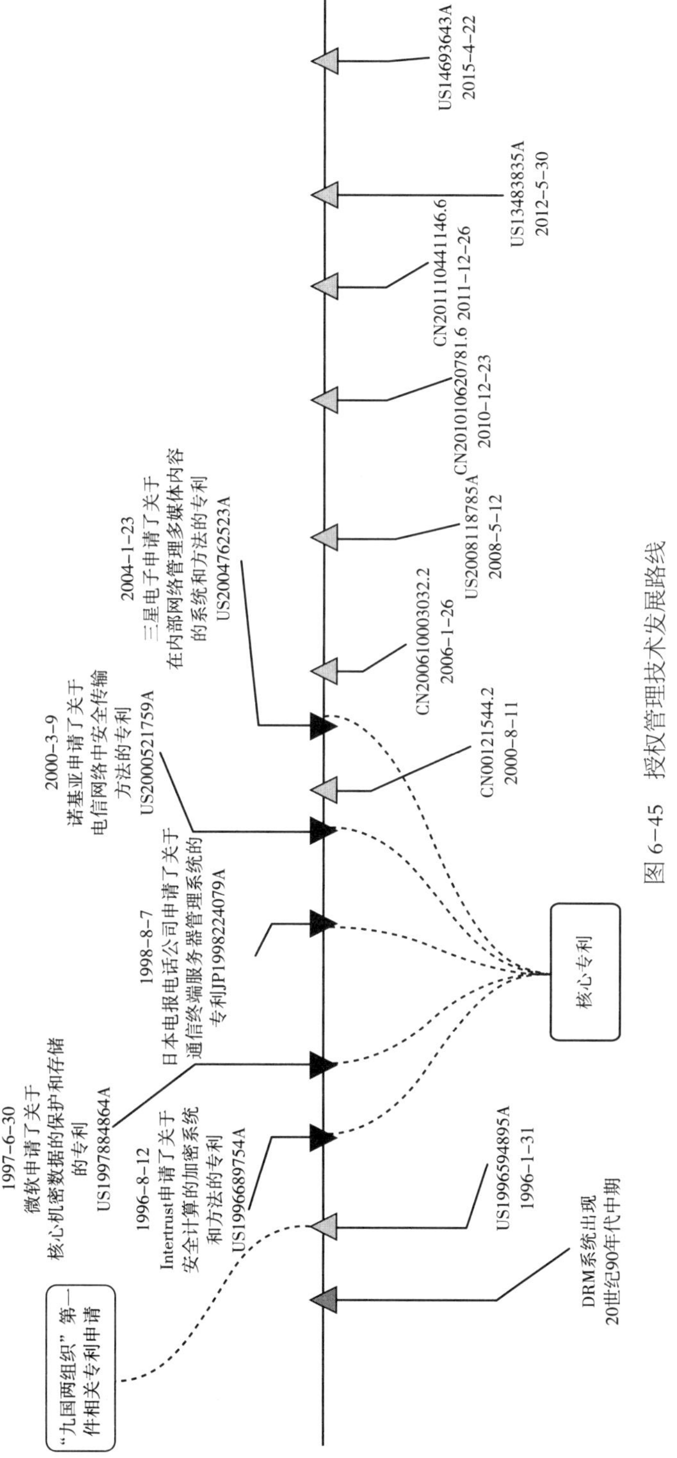

图 6-45　授权管理技术发展路线

解决数字版权领域某些关键问题而研发的。随着版权诉讼风波日益增多，中国陆续出现了解决现阶段数字版权保护问题的关键技术，如 2000 年 8 月 11 日出现了关于计算机网络身份认证的关键技术；2006 年 1 月 26 日出现了数字版权管理的解码技术；2011 年 12 月 26 日出现了基于标识的密码技术等。可以看出，授权管理技术领域的核心专利出现的时间大多在技术发展期，而授权管理技术领域的关键性专利大多出现在技术成熟期。

（三）主要专利申请人分析

通过对授权管理技术专利检索结果的统计和初步分析，笔者得到在“九国两组织”范围内专利申请量排名前三的申请人分别是三星电子、微软和东芝，专利申请量分别是 237 件、141 件和 68 件。

1. 申请量排名第一的专利申请人——三星电子

（1）专利申请量

三星电子在授权管理技术领域的专利申请量居全球首位，从图 6-46 可以看出其发展态势与该技术在全球的发展态势基本相同。在 2005 年之前，三星电子在该领域投入的研究很少。从 2005 年开始，随着全球互联网的蓬勃发展、智能电子产品的问世，尤其是三星电子的电子书、电子阅览器与电子杂志的发展需要，三星电子在该领域的专利申请量激增，2009 年之前，三星电子在该技术领域的研究都比较火热。然而自 2009 年以来，随着技术逐渐成熟，技术发展面临着新方法和新技术的突破难点，三星电子在该领域的专利年申请量有所下降，但整体波动不大。从 2015 年开始，三星电子的专利年申请量下降较多。

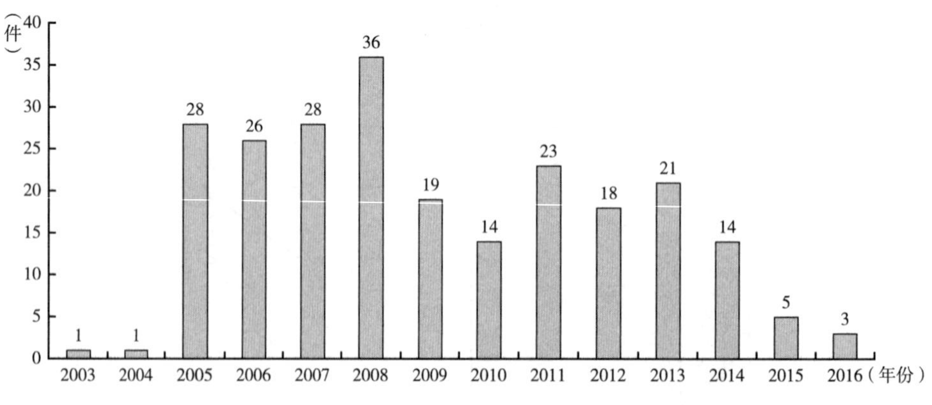

图 6-46　三星电子授权管理技术专利申请量年度分布

（2）专利申请量区域分布

三星电子总部位于韩国，在授权管理技术领域，三星电子的市场遍布欧洲及亚太地区的多个国家，而三星电子在该技术领域的专利布局集中在韩国、美国、中国和日本等国家（见图 6-47），因为这些国家是近年来其专利纠纷的多发地带。

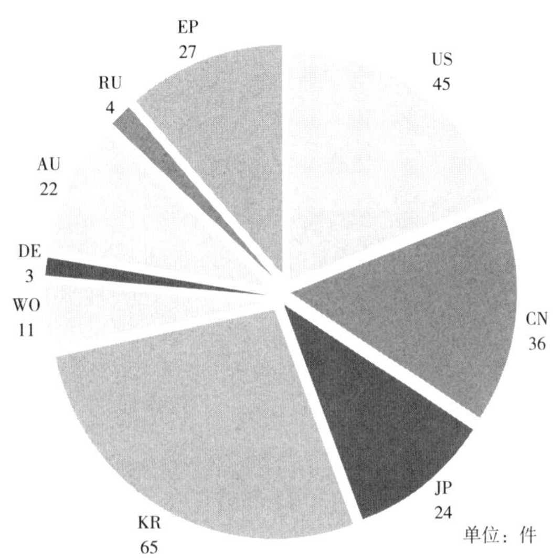

图 6-47　三星电子授权管理技术专利在“九国两组织”的申请量

（3）技术构成分布

图 6-48 是根据三星电子授权管理技术专利申请做出的聚类分析，可以看出，在授权管理技术领域，三星电子主要关注数字权限管理、数字内容授权解密以及通信设备等技术。三星电子申请数字权限管理技术专利旨在使其版权内容免遭未经授权的使用或复制；申请数字内容授权解密技术专利旨在保护数字内容交易与分发等业务；申请相关通信设备专利旨在为授权管理提供便捷与安全。凭借这些专利，三星电子在授权管理技术领域处于领先地位。

2. 申请量排名第二的专利申请人——微软

（1）专利申请量

从图 6-49 可以看出，微软涉足授权管理技术的时间相对较早，自 1999 年便开始

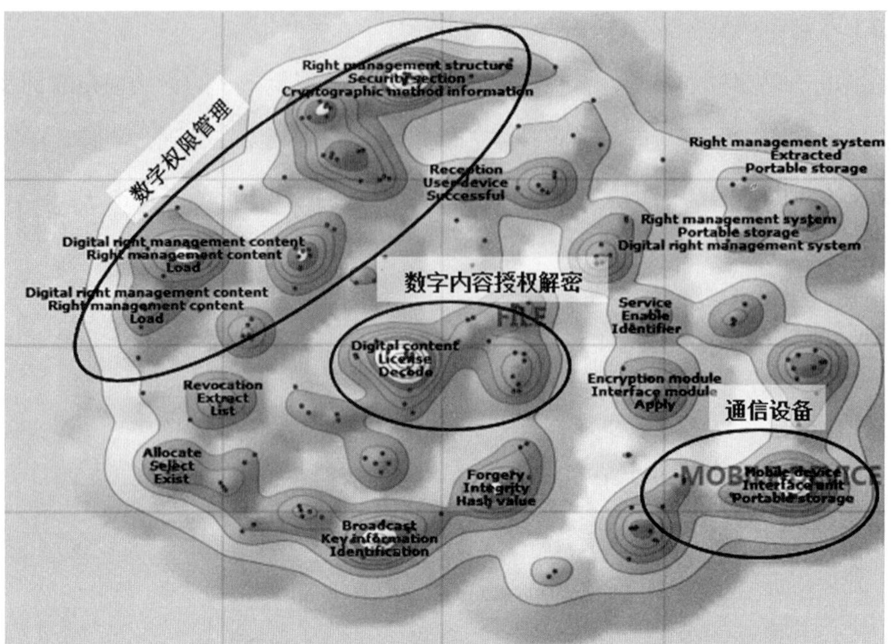

图 6-48　三星电子授权管理技术构成分布

进行专利申请，然而综观其近 20 年的专利申请量，总量并不多，专利年申请量最多的 2003 年也只有 27 件。这主要是微软将授权管理技术较多应用在其开发的软件上，而较少将其应用到数字版权保护方面。近年来，授权管理技术发展已相对成熟，再创新难度增大，这在一定程度上影响了微软在这一领域的专利申请。

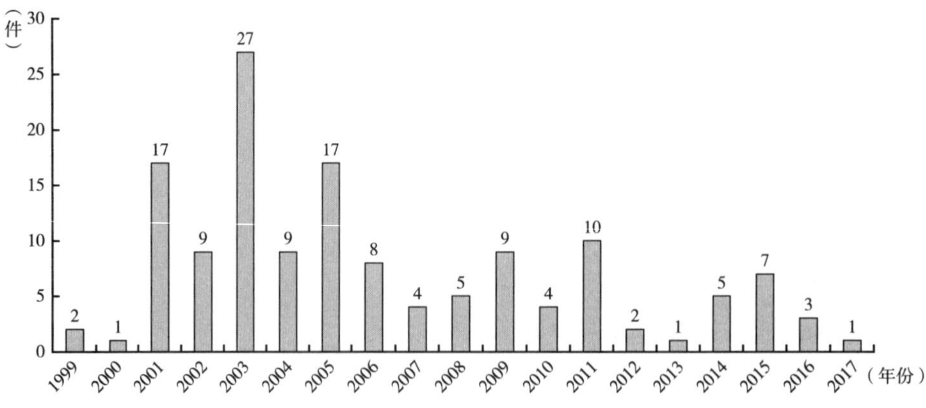

图 6-49　微软授权管理技术专利申请量年度分布

（2）专利申请量区域分布

从图 6-50 可以看出，微软在授权管理技术领域的专利申请主要分布在其本部所在地美国，在欧洲专利局和亚洲的日本和中国也进行了较多专利申请。微软的产品主要面向本国市场，比如其推出的在线 RSS 阅读器，产品针对性决定了其专利布局的主要区域。

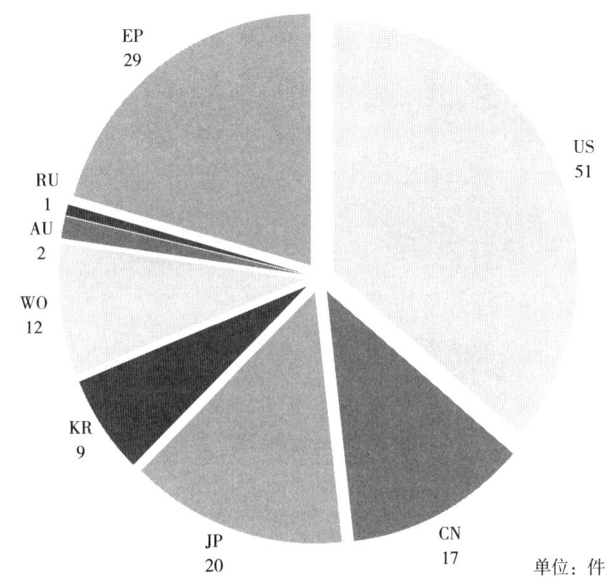

图 6-50　微软授权管理技术专利在“九国两组织”的申请量

（3）技术构成分布

图 6-51 是根据微软授权管理技术专利所做的聚类分析，可以看出，在授权管理技术领域，微软主要关注密钥管理和身份认证等技术。密钥管理包括从密钥的产生到密钥的销毁各个方面，主要涉及管理体制、管理协议和密钥的产生、分配、更换和注入等。在数字版权保护整个过程中，随时都可能需要使用密钥管理技术，掌握了密钥管理技术可以很好地保护数字内容交易与分发等业务，形成统一规范的密码服务是未来发展方向之一。

微软是世界 PC 机软件开发的领跑者，将授权管理技术主要应用在其开发的软件产品的授权激活方面。微软经营的 Windows 系列操作系统，如 XP、Vista、Win 7 和

Win 8 等，均需要授权管理技术的保驾护航。微软推出 Win 8 时，在密钥管理系统（Windows KMS）中发现了一个漏洞，使用任何大客户密钥或算号器计算得到的密钥都可以通过媒体中心升级到正版系统。由此可见，授权管理技术对微软这样的软件巨头来说是举足轻重的。

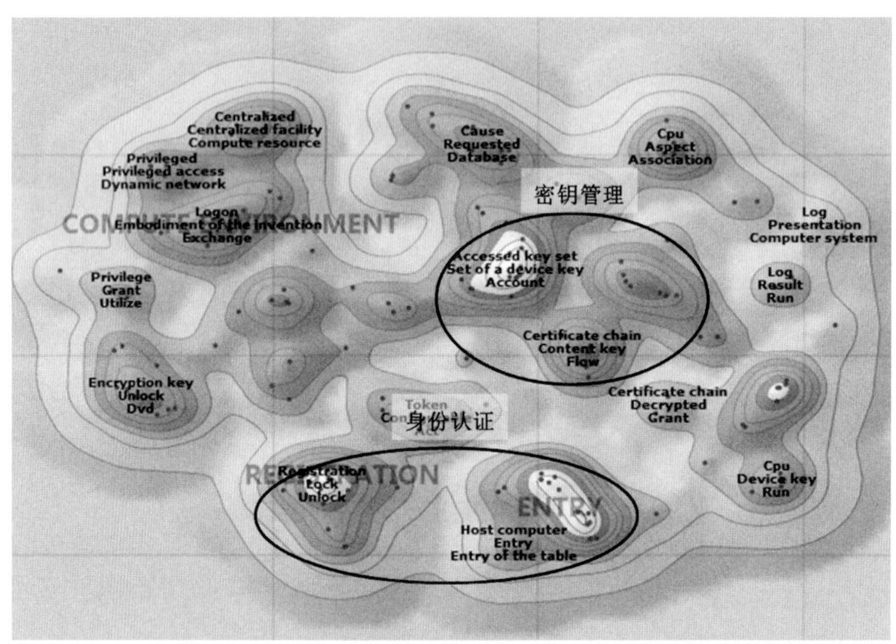

图 6-51　微软授权管理技术构成分布

3. 申请量排名第三的专利申请人——东芝

（1）专利申请量

东芝在授权管理技术领域的专利申请量排名居全球第三，从图 6-52 可以看出，其发展态势与该技术在全球的发展态势基本相同。东芝自 20 世纪 90 年代末期开始涉足该技术的研究，但十几年来在该领域的专利申请总量并不多，专利年申请量最高的一年也只有 17 件。可见，授权管理技术并不是东芝研究的重点。随着该技术在全球范围遇到发展瓶颈，近年来东芝在该领域的研究甚少。

（2）专利申请量区域分布

从图 6-53 可以看出，东芝在授权管理技术领域的专利申请数量虽然不多，但在日本、美国、中国、韩国、英国、欧洲专利局和世界知识产权组织均有布局。可见其市场分布较为广泛，在全球专利诉讼多发地带均有所布局。

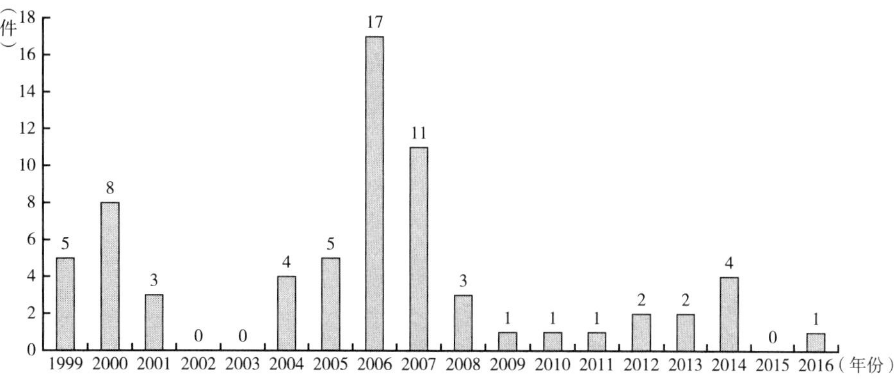

图 6-52　东芝授权管理技术专利申请量年度分布

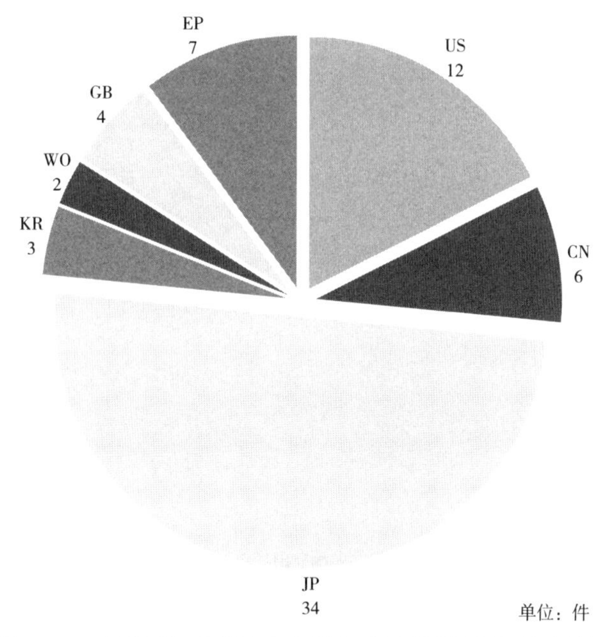

图 6-53　东芝授权管理技术专利在“九国两组织”的申请量

（3）技术构成分布

东芝最初是以家用电器和重型电机为主的企业，20 世纪 90 年代以来，东芝在数字技术、移动通信技术和网络技术等领域取得了飞速发展，成功转变为 IT 行业的先锋[①]。东芝在2010年曾展示了自加密硬盘密钥擦除技术，并且称这项技术是全

① 百度百科:《东芝》，https://baike.baidu.com/item/%E4%B8%9C%E8%8A%9D/439964?fr=aladdin。

球首创。图 6-54 是根据东芝授权管理技术专利申请情况做出的聚类分析，可以看出，东芝在授权管理技术领域关注的技术集中在移动节点、内容分发和密钥装置等方面。

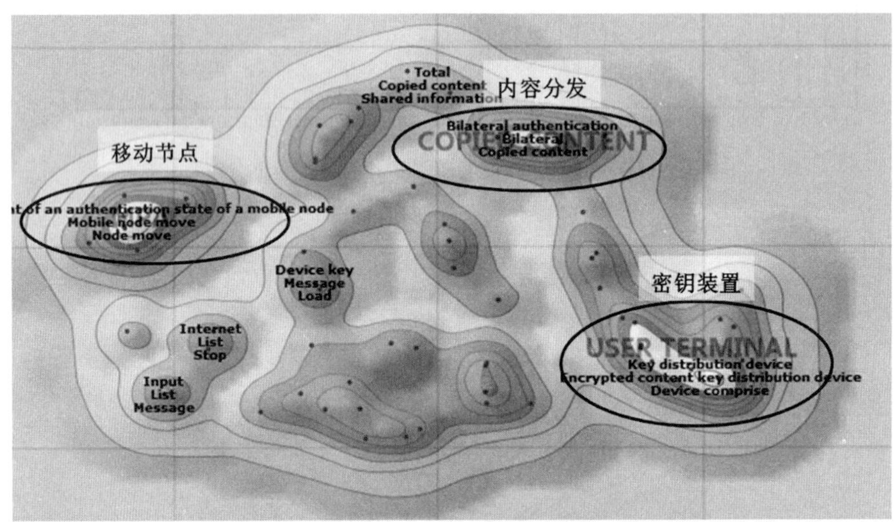

图 6-54　东芝授权管理技术构成分布

三　总结

（一）专利申请总体趋势

从整个行业专利申请状况来看，自 20 世纪 90 年代中期至 2008 年前后，随着全球数字版权保护热潮的兴起，授权管理技术专利申请量呈持续增长态势，这一时期该技术处于快速发展阶段。2014 年以来，该技术专利申请逐渐进入成熟期，年申请量呈负增长态势，主要原因是授权管理技术中的对称密钥管理技术和公开密钥管理技术等都发展得较为成熟，新技术开发相对缓慢。新的授权管理技术可以作为未来数字版权保护技术的研究方向。

（二）主要国家技术发展现状及趋势

1. 美国

美国涉足授权管理技术的时间相对较早，但初期的专利申请量较少，初期申请的专利大多数是原理性的基础专利，这主要是应用到数字版权保护领域的授权管理技术不成熟所致。随着电子产品的普及以及人们生活逐渐趋于数字化和网络化，授权管理技术成为时代发展的重要技术支撑之一，美国作为信息产业大国，2000~2008 年相关专利申请量激增，并且介入这一领域的企业也越来越多。随着技术的不断创新和逐渐成熟，加上市场份额的有限性，2009~2011 年新进入该领域的企业减少，专利增长速度减缓，专利申请人数量和专利申请量均有下滑趋势。2012 年以来，专利申请量又有所回升。目前，美国对该技术的研究处在成熟期。

2. 日本

日本对该技术的研究起步较早，并且随着全球向数字化和网络化时代迈进，该技术在日本的发展也很迅速。然而自 2014 年以来，随着技术不断成熟，考虑到市场份额的有限性，许多企业因收益的减少纷纷退出市场，从事该技术研究的企业日益减少，专利年申请量下滑严重。目前，该技术在日本有进入衰退期的迹象。

3. 韩国

韩国的情况与日本类似。目前，韩国也同样面临着新方法和新技术的突破难点，对该技术的研究也有衰退的迹象。

4. 中国

2005 年之前，授权管理技术在中国的专利申请量较少。随着中国向数字化和网络化时代迈进，特别是 2006 年中国颁布了《信息网络传播保护条例》，大量的企业开始研究授权管理技术，专利申请量激增，该技术进入发展期。2014 年以来，随着技术逐渐成熟，企业进入速度趋缓，专利增长速度减慢，专利申请人数量和专利申请量开始下滑。目前，中国在该技术领域的研究遇到了瓶颈。

根据以上国家技术发展现状的描述，总体来说，授权管理技术在全球处于成熟期，在部分国家有进入衰退期的迹象。

（三）主要申请人对比分析

通过对授权管理技术领域的宏观分析，笔者得出行业内三个主要申请人是三星电子、微软和东芝。

1. 专利申请量比较

从专利申请量来看，三星电子拥有授权管理技术专利申请237件，微软和东芝分别有141件和68件。微软在技术研发初期便投入了相当大的研发力度。三星电子在授权管理技术领域起步较晚，发展却很迅速，目前其在该领域的专利申请量居全球首位。

2. 专利资产地域布局分析

三星电子、微软和东芝均推行专利全球化战略路线，其授权管理技术专利遍及欧洲及亚太地区许多国家，便于随时发动专利诉讼。但是它们均在本部所在地的专利申请量最多。

3. 技术热点分析

在授权管理技术领域，三星电子主要关注数字版权管理和通信设备等技术。微软更关注密钥管理和身份认证等技术。东芝则主要关注移动节点、内容分发和密钥装置等方面的技术。

第六节　数字内容分段控制技术

数字内容分段控制技术通过对媒体文件数据段进行分别加密，实现数字媒体各数据段不同授权与分段使用。运用该技术，既可保证数字内容作品的完整性，又可实现对数字内容作品进行细粒度的权限管理与使用控制。围绕该技术的专利申请发轫于20世纪90年代中期，2007年前后为发展高峰期，从2009年开始发展虽有波折但总体较为平稳。总体而言，该技术是数字版权保护领域的小众技术，但在相当长一段时期内较为活跃。在版权保护需求个性化背景下，未来该技术仍有一定的创新和应用空间。

一　专利检索

（一）检索结果概述

以数字内容分段控制技术为检索主题，在“九国两组织”范围内共检索到相关专利申请958件，具体数量分布如表6-66所示。

表 6-66　“九国两组织”数字内容分段控制技术专利申请量

单位：件

国家 / 国际组织	专利申请量	国家 / 国际组织	专利申请量
US	342	DE	5
CN	153	RU	5
JP	136	AU	25
KR	67	EP	101
GB	10	WO	113
FR	1	合计	958

（二）“九国两组织”数字内容分段控制技术专利申请趋势

从表 6-67 和图 6-55 可了解到数字内容分段控制技术发展比较缓慢，专利申请总量不高。从申请量年度变化趋势看，2000 年前数字内容分段控制技术专利申请数量较少，之后缓慢增长，到 2007 年达到专利年申请量峰值，之后又呈现降低的态势。从地域分布看，美国、日本、中国和韩国在数字内容分段控制技术领域发展相对较好，而澳大利亚、英国、法国和德国等国家发展十分缓慢。

表 6-67　1994~2017 年“九国两组织”数字内容分段控制技术专利申请量

单位：件

国家 / 国际组织	专利申请量																	
	90	01	02	03	04	05	06	07	08	09	10	11	12	13	14	15	16	17
US	11	14	13	11	14	20	19	31	31	21	25	17	22	31	23	15	13	11
CN	3	3	2	12	6	11	15	20	16	6	2	12	9	8	12	9	5	2
JP	17	10	8	9	7	9	11	13	14	6	9	5	4	4	5	2	3	0
KR	0	1	0	4	1	4	7	11	5	6	2	2	4	7	7	1	4	1
GB	1	0	0	1	0	0	1	0	1	0	0	1	0	1	0	0	3	1
FR	0	0	0	0	0	0	1	0	0	0	0	0	0	0	0	0	0	0
DE	0	0	1	0	1	0	0	0	1	0	0	0	0	1	1	0	0	0
RU	0	0	0	0	0	0	0	1	0	3	0	1	0	0	0	0	0	0
AU	1	0	0	3	0	5	4	3	3	0	0	3	1	1	0	0	1	0
EP	4	3	5	6	5	10	7	8	12	4	4	7	5	11	3	1	5	1
WO	1	1	3	6	2	8	8	13	13	6	3	7	10	10	7	3	7	5
合计	38	32	32	52	36	67	73	100	96	52	45	55	55	74	58	31	41	21

注：“90”指 1994~2000 年的专利申请总量，“01~17”分别指 2001~2017 年当年的专利申请量。

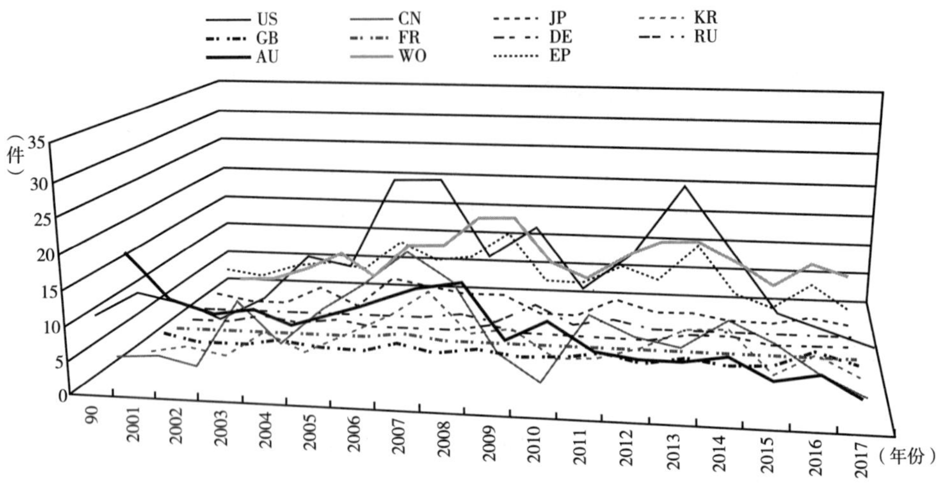

图 6-55 “九国两组织”数字内容分段控制技术专利申请趋势

注：“90”指 1994~2000 年的专利申请总量。

（三）“九国两组织”数字内容分段控制技术专利申请人排名

1994~2017 年“九国两组织”数字内容分段控制技术专利申请人排名情况如表 6-68 ~ 表 6-78 所示。

1. 美国申请人排名

表 6-68 美国数字内容分段控制技术专利申请人排名

序号	申请人	申请人国家	申请数量（件）	授权数量（件）
1	Microsoft Corp.	美国	18	12
2	Sony Corp.	日本	11	8
3	Samsung Electronics Co. Ltd.	韩国	11	3
4	Cleversafe Inc.	美国	8	1
5	General Instrument Corp.	美国	8	1

2. 中国申请人排名

表 6-69 中国数字内容分段控制技术专利申请人排名

序号	申请人	申请人国家	申请数量（件）	授权数量（件）
1	Microsoft Corp.	美国	8	6
2	Sony Corp.	日本	7	4
3	Panasonic Corp.	日本	7	2

续表

序号	申请人	申请人国家	申请数量（件）	授权数量（件）
4	Univ. Peking Founder Group Co. Ltd.（北大方正）	中国	4	3
5	Huawei Tech. Co. Ltd.（华为）	中国	4	1

3. 日本申请人排名

表 6–70　日本数字内容分段控制技术专利申请人排名

序号	申请人	申请人国家	申请数量（件）	授权数量（件）
1	Canon K.K.	日本	10	7
2	Microsoft Corp.	美国	10	6
3	Sony Corp.	日本	6	5
4	Toshiba K.K.	日本	6	3
5	Samsung Electronics Co. Ltd.	韩国	4	3

4. 韩国申请人排名

表 6–71　韩国数字内容分段控制技术专利申请人排名

序号	申请人	申请人国家	申请数量（件）	授权数量（件）
1	Microsoft Corp.	美国	6	4
2	Huawei Tech. Co. Ltd.（华为）	中国	6	2
3	Sony Corp.	日本	5	2
4	Samsung Electronics Co. Ltd.	韩国	5	0
5	Slim Disc Corp.	韩国	2	0

5. 英国申请人排名

表 6–72　英国数字内容分段控制技术专利申请人排名

序号	申请人	申请人国家	申请数量（件）	授权数量（件）
1	Cisco Tech. Inc.	日本	4	0
2	General Instrument Corp.	美国	1	0
3	Sony Corp.	日本	1	0
4	First 4 Internet Ltd.	英国	1	0
5	NDS Ltd.	英国	1	0

6. 法国申请人排名

表 6-73　法国数字内容分段控制技术专利申请人排名

序号	申请人	申请人国家	申请数量（件）	授权数量（件）
1	General Instrument Corp.	美国	1	0

7. 德国申请人排名

表 6-74　德国数字内容分段控制技术专利申请人排名

序号	申请人	申请人国家	申请数量（件）	授权数量（件）
1	Microsoft Corp.	美国	2	0
2	Deut Telekom A.G.	德国	2	0

8. 俄罗斯申请人排名

表 6-75　俄罗斯数字内容分段控制技术专利申请人排名

序号	申请人	申请人国家	申请数量（件）	授权数量（件）
1	Microsoft Corp.	美国	2	0

9. 澳大利亚申请人排名

表 6-76　澳大利亚数字内容分段控制技术专利申请人排名

序号	申请人	申请人国家	申请数量（件）	授权数量（件）
1	Microsoft Corp.	美国	2	2
2	Nokia Corp.	芬兰	1	1
3	Koninkl Philips Electronics N.V.	荷兰	1	0
4	First 4 Internet Ltd.	英国	1	0

10. 欧洲专利局申请人排名

表 6-77　欧洲专利局数字内容分段控制技术专利申请人排名

序号	申请人	申请人国家	申请数量（件）	授权数量（件）
1	Microsoft Corp.	美国	10	5
2	Huawei Tech. Co. Ltd.（华为）	中国	9	2
3	Sony Corp.	日本	5	0
4	General Instrument Corp.	美国	3	0
5	Samsung Electronics Co. Ltd.	韩国	3	1

11. 世界知识产权组织申请人排名

表 6-78　世界知识产权组织数字内容分段控制技术专利申请人排名

序号	申请人	申请人国家	申请数量（件）
1	Microsoft Corp.	美国	5
2	Huawei Tech. Co. Ltd.（华为）	中国	4
3	Sony Corp.	日本	4
4	General Instrument Corp.	美国	4
5	Samsung Electronics Co. Ltd.	韩国	3

二　专利分析

（一）技术发展趋势分析

数字内容分段控制技术是在按需授权等商业模式发展后出现的技术，可对数字内容作品进行细粒度版权保护。1994~2000 年数字内容分段控制技术专利年申请量缓慢增长；2001~2007 年为技术发展期，专利年申请量增速较快；2009~2012 年专利年申请量回落并保持在 50 件左右，技术发展比较平稳（见图 6-56）。目前，各大企业对数字内容分段控制技术的研究投入相对较少，这可能是因为当前主流的数字内容版权控制技术不是分段控制技术，欧美等数字版权保护技术领先地区仍是以整体授权的方式为主进行版权控制。

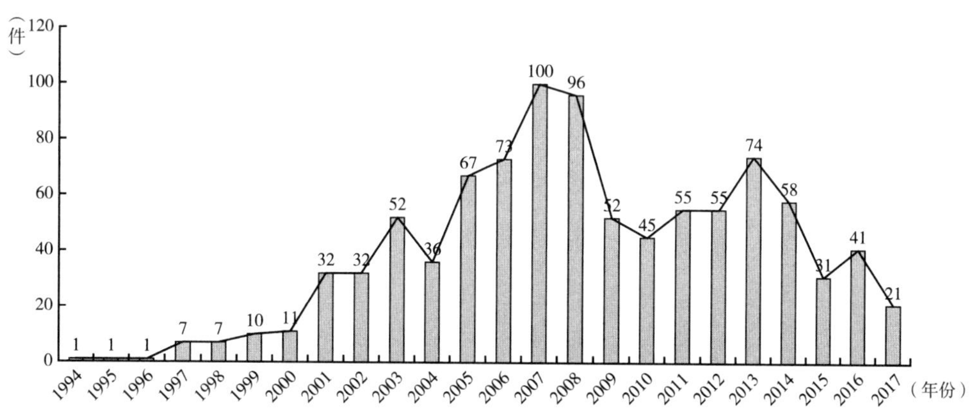

图 6-56　数字内容分段控制技术专利申请量年度分布

整体授权是对数字内容作品进行整体加密，然后授权给用户。然而，由于整体加密算法本身的特点，整体授权方式存在一些不足。第一，对称加密算法的安全性很大程度上依赖密钥的私密性，尤其在使用公开的对称加密算法时，加密数据的安全取决于密钥本身的安全，实际应用过程中密钥的分发与管理存在较大困难。第二，非对称加密算法虽然适用于用户密钥的分发和管理，但其加密和解密的速度相对较慢，不适用于大量数据加密。第三，整体加密文件通常使用单一密钥，无法抗御算法失效或暴力破解，信息整体安全性较差[①]。

较之单一的加密算法，分段加密算法从三个方面增强了数据安全性。第一，加密数据和加密信息分离，加密数据段长度随机，使用非对称加密算法对加密信息进行了二次加密，极大增加了数据破解难度。第二，通过记录和比较文件信息摘要，确保了数据的一致性和有效性。第三，结合身份认证系统，提高了数据授权分发的安全性和密钥管理的便捷性。

整体来说，数字内容分段控制技术既能充分利用对称加密算法快速处理大量数据，又能发挥非对称加密算法在密钥分发管理方面的优势，有效提高加密强度，具有较好的发展潜力。

（二）技术路线分析

与此技术相关性较高的专利最早出现在 1994 年。2003 年 9 月 8 日，索尼申请了关于多权限管理数字版权的核心专利（公开号 WOUS03027774），实现了对不同数字内容段进行不同的加密，以产生被部分加密、允许双 DRM 的文件。该专利被大量引用。2005 年 6 月 27 日，索尼申请了将文件内容分两部分编码的专利（公开号 GB0513018），也是这一领域比较核心的专利。2005 年 8 月 11 日，微软申请了对文件内容数据段实现不同权限管理的核心专利（公开号 US2005201751A），通过对媒体文件数据段进行分别加密，来实现对各数据段的不同权限管理，进而实现数据分段使用。该专利有大量同族，且被多次引用。在此之后，北京大学和北大方正对该技术领域进行了深入研究，于 2007 年和 2011 年申请了 2 项核心专利。2013 年，微软申请了关于分段媒体内容权利管理的专利，以利于受保护媒体内容的连接（见图 6-57）。

---

① 刘靖、向敏、顾方勇:《一种文件分段加密方法及其应用》,《指挥信息系统与技术》，2010 年第 4 期，第 18~20 页。

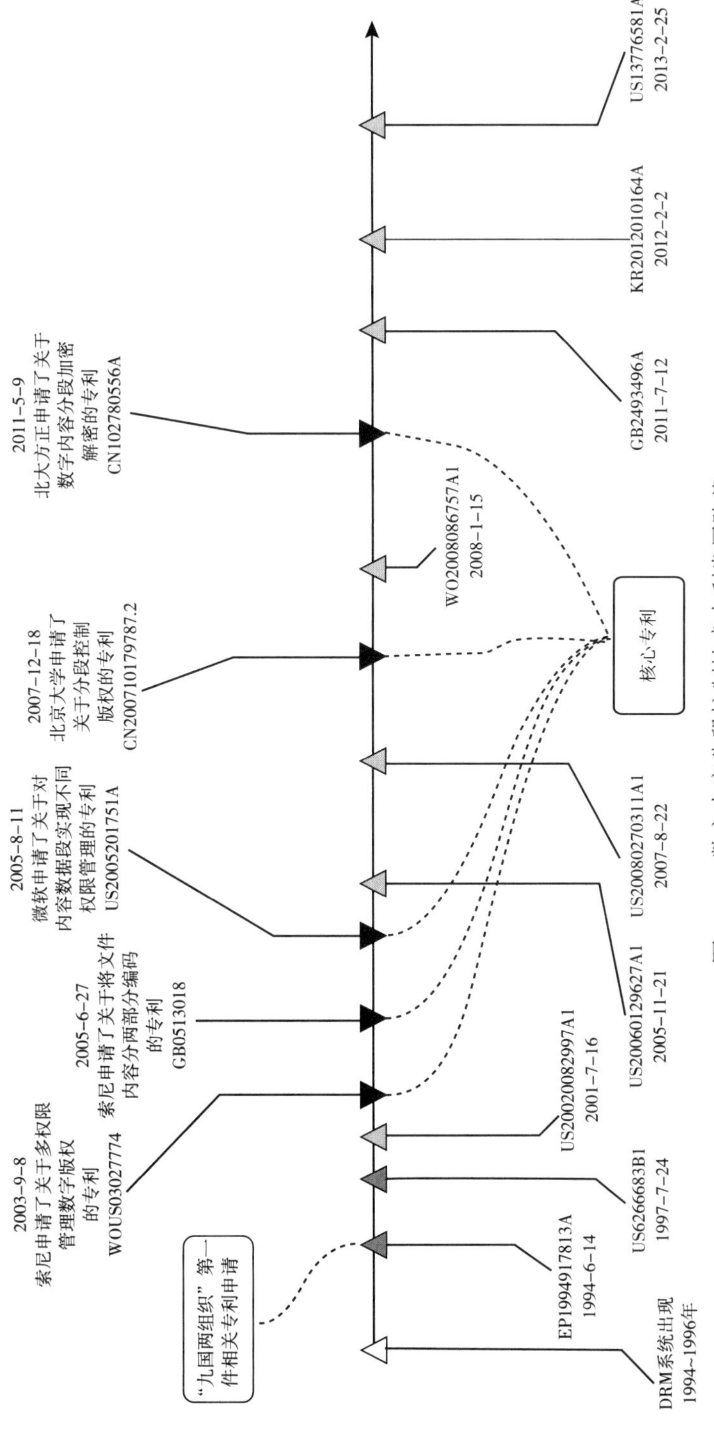

图 6-57　数字内容分段控制技术专利发展路线

（三）主要专利申请人分析

在数字内容分段控制技术领域，排名靠前的申请人主要为美国和日本的企业，全球排名前二的申请人分别为美国的微软（63 件）和日本的索尼（39 件）。

1. 申请量排名第一的专利申请人——微软

（1）专利申请量

从 1975 年创立至今，微软在数字版权保护相关技术领域都有深入的研究，对版权保护也非常重视。在数字内容分段控制这一技术领域，微软是专利申请量最多的公司。从图 6-58 可看出，微软从 2000 年开始在数字内容分段控制技术领域申请专利，经过技术的发展期，于 2004~2006 年达到专利申请的高峰期；之后的 2007~2010 年专利年申请量有所下降，但是仍然保持着一定的研发热度；2011 年之后，微软在数字内容分段控制技术领域的研发力度大大减小，专利年申请量已十分少。

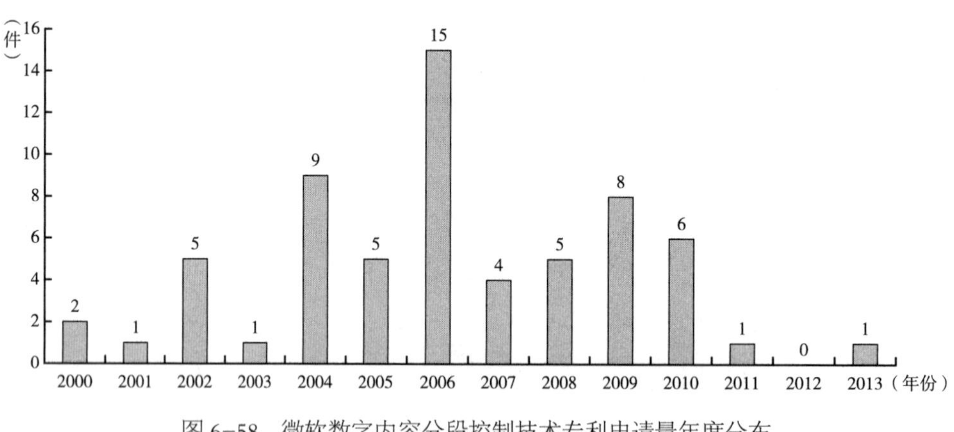

图 6-58 微软数字内容分段控制技术专利申请量年度分布

（2）专利申请量区域分布

作为全球知名的 IT 公司，微软非常注重本国以及国外的知识产权保护。从图 6-59 可以看出，微软重视本国市场，重点在美国进行专利布局。另外，日本、韩国、中国和欧洲也是数字内容分段控制技术产品和设备的主要消费国家和地区，微软也很积极地到这些国家和地区进行专利布局。

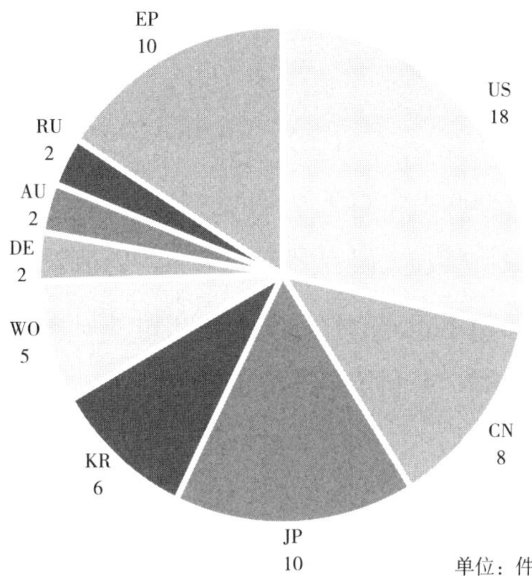

图 6-59　微软数字内容分段控制技术专利在“九国两组织”的申请量

（3）技术构成分布

由于数字内容分段控制技术是比较细的技术点，专利样本量较少，因此通过专利技术构成分布地图得到的热点技术较少。从图 6-60 可以看出，微软的研究热点集中在数字版权存储和移动设备、数据分发系统和解密管理等方面。这些都是数字内容分段控制中的关键环节，具有重要的技术价值。

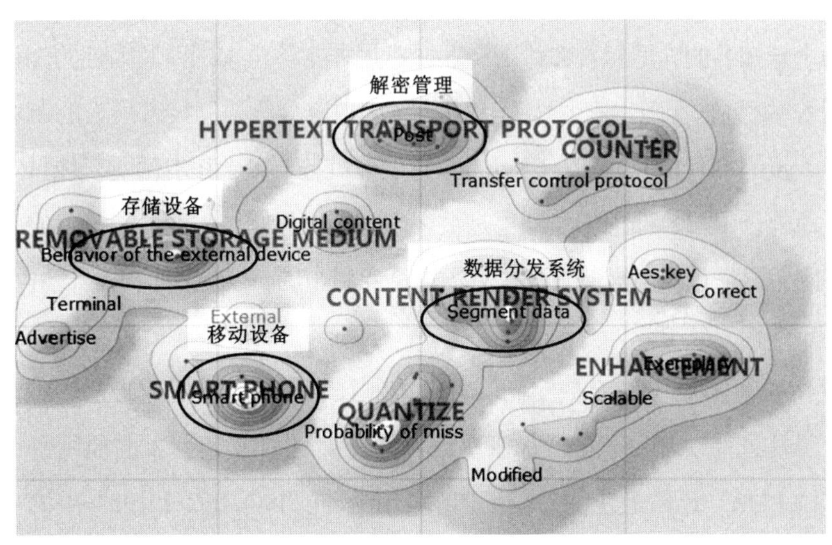

图 6-60　微软数字内容分段控制技术构成分布

2. 申请量排名第二的专利申请人——索尼

（1）专利申请量

作为电子产品的行业巨头，索尼在数字版权保护技术方面有深入的研究。从图 6-61 可以看出，索尼从 2000 年开始在数字内容分段控制技术领域进行专利申请；之后的 2001~2009 年，索尼持续加大研究力度，专利年申请量呈波动式增长，期间申请了多项数字内容分段控制技术领域的核心专利；2010 年以来，索尼在数字内容分段控制技术方面的研发力度减弱，专利年申请量也变少。

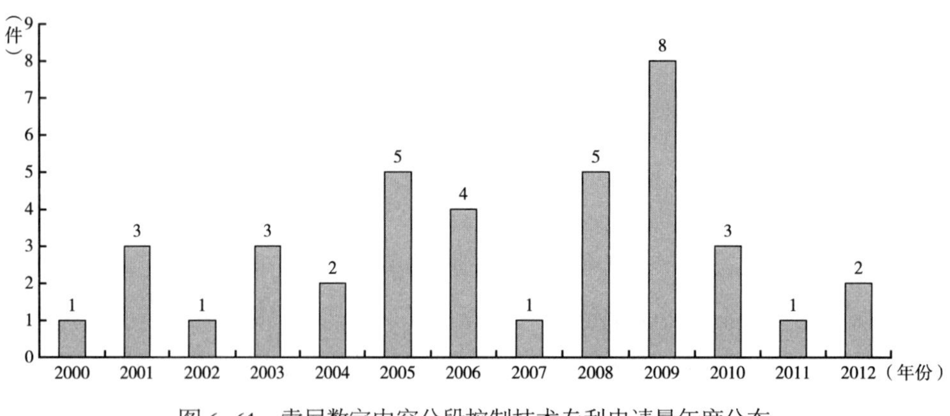

图 6-61　索尼数字内容分段控制技术专利申请量年度分布

（2）专利申请量区域分布

作为全球知名的大型综合性跨国企业，索尼非常注重本国以及国外的知识产权保护。从图 6-62 可以看出，索尼认为美国是数字内容分段控制技术最大的市场，在美国进行了大量的专利布局，其在美国的专利申请量甚至多于在本部所在地日本的专利申请量。此外，中国、韩国和欧洲也是数字内容分段控制技术产品和设备的主要消费国家和地区，索尼也很积极地到这些市场进行专利布局。

（3）技术构成分布

从图 6-63 可以看出，在数字内容分段控制技术领域，索尼的研究热点集中在数据格式、算法选择性加密和分段加密系统方面。索尼 2007 年研发的通用密钥分组加密算法“CLEFIA”已经被采纳为轻量加密国际标准“ISO/IEC 29192”中的一种。可以看出，索尼在分段加密技术方面有深入的研究。

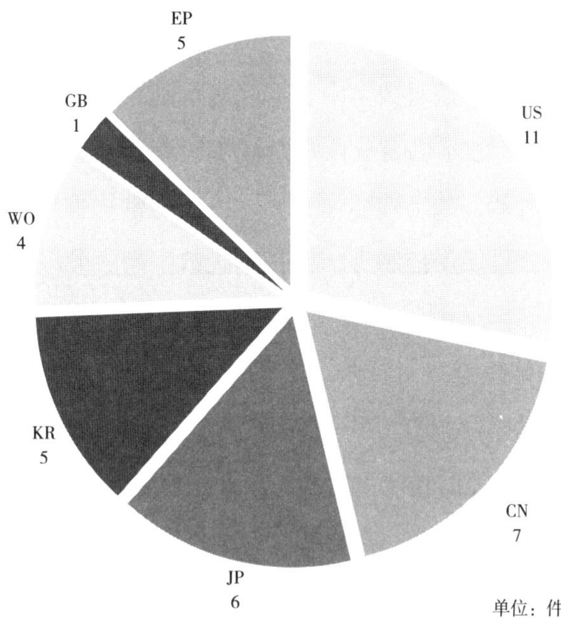

图 6-62　索尼数字内容分段控制技术专利在“九国两组织”的申请量

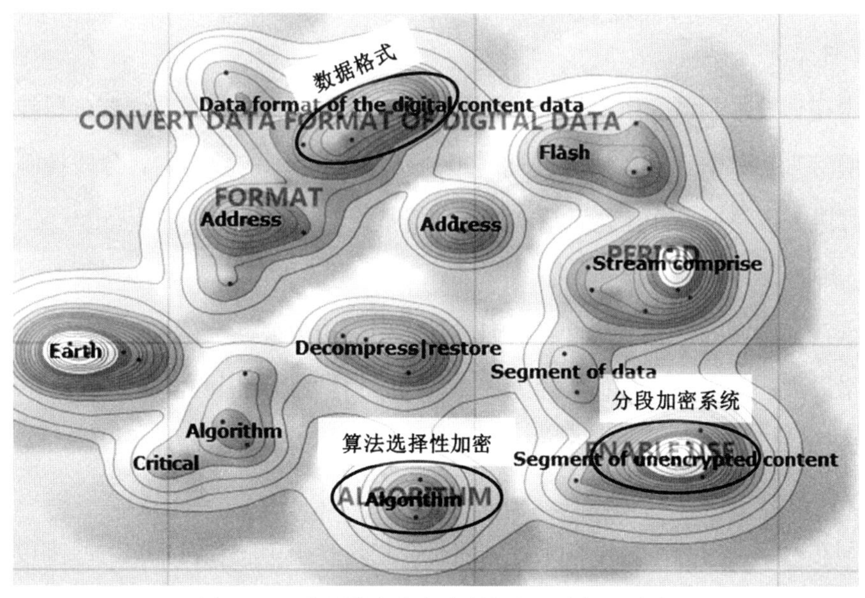

图 6-63　索尼数字内容分段控制技术构成分布

三　总结

数字内容分段控制技术是对数字内容作品进行细粒度版权保护的技术，是数字版权保护的基础性技术。数字内容分段控制技术研究数字内容分段控制权利描述模型、作品分段加密与封装、数字内容作品分段控制的密钥管理、数字内容作品分段授权和数字内容作品分段使用控制等，旨在解决数字内容分段版权保护过程中的关键技术难题。

（一）专利申请总体趋势

数字内容分段控制技术领域的第一件专利诞生于1994年，截至2017年共有专利申请958件。数字内容分段控制技术专利年申请量在2007年左右达到高峰，随后稍有回落，在2013年又出现一个小高峰，随后再次回落。

（二）主要国家技术发展现状及趋势

1. 美国

20世纪90年代中期美国就在数字内容分段控制技术领域有技术产出，2008年之前专利年申请量呈上升态势，在2007年达到峰值。之后专利年申请量略有回落，但总体平稳。目前，该技术进入成熟期，呈现稳步发展的状态。

2. 日本

日本在该技术领域的研究相对于美国稍显滞后，但日本在数字内容分段控制技术领域的萌芽期短，快速进入了发展期。2007~2008年日本的数字内容分段控制技术与美国同时进入成熟期，并在之后几年处于申请量饱和、增长缓慢的状态。

3. 韩国

韩国在该领域的专利申请量与美国及日本相比较少，韩国在这一技术领域的专利年申请量发展态势与日本相似。韩国在2007前后有较为突出的发展，自2010年以来发展态势相对低迷，但在2013年和2014年专利申请量又出现了小幅上升。

4. 中国

中国在数字内容分段控制技术领域的研究起步晚于美国和日本，一些高校和企业进行了相关专利申请。其中表现较为突出的是华为和北大方正，它们分别针对数字加密和权限管理技术及加密解密方法进行了专利申请。

（三）主要申请人对比分析

在数字内容分段控制技术领域，专利申请量排名前二的申请人为微软和索尼。

1. 专利申请量比较

从专利申请量来看，微软在数字内容分段控制技术领域的专利申请量是 63 件，索尼为 39 件。微软在这一技术领域有着绝对的专利布局优势，2011 年之后，微软在数字内容分段控制技术方面的研发力度大大减小，专利年申请量也减少。索尼在 2001~2010 年持续加大对数字内容分段控制技术的研究力度，其专利年申请量呈波动增长态势。

2. 专利资产地域布局分析

微软重视本国市场的专利布局，同时，在数字内容分段控制技术产品和设备的主要消费国家和地区，如日本、中国、韩国和欧洲也进行了专利申请。索尼除了在其本部所在地日本进行大量专利布局之外，也非常注重海外市场的专利布局，美国是其最为看重的市场，其在美国的专利申请量超过在日本的申请量。

3. 技术热点分析

在数字内容分段控制技术领域，微软关注的重点技术有解密管理、存储设备、移动设备和数据分发系统等。索尼则偏向于通用性强、动态适应力好的分段加密控制技术的研究。

第七节　细粒度控制技术

细粒度控制技术是数字版权保护领域的常用技术，通过对数据项在元组级别或属性层进行控制，从而有效满足用户对数字内容作品的细粒度授权控制需求。围绕该技术的专利申请发轫于 20 世纪 90 年代后期，于 2007 年达到顶峰，之后专利年申请量逐渐回落，目前已回归到 20 世纪 90 年代后期的水平。总体而言，该技术是数字版权保护领域的小众技术，目前发展已较为成熟。

一 专利检索

（一）检索结果概述

以细粒度控制技术为检索主题，在“九国两组织”范围内共检索到相关专利申请1080件，具体数量分布如表6-79所示。

表6-79 “九国两组织”细粒度控制技术专利申请量

单位：件

国家 / 国际组织	专利申请量	国家 / 国际组织	专利申请量
US	402	DE	1
CN	64	RU	0
JP	76	AU	2
KR	465	EP	27
GB	8	WO	29
FR	6	合计	1080

（二）“九国两组织”细粒度控制技术专利申请趋势

1999~2007年“九国两组织”细粒度控制技术专利年申请量总体呈逐年增长的态势，至2007年达到专利年申请量峰值，从2008年至今专利年申请量逐渐下降，这与细粒度控制技术日益成熟有较大关系。韩国是这一技术创新和研发力度最大的国家，其次是美国。澳大利亚、德国和法国等国家在该技术领域的专利申请总量为个位数，且变化一直很平缓，说明其对这一技术的创新和研发热情不高。

表6-80 1994~2017年“九国两组织”细粒度控制技术专利申请量

单位：件

国家 / 国际组织	专利申请量																	
	90	01	02	03	04	05	06	07	08	09	10	11	12	13	14	15	16	17
US	6	14	19	11	32	34	24	55	56	36	26	17	27	24	13	3	2	3
CN	0	1	0	1	3	3	11	6	4	10	12	6	6	1	0	0	0	0
JP	2	5	7	13	10	9	2	9	3	2	1	5	7	1	0	0	0	0

续表

国家 / 国际组织	专利申请量																	
	90	01	02	03	04	05	06	07	08	09	10	11	12	13	14	15	16	17
KR	3	9	9	8	32	39	107	74	64	37	23	24	11	14	4	4	3	0
GB	0	2	1	0	0	1	0	0	2	0	0	0	1	1	0	0	0	0
FR	0	0	0	0	0	0	1	0	0	0	0	1	0	2	0	0	2	0
DE	0	0	1	0	0	0	0	0	0	0	0	0	0	0	0	0	0	0
RU	0	0	0	0	0	0	0	0	0	0	0	0	0	0	0	0	0	0
AU	1	0	0	1	0	0	0	0	0	0	0	0	0	0	0	0	0	0
EP	0	1	2	2	6	4	2	2	1	1	0	0	0	6	0	0	0	0
WO	1	1	0	0	1	1	3	7	5	0	1	0	2	5	2	0	0	0
合计	13	33	39	36	84	91	150	153	135	86	63	53	54	54	19	7	7	3

注："90" 指 1994~2000 年的专利申请总量，"01~17" 分别指 2001~2017 年当年的专利申请量。

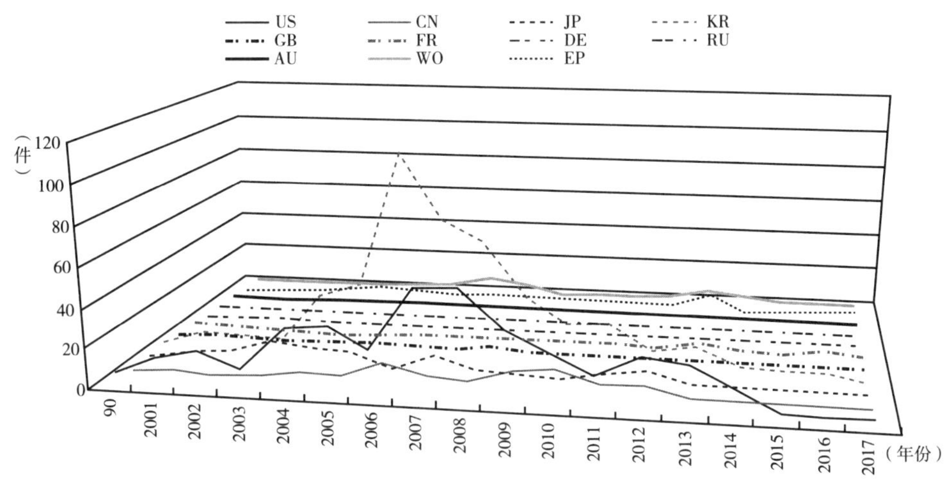

图 6-64 "九国两组织" 细粒度控制技术专利申请趋势

注："90" 指 1994~2000 年的专利申请总量。

（三）"九国两组织" 细粒度控制技术专利申请人排名

1994~2017 年 "九国两组织" 细粒度控制技术专利申请人排名情况如表 6-81 ~ 表 6-90 所示。俄罗斯在该技术领域暂无专利申请公开。

1. 美国申请人排名

表 6-81　美国细粒度控制技术专利申请人排名

序号	申请人	申请人国家	申请数量（件）	授权数量（件）
1	Samsung Electronics Co. Ltd.	韩国	100	23
2	Microsoft Corp.	美国	33	28
3	LG Electronics Inc.	韩国	18	7
4	Nokia Corp.	芬兰	9	4
5	Google Inc.	美国	9	2

2. 中国申请人排名

表 6-82　中国细粒度控制技术专利申请人排名

序号	申请人	申请人国家	申请数量（件）	授权数量（件）
1	ZTE Corp.（中兴）	中国	3	1
2	Huawei Tech. Co. Ltd.（华为）	中国	3	1
3	Univ. Peking Founder Group Co. Ltd.（北大方正）	中国	2	1
4	Matsushita Electric Ind. Co. Ltd.	日本	1	1
5	Sony Corp.	日本	1	0

3. 日本申请人排名

表 6-83　日本细粒度控制技术专利申请人排名

序号	申请人	申请人国家	申请数量（件）	授权数量（件）
1	Matsushita Denki Sangyo K.K.	日本	7	5
2	Microsoft Corp.	美国	7	4
3	Nippon Telegraph & Telephone	日本	7	3
4	Sony Corp.	日本	5	5
5	NEC Corp.	日本	3	0

4. 韩国申请人排名

表 6-84　韩国细粒度控制技术专利申请人排名

序号	申请人	申请人国家	申请数量（件）	授权数量（件）
1	Samsung Electronics Co. Ltd.	韩国	40	33
2	SK Telecom Co. Ltd.	韩国	35	13
3	LG Electronics Inc.	韩国	30	14
4	Microsoft Corp.	美国	23	15
5	KT Corp.	韩国	16	4

5. 英国申请人排名

表 6-85　英国细粒度控制技术专利申请人排名

序号	申请人	申请人国家	申请数量（件）	授权数量（件）
1	Toshiba K.K.	日本	1	1
2	Hitachi Ltd.	日本	1	1
3	Sealedmedia Ltd.	英国	1	1
4	Panasonic Corp.	日本	1	0

6. 法国申请人排名

表 6-86　法国细粒度控制技术专利申请人排名

序号	申请人	申请人国家	申请数量（件）	授权数量（件）
1	Bouygues Telecom S.A.	法国	3	1
2	France Telecom	法国	1	0
3	Groupe Ecoles Telecomm	法国	1	0

7. 德国申请人排名

表 6-87　德国细粒度控制技术专利申请人排名

序号	申请人	申请人国家	申请数量（件）	授权数量（件）
1	Deutsche Telekom A.G.	德国	1	0

8. 俄罗斯申请人排名

俄罗斯在细粒度控制技术领域暂无专利申请公开。

9. 澳大利亚申请人排名

表 6-88　澳大利亚细粒度控制技术专利申请人排名

序号	申请人	申请人国家	申请数量（件）	授权数量（件）
1	Sony Corp.	日本	1	1
2	Telecom Italia SPA	意大利	1	0

10. 欧洲专利局申请人排名

表 6-89 欧洲专利局细粒度控制技术专利申请人排名

序号	申请人	申请人国家	申请数量（件）	授权数量（件）
1	Samsung Electronics Co. Ltd.	韩国	32	2
2	Microsoft Corp.	美国	4	0
3	LG Electronics Inc.	韩国	3	0
4	Thomson Licensing S.A.	法国	3	0

11. 世界知识产权组织申请人排名

表 6-90 世界知识产权组织细粒度控制技术专利申请人排名

序号	申请人	申请人国家	申请数量（件）
1	Samsung Electronics Co. Ltd.	韩国	21
2	LG Electronics Inc.	韩国	16
3	Korea Electronics & Telecommun. Res. Inst.	韩国	8
4	Microsoft Corp.	美国	7
5	Authentec Inc.	美国	6

二 专利分析

（一）技术发展趋势分析

图 6-65 反映了细粒度控制技术专利的年度申请情况，可以看出，细粒度控制技术专利出现时间较晚，1999 年才出现相关专利申请。细粒度控制技术的出现晚于粗粒度控制技术，相比于粗粒度控制技术可以访问整个数据库表或由表导出的视图的某个层，细粒度控制技术总是对数据项在元组级别或属性层进行控制。2000~2007 年该技术专利年申请量总体呈持续增长态势，于 2007 年达到截至目前的峰值。这与在线阅览注册信息泄露风险增加有很大关系，为了规避这种风险，应用该技术的企业越来越多。2008 年以来，随着技术发展日趋成熟，专利年申请量有所回落。

随着行业需求的不断提升，只有全方位的管理与保护才能实现最安全的文档保

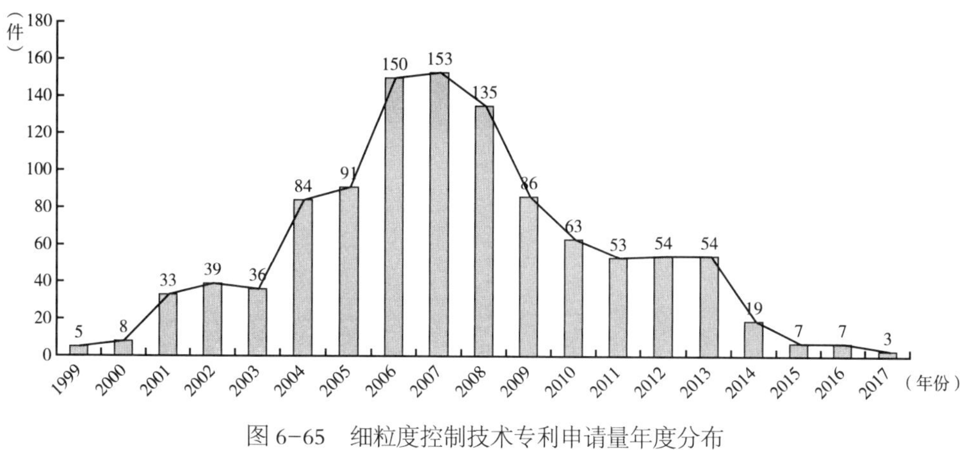

图 6-65　细粒度控制技术专利申请量年度分布

护。通过对内部用户的授权实现细粒度权限控制，包括文档阅读、编辑、复制、打印和截屏（或屏幕录像）等操作的权限控制和流转范围控制，在保证合法用户合理使用的同时，实现了“文档内容拿不走，文档拿走看不了”。细粒度控制技术支持随时回收文档权限，对于离职的员工，可以立即回收其对所有密级文档的权限，即使其将资料拷贝到移动硬盘中带走，打开时也只能看到乱码，从而有效保护企业知识产权和商业机密。

（二）技术路线分析

访问控制是通过某种途径限制访问能力及范围的一种方式。通过访问控制服务可以限制对关键资源的访问，防止非法用户的侵入或者因合法用户的不慎操作所造成的破坏[①]。访问控制可分为粗粒度控制和细粒度控制两种。

细粒度控制技术主要应用在数字版权保护系统中。在移动数据增值业务蓬勃发展，智能手机、掌上电脑和电子阅读器等移动终端性能不断提高，计算机通信技术迅速发展带来数字作品易于被非法复制、存储和分发的背景下，使用细粒度控制技术来设置文档等内容的权限是在线阅览版权保护的重要发展趋势。从图 6-66 可以看出，细粒度控制技术的核心专利和关键技术专利分布比较均匀，可见此项技术仍是研究热点。

① 高利军:《访问控制模型 RBAC 中时间约束特性的研究》，硕士学位论文，沈阳航空工业学院，2007，第 1 页。

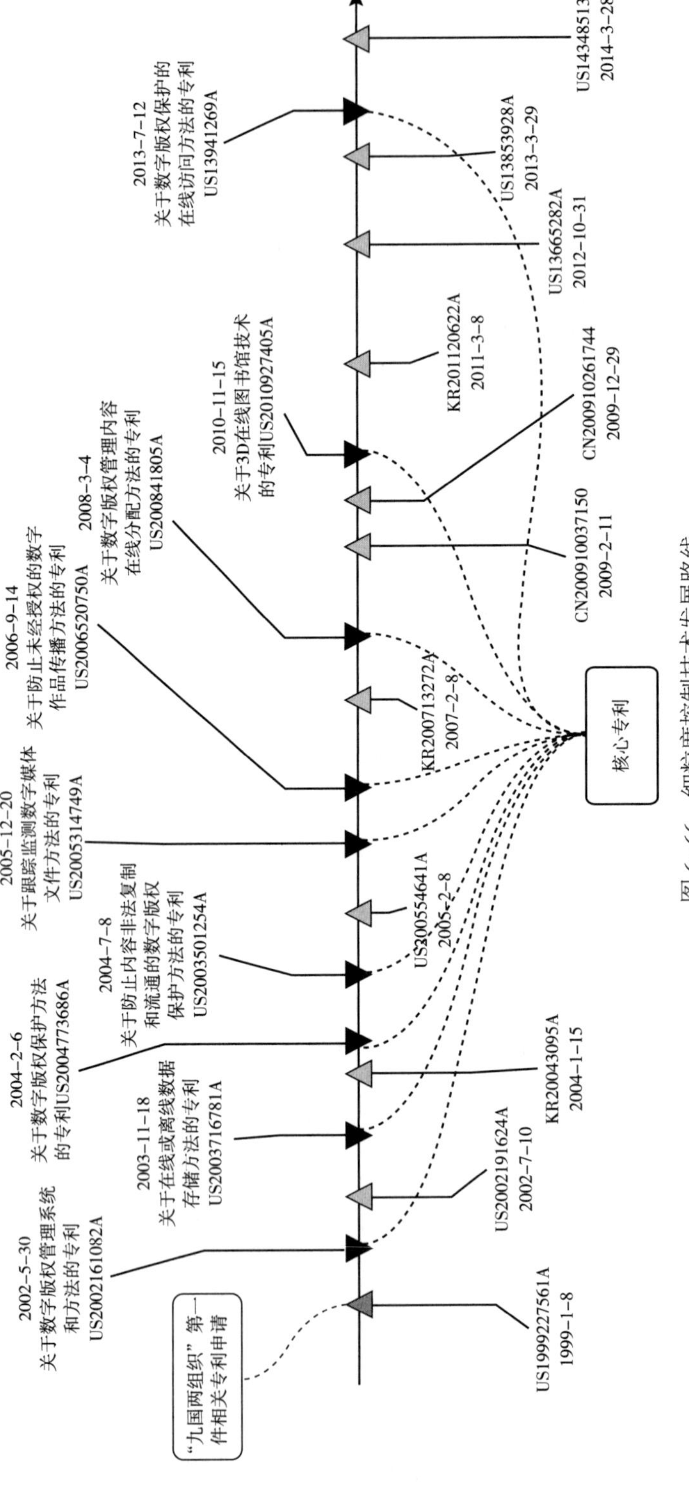

图 6-66　细粒度控制技术发展路线

（三）主要专利申请人分析

1994~2017 年，在细粒度控制技术领域专利申请量排名前三的申请人分别为三星电子、微软和 LG，专利申请量分别为 193 件、75 件和 68 件。

1. 申请量排名第一的专利申请人——三星电子

（1）专利申请量

图 6-67 为三星电子细粒度控制技术专利申请量的年度分布情况，可以看出，三星电子在细粒度控制技术领域的专利申请趋势基本与这一技术的整体发展趋势一致。三星电子的专利年申请量于 2007 年达到峰值，这与互联网发展进入蓬勃期，以及智能电子产品的发展有很大关系。随着技术的发展，单纯的细粒度控制技术已经不能满足在线阅览版权保护的需要，2009 年以来，这一技术领域的专利年申请量有较大幅度下降。

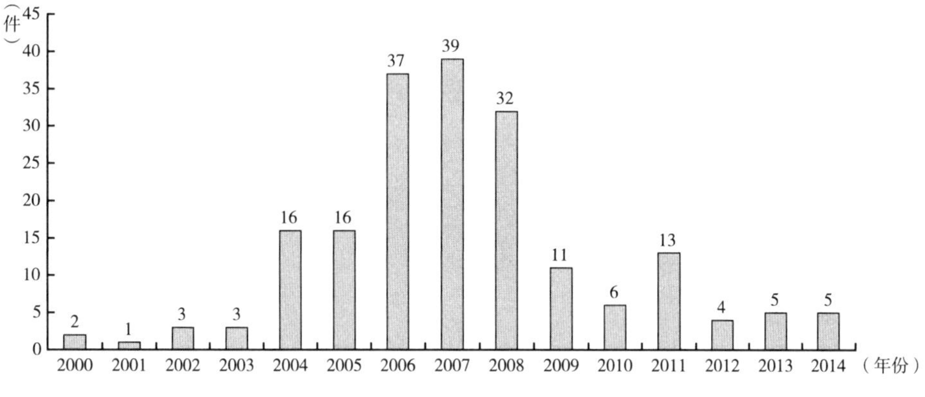

图 6-67　三星电子细粒度控制技术专利申请量年度分布

（2）专利申请量区域分布

图 6-68 为三星电子细粒度控制技术专利在“九国两组织”的申请情况，可以看出，三星电子在美国的申请量比在韩国的申请量还多，说明三星电子非常重视美国市场的专利布局。这主要是三星电子在美国的专利诉讼较多，同时其竞争对手也大多在美国市场。

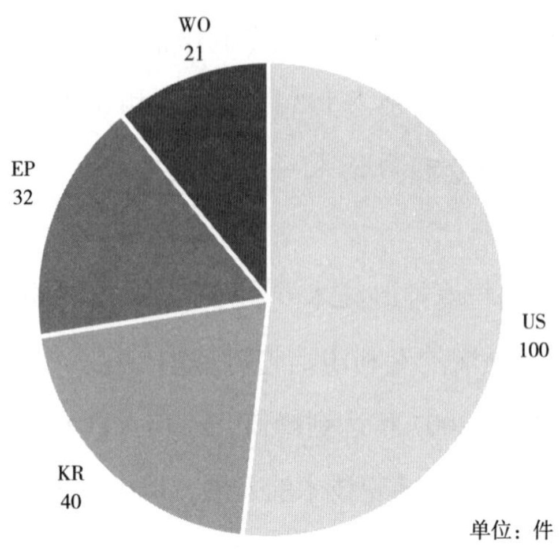

图 6-68 三星电子细粒度控制技术专利在“九国两组织”的申请量

（3）技术构成分布

从图 6-69 可以看出，在细粒度控制技术领域，三星电子关注的技术热点为便携式存储装置、解密处理器和主机设备。由此可推断，为了保护在线数字内容，三星电子针对便携式存储装置采用了细粒度控制技术设置权限，防止在线数字内容的随意储存。

2. 申请量排名第二的专利申请人——微软

（1）专利申请量

图 6-70 为微软细粒度控制技术专利申请量的年度分布情况，可以看出，微软在细粒度控制技术领域的专利申请总量并不多，申请量较多的年份是 2004 年。2003 年微软发布了新的数字版权保护软件，将细粒度控制技术应用在这一软件的权限设置是其研究的一个方向，所以 2004 年微软在这一技术领域申请了较多专利。2005 年以来，微软在这一技术领域的专利年申请量均未超过 10 件。

（2）专利申请量区域分布

图 6-71 为微软细粒度控制技术专利在“九国两组织”的分布情况，可以看出，微软关于该技术的专利申请主要分布在美国，这是由于微软的本部和主

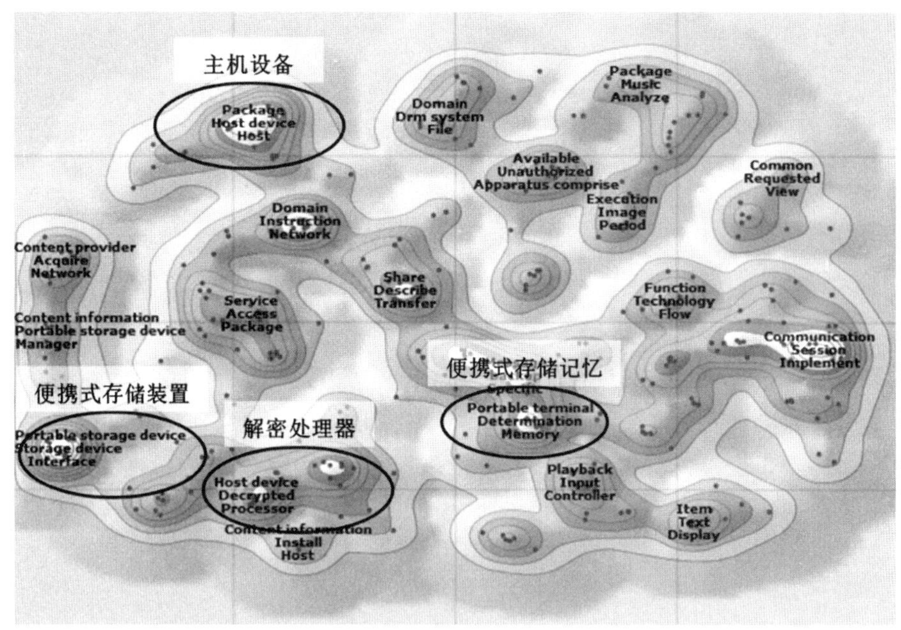

图 6-69　三星电子细粒度控制技术构成分布

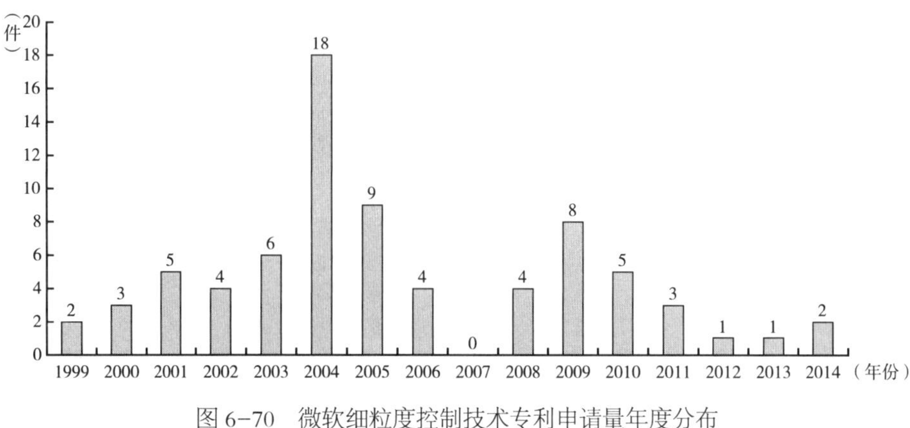

图 6-70　微软细粒度控制技术专利申请量年度分布

要目标市场位于美国，并且美国也是其专利诉讼频繁的地区。微软在韩国申请了 23 件专利，仅次于其在美国的专利申请量，可见韩国是微软非常看重的海外市场。

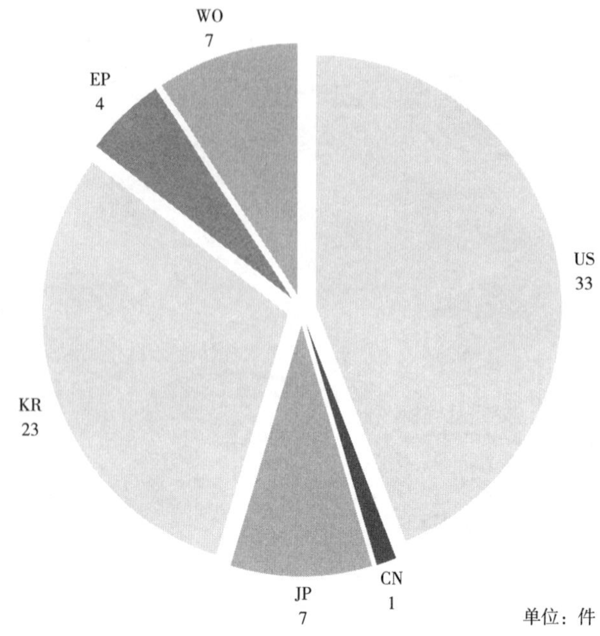

图 6-71　微软细粒度控制技术专利在“九国两组织”的申请量

（3）技术构成分布

从图 6-72 可以看出，在细粒度控制技术领域，微软关注的技术为许可证获取和存储设备等。许可证用于在网络或多用户系统中对账户进行设置，定义拥有该账户的用户访问级别，这与细粒度控制技术中的权限控制技术相对应。

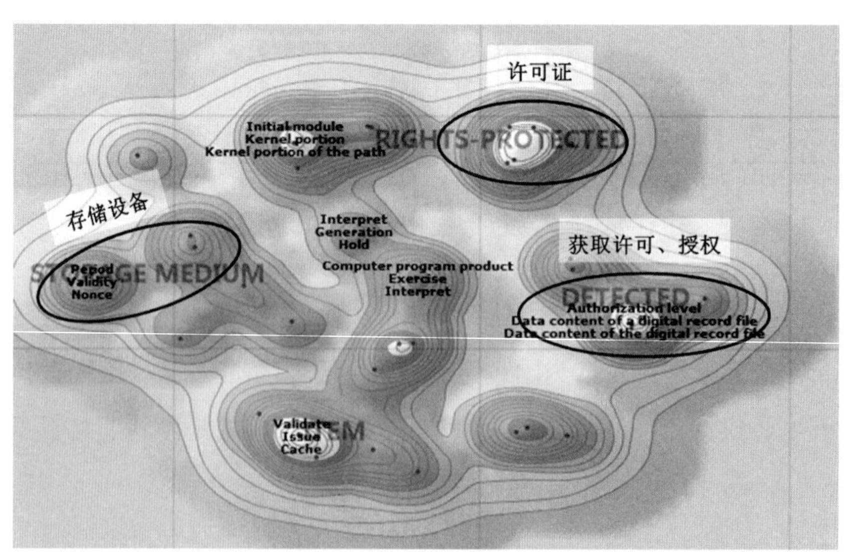

图 6-72　微软细粒度控制技术构成分布

3. 申请量排名第三的专利申请人——LG

（1）专利申请量

图 6-73 为 LG 细粒度控制技术专利申请量的年度分布情况。LG 在这一技术领域的专利申请量明显少于排名前二的申请人，并且对这一技术的研究起步较晚。2004 年 LG 才出现相关专利申请，但快速进入发展期，并于 2006 年达到专利年申请量的峰值。这主要是信息网络化普及以及在线阅览量增多所致。

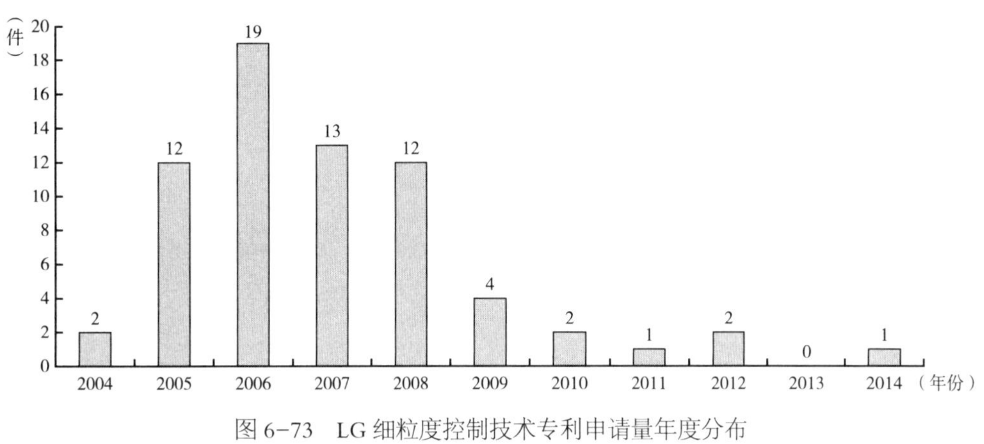

图 6-73　LG 细粒度控制技术专利申请量年度分布

（2）专利申请量区域分布

图 6-74 可以看出，LG 在细粒度控制技术领域的专利申请主要分布在韩国，这主要是韩国市场竞争激烈、电子数码厂商较为集中所致。LG 在美国也有较多的专利申请量，这是由于美国网络化发展迅猛，其非常重视美国市场的发展和专利布局。此外，LG 在世界知识产权组织申请了 16 件专利，体现了其专利全球化布局思路。

（3）技术构成分布

从图 6-75 可以看出，在细粒度控制技术领域，LG 关注的技术热点与微软类似，都是权限控制方面的，如使用权限和密钥等。可见，权限细粒度控制的研究是细粒度控制技术领域的研究重点之一。

三　总结

（一）专利申请总体趋势

从 1999 年起细粒度控制技术的专利年申请量总体呈逐年增长的态势，于 2007 年

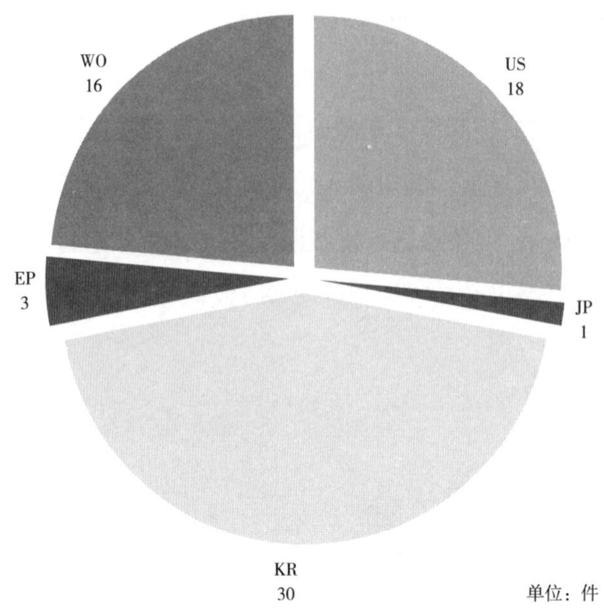

图 6-74 LG 细粒度控制技术专利在“九国两组织”的申请量

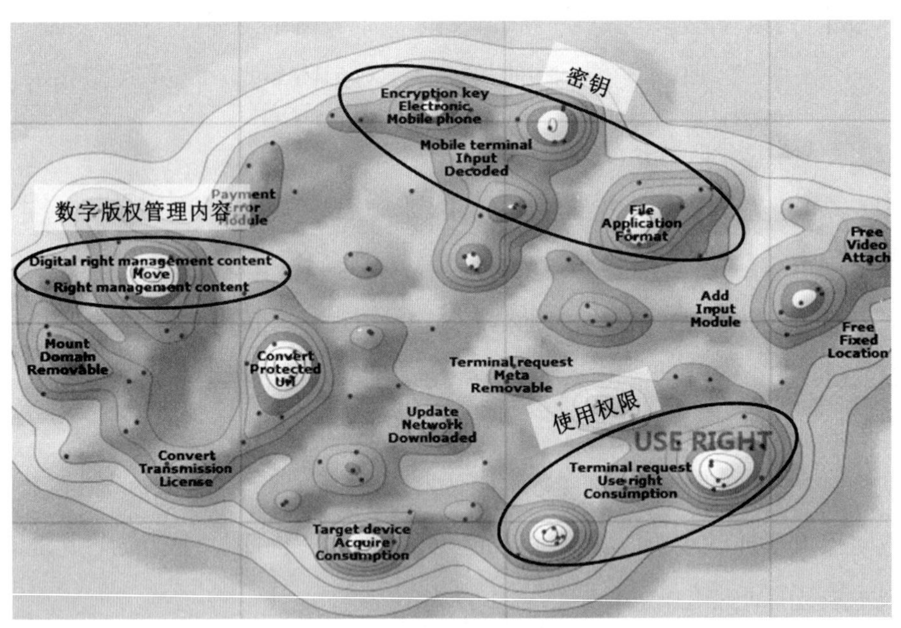

图 6-75 LG 电子细粒度控制技术构成分布

达到专利年申请量峰值。随着细粒度控制技术日益成熟，其应用越来越广，但技术再创新难度增大，从 2008 年至今这一技术领域的专利年申请量逐渐下降。

（二）主要国家技术发展现状及趋势

1. 美国

在细粒度控制技术领域，美国于 2007~2008 年达到顶峰时期，之后随着技术日益成熟，技术发展趋缓甚至出现了衰退。

2. 日本

在细粒度控制技术领域，日本的专利申请量和申请人数量相对较少，专利年申请量在 2003~2005 年达到高峰，之后该技术在日本的应用并不广泛。

3. 韩国

韩国细粒度控制技术发展情况与美国类似，目前同样处于技术发展的衰退期。韩国研究该技术的厂商相对比较多，如三星电子和 LG 等公司。

4. 中国

细粒度控制技术在中国的发展起步较晚，并且近年来的研究热度不高，说明该技术在中国的应用并不普遍。

（三）主要申请人对比分析

通过对细粒度控制技术领域的宏观分析，笔者得出行业内的主要申请人集中在美国和韩国。专利申请量排名前三的申请人分别为三星电子、微软和 LG。

1. 专利申请量比较

从专利申请量来看，三星电子拥有相关专利申请 193 件，微软和 LG 分别是 75 件和 68 件。三星电子作为行业的技术领跑者，专利申请量较多。微软和 LG 在细粒度控制技术领域的研究力度与三星电子有较大差距，并且 2015 年以来均未见相关专利申请。

2. 专利资产地域布局分析

三星电子作为该行业的领跑者，其专利布局主要面向韩国和美国市场，且更看重美国市场，在美国的专利申请数量是在韩国的 2 倍多。微软也主要在美国和韩国进行专利布局，专利申请量分别为 33 件和 23 件。LG 同样在韩国和美国进行了较多专利申请，专利申请量分别为 30 件和 18 件。

3. 技术热点分析

在细粒度控制技术领域，三星电子侧重于将该技术应用在便携式存储装置、备份数字版权管理系统和主机设备上。微软侧重于获取许可方面的研究。LG 侧重于将该技术应用在使用权限管理等方面。

第八节　访问控制技术

访问控制技术是数字版权保护领域比较成熟的技术，通过设置合法用户在合法时间内的系统访问权限，对用户实施的资源访问活动进行有效监控，防止非授权用户访问系统资源并导致数据泄露和流散。围绕该技术的专利申请发轫于 20 世纪 90 年代中后期，1999~2008 年专利申请量持续快速增长，并于 2008 年达到顶峰，此后在 2013 年迎来一个小高峰，随后开始持续下降。目前，该技术发展已趋于成熟，在创新和应用方面的成长空间不容乐观。

一　专利检索

（一）检索结果概述

以访问控制技术为检索主题，在“九国两组织”范围内共检索到相关专利申请 2722 件，具体数量分布如表 6-91 所示。

表 6-91　“九国两组织”访问控制技术专利申请量

单位：件

国家 / 国际组织	专利申请量	国家 / 国际组织	专利申请量
US	1121	DE	7
CN	334	RU	19
JP	175	AU	102
KR	266	EP	302
GB	24	WO	361
FR	11	合计	2722

（二）“九国两组织”访问控制技术专利申请趋势

从表 6-92 和图 6-76 可以看出，访问控制技术专利在“九国两组织”的申请状况与可信计数规范技术大致一致。美国、中国、日本和韩国是这一技术领域申请专利比较积极的国家。2008~2014 年美国的专利年申请量在 100 件左右，中国和韩国保持在

30 件左右。在这一技术领域，通过欧洲专利局和世界知识产权组织申请专利的情况较为可观，专利申请总量在 300 件以上。英国、法国、德国和俄罗斯在这一技术领域的专利申请量较少，专利年申请量均在 10 件以下。

表 6-92　1994~2017 年“九国两组织”访问控制技术专利申请量

单位：件

国家 / 国际组织	专利申请量																	
	90	01	02	03	04	05	06	07	08	09	10	11	12	13	14	15	16	17
US	2	1	20	33	43	48	45	72	108	103	92	86	103	107	129	55	54	20
CN	0	1	2	1	6	11	29	30	38	39	37	34	30	43	16	10	4	3
JP	1	0	2	2	8	9	12	9	11	14	21	24	16	24	14	7	1	0
KR	0	0	1	2	4	10	13	19	52	32	28	22	16	34	25	2	5	1
GB	1	0	2	1	2	1	0	0	4	1	1	0	4	0	3	4	0	0
FR	0	0	0	0	1	0	2	3	1	3	0	0	1	0	0	0	0	0
DE	0	0	0	1	0	1	2	1	2	0	0	0	0	0	0	0	0	0
RU	0	0	0	0	0	0	0	0	1	2	7	3	4	0	2	0	0	0
AU	0	6	5	8	6	8	11	5	8	6	10	4	11	6	3	1	2	2
EP	1	1	4	11	15	18	27	31	30	31	31	21	20	29	18	6	4	4
WO	2	9	21	22	26	34	34	44	42	32	12	17	17	14	15	7	11	2
合计	7	18	57	81	111	140	175	214	297	263	239	211	222	257	225	92	81	32

注：“90”指 1994~2000 年的专利申请总量，“01~17”分别指 2001~2017 年当年的专利申请量。

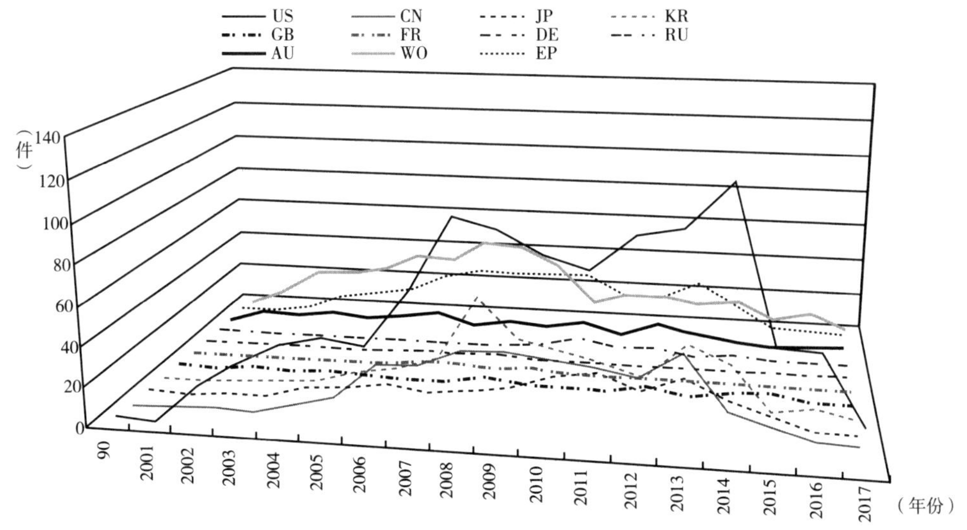

图 6-76　“九国两组织”访问控制技术专利申请趋势

注：“90”指 1994~2000 年的专利申请总量。

（三）“九国两组织”访问控制技术专利申请人排名

1994~2017 年“九国两组织”访问控制技术专利申请人排名情况如表 6-93 ~ 表 6-103 所示。

1. 美国申请人排名

表 6-93　美国访问控制技术专利申请人排名

序号	申请人	申请人国家	申请数量（件）	授权数量（件）
1	Microsoft Corp.	美国	55	30
2	Intertrust Tech. Corp.	美国	54	16
3	Broadcom Corp.	美国	47	13
4	Samsung Electronics Co. Ltd.	韩国	40	9
5	Spansion LLC	美国	28	8

2. 中国申请人排名

表 6-94　中国访问控制技术专利申请人排名

序号	申请人	申请人国家	申请数量（件）	授权数量（件）
1	Koninkl Philips Electronics N.V.	荷兰	35	24
2	Nokia Corp.	芬兰	19	14
3	Microsoft Corp.	美国	14	7
4	Intertrust Tech. Corp.	美国	13	12
5	Samsung Electronics Co. Ltd.	韩国	12	6

3. 日本申请人排名

表 6-95　日本访问控制技术专利申请人排名

序号	申请人	申请人国家	申请数量（件）	授权数量（件）
1	Koninkl Philips Electronics N.V.	荷兰	21	16
2	Intertrust Tech. Corp.	美国	11	10
3	Microsoft Corp.	美国	9	5
4	Samsung Electronics Co. Ltd.	韩国	6	1
5	ContentGuard Holdings Inc.	美国	5	4

4. 韩国申请人排名

表 6-96　韩国访问控制技术专利申请人排名

序号	申请人	申请人国家	申请数量（件）	授权数量（件）
1	Samsung Electronics Co. Ltd.	韩国	38	16
2	Koninkl Philips Electronics N.V.	荷兰	16	7
3	LG Electronics Inc.	韩国	15	4
4	Microsoft Corp.	美国	7	5
5	Sandisk Corp.	美国	7	2

5. 英国申请人排名

表 6-97　英国访问控制技术专利申请人排名

序号	申请人	申请人国家	申请数量（件）	授权数量（件）
1	Sealedmedia Ltd.	英国	3	2
2	Intel Corp.	美国	1	1

6. 法国申请人排名

表 6-98　法国访问控制技术专利申请人排名

序号	申请人	申请人国家	申请数量（件）	授权数量（件）
1	Viaccess S.A.	法国	6	2
2	ATT Advanced Track & Trace S.A.	法国	1	1
3	General Instrument Corp.	美国	1	1
4	Alcatel-Lucent S.A.S.	法国	1	0

7. 德国申请人排名

表 6-99　德国访问控制技术专利申请人排名

序号	申请人	申请人国家	申请数量（件）	授权数量（件）
1	Microsoft Corp.	美国	2	2
2	Fraunhofer Ges Forschung	德国	1	1
3	Samsung Electronics Co. Ltd.	韩国	1	1
4	General Instrument Corp.	美国	1	1
5	Koninkl Philips Electronics N.V.	荷兰	1	0

8. 俄罗斯申请人排名

表 6-100 俄罗斯访问控制技术专利申请人排名

序号	申请人	申请人国家	申请数量（件）	授权数量（件）
1	LG Electronics Inc.	韩国	4	1
2	Qualcomm Inc.	美国	3	1
3	Koninkl Philips Electronics N.V.	荷兰	2	0
4	Motorola Inc.	美国	1	1

9. 澳大利亚申请人排名

表 6-101 澳大利亚访问控制技术专利申请人排名

序号	申请人	申请人国家	申请数量（件）	授权数量（件）
1	Intertrust Tech. Corp.	美国	9	9
2	Samsung Electronics Co. Ltd.	韩国	5	5
3	Aristocrat Technologies A.U.	澳大利亚	5	4
4	Entriq Inc.	美国	5	4
5	Nokia Corp.	芬兰	4	4

10. 欧洲专利局申请人排名

表 6-102 欧洲专利局访问控制技术专利申请人排名

序号	申请人	申请人国家	申请数量（件）	授权数量（件）
1	Koninkl Philips Electronics N.V.	荷兰	26	6
2	Samsung Electronics Co. Ltd.	韩国	19	2
3	Intertrust Tech. Corp.	美国	18	7
4	Nokia Corp.	芬兰	18	2
5	Sandisk Corp.	美国	10	0

11. 世界知识产权组织申请人排名

表 6-103 世界知识产权组织访问控制技术专利申请人排名

序号	申请人	申请人国家	申请数量（件）
1	Koninkl Philips Electronics N.V.	荷兰	32
2	Nokia Corp.	芬兰	19
3	Sandisk Corp.	美国	13
4	Microsoft Corp.	美国	12
5	Samsung Electronics Co. Ltd.	韩国	7

二　专利分析

（一）技术发展趋势分析

图 6-77 是访问控制技术专利申请量的年度分布情况，可以看出，1996 年出现了这一技术领域的第一件专利，1996 年 Blaze M. 等人提出了“信任管理”（Trust Management，TM）这一访问控制概念[①]。TM 描述了主体间建立、验证和维护信任关系的方法，承认信息系统的不完整性，并由可靠的第三方提供安全策略。2002 年 Ravi Sandhu 和 Jaehong Park 提出一种新型的访问控制模型“使用控制”（Usage Control，UCON）[②]。UCON 被誉为下一代访问控制模型，它将传统访问控制、信任管理和数字版权保护 3 个领域的问题进行了统一考虑，成为信息安全领域的研究热点，也是访问控制技术的主要研究方向。2000~2008 年访问控制技术专利的年申请量持续快速增长，经过多年的发展，企业在现有访问控制技术上的收益减少，并且近年来未出现新的核心技术，所以 2015 年访问控制技术专利年申请量大幅减少。

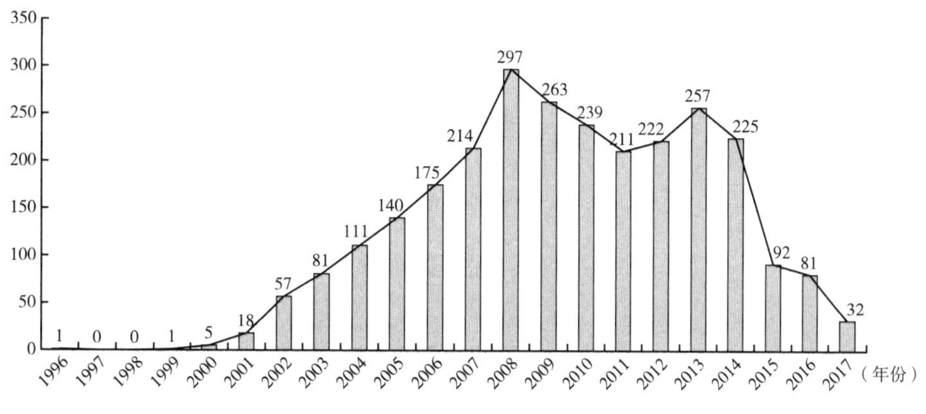

图 6-77　访问控制技术专利申请量年度分布

（二）技术路线分析

图 6-78 展示了访问控制技术的发展路线。1996 年 8 月 12 日，互信科技申请了

---

① Blaze M., Feigenbaum J., Lacy J., *Decentralized Trust Management*, In Proc,17th IEEE Symposium on Security and Privacy,Los Alamitos,1996，pp164–173.

② 吕井华、马兆丰、张德栋等:《基于 UCON 模型的移动数字出版版权保护系统研究与设计》,《计算机科学》2012 年第 3 期，第 6~9 页。

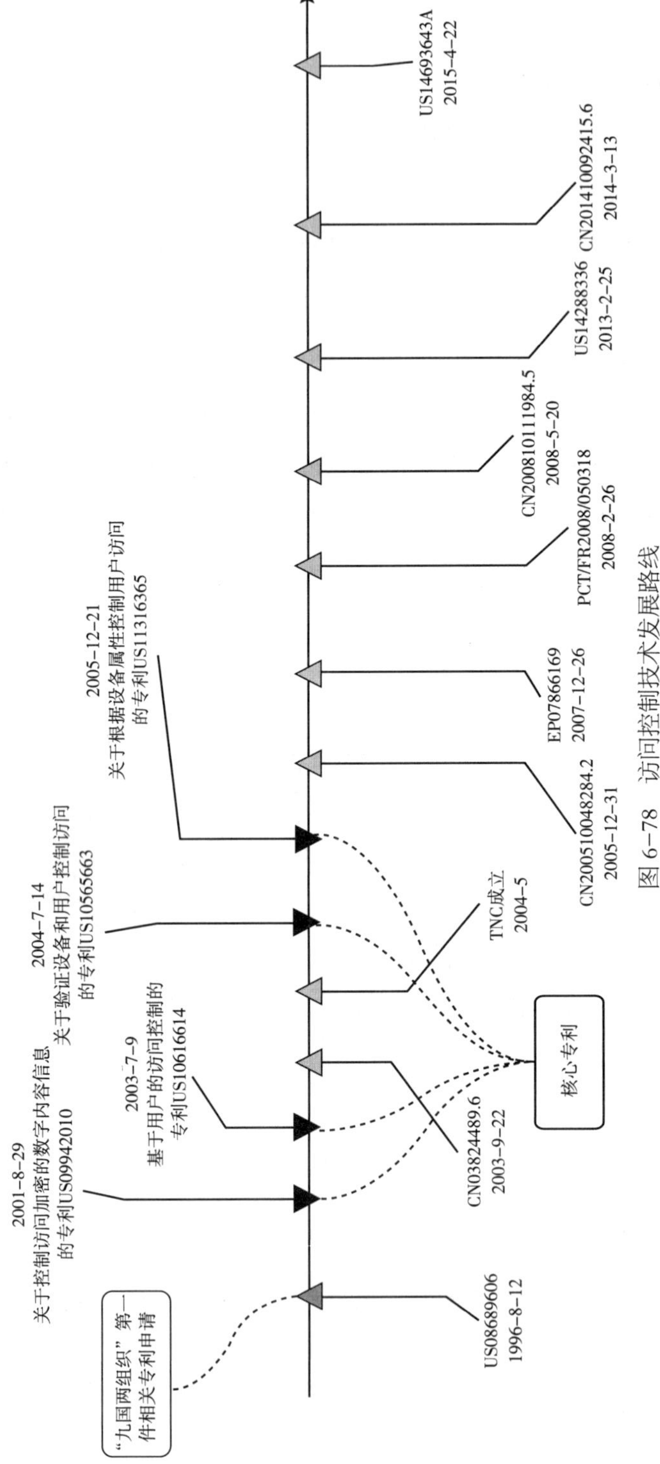

图 6-78　访问控制技术发展路线

访问控制技术领域的第一件专利，互信科技总部位于美国硅谷，并在伦敦和北京设有办事处。互信科技发明、开发并授权数字版权管理系统和可信计算的技术及软件。与可信计数规范技术类似，访问控制技术发展前期核心专利出现较多，之后关键性专利相继出现。2002 年被誉为“下一代访问控制模型”的 UCON 出现，将传统访问控制、信任管理和数字版权保护 3 个领域的问题进行了统一考虑；2004 年 7 月 14 日与 2005 年 12 月 21 日相继出现了根据设备属性来进行访问控制的核心专利；2004 年 5 月，可信计算组织（Trusted Computing Group, TCG）成立了可信网络连接组（Trusted Network Connect，TNC），TNC 计划为端点准入强制策略开发一个对所有开发商开放的架构规范，从而保证各个开发商端点准入产品的可操作性。这项规范将利用现存的工业标准，并在需要的时候开发新的标准和协议。

访问控制技术主要包含查询的访问控制和计数器接入访问控制两方面。系统查询的访问控制问题主要通过提取查询用户的 ID、口令和 IP 等信息，实现用户身份的多要素绑定与识别，进而调整访问控制策略。计算器接入访问控制通过对接入的计数器进行计数器身份编号的认证，保证计数器身份的可靠性、合法性和访问控制。这一技术领域的专利主要涉及用户访问控制和设备（计数器）属性访问控制两方面内容。

（三）主要专利申请人分析

1994~2017 年，在访问控制技术领域专利申请量排名前三的申请人分别为飞利浦（165 件）、三星电子（128 件）和微软（99 件）。

1. 申请量排名第一的专利申请人——飞利浦

（1）专利申请量

2001~2005 年飞利浦访问控制技术专利申请量持续增长，并于 2005 年达到专利年申请量的峰值，之后专利年申请量持续走低，从 2012 年开始降至 5 件以下（见图 6-79）。2004~2006 年的专利申请量处于高位，这主要归功于 2003 年飞利浦和索尼收购了一家软件商——互信科技。互信科技非常注重知识产权建设，以数据隐私、网络安全和内容保护为主要技术方向，业务覆盖数字版权保护和可信计算等领域，拥有 150 多项专利，并拥有 300 多项专利应用。

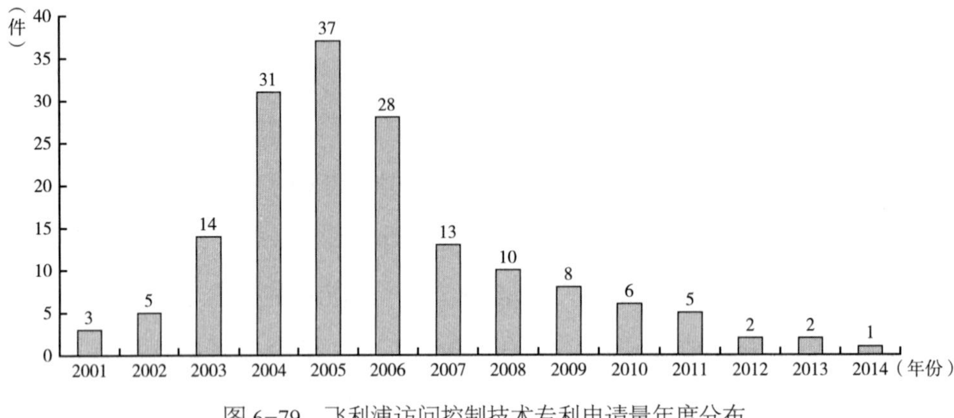

图 6-79　飞利浦访问控制技术专利申请量年度分布

（2）专利申请量区域分布

图 6-80 展示了飞利浦访问控制技术专利在“九国两组织”的申请情况。飞利浦总部位于荷兰阿姆斯特丹，是一家大型跨国公司。飞利浦在中国申请的专利数量最多，在世界知识产权组织、美国、欧洲专利局、日本和韩国的专利申请量依次减少，在俄罗斯、澳大利亚和德国的专利申请数量均少于 5 件。

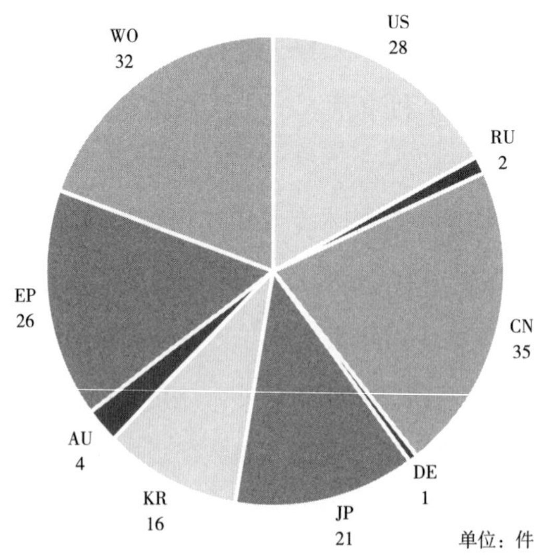

图 6-80　飞利浦访问控制技术专利在“九国两组织”的申请量

（3）技术构成分布

图 6-81 展示了飞利浦访问控制技术专利的构成情况，可以看出，飞利浦在这一技术领域关注的热点技术为基于角色的访问控制（Role-Based Access Control，RBAC）。RBAC 是一种面向企业安全策略的有效访问控制方式，属于传统访问控制模型。为实现角色职责分离和用户动态授权的细粒度管理，UCON 模型也引入了 RBAC 机制。

RBAC 的基本思想是不将系统操作的各种权限直接授予具体用户，而是在用户集合与权限集合之间建立一个角色集合。在 RBAC 之中，包含用户（Users）、角色（Roles）、目标（Objects）、操作（Operations）和许可权（Permissions）5 个基本数据元素，权限赋予角色而不是用户，每一种角色对应一组权限，当一个角色被指定给一个用户时，此用户就拥有了该角色所拥有的权限。这种方式的优势在于不必在每次创建用户时都进行权限分配，只需给用户分配角色即可，而角色的权限变更比用户的权限变更要少很多，这样便简化了用户的权限管理，减轻了系统的压力。

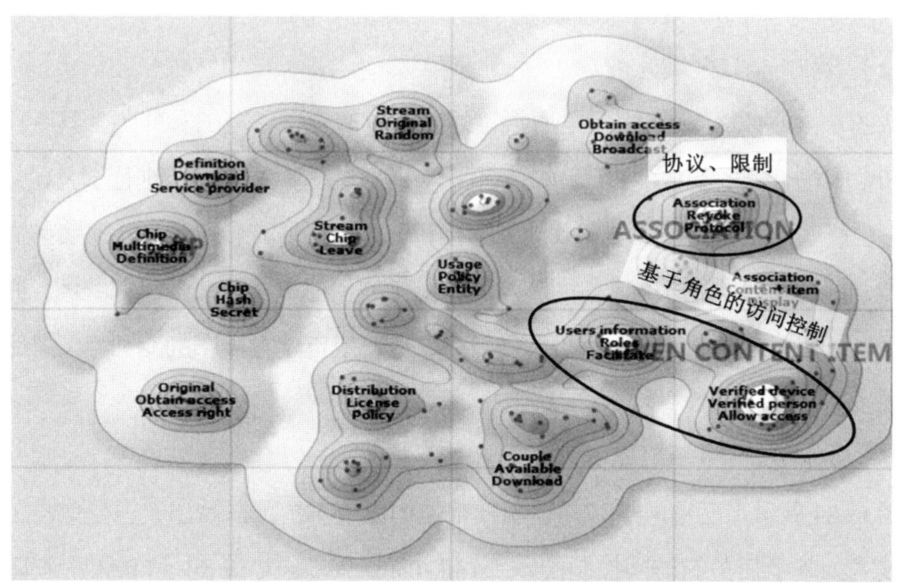

图 6-81　飞利浦访问控制技术构成分布

2. 申请量排名第二的专利申请人——三星电子

（1）专利申请量

图 6-82 展示了三星电子访问控制技术专利的年度申请情况。三星电子于 2004 年开始进行相关专利的申请，起步较晚，但是发展迅猛。2005 年三星电子的专利申请量陡增，并在 2007 年达到专利年申请量的峰值，从 2008 年开始专利年申请量呈下滑态势，如今专利年申请量维持在 5 件左右。

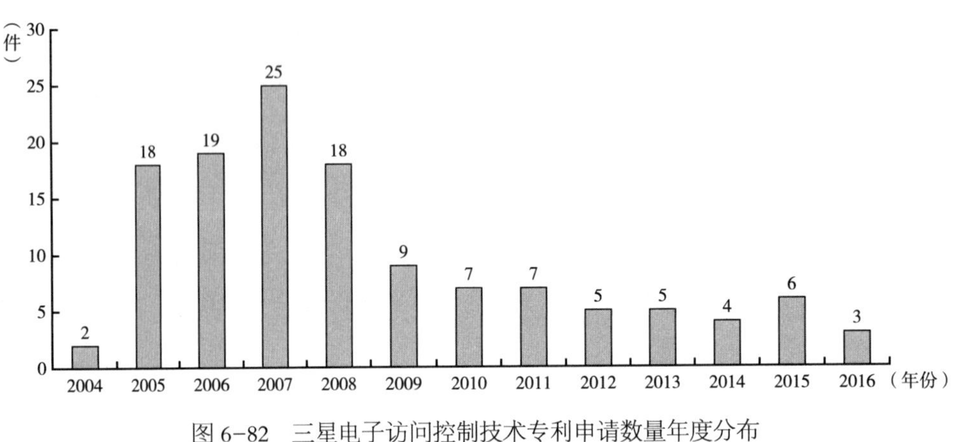

图 6-82　三星电子访问控制技术专利申请数量年度分布

（2）专利申请量区域分布

从图 6-83 可以看出，三星电子大量的专利申请分布在美国和韩国，其在欧洲专利局和中国也有较多专利申请。1997 年亚洲金融危机后，三星电子进行了公司结构调整，把生产基地转移到了中国和欧洲等国家和地区，用海外转移的方式来缓解高成本的压力，从而克服了当时的一些困难。三星电子的主要市场在北美洲和欧洲，并且由于三星电子在美国发生的专利诉讼案件较多，故三星电子在美国的专利申请量比在韩国的还多。

（3）技术构成分布

图 6-84 展示了三星电子访问控制技术的构成分布，可以看出，三星电子关注的热点技术为基于任务的访问控制技术（Task-Based Access Control，TBAC）和基于时间特性的访问控制技术（Temporal Role-Based Access Control，TRBAC）。

TBAC 是一种以任务为中心，采用动态授权的主动安全模型。该模型的基本思想

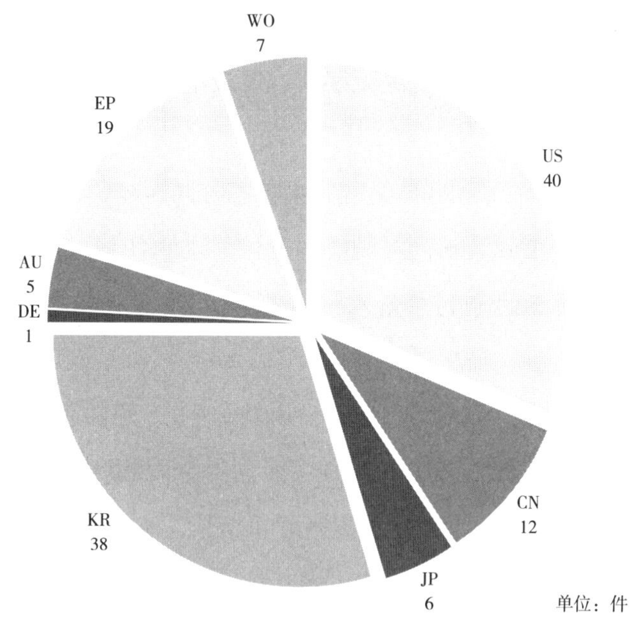

图 6-83 三星电子访问控制技术专利在“九国两组织”的申请量

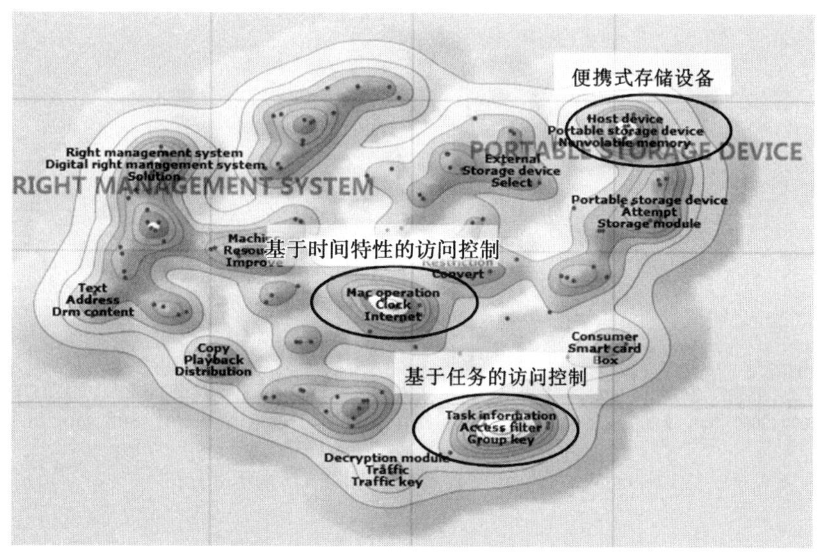

图 6-84 三星电子访问控制技术构成分布

是：授予用户的访问权限不仅依赖于主体和客体，还依赖于主体当前执行的任务状态。当任务处于活动状态时，主体拥有访问权限；一旦任务被挂起，主体拥有的访问权限就被冻结；如果任务恢复执行，主体将重新拥有访问权限；任务处于终止状态时，主体拥有的权限马上被撤销。TBAC 用于工作流、分布式处理、多点访问控制的信息处理以及事务管理系统中的决策制定，但最主要的应用还是在安全工作流管理中。

TRBAC 则变传统的主体和客体为时间主体和时间客体，引入时间区间对主体、客体和角色进行限制，增强了访问控制的安全性、动态性与可扩展性。

3. 申请量排名第三的专利申请人——微软

（1）专利申请量

从图 6-85 可以看出，微软从 1999 年开始进行访问控制技术专利的申请，2000~2003 年专利年申请量缓慢增长；2004 年专利年申请量激增，2006 年之前专利年申请量均处于高位；2007 年专利年申请量开始负增长，2011 年以来已降至 5 件以下。对于数据安全领域关键技术之一的访问控制技术，微软的专利申请起步较早，但申请量一直没有大的突破，处于不温不火的状态。这与微软的技术研究重点有很大关系，微软在数据安全技术领域的研究重点为可信计算。

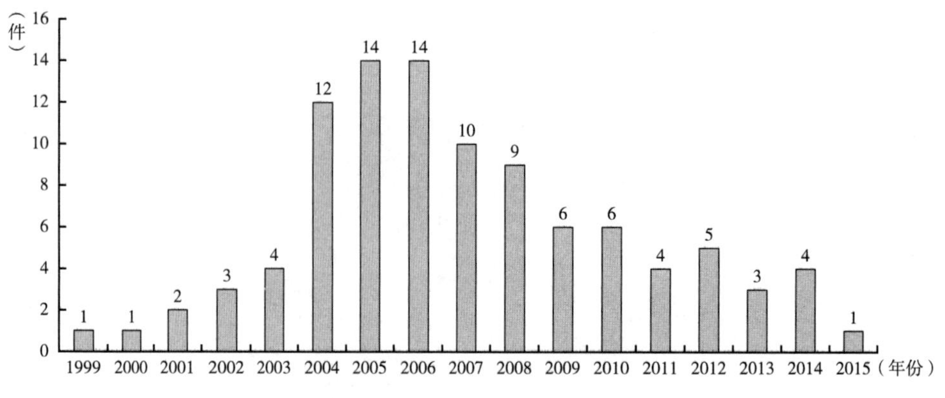

图 6-85　微软访问控制技术专利申请量年度分布

（2）专利申请量区域分布

图 6-86 展示了微软访问控制技术专利在“九国两组织”的申请情况，可以看出，微软在美国的申请量最多，占其总申请量的 56%；在中国、世界知识产权组织、日本、韩国和德国的专利申请量依次减少。

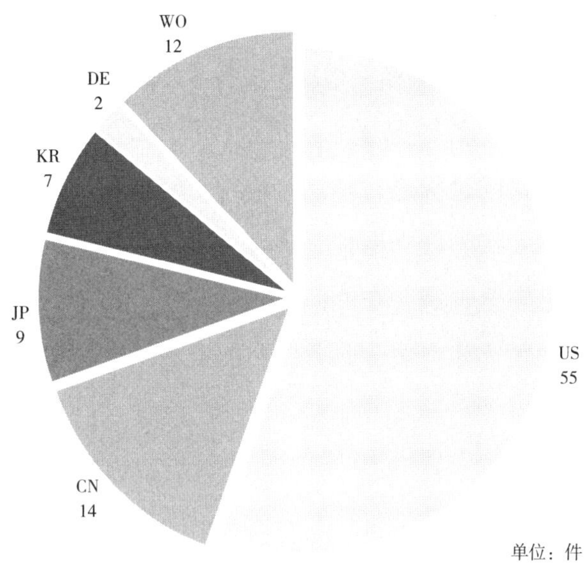

图 6-86 微软访问控制技术专利在“九国两组织”的申请量

（3）技术构成分布

从图 6-87 可以看出，微软在访问控制技术领域的研究热点为使用控制模型、授权及义务。使用控制模型被誉为下一代访问控制模型，是解决当前开放网络环境下

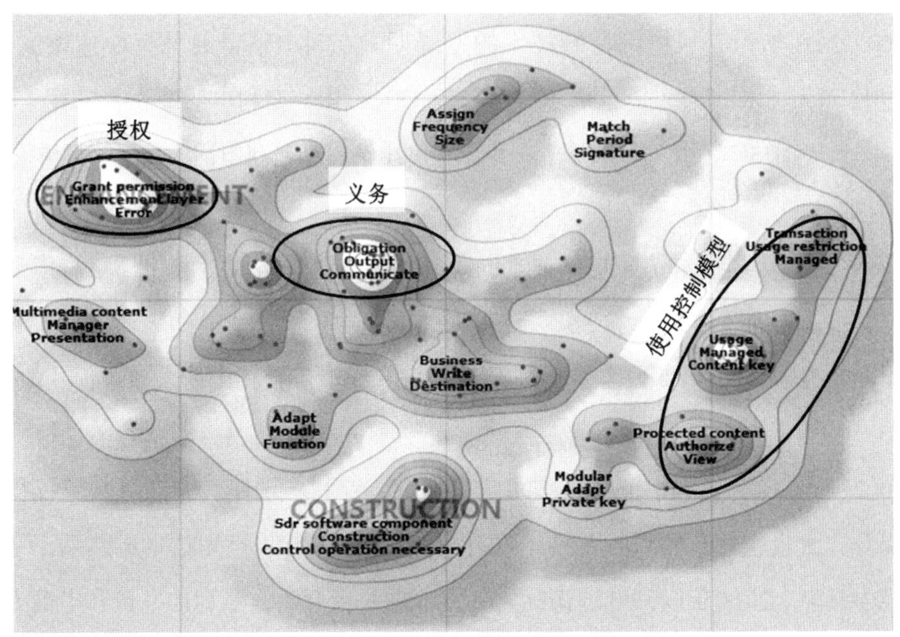

图 6-87 微软访问控制技术构成分布

访问控制问题的有效手段，它将传统访问控制、信任管理和数字版权管理 3 个领域的问题进行了统一考虑。使用控制模型增加了义务（Obligation）和条件（Condition），只有在义务和条件都满足的情况下才会执行授权策略，根据授权、义务和条件 3 个决定性因素对资源访问过程进行控制。传统访问控制和信任管理专注于服务器端的信息保护，数字版权管理则专注于“客户端—服务器”的版权保护。使用控制模型针对这些信息安全领域存在的问题进行了统一思考，其授权的连续性和属性的可变性有效实现了“客户端—服务器”的资源属性使用控制和使用规则授权控制。

三 总结

（一）专利申请整体趋势

1996~2008 年访问控制技术领域的专利申请量持续增长，经过多年的发展，企业在现有访问控制技术上的收益减少，于是 2015 年相关专利申请量大幅减少。目前，该技术发展已趋于成熟，在创新和应用方面的成长空间不容乐观。

（二）主要国家技术发展现状及趋势

1. 美国

2000~2008 年为美国访问控制技术的发展期，专利申请量总体呈快速增长态势。2009~2014 年为技术发展的成熟期，专利申请人增长缓慢，专利申请量稳中有增。美国访问控制技术从 2015 年开始进入技术衰退期，专利申请量和专利申请人数量都严重下滑。

2. 日本

1999~2003 年为日本访问控制技术的萌芽期，在这一阶段专利申请量和申请人数量都非常少。2004~2013 年为技术发展期，这一阶段专利申请量和申请人数量都得到一定程度的提升。2014~2017 年为技术衰退期，专利申请量和申请人数量都开始下降。

3. 韩国

2002~2008 年为韩国访问控制技术的发展期，专利申请量和申请人数量都得到大幅度提升，大量企业开始对相关技术进行研究。2009~2014 年为技术成熟期，专利申请量稳中略降。2015 年以来韩国访问控制技术进入衰退期，专利申请量和申请人数量都呈负增长，大量企业退出相关技术的研究和开发。

4. 中国

2006~2013 年为中国访问控制技术发展的稳定期，专利申请人数量和专利申请量基本稳定。2014~2017 年为技术衰退期，专利申请量与专利申请人数量都大幅减少。

（三）主要申请人对比分析

通过对访问控制技术领域的宏观分析，笔者得出行业内的三个主要申请人是飞利浦、三星电子和微软。

1. 专利申请量比较

从专利申请量来看，飞利浦拥有访问控制技术专利申请 165 件，位居第一；三星电子和微软分别为 128 件和 99 件。

2. 专利资产地域布局情况

飞利浦在中国的专利申请数量最多，在世界知识产权组织、美国、欧洲专利局、日本、韩国的专利申请量依次减少。三星电子的专利申请大多发生在美国和韩国，其次是在欧洲专利局。三星电子的主要市场在北美洲，且在美国发生的诉讼案件很多，故在美国的专利申请最多。微软在美国的申请量最多，占其总申请量的 56%，在中国、世界知识产权组织、日本和韩国的专利申请量依次减少。

3. 技术热点分析

在访问控制技术领域，飞利浦主要关注基于角色的访问控制技术。三星电子更关注基于任务的访问控制和基于时间特性的访问控制技术。微软则主要关注使用控制模型。

第九节　ePub 分段保护技术

ePub 分段保护技术是数字版权保护领域的技术，通过加密算法及分段方法达到对 ePub 格式数字内容的版权保护。围绕该技术的专利申请发轫于 20 世纪 90 年代中期，2009 年之前发展较为缓慢，之后出现上升趋势，但一直在低位发展。总体而言，目前该技术在数字版权保护领域仍然属于小众技术。

一　专利检索

（一）检索结果概述

以 ePub 分段保护技术为检索主题，在“九国两组织”范围内共检索到相关专利申请 59 件，具体数量分布如表 6-104 所示。

表 6-104　“九国两组织”ePub 分段保护技术专利申请量

单位：件

国家 / 国际组织	专利申请量	国家 / 国际组织	专利申请量
US	13	DE	0
CN	13	RU	0
JP	17	AU	2
KR	5	EP	2
GB	0	WO	7
FR	0	合计	59

（二）“九国两组织”ePub分段保护技术专利申请趋势

在“九国两组织”范围内仅检索到 ePub 分段保护技术专利申请 59 件，这主要是 ePub 格式使用范围较小，企业对其研发热情不高所致。其中，日本拥有相关专利申请 17 件，美国和中国次之，均为 13 件（见表 6-105）。自 2006 年以来，日本基本没有进行相关专利申请，而美国、中国和韩国自 2011 年以来专利申请量有小幅增长。

表 6-105　1994~2017 年“九国两组织”ePub 分段保护技术专利申请量

单位：件

国家 / 国际组织	专利申请量																	
	90	01	02	03	04	05	06	07	08	09	10	11	12	13	14	15	16	17
US	2	0	0	0	0	0	0	0	0	1	2	1	1	1	4	1	0	0
CN	2	0	0	1	0	0	1	0	0	0	0	1	1	4	2	0	1	0
JP	6	2	5	1	1	1	0	0	0	0	0	0	0	0	0	0	1	0
KR	0	0	0	0	0	0	1	0	0	0	0	2	2	0	0	0	0	0
GB	0	0	0	0	0	0	0	0	0	0	0	0	0	0	0	0	0	0
FR	0	0	0	0	0	0	0	0	0	0	0	0	0	0	0	0	0	0

续表

国家 / 国际组织	专利申请量																	
	90	01	02	03	04	05	06	07	08	09	10	11	12	13	14	15	16	17
DE	0	0	0	0	0	0	0	0	0	0	0	0	0	0	0	0	0	0
RU	0	0	0	0	0	0	0	0	0	0	0	0	0	0	0	0	0	0
AU	0	0	0	0	0	0	0	1	0	0	0	0	0	0	0	0	0	1
EP	0	0	0	0	0	0	0	0	0	0	0	1	0	0	1	0	0	0
WO	0	0	0	0	0	0	0	0	0	0	1	1	1	2	2	0	0	0
合计	10	2	5	2	1	1	2	1	0	1	3	6	5	7	9	1	2	1

注："90"指 1994~2000 年的专利申请总量，"01~17"分别指 2001~2017 年当年的专利申请量。

（三）"九国两组织"ePub分段保护技术专利申请人排名

1994~2017 年"九国两组织"ePub 分段保护技术专利申请人排名情况如表 6-106~表 6-112 所示。英国、法国、德国和俄罗斯在该技术领域暂无专利申请公开。

1. 美国申请人排名

表 6-106　美国 ePub 分段保护技术专利申请人排名

序号	申请人	申请人国家	申请数量（件）	授权数量（件）
1	Monvini Ltd.	美国	2	1

2. 中国申请人排名

表 6-107　中国 ePub 分段保护技术专利申请人排名

序号	申请人	申请人国家	申请数量（件）	授权数量（件）
1	Qisda Corp.（佳世达科技）	中国	2	1
2	Xiamen Le Creative Information Technology Co. Ltd.（厦门乐创信息科技）	中国	1	0
3	Shanghai Weike Network Technology Co. Ltd.（上海威客网络科技）	中国	1	0
4	Shanghai Shengxuan Network Technology Co. Ltd.（上海盛轩网络科技）	中国	1	0
5	Chineseall Digital Publishing Group Co. Ltd.（北京中文在线数字出版）	中国	1	0
6	Kyocera Corp.	日本	1	0

3. 日本申请人排名

表 6-108 日本 ePub 分段保护技术专利申请人排名

序号	申请人	申请人国家	申请数量（件）	授权数量（件）
1	Hitachi Ltd.	日本	3	2
2	Ricoh Co. Ltd.	日本	1	0
3	Ichiya Co. Ltd.	日本	1	0
4	Mitsubishi Electric Corp.	日本	1	0
5	Casio Computer Co. Ltd.	日本	1	0

4. 韩国申请人排名

表 6-109 韩国 ePub 分段保护技术专利申请人排名

序号	申请人	申请人国家	申请数量（件）	授权数量（件）
1	Incube Technologies Inc.	韩国	2	1
2	Neonet Korea	韩国	1	1
3	OT&C Co. Ltd.	韩国	1	1
4	Korea Polytech Univ. Ind. Acad.	韩国	1	0

5. 英国申请人排名

英国在 ePub 分段保护技术领域暂无专利申请公开。

6. 法国申请人排名

法国在 ePub 分段保护技术领域暂无专利申请公开。

7. 德国申请人排名

德国在 ePub 分段保护技术领域暂无专利申请公开。

8. 俄罗斯申请人排名

俄罗斯在 ePub 分段保护技术领域暂无专利申请公开。

9. 澳大利亚申请人排名

表 6-110 澳大利亚 ePub 分段保护技术专利申请人排名

序号	申请人	申请人国家	申请数量（件）	授权数量（件）
1	Cytopathfinder Inc.	日本	1	0
2	Ozdocs International Pty. Ltd.	澳大利亚	1	0

10. 欧洲专利局申请人排名

表 6-111　欧洲专利局 ePub 分段保护技术专利申请人排名

序号	申请人	申请人国家	申请数量（件）	授权数量（件）
1	Tandberg Television Inc.	美国	2	1

11. 世界知识产权组织申请人排名

表 6-112　世界知识产权组织 ePub 分段保护技术专利申请人排名

序号	申请人	申请人国家	申请数量（件）
1	Apple Inc.	美国	1
2	Studio SBV Inc.	美国	1
3	Cognilore Inc.	加拿大	1
4	Websistant LLC	美国	1
5	Kyocera Corp.	日本	1

二　专利分析

（一）技术发展趋势分析

图 6-88 展示了 1995~2017 年 ePub 分段保护技术专利申请量的年度变化趋势。可以看出，1995~2009 年 ePub 分段保护技术发展较为缓慢，2010 年以来专利申请量缓慢增长，2015 年专利申请量又大幅回落。ePub 是一个新兴的自由开放标准，于 2007 年 9 月成为国际数字出版论坛（International Digital Publishing Forum，IDPF）的正式标准，取代了旧的 Open eBook 电子书标准，自此企业开始关注 ePub 并投入研究[①]。2011 年对 ePub 而言是标志性的一年，IDPF 发布并投票通过了最终版本的 ePub3 格式标准细则。这意味着 ePub 已被业界认可并被看作与时俱进的突破。亚马逊也向出版商承诺将在 Kindle 上支持 ePub 格式。从 2007 年至今，越来越多的企业投入 ePub 分段保护技术的研发，在良好的市场前景和用户需求的影响下，不久将迎来 ePub 分段保护技术的研发热潮。

① 邓晓磊:《格式的困惑》,《出版参考》2012 年第 21 期，第 15 页。

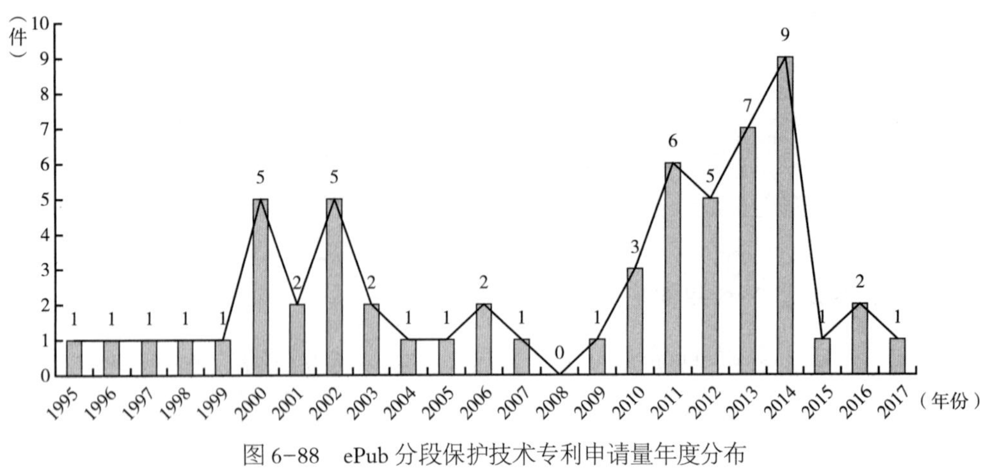

图 6-88 ePub 分段保护技术专利申请量年度分布

（二）技术路线分析

从图 6-89 可以看出，2003 年提出了一件关于电子出版物分章节进行结算的核心专利，随后出现了较多关于数字内容分段保护的研究。2007 年 9 月 ePub 成为 IDPF 的正式标准，2011 年 IDPF 发布并投票通过了最终版本的 ePub3 格式标准细则。2011 年北京中文在线数字出版集团股份有限公司就 ePub 格式的图书文件解析方法申请了一件专利，同年上海盛轩网络科技有限公司也申请了一件关于 ePub 格式读物的分页方法及系统的专利。这一定程度标志着 ePub 格式的数字内容保护开始成为企业关注的研发对象。2013 年上海威客网络科技有限公司申请了一件关于加密数字内容的版权标识方法的专利，标志着中国技术人员开始研究针对特定应用的数字内容加密保护技术。

三 总结

（一）专利申请总体趋势

就整个行业专利申请状况来看，ePub 分段保护技术专利申请量增长比较缓慢。这主要由于 ePub 是一个新兴的自由开放标准，企业刚开始关注并投入研究。随着网络通信的日益普及，加上用户需求的增加，将有越来越多的企业投入 ePub 分段保护技术的研究，预计不久将迎来该技术的快速发展期。

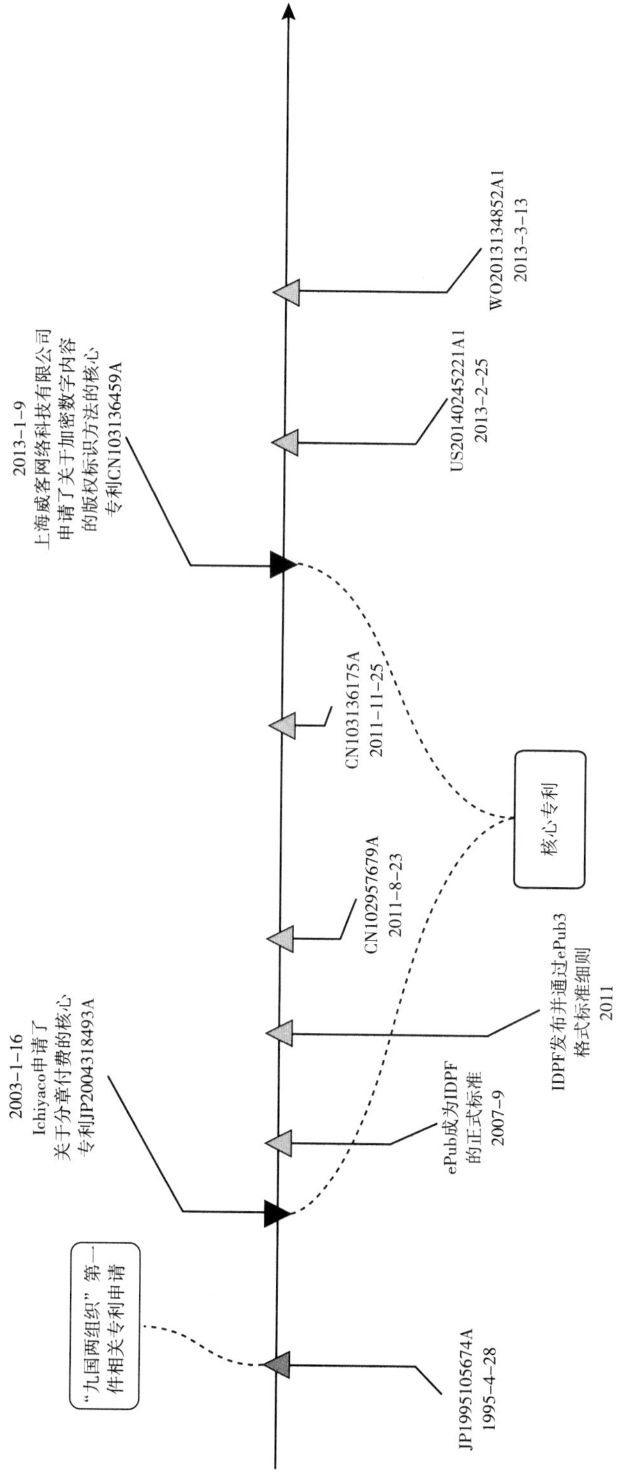

图6-89　ePub分段保护技术发展路线

（二）主要国家技术发展现状及趋势

1. 美国

截至目前，美国 ePub 分段保护技术专利申请总量只有 13 件，这主要由于 ePub 分段保护技术是出现不久的新兴技术。目前，美国的 ePub 分段保护技术处于萌芽期。

2. 日本

在 2005 年之前，日本 ePub 分段保护技术专利申请量已达到 16 件，是最早较大力度研发该技术的国家。但这之后只有 2016 年申请了一件专利，说明该技术在日本已进入衰退期。

3. 韩国

韩国的情况与美国类似，截至目前，专利申请总量为 5 件。目前该技术在韩国处于萌芽期。

4. 中国

目前，中国在 ePub 分段保护技术领域的研究处于起步阶段，但发展潜力很大。

第十节　防截屏技术

防截屏技术是数字版权保护领域的常用技术，通过防止不法截取屏幕画面实现信息保密和版权保护的目的，在数字版权保护领域主要应用于在线阅览方面。围绕该技术的专利申请发轫于 20 世纪 90 年代中期，1994~2003 年总体呈逐年增长态势，于 2003 年达到截至目前的申请量峰值，2004~2012 年总体呈下降态势，2013 年大幅反弹并迎来第二个申请高峰，但 2015 年又开始下滑。在移动网络和各种终端设备与截屏技术快速发展的背景下，该技术仍有一段活跃期，但作为一种强保护措施，在互联网思维之下，其创新和应用空间有待观察。

一　专利检索

（一）检索结果概述

以防截屏技术为检索主题，在“九国两组织”范围内共检索到相关专利申请 1442 件，具体数量分布如表 6-113 所示。

表 6-113 “九国两组织”防截屏技术专利申请量

单位：件

国家 / 国际组织	专利申请量	国家 / 国际组织	专利申请量
US	495	DE	3
CN	120	RU	10
JP	553	AU	7
KR	209	EP	17
GB	5	WO	18
FR	5	合计	1442

（二）“九国两组织”防截屏技术专利申请趋势

1994~2017 年“九国两组织”防截屏技术专利申请总量为 1442 件，1994~2003 年防截屏技术专利申请量总体呈逐年增长态势，2004~2012 年总体呈下降态势，这与防截屏技术日益成熟有较大关系。其中，日本、美国、韩国和中国为专利申请量排名前四的国家，即该技术的主要技术创新和研发国家。日本的专利申请总量达到 553 件，在该技术领域处于领先地位。德国、法国、英国、俄罗斯和澳大利亚等国家在该技术领域的专利申请量较少，均在 10 件以下，说明其对该技术的研发和创新投入较少（见表 6-114、图 6-90）。

表 6-114　1994~2017 年“九国两组织”防截屏技术专利申请量

单位：件

国家 / 国际组织	专利申请量																	
	90	01	02	03	04	05	06	07	08	09	10	11	12	13	14	15	16	17
US	63	23	24	22	18	19	28	19	26	11	10	14	18	56	51	41	35	17
CN	16	1	2	10	10	5	7	7	5	1	6	11	8	9	13	5	2	2
JP	180	52	49	52	48	39	35	24	13	17	14	11	5	6	3	5	0	0
KR	17	7	9	8	14	6	13	17	19	20	20	7	10	14	15	5	8	0
GB	0	0	0	0	0	0	0	0	0	0	0	0	0	0	1	4	0	0
FR	0	1	1	1	0	1	1	0	0	0	0	0	0	0	0	0	0	0
DE	1	0	1	1	0	0	0	0	0	0	0	0	0	0	0	0	0	0
RU	3	1	0	2	0	1	0	1	1	0	0	0	1	0	0	0	0	0
AU	2	0	1	3	0	1	0	0	0	0	0	0	0	0	0	0	0	0
EP	3	0	0	1	1	2	0	0	2	0	1	1	0	1	0	4	0	1
WO	2	0	0	1	2	0	2	1	1	2	2	1	0	0	1	1	1	1
合计	287	85	87	101	93	74	86	69	67	51	53	45	42	86	84	65	46	21

注：“90”指 1994~2000 年的专利申请总量，“01~17”分别指 2001~2017 年当年的专利申请量。

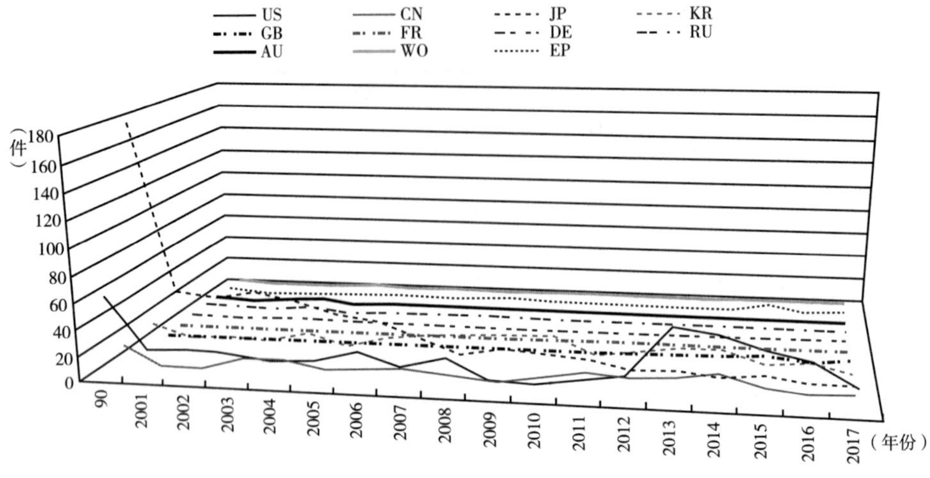

图 6-90 “九国两组织”防截屏技术专利申请趋势

注：“90”指 1994~2000 年的专利申请总量。

（三）“九国两组织”防截屏技术专利申请人排名

1994~2017 年“九国两组织”防截屏技术专利申请人排名情况如表 6-115 ~ 表 6-125 所示。

1. 美国申请人排名

表 6-115 美国防截屏技术专利申请人排名

序号	申请人	申请人国家	申请数量（件）	授权数量（件）
1	Sony Corp.	日本	26	25
2	Samsung Electronics Co. Ltd.	韩国	20	5
3	Fujitsu Ltd.	日本	13	8
4	Panasonic Corp.	日本	8	4
5	Ricoh K.K.	日本	7	5

2. 中国申请人排名

表 6-116 中国防截屏技术专利申请人排名

序号	申请人	申请人国家	申请数量（件）	授权数量（件）
1	Huawei Tech. Co. Ltd.（华为）	中国	4	1
2	Beijing Safe Code Technology Co. Ltd.（北京安码科技）	中国	2	0
3	Harbin Institute of Technology（哈尔滨工业大学）	中国	2	0
4	Sony Corp.	日本	1	1
5	Toshiba K.K.	日本	1	1

3. 日本申请人排名

表 6-117　日本防截屏技术专利申请人排名

序号	申请人	申请人国家	申请数量（件）	授权数量（件）
1	Sony Corp.	日本	35	23
2	Ricoh K.K.	日本	34	21
3	Panasonic Corp.	日本	30	5
4	Matsushita Denki Sangyo K.K.	日本	27	6
5	Victor（Japan）Co.	日本	27	3

4. 韩国申请人排名

表 6-118　韩国防截屏技术专利申请人排名

序号	申请人	申请人国家	申请数量（件）	授权数量（件）
1	Samsung Electronics Co. Ltd.	韩国	7	4
2	LG Electronics Inc.	韩国	6	6
3	SK Telecom Co. Ltd.	韩国	5	2
4	Univ. Soongsil Res. Consortium	韩国	5	1
5	Japan Electronics & Telecom Res. Inst	日本	4	3

5. 英国申请人排名

表 6-119　英国防截屏技术专利申请人排名

序号	申请人	申请人国家	申请数量（件）	授权数量（件）
1	Intralinks Inc.	美国	2	0

6. 法国申请人排名

表 6-120　法国防截屏技术专利申请人排名

序号	申请人	申请人国家	申请数量（件）	授权数量（件）
1	Samsung Electronics Co. Ltd.	韩国	1	0
2	Thomson Licensing S.A.	法国	1	0

7. 德国申请人排名

表 6-121　德国防截屏技术专利申请人排名

序号	申请人	申请人国家	申请数量（件）	授权数量（件）
1	Baum Retec A. G.	德国	1	0
2	Denso Corp.	日本	1	0

8. 俄罗斯申请人排名

表 6-122　俄罗斯防截屏技术专利申请人排名

序号	申请人	申请人国家	申请数量（件）	授权数量（件）
1	Nordavind Stock Co.	俄罗斯	1	1
2	Avvenu Inc.	美国	1	0

9. 澳大利亚申请人排名

表 6-123　澳大利亚防截屏技术专利申请人排名

序号	申请人	申请人国家	申请数量（件）	授权数量（件）
1	Apple Inc.	美国	3	1
2	Electronic Plastics LLC	美国	1	0

10. 欧洲专利局申请人排名

表 6-124　欧洲专利局防截屏技术专利申请人排名

序号	申请人	申请人国家	申请数量（件）	授权数量（件）
1	LG Electronics Inc.	韩国	6	0
2	Canon K.K.	日本	5	2
3	Toshiba K.K.	日本	5	1
4	Matsushita Denki Sangyo K.K.	日本	4	1
5	Sony Corp.	日本	1	1

11. 世界知识产权组织申请人排名

表 6-125　世界知识产权组织防截屏技术专利申请人排名

序号	申请人	申请人国家	申请数量（件）
1	Matsushita Denki Sangyo K.K.	日本	17
2	Sony Corp.	日本	12
3	Koninkl Philips Electronics N.V.	荷兰	11
4	LG Electronics Inc.	韩国	7
5	ContentGuard Holdings Inc.	美国	5

二　专利分析

（一）技术发展趋势分析

防截屏技术是一种防泄密辅助安全的技术，防止机密信息的屏幕显示画面被截取后以图像方式泄露。图 6-91 展示了 1994~2017 年防截屏技术专利的年度申请情况，该技术经历了发展期，目前已进入成熟期。

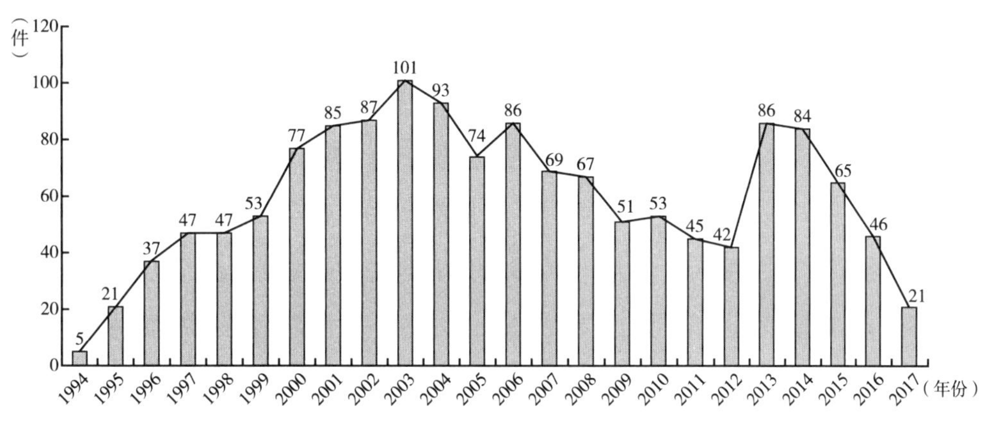

图 6-91　防截屏技术专利申请量年度分布

随着信息技术的发展，企业为了提高信息处理速度和效率，越来越多地使用电子文档，许多企业甚至把 90% 以上的机密信息以电子文档的形式保存，同时，ERP 和 CRM 等电子信息管理方案在企业中被大量使用。这些新型管理手段的使用给企业带来了更高的生产效率，同时也给企业信息安全管理带来了挑战和威胁①。这在一定程度

① 李淮佳，袁泽福，钟加荣：《基于 NETFPGA 的保密通信系统》，http://www.doc88.com/p-5187300327257.html。

上促进了防截屏技术的发展。

防截屏技术需要同时实现以下多种功能：第一，文档加密。文档安全防泄密系统在程序中利用明显的图标区别加密文件和非加密文件，安装客户端后，若不进行登录，就无法查看加密文件，在安装了客户端程序的电脑中，文档安全防泄密系统对文件提供自动和手动两种加密方式。第二，分级密钥。该功能支持分级管理和分部门密钥，不同的部门之间可以互相查看或不能互相查看加密文件，分级密钥功能可为不同的部门分配不同的加密密钥，启用分组密钥后，受保护的电子文档需通过文件流转功能实现查阅。第三，离线控制。当用户需要离线使用加密文档时，通过离线审批流程后便可使用，需要使用离线登录的功能，当离线登录后，在规定时间内可以打开加密的电子文档进行查看，但不能拷贝和粘贴。第四，文件外发控制。用户可将发给其他单位的文档重新制作，在指定阅读次数和时间内能正常打开，超出则自动删除。第五，部门间文件流转。该功能对应分部门密钥管理功能，当启动分部门密钥管理功能后，由于各部门使用的密钥不同，无法互相查看文件，故添加部门文件流转功能，支持在不同密钥部门之间转换文件加密格式。第六，自动备份。该功能在编辑和保存加密文件时，在设定的位置保存加密文件的备份文件①。

（二）技术路线分析

防截屏技术是一种保护在线阅览文档信息安全的方法，是目前比较成熟的数字内容保护技术。图 6-92 展示了防截屏技术的发展路线。1994 年 1 月 31 日，“九国两组织”范围内出现了第一件相关专利。从 1999~2013 年出现的核心专利内容可以看出，在防截屏技术领域，被研究最多的是防止非法复制的方法，并主要应用在数字版权管理系统中，防止非法复制作为防截屏技术的重要支撑技术出现时间很早，而且一直被创新。

截屏是一种截取图片或文字的途径，也是一种计算机运用技术。截屏技术的产生使在线阅览内容便于传播，截屏技术以操作便捷性在企业办公中广泛应用，但背后隐藏的高泄密风险也让企业深深担忧。在这种背景下，防截屏技术应运而生，为涉密文档提供安全防护。防截屏技术主要包括三种方式：一是防止即时通信工具截屏。针对即时通信工具的防截屏策略一般设置为“控制台—高级—IM 文件传送—动作（禁

① 董勇，谢雪峰，郑瑾等:《文档安全防泄密系统的研究与实现》,《电力信息与通信技术》2013 年第 1 期。

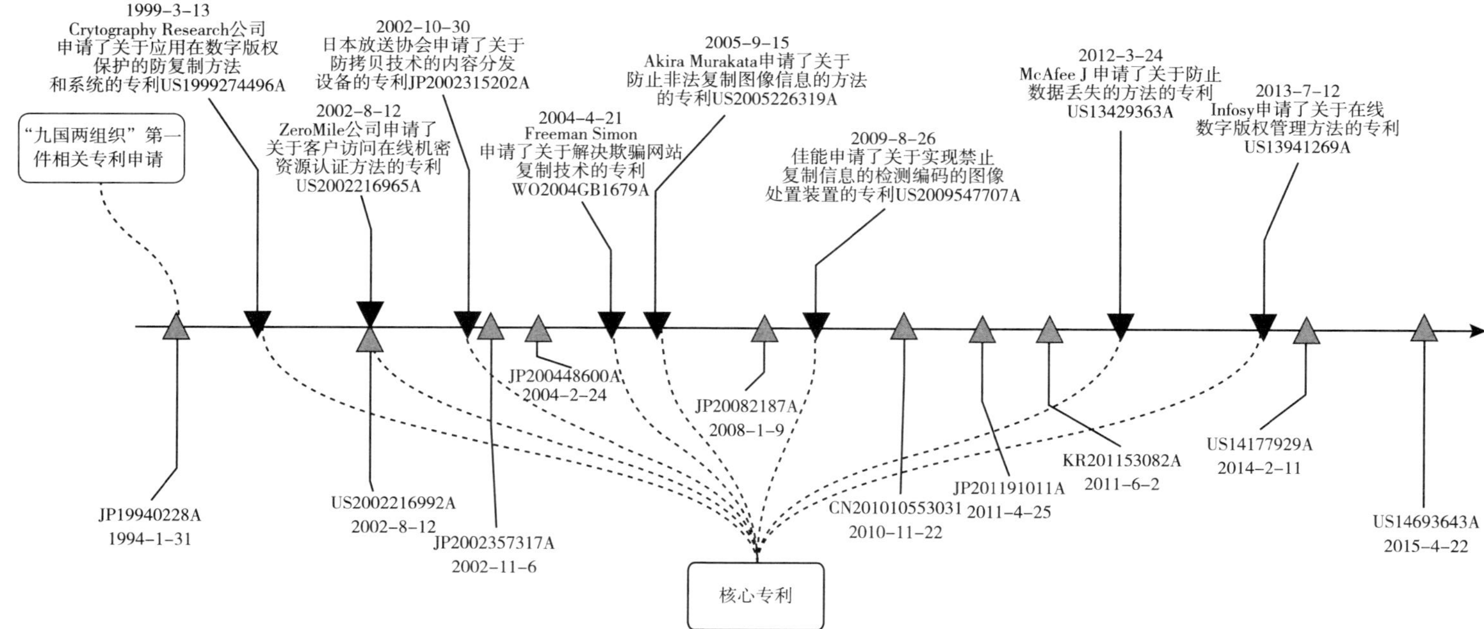

图 6-92　防截屏技术发展路线

止）—勾选图片控制”。二是防止加密文件读取后截屏。如果加密文件被非法拷贝，则无法正常读取；但在正常读取过程中有被截屏的风险，需进行控制。针对加密文件的防截屏策略一般设置为“控制台—文档安全管理—加密授权设置—授权软件—禁止截屏”。三是防止键盘截屏。键盘截屏是系统自带功能，相对于软件截屏更方便，为防止信息泄露必须进行控制。针对键盘的防截屏策略一般设置为“控制台—基本策略—动作（禁止）—勾选其他（使用 Print Screen 键复制屏幕）”。

（三）主要专利申请人分析

在防截屏技术领域，1994~2017 年专利申请总量排名前二的申请人为索尼和松下电器，分别为 75 件和 44 件。

1. 申请量排名第一的专利申请人——索尼

（1）专利申请量

索尼是世界视听、电子游戏、通信产品和信息技术等领域的领跑者。2000 年 3 月 4 日索尼推出 PlayStation 2（PS2），2004 年 12 月 12 日索尼推出 PlayStation Portable（PSP），PSP 中包含独家游戏软件等，为了更好地保护版权，索尼 1995~2003 年在防截屏技术领域的专利申请量相对较多。随着防截屏技术的日趋成熟以及 PSP 游戏软件的日益普遍，2008 年以来索尼在防截屏技术领域的专利申请量下降较多（见图 6–93）。

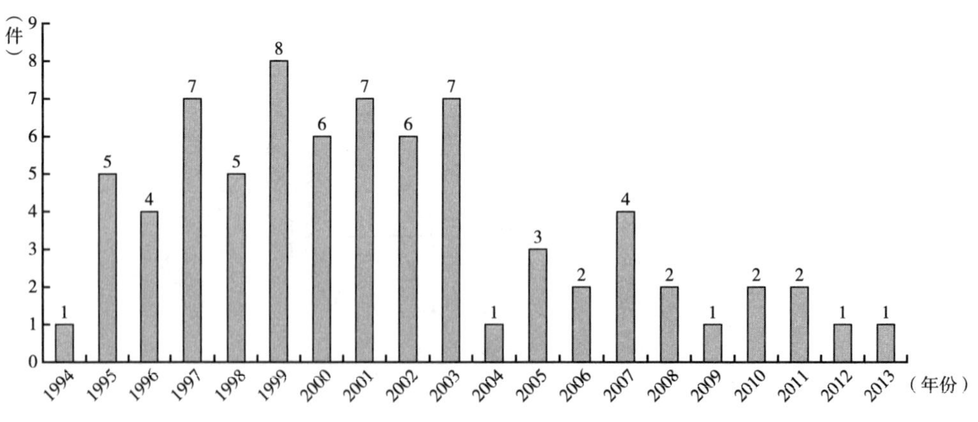

图 6–93 索尼防截屏技术专利申请量年度分布

（2）专利申请量区域分布

图 6–94 展示了索尼防截屏技术专利在“九国两组织”的申请情况。索尼在本部

所在地日本的专利布局最多。索尼专利布局第二多的国家是美国，这是由于索尼 PSP 的主要销售市场是美国，同时微软是索尼在美国游戏市场的主要竞争对手，所以索尼很重视在美国市场的专利布局。

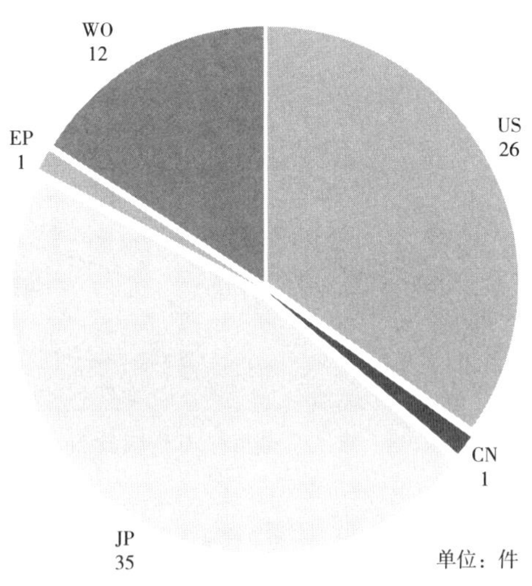

图 6-94　索尼防截屏技术专利在“九国两组织”的申请量

（3）技术构成分布

从图 6-95 可以看出，索尼在防截屏技术领域关注的热点技术为捕获屏幕截图和图像、数字信息的复制保护。可见，索尼将防截屏技术主要应用在图像及数字信息保护方面，以防止这些信息的非法复制。

2. 申请量排名第二的专利申请人——松下电器

（1）专利申请量

图 6-96 展示了松下电器防截屏技术专利的申请趋势，可以看出，松下电器在这一领域的专利申请数量整体不多。这是由于松下电器的主要产品是传统家电，用到在线阅览相关技术的是其互联网电视产品。而松下电器在 2007 年暂停互联网相关业务，大力发展传统家电产业，这也是松下电器在 2006 年后没有相关专利申请的主要原因。

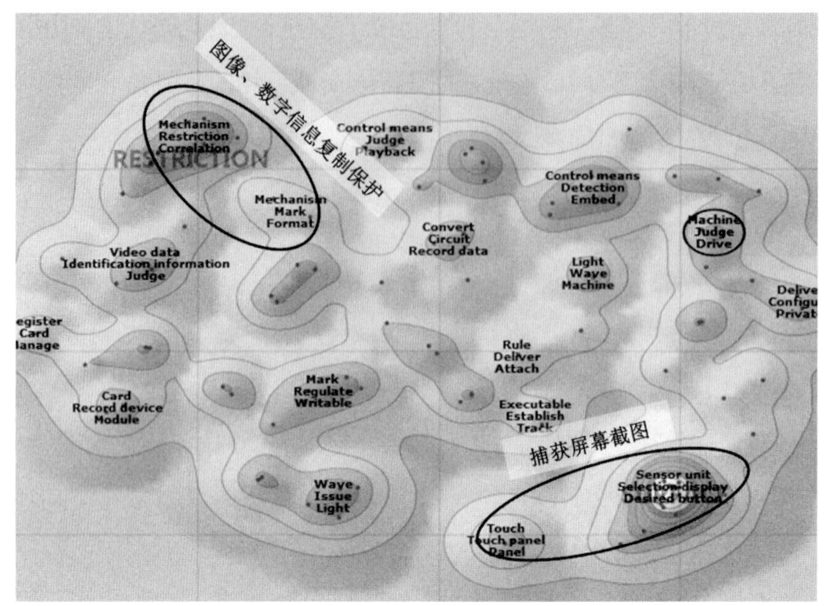

图 6-95　索尼防截屏技术构成分布

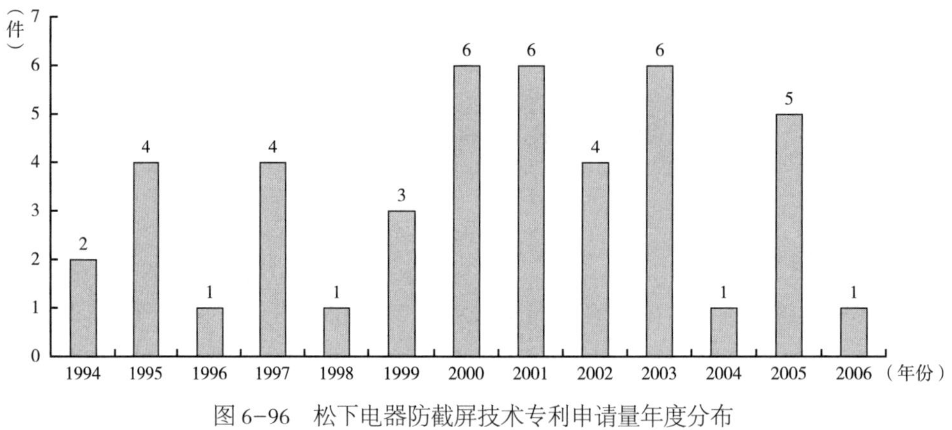

图 6-96　松下电器防截屏技术专利申请量年度分布

（2）专利申请量区域分布

图 6-97 为松下电器防截屏技术专利在“九国两组织”的申请情况，可以看出，松下电器专利布局的主要国家是日本，其次是美国，在其他国家的专利申请较少。这是由于其竞争对手主要分布在日本和美国。

（3）技术构成分布

从图 6-98 可以看出，松下电器在防截屏技术领域重点关注复制和截屏相关技术，这与这一技术领域的整体情况相吻合。除此之外，松下电器在防截屏技术领域还关注数据读取、数据存储和加密、信息获取等技术。

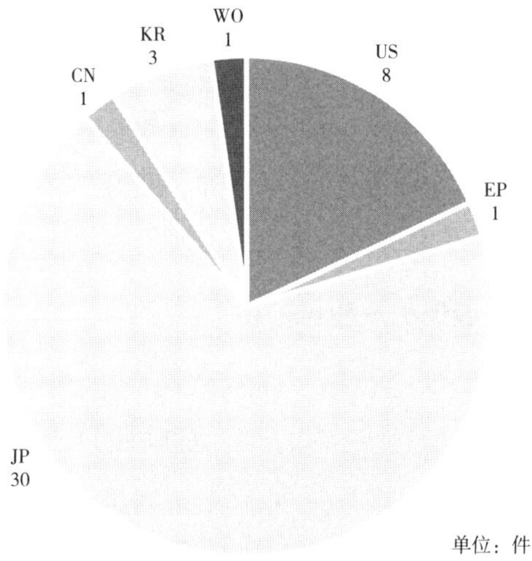

图 6-97　松下电器防截屏技术专利在“九国两组织”的申请量

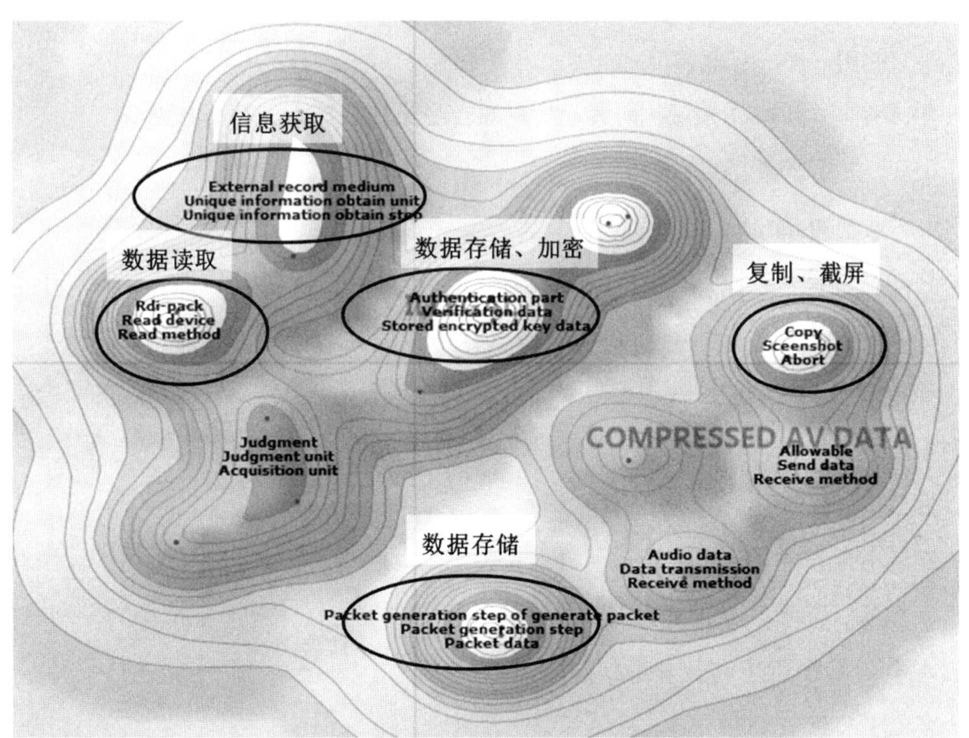

图 6-98　松下电器防截屏技术构成分布

三 总结

（一）专利申请总体趋势

防截屏技术专利年申请量从1994年起总体呈逐年增长态势，至2003年达到最大值。从2004年至今，专利年申请量经历了下降、回升、再下降的过程，这与防截屏技术日益成熟、应用越来越广泛有较大关系。

（二）主要国家技术发展现状及趋势

1. 美国

美国对防截屏技术的研究起步较早，随着互联网的发展以及美国对数字版权保护的重视，该技术呈现快速发展态势，在2006年达到第一个发展高峰。随着技术的成熟，之后几年该技术没有太大发展。2013~2014年又出现第二个发展高峰。

2. 日本

由于日本对数字版权保护和软件正版率的支持，防截屏技术在发展初期便得到了广泛应用与发展。目前，防截屏技术在日本处于技术衰退期。

3. 中国

中国在防截屏技术领域的研究起步相对较晚，目前技术已基本成熟。

（三）主要申请人对比分析

1. 专利申请量比较

在防截屏技术领域，行业内的两个主要申请人是索尼和松下电器。从专利申请量来看，索尼拥有相关专利申请75件，松下电器拥有44件。索尼作为行业的技术领先者，在技术研发初期便投入了相当大的研发力度。松下电器对防截屏技术的研究力度相对索尼而言较弱，专利申请量较索尼有较大差距。

2. 专利资产地域布局分析

在防截屏技术领域，索尼重视日本和美国的专利布局，这是由于索尼的竞争对手主要在美国，而其产品主要面向本国市场。松下电器更注重在本土市场的专利布局，在日本申请了30件专利。

3. 技术热点分析

在防截屏技术领域，索尼的研究和应用方向侧重于图像及数字信息的保护。松下电器则更关注复制与截屏相关技术。

第十一节　切分混淆技术

切分混淆技术是软件版权保护方面重要且常用的技术，具体包括外形混淆技术、控制结构混淆技术、数据混淆技术和预防混淆技术等。围绕该技术的专利申请发轫于 20 世纪 90 年代中期，1994~2009 年处于稳步增长期，2013 年爆发式增长，随后呈现下滑态势。当前该技术发展仍比较活跃，今后其创新和应用仍有一定空间。

一　专利检索

（一）检索结果概述

以切分混淆技术为检索主题，在“九国两组织”范围内共检索到相关专利申请 2578 件，具体数量分布如表 6-126 所示。

表 6-126　“九国两组织”切分混淆技术专利申请量

单位：件

国家 / 国际组织	专利申请量	国家 / 国际组织	专利申请量
US	1414	DE	8
CN	452	RU	16
JP	340	AU	59
KR	105	EP	78
GB	0	WO	98
FR	8	合计	2578

（二）“九国两组织”切分混淆技术专利申请趋势

随着数字媒体内容要求的不断提高，相关企业和科研机构对切分混淆技术的研发投入越来越大，创新热情逐渐提高。1994~2009 年“九国两组织”切分混淆技术的专利申请量总体呈逐年增长态势，于 2013 年达到专利年申请量最大值。其中，美国是技术创新和研发力度最大的国家，明显高于其他国家和地区；其次是中国，创新和研发力度总体呈不断提高的趋势。澳大利亚、俄罗斯、德国和法国等国家在该技术领域的专利申请量较少，且变化一直很平缓，说明其研发和创新热情不高（见表 6-127、图 6-99）。

表 6-127　1994~2017 年“九国两组织”切分混淆技术专利申请量

单位：件

国家 / 国际组织	专利申请量																	
	90	01	02	03	04	05	06	07	08	09	10	11	12	13	14	15	16	17
US	122	40	62	55	54	43	57	76	98	107	89	87	85	118	113	81	86	41
CN	13	6	4	12	15	22	21	26	28	33	38	42	48	77	45	11	9	2
JP	118	17	23	30	17	24	17	14	11	13	10	7	6	11	11	3	5	3
KR	2	5	2	3	3	8	3	3	12	12	6	4	4	22	7	4	4	1
GB	0	0	0	0	0	0	0	0	0	0	0	0	0	0	0	0	0	0
FR	0	0	0	1	0	1	1	1	0	0	0	0	0	2	1	0	1	0
DE	4	0	0	0	0	0	0	0	2	0	0	0	0	2	0	0	0	0
RU	0	0	0	0	1	2	2	3	1	3	1	1	0	2	0	0	0	0
AU	4	0	0	2	3	1	1	0	1	2	0	2	0	9	7	17	8	2
EP	8	4	1	2	0	1	3	2	0	1	4	1	1	28	14	4	4	0
WO	0	4	0	0	2	1	3	1	4	2	1	2	1	29	18	8	16	6
合计	271	76	92	105	95	103	108	126	157	173	149	146	145	300	216	128	133	55

注：“90”指 1994~2000 年的专利申请总量，“01~17”分别指 2001~2017 年当年的专利申请量。

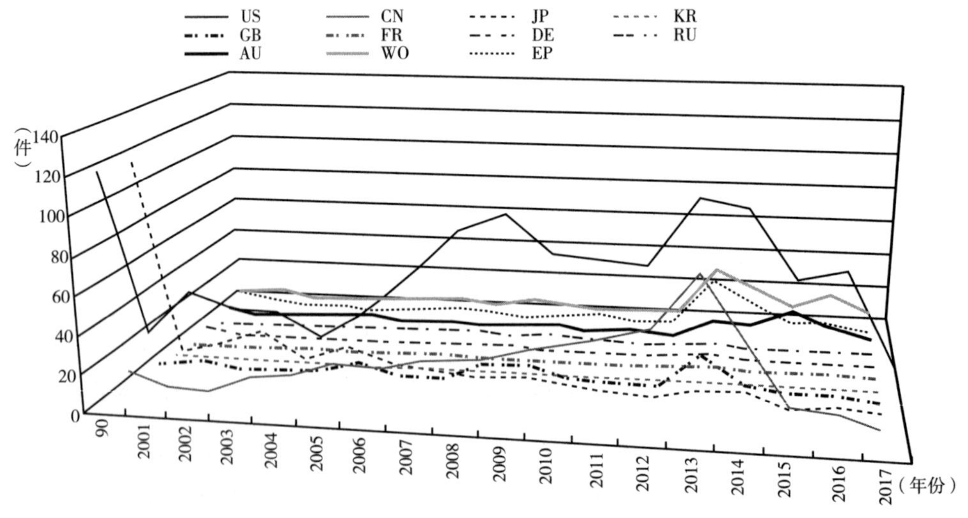

图 6-99　“九国两组织”切分混淆技术专利申请趋势

注：“90”指 1994~2000 年的专利申请总量。

（三）“九国两组织”切分混淆技术专利申请人排名

1994~2017 年“九国两组织”切分混淆技术专利申请人排名情况如表 6-128 ~ 表 6-137 所示。英国在该技术领域暂无专利申请公开。

1. 美国申请人排名

表 6-128　美国切分混淆技术专利申请人排名

序号	申请人	申请人国家	申请数量（件）	授权数量（件）
1	IBM Corp.	美国	131	119
2	Microsoft Corp.	美国	61	52
3	Intel Corp.	美国	20	19
4	Hewlett-Packard Co.	美国	19	6
5	Sun Microsystems Inc.	美国	13	13

2. 中国申请人排名

表 6-129　中国切分混淆技术专利申请人排名

序号	申请人	申请人国家	申请数量（件）	授权数量（件）
1	Huawei Tech. Co. Ltd.（华为）	中国	16	2
2	Univ. Shanghai Jiaotong(上海交通大学)	中国	12	8
3	Univ. Zhejiang（浙江大学）	中国	12	4
4	Tencent Technology Co. Ltd.（腾讯）	中国	9	0
5	Univ. Qinghua（清华大学）	中国	7	2

3. 日本申请人排名

表 6-130　日本切分混淆技术专利申请人排名

序号	申请人	申请人国家	申请数量（件）	授权数量（件）
1	Canon K.K.	日本	23	12
2	Hitachi Ltd.	日本	20	3
3	Sharp K.K.	日本	17	6
4	Toshiba K.K.	日本	14	6
5	Matsushita Denki Sangyo K.K.	日本	13	6

4. 韩国申请人排名

表 6-131 韩国切分混淆技术专利申请人排名

序号	申请人	申请人国家	申请数量（件）	授权数量（件）
1	LG Electronics Inc.	韩国	17	6
2	Huawei Tech. Co. Ltd.（华为）	中国	14	5
3	Samsung Electronics Co. Ltd.	韩国	7	4
4	Korea Electronics & Telecommun. Res. Inst.	韩国	3	2
5	Inha Ind. Partnership Inst.	韩国	2	0

5. 英国申请人排名

英国在切分混淆技术领域暂无专利申请公开。

6. 法国申请人排名

表 6-132 法国切分混淆技术专利申请人排名

序号	申请人	申请人国家	申请数量（件）	授权数量（件）
1	Bouygues Telecom	法国	3	1
2	Centre National de la Recherche Scientifique	法国	2	0
3	Commissariat Energie Atomique	法国	2	0
4	Movea S.A.	法国	2	0
5	Viaccess S.A.	法国	2	0

7. 德国申请人排名

表 6-133 德国切分混淆技术专利申请人排名

序号	申请人	申请人国家	申请数量（件）	授权数量（件）
1	Bosch GmbH Robert	德国	3	0
2	IBM Corp.	美国	2	0
3	Siemens A.G.	德国	2	0
4	IBM Corp.	美国	1	0
5	Fujitsu Ltd.	日本	1	0

8. 俄罗斯申请人排名

表 6-134　俄罗斯切分混淆技术专利申请人排名

序号	申请人	申请人国家	申请数量（件）	授权数量（件）
1	Samsung Electronics Co. Ltd.	韩国	2	1
2	Qualcomm Inc.	美国	1	0

9. 澳大利亚申请人排名

表 6-135　澳大利亚切分混淆技术专利申请人排名

序号	申请人	申请人国家	申请数量（件）	授权数量（件）
1	Humanoz Holdings Pty. Ltd.	澳大利亚	1	1
2	Cacti Acquisition LLC	美国	1	0
3	Hyundai Motor Co. Ltd.	韩国	1	0
4	Amazon Tech. Inc.	美国	1	0

10. 欧洲专利局申请人排名

表 6-136　欧洲专利局切分混淆技术专利申请人排名

序号	申请人	申请人国家	申请数量（件）	授权数量（件）
1	Huawei Tech. Co. Ltd.（华为）	中国	21	6
2	Microsoft Corp.	美国	9	1
3	IBM Corp.	美国	9	0
4	Sony Corp.	日本	6	2
5	Matsushita Electric Ind. Co. Ltd.	日本	6	0

11. 世界知识产权组织申请人排名

表 6-137　世界知识产权组织切分混淆技术专利申请人排名

序号	申请人	申请人国家	申请数量（件）
1	Futurewei Technologies Inc.	美国	18
2	Microsoft Corp.	美国	9
3	Qualcomm Corp.	美国	9
4	IBM Corp.	美国	8
5	Koninkl Philips Electronics N.V.	荷兰	6

二　专利分析

（一）技术发展趋势分析

图 6-100 展示了切分混淆技术专利申请量的年度分布情况，可以看出，1994~2009 年切分混淆技术专利申请量总体呈逐年增长的态势，于 2013 年激增并达到专利年申请量最大值。随着数字媒体内容要求的不断提高，切分混淆技术呈现较好的发展态势，如其分支技术代码混淆技术是近年发展起来的新兴技术，目前研究热度较高。

随着计算机网络和分布式系统的发展，越来越多的软件语言以其良好的平台无关性在学术研究和商业开发中得到日益广泛的应用。以 Java 为例，为了保证程序能够跨平台运行，Java 程序的运行不得不借助 Java 虚拟机。通过编译工具，Java 源代码被编译成 Java 字节码，即 class 文件。由于这种编译并不生成可直接在操作系统上运行的可执行文件，且包含很多源代码信息，如变量名和方法名等，因此 Java 中间代码的反编译就变得非常容易。攻击者通过静态分析和逆向工程来分析编程者的想法，获取机密数据和核心算法。故保护程序在未知环境下正常运行，防止逆向工程和静态分析的攻击，成为软件保护的重要问题。切分混淆技术较好地解决了软件保护问题。常用的代码混淆技术通过对拟发布的应用程序进行保持语义的变换，使变换后的程序和原来的程序在功能上相同或相近，但更难以被静态分析和逆向工程攻击①。

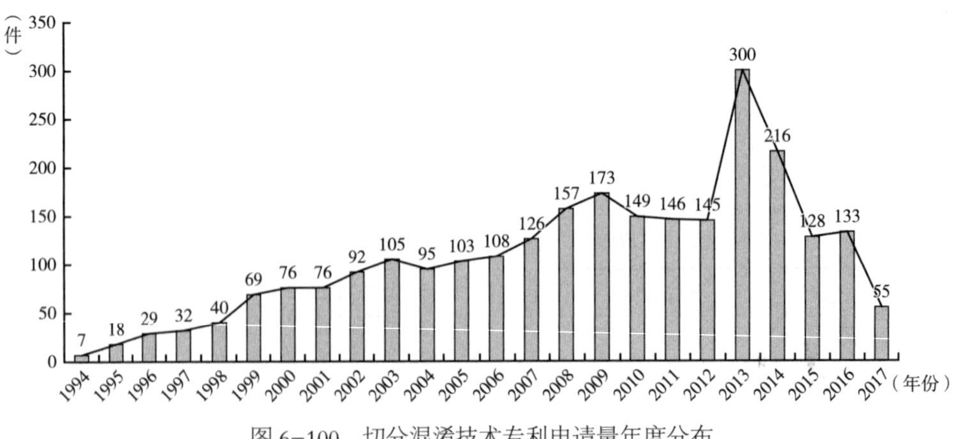

图 6-100　切分混淆技术专利申请量年度分布

① 许永吉:《代码混淆及双备份法软件时间限制的理论及应用》，https://wenku.baidu.com/view/190b0bd433d4b14e8524688f.html。

（二）技术路线分析

切分混淆技术作为一种新兴数字内容保护技术，目前处于发展阶段。图 6-101 展示了切分混淆技术的发展路线，可以看出，从 1994 年到 2013 年切分混淆技术的核心专利和关键性专利分布较为均匀。切分混淆技术的核心是设计各类混淆算法，使性能指标最佳。单一的混淆算法无法满足各类应用的安全需要，需要针对不同应用选择合适算法组合使用。对混淆算法的攻击有反混淆器自动攻击与人力攻击两方面，但目前还没有实用的反混淆器生成方式。理论研究方面，混淆算法强度与弹性性能缺乏量化的评价方法，利用密码学理论进行研究正成为主要途径，将代码混淆技术应用于访问控制系统等新领域也是未来研究方向之一[①]。

代码混淆技术作为切分混淆技术的重要支撑技术，很早便出现并一直被创新，被应用于在线阅览的各个方面，如图像、用户体验和数据库搜索等。代码混淆技术是一种可用于软件知识产权保护的程序变换技术，根据混淆原理和对象的不同，可分为外形混淆、控制结构混淆、数据混淆和预防混淆 4 种。

外形混淆主要包括删除和改名。删除指将程序中与执行无关的调试信息、注释、用不到的方法和类等结构从程序体中删除。删除之后不仅使攻击者难以阅读和理解，还可以减小程序的占用空间，提高程序装载和执行效率。改名指对程序中的变量名、常量名、类名和方法名等标识符进行词法上的变换，以阻止攻击者。

控制结构混淆的目的是使攻击者难以理解程序的控制流。该技术通过加入模糊谓词，用伪装的条件判断语句等方式来隐藏真实的执行路径。模糊谓词是具有于加混淆者易判断、于攻击者难推导特性的谓词。

数据混淆算法通过对程序中的数据结构进行转换，以非常规的方式组织数据，增加攻击者获取有效信息的难度，实现对程序的有效混淆。常用的转换方法有静态数据动态生成、数组结构转换、类继承转换和数据存储空间转换等。

预防混淆是针对一些专用反编译器而设计的。一般来说，这些技术利用反编译器的弱点或者 Bug 来设计混淆方案[②]。

---

① 徐海银，雷植洲，李丹:《代码混淆技术研究》,《计算机与数字工程》2007 年第 10 期，第 4~7 页。

② 罗宏，蒋剑琴，曾庆凯:《用于软件保护的代码混淆技术》,《计算机工程》2006 年第 11 期，第 177~179 页。

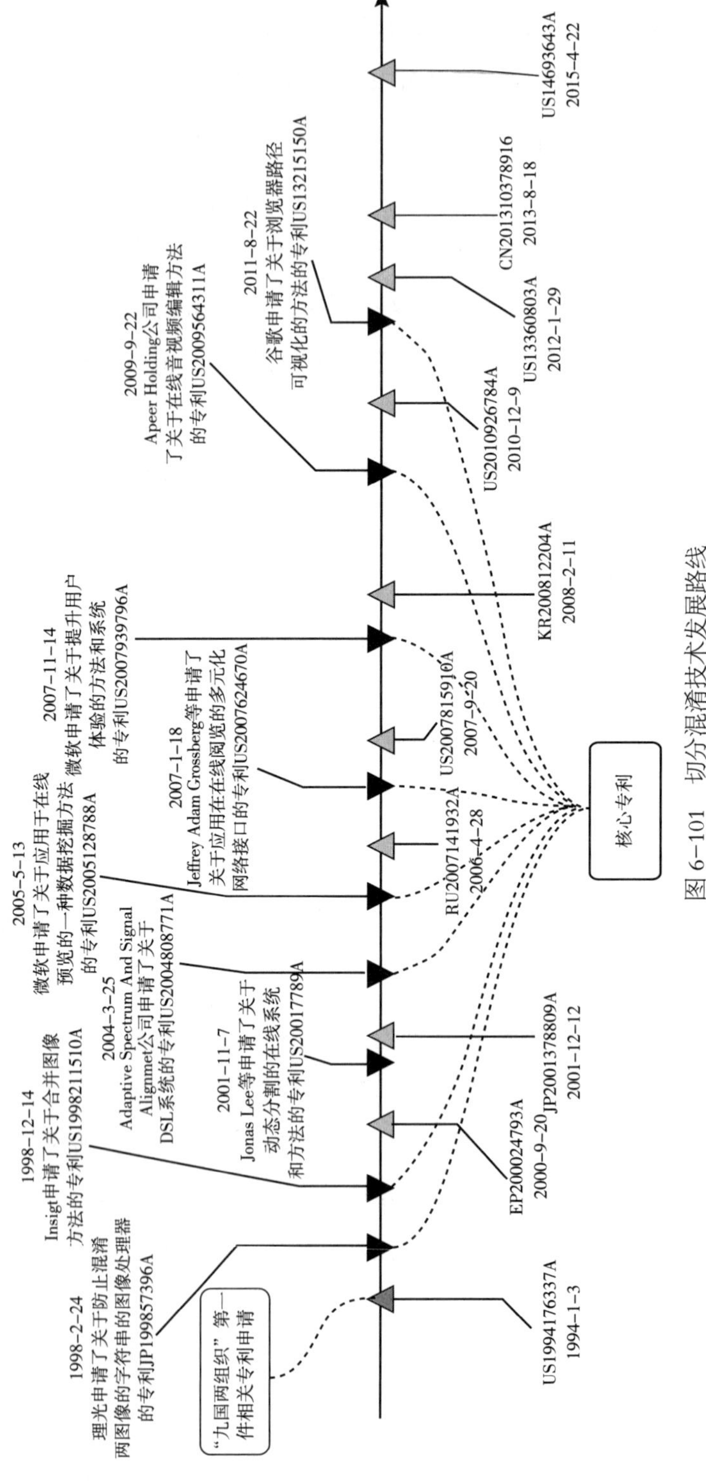

图 6-101　切分混淆技术发展路线

（三）主要专利申请人分析

为了深入分析切分混淆技术领域，笔者通过对检索数据进行标引和聚类等处理了解到，1994~2017 年在切分混淆技术领域专利申请量排名前三的申请人分别为 IBM、微软和佳能，申请量分别为 151 件、79 件和 36 件。

1. 申请量排名第一的专利申请人——IBM

（1）专利申请量

图 6-102 为 IBM 切分混淆技术专利申请数量随年代发展的情况。IBM 成为专利申请量排名第一的专利申请人，与 IBM 本身重视知识产权保护有关。一直以来，IBM 不断加大专利申请力度，到 2006 年 IBM 连续 14 年成为美国取得专利最多的企业。

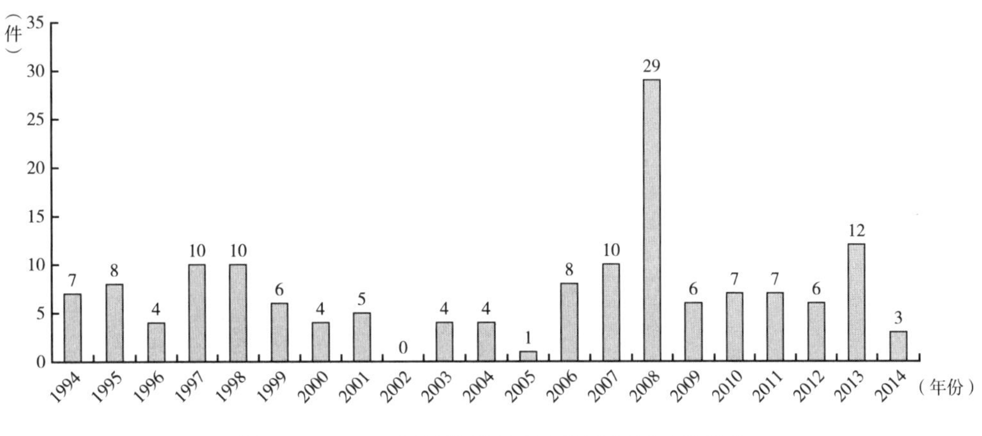

图 6-102　IBM 切分混淆技术专利申请量年度分布

（2）专利申请量区域分布

图 6-103 为 IBM 切分混淆技术专利在“九国两组织”的申请情况，可以看出，IBM 的专利布局主要针对美国市场，这是由于其 ICT 业务的主要竞争对手在美国。IBM 的专利布局模式属于典型的地毯式布局，每年靠大量专利取得丰厚的许可和转让收益。

（3）技术构成分布

从图 6-104 可以看出，IBM 将切分混淆技术应用在计算机可执行的数据保护方面，同时关注数据文件的完整性。其关注的技术热点主要为计算机可执行数据保护以及授权的完整文件结构。

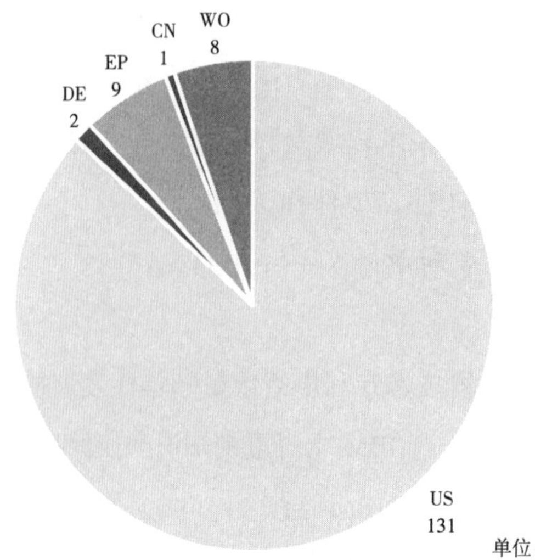

图 6-103　IBM 切分混淆技术专利在“九国两组织”的申请量

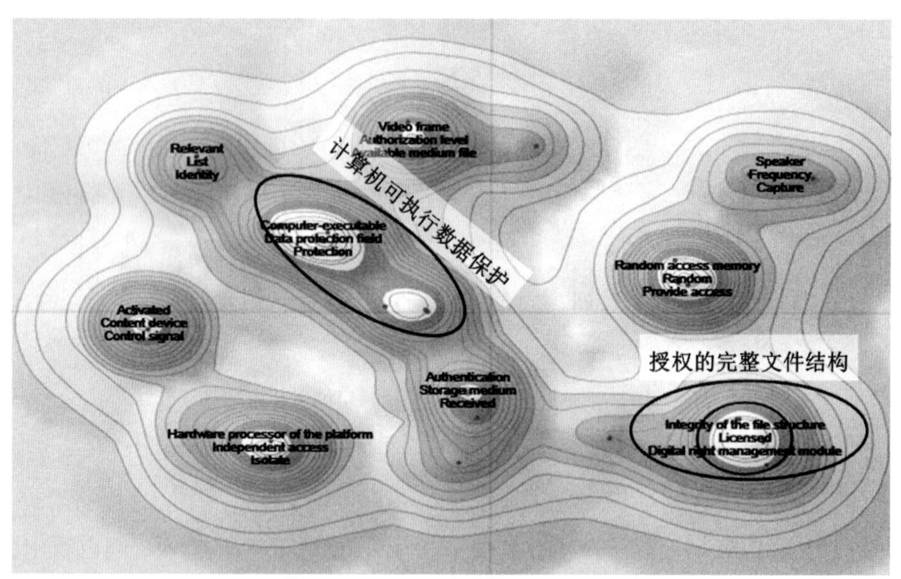

图 6-104　IBM 切分混淆技术构成分布

2. 申请量排名第二的专利申请人——微软

（1）专利申请量

图 6-105 为微软切分混淆技术专利申请量随年代发展的情况，可以看出，微软在切分混淆技术领域的专利申请总量并不多，申请量较多的年份为 2004~2006 年。

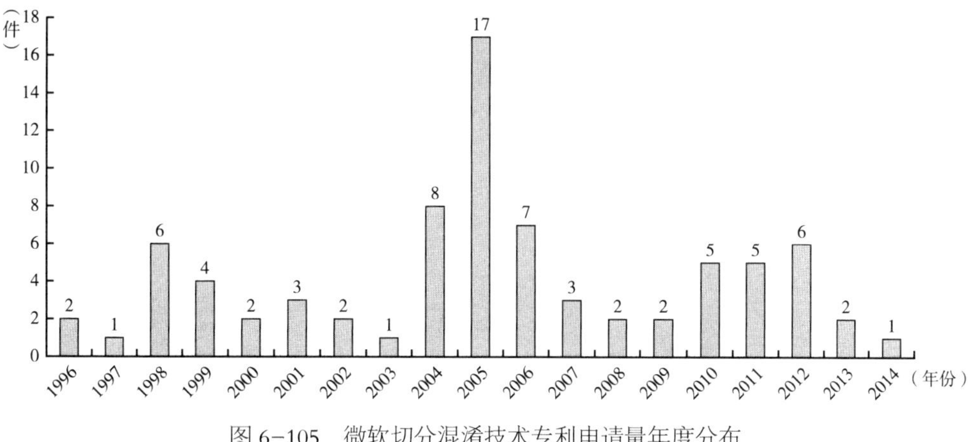

图 6-105　微软切分混淆技术专利申请量年度分布

（2）专利申请量区域分布

图 6-106 为微软切分混淆技术专利在“九国两组织”的申请情况，可以看出，微软关于该技术的专利申请集中在美国。这主要是微软本部和主要目标市场位于美国，并且美国也是其专利诉讼频繁的地区。

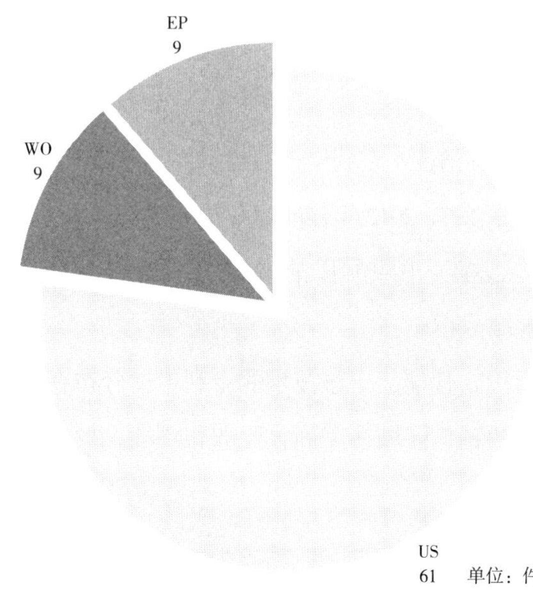

图 6-106　微软切分混淆技术专利在“九国两组织”的申请量

（3）技术构成分布

从图 6-107 可以看出，微软在切分混淆技术领域的研究热点为媒体文件选择技术和动态切分技术。其中，动态切分技术是数据切分技术的子技术。

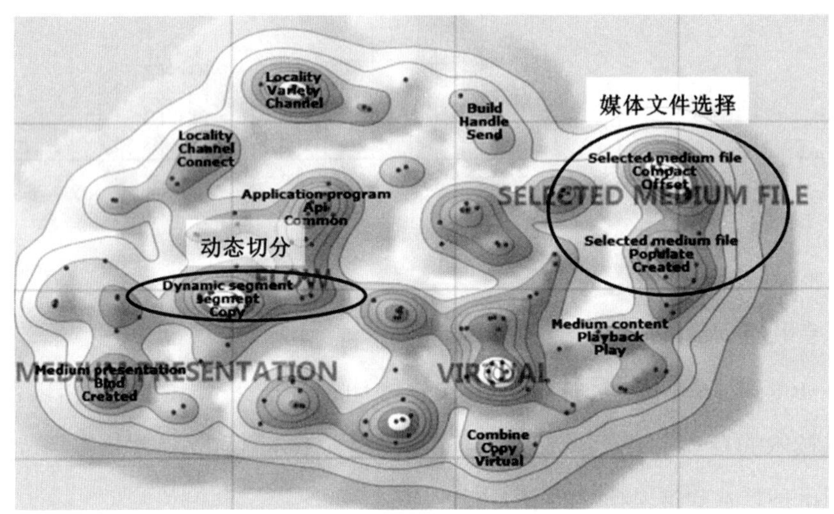

图 6-107 微软切分混淆技术构成分布

3. 申请量排名第三的专利申请人——佳能

（1）专利申请量

图 6-108 为佳能切分混淆技术专利申请量随年代发展的情况，可以看出，虽然专利申请总量排名第三，但是 1994~2012 年佳能每年的申请量均很低，最多的一年为 4 件，与排名前二的公司有较大差距。由此可以推测，切分混淆技术并不是佳能的研究重点。

（2）专利申请量区域分布

从图 6-109 可以看出，佳能关于该技术的专利申请分布在日本和美国。佳能的本部在日本，其产品的主要销售区域在美洲、亚洲和欧洲，故佳能将日本和美国作为专利布局的首选区域。

（3）技术构成分布

从图 6-110 可以看出，佳能在切分混淆技术领域的关注热点为代码混淆技术和密钥定位技术。

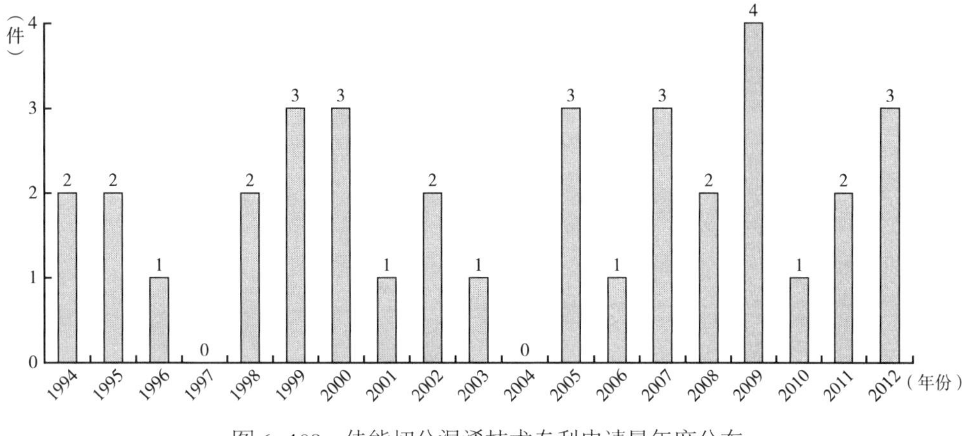

图 6-108　佳能切分混淆技术专利申请量年度分布

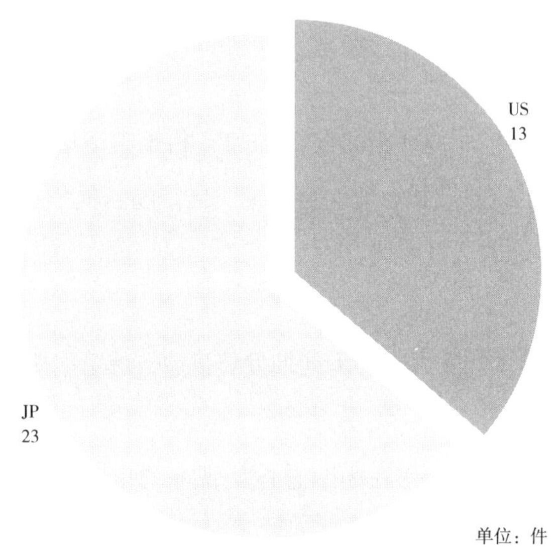

图 6-109　佳能切分混淆技术专利在“九国两组织”的申请量

三　总结

（一）专利申请总体趋势

1994~2009 年切分混淆技术的专利申请量总体呈逐年增长态势。随着数字媒体内容的要求不断提高，相关企业和研究机构对切分混淆技术的研发投入越来越大，创新热情逐渐提高，2013 年专利申请量激增，达到专利年申请量的最大值。

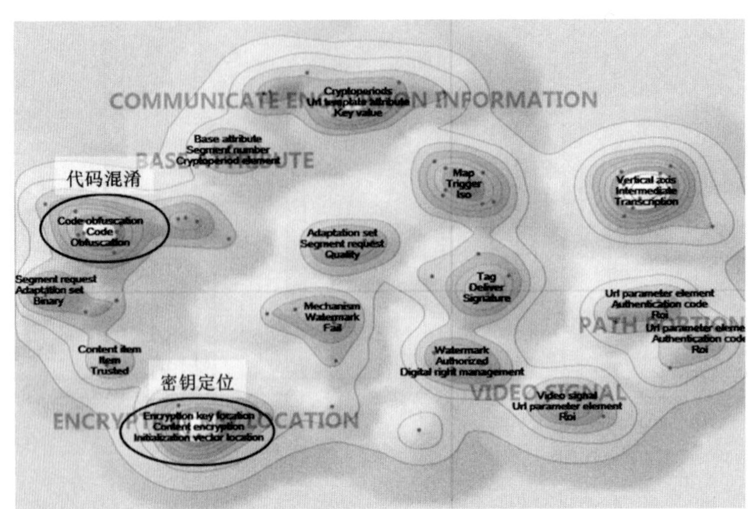

图 6-110 佳能切分混淆技术构成分布

（二）主要国家技术发展现状及趋势

1. 美国

在切分混淆技术领域，2009 年之前美国的专利年申请量总体呈增长态势。随着技术日渐成熟，出现了成熟期和短暂的衰退期。但是随着混淆技术的应用算法越来越多，该技术在 2013 年进入了复苏期。

2. 日本

切分混淆技术在日本的发展态势为初期发展迅速，然后很快进入成熟期。

3. 中国

2013 年之前，切分混淆技术在中国总体呈现专利年申请量增长的发展态势。从 2014 年开始专利年申请量有较大幅度下降。

（三）主要申请人对比分析

1. 专利申请量比较

在切分混淆技术领域，行业内的三个主要申请人是 IBM、微软和佳能。IBM 拥有相关专利申请 151 件，微软和佳能分别是 79 件和 36 件。其中，IBM 是行业的技术领跑者，高度重视知识产权保护，专利申请量较多领先于其他申请人。2013 年以来微软和佳能在该技术领域的专利申请量极少。

2. 专利资产地域布局分析

IBM 作为该技术领域的领跑者，其专利布局主要针对美国市场，在美国的专利申请量为 131 件。IBM 的专利布局模式属于典型的地毯式布局。微软关于该技术的专利申请也集中在美国，专利申请量为 61 件。与其他两家公司不同，佳能的专利布局除了重视本国市场以外，还主要布局了美国市场。

3. 技术热点分析

IBM 的研究重点为切分混淆技术在数据保护方面的应用。微软侧重于研究动态切分技术。佳能则侧重于代码混淆技术和 Java 技术的研究。

第十二节　反跟踪技术

反跟踪技术是数字版权保护领域比较成熟的技术，可以防止利用调试工具和跟踪软件等手段窃取软件源码等。围绕该技术的专利申请发轫于 20 世纪 90 年代中期，1994~2015 年总体呈增长态势，2013 年快速增长并迎来发展高峰。从近两年尚未完全统计的专利申请量以及有关单位对反跟踪技术措施的重视和应用情况来看，今后较长时期内，该技术的创新与应用仍有较大空间。

一　专利检索

（一）检索结果概述

以反跟踪技术为检索主题，在“九国两组织”范围内共检索到相关专利申请 2803 件，具体数量分布如表 6-138 所示。

表 6-138　“九国两组织”反跟踪技术专利申请量

单位：件

国家 / 国际组织	专利申请量	国家 / 国际组织	专利申请量
US	1653	DE	16
CN	672	RU	7
JP	140	AU	16
KR	81	EP	90
GB	20	WO	103
FR	5	合计	2803

（二）“九国两组织”反跟踪技术专利申请趋势

1994~2015 年，“九国两组织”反跟踪技术专利申请量总体呈增长态势，从 2016

年至今，专利数量略有减少，这主要与反跟踪技术日益成熟有关。其中，美国是技术创新和研发力度最大的国家，明显高于其他国家和地区。澳大利亚、俄罗斯和欧洲的一些国家在该领域的专利年申请量基本在 5 件以下，说明其对反跟踪技术的研发和创新热情不高（见表 6-139、图 6-111）。

表 6-139　1994~2017 年“九国两组织”反跟踪技术专利申请量

单位：件

国家 / 国际组织	专利申请量																	
	90	01	02	03	04	05	06	07	08	09	10	11	12	13	14	15	16	17
US	127	68	54	69	100	112	109	102	135	111	112	109	103	93	68	93	54	34
CN	0	2	0	3	6	11	11	16	22	24	29	33	44	95	99	121	100	56
JP	35	11	7	8	6	6	8	4	5	3	6	10	4	11	11	2	2	1
KR	2	0	2	1	2	5	2	6	6	4	4	7	3	13	10	4	8	2
GB	0	0	2	1	0	0	5	1	2	1	1	1	0	1	2	3	0	0
FR	0	0	0	0	0	0	0	0	0	0	0	0	0	0	4	1	0	0
DE	0	1	0	1	1	2	2	1	0	0	1	1	0	5	1	0	0	0
RU	0	1	1	1	0	0	0	1	1	0	1	1	0	0	0	0	0	0
AU	2	2	1	1	0	0	0	0	0	0	0	0	0	6	2	1	1	0
EP	9	3	2	3	2	3	2	4	2	3	4	4	3	12	14	13	3	4
WO	2	1	1	2	2	0	1	1	1	0	1	2	1	24	20	16	19	9
合计	177	89	70	90	119	139	140	136	174	146	159	168	158	260	231	254	187	106

注：“90”指 1994~2000 年的专利申请总量，“01~17”分别指 2001~2017 年当年的专利申请量。

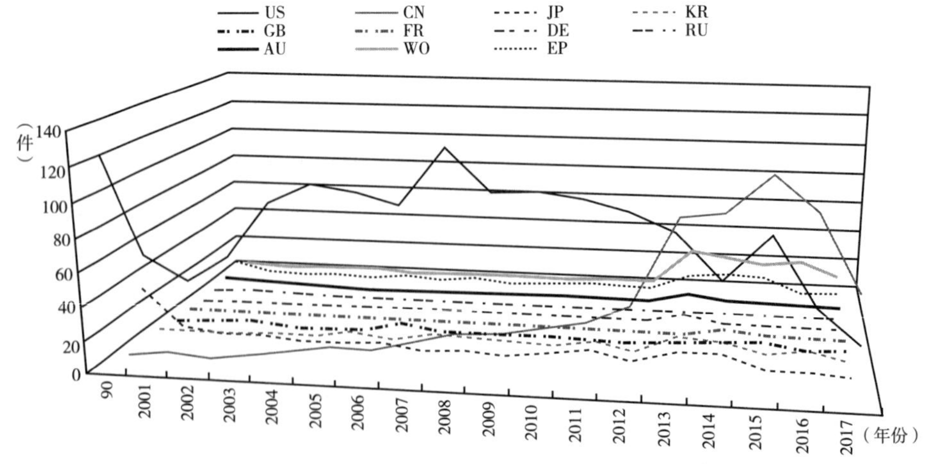

图 6-111　“九国两组织”反跟踪技术专利申请趋势

注：“90”指 1994~2000 年的专利申请总量。

（三）“九国两组织”反跟踪技术专利申请人排名

1994~2017 年“九国两组织”反跟踪技术专利申请人排名情况如表 6-140 ~ 表 6-150 所示。

1. 美国申请人排名

表 6-140　美国反跟踪技术专利申请人排名

序号	申请人	申请人国家	申请数量（件）	授权数量（件）
1	IBM Corp.	美国	314	271
2	Intel Corp.	美国	134	97
3	Sun Microsystems Inc.	美国	92	90
4	Microsoft Corp.	美国	59	42
5	Nvidia Corp.	美国	55	51

2. 中国申请人排名

表 6-141　中国反跟踪技术专利申请人排名

序号	申请人	申请人国家	申请数量（件）	授权数量（件）
1	ZTE Corp.（中兴）	中国	21	4
2	Univ. Zhejiang（浙江大学）	中国	10	2
3	Huawei Tech. Co. Ltd.（华为）	中国	9	3
4	Guangdong Weichuang Shixun Technology Co.（广东威创视讯科技）	中国	5	1
5	Intel Corp.	美国	2	0

3. 日本申请人排名

表 6-142　日本反跟踪技术专利申请人排名

序号	申请人	申请人国家	申请数量（件）	授权数量（件）
1	NEC Corp.	日本	21	8
2	Fujitsu Ltd.	日本	12	6
3	Toyota Jidosha K.K.	日本	9	1
4	Hitachi Ltd.	日本	8	1
5	Renesas Electronics Corp.	日本	6	1

4. 韩国申请人排名

表 6-143 韩国反跟踪技术专利申请人排名

序号	申请人	申请人国家	申请数量（件）	授权数量（件）
1	Samsung Electronics Co. Ltd.	韩国	8	1
2	Korea Electronics & Telecommun. Res. Inst	韩国	4	2
3	Google Inc.	美国	2	0
4	CID Co. Ltd.	韩国	1	0
5	Daewoo Electronics Corp.	韩国	1	0

5. 英国申请人排名

表 6-144 英国反跟踪技术专利申请人排名

序号	申请人	申请人国家	申请数量（件）	授权数量（件）
1	Imagination Technologies Ltd.	英国	10	1
2	IBM Corp.	美国	6	1
3	ARM Ltd.	英国	4	3
4	NEC Corp.	日本	4	0
5	Sun Microsystems Inc.	美国	3	1

6. 法国申请人排名

表 6-145 法国反跟踪技术专利申请人排名

序号	申请人	申请人国家	申请数量（件）	授权数量（件）
1	GE Aviation Systems LLC	美国	2	0
2	Thales S.A.	法国	2	0
3	Centre National D'etudes Spatiales	法国	1	0
4	Peugeot Citroen Automobiles S.A.	法国	1	0

7. 德国申请人排名

表 6-146 德国反跟踪技术专利申请人排名

序号	申请人	申请人国家	申请数量（件）	授权数量（件）
1	Infineon Technologies A.G.	德国	7	1
2	Giesecke & Devrient GmbH	德国	4	0
3	Nvidia Corp.	美国	3	0
4	IBM Corp.	美国	2	0

8. 俄罗斯申请人排名

表 6-147　俄罗斯反跟踪技术专利申请人排名

序号	申请人	申请人国家	申请数量（件）	授权数量（件）
1	Samsung Electronics Co. Ltd.	韩国	1	1
2	Microsoft Corp.	美国	1	0
3	Koninkl Philips Electronics N.V.	荷兰	1	0
4	Sofar SPA	意大利	1	0
5	Eber Dynamics AB	瑞典	1	0

9. 澳大利亚申请人排名

表 6-148　澳大利亚反跟踪技术专利申请人排名

序号	申请人	申请人国家	申请数量（件）	授权数量（件）
1	Intel Corp.	美国	2	0
2	Koninkl Philips Electronics N.V.	荷兰	1	0
3	DVBS Inc.	美国	1	0
4	Canon Corp.	日本	1	0
5	Hyperknowledge Management Services A.G.	澳大利亚	1	0

10. 欧洲专利局申请人排名

表 6-149　欧洲专利局反跟踪技术专利申请人排名

序号	申请人	申请人国家	申请数量（件）	授权数量（件）
1	Sun Microsystems Inc.	美国	15	9
2	Intel Corp.	美国	12	4
3	Fujitsu Ltd.	日本	5	1
4	Microsoft Technology Licensing LLC	美国	5	1
5	Deutsche Bank A.G. New York Branch AS Collateral Agent	美国	3	0

11. 世界知识产权组织申请人排名

表 6-150　世界知识产权组织反跟踪技术专利申请人排名

序号	申请人	申请人国家	申请数量（件）
1	Intel Corp.	美国	23
2	IBM Corp.	美国	14
3	Sun Microsystems Inc.	美国	8
4	Panasonic Corp.	日本	8
5	Fujitsu Ltd.	日本	7

二　专利分析

（一）技术发展趋势分析

反跟踪技术是一种防止计算机被恶意跟踪的技术，用于保障数字版权安全。通常情况下，跟踪者利用调试工具或跟踪软件来跟踪正在运行的计算机软件，通过窃取软件源码破坏计算机系统。反跟踪技术则根据各种调试和反汇编工具的特征，对计算机软件进行实时监测，进而防止破解者破坏计算机系统。图 6-112 为反跟踪技术专利申请的年度发展情况，可以看出，1994~2015 年专利年申请量总体为增长状态，可以预见今后较长时期内该技术的创新与应用仍有较大空间。

反跟踪技术是反复制技术的保护者，在计算机磁盘加密技术领域，最能显示计算机技术水平的部分之一就是反跟踪技术。如果反跟踪技术存在漏洞和瑕疵，对整个计算机加密技术的影响是巨大的。但毫无瑕疵的反跟踪技术只是一个趋势。目前，反跟踪技术虽然存在微小漏洞和瑕疵，但是它在随着时间的推移而不断完善和发展[①]。

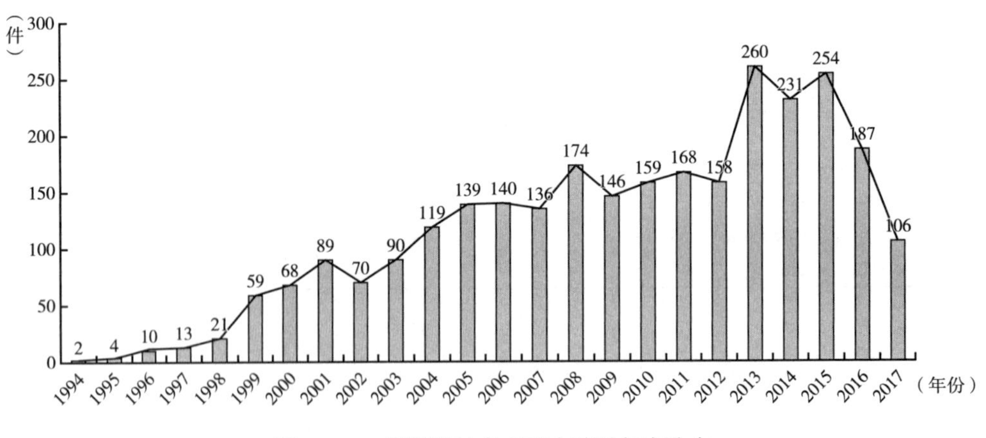

图 6-112　反跟踪技术专利申请量年度分布

（二）技术路线分析

从图 6-113 可以看出，反跟踪技术领域的第一件专利出现在 1994 年 1 月 3

① 魏建兵:《计算机软件安全中的反跟踪技术研究》,《电子技术与软件工程》2014 年第 16 期，第 35~38 页。

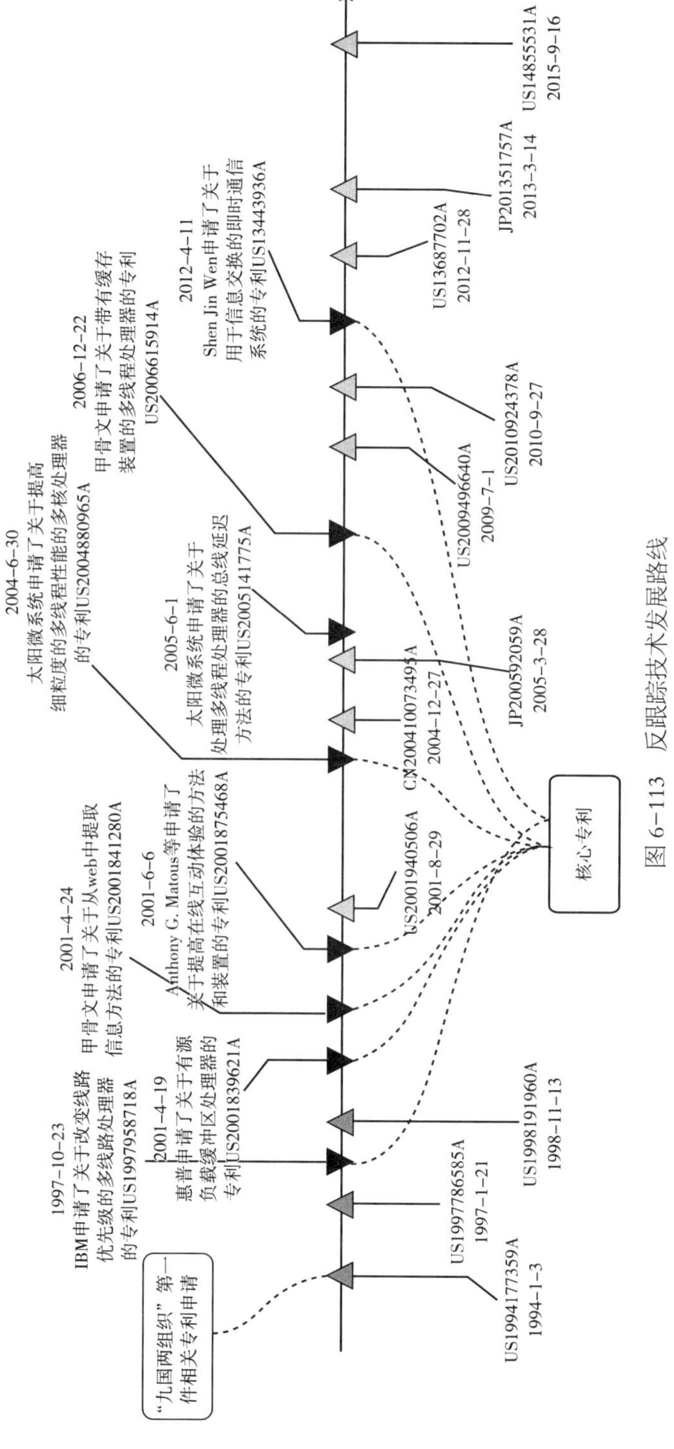

图 6-113　反跟踪技术发展路线

日，目前仍属于数字版权保护技术领域的热点技术。多线程相关技术作为反跟踪技术的重要支撑技术，很早就出现而且一直被创新。多线程技术是从软件或硬件角度实现多个线程并发执行的技术，面对猖狂的盗版，为了防止在线影视内容的非法复制，将多线程并行反跟踪技术应用到加密程序中，是反跟踪技术的发展热点之一。

计算机软件所采用的反跟踪技术，目前主要有以下五种：一是破坏单步中断和断点中断，采取对单步中断和断点中断进行组合的措施，产生强大的动态调试跟踪功能，使用其他中断代替断点中断，使一切跟踪者的调试软件运行环境受到彻底破坏，从而防止计算机被跟踪，保护计算机信息安全。二是封锁键盘输入，由于各类跟踪软件都需要通过键盘来接受操作者发出的命令并调试跟踪结果，故在加密系统不需要利用键盘来输入信息的情况下，可以通过关闭计算机键盘来阻止跟踪。为了封锁键盘输入，反跟踪技术可采用的方法有禁止接收键盘数据、禁止键盘中断和改变键盘中断程序的入口地址等。三是检测跟踪法，当跟踪者利用各种跟踪调试软件对计算机加密系统进行分析时，计算机一定会显示异常情况，若在这些显示异常的地方采取一定的反跟踪措施，就可保护计算机的加密系统。四是分块加密执行程序，为了防止计算机加密程序被反汇编，加密程序要以分块密文的形式装入内存，执行时由上一块加密程序对其进行译码，一旦执行结束马上清除，从而使解密者无法从内存中得到完整的解密程序代码。这一方法不但能防止计算机软件被反汇编，还可防止计算机被跟踪。五是逆指令流法，在计算机内存中，指令代码存放的顺序是从低地址向高地址存放，这也是 CPU 执行指令的顺序，针对这个特征，逆指令流法采用特意改变顺序执行指令的方式，使 CPU 按逆向方式执行指令，进而防止跟踪①。

（三）主要专利申请人分析

为了深入分析反跟踪技术，笔者通过对检索数据进行标引和聚类等处理得出，1994~2017 年在反跟踪技术领域专利申请量排名前三的申请人分别为 IBM、英特尔和太阳微系统（Sun Microsystems lnc.），申请量分别是 340 件、179 件和 118 件。

---

① 魏建兵:《计算机软件安全中的反跟踪技术研究》,《电子技术与软件工程》2014 年第 16 期，第 35~38 页。

1. 申请量排名第一的专利申请人——IBM

（1）专利申请量

图6-114为IBM反跟踪技术专利申请量的年度分布情况，IBM在1997年、2003年、2008年和2012年的专利申请量较多，专利年申请量总体呈波动式增长态势，这主要是IBM的一系列收购战略带动的。

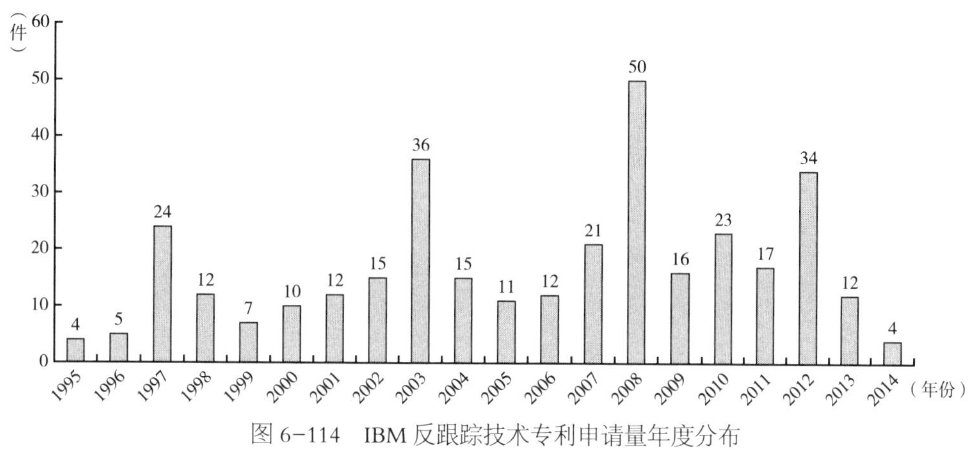

图6-114　IBM反跟踪技术专利申请量年度分布

（2）专利申请量区域分布

图6-115为IBM反跟踪技术专利在“九国两组织”的申请情况，可以看出，IBM的专利布局主要针对美国市场，这是由于其ICT业务的主要竞争对手在美国。IBM的专利布局模式属于典型的地毯式布局，每年靠大量专利取得丰厚的许可和转让收益。

（3）技术构成分布

从图6-116可以看出，在反跟踪技术领域，IBM关注的技术热点为指令和存储等方面的技术。指令是计算机从事某一特殊运算的代码，而反跟踪技术中的防动态跟踪主要应用的就是代码加密法。

2. 申请量排名第二的专利申请人——英特尔

（1）专利申请量

图6-117为英特尔反跟踪技术专利申请数量的年度分布情况，可以看出，1997~2004年专利年申请量总体呈增长态势；2000年的专利申请量最多，这主要由于英特尔与松下电器在2000年合作开发了关于下载数字音乐的软件，用来保护数字音乐版权；从2005年开始，英特尔反跟踪技术专利年申请量总体呈下降态势。

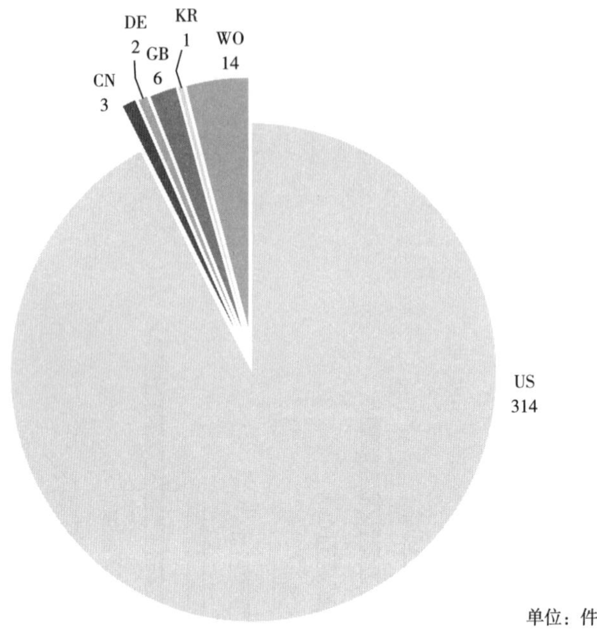

图 6-115 IBM 反跟踪技术专利在“九国两组织”的申请量

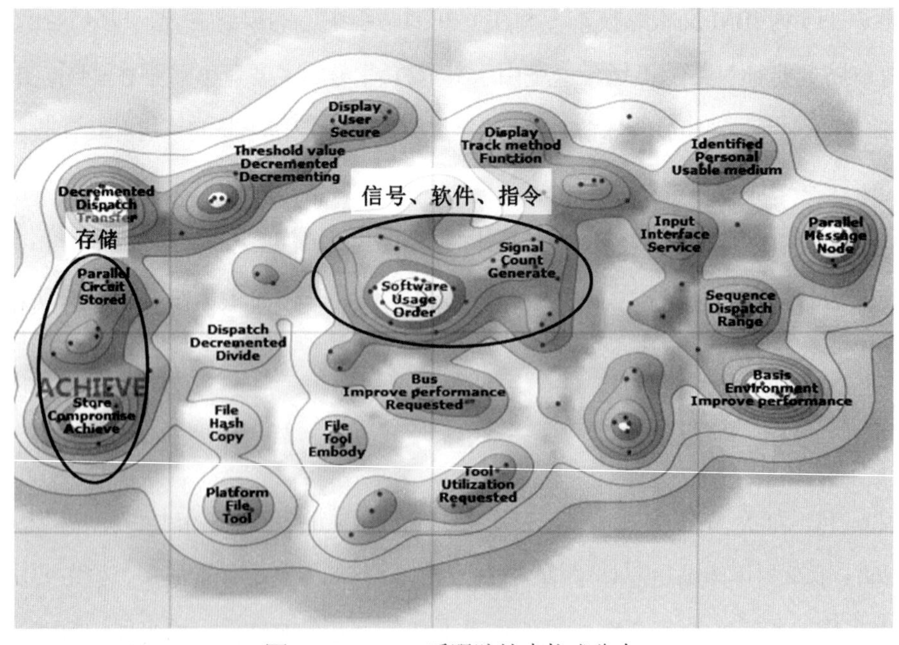

图 6-116 IBM 反跟踪技术构成分布

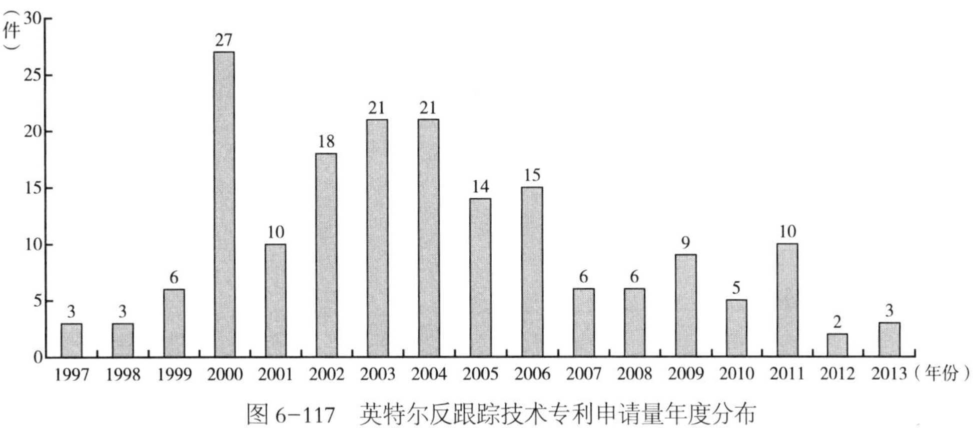

图 6-117　英特尔反跟踪技术专利申请量年度分布

（2）专利申请量区域分布

图 6-118 为英特尔反跟踪技术专利在“九国两组织”的申请情况，其在美国的专利申请量最多，在其余国家和国际组织的专利申请量较少。这主要是英特尔总部位于美国，其重视的是本国市场的发展以及本国的专利布局。

（3）技术构成分布

从图 6-119 可以看出，英特尔在反跟踪技术领域关注的技术热点为软件调试技术。它是反跟踪技术中常用的一种技术。

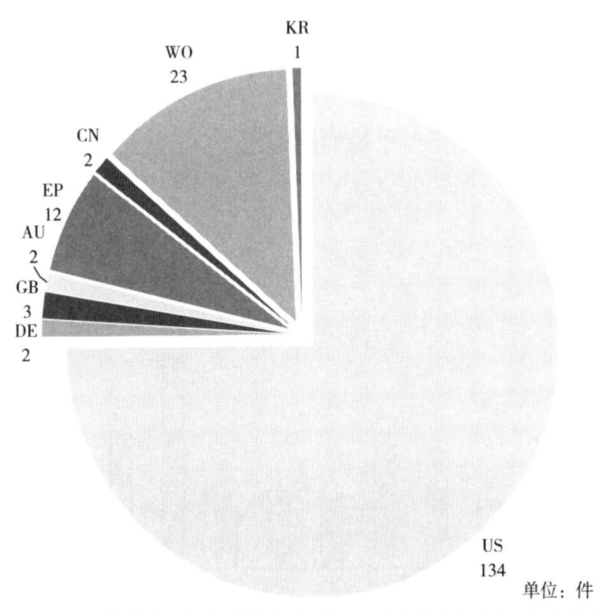

图 6-118　英特尔反跟踪技术专利在“九国两组织”的申请量

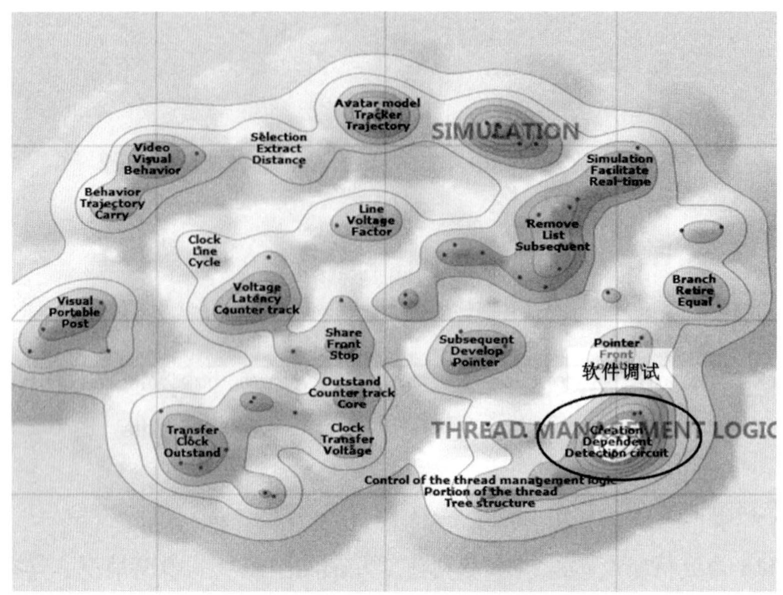

图 6-119　英特尔反跟踪技术构成分布

3. 申请量排名第三的专利申请人——太阳微系统

（1）专利申请量

图 6-120 为太阳微系统反跟踪技术专利申请量的年度分布情况。太阳微系统是从事信息技术及互联网技术服务的公司，创建于 1982 年，主要产品是工作站及服务器。从 2001 年开始，该公司无论是人员规模，还是市场股值都已经处于衰退期，所以 2001~2003 年专利年申请量逐渐下降。但 2004 年其专利年申请量出现大幅增长，这是由于乔纳森执掌太阳微系统使其有了短暂的复苏。

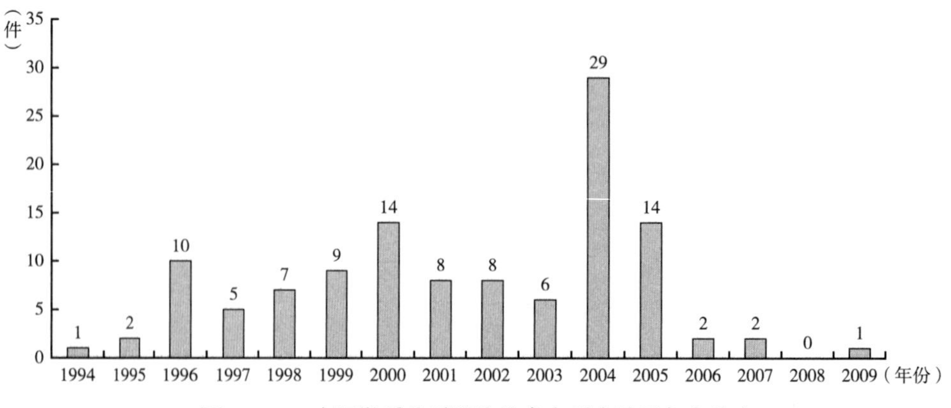

图 6-120　太阳微系统反跟踪技术专利申请量年度分布

（2）专利申请量区域分布

从图 6-121 可以看出，太阳微系统关于该技术的专利申请主要分布在美国，这是因为该公司位于美国，并且其主要竞争对手分布在美国。此外，该公司在欧洲专利局申请了较多专利。

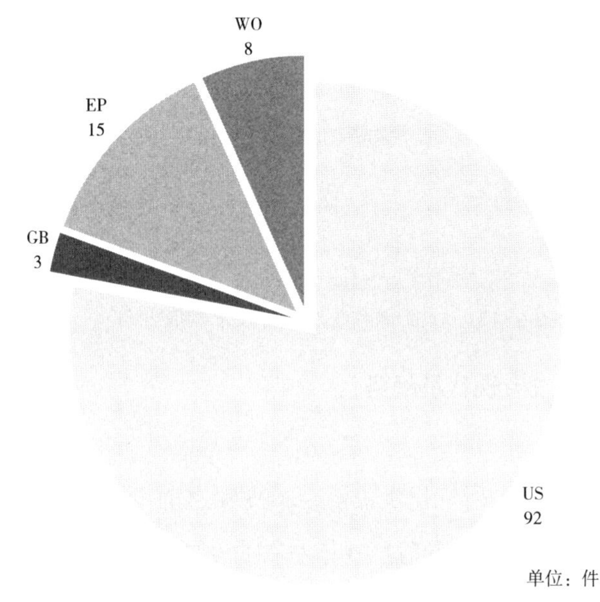

图 6-121　太阳微系统反跟踪技术专利在“九国两组织”的申请量

（3）技术构成分布

从图 6-122 可以看出，太阳微系统在反跟踪技术领域关注的技术热点为存储指令和多线程技术。多线程技术是在软件或者硬件上实现多个线程并发执行的技术，通常应用在处理器方面，多线程的运用主要针对反跟踪技术中的抑制技术。

三　总结

（一）专利申请整体趋势

1994~2015 年反跟踪技术专利年申请量总体呈增长态势，从 2016 年至今专利年申请量有所减少，这与反跟踪技术日益成熟有较大关系。

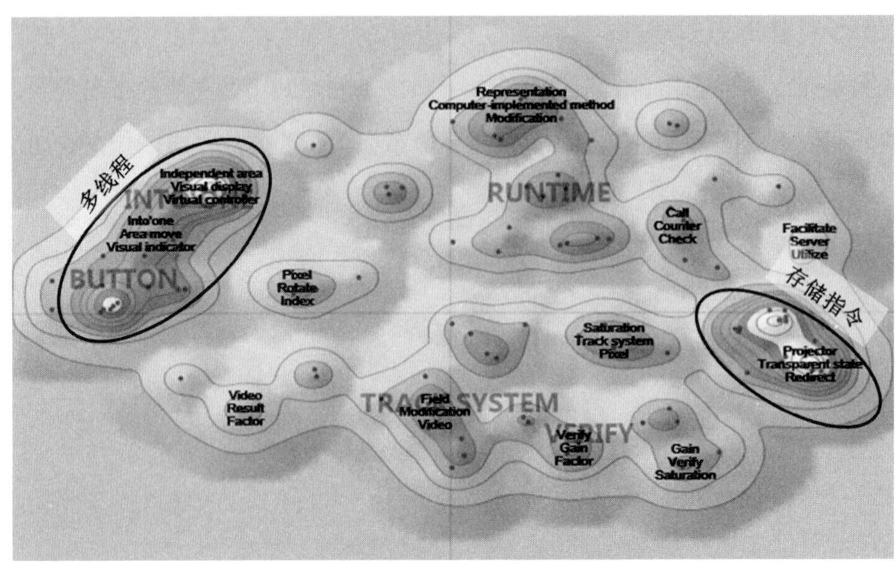

图 6-122　太阳微系统反跟踪技术构成分布

（二）主要国家技术发展现状及趋势

1. 美国

美国在反跟踪技术领域的研究起步较早，2008 年之前专利申请量和专利申请人数量均呈现增长态势。该技术在美国通过 10 年左右的发展迅速达到成熟。

2. 日本

目前，反跟踪技术在日本的发展有进入衰退期的迹象，专利申请量和申请人数量均较少。

3. 中国

目前，反跟踪技术在中国处于快速发展阶段，研究该技术的企业逐渐增多，专利申请量呈快速增长态势。

（三）主要申请人对比分析

通过对反跟踪技术领域的宏观分析，笔者得出行业内的主要申请人集中在美国、日本和韩国。专利申请量排名前三的申请人是 IBM、英特尔和太阳微系统。

1. 专利申请量比较

从专利申请量来看，IBM 拥有反跟踪技术专利 340 件，英特尔和太阳微系统分别是 179 件和 118 件。IBM 作为行业的技术领跑者，专利申请量较多领先于其他申请人。英特尔和太阳微系统在反跟踪技术领域的研究虽然弱于 IBM，但是发展也相对成熟。

2. 专利资产地域布局分析

IBM 是该技术研发的领跑者，专利布局主要针对美国市场，主要原因是 IBM 的竞争对手在美国的居多。英特尔和太阳微系统的专利布局也主要针对美国市场，专利申请数量分别为 134 件和 92 件。

3. 技术热点分析

IBM 在反跟踪技术领域主要研究的是指令和存储方面的技术，英特尔更关注软件调试技术，太阳微系统则重点关注多线程和存储指令方面的技术。

第十三节 可信计数规范技术

可信计数规范技术是数字版权保护领域比较成熟的技术，通过保证数字内容作品在交易过程中的权限许可、复本数以及交易量等重要数据不可篡改，确保交易计量数据真实可信，并可认证审核。围绕该技术的专利申请发轫于 21 世纪初期，2001~2009 年专利年申请量持续快速增长，并于 2009 年达到峰值，之后有所反复，于 2013 年迎来第二个高峰，2015 年大幅下滑。这表明该技术发展已进入成熟期。

一 专利检索

（一）检索结果概述

以可信计数规范技术为检索主题，在“九国两组织”范围内共检索到相关专利申请 2426 件，具体数量分布如表 6-151 所示。

表 6-151 “九国两组织”可信计数规范技术专利申请量

单位：件

国家 / 国际组织	专利申请量	国家 / 国际组织	专利申请量
US	954	DE	16
CN	312	RU	22
JP	165	AU	69
KR	238	EP	304
GB	31	WO	305
FR	10	合计	2426

（二）“九国两组织”可信计数规范技术专利申请趋势

表 6-152 和图 6-123 展示了可信计数规范技术专利在“九国两组织”的申请情况，可以看出，2000 年以前“九国两组织”的申请量为零，从 2001 年开始各国逐渐进行可信计数规范技术专利申请。其中，美国的发展尤为迅猛，2009 年专利年申请量突破百件。中国、欧洲专利局和世界知识产权组织的专利申请量均在 300 件以上。韩国和日本在这一技术领域也有一定数量的专利申请。英国、德国、法国、澳大利亚和俄罗斯的申请量较少，每年的申请量都在 10 件以下。

表 6-152　1994~2017 年“九国两组织”可信计数规范技术专利申请量

单位：件

国家 / 国际组织	专利申请量																	
	90	01	02	03	04	05	06	07	08	09	10	11	12	13	14	15	16	17
US	0	3	14	16	37	37	49	56	74	109	74	59	92	92	116	55	51	20
CN	0	2	1	1	7	16	13	23	37	38	29	32	27	44	12	18	9	3
JP	0	0	1	2	11	7	2	7	9	13	16	28	21	15	20	5	7	1
KR	0	0	0	2	1	6	8	22	41	32	23	27	25	29	15	3	3	1
GB	0	0	2	2	2	3	1	1	2	1	0	2	3	1	5	3	3	0
FR	0	0	0	0	0	0	1	4	1	0	0	0	2	2	0	0	0	0
DE	0	0	0	0	1	1	1	2	2	5	1	2	0	0	0	1	0	0
RU	0	0	0	0	0	0	0	0	1	3	6	4	5	1	2	0	0	0
AU	0	3	0	3	5	4	5	8	9	6	4	6	5	9	2	0	0	0
EP	0	1	6	10	25	21	21	33	29	36	12	25	27	19	25	10	3	1
WO	0	3	9	18	13	20	24	31	36	34	25	19	10	18	16	15	11	3
合计	0	12	33	54	102	115	125	187	241	277	190	204	217	230	213	110	87	29

注：“90”指 1994~2000 年的专利申请总量，“01~17”分别指 2001~2017 年当年的专利申请量。

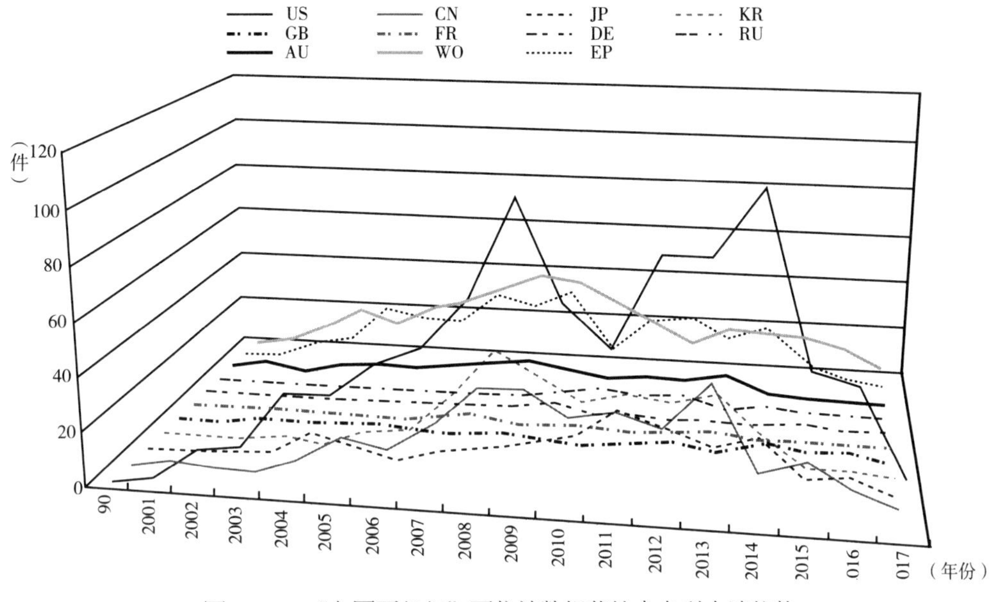

图 6-123　“九国两组织”可信计数规范技术专利申请趋势

注：“90”指 1994~2000 年的专利申请总量。

（三）“九国两组织”可信计数规范技术专利申请人排名

1994~2017 年“九国两组织”可信计数规范技术专利申请人排名情况如表 6-153~表 6-163 所示。

1. 美国申请人排名

表 6-153　美国可信计数规范技术专利申请人排名

序号	申请人	申请人国家	申请数量（件）	授权数量（件）
1	Microsoft Corp.	美国	88	65
2	Spansion LLC	美国	63	62
3	Intertrust Tech. Corp.	美国	42	12
4	Samsung Electronics Co. Ltd.	韩国	26	21
5	Broadcom Corp.	美国	19	18

2. 中国申请人排名

表 6-154 中国可信计数规范技术专利申请人排名

序号	申请人	申请人国家	申请数量（件）	授权数量（件）
1	Microsoft Corp.	美国	22	19
2	Koninkl Philips Electronics N.V.	荷兰	19	5
3	Nokia Corp.	芬兰	14	12
4	Samsung Electronics Co. Ltd.	韩国	14	11
5	Interdigital Tech. Corp.	美国	10	6

3. 日本申请人排名

表 6-155 日本可信计数规范技术专利申请人排名

序号	申请人	申请人国家	申请数量（件）	授权数量（件）
1	Microsoft Corp.	美国	26	19
2	Samsung Electronics Co. Ltd.	韩国	11	10
3	ContentGuard Holdings Inc.	美国	9	5
4	Koninkl Philips Electronics N.V.	荷兰	6	3
5	Telefon Ericsson Publ AB L.M.	日本	4	3

4. 韩国申请人排名

表 6-156 韩国可信计数规范技术专利申请人排名

序号	申请人	申请人国家	申请数量（件）	授权数量（件）
1	Samsung Electronics Co. Ltd.	韩国	27	16
2	Microsoft Corp.	美国	20	14
3	Interdigital Tech. Corp.	美国	13	12
4	Koninkl Philips Electronics N.V.	荷兰	11	5
5	LG Electronics Inc.	韩国	11	4

5. 英国申请人排名

表 6-157 英国可信计数规范技术专利申请人排名

序号	申请人	申请人国家	申请数量（件）	授权数量（件）
1	Vodafone Plc.	英国	7	2
2	Sealedmedia Ltd.	英国	3	1
3	Piksel Inc.	美国	2	0
4	Sony Corp.	日本	2	0
5	Omnifone Ltd.	英国	1	0

6. 法国申请人排名

表 6-158　法国可信计数规范技术专利申请人排名

序号	申请人	申请人国家	申请数量（件）	授权数量（件）
1	Bouyges Telecom S.A.	法国	2	1
2	Viaccess S.A.	法国	2	0
3	Thales S.A.	法国	1	0
4	Canon K.K.	日本	1	0
5	Trusted Logic S.A.	法国	1	0

7. 德国申请人排名

表 6-159　德国可信计数规范技术专利申请人排名

序号	申请人	申请人国家	申请数量（件）	授权数量（件）
1	Siemens A.G.	德国	3	2
2	Ericsson Telefon AB L.M.	瑞典	3	2
3	Samsung Electronics Co. Ltd.	韩国	2	1
4	Microsoft Corp.	美国	2	1
5	Fraunhofer Ges Forschung	德国	1	1

8. 俄罗斯申请人排名

表 6-160　俄罗斯可信计数规范技术专利申请人排名

序号	申请人	申请人国家	申请数量（件）	授权数量（件）
1	Microsoft Corp.	美国	6	3
2	Koninkl Philips Electronics N.V.	荷兰	2	1
3	Nokia Corp.	芬兰	2	0
4	Interdigital Techology Corp.	美国	2	0
5	Fraunkhofer Gezell Shaft Tsur Ferderung Der Angevandten Forshung E. F.	德国	1	0

9. 澳大利亚申请人排名

表 6-161　澳大利亚可信计数规范技术专利申请人排名

序号	申请人	申请人国家	申请数量（件）	授权数量（件）
1	Microsoft Corp.	美国	10	6
2	Samsung Electronics Co. Ltd.	韩国	7	7
3	Interdigital Tech. Corp.	美国	5	4
4	Omnifone Ltd.	英国	4	3
5	Intertrust Tech. Corp.	美国	4	2

10. 欧洲专利局申请人排名

表 6-162　欧洲专利局可信计数规范技术专利申请人排名

序号	申请人	申请人国家	申请数量（件）	授权数量（件）
1	Microsoft Corp.	美国	27	12
2	Ericsson Telefon AB L.M.	瑞典	23	16
3	Koninkl Philips Electronics N.V.	荷兰	19	4
4	Samsung Electronics Co. Ltd.	韩国	17	2
5	Nokia Corp.	芬兰	16	3

11. 世界知识产权组织申请人排名

表 6-163　世界知识产权组织可信计数规范技术专利申请人排名

序号	申请人	申请人国家	申请数量（件）
1	Microsoft Corp.	美国	21
2	Koninkl Philips Electronics N.V.	荷兰	19
3	Nokia Corp.	芬兰	17
4	Intel Corp.	美国	17
5	Samsung Electronics Co. Ltd.	韩国	12

二　专利分析

（一）技术发展趋势分析

图 6-124 展示了可信计数规范技术专利的年度申请情况。2001~2009 年专利年申请量保持了相对较快的增长速度，并于 2004 年突破了 100 件。1999 年 10 月微软、IBM、英特尔和惠普等成立了可信计算平台联盟（TCPA），提出了可信计算的思想，用以保护计算终端的安全。21 世纪初期，全球掀起可信计算研究热潮，TCPA 于 2003 年 3 月更名为 TCG，全球 IT 行业的著名公司几乎全部加入了这一组织。到 2004 年 8 月，TCG 已经拥有 78 个成员，成员遍布全球各大洲[①]。2004 年 10 月，TCG 制定了可信移动平台（TMP）的硬件体系、软件体系和协议 3 个技术标准草案，用以解决移动终端的安全问题，提供端到端的安全移动计算环境。在欧洲，2006 年 1 月启动了名为“开放式可信计算”（Open Trusted Computing）的研究计划，已有 23 个科研机构和工业组织参与。这促使可信计数规范技术专利申请量激增。在经历了连续多年的增长之后，2010 年可信计数规范技术专利的申请量出现较大幅度下滑，并在随后几年稳定在 200 件左右。目前，该技术已进入成熟期。

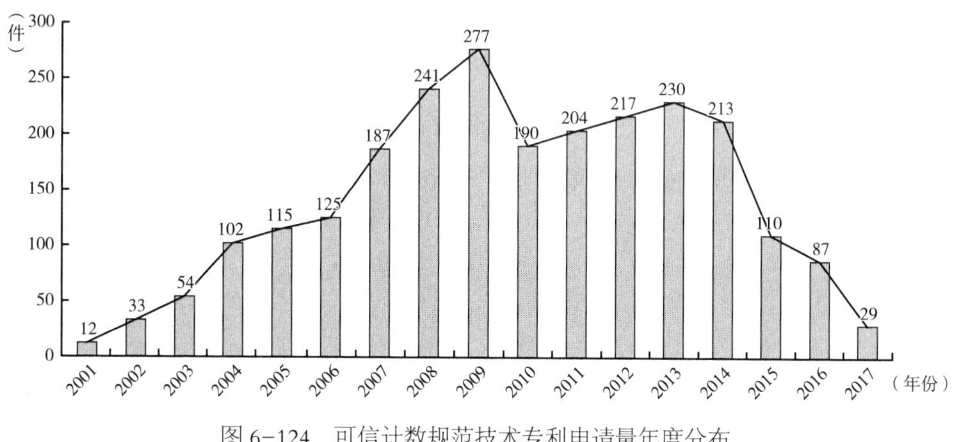

图 6-124　可信计数规范技术专利申请量年度分布

① 樊静淳：《论可信计算的研究与发展》，《济南职业学院学报》2007 年第 3 期，第 47 页。

（二）技术路线分析

图 6-125 展示了可信计数规范技术的发展路线。2001 年 1 月 18 日，微软申请了一件关于可信数字权限管理操作系统的专利，标志着“九国两组织”范围内第一件可信计数规范技术专利诞生。同一年 TCPA 成立，标志着可信计算技术的基础研究和产业化进入全新发展阶段。Cryptography Research 于 2001 年 9 月 6 日申请了一件防止存储数据被篡改的核心专利；2002 年微软提出“Palladium”计划，提出了今后 10 年可信计算战略的目标、措施和策略，该计划通过在计算机硬件中增加安全芯片，同时在 Windows 操作系统核心中增加新的安全模块，来构建相对安全的计算机环境；2003 年 TCPA 改组为 TCG，推动了可信计算技术研究和应用向更高层次发展。TCPA 和 TCG 自成立以来，已经研究并确定了多种关于可信计算平台、可信存储和可信网络连接的技术规范。

通常技术发展初期出现的技术比较核心和基础，而可信计数规范技术领域的核心和基础专利大多出现在技术成熟期。可信计算技术在中国互联网和金融等应用领域推广的过程中，出现行业应用与中国可信计算采用的自主算法体系不匹配的问题，推动了相关企业开始关注和研究标准和规范问题。

（三）主要专利申请人分析

为了深入分析可信计数规范技术，笔者通过对检索数据进行标引和聚类等处理了解到，1994~2017 年在可信计数规范技术领域专利申请量排名前三的申请人分别为微软（222 件）、三星电子（116 件）和飞利浦（93 件）。

1. 申请量排名第一的专利申请人——微软

（1）专利申请量

图 6-126 是微软可信计数规范技术专利的年度申请情况。微软从 2001 年开始进行相关专利申请。2001~2006 年微软的专利年申请量持续增长，并于 2006 年达到峰值。在此期间，微软于 2002 年提出“Palladium”计划，提出了今后 10 年可信计算战略的目标、措施和策略，2003 年该计划被改为“Next Generation Secure Computing Base”计划（NGSCB），旨在构建基于硬件的新一代安全计算平

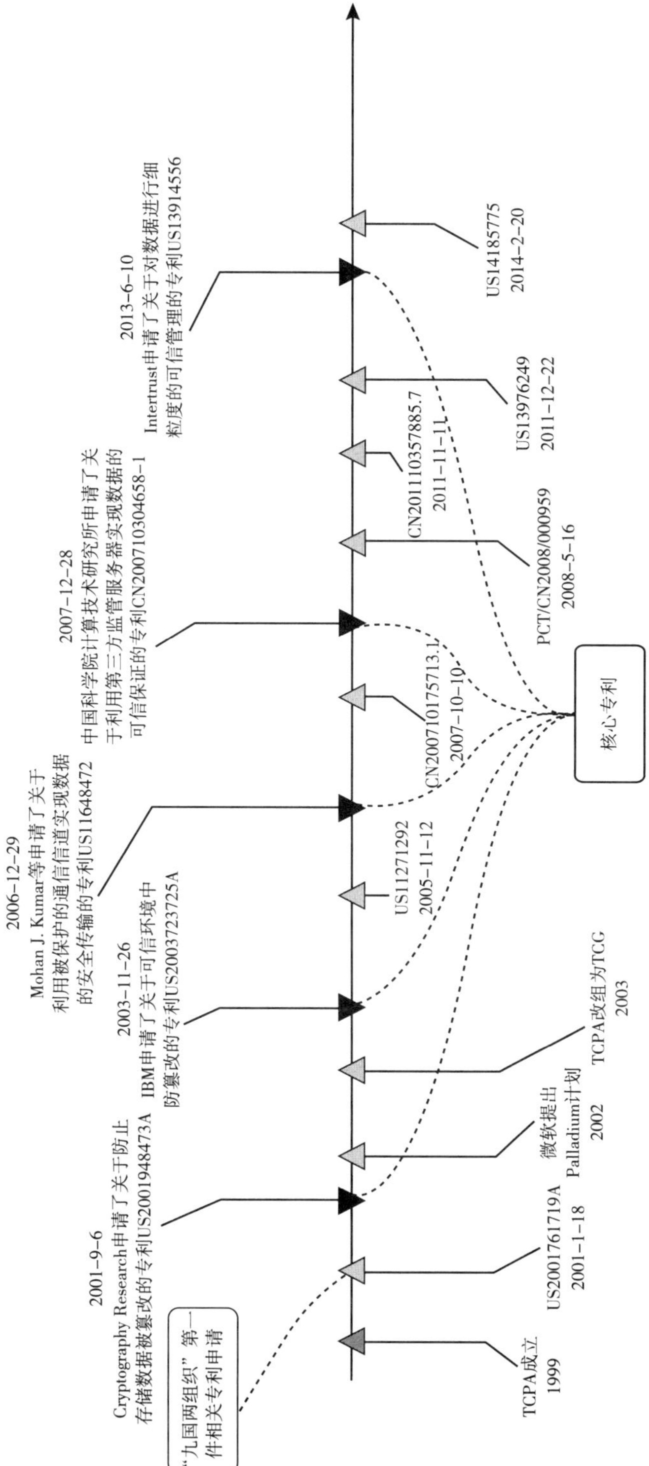

图 6-125 可信计数规范技术发展路线

台[①]。2007~2008 年微软的专利年申请量与 2006 年相比略有减少，但仍处于高位。2009~2011 年微软的专利年申请量下降至 20 件左右。2012~2016 年专利年申请量年降至 5 件以下，这意味着微软的研究方向有所转变。2014 年 9 月底，微软宣布关闭其可信计算部门，试图将工作重点集中在法律和公司事务组的安全隐私等问题上。

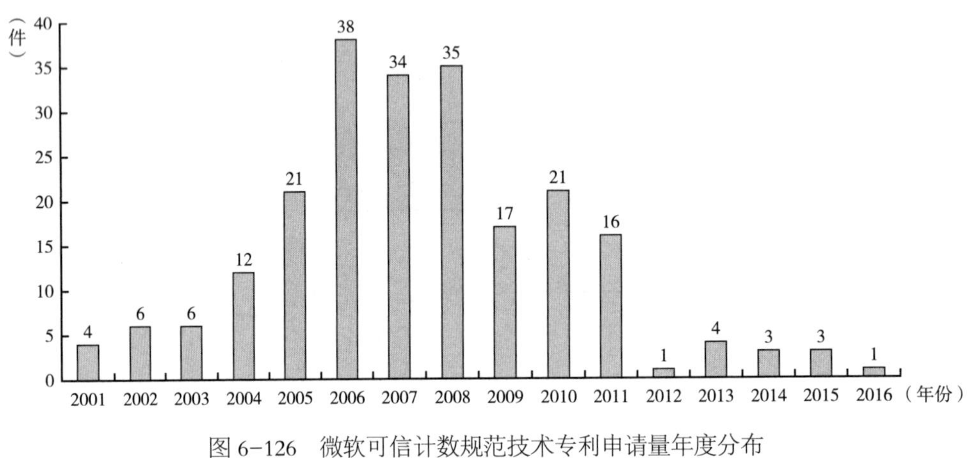

图 6-126　微软可信计数规范技术专利申请量年度分布

（2）专利申请量区域分布

图 6-127 是微软可信计数规范技术专利在“九国两组织”的申请情况。微软总部位于美国华盛顿州的雷德蒙德市，专利布局主要面向本土市场，微软在欧洲专利局、世界知识产权组织、日本、中国以及韩国也布局了较多专利。微软在美国的专利申请量占其总申请量的 40%，在欧洲专利局、世界知识产权组织、日本、中国和韩国的申请量占比均为 10% 左右。对微软来说，可信计算是几乎所有软件产品的基础，是贯穿公司业务的行为。因此，微软在其主要产品销售国家和地区都有相关专利布局。

① 龚昕：《基于可信计算环境的数据库系统安全体系结构设计》，《计算机安全》2007 年第 4 期，第 36~39 页。

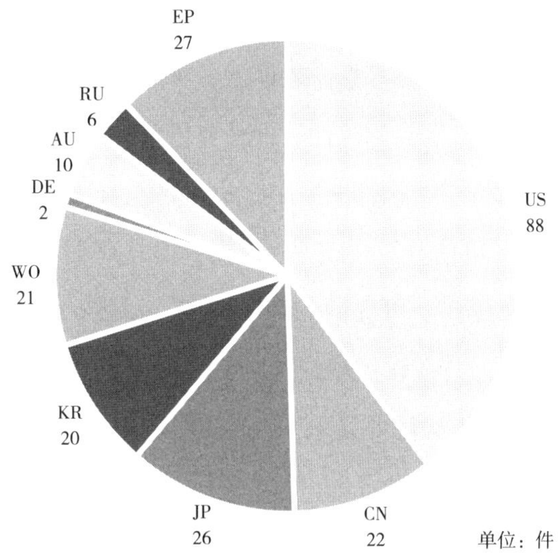

图 6-127　微软可信计数规范技术专利在“九国两组织”的申请量

（3）技术构成分布

图 6-128 展示了微软可信计数规范技术的构成情况，可以看出，微软在签注密钥、安全输入输出和密封储存方面拥有较多专利。签注密钥是一个 2048 位的 RSA 公共和私有密钥对，它在芯片出厂时随机生成并且不能改变，私有密钥永远在芯片里，而公共

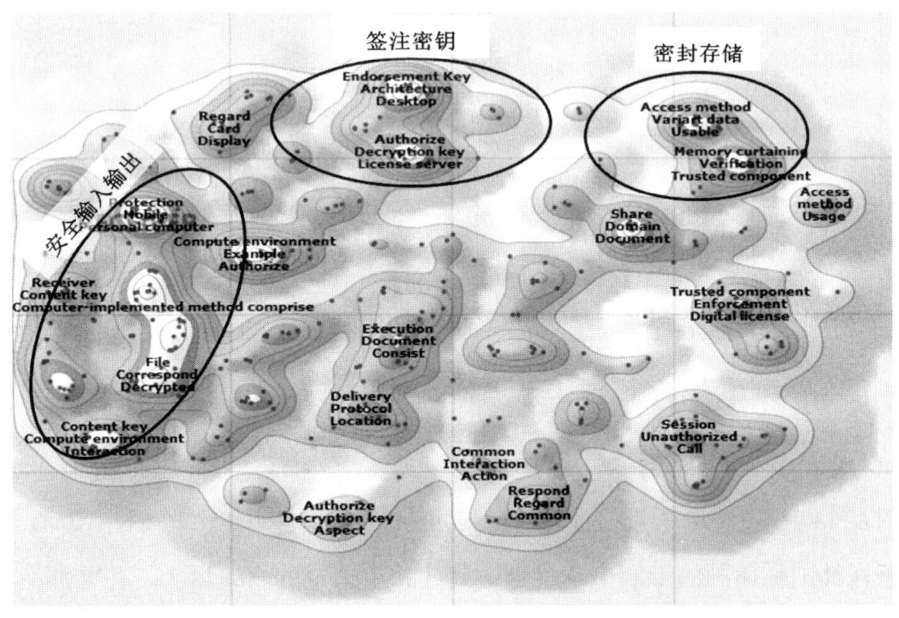

图 6-128　微软可信计数规范技术构成分布

密钥用来认证及加密发送到该芯片的敏感数据。安全输入输出是指电脑用户和与之交互的软件间受保护的路径，当前有许多恶意软件以各种方式来拦截用户和软件进程间传送的数据，如键盘监听和截屏。密封储存通过把私有信息和软硬件平台配置信息捆绑在一起来保护私有信息，意味着该数据只能在相同的软硬件组合环境下被读取。

2002 年微软发布了《可信计算白皮书》，提出微软可信计算战略由 4 个层面的元素组成，即安全性、隐私保护、可靠性和商业诚信。目前，微软已为可信计算制定了全面的策略、标准和过程，并在软件规划阶段就进行了全面考虑。

2. 申请量排名第二的专利申请人——三星电子

（1）专利申请量

2003 年，TCG 的出现推动了可信计算技术研究和应用向着更高层次发展。三星电子作为韩国最大的电子工业企业之一，也对可信计算进行了较多研究和开发，并申请了较多可信计数规范技术专利。图 6-129 是三星电子可信计数规范技术专利的年度申请情况。2003~2005 年专利申请量持续增长，之后专利年申请量稳定在 10 件左右。2013 年以来，三星电子关于该技术的研究成果已非常少。

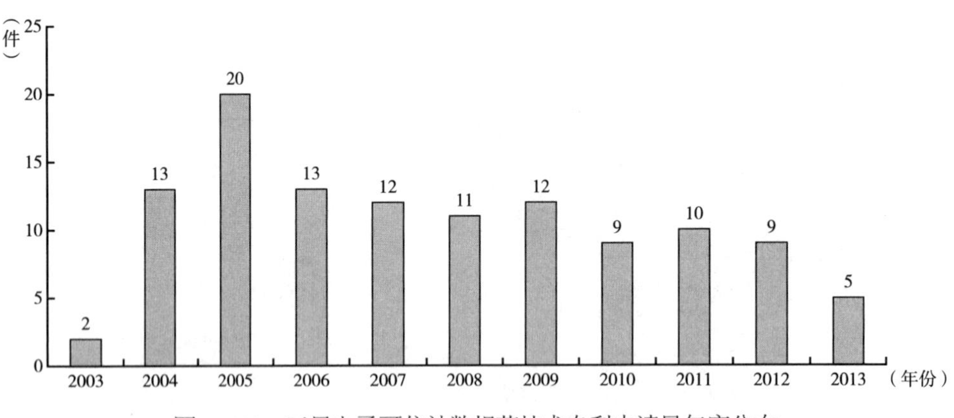

图 6-129　三星电子可信计数规范技术专利申请量年度分布

（2）专利申请量区域分布

图 6-130 是三星电子可信计数规范技术专利在“九国两组织”的申请情况。三星电子在韩国和美国的专利申请量都达到其总申请量的 20% 以上，在欧洲专利局、中国和日本的申请量依次次之，在澳大利亚和德国等国的申请量非常少。这与三星

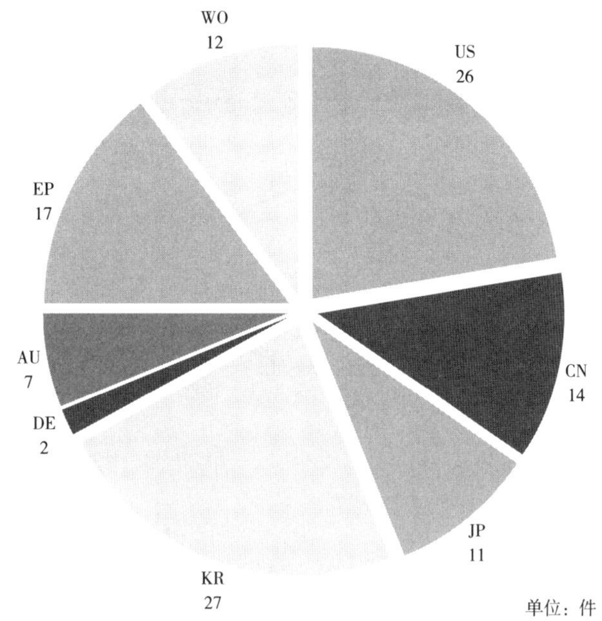

图 6-130　三星电子可信计数规范技术专利在“九国两组织”的申请量

电子的全球化战略有关。其全球化战略是借助在一线市场的成功，以建设生产基地的方式全面拓展二线和三线国际市场。三星电子在占据了美国等一线市场后，将制造重心往低成本国家倾斜，在这些国家建立加工和生产基地以降低制造成本。

（3）技术构成分布

图 6-131 展示了三星电子可信计数规范技术的构成情况。其研究热点为电子交易中的密封存储、信息管理方法和用户终端。在电子交易过程中，由于交易场景多种多样、交易内容品种繁多，并且各个交易系统的数据源结构不统一，交易双方需要在不同数据格式的转换中浪费大量人力和时间，通过数据格式和信息管理的研究，对交易数据进行规范化，为交易数据交换、处理和存储等数据管理操作提供了方便。

3. 申请量排名第三的专利申请人——飞利浦

（1）专利申请量

图 6-132 是飞利浦可信计数规范技术专利的年度申请情况。飞利浦在 2004~2006 年的专利申请量较其他年份高一倍左右，这是因为 2003 年飞利浦和索

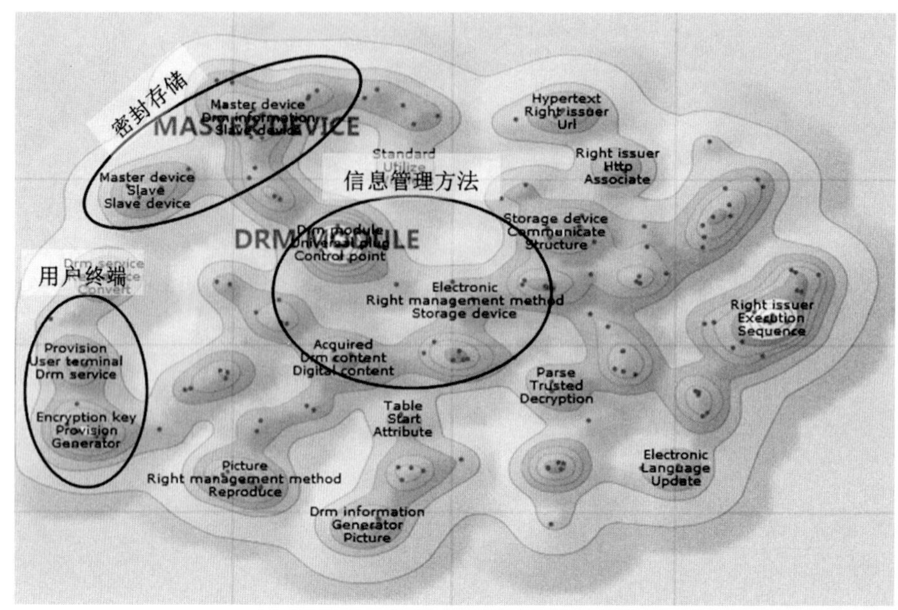

图 6-131　三星电子可信计数规范技术构成分布

尼收购了一家软件商——互信科技，该公司一直致力于数字版权管理系统和可信计算方面的产品开发。

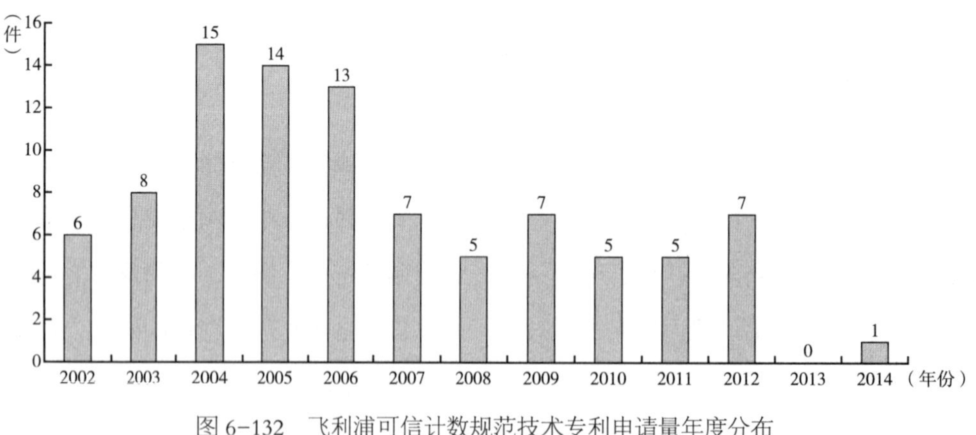

图 6-132　飞利浦可信计数规范技术专利申请量年度分布

（2）专利申请量区域分布

图 6-133 是飞利浦可信计数规范技术专利在“九国两组织”的申请情况。飞利浦

在中国、欧洲专利局和世界知识产权组织的专利申请数量最多，都是19件，在美国的申请量为17件，在韩国的申请量为11件。飞利浦总部位于荷兰阿姆斯特丹，是一家大型跨国公司，中国、美国、法国、德国、意大利、荷兰和英国等是其主要市场。其专利分布与主要市场基本一致。

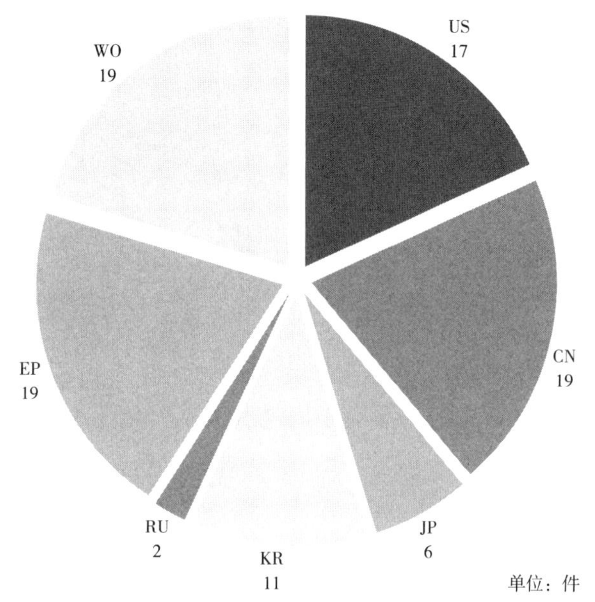

图6-133　飞利浦可信计数规范技术专利在“九国两组织”的申请量

（3）技术构成分布

图6-134是飞利浦可信计数规范技术的构成情况。其关注的热点技术为密钥信息和数据管理。数据是信息的重要载体，数据安全问题在信息安全中占有非常重要的地位，决定了计数信息的可信性。数据的保密性、可用性、可控性和完整性是数据安全技术的主要研究内容，数据保密性的理论基础是密码学。通过密钥对数据进行处理，可实现只有拥有相应密钥的人才能获得数据信息。

三　总结

（一）专利申请总体趋势

2001~2009年，可信计数规范技术专利申请量保持了较快的增长速度，并于

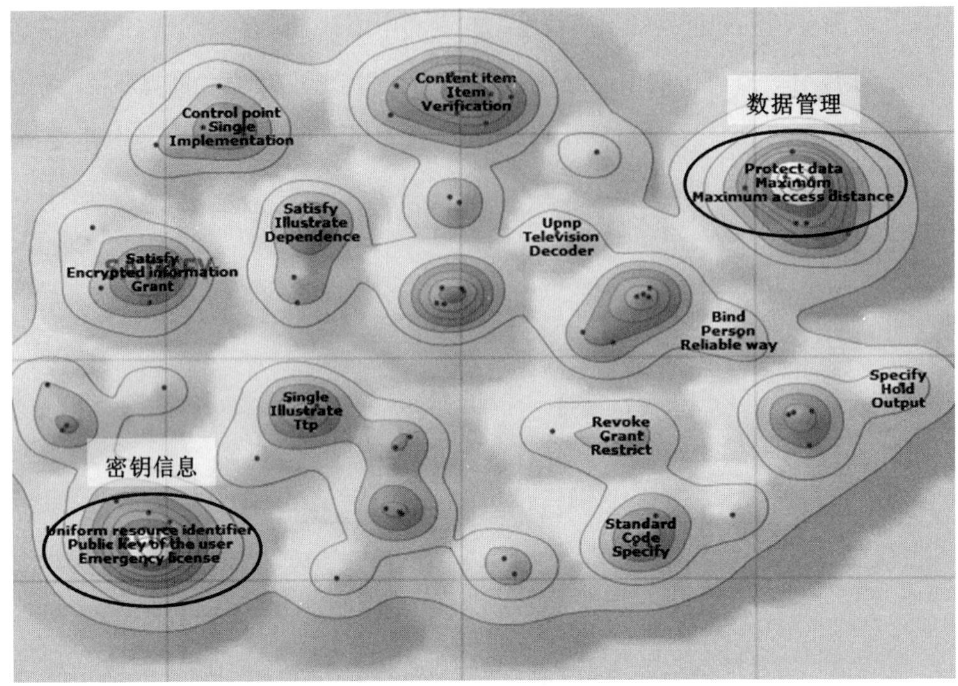

图 6-134　飞利浦可信计数规范技术构成分布

2004 年突破 100 件。这是由于在此期间全球掀起了可信计算研究热潮，从而带动了可信计数规范技术专利申请量的增长。在经历了连续多年的增长之后，2010 年可信计数规范技术专利年申请量出现较大幅度下滑，并在随后几年稳定在 200 件左右。

（二）主要国家技术发展现状及趋势

1. 美国

可信计数规范技术在美国的发展始于 2001 年，于 2014 年进入成熟期，之后申请人数量基本稳定，专利申请量有一定的起伏。

2. 日本

日本从 2015 年开始进入可信计数规范技术的衰退期，经过市场淘汰，申请人的数量大幅度减少，不少企业退出，每年申请的专利数量非常少。

3. 韩国

2005~2008 年为韩国可信计数规范技术的发展期，专利申请量与专利申请人数量较前几年均有较大幅度增长。这主要得益于 2007 年 6 月 29 日韩国正式施行全面修改后的版权法，该法将数字及网络技术、网络环境下的版权问题纳入其中。2010~2013年为技术成熟期，每年的专利申请量和申请人数量均较为稳定。目前有进入衰退期的迹象。

4. 中国

2004~2009 年为中国可信计数规范技术的发展期，相关论坛和会议相继召开，相关公司纷纷投入研发。2014 年开始，专利申请人数量以及专利申请量都开始下滑，企业在此项技术上的收益减少，选择退出市场或减少专利申请量的企业增多。

根据以上国家技术发展现状描述，总体来说，可信计数规范技术在全球的发展已十分成熟，在部分国家有进入衰退期的迹象。

（三）主要申请人对比分析

通过对可信计数规范技术领域的宏观分析，笔者得出行业内三个主要申请人是微软、三星电子和飞利浦。

1. 专利申请量比较

从专利申请量来看，微软拥有相关专利申请 222 件，三星电子和飞利浦分别是 116 件和 93 件。微软的专利申请量较三星电子和飞利浦之和还要多，可见微软为可信计算领域当之无愧的引领者。飞利浦于 2003 年收购了一家致力于数字版权管理系统和可信计算产品开发的软件商，这使其专利申请量得到了提升。

2. 专利资产地域布局情况

微软在美国的专利申请量最多，占其总申请量的 40% 左右，在欧洲专利局、世界知识产权组织、日本、中国和韩国的申请量占比均为 10% 左右。三星电子在韩国和美国的申请量最多，在欧洲专利局、中国和日本的申请量依次次之，在澳大利亚和德国等国的申请量非常少。而飞利浦在中国、欧洲专利局和世界知识产权组织的专利申请数量最多，都是 19 件；在美国的申请量为 17 件，在韩国的申请量为 11 件，在其他国家的申请量较少。

3. 技术热点分析

在可信计数规范技术领域，微软主要关注签注密钥、安全输入输出和密封存储方面的技术。三星电子的研究更侧重于电子交易过程中的密封存储和信息管理问题。而飞利浦则主要关注密钥信息和数据管理技术。

第十四节　章节销售版权保护技术

章节销售版权保护技术是数字版权保护领域的新兴热门技术，可以根据用户需求对数字内容作品进行分段加密和授权控制，能实现按章节或章节组合进行销售。围绕该技术的专利申请发轫于20世纪90年代中期，从2000年开始缓慢增长，于2013年急剧增长并迎来发展高峰。根据近两年的专利申请量和数字内容作品按章节销售的行业应用实际，可以预见，该技术在今后较长时期内将处于活跃期，其创新与应用有较大空间。

一　专利检索

（一）检索结果概述

以章节销售版权保护技术为检索主题，在“九国两组织”范围内共检索到相关专利申请4359件，具体数量分布如表6-164所示。

表6-164　“九国两组织”章节销售版权保护技术专利申请量

单位：件

国家 / 国际组织	专利申请量	国家 / 国际组织	专利申请量
US	1463	DE	30
CN	527	RU	15
JP	932	AU	96
KR	497	EP	364
GB	24	WO	400
FR	11	合计	4359

（二）“九国两组织”章节销售版权保护技术专利申请趋势

章节销售版权保护技术领域第一件专利于20世纪90年代诞生，直至21世纪初期，该技术应用都进行得非常缓慢，除美国、中国、日本和韩国等国进行了初步研究外，大部分国家的重视程度很低。2013年该技术迎来发展高峰，专利申请量急剧增长，目前相关企业和科研机构关于该技术的研究仍十分活跃（见表6-165、图6-135）。

表 6-165　1994~2017 年"九国两组织"章节销售版权保护技术专利申请量

单位：件

国家 / 国际组织	专利申请量																	
	90	01	02	03	04	05	06	07	08	09	10	11	12	13	14	15	16	17
US	1	5	24	17	32	25	28	27	37	43	45	39	55	250	262	285	188	100
CN	2	5	5	7	8	26	31	30	25	41	42	37	53	60	42	68	36	9
JP	38	25	34	37	35	55	54	54	53	53	55	81	103	108	77	35	24	11
KR	2	1	4	1	8	10	10	15	34	22	31	32	40	51	116	70	45	5
GB	0	0	0	0	4	4	2	0	0	1	1	0	1	3	2	4	2	0
FR	0	0	0	1	0	0	1	1	1	3	1	0	1	1	1	0	0	0
DE	0	0	0	0	1	1	1	6	7	2	0	0	1	6	0	3	2	0
RU	0	0	0	0	0	0	3	6	0	0	2	0	1	3	0	0	0	0
AU	5	1	1	6	14	1	1	3	3	3	4	1	2	12	13	11	11	4
EP	0	5	6	10	13	19	16	13	19	15	14	11	8	47	55	80	28	5
WO	9	4	10	14	16	14	14	14	10	13	4	7	16	45	64	68	49	29
合计	57	46	84	93	131	155	161	169	189	196	199	208	281	586	632	624	385	163

注："90"指 1994~2000 年的专利申请总量，"01~17"分别指 2001~2017 年当年的专利申请量。

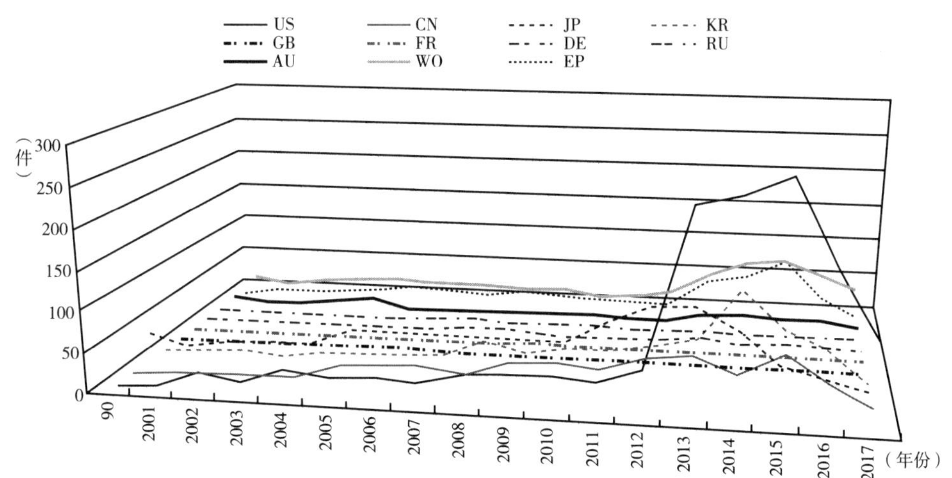

图 6-135　"九国两组织"章节销售版权保护技术专利申请趋势

注："90"指 1994~2000 年的专利申请总量。

（三）"九国两组织"章节销售版权保护技术专利申请人排名

1994~2017 年"九国两组织"章节销售版权保护技术专利申请人排名情况如表 6-166～表 6-176 所示。

1. 美国申请人排名

表 6-166　美国章节销售版权保护技术专利申请人排名

序号	申请人	申请人国家	申请数量（件）	授权数量（件）
1	Samsung Electronics Co. Ltd.	韩国	238	47
2	Sony Corp.	日本	63	6
3	IBM Corp.	美国	55	20
4	Semiconductor Energy Lab	日本	39	8
5	Seiko Epson Corp.	日本	18	3

2. 中国申请人排名

表 6-167　中国章节销售版权保护技术专利申请人排名

序号	申请人	申请人国家	申请数量（件）	授权数量（件）
1	Samsung Electronics Co. Ltd.	韩国	87	20
2	Sony Corp.	日本	60	21
3	Semiconductor Energy Lab	日本	33	13
4	Matsushita Electric Ind. Co. Ltd.	日本	29	22
5	Koninkl Philips Electronics N.V.	荷兰	26	11

3. 日本申请人排名

表 6-168　日本章节销售版权保护技术专利申请人排名

序号	申请人	申请人国家	申请数量（件）	授权数量（件）
1	Semiconductor Energy Lab	日本	121	50
2	Sony Corp.	日本	113	29
3	Seiko Epson Corp.	日本	86	28
4	Matsushita Electric Ind. Co. Ltd.	日本	45	19
5	Casio Computer Co. Ltd.	日本	30	10

4. 韩国申请人排名

表 6-169　韩国章节销售版权保护技术专利申请人排名

序号	申请人	申请人国家	申请数量（件）	授权数量（件）
1	Samsung Electronics Co. Ltd.	韩国	243	16
2	Sony Corp.	日本	26	3
3	Semiconductor Energy Lab	日本	19	3
4	LG Electronics Inc.	韩国	16	5
5	Korea Electronics & Telecommun. Res. Inst.	韩国	11	3

5. 英国申请人排名

表 6-170　英国章节销售版权保护技术专利申请人排名

序号	申请人	申请人国家	申请数量（件）	授权数量（件）
1	NDS Ltd.	英国	3	0
2	Boterhoek Cornelis John	英国	2	2
3	Fastly Inc.	美国	2	1
4	Mira Publishing Ltd.	英国	1	0
5	IBM Corp.	美国	1	0

6. 法国申请人排名

表 6-171　法国章节销售版权保护技术专利申请人排名

序号	申请人	申请人国家	申请数量（件）	授权数量（件）
1	France Telecom	法国	3	2
2	Alcatel-Lucent S.A.S.	法国	1	1
3	Viaccess S.A.	法国	1	0
4	Libcast Sarl	法国	1	0

7. 德国申请人排名

表 6-172　德国章节销售版权保护技术专利申请人排名

序号	申请人	申请人国家	申请数量（件）	授权数量（件）
1	Samsung Electronics Co. Ltd.	韩国	7	3
2	Yahoo Inc.	美国	3	2
3	Toshiba K.K.	日本	2	1
4	Alcatel-Lucent S.A.S.	法国	2	1
5	Intel Corp.	美国	2	0

8. 俄罗斯申请人排名

表 6-173　俄罗斯章节销售版权保护技术专利申请人排名

序号	申请人	申请人国家	申请数量（件）	授权数量（件）
1	Microsoft Corp.	美国	2	0
2	Qualcomm Inc.	美国	1	1
3	Irdeto Access B.V.	荷兰	1	1
4	Sony Corp.	日本	1	0

9. 澳大利亚申请人排名

表 6-174 澳大利亚章节销售版权保护技术专利申请人排名

序号	申请人	申请人国家	申请数量（件）	授权数量（件）
1	Samsung Electronics Co. Ltd.	韩国	14	10
2	Microsoft Corp.	美国	7	1
3	LG Electronics Inc.	韩国	3	1
4	Nokia Corp.	芬兰	3	1
5	Irdeto Access B.V.	荷兰	3	1

10. 欧洲专利局申请人排名

表 6-175 欧洲专利局章节销售版权保护技术专利申请人排名

序号	申请人	申请人国家	申请数量（件）	授权数量（件）
1	Samsung Electronics Co. Ltd.	韩国	80	8
2	Sony Corp.	日本	14	1
3	Matsushita Electric Ind. Co. Ltd.	日本	11	2
4	Koninkl Philips Electronics N.V.	荷兰	9	4
5	Intertrust Tech. Corp.	美国	6	1

11. 世界知识产权组织申请人排名

表 6-176 世界知识产权组织章节销售版权保护技术专利申请人排名

序号	申请人	申请人国家	申请数量（件）
1	Samsung Electronics Co. Ltd.	韩国	71
2	Koninkl Philips Electronics N.V.	荷兰	13
3	Matsushita Electric Ind. Co. Ltd.	日本	10
4	Panasonic Corp.	日本	8
5	General Instrument Corp.	美国	5

二 专利分析

（一）技术发展趋势分析

早期的数字版权保护在保护对象生命周期内的使用控制都是以全部内容为单位，信息粒度较大，内容缺乏结构化信息，数字权利描述语言规范也是对整个内容进行权利描述，只能粗粒度地描述权利的转移或委托，无法满足用户个性化信息的需求，服务提供商也无法实现数字内容的按需重组和集成，难以实现大规模个性化数字内容服务。只有对数字内容实现细粒度的按需授权，实现细粒度描述分段内容权利的转移和委托，才能更好地提供个性化内容服务[①]。从图 6-136 可以看出，1999 年之前相关专利申请量比较少，这一定程度是由于章节销售版权保护技术涉及图像处理、密码学应用和算法设计等多个学科，技术门槛比较高。2000~2012 年，章节销售版权保护技术专利申请量呈缓慢上升态势，这与消费者需求有极大关系，随着互联网技术的快速发展，互联网出版的消费人群日益扩大，消费者对个性化服务的需求日益增多。2013 年专利申请量急剧增长。随着业内人士对章节销售版权保护技术越来越重视，该技术未来几年将有所发展和应用。

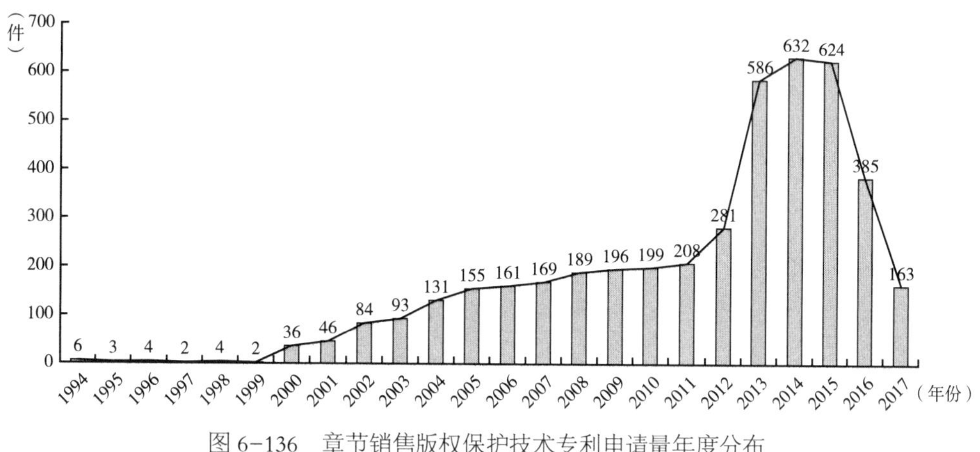

图 6-136　章节销售版权保护技术专利申请量年度分布

（二）技术路线分析

图 6-137 展示了章节销售版权保护技术的发展路线。“九国两组织”范围内第一件章节销售版权保护技术专利申请出现在 1994 年 10 月 24 日，松下电器申请了一件关于处理数字产品内容的产品保护系统的专利，欲实现对重要程度不同的内容实施不同手段的保护。分段加密技术和分段内容授权技术是章节销售版权保护技术的两大重要支撑技术，相关企业不断地在这两个技术上进行研发创新。2008 年 4 月 30 日，北

① 童鹏:《基于 DRM 的数字内容分发交易平台研究与应用研究》，硕士学位论文，合肥工业大学，2013，第 3~8 页。

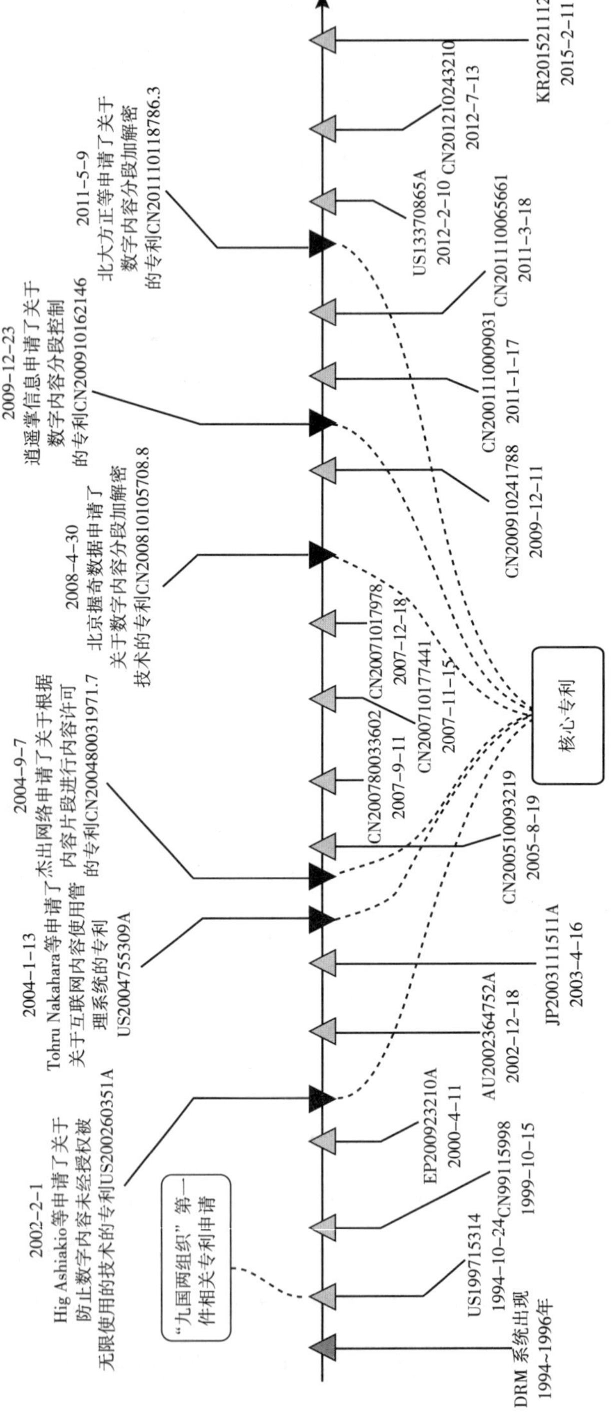

图 6-137　章节销售版权保护技术发展路线

京握奇数据系统有限公司申请了一件关于数字内容分段加解密的核心专利；2011 年 5 月 9 日，北大方正、北京大学和方正信息产业控股有限公司（以下简称“方正信息”）共同申请了一件关于数字内容分段加解密的核心专利。章节销售版权保护技术多应用于数字内容作品销售中，是目前数字版权保护技术领域比较具有创新性的技术。

（三）主要专利申请人分析

1994~2017 年，在章节销售版权保护技术领域专利申请量排名前三的申请人分别为三星电子（740 件）、索尼（277 件）和精工爱普生（119 件）。

1. 申请量排名第一的专利申请人——三星电子

（1）专利申请量

图 6-138 是三星电子章节销售版权保护技术专利的年度申请情况。在 2001 年之前，三星电子基本未涉足数字内容行业相关专利的申请，这是由于在此之前三星电子还未涉足移动终端领域。随着互联网技术的普及以及智能终端的发展，三星电子在移动终端数字内容方面的专利申请越来越多，2015 年的专利申请量已高达 231 件，技术很快达到国际先进水平。这与韩国大力推动文化产业园区建设，形成全国互联网出版产业链有一定关系。

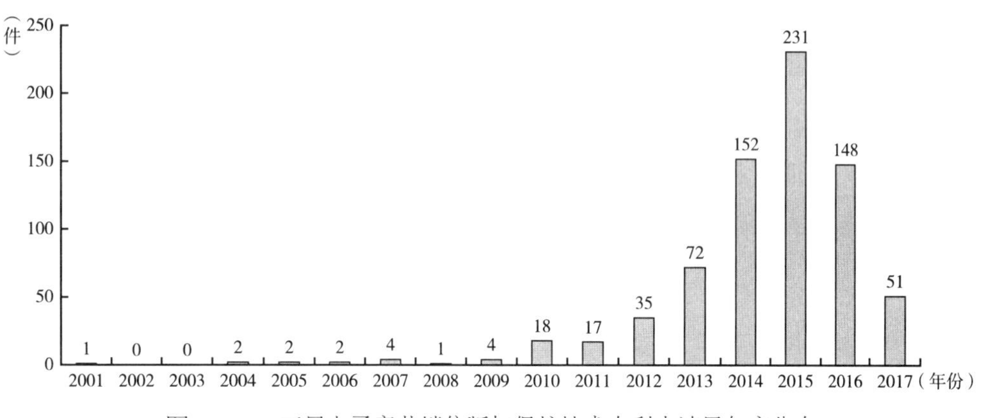

图 6-138　三星电子章节销售版权保护技术专利申请量年度分布

（2）专利申请量区域分布

图 6-139 是三星电子章节销售版权保护技术专利在“九国两组织”的申请情况，可以看出，三星电子在韩国的申请量排名第一，这是由于三星电子总部位于韩国首尔，

为了与同行业的 LG 等公司竞争，在本国做好专利布局非常重要。三星电子在美国的申请量排名第二，在中国的排名第三，可见这两个国家是三星电子重要的海外市场。

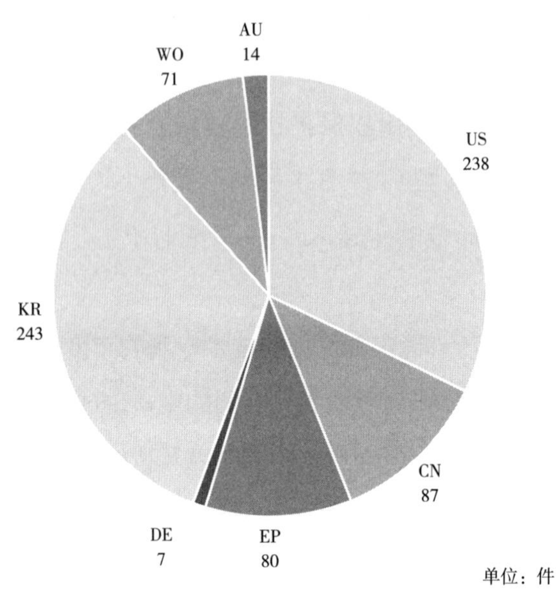

图 6-139　三星电子章节销售版权保护技术专利在“九国两组织”的申请量

（3）技术构成分布

图 6-140 是根据三星电子章节销售版权保护技术专利做出的聚类分析，可以看出，三星电子在这一技术领域的研究重点是段索引标识。该技术可以为数字内容章节销售提供技术支持，通过对拆分后的元数据进行段索引，根据分段后的位置信息进行元数据字段的重新组合，从而达到按章节销售的目的，为消费者提供更多的内容服务模式和数字内容购买策略。

2. 申请量排名第二的专利申请人——索尼

（1）专利申请量

图 6-141 是索尼章节销售版权保护技术专利的年度申请情况。在 2008 年之前，索尼的专利申请量整体呈增长态势，这和整个技术领域的发展态势相吻合。随着移动通信技术的快速发展，越来越多的电子书阅读器和手机电子书阅读软件呈现给消费者。索尼作为最早推出电子书阅读器的公司之一，开启了 E-ink 电子阅读器时代。

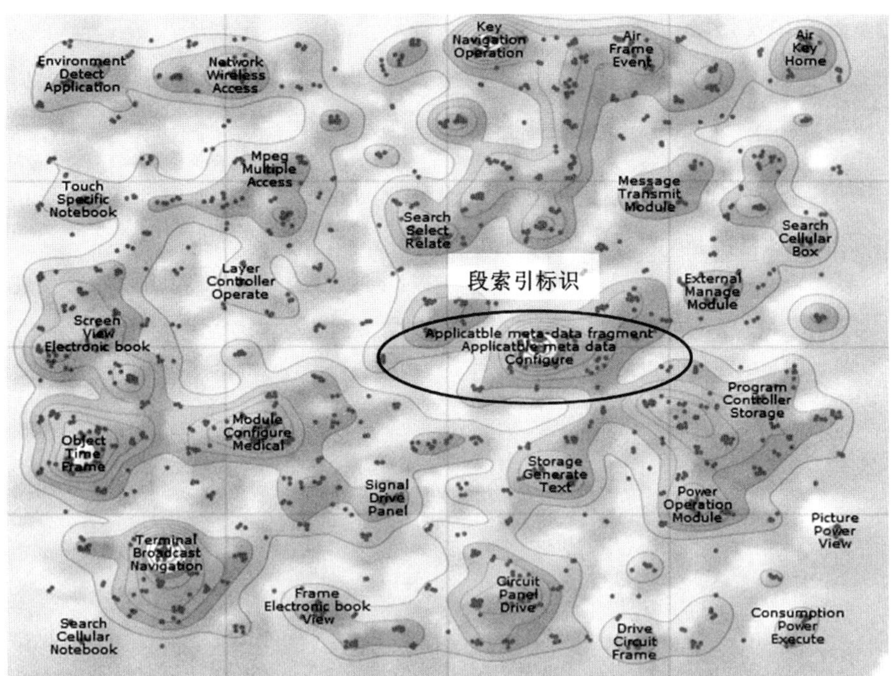

图 6-140　三星电子章节销售版权保护技术构成分布

2008 年索尼发布了第一款支持 ePub 格式的电子书产品 PRS-700，这可能是索尼 2008 年的专利申请量达到高值的原因之一。然而，索尼的竞争对手越来越多，这些厂商推出了更多比索尼更为廉价的电子书产品，而索尼却在这股潮流中逐渐迷失。因此，从 2009 年开始，索尼的专利年申请量呈下降态势。

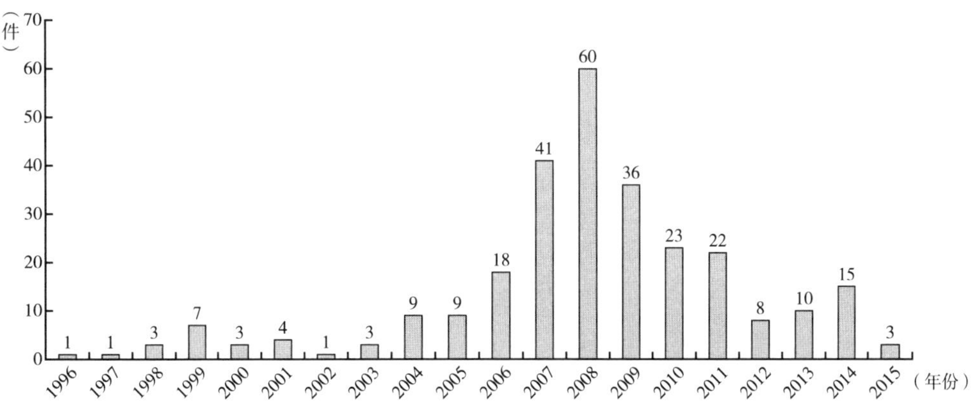

图 6-141　索尼章节销售版权保护技术专利申请量年度分布

（2）专利申请量区域分布

图 6-142 是索尼章节销售版权保护技术专利在“九国两组织”的申请情况。索尼总部位于日本东京，全球主要市场为日本、美国、韩国、欧洲和中国。索尼在日本的专利申请最多，在美国的申请量排名第二，在韩国的申请量也不少。在韩国的专利布局可能是由于索尼和韩国的 LG 有过专利诉讼的教训。

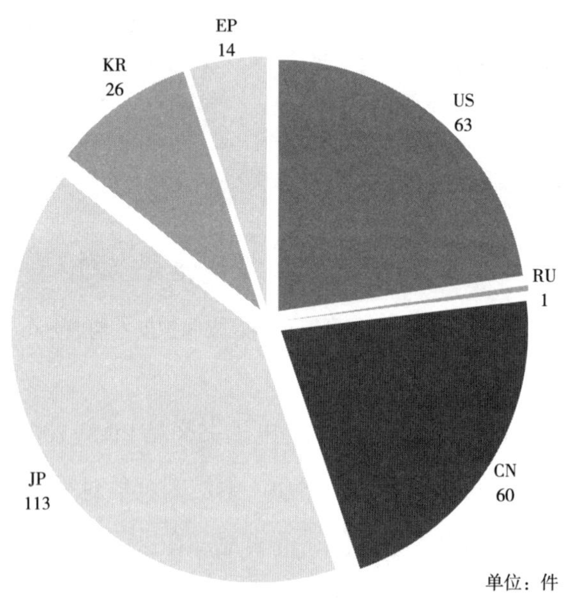

图 6-142　索尼章节销售版权保护技术专利在“九国两组织”的申请量

（3）技术构成分布

图 6-143 是根据索尼章节销售版权保护技术专利做出的聚类分析，可以看出，高频词是“内容授权许可”。在数字内容按章节或段自由组合销售的时候，根据内容分别进行授权许可是关键的一步，数字内容分段加密后进行权利组合，然后在授权中心完成授权合并，并新授权生成消费者所购买的章节或章节组合的授权许可信息文件，这样用户才能阅读其需要的数字内容。

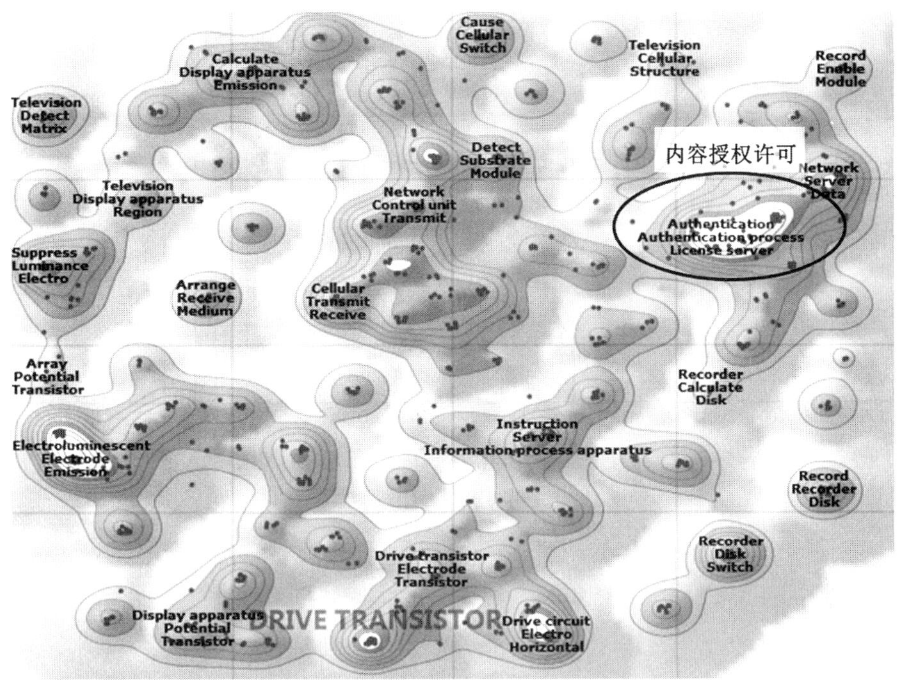

图 6-143　索尼章节销售版权保护技术构成分布

3. 申请量排名第三的专利申请人——精工爱普生

（1）专利申请量

图 6-144 是精工爱普生章节销售版权保护技术专利的年度申请情况。在 2009 年前，除了 2006 年的专利申请量达到 18 件，其他年份都是 10 件以下，这可能和当时该公司还未深度涉足数字内容行业有关。2010 年的申请量达到 22 件，2011 年的申请量达到 27 件，这是由于数字内容行业快速发展，使该公司认识到这个行业前景可观，于是在原有技术的基础上重点加强这方面的专利申请，为拓展新业务提供技术和专利支持。

（2）专利申请量区域分布

图 6-145 是精工爱普生章节销售版权保护技术专利在“九国两组织”的申请情况。精工爱普生成立于 1942 年 5 月，总部位于日本长野县诹访市，是数码影像领域的全球领先企业，长期致力于信息显示装置和信息打印装置的研究。其在日本的专利申请量排第一，这是为了应对来自同行业公司的竞争。其在美国和韩国的专利申请量分别排第二和第三，说明这两个国家也是精工爱普生的主要市场。

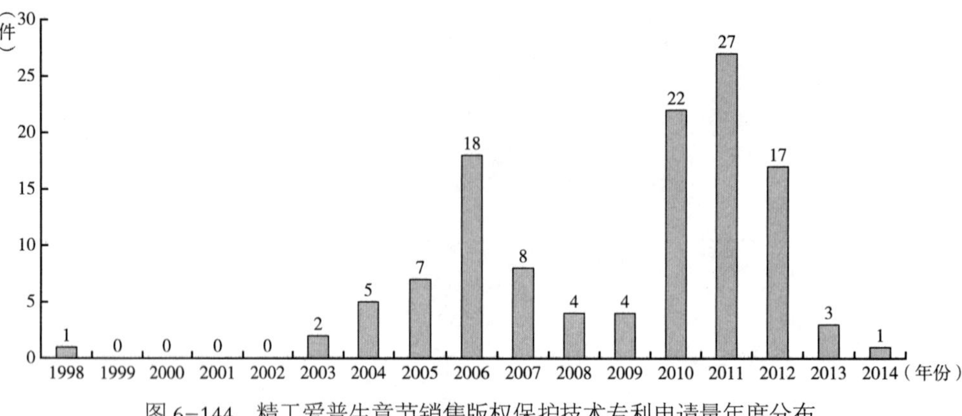

图 6-144 精工爱普生章节销售版权保护技术专利申请量年度分布

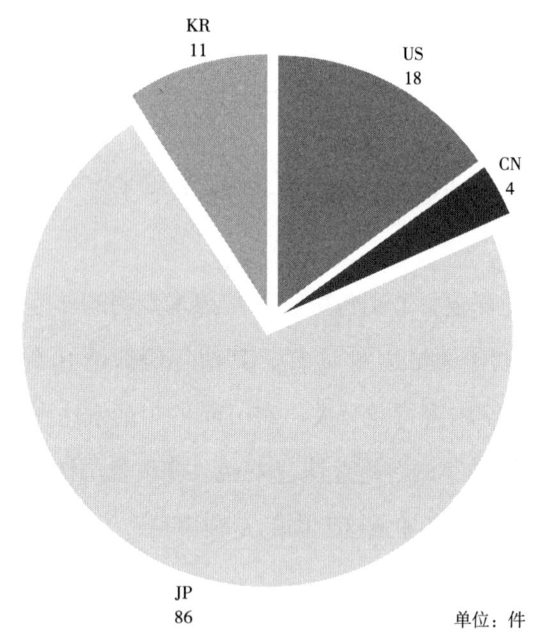

图 6-145 精工爱普生章节销售版权保护技术专利在“九国两组织”的申请量

（3）技术构成分布

图 6-146 是根据精工爱普生章节销售版权保护技术专利做出的聚类分析，可以看出，精工爱普生关注的重点是段索引标识技术。

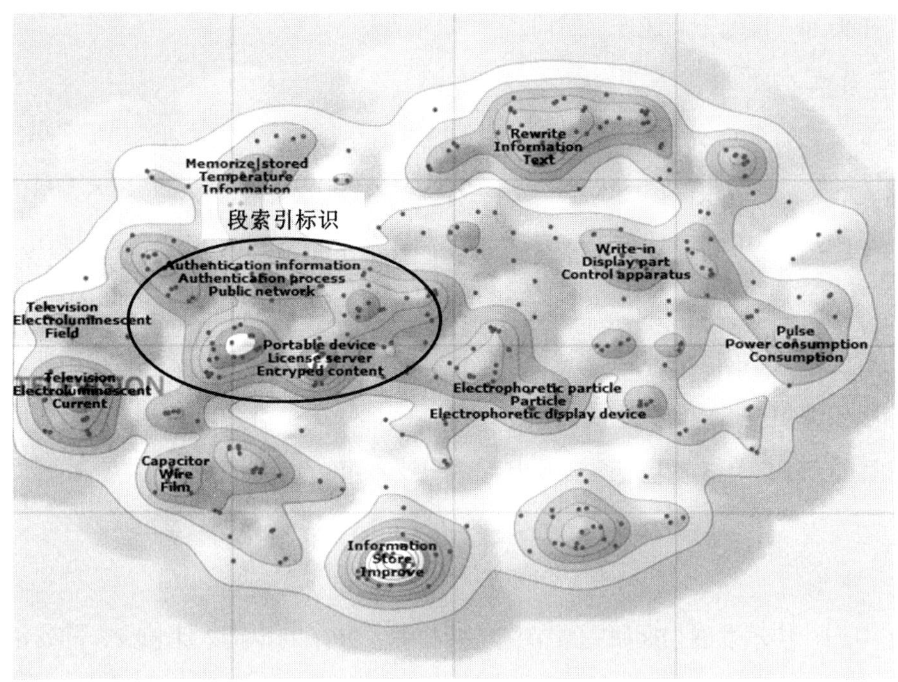

图 6-146　精工爱普生章节销售版权保护技术构成分布

三　总结

（一）专利申请总体趋势

就章节销售版权保护技术的整体专利申请情况来看，数字版权管理系统出现之后，关于该技术的专利申请才出现。随着数字内容逐渐流行，国际上对数字出版的重视度越来越高，消费者对数字内容的多模式服务需求日益迫切，数字内容按章节或章节组合销售得到越来越多的关注，该技术也得到了快速发展，自 1999 年进入发展期，至 2014 年专利年申请量已达到 632 件。

（二）主要国家技术发展现状及趋势

1. 美国

美国在章节销售版权保护技术领域的研究起步较早，在 1998 年就有相关专利申请出现，该年美国也出台了相关法律定义了数字版权管理信息，并实现了通过法律对数字版权进行保护，所以该技术在美国很快进入发展期。目前，美国 80% 以上的出版社都布局了互联网出版业务，亚马逊、巴诺和雅虎等网站均开设了网络书店。所以，该技术在美国一直处于高速发展阶段。

2. 日本

日本在1994年就有了关于数字版权保护技术的专利申请，相关研究起步很早，发展也迅速。章节销售版权保护技术属于数字版权保护技术的关键技术，该技术领域的大部分专利在索尼和松下电器等公司手里。目前，该技术在日本已经初步显现衰退趋势。

3. 韩国

随着全球数字内容产业的快速发展，韩国的三星电子和LG等企业开始加大对章节销售版权保护技术的研究，可是由于市场范围局限于手机客户端等，难以正面迎击谷歌和微软等IT大佬，于是逐渐退出了这一技术市场。目前，该技术在韩国处于成熟期。

4. 中国

在中国，技术发展初期研究章节销售版权保护技术的申请人比较少，随着消费者需求的增长，专利申请量逐渐增多。目前，该技术处于成熟期。

根据以上国家技术发展现状描述，总体来说，章节销售版权保护技术在全球处于成熟期，在今后较长时期内，其创新与应用有较大空间。

（三）主要申请人对比分析

通过对章节销售版权保护技术领域的宏观分析，得出行业内三个主要申请人是三星电子、索尼和精工爱普生。

1. 专利申请量比较

从专利申请量来看，三星电子拥有相关专利申请740件，索尼拥有277件，精工爱普生拥有119件。其中，三星电子在章节销售版权保护技术领域的专利申请起步较晚，但2010年以来发展很快，专利申请量遥遥领先于其他申请人。索尼涉足这一技术领域的时间较早，发布过很多电子书阅读器，1996~2008年专利年申请量总体呈增长态势，2009年以来有所下降。精工爱普生于2011年达到专利年申请量高峰，仅为27件。

2. 专利资产地域布局分析

索尼在日本、美国、中国和韩国等数字内容发展大国均布局了相当数量的专利，以应对专利诉讼；在欧洲专利局也有相关专利申请，这是在为进军一些潜在市场做准备。三星电子在韩国和美国布局了大量专利。而精工爱普生更注重在本国市场的专利布局，其在日本的专利申请量为 86 件，占其申请总量的 72%。

3. 技术热点分析

在章节销售版权保护技术领域，索尼主要关注内容授权许可方面的技术。三星电子和精工爱普生更关注段索引标识方面的技术，这是数字内容分段的关键技术之一。

第十五节　按需印刷版权标识技术

按需印刷版权标识技术是数字版权保护领域的热门技术。在按需印刷过程中，该技术对数字内容作品进行分段处理后嵌入水印，以明确数字内容作品版权归属，并保证版权信息的可识别性。围绕该技术的专利申请于 1994~2007 年持续增长，于 2007 年达到顶峰，2008 年以来总体呈下降态势，这表明该技术已渐趋成熟。鉴于按需印刷应用仍处于发展之中，今后一段时期内，该技术的创新将比较活跃，应用也将持续发展。

一　专利检索

（一）检索结果概述

以按需印刷版权标识技术为检索主题，在“九国两组织”范围内共检索到相关专利申请 7812 件，具体数量分布如表 6-177 所示。

表 6-177　“九国两组织”按需印刷版权标识技术专利申请量

单位：件

国家 / 国际组织	专利申请量	国家 / 国际组织	专利申请量
US	894	DE	20
CN	778	RU	2
JP	5182	AU	57
KR	386	EP	253
GB	30	WO	205
FR	5	合计	7812

（二）“九国两组织”按需印刷版权标识技术专利申请趋势

从表 6-178 和图 6-147 可以看出，自 20 世纪 90 年代至 21 世纪初期，按需印刷版权标识技术在大部分国家发展得非常缓慢，但是在日本发展迅速。20 世纪 90 年代日本关于该技术的专利申请量累计达 1064 件，且 1999~2011 年的专利年申请量均在 200 件以上，其中于 2007 年达到峰值 527 件。此情况很可能与 20 世纪 90 年代日本动漫业的迅速崛起有关，动漫业带动纸质书籍的印刷需求增加，按需印刷版权标识技术的研究也日益活跃。然而 2013 年以来，随着数字媒体内容日益丰富、公民版权保护意识提高和版权诉讼风波不断兴起，该技术在中国和韩国的研究逐渐升温，2013 年中国关于该技术的专利申请量已达到百件以上。

表 6-178　1994~2017 年“九国两组织”按需印刷版权标识技术专利申请量

单位：件

国家 / 国际组织	专利申请量																	
	90	01	02	03	04	05	06	07	08	09	10	11	12	13	14	15	16	17
US	28	25	45	57	57	67	58	57	72	53	56	38	60	63	57	44	38	19
CN	14	12	11	14	22	29	35	31	31	34	44	43	57	108	107	71	79	36
JP	1064	285	368	355	375	464	471	527	389	294	242	205	46	55	11	21	9	1
KR	15	4	1	2	1	6	4	12	13	16	31	28	33	54	55	64	36	11
GB	3	1	4	4	4	4	2	1	1	2	0	2	0	1	0	0	1	0
FR	0	0	0	2	1	0	0	2	0	0	0	0	0	0	0	0	0	0
DE	1	2	1	0	1	2	9	1	1	0	0	0	0	0	1	1	0	0
RU	0	1	0	0	0	0	0	0	0	0	0	1	0	0	0	0	0	0
AU	8	2	3	13	1	2	5	2	3	1	1	0	2	3	5	2	3	1
EP	32	13	18	28	18	22	19	16	17	8	6	10	12	11	12	7	3	1
WO	24	8	17	12	9	10	9	14	12	8	8	8	7	12	13	20	9	5
合计	1189	353	468	487	489	606	612	663	539	416	388	335	217	307	261	230	178	74

注：“90”指 1994~2000 年的专利申请总量，“01~17”分别指 2001~2017 年当年的专利申请量。

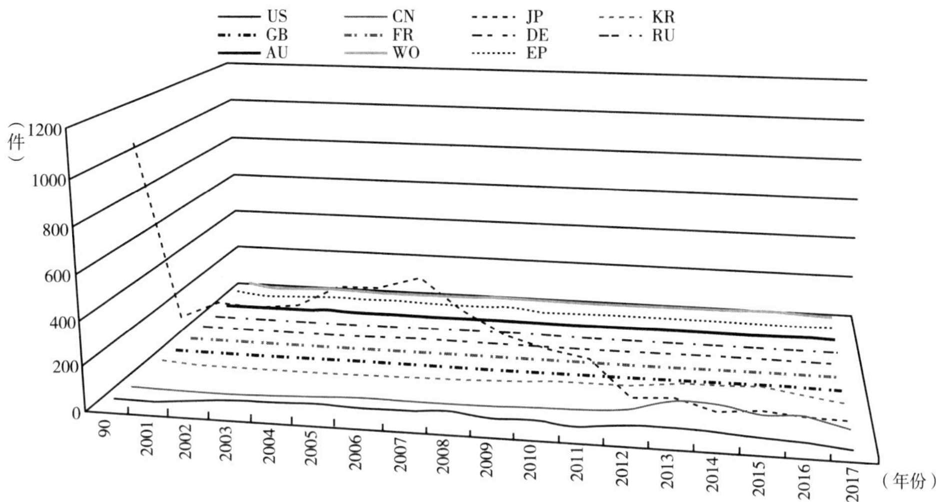

图 6-147　“九国两组织”按需印刷版权标识技术专利申请趋势

注：“90”指 1994~2000 年的专利申请总量。

（三）“九国两组织”按需印刷版权标识技术专利申请人排名

1994~2017 年“九国两组织”按需印刷版权标识技术专利申请人排名情况如表 6-179 ~ 表 6-189 所示。

1. 美国申请人排名

表 6-179　美国按需印刷版权标识技术专利申请人排名

序号	申请人	申请人国家	申请数量（件）	授权数量（件）
1	IBM Corp.	美国	43	31
2	Intertrust Tech. Corp.	美国	40	10
3	Canon K.K.	日本	38	25
4	ContentGuard Holdings Inc.	美国	31	10
5	Xerox Corp.	美国	20	16

2. 中国申请人排名

表 6-180 中国按需印刷版权标识技术专利申请人排名

序号	申请人	申请人国家	申请数量（件）	授权数量（件）
1	Beijing Institute of Graphic Communication（北京印刷学院）	中国	34	2
2	Canon K.K.	日本	15	12
3	Sony Corp.	日本	15	11
4	IBM Corp.	美国	12	7
5	Matsushita Electric Ind. Co. Ltd.	日本	12	3

3. 日本申请人排名

表 6-181 日本按需印刷版权标识技术专利申请人排名

序号	申请人	申请人国家	申请数量（件）	授权数量（件）
1	Canon K.K.	日本	863	230
2	Ricoh K.K.	日本	772	528
3	Kyocera Mita Corp.	日本	266	102
4	Fuji Xerox Co. Ltd.	日本	258	101
5	Seiko Epson Corp.	日本	218	87

4. 韩国申请人排名

表 6-182 韩国按需印刷版权标识技术专利申请人排名

序号	申请人	申请人国家	申请数量（件）	授权数量（件）
1	Samsung Electronics Co. Ltd.	韩国	93	12
2	Canon K.K.	日本	10	2
3	ContentGuard Holdings Inc.	美国	6	1
4	Microsoft Corp.	美国	5	1
5	MarkAny Inc.	韩国	4	2

5. 英国申请人排名

表 6–183　英国按需印刷版权标识技术专利申请人排名

序号	申请人	申请人国家	申请数量（件）	授权数量（件）
1	Hewlett–Packard Development Co.	美国	3	3
2	SaaSID Ltd.	英国	3	0
3	Sealedmedia Ltd.	英国	2	2
4	Pictureworks Pte. Ltd.	新加坡	2	1
5	Cametrics Ltd.	英国	2	0

6. 法国申请人排名

表 6–184　法国按需印刷版权标识技术专利申请人排名

序号	申请人	申请人国家	申请数量（件）	授权数量（件）
1	Schlumberger Systems & Service	法国	2	0
2	Thomson Licensing S.A.	法国	1	0
3	Cybervitrine S.A.	法国	1	0
4	Hewlett-Packard Development Co.	美国	1	0

7. 德国申请人排名

表 6–185　德国按需印刷版权标识技术专利申请人排名

序号	申请人	申请人国家	申请数量（件）	授权数量（件）
1	ContentGuard Holdings Inc.	美国	3	2
2	IBM Corp.	美国	1	1
3	Transpacific Plasma LLC	美国	1	1
4	Trustcopy Pte. Ltd.	新加坡	1	1

8. 俄罗斯申请人排名

表 6–186　俄罗斯按需印刷版权标识技术专利申请人排名

序号	申请人	申请人国家	申请数量（件）	授权数量（件）
1	Macrovision Corp.	美国	1	0

9. 澳大利亚申请人排名

表 6-187 澳大利亚按需印刷版权标识技术专利申请人排名

序号	申请人	申请人国家	申请数量（件）	授权数量（件）
1	IBM Corp.	美国	4	1
2	Macrovision Corp.	美国	3	2
3	ContentGuard Holdings Inc.	美国	3	1
4	Paycool International Ltd.（倍酷国际）	中国香港	2	0
5	Schlumberger Systems & Service	法国	2	0

10. 欧洲专利局申请人排名

表 6-188 欧洲专利局按需印刷版权标识技术专利申请人排名

序号	申请人	申请人国家	申请数量（件）	授权数量（件）
1	ContentGuard Holdings Inc.	美国	27	20
2	Canon K.K.	日本	12	5
3	Xerox Corp.	美国	11	5
4	Intertrust Tech. Corp.	美国	7	5
5	Matsushita Electric Ind. Co. Ltd.	日本	7	2

11. 世界知识产权组织申请人排名

表 6-189 世界知识产权组织按需印刷版权标识技术专利申请人排名

序号	申请人	申请人国家	申请数量（件）
1	Workshare Technology Inc.	英国	4
2	Core SDI Inc.	美国	4
3	Markany Inc.	韩国	4
4	Motorola Inc.	美国	4
5	ContentGuard Holdings Inc.	美国	4

二 专利分析

（一）技术发展趋势分析

自 20 世纪 90 年代初期至 2005 年，世界范围内仍是以纸质书籍和文件为主，之后电子出版物出现并逐渐发展。从图 6-148 可以看出，直到 2007 年该技术始终处于快速发展阶段，并于 2007 年达到巅峰。然而 2007 年之后，由于全球向网络化时代迈进，电子产品不断更新换代，人们工作、生活和学习逐渐趋于数字化，印刷行业面临严峻挑战。随着行业整合以及印刷产业规模的逐步缩减，这一技术的研究热度整体处于快速下降态势。

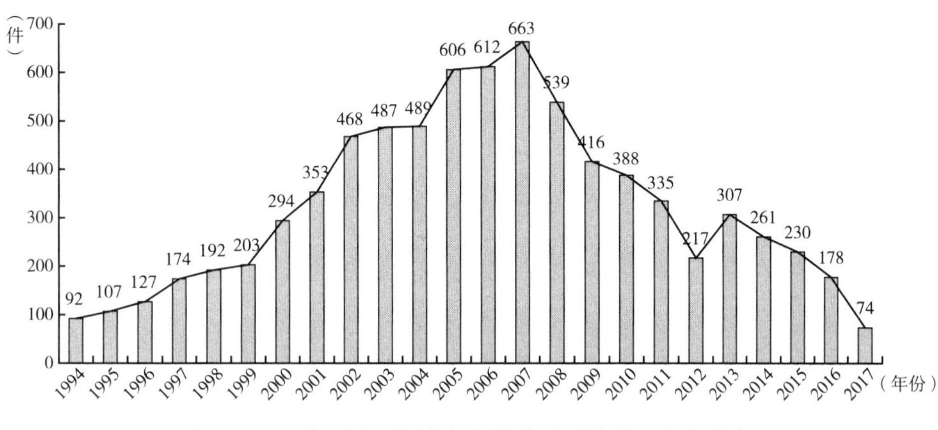

图 6-148　按需印刷版权标识技术专利申请量年度分布

（二）技术路线分析

通过对按需印刷版权标识技术发展路线的分析，可知该技术在“九国两组织”范围内的研究起步相对较早，1994 年 6 月 30 日诞生了第一件专利，随后第一台数字印刷机出现，Indigo 和赛康在 1995 年发起了首次数字印刷机的革命。2000 年 10 月 4 日，佳能申请了一件关于打印控制方法的核心专利，保证了打印数据的安全存储，提高了打印文档的安全性。2001 年 2 月 23 日，IBM 申请了一件关于数字权限管理的系统和方法的核心专利。2008 年 6 月 27 日，微软申请了一件关于分段媒体内容权限管理的核心专利。2010 年 11 月 5 日，上海传知信息科技发展有限公司申请了一件关于电子书在线阅读版权保护系统和方法的核心专利（见图 6-149）。

纵观按需印刷版权标识技术的发展历程，初期出现的技术大多比较核心和基础，被引用得比较多。而随着该技术发展到一定阶段，出现较多关键性技术。该领域的关键技术早期基本由日本和美国掌握；2009 年以来中国在该领域的研究逐步深入，并掌握了一些关键技术，如 2012 年北京印刷学院申请了一种基于中心节点模式的远

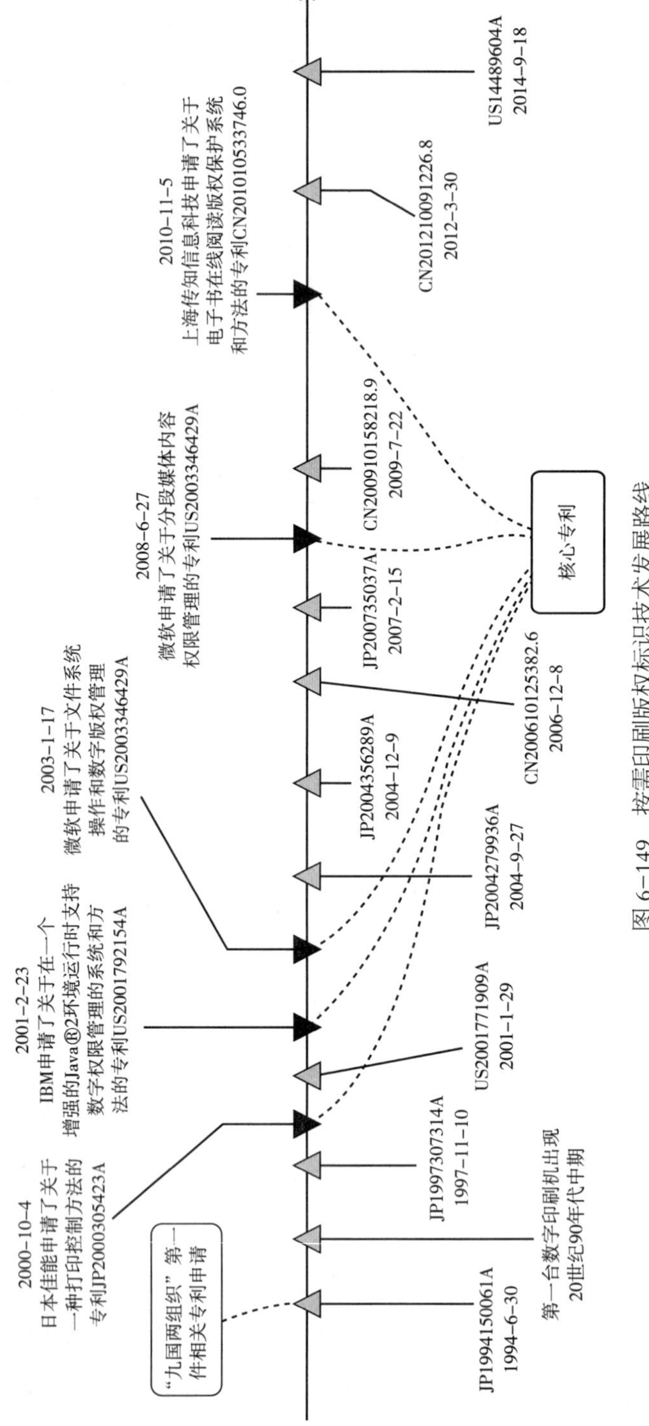

图 6-149　按需印刷版权标识技术发展路线

程传版系统及方法的专利。

（三）主要专利申请人分析

通过对按需印刷版权标识技术专利检索结果的统计和初步分析，笔者得到“九国两组织”范围内申请量排名前三的申请人分别是佳能、理光（Ricoh K.K.）和京瓷（Kyocera Mita Corp.），专利申请量分别是 938 件、799 件和 268 件。

1. 申请量排名第一的专利申请人——佳能

（1）专利申请量

在按需印刷版权标识技术领域，佳能的专利申请量位居全球之首，从图 6-150 可以看出，1994~2005 年佳能在该技术领域快速发展，并且在 2005 年达到巅峰。初步分析这与当时风靡全球的日本动漫有一定关联，动漫业的迅速发展带动了其辅助行业印刷业的迅速崛起。2005 年之后，由于全球向网络化时代跨进，对纸质书籍和文件的印刷需求开始逐渐下降，佳能在这一领域的专利申请量也开始减少，与该技术在全球的发展趋势基本相同。

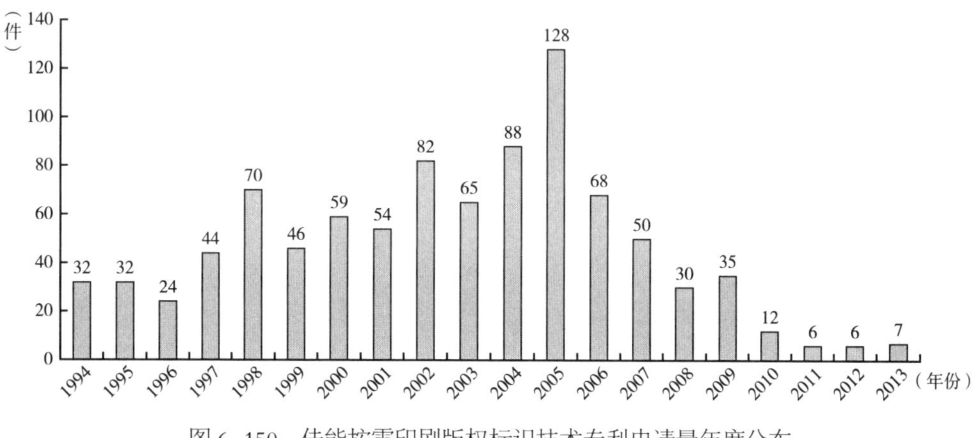

图 6-150　佳能按需印刷版权标识技术专利申请量年度分布

（2）专利申请量区域分布

佳能总部位于日本东京，并在美洲、欧洲和亚洲设有区域性销售总部。佳能在按需印刷版权标识技术领域的专利申请主要分布在日本，佳能在美国、中国、欧洲专利局和韩国有少量的专利申请（见图 6-151）。

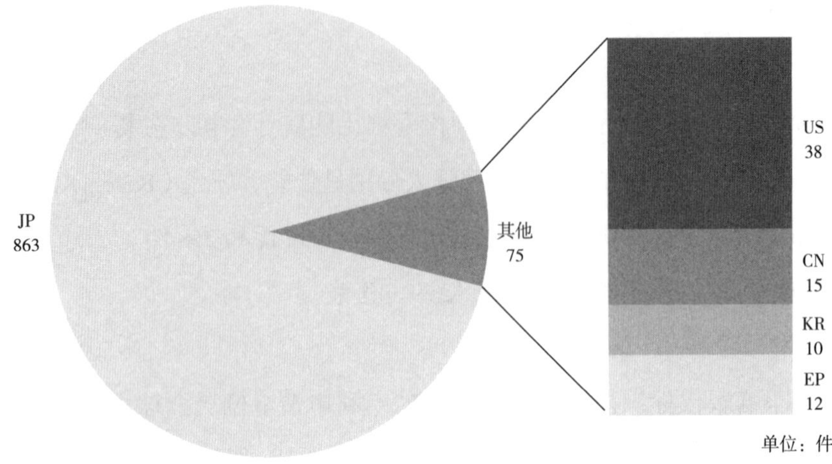

图 6-151 佳能按需印刷版权标识技术专利在“九国两组织”的申请量

（3）技术构成分布

从图 6-152 可以看出，佳能在按需印刷版权标识技术领域主要关注图像处理技术、加密密钥技术和水印版权信息技术。加密密钥技术是发送和接收数据的双方使用

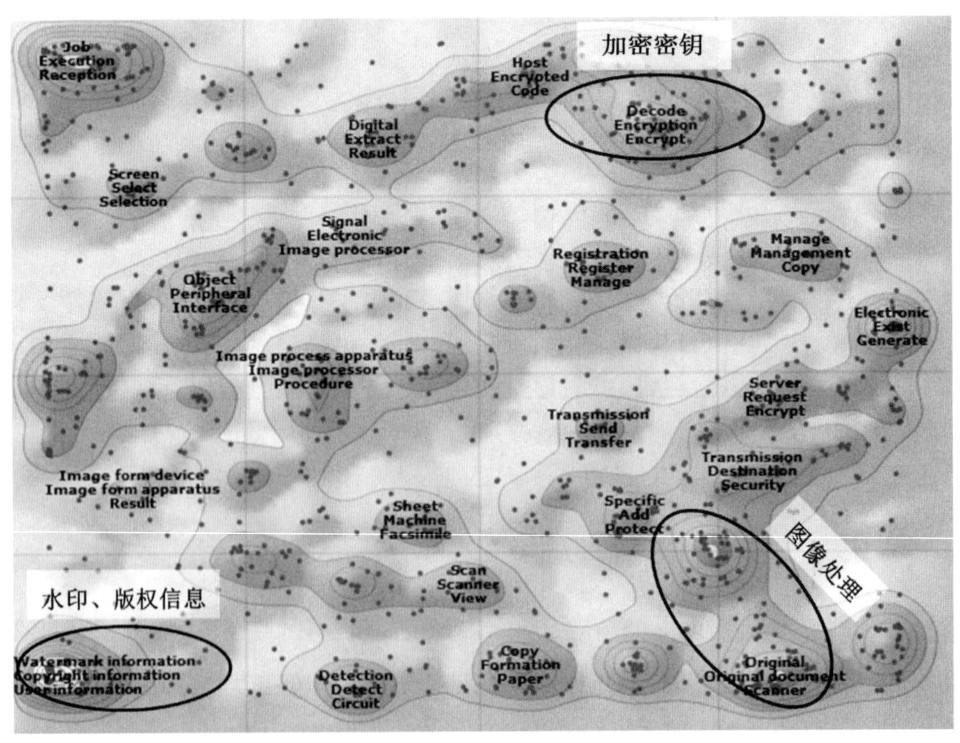

图 6-152 佳能按需印刷版权标识技术构成分布

相同或对称的密钥对明文进行加密运算的加密方法。水印版权信息技术是利用数字水印对图像和文本等进行保护的方法。

2. 申请量排名第二的专利申请人——理光

（1）专利申请量

理光在按需印刷版权标识技术领域的专利申请量紧随佳能之后，位居全球第二。从图 6-153 可以看出，1994~2005 年理光在该技术领域处于稳步发展阶段，并且于 2005 年达到专利年申请量的巅峰状态。然而 2005 年以后，由于全球向网络化时代跨进，其专利年申请量逐渐减少，与该技术在全球的发展趋势基本相同。

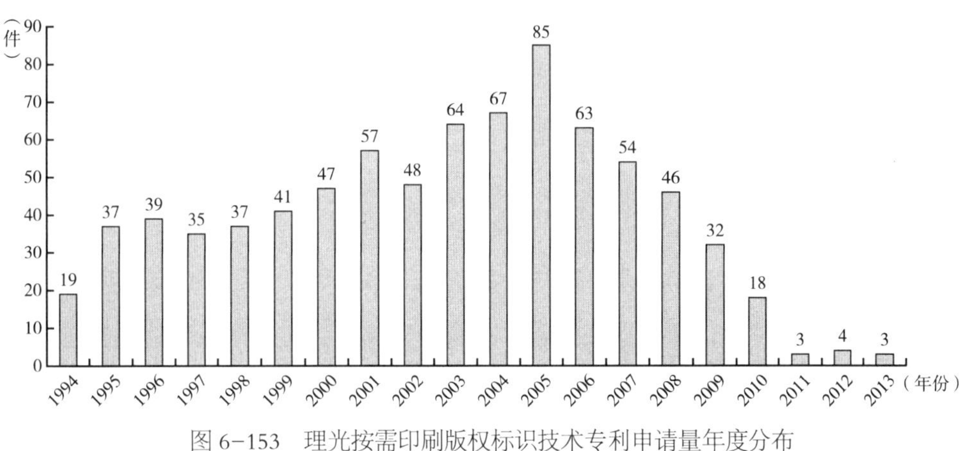

图 6-153　理光按需印刷版权标识技术专利申请量年度分布

（2）专利申请量区域分布

理光是日本著名的办公设备及光学机器制造商，1963 年正式易名为“理光”，并在同年成立香港分公司。理光总部设于日本东京，是最早探索数字图像输出技术的企业之一，在美国、欧洲和日本市场处于领先地位。理光当前拥有的产品涵盖复印机、打印机、传真机、光盘驱动、数码相机和电子设备等。

从图 6-154 可以看出，在按需印刷版权标识技术领域，理光的核心技术主要分布在其总部所在地日本。虽然理光在美国、欧洲及亚洲的中国等国家和地区设有多家分公司，但以代加工为主，自主研发专利甚少。

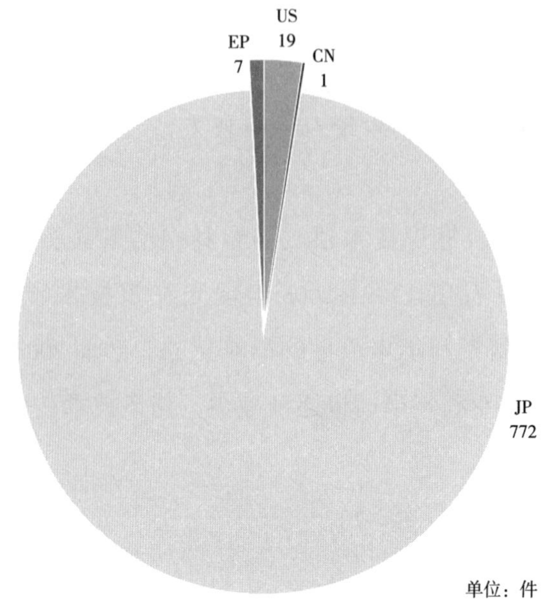

图 6-154 理光按需印刷版权标识技术专利在“九国两组织”的申请量

（3）技术构成分布

从图 6-155 可以看出，在按需印刷版权标识领域，理光研究的技术热点主要为图像认证和加密。其中，图像认证技术以图像主要特征识别、提取为基础，在此过程中，知觉机制必须排除输入的多余信息并抽出关键信息，同时有一个负责整合信息的机制，支持把分阶段获得的信息整理成一个完整的知觉映像。

3. 申请量排名第三的专利申请人——京瓷

（1）专利申请量

京瓷在按需印刷版权标识技术领域的专利申请量位居全球第三。从图 6-156 可以看出，1998~2006 年京瓷在该技术领域的发展较为迅速，并于 2006 年达到巅峰。初步分析这与当时风靡全球的日本动漫有一定关联，动漫业的迅速发展带动了其辅助行业印刷业的迅速崛起。然而 2006 年之后，由于全球向网络化时代跨进，京瓷在该领域的专利申请量逐渐减少，与该技术在全球的发展趋势基本相同。

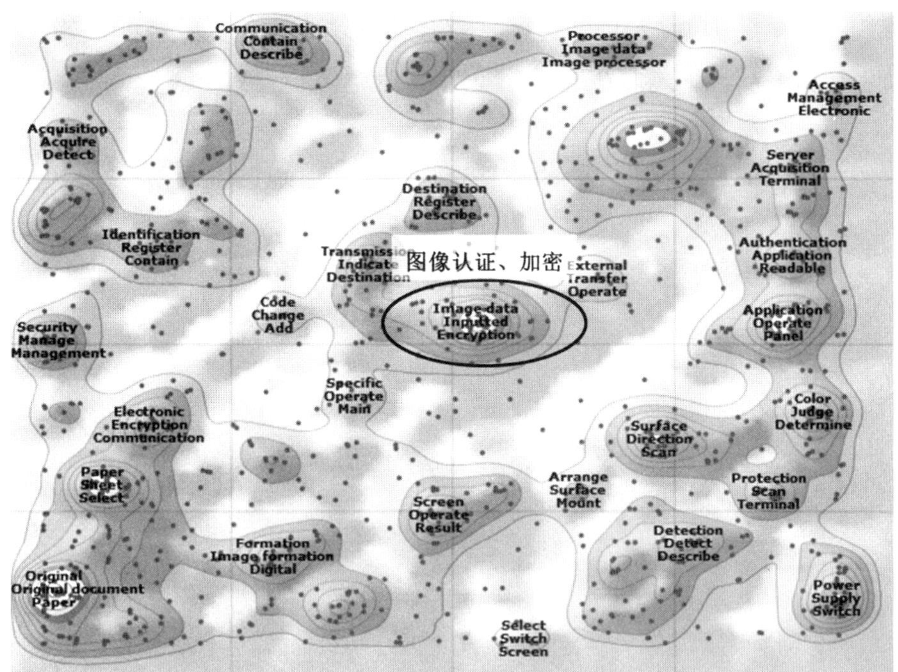

图 6-155　理光按需印刷版权标识技术构成分布

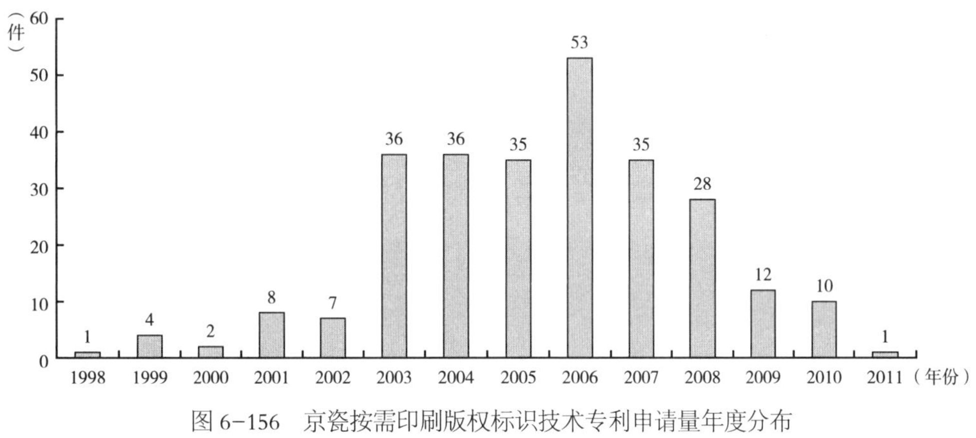

图 6-156　京瓷按需印刷版权标识技术专利申请量年度分布

（2）专利申请量区域分布

京瓷成立于 1959 年 4 月 1 日，最初为一家技术陶瓷生产商，如今京瓷的大多数产品与电信有关，包括无线手机和网络设备、半导体元件、射频和微波产品套装、无源电子元件、水晶振荡器、连接器和光电产品等。

京瓷总部位于日本京都府京都市，市场遍布全球。然而，从其在按需印刷版权标识技术领域的专利申请情况来看，其核心技术主要分布在日本。其在中国和美国等国以代加工和销售为主，专利布局较少（见图 6-157）。

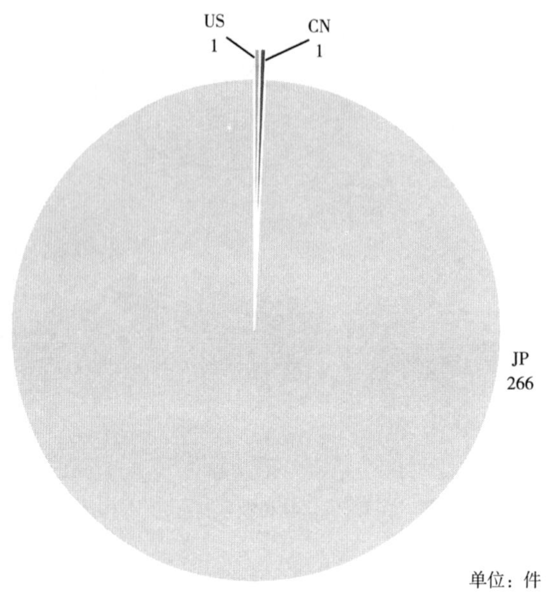

图 6-157　京瓷按需印刷版权标识技术专利在“九国两组织”的申请量

（3）技术构成分布

从图 6-158 可以看出，京瓷在按需印刷版权标识技术领域关注的重点有授权版权保护、图像认证、水印和加解密技术等。京瓷的技术主要应用于数字版权保护领域。

三　总结

（一）专利申请总体趋势

从整个行业的专利申请状况来看，1994~2007 年相关专利申请量呈逐年增长态势，这是由于世界范围内仍以纸质书籍和文件为主。2008 年以来，随着人们对纸质书籍和文件的印刷需求逐渐减少，相关技术专利申请量有所下降。如今，印刷行业正面临着行业整合以及印刷产业规模日益缩减的严峻挑战。

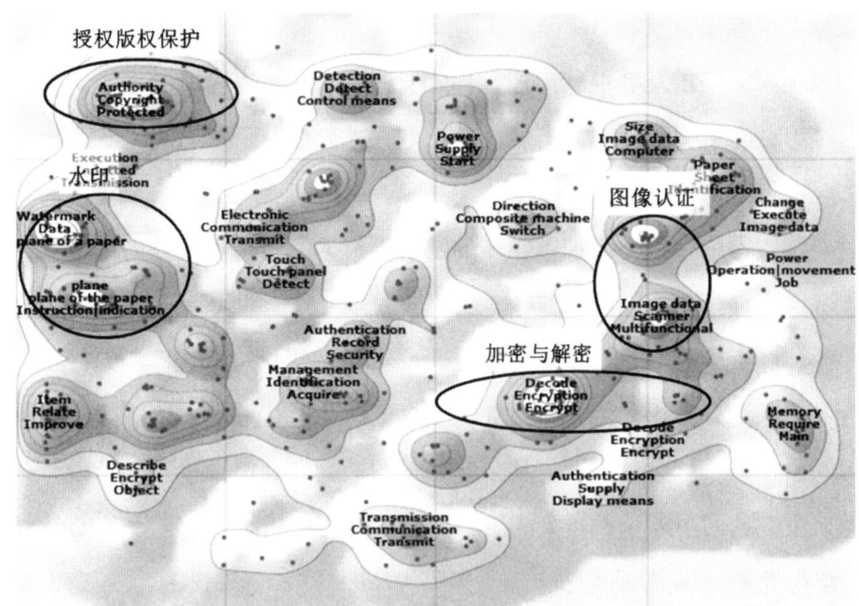

图 6-158　京瓷按需印刷版权标识技术构成分布

（二）主要国家技术发展现状及趋势

1. 美国

美国在按需印刷版权标识技术领域的专利申请量和申请人数量总体呈持续增长态势，目前已经趋于成熟。美国最大的按需印刷公司闪电资源公司在全球合作的出版商超过 1.3 万家，该公司的图书数据库有超过 500 万册的图书数据，丰富的数据积累为其按需印刷业务的开展及相关技术研发奠定了坚实的基础。

2. 日本

日本早期在印刷行业比较领先，其畅销全球的动漫一定程度带动了按需印刷版权标识技术的快速发展。然而随着电子产品快速更新换代，更多企业发现未来电子书将逐渐抢占纸质印刷市场，从而减少了对这一技术的研发投入。目前，该技术在日本已经步入衰退期。

3. 韩国

按需印刷版权标识技术在韩国的发展速度始终较为缓慢，无论是专利申请量还是申请人数量均不占优势。但从整体趋势来看，该技术在韩国的发展已趋于成熟。

4. 中国

中国在按需印刷版权标识技术方面的研究起步较晚，但发展潜力很大，目前按需印刷版权标识技术在中国处于快速发展阶段。

根据以上国家技术发展现状描述，部分发达国家对按需印刷版权标识技术的研究已有衰退迹象；由于特殊的国情需求，中国对该技术的研究仍处于火热状态。

（三）主要申请人对比分析

通过对按需印刷版权标识技术领域的宏观分析，笔者得出行业内排名前三的申请人是佳能、理光和京瓷。

1. 专利申请量比较

从专利申请量来看，作为打印行业龙头企业的佳能在按需印刷版权标识技术领域的专利占有量位居全球之首，理光和京瓷在该领域的专利申请量紧随其后。这三家公司在技术研发初期便投入了相当大的研发力度，因此专利申请量比较多。

2. 专利资产地域布局分析

佳能、理光和京瓷在按需印刷版权标识技术领域的专利申请均集中在日本。为了贯彻专利全球化战略，它们在美国和中国等市场也有少量专利申请，但目前它们的主打市场仍为其本部所在地。

3. 技术热点分析

在按需印刷版权标识技术领域，佳能主要关注图像处理技术、加密密钥技术和水印版权信息技术等。理光研究的技术热点主要有加密授权许可技术、图像认证技术与加密技术等。京瓷的研究热点主要有授权版权保护技术、水印技术、加解密技术和图像认证技术等。

第十六节　图书解析技术

图书解析技术是近年来电子书版权保护领域比较常用的核心支撑技术，主要根据用户请求验证用户的阅读章节等权限信息，指示用户获取对应的电子书文件。围绕该技术的专利申请发轫于 20 世纪 90 年代中期，而后长期发展缓慢，直至 2010 年才开始快速增长，并于 2014 年达到顶峰，随后快速下降，目前又有回暖趋势。总体而言，目前该技术的研发仍比较活跃，今后一段时期内技术创新与应用仍有较大空间。

一　专利检索

（一）检索结果概述

以图书解析技术为检索主题，在“九国两组织”范围内共检索到相关专利申请967件，具体数量分布如表6-190所示。

表6-190　“九国两组织”图书解析技术专利申请量

单位：件

国家 / 国际组织	专利申请量	国家 / 国际组织	专利申请量
US	306	DE	5
CN	246	RU	1
JP	108	AU	24
KR	79	EP	71
GB	2	WO	123
FR	2	合计	967

（二）“九国两组织”图书解析技术专利申请趋势

从表6-191和图6-159可以看出，图书解析技术总体发展比较平稳，1994~2010年多数国家的专利年申请量不超过20件，2010年才开始快速增长。其中，美国、中国、日本和韩国是主要的专利申请国。

表6-191　1994~2017年“九国两组织”图书解析技术专利申请量

单位：件

国家 / 国际组织	专利申请量																	
	90	01	02	03	04	05	06	07	08	09	10	11	12	13	14	15	16	17
US	7	11	8	11	6	7	19	23	6	6	19	25	35	39	22	28	25	9
CN	0	2	4	4	4	8	3	2	0	7	10	21	16	46	22	18	49	30
JP	11	7	2	5	7	2	3	2	1	2	18	12	13	6	7	6	4	0
KR	3	0	1	1	1	1	2	0	1	5	4	4	11	20	3	11	11	0
GB	0	0	0	0	0	0	0	0	0	0	1	0	0	1	0	0	0	0
FR	0	0	0	1	0	0	0	0	0	0	0	0	0	1	0	0	0	0
DE	0	2	0	0	2	0	1	0	0	0	0	0	0	0	0	0	0	0
RU	0	0	0	0	0	0	0	0	0	0	0	0	0	0	1	0	0	0
AU	3	4	2	4	0	1	1	0	0	0	0	0	2	3	0	0	3	1

续表

国家 / 国际组织	专利申请量																	
	90	01	02	03	04	05	06	07	08	09	10	11	12	13	14	15	16	17
EP	3	5	4	3	4	1	6	1	0	0	4	4	5	18	8	2	3	0
WO	5	6	2	5	4	2	6	3	3	0	7	7	23	21	9	4	15	1
合计	32	37	23	34	28	22	41	31	11	20	63	73	105	155	72	69	110	41

注："90" 指 1994~2000 年的专利申请总量，"01~17" 分别指 2001~2017 年当年的专利申请量。

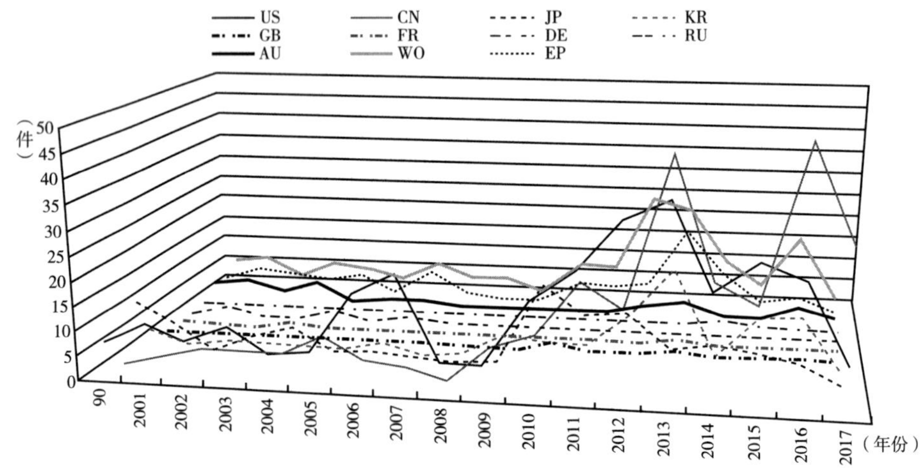

图 6-159 "九国两组织" 图书解析技术专利申请趋势

注："90" 指 1994~2000 年的专利申请总量。

（三）"九国两组织" 图书解析技术专利申请人排名

1994~2017 年 "九国两组织" 图书解析技术专利申请人排名情况如表 6-192 ~ 表 6-202 所示。

1. 美国申请人排名

表 6-192 美国图书解析技术专利申请人排名

序号	申请人	申请人国家	申请数量（件）	授权数量（件）
1	Amazon Tech. Inc.	美国	33	13
2	Microsoft Corp.	美国	22	12
3	IBM Corp.	美国	22	10
4	Google Inc.	美国	21	12
5	Samsung Electronics Co. Ltd.	韩国	17	8

2. 中国申请人排名

表 6-193　中国图书解析技术专利申请人排名

序号	申请人	申请人国家	申请数量（件）	授权数量（件）
1	Sony Corp.	日本	7	3
2	Samsung Electronics Co. Ltd.	韩国	6	3
3	Hongfujin Precision Ind. Shenzhen Co. Ltd.（鸿富锦精密工业）	中国	6	2
4	Hon Hai Precision Ind. Co. Ltd.（鸿海精密）	中国	5	2
5	E-book Systems Inc.	新加坡	4	2

3. 日本申请人排名

表 6-194　日本图书解析技术专利申请人排名

序号	申请人	申请人国家	申请数量（件）	授权数量（件）
1	Sony Corp.	日本	10	2
2	Nippon Telegraph & Telephone	日本	9	4
3	Sharp K.K.	日本	9	2
4	Dainippon Printing Co. Ltd.	日本	9	2
5	Apple Computer Inc.	美国	5	2

4. 韩国申请人排名

表 6-195　韩国图书解析技术专利申请人排名

序号	申请人	申请人国家	申请数量（件）	授权数量（件）
1	Samsung Electronics Co. Ltd.	韩国	22	12
2	Naeil Ebiz Co.	韩国	3	1
3	General Instrument Corp.	美国	3	1
4	Apple Inc.	美国	3	1
5	Qualcomm Inc.	美国	3	1

5. 英国申请人排名

表 6-196　英国图书解析技术专利申请人排名

序号	申请人	申请人国家	申请数量（件）	授权数量（件）
1	Nokia Corp.	芬兰	1	0

6. 法国申请人排名

表 6-197　法国图书解析技术专利申请人排名

序号	申请人	申请人国家	申请数量（件）	授权数量（件）
1	France Telecom	法国	1	0

7. 德国申请人排名

表 6-198　德国图书解析技术专利申请人排名

序号	申请人	申请人国家	申请数量（件）	授权数量（件）
1	Nokia Siemens Networks GmbH & Co. K.G.	德国	2	1
2	Siemens A.G.	德国	2	1
3	Palo Alto Res. Cent. Inc.	美国	1	1

8. 俄罗斯申请人排名

表 6-199　俄罗斯图书解析技术专利申请人排名

序号	申请人	申请人国家	申请数量（件）	授权数量（件）
1	MI Corp.（小米）	中国	1	0

9. 澳大利亚申请人排名

表 6-200　澳大利亚图书解析技术专利申请人排名

序号	申请人	申请人国家	申请数量（件）	授权数量（件）
1	Comcast IP Holdings I. LLC	美国	2	1
2	Discovery Communications Inc.	美国	2	1
3	Audible Inc.	美国	2	0
4	Softbook Press Inc.	美国	2	0
5	System Management Arts Inc.	美国	2	0

10. 欧洲专利局申请人排名

表 6-201　欧洲专利局图书解析技术专利申请人排名

序号	申请人	申请人国家	申请数量（件）	授权数量（件）
1	Samsung Electronics Co. Ltd.	韩国	14	9
2	Xerox Corp.	美国	4	2
3	SK Planet Co. Ltd.	韩国	4	2
4	Widevine Technologies Inc.	美国	4	2
5	Nokia Corp.	芬兰	4	1

11. 世界知识产权组织申请人排名

表 6-202　世界知识产权组织图书解析技术专利申请人排名

序号	申请人	申请人国家	申请数量（件）
1	Amazon Tech. Inc.	美国	11
2	Microsoft Corp.	美国	9
3	Samsung Electronics Co. Ltd.	韩国	4
4	Nokia Corp.	芬兰	3
5	Naeil Ebiz Co.	韩国	2

二　专利分析

（一）技术发展趋势分析

电子书阅读器是一种用于阅读的电子设备，自 1999 年第一部电子书阅读器发布以来，许多公司进入电子书市场，电子书软硬件技术也日趋完善①。电子书的解析效果直接影响电子书阅读器的阅读体验。由于针对 ePub 格式的解析技术专利数量较少，故检索时进行了扩充，取消了 ePub 格式的限制。从图 6-160 可以看出，关于图书解析技术的第一件专利申请诞生于 1994 年，此后一直到 2009 年发展较为缓慢，这一阶段为图书解析技术的萌芽期。从 2010 年开始，随着索尼电子书阅读器 Reader、亚马逊电子阅读器 Kindle 以及移动终端阅读软件日益普及，图书解析技术得到了一定发展。从整体趋势看，图书解析技术的研究热度较低，目前处于发展阶段，专利申请量还处于上升期。

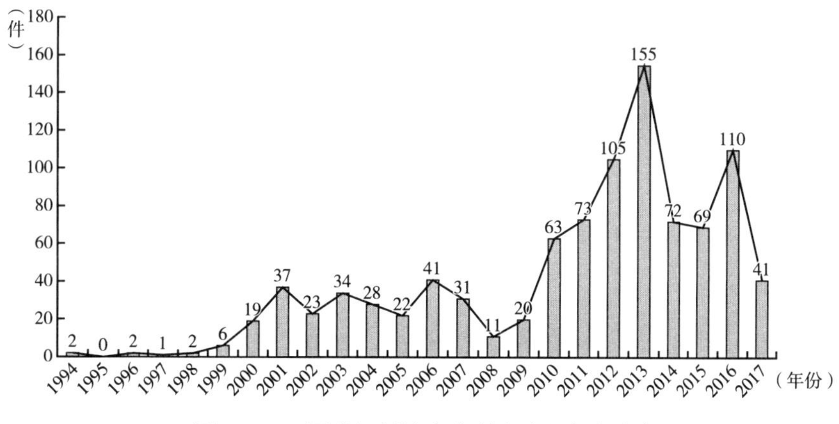

图 6-160　图书解析技术专利申请量年度分布

① 王新盛：《阅读不耗电电子书硬件系统设计与实现》，硕士学位论文，南开大学，2001，第 1 页。

（二）主要专利申请人分析

1994~2017 年，在图书解析技术领域专利申请量排名前三的申请人分别为三星电子、亚马逊和微软。

1. 申请量排名第一的专利申请人——三星电子

（1）专利申请量

三星电子于 2003 年申请了一件关于图书解析技术的专利，此后几年没有进一步的研究。2008 年以来，随着三星电子智能手机和平板电脑业务的快速发展，其电子书业务也有了进一步发展，特别是 2010~2013 年，相关专利申请量处于高位（见图 6-161）。

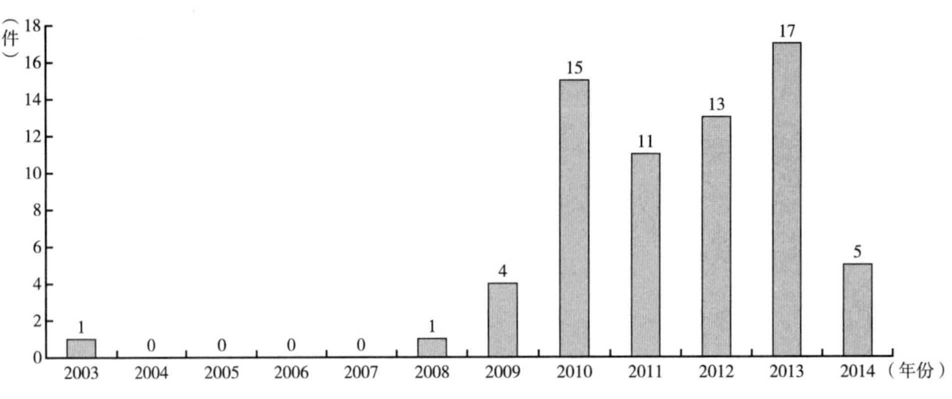

图 6-161　三星电子图书解析技术专利申请量年度分布

（2）专利申请量区域分布

三星电子是全球知名的大型跨国公司，非常重视全球范围的知识产权保护，专利布局范围较为广泛，但三星电子最关注的还是本国市场的知识产权保护。除韩国以外，三星电子关注的市场还有美国、欧洲、中国和日本等（见图 6-162）。

2. 申请量排名第二的专利申请人——亚马逊

（1）专利申请量

亚马逊于 2007 年推出了电子阅读器 Kindle，从图 6-163 可以看出，2008 年以来亚马逊在图书解析技术上有持续的投入。未来，随着 Kindle 全球化的进一步推进，亚马逊在电子书版权保护技术领域还将有较多投入。

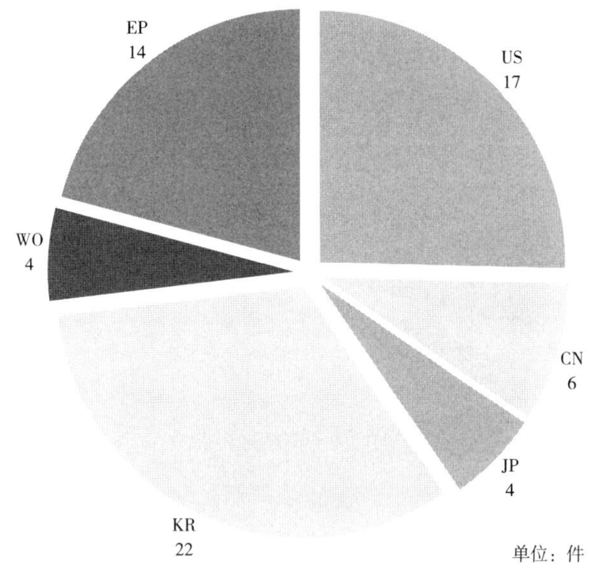

图 6-162　三星电子图书解析技术专利在“九国两组织”的申请量

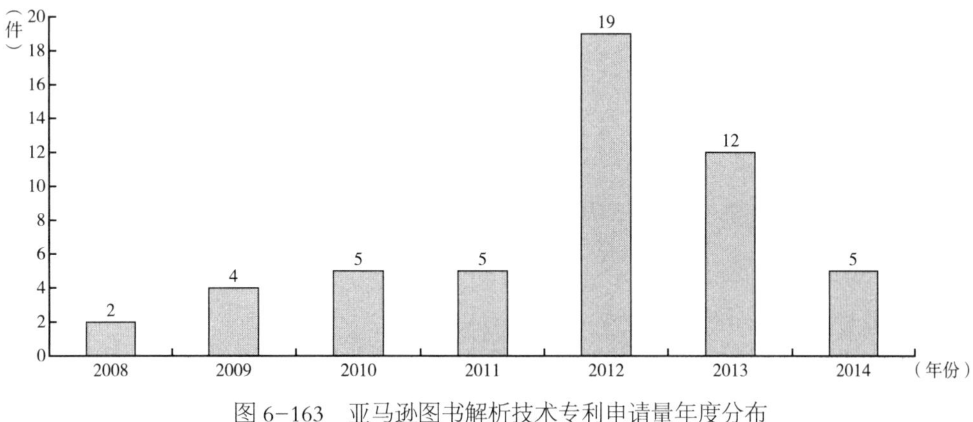

图 6-163　亚马逊图书解析技术专利申请量年度分布

（2）专利申请量区域分布

亚马逊是全球知名的大型跨国公司，非常重视全球范围的知识产权保护，专利布局范围较为广泛，但亚马逊最关注的还是本国市场的知识产权保护，其在美国的专利申请量占其总申请量的 63%。除美国以外，亚马逊关注的市场还包括欧洲、中国和韩国等（见图 6-164）。

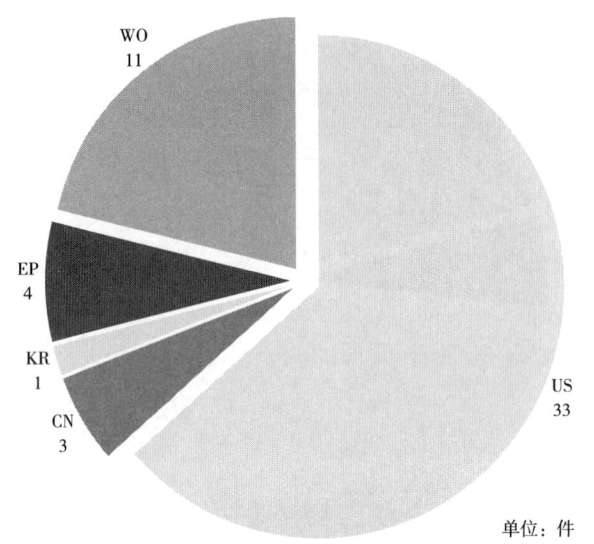

图 6-164 亚马逊图书解析技术专利在“九国两组织”的申请量

3. 申请量排名第三的专利申请人——微软

（1）专利申请量

微软对图书解析技术的研究起步较早。但由于电子书并不是其特别重视的业务，从 2000 年技术萌芽以来，微软每年的申请量都不超过 5 件（见图 6-165）。

（2）专利申请量区域分布

微软是全球知名的 IT 公司，从图 6-166 可以看出，微软非常重视知识产权保护，专利布局范围较为广泛，微软最关注的是本国市场的知识产权保护，除本国以外，微软关注的市场还包括中国、澳大利亚和韩国等。

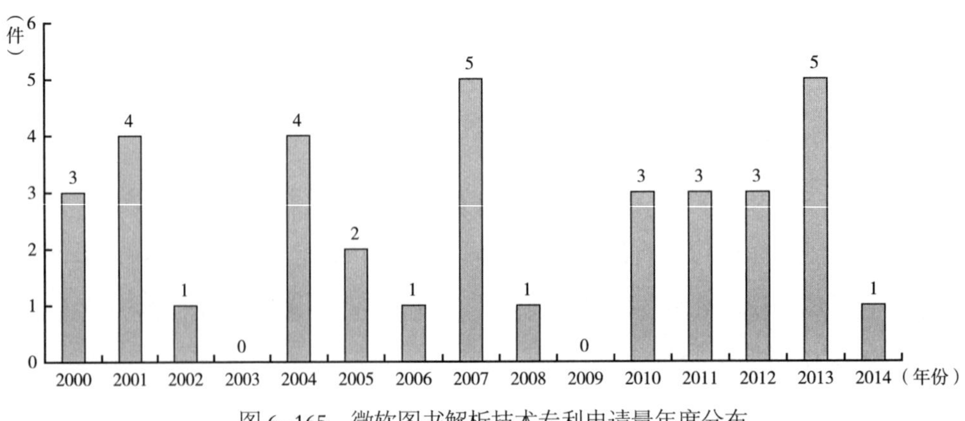

图 6-165 微软图书解析技术专利申请量年度分布

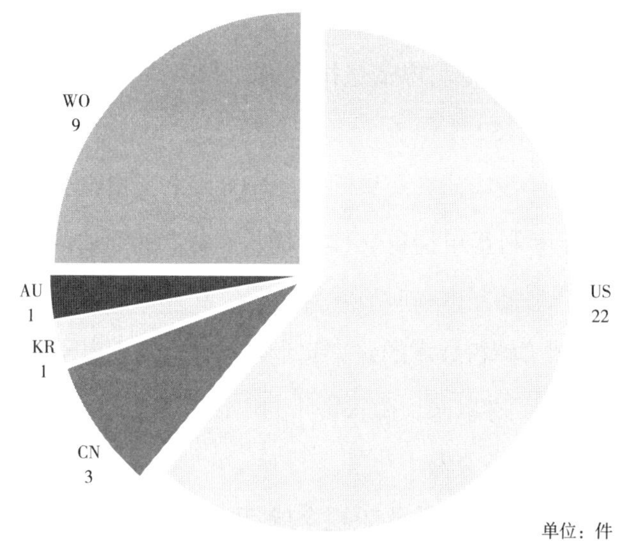

图 6-166　微软图书解析技术专利在“九国两组织”的申请量

三　总结

（一）专利申请总体趋势

图书解析技术领域的第一件专利申请诞生于 1994 年，此后一直到 2009 年，该技术发展较为缓慢，这一阶段为图书解析技术的萌芽期。从 2010 年开始，随着索尼电子书阅读器 Reader、亚马逊电子阅读器 Kindle 以及移动终端阅读软件日益普及，图书解析技术得到一定发展。从整体趋势看，图书解析技术的研究热度较低，目前处于发展阶段。

（二）主要国家技术发展现状及趋势

相较于数字版权保护领域的其他核心技术，“九国两组织”对图书解析技术的投入都较少。该技术总体发展比较平稳，1994~2009 年多数国家的专利年申请量不超过 20 件，美国、中国、日本和韩国是主要的专利申请国。

（三）主要申请人对比分析

通过对图书解析技术领域专利申请人的统计分析，笔者得出该技术领域专利申请量排名前三的申请人是三星电子、亚马逊和微软。

1. 专利申请量分析

在图书解析技术领域，专利申请量排名前三的申请人是三星电子、亚马逊和微软，申请量分别为67件、52件和36件。三星电子于2003年申请了一件关于图书解析技术的专利，此后几年没有研究成果问世，2008年后三星电子的电子书业务有了一定进展，2008~2013年专利年申请量总体呈增长态势。2008~2014年亚马逊在图书解析技术方面有持续投入，随着Kindle在全球推广，亚马逊在电子书相关技术领域还将有较多投入。微软对图书解析技术的研究起步较早，但由于电子书并不是其特别重视的业务，从2000年技术萌芽以来，微软每年的申请量都不超过5件。

2. 专利资产地域布局分析

三星电子、亚马逊和微软都较为重视全球范围的知识产权保护，专利布局范围较为广泛，但各公司最关注的还是本国市场的知识产权保护。除本国以外，三星电子关注的市场还有美国、欧洲、中国和日本等；亚马逊关注的市场还有欧洲、韩国和中国等；微软关注的市场还有中国、澳大利亚和韩国等。

第十七节　图书版权保护平台

图书版权保护平台是对电子书版权进行保护和管理的定制化专业服务平台。围绕该类平台的专利申请发轫于20世纪90年代中期，1998~2000年快速增长，之后直至2012年波动式发展，从2013年开始发展有所趋缓。总体而言，该类平台的开发建设属于小众化活动，相对于单项支撑技术，研发创新热度较低，应用空间也比较有限。

一　专利检索

（一）检索结果概述

以图书版权保护平台为检索主题，在“九国两组织”范围内共检索到相关专利申请330件，具体数量分布如表6-203所示。

表 6-203　“九国两组织”图书版权保护平台专利申请量

单位：件

国家 / 国际组织	专利申请量	国家 / 国际组织	专利申请量
US	84	DE	8
CN	60	RU	1
JP	69	AU	6
KR	39	EP	23
GB	3	WO	36
FR	1	合计	330

（二）“九国两组织”图书版权保护平台专利申请趋势

从表 6-204 和图 6-167 可以看出，美国、日本和中国是图书版权保护平台专利的主要申请国，美国和日本近年来在图书版权保护平台方面的研究呈减少趋势，而中国还持续在该技术领域申请专利。

表 6-204　1994~2017 年“九国两组织”图书版权保护平台专利申请量

单位：件

国家 / 国际组织	专利申请量																	
	90	01	02	03	04	05	06	07	08	09	10	11	12	13	14	15	16	17
US	7	5	4	4	5	8	14	3	3	2	1	8	4	3	3	3	5	2
CN	1	0	2	2	3	5	2	1	2	7	5	5	7	4	1	7	3	3
JP	20	4	5	10	6	5	3	1	4	2	3	3	2	0	1	0	0	0
KR	0	0	0	3	1	3	3	3	2	3	2	4	3	2	4	1	1	4
GB	0	1	0	0	0	0	0	0	0	0	0	0	2	0	0	0	0	0
FR	0	0	0	0	0	0	0	0	1	0	0	0	0	0	0	0	0	0
DE	1	0	2	1	0	0	1	0	1	0	0	0	0	2	0	0	0	0
RU	0	0	0	0	0	0	0	0	0	1	0	0	0	0	0	0	0	0
AU	2	1	0	0	0	1	0	0	0	1	0	0	0	0	0	0	1	0
EP	2	2	2	1	0	6	1	0	3	3	0	1	1	0	0	0	1	0
WO	4	4	1	0	1	5	3	2	2	3	1	2	4	1	0	1	1	1
合计	37	17	16	21	16	33	27	10	18	22	12	23	23	12	9	12	12	10

注：“90”指 1994~2000 年的专利申请总量，“01~17”分别指 2001~2017 年当年的专利申请量。

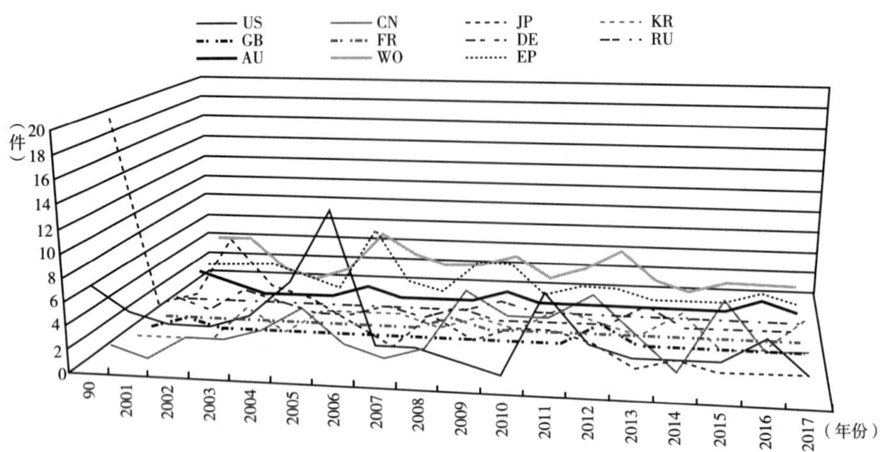

图 6-167 “九国两组织”图书版权保护平台专利申请趋势

注：“90”指 1994~2000 年的专利申请总量。

（三）“九国两组织”图书版权保护平台专利申请人排名

1994~2017 年“九国两组织”图书版权保护平台专利申请人排名情况如表 6-205~表 6-215 所示。

1. 美国申请人排名

表 6-205 美国图书版权保护平台专利申请人排名

序号	申请人	申请人国家	申请数量（件）	授权数量（件）
1	Microsoft Corp.	美国	9	5
2	Sony Corp.	日本	8	4
3	Matsushita Denki Sangyo K.K.	日本	7	3
4	Touchpac Holdings LLC	美国	5	2
5	IBM Corp.	美国	5	2

2. 中国申请人排名

表 6-206 中国图书版权保护平台专利申请人排名

序号	申请人	申请人国家	申请数量（件）	授权数量（件）
1	Shanghai To Knowledge Information Technology Co. Ltd.（上海传知信息科技）	中国	5	2
2	Univ. Peking Founder Group Co. Ltd.（北大方正）	中国	4	2
3	Feitian Chengxin SCI & Tech. Co. Ltd.（飞天诚信科技）	中国	4	1
4	Matsushita Denki Sangyo K.K.	日本	4	1

3. 日本申请人排名

表 6-207　日本图书版权保护平台专利申请人排名

序号	申请人	申请人国家	申请数量（件）	授权数量（件）
1	Sony Corp.	日本	11	2
2	Matsushita Denki Sangyo K.K.	日本	7	2
3	Hitachi Ltd.	日本	5	2
4	NEC Corp.	日本	4	3
5	Kodaka H.	日本	4	2

4. 韩国申请人排名

表 6-208　韩国图书版权保护平台专利申请人排名

序号	申请人	申请人国家	申请数量（件）	授权数量（件）
1	DRM Inside Co. Ltd.	韩国	5	3
2	Korea Electronics & Telecommun. Res. Inst.	韩国	4	2
3	Koninkl Philips Electronics N.V.	荷兰	4	1
4	Matsushita Denki Sangyo K.K.	日本	3	1
5	Panasonic Corp.	日本	2	1

5. 英国申请人排名

表 6-209　英国图书版权保护平台专利申请人排名

序号	申请人	申请人国家	申请数量（件）	授权数量（件）
1	Panasonic Corp.	日本	1	0
2	Mira Publishing Ltd.	英国	1	0
3	Stom C&C Inc.	美国	1	0

6. 法国申请人排名

表 6-210　法国图书版权保护平台专利申请人排名

序号	申请人	申请人国家	申请数量（件）	授权数量（件）
1	Frin Dite Mirej Mireille	法国	1	0

7. 德国申请人排名

表 6-211　德国图书版权保护平台专利申请人排名

序号	申请人	申请人国家	申请数量（件）	授权数量（件）
1	Matsushita Electric Ind. Co. Ltd.	日本	4	2
2	Deutsche Telekom A.G.	德国	2	1

8. 俄罗斯申请人排名

表 6-212　俄罗斯图书版权保护平台专利申请人排名

序号	申请人	申请人国家	申请数量（件）	授权数量（件）
1	Printechnologies GmbH	德国	1	0
2	T-Touch Int. Sarl.	卢森堡	1	0

9. 澳大利亚申请人排名

表 6-213　澳大利亚图书版权保护平台专利申请人排名

序号	申请人	申请人国家	申请数量（件）	授权数量（件）
1	Printetch Ltd.	英国	3	1
2	T-Touch Int. Sarl.	卢森堡	3	1
3	Printechnologies GmbH	德国	2	1
4	Softbook Press Inc.	美国	1	1

10. EP相关专利申请人排名

表 6-214　图书版权保护平台 EP 相关专利申请人排名

序号	申请人	申请人国家	申请数量（件）	授权数量（件）
1	Matsushita Electric Ind. Co. Ltd.	日本	4	2
2	Printechnologies GmbH	德国	3	1
3	Koninkl Philips Electronics N.V.	荷兰	3	1
4	Sony Corp.	日本	2	1
5	T-Touch Int. Sarl.	卢森堡	2	1

11. 世界知识产权组织申请人排名

表 6-215　世界知识产权组织图书版权保护平台专利申请人排名

序号	申请人	申请人国家	申请数量（件）
1	Microsoft Corp.	美国	4
2	Printechnologics GmbH	德国	3
3	T-Touch Int. Sarl.	卢森堡	3
4	Ironcutter Media LLC	美国	2
5	Samsung Electronics Co. Ltd.	韩国	2

二　专利分析

（一）技术发展趋势分析

20 世纪七八十年代，国外数字出版商进行了一些电子书出版测验，主要格式是纯文本。20 世纪 90 年代出现了一些以 CD-ROM 为流传介质的电子书，但是当时电子书的版权无法得到保护，电子书文件的可复制性带来了严重的盗版问题，电子书行业发展缓慢。1999 年基于数字版权管理技术的电子书出现，促进了电子书行业的发展[①]。从这一年开始，有较多申请人在图书版权保护平台领域申请专利。由于图书版权保护平台的可专利性不高，因此，20 余年来的专利申请总量比较少，年申请量最多也不超过 33 件（见图 6-168）。

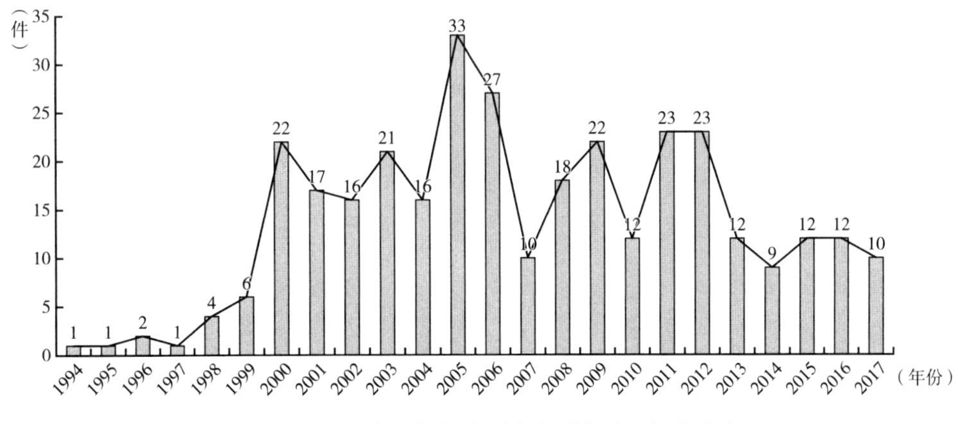

图 6-168　图书版权保护平台专利申请量年度分布

① 薛凯：《电子书发展现状分析》，《印刷技术》2009 年第 1 期，第 51 页。

（二）主要专利申请人分析

1994~2017 年，在图书版权保护平台领域专利申请量排名前三的申请人分别为松下电器、索尼和微软 。热力地图的绘制需要有一定的专利数量（30 件以上），数量过少或同族专利数量过多绘制不出有效的热力地图，因此，在本部分没有绘制相应的热力地图。

1. 申请量排名第一的专利申请人——松下电器

（1）专利申请量

从图 6–169 可以看出，松下电器关于该平台的研发起步于 20 世纪 90 年代后期，在 2002 年有较多专利申请（18 件），2004 年之后相关专利申请很少，仅 2011 年和 2012 年分别有 2 件和 1 件。

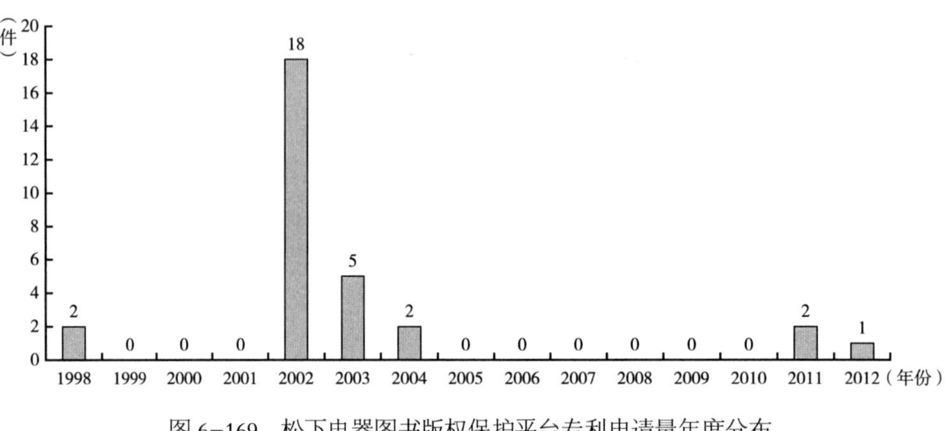

图 6–169　松下电器图书版权保护平台专利申请量年度分布

（2）专利申请量区域分布

从图 6–170 可以看出，松下电器在多个国家和国际组织都进行了专利申请，以美国和日本的专利申请量最多，其次是中国、德国和欧洲专利局，这些国家和地区都是松下电器的重要目标市场。

2. 申请量排名第二的专利申请人——索尼

（1）专利申请量

从图 6–171 可以看出，索尼关于图书版权保护平台的专利申请量不多，共 21 件，但专利申请年度分布较松下电器更均衡，2010 年之后再无相关专利申请。

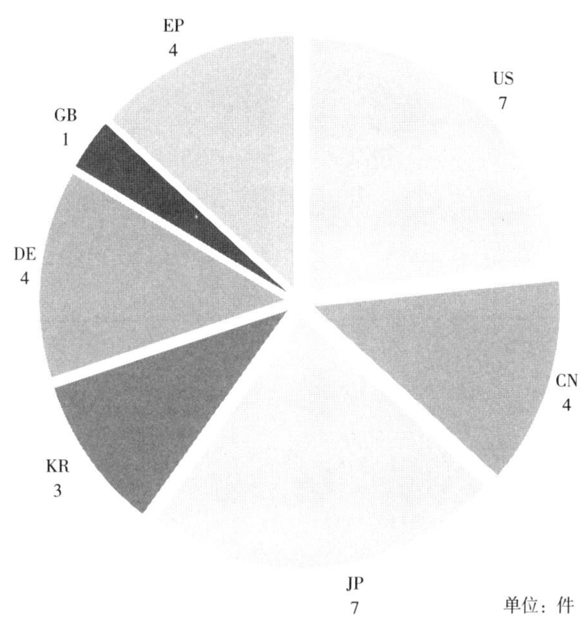

图 6-170　松下电器图书版权保护平台专利在“九国两组织”的申请量

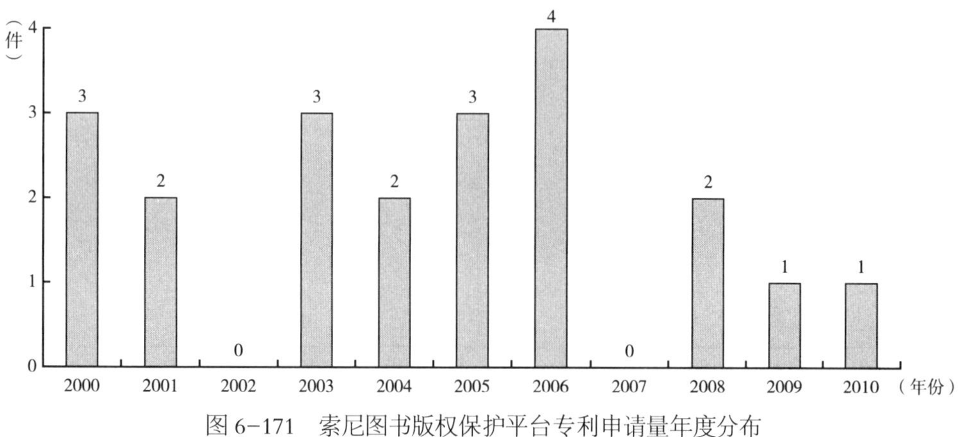

图 6-171　索尼图书版权保护平台专利申请量年度分布

（2）专利申请量区域分布

从图 6-172 可以看出，日本和美国是索尼图书版权保护平台专利布局的主要国家，索尼在欧洲专利局申请了 2 件相关专利，在中国没有相关专利布局。

3. 申请量排名第三的专利申请人——微软

（1）专利申请量

从图 6-173 可以看出，微软在这一领域的专利申请量不多，共 13 件，2008 年之后再无相关专利申请。

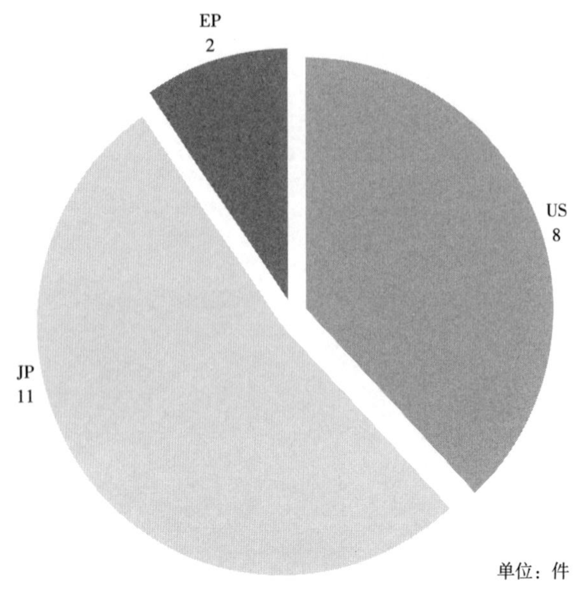

图 6-172　索尼图书版权保护平台专利在“九国两组织”的申请量

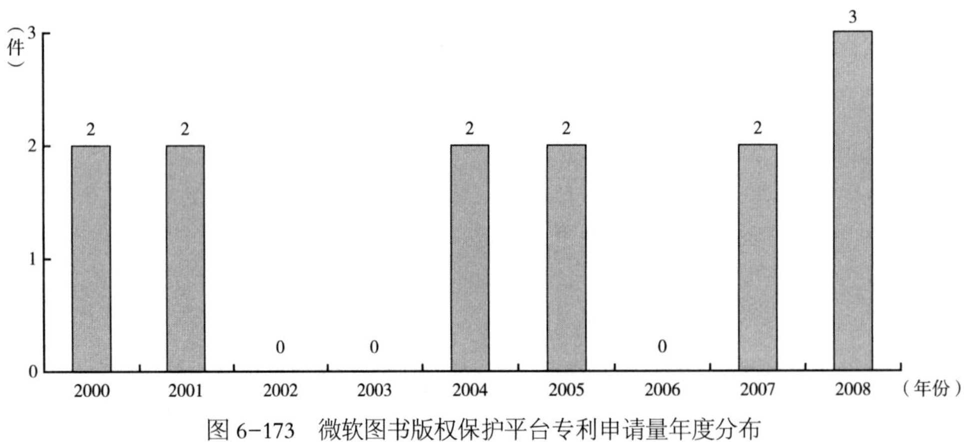

图 6-173　微软图书版权保护平台专利申请量年度分布

（2）专利申请量区域分布

从图 6-174 可以看出，美国是微软图书版权保护平台的主要市场，微软在世界知识产权组织申请了 4 件专利，在中国没有相关专利布局。

三　总结

（一）专利申请总体趋势

从 1994 年开始有申请人在图书版权保护平台领域申请专利，由于图书版权保护平

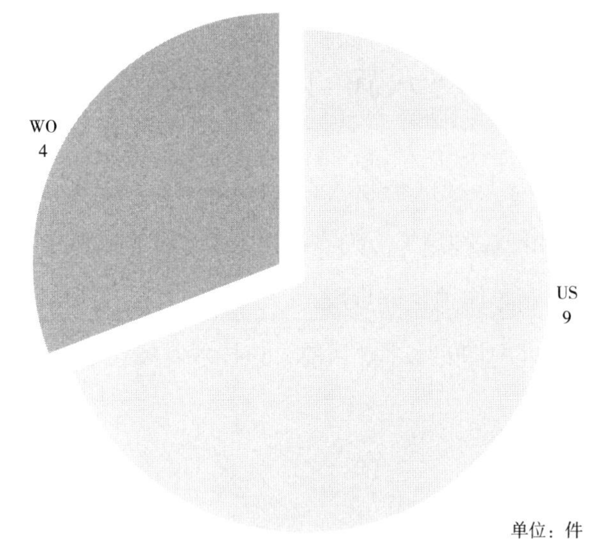

图 6-174　微软图书版权保护平台专利在“九国两组织”的申请量

台的可专利性不高，因此，20 余年来的专利申请总量比较少，共 330 件，专利年申请量最多也不超过 33 件。

（二）主要国家技术发展现状及趋势

各国关于图书版权保护平台的研究一直不温不火，美国、日本和中国是主要的专利申请国，美国和日本近年来在图书版权保护平台方面的研究呈减少趋势，而中国还在持续申请专利。

（三）主要申请人对比分析

通过对图书版权保护平台领域专利申请人的统计分析，笔者得出该领域申请量最多的三个申请人是松下电器、索尼和微软。

1. 专利申请量比较

松下电器、索尼和微软是图书版权保护平台领域的主要申请人，但是由于该技术可专利性不高，各申请人的专利申请量均不多，分别为 30 件、21 件和 13 件。索尼研究该技术的时间最长。松下电器、索尼和微软近几年均无相关专利申请。

2. 专利资产地域布局分析

在图书版权保护平台领域，多边专利申请较少，美国和日本是图书版权保护平台主要的专利布局市场，上述三个申请人中只有松下电器在中国有专利布局。

第十八节　内容管理技术

内容管理技术是数字版权保护领域的常用技术，主要涉及对数字内容作品的加密、封装、安全管理和授权控制等。围绕该技术的专利申请发轫于20世纪90年代中后期，1996~2009年专利年申请量逐步增长，于2009年达到顶峰，随后总体呈下降态势，2015年回落至21世纪初的水平。目前，该技术发展已基本成熟。

一　专利检索

（一）检索结果概述

以内容管理技术为检索主题，在“九国两组织”范围内共检索到相关专利申请2706件，具体数量分布如表6-216所示。

表6-216　“九国两组织”内容管理技术专利申请量

单位：件

国家/国际组织	专利申请量	国家/国际组织	专利申请量
US	880	DE	15
CN	619	RU	18
JP	226	AU	83
KR	257	EP	280
GB	16	WO	307
FR	5	合计	2706

（二）“九国两组织”内容管理技术专利申请趋势

由表6-217和图6-175可以看出，1996~2001年内容管理技术在“九国两组织”大部分国家研究热度较低。然而，随着数字媒体内容的日益丰富、公民版权保护意识的提高和版权诉讼风波不断兴起，该技术在美国以及亚洲的中国、日本和韩国等国家逐渐升温。美国自2003年开始对该技术进行深入研究，并在2014年达到巅峰状态。中国从2004年开始逐步加快了研究步伐，近年来在该技术领域的研究趋于平稳状态。日本和韩国对此技术领域也有研究，但较美国和中国有较大差距。而俄罗斯、澳大利亚、英国、德国和法国等国家对该技术的研究甚少，年申请量基本在 10 件以内。在该技术领域，美国始终走在世界前列，中国紧随其后。

表 6-217　1994~2017 年“九国两组织”内容管理技术专利申请量

单位：件

国家 / 国际组织	专利申请量																	
	90	01	02	03	04	05	06	07	08	09	10	11	12	13	14	15	16	17
US	4	6	18	32	50	57	53	61	78	72	75	56	68	75	91	44	31	9
CN	0	0	1	1	14	33	37	37	42	78	76	61	77	67	42	23	17	13
JP	3	2	6	4	19	16	10	14	19	26	19	27	18	20	17	1	5	0
KR	1	1	1	5	6	6	12	30	41	28	25	22	36	22	5	4	12	0
GB	0	0	2	1	0	3	3	1	1	1	1	0	1	0	0	1	1	0
FR	0	0	0	0	0	1	1	2	0	1	0	0	0	0	0	0	0	0
DE	0	0	0	0	0	1	2	3	2	3	2	0	0	1	1	0	0	0
RU	0	0	0	0	0	0	0	0	1	4	4	3	4	1	0	0	1	0
AU	5	0	4	6	9	4	9	7	8	5	12	6	1	3	2	1	0	1
EP	1	3	7	12	27	32	27	24	24	31	13	24	15	22	14	1	1	2
WO	11	12	20	19	21	28	27	31	35	22	14	14	13	13	10	6	6	5
合计	25	24	59	80	146	181	181	210	251	271	241	213	233	224	182	81	74	30

注：“90”指 1994~2000 年的专利申请总量，“01~17”分别指 2001~2017 年当年的专利申请量。

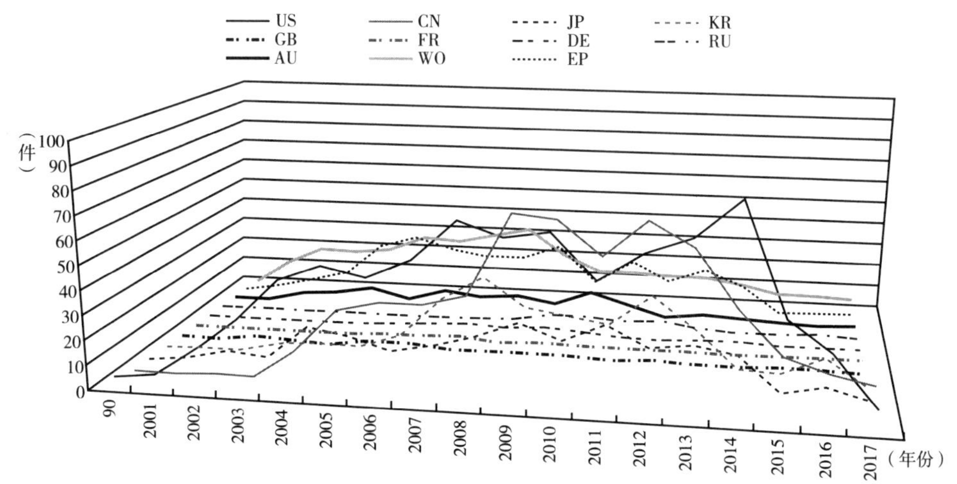

图 6-175　“九国两组织”内容管理技术专利申请趋势

注：“90”指 1994~2000 年的专利申请总量。

（三）“九国两组织”内容管理技术专利申请人排名

1994~2017 年“九国两组织”内容管理技术专利申请人排名情况如表 6-218 ~ 表 6-228 所示。

1. 美国申请人排名

表 6-218 美国内容管理技术专利申请人排名

序号	申请人	申请人国家	申请数量（件）	授权数量（件）
1	Microsoft Corp.	美国	137	83
2	Samsung Electronics Co. Ltd.	韩国	36	10
3	Intertrust Tech. Corp.	美国	26	16
4	Sony Corp.	日本	23	5
5	General Instrument Corp.	美国	19	4

2. 中国申请人排名

表 6-219 中国内容管理技术专利申请人排名

序号	申请人	申请人国家	申请数量（件）	授权数量（件）
1	Huawei Tech. Co. Ltd.（华为）	中国	30	27
2	Microsoft Corp.	美国	28	24
3	Samsung Electronics Co. Ltd.	韩国	16	13
4	Matsushita Electric Ind. Co. Ltd.	日本	16	12
5	Koninkl Philips Electronics N.V.	荷兰	14	8

3. 日本申请人排名

表 6-220 日本内容管理技术专利申请人排名

序号	申请人	申请人国家	申请数量（件）	授权数量（件）
1	Microsoft Corp.	美国	28	27
2	Intertrust Tech. Corp.	美国	27	7
3	Samsung Electronics Co. Ltd.	韩国	11	10
4	Matsushita Electric Ind. Co. Ltd.	日本	11	8
5	Matsushita Denki Sangyo K.K.	日本	7	7

4. 韩国申请人排名

表 6-221　韩国内容管理技术专利申请人排名

序号	申请人	申请人国家	申请数量（件）	授权数量（件）
1	Samsung Electronics Co. Ltd.	韩国	35	14
2	Microsoft Corp.	美国	21	3
3	Korea Electronics & Telecommun. Res. Inst.	韩国	12	2
4	Interdigital Tech. Corp.	美国	11	5
5	LG Electronics Inc.	韩国	9	4

5. 英国申请人排名

表 6-222　英国内容管理技术专利申请人排名

序号	申请人	申请人国家	申请数量（件）	授权数量（件）
1	Sony Corp.	日本	3	0
2	Realnetworks Inc.	美国	2	1
3	Vodafone PLC	英国	2	0
4	Sealedmedia Ltd.	英国	2	0
5	Intralinks Inc.	美国	1	0

6. 法国申请人排名

表 6-223　法国内容管理技术专利申请人排名

序号	申请人	申请人国家	申请数量（件）	授权数量（件）
1	Viaccess S.A.	法国	2	0
2	Trusted Logic S.A.	法国	1	0
3	Gemplus S.A.	法国	1	0
4	SO Near	法国	1	0

7. 德国申请人排名

表 6-224　德国内容管理技术专利申请人排名

序号	申请人	申请人国家	申请数量（件）	授权数量（件）
1	Siemens A.G.	德国	4	3
2	Ericsson Telefon AB L.M.	瑞典	4	1
3	Microsoft Corp.	美国	2	2
4	Realnetworks Inc.	美国	2	1
5	Intertrust Tech. Corp.	美国	1	0

8. 俄罗斯申请人排名

表 6-225 俄罗斯内容管理技术专利申请人排名

序号	申请人	申请人国家	申请数量（件）	授权数量（件）
1	Microsoft Corp.	美国	5	0
2	Koninkl Philips Electronics N.V.	荷兰	3	0
3	Motorola Inc.	美国	1	1
4	Interdigital Tech. Corp.	俄罗斯	1	0
5	Thomson Licensing S.A.	法国	1	0

9. 澳大利亚申请人排名

表 6-226 澳大利亚内容管理技术专利申请人排名

序号	申请人	申请人国家	申请数量（件）	授权数量（件）
1	Microsoft Corp.	美国	14	13
2	Entriq Inc.	美国	10	9
3	Intertrust Tech. Corp.	美国	7	4
4	Samsung Electronics Co. Ltd.	韩国	4	2
5	Interdigital Tech. Corp.	美国	3	3

10. 欧洲专利局申请人排名

表 6-227 欧洲专利局内容管理技术专利申请人排名

序号	申请人	申请人国家	申请数量（件）	授权数量（件）
1	Microsoft Corp.	美国	34	19
2	Ericsson Telefon AB L.M.	瑞典	21	17
3	Samsung Electronics Co. Ltd.	韩国	12	3
4	Koninkl Philips Electronics N.V.	荷兰	11	3
5	Intertrust Tech. Corp.	美国	8	6

11. 世界知识产权组织申请人排名

表 6-228 世界知识产权组织内容管理技术专利申请人排名

序号	申请人	申请人国家	申请数量（件）
1	Microsoft Corp.	美国	23
2	General Instrument Corp.	美国	17
3	Ericsson Telefon AB L.M.	瑞典	13
4	Koninkl Philips Electronics N.V.	荷兰	13
5	Medvinsky Alexander	美国	10

二　专利分析

（一）技术发展趋势分析

从图 6-176 可以看出，内容管理技术专利申请量在 2009 年以前总体呈上升态势。这主要是 20 世纪 90 年代以来信息技术发展到一个新高度，推动了文献资源走向信息化，数字版权保护应运而生，数字签名技术、数字认证技术和数字加密技术均发展迅猛。2008~2009 年是该技术发展的顶峰时期，主要得益于各大电子书厂商对内容管理技术的高度重视。从 2010 年以来，该技术的发展逐渐趋于平稳。从 2015 年以来，专利申请量下滑幅度较大，这是由于内容管理技术日趋成熟，基础技术已经基本满足了数字版权保护需求。

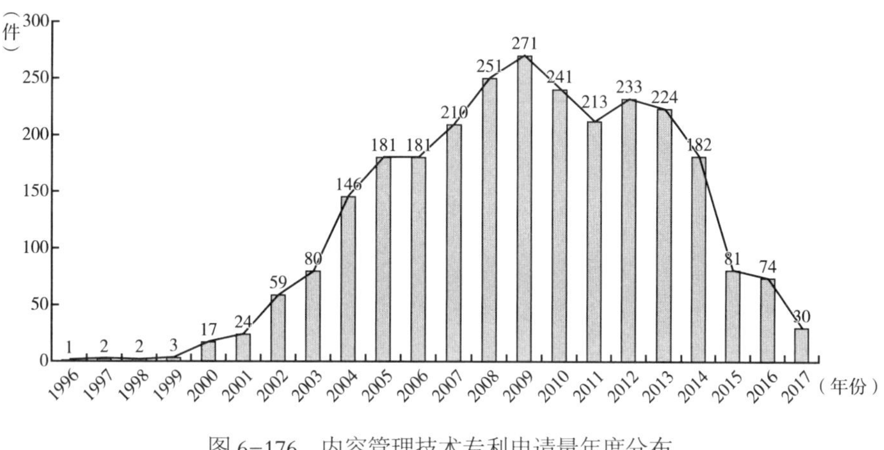

图 6-176　内容管理技术专利申请量年度分布

（二）技术路线分析

图 6-177 展示了内容管理技术的发展路线，内容管理技术领域的第一件专利诞生于 1996 年，是关于电子安全交易管理系统的。1998 年 10 月 7 日，美国骏升公司申请了关于证书处理的数字版权管理系统的核心专利；1999 年 10 月 15 日，松下电器申请了关于数字作品保护系统的核心专利；2002 年 12 月 31 日，中国的台均科技申请了关于移动存储设备与读写识别设备的安全认证的核心专利；2007 年 4 月 29 日，四川虹微申请了基于椭圆曲线的身份认证系统的核心专利。纵观内容管理技术的发展历

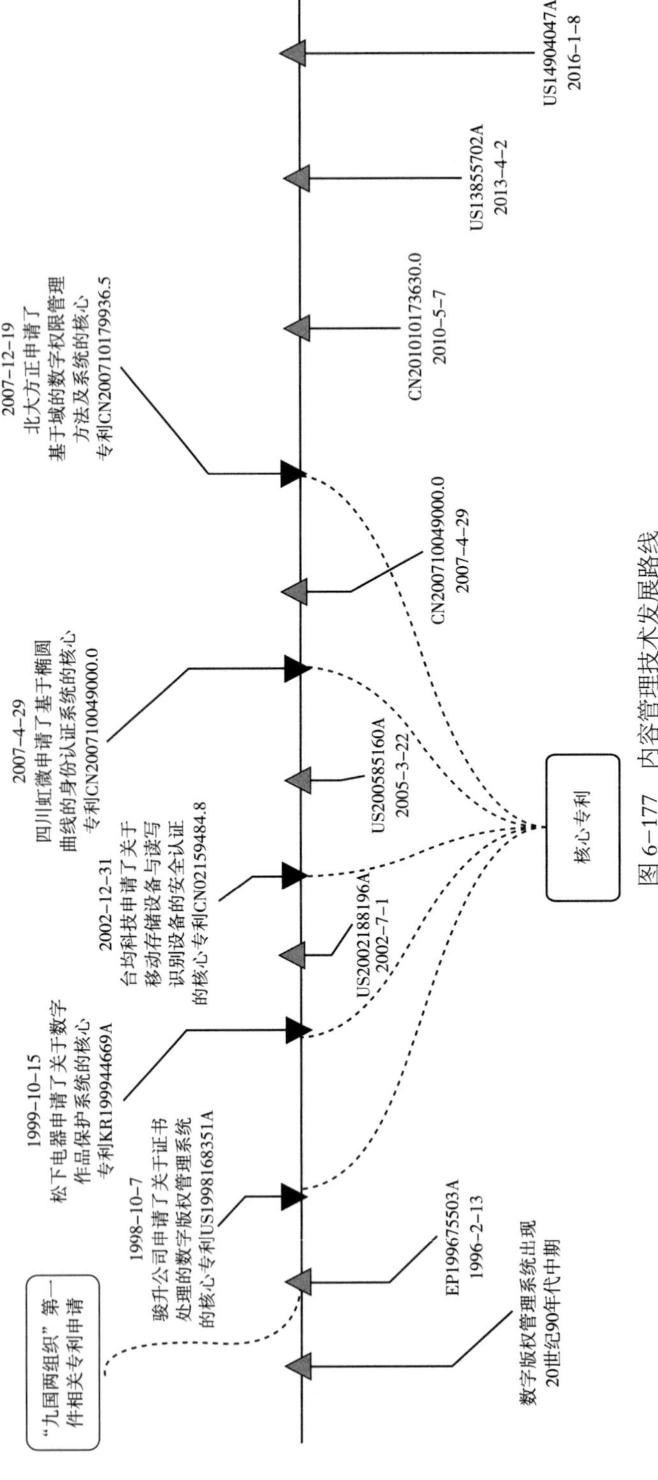

图 6-177 内容管理技术发展路线

程，初期出现的技术大多比较核心和基础，被引用得比较多。随着该技术发展到一定阶段，数字认证技术逐渐成为数字版权保护领域的研究焦点，继而出现较多关键性技术。这一点在中国表现得尤为明显。

（三）主要专利申请人分析

通过对内容管理技术专利检索结果的统计和初步分析，笔者得到“九国两组织”范围内专利申请量排名前三的申请人分别是微软 、三星电子和互信科技，申请量分别是 292 件、114 件和 75 件。

1. 申请量排名第一的专利申请人——微软

（1）专利申请量

微软自 1999 年开始进行内容管理技术的研究，并逐步申请关于该技术的专利。2000 年 10 月美国国会通过《全球和国内商业法中的电子签名法案》，微软在国家政策的影响下，加大了对该技术的研究，2004 年以前微软在该技术领域的专利申请量总体呈持续增长态势。2005 年 4 月 27 日，美国通过《家庭娱乐与版权法案》，直接以法律来解决版权保护问题，致使美国对内容管理技术的需求进入平稳期，2005~2008 年微软在该领域的专利申请量也趋于平稳。然而自 2009 年以来，随着该技术发展在全球进入瓶颈期，微软在该技术领域的研究投入也逐渐减少（见图 6-178）。

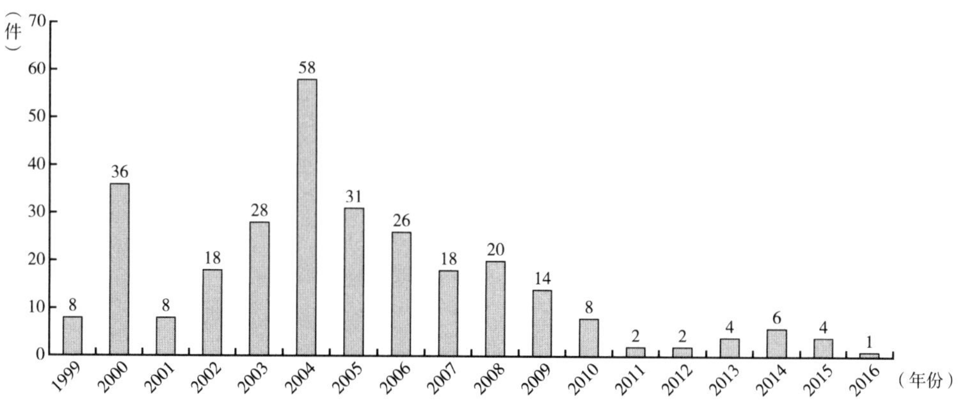

图 6-178　微软内容管理技术专利申请量年度分布

（2）专利申请量区域分布

从图 6-179 可以看出，微软关于内容管理技术的专利申请主要分布在美国，然后依次是欧洲专利局、中国和日本。微软的产品主要面向本国市场，故在美国的相关专利申请量最多。韩国、中国、日本和欧洲是其专利诉讼较多的国家和地区，故在这些国家和地区也申请了较多专利。

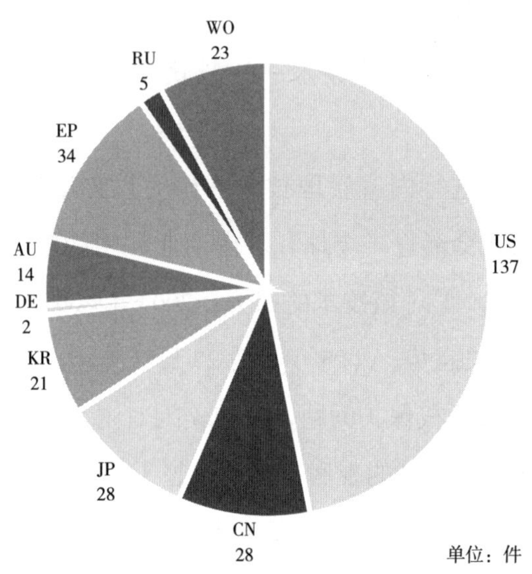

图 6-179　微软内容管理技术专利在“九国两组织”的申请量

（3）技术构成分布

从图 6-180 可以看出，微软在内容管理技术领域主要关注数字权限管理、内容保护和内容密钥许可等技术。微软作为世界软件巨头，将内容管理技术主要应用在其开发的软件产品上。微软的内容管理技术侧重于身份认证，用来确定用户是否真实，确保网络安全所要求的保密性、完整性和可用性。

2. 申请量排名第二的专利申请人——三星电子

（1）专利申请量

三星电子内容管理技术专利申请趋势与该技术在全球的发展趋势基本一致。2003 年之前，三星电子在该技术领域的研究较少。随着全球互联网的蓬勃发展、智能电子产品的发展，以及三星电子的电子书和电子阅览器的发展需要，2004~2006 年三星电子

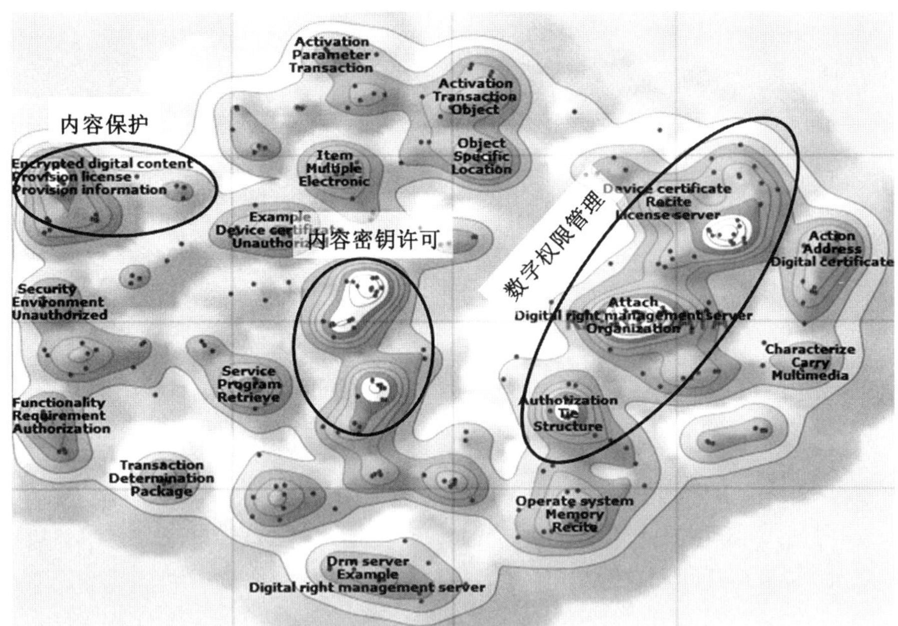

图 6-180　微软内容管理技术构成分布

在该技术领域的专利申请量呈逐年增长态势。然而自 2007 年以来，随着该技术在全球的发展遇到瓶颈，三星电子在该领域的专利申请也步入低迷期（见图 6-181）。

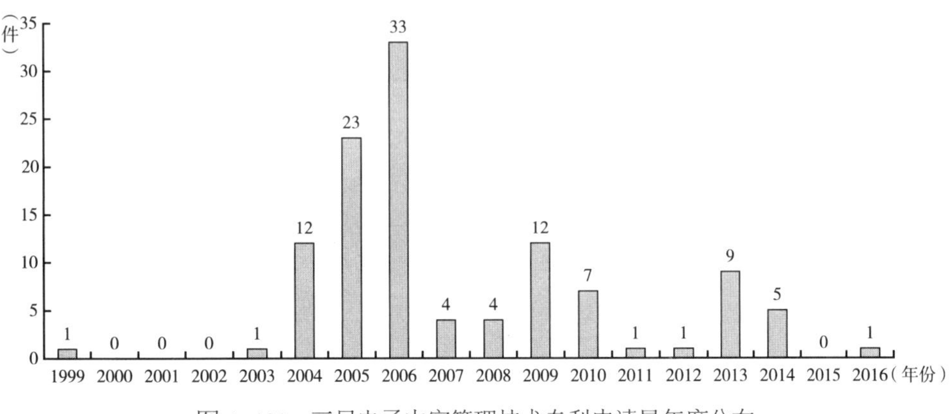

图 6-181　三星电子内容管理技术专利申请量年度分布

（2）专利申请量区域分布

三星电子总部位于韩国，在内容管理技术领域，三星电子的市场遍布欧洲及亚太地区的许多国家。而三星电子在该领域的专利布局集中在韩国、美国和中国等国家，因为这些国家是其近年来专利纠纷的多发地带（见图 6-182）。

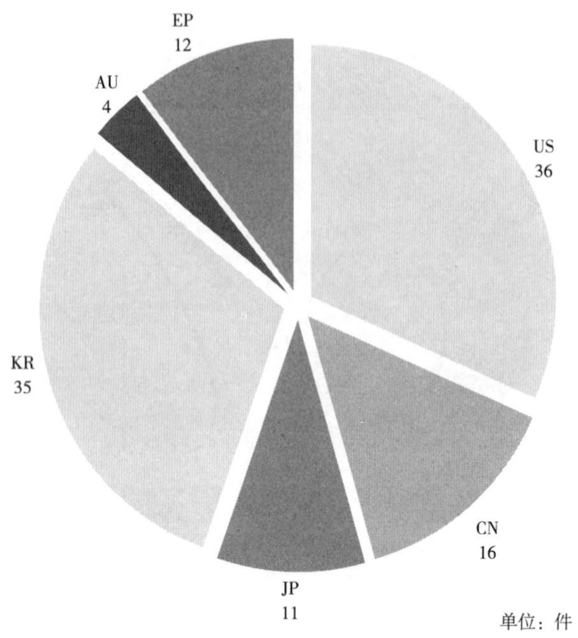

图 6-182　三星电子内容管理技术专利在“九国两组织”的申请量

（3）技术构成分布

从图 6-183 可以看出，三星电子在内容管理技术领域主要关注 DRM 解码认证、便携式存储和内容信息管理等技术。在数字版权保护技术中，内容管理主要以数字

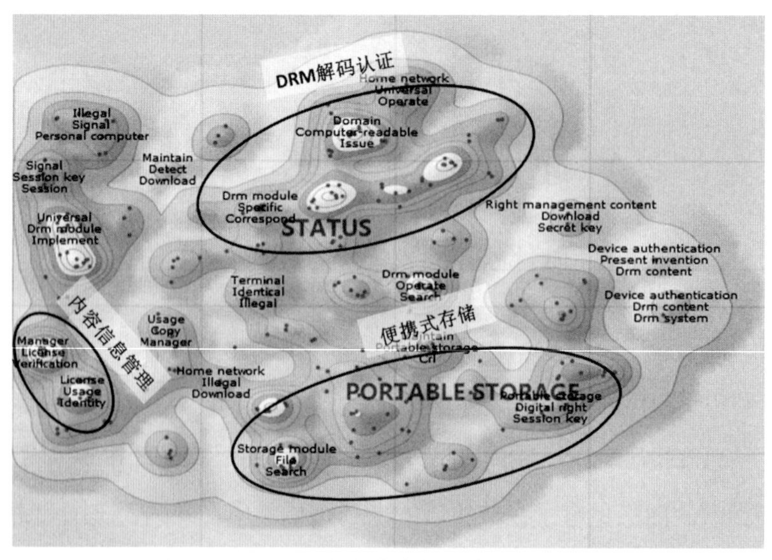

图 6-183　三星电子内容管理技术构成分布

证书认证的形式体现，一般包括 CA 子系统、密钥管理子系统、RA 子系统和对外服务子系统等。如今，数据安全成为许多企业优先考量的重要因素。针对这一现状，三星电子提供了数据加密技术、装置加密技术和国际权威 FIPS 140-2 认证等多重防护措施，确保企业安全需求得到全方位保护。

3. 申请量排名第三的专利申请人——互信科技

（1）专利申请量

互信科技是全球安全计算和内容保护领域的领先者，其内容管理技术专利申请趋势与该技术在全球的发展趋势基本一致。作为数字版权保护技术的开创者之一，互信科技早在 1996 年便开始研究内容管理技术，并在一年内申请了 13 件专利。但 1997~2005 年，该公司对内容管理技术的研究始终处于不温不火的状态。2007 年 8 月，“第三届数字新媒体高峰论坛”在北京举行，互信科技 CEO 在论坛上针对数字管理商机进行了分析，再次掀起其内容管理技术的发展高峰。2009 年以来，随着该技术在全球遇到发展瓶颈，互信科技在该领域的专利年申请量也开始减少，但其研究步伐并未停止（见图 6-184）。

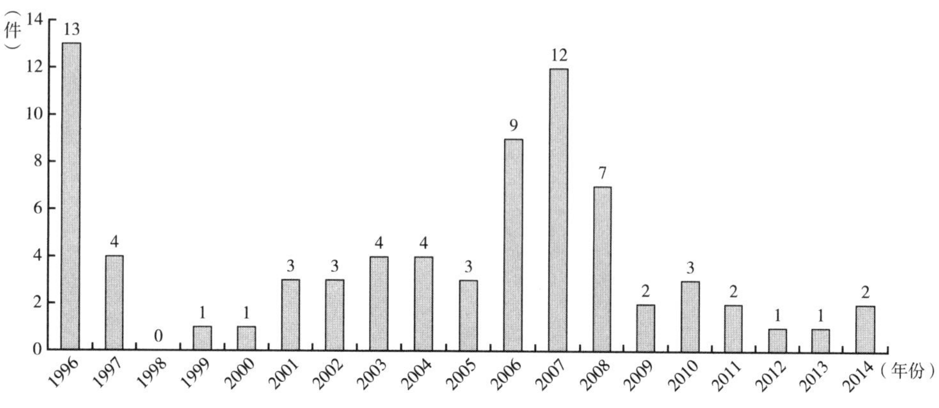

图 6-184　互信科技内容管理技术专利申请量年度分布

（2）专利申请量区域分布

在内容管理技术领域，互信科技的专利申请集中在美国和日本，互信科技在欧洲专利局、澳大利亚、中国、韩国和德国也有少量专利申请（见图 6-185）。互信科技对专利的布局运用已经相对成熟。

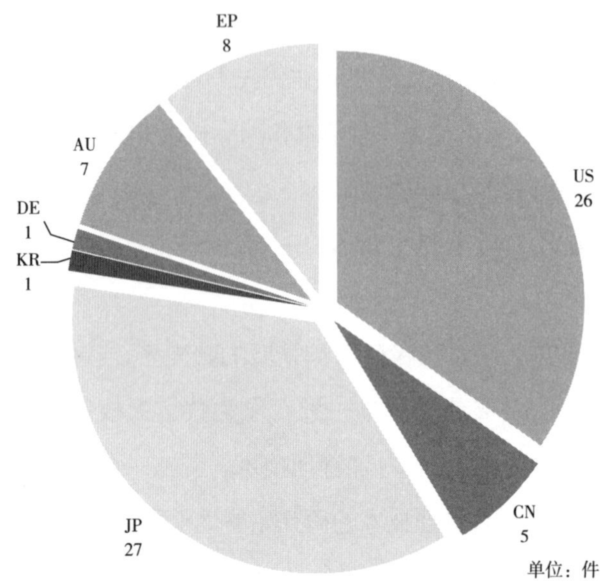

图 6-185　互信科技内容管理技术专利在“九国两组织”的申请量

（3）技术构成分布

从图 6-186 可以看出，互信科技在内容管理技术领域关注的技术集中在密钥、内容传输和内容管理保护等方面。内容管理保护的核心技术是电子签名，也称作“数字

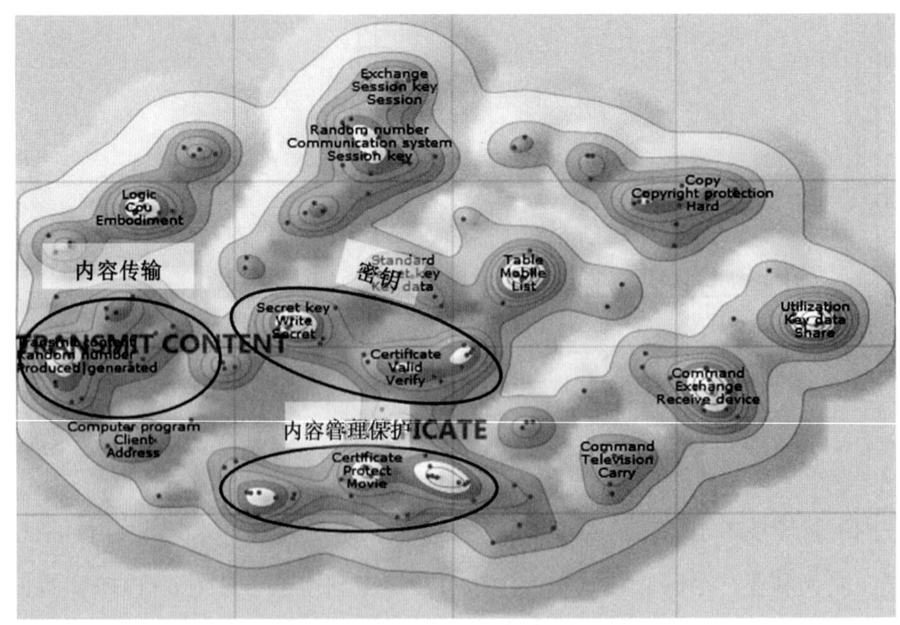

图 6-186　互信科技内容管理技术构成分布

签名”，是指用符号及代码组成电子密码进行“签名”，它采用规范化的程序和科学化的方法，用于鉴定签名人的身份以及确认数据或电文内容信息。数字内容产业是随着互联网的快速发展和信息技术的日益普及而兴起的新产业，逐渐成为推动经济发展的重要力量。所以，内容管理技术已成为当今全球信息产业发展必不可少的技术之一。

三 总结

（一）专利申请总体趋势

从整个行业专利申请状况来看，内容管理技术专利年申请量在2009年以前呈整体上升态势。20世纪90年代以来，信息技术发展到一个新高度，推动文献资源走向信息化，数字版权保护技术应运而生，至21世纪初期，数字签名技术、数字认证技术和数字加密技术都发展迅猛。但2015年以来，内容管理技术专利年申请量下滑幅度较大，这主要是内容管理技术日趋成熟，基础技术已经能够满足数字版权保护方面的基本需求。目前，该技术向统一规范、能兼容各种数字内容阅读客户端，以及同时适用于各种数字版权保护系统的方向发展。

（二）主要国家技术发展现状及趋势

1. 美国

20世纪90年代，美国在内容管理技术领域的专利申请量较少，并且该时期的专利大多数是原理性的基础专利。随着电子产品的普及，以及人们生活逐渐趋于数字化和网络化，内容管理技术已经成为时代发展不可或缺的技术，而美国又是信息产业大国，2001~2008年美国内容管理技术专利申请量激增，介入这一技术领域的企业也越来越多，此时该技术处于发展期。2009年至今，随着内容管理技术逐渐成熟，且市场份额有限，企业进入的速度趋缓，专利申请量增长速度减慢，甚至专利申请人数量和专利申请量有下滑趋势。目前，该技术在美国处于成熟期。

2. 日本

内容管理技术在日本起步的时间比较早，但2000年之前专利申请量不多，并且大多是基础性专利，此时该技术在日本处于萌芽期。2001~2005年，随着全球向数字化和网络化时代迈进，该技术在日本的发展比较迅速。2006~2014年，随着该技术的不断成熟，专利申请量趋于稳定。然而自 2015 年以来，由于市场份额的有限性，以及技术再创新的难度加大，许多企业因收益减少纷纷退出市场，专利年申请量呈下滑趋势，技术发展走向衰退期。

3. 韩国

韩国在 2000 年前后涉足内容管理技术的研究，相对美国和日本而言具有滞后性。2001~2008 年，该技术在韩国处于持续发展阶段，并于 2008 年达到技术发展的顶峰时期。2009 年以来，该领域的专利申请数量和专利申请人数量出现了明显的下滑趋势，可见此项技术在韩国也面临着新方法和新技术突破的难点。

4. 中国

内容管理技术在中国的研究起步相对较晚，但发展速度很快。中国 2002 年才出现第一件专利申请，2004 年的专利申请量便急剧增长至 14 件。2009 年之前专利年申请量总体呈快速增长态势。2010~2013 年专利年申请量有所下降，但整体较为稳定。2014 年以来，随着技术不断成熟，技术突破创新难度增大，专利年申请量有较大幅度下滑。

根据以上国家技术发展情况描述，总体来说，内容管理技术在全球处于成熟期，在部分国家有衰退的迹象，目前技术发展面临着创新突破的难关。

（三）主要申请人对比分析

通过对内容管理技术领域的宏观分析，笔者得出行业内排名前三的申请人是微软、三星电子和互信科技。

1. 专利申请量比较

从专利申请量来看，微软拥有相关专利申请 292 件，三星电子和互信科技分别是 114 件和 75 件。微软作为世界 PC 机软件开发的领跑者，在该技术发展初期便投入了相当大的研发力度，专利申请量领先其他申请人较多。

2. 专利资产地域布局分析

微软、三星电子和互信科技在该技术领域均推行专利全球化战略路线，便于随时发动专利诉讼。微软在其总部所在地美国的申请量最多；三星电子专利布局最多的国家是美国；互信科技专利布局最多的国家是日本。这三个申请人均是针对主要竞争对手进行专利布局的。

3. 技术热点分析

微软在内容管理技术领域主要关注的技术有数字权限管理、内容保护和内容密钥许可等。三星电子主要关注的技术有DRM解码认证、便携式存储和内容信息管理等。互信科技主要关注的技术有密钥、内容管理保护和内容传输等。

第十九节　数字版权内容格式技术

数字版权内容格式技术是数字版权保护领域近年来比较成熟的热门技术，以版式描述信息为基础，辅以版面结构化信息，对数据进行压缩和加密，实现数字内容作品的版面内容精准展现和自适应重排。围绕该技术的专利申请发轫于20世纪90年代中期，之后逐渐升温，在2012年和2016年出现两个发展高峰，目前仍属于研究热点，今后相当长的时期内，该技术的创新与应用仍有较大空间。

一　专利检索

（一）检索结果概述

以数字版权内容格式技术为检索主题，在“九国两组织”范围内共检索到相关专利申请3404件，具体数量分布如表6-229所示。

表6-229　“九国两组织”数字版权内容格式技术专利申请量

单位：件

国家 / 国际组织	专利申请量	国家 / 国际组织	专利申请量
US	542	DE	23
CN	2230	RU	8
JP	216	AU	24
KR	96	EP	66
GB	17	WO	134
FR	48	合计	3404

（二）“九国两组织”数字版权内容格式技术专利申请趋势

1994~2017年，数字版权内容格式技术在全球大部分国家的发展较为缓慢，专利年申请量大多在10件以下，但该技术在中国发展十分迅猛，在美国和日本有一定发展（见表 6-230、图 6-187）。从 2001 年开始，中国在这一技术领域的专利年申请量显著增长，2012 年的专利申请量达到 286 件，遥遥领先于其他国家。这种发展态势与中国数字版权保护总体发展状况相一致，随着国家对数字版权保护要求的不断提高，数字版权内容格式技术得到快速发展。

表 6-230　1994~2017 年“九国两组织”数字版权内容格式技术专利申请量

单位：件

国家 / 国际组织	专利申请量																	
	90	01	02	03	04	05	06	07	08	09	10	11	12	13	14	15	16	17
US	19	7	12	44	14	9	13	10	13	17	17	15	17	93	67	81	66	28
CN	24	15	18	35	43	53	69	102	147	163	193	189	286	152	160	160	223	198
JP	29	11	17	17	14	16	9	15	11	14	9	16	9	7	8	4	8	2
KR	4	4	2	1	1	3	4	2	8	4	4	5	5	11	15	10	9	4
GB	3	0	1	0	1	1	0	0	0	1	0	1	0	3	4	0	2	0
FR	7	12	0	4	4	5	4	2	2	2	2	0	0	1	1	0	2	0
DE	5	2	1	2	4	2	2	2	2	0	0	0	0	1	0	0	0	0
RU	1	0	0	0	0	0	0	0	0	0	0	2	0	2	1	2	0	0
AU	0	0	1	0	0	1	1	0	1	0	1	0	0	10	2	3	3	1
EP	7	3	5	1	2	3	1	1	7	2	1	2	1	10	4	7	6	3
WO	10	12	9	4	5	2	5	5	4	9	5	3	3	12	12	15	14	5
合计	109	66	66	108	88	95	108	139	195	212	232	233	321	302	274	282	333	241

注：“90”指 1994~2000 年的专利申请总量，“01~17”分别指 2001~2017 年当年的专利申请量。

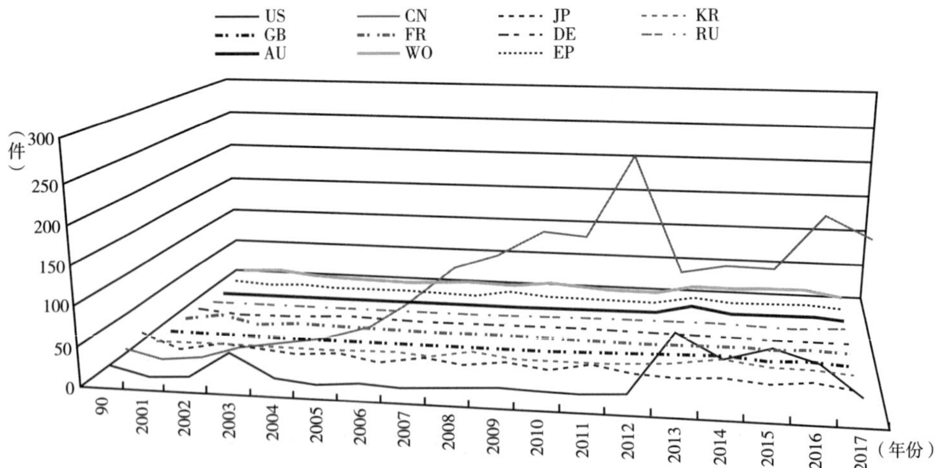

图 6-187　“九国两组织”数字版权内容格式技术专利申请趋势

注：“90”指 1994~2000 年的专利申请总量。

（三）“九国两组织”数字版权内容格式技术专利申请人排名

1994~2017 年“九国两组织”数字版权内容格式技术专利申请人排名情况如表 6-231 ~ 表 6-241 所示。

1. 美国申请人排名

表 6-231　美国数字版权内容格式技术专利申请人排名

序号	申请人	申请人国家	申请数量（件）	授权数量（件）
1	IBM Corp.	美国	210	38
2	Google Inc.	美国	30	18
3	Metrologic Instruments Inc.	美国	21	15
4	SAP A.G.	德国	13	6
4	Sony Corp.	日本	12	7

2. 中国申请人排名

表 6-232　中国数字版权内容格式技术专利申请人排名

序号	申请人	申请人国家	申请数量（件）	授权数量（件）
1	IBM Corp.	美国	57	31
2	Univ. Zhejiang（浙江大学）	中国	34	12
3	ZTE Corp.（中兴）	中国	30	17
4	IBM Corp.	美国	26	11
5	Microsoft Corp.	美国	22	7

3. 日本申请人排名

表 6-233　日本数字版权内容格式技术专利申请人排名

序号	申请人	申请人国家	申请数量（件）	授权数量（件）
1	Sony Corp.	日本	15	8
2	Hitachi Ltd.	日本	13	6
3	IBM Corp.	美国	11	7
4	Canon K.K.	日本	9	3
5	Fujitsu Ltd.	日本	6	3

4. 韩国申请人排名

表 6-234 韩国数字版权内容格式技术专利申请人排名

序号	申请人	申请人国家	申请数量（件）	授权数量（件）
1	Samsung Electronics Co. Ltd.	韩国	19	9
2	Korea Electronics & Telecommun. Res. Inst.	韩国	10	5
3	Union Community Co. Ltd.	韩国	5	4
4	LG Electronics.	韩国	5	2
5	Korea Electronics & Telecommun. Adv. Inst.	韩国	3	1

5. 英国申请人排名

表 6-235 英国数字版权内容格式技术专利申请人排名

序号	申请人	申请人国家	申请数量（件）	授权数量（件）
1	IBM Corp.	美国	10	4
2	Half Minute Media Ltd.	英国	3	1
3	Livedevices Ltd.	英国	3	1
4	Data Equation Ltd.	英国	2	1

6. 法国申请人排名

表 6-236 法国数字版权内容格式技术专利申请人排名

序号	申请人	申请人国家	申请数量（件）	授权数量（件）
1	Sagem S.A.	法国	13	3
2	NEC Corp.	日本	4	4
3	Giga Byte Tech.（技嘉科技）	中国台湾	4	2
4	Atmel Grenoble S.A.	法国	3	2
5	Morpho	法国	3	0

7. 德国申请人排名

表 6-237 德国数字版权内容格式技术专利申请人排名

序号	申请人	申请人国家	申请数量（件）	授权数量（件）
1	NEC Corp.	日本	11	6
2	Sagem S.A.	法国	5	0
3	Upek Inc.	美国	2	0
4	Infineon Technologies	德国	1	0
5	Fujitsu Ltd.	日本	1	0

8. 俄罗斯申请人排名

表 6-238 俄罗斯数字版权内容格式技术专利申请人排名

序号	申请人	申请人国家	申请数量（件）	授权数量（件）
1	Microsoft Corp.	美国	2	0
2	Tomson Licensing S.A.	法国	1	1
3	Koninkl Philips Electronics N.V.	荷兰	1	0

9. 澳大利亚申请人排名

表 6-239 澳大利亚数字版权内容格式技术专利申请人排名

序号	申请人	申请人国家	申请数量（件）	授权数量（件）
1	Sand Technology Inc.	加拿大	2	1
2	Microsoft Corp.	美国	2	1
3	S. C. Softwin SRL	罗马尼亚	2	0
4	Google Inc.	美国	2	0
5	Snipey Holdings Pty. Ltd.	澳大利亚	1	0

10. 欧洲专利局申请人排名

表 6-240 欧洲专利局数字版权内容格式技术专利申请人排名

序号	申请人	申请人国家	申请数量（件）	授权数量（件）
1	IBM Corp.	美国	11	5
2	Sony Corp.	日本	6	2
3	Siemens A.G.	德国	2	1
4	Fujitsu Ltd.	日本	2	0
5	Toshiba K.K.	日本	2	0

11. 世界知识产权组织申请人排名

表 6-241 世界知识产权组织数字版权内容格式技术专利申请人排名

序号	申请人	申请人国家	申请数量（件）
1	IBM Corp.	美国	8
2	Google Inc.	美国	5
3	Sony Corp.	日本	5
4	Microsoft Corp.	美国	4
5	ABB A.B.	瑞士	3

二　专利分析

（一）技术发展趋势分析

数字版权内容格式技术是通过使数字内容形式统一来实现数字版权保护的技术。自 1994 年第一件专利诞生以来，许多公司加入数字版权内容格式技术研究的行列，这种实用性很强的技术也日趋完善。从整体趋势上看，2001 年以来，数字版权内容格式技术的研究热度持续走高，目前仍处于发展过程中，专利年申请量仍处于上升期（见图 6-188）。

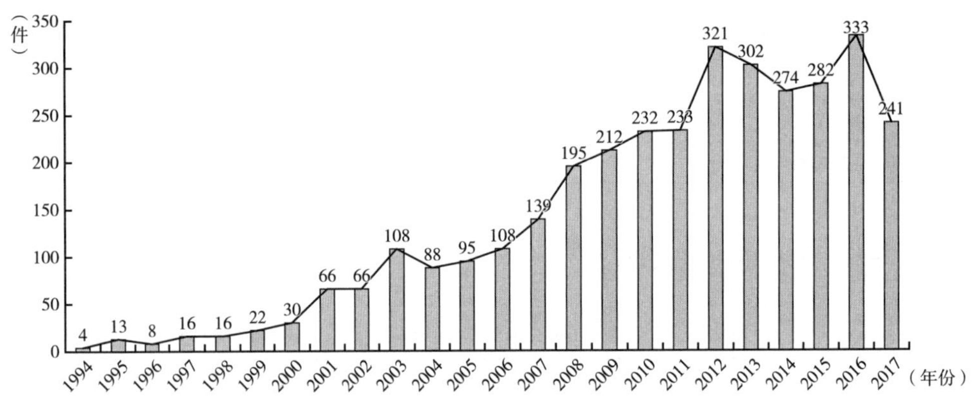

图 6-188　数字版权内容格式技术专利申请量年度分布

（二）技术路线分析

图 6-189 展示了数字版权内容格式技术的发展路线。数字版权管理系统是数字版权内容格式技术的基础，只有在数字版权管理系统整体框架的基础上，才可以完成数字版权保护内容格式的一些设定服务。随着通信技术的快速发展，便携式设备逐渐成为数字内容的载体之一，这就需要对便携式设备进行数字版权保护内容格式的支撑设定，以管理数字内容权限。这一技术领域的很多核心专利都是关于设备之间数字版权保护内容格式设定的。之后出现了统一标准规范设定的方法，为数字版权保护提供了统一的内容格式规范。适用于各种阅读客户端和各种版权管理系统，是这一技术领域的未来发展方向之一。

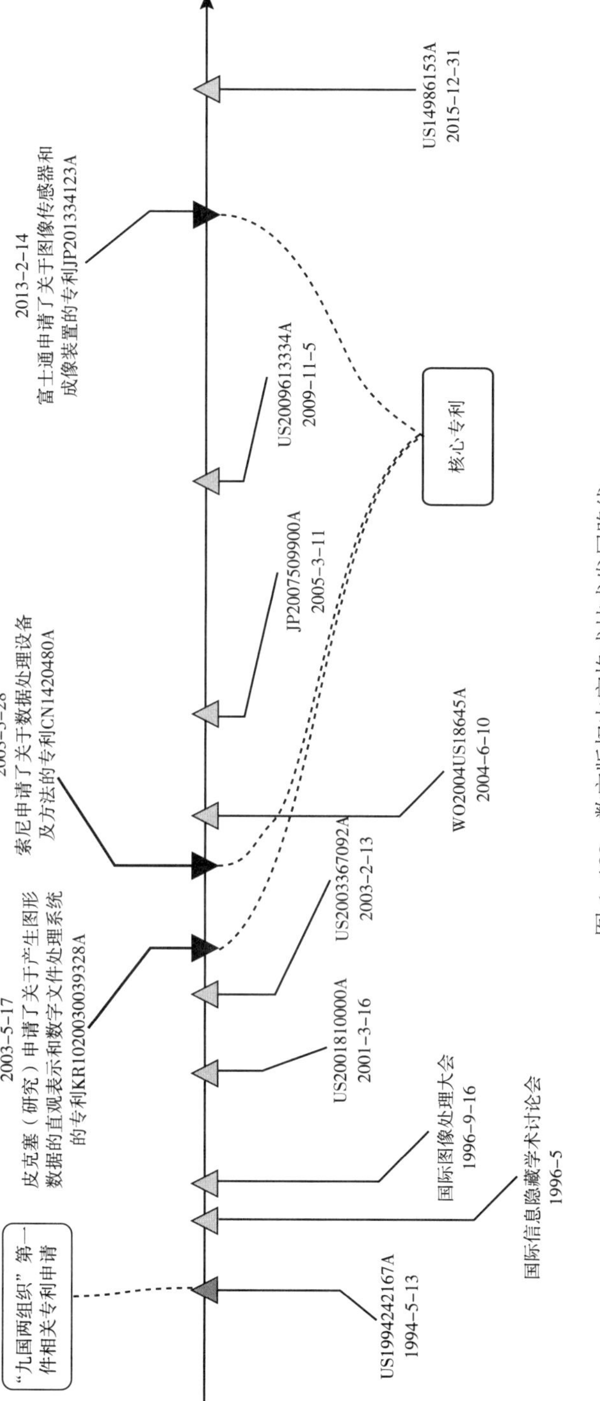

图 6-189　数字版权内容格式技术发展路线

（三）主要专利申请人分析

1994~2017 年，在数字版权内容格式技术领域，专利申请量排名前三的申请人分别为 IBM（281 件）、索尼（59 件）和微软（38 件）。

1. 申请量排名第一的专利申请人——IBM

（1）专利申请量

在数字版权内容格式技术领域，1994~2017 年 IBM 每年都有专利申请，且 2001 年以来专利年申请量总体较为稳定，并于 2013 年达到巅峰（见图 6–190）。

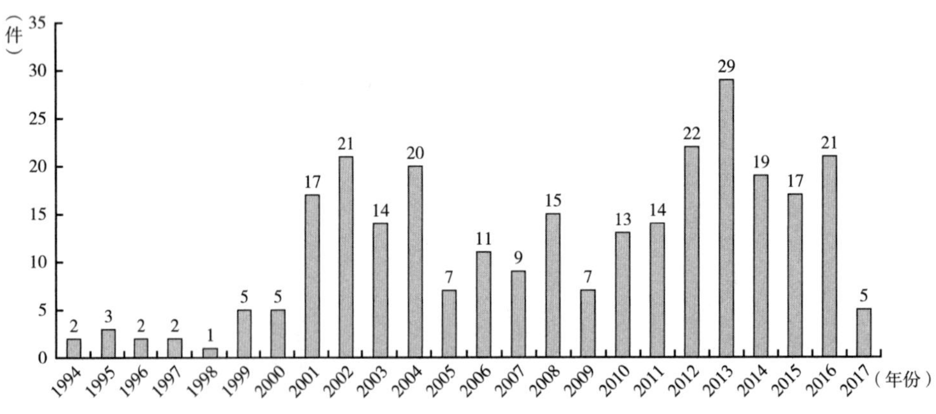

图 6–190　IBM 数字版权内容格式技术专利申请量年度分布

（2）专利申请量区域分布

图 6–191 为 IBM 数字版权内容格式技术专利在“九国两组织”的申请情况，可以看出，IBM 的专利布局主要针对美国市场，这是由于其 ICT 业务的主要竞争对手在美国。IBM 在中国申请了 26 件专利，中国是其专利布局最多的海外市场。IBM 的专利布局模式属于典型的地毯式布局，每年靠大量专利获得丰厚的许可和转让收益。

（3）技术构成分布

从图 6–192 可以看出，IBM 主要将数字版权内容格式技术和数字版权内容水印技术应用在数据内容保护方面，这与该技术的特点基本吻合。

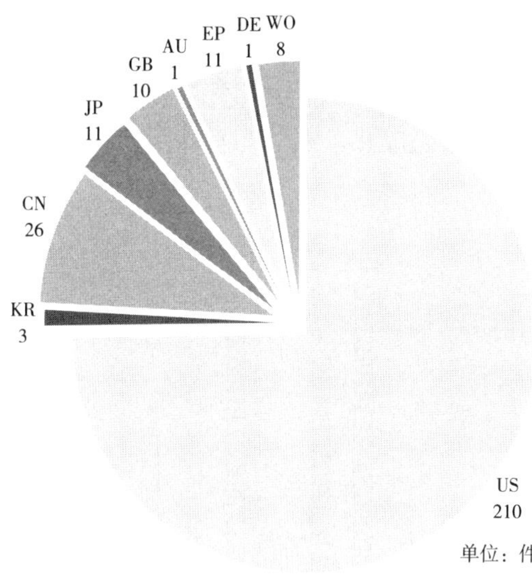

图 6-191　IBM 数字版权内容格式技术专利在“九国两组织”的申请量

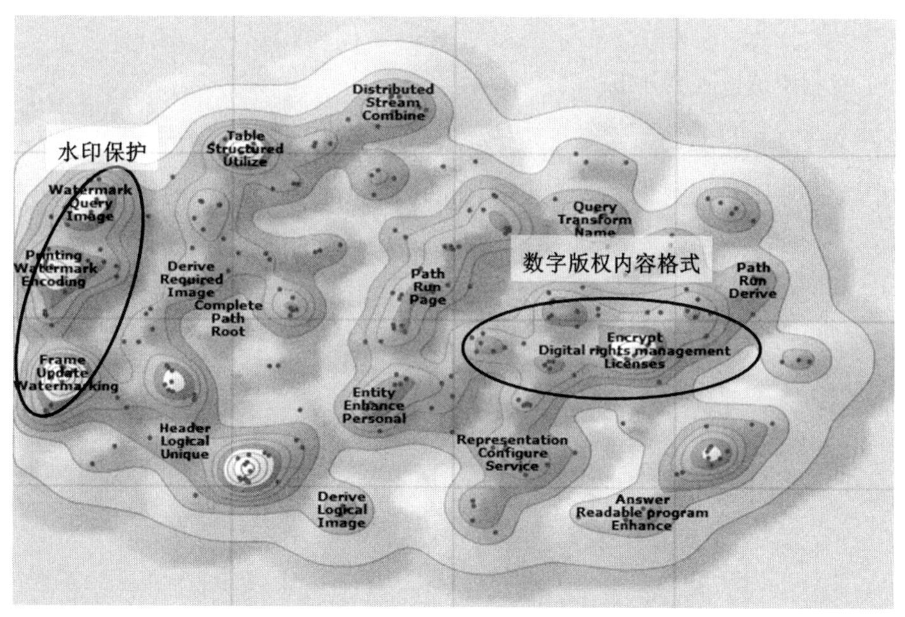

图 6-192　IBM 数字版权内容格式技术构成分布

2. 申请量排名第二的专利申请人——索尼

（1）专利申请量

日本科技企业在数字版权内容格式技术方面多属于先知先觉型，尤以索尼和日立等公司为代表。从图 6-193 看出，索尼于 1994 年申请了一件这一技术领域的专利，之后直至 2001 年才有更多专利申请；2002~2012 年是索尼相关专利申请量较多的时期；2013 年以来，随着技术发展日趋成熟，索尼的专利年申请量有所下降。

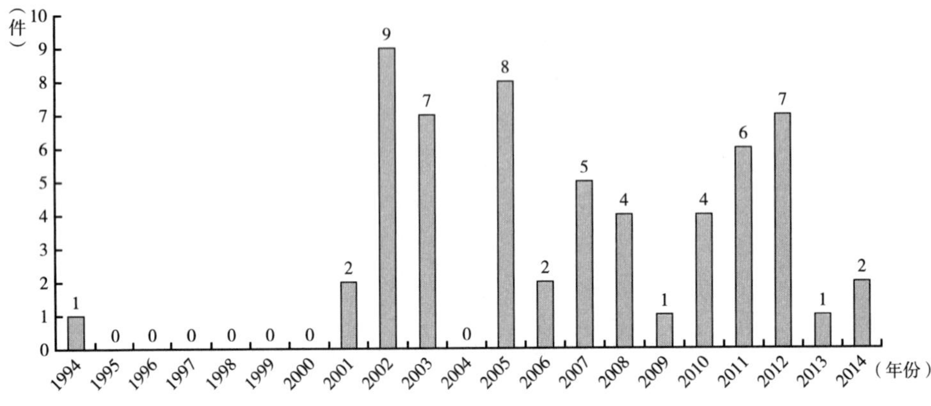

图 6-193　索尼数字版权内容格式技术专利申请量年度分布

（2）专利申请量区域分布

从图 6-194 可以看出，索尼在其总部所在地日本申请了 15 件专利；其专利布局最多的国家是中国，达到 21 件；其在美国的专利申请量也达到了 12 件。这是由于索

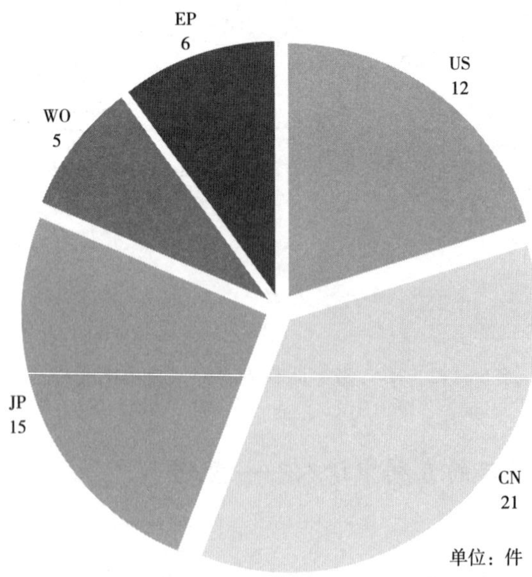

图 6-194　索尼数字版权内容格式技术专利在“九国两组织”的申请量

尼的电子产品和数字版权产品的主要销售市场是中国和美国；同时在数字版权内容格式技术领域中国的研究者众多，竞争激烈，所以索尼很重视在中国的专利布局。

（3）技术构成分布

从图 6-195 可以看出，索尼对数字版权内容格式技术的研究主要集中在元数据技术上，此外对数字水印检测技术也有较多研究。

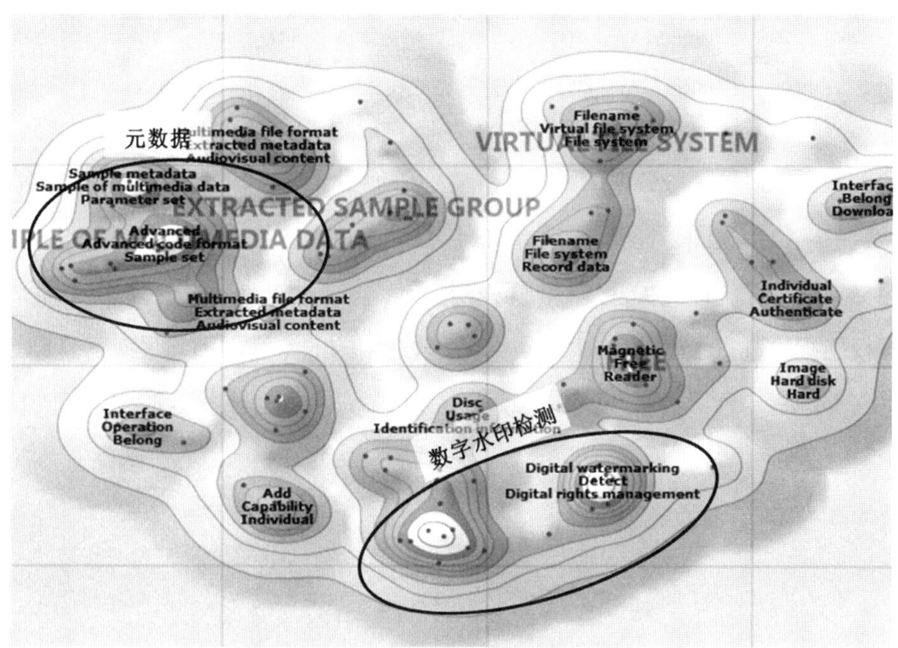

图 6-195　索尼数字版权内容格式技术构成分布

3. 申请量排名第三的专利申请人——微软

（1）专利申请量

从图 6-196 可以看出，微软在 2003 年以前没有数字版权内容格式技术领域的专利申请；从 2003 年开始，每年有少数几件专利申请，在 2006 年出现专利年申请量的峰值，之后专利年申请量又大幅回落。这说明微软对该技术的应用前景并不十分看好。

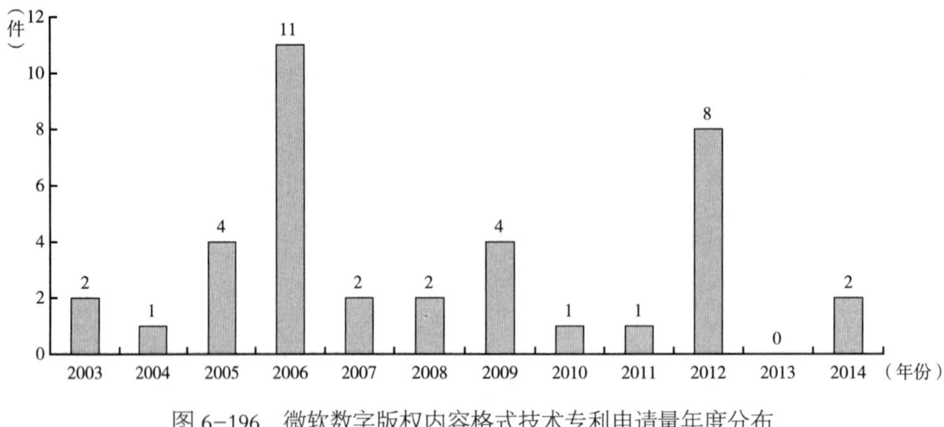

图 6-196　微软数字版权内容格式技术专利申请量年度分布

（2）专利申请量区域分布

微软总部位于美国，在美国申请了 8 件数字版权内容格式技术专利。鉴于数字版权内容格式技术在全球的关注度和市场需求，微软在中国、俄罗斯、澳大利亚和世界知识产权组织也进行了专利申请。其中，微软在中国的专利申请量最多，达到 22 件，远超其在美国的专利申请量。这充分说明微软敏锐地捕捉到该技术应用的成熟区将是中国。

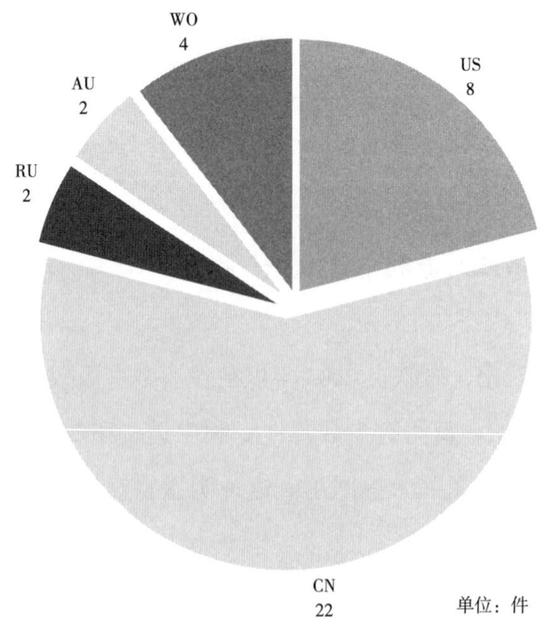

图 6-197　微软数字版权内容格式技术专利在“九国两组织”的申请量

（3）技术构成分布

从图 6-198 可以看出，在数字版权内容格式技术领域，微软主要关注内容格式匹配技术。

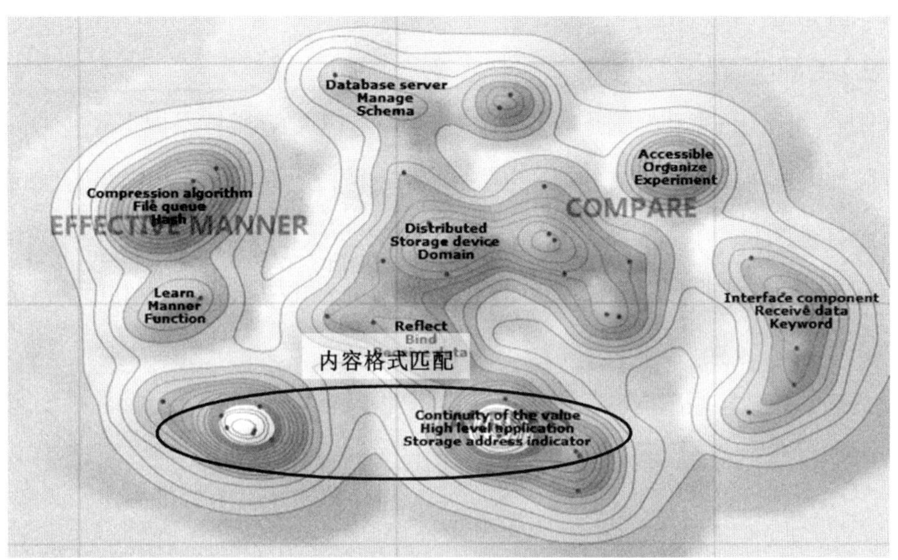

图 6-198　微软数字版权内容格式技术构成分布

三　总结

数字版权内容格式技术旨在提升数字内容作品对分段控制等版权保护手段的支持程度，建立一种可靠、便捷和开放的数字内容文档格式规范。该技术以版式描述信息为基础，辅以版面结构化信息，对数据进行压缩和加密，实现了数字内容作品的版面内容精准展现和自适应重排。该技术支持多种格式自由转换，支持多种阅读客户端，支持流式和版式间任意切换，能满足生僻字、特殊字符和公式等专业出版内容的呈现要求。

（一）专利申请总体趋势

1994~2017 年“九国两组织”共有数字版权内容格式技术专利 3404 件，数字版权内容格式技术的应用发展在全球大部分国家进行得较为缓慢，但在中国发展态势强劲，在美国和日本有所发展。

（二）专利申请年度趋势

自2001年以来，随着数字媒体内容的日益丰富，以及版权诉讼风波不断兴起，数字版权内容格式技术的应用发展逐渐升温。其中，中国的发展最为迅猛。随着各个国家对数字媒体内容保护的要求不断提高，未来数字版权内容格式技术将不断为大众所熟知，并得到广泛应用。

（三）专利申请人分析

美国、中国、日本和韩国是数字媒体发展迅速且对数字版权保护非常重视的国家。在数字版权内容格式技术领域，中国的发展非常迅猛，近年来专利年申请量在200件左右，远超其他国家，中兴、浙江大学及北京航空航天大学等申请人的相关专利申请量均达到近30件。美国和日本的主要申请人分别为IBM和索尼，相关专利申请量都在20件以上。

总体来说，数字版权内容格式技术在中国处于快速发展与不断创新阶段，该技术应用范围还将得到拓展。

第七章
区块链相关技术

第一节　分布式注册技术

分布式注册技术是与数字版权保护有关的主流、热门技术。该技术将数据和服务分布到多个节点中进行数据实时备份，每个节点均可独立进行数据注册和解析并提供完整服务，能够有效避免单节点宕机导致的服务故障，进而保证数据安全和服务可靠度。围绕该技术的专利申请发轫于 20 世纪 90 年代，1994~1999 年增长缓慢，从 2000 年开始快速增长，于 2002 年达到顶峰，随后不断下降。目前，该技术发展已较为成熟。

一　专利检索

（一）检索结果概述

以分布式注册技术为检索主题，在“九国两组织”范围内共检索到相关专利申请 6704 件，具体数量分布如表 7-1 所示。

表 7-1　“九国两组织”分布式注册技术专利申请量

单位：件

国家 / 国际组织	专利申请量	国家 / 国际组织	专利申请量
US	127	DE	2
CN	89	RU	2
JP	5215	AU	12
KR	1130	EP	59
GB	6	WO	62
FR	0	总计	6704

（二）“九国两组织”分布式注册技术专利申请趋势

由表 7-2 和图 7-1 可知，20 世纪 90 年代分布式注册技术整体发展较为缓慢，主要在日本得以发展；2000~2002 年专利年申请量快速增长，随后不断下降。日本和韩国是该技术发展态势最好的国家，日本前期研发较多，目前技术较为成熟；韩国则从 2009 年开始不断增加技术投入。

表 7-2 1994~2017 年“九国两组织”分布式注册技术专利申请量

单位：件

国家 / 国际组织	专利申请量																	
	90	01	02	03	04	05	06	07	08	09	10	11	12	13	14	15	16	17
US	2	3	13	13	16	15	11	10	4	9	7	1	5	3	4	3	6	2
CN	3	1	0	3	3	7	6	6	9	8	9	11	7	6	3	0	5	2
JP	949	439	712	496	485	445	394	325	255	260	213	163	30	35	5	7	2	0
KR	17	10	1	2	0	3	2	1	6	49	103	117	110	184	204	175	123	23
GB	1	0	0	0	0	2	1	0	0	2	0	0	0	0	0	0	0	0
FR	0	0	0	0	0	0	0	0	0	0	0	0	0	0	0	0	0	0
DE	1	0	0	0	0	0	0	0	1	0	0	0	0	0	0	0	0	0
RU	0	0	0	0	0	0	0	0	0	0	0	0	1	1	0	0	0	0
AU	2	2	2	0	2	1	0	0	1	0	0	1	0	0	0	0	1	0
EP	9	5	7	10	3	4	8	1	4	2	0	4	1	0	1	0	0	0
WO	12	9	10	3	0	3	4	6	3	0	4	3	1	1	0	2	1	0
合计	996	469	745	527	509	480	426	349	283	330	336	300	155	230	217	187	138	27

注：“90”指 1994~2000 年的专利申请总量，“01~17”分别指 2001~2017 年当年的专利申请量。

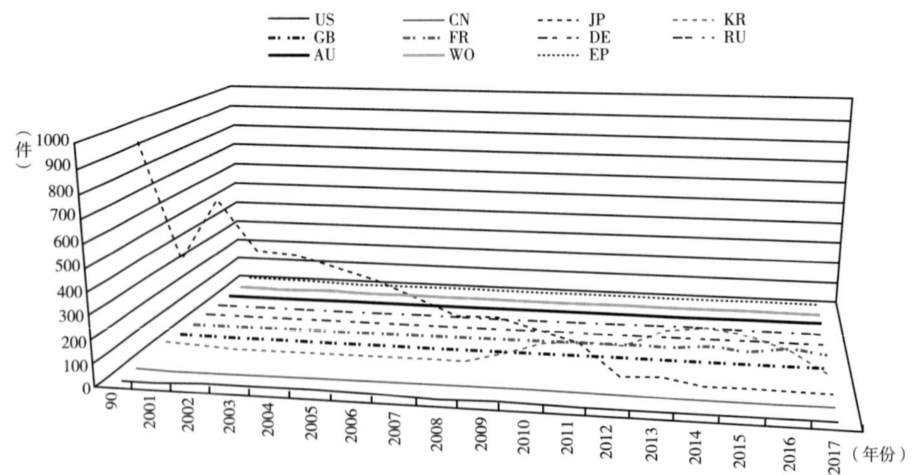

图 7-1 “九国两组织”分布式注册技术专利申请趋势

注：“90”指 1994~2000 年的专利申请总量。

（三）“九国两组织”分布式注册技术专利申请人排名

1994~2017 年“九国两组织”分布式注册技术专利申请人排名情况如表 7-3 ~ 表 7-12 所示。法国在该技术领域暂无专利申请公开。

1. 美国申请人排名

表 7-3 美国分布式注册技术专利申请人排名

序号	申请人	申请人国家	申请数量（件）	授权数量（件）
1	Sony Corp.	日本	10	1
2	Mitsubishi Corp.	日本	7	4
3	Toshiba K.K.	日本	5	1
4	Samsung Electronics Co. Ltd.	韩国	4	3
5	Digimarc Corp.	美国	3	3
6	Nat Res. Initiatives S.A. Corp.	美国	3	0

2. 中国申请人排名

表 7-4 中国分布式注册技术专利申请人排名

序号	申请人	申请人国家	申请数量（件）	授权数量（件）
1	Sony Corp.	日本	11	10
2	Huawei Tech. Co. Ltd.（华为）	中国	10	7
3	Tokyo Shibaura Electric Co.	日本	6	6
4	Matsushita Electric Ind. Co. Ltd.	日本	6	6
5	ZTE Corp.（中兴）	中国	4	4

3. 日本申请人排名

表 7-5 日本分布式注册技术专利申请人排名

序号	申请人	申请人国家	申请数量（件）	授权数量（件）
1	NEC Corp.	日本	381	124
2	Hitachi Ltd.	日本	371	104
3	Nippon Telegraph & Telephone	日本	289	94
4	Fujitsu Ltd.	日本	261	137
5	Toshiba K.K.	日本	205	73

4. 韩国申请人排名

表 7-6 韩国分布式注册技术专利申请人排名

序号	申请人	申请人国家	申请数量（件）	授权数量（件）
1	Korea Electronics & Telecommun. Res. Inst.	韩国	51	16
2	Samsung Electronics Co. Ltd.	韩国	35	3
3	Bizmodeline Co. Ltd.	韩国	33	1
4	SK Telecom Co. Ltd.	韩国	30	8
5	KT Corp.	韩国	29	6

5. 英国申请人排名

表 7-7 英国分布式注册技术专利申请人排名

序号	申请人	申请人国家	申请数量（件）	授权数量（件）
1	Toshiba K.K.	日本	5	1
2	British Broadcasting Corp.	英国	1	0
3	Zee Christopher	美国	1	0

6. 法国申请人排名

法国在分布式注册技术领域暂无专利申请公开。

7. 德国申请人排名

表 7-8 德国分布式注册技术专利申请人排名

序号	申请人	申请人国家	申请数量（件）	授权数量（件）
1	Thomson Licensing S.A.	法国	1	0
2	Intertech Ventures Ltd.	美国	1	0

8. 俄罗斯申请人排名

表 7-9 俄罗斯分布式注册技术专利申请人排名

序号	申请人	申请人国家	申请数量（件）	授权数量（件）
1	Media Rights Technologies Inc.	美国	1	0

9. 澳大利亚申请人排名

表 7-10　澳大利亚分布式注册技术专利申请人排名

序号	申请人	申请人国家	申请数量（件）	授权数量（件）
1	Sony Corp.	日本	1	0
2	Angel Secure Networks Inc.	美国	1	0
3	Media Rights Technologies Inc.	美国	1	0
4	NEC Corp.	日本	1	0
5	Sunmoretec Co. Ltd.	日本	1	0
6	Thomson Licensing S.A.	法国	1	0
7	Warner Bros. Home Entertainment Inc.	美国	1	0

10. 欧洲专利局申请人排名

表 7-11　欧洲专利局分布式注册技术专利申请人排名

序号	申请人	申请人国家	申请数量（件）	授权数量（件）
1	Sony Corp.	日本	5	0
2	Accenture LLP	美国	5	0
3	Mitsubishi Corp.	日本	4	4
4	Samsung Electronics Co. Ltd.	韩国	4	0
5	Toshiba K.K.	日本	3	3
6	Digimarc Corp.	美国	3	0

11. 世界知识产权组织申请人排名

表 7-12　世界知识产权组织分布式注册技术专利申请人排名

序号	申请人	申请人国家	申请数量（件）
1	Andersen Consulting LLP	美国	5
2	Beep Science A.S.	挪威	2
3	Modestar Corp.	韩国	2
4	Monvini Ltd.	美国	2
5	Snocap Inc.	美国	2

二　专利分析

（一）技术发展趋势分析

分布式技术已经成为新一代计算和应用的主流。图 7-2 为分布式注册技术专利申请量年度分布情况，可以看出，分布式注册技术专利年申请量自 1994 年起逐渐增多，于 2002 年达到峰值，然后逐渐降低。目前，分布式注册技术已经进入成熟期。

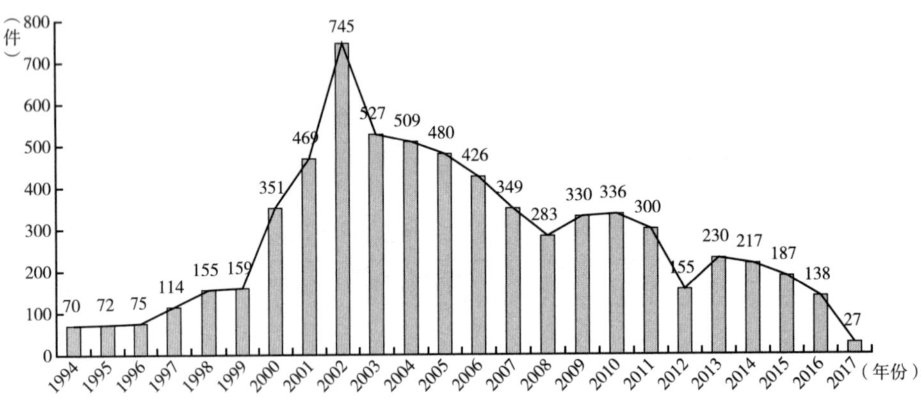

图 7-2　分布式注册技术专利申请量年度分布

（二）技术路线分析

图 7-3 展示了分布式注册技术的发展路线。1994 年 12 月 13 日，“九国两组织”出现了第一件分布式注册技术专利（公开号 JP8166931A）。之后，随着数字网络的发展，各个国家对分布式注册技术进行了较多研究，出现了越来越多的关键性专利和核心专利。例如，韩国电信申请的一仲关于分布式私钥登记的专利（公开号 KR2004118099A）、美国甲骨文申请的关于在覆盖网络上托管分布式目录的专利（公开号 US2008288548A）等。

（三）主要专利申请人分析

以各申请人 1994~2017 年在分布式注册技术领域的专利申请总量进行排名，得出该技术领域的主要申请人是日本电气、日立和日本电报电话公司。

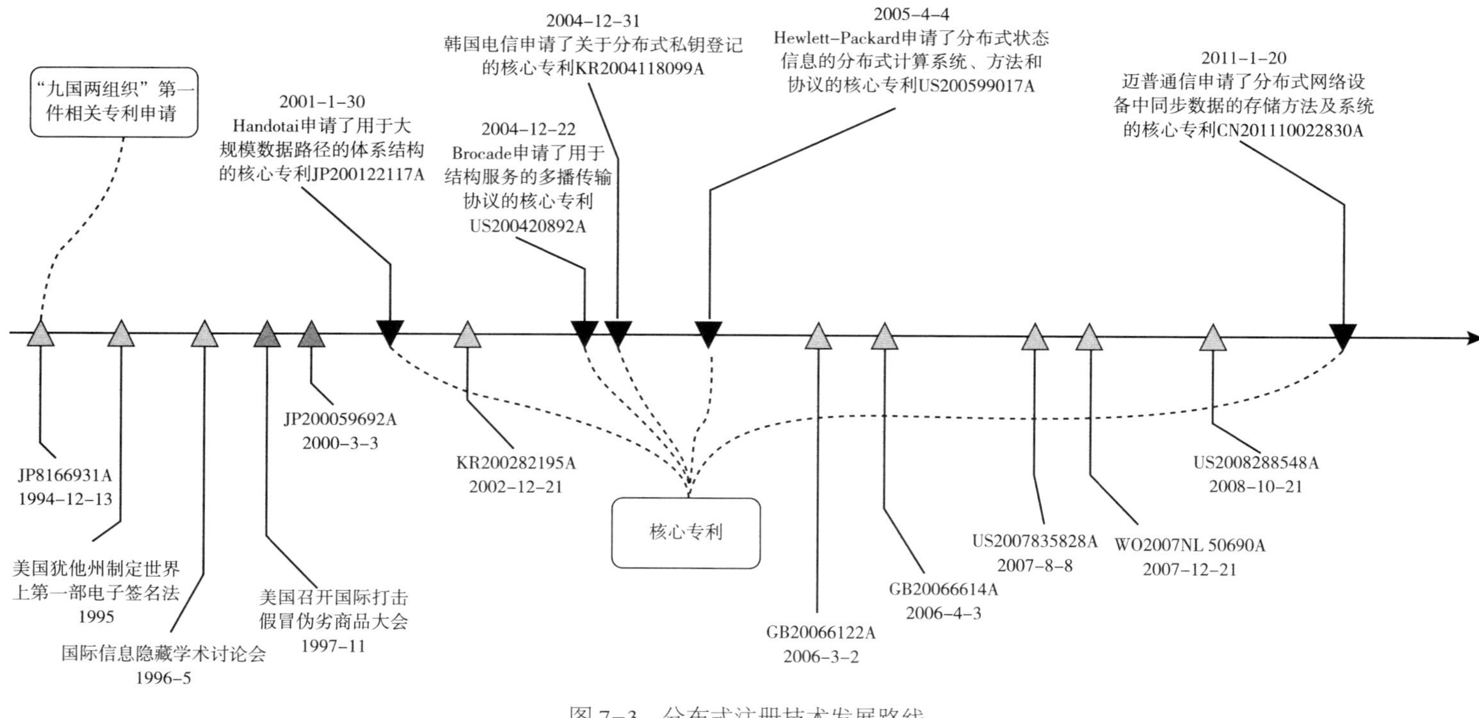

图 7-3 分布式注册技术发展路线

1. 申请量排名第一的专利申请人——日本电气

（1）专利申请量

日本电气是一家跨国信息技术公司，总部位于日本东京。由图 7-4 可以看出，1997~2000 年为日本电气分布式注册技术的快速发展期，专利年申请量增长较快。2001~2009 年日本电气分布式注册技术专利年申请量基本稳定。2010 年专利年申请量大幅下降，之后专利年申请量一直处于低位，推测日本电气对该技术的研发投入已经暂停或遭遇技术瓶颈，结合图 7-5 分析，可能是由于分布式注册技术在日本市场饱和，日本电气失去了对该技术的研发动力。

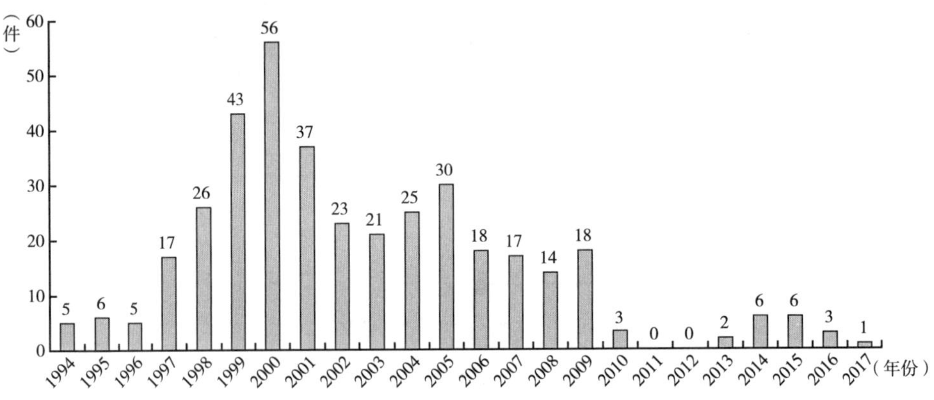

图 7-4 日本电气分布式注册技术专利申请量年度分布

（2）专利申请量区域分布

日本电气总部位于日本，其分布式注册技术面向的市场也主要为日本，因此其专利申请主要布局在日本。除日本之外，日本电气仅在澳大利亚有一件专利申请（见图 7-5）。

（3）技术构成分布

由图 7-6 可以看出，日本电气围绕分布式注册技术申请了较多专利，其研究重点为分布式认证在文件管理、信息化服务和移动设备等相关领域的应用。1999 年 4 月 28 日，日本电气公开了一种关于分布式认证系统和服务器的专利，是这一技术领域的重要成果之一。

图 7-5　日本电气分布式注册技术专利在“九国两组织”的申请量

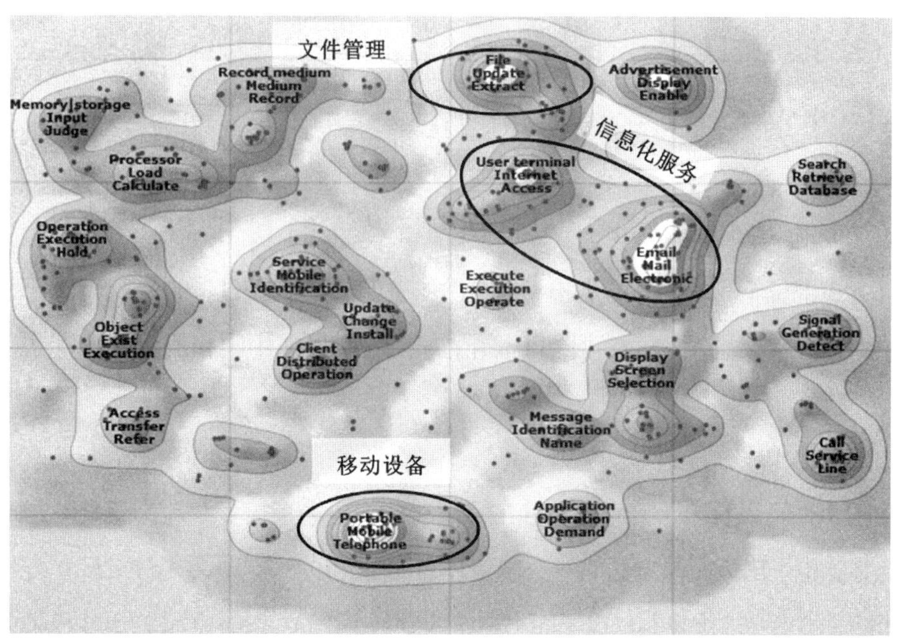

图 7-6　日本电气分布式注册技术构成分布

2. 申请量排名第二的专利申请人——日立

（1）专利申请量

日立是一家跨国信息技术公司，总部位于日本东京。由图 7-7 可以看出，日立关于分布式注册技术的研究起步较早，1994 年便申请了 22 件专利，1998 年达到专利年申请量的峰值，之后发展基本稳定。从 2006 年开始，日立的专利年申请量逐渐下滑，到 2012 年已未见相关专利申请，推测日立对该技术的研发投入已经暂停或遭遇技术瓶颈，结合图 7-8 分析，可能是由于分布式注册技术在日本市场饱和，日立失去了对该技术的研发动力。

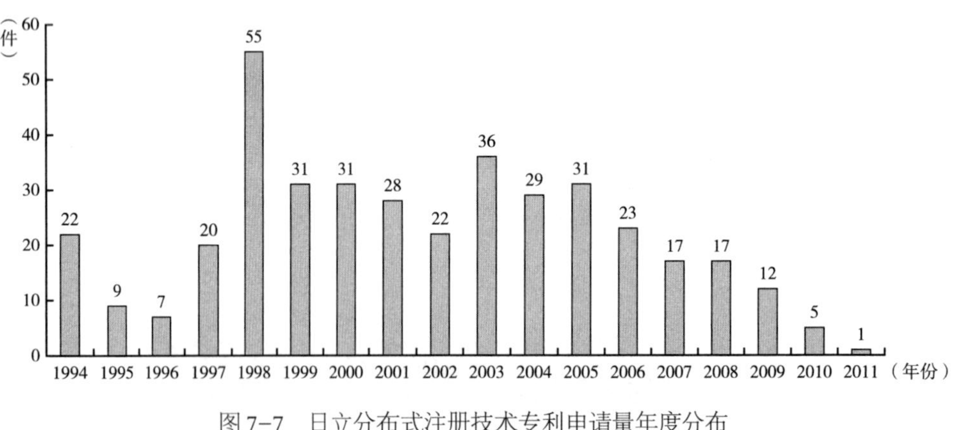

图 7-7　日立分布式注册技术专利申请量年度分布

（2）专利申请量区域分布

日立总部位于日本，其专利申请主要分布在日本，其在日本的专利申请量占其该技术领域专利申请总量的 94%。除日本外，日立在韩国、中国和美国有少量专利申请（见图 7-8）。

（3）技术构成分布

由图 7-9 可以看出，日立围绕分布式注册技术申请了较多专利，但技术方向较为分散，其在电子出版交易方面的专利申请较为突出。1998 年 10 月 1 日，日立公开了一件关于防止书籍被非法复制的电子图书系统的专利，是这一技术领域的重要成果之一。

3. 申请量排名第三的专利申请人——日本电报电话公司

（1）专利申请量

日本电报电话公司总部位于日本东京，是世界最大的电信公司之一。由图 7-10

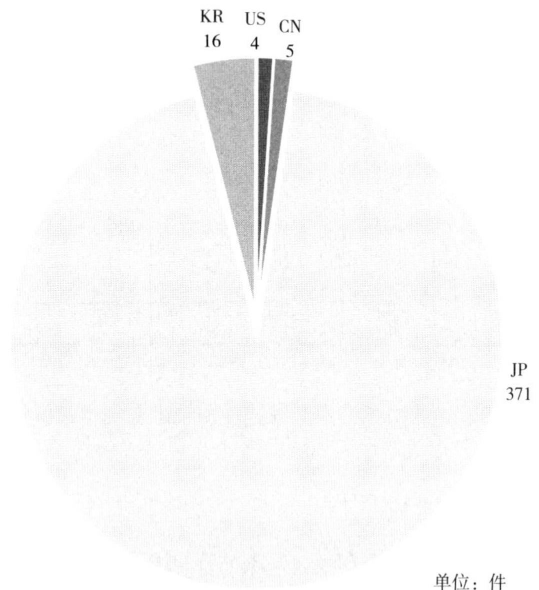

图 7-8　日立分布式注册技术专利在“九国两组织”的申请量

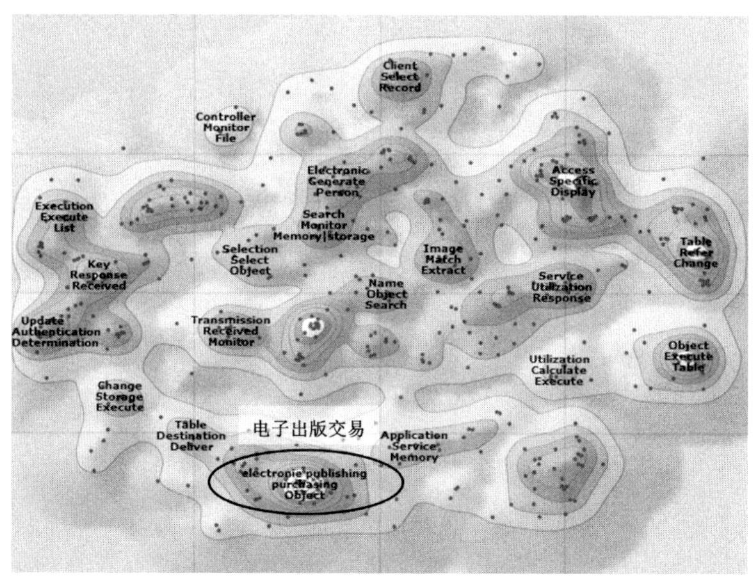

图 7-9　日立分布式注册技术构成分布

可以看出，从 1996 年起日本电报电话公司开始进行分布式注册技术专利申请，且专利年申请量逐渐增多，于 2002 年达到峰值。2003 年以来日本电报电话公司的专利年申请量总体呈下降态势，2011 年以来已未见相关专利申请，推测日本电报电话公司对该技术的研发投入已经暂停或遭遇技术瓶颈。

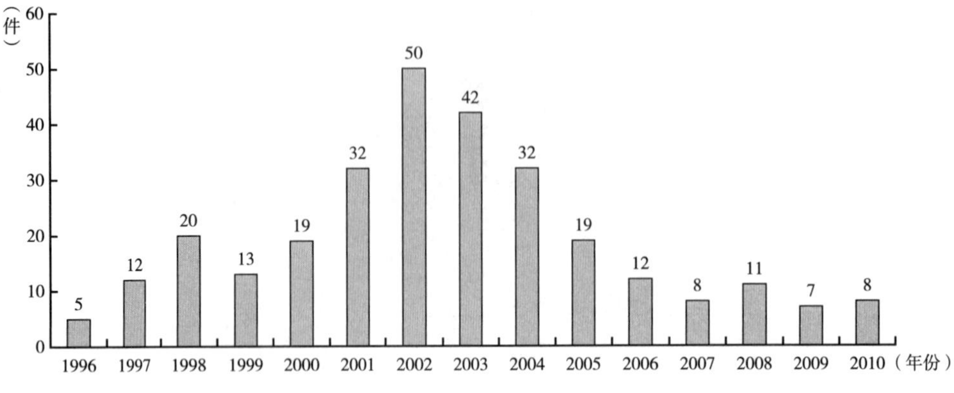

图 7-10　日本电报电话公司分布式注册技术专利申请量年度分布

（2）专利申请量区域分布

日本电报电话公司总部位于日本，其专利申请几乎全部分布在日本（见图 7-11）。日本电报电话公司仅于 1996 年 6 月 21 日在欧洲专利局提交了一件主题为“一种用于产生和管理公开密钥密码系统的私密密钥的方法和系统”的专利。

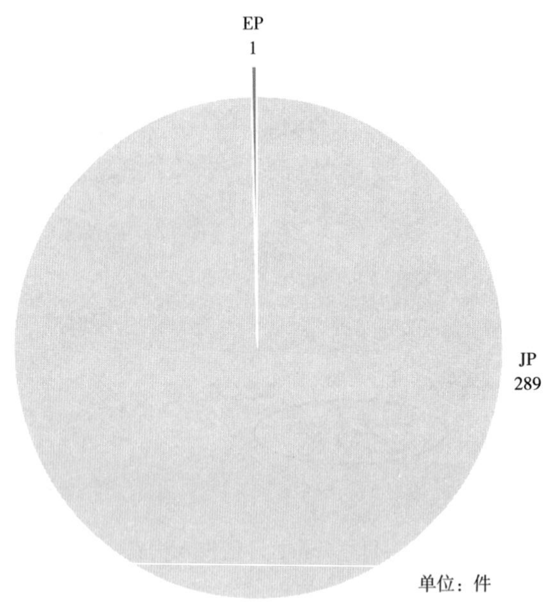

图 7-11　日本电报电话公司分布式注册技术专利在“九国两组织”的申请量

（3）技术构成分布

由图 7-12 可以看出，日本电报电话公司围绕分布式注册技术申请了较多专利，主要涉及分布式注册技术在服务器管理和权利认证领域的应用。2005 年 5 月 17 日，日本电报电话公司公开了一件专利，通过将提取的元数据和注册的元数据进行比较，来检测数字内容是否为非法复制，是这一技术领域的重要成果之一。

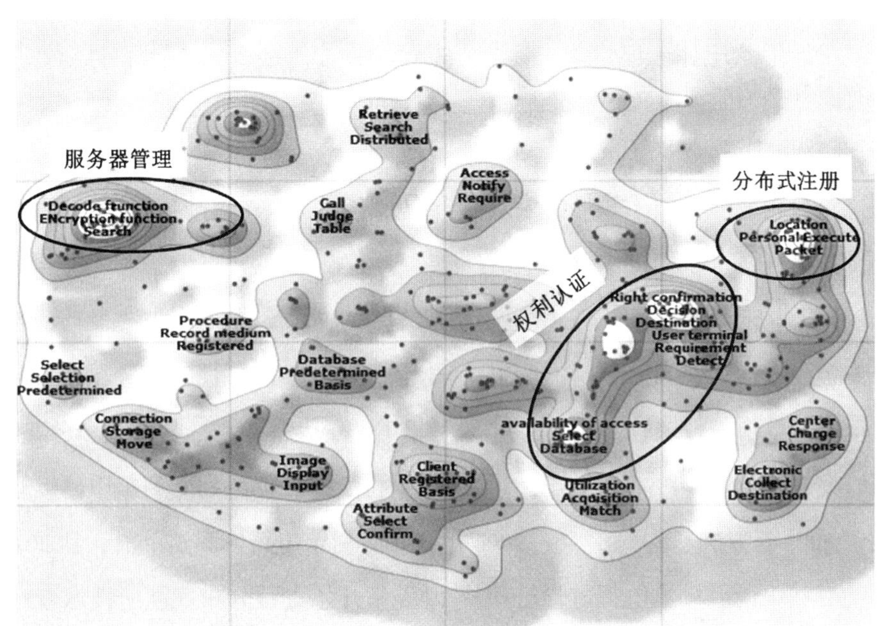

图 7-12　日本电报电话公司分布式注册技术构成分布

三　总结

（一）专利申请总体趋势

就整个行业专利申请状况来看，分布式注册技术专利年申请量自 1994 年以来逐渐增多，2002 年以后专利年申请量逐渐降低。可见，分布式注册技术的发展已经进入成熟期。

（二）主要国家技术发展现状及趋势

1. 美国

分布式注册技术在美国的研发和应用起步较早，2002~2005 年有所发展，之后专利年申请量又有所下降。整体而言，该技术在美国的发展呈不温不火状态。

2. 日本

日本分布式注册技术的成熟度较高。该技术在日本经过萌芽期、发展期和成熟期后，目前已进入专利申请量和申请人数量急剧减少的衰退期。

3. 韩国

分布式注册技术在韩国经过了快速发展期，目前逐渐进入技术成熟期。

4. 中国

分布式注册技术在中国正处于专利申请人数量和专利申请量逐年减少的衰退期，但近年有回升态势。

（三）主要申请人分析

通过对分布式注册技术领域的宏观分析，得出该技术领域排名前三的专利申请人分别是日本电气、日立和日本电报电话公司。

1. 专利申请量比较

日本电气在分布式注册技术领域的专利申请量最多，并且起步较早，1997~2000年专利年申请量增长较快，2010年以来专利年申请量大幅减少。日立关于分布式注册技术的研究起步较早，1994年便申请了22件专利，1998年达到专利年申请量的峰值，之后直至2005年发展基本稳定，从2006年开始专利年申请量逐渐下滑，到2012年已未见相关专利申请。日本电报电话公司从1996年开始进行分布式注册技术专利申请，之后专利年申请量逐渐增长，2002年之后逐渐下降，2011年以来已未见相关专利申请。

2. 专利资产地域布局分析

在分布式注册技术领域，日本电气、日立和日本电报电话公司的专利申请几乎全部分布在日本。

3. 技术热点分析

在分布式注册技术领域，日本电气重点关注分布式认证在文件管理和信息化服务等相关领域的应用。日立的技术方向较为分散，在电子出版交易方面相对突出。日本电报电话公司主要关注分布式注册技术在服务器管理和权利认证领域的应用。

第二节　分布式网络爬虫技术

分布式网络爬虫技术是数字版权保护领域的常用技术，通过分布式部署爬虫服务，高效率地爬取网络内容信息，为网络侵权取证与证据保全提供技术支撑。围绕该技术的专利申请发轫于 20 世纪 90 年代中后期，1997~2004 年发展缓慢，从 2005 年开始快速增长，于 2014 年达到顶峰，之后稍有回落，但热度仍然较高。随着网络信息抓取业务需求日趋增多，可以预见，该技术的创新与应用还有很大的发展空间。

一　专利检索

（一）检索结果概述

以分布式网络爬虫技术为检索主题，在“九国两组织”范围内共检索到相关专利申请 1059 件，具体数量分布如表 7–13 所示。

表 7–13　“九国两组织”分布式网络爬虫技术专利申请量

单位：件

国家 / 国际组织	专利申请量	国家 / 国际组织	专利申请量
US	437	DE	2
CN	390	RU	1
JP	42	AU	13
KR	40	EP	36
GB	3	WO	95
FR	0	总计	1059

（二）“九国两组织”分布式网络爬虫技术专利申请趋势

从表 7–14 和图 7–13 可以看出，2004 年之前“九国两组织”范围内只有美国、澳大利亚和日本对分布式网络爬虫技术进行了初步研究。2000 年以来，美国关于此项技术的专利年申请量整体呈上升态势，近年来专利年申请量呈稳定状态。中国则是从 2007 年开始专利申请量呈逐年增长态势，2013 年中国专利年申请量超过美国。而 2015 年以来日本和韩国对分布式网络爬虫技术的研究有所弱化。

表 7-14　1994~2017 年"九国两组织"分布式网络爬虫技术专利申请量

单位：件

国家 / 国际组织	专利申请量																	
	90	01	02	03	04	05	06	07	08	09	10	11	12	13	14	15	16	17
US	2	3	8	7	8	13	19	23	26	41	35	50	48	48	48	21	28	9
CN	0	0	0	0	0	1	1	4	7	10	12	15	17	50	62	63	73	75
JP	1	1	0	0	0	2	2	1	2	4	1	8	6	9	4	1	0	0
KR	0	0	0	0	0	0	1	2	8	0	2	7	4	5	5	3	1	2
GB	0	0	0	0	0	0	0	0	1	1	1	0	0	0	0	0	0	0
FR	0	0	0	0	0	0	0	0	0	0	0	0	0	0	0	0	0	0
DE	0	0	0	0	0	0	0	0	0	0	0	0	0	0	1	0	1	0
RU	0	0	0	0	0	0	0	0	0	0	0	0	0	1	0	0	0	0
AU	1	1	0	0	0	0	0	2	1	1	2	1	1	2	1	0	0	0
EP	0	0	0	0	1	2	4	1	5	1	5	3	6	2	5	1	0	0
WO	1	5	2	2	0	4	6	8	16	10	6	4	6	8	8	4	3	2
合计	5	10	10	9	9	22	33	41	66	68	64	88	88	125	134	93	106	88

注："90"指 1994~2000 年的专利申请总量，"01~17"分别指 2001~2017 年当年的专利申请量。

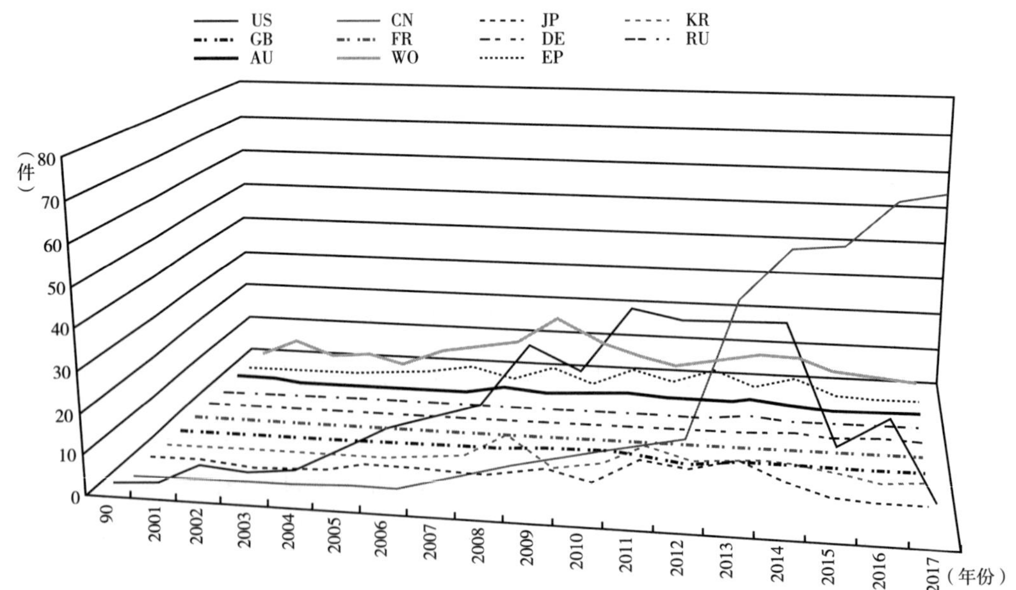

图 7-13　"九国两组织"分布式网络爬虫技术专利申请趋势

注："90"指 1994~2000 年的专利申请总量。

（三）“九国两组织”分布式网络爬虫技术专利申请人排名

1994~2017 年“九国两组织”分布式网络爬虫技术专利申请人排名情况如表 7-15 ~ 表 7-24 所示。法国在该技术领域暂无专利申请公开。

1. 美国申请人排名

表 7-15　美国分布式网络爬虫技术专利申请人排名

序号	申请人	申请人国家	申请数量（件）	授权数量（件）
1	IBM Corp.	美国	33	26
2	Google Inc.	美国	33	10
3	Microsoft Corp.	美国	28	11
4	Yahoo Inc.	美国	27	9
5	Oracle Int. Corp.	美国	27	6

2. 中国申请人排名

表 7-16　中国分布式网络爬虫技术专利申请人排名

序号	申请人	申请人国家	申请数量（件）	授权数量（件）
1	Beijing Jingdong Shangke Information Technology Co. Ltd.（京东尚科信息技术）	中国	20	5
2	Univ. Huazhong Science Technology（华中科技大学）	中国	10	6
3	Univ. Wuhan（武汉大学）	中国	6	4
4	Univ. Beijing Posts & Telecomm（北京邮电大学）	中国	6	2
5	Beijing Jingdong Century Trading Co. Ltd.（京东世纪贸易）	中国	5	0

3. 日本申请人排名

表 7-17　日本分布式网络爬虫技术专利申请人排名

序号	申请人	申请人国家	申请数量（件）	授权数量（件）
1	Yahoo lnc.	美国	5	5
2	Yahoo Japan Corp.	日本	5	5
3	Google Inc.	美国	3	3
4	Mitsubishi Electric Corp.	日本	2	2
5	Microsoft Corp.	美国	1	1

4. 韩国申请人排名

表 7-18　韩国分布式网络爬虫技术专利申请人排名

序号	申请人	申请人国家	申请数量（件）	授权数量（件）
1	Yahoo Inc.	美国	4	4
2	Google Inc.	美国	2	2
3	IBM Corp.	美国	2	2
4	Microsoft Corp.	美国	1	1

5. 英国申请人排名

表 7-19　英国分布式网络爬虫技术专利申请人排名

序号	申请人	申请人国家	申请数量（件）	授权数量（件）
1	Taptu Ltd.	英国	1	0
2	IAC Search & Media Inc.	美国	1	0

6. 法国申请人排名

法国在分布式网络爬虫技术领域暂无专利申请公开。

7. 德国申请人排名

表 7-20　德国分布式网络爬虫技术专利申请人排名

序号	申请人	申请人国家	申请数量（件）	授权数量（件）
1	IBM Corp.	美国	2	0

8. 俄罗斯申请人排名

表 7-21　俄罗斯分布式网络爬虫技术专利申请人排名

序号	申请人	申请人国家	申请数量（件）	授权数量（件）
1	Blekko Inc.	美国	1	0

9. 澳大利亚申请人排名

表 7-22　澳大利亚分布式网络爬虫技术专利申请人排名

序号	申请人	申请人国家	申请数量（件）	授权数量（件）
1	Truveo Inc.	美国	2	2
2	Microsoft Corp.	美国	1	1
3	Res. Now Ltd.	英国	1	1
4	Conversition Strategies Inc.	加拿大	1	1
5	Yahoo Inc.	美国	1	0

10. 欧洲专利局申请人排名

表 7-23　欧洲专利局分布式网络爬虫技术专利申请人排名

序号	申请人	申请人国家	申请数量（件）	授权数量（件）
1	Airbus Operations SL	西班牙	3	3
2	Fujitsu Ltd.	日本	2	0
3	Paglo Labs Inc.	美国	2	0
4	Google Inc.	美国	2	0
5	Microsoft Corp.	美国	1	0

11. 世界知识产权组织申请人排名

表 7-24　世界知识产权组织分布式网络爬虫技术专利申请人排名

序号	申请人	申请人国家	专利申请量
1	Dipsie Inc.	美国	5
2	Google Inc.	美国	4
3	Yahoo Inc.	美国	4
4	AltaVista co.	美国	4
5	Microsoft Corp.	美国	1

二 专利分析

（一）技术发展趋势分析

分布式网络爬虫包含多个可以并行工作的网络爬虫，每一个爬虫都能够根据调度安排定向抓取相关网页资源，从互联网上下载网页内容。除此之外，网络爬虫获得初始网页的URL后，在抓取网页的过程中，可以不断从当前页面上抽取新的URL放入队列，直到满足系统的停止条件[①]。分布式网络爬虫技术能够满足网络侵权追踪平台采集大量网页数据的需要。

从图7-14可以看出，1997~2014年分布式网络爬虫技术专利年申请量总体呈增长态势，但是该技术在“九国两组织”范围内的专利申请总量并不多，到目前为止年申请量的纪录为2014年的134件，年均申请量仅为50件，相对于互联网的爆炸式发展和数字信息的迅猛发展，该技术发展显然有些缓慢。在网络信息抓取需求不断增长、抓取精度要求不断提高的背景下，分布式网络爬虫技术还有很大的发展空间，同时也有很多技术难题需要攻克，该技术属于当前行业研发热点。

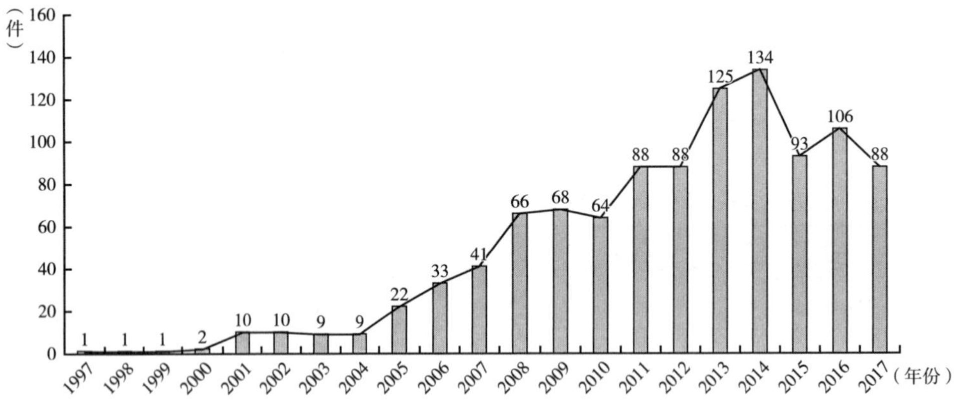

图7-14 分布式网络爬虫技术专利申请量年度分布

① 吕阳:《分布式网络爬虫系统的设计与实现》，硕士学位论文，电子科技大学，2013，第16页。

（二）技术路线分析

图 7-15 展示了分布式网络爬虫技术的发展路线，这一技术领域的核心专利主要涉及网络抓取系统和方法、基于抓取和检索标准的关联文件抓取和网络爬虫排重方法等主题，这些专利被多次引用和引证。

采用分布式网络爬虫技术在尽量短的时间内搜集尽可能多的网页，是研制高效搜索引擎的关键技术。截至目前，分布式网络爬虫系统已经有了不少应用，例如谷歌和 AltaVista 搜索引擎的网络爬虫系统。谷歌的分布式爬虫系统由 4 台机器组成，1 台为中央主机，3 台仅负责爬行网页，并且仅与中央主机通信。中央主机从文件里读取 URL，并分发给其他机器的 Crawler 进程。爬虫采用异步 I/O 同时从 300 个网站上获取数据。所有的 Crawler 将下载的页面压缩并存放在磁盘上，然后 Indexer 进程从这些页面中提取 URL 并存放于另一个磁盘文件。URL Resolver 进程读取存放链接的文件，将相对链接转化为绝对链接，并存入文件供中央主机读取。该系统的不足之处在于若中央主机失效则整个系统都会停止工作。AltaVista 搜索引擎的网络爬虫系统 Mercator 由 Java 写成，可扩展性很好，可以通过增减或替换模块来实现不同的功能。Mercator 采用的数据结构可以节省大量的内存和磁盘空间。

（三）主要专利申请人分析

通过对分布式网络爬虫技术专利检索结果的分析，笔者得到该技术领域专利申请量排名前三的申请人分别是谷歌、IBM 和微软。

1. 申请量排名第一的专利申请人——谷歌

（1）专利申请量

谷歌自 1998 年成立以来，致力于互联网搜索领域，谷歌搜索是全球最大的搜索引擎之一，拥有非常多的用户。作为网络搜索行业的巨头，谷歌多年来在网络信息抓取方面不断投入研发资源。从图 7-16 可以看出，除 2007 年外，2003~2014 年谷歌每年都有分布式网络爬虫技术专利申请。2007 年没有相关专利申请可能与谷歌在 2005~2007 年陆续收购或购买美国在线股权、YouTube 网站和中国网域注册名称有关。2011 年以来，随着谷歌不断扩展业务类型，技术研发方向越来越多，其分布式网络爬虫技术专利年申请量开始下降。

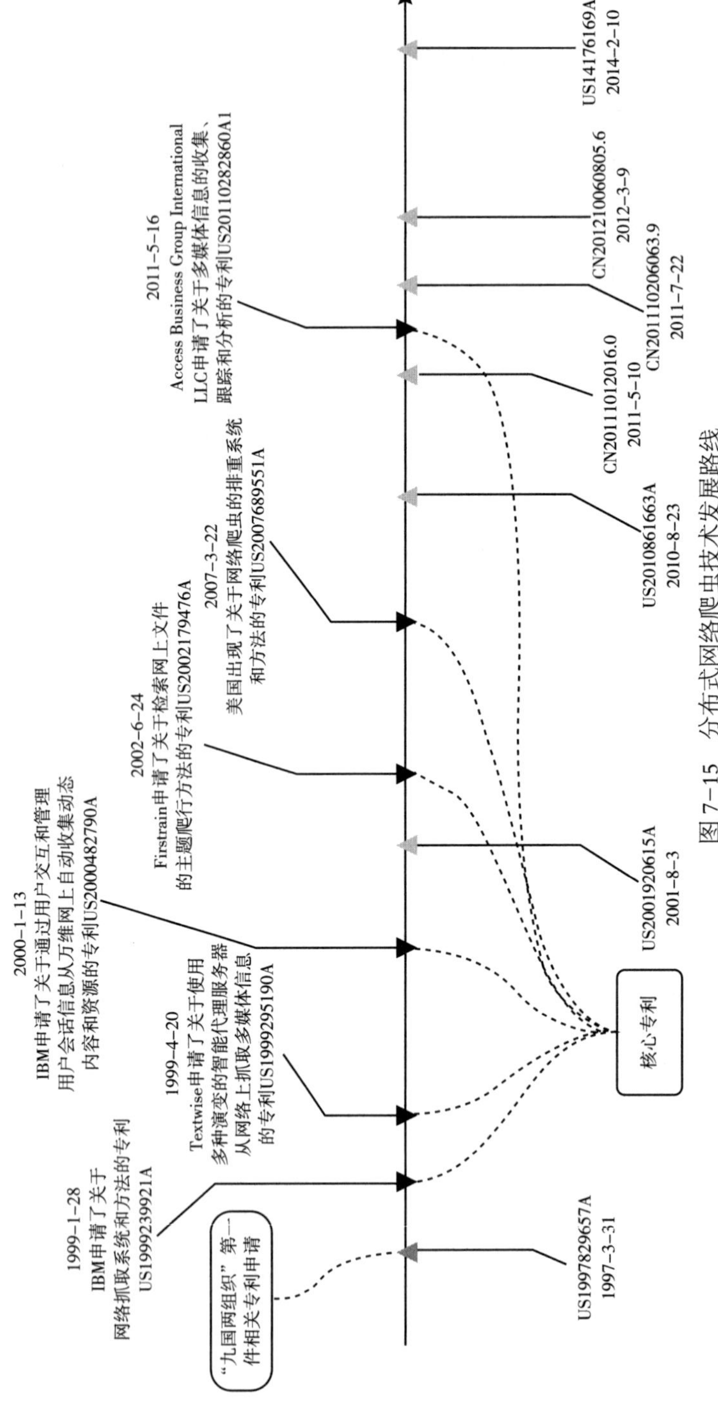

图 7-15　分布式网络爬虫技术发展路线

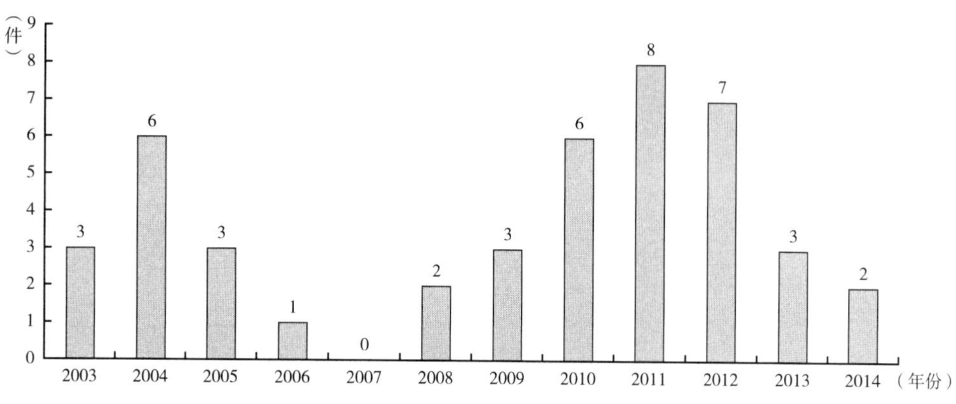

图 7-16 谷歌分布式网络爬虫技术专利申请量年度分布

（2）专利申请量区域分布

谷歌总部位于美国加利福尼亚州，其绝大多数分布式网络爬虫技术专利的申请国和公开国都是美国（见图 7-17）。当然，这也与美国整体的科学技术水平有关。在互联网搜索技术比较先进的美国，谷歌只有掌握分布式网络爬虫技术领域的核心技术，才能巩固并提升自身的市场地位。

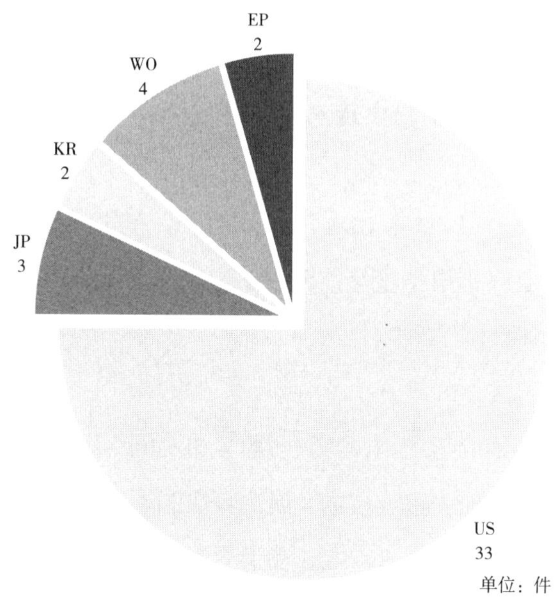

图 7-17 谷歌分布式网络爬虫技术专利在“九国两组织”的申请量

（3）技术构成分布

图 7-18 为谷歌分布式网络爬虫技术的构成分布，可以看出，在分布式网络爬虫技术领域，谷歌主要关注网络爬虫系统、抓取内容和爬取时间计划等方面的技术。

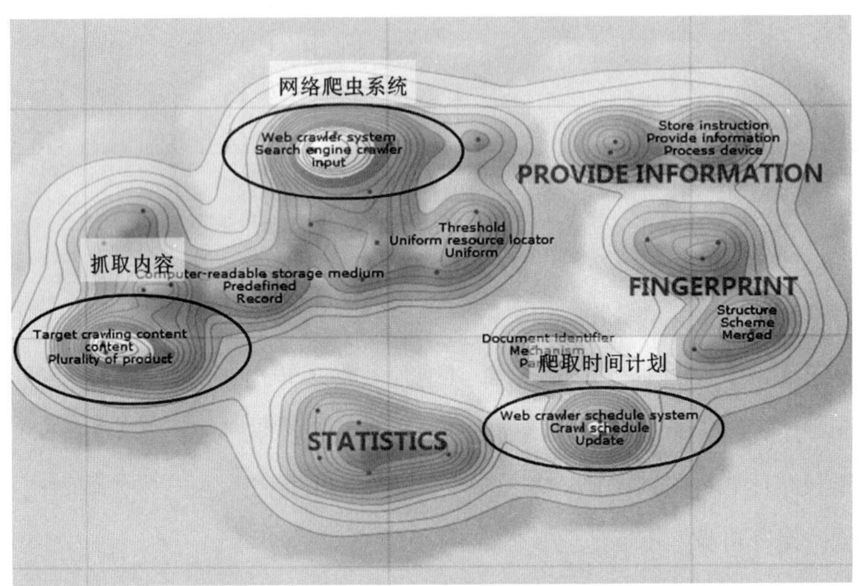

图 7-18　谷歌分布式网络爬虫技术构成分布

2. 申请量排名第二的专利申请人——IBM

（1）专利申请量

从图 7-19 可以看出，1999 年 IBM 已经开始了分布式网络爬虫技术的研发工作，1999~2014 年 IBM 的专利年申请量呈波动状态。总体而言，IBM 每一年的专利申请量都不高，最高为 2012 年的 7 件。

（2）专利申请量区域分布

IBM 的总部位于美国的纽约州，其大多数分布式网络爬虫技术专利也是在美国申请的。IBM 在其他技术比较先进或技术发展比较快的国家，如中国、韩国、日本和德国，也有少量专利分布。除此之外，IBM 在世界知识产权组织有 2 件专利申请，希望以较低的成本换取其技术在多个国家的专利保护（见图 7-20）。

（3）技术构成分布

图 7-21 为 IBM 分布式网络爬虫技术的构成分布，可以看出，在分布式网络爬虫

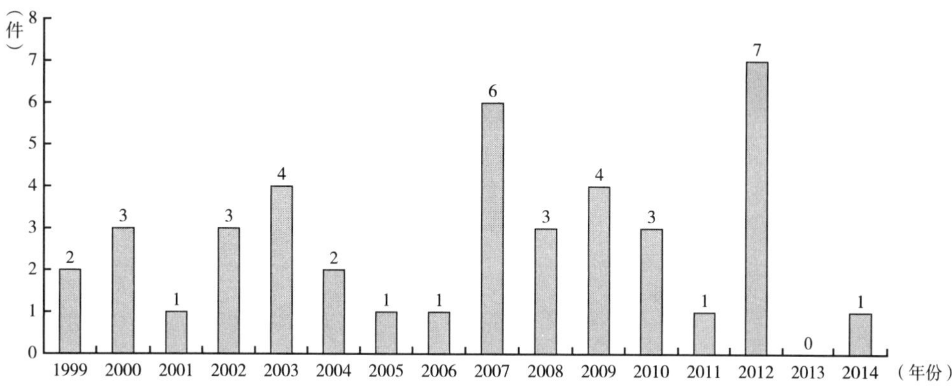

图 7-19　IBM 分布式网络爬虫技术专利申请量年度分布

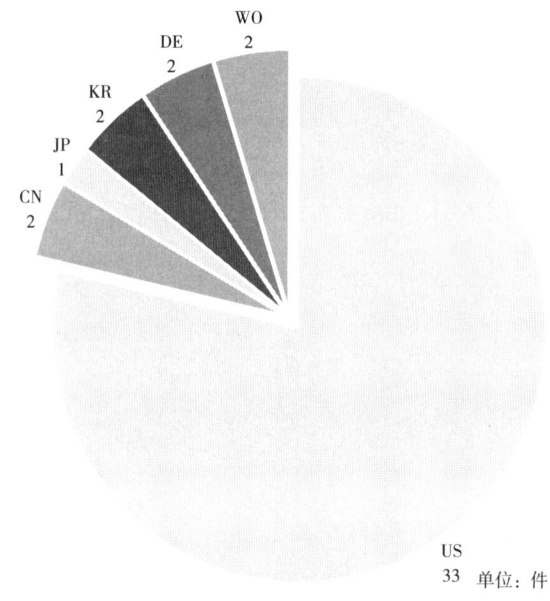

图 7-20　IBM 分布式网络爬虫技术专利在“九国两组织”的申请量

技术领域，IBM 主要关注资源定位、爬行内容和增量爬网方面的技术。

3. 申请量排名第三的专利申请人——微软

（1）专利申请量

从图 7-22 可知，在 2003 年以前，微软分布式网络爬虫技术专利申请非常少；从 2003 年开始，由于市场需求增多，以及美国对这项技术的重视程度逐渐提升，微软每年都有多件相关专利申请，专利年申请量总体较稳定。

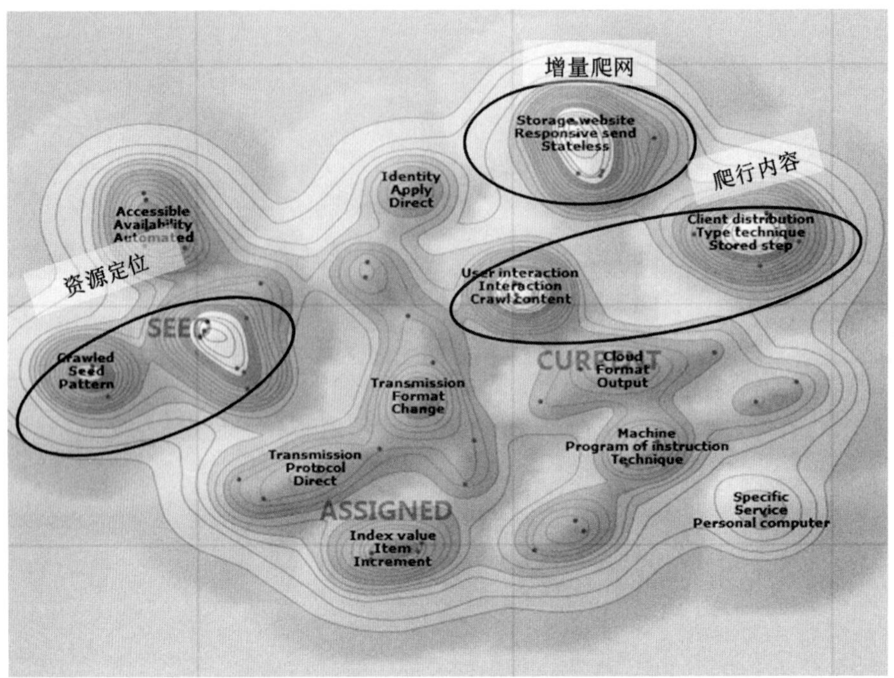

图 7-21　IBM 分布式网络爬虫技术构成分布

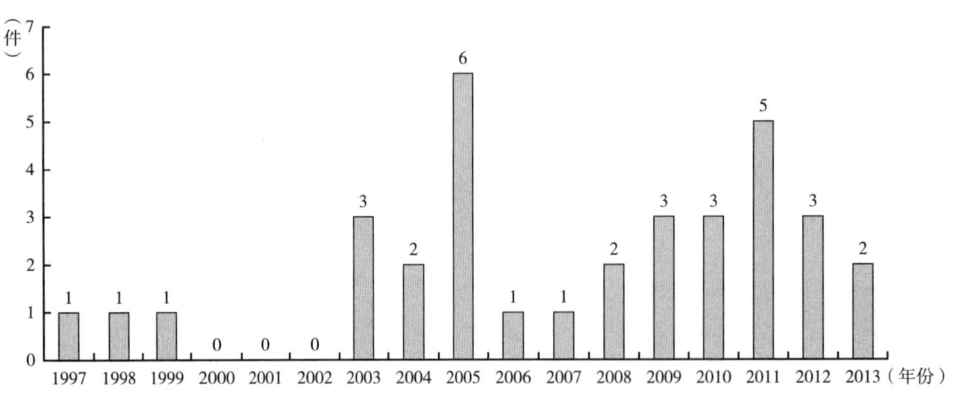

图 7-22　微软分布式网络爬虫技术专利申请量年度分布

（2）专利申请量区域分布

微软总部位于美国的华盛顿州，其专利绝大多数都是在美国申请并公开的。除美国外，微软在日本、韩国、俄罗斯、澳大利亚、欧洲专利局和世界知识产权组织各有 1 件专利申请（见图 7-23）。

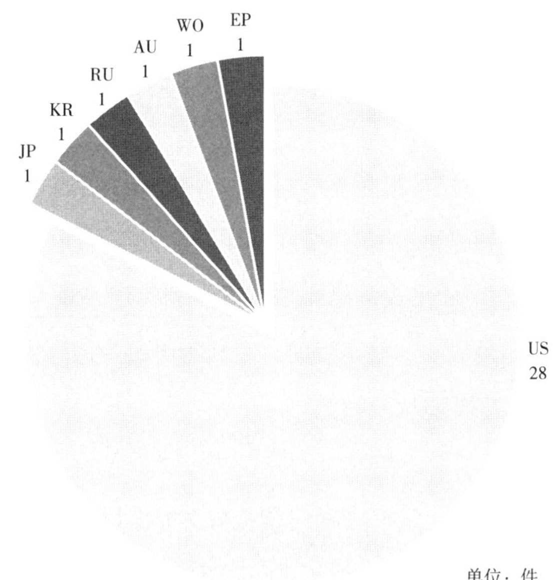

图 7-23　微软分布式网络爬虫技术专利在“九国两组织”的申请量

（3）技术构成分布

图 7-24 为微软分布式网络爬虫技术的构成分布，可以看出，在分布式网络爬虫技术领域，微软主要关注爬取时间和爬行存储方面的技术。

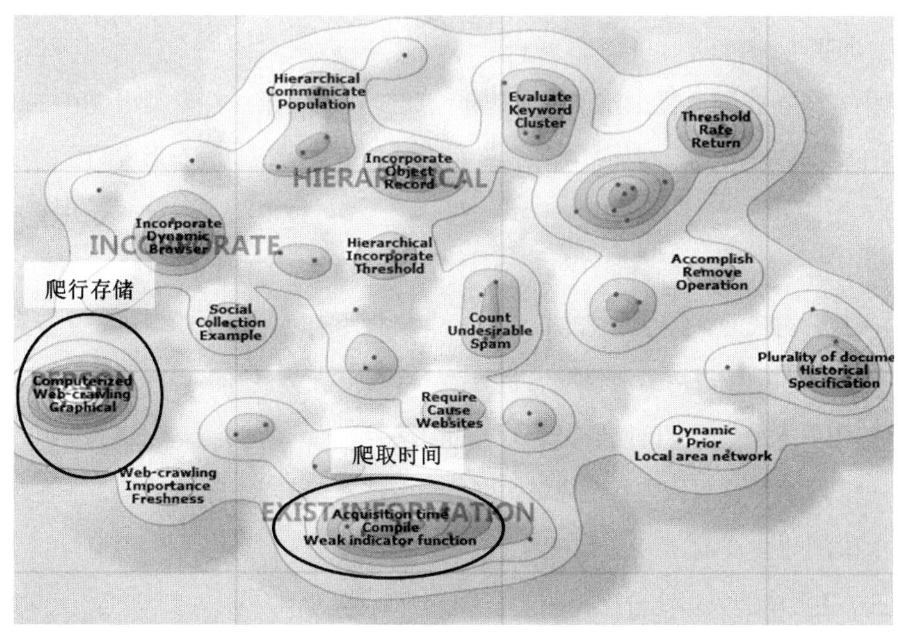

图 7-24　微软分布式网络爬虫技术构成分布

三 总结

（一）专利申请总体趋势

分布式网络爬虫技术诞生于20世纪90年代中期，研究初期技术发展较缓慢，2004年之前专利年申请量均未超过10件。自2005年以来，随着互联网应用的不断普及和相关技术研发的持续性投入，分布式网络爬虫技术专利年申请量呈现持续增长态势；但整体来看，专利申请量不是很高，截至目前，专利年申请量最高为2014年的134件。

（二）主要国家技术发展现状及趋势

1. 美国

美国是全球最早开始研究分布式网络爬虫技术的国家之一，引领了这一技术的持续性研究，拥有最多的专利数量。近年来，美国仍然是这一技术领域的专利申请大国，但已经历了研发和应用推广的最热时期，技术发展趋于稳定。

2. 日本

日本也是全球最早研究分布式网络爬虫技术的国家之一。虽然日本在这一技术领域的研究起步很早，但从其专利申请情况来看，该技术在日本的研究应用并没有真正进入“热潮”时期，其专利年申请量最高的年份为2013年，但仅有9件专利申请。

3. 韩国

韩国在分布式网络爬虫技术方面的研究起步较晚，第一件专利出现在2006年。该技术在韩国的发展情况与日本类似，专利申请总量较少，也没有形成明显的技术发展趋势。

4. 中国

中国在分布式网络爬虫技术方面的研究起步也比较晚，但自出现第一件专利申请以来，该技术在中国保持着快速发展态势，至今发展态势良好。目前，中国是全球分布式网络爬虫技术专利申请量仅次于美国的国家。

根据以上分析，整体来看，分布式网络爬虫技术在全球处于成熟期，而在起步较晚的中国仍处于发展期。

（三）主要申请人对比分析

通过对分布式网络爬虫技术领域的宏观分析，得出行业内的三个主要申请人是谷歌、IBM 和微软。

1. 专利申请量比较

在分布式网络爬虫技术领域，谷歌、IBM 和微软的专利申请量位居全球前三，但各申请人的专利申请总量都不过百件，均未体现明显优势。正因如此，该技术出现至今的 20 多年中，没有形成明显的发展趋势。

2. 专利资产地域布局分析

谷歌、IBM 和微软的绝大多数专利申请都是在美国市场进行的。美国作为全球互联网和计算机技术最发达的国家之一，吸引了很多行业巨头公司将专利布局在此。此外，谷歌、IBM 和微软在其他一些技术比较发达的国家或地区，如日本、韩国和欧洲等也进行了少量专利申请。

3. 技术热点分析

在分布式网络爬虫技术领域，谷歌主要关注网络爬虫系统、抓取内容和爬取时间计划方面的技术。IBM 则更关注爬行过程中涉及的一些具体技术，如资源定位、爬行内容和增量爬网等技术。微软则重点关注爬取时间和爬行存储技术。

第三节　基于区块链的数字内容作品交易追踪技术

基于区块链的数字内容作品交易追踪技术是新兴热门技术，该技术利用区块链去中心化记账和数据公开透明的特性，实现数字作品确权和交易等记录真实、完整和可追溯，保证数字作品交易的安全、透明和可追踪。围绕该技术的专利申请出现于 2009 年，从 2014 年起进入快速增长期，目前总体处于探索阶段。较之传统数字作品交易版权保护方式，该技术具有明显优势，正受到越来越多用户的青睐。可以预见，该技术在未来一段时期内创新和应用空间较大。

一　专利检索

（一）检索结果概述

以基于区块链的数字内容作品交易追踪技术为检索主题，在“九国两组织”范围内共检索到相关专利申请 122 件，具体数量分布如表 7-25 所示。

表 7-25　“九国两组织”基于区块链的数字内容作品交易追踪技术专利申请量

单位：件

国家 / 国际组织	专利申请量	国家 / 国际组织	专利申请量
US	27	DE	0
CN	80	RU	0
JP	0	AU	0
KR	1	EP	0
GB	0	WO	14
FR	0	总计	122

（二）“九国两组织”基于区块链的数字内容作品交易追踪技术专利申请趋势

区块链的概念起源于 2008 年，是对比特币系统底层技术的抽象，直到 2009 年人们才认识到区块链技术的价值，随后区块链底层技术以及区块链应用技术逐渐成为研究热点。基于区块链的数字内容作品交易追踪技术是区块链技术在数字版权保护领域的落地技术之一，目前已经有相关探索性的产品上市，如中国的亿书，亿书是一款专注于数字版权保护的区块链产品，采用区块链技术保证数字版权安全、透明和可追踪。表 7-26 和图 7-25 展示了 1994~2017 年“九国两组织”在基于区块链的数字内容作品交易追踪技术领域的专利申请情况，可以看出，该技术领域已经公开的专利申请不多，只有美国、中国、韩国和世界知识产权组织有相关专利公开。美国从 2009 年开始有相关专利申请，2014~2017 年专利申请量逐年增长，但每年专利申请量都不多。中国 2015 年才有相关专利申请，但发展迅速，2017 年已经公开的专利申请达 53 件。

表 7-26　1994~2017 年“九国两组织”基于区块链的数字内容作品交易追踪技术专利申请量

单位：件

国家 / 国际组织	专利申请量																	
	90	01	02	03	04	05	06	07	08	09	10	11	12	13	14	15	16	17
US	0	0	0	0	0	0	0	0	0	1	0	2	0	0	3	6	7	8
CN	0	0	0	0	0	0	0	0	0	0	0	0	0	0	0	3	24	53
JP	0	0	0	0	0	0	0	0	0	0	0	0	0	0	0	0	0	0
KR	0	0	0	0	0	0	0	0	0	0	0	0	0	0	0	0	1	0
GB	0	0	0	0	0	0	0	0	0	0	0	0	0	0	0	0	0	0
FR	0	0	0	0	0	0	0	0	0	0	0	0	0	0	0	0	0	0

续表

国家 / 国际组织	专利申请量																	
	90	01	02	03	04	05	06	07	08	09	10	11	12	13	14	15	16	17
DE	0	0	0	0	0	0	0	0	0	0	0	0	0	0	0	0	0	0
RU	0	0	0	0	0	0	0	0	0	0	0	0	0	0	0	0	0	0
AU	0	0	0	0	0	0	0	0	0	0	0	0	0	0	0	0	0	0
EP	0	0	0	0	0	0	0	0	0	0	0	0	0	0	0	0	0	0
WO	0	0	0	0	0	0	0	0	0	0	0	0	0	0	1	0	3	10
合计	0	0	0	0	0	0	0	0	0	1	0	2	0	0	4	9	35	71

注："90" 指 1994~2000 年的专利申请总量，"01~17" 分别指 2001~2017 年当年的专利申请量。

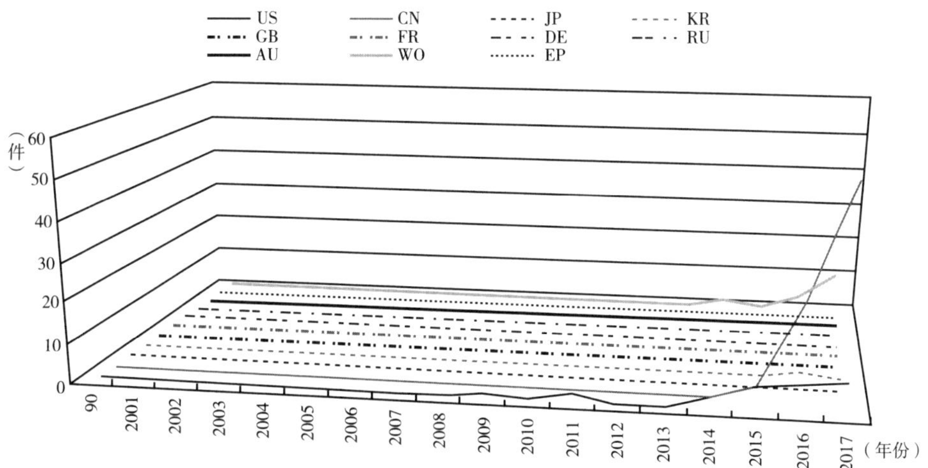

图 7-25　"九国两组织" 基于区块链的数字内容作品交易追踪技术专利申请趋势

（三）"九国两组织" 基于区块链的数字内容作品交易追踪技术专利申请人排名

1994~2017 年 "九国两组织" 基于区块链的数字内容作品交易追踪技术专利申请人排名情况如表 7-27 ~ 表 7-30 所示。日本、英国、法国、德国、俄罗斯、澳大利亚和欧洲专利局在该技术领域暂无专利申请公开。

1. 美国申请人排名

表 7-27　美国基于区块链的数字内容作品交易追踪技术专利申请人排名

序号	申请人	申请人国家	申请数量（件）	授权数量（件）
1	Monegraph Inc.	美国	5	0
2	The Toronto Dominion Bank	加拿大	2	0

续表

序号	申请人	申请人国家	申请数量（件）	授权数量（件）
3	The Filing Cabinet LLC	美国	2	0
4	Apple Inc.	美国	1	0
5	Bank of America Corp.	美国	1	0

2. 中国申请人排名

表 7-28 中国基于区块链的数字内容作品交易追踪技术专利申请人排名

序号	申请人	申请人国家	申请数量（件）	授权数量（件）
1	Shanghai Vechain Information Technology Co. Ltd.（上海唯链信息）	中国	8	0
2	Wuxi Jingtum Network Technology Co. Ltd.（无锡井通网络）	中国	5	0
3	Zhonglian Technology Co. Ltd.（中链科技）	中国	5	0
4	Beijing Zhongguang Zhangshi Technology Co. Ltd.（北京中广掌视）	中国	3	1
5	Huawei Tech. Co. Ltd.（华为）	中国	3	0

3. 日本申请人排名

日本在基于区块链的数字内容作品交易追踪技术领域暂无专利申请公开。

4. 韩国申请人排名

表 7-29 韩国基于区块链的数字内容作品交易追踪技术专利申请人排名

序号	申请人	申请人国家	申请数量（件）	授权数量（件）
1	Rapi Inc.	韩国	1	0

5. 英国申请人排名

英国在基于区块链的数字内容作品交易追踪技术领域暂无专利申请公开。

6. 法国申请人排名

法国在基于区块链的数字内容作品交易追踪技术领域暂无专利申请公开。

7. 德国申请人排名

德国在基于区块链的数字内容作品交易追踪技术领域暂无专利申请公开。

8. 俄罗斯申请人排名

俄罗斯在基于区块链的数字内容作品交易追踪技术领域暂无专利申请公开。

9. 澳大利亚申请人排名

澳大利亚在基于区块链的数字内容作品交易追踪技术领域暂无专利申请公开。

10. 欧洲专利局申请人排名

欧洲专利局在基于区块链的数字内容作品交易追踪技术领域暂无专利申请公开。

11. 世界知识产权组织申请人排名

表 7-30　世界知识产权组织基于区块链的数字内容作品交易追踪技术专利申请人排名

序号	申请人	申请人国家	专利申请数量
1	Huawei Tech. Co. Ltd.（华为）	中国	3
2	Dot Blockchain Music Inc.	美国	1
3	Moneycatcha Pty. Ltd.	澳大利亚	1
4	Sony Corp.	日本	1

二　专利分析

（一）技术发展趋势分析

虽然区块链底层所涉及的加密技术、签名技术、智能合约技术和 P2P 传输技术等在区块链概念出现之前已经存在，但区块链将以上技术整合在一起，并应用于非可信的去中心化环境，这是一种全新的尝试。区块链具有去中心化记账、数据不可篡改和数据公开透明等特点，给近年来愈发严峻的数字版权保护问题带来了机遇，众多企业和创业者都瞄准了数字版权保护这一领域，探索区块链技术在数字版权保护中的落地。

区块链技术的研发热潮不仅体现在技术圈和企业界，还体现在政策的大力支持上。2016 年 12 月 15 日，中国国务院印发的《“十三五”国家信息化规划》中便已经提到了区块链技术。随后两年，国务院、国务院办公厅、中国人民银行、证监会、保监会等出台的多种文件都直接或间接涉及引导和规范区块链技术发展的内容。此外，包括广西、贵州和云南在内的全国大部分省份也都出台了推进区块链技术发展的政策文件。

虽然区块链技术起源于国外，但区块链核心技术基本是开源的，同时公链不受地域限制。因此，在计算机领域，区块链技术是中国第一次和欧美国家站在同一起跑线上发展的技术。整体而言，国内外对区块链技术的研究热度不分伯仲。以阿里巴巴为代表的互联网企业和以中国银行为代表的银行等国内企业，在区块链底层技术、金融和支付等领域投入很多，目前已经公开了不少专利申请，阿里巴巴在区块链领域已经有 60 多件专利公开。国内外在区块链的研究方向上存在差异，国外区块链研究侧重于炒币和底层技术研究。由于中国禁止公开炒币，因此国内区块链研究侧重于区块链应用研究，也有不少企业关注区块链底层技术，但欧美企业在区块链底层技术上更专注。

基于以上背景，我们不难理解基于区块链的数字内容作品交易追踪技术专利的分布情况。如图 7-26 所示，2009 年前未有相关专利申请；2009~2013 年相关专利申请不多，还未形成一定的趋势；从 2014 年起专利申请量进入快速增长期。2014 年以前，虽然与本主题相关的专利不多，但区块链技术专利申请量上升很快，这个时期是世界对区块链技术的研究和探索期。2014 年左右区块链应用技术进入繁荣期，这是区块链技术发展到一定阶段的必然现象。

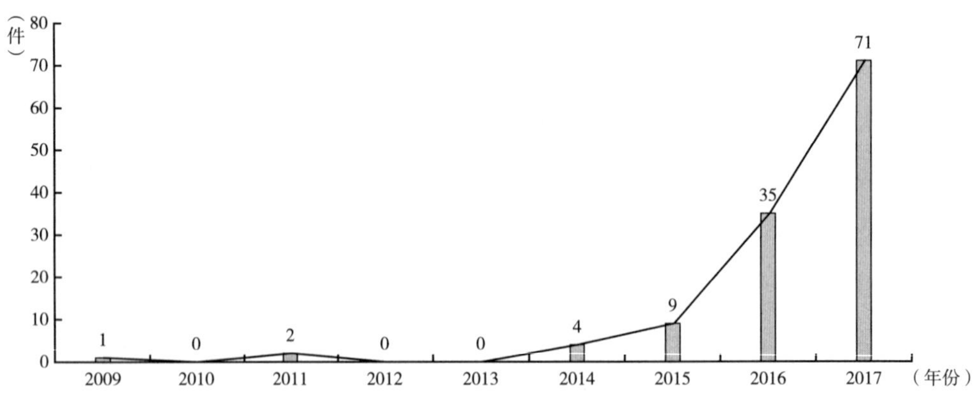

图 7-26　基于区块链的数字内容作品交易追踪技术专利申请量年度分布

（二）技术路线分析

由于相关专利数量不多，不适合以鱼骨图形式分析，故以表格形式呈现。表

7-31 展示了基于区块链的数字内容作品交易追踪技术领域核心专利的基本情况。2014 年，Mcconaghy Trent Lorne 申请了一件关于作品所有权安全建立、确认和移转方法的专利（公开号 WO2015024129A1），实际上就是利用区块链的特性实现数字版权的确权、交易以及追踪。2015 年，Monegraph Inc. 申请了一件关于使用区块链交易进行权利转移的专利（公开号 US20160323109A1），通过将数字作品注册到区块链，利用多节点共识实现作品权属的移转。这 2 件专利均有 4 件同族专利，专利申请地包括欧洲专利局、世界知识产权组织和美国，以后有可能进入更多国家。

表 7-31　基于区块链的数字内容作品交易追踪技术核心专利情况

申请人	公开号	申请日期	同族专利数量（件）	被引用次数（次）
Mcconaghy Trent Lorne	WO2015024129A1	2014-08-21	4	7
Monegraph Inc.	US20160323109A1	2015-12-30	4	2
杭州云象网络技术有限公司	CN106250721A	2016-07-28	1	1

（三）主要专利申请人分析

基于区块链的数字内容作品交易追踪技术专利申请总量不多，排名前三的申请人拥有的专利总量均在 10 以下。在全球排名前八的申请人中，中国企业占 5 个，分别是上海唯链信息科技有限公司（以下简称“上海唯链”）、无锡井通网络科技有限公司（以下简称“井通科技”）、中链科技有限公司、北京中广掌视科技有限公司和华为。

1. 申请量排名第一的专利申请人——上海唯链

（1）专利申请量

上海唯链是全球领先的区块链商品和信息平台公司，拥有在奢侈品、酒、农产品和汽车等多个行业的区块链项目实施经验。截至目前，该公司申请了 8 件基于区块链的数字内容作品交易追踪技术专利，且全部于 2017 年申请。

（2）专利申请量区域分布

上海唯链在这一技术领域的专利申请全部布局在中国，在国际市场上暂无布局。专利布局全球意识不足是很多创业公司的通病，上海唯链也不例外，这一方面可能是知识产权保护和布局意识的局限，另一方面也可能与预算有限有关。

2. 申请量排名第二的专利申请人——Monegraph Inc.

（1）专利申请量

Monegraph Inc. 目前累计有 5 件基于区块链的数字内容作品交易追踪技术专利，且全部于 2015 年申请。“Monegraph”是由纽约大学教授 Kevin Mccoy 和技术专家 Anil Dash 合作开发的一个利用区块链技术保护艺术家数字资产的项目，通过区块链技术验证所有权来有效保护知识产权。

（2）专利申请量区域分布

该公司基于区块链的数字内容作品交易追踪技术专利都是在美国申请的。Monegraph Inc. 也是创业企业，其专利的全球布局同样做得不好。

3. 申请量排名并列第二的专利申请人——井通科技

（1）专利申请量

井通科技目前共有 5 件基于区块链的数字内容作品交易追踪技术专利，均于 2017 年申请。

（2）专利申请量区域分布

井通科技是全球第一家实现分层架构交易秒级确认的区块链底层系统技术服务企业，但和大多数创业企业一样，目前并没有在国外布局专利。

（四）技术构成分布

由于目前该技术专利申请量总体上仍然很少，本书在此对其构成分布进行集中分析。图 7-27 是基于区块链的数字内容作品交易追踪技术的构成分布，可以看出，所有权移转、防伪安全验证和实体验证技术是这一技术领域的研究热点。

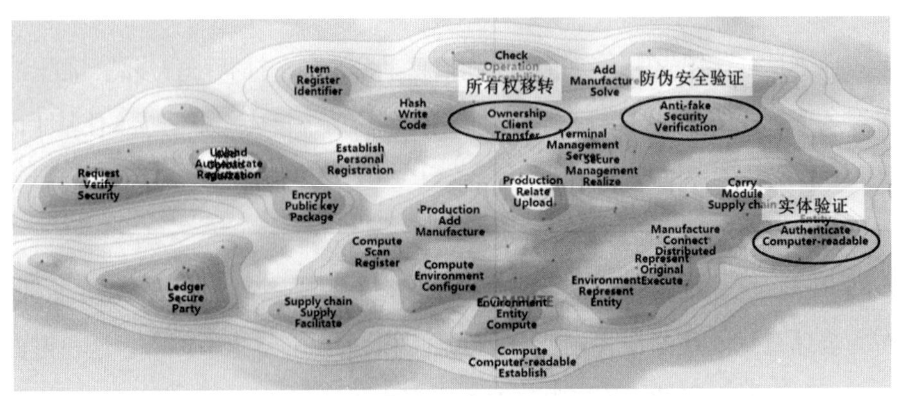

图 7-27 基于区块链的数字内容作品交易追踪技术构成分布

三　总结

基于区块链的数字内容作品交易追踪技术作为新兴的区块链技术在数字版权领域的应用，其成熟度远不如数字版权保护领域的其他技术，目前已经公开的专利整体数量不多，且大多是近三年申请的。在基于区块链的数字内容作品交易追踪技术领域，中国企业的表现整体较为亮眼，出现了一批立足于区块链的创业企业，表现了对区块链技术高度的热情以及对其应用落地的信心。

（一）专利申请总体趋势

虽然基于区块链的数字内容作品交易追踪技术专利申请量整体偏低，但近年来发展势头很强，特别是在中国。区块链技术基于数学原理，能够保证数字版权交易过程中的所有权确认、交易记录、网络传输和存储等都是可信、永久保存和不可篡改的，能够解决当前猖獗的网络盗版问题。该技术领域的专利申请量在未来一段时间内还将持续增长。

（二）主要国家技术发展现状及趋势

1. 美国

区块链技术与数字货币密不可分，区块链的概念源于比特币，数字货币的生命力又直接印证了作为底层技术的区块链的生命力。美国对数字货币和区块链的态度相对宽松，是区块链底层技术研究相对活跃的国家，微软、IBM 和美国银行等都申请了很多关于区块链的专利，只是关于区块链在数字版权保护领域的应用的专利不多。

2. 日本

日本被认为是对数字货币监管最宽松的国家之一，或许是面对经济下行的压力，日本采取更为开放的态度对待数字经济，以期为经济注入新活力。尽管尚无相关专利公开，但日本也十分看好区块链技术的发展潜力，希望吸引更多区块链方面的人才、技术和资金。

3. 韩国

截至目前，韩国只有一件基于区块链的数字内容作品交易追踪技术专利，韩国将区块链技术主要用于对牛肉的溯源和保险理赔支付。

4. 中国

中国在基于区块链的数字内容作品交易追踪技术领域的研究较为活跃，这主要得益于中国对区块链应用技术研究的热情。目前，不仅是基于区块链的数字内容作品交易追踪技术，其他很多区块链应用技术在中国的发展都处于优势地位。

根据以上各国技术发展现状描述，总体来说，基于区块链的数字内容作品交易追踪技术在全球处于探索期。

（三）主要申请人对比分析

1. 专利申请量比较

在基于区块链的数字内容作品交易追踪技术领域，上海唯链拥有 8 件专利，Monegraph Inc. 和井通科技各拥有 5 件专利。三者都是区块链创业公司，共同特点是其专利都是在同一年申请的，且没有本国之外的专利申请。三者是这一技术领域的开创者和引领者，但仅凭这些数据还不能断定哪一家实力更强，还需要持续观察其未来发展。

2. 专利资产地域布局分析

这一技术领域排名前三的专利申请人都是区块链创业公司，均没有本国以外的专利布局，与微软、谷歌及阿里巴巴等互联网巨头相比，其专利全球化思维有很大差距。

（四）技术热点分析

基于区块链的数字内容作品交易追踪技术是区块链技术在数字版权领域的落地探索，目前被研究较多的是如何将区块链应用到数字版权中，以及如何利用区块链实现数字作品的权利归属、权属移转和交易过程追踪等。如何确权以及如何安全交易是目前的研究热点。

第四节　侵权证据链构建技术

侵权证据链构建技术是一项新兴热门技术。该技术利用区块链去中心化记账和不可篡改的特性，实现侵权证据获取与记录的真实合法。该技术除应用于数字版权保护领域外，还被应用于艺术品鉴定和商品溯源等领域。该技术的优势是能够保证电子证据的公信力，可以较好地满足证据真实性、合法性和关联性的要求。围绕该技术的专利申请开始于 2016 年，目前总体处于探索阶段。

一　专利检索

（一）检索结果概述

以侵权证据链构建技术为检索主题，在“九国两组织”范围内共检索到相关专利申请 27 件，具体数量分布如表 7–32 所示。

表 7–32　“九国两组织”侵权证据链构建技术专利申请量

单位：件

国家 / 国际组织	专利申请量	国家 / 国际组织	专利申请量
US	3	DE	0
CN	19	RU	0
JP	0	AU	0
KR	0	EP	0
GB	0	WO	5
FR	0	总计	27

（二）“九国两组织”侵权证据链构建技术专利申请趋势

表 7–33 展示了 1994~2017 年“九国两组织”侵权证据链构建技术专利的申请情况，可以看出，该技术领域的专利申请量很少，2016 年才出现专利申请，只有美国、中国和世界知识产权组织有少量专利公开。

表 7–33　1994~2017 年“九国两组织”侵权证据链构建技术专利申请量

单位：件

国家 / 国际组织	专利申请量																	
	90	01	02	03	04	05	06	07	08	09	10	11	12	13	14	15	16	17
US	0	0	0	0	0	0	0	0	0	0	0	0	0	0	0	0	3	0
CN	0	0	0	0	0	0	0	0	0	0	0	0	0	0	0	0	5	14
JP	0	0	0	0	0	0	0	0	0	0	0	0	0	0	0	0	0	0
KR	0	0	0	0	0	0	0	0	0	0	0	0	0	0	0	0	0	0
GB	0	0	0	0	0	0	0	0	0	0	0	0	0	0	0	0	0	0
FR	0	0	0	0	0	0	0	0	0	0	0	0	0	0	0	0	0	0
DE	0	0	0	0	0	0	0	0	0	0	0	0	0	0	0	0	0	0

续表

国家 / 国际组织	专利申请量																	
	90	01	02	03	04	05	06	07	08	09	10	11	12	13	14	15	16	17
RU	0	0	0	0	0	0	0	0	0	0	0	0	0	0	0	0	0	0
AU	0	0	0	0	0	0	0	0	0	0	0	0	0	0	0	0	0	0
EP	0	0	0	0	0	0	0	0	0	0	0	0	0	0	0	0	0	0
WO	0	0	0	0	0	0	0	0	0	0	0	0	0	0	0	0	2	3
合计	0	0	0	0	0	0	0	0	0	0	0	0	0	0	0	0	10	17

注："90" 指 1994~2000 年的专利申请总量，"01~17" 分别指 2001~2017 年当年的专利申请量。

（三）"九国两组织"侵权证据链构建技术专利申请人排名

1994~2017 年"九国两组织"侵权证据链构建技术专利申请人排名情况如表 7–34 ~ 表 7–36 所示。日本、韩国、英国、法国、德国、俄罗斯、澳大利亚和欧洲专利局在该技术领域暂无专利申请公开。

1. 美国申请人排名

表 7–34　美国侵权证据链构建技术专利申请人排名

序号	申请人	申请人国家	申请数量（件）	授权数量（件）
1	Blockstream Corp.	加拿大	1	0
2	Digital Asset Holdings	美国	1	0
3	Intel Corp.	美国	1	0

2. 中国申请人排名

表 7–35　中国侵权证据链构建技术专利申请人排名

序号	申请人	申请人国家	申请数量（件）	授权数量（件）
1	Beijing Anne All Copyright Technology Development Co. Ltd.（北京安妮全版权）	中国	2	0
2	Beijing Yishengsheng Network Technology Co. Ltd.（北京亿生生网络）	中国	2	0
3	Huawei Tech. Co. Ltd.（华为）	中国	2	0
4	Zhonglian Technology Co. Ltd.（中链科技）	中国	1	0
5	Beijing Watch Smart Technologies Co. Ltd.（北京握奇智能）	中国	1	0

3. 日本申请人排名

日本在侵权证据链构建技术领域暂无专利申请公开。

4. 韩国申请人排名

韩国在侵权证据链构建技术领域暂无专利申请公开。

5. 英国申请人排名

英国在侵权证据链构建技术领域暂无专利申请公开。

6. 法国申请人排名

法国在侵权证据链构建技术领域暂无专利申请公开。

7. 德国申请人排名

德国在侵权证据链构建技术领域暂无专利申请公开。

8. 俄罗斯申请人排名

俄罗斯在侵权证据链构建技术领域暂无专利申请公开。

9. 澳大利亚申请人排名

澳大利亚在侵权证据链构建技术领域暂无专利申请公开。

10. 欧洲专利局申请人排名

欧洲专利局在侵权证据链构建技术领域暂无专利申请公开。

11. 世界知识产权组织申请人排名

表 7-36　世界知识产权组织侵权证据链构建技术专利申请人排名

序号	申请人	申请人国家	专利申请量
1	Huawei Tech. Co. Ltd.（华为）	中国	3
2	Ramasamy Celambarasan	美国	1
3	BigchainDB GmbH	德国	1

二　专利分析

（一）技术发展趋势分析

整体来看，侵权证据链构建技术同基于区块链的数字内容作品交易追踪技术一样，还处于探索期，2016 年才出现相关专利申请，2017 年专利申请量有所增长（见图 7-28）。区块链的去中心化记账和不可篡改等特征，有助于实现证据及审判的标准化。2018 年 2 月，广州仲裁委基于“仲裁链”出具了业内首个裁决书，该“仲裁链”是由微众银行联合广州仲裁委、杭州亦笔科技有限公司三方基于区块链技术搭建的。这份裁决书的诞生标志着区块链技术在司法领域的真正落地，对区块链行业和司法仲裁均有里程碑式的意义①。

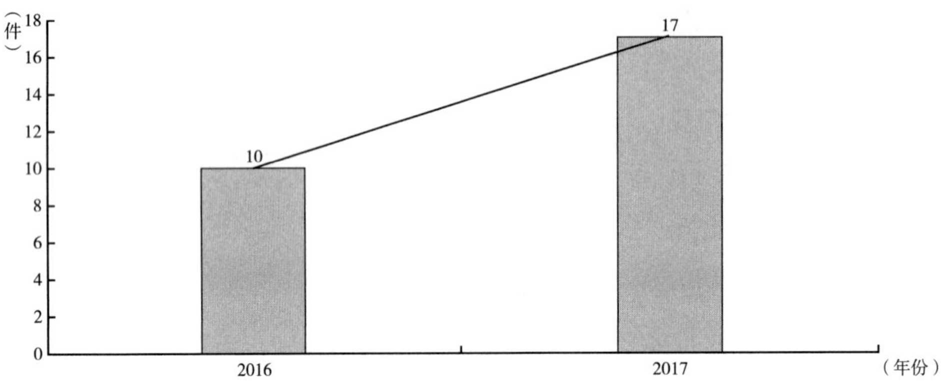

图 7-28 侵权证据链构建技术专利申请量年度分布

（二）技术路线分析

由于相关专利数量不多，不适合以鱼骨图形式分析，故以表格形式呈现。表 7-37 展示了侵权证据链构建技术领域核心专利的基本情况。2016 年，华为申请了一件关于在对等网络中版权维权检测的专利（公开号 CN107967416A），该专利借助区块链技术实现了使用维权检测服务装置对版权进行维权检测，同时消除了中心化检测的信任问题。同年，北京信任度科技有限公司提交了一件专利申请（公开号 CN106779385A），从区块链非可信环境下的可信记录特点出发，将关键信息记入区块链，以实现证据保全目的。

表 7-37 侵权证据链构建技术核心专利情况

申请人	公开号	申请日期	同族专利数量（件）	被引用次数（次）
Huawei Tech. Co. Ltd.（华为）	CN107967416A	2016-10-19	2	0
北京信任度科技有限公司	CN106779385A	2016-12-07	1	0

① 张静：《关于区块链，法律怎么说》，《瞭望东方周刊》2018 年第 15 期，第 3 页。

（三）主要专利申请人分析

在侵权证据链构建技术领域，专利申请量全球排名前二的申请人分别是华为、北京安妮全版权科技发展有限公司（以下简称“安妮全科技”）和北京亿生生网络科技有限公司（以下简称“亿生生科技”），专利申请量分别为 5 件、2 件和 2 件。

1. 申请量排名第一的专利申请人——华为

（1）专利申请量

华为是国际领先的通信设备以及移动设备制造商。在华为目前已公开的专利申请中，有 11 件与区块链有关，涉及区块链技术在数字版权、内容分发与共享和媒体许可等方面的应用。其中，侵权证据链构建技术专利有 5 件。华为的这 5 件专利中有 2 件于 2016 年申请，有 3 件于 2017 年申请。

（2）专利申请量区域分布

在侵权证据链构建技术领域，华为有 3 件专利是在世界知识产权组织申请并公开的，这体现了华为的国际化布局思维（见图 7-29）。

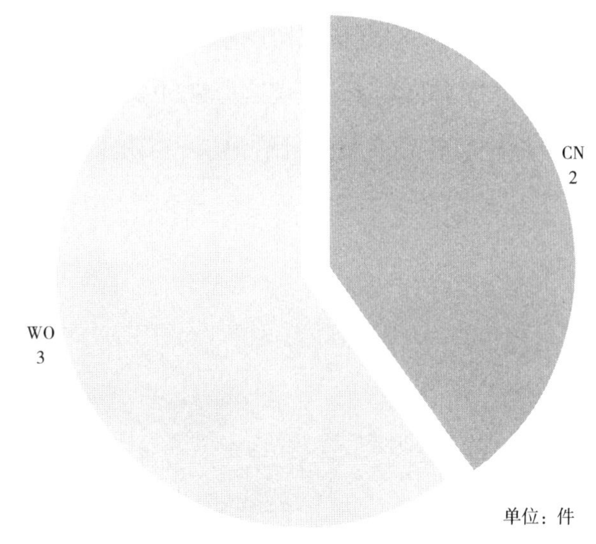

图 7-29　华为侵权证据链构建技术专利在“九国两组织”的申请量

2. 申请量排名第二的专利申请人——安妮全科技

（1）专利申请量

安妮全科技是专业从事版权服务的企业，同时致力于发展数字版权服务市场。该公司目前累计有 3 件区块链相关专利公开，其中 2 件与侵权证据链构建技术有关，且均于 2017 年申请。

（2）专利申请量区域分布

该公司已公开的 2 件侵权证据链构建技术专利都是在中国申请的，其专利全球布局做得不够好。

3. 申请量排名并列第二的专利申请人——亿生生科技

（1）专利申请量

亿生生科技目前公开的区块链相关专利共有 4 件。其中，侵权证据链构建技术专利 2 件，均于 2017 年申请。

（2）专利申请量区域分布

亿生生科技公开的 2 件专利均是在中国申请的。亿生生科技没有布局国外市场，有待提高全球布局意识。

（四）技术构成分布

图 7-30 展示了侵权证据链构建技术的构成分布，可以看出，可信对象链、授权可信交易信息、所有权登记程序、基于区块链网络的搜集机制以及区块链设备许可是研究热点。侵权证据链构建技术的关键，一是信息源的可信，即通过登记程序、授权程序、分发程序和设备标记等构建完整的可信记录；二是证据记录的可信，即记录不可被篡改。

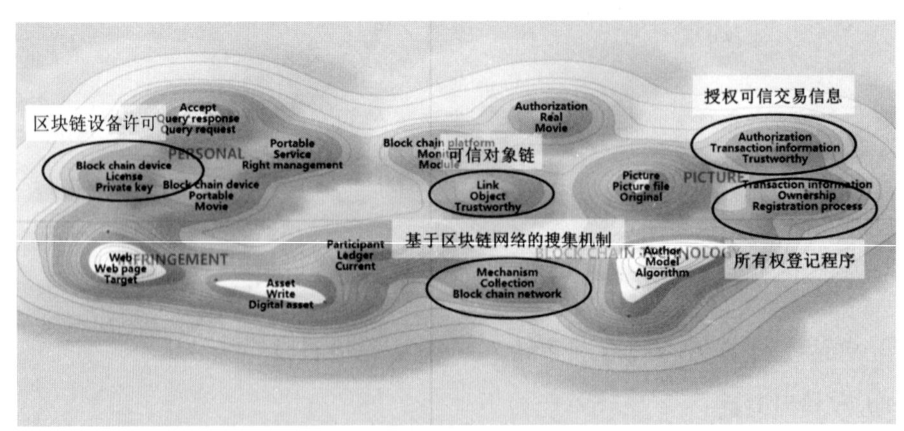

图 7-30 侵权证据链构建技术构成分布

三　总结

侵权证据链构建技术作为新兴的区块链技术在数字版权领域的应用之一，其成熟度远不如数字版权保护领域的其他技术。该领域的专利申请较少，且 2016 年才出现。在侵权证据链构建技术领域，中国企业的表现整体较好。

（一）专利申请总体趋势

虽然侵权证据链构建技术专利申请量整体偏低，但发展潜力很大，随着区块链应用技术研究不断深入，该技术领域的专利申请量有望快速增长。

（二）主要国家技术发展现状及趋势

1. 美国

相比于中国区块链存证已经应用于司法实践，美国区块链技术在司法领域的应用还处于探索阶段。虽然尚未有实践判例，但司法界、律师界、学术界和企业等各个层面都没有停止探索。2018 年 7 月，美国特拉华州州长 John Carney 签署了 3 项法案，新法案明确了区块链创建、存储的数据具有法律约束力。

2. 日本

日本在区块链金融领域，特别是数字货币方面发展较为迅速，但关于区块链技术在司法及数字版权保护领域的应用的研究不多。日本电报电话公司正在研究一种基于区块链技术的新合同协议系统。

3. 韩国

韩国紧跟日本和美国等国家引领的全球趋势，全面推进数字货币的系统化。但目前暂无侵权证据链构建技术专利。

4. 中国

中国在区块链存证应用和司法实践方面发展较为超前。2018 年 6 月 28 日，杭州互联网法院首次确认区块链电子存证的法律效力；2018 年 9 月 7 日，中国最高人民法院印发《关于互联网法院审理案件若干问题的规定》，承认了区块链存证在互联网案件举证中的法律效力。继 2017 年杭州互联网法院成立后，北京互联网法院、广州互联网法院相继揭牌成立，昭示着中国在区块链司法应用领域将有更广阔的发展。在企业层面，众多公司相继推出旨在保护数字版权的区块链产品，如亿书和纸贵等，虽然卖点不同，但都立足于区块链特性，涵盖确权、追踪和取证等多个环节，能有效保护权利人的权益，一定程度简化了权利人诉讼及取证难度。

（三）主要申请人对比分析

1. 专利申请量比较

在专利申请量方面，华为有5件侵权证据链构建技术专利，安妮全科技有2件，亿生生科技有2件。三者拥有的专利数量均不多，相差也不大。

2. 专利资产地域布局分析

在地域布局方面，华为在中国和世界知识产权组织有专利申请，安妮全科技和亿生生科技都只在中国进行了专利布局。

（四）技术热点分析

侵权证据链构建技术是区块链技术在数字版权领域的落地探索，目前研究的重点是如何将区块链应用到数字版权保护中，以及如何利用区块链去中心化记账和不可篡改等特性实现侵权行为的透明化、证据完备与可信。未来，基于区块链的侵权证据链构建技术可以与传统的自动爬虫技术、智能匹配技术和智能合约技术相结合，实现证据搜集的自动化和智能化。

第八章

其他相关技术

第一节　网页快照技术

网页快照技术是数字版权保护领域近年来比较热门的技术，能够抓取并保存网页内容，进而实现网络侵权取证。围绕该技术的专利申请发轫于20世纪90年代中期，1994~2011年发展缓慢，从2012年开始快速增长，于2014年达到顶峰，至今仍保持较高热度。在数字版权保护受重视程度日益提高的背景下，可以预见，未来该技术的创新与应用仍有较大空间。

一　专利检索

（一）检索结果概述

以网页快照技术为检索主题，在“九国两组织”范围内共检索到相关专利申请4417件，具体数量分布如表8-1所示。

表8-1　“九国两组织”网页快照技术专利申请量

单位：件

国家 / 国际组织	专利申请量	国家 / 国际组织	专利申请量
US	2587	DE	32
CN	412	RU	11
JP	361	AU	91
KR	144	EP	319
GB	17	WO	442
FR	1	合计	4417

（二）“九国两组织”网页快照技术专利申请趋势

由表 8-2 和图 8-1 可知，从 2000 年开始，网页快照技术的研究应用热度逐渐升

表 8-2　1994~2017 年“九国两组织”网页快照技术专利申请量

单位：件

国家 / 国际组织	专利申请量																	
	90	01	02	03	04	05	06	07	08	09	10	11	12	13	14	15	16	17
US	25	10	18	39	64	56	65	102	106	105	151	140	205	378	401	333	276	113
CN	2	4	4	5	2	14	14	15	19	24	23	18	67	60	45	32	17	47
JP	15	8	10	9	22	29	22	30	28	35	20	23	23	25	30	17	15	0
KR	0	0	1	3	0	2	5	2	12	2	7	17	14	24	29	13	12	1
GB	2	0	0	0	1	0	1	1	2	0	1	1	0	2	5	0	1	0
FR	0	1	0	0	0	0	0	0	0	0	0	0	0	0	0	0	0	0
DE	0	0	0	2	1	2	3	8	2	2	3	2	0	2	2	1	0	2
RU	0	0	0	0	0	0	0	0	1	1	0	1	3	2	2	1	0	0
AU	6	1	4	6	7	3	4	3	3	3	4	4	2	13	11	8	7	2
EP	10	7	5	11	11	12	15	14	23	16	19	17	22	48	45	28	14	2
WO	20	8	11	11	19	14	10	33	18	16	17	21	22	42	63	49	43	25
合计	80	39	53	86	127	132	139	208	214	204	245	244	358	596	633	482	385	192

注：“90”指 1994~2000 年的专利申请总量，“01~17”分别指 2001~2017 年当年的专利申请量。

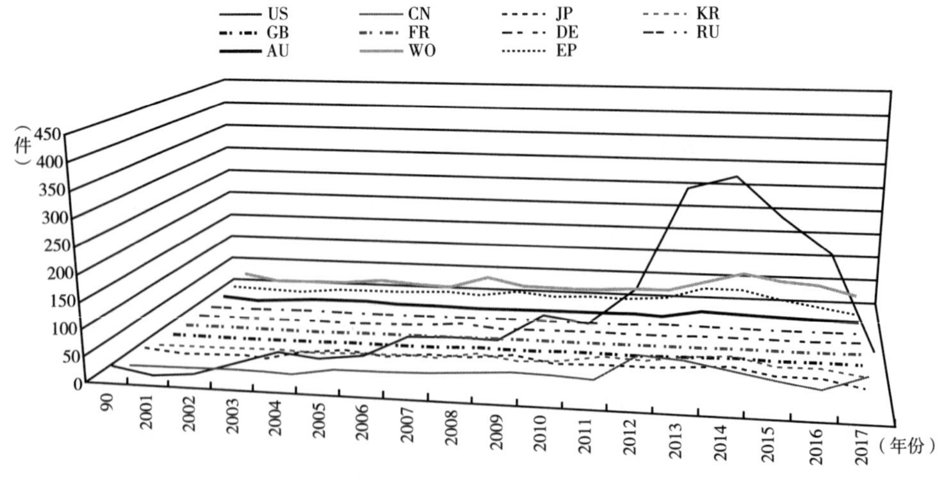

图 8-1　“九国两组织”网页快照技术专利申请趋势

注：“90”指 1994~2000 年的专利申请总量。

温，专利的主要申请国包括美国、中国、日本和韩国。其中，美国的专利申请增长态势最为显著，美国也是目前拥有最多网页快照技术专利的国家。从全球范围来看，网页快照技术的研究应用目前处于推广上升时期。

（三）“九国两组织”网页快照技术专利申请人排名

1994~2017 年“九国两组织”网页快照技术专利申请人排名情况如表 8-3 ~ 表 8-13 所示。

1. 美国申请人排名

表 8-3　美国网页快照技术专利申请人排名

序号	申请人	申请人国家	申请数量（件）	授权数量（件）
1	Microsoft Corp.	美国	210	71
2	CommVault Systems Inc.	美国	196	60
3	IBM Corp.	美国	192	64
4	Symantec Corp.	美国	71	15
5	Apple Inc.	美国	57	13

2. 中国申请人排名

表 8-4　中国网页快照技术专利申请人排名

序号	申请人	申请人国家	申请数量（件）	授权数量（件）
1	Microsoft Corp.	美国	43	12
2	IBM Corp.	美国	15	9
3	ZTE Corp.（中兴）	中国	14	4
4	Samsung Electronics Co. Ltd.	韩国	9	5
5	Infortrend Technology Inc.（普安科技）	中国台湾	7	7

3. 日本申请人排名

表 8-5　日本网页快照技术专利申请人排名

序号	申请人	申请人国家	申请数量（件）	授权数量（件）
1	Hitachi Ltd.	日本	96	48
2	Fujitsu Ltd.	日本	26	11
3	Microsoft Corp.	美国	18	13
4	NEC Corp.	日本	15	8
5	Fuji Xerox Co. Ltd.	日本	10	5

4. 韩国申请人排名

表 8-6 韩国网页快照技术专利申请人排名

序号	申请人	申请人国家	申请数量（件）	授权数量（件）
1	Samsung Electronics Co. Ltd.	韩国	30	4
2	Microsoft Corp.	美国	18	4
3	Qualcomm Inc.	美国	8	1
4	Neonode Inc.	美国	4	4
5	IBM Corp.	美国	4	2

5. 英国申请人排名

表 8-7 英国网页快照技术专利申请人排名

序号	申请人	申请人国家	申请数量（件）	授权数量（件）
1	Wolfson Microelectronics PLC	英国	2	2
2	IBM Corp.	美国	2	0
3	Cloudtomo Ltd.	英国	1	0
4	Icon Business Systems Ltd.（云端容灾）	中国香港	1	0

6. 法国申请人排名

表 8-8 法国网页快照技术专利申请人排名

序号	申请人	申请人国家	申请数量（件）	授权数量（件）
1	GE Medical Systems S.A.	美国	1	0

7. 德国申请人排名

表 8-9 德国网页快照技术专利申请人排名

序号	申请人	申请人国家	申请数量（件）	授权数量（件）
1	Intel Corp.	美国	3	1
2	Hewlett-Packard Development Co.	美国	2	2
3	Tandberg Storage S.A.	挪威	2	2
4	Vitesse Semiconductor Corp.	美国	2	2
5	Lawo A.G.	德国	2	0

8. 俄罗斯申请人排名

表 8-10　俄罗斯网页快照技术专利申请人排名

序号	申请人	申请人国家	申请数量（件）	授权数量（件）
1	Microsoft Corp.	美国	6	1
2	Gil Fanov Tagir Danilovich	俄罗斯	2	2
3	Qualcomm Inc.	美国	1	0
4	Samsung Electronics Co. Ltd.	韩国	1	0

9. 澳大利亚申请人排名

表 8-11　澳大利亚网页快照技术专利申请人排名

序号	申请人	申请人国家	申请数量（件）	授权数量（件）
1	Microsoft Corp.	美国	11	8
2	CommVault Systems Inc.	美国	7	5
3	Palantir Technologies Inc.	美国	5	3
4	Gottfried Linda	美国	4	0
5	Interact Devices Inc.	美国	3	2

10. 欧洲专利局申请人排名

表 8-12　欧洲专利局网页快照技术专利申请人排名

序号	申请人	申请人国家	申请数量（件）	授权数量（件）
1	Microsoft Corp.	美国	38	6
2	Intel Corp.	美国	14	4
3	Snaptrack Inc.	美国	9	9
4	CommVault Systems Inc.	美国	9	2
5	Symantec Corp.	美国	6	3

11. 世界知识产权组织申请人排名

表 8-13　世界知识产权组织网页快照技术专利申请人排名

序号	申请人	申请人国家	申请数量（件）
1	Microsoft Corp.	美国	47
2	Intel Corp.	美国	19
3	CommVault Systems Inc.	美国	11
4	Qualcomm Inc.	美国	8
5	Prahlad Anand	美国	6

二　专利分析

（一）技术发展趋势分析

网页快照技术能够抓取并保存网页内容，在互联网环境中对网页呈现的数字内容进行“定格”，从而实现侵权取证。图 8-2 展示了网页快照技术专利的年度申请情况，可以看出，网页快照技术领域的第一件专利诞生于 1994 年，随后该技术稳步发展，专利年申请量总体呈缓慢增长态势，2013 年出现了较大幅度增长，于 2014 年达到专利年申请量峰值 633 件，之后呈现逐年下滑态势。

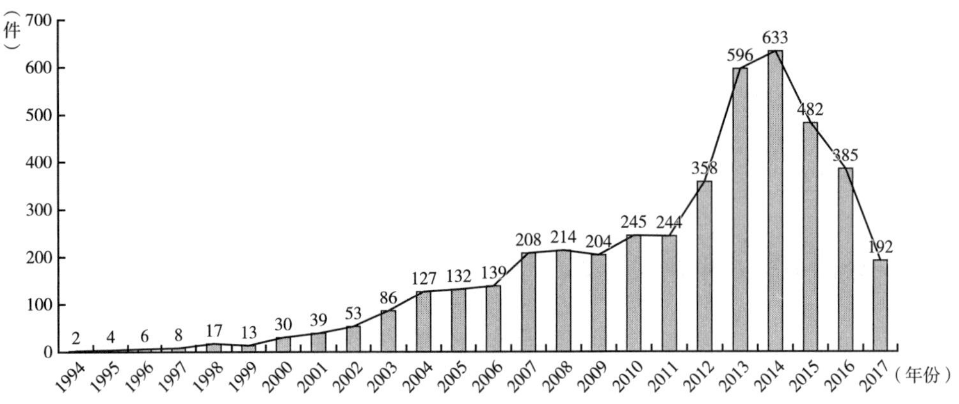

图 8-2　网页快照技术专利申请量年度分布

（二）技术路线分析

图 8-3 为网页快照技术的发展路线，从中可以看出，网页快照技术领域的第一件专利诞生于 1994 年 10 月 13 日，核心专利主要涉及存储单元快照、消息捕获方法、具有快照功能的网络搜索引擎等技术。这些核心专利由于具有很强的适用性，被广泛推广应用，也被其后申请的专利多次引用和引证，为网页快照技术发展历程中的里程碑式专利。

（三）主要专利申请人分析

通过对网页快照技术专利检索结果的分析，笔者得出网页快照技术专利申请量排名前三的申请人分别是微软、IBM 和日立。

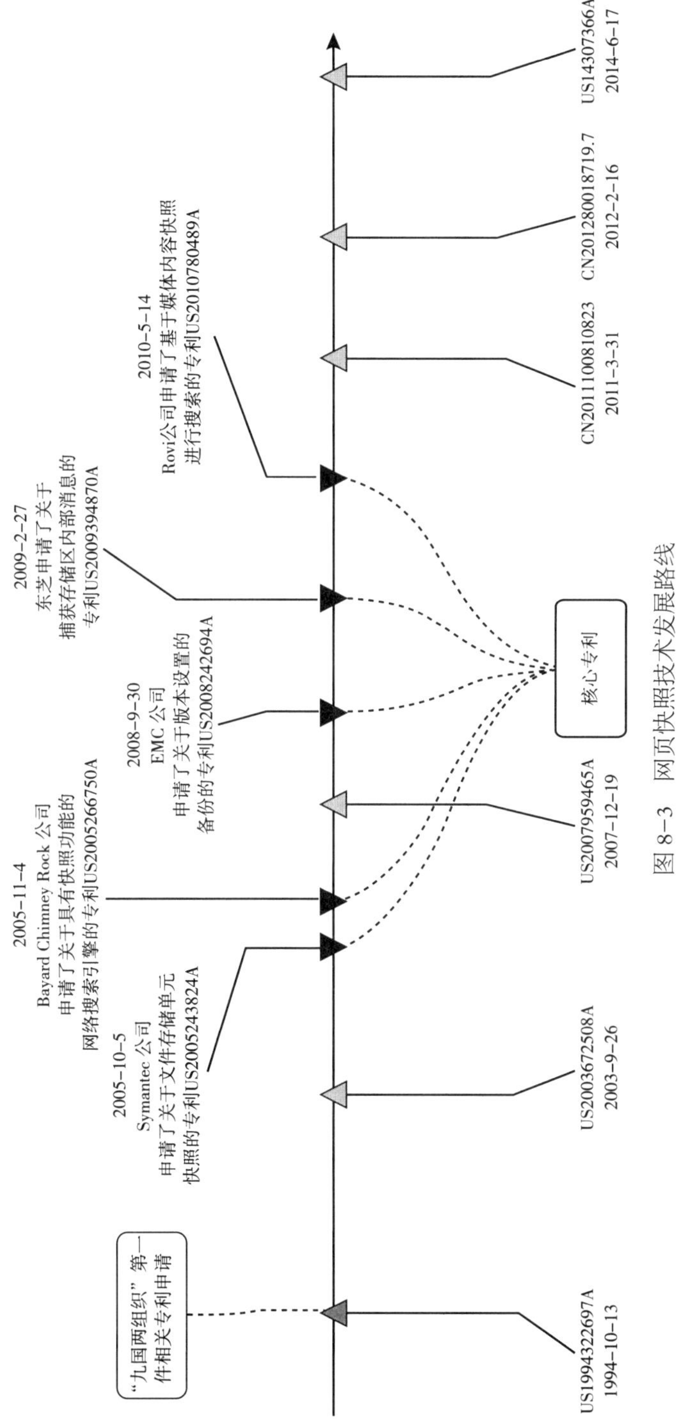

图 8-3　网页快照技术发展路线

1. 申请量排名第一的专利申请人——微软

（1）专利申请量

图 8-4 展示了微软网页快照技术专利的年度申请情况，可以看出，其专利申请集中在 2002~2016 年。相对于网页快照技术整体发展情况，微软的专利申请起步时间较晚，且早期专利年申请量呈波动态势。

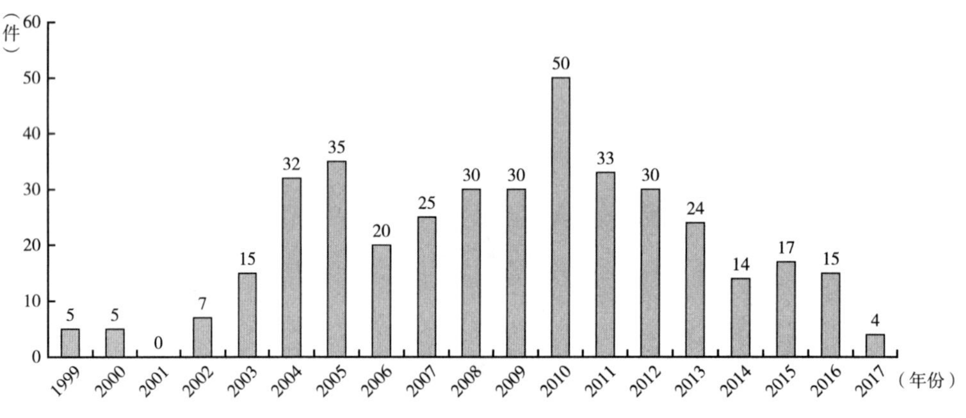

图 8-4　微软网页快照技术专利申请量年度分布

（2）专利申请量区域分布

从图 8-5 可以看出，微软将大多数网页快照技术专利布局在信息技术比较先

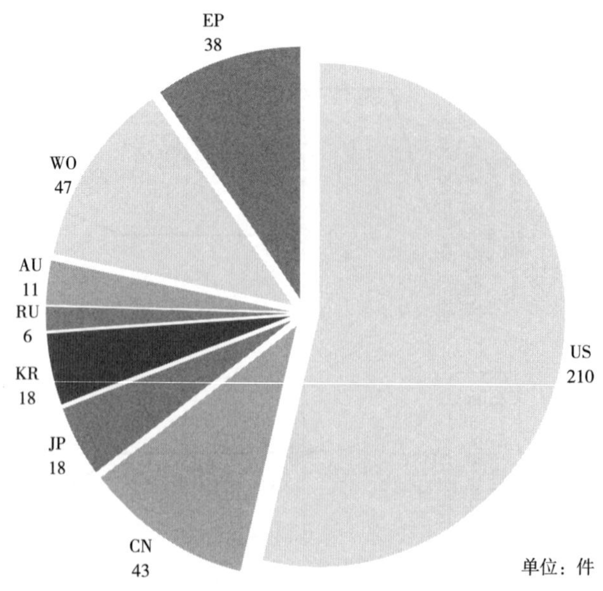

图 8-5　微软网页快照技术专利在“九国两组织”的申请量

进的美国。同时，微软在日本、韩国、中国、俄罗斯、澳大利亚、欧洲专利局和世界知识产权组织也进行了相关专利申请。

（3）技术构成分布

图 8-6 为微软网页快照技术的构成分布，从中可以看出，在网页快照技术领域，微软的研究重点为网页快照整体技术和监视器技术。

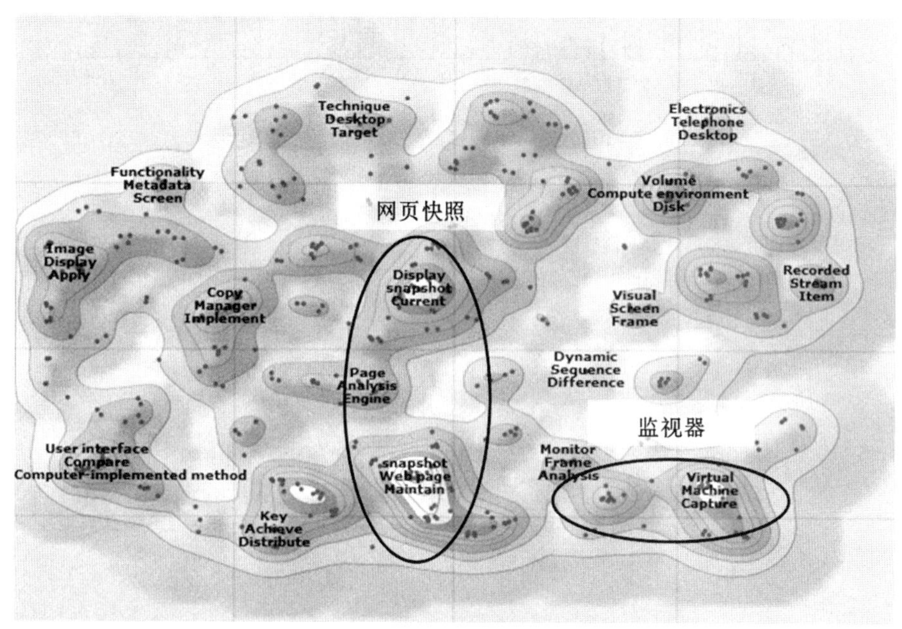

图 8-6　微软网页快照技术构成分布

2. 申请量排名第二的专利申请人——IBM

（1）专利申请量

图 8-7 展示了 IBM 网页快照技术专利的年度申请情况，可以看出，IBM 在网页快照技术领域申请的专利总量为 213 件，在 2004 年、2008 年和 2013 年申请了 20 件左右专利，其余年份的专利申请量为 10 件左右。

（2）专利申请量区域分布

IBM 大多数网页快照技术专利是在美国申请的，其在美国的专利申请量占其该技术领域总申请量的 90%。IBM 在其他互联网技术发展比较快的国家，如中国、韩国和英国也有少量专利申请（见图 8-8）。虽然 IBM 在美国以外的国家和地区的专利申请量很少，但是其业务市场和技术应用范围十分广。

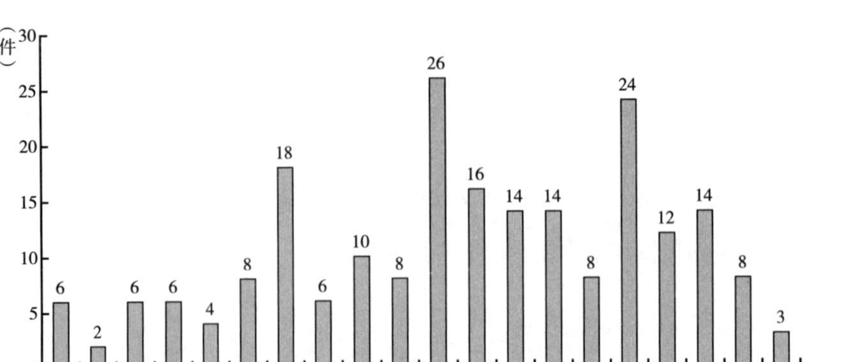

图 8-7 IBM 网页快照技术专利申请量年度分布

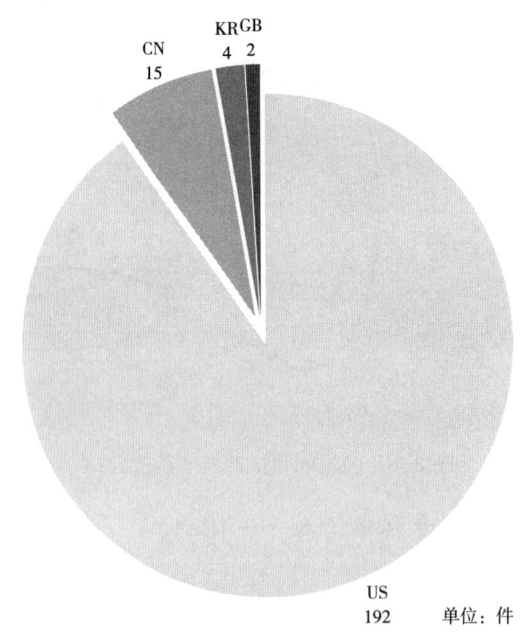

图 8-8 IBM 网页快照技术专利在“九国两组织”的申请量

（3）技术构成分布

图 8-9 为 IBM 网页快照技术专利的构成分布，从中可以看出，在网页快照技术领域，IBM 关于网页快照文件恢复、快照映像和源文件的专利比较多。

3. 申请量排名第三的专利申请人——日立

（1）专利申请量

从图 8-10 可以看出，日立第一件网页快照技术专利诞生于 1999 年，于 2002 年

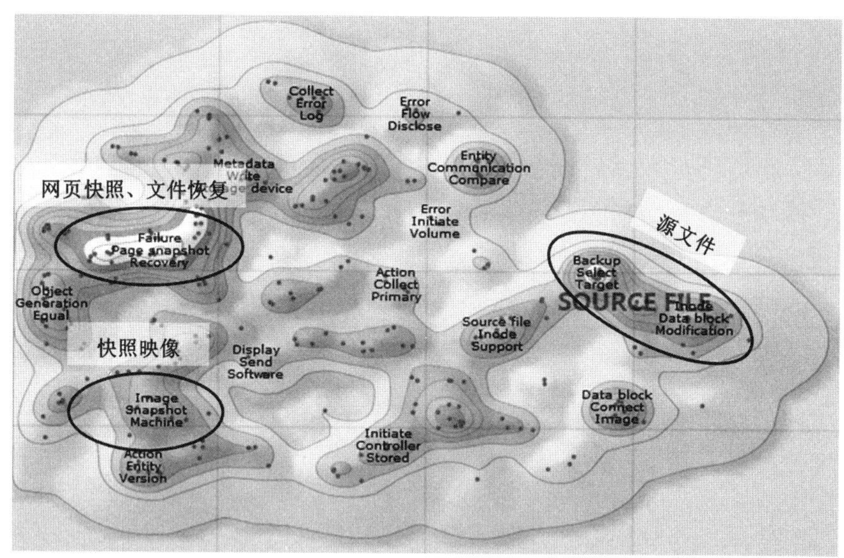

图 8-9　IBM 网页快照技术构成分布

进入技术发展期，专利年申请量总体呈逐年上升态势，于 2006 年达到专利年申请量的峰值 22 件；从 2007 年开始专利年申请量总体呈下滑态势，近年来日立在网页快照技术领域的专利申请已经很少。

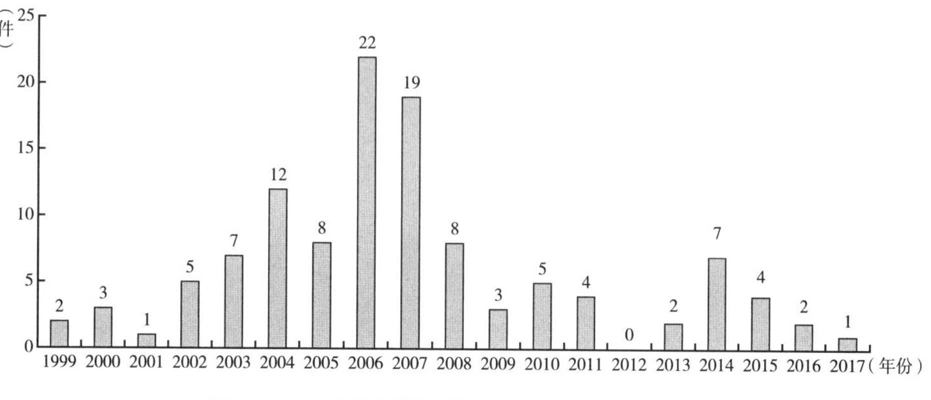

图 8-10　日立网页快照技术专利申请量年度分布

（2）专利申请量区域分布

日立网页快照技术领域的专利申请分布在日本和美国。其中，日立在日本申请了 96 件网页快照技术专利，占其总申请量的 83%；在美国申请了 19 件专利，占其总申请量的 17%。

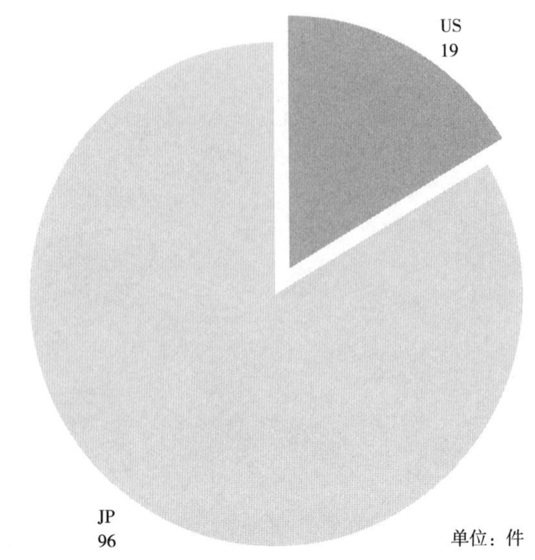

图 8-11 日立网页快照技术专利在“九国两组织”的申请量

（3）技术构成分布

图 8-12 为日立网页快照技术的构成分布，从中可以看出，在网页快照技术领域，日立关于快照存储、快照配置和创建图像的专利比较多。

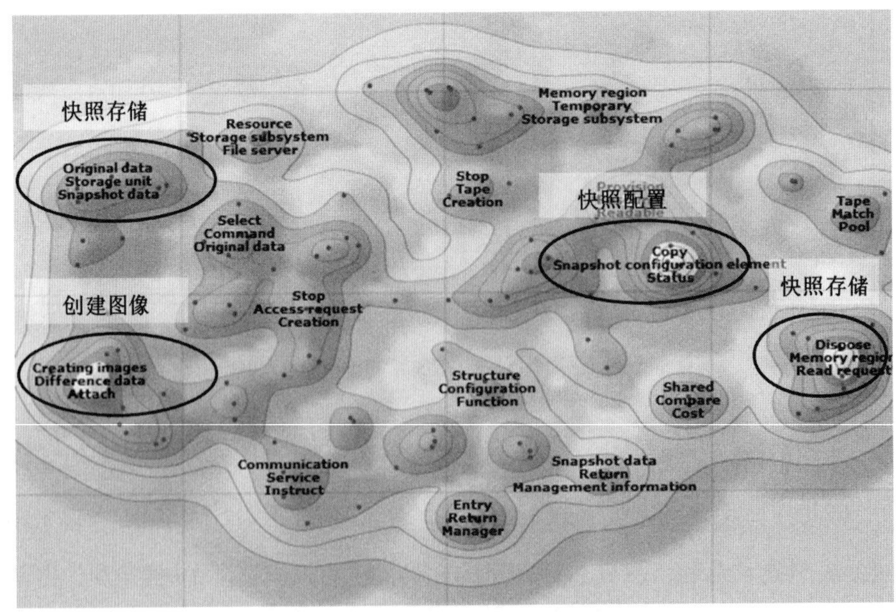

图 8-12 日立网页快照技术构成分布

三　总结

（一）专利申请整体趋势

网页快照技术自 1994 年至 1999 年发展比较缓慢，从 2000 年开始进入发展期，专利申请量总体呈逐年增长态势，经过 2012~2014 年的发展高峰期后，该技术在全球进入成熟期到衰退期的过渡时期。

（二）主要国家技术发展现状及趋势

1. 美国

美国作为最早研究网页快照技术并具备超强研发实力的国家之一，其网页快照技术的发展态势与全球发展态势相似，或者说美国网页快照技术的发展态势主导了全球网页快照技术的发展态势。美国在这一技术领域拥有的专利申请数量占全球相关专利申请总量的一半以上。

2. 日本

网页快照技术专利在日本的申请态势呈“山峰”状，经历了由低到高，再由高到低的过程。其发展高峰期为 2007~2009 年，专利年申请量达 30 件左右，之后专利年申请量有所下滑，目前该技术在日本有进入衰退期的迹象。

3. 韩国

韩国在网页快照技术方面起步较晚，专利申请数量也不多。其技术发展成熟度落后于美国和日本，目前处于技术成熟期。

4. 中国

中国网页快照技术的发展情况与美国类似，专利年申请量最高为 67 件，目前技术发展处于从成熟期到衰退期的过渡时期。

（三）主要申请人对比分析

通过对网页快照技术领域的宏观分析，得出行业内的三个主要申请人是微软、IBM 和日立。

1. 专利申请量比较

微软的专利申请集中在 2002~2016 年，1999 年至今微软的专利申请总量达 391 件。日立的专利申请态势与网页快照技术在日本的发展态势相似，专利申请高峰在2006~2007年，年申请量最高值为2006年的22件。IBM在网页快照技术领域的专利申请总量为213件，在2004年、2008年和2013年的专利申请量较多。

2. 专利资产地域布局情况

微软和IBM的相关专利申请均大多分布在美国，此外，这两个申请人在其他一些技术比较发达的国家和地区也申请了少量专利。与微软和IBM不同的是，日立只在其总部所在地日本和美国进行了专利布局，可见其目标市场十分明确。

3. 技术热点分析

在网页快照技术领域，微软主要关注网页快照整体技术和监视器技术。日立重点关注快照存储、快照配置和创建图像方面的技术。IBM则主要关注网页快照文件恢复、快照映像和源文件方面的技术。

第二节 用户一站式服务技术

用户一站式服务技术是与数字版权保护相关的定制化专业服务技术，在数字出版应用中，可为读者提供版权保护模式下数字内容作品的检索、信息展示、内容服务、销售、试读、超级分发和按需印刷等一站式服务。围绕该技术的专利申请发轫于20世纪90年代中后期，之后缓慢增长，于2014年达到顶峰，随后呈下降态势。总体而言，该技术发展已趋于稳定，但在当前和今后一段时期内仍有一定热度。

一 专利检索

（一）检索结果概述

以用户一站式服务技术为检索主题，在“九国两组织”范围内共检索到相关专利申请737件，具体数量分布如表8-14所示。

表 8-14　“九国两组织”用户一站式服务技术专利申请量

单位：件

国家 / 国际组织	专利申请量	国家 / 国际组织	专利申请量
US	373	DE	0
CN	47	RU	2
JP	129	AU	10
KR	44	EP	52
GB	3	WO	77
FR	0	合计	737

（二）“九国两组织”用户一站式服务技术专利申请趋势

表 8-15 与图 8-13 展示了 1994~2017 年“九国两组织”用户一站式服务技术专利的申请情况，可以看出，该技术领域的专利申请总量不多，专利年申请量增幅较小。相对其他国家而言，美国和日本的专利申请总量较多，中国专利年申请量最高仅为 5 件。该技术专利申请量整体偏低的原因可能有如下三点：一是单独从事该技术研究的人员或企业并不多；二是一站式服务技术的可专利性不强；三是一站式服务通常是通过多种技术联合使用实现的，在专利申请时，为了获得更大范围的保护，很少有申请人将其单独作为技术方案来申请专利。

表 8-15　1994~2017 年“九国两组织”用户一站式服务技术专利申请量

单位：件

国家 / 国际组织	专利申请量																	
	90	01	02	03	04	05	06	07	08	09	10	11	12	13	14	15	16	17
US	0	5	16	6	6	10	23	19	26	24	24	19	21	45	56	35	25	13
CN	1	3	4	2	0	3	1	2	3	4	1	5	4	3	5	4	1	1
JP	5	8	17	11	6	8	1	5	12	11	7	8	7	7	13	3	0	0
KR	0	0	0	0	0	0	0	0	9	4	6	5	6	3	6	3	2	0
GB	0	0	0	0	0	0	1	0	1	0	0	0	0	0	0	1	0	0
FR	0	0	0	0	0	0	0	0	0	0	0	0	0	0	0	0	0	0
DE	0	0	0	0	0	0	0	0	0	0	0	0	0	0	0	0	0	0
RU	0	0	0	0	0	0	0	0	0	0	2	0	0	0	0	0	0	0
AU	0	0	0	2	1	0	1	0	0	2	1	1	0	0	1	0	1	0
EP	1	6	2	2	3	4	5	2	4	4	0	4	4	2	6	3	0	0
WO	2	0	3	2	6	4	4	5	3	3	5	2	6	9	16	4	3	0
合计	9	22	42	25	22	29	36	33	58	52	46	44	48	69	103	53	32	14

注：“90”指 1994~2000 年的专利申请总量，“01~17”分别指 2001~2017 年当年的专利申请量。

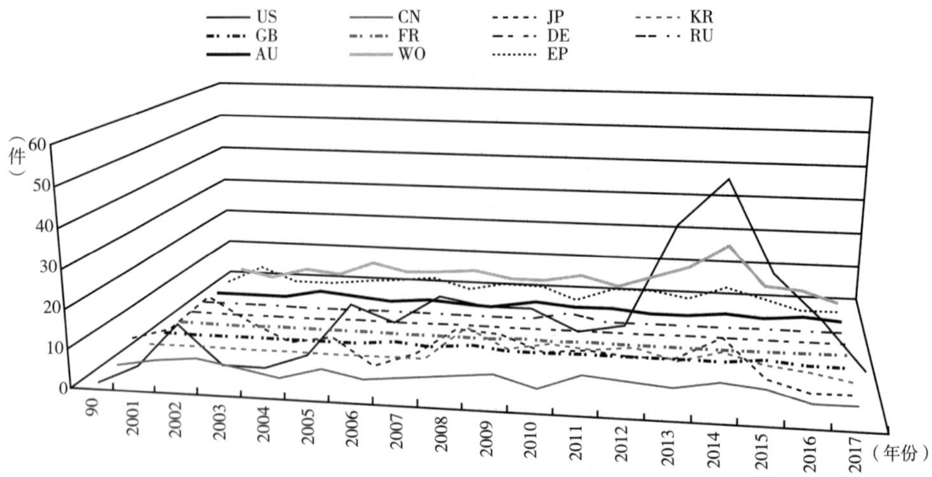

图 8-13 “九国两组织”用户一站式服务技术专利申请趋势

注：“90”指 1994~2000 年的专利申请总量。

（三）“九国两组织”用户一站式服务技术专利申请人排名

1994~2017 年“九国两组织”用户一站式服务技术专利申请人排名情况如表 8-16 ~ 表 8-24 所示。法国和德国在该技术领域暂无专利申请公开。

1. 美国申请人排名

表 8-16 美国用户一站式服务技术专利申请人排名

序号	申请人	申请人国家	申请数量（件）	授权数量（件）
1	IBM Corp.	美国	36	28
2	ContentGuard Holdings Inc.	美国	30	4
3	Digiboo LLC	美国	9	1
4	Osterhout Group Inc.	美国	6	1
5	Univ. Peking Founder Group Co. Ltd.（北大方正）	中国	2	0

2. 中国申请人排名

表 8-17 中国用户一站式服务技术专利申请人排名

序号	申请人	申请人国家	申请数量（件）	授权数量（件）
1	Univ. Peking Founder Group Co. Ltd.（北大方正）	中国	9	3
2	Microsoft Corp.	美国	3	0
3	IBM Corp.	美国	2	2
4	Google Inc.	美国	2	0
5	Cram Inc.	美国	1	0

3. 日本申请人排名

表 8-18 日本用户一站式服务技术专利申请人排名

序号	申请人	申请人国家	申请数量（件）	授权数量（件）
1	Seiko Epson Corp.	日本	13	6
2	Hitachi Ltd.	日本	11	4
3	Yahoo Inc.	美国	7	4
4	Canon K.K.	日本	5	1
5	Fuji Xerox Co. Ltd.	日本	3	2

4. 韩国申请人排名

表 8-19 韩国用户一站式服务技术专利申请人排名

序号	申请人	申请人国家	申请数量（件）	授权数量（件）
1	Yahoo Inc.	美国	3	2
2	ContentGuard Holdings Inc.	美国	3	1
3	Google Corp.	美国	3	1
4	KT Corp.	韩国	1	1

5. 英国申请人排名

表 8-20 英国用户一站式服务技术专利申请人排名

序号	申请人	申请人国家	申请数量（件）	授权数量（件）
1	Hewlett-Packard Development Co.	美国	1	0
2	Inspired Broadcast Networks Ltd.	英国	1	0

6. 法国申请人排名

法国在用户一站式服务技术领域暂无专利申请公开。

7. 德国申请人排名

德国在用户一站式服务技术领域暂无专利申请公开。

8. 俄罗斯申请人排名

表 8-21 俄罗斯用户一站式服务技术专利申请人排名

序号	申请人	申请人国家	申请数量（件）	授权数量（件）
1	Microsoft Corp.	美国	1	0
2	Verimatrix Inc.	美国	1	0

9. 澳大利亚申请人排名

表 8-22 澳大利亚用户一站式服务技术专利申请人排名

序号	申请人	申请人国家	申请数量（件）	授权数量（件）
1	Microsoft Corp.	美国	1	1
2	Digital Interactive Entertainm	美国	1	1
3	JVL Corp.	加拿大	1	0
4	Future IP Ltd.	英国	1	0
5	First Data Corp.	美国	1	0

10. 欧洲专利局申请人排名

表 8-23 欧洲专利局用户一站式服务技术专利申请人排名

序号	申请人	申请人国家	申请数量（件）	授权数量（件）
1	IBM Corp.	美国	4	2
2	Google Inc.	美国	4	0
3	Seiko Epson Corp.	日本	2	1
4	Yahoo Inc.	美国	2	0
5	Fujitsu Ltd.	日本	1	1

11. 世界知识产权组织申请人排名

表 8-24 世界知识产权组织用户一站式服务技术专利申请人排名

序号	申请人	申请人国家	申请数量（件）
1	Digiboo LLC	美国	11
2	Videri Inc.	美国	5
3	Yahoo Inc.	美国	3
4	Snocap Inc.	美国	3
5	F3M3 Companies Inc.	美国	2

二　专利分析

（一）技术发展趋势分析

图 8-14 展示了用户一站式服务技术专利的年度申请情况，可以看出，1997~1999 年用户一站式服务技术专利申请处于起步阶段；2000~2002 年专利年申请量增长较快，但整体数量还不多；2003~2004 年专利年申请量出现小幅下滑，这可能与数字版权保护技术出现技术瓶颈有关；2005~2014 年专利年申请量总体呈增长态势，并于 2014 年达到截至目前的峰值 103 件，技术发展逐渐成熟，这可能与移动互联网时代到来和手机阅读日益普及有关；从 2015 年开始专利年申请量呈下滑态势。

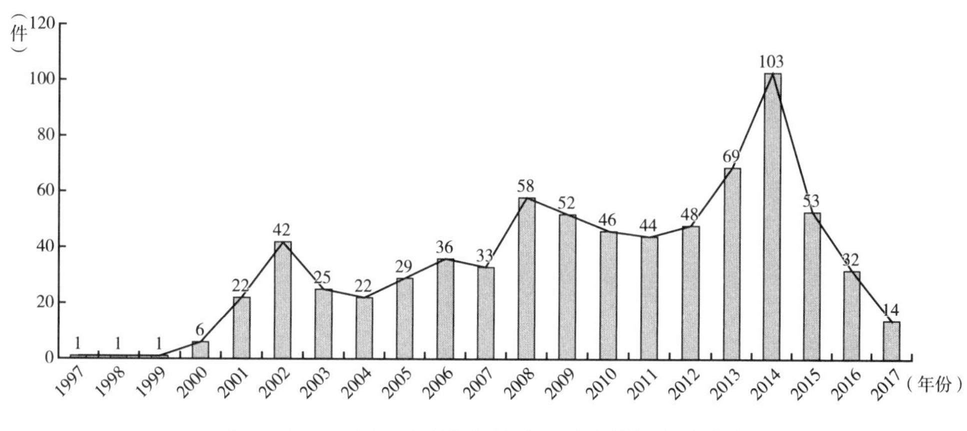

图 8-14　用户一站式服务技术专利申请量年度分布

（二）技术路线分析

用户一站式服务技术领域的第一件专利出现于 1997 年，1997~2005 年的关键技术专利和核心专利均是在日本申请的，2006 年之后美国和中国才出现该技术领域的关键技术专利和核心专利。该技术领域的 8 项关键技术专利中有 4 项是日本申请的，且该技术领域的第一件专利也属于日本，这可能与 2000 年日本成立第一个利用数字技术系统进行著作权管理的民间组织“E-License”有关。2006 年，雅虎申请了一件关于文件权限定价方法的专利，这可能与 2008 年雅虎将数字音乐订阅服务出售有关，这一专利是该公司调整音乐业务战略的重要措施之一。直至 2011 年，中国才申请了一件用户一站式服务技术领域的关键技术专利，但早在 2000 年北大方正就推出了阿帕比软件，辽宁出版集团推出了“掌上书房”电子阅读器，人民出版社也开通了“人民时空”网站等（见图 8-15）。

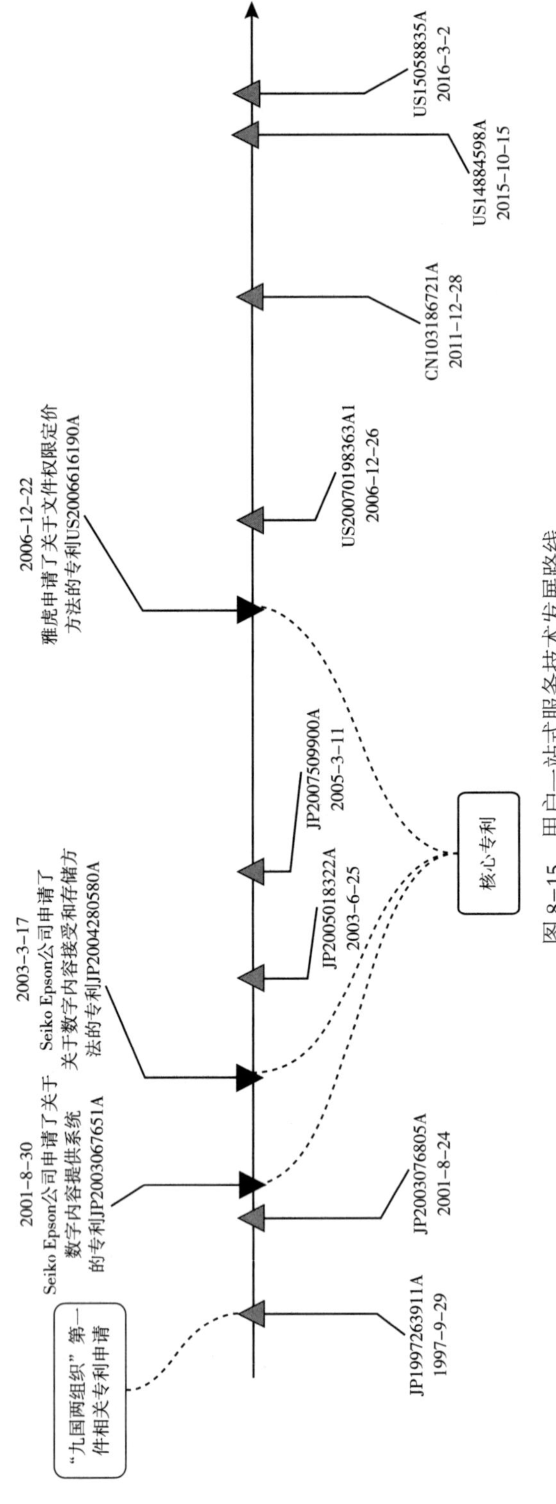

图 8-15　用户一站式服务技术发展路线

（三）主要专利申请人分析

在用户一站式服务技术领域，专利申请量全球排名前三的申请人是 IBM、微软和北大方正。

1. 申请量排名第一的专利申请人——IBM

（1）专利申请量

从图 8-16 可以看出，IBM 从 1998 年开始进行用户一站式服务技术专利申请，1998~2000 年专利年申请量维持在 8~10 件，这可能与 2001 年 IBM 发布最新解决方案“数字媒体工厂”有关，这一阶段申请的专利可能在为“数字媒体工厂”做准备。2002~2011 年为美国用户一站式服务技术的快速发展期，但此期间 IBM 的专利年申请量有所下降，2010 年以来 IBM 再无用户一站式服务技术专利申请，这可能与其数字版权保护技术出现技术瓶颈有关。

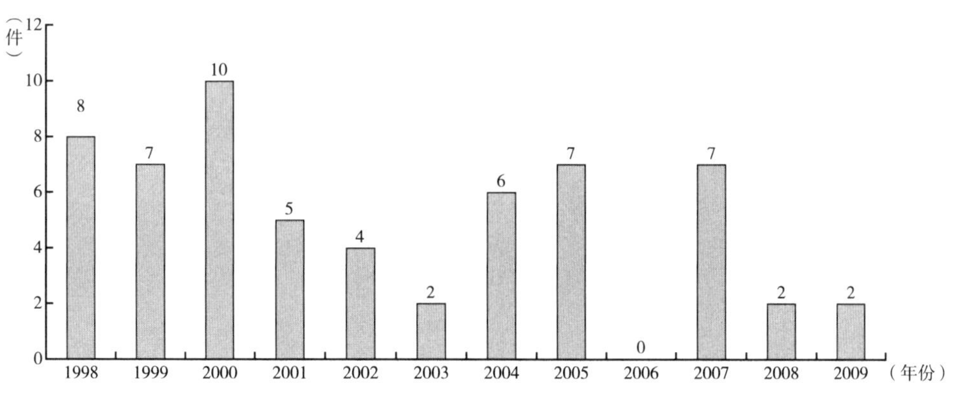

图 8-16　IBM 用户一站式服务技术专利申请量年度分布

（2）专利申请量区域分布

图 8-17 是 IBM 用户一站式服务技术专利的地域布局情况，可以看出，IBM 在美国申请的专利最多，占其专利申请总量的 60%。IBM 在日本申请了 13 件专利，在欧洲专利局、中国、澳大利亚以及世界知识产权组织也进行了少量专利申请，显然 IBM 将这些国家或地区作为其目标市场。

IBM 将美国作为主要的专利布局国家，这可能与美国的版权产业发展迅速有关。从行业增加值来看，2011 年美国版权产业的行业增加值为 16819 亿美元，折合人民币约为 104479.63 亿元；中国为 31528.98 亿元，不到美国的 1/3。2011 年美国版权产业的行业增加值占美国 GDP 的比重为 11.16%，中国仅为 6.67%。从核心版权产业的出口额来看，2011 年中国核心版权产业的出口总额约为 136.11 亿美元，只占当年全国对外贸易出口总额的 0.65%；而 2011 年美国几个重要的核心版权产业，即录音产业、电影产业、计算机软件产业和非软件出版产业（包括书报刊）的出口总额就达 1409 亿美元，明显高于美国其他主要行业，如飞机、汽车、农产品、食品和药品等行业。这说明中国版权产业的核心竞争力仍有待提高[①]。

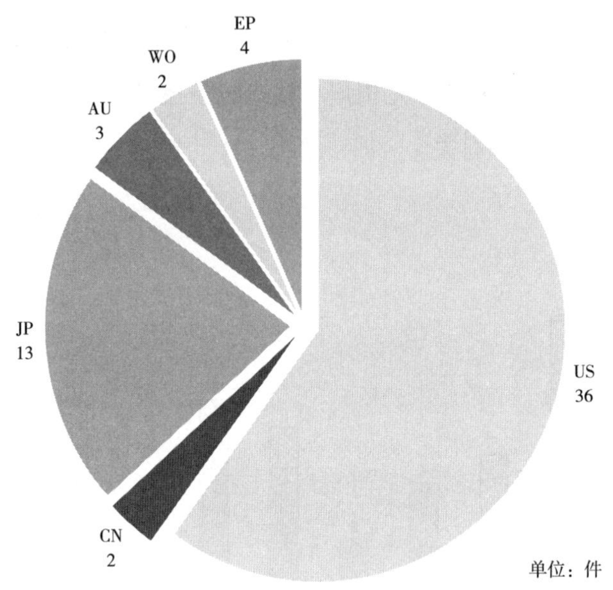

图 8-17　IBM 用户一站式服务技术专利在“九国两组织”的申请量

2. 申请量排名第二的专利申请人——微软

（1）专利申请量

从图 8-18 可以看出，微软自 2000 年至 2016 年陆续申请了一些用户一站式服务技术专利。其中，在 2009 年申请的专利数量较多，这可能与微软收购巴诺旗下的电子书业务“Nook Media”有关。2014 年，由于业务亏损，微软将 Nook 电子书阅读器的股份卖回给巴诺书店。

① 中华人民共和国国家新闻出版广电总局:《“中国版权产业的经济贡献（2011 年）”项目成果发布》，http://www.gapp.gov.cn/govpublic/96/201987.shtml。

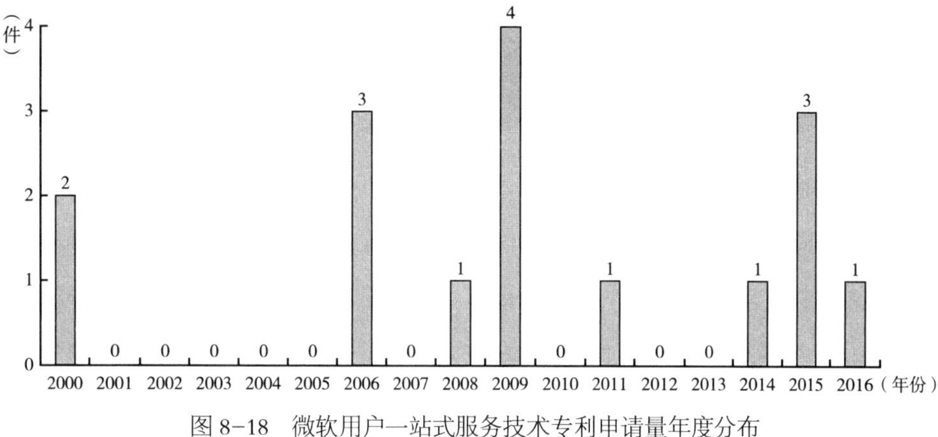

图 8-18　微软用户一站式服务技术专利申请量年度分布

（2）专利申请量区域分布

图 8-19 是微软用户一站式服务技术专利在“九国两组织”的申请情况，可以看出，微软在美国的专利布局最多，占其专利总量的 44%。微软在中国、澳大利亚、欧洲专利局、日本、韩国和俄罗斯均有少量专利布局，显然微软可能已经将这些国家或地区作为目标市场。

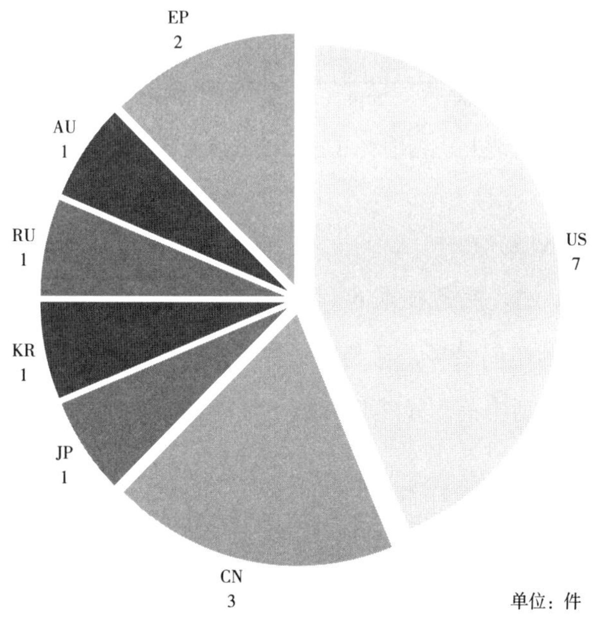

图 8-19　微软用户一站式服务技术专利在“九国两组织”的申请量

3. 申请量排名第三的专利申请人——北大方正

（1）专利申请量

北大方正在2007年申请了一件用户一站式服务技术专利，此后连续7年都有这一技术领域的专利申请（见图8-20）。北大方正自2000年进入数字出版领域以来，在数字产品形式、版权保护和产品研发等方面发挥了引领作用①。2000年初，北大方正开始自主研发数字版权管理系统，并以其为核心研发了方正阿帕比电子书整体解决方案。2001年4月，方正阿帕比数字版权管理系统研发成功，该系统于2003年11月被信息产业部评为“2003年信息产业重大技术发明”，于2005年被国家科技部评为“国家火炬计划重点项目”。

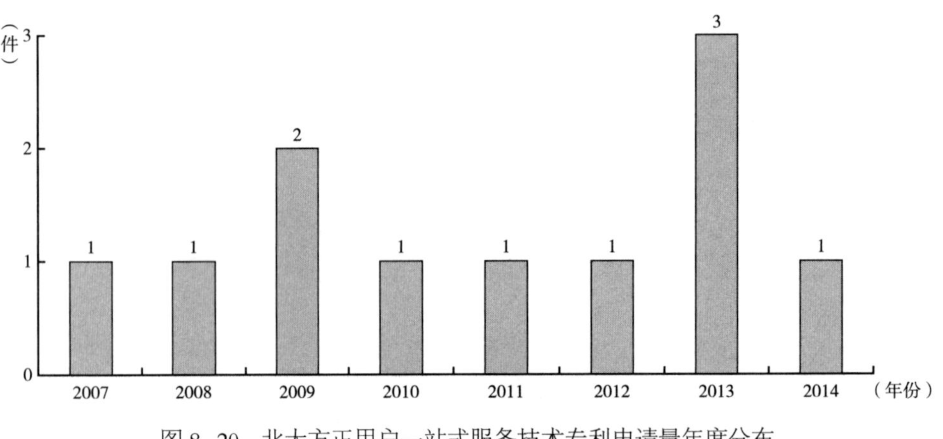

图8-20　北大方正用户一站式服务技术专利申请量年度分布

（2）专利申请量区域分布

图8-21是用户一站式服务技术专利在“九国两组织”的申请情况，可以看出，北大方正在中国的专利布局最多，专利申请数量占其专利申请总量的82%。北大方正还在美国进行了少量专利申请，显然其可能已经将美国作为目标市场。

① 海外网:《方正阿帕比在郑州召开数字出版研讨会》，http://news.163.com/14/0814/10/A3JPP26E00014SEH.html。

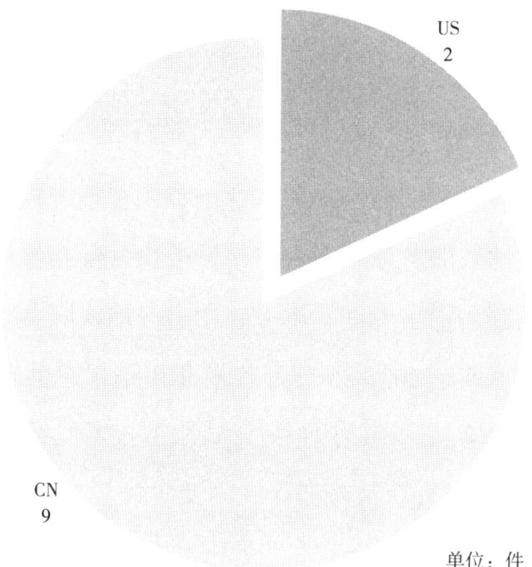

图 8-21　北大方正用户一站式服务技术专利在“九国两组织”的申请量

（四）技术热点分析

图 8-22 反映了 IBM、微软和北大方正 1994~2017 年在用户一站式服务技术领域的研究热点。从中可以看出，数字内容打印技术、在线浏览技术和电子书技术是用户一站式服务技术领域的研究热点。

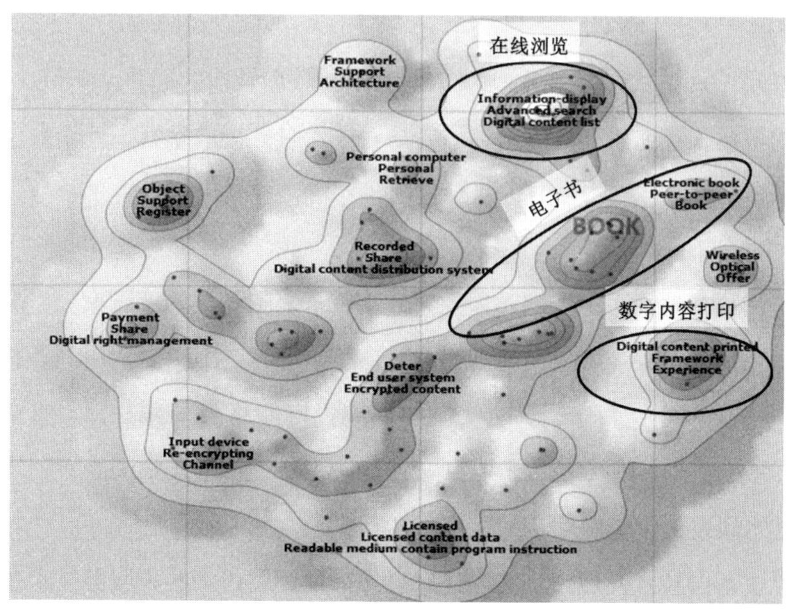

图 8-22　用户一站式服务技术构成分布

三 总结

（一）专利申请总体趋势

就整个行业专利申请状况来看，2000 年之前，由于技术门槛高和学科推广需要时间积累等原因，用户一站式服务技术专利申请量很少，仅有 3 件。随着一系列国际性行业会议的举办和行业应用需求的逐渐增多，用户一站式服务技术领域的专利申请从 2000 年开始进入快速增长期。2003~2013 年专利年申请量总体较为稳定，2014 年出现大幅增长，之后又有所回落。这说明用户一站式服务技术已经比较成熟。

（二）主要国家技术发展现状及趋势

1. 美国

作为用户一站式服务技术领域的先行者之一，该技术在美国起步较早且发展很快。目前，该技术在美国的发展趋于成熟，关键技术和相关产品市场份额主要掌握在 IBM 手中，市场呈现由百家争鸣向巨头发展的趋势。

2. 日本

日本在用户一站式服务技术领域起步较早，发展也很快。其专利申请总量仅次于美国，目前处于技术稳定期。

3. 韩国

韩国在用户一站式服务技术领域申请的专利数量较少，起步也较晚，直至 2008 年，美国的微软和雅虎才在韩国申请了用户一站式服务技术专利。近年来，韩国的专利年申请量趋于稳定，技术发展进入稳定期。

4. 中国

中国在用户一站式服务技术领域的研究落后于美国和日本等国家。直至 2000 年，国外的一些公司看到数字版权在中国的市场，开始陆续在中国申请用户一站式服务技术专利，其中，主要专利申请人为美国的研究投资网络公司和 IBM。直至 2007 年，中国企业才陆续申请相关专利，但专利申请量较少。近年来，中国的专利年申请量趋于稳定，技术研发处于稳定期。

根据以上各国技术发展现状的描述，总体来说，用户一站式服务技术在全球处于稳定期。

（三）主要申请人对比分析

通过对用户一站式服务技术领域的宏观分析，笔者得出行业内的三个主要申请人是 IBM、微软和北大方正。

1. 专利申请量比较

从专利申请量来看，IBM 拥有用户一站式服务技术专利申请 60 件，微软和北大方正分别是 16 件和 11 件。其中，IBM 作为行业的技术引领者，在技术研发初期便投入了相当大的研发力度；微软和北大方正在用户一站式服务技术领域的研究起步较晚，分别从 2000 年和 2007 年才出现相关专利申请。

2. 专利资产地域布局分析

IBM、微软和北大方正为了贯彻其专利全球化战略，均在多个国家进行了专利布局，但布局重点还是本土市场。IBM 在美国、日本、中国、澳大利亚、欧洲专利局和世界知识产权组织均布局了专利，便于随时发动专利诉讼；微软在美国、中国、澳大利亚、俄罗斯、日本、韩国和欧洲专利局均布局了专利；北大方正在中国和美国布局了专利。

3. 技术热点分析

从技术热点角度来说，数字内容打印技术、在线浏览技术和电子书技术是用户一站式服务技术领域的热点技术。

第三节　客户端与服务端间的通信设计技术

客户端与服务端间的通信设计技术是数字内容作品分配与控制的常用技术，通过加密和数字签名的方式，在保证权限控制的同时，保证数字内容作品由服务端（销售系统）到客户端的安全传输。围绕该技术的专利申请发轫于 20 世纪 90 年代中后期，从 2001 年开始总体呈持续快速发展态势，于 2008 年达到第一个高峰，2009~2011 年小幅下降后又快速增长，并于 2013 年前后迎来第二个高峰，从 2015 年开始有较大幅度下滑，这表明该技术发展已较为成熟。

一 专利检索

（一）检索结果概述

以客户端与服务端间的通信设计技术为检索主题，在“九国两组织”范围内共检索到相关专利申请 2532 件，具体数量分布如表 8-25 所示。

表 8-25 “九国两组织”客户端与服务端间的通信设计技术专利申请量

单位：件

国家 / 国际组织	专利申请量	国家 / 国际组织	专利申请量
US	1035	DE	14
CN	268	RU	9
JP	351	AU	66
KR	190	EP	235
GB	19	WO	331
FR	14	合计	2532

（二）“九国两组织”客户端与服务端间的通信设计技术专利申请趋势

表 8-26 和图 8-23 展示了 1994~2017 年“九国两组织”客户端与服务端间的通信设计技术专利的申请情况，从中可以看出，美国的专利申请量最多，且年度增长趋势较其他国家更为明显，可见该技术在美国得到了广泛应用和发展。这一技术在亚洲的中国、日本和韩国发展较为缓慢，专利年申请量大多为 20~30 件；欧洲的英国、法国和德国对这一技术的关注度很低，专利申请总量均不超过 20 件。

表 8-26 1994~2017 年“九国两组织”客户端与服务端间的通信设计技术专利申请量

单位：件

国家 / 国际组织	专利申请量																	
	90	01	02	03	04	05	06	07	08	09	10	11	12	13	14	15	16	17
US	5	9	31	43	44	45	51	74	64	66	65	78	112	110	115	57	35	31
CN	4	4	6	6	10	21	33	26	19	29	22	13	20	24	17	8	4	2
JP	8	8	15	28	34	32	30	29	20	24	33	23	16	19	22	6	2	2
KR	0	1	0	1	4	12	9	8	25	24	22	11	20	21	23	6	3	0
GB	0	2	1	0	1	0	2	1	2	0	0	2	2	3	2	1	0	0
FR	0	0	0	0	0	2	1	2	0	0	0	1	3	3	1	1	0	0
DE	0	0	0	0	0	1	3	1	3	2	0	2	1	1	0	0	0	0
RU	0	0	0	0	0	0	0	0	2	1	0	0	3	1	2	0	0	0

续表

国家 / 国际组织	专利申请量																	
	90	01	02	03	04	05	06	07	08	09	10	11	12	13	14	15	16	17
AU	5	3	6	5	12	2	4	1	5	2	4	3	4	5	3	2	0	0
EP	3	3	12	19	12	20	26	17	22	17	12	13	16	14	16	13	0	0
WO	6	17	22	12	33	23	15	34	35	13	15	15	21	23	21	15	5	6
合计	31	47	93	114	150	158	174	193	197	178	173	161	218	224	222	109	49	41

注："90"指 1994~2000 年的专利申请总量，"01~17"分别指 2001~2017 年当年的专利申请量。

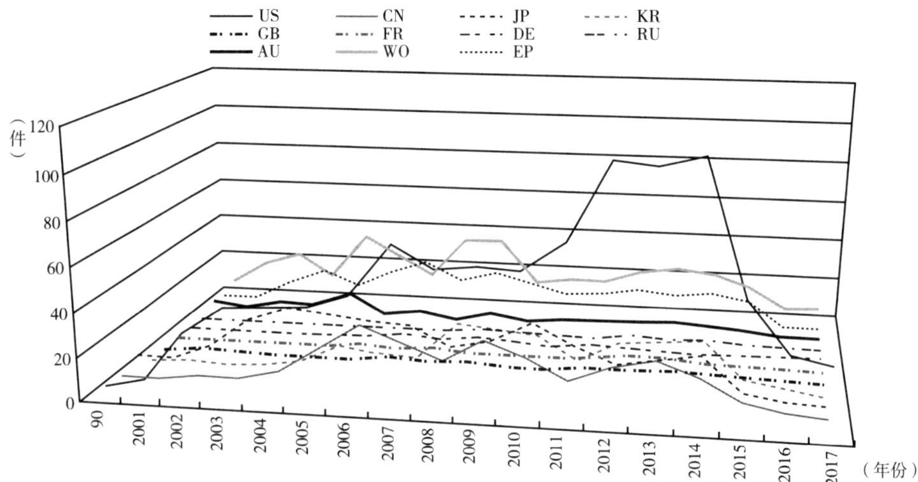

图 8-23　"九国两组织"客户端与服务端间的通信设计技术专利申请趋势

注："90"指 1994~2000 年的专利申请总量。

（三）"九国两组织"客户端与服务端间的通信设计技术专利申请人排名

1994~2017 年"九国两组织"客户端与服务端间的通信设计技术专利申请人排名情况如表 8-27 ~ 表 8-37 所示。

1. 美国申请人排名

表 8-27　美国客户端与服务端间的通信设计技术专利申请人排名

序号	申请人	申请人国家	申请数量（件）	授权数量（件）
1	Microsoft Corp.	美国	52	26
2	IBM Corp.	美国	46	14
3	ContentGuard Holdings Inc.	美国	34	7
4	Flexiworld Technologies Inc.	美国	32	4
5	Sony Corp.	日本	27	5

2. 中国申请人排名

表 8-28 中国客户端与服务端间的通信设计技术专利申请人排名

序号	申请人	申请人国家	申请数量（件）	授权数量（件）
1	Sony Corp.	日本	25	10
2	Matsushita Electric Ind. Co. Ltd.	日本	13	4
3	IBM Corp.	美国	12	5
4	Intel Corp.	美国	9	1
5	ContentGuard Holdings Inc.	美国	8	2

3. 日本申请人排名

表 8-29 日本客户端与服务端间的通信设计技术专利申请人排名

序号	申请人	申请人国家	申请数量（件）	授权数量（件）
1	Sony Corp.	日本	27	9
2	Intertrust Tech. Corp.	美国	18	5
3	Matsushita Electric Ind. Co. Ltd.	日本	17	5
4	Microsoft Corp.	美国	16	10
5	Nippon Telegraph & Telephone	日本	16	1

4. 韩国申请人排名

表 8-30 韩国客户端与服务端间的通信设计技术专利申请人排名

序号	申请人	申请人国家	申请数量（件）	授权数量（件）
1	Adobe Systems Inc.	美国	9	4
2	LG Electronics Inc.	韩国	8	3
3	Alcatel-Lucent S.A.S.	法国	6	2
4	SK Telecom Co. Ltd.	韩国	5	1
5	Dena Co. Ltd.	日本	4	2

5. 英国申请人排名

表 8-31 英国客户端与服务端间的通信设计技术专利申请人排名

序号	申请人	申请人国家	申请数量（件）	授权数量（件）
1	Sony Corp.	日本	2	1
2	Apple Inc.	美国	2	0
3	Omnifone Ltd.	英国	2	0
4	Box Inc.	英国	2	0
5	Nokia Corp.	芬兰	1	0

6. 法国申请人排名

表 8-32　法国客户端与服务端间的通信设计技术专利申请人排名

序号	申请人	申请人国家	申请数量（件）	授权数量（件）
1	Alcatel-Lucent S.A.S.	法国	2	0
2	Viaccess S.A.	法国	2	0
3	Bouygues Telecom S.A.	法国	2	0
4	Sist Holding	法国	2	0
5	France Telecom	法国	1	0

7. 德国申请人排名

表 8-33　德国客户端与服务端间的通信设计技术专利申请人排名

序号	申请人	申请人国家	申请数量（件）	授权数量（件）
1	Hewlett Packard Development Co.	美国	2	1
2	Matsushita Electric Ind. Co. Ltd.	日本	2	1
3	Reuters Ltd.	英国	1	0
4	Nokia Corp.	芬兰	1	0
5	Simple Devices lnc.	美国	1	0

8. 俄罗斯申请人排名

表 8-34　俄罗斯客户端与服务端间的通信设计技术专利申请人排名

序号	申请人	申请人国家	申请数量（件）	授权数量（件）
1	Koninkl Philips Electronics N.V.	荷兰	2	0
2	Motorola Inc.	美国	1	1
3	Omnifon Ltd.	俄罗斯	1	0
4	Qualcomm Inc.	美国	1	0
5	Microsoft Corp.	美国	1	0

9. 澳大利亚申请人排名

表 8-35　澳大利亚客户端与服务端间的通信设计技术专利申请人排名

序号	申请人	申请人国家	申请数量（件）	授权数量（件）
1	Apple Inc.	美国	7	3
2	Microsoft Corp.	美国	6	3
3	Sun Microsystems Inc.	美国	5	2
4	Motorola Inc.	美国	3	0
5	July Systems Inc.	美国	2	1

10. 欧洲专利局申请人排名

表 8-36 欧洲专利局客户端与服务端间的通信设计技术专利申请人排名

序号	申请人	申请人国家	申请数量（件）	授权数量（件）
1	Sony Corp.	日本	17	3
2	Samsung Electronics Co. Ltd.	韩国	14	2
3	Intel Corp.	美国	9	1
4	ContentGuard Holdings Inc.	美国	8	1
5	Nokia Corp.	芬兰	7	2

11. 世界知识产权组织申请人排名

表 8-37 世界知识产权组织客户端与服务端间的通信设计技术专利申请人排名

序号	申请人	申请人国家	申请数量（件）
1	Digiboo LLC	美国	14
2	Sony Corp.	日本	10
3	Matsushita Electric Ind. Co. Ltd.	日本	9
4	Intel Corp.	美国	9
5	Apple Inc.	美国	7

二 专利分析

（一）技术发展趋势分析

图 8-24 展示了 1996~2017 年客户端与服务端间的通信设计技术专利的年度申请情况，可以看出，该技术领域的第一件专利出现于 1996 年，专利年申请量从 2001 年开始迅速增长，于 2008 年达到第一个发展高峰，2009~2011 年出现小幅下降，2012 年又快速增长，2012~2014 年基本保持稳定，从 2015 年开始有较大幅度下滑。

（二）技术路线分析

图 8-25 展示了客户端与服务端间的通信设计技术的发展路线。1996 年 7 月 16 日，美国一家公司申请了一件应用于商业交易的服务器和智能卡间的通信设计专利，标志着“九国两组织”第一件客户端与服务端间的通信设计技术专利诞生。2000 年 4 月 19 日，日本一家公司申请了关于数字内容分配和控制的专利，该专利提出了将数字内容分配到各个客户端和网站的方法，同时也保证了相应权限的控制。随着数字认证

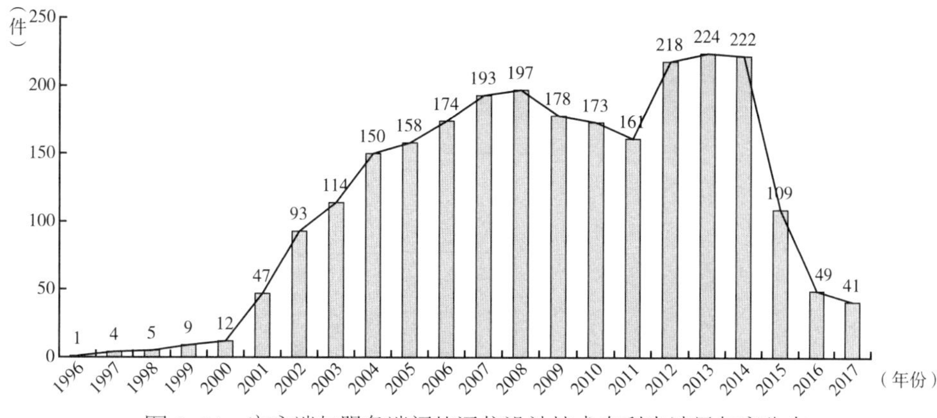

图 8-24　客户端与服务端间的通信设计技术专利申请量年度分布

技术的迅速发展，2004 年 9 月 15 日，美国一家公司申请了关于内容递送系统的专利，是这一技术领域的核心专利；2005 年美国公司又申请了 2 件这一技术领域的核心专利。客户端与服务端间的通信设计技术领域的核心专利基本都掌握在美国公司手中。

（三）主要专利申请人分析

1994~2017 年，在客户端与服务端间的通信设计技术领域，专利申请量排名前三的申请人分别为索尼 、微软和 ContentGuard Holdings Inc.（以下简称“ContentGuard 公司”），索尼拥有相关专利申请 115 件、微软拥有 99 件、ContentGuard 公司拥有 63 件。

1. 申请量排名第一的专利申请人——索尼

（1）专利申请量

图 8-26 是索尼客户端与服务端间的通信设计技术专利的年度申请情况，可以看出，索尼于 2002 年申请了第一件相关专利，2003 年的专利申请量迅速增长至 22 件，2003~2007 年专利年申请量基本在 20 件左右。这可能与日本数字内容产业的蓬勃发展有关，日本数字内容协会发布的《数字内容白皮书》显示，2003~2008 年日本数字内容产业的年增长率均保持在 8% 以上 ①。但是，日本人依然非常热衷于租借 CD 等传统阅读方式，这在一定程度上导致了 2008 年以来索尼在该技术领域的专利年申请量减少，2008 年、2012 年和 2013 年索尼均无相关专利申请公开。

① 雷兴长，张雅：《21 世纪世界出版业强国的优势分析》，《赤峰学院学报（自然科学版）》2013 年第 7 期，第 31~34 页。

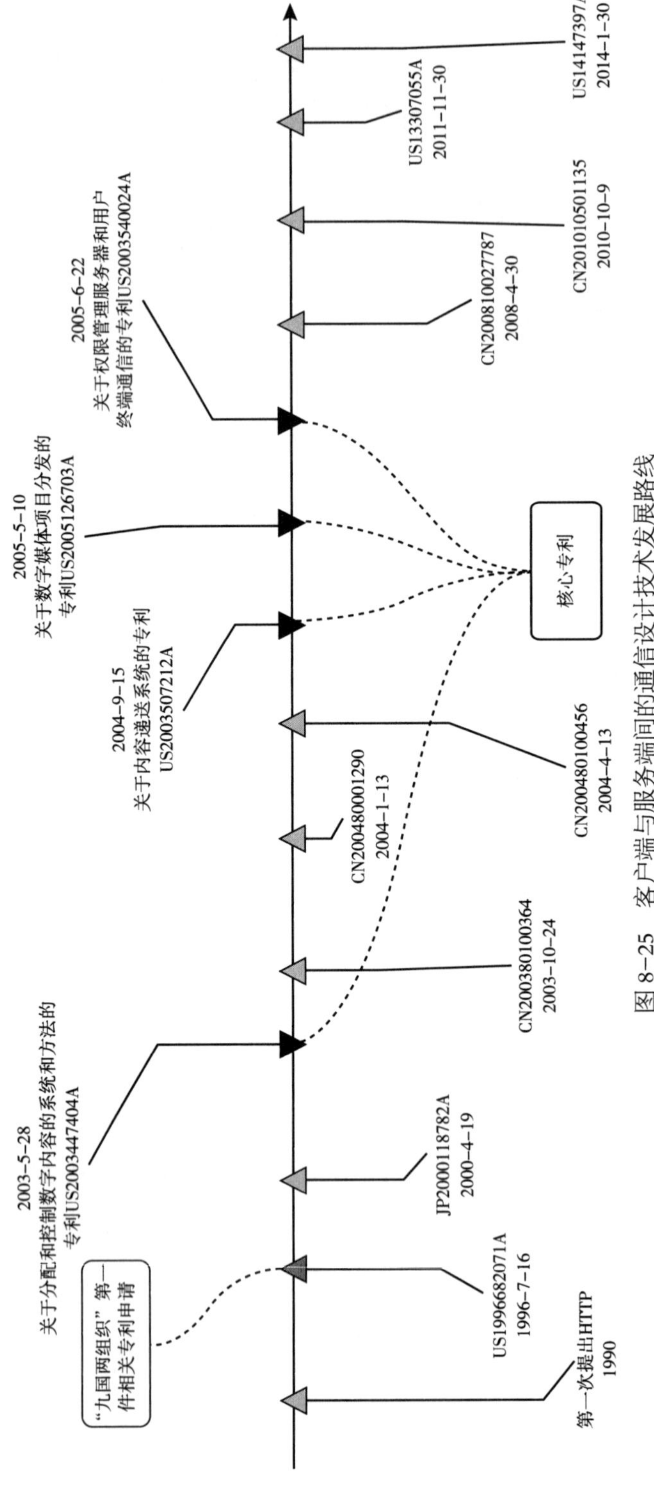

图 8-25 客户端与服务端间的通信设计技术发展路线

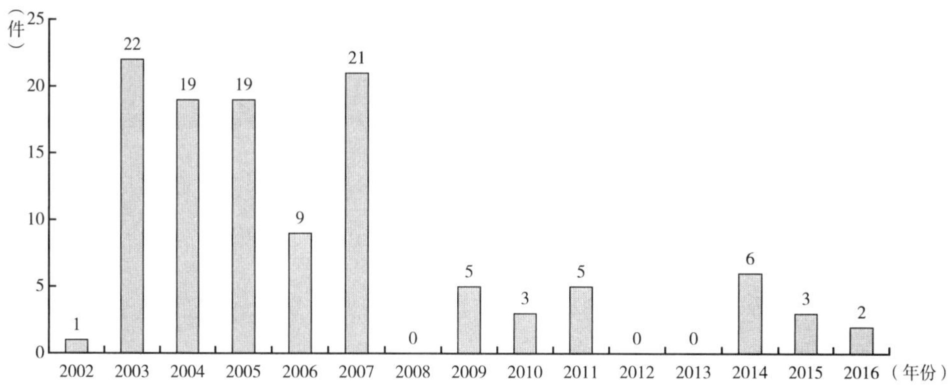

图 8-26　索尼客户端与服务端间的通信设计技术专利申请量年度分布

（2）专利申请区域分布

图 8-27 展示了索尼客户端与服务端间的通信设计技术专利在“九国两组织”的申请情况。索尼的主要市场为日本、美国、中国和欧洲，其专利申请也集中在这些市场，索尼在日本和美国的专利申请量均为 27 件，在中国和欧洲专利局的专利申请量分别为 25 件和 17 件。此外，索尼在世界知识产权组织、韩国和澳大利亚也申请了少量专利，分别是 10 件、8 件和 1 件。由此可见，索尼十分重视专利全球化布局。

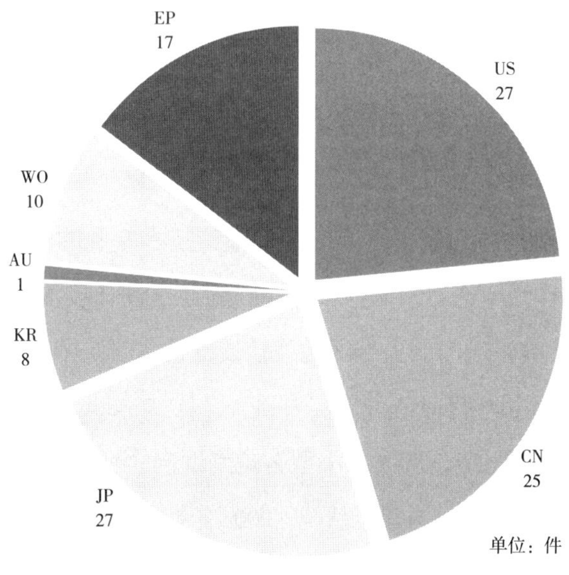

图 8-27　索尼客户端与服务端间的通信设计技术专利在“九国两组织”的申请量

（3）技术构成分布

图 8–28 展示了索尼客户端与服务端间的通信设计技术的构成分布。可以看出，索尼关注度较高的技术是客户端许可和数据传输单元。客户端许可就是客户在客户端阅读器购买数字内容时，阅读器首先从数字内容销售系统获取并解析引导文件，然后请求许可证并获取阅读器硬件信息，再一起发送给 DRM 控制器，由它负责返回应答给证书生成器，之后将许可证书返回给阅读器，以此解密证书内容并展示图书信息。

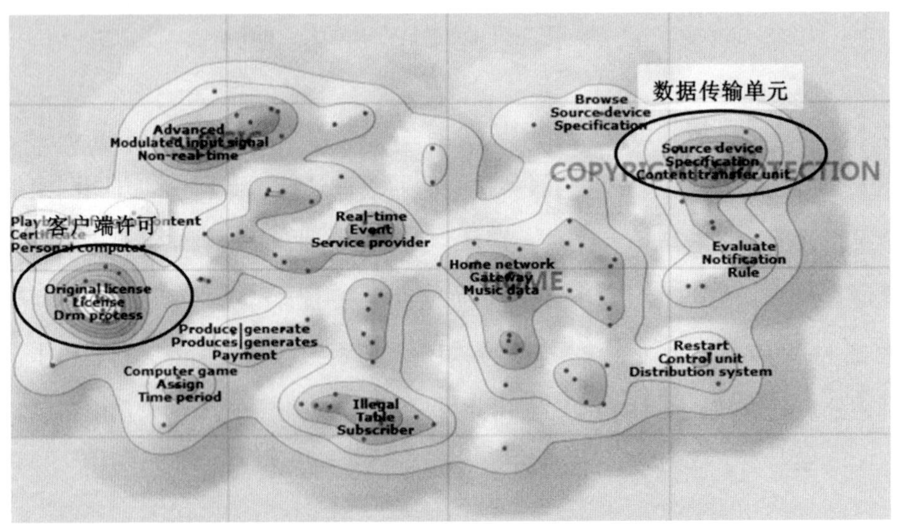

图 8–28　索尼客户端与服务端间的通信设计技术构成分布

2. 申请量排名第二的专利申请人——微软

（1）专利申请量

图 8–29 是微软客户端与服务端间的通信设计技术专利的年度申请情况，可以看出，微软从 2000 年开始申请客户端与服务端间的通信设计技术专利，于 2003 年达到专利年申请量峰值。客户端与服务端间的通信设计技术必定依赖稳定性和功能性强的操作系统，微软在计算机操作系统方面实力强大，从 Windows 超小型系统到 2000 年出现的 Windows 2000 操作系统，从面向小型客户到面向企业，创造了强大的计算环境。2006 年微软正式推出 Windows 7 操作系统，2006 年微软在该技术领域的专利申请又出现了一个小高峰。

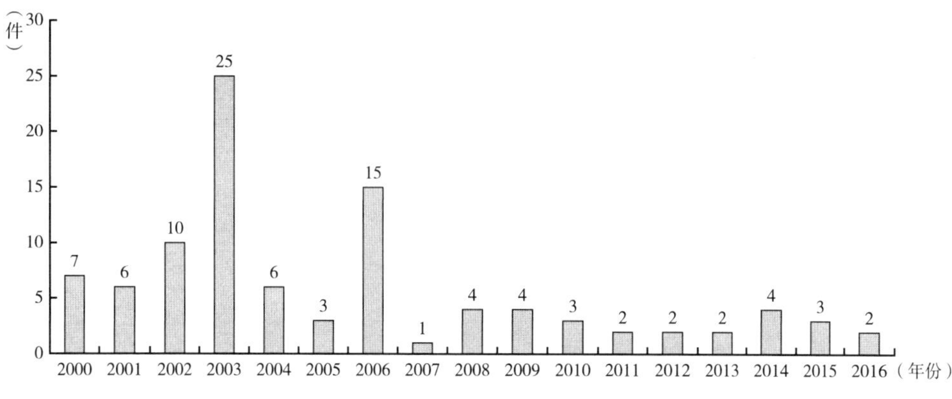

图 8-29　微软客户端与服务端间的通信设计技术专利申请量年度分布

（2）专利申请区域分布

图 8-30 展示了微软客户端与服务端间的通信设计技术专利在“九国两组织”的申请情况，可以看出，微软关于该技术的专利申请主要分布在美国，专利申请量为 52 件，占其这一技术领域专利申请总量的 50% 以上。这主要是由于微软的总部和主要目标市场位于美国，并且美国也是其专利诉讼频繁的国家。此外，微软在日本、韩国、中国、澳大利亚、俄罗斯、欧洲专利局和世界知识产权组织也进行了少量专利申请。

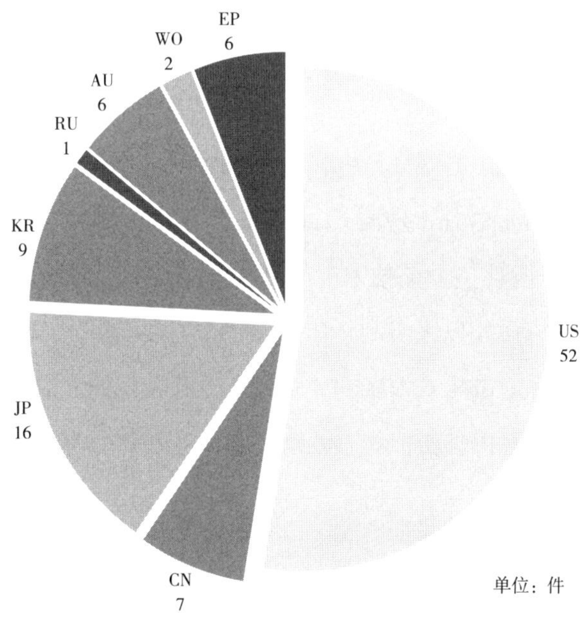

图 8-30　微软客户端与服务端间的通信设计技术专利在“九国两组织”的申请量

（3）技术构成分布

图 8-31 展示了微软客户端与服务端间的通信设计技术的构成分布，可以看出，在这一技术领域，微软重点关注客户端设备和加密内容相关技术。

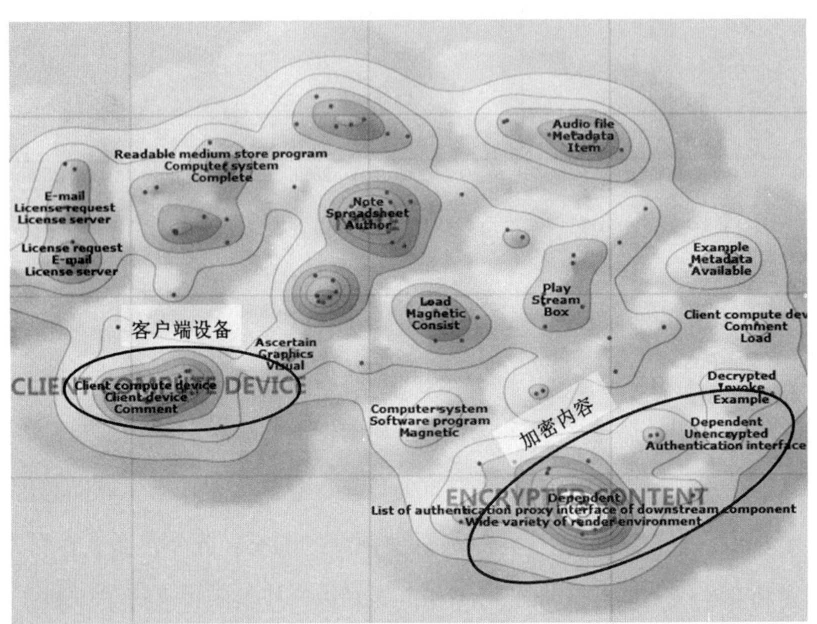

图 8-31 微软客户端与服务端间的通信设计技术构成分布

3. 申请量排名第三的专利申请人——ContentGuard公司

（1）专利申请量

图 8-32 是 ContentGuard 公司客户端与服务端间的通信设计技术专利的年度申请情况，可以看出，ContentGuard 公司于 2002 年开始进行相关专利申请，第一年专利申请量就高达 17 件。但其关于该技术的专利申请集中在 2002~2003 年，2004 年的专利申请量大幅下降，2004 年以来专利年申请量均在 5 件以下。ContentGuard 公司是数字版权保护和数字内容发布技术领域的开发商和专利授权商，很多公司都购买了该公司的专利许可，然后进行再创新，如卡西欧、富士通和日立等，故该公司申请的都是基础技术专利。

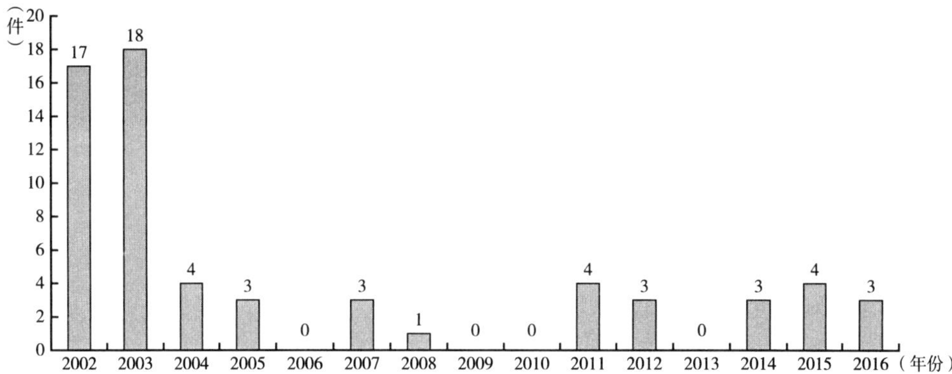

图 8-32　ContentGuard 公司客户端与服务端间的通信设计技术专利申请量年度分布

（2）专利申请区域分布

图 8-33 是 ContentGuard 公司客户端与服务端间的通信设计技术专利在“九国两组织”的申请情况，可以看出，其大部分专利都是在美国申请的。此外，其在中国、韩国、日本、澳大利亚、欧洲专利局和世界知识产权组织也进行了少量专利申请。

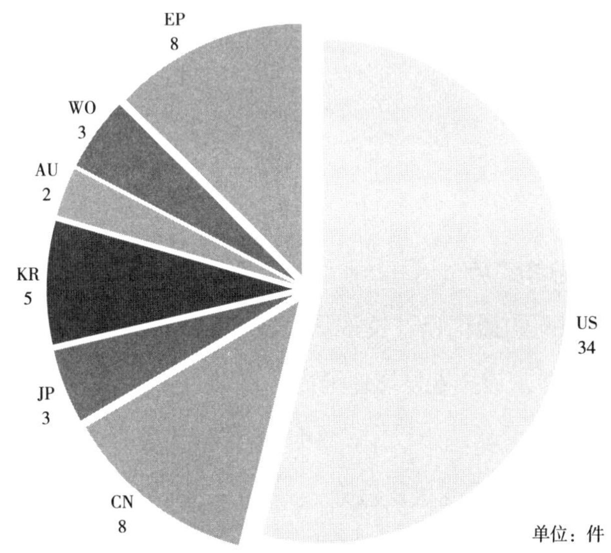

图 8-33　ContentGuard 公司客户端与服务端间的通信设计技术专利在“九国两组织”的申请量

（3）技术构成分布

图 8-34 展示了 ContentGuard 公司客户端与服务端间的通信设计技术的构成分布，可以看出，其重点关注权限管理系统和用户界面相关技术。

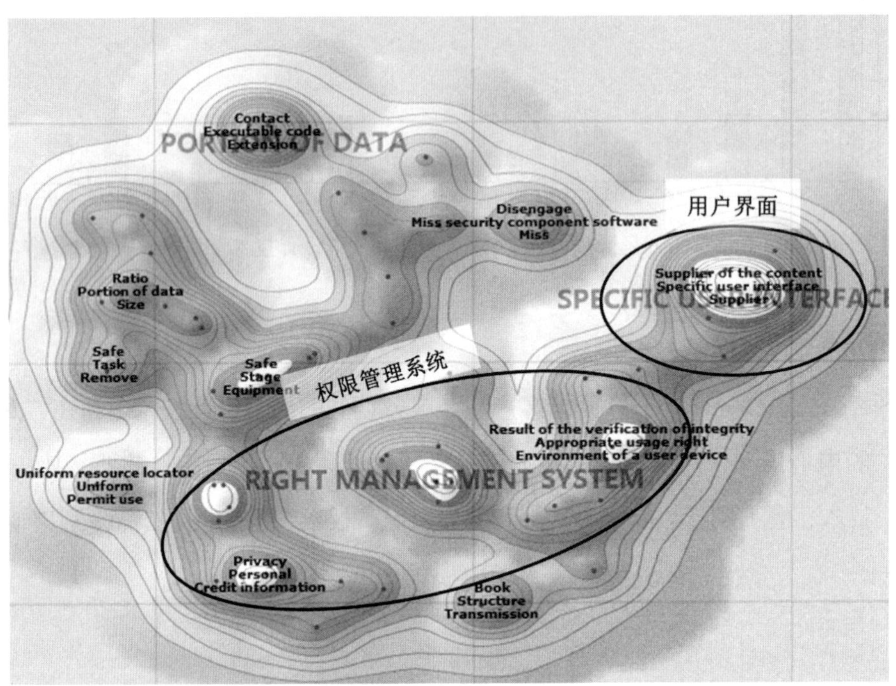

图 8-34　ContentGuard 公司客户端与服务端间的通信设计技术构成分布

三　总结

（一）专利申请总体趋势

客户端与服务端间的通信设计技术从 2001 年开始呈现快速发展的态势。随着移动终端设备的快速发展，该技术发展逐渐成熟，2009~2011 年专利年申请量有所下降，但 2012 年又快速增长，之后趋于稳定，2015 年专利年申请量出现大幅下降。

（二）主要国家技术发展现状及趋势

1. 美国

美国是客户端与服务端间的通信设计技术专利申请量最多的国家，遥遥领先于其他国家，2014 年之前专利年申请量总体呈逐年增长态势，从 2015 年开始下降，如今技术已较为成熟。

2. 日本

日本在客户端与服务端间的通信设计技术领域的研究起步较早，2014 年之前发展较为平稳，从 2015 年开始专利年申请量呈较大幅度的下降态势，目前处于技术衰退期。

3. 韩国

客户端与服务端间的通信设计技术目前在韩国处于衰退期，主要原因是韩国三星电子和 LG 等企业在移动数字内容方面已有所建树，技术再创新的难度越来越大。

4. 中国

在客户端与服务端间的通信设计技术领域，中国的发展态势与美国基本相同，目前技术已较为成熟。

（三）主要申请人对比分析

通过对客户端与服务端间的通信设计技术领域的宏观分析，笔者得出行业内三个主要申请人是索尼、微软和 ContentGuard 公司。

1. 专利申请量比较

从专利申请量来看，索尼的专利申请量为 115 件，微软为 99 件，ContentGuard 公司为 63 件。这三个专利申请人关于该技术的专利申请起步都比较晚，最早的也在 2000 年才有一定数量的专利申请，2007 年之后各专利申请人的专利年申请量都有不同程度下降，对该技术的研发意愿逐渐降低，投入的研发力量越来越少。

2. 专利资产地域布局分析

索尼在中国、日本和美国都有 25 件左右的相关专利申请，在欧洲专利局、世界知识产权组织和韩国的申请量分别为 17 件、10 件和 8 件。微软在美国的相关专利申请量为 52 件，占其这一技术领域专利申请总量的 53%。ContentGuard 公司作为专门研究数字版权保护技术的公司，其专利布局集中在几个数字内容产业发展较快的国家，在美国的申请量最多，为 34 件。

3. 技术热点分析

在客户端与服务端间的通信设计技术领域，索尼主要关注客户端许可和版权保护相关技术。微软主要关注客户端设备和加密内容两方面的技术。ContentGuard 公司主要关注权限管理系统和用户界面相关技术。

第四节　面向多种文档格式的内容交易与分发版权保护技术

面向多种文档格式的内容交易与分发版权保护技术是数字版权保护领域的常用技术，可以为电子书、音乐、影视和软件等数字内容作品在交易与分发过程中的版权安全提供支撑和保障。围绕该技术的专利申请发轫于 20 世纪 90 年代中期，经过多年缓慢增长后于 2013 年开始急剧增长，并在 2014 年达到顶峰，至今仍保持较高热度。这意味着未来一段时间内，该技术的创新和应用仍有较大空间。

一　专利检索

（一）检索结果概述

以面向多种文档格式的内容交易与分发版权保护技术为检索主题，在“九国两组织”范围内共检索到相关专利申请 1182 件，具体数量分布如表 8-38 所示。

表 8-38　“九国两组织”面向多种文档格式的内容交易与分发版权保护技术专利申请量

单位：件

国家 / 国际组织	专利申请量	国家 / 国际组织	专利申请量
US	499	DE	2
CN	360	RU	0
JP	145	AU	8
KR	79	EP	37
GB	3	WO	45
FR	4	合计	1182

（二）“九国两组织”面向多种文档格式的内容交易与分发版权保护技术专利申请趋势

面向多种文档格式的内容交易与分发版权保护技术属于与应用层对接的技术，相关应用企业对该技术较为关注。从表 8-39 和图 8-35 可以看出，美国、中国和日本在这一技术领域的研发投入较多，中国从 2007 年开始有了较为明显的专利申请趋势，表现较为活跃。随着数字版权保护受到政府、出版商和硬件生产商的不断关注，面向多种文档格式的内容交易与分发版权保护技术也将成为专利争夺的重要技术之一。

表 8-39　1994~2017 年“九国两组织”面向多种文档格式的内容交易与分发版权保护技术专利申请量

单位：件

国家 / 国际组织	专利申请量																	
	90	01	02	03	04	05	06	07	08	09	10	11	12	13	14	15	16	17
US	28	12	29	20	32	28	32	31	29	31	35	23	33	35	39	48	9	5
CN	5	1	1	4	2	4	2	10	5	6	11	13	10	54	80	56	51	45
JP	19	4	9	11	10	8	18	6	8	14	11	5	7	1	11	3	0	0
KR	0	0	3	1	2	2	5	4	9	18	12	1	4	9	4	4	1	0
GB	1	0	0	0	0	1	0	0	0	0	0	0	0	0	0	1	0	0
FR	0	1	0	0	0	0	0	0	1	0	0	0	0	0	2	0	0	0
DE	1	0	0	0	0	0	0	0	0	0	0	0	0	0	0	1	0	0
RU	0	0	0	0	0	0	0	0	0	0	0	0	0	0	0	0	0	0
AU	1	1	0	0	2	1	1	0	0	0	0	0	0	0	0	2	0	0
EP	3	3	3	1	1	2	0	0	0	2	1	6	2	5	2	5	1	0
WO	2	1	1	0	1	2	1	2	0	0	0	0	0	7	5	11	12	0
合计	60	23	46	37	50	48	59	53	52	71	70	48	56	111	143	131	74	50

注：“90”指 1994~2000 年的专利申请总量，“01~17”分别指 2001~2017 年当年的专利申请量。

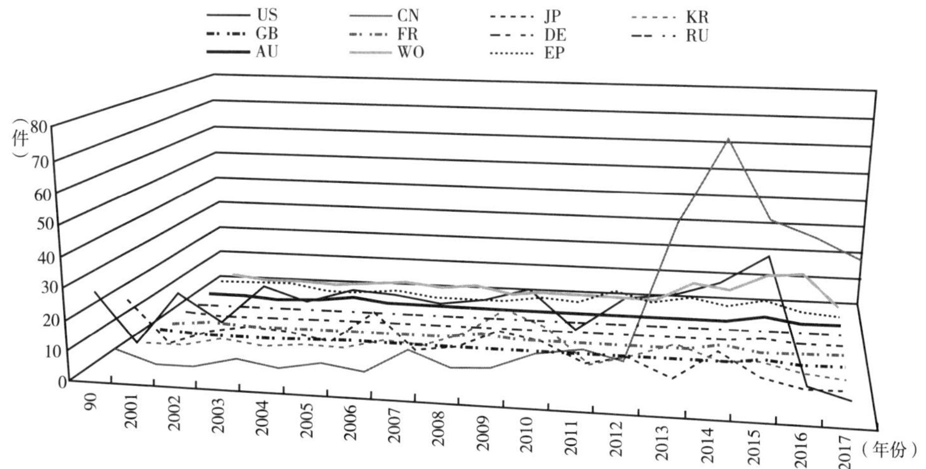

图 8-35　“九国两组织”面向多种文档格式的内容交易与分发版权保护技术专利申请趋势

注：“90”指 1994~2000 年的专利申请总量。

（三）“九国两组织”面向多种文档格式的内容交易与分发版权保护技术专利申请人排名

1994~2017 年“九国两组织”面向多种文档格式的内容交易与分发版权保护技术专利申请人排名情况如表 8-40 ~ 表 8-50 所示。

1. 美国申请人排名

表 8-40 美国面向多种文档格式的内容交易与分发版权保护技术专利申请人排名

序号	申请人	申请人国家	申请数量（件）	授权数量（件）
1	IBM Corp.	美国	19	16
2	Sony Corp.	日本	13	11
3	ContentGuard Holdings Inc.	美国	13	8
4	Microsoft Corp.	美国	11	8
5	Cisco Tech Inc.	日本	10	4

2. 中国申请人排名

表 8-41 中国面向多种文档格式的内容交易与分发版权保护技术专利申请人排名

序号	申请人	申请人国家	申请数量（件）	授权数量（件）
1	Huawei Tech. Co. Ltd.（华为）	中国	12	5
2	ZTE Corp.（中兴）	中国	7	3
3	H3C Technologies Co. Ltd.（杭州华三通信）	中国	6	3
4	Univ. Beijing Posts & Telecom（北京邮电大学）	中国	4	3
5	China Mobile COMM Corp.（中国移动）	中国	4	1

3. 日本申请人排名

表 8-42 日本面向多种文档格式的内容交易与分发版权保护技术专利申请人排名

序号	申请人	申请人国家	申请数量（件）	授权数量（件）
1	NEC Corp.	日本	13	6
2	Fuji Xerox Co. Ltd.	日本	11	5
3	Sony Corp.	日本	10	8
4	Canon K.K.	日本	10	4
5	Hitachi Ltd.	日本	10	2

4. 韩国申请人排名

表 8-43　韩国面向多种文档格式的内容交易与分发版权保护技术专利申请人排名

序号	申请人	申请人国家	申请数量（件）	授权数量（件）
1	LG Electronics Inc.	韩国	5	3
2	Rectuson Co. Ltd.	韩国	5	0
3	SK Telecom Co. Ltd.	韩国	3	1
4	Korea Electronics & Telecommun. Res Inst.	韩国	3	0
5	Samsung Electronics Co. Ltd.	韩国	2	1

5. 英国申请人排名

表 8-44　英国面向多种文档格式的内容交易与分发版权保护技术专利申请人排名

序号	申请人	申请人国家	申请数量（件）	授权数量（件）
1	ContentGuard Holdings Inc.	美国	1	1
2	Deutsche Telekom A.G.	德国	1	1
3	Zodiac Aero Electric	法国	1	0
4	George Stronach Mudie	英国	1	0

6. 法国申请人排名

表 8-45　法国面向多种文档格式的内容交易与分发版权保护技术专利申请人排名

序号	申请人	申请人国家	申请数量（件）	授权数量（件）
1	Telediffusion DE France S.A.	法国	1	0
2	France Telecom	法国	1	0

7. 德国申请人排名

表 8-46　德国面向多种文档格式的内容交易与分发版权保护技术专利申请人排名

序号	申请人	申请人国家	申请数量（件）	授权数量（件）
1	ContentGuard Holdings Inc.	美国	1	1
2	Brainshield Technologies Inc.	美国	1	0

8. 俄罗斯申请人排名

表 8-47　俄罗斯面向多种文档格式的内容交易与分发版权保护技术专利申请人排名

序号	申请人	申请人国家	申请数量（件）	授权数量（件）
1	Sony Corp.	日本	1	0

9. 澳大利亚申请人排名

表 8-48 澳大利亚面向多种文档格式的内容交易与分发版权保护技术专利申请人排名

序号	申请人	申请人国家	申请数量（件）	授权数量（件）
1	ContentGuard Holdings lnc.	美国	3	2
2	Canon K.K.	日本	2	2
3	Harris Corp.	美国	2	1
4	Integrated Group Assets Inc.	美国	1	1
5	Siemens A.K.	德国	1	0

10. 欧洲专利局申请人排名

表 8-49 欧洲专利局面向多种文档格式的内容交易与分发版权保护技术专利申请人排名

序号	申请人	申请人国家	申请数量（件）	授权数量（件）
1	Panasonic Corp.	日本	8	1
2	ContentGuard Holdings lnc.	美国	7	1
3	Konica Corp.	日本	6	1
4	Matsushita Denki Sangyo K.K.	日本	1	1

11. 世界知识产权组织申请人排名

表 8-50 世界知识产权组织面向多种文档格式的内容交易与分发版权保护技术专利申请人排名

序号	申请人	申请人国家	申请数量（件）
1	Onlive Inc.	美国	11
2	Rearden LLC	美国	11
3	OL2 Inc.	美国	10
4	Matsushita Electric Ind. Co. Ltd.	日本	9
5	Sony Corp.	日本	8

二 专利分析

（一）技术发展趋势分析

在数字版权保护系统中，缺乏便利有效的内容分发机制会限制受保护数字商品的传播，影响数字版权保护系统的推广与普及，极大制约电子商务及各种数字内容相关的商务活动的发展[①]。面向多种文档格式的内容交易与分发版权保护技术便旨在解决

① 黄俊杰:《分布式环境中 DRM 技术的研究与实现》，硕士学位论文，华中科技大学，2012 年，第 5-6 页。

这一问题。图 8-36 展示了该技术专利的年度申请情况，可以看出，1994~2014 年专利年申请量总体呈增长态势，技术研发至今仍保持较高热度。

从文档类型来看，该技术的保护对象包括软件、电子书、音乐、影视、重要文档、图像和手机内容等，每个领域都有各自的特点。软件的保护主要指软件的防盗，早期的软件保护形式主要有软盘加密（密钥盘）、防止复制的光盘、加密卡和密锁保护等。随着数字版权保护技术的发展，软件保护也出现了一些新形式，主要有在加密锁中加入 CPU，并把软件部分关键代码放入加密锁中执行；在软件中加入使用次数或使用时间限制；把软件与机器的特征信息进行绑定等。企业或政府部门重要文档的保护，需要采用 DRM 技术作为防火墙、防病毒和入侵检测等手段的重要补充，以控制其传播方式，避免内容泄露。图像的保护主要采用数字水印技术[①]。

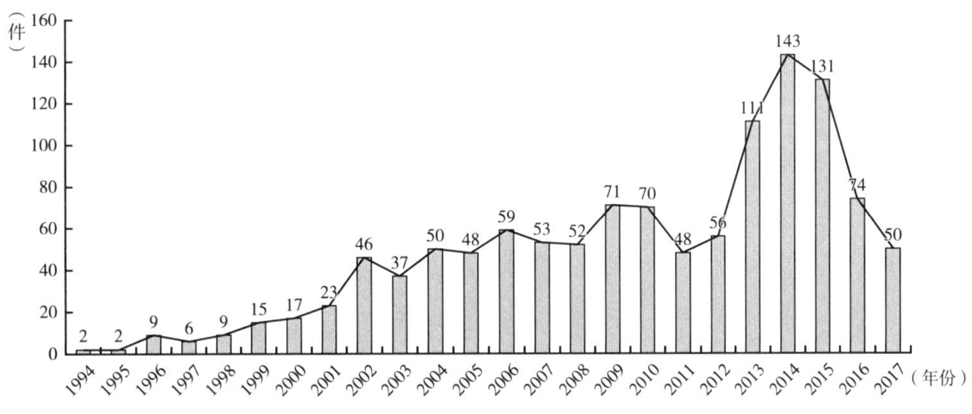

图 8-36　面向多种文档格式的内容交易与分发版权保护技术专利申请量年度分布

（二）技术路线分析

图 8-37 是面向多种文档格式的内容交易与分发版权保护技术的发展路线，可以看出，2003 年日本的维克多公司（Victor Co.）申请了一件这一技术领域的核心专利，内容涉及数字内容分段步骤，以及在分段后封装和加密等技术，并公开了针对加密后的数字内容进行二次分发的方案。随着移动通信和数字技术的迅速发展，移动网络成为人们获取和消费数字内容的重要途径，支持 B2C、B2B 和 C2C 多种分发模式的内

① 汤帜，俞银燕:《DRM 串起了内容产业链》,《计算机世界》2005 年第 44 期，第 3 页。

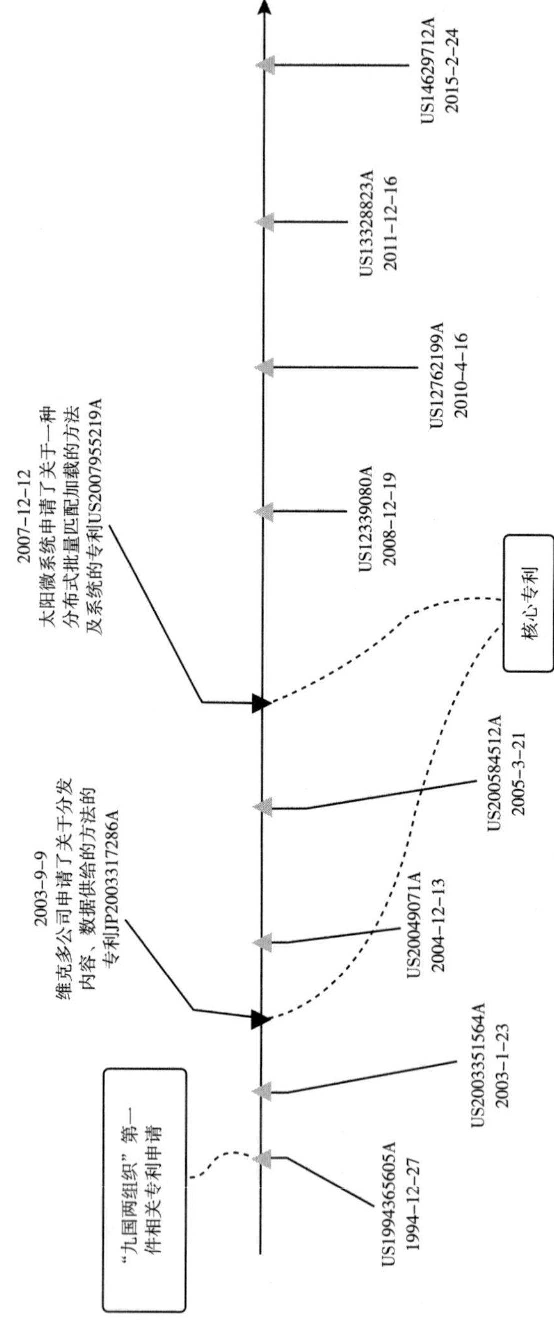

图 8-37 面向多种文档格式的内容交易与分发版权保护技术发展路线

容提供企业纷纷申请内容交易与分发版权保护技术专利，其中包括 IBM、诺基亚和太阳微系统等。目前，在线视频行业处于迅猛发展阶段，面向视频内容的交易与分发版权保护技术及工具研发成为这一领域的研究热点之一。这一技术领域的基础性专利和核心专利大多是在美国申请的。

（三）主要专利申请人分析

在面向多种文档格式的内容交易与分发版权保护技术领域，ContentGuard 公司和松下电器表现抢眼，专利申请总量分列第一和第二，相比位列第三的申请人有明显的优势。

1. 申请量排名第一的专利申请人——ContentGuard公司

（1）专利申请量

ContentGuard 公司是数字版权保护和数字内容发布技术的研发商和授权商，在基础技术上有很深入的研究，引领着数字内容发布商业模式和市场的发展。与微软和松下电器等相比，ContentGuard 公司规模较小，且整体专利量不多，但该公司的专利集中在数字版权领域，特别是内容发布技术方面。从图 8-38 可以看出，ContentGuard 公司进入该技术领域的时间比较早，1995 年申请了第一件专利，之后到 2001 年技术发展缓慢；2002~2004 年是 ContentGuard 公司专利申请的一个高峰期，可能是这一时期该公司在此技术上有一定突破；2005~2008 年专利年申请量下滑，之后又呈现增长态势。从专利申请态势上看，ContentGuard 公司仍在持续对该技术进行投入。

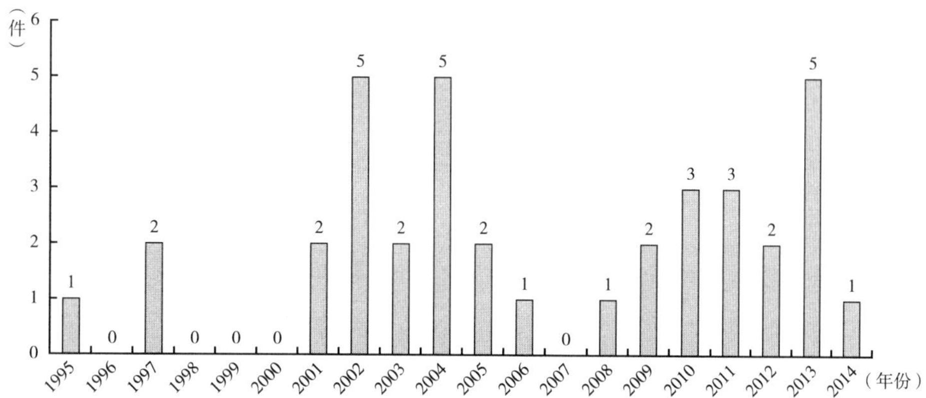

图 8-38　ContentGuard 公司面向多种文档格式的内容交易与分发版权保护技术专利申请量年度分布

（2）专利申请量区域分布

在面向多种文档格式的内容交易与分发版权保护技术的专利布局上，ContentGuard公司重视本土市场，重点在美国进行了专利布局。此外，ContentGuard公司非常重视实现基础关键技术及其市场的垄断。因此，ContentGuard公司在其关注的主要海外市场均进行了专利申请，虽然数量并不多，但基本覆盖了数字内容的主要消费市场（见图8-39）。

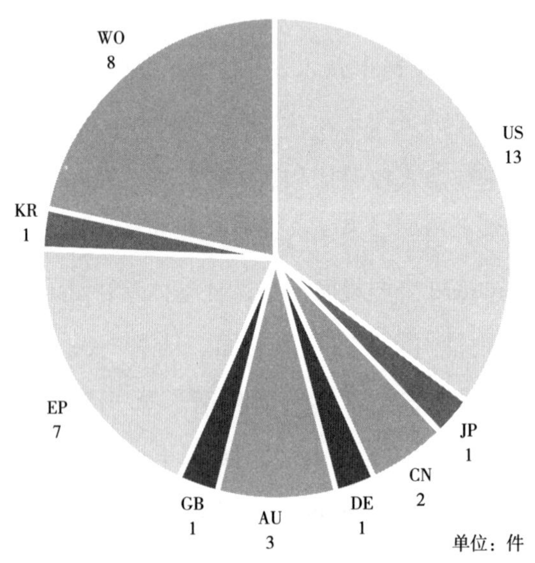

图8-39 ContentGuard公司面向多种文档格式的内容交易与分发版权保护技术专利在“九国两组织”的申请量

（3）技术构成分布

数字内容作品的分段、加密封装与解密解封与其文档格式密切相关。在面向多种文档格式的内容交易与分发版权保护技术领域，ContentGuard公司重点关注数据处理系统和数字版权管理系统方面的技术，旨在实现数字内容作品在常见分发模式下的内容交易与分发版权保护效果，进一步实现对数字内容作品的各类授权与控制（见图8-40）。

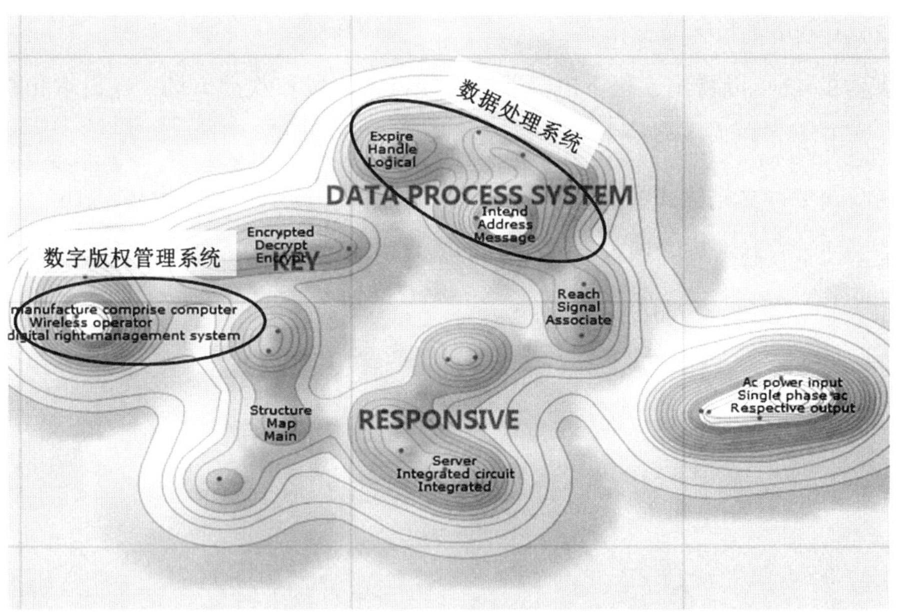

图 8-40 ContentGuard 公司面向多种文档格式的内容交易与分发版权保护技术构成分布

2. 申请量排名第二的专利申请人——松下电器

（1）专利申请量

松下电器是总部位于日本的一家跨国性公司，在全球设有 230 多家分公司，松下电器进入面向多种文档格式的内容交易与分发版权保护技术领域的时间较早，于 1996 年申请了第一件专利，之后发展比较缓慢。1999 年以来相关专利年申请量有一定增长，在 2004 年和 2006 年达到 4 件，之后有所下降，2008 年后再无相关专利申请（见图 8-41）。

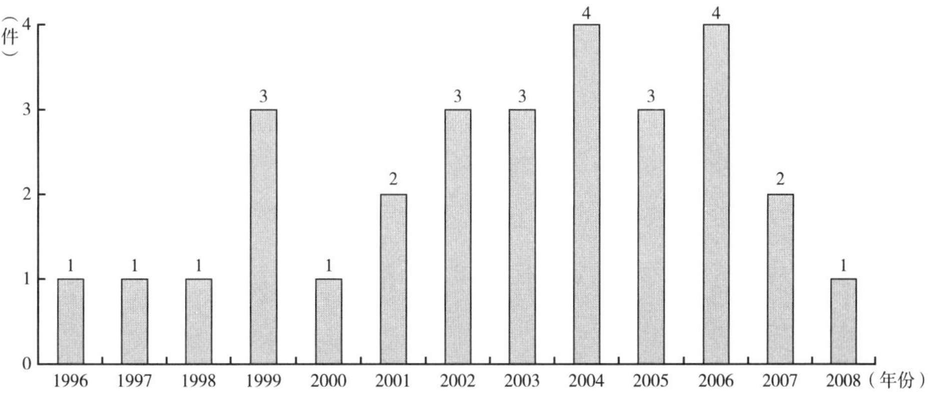

图 8-41 松下电器面向多种文档格式的内容交易与分发版权保护技术专利申请量年度分布

（2）专利申请量区域分布

从图 8-42 可以看出，松下电器非常重视日本市场和欧洲市场，在日本和欧洲专利局分别申请了 10 件和 8 件专利。

从面向多种文档格式的内容交易与分发版权保护技术专利在世界范围的分布看，美国是该技术专利布局的重点，但松下电器在美国仅申请了 6 件专利，可以看出，美国并非松下电器重点关注的市场。

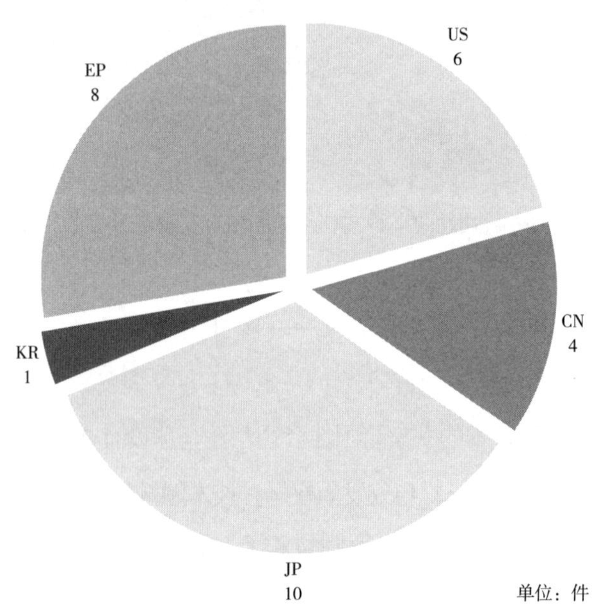

图 8-42　松下电器面向多种文档格式的内容交易与分发版权保护技术专利在“九国两组织”的申请量

（3）技术构成分布

在面向多种文档格式的内容交易与分发版权保护技术领域，松下电器重点关注面向多种文档的分发服务、数字版权设备和云存储等方面的技术（见图 8-43）。松下电器是全球领先的设备制造商，在智能电视领域不断进行转型和技术升级，这一定程度带动了其在这一技术领域的发展。

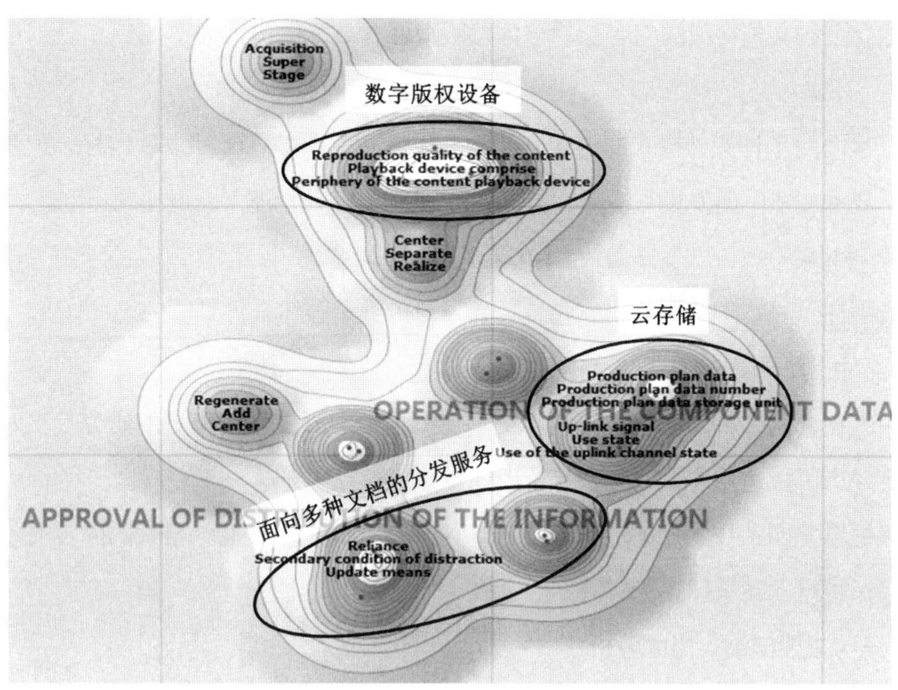

图 8-43　松下电器面向多种文档格式的内容交易与分发版权保护技术构成分布

三　总结

（一）专利申请总体趋势

1994~2017 年面向多种文档格式的内容交易与分发版权保护技术专利申请总量为 1182 件。其中，美国 499 件、中国 360 件、日本 145 件、韩国 79 件。由于该技术与应用对接较为紧密，故多个企业和研究机构致力于该技术领域核心问题的解决和创新技术的开发。从专利申请态势上看，该技术领域专利申请数量总体呈增长态势，虽然在部分年份有小幅波动，但并不影响整体良好的发展态势。

（二）主要国家技术发展现状及趋势

1. 美国

从 1994 年起面向多种文档格式的内容交易与分发版权保护技术在美国被少量申请人关注。2000~2006 年该技术进入快速发展期，大量申请人进入该领域，专利申请量也大幅增长。2007~2009 年进入该领域的申请人开始稳定，技术发展进入成熟期。2010~2011 年相关专利年申请量有小幅衰退，但 2012 年后开始缓慢恢复。总体来看，美国面向多种文档格式的内容交易与分发版权保护技术已进入成熟期。

2. 日本

日本面向多种文档格式的内容交易与分发版权保护技术早期发展较好，近年来可能由于技术成熟后研发投入减少，技术发展速度放缓，有进入衰退期的迹象。

3. 韩国

韩国在这一技术领域的研究起步较晚，目前处于技术成熟期。

4. 中国

中国在面向多种文档格式的内容交易与分发版权保护技术领域的研究起步时间较早，在经历了快速发展期之后，开始出现步入成熟期的迹象。

根据以上国家技术发展现状描述，总体来说，面向多种文档格式的内容交易与分发版权保护技术在全球处于成熟期。

（三）主要申请人对比分析

在面向多种文档格式的内容交易与分发版权保护技术领域，ContentGuard 公司和松下电器表现抢眼，分列第一和第二，相比与位列第三的申请人有明显的优势，并且在技术层面具有代表性。

1. 专利申请量比较

ContentGuard 公司与松下电器等公司相比规模较小，但从趋势上看，ContentGuard 公司持续对该技术进行研发投入。松下电器进入该技术领域的时间较早，于 1996 年申请了第一件专利，之后发展比较缓慢，1999 年以来专利年申请量有一定增长，2008 年后投入的研发力度很小。

2. 专利资产地域布局分析

ContentGuard 公司在“九国两组织”大部分国家和国际组织都有一定数量的专利布局，且申请 PCT 的比重较大，同时在欧洲专利局申请的专利数量也非常可观。这说明 ContentGuard 公司非常重视基础关键技术及其市场的垄断。松下电器非常重视日本市场和欧洲市场，在日本和欧洲专利局分别申请了 10 件和 8 件专利。值得注意的是，在该技术领域拥有最多专利的美国并非松下电器重点布局的目标市场。

3. 技术热点分析

在面向多种文档格式的内容交易与分发版权保护技术领域，ContentGuard 公司的关注重点是数据处理系统和数字版权管理系统相关技术。松下电器在这一技术领域的研究聚焦于面向多种文档的分发服务、数字版权设备和云存储等方面。

第五节　多来源数字内容作品组合打印技术

多来源数字内容作品组合打印技术是数字版权保护领域的常用技术，也是按需印刷版权保护的重要支撑技术。围绕该技术的专利申请发轫于 20 世纪 90 年代中期，2002 年专利申请量迅速增长，于 2008 年达到顶峰，此后总体呈下降态势，但仍有一定热度，这说明该技术的发展仍有一定空间。

一　专利检索

（一）检索结果概述

以多来源数字内容作品组合打印技术为检索主题，在“九国两组织”范围内共检索到相关专利申请 1059 件，具体数量分布如表 8-51 所示。

表 8-51　“九国两组织”多来源数字内容作品组合打印技术专利申请量

单位：件

国家 / 国际组织	专利申请量	国家 / 国际组织	专利申请量
US	294	DE	3
CN	187	RU	0
JP	315	AU	23
KR	75	EP	75
GB	8	WO	76
FR	3	合计	1059

（二）“九国两组织”多来源数字内容作品组合打印技术专利申请趋势

1994~2000 年，多来源数字内容作品组合打印技术在全球大部分国家的研发及应用进行得非常缓慢，除日本的专利申请量相对较多之外，其他国家关于该技术的专利申请普遍较少。日本在该技术领域的研究起步较早，早期发展较快，2012 年以来专利年申请量已降至 10 件左右。美国则从 2002 年开始专利年申请量维持在一二十件。中国和韩国也对该技术进行了初步研究，但始终处于不温不火状态，近年来对该技术的研究有所减少。俄罗斯、英国、德国和法国对该技术的关注度很低，专利申请总量均在 10 件以下（见表 8-52、图 8-44）。整体来看，该技术在全球的发展较为缓慢。

表 8-52　1994~2017 年“九国两组织”多来源数字内容作品组合打印技术专利申请量

单位：件

国家 / 国际组织	专利申请量																	
	90	01	02	03	04	05	06	07	08	09	10	11	12	13	14	15	16	17
US	6	4	19	11	11	17	17	19	21	17	24	14	21	23	21	13	20	16
CN	6	5	6	4	7	12	19	9	11	15	9	14	18	13	19	11	3	6
JP	44	9	26	10	22	16	19	22	36	27	19	18	11	11	9	11	5	0
KR	0	1	0	1	0	2	5	2	13	7	6	10	6	8	7	3	4	0
GB	2	0	0	2	2	0	0	0	0	1	0	0	0	0	0	0	1	0
FR	2	0	0	0	0	0	0	1	0	0	0	0	0	0	0	0	0	0
DE	0	0	1	0	0	0	1	1	0	0	0	0	0	0	0	0	0	0
RU	0	0	0	0	0	0	0	0	0	0	0	0	0	0	0	0	0	0
AU	3	1	2	4	1	1	1	2	1	0	3	0	0	1	0	2	1	0
EP	3	4	1	17	5	7	9	5	4	4	4	2	1	3	3	2	1	0
WO	5	5	9	1	3	4	6	6	5	6	2	1	1	5	6	7	3	1
合计	71	29	64	50	51	59	77	67	91	77	67	59	58	64	65	49	38	23

注：“90” 指 1994~2000 年的专利申请总量，“01~17” 分别指 2001~2017 年当年的专利申请量。

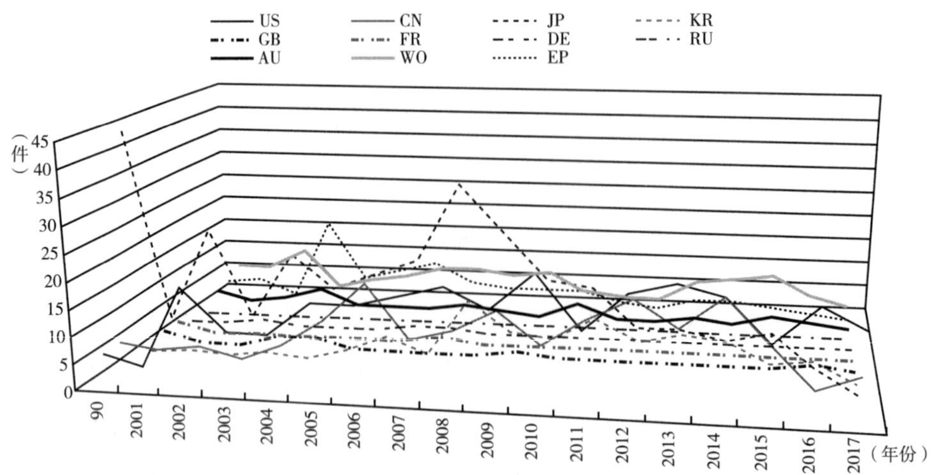

图 8-44　“九国两组织”多来源数字内容作品组合打印技术专利申请趋势

注：“90” 指 1994~2000 年的专利申请总量。

（三）"九国两组织"多来源数字内容作品组合打印技术专利申请人排名

1994~2017 年"九国两组织"多来源数字内容作品组合打印技术专利申请人排名情况如表 8-53 ~ 表 8-62 所示。俄罗斯在该技术领域暂无专利申请公开。

1. 美国申请人排名

表 8-53　美国多来源数字内容作品组合打印技术专利申请人排名

序号	申请人	申请人国家	申请数量（件）	授权数量（件）
1	Flexiworld Technologies Inc.	美国	41	6
2	ContentGuard Holdings Inc.	美国	27	3
3	IBM Corp.	美国	16	13
4	Amazon Tech. Inc.	美国	15	7
5	Ecomsystems Inc.	美国	12	0

2. 中国申请人排名

表 8-54　中国多来源数字内容作品组合打印技术专利申请人排名

序号	申请人	申请人国家	申请数量（件）	授权数量（件）
1	Shenzhen Wangling Science and Technology Development Co. Ltd.（深圳王菱科技）	中国	15	1
2	Canon K.K.	日本	12	10
3	Ricoh Co. Ltd.	日本	10	3
4	Fuji Xerox Co. Ltd.	日本	5	4
5	ContentGuard Holdings Inc.	美国	5	2

3. 日本申请人排名

表 8-55　日本多来源数字内容作品组合打印技术专利申请人排名

序号	申请人	申请人国家	申请数量（件）	授权数量（件）
1	Canon K.K.	日本	39	16
2	Ricoh K.K.	日本	38	19
3	Seiko Epson Corp.	日本	17	6
4	Fuji Xerox Co. Ltd.	日本	16	3
5	Brother Ind. Ltd.	日本	14	10

4. 韩国申请人排名

表 8-56 韩国多来源数字内容作品组合打印技术专利申请人排名

序号	申请人	申请人国家	申请数量（件）	授权数量（件）
1	Intel Corp.	美国	8	4
2	LG Electronics Inc.	韩国	8	2
3	Samsung Electronics Co. Ltd.	韩国	8	2
4	Ricoh K.K.	日本	4	2
5	Korea Electronics & Telecommun. Res. Inst.	韩国	2	0

5. 英国申请人排名

表 8-57 英国多来源数字内容作品组合打印技术专利申请人排名

序号	申请人	申请人国家	申请数量（件）	授权数量（件）
1	Hewlett-Packard Co.	美国	2	1
2	Cybergraphic Systems Ltd. Pty. Ltd.	澳大利亚	1	1
3	Nextenders (India) Private Ltd.	印度	1	0
4	Sealedmedia Ltd.	英国	1	0

6. 法国申请人排名

表 8-58 法国多来源数字内容作品组合打印技术专利申请人排名

序号	申请人	申请人国家	申请数量（件）	授权数量（件）
1	Cybergraphic Systems Ltd.	澳大利亚	2	1
2	Thomson Licensing S.A.	法国	1	0

7. 德国申请人排名

表 8-59 德国多来源数字内容作品组合打印技术专利申请人排名

序号	申请人	申请人国家	申请数量（件）	授权数量（件）
1	IBM Corp.	美国	2	1
2	Hewlett-Packard Co.	美国	1	0

8. 俄罗斯申请人排名

俄罗斯在多来源数字内容作品组合打印技术领域暂无专利申请公开。

9. 澳大利亚申请人排名

表 8-60　澳大利亚多来源数字内容作品组合打印技术专利申请人排名

序号	申请人	申请人国家	申请数量（件）	授权数量（件）
1	Hewlett-Packard Co.	美国	3	2
2	Mca Medicorp International Pty.	澳大利亚	2	1
3	Objective Interface Systems Inc.	美国	2	1
4	Portauthority Technologies Inc.	美国	2	1
5	3M Innovative Properties Com	美国	2	0

10. 欧洲专利局申请人排名

表 8-61　欧洲专利局多来源数字内容作品组合打印技术专利申请人排名

序号	申请人	申请人国家	申请数量（件）	授权数量（件）
1	ContentGuard Holdings Inc.	美国	21	13
2	Hewlett-Packard Co.	美国	8	6
3	Discovery Communications Inc.	美国	6	2
4	Xerox Corp.	美国	4	2
5	Intel Ltd.	美国	3	2

11. 世界知识产权组织申请人排名

表 8-62　世界知识产权组织多来源数字内容作品组合打印技术专利申请人排名

序号	申请人	申请人国家	申请数量（件）
1	Flexiworld Technologies Inc.	美国	4
2	Amazon Tech. Inc.	美国	5
3	Hewlett-Packard Co.	美国	4
4	Websistant LLC	美国	2
5	Chircorian Armen	美国	2

二　专利分析

（一）技术发展趋势分析

多来源数字内容作品组合打印技术是按需印刷版权保护技术的重要支撑技术。20

世纪 90 年代多来源数字内容作品组合打印技术便已进入人们的视线，但是发展较为缓慢。2000~2008 年该技术发展速度相对较快，之后逐渐趋于成熟。然而随着数字化战略继续推进，以及更多长尾图书以电子书形式呈现，图书印刷需求逐渐减少，2015 年以来全球在该技术领域的研究有所减少（见图 8-45）。

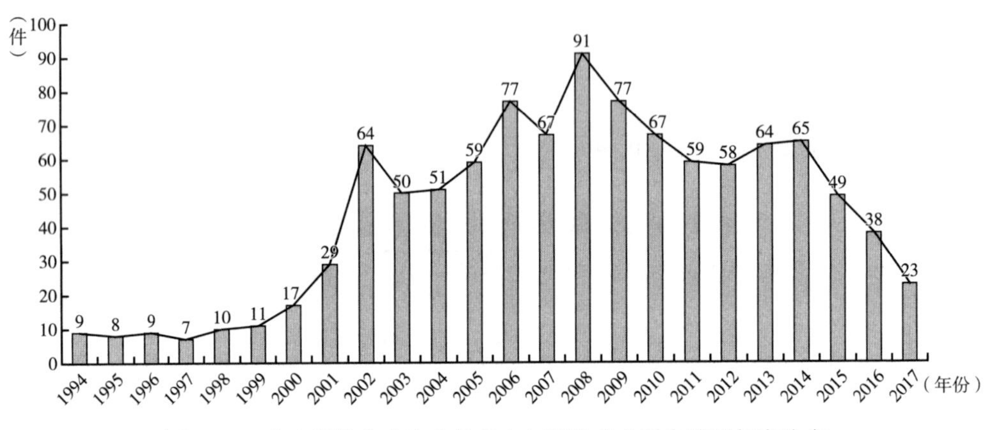

图 8-45　多来源数字内容作品组合打印技术专利申请量年度分布

（二）技术路线分析

图 8-46 展示了多来源数字内容作品组合打印技术的发展路线，可以看出，该技术在“九国两组织”的研究起步较早，1994 年便诞生了第一件专利“控制复合数字作品的分配和使用方法”。1994 年 12 月 16 日，理光申请了一件关于电子文档系统的专利，是这一技术领域的第一件核心专利。1996 年 6 月 25 日，松下电器申请了关于图像信息处理器的核心专利。2006 年 3 月 29 日，亚马逊申请了关于电子设备上的内容选择和聚集的搜索结果呈现的核心专利。2007 年 12 月 18 日，北大方正申请了一件对数字内容进行授权管理的核心专利，该专利针对段落进行授权控制，为满足用户个性化需求打下了一定基础。纵观该技术的发展历程，技术发展初期出现的技术大多比较核心和基础。

（三）主要专利申请人分析

通过对多来源数字内容作品组合打印技术专利检索结果的统计和初步分析，笔者得到“九国两组织”范围内专利申请量排名前三的公司分别是佳能、理光和 ContentGuard 公司。

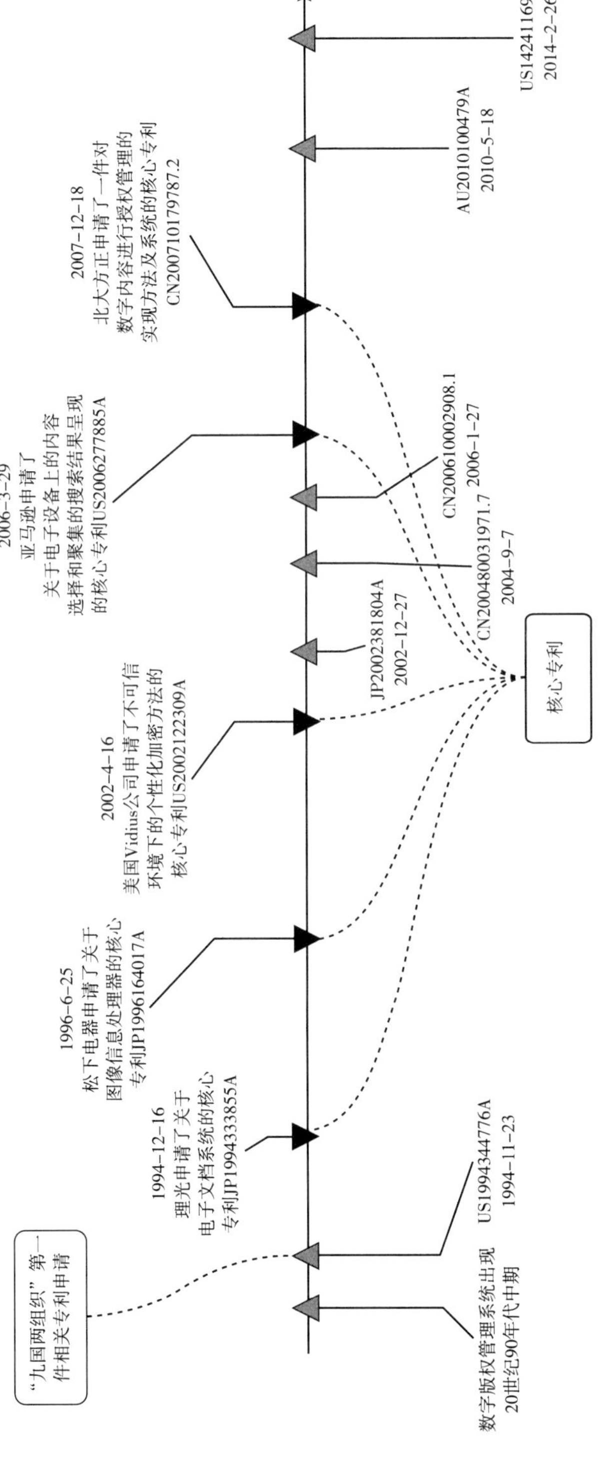

图 8-46　多来源数字内容作品组合打印技术发展路线

1. 申请量排名第一的专利申请人——佳能

（1）专利申请量

在多来源数字内容作品组合打印技术领域，佳能的专利申请量居全球之首。20 世纪 90 年代佳能便开始涉足该技术领域，但专利申请量始终不多，专利年申请量最高也只达到 10 件（见图 8-47）。尽管 21 世纪初期日本动漫风靡全球，带动了印刷业的迅速崛起，但人们对个性化印刷的需求并不是很高，并且个性化印刷的盈利不易掌握。正因为如此，佳能对该技术的研发始终处于不温不火状态，甚至逐步停止对该技术的研发投入，自 2014 年以来佳能在该技术领域无专利申请。

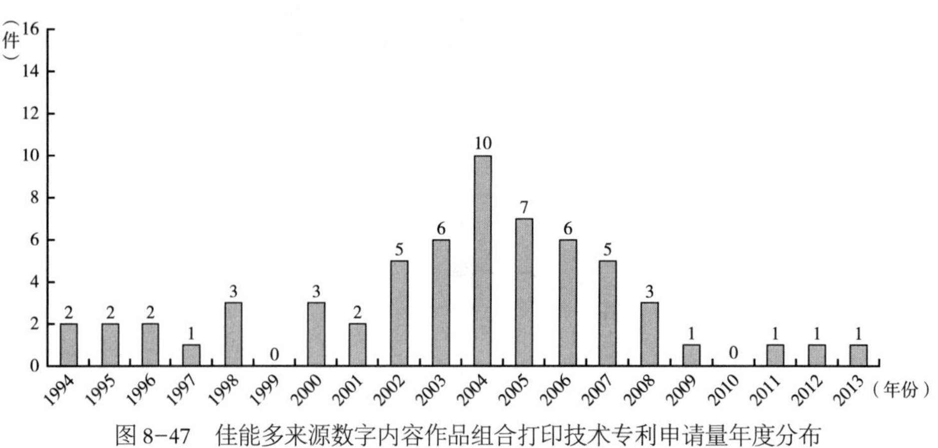

图 8-47 佳能多来源数字内容作品组合打印技术专利申请量年度分布

（2）专利申请量区域分布

佳能总部位于日本东京，在多来源数字内容作品组合打印技术领域，其核心技术主要在日本。佳能在美国和中国均有分公司及代加工工厂，故在美国和中国也申请了少量专利（见图 8-48）。

（3）技术构成分布

在多来源数字内容作品组合打印技术领域，佳能研究的热点技术主要有数字文档处理和打印、数字水印和加密、图像处理等（见图 8-49）。此外，佳能在数据的再生重现领域也进行了较深入的研究。

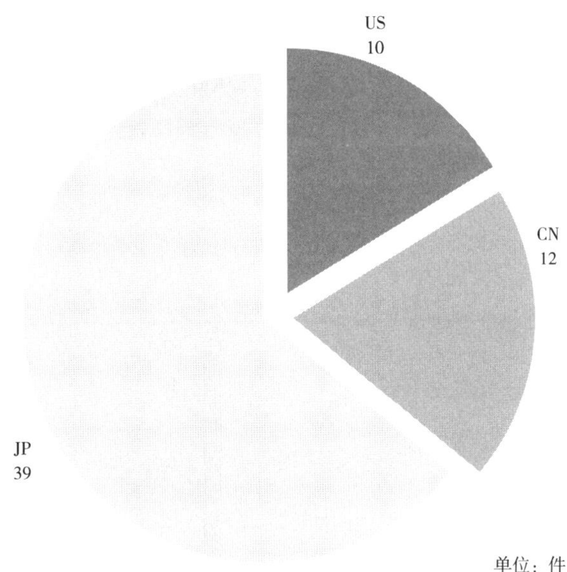

图 8-48　佳能多来源数字内容作品组合打印技术专利在“九国两组织”的申请量

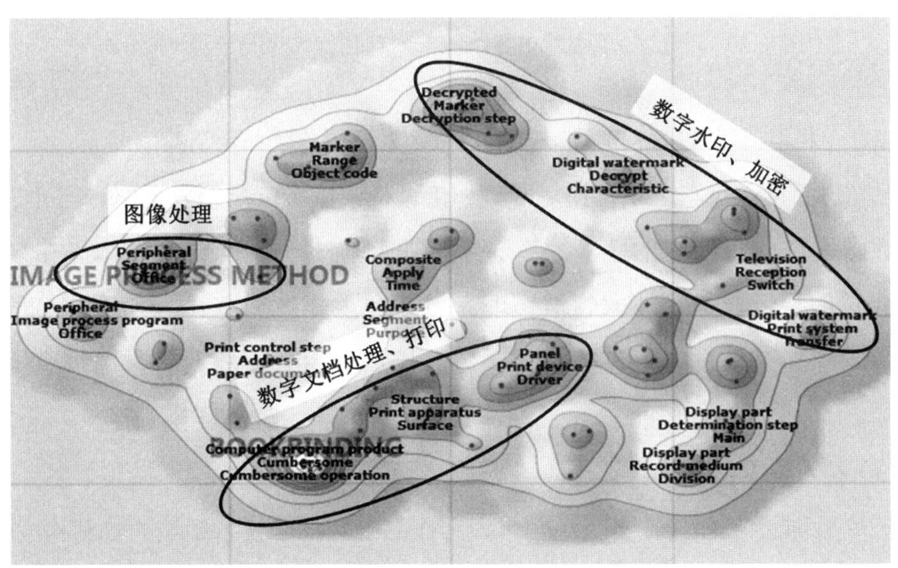

图 8-49　佳能多来源数字内容作品组合打印技术构成分布

2. 申请量排名第二的专利申请人——理光

（1）专利申请量

理光在多来源数字内容作品组合打印技术领域的专利申请量仅次于佳能，位居全球第二。理光在该领域的发展态势与佳能基本类似，也是20世纪90年代便开始涉足该技术领域，但研发投入始终不多，仅2006年专利年申请量达到17件，之后又回落至5件以下（见图8-50）。2015年以来，理光基本停止了对该技术的研发投入。

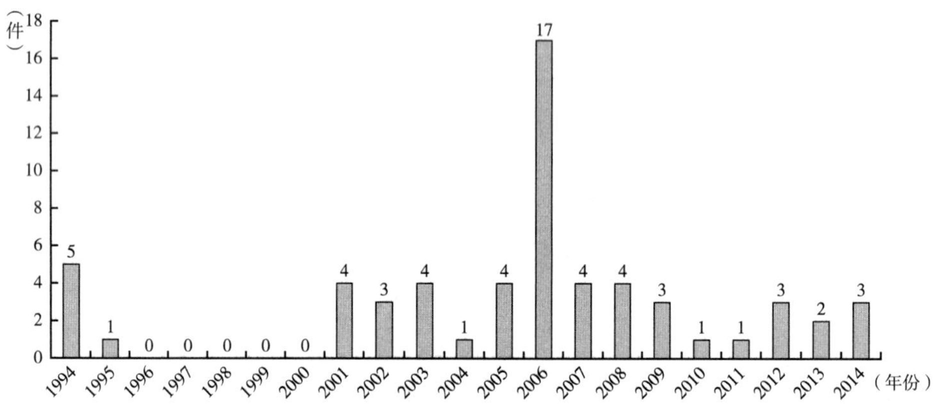

图8-50 理光多来源数字内容作品组合打印技术专利申请量年度分布

（2）专利申请量区域分布

理光总部设于日本东京，在复印机和传真机领域居市场领先地位。理光是最早探索数字图像输出技术的企业之一，主要市场在美国、欧洲和日本。在多来源数字内容作品组合打印技术领域，理光将专利主要布局在日本和美国。虽然理光在中国等国家也设有多家分公司，但以代加工为主，故专利布局较少（见图8-51）。

（3）技术构成分布

图8-52展示了理光在多来源数字内容作品组合打印技术领域的专利构成情况，可以看出，理光重点关注的都是数字内容作品组合打印技术领域的关键技术，如数字文档传输、数字文档打印和数字文档整理等。

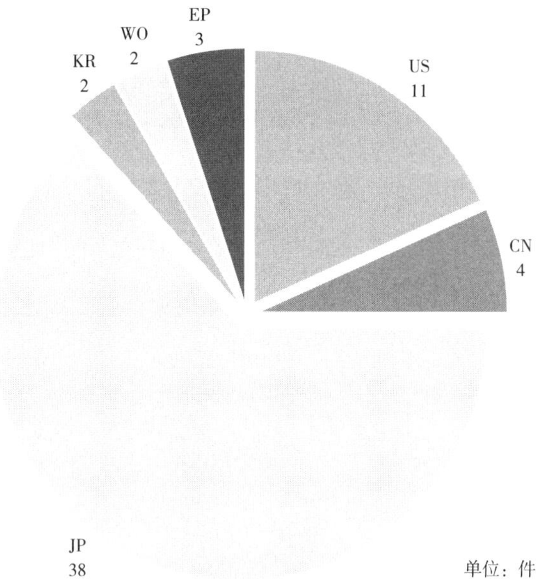

图 8-51　理光多来源数字内容作品组合打印技术专利在“九国两组织”的申请量

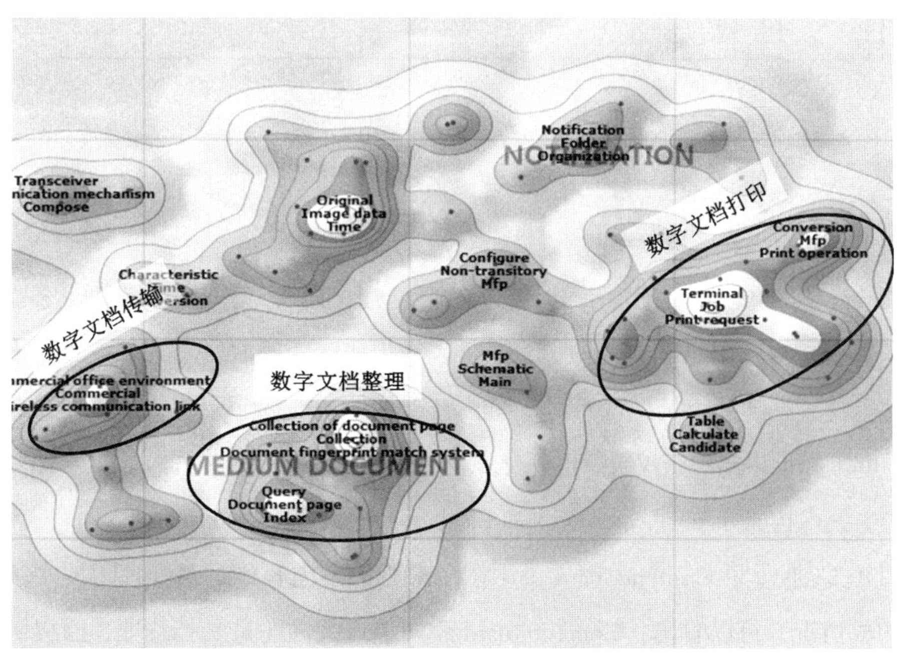

图 8-52　理光多来源数字内容作品组合打印技术构成分布

3. 申请量排名第三的专利申请人——ContentGuard公司

（1）专利申请量

ContentGuard 公司在多来源数字内容作品组合打印技术领域的专利申请量虽居全球第三，但专利申请总量不多，除 1995 年和 2012 年的专利申请量达 10 件以上外，其他年份专利申请量均较少，且基本未对该技术进行深入研究（见图 8–53）。这也一定程度印证了该技术在全球的研究普遍较少的情况。

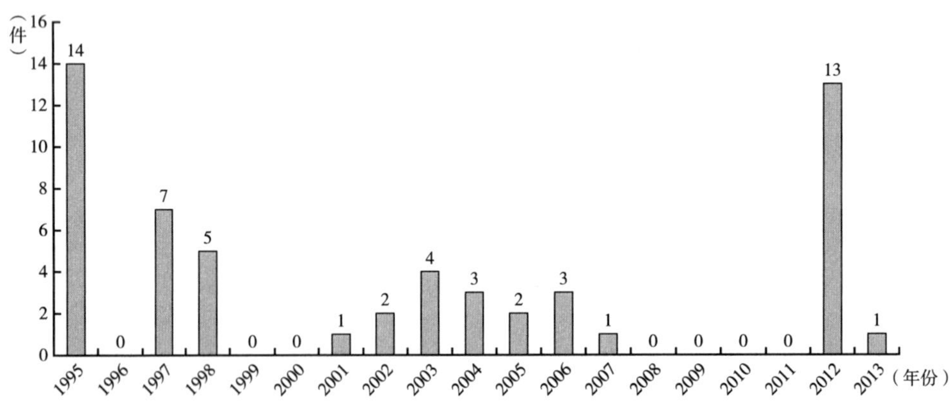

图 8–53　ContentGuard 公司多来源数字内容作品组合打印技术专利申请量年度分布

（2）专利申请量区域分布

ContentGuard 公司总部位于美国的得克萨斯州，其在美国申请的专利最多。2013 年以来该公司对苹果公司、亚马逊、黑莓、华为和摩托罗拉发起了多项专利侵权诉讼，这驱使其在国际市场进行专利布局。该公司在欧洲专利局申请了 21 件专利，在中国、韩国和世界知识产权组织也进行了少量专利申请（见图 8–54）。

（3）技术构成分布

图 8–55 展示了 ContentGuard 公司在多来源数字内容作品组合打印技术领域的专利构成情况，可以看出，ContentGuard 公司重点关注的是文档整理、授权协议和个性化服务等技术。

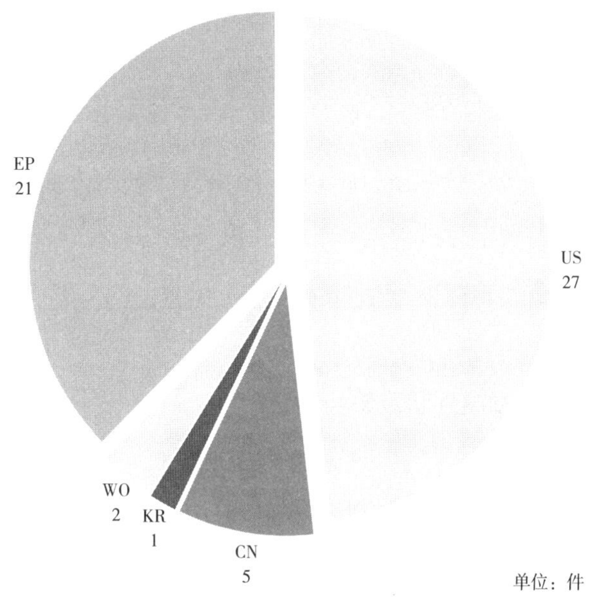

图 8-54　ContentGuard 公司多来源数字内容作品组合打印技术专利在“九国两组织”的申请量

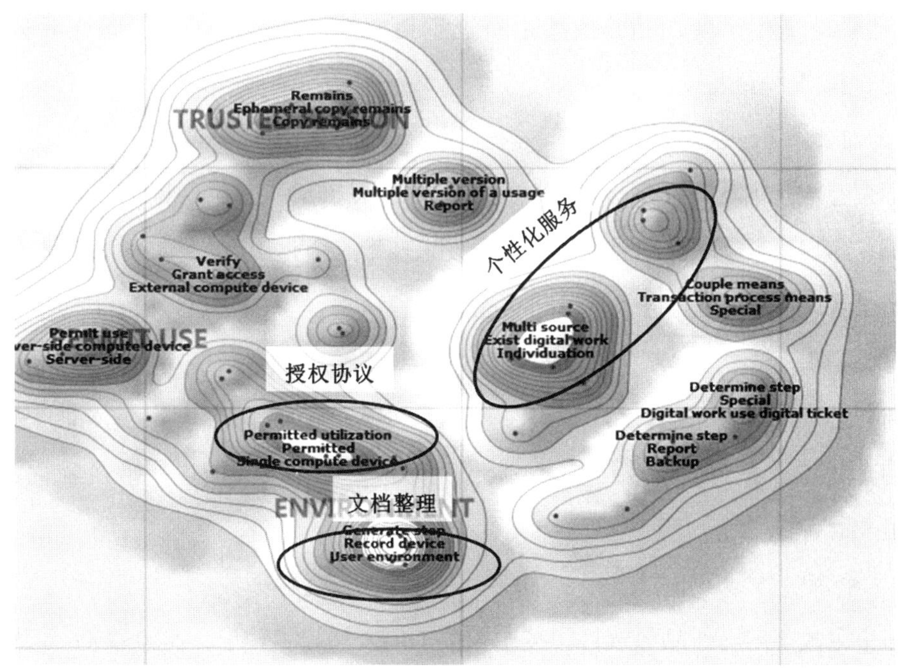

图 8-55　ContentGuard 公司多来源数字内容作品组合打印技术构成分布

三 总结

（一）专利申请总体趋势

从整个行业的专利申请状况来看，2000~2008 年该技术发展速度相对较快，并逐渐趋于成熟。然而随着数字化战略继续推进，以及更多长尾图书以电子书形式呈现，图书印刷需求逐渐减少，该技术的市场需求并不乐观，故 2015 年以来全球各国对该技术的研究均开始放缓。

（二）主要国家技术发展现状及趋势

1. 美国

自 1999 年至 2008 年前后，随着全球普通印刷需求减少、个性化印刷需求增长，该技术在美国得到了较快发展，介入这一技术领域的企业增多，技术分布范围扩大，专利申请量增长，这一阶段为该技术在美国的发展期。然而 2011 年前后由于个性化印刷的成本不容易把控，该技术的市场空间受限，专利申请量小幅下滑。从 2012 年至今，随着技术不断进步与成熟，个性化印刷理念逐渐被消费者接受，该技术发展较为稳定。

2. 日本

多来源数字内容作品组合打印技术在日本的发展起步较早，且早期发展较为迅速。2009 年以来，随着竞争日益激烈，研发该技术的企业开始大幅减少，专利年申请量开始回落，技术发展有进入衰退期的迹象。

3. 韩国

韩国对该技术的研究起步较晚，2008 年专利申请量大幅增长，但整体而言关注该技术的企业并不多。自 2009 年以来，韩国对该技术的研发热情也开始逐渐消退，专利年申请量有所下降。

4. 中国

多来源数字内容作品组合打印技术在中国的发展起步较早，2000~2006 年为技术发展期，之后专利年申请量呈波动态势。目前，技术发展较为稳定。

根据以上各个国家技术发展现状描述，总体来说，多来源数字内容作品组合打印技术在全球的发展较为缓慢，但仍有一定发展空间。

（三）主要申请人对比分析

1. 专利申请量比较

从专利申请量来看，佳能、理光和 ContentGuard 公司在多来源数字内容作品组合打印技术领域的专利申请量位居全球前三。三者在技术研发初期均投入了较大的研发力度。

2. 专利资产地域布局分析

在多来源数字内容作品组合打印技术领域，佳能、理光和 ContentGuard 公司均在本国的专利申请最多。同时，为了贯彻专利全球化战略，其在美国、中国、韩国和欧洲等国家和地区也有少量专利申请。

3. 技术热点分析

在多来源数字内容作品组合打印技术领域，佳能研究的热点技术主要有数字文档处理和打印、数字水印和加密、图像处理等。理光重点关注数字文档传输、数字文档整理和数字文档打印等技术。ContentGuard 公司重点关注文档整理、授权协议和个性化服务等技术。

第六节　数字内容作品入库技术

数字内容作品入库技术是数字版权保护领域的常用技术，通过将数字内容作品的元数据信息和权利项信息输入相应系统，为权利信息查询和数字版权认证等提供支撑。围绕该技术的专利申请发轫于 20 世纪 90 年代中期，于 2014 年达到顶峰，至今仍保持一定热度，这表明该技术仍有一定发展空间。

一　专利检索

（一）检索结果概述

以数字内容作品入库技术为检索主题，在“九国两组织”范围内共检索到相关专利申请 847 件，具体数量分布如表 8-63 所示。

表 8-63 “九国两组织”数字内容作品入库技术专利申请量

单位：件

国家 / 国际组织	专利申请量	国家 / 国际组织	专利申请量
US	386	DE	3
CN	108	RU	0
JP	91	AU	22
KR	39	EP	68
GB	7	WO	113
FR	10	合计	847

（二）“九国两组织”数字内容作品入库技术专利申请趋势

表 8-64 和图 8-56 展示了 1994~2017 年“九国两组织”在数字内容作品入库技术领域的专利申请情况，可以看出，相较于数字版权保护技术领域的其他常用技术，各国在该技术领域的专利申请总量均不多。美国的专利申请总量为 386 件，位居第一，2014 年的专利申请量为 56 件，是截至目前专利年申请量的峰值。中国的专利申请总量为 108 件，位居第二，专利年申请量呈波动式，中国在 2005 年、2006 年、2009 年和 2013 年的专利申请量超过了 10 件。

表 8-64 1994~2017 年“九国两组织”数字内容作品入库技术专利申请量

单位：件

国家 / 国际组织	专利申请量																	
	90	01	02	03	04	05	06	07	08	09	10	11	12	13	14	15	16	17
US	2	3	8	8	10	11	10	23	19	26	21	24	28	46	56	36	36	19
CN	5	1	2	0	2	11	11	5	4	14	6	3	9	12	8	6	4	5
JP	2	3	11	7	3	8	5	8	4	10	5	4	2	3	11	3	2	0
KR	0	1	0	2	0	4	1	2	6	6	3	0	2	5	6	0	1	0
GB	0	0	0	0	0	0	0	1	0	0	0	1	1	2	1	1	0	0
FR	0	0	0	0	0	0	0	0	0	1	0	0	0	1	0	8	0	0
DE	0	0	0	0	0	0	0	1	1	0	0	0	0	0	0	1	0	0
RU	0	0	0	0	0	0	0	0	0	0	0	0	0	0	0	0	0	0
AU	0	2	1	1	1	1	3	1	0	2	1	1	2	1	3	1	1	0
EP	1	1	5	3	4	3	4	5	9	4	2	7	3	6	9	0	2	0
WO	2	9	4	3	4	5	5	14	4	8	6	5	4	6	12	3	11	8
合计	12	20	31	24	24	43	39	60	47	71	44	45	51	82	106	59	57	32

注：“90”指 1994~2000 年的专利申请总量，“01~17”分别指 2001~2017 年当年的专利申请量。

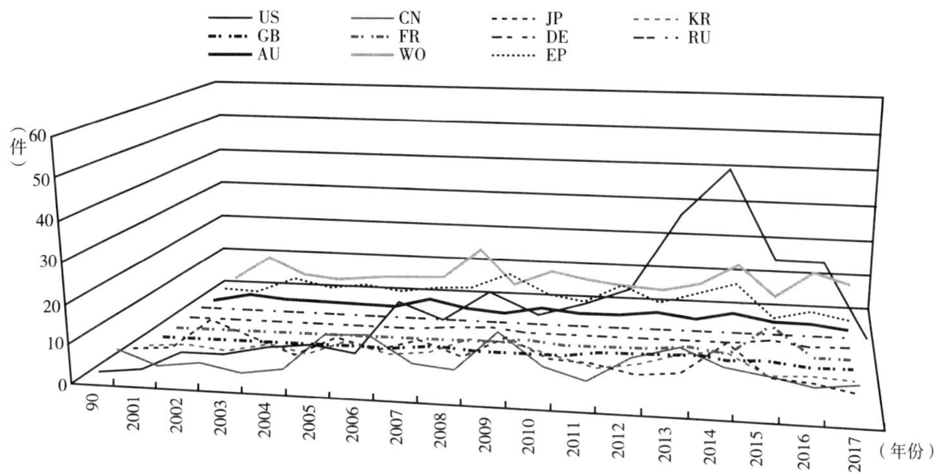

图 8-56　“九国两组织”数字内容作品入库技术专利申请趋势

注：“90”指 1994~2000 年的专利申请总量。

（三）“九国两组织”数字内容作品入库技术专利申请人排名

1994~2017 年“九国两组织”数字内容作品入库技术专利申请人排名情况如表 8-65 ~ 表 8-74 所示。俄罗斯在该技术领域暂无专利申请公开。

1. 美国申请人排名

表 8-65　美国数字内容作品入库技术专利申请人排名

序号	申请人	申请人国家	申请数量（件）	授权数量（件）
1	Microsoft Corp.	美国	23	12
2	IBM Corp.	美国	20	10
3	Amazon Tech. Inc.	美国	14	10
4	Audible Inc.	美国	7	2
5	Flexiworld Technologies Inc.	美国	5	3

2. 中国申请人排名

表 8-66　中国数字内容作品入库技术专利申请人排名

序号	申请人	申请人国家	申请数量（件）	授权数量（件）
1	Microsoft Corp.	美国	8	2
2	IBM Corp.	美国	5	2
3	Sony Corp.	日本	4	2
4	Univ. Peking Founder Group Co. Ltd.（北大方正）	中国	4	2
5	Univ. Peking（北京大学）	中国	3	0

3. 日本申请人排名

表 8-67 日本数字内容作品入库技术专利申请人排名

序号	申请人	申请人国家	申请数量（件）	授权数量（件）
1	Nippon Telegraph & Telephone	日本	8	0
2	Hitachi Ltd.	日本	6	3
3	Macrovision Corp.	美国	4	2
4	Sony Corp.	日本	3	1
5	Seiko Epson Corp.	日本	2	0

4. 韩国申请人排名

表 8-68 韩国数字内容作品入库技术专利申请人排名

序号	申请人	申请人国家	申请数量（件）	授权数量（件）
1	KT Corp.	韩国	3	2
2	Samsung Electronics Co. Ltd.	韩国	3	1
3	Mwstory Co. Ltd.	韩国	2	0
4	Kookmin Bank Co. Ltd.	韩国	1	1
5	WhereverTV Inc.	美国	1	1

5. 英国申请人排名

表 8-69 英国数字内容作品入库技术专利申请人排名

序号	申请人	申请人国家	申请数量（件）	授权数量（件）
1	Kent Ridge Digital Labs	新加坡	1	1
2	Box Inc.	美国	1	1
3	Omnifone Ltd.	英国	1	0
4	NI Group Ltd.	英国	1	0
5	Apple Inc.	美国	1	0

6. 法国申请人排名

表 8-70 法国数字内容作品入库技术专利申请人排名

序号	申请人	申请人国家	申请数量（件）	授权数量（件）
1	Dot Stories S.A.	瑞士	8	4
2	France Telecom	法国	1	0

7. 德国申请人排名

表 8-71　德国数字内容作品入库技术专利申请人排名

序号	申请人	申请人国家	申请数量（件）	授权数量（件）
1	Intel Corp.	美国	1	0
2	Audible Inc.	美国	1	0
3	Google Inc.	美国	1	0

8. 俄罗斯申请人排名

俄罗斯在数字内容作品入库技术领域暂无专利申请公开。

9. 澳大利亚申请人排名

表 8-72　澳大利亚数字内容作品入库技术专利申请人排名

序号	申请人	申请人国家	申请数量（件）	授权数量（件）
1	JVL Corp.	瑞典	1	0
2	IPF Inc.	加拿大	1	0
3	Intel Corp.	美国	1	0
4	Apple Inc.	美国	1	0
5	Expedata LLC	美国	1	0

10. 欧洲专利局申请人排名

表 8-73　欧洲专利局数字内容作品入库技术专利申请人排名

序号	申请人	申请人国家	申请数量（件）	授权数量（件）
1	Microsoft Corp.	美国	8	2
2	Audible Inc.	美国	3	1
3	Intel Corp.	美国	2	1
4	Matsushita Electric IND Co. Ltd.	日本	2	0
5	Apple Inc.	美国	2	0

11. 世界知识产权组织申请人排名

表 8-74　世界知识产权组织数字内容作品入库技术专利申请人排名

序号	申请人	申请人国家	申请数量（件）
1	Microsoft Corp.	美国	8
2	Andersen Consulting LLP	美国	5
3	Intel Corp.	美国	4
4	France Telecom	法国	3
5	IBM Corp.	美国	3

二 专利分析

（一）技术发展趋势分析

数字内容作品入库技术领域的第一件专利诞生于 1995 年，1999 年以后专利申请量才实质性增长。这可能与 1999 年“安全数字音乐促进组织”（Secure Digital Music Initiative，SDMI）的成立有关。SDMI 提出了面向计算机和各种数字设备上的数字音频的开放版权保护规范和技术框架，在为用户提供灵活方便的数字音频使用体验的同时，为数字音频的播放、存储和分发提供安全环境，最大限度地保护数字音频版权，促进了与数字音频相关的商务和技术的发展。整体来看，1995~2014 年数字内容作品入库技术专利申请量总体呈增长态势，至今仍保持一定热度，这表明该技术仍有一定发展空间。

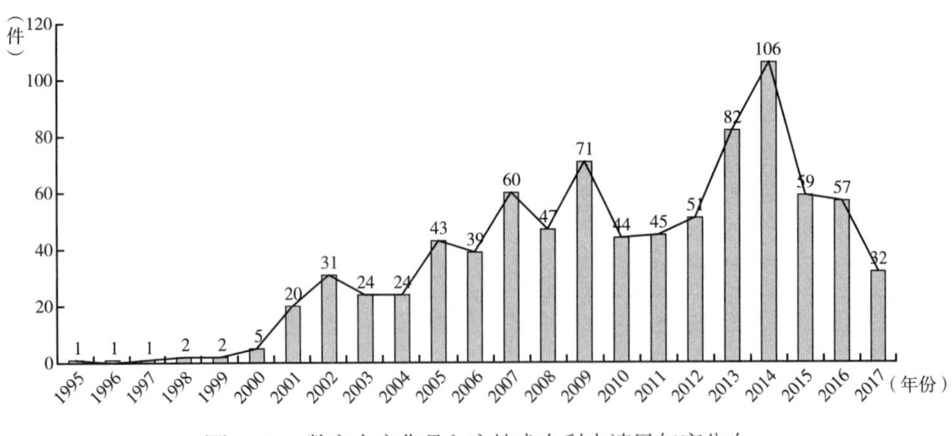

图 8-57 数字内容作品入库技术专利申请量年度分布

（二）技术路线分析

由于相关专利数量不多，不适合以鱼骨图形式分析，故此处以表格呈现。表 8-75 展示了数字内容作品入库技术领域核心专利的基本情况。2001 年埃森哲公司申请了一件核心专利，主题是“一种用于接收与数字内容相关联的数字内容和元数据的方法和系统”（公开号 US20110047079A1）。埃森哲公司有 2 件同族专利，分别在美国和欧洲，可见其已经在数字内容作品入库技术领域建立保护圈。2010 年北京大学申请了一件核心专利，主题是“一种数据库数据导入和导出的方法和装置”（公开号

CN102456051A），这种导入方法能够减轻研发人员工作负担，快速实现数据库数据导入和导出的需求，并且实现了异构数据库之间的数据导入和导出。

表 8-75　数字内容作品入库技术核心专利情况

申请人	公开号	申请日期	同族专利数量（件）	被引用次数（次）
埃森哲公司	US20110047079A1	2001-06-12	2	6
北京大学	CN102456051A	2010-10-27	1	1

（三）主要专利申请人分析

在数字内容作品入库技术领域，专利申请量排名前三的申请人均为美国公司，即微软 、IBM 和亚马逊。这可能与美国的数字版权保护措施比较全面有关，例如美国的软件与信息产业协会发起了“反盗版奖励项目”，在某种程度上比法律法规起到了更好的效果。

1. 申请量排名第一的专利申请人——微软

（1）专利申请量

微软于 2003 年开始申请数字内容作品入库技术专利，整体数量不多，专利申请量相对较多的年份是 2005~2008 年和 2011~2013 年，2015 年以来未有相关专利申请公开（见图 8-58）。

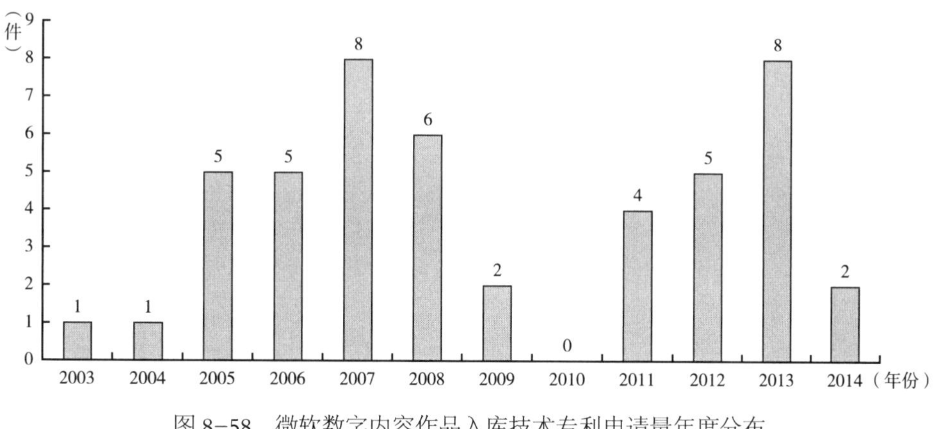

图 8-58　微软数字内容作品入库技术专利申请量年度分布

（2）专利申请量区域分布

图 8-59 是微软数字内容作品入库技术专利申请的区域分布情况，可以看出，在这一技术领域，微软一半左右的专利布局在美国。此外，微软在中国、欧洲专利局

和世界知识产权组织分别申请了 8 件专利，微软可能已经将这些国家和地区作为目标市场。

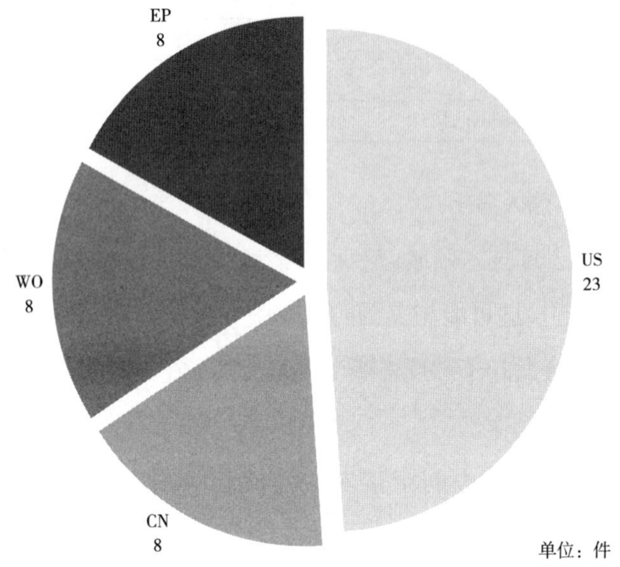

图 8-59　微软数字内容作品入库技术专利在“九国两组织”的申请量

2. 申请量排名第二的专利申请人——IBM

（1）专利申请量

IBM 于 1997 年开始申请数字内容作品入库技术专利，但专利申请呈现阶段性的特点，仅 1997~1998 年、2002~2003 年、2006~2008 年和 2012~2014 年有专利申请。IBM 的专利年申请量最高也未超过 5 件（见图 8-60）。

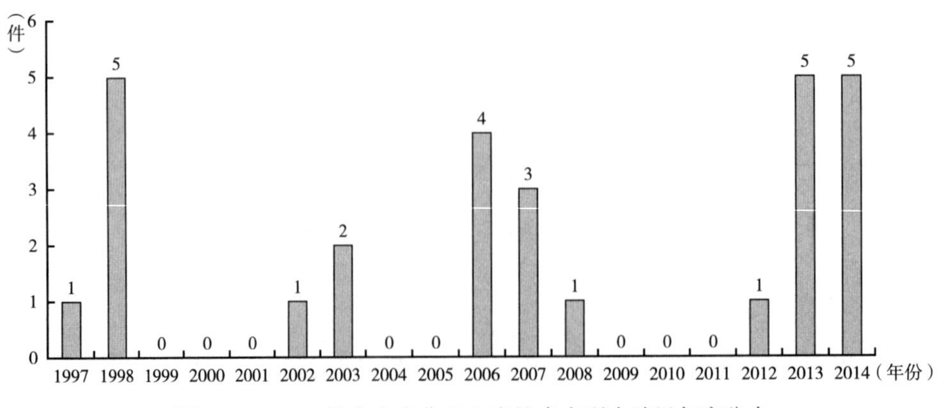

图 8-60　IBM 数字内容作品入库技术专利申请量年度分布

（2）专利申请量区域分布

图 8-61 是 IBM 数字内容作品入库技术专利申请的区域分布情况，可以看出，IBM 70% 以上的专利都分布在美国。IBM 在中国、世界知识产权组织和澳大利亚的专利申请量分别为 5 件、2 件和 1 件，IBM 可能已经将这些国家和地区作为目标市场。

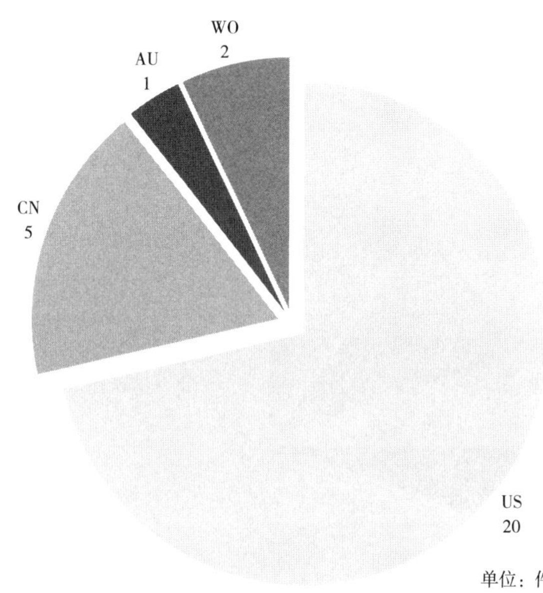

图 8-61　IBM 数字内容作品入库技术专利在“九国两组织”的申请量

3. 申请量排名第三的专利申请人——亚马逊

（1）专利申请量

亚马逊于 2006 年开始申请数字内容作品入库技术专利，研发起步较晚，且专利年申请量均在 5 件以下，2015 年以来未见相关专利申请（见图 8-62）。

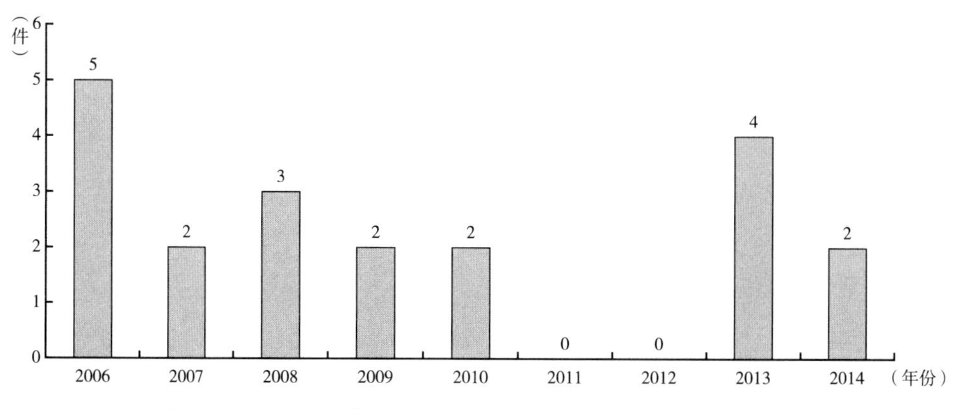

图 8-62　亚马逊数字内容作品入库技术专利申请量年度分布

（2）专利申请量区域分布

图 8-63 是亚马逊数字内容作品入库技术专利申请的区域分布情况，可以看出，亚马逊的绝大部分专利申请分布在美国，占其在这一技术领域专利申请总量的 70%。此外，亚马逊在中国、韩国、欧洲专利局及世界知识产权组织等进行了少量专利申请，亚马逊可能已经将这些国家或地区作为目标市场。

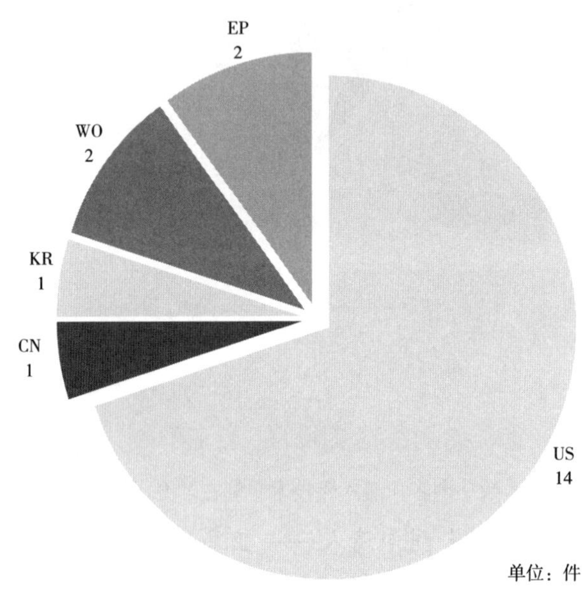

图 8-63　亚马逊数字内容作品入库技术专利在“九国两组织”的申请量

（四）技术构成分布

图 8-64 是根据 IBM、亚马逊和微软数字内容作品入库技术专利分析的技术构成分布情况，可以看出，该技术领域的研究热点集中在入库、元数据数据库和数字内容作品方面。

三　总结

（一）专利申请总体趋势

1994~2017 年，“九国两组织”数字内容作品入库技术专利的申请总量为 847 件。其中，美国、日本、韩国和中国的专利申请量之和为 624 件，占该技术领域专利申

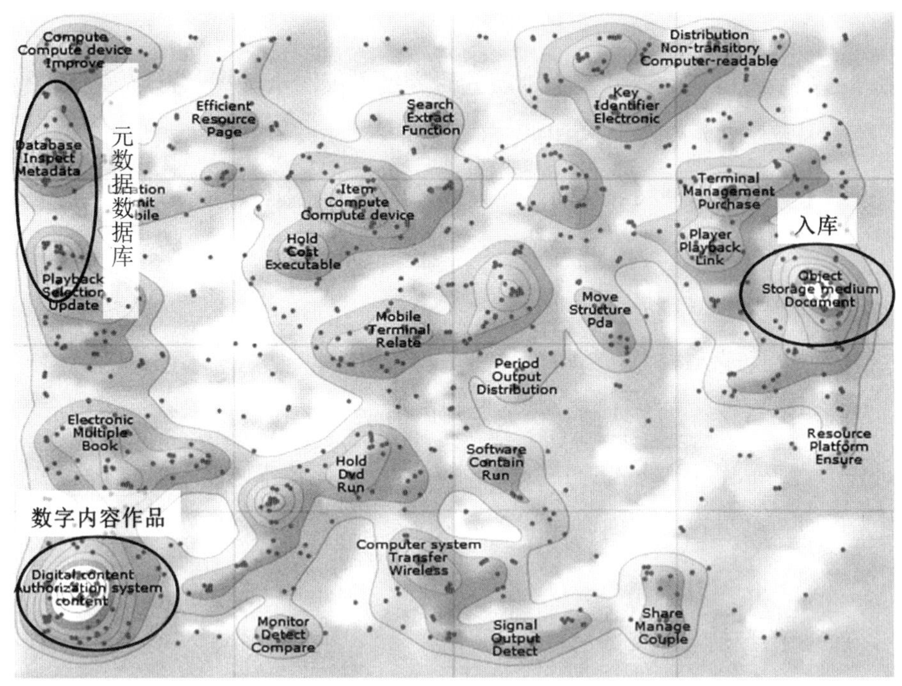

图 8-64 数字内容作品入库技术构成分布

请总量的 74%。从年度专利申请量来看，各年专利申请量均不多，但整体表现为增长态势，从 2000 年开始专利申请数量有了实质性增长，2014 年专利年申请量达到峰值 106 件。

（二）主要国家技术发展现状及趋势

1. 美国

美国是信息产业和数字经济非常发达的国家，在数字内容产业发展过程中，美国政府给予了相当大的支持。在数字内容作品入库技术领域，美国是专利申请量和专利申请人数量最多的国家，目前仍处于技术发展期。

2. 日本

作为美国数字内容作品入库技术研发的追随者，日本在这一领域的研究起步较早，2004 年之前专利年申请量仅次于美国。目前，技术发展处于衰退期。

3. 韩国

韩国在数字内容作品入库技术领域申请的专利数量较少，专利申请人数量也较少，该技术在韩国一直处于不温不火的发展状态。

4. 中国

中国在数字内容作品入库技术领域的研究投入仅次于美国，发展潜力也比较大。目前，数字内容作品入库技术在中国处于发展期。

根据以上各国技术发展现状描述，总体来说，数字内容作品入库技术在全球处于发展期。

（三）主要申请人对比分析

1. 专利申请量比较

从专利申请量上看，微软拥有相关专利申请 47 件，IBM 和亚马逊分别是 28 件和 20 件。其中，微软和 IBM 作为行业的技术领跑者，在技术研发初期便投入了相当大的研发力度。亚马逊在数字内容作品入库技术领域的研发起步较晚，直到 2006 年才进行相关专利申请。

2. 专利资产地域布局分析

微软、IBM 和亚马逊均在多个国家和地区进行了专利布局，但布局重点还是在本国市场上。微软在美国、中国、欧洲专利局和世界知识产权组织均申请了专利，以便随时发动专利诉讼。IBM 在美国、中国、澳大利亚和世界知识产权组织申请了专利。亚马逊在美国、中国、韩国、欧洲专利局和世界知识产权组织申请了专利。

（四）技术热点分析

在数字内容作品入库技术领域，各申请人关注的热点技术集中在入库、元数据数据库和数字内容作品方面。

第七节　多格式支持终端技术

多格式支持终端技术是数字版权保护领域的热门技术，该技术利用多格式数据自动分发装置或格式转换器，来兼容版权保护模式下的多种数据格式，保证多格式数字内容作品的可读性。围绕该技术的专利申请发轫于 20 世纪 90 年代中期，1999~2008 年快速增长，并于 2008 年达到峰值；此后除 2013 年有所反弹外，整体呈下降态势，但由于专利申请量基数庞大，至今仍保持较高的热度。整体而言，该技术发展日趋成熟，但未来仍有一定的创新和应用空间。

一　专利检索

（一）检索结果概述

以多格式支持终端技术为检索主题，在“九国两组织”范围内共检索到相关专利申请 10881 件，具体数量分布如表 8-76 所示。

表 8-76　“九国两组织”多格式支持终端技术专利申请量

单位：件

国家 / 国际组织	专利申请量	国家 / 国际组织	专利申请量
US	3573	DE	122
CN	2105	RU	40
JP	1537	AU	219
KR	929	EP	1158
GB	107	WO	1003
FR	88	合计	10881

（二）“九国两组织”多格式支持终端技术专利申请趋势

“九国两组织”对多格式支持终端技术均有较高的研究热情，1994 年以来这一技术领域的专利申请总量已超过 10000 件。其中，美国的专利申请量最多，达到 3573 件；中国次之，达到 2105 件；日本和韩国的专利申请量分别为 1537 件和 929 件。从年度申请情况来看，美国、中国、日本和韩国这 4 个数字媒体发展迅速且对数字版权保护非常积极的国家，均是从 2005 年起专利申请量有显著增长态势。澳大利亚、俄罗斯、英国、法国和德国等在这一技术领域的专利申请总量相对较少，近年来专利年申请量呈下降态势，有进入技术衰退期的迹象（见表 8-77、图 8-65）。

表 8-77　1994~2017 年“九国两组织”多格式支持终端技术专利申请量

单位：件

国家 / 国际组织	专利申请量																	
	90	01	02	03	04	05	06	07	08	09	10	11	12	13	14	15	16	17
US	58	27	120	161	161	204	182	297	279	251	266	250	253	309	339	204	141	71
CN	50	25	24	49	67	141	132	176	166	210	187	187	225	217	137	48	43	21

续表

国家 / 国际组织	专利申请量																	
	90	01	02	03	04	05	06	07	08	09	10	11	12	13	14	15	16	17
JP	127	70	74	64	78	108	119	149	131	127	101	96	112	62	73	16	26	4
KR	23	13	9	16	21	31	70	105	109	94	77	83	44	81	76	48	27	2
GB	6	7	2	4	7	16	5	14	11	7	4	5	6	4	6	2	0	1
FR	2	2	3	5	8	8	6	7	10	7	10	9	8	2	1	0	0	0
DE	6	3	3	7	6	7	8	18	22	15	10	7	4	3	1	2	0	0
RU	0	0	0	0	0	0	1	2	0	1	17	12	1	4	2	0	0	0
AU	20	9	8	19	20	13	10	16	14	11	13	10	14	17	11	7	6	1
EP	54	18	43	54	72	74	85	86	116	102	68	88	73	85	80	34	23	3
WO	53	40	44	48	76	67	45	109	137	70	36	45	41	55	47	37	40	13
合计	399	214	330	427	516	669	663	979	995	895	789	792	781	839	773	398	306	116

注："90"指 1994~2000 年的专利申请总量，"01~17"分别指 2001~2017 年当年的专利申请量。

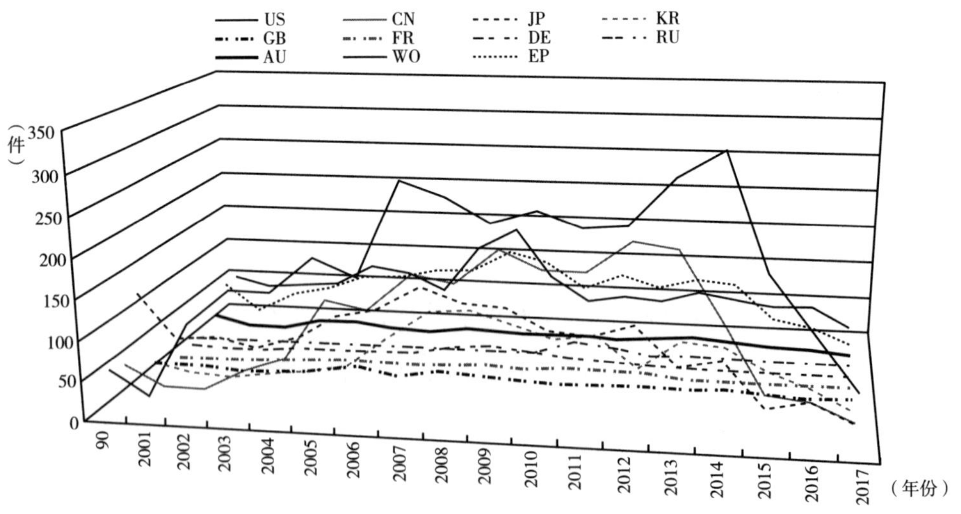

图 8-65 "九国两组织"多格式支持终端技术专利申请趋势

注："90"指 1994~2000 年的专利申请总量。

（三）"九国两组织"多格式支持终端技术专利申请人排名

1994~2017 年"九国两组织"多格式支持终端技术专利申请人排名情况如表 8-78 ~ 表 8-88 所示。

1. 美国申请人排名

表 8-78　美国多格式支持终端技术专利申请人排名

序号	申请人	申请人国家	申请数量（件）	授权数量（件）
1	Samsung Electronics Co. Ltd.	韩国	421	215
2	Sony Corp.	日本	162	119
3	Canon K.K.	日本	140	96
4	Microsoft Corp.	美国	87	54
5	LG Electronics Inc.	韩国	73	49

2. 中国申请人排名

表 8-79　中国多格式支持终端技术专利申请人排名

序号	申请人	申请人国家	申请数量（件）	授权数量（件）
1	Samsung Electronics Co. Ltd.	韩国	235	62
2	Sony Corp.	日本	123	45
3	Canon K.K.	日本	68	27
4	LG Electronics Inc.	韩国	52	31
5	Matsushita Electric Ind. Co. Ltd.	日本	52	23

3. 日本申请人排名

表 8-80　日本多格式支持终端技术专利申请人排名

序号	申请人	申请人国家	申请数量（件）	授权数量（件）
1	Sony Corp.	日本	188	62
2	Canon K.K.	日本	168	70
3	Samsung Electronics Co. Ltd.	韩国	100	46
4	Matsushita Electric Ind. Co. Ltd.	日本	67	45
5	Ricoh K.K.	日本	63	22

4. 韩国申请人排名

表 8-81　韩国多格式支持终端技术专利申请人排名

序号	申请人	申请人国家	申请数量（件）	授权数量（件）
1	Samsung Electronics Co. Ltd.	韩国	337	93
2	LG Electronics Inc.	韩国	58	19
3	Korea Electronics & Telecommun. Res. Inst.	韩国	39	12
4	Sony Corp.	日本	32	8
5	Microsoft Corp.	美国	15	5

5. 英国申请人排名

表 8-82　英国多格式支持终端技术专利申请人排名

序号	申请人	申请人国家	申请数量（件）	授权数量（件）
1	Apple Computer Inc.	美国	8	2
2	Dell Products LP	美国	6	3
3	Sanyo Electric Co.	日本	4	2
4	Samsung Electronics Co. Ltd.	韩国	4	1
5	Ericsson Telefon AB L.M.	瑞典	3	2

6. 法国申请人排名

表 8-83　法国多格式支持终端技术专利申请人排名

序号	申请人	申请人国家	申请数量（件）	授权数量（件）
1	Canon K.K.	日本	13	4
2	France Telecom	法国	5	2
3	Sagem Comm	法国	3	3
4	Alcatel-Lucent S.A.S.	法国	3	2
5	TDF Inc.	法国	3	1

7. 德国申请人排名

表 8-84　德国多格式支持终端技术专利申请人排名

序号	申请人	申请人国家	申请数量（件）	授权数量（件）
1	Samsung Electronics Co. Ltd.	韩国	8	3
2	Infineon Technologies A.G.	德国	5	1
3	Koninkl Philips Electronics N.V.	荷兰	5	0
4	Toshiba K.K.	日本	4	0
5	Sagem Orga GmbH	德国	3	0

8. 俄罗斯申请人排名

表 8-85　俄罗斯多格式支持终端技术专利申请人排名

序号	申请人	申请人国家	申请数量（件）	授权数量（件）
1	Microsoft Corp.	美国	6	1
2	Qualcomm Inc.	美国	5	0
3	Samsung Electronics Co. Ltd.	韩国	3	0
4	Sony Corp.	日本	2	0
5	Canon K.K.	日本	2	0

9. 澳大利亚申请人排名

表 8-86 澳大利亚多格式支持终端技术专利申请人排名

序号	申请人	申请人国家	申请数量（件）	授权数量（件）
1	Samsung Electronics Co. Ltd.	韩国	29	7
2	Microsoft Corp.	美国	9	2
3	Qualcomm Inc.	美国	9	4
4	Canon K.K.	日本	8	1
5	TiVo Inc.	美国	8	0

10. 欧洲专利局申请人排名

表 8-87 欧洲专利局多格式支持终端技术专利申请人排名

序号	申请人	申请人国家	申请数量（件）	授权数量（件）
1	Samsung Electronics Co. Ltd.	韩国	173	55
2	Sony Corp.	日本	60	27
3	Canon K.K.	日本	32	14
4	Koninkl Philips Electronics N.V.	荷兰	30	13
5	LG Electronics Inc.	韩国	26	11

11. 世界知识产权组织申请人排名

表 8-88 世界知识产权组织多格式支持终端技术专利申请人排名

序号	申请人	申请人国家	申请数量（件）
1	Samsung Electronics Co. Ltd.	韩国	92
2	Qualcomm Inc.	美国	39
3	Nokia Corp.	芬兰	31
4	Koninkl Philips Electronics N.V.	荷兰	29
5	Matsushita Electric Ind. Co. Ltd.	日本	24

二 专利分析

（一）技术发展趋势分析

20 世纪 90 年代以来，随着电子阅读器的出现与发展，多格式支持终端技术逐渐成为数字版权保护技术领域的研究热点之一。图 8-66 展示了多格式支持终端技术专利的年度申请情况，可以看出，1994~1998 年，随着电子阅读器的出现和逐渐完善，专利年申请量缓慢增长；1999~2008 年，随着手机和平板电脑等数字阅读终端日渐普及，以及大众对数字阅读的需求日益强烈，专利年申请量快速增长，于 2008 年达到峰值；此后，随着技术的成熟，专利年申请量整体呈下降态势。

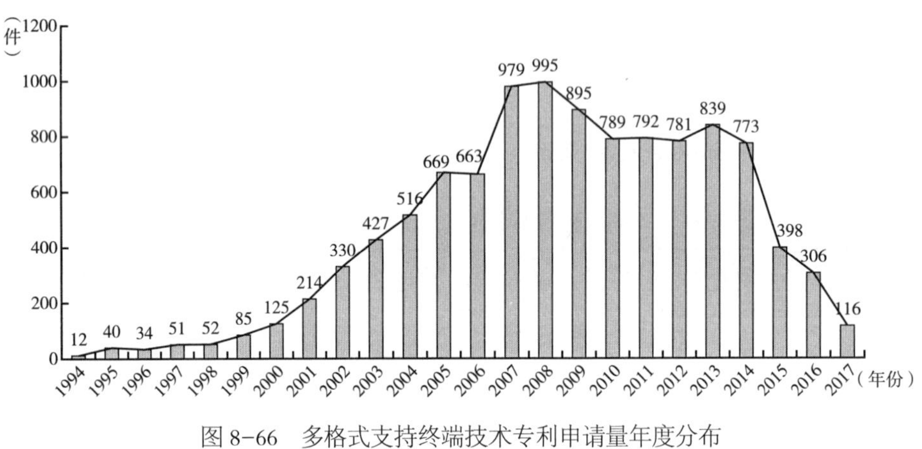

图 8-66　多格式支持终端技术专利申请量年度分布

（二）技术路线分析

图 8-67 展示了多格式支持终端技术的发展路线。1994 年，“九国两组织”出现第一件多格式支持终端技术专利申请。随着数字内容产业的发展，越来越多的数字内容格式出现，如 PDF、ePub、TXT 和 XML 等，人们对多格式支持终端技术的研究也日益深入。2011 年，大连大学申请了一件关于多格式数据自动分发的核心专利，该技术能够根据数据格式和接收设备类型自动选择最优方式发送数据，使数据以最快的速度被终端用户接收。2013 年 10 月 10 日，北京空间机电研究所为了解决不同格式数据的传输和应用问题，研究并申请了一件关于多格式数据传输系统的核心专利，实现了多种数据格式通过同一数据传输接口传输，提高了数据传输的灵活性。

（三）主要专利申请人分析

在多格式支持终端技术领域，专利申请量排名前三的申请人为三星电子、索尼和佳能，拥有的专利申请量分别为 1403 件、567 件和 431 件。

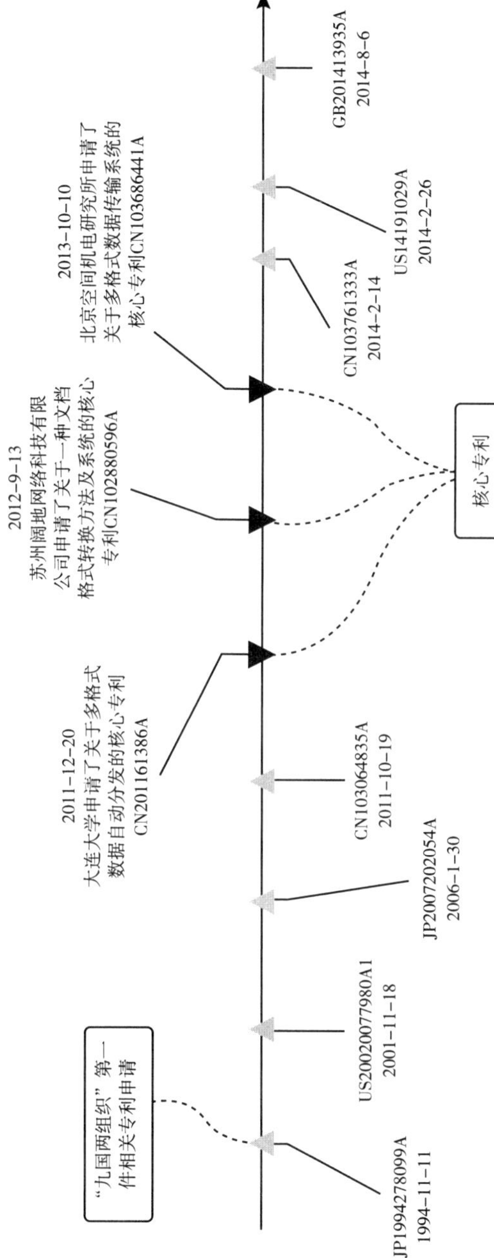

图 8-67　多格式支持终端技术发展路线

1. 申请量排名第一的专利申请人——三星电子

（1）专利申请量

三星电子非常重视技术的研发和知识产权的保护，作为移动终端领域的巨头，三星电子在多格式支持终端技术领域的专利申请趋势基本反映了韩国、美国和日本等主要目标市场在这一领域的技术发展趋势。从图 8-68 可以看出，三星电子于 1996 年申请了第一件多格式支持终端技术专利，2002 年之前专利申请量缓慢增长；2002~2007 年专利年申请量快速增长；2008~2014 年，随着三星电子多格式支持终端技术的成熟，专利年申请量有所下降，但仍然保持着一定的研发热度。

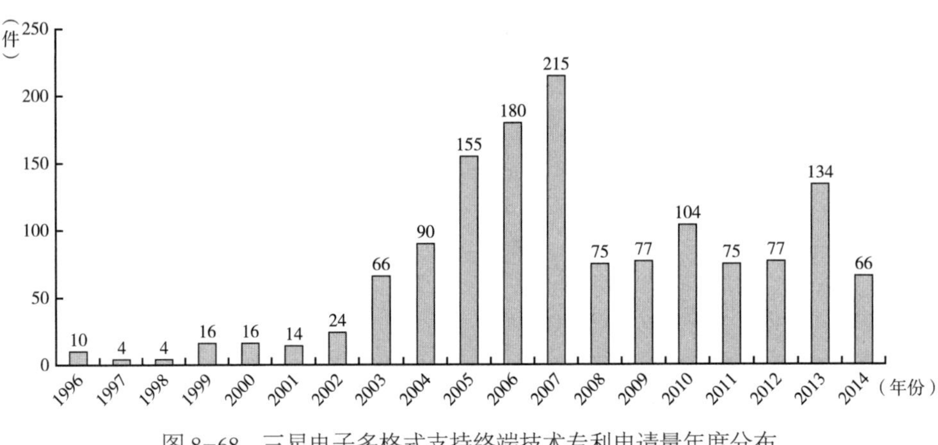

图 8-68　三星电子多格式支持终端技术专利申请量年度分布

（2）专利申请量区域分布

作为全球知名的大型综合性跨国企业，三星电子非常注重本国以及国外的知识产权保护。从图 8-69 可以看出，三星电子在美国进行了大量专利布局，这是因为在过去几年中，苹果公司和三星电子的专利纠纷频发，而主战场则在美国。三星电子把中国作为其多格式支持终端技术的主要市场之一，在中国申请了大量专利；而欧洲和日本也是三星电子移动终端设备的主要消费地区和国家，三星电子也很积极地到这些市场进行专利布局。

（3）技术构成分布

从图 8-70 可以看出，三星电子在多格式支持终端技术领域的研究热点为电子设

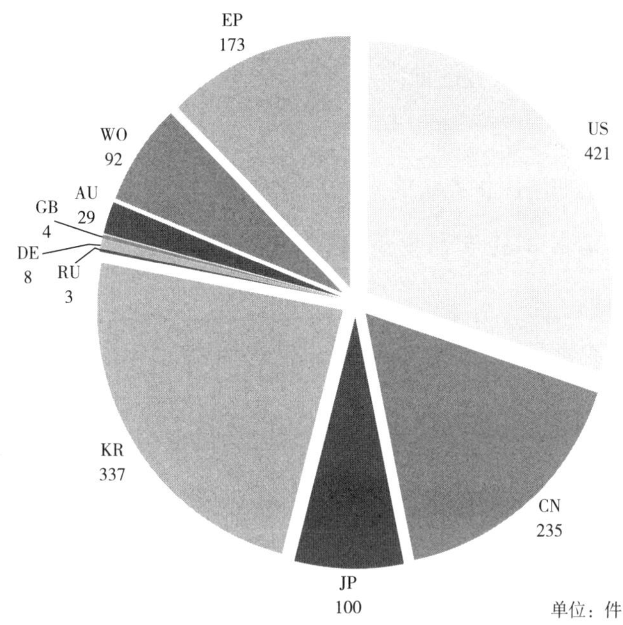

图 8-69　三星电子多格式支持终端技术专利在“九国两组织”的申请量

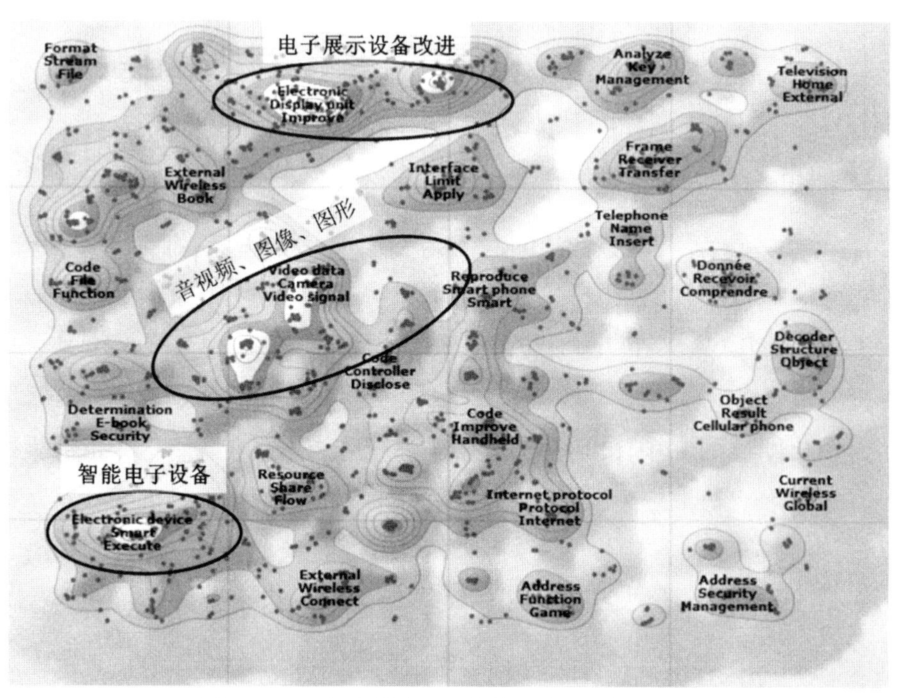

图 8-70　三星电子多格式支持终端技术构成分布

备（尤其是智能电子设备和电子展示设备）以及音视频、图像和图形等。随着网络通信的日益普及，传统媒体内容逐渐向数字化内容转型，数字版权保护显得尤为重要。三星电子的主营业务之一为消费型电子阅读器，三星电子非常关注移动端阅读市场，通过对不同格式数据加密保护方法的研究，有效保护了版权所有者的权益。

2. 申请量排名第二的专利申请人——索尼

（1）专利申请量

图 8-71 展示了索尼多格式支持终端技术专利的年度申请情况，可以看出，1995~2007 年，索尼在这一技术领域的专利年申请量总体呈增长态势；2008~2011 年，专利年申请量逐年减少，2011 年已将至 7 件；从 2012 年开始，专利年申请量又有所回升。

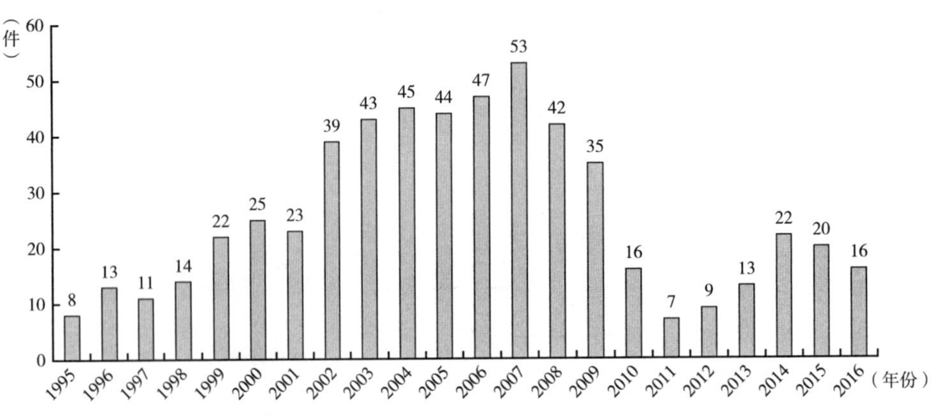

图 8-71　索尼多格式支持终端技术专利申请量年度分布

（2）专利申请量区域分布

索尼非常注重本国以及国外的知识产权保护。从图 8-72 可以看出，索尼在日本进行了大量专利申请，美国和中国是其多格式支持终端技术的主要国外市场。索尼原 CEO 出井伸之曾在索尼集团全球董事会上承诺把高速发展的中国市场作为未来发展的重中之重。

（3）技术构成分布

从图 8-73 可以看出，在多格式支持终端技术领域，索尼的研究热点集中在数据加解密、数据传输和密钥管理方面。其中加密技术是实现数据保密的重要手段，在多数情况下，数据加密是保证信息机密性的唯一方法。而密钥管理能够为所有网络应用

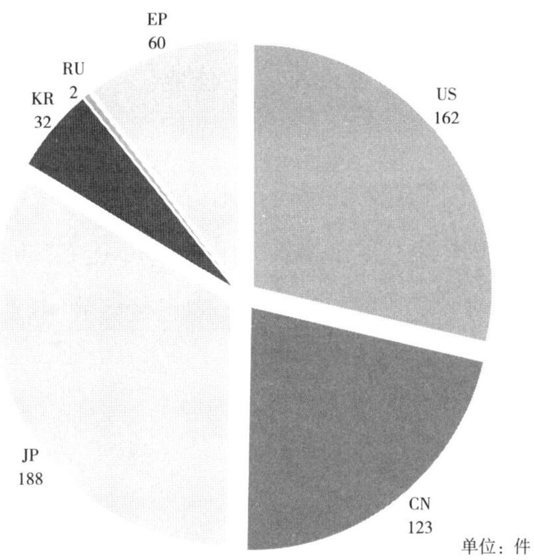

图 8-72　索尼多格式支持终端技术专利在“九国两组织”的申请量

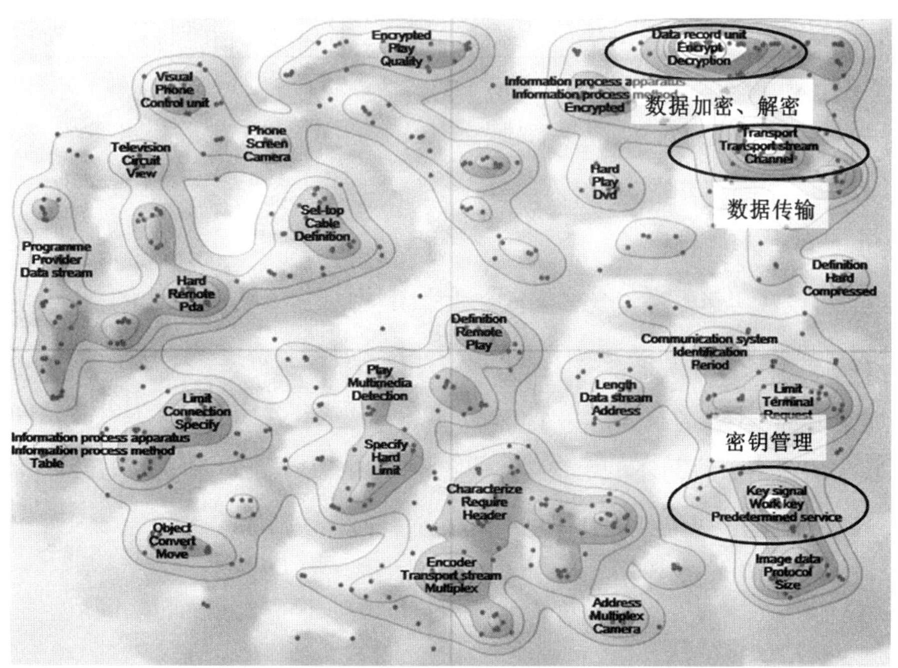

图 8-73　索尼多格式支持终端技术构成分布

提供加密和数字签名等密码服务，以及对必要的密钥和证书进行管理。

3. 申请量排名第三的专利申请人——佳能

（1）专利申请量

图 8-74 展示了佳能多格式支持终端技术专利的年度申请情况，可以看出，从 2001 年开始佳能的专利年申请量逐年增长，于 2007 年达到顶峰，2008 年专利年申请量出现较大幅度下降，2012 年以来专利年申请量已经降到 10 件以下，2015 年以来已没有相关专利申请公开。

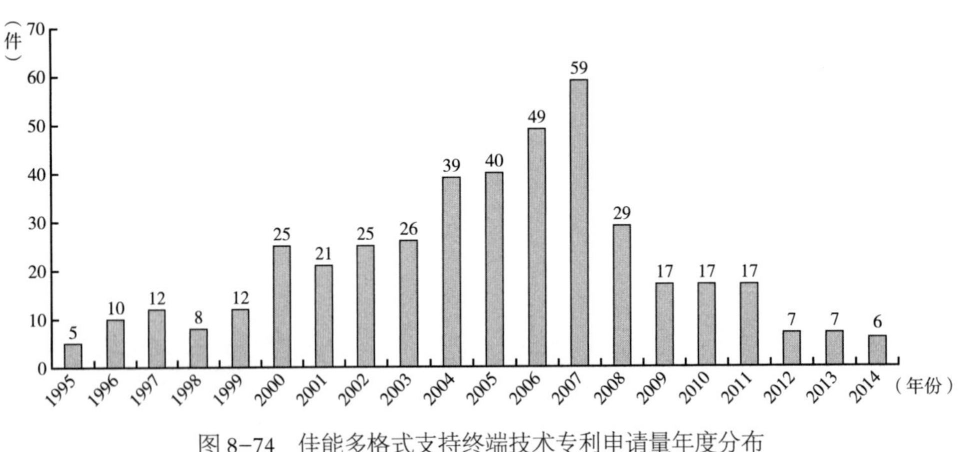

图 8-74 佳能多格式支持终端技术专利申请量年度分布

（2）专利申请量区域分布

佳能自 1996 年起推进“全球优良企业集团”构想，重视全球化的良性发展，其中，获得世界各国的专利权，将佳能的革新性技术推广到全球，是其全球化战略重要的一环[①]。美国是佳能最早推进技术合作的海外市场之一，佳能在美国申请了 140 件相关专利，仅次于佳能在日本的申请量。而随着以中国为代表的新兴高科技国家的快速发展，佳能与这些国家的技术合作也不断深入（见图 8-75）。

---

① 晓航:《佳能获专利数位列全球第三》,《中国质量报》，2014 年 1 月 24 日。

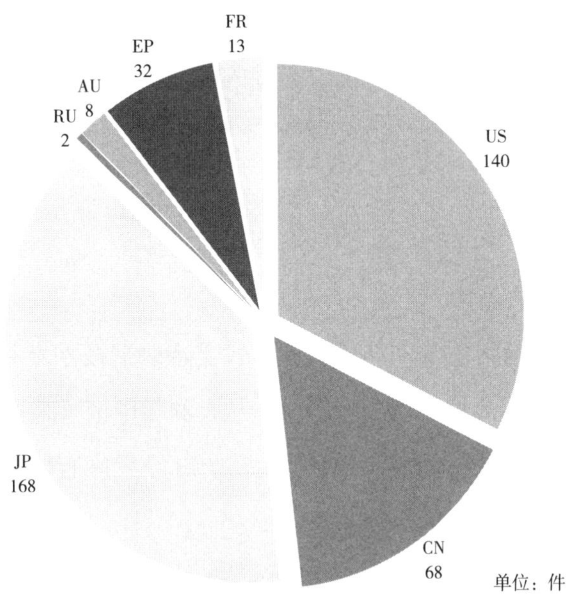

图 8-75　佳能多格式支持终端技术专利在“九国两组织”的申请量

（3）技术构成分布

图 8-76 为佳能在多格式支持终端技术领域的专利构成分布，可以看出，佳能在该

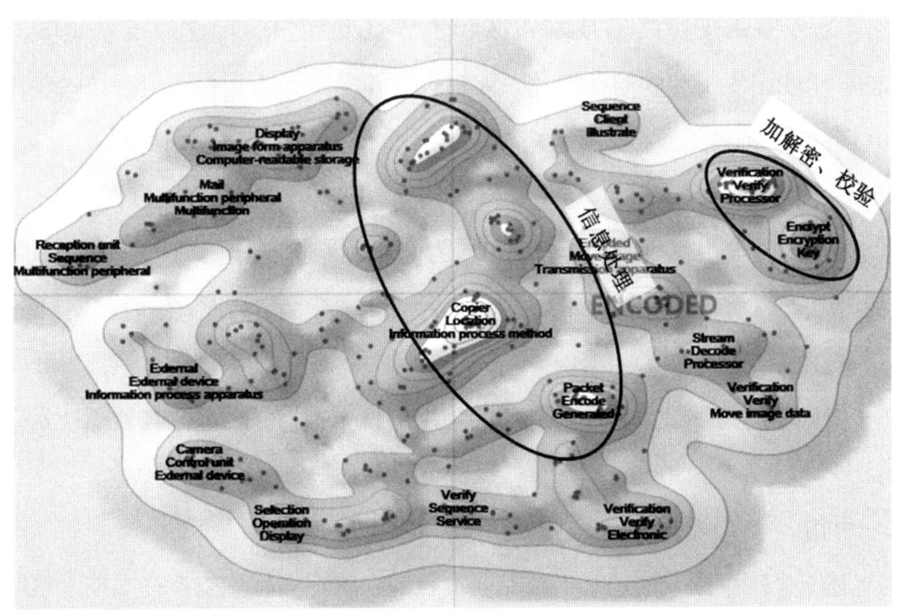

图 8-76　佳能多格式支持终端技术构成分布

领域主要关注加解密技术和信息处理技术。其中，加解密技术是最常用的安全保密手段之一。通过对其专利技术的解读可以看出，佳能的信息处理技术主要集中在图形图像处理方面，主要应用于数码产品。这种信息处理技术相对领先，是佳能未来重点研发的技术。

三　总结

（一）专利申请总体趋势

1994~2017 年“九国两组织”共申请多格式支持终端技术专利 10881 件，专利申请集中在美国、中国、日本和韩国 4 个国家。从专利年申请量来看，2008 年之前总体表现为持续增长态势，2009~2013 年较为稳定，2015 年以来有较大幅度下降。中国的专利年申请量 2012 年之前总体呈增长态势。

从行业专利申请状况来看，随着电子阅读器的出现与初步发展，多格式支持终端技术专利申请量开始缓慢增长。随着手机和平板电脑等数字阅读终端的日渐普及和大众对数字阅读的需求日益强烈，多格式支持终端技术专利申请量逐渐增多，并于 2008 年达到专利年申请量峰值。

（二）主要国家技术发展现状及趋势

1. 美国

美国在多格式支持终端技术领域起步早且发展快。在这一技术领域，美国 2007~2008 年就出现了专利申请热潮，大量企业和学术界人士投入这一技术领域的研究。2014 年之后，美国多格式支持终端技术逐渐成熟，技术进入饱和期。

2. 日本

日本是知识产权制度以及著作权制度较为完善的国家，在多格式支持终端技术领域的发展也很快，目前处于技术饱和期，专利年申请量和专利申请人数量均有所下降。

3. 韩国

在多格式支持终端技术领域，韩国的情况与日本类似，目前同样处于技术发展的饱和期。

4. 中国

与上述三个国家的发展趋势大致相同，目前中国在多格式支持终端技术领域处于技术饱和期。

根据以上国家技术发展现状描述，总体来说，多格式支持终端技术在全球处于技术饱和期，在部分发达国家有进入衰退期的迹象。

（三）主要申请人对比分析

通过对多格式支持终端技术领域的宏观分析，笔者得出行业内三个主要申请人分别是三星电子、索尼和佳能。

1. 专利申请量比较

从专利申请量来看，三星电子拥有相关专利申请 1403 件，索尼和佳能分别拥有 567 件和 431 件。其中，三星电子作为行业的技术领跑者，在技术研发初期便投入了相当大的研发力度，拥有的基础性专利也较多。

2. 专利资产地域布局分析

三星电子在美国、韩国和中国的专利布局力度较大，并且把主要市场放在了美国。索尼和佳能采取的地域布局策略与三星电子有所不同，它们侧重于本土市场的专利布局。

3. 技术热点分析

在多格式支持终端技术领域，三星电子主要关注电子设备，以及视频、音频、图像和图形方面的技术。索尼的研究热点集中在数据加解密、数据传输和密钥管理方面。佳能则主要关注加解密技术和图形图像处理技术。

第八节　移动版权多业务支撑技术

移动版权多业务支撑技术是数字版权保护领域的常用热门技术。该技术按不同的内容形式对数字产品进行拆分，重组为移动终端可用的内容片段，并重新注入合法版权标识信息，在服务提供端对内容访问进行授权控制，以实现相应内容信息在移动终端的有序传播。围绕该技术的专利申请发轫于 20 世纪 90 年代中期，从 2000 年开始快速增长，于 2008 年迎来第一个高峰，经过短暂下滑后，从 2012 年开始迅猛增长，于 2014 年达到顶峰，随后开始回落。结合近年来移动互联网蓬勃发展的态势，以及相应版权保护需求的不断增加，可以预见，在今后相当长的时期内，该技术的创新和应用仍有较大空间。

一 专利检索

（一）检索结果概述

以移动版权多业务支撑技术为检索主题，在“九国两组织”范围内共检索到相关专利申请7847件，具体数量分布如表8-89所示。

表 8-89 “九国两组织”移动版权多业务支撑技术专利申请量

单位：件

国家 / 国际组织	专利申请量	国家 / 国际组织	专利申请量
US	2224	DE	94
CN	2204	RU	15
JP	495	AU	200
KR	811	EP	782
GB	101	WO	891
FR	30	合计	7847

（二）“九国两组织”移动版权多业务支撑技术专利申请趋势

表8-90和图8-77展示了“九国两组织”移动版权多业务支撑技术专利的申请情况，可以看出，20世纪90年代以来，该技术专利年申请量总体呈增长态势。其中，美国和中国对这一技术的研发热情最高，专利申请量均超过2000件。韩国和日本也非常积极地在这一技术领域进行专利申请。欧洲专利局和世界知识产权组织公开的专利申请也较多。但俄罗斯、法国和德国等国家对这一技术的关注度较低，俄罗斯2007年才出现第一件相关专利申请。

表 8-90 1994~2017年“九国两组织”移动版权多业务支撑技术专利申请量

单位：件

国家 / 国际组织	专利申请量																	
	90	01	02	03	04	05	06	07	08	09	10	11	12	13	14	15	16	17
US	7	16	77	81	120	104	94	138	129	141	130	114	173	234	274	210	118	64
CN	8	7	20	42	49	100	119	116	133	133	125	132	182	206	247	216	203	166

续表

国家 / 国际组织	专利申请量																	
	90	01	02	03	04	05	06	07	08	09	10	11	12	13	14	15	16	17
JP	32	27	49	24	36	51	33	33	29	33	29	33	19	25	22	8	10	2
KR	11	13	6	5	7	10	38	24	58	57	64	57	71	110	106	99	59	16
GB	4	8	17	5	13	6	12	5	12	6	1	0	1	3	5	0	2	1
FR	1	0	6	0	0	2	4	4	3	4	0	0	1	2	2	1	0	0
DE	1	2	5	5	14	18	5	8	10	7	1	1	4	5	3	2	2	1
RU	0	0	0	0	0	0	0	1	1	3	5	1	0	1	2	1	0	0
AU	2	15	25	12	18	15	10	17	7	16	12	9	9	12	10	4	5	2
EP	17	9	50	60	56	51	71	66	71	62	49	40	49	42	54	27	6	2
WO	19	57	95	49	41	63	51	66	71	38	30	27	53	68	68	43	37	15
合计	102	154	350	283	354	420	437	478	524	500	446	414	562	708	793	611	442	269

注：“90”指 1994~2000 年的专利申请总量，“01~17”分别指 2001~2017 年当年的专利申请量。

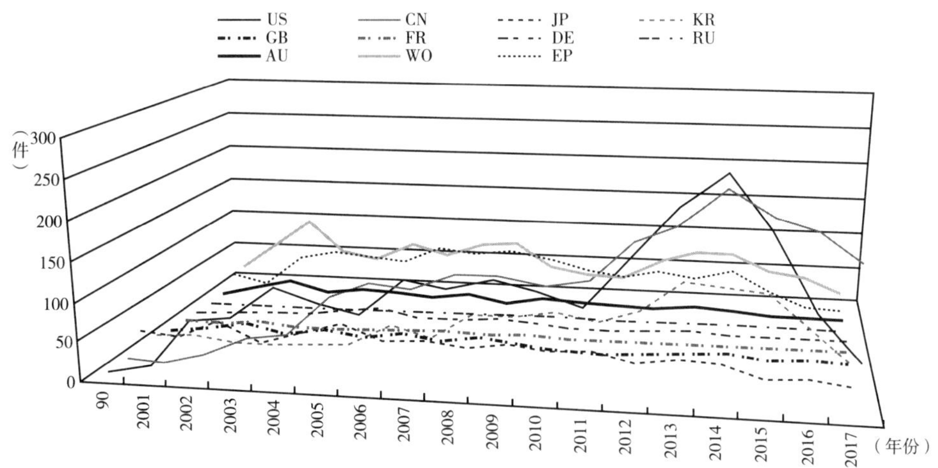

图 8-77　“九国两组织”移动版权多业务支撑技术专利申请趋势

注：“90”指 1994~2000 年的专利申请总量。

（三）“九国两组织”移动版权多业务支撑技术专利申请人排名

1994~2017 年“九国两组织”移动版权多业务支撑技术专利申请人排名情况如表 8-91~ 表 8-101 所示。

1. 美国申请人排名

表 8-91　美国移动版权多业务支撑技术专利申请人排名

序号	申请人	申请人国家	申请数量（件）	授权数量（件）
1	Nokia Corp.	芬兰	72	53
2	Microsoft Corp.	美国	54	22
3	IBM Corp.	美国	46	13
4	Samsung Electronics Co. Ltd.	韩国	37	20
5	Ericsson Telefon AB L.M.	瑞典	30	14

2. 中国申请人排名

表 8-92　中国移动版权多业务支撑技术专利申请人排名

序号	申请人	申请人国家	申请数量（件）	授权数量（件）
1	Huawei Tech. Co. Ltd.（华为）	中国	95	67
2	ZTE Corp.（中兴）	中国	93	32
3	Nokia Corp.	芬兰	44	25
4	Samsung Electronics Co. Ltd.	韩国	38	21
5	China Mobile COMM Corp.（中国移动）	中国	32	13

3. 日本申请人排名

表 8-93　日本移动版权多业务支撑技术专利申请人排名

序号	申请人	申请人国家	申请数量（件）	授权数量（件）
1	Nokia Corp.	芬兰	41	23
2	Samsung Electronics Co. Ltd.	韩国	28	18
3	LG Electronics Inc.	韩国	25	18
4	Microsoft Corp.	美国	19	9
5	NEC Corp.	日本	14	4

4. 韩国申请人排名

表 8-94　韩国移动版权多业务支撑技术专利申请人排名

序号	申请人	申请人国家	申请数量（件）	授权数量（件）
1	Samsung Electronics Co. Ltd.	韩国	64	35
2	SK Telecom Co. Ltd.	韩国	60	26
3	LG Electronics Inc.	韩国	41	8
4	Korea Electronics & Telecommun. Res. Inst.	韩国	31	5
5	KT Corp.	韩国	21	9

5. 英国申请人排名

表 8–95　英国移动版权多业务支撑技术专利申请人排名

序号	申请人	申请人国家	申请数量（件）	授权数量（件）
1	Nokia Corp.	芬兰	10	4
2	Vodafone PLC	英国	6	3
3	Ericsson Telefon AB L.M.	瑞典	5	2
4	Vox Generation Ltd.	英国	3	1
5	Cvon Innovations Ltd.	英国	3	1

6. 法国申请人排名

表 8–96　法国移动版权多业务支撑技术专利申请人排名

序号	申请人	申请人国家	申请数量（件）	授权数量（件）
1	Radiotelephone S.F.R.	法国	4	3
2	France Telecom	法国	3	1
3	Goojet Soc Par Actions Simplif	法国	2	0
4	Eastman Kodak Co.	美国	2	0
5	ILE Act Concepts Soc Civ	法国	2	0

7. 德国申请人排名

表 8–97　德国移动版权多业务支撑技术专利申请人排名

序号	申请人	申请人国家	申请数量（件）	授权数量（件）
1	Siemens A.G.	德国	20	3
2	Nokia Corp.	芬兰	8	2
3	Vodafone Holding GmbH	德国	7	3
4	Ericsson Telefon AB L.M.	瑞典	7	1
5	Deutsche Telekom A.G.	德国	4	2

8. 俄罗斯申请人排名

表 8–98　俄罗斯移动版权多业务支撑技术专利申请人排名

序号	申请人	申请人国家	申请数量（件）	授权数量（件）
1	Sony Ericsson Mobile COMM AB	瑞典	2	1
2	Nokia Corp.	芬兰	1	1
3	SIK Jured Imehjl Geteborg AB	瑞典	1	0
4	Qualcomm Inc.	美国	1	0
5	Microsoft Corp.	美国	1	0

9. 澳大利亚申请人排名

表 8-99　澳大利亚移动版权多业务支撑技术专利申请人排名

序号	申请人	申请人国家	申请数量（件）	授权数量（件）
1	Nokia Corp.	芬兰	13	4
2	Ericsson Telefon AB L.M.	瑞典	7	1
3	Spinvox Ltd.	日本	4	1
4	Grape Technology Group Inc.	美国	4	1
5	Microsoft Corp.	美国	4	2

10. 欧洲专利局申请人排名

表 8-100　欧洲专利局移动版权多业务支撑技术专利申请人排名

序号	申请人	申请人国家	申请数量（件）	授权数量（件）
1	Nokia Corp.	芬兰	76	37
2	Ericsson Telefon AB L.M.	瑞典	49	21
3	Samsung Electronics Co. Ltd.	韩国	31	16
4	Research in Motion Ltd.	加拿大	21	10
5	Huawei Tech. Co. Ltd.（华为）	中国	10	5

11. 世界知识产权组织申请人排名

表 8-101　世界知识产权组织移动版权多业务支撑技术专利申请人排名

序号	申请人	申请人国家	申请数量（件）
1	Nokia Corp.	芬兰	50
2	Ericsson Telefon AB L.M.	瑞典	42
3	ZTE Corp.（中兴）	中国	34
4	Intel Corp.	美国	22
5	Siemens A.G.	德国	16

二　专利分析

（一）技术发展趋势分析

图 8-78 是移动版权多业务支撑技术专利的年度申请情况。随着信息时代的到来以及网络技术的迅猛发展，手机越来越普及，MMS 和 WAP 等业务应运而生。在数字版权保护应用层面上，移动版权多业务支撑技术也随着移动设备的丰富和移动业务的发展不断完善，2014 年之前专利申请量总体呈增长态势。其中，2000~2008

年移动版权多业务支撑技术发展较快，经小幅回落后，2011~2014 年专利申请量又快速增长。目前，移动版权多业务支撑技术还处于发展阶段，技术创新和应用仍有上升空间。

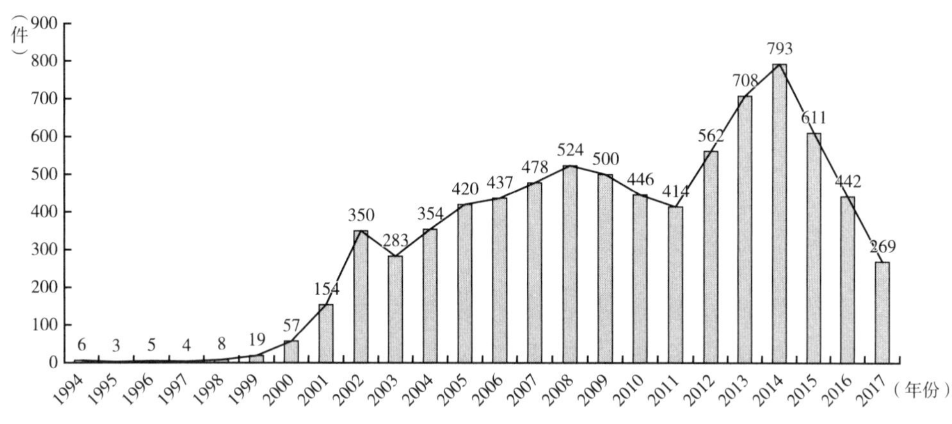

图 8-78　移动版权多业务支撑技术专利申请量年度分布

（二）技术路线分析

图 8-79 展示了移动版权多业务支撑技术的发展路线，整体上，从 1994 年出现第一件核心专利至今，该技术不断进行着技术更迭。从 2001 年开始，每年举办一次“ACM Workshop on Digital Rights Management”会议，一定程度推动了移动版权多业务支撑技术的发展。2003 年，Redknee 公司申请了关于 MMS 信息服务的核心专利。2004 年，LG 申请了关于 MMS 消息传递的核心专利。华为和三星电子等都在这一技术领域申请了核心专利或基础性专利。近年来，随着移动设备的普及，出现了手机上网等业务，为了满足用户相关需求，移动服务领域的企业纷纷开始研究 WAP 业务订阅和客户端阅读服务相关技术。

（三）主要专利申请人分析

在移动版权多业务支撑技术领域，诺基亚、三星电子和华为的专利申请量分列第一、第二和第三位。

1. 申请量排名第一的专利申请人——诺基亚

（1）专利申请量

诺基亚总部位于芬兰埃斯波，是一家主要从事移动通信产品生产的跨国公司。自

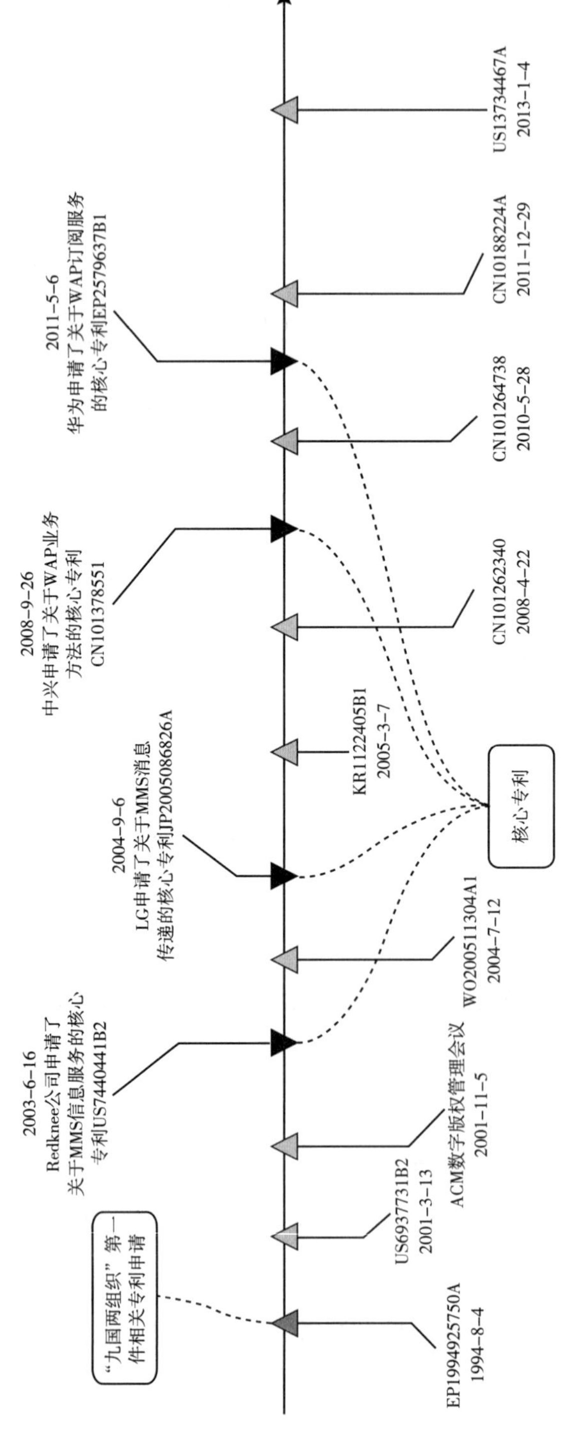

图 8-79 移动版权多业务支撑技术发展路线

1996 年以来，诺基亚在移动终端销售方面的市场份额连续 14 年排第一。诺基亚非常重视技术研发和知识产权保护，作为移动终端领域的领头羊，在移动版权多业务支撑技术领域的研发起步较早，且早期发展速度较快。从图 8–80 可以看出，2000~2002 年是其专利申请的高峰期；2005~2009 年，随着诺基亚移动版权多业务支撑技术的成熟，专利年申请量大幅下降；2010 年以来，面对使用新操作系统的智能手机的崛起，诺基亚全球手机销量第一的地位于 2011 年第二季度被苹果公司和三星电子超越，其移动版权多业务支撑技术研发基本停滞。

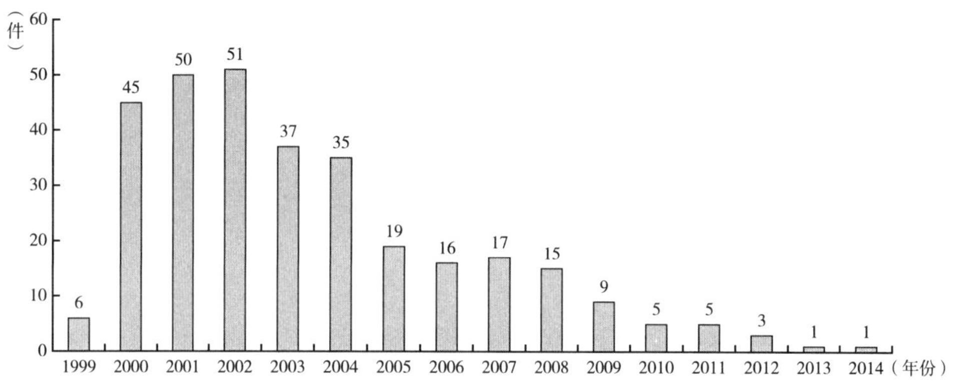

图 8–80　诺基亚移动版权多业务支撑技术专利申请量年度分布

（2）专利申请量区域分布

作为全球移动通信领域的领先者，诺基亚非常注重全球范围的知识产权保护。从图 8–81 可以看出，诺基亚把欧洲和美国作为移动版权多业务支撑技术的主要市场，在欧洲专利局和美国进行了大量的专利布局。其在世界知识产权组织也申请了较多专利。诺基亚在中国建有 6 个研发机构和 4 个生产基地，把中国作为其移动终端设备的主要消费市场，故在中国也布局了较多专利。

（3）技术构成分布

图 8–82 展示了诺基亚在移动版权多业务支撑技术领域的专利构成分布，可以看出，诺基亚关注度较高的是加密、授权控制和电子设备相关技术。

2. 申请量排名第二的专利申请人——三星电子

（1）专利申请量

三星电子在移动版权多业务支撑技术领域的专利申请量排名全球第二。在 2005 年之

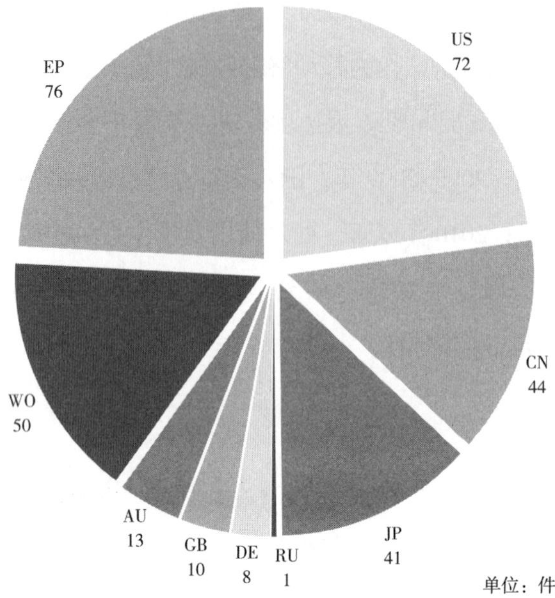

图 8-81　诺基亚移动版权多业务支撑技术专利在“九国两组织”的申请量

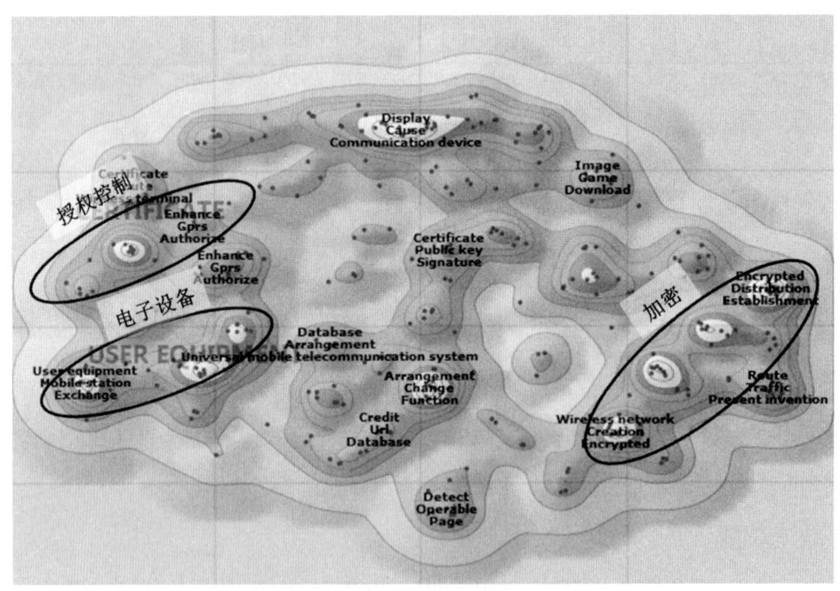

图 8-82　诺基亚移动版权多业务支撑技术构成分布

前，三星电子在该领域投入的研究相对较少。2005 年以来，随着全球互联网的蓬勃发展，以及三星电子电子书、电子阅览器与电子杂志业务发展需要，三星电子在该技术领域的专利申请量大幅增长，2005~2014 年为三星电子在这一技术领域的发展期（见图 8-83）。

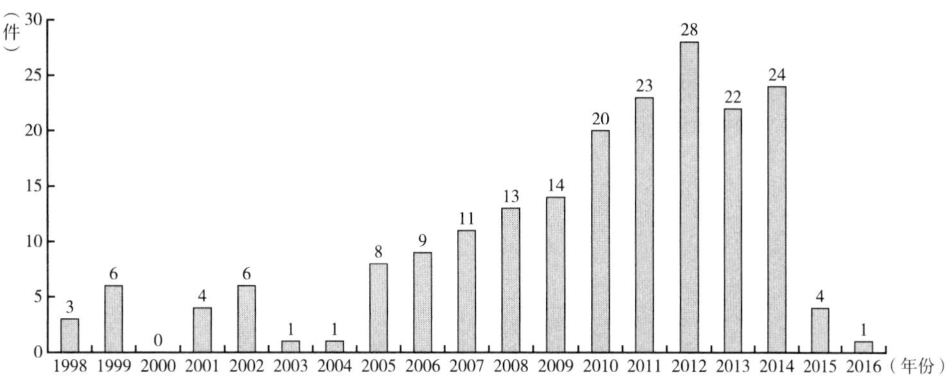

图 8-83　三星电子移动版权多业务支撑技术专利申请量年度分布

（2）专利申请量区域分布

三星电子总部位于韩国，在欧洲及亚太地区许多国家均设有分公司及代加工工厂。在移动版权多业务支撑技术领域，三星电子在韩国申请了大量专利。三星电子虽为韩国品牌，但该公司产品在美国和中国的人气不亚于韩国，故在美国和中国也申请了较多专利。同时，欧洲和日本也是移动版权多业务支撑技术的主要市场，三星电子也很积极地到这些市场进行专利布局（见图 8-84）。

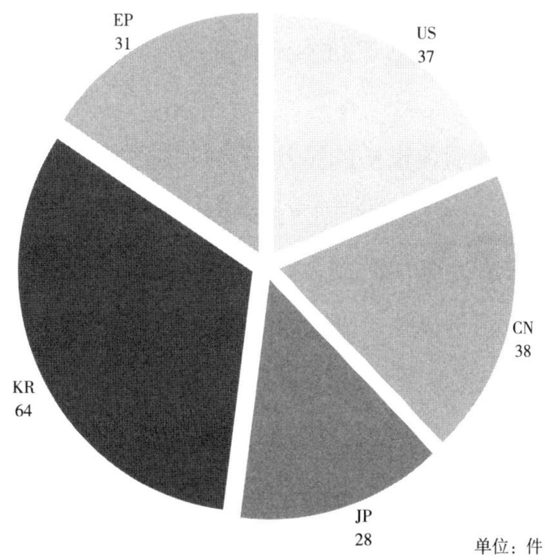

图 8-84　三星电子移动版权多业务支撑技术专利在“九国两组织”的申请量

（3）技术构成分布

图 8-85 展示了三星电子在移动版权多业务支撑技术领域的专利构成分布，可以看出，三星电子重点关注电子设备、加密与密码和移动通信系统等技术。加密与密码技术是数字版权保护的支撑技术之一，是保护大型通信网络上信息传输的实用手段之一。

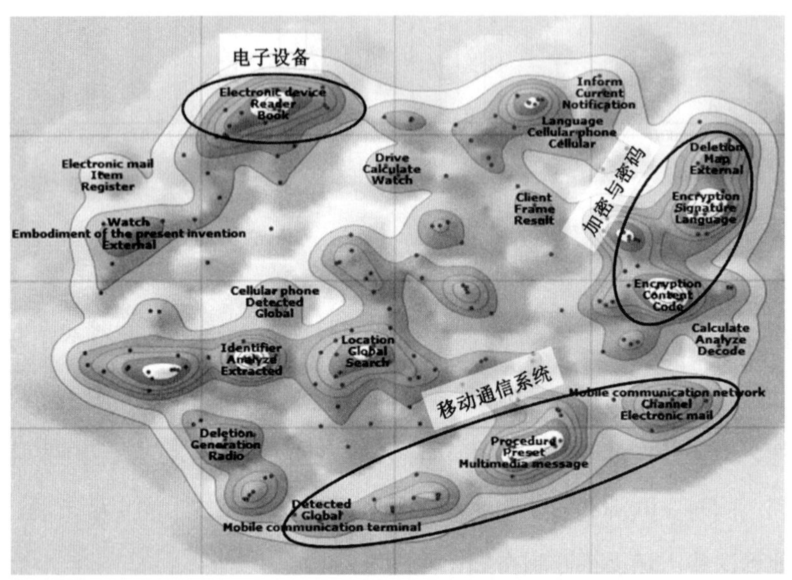

图 8-85　三星电子移动版权多业务支撑技术构成分布

3. 申请量排名第三的专利申请人——华为

（1）专利申请量

华为是一家生产销售通信设备的民营通信科技公司，业务主要涉及通信网络中的交换网络、传输网络、无线及有线固定接入网络和数据通信网络，以及无线终端产品[①]。从图 8-86 可以看出，华为经过技术的积累，从 2006 年开始在该技术领域快速发展，专利年申请量不断增长，并于 2012 年达到专利年申请量的峰值。随着信息时代的到来以及网络技术的迅猛发展，MMS、WAP 和客户端等业务应运而生，华为非常看重这些业务的市场前景，不断推进新方法和新技术的研究，保持着较高的研发热度（见图 8-86）。未来，华为在移动版权多业务支撑技术领域仍有一定的发展空间。

① 百度百科:《华为》, https://baike.baidu.com/item/%E5%8D%8E%E4%B8%BA%E6%8A%80%E6%9C%AF%E6%9C%89%E9%99%90%E5%85%AC%E5%8F%B8/6455903?fromtitle=%E5%8D%8E%E4%B8%BA&fromid=298705&fr=aladdin。

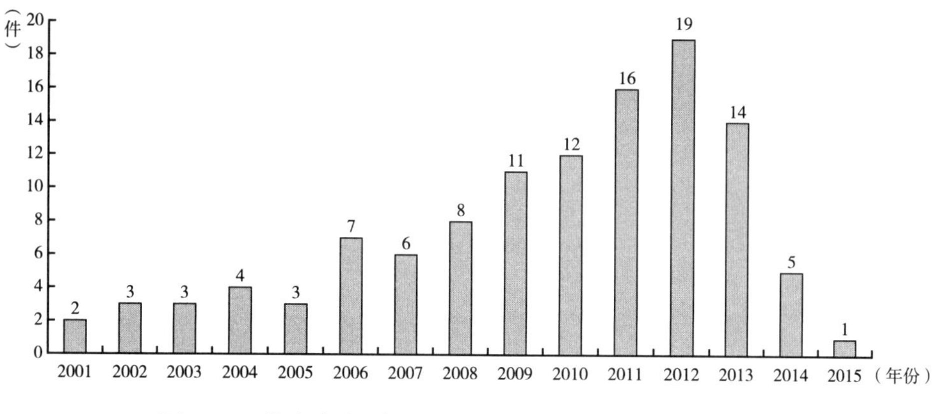

图 8-86　华为移动版权多业务支撑技术专利申请量年度分布

（2）专利申请量区域分布

从图 8-87 可以看出，华为非常重视本国市场的知识产权保护，在中国申请了大量专利，积极进行技术研发与专利布局。以外，华为在瑞典斯德哥尔摩、美国达拉斯及硅谷、印度班加罗尔和俄罗斯莫斯科等地设立了研发机构，通过跨文化团队合作，实施全球异步研发战略，但在这些国家的专利申请屈指可数。

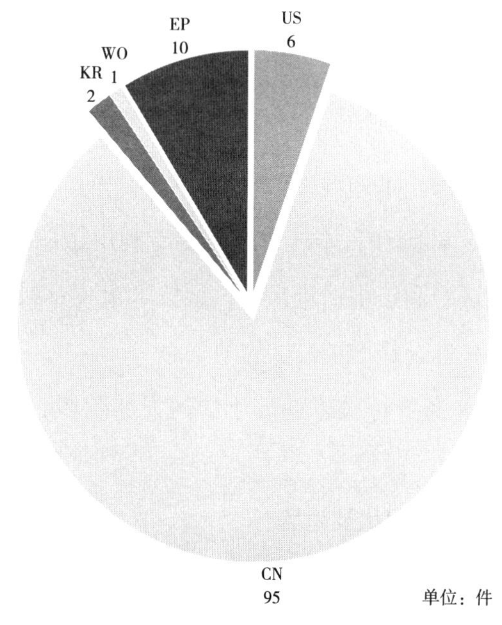

图 8-87　华为移动版权多业务支撑技术专利在“九国两组织”的申请量

（3）技术构成分布

图 8-88 展示了华为在移动版权多业务支撑技术领域的专利构成分布，可以看出，华为关注度较高的技术有授权许可、域名服务、WAP 和加密等。从专利地图的密集区还可以看出，华为在数据通信方面也有深入研究。

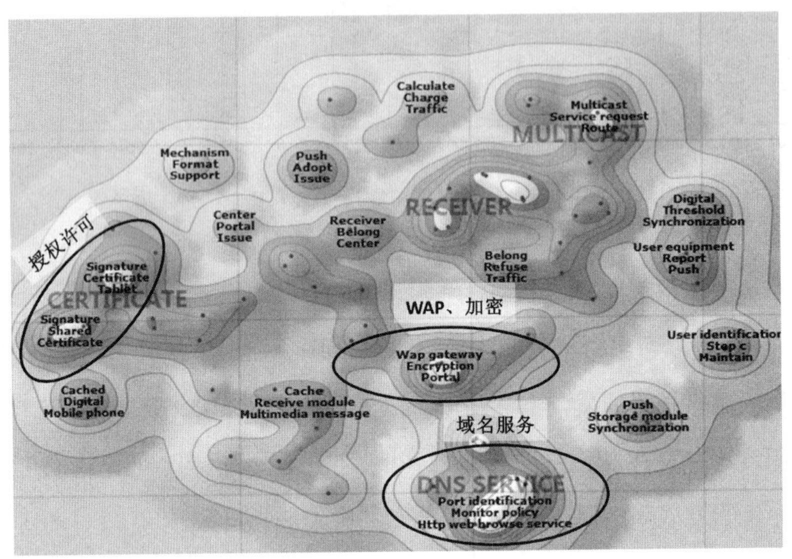

图 8-88　华为移动版权多业务支撑技术构成分布

三　总结

（一）专利申请总体趋势

在移动版权多业务支撑技术领域，1994~2017 年“九国两组织”共申请 7847 件专利。其中，美国、中国、韩国和日本 4 个国家的专利申请总量为 5734 件，占该领域专利申请总量的 73%。从专利年申请量来看，该技术领域专利年申请量整体呈增长态势，其中，美国、中国和韩国是增长较快的国家。

目前，移动版权多业务支撑技术还处于快速发展阶段，其技术创新和应用仍有上升空间。

（二）主要国家技术发展现状及趋势

1. 美国

美国移动版权多业务支撑技术发展比较迅速，2000~2009 年为技术发展期，之后的 2 年专利申请人数量较为稳定，但专利申请量有所下降。2012~2014 年微软等主要研究者进一步加大申请力度，越来越多的研究者加入专利申请行列，将美国移动版权多业务支撑技术推向了又一个发展阶段。

2. 日本

日本是知识产权制度以及著作权制度较为完善的国家，在移动版权多业务支撑技术领域的研发起步较早，但研发力度一般。近年来，日本移动版权多业务支撑技术领域的专利申请人数量和申请量都稳中有降，这说明该技术在日本已经进入饱和期。

3. 韩国

韩国移动版权多业务支撑技术的发展情况与美国类似，目前处于技术发展期。

4. 中国

与该技术在美国和韩国的发展情况类似，移动版权多业务支撑技术在中国正处于发展阶段。

根据以上国家技术发展现状描述，总体来说，移动版权多业务支撑技术在全球处于发展期，在部分发达国家已进入饱和期。

（三）主要申请人对比分析

通过对移动版权多业务支撑技术领域的宏观分析，笔者得出行业内的三个主要申请人是诺基亚、三星电子和华为。

1. 专利申请量比较

从专利申请量来看，诺基亚拥有相关专利申请 315 件，三星电子和华为分别是 198 件和 114 件。其中，诺基亚作为行业的技术领先者，在技术研发初期便投入了相当大的研发力度，拥有的基础性专利也较多。

2. 专利资产地域布局分析

诺基亚在美国、日本、中国和欧洲等多个国家和地区均展开了专利布局，并且把主要市场放在了欧洲和美国。三星电子和华为采取的区域布局策略较诺基亚有所不同，它们更重视本土市场的专利布局。

3. 技术热点分析

在移动版权多业务支撑技术领域，诺基亚主要关注授权控制、电子设备和加密相关技术。三星电子的研究热点为电子设备、加密与密码和移动通信系统相关技术。华为则主要关注授权许可、WAP、加密和域名服务相关技术。

第九章

数字版权保护技术综合分析

为了便于读者朋友整体认识数字版权保护技术的发展，笔者在前述 57 个技术主题的基础上，对数字版权保护技术整体进行综合分析。需要说明的是，较之各分项检索主题，此主题虽具有总括性质，但在专利数据方面并非前述各主题的简单加总。这是因为前述各主题并非全部用于数字版权保护方面，而此处的“数字版权保护技术”关注的是各种相关技术在数字版权保护方面的功能和应用。

数字版权保护技术又称数字版权管理技术，是与数字版权保护有关的各种技术的统称，即版权所有人及出版传播等相关机构为使数字内容作品免受非法复制、使用、篡改和传播等采用的技术保护手段。围绕该技术的专利申请发轫于 20 世纪 90 年代中期，1998~2007 年持续快速增长，于 2007 年达到顶峰，之后总体呈下降态势，2008~2010 年急剧下降，2011 年以来降速有所趋缓。总体而言，数字版权保护技术作为总括性的技术门类，经过多年的迅猛发展，整体上已比较成熟。但随着移动网络及相关技术和设备的不断发展与应用，以及人们版权保护意识的不断增强，该类技术的研发仍比较活跃，今后创新和应用仍有较大空间。

一　专利检索

（一）检索结果概述

以数字版权保护技术为检索主题，在“九国两组织”范围内共检索到相关专利申请 18541 件，具体数量分布如表 9-1 所示。

表 9-1　“九国两组织”数字版权保护技术专利申请量

单位：件

国家 / 国际组织	专利申请量	国家 / 国际组织	专利申请量
US	6140	DE	290
CN	2614	RU	110
JP	2283	AU	516
KR	2107	EP	2285
GB	157	WO	1943
FR	96	合计	18541

（二）“九国两组织”数字版权保护技术专利申请趋势

从表 9-2 和图 9-1 可初步了解数字版权保护技术发展至今的整体情况。从年度申请情况看，数字版权保护技术专利申请在 1998 年之前发展比较缓慢；从 1998 年开始持续快速增长，于 2007 年达到峰值；2008~2010 年持续急剧下降；2011 年有短暂反弹，但之后又呈逐年下降态势。2015 年数字版权保护技术专利的申请量只有 501 件，已不足 2000 年的水平（507 件）。从地域分布看，美国、中国、日本和韩国在数字版权保护技术领域发展较好，专利申请量分别为 6140 件、2614 件、2283 件和 2107 件。而澳大利亚、德国、英国、俄罗斯和法国等国家的专利申请量较少。

表 9-2　1994~2017 年“九国两组织”数字版权保护技术专利申请量

单位：件

国家 / 国际组织	专利申请量																	
	90	01	02	03	04	05	06	07	08	09	10	11	12	13	14	15	16	17
US	222	283	258	317	299	420	500	574	538	389	316	331	389	382	381	251	196	94
CN	83	41	92	88	179	198	278	310	206	153	139	188	139	146	100	108	95	71
JP	375	132	142	148	219	179	207	224	144	97	71	85	106	52	45	26	27	4
KR	83	55	79	91	150	186	365	353	245	112	72	102	65	56	27	25	36	5
GB	23	19	14	10	18	7	4	8	8	6	9	4	7	4	5	3	7	1
FR	10	3	3	5	4	14	14	17	5	2	2	3	2	6	2	0	4	0
DE	79	20	32	34	40	23	17	9	9	1	4	3	5	6	4	3	1	0
RU	7	1	1	3	15	11	13	23	10	11	5	3	0	3	2	1	1	0
AU	69	71	82	70	29	47	30	26	11	15	13	10	12	14	5	4	4	4
EP	238	98	161	147	182	212	242	256	188	117	89	123	64	61	33	35	31	8
WO	125	82	103	74	154	175	256	263	162	90	65	82	62	86	48	45	45	26
合计	1314	805	967	987	1289	1472	1926	2063	1526	993	785	934	851	816	652	501	447	213

注：“90”指 1994~2000 年的专利申请总量，“01~17”分别指 2001~2017 年当年的专利申请量。

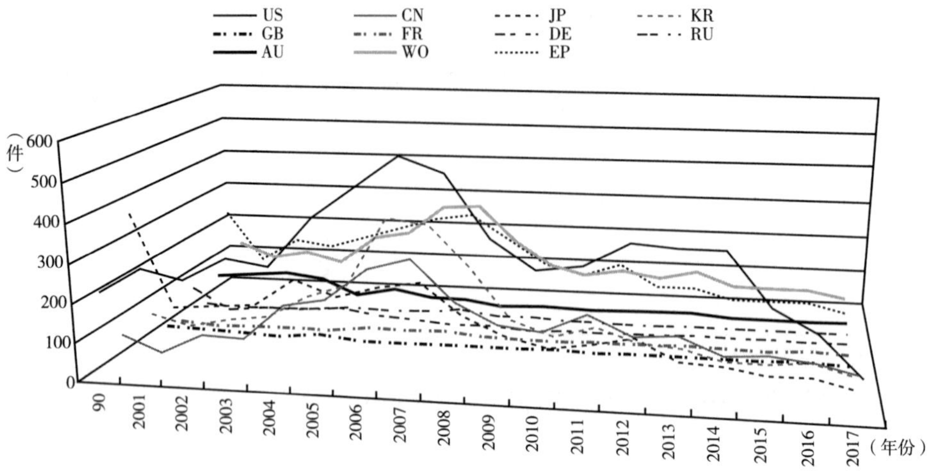

图 9-1 “九国两组织”数字版权保护技术专利申请趋势

注：“90”指 1994~2000 年的专利申请总量。

（三）“九国两组织”数字版权保护技术专利申请人排名

1994~2017 年“九国两组织”数字版权保护技术专利申请人排名情况如表 9-3~表 9-13 所示。

1. 美国申请人排名

表 9-3 美国数字版权保护技术专利申请人排名

序号	申请人	申请人国家	申请数量（件）	授权数量（件）
1	Samsung Electronics Co. Ltd.	韩国	473	291
2	Microsoft Corp.	美国	426	223
3	Sony Corp.	日本	206	104
4	IBM Corp.	美国	158	79
5	Intertrust Technologies Corp.	美国	143	48

2. 中国申请人排名

表 9-4 中国数字版权保护技术专利申请人排名

序号	申请人	申请人国家	申请数量（件）	授权数量（件）
1	Samsung Electronics Co. Ltd.	韩国	202	116
2	Koninkl Philips Electronics N.V.	荷兰	151	79
3	Huawei Tech. Co. Ltd.（华为）	中国	100	46
4	Microsoft Corp.	美国	99	43
5	Sony Corp.	日本	86	37

3. 日本申请人排名

表 9-5　日本数字版权保护技术专利申请人排名

序号	申请人	申请人国家	申请数量（件）	授权数量（件）
1	Hitachi Ltd.	日本	123	57
2	Canon K.K.	日本	120	62
3	Samsung Electronics Co. Ltd.	韩国	118	47
4	Sony Corp.	日本	115	46
5	Microsoft Corp.	美国	93	31

4. 韩国申请人排名

表 9-6　韩国数字版权保护技术专利申请人排名

序号	申请人	申请人国家	申请数量（件）	授权数量（件）
1	Samsung Electronics Co. Ltd.	韩国	414	318
2	LG Electronics Inc.	韩国	210	106
3	Korea Electronics & Telecommun. Res. Inst.	韩国	105	47
4	Microsoft Corp.	美国	74	38
5	Koninkl Philips Electronics N.V.	荷兰	70	15

5. 英国申请人排名

表 9-7　英国数字版权保护技术专利申请人排名

序号	申请人	申请人国家	申请数量（件）	授权数量（件）
1	British Broadcasting Corp.	英国	18	10
2	Sealedmedia Ltd.	英国	14	9
3	Intel Corp.	美国	8	4
4	Cisco Technology Inc.	日本	7	3
5	Sony Corp.	日本	7	3

6. 法国申请人排名

表 9-8　法国数字版权保护技术专利申请人排名

序号	申请人	申请人国家	申请数量（件）	授权数量（件）
1	Apple Inc.	美国	16	7
2	Canon K.K.	日本	10	5
3	Viaccess S.A.	法国	10	2
4	France Telecom S.A.	法国	8	3
5	ATT S.A.	法国	4	1

7. 德国申请人排名

表 9-9　德国数字版权保护技术专利申请人排名

序号	申请人	申请人国家	申请数量（件）	授权数量（件）
1	Koninkl Philips Electronics N.V.	荷兰	29	16
2	Microsoft Corp.	美国	21	13
3	Siemens A.G.	德国	19	10
4	Canon K.K.	日本	16	5
5	Samsung Electronics Co. Ltd.	韩国	12	3

8. 俄罗斯申请人排名

表 9-10　俄罗斯数字版权保护技术专利申请人排名

序号	申请人	申请人国家	申请数量（件）	授权数量（件）
1	Microsoft Corp.	美国	20	8
2	Koninkl Philips Electronics N.V.	荷兰	13	5
3	LG Electronics Inc.	韩国	10	2
4	Qualcomm Inc.	美国	5	1
5	Samsung Electronics Co. Ltd.	韩国	5	1

9. 澳大利亚申请人排名

表 9-11　澳大利亚数字版权保护技术专利申请人排名

序号	申请人	申请人国家	申请数量（件）	授权数量（件）
1	Microsoft Corp.	美国	46	23
2	Samsung Electronics Co. Ltd.	韩国	38	21
3	Koninkl Philips Electronics N.V.	荷兰	28	8
4	ContentGuard Holdings Inc.	美国	21	4
5	Nokia Corp.	芬兰	17	12

10. 欧洲专利局申请人排名

表 9-12　欧洲专利局数字版权保护技术专利申请人排名

序号	申请人	申请人国家	申请数量（件）	授权数量（件）
1	Samsung Electronics Co. Ltd.	韩国	240	147
2	Microsoft Corp.	美国	145	37
3	Koninkl Philips Electronics N.V.	荷兰	138	59
4	Nokia Corp.	芬兰	82	20
5	LG Electronics Inc.	韩国	79	31

11. 世界知识产权组织申请人排名

表 9-13　世界知识产权组织数字版权保护技术专利申请人排名

序号	申请人	申请人国家	申请数量（件）
1	Koninkl Philips Electronics N.V.	荷兰	190
2	Samsung Electronics Co. Ltd.	韩国	90
3	Microsoft Corp.	美国	79
4	Sony Corp.	日本	66
5	Nokia Corp.	芬兰	64

二　专利分析

（一）技术发展趋势分析

图 9-2 为数字版权保护技术专利的年度申请情况。围绕该主题的专利申请可追溯至 20 世纪 90 年代。当时，互联网技术的发展和应用导致软件、电影和音乐等诸多领域侵权盗版频发，相关各界开始关注数字版权保护，数字版权保护技术随之迈向历史舞台。1996 年 12 月，世界知识产权组织 120 多个成员国代表缔结的《版权条约》（WCT）与《表演和录音制品条约》（WPPT）规定了“面向线上传播的公共传输权”（Right of Communication to the Public），并就各缔约方关于保护公共传输权行使的技术措施的立法义务进行了专门规定。1998 年 12 月，美国颁布《数字千年版权法》（Digital Millennium Copyright Act ，DMCA），率先通过立法的方式对作品网上版权保护进行了系统规定，并明确规定“禁止破坏用于控制获取作品渠道或者复制作品的技术保护措施的行为”；不仅如此，凡制造、进口、交易或者向大众提供用于破解相关技术措施并依此获得经济利益的装置，亦均在禁止之列。1999 年，美国几家大型音乐集团和技术巨头为保护音乐家和音乐出版商的利益联合签署《安全数字音乐倡议》（Secure Digital Music Initiative，SDMI）。自此，数字版权保护技术及相关措施开始在产业界落地。从图 9-2 也可以看出，从 1998 年开始，该技术专利年申请量快速增长。

整体而言，1994~2007 年数字版权保护技术专利申请量呈增长态势，从 1994 年的 2 件增长至 2007 年的 2063 件，体现了数字版权保护技术研究不断深入。此间，全球各大开发商加大了对数字版权保护技术产品和系统的研发力度，推出了 Microsoft WMRM、Intertrust Digibox、Rights System 和 Adobe Content Server 等产品和系统，微软的 Windows XP 操作系统和 Office XP 等软件均使用了数字版权保护技术。而对中国市场来说，2008 年掀起了数字版权保护技术的研发热潮，北大方正和中科院计算技术研究所等机构纷纷加大研发力度。2008 年 12 月 5 日，“首届中国版权年会”召开，就网络环境下的版权保护进行了专题研讨。会上发布了 2008 年《中国数字版权保护研究报告》，从产业发展角度回顾了中国数字版权保护的发展脉络，阐述了中国数字版权保护的现状，标志着中国数字版权保护研究进入新阶段。

随着数字版权保护技术的不断成熟，技术发展也趋于稳定，自 2008 年开始专利年申请量较之前有所回落。但数字版权保护技术在全球仍处于兴盛期，少数国家的专利申请量小幅下降，如日本和韩国等，这可能是技术研发已基本成熟所致。

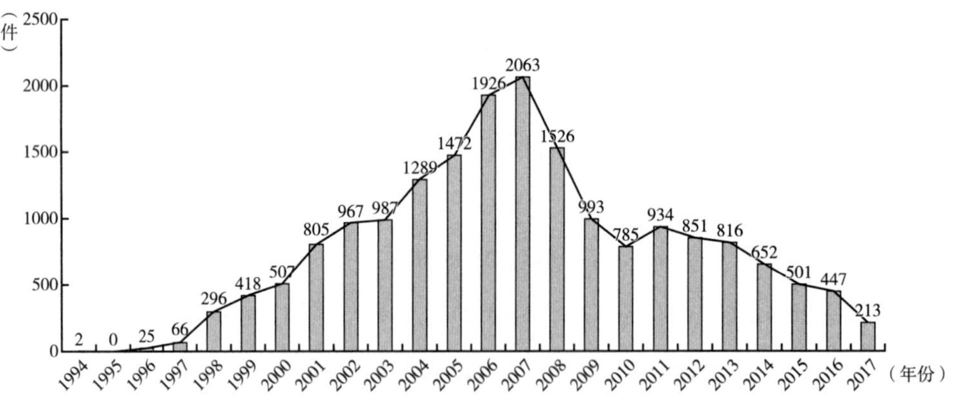

图 9-2　数字版权保护技术专利申请量年度分布

（二）技术路线分析

数字版权保护技术以数字加密技术为基础，综合一系列软硬件技术，用以保证数字内容在整个生命周期内的合法使用，平衡数字内容价值链上各个角色的利益和需求。它通常包括对软件、文本、图像、音频和视频等内容资源的保护，目的是利用技术防止数字内容的非法复制与传播。在网络和数字化飞速发展的今天，数字版权保护技术在文化、经济和社会发展中发挥着重要作用。图 9-3 是数字版权保护技术的发展

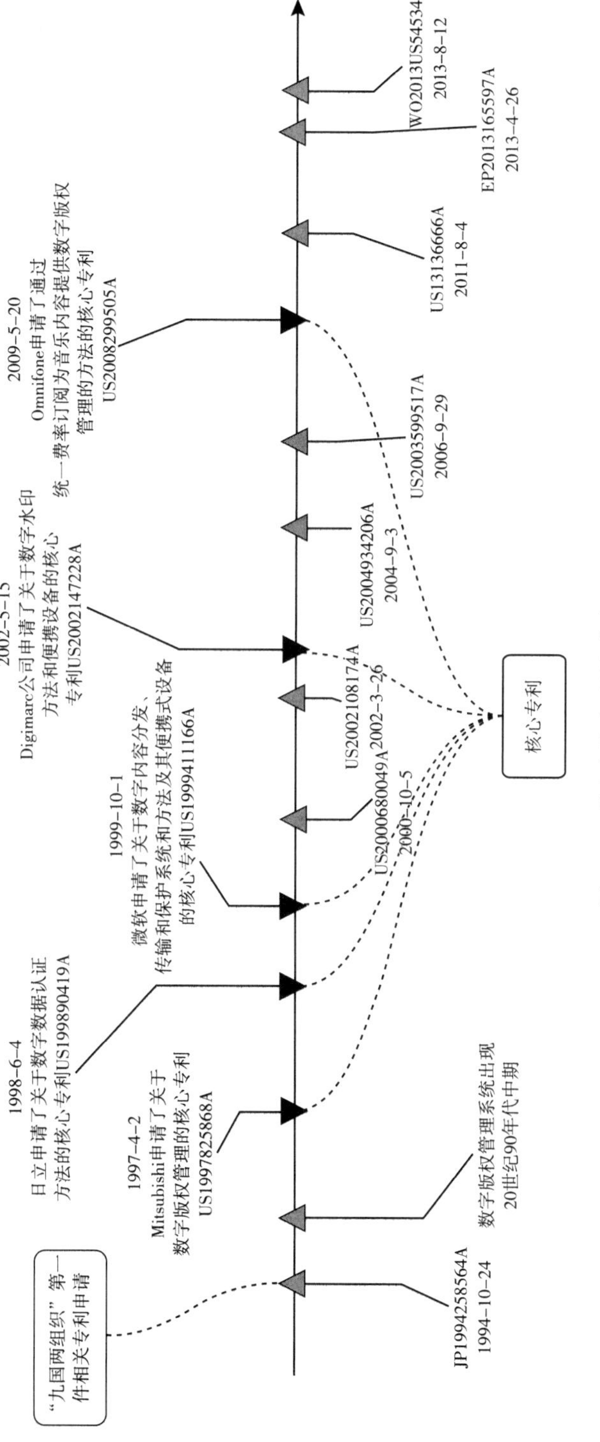

图 9-3　数字版权保护技术发展路线

路线，1994 年 10 月 24 日诞生了该技术领域的第一件专利；1999 年微软申请了关于数字内容分发、传输和保护系统和方法及其便携式设备的核心专利；其后，Digimarc 公司申请了关于数字水印方法和便携设备的核心专利。

（三）主要专利申请人分析

1994~2017 年，在数字版权保护技术领域专利申请量排名前三的申请人分别为微软、IBM 和英特尔。

1. 申请量排名第一的专利申请人——微软

（1）专利申请量

图 9-4 展示了微软数字版权保护技术专利的年度申请情况，可以看出，微软的专利申请集中在 2000~2010 年，其中 2004 年的专利申请量远高于其他年份。微软数字版权保护技术在早期的快速发展部分归功于美国政府宏观政策的激励。2000 年 1 月，美国克林顿政府发布了《信息系统保护国家计划 V1.0》；2001 年 10 月 16 日，美国成立“总统关键基础设施保护委员会”，代表政府全面负责国家网络空间安全工作。该委员会成立以后，系统地总结了美国信息网络安全问题。

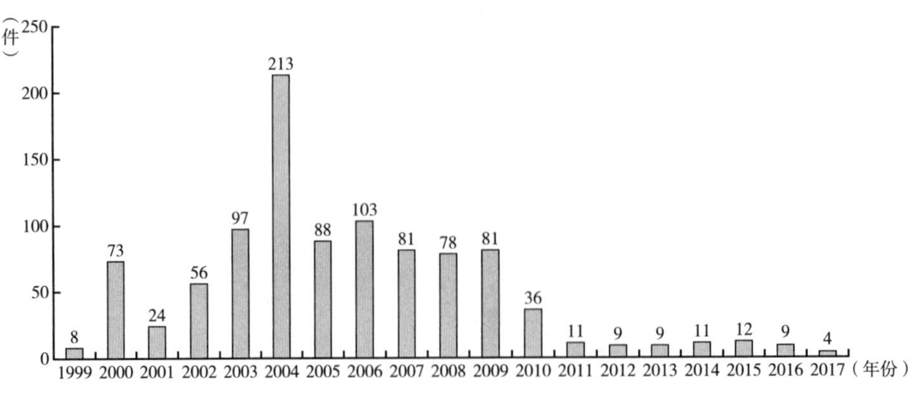

图 9-4 微软数字版权保护技术专利申请量年度分布

（2）专利申请量区域分布

作为全球知名的大型 IT 企业，微软非常注重知识产权保护。从图 9-5 可以看出，微软把美国作为数字版权保护技术专利布局的重点区域，在美国的专利申请占其总申请量的 42%。微软专利布局第二多的地区则是欧洲。此外，中国、日本、韩国和澳大利亚也是数字版权保护技术发展较快的国家，微软也很积极地到这些国家进行专利布局。

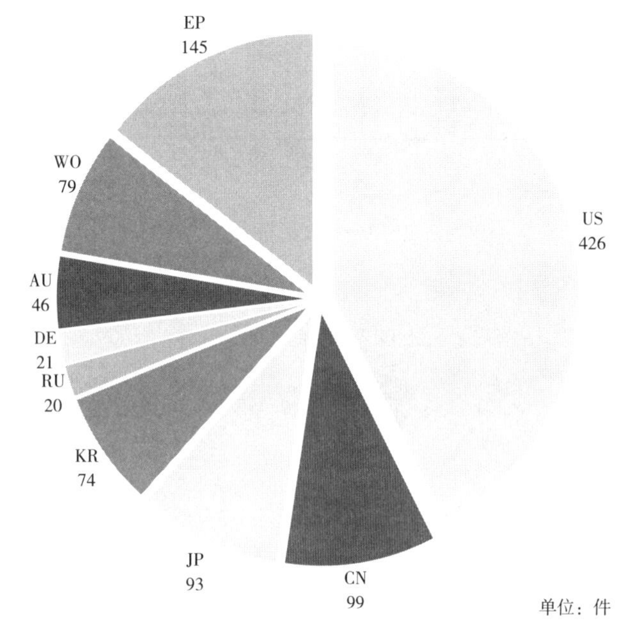

图 9-5　微软数字版权保护技术专利在“九国两组织”的申请量

2. 申请量排名第二的专利申请人——IBM

（1）专利申请量

图 9-6 为 IBM 数字版权保护技术专利的年度申请情况，可以看出，1997~2003 年其专利申请量总体处于快速增长阶段。2004 年以来，随着技术瓶颈的出现以及技术逐渐成熟，专利年申请量有所减少。2012 年 IBM 收购了 StoredIQ 公司，随着技术的交流和突破，专利申请量又出现了短暂回升。

（2）专利申请量区域分布

图 9-7 展示了 IBM 数字版权保护技术专利在“九国两组织”的申请情况，可以看出，IBM 专利布局主要针对美国、中国和日本市场。此外，随着全球对数字版权的关注度和市场需求增长，IBM 在英国、德国和韩国等多个国家进行了专利布局。

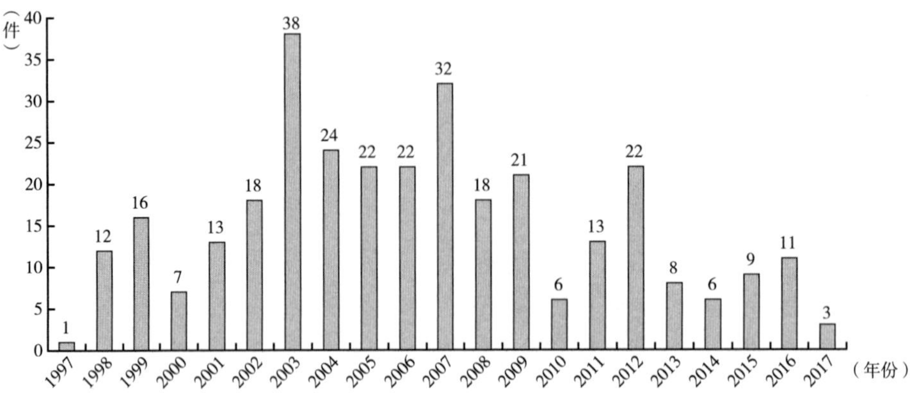

图 9-6 IBM 数字版权保护技术专利申请量年度分布

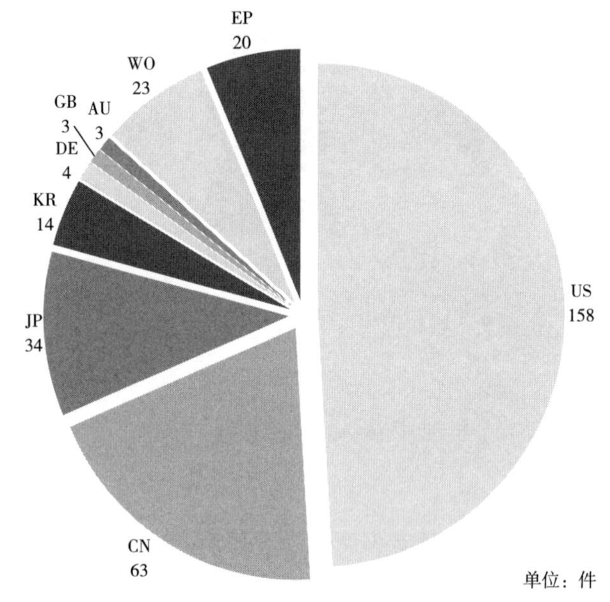

图 9-7 IBM 数字版权保护技术专利在"九国两组织"的申请量

3. 申请量排名第三的专利申请人——英特尔

（1）专利申请量

图 9-8 展示了英特尔数字版权保护技术专利的年度申请情况，可以看出，英特尔在数字版权保护技术领域呈现不稳定的发展态势，专利年申请量时高时低。这可能与数字版权保护技术不是英特尔的主营业务有关。英特尔只是在研发其他技术的过程中，将与其相关的必要数字版权保护技术进行深入的研究应用。

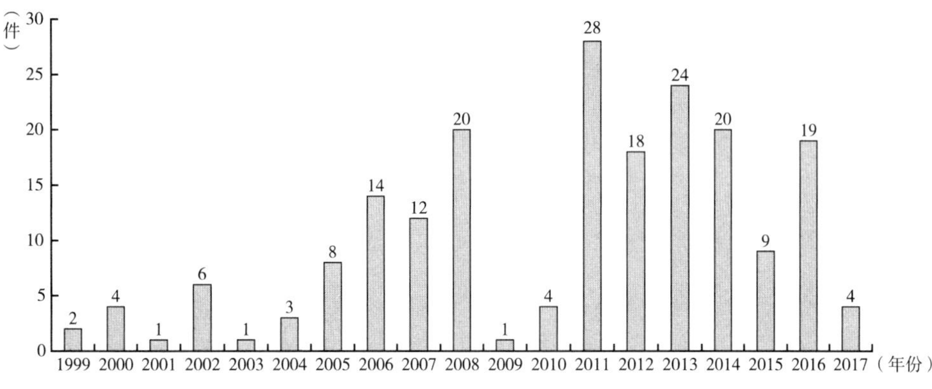

图 9-8　英特尔数字版权保护技术专利申请量年度分布

（2）专利申请量区域分布

图 9-9 展示了英特尔数字版权保护技术专利在“九国两组织”的申请情况，可以看出，英特尔在美国进行了大量专利布局，在世界知识产权组织和欧洲专利局也进行了相当数量的专利布局。此外，英特尔将一些数字版权保护技术发展比较快的国家也作为专利布局市场，如中国、日本、韩国和英国等。

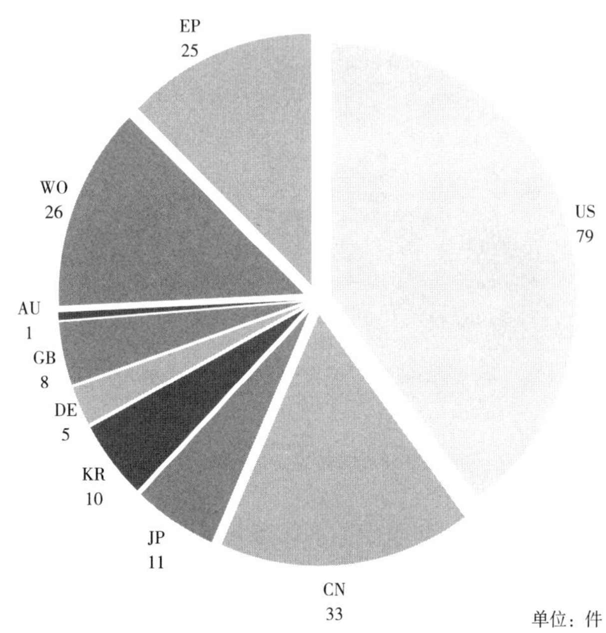

图 9-9　英特尔数字版权保护技术专利在“九国两组织”的申请量

（四）技术构成分布

图 9-10 展示了数字版权保护技术的构成情况，可以看出，这一技术领域的研究热点为数字水印技术、数字内容许可技术和密钥技术。数字水印的子技术包括信息接收、图片水印嵌入、水印信号音频和嵌入等。此外，媒体信息、网络通信及移动通信领域的数字版权保护技术也是研究热度较高的技术。媒体信息的子技术包括媒体文件 DRM 和文件信息等，网络通信的子技术包括终端移动通信、手机移动终端和个人电脑终端等。总体来说，数字版权保护技术领域的研发热点仍集中于主流技术。

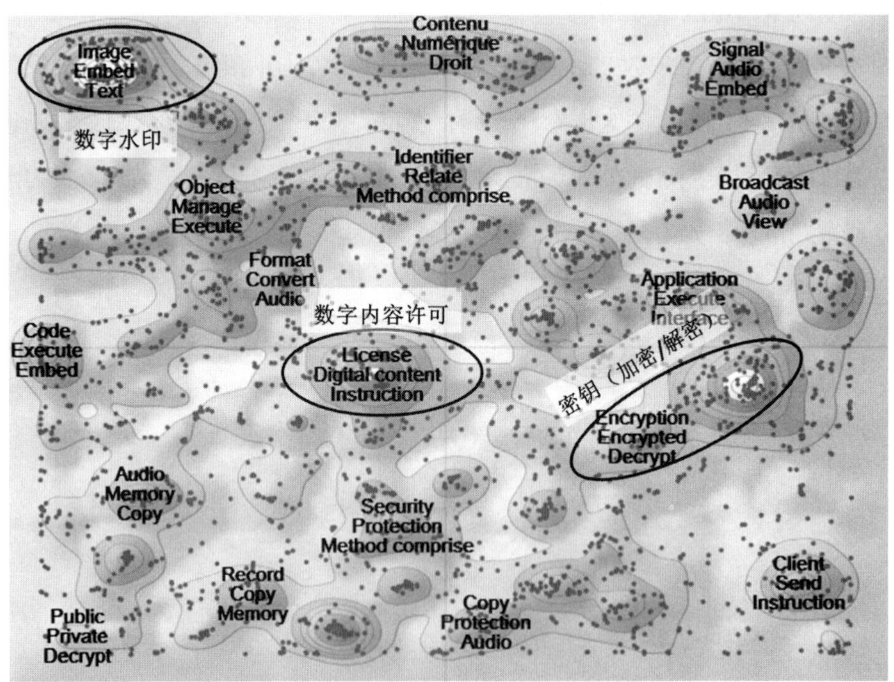

图 9-10　数字版权保护技术构成分布

三　总结

通过对 1994~2017 年“九国两组织”数字版权保护技术专利检索结果的统计分析，可以深度了解各国对数字版权保护技术的关注程度和发展程度。

（一）数字版权保护技术发展已进入成熟期

数字版权保护技术整体发展呈现“平缓—上升—下降”态势，即：1994~1997 年，各国均未出现大量专利申请的情况；2004~2008 年，各国专利申请量均出现大幅度提升，以美国为例，2006~2008 年的增长数之和几乎相当于 1994~2005 年申请量之和，由此可见，此阶段为数字版权保护技术的快速发展期；2009 年至今，专利申请量总体呈下降态势，可见技术发展已进入相对成熟期。

（二）美国是主要的专利申请国

在数字版权保护技术领域，美国拥有全球最多的专利申请，专利申请量为“九国两组织”专利申请总量的 1/3 左右，相当于紧随其后的中国、日本和韩国专利申请量之和。可以说，美国在数字版权保护技术研发和吸引相关专利布局方面的领先优势非常明显。

（三）中国后发优势明显

随着国家对版权保护问题日益重视，以及对版权保护的力度不断加大，中国在数字版权保护技术领域的专利申请量快速增长。中国从 2004 年至 2015 年①，数字版权保护技术专利申请量均在百件以上，连续 12 年保持快速增长态势，这在其他国家是非常少见的。较之日本和韩国，中国在 2008 年之前基本不占优势，但 2009 年以来优势非常明显，目前在“九国两组织”中已稳居第二位。此外，中国在吸引国外申请人进行专利布局方面仅次于美国。专利申请量全球排名前三的申请人微软、IBM 和英特尔，其在中国的专利申请量明显超过了在日本和韩国的申请量。

（四）中国申请人多为大学和科研机构

国外传统的移动终端硬件生产商和软件运营商都在数字版权保护技术方面有较多专利布局，而中国在数字版权保护技术方面以大学和科研机构为主要专利申请人。相较于国外企业，中国企业的专利申请量非常有限。中国是电子移动产品消费大国，数字版权市场前景广阔，然而目前中国企业在数字版权保护方面并没有丰富的专利储备。如何在数字版权保护技术成果上掌握完整、强大的自主知识产权，是中国企业在激烈的国内外竞争中亟须解决的问题。

---

①　受专利公开时滞的影响，2016 年、2017 年数据可能不完整，故暂不予分析。

总体来说，中国数字版权保护技术还处于快速发展与不断创新阶段。随着数字网络技术的快速发展和应用、新兴业态的不断涌现，以及社会版权环境的不断改善，数字版权保护技术在中国将得到更多重视和更大发展。

主要参考文献

[1] 马天旗等:《专利分析：方法、图表解读与情报挖掘》，知识产权出版社，2015。

[2] 黄群:《谈谈检索策略的构造》,《图书馆研究》1994 年第 2 期。

[3] 张焕国，韩文报，来学嘉等:《网络空间安全综述》,《中国科学：信息科学》2016 年第 2 期。

[4] 南湘浩:《KMI/PKI 及 SPK 密钥管理体制》,《计算机安全》2002 年第 11 期。

[5] 陈天华:《基于 PKI 技术的网络安全策略》,《信息技术与标准化》2002 年第 10 期。

[6] 罗军舟:《电子商务安全技术及防火墙系统开发》,《中国金融电脑》2000 年第 1 期。

[7] 邱惠君，黄鹏:《解读美国〈网络空间安全国家战略〉》,《信息网络安全》2005 年第 3 期。

[8] 赵战生:《美国信息保障技术框架——IATF 简介（二）》,《信息网络安全》2003 年第 5 期。

[9] 乐光学:《Internet/Intranet 网络安全技术及安全机制的建设》,《佳木斯大学学报（自然科学版）》2002 年第 1 期。

[10] 胡江宁:《论信息安全与创新政策的平衡——以美国对加密技术的立法管制为视角》,《科技与法律》2013 年第 3 期。

[11] 郑广远，孙彩英:《浅谈密码学与网络信息安全技术》,《中国标准导报》2014 年第 7 期。

[12] 李少芳:《DES 算法加密过程的探讨》,《计算机与现代化》2006 年第 8 期。

[13] 李莉，孙慧:《浅谈数据加密算法》,《电脑知识与技术》2006 年第 35 期。
[14] 张志明，王磊，徐乃平:《信息隐藏技术中的数字水印研究》,《计算机工程与应用》2002 年第 23 期。
[15] 徐俭:《IPTV 产业化运营要点问题探析》,《广播电视信息》2005 年第 12 期。
[16] 林海青:《数字化图书馆的元数据体系》,《中国图书馆学报》2000 年第 4 期。
[17] 张洪波:《从谷歌“版权门”事件看我国数字出版产业的版权保护问题》,《编辑之友》2011 年第 1 期。
[18] 邓晓磊:《格式的困惑》,《出版参考》2012 年第 31 期。
[19] 樊静淳:《论可信计算的研究与发展》,《济南职业学院学报》2007 年第 3 期。
[20] 汤帜，俞银燕:《DRM 串起了内容产业链》,《计算机世界》2005 年第 44 期。
[21] 张费铭:《美国数字出版版权保护关键技术的应用研讨》,《数字化用户》2014 年第 11 期。
[22] 张晓林:《数字权益管理技术》,《现代图书情报技术》2001 年第 5 期。
[23] 刘靖，向敏，顾方勇:《一种文件分段加密方法及其应用》,《指挥信息系统与技术》2010 年第 4 期。
[24] 吕井华，马兆丰，张德栋等:《基于 UCON 模型的移动数字出版版权保护系统研究与设计》,《计算机科学》2012 年第 S3 期。
[25] 董勇，谢雪峰，郑瑾等:《文档安全防泄密系统的研究与实现》,《电力信息化》2013 年第 1 期。
[26] 罗宏，蒋剑琴，曾庆凯:《用于软件保护的代码混淆技术》,《计算机工程》2006 年第 11 期。
[27] 赵英宇:《浅谈计算机软件安全问题及其防护》,《科技创新与应用》2013 年第 12 期。
[28] 魏建兵:《计算机软件安全中的反跟踪技术研究》,《电子技术与软件工程》2014 年第 16 期。
[29] 龚昕:《基于可信计算环境的数据库系统安全体系结构设计》,《计算机安全》2011 年第 4 期。
[30] 雷兴长，张雅:《21 世纪世界出版业强国的优势分析》,《赤峰学院学报（自然

科学版)》2013 年第 13 期。

[31] 邹蕾:《数字签名技术研究初探》,《企业技术开发》2009 年第 10 期。

[32] 徐海银，雷植洲，李丹:《代码混淆技术研究》,《计算机与数字工程》2007 年第 10 期。

[33] 薛凯:《电子书发展现状分析》,《印刷技术》2009 年第 1 期。

[34] 张静:《关于区块链，法律怎么说》,《瞭望东方周刊》2018 年第 15 期。

[35] 袁征:《基于密码和水印的数字版权保护技术研究》，博士学位论文，北京邮电大学，2007。

[36] 高利军:《访问控制模型 RBAC 中时间约束特性的研究》，硕士学位论文，沈阳航空工业学院，2007。

[37] 王新盛:《阅读不耗电电子书硬件系统设计与实现》，硕士学位论文，南开大学，2001。

[38] 吕阳:《分布式网络爬虫系统的设计与实现》，硕士学位论文，电子科技大学，2013。

[39] 李智:《基于 ZIG-zag 和 DWT 的数字水印算法研究》，硕士学位论文，西北师范大学，2013。

[40] 左海生:《基于 DRM 的电子文档保护系统的设计与实现》，硕士学位论文，西北大学，2009。

[41] 梅竞晋:《基于小波变换的视频压缩加密的研究》，硕士学位论文，中国科学技术大学，2005。

[42] 于鸿越:《基于小波变换的数字图像水印技术研究》，硕士学位论文，哈尔滨工程大学，2009。

[43] 姜锋:《基于条件随机场的中文分词研究》，硕士学位论文，大连理工大学，2006。

[44] 童鹏:《基于 DRM 的数字内容分发交易平台研究与应用》，硕士学位论文，合肥工业大学，2013。

[45] 郑恒青:《数字版权系统中 P2P 分发机制的研究与设计》，硕士学位论文，汕头大学，2007。

［46］ 黄俊杰:《分布式环境中 DRM 技术的研究与实现》，硕士学位论文，华中科技大学，2012。

［47］ 朱健:《数字环境下著作权授权协议与著作权限制制度的冲突研究》，硕士学位论文，华东政法大学，2009。

［48］ 肖芸:《DRM 技术在数字出版中的应用研究》，硕士学位论文，杭州电子科技大学，2013。

后记：技术终将改变一切

版权是内容作品的复制技术和传播技术发展到一定阶段的产物。在复制传播水平极其低下的年代，版权没有产生的基础。在版权制度诞生后的相当长的时间里，对版权作品的保护是靠法律手段进行的。但计算机特别是互联网普及后，单纯法律手段已不足以保证原创作品免遭侵权。于是，技术保护便成了有效的补充。当然，技术保护与法律保护不是并行关系，技术保护要在法律框架下进行，并可为法律保护提供必要支撑。

技术推动了版权的诞生，技术又摧毁着版权机制，技术又成了维护版权的手段！所以我们要追踪研究技术的演变轨迹。本书只是追踪研究数字版权保护技术的演变轨迹，对复制技术和传播技术的追踪，在本人的另一本著作《版权制度会走向消亡吗——关于版权生命周期的计算报告》里有较多的研究。该书写作周期历时六年，即将由社会科学文献出版社出版发行。

除本书外，本人于2013年还与人合著过一本书，叫《数字版权保护技术与应用》，由电子工业出版社出版。在该书的《前言》里，本人表达了如下观点。

> 版权本身是对内容作品的保护，它通过保护印有内容的介质不被非法复制，从而保护了作品不被非法复制，保障了版权所有者的权益和利益。世界上第一部版权法是诞生于300多年前的《安娜法》，它保护的是纸介质的内容作品。随着承载内容的介质形态不断演进，先后出现了底片、胶片、唱片、磁带、磁盘等介质，版权条款也相应地进行了修订。这些修订之所以能够适用，是因为介质形态虽然发生了变化，但内容作品的最终形式——出版物仍然是封装型的，即内容与介质是合一的，内容离不开介质而独立存在。

终于有一天，内容与介质分离了，内容可以与介质分开而独立存在，独立传播，甚至可以在不同介质上呈现。这个时代就是数字化时代。数字化时代，使内容变成了比特流，以比特流的形态在互联网上、各种终端设备上传播和被使用。西方甚至有人认为比特流不可保护。所以数字化时代，版权机制受到了前所未有的冲击和挑战。看看今天的互联网，内容泛滥成灾，优秀的作品得不到保护。互联网提供的是“免费的午餐”，互联网本身也成了盗版的天堂。

…………

数字化时代的另一个特点是用户创作内容，这使盗版有可能成为个人行为，它与封装型出版物时代印刷厂、光盘生产线这种有组织的、成规模的，甚至是机构的盗版不同。个人盗版有可能是原版内容的，也可能是改编后的；有可能是有非法传播目的的，还可能是纯粹提供知识共享的。这一切都使法律的打击对象变得分散、个体、模糊。

数字化时代的第三个特点是，数字作品的复制手段极其简便，简便到只需两个手指动作即可完成，即 Ctrl+C 和 Ctrl+V。

当法律变得无助的时候，技术也许是无奈之中的唯一选择或补充。数字版权保护技术应运而生。

最初的数字版权保护技术只是单纯的加密封装、限制使用。它好比给数字内容作品加了把锁，只有花钱买到钥匙的人，才可能打开使用。这是一种预先防范式的保护。这种方式虽然保护了内容作品不被非法侵权，但同时也给消费者带来了困扰，使内容阅读变成了一件麻烦的事情。当消费者因麻烦而放弃阅读时，内容作品的销售便会出现下滑，内容提供商的利益受到打击，作者的利益也受到影响。

于是另一种事后追惩的技术出现了，即数字水印技术。数字水印不影响消费者对内容的使用，但由于内嵌了特殊的痕迹，对非法盗版行为可以追踪打击。

今天，数字版权保护技术已经演变成了具有多种分支形式的数字内容作品的版权保护解决方案。有软件层面的、硬件层面的、内容格式层面的、传输层面的等。同时，根据内容产业的发展特征，新的研发探索也在不断尝试，包括版权标准的制定，多种内容粒度的授权机制，灵活的硬件绑定技术，面向不同网络和使用模式的分发技术，以及针对多种媒体形式的版权保护机制等。

再说说本书的内容。

专利检索分析是技术研发机构和相关用户了解技术发展现状与趋势、明确技术开发方向与重点、规避知识产权风险的基础性工作。本书从上世纪的1994年到本世纪的2017年，从中、美、日等技术研发与应用的全球9个主要国家，到欧洲专利局和世界知识产权组织这两大主管专利的国际机构，对数字版权保护技术进行了长时间、大范围的专利检索与追踪分析。

通过这种大跨度的检索与分析，我们基本摸清了数字版权保护技术的发展路径，看到了它正从最初的重点保护向综合策略转型的趋势。尽管各类新兴技术不断涌现，但具有事后追惩性质的“弱”保护技术——数字水印技术仍然最具应用价值，这也暗示了它与互联网条件下的商业模式的吻合程度。同时，我们也看到，区块链很可能是下一个数字版权保护技术的热点。通过检索与分析，我们还发现中国在数字版权保护技术研发与应用方面的大国地位在日益凸显。

总之，本书研究结果可以为技术开发、学术研究、学校教学、产业应用乃至数字内容产业领域商业模式的探索等，提供基础性的参考资料。由于时间仓促，精力有限，也由于本书作者学识浅薄，书中很多更有价值的探索未能展开，错漏之处也一定不少，恳请读者原谅！

张　立

2019年4月

图书在版编目（CIP）数据

全球数字版权保护技术跨世纪追踪与分析：1994～2017：全2册 / 张立等著. -- 北京：社会科学文献出版社，2019.5

ISBN 978-7-5201-4312-7

Ⅰ.①全… Ⅱ.①张… Ⅲ.①电子出版物－版权－保护－研究－世界－1994-2017 Ⅳ.①D913.404

中国版本图书馆CIP数据核字（2019）第028282号

全球数字版权保护技术跨世纪追踪与分析（1994~2017）（上、下册）

著　　者 / 张　立　张凤杰　王　瑶　等

出 版 人 / 谢寿光
责任编辑 / 刘　姝

出　　版 / 社会科学文献出版社 · 数字出版分社（010）59366434
地址：北京市北三环中路甲29号院华龙大厦　邮编：100029
网址：www.ssap.com.cn
发　　行 / 市场营销中心（010）59367081　59367083
印　　装 / 三河市尚艺印装有限公司

规　　格 / 开　本：787mm×1092mm　1/16
印　张：52.5　字　数：901千字
版　　次 / 2019年5月第1版　2019年5月第1次印刷
书　　号 / ISBN 978-7-5201-4312-7
定　　价 / 208.00元（上、下册）

本书如有印装质量问题，请与读者服务中心（010-59367028）联系